1869

LES
ADRESSES DIJONNAISES

PAR

Mlle E. CHANDELLIER

PREMIÈRE PARTIE

Noms des Chefs de Ménages par Rues et Numéros d'ordre de Rues.

DEUXIÈME PARTIE

Noms des Chefs de Ménages par ordre alphabétique.

TROISIÈME PARTIE

Commerce et Industrie par nature et par ordre alphabétique de commerce ou d'Industrie. — La liste pour les élections des Juges au Tribunal de commerce pour l'année 1869. — La liste des Officiers, Sous-Officiers, Caporaux et Soldats décorés de la Légion d'honneur ou de la Médaille militaire, en retraite à Dijon.

DIJON

IMPRIMERIE J. MARCHAND, RUE BASSANO, 12.

Dijon. — Imprimerie J. Marchand, rue Bassano, 12.

LES

ADRESSES DIJONNAISES

1869

LES
ADRESSES DIJONNAISES

PAR

Mlle E. CHANDELLIER

PREMIÈRE PARTIE

Noms des Chefs de Ménages par Rues et Numéros d'ordre de Rues.

DEUXIÈME PARTIE

Noms des Chefs de Ménages par ordre alphabétique.

TROISIÈME PARTIE

Commerce et Industrie par nature et par ordre alphabétique de commerce ou d'industrie. — La liste pour les élections des Juges au Tribunal de commerce pour l'année 1800. — La liste des Officiers, Sous-Officiers, Caporaux et Soldats décorés de la Légion d'honneur ou de la Médaille militaire, en retraite à Dijon.

DIJON

IMPRIMERIE J. MARCHAND, RUE BASSANO, 12.

PRÉFACE.

Le livre des Adresses Dijonnaises que nous publions est un ouvrage qui paraît pour la première fois d'une manière complète.

Il contient : tous les chefs de ménages de la ville, des faubourgs et banlieues :

1° Par rues et numéros d'ordre de rues ;

2° Par ordre alphabétique ;

3° Par nature de commerce et d'industrie placés par ordre alphabétique ; il comprend, en outre, dans cette troisième partie, les avocats, les avoués, les huissiers, les banquiers, les notaires, les médecins, les pharmaciens, les sages-femmes, etc., etc. — La liste des commerçants notables pour les élections des juges au tribunal de commerce. — La liste des officiers, sous-officiers, caporaux et soldats en retraite à Dijon.

Cet ouvrage, ainsi établi, est d'une incontestable utilité non-seulement aux commerçants ou industriels, mais encore aux employés de la poste, du télégraphe, aux banquiers, aux hôteliers, aux huissiers, et, en général, à toutes les personnes qui ont besoin de connaître les demeures des habitants de la ville de Dijon. En effet, combien de fois n'a-t-on pas éprouvé des difficultés pour l'envoi de prospectus, de billets de faire-part à l'occasion de décès, où il arrive souvent d'oublier, à défaut de renseignements, des principaux amis de la famille et des plus proches voisins?

Au moyen de notre livre, ces difficultés et ces oublis ne pourront plus avoir lieu, et la distribution des prospectus, lettres de faire-part ou autres, sera facile et prompte.

Pour accomplir la tâche difficile que nous nous étions imposée, nous avons apporté dans l'exécution de notre ouvrage la plus sérieuse attention pour qu'il soit aussi exact qu'il était possible de l'exiger pour une première édition. Les quelques omissions ou irrégularités, peu nombreuses, du reste, qui ont pu se glisser dans l'établissement de cet ouvrage seront rectifiées lors de notre seconde édition.

On pourra nous adresser, rue de Gray, n° 11, à Dijon, les renseignements et avis que nous recevrons toujours avec reconnaissance.

Eugénie CHANDELLIER.

ADRESSES DIJONNAISES

PREMIÈRE PARTIE

NOMS DES CHEFS DE MÉNAGES

PAR

RUES ET NUMÉROS D'ORDRE DE RUES.

AHUY (Rue d').

Pianet Gustave, premier commis des Contributions directes, n. 3.
Legay Henri, dessinateur, n. 3.
Détang Louis, percepteur, n. 3.
Cazet Claudine, propriétaire, n. 5.
Blanchot Frédéric, inspecteur au chemin de fer, n. 5.
Lignier Antoine, ancien chapelier, n. 5.
Bichot Pierre, propriétaire, n. 9.
Bichot Henri fils, n. 9.
Valluet Paul, conducteur des ponts-et-chaussées, n. 9.
Garcenot Victor, employé à la Mairie, n. 9.
Clémendot Jules, commissaire-priseur, n. 9.
Vernillet Matthieu, perruquier, n. 11.
Vernillet Balthazar, chapelier, n. 11.
Brocard Alexis, journalier, n. 11.
Lamarche Jean-Baptiste, journalier, n. 11.
Quinot Jean-Baptiste, cordonnier, n. 11.
Isidore Hyacinthe, poseur, n. 11.
Bergerot Auguste, cordonnier, n. 11.

Fernebach Georges, tailleur, n. 11.
Adam François-Joseph, carrier, n. 11.
Blondeau Jean, tourneur, n. 11.
Ravenet Denis, propriétaire, n. 13.
Baudry Alexis, ancien cordonnier, n. 13.
Simonnin Gabriel, chapelier, n. 13.
Boilot Jean-Baptiste, homme d'équipe, n. 13.
Fourcaut François, employé, n. 13.
Boulay veuve, rentière, n. 13.
Biot Maurice-Claude, propriétaire, n. 15.
Sauvage François, employé au chemin de fer, n. 15.
Montot Pierre, nettoyeur, n. 15.
Deschamp Claude, compositeur d'imprimerie, n. 15.
Sauvage veuve, née Coiret, n. 15.
Pinel Jean-Baptiste, cordonnier, n. 15.
Bréjeroux Gabriel, chapelier, n. 15.
Delcourt Charles, mécanicien, n. 15.
Royer Narcisse, professeur, n. 15.
Chaignet Emélie, couturière, n. 15.
Pétrot Stéphen, mécanicien, n. 15.
Cortot François, tonnelier, n. 15.
Cortot Marguerite, chapelière, n. 15.
Cosson Eugène, employé, n. 15.
Dudrumel veuve, née Teupenier, n. 15.
Dudrumel Charles, professeur, n. 17.
Cormillion Léonie, lingère, n. 17.
Nivelle Jacques, capitaine-major, n. 17.
Pariot Claude, teinturier, n. 17.
Clerc Nicolas, propriétaire, n. 19.
Moiton Pierre, charpentier, n. 21.
Sommier veuve, née Mocard, n. 21.
Moitton Jean-Baptiste, propriétaire, charron, n. 21.
Fribourg Gustave, cabaretier-logeur, n. 21.
Mugnier Pierre, propriétaire, n. 23.
Guyard veuve, née Brenot, rentière, n. 23.
Giret Claude, chapelier, n. 23.
Perrin Louis, chapelier, n. 23.
Carmouche veuve, rentière, n. 23.
Gendarmerie.
Fabrique de savon à MM. Jenitz, Gottlob et Hubert Martin.

Lhéritier François, chaudronnier, n. 4.
Faure Jean-François, chapelier, n. 4.
Orgolet veuve, née Myon, femme de ménage, n. 4.
Sachot Augustin, vigneron, n. 4.
Vadrier Claude, cordonnier, n. 4.
Cretin Joseph, matelassier, n. 4.
Fritsch Jean-Baptiste, cordonnier, n. 4.
Buisson Auguste, chapelier, n. 4.
Meunier Jean-Baptiste, employé au chemin de fer, n. 4.
Chateau François, chapelier, n. 4.
Chamard Claude, charpentier, n. 4 *bis*.
Chamard Félix fils, n. 4 *bis*.
Montfageon Louis, chapelier, n. 4 *bis*.
Huguenot veuve, née Champonnais, propriétaire, n. 6.
Noletta Jean-Baptiste, peintre, n. 6.
Simon Charles, employé au chemin de fer, n. 6.
Seignol Florentin, ouvrier peintre, n. 6.
Genicot Nicolas, tailleur de pierres, n. 6.
Bessière Etienne, chapelier, n. 6.
Malbranche Auguste, homme d'équipe, n. 6.
Vernillet Jean-Baptiste, cordonnier, n. 6.
Bresson Victor, cabaretier, n. 6.
Aly Pierre, maître tailleur de pierres, propriétaire, n. 8.
Laborde Martin, tonnelier, n. 8.
Deschamps Pierre, ouvrier chapelier, n. 8.
Renaud Louis, forgeron, n. 8.
Chevalier Mélanie, grenetière, n. 8.
Daudon François, plâtrier, propriétaire, n. 10.
Gouet Ernest-Fortuné, architecte, n. 10.
Chevalot Jean-Baptiste, grenetier, n. 12.
Chassagne Pierre, chapelier, n. 12.
Bouin Louis, ajusteur, n. 12.
Beurton Jean-Baptiste, agent-voyer, n. 12.
Rolland Alexandre, chauffeur, n. 12.
Marguery Louis, chauffeur, n. 12.
Mouxeau Joseph, employé, n. 14.
Titerot Louis, tourneur, n. 14.
Guinot Edme, chapelier, n. 14.
Gorget François, imprimeur, n. 14.
Laumay Charles, entrepreneur-maçon, n. 14.

Gallon Robert, tonnelier, n. 14.
Dannot Antoine, cordonnier, n. 14.
Eloy Adolphe, homme d'équipe, n. 14 *bis.*
Eloy Camille fils, n. 14 *bis.*
Cagniard veuve, née Monnot, rentière, n. 14 *ter.*
Joreb Jean, épinglier, n. 14 *ter.*
Bonnerot Jules, maçon, n. 14 *ter.*
Lavelle Louis, chapelier, n. 14 *ter.*
Bringue Timothée, chef de gare en retraite, n. 14 *ter.*
Ruinard Irénée, rentier, n. 16.
Bidault Louis, charpentier, n. 16.
Duroch André, menuisier, n. 16.
Danand Abel, facteur de 1re classe, conducteur chef, n. 16.
Tabourant Pierre, commis, n. 16.
Lecmoux Ludovic, chapelier, n. 16.
Delavaux François, maçon, n. 20.
Toinet, Jean, chaudronnier, n. 20.
Foureaut Jean, manouvrier, n. 20.
Bonnardot veuve, n. 20.
Tournelle Jean, ferblantier, n. 20.
Quenot Alexandre, cabaretier, n. 20.
Michel René, homme d'équipe, n. 20.
Cretinet Jean-Louis, chapelier, n. 20.
Barbarat Jacques, chapelier, n. 20.
Clavelot Etienne, tailleur de pierres, n. 20.
Brondel Jean, ouvrier tailleur, n. 20.
Cote veuve, née Giroux, couturière, n. 20.
Cote Charles fils, lithographe, n. 20.
Vernillet Justin, chapelier, n. 20.
Estiot Honoré, menuisier, n. 20.
Card François, charron, n. 20.
Follet Nicolas, propriétaire, n. 24.
Barbier veuve, née Foucaut, propriétaire, n. 24.

AHUY (Ruelle d').

Baubant Jean, voiturier, n. 1
Baubant Albert fils, n. 1.
Saverot Gustave, marbrier, n. 1.

Vaudant Grégoire, chapelier, n. 2.
Thorcy Jacques, propriétaire, n. 3.
Robin Jules, savonnier, n. 3.
Carrière Jean-Baptiste, tailleur de pierres, n. 3.
Cornetet Victor, chapelier, n. 3.
Jacquelin Louis-Joseph, rentier, n. 3.
Naigeon Nicolas, propriétaire, charpentier, n. 4.
Robin veuve, née Tétot, n. 4.
Boissière Pierre, chapelier, n. 4.
Michel Eugène, commissionnaire au chemin de fer, n. 4.
Robichon Frédéric, tailleur de pierres, n. 4.
Michel Bénigne, facteur de 1re clas. au chemin de fer, 4.
Benoît Nicolas, propriétaire, n. 5.
Charlochet Isidore, propriétaire, mécanicien, n. 5.
Vuillemard, Jean-Baptiste, mécanicien, n. 5.
Geny Adolphe, rentier, n. 5.
Genglair Louis, représentant de commerce, n. 5.
Clément Michel, comptable, n. 5.
Carrelet Pierre, rentier, n. 5.
Genelot Henri, receveur d'octroi, n. 6.
Gauvin veuve, née Labaig, propriétaire, n. 9.
Foucaut Frédéric, rentier, n. 9.
Daisey Bernard, rentier, n. 9.
Raffortot Jean-Baptiste, rentier, n. 9.
Brun Antoine, capitaine en retraite, n. 9.

ALLÉES DES CHARTREUX.

Sylvestre veuve, née Pacotte, rentière, n. 1.
Laurent Auguste, propriétaire, n. 1.
Thuilier Alphonse, charpentier, n. 1.
Noël veuve, née Courroux, rentière, n. 1.
Visier Jean, maître charpentier, n. 1.
Viennot François, cabaretier et bourrelier, n. 2.
Robardet François, journalier, n. 4.
Serrier Léon, vigneron, n. 4.
Leblanc Charles, conducteur de trains, n. 4.
Lévy Jacob, marchand de chevaux, n. 4.

Prieur Léon, brigadier forestier, n. 8.
Prieur veuve, née Chaillet, rentière, n. 8.
Raynaud Michel, marchand de chiffons, n. 8.
Gendret Joseph, charpentier, n. 8.
Marconnais Jean, menuisier, n. 8.
Delion Adolphe, farineur, n. 8.
Léopold Pierre, journalier, n. 8.
Leneveu Victor, carrier, n. 10.
Curé Jean, charpentier, propriétaire, n. 10.
Jacob François, homme d'équipe, n. 10.
Eloy Joseph, charron, n. 10.
Thorey Claude, ancien cultivateur, n. 14.
Huchon François, cultivateur, n. 14.
Petitjean veuve, née Bertrand, n. 14.
Garnier veuve, née Legrand, n. 16.
Barry veuve, née Jaugey, n. 16.
Boudal Gabriel, scieur-de-long, n. 16.
Toussaint la femme, née Guillier, couturière, n. 16.
Michéa Victor, chargeur, n. 16.
Pion Pierre, jardinier, n. 16.
Maufus Sébastien, marchand de poissons, n. 16.
Simon Jean-Baptiste, lessiveur, n. 2.
Mancherat Jean-Baptiste, lessiveur, n. 4.
Germain veuve, née Pacquetet, n. 4.
Minot veuve, née Lavielle, femme de ménage, maison
    Breuil, n. 4.
Lelièvre-Séverain, scieur de long, maison Breuil, n. 4.
Brabant veuve, née Delaloge, rentière, maison Au-
    dreis, n. 4.
Rousseau François, propriétaire, mécanicien, n. 2.
Collin Michel, manouvrier, n. 2.
Barbier François, chargeur, n. 2.
Bitouzet Claude, manouvrier, n. 2.
Cavard Pierre, charpentier, n. 2.
Cavard Adolphe, marbrier, n. 2.
Leclerc Jean, journalier, n. 2.
Breuil André, propriétaire, n. 4.
Brossart Jean-Baptiste, conducteur de trains, n. 4.
Mourot Joseph, employé au chemin de fer, cabare-
    ..er, n. 4.

Son Charles, journalier, n. 4.
Grandidier Jean-Baptiste, fermier, n. 4.
Garraudy Hippolyte, fabricant de sacs, n. 4.
Gentilhomme Hubert, charron, n. 4.
Gousset Jean-Baptiste, mouleur en fonte, n. 4.
Gousset Jean-Claude, n. 4.
Golmard François, marchand de cendres, n. 6.
Morel Ferdinand, ajusteur, n. 6.
Beugnot Denis, cabaretier et épicier, n. 6 *bis*.
Genin Joseph, employé, n. 8.
Morel veuve, née Monin, femme de ménage, n. 8.
Lallemand Jacques, garde-barrière, n. 8.
Taulin Charles, à l'équipe, n. 8.
Magnien veuve, propriétaire, n. 8.
Robert Théodore, nettoyeur, n. 8.
Mennegoz Julien, marbrier, n. 8.
Maugey Pierre, scieur de marbre, n. 8.
Rousselot veuve, née Noirot, femme de ménage, n. 8.
Vuillaume Pierre, carrier, n. 8.
Bernard veuve, née Barbier, n. 10.
Vaspard Eugène, polisseur, n. 10.
Lambert Pierre, garçon meunier, n. 10.
Mathey Camille, manouvrier, n. 10.
Bardoux Florentin, manouvrier, n. 10.
Tisserand François, manouvrier, n. 16.
Ancey Henri, menuisier, n. 16.
Gaudot André, journalier, n. 16.
Lobron Pierre, cabaretier, n. 1.
Perrot Edouard, fabricant de cirage, n. 1.
Grivelet Auguste, tonnelier, n. 3.
Gailly Claude, jardinier, n. 5.
Gailly Pierre, vigneron, n. 5.
Ronot Théophile, comptable, n. 7.
Mongin veuve, née Audoix, jardinière, n. 9.

ALLÉES DE LA RETRAITE.

Lerat Jean-Baptiste, liquoriste, n. 1.
Bourgeon Pierre, liquoriste, n. 1.
Bourgeon fils, n. 1.

Buttet Claude, potier, n. 5.
Henry Cyprien, garçon potier, n. 5.
Bougueleret Jean-Baptiste, manouvrier, n. 9.
Kleinprintz Méneral, charpentier, n. 9.
Poinsot Antoine, manouvrier, n. 9.
Lachaux Claude, prêtre, n. 2.
Laureau Jean-Baptiste, ancien sculpteur, n. 2.
Colas Etienne, relieur, n. 2.
Guillier Pierre, tourneur, n. 2.
Aubert François, jardinier, n. 4.
Chaillot Joseph, voyageur de commerce, n. 4 *bis.*
Grapin Bernard, conducteur des ponts-et-chaussées, 6.
Grapin Jules fils, employé au télégraphe, n. 6.
Fournier Jean, tailleur de pierres, n. 8.
Fournier Emile fils, n. 8.
Thomas Simon, jardinier, n. 8.
Laloge Emile, employé au gaz, n. 8.
Déclume Emile, relieur, n. 8.
Bouchard Claude, propriétaire, n. 10.
Bonnin, sabotier, n. 10.
Roudet Emile, cordonnier, n. 10.
Coquibus Auguste, maçon, n. 10.
Gloton veuve, née Faivre, manouvrière, n. 10.
Melard Antoine, marchand de bétail, n. 10.
Melard Georges fils, n. 10.
Lhermite, n. 10.
Tartevelle, n. 12.
Calais François, jardinier, n. 12.
Cavin Louis, fabricant de limes, n. 12.
Fournerot Jean, moutardier, n. 12.
Garnier Denis, corroyeur, n. 12.
Niquet Jean-Baptiste, charpentier, n. 16.
Pâris François, vigneron, n. 16.
Devenet Louis, rentier, n. 16.
Minois Catherine, rentière, n. 16.
Niquet Vincent, charpentier, marchand de vin, n. 16.
Thevenot Pierre, employé, n. 16.
Converset Pierre, militaire en retraite, n. 16.

AMIRAL-ROUSSIN (Rue).

Quenot Claude, teneur de livres, n. 1.
Chapluet Claude-Victor, huissier, n. 1.
Lallemand veuve, née Churion, ouvrière, n. 3.
Charbonnier Célestine, coiffeuse, n. 3.
Quenier Antoine, ancien aubergiste, n. 3.
Hubner veuve, née Pokorni, couturière, n. 3.
Doth Joseph, ébéniste, n. 3.
Belnet veuve, née Joliet, journalière, n. 3.
Lhory Marie, journalière, n. 3.
François Auguste, avocat, n. 7.
Meline Françoise, domestique, n. 7.
Moreau Jean-Baptiste, avoué, n. 9.
Lombard veuve, née Borne, propriétaire, n. 9.
Porteret Jacques, ancien percepteur, n. 11.
Achery Edmée, blanchisseuse, n. 11.
Jouffroy Eugène, cartonnier, n. 11.
Terrillon veuve, née Lebon, propriétaire, n. 13.
Koch Henri, avocat, n. 13.
Theurot Bernard, propriétaire, n. 15.
Theurot Albert fils, n. 15.
Fremyot Antoine, grenetier, n. 15.
Jacquot Célestin, manouvrier, n. 15.
Laurent veuve, née Lapostolet, rentière, n. 15.
Bresson Claude, maçon, n. 15.
Lambry Marie, rentière, n. 15.
Gaulard Prudent, fabricant de billards, n 15.
Doth la demoiselle, ouvrière, n. 15.
Chassaing la dame, née Potot, ouvrière, n. 15.
Thomas Charles-Etienne, comptable, n. 17.
Chaffotte Bernard, serrurier, n. 17.
Véron veuve, née Finot, rentière, n. 17.
Jasez Etienne, employé, n. 17.
Boulée Anne, rentière, n. 17.
Rollet Jean-Baptiste, propriétaire, n. 19.
Mathey Jeanne, rentière, n. 19.

Mathey Catherine, rentière, n. 19.
Bourguignon veuve, rentière, n. 19.
Thomas Louis, gardien, n. 21.
Lemoine veuve, née Bey, journalière, n. 21.
Couturier Emile, fabricant de pain d'épices, n. 21.
Roalier, peintre, n. 21.
Berthaux Catherine, rentière, n. 21.
Gardye de Lachapelle Henri, rentier, n. 23.
Lavoisot veuve, née Dubard, rentière, n. 23.
Lombard Gabriel, avocat, n. 23.
Pihouet Victor, poëlier, n. 25.
Moutot Noémi, blanchisseuse, n. 25.
Leclerc veuve, née Jarrot, couturière, n. 25.
Gréé la dame, née Leclerc, couturière, n. 25.
Simonnet Paul, conseiller à la Cour, n. 29.
Chalut François, domestique, n. 29.
Vaissier Edmond, rentier, n. 29.
Leblanc Joseph, portier, n. 29.
Durozoy Joseph, fabricant de chaises, n. 29.
Durand veuve, née Morel, rentière, n. 29.
Melot Marie, rentière, n. 29.
Dworjack Léon, doreur, n. 31.
Latreille Etienne, compositeur d'imprimerie, n. 31.
Picamelot Jean-Baptiste, menuisier, propriétaire, 33.
Lévy Joseph, rentier, n. 33.
Girard François, vannier, n. 33.
Cholet Simon, tourneur, n. 33.
Moyaux François, peintre, n. 33.
Pignot Léon, rentier, n. 33.
Coquet veuve, née Huchon, femme de ménage, n. 33.
Gindre Mélanie, ouvrière, n. 33.
Verreaux François, ferblantier, n. 37.
Tournier hippolyte, fabricant de corsets, n. 37.
Bernard dit Fétu, commis greffier, n. 41.
Bernard Albert fils, n. 41.
Barloggio Ferdinand, poëlier, n. 41.
Thury Michel, chef d'institution, n. 41.
Belnet Charles, employé, n. 41.
Gacon, commissionnaire, 41.
Ravet François, cordonnier, n. 43.

Mucher Antoine, ouvrier tailleur, n. 45.
Barthet Julien, loueur en garni, n. 47.
Arnoult veuve, née Baudin, femme de ménage, n. 47.
Nivelon Jean-Baptiste, marchand fruitier, n. 51.
Morelot Louis, docteur en droit, n. 2.
Morelot Etienne, abbé, n. 2.
Delamarche Thomas, veuve, née Morelot, propriétaire,
    n. 2.
Delamarche Albert, étudiant en droit, n. 2.
Delamarche Antoine-René, garde général, n. 2.
Durand d'Arsonval veuve, née de Chambure, proprié-
    taire, n. 4.
Louet Edme, concierge, n. 4.
Fouleux veuve, née Tamiset Rosalie, propriétaire, n. 6.
Lemaire Jules, commis-voyageur, n. 6.
Jacquin Nicolas, relieur, n. 8.
Gillot Claude, tailleur de pierres, n. 8.
Fourneaux François, maçon, n. 8.
Fourneaux Joseph, fils, n. 8.
Garot Simon, concierge, n. 24.
Léon Adolphe, marchand de papiers, n. 28.
Gérard Auguste, menuisier, n. 30.
Denizot Jeanne, couturière, n. 30.
Pelletier Victor, charpentier, n. 30.
Lemaître Pierre-Sylvain, serrurier, n. 32.
Ragonneau Louise, ouvrière, n. 32.
Rosat Louis, fondeur, n. 34.
Pommey Jules, tanneur, marchand de cuirs, n. 36.
Culmet veuve, née Chapuis, rentière, n. 36.
Deschamps Auguste, cabaretier, n. 38.
Marcot François, employé à l'Asile, n. 38.
Vétu veuve, rentière, n. 38.
Jolibois Jean-Baptiste, avocat, n. 40.
Couturier Claude, propriétaire, n. 40.
Carré François, lithographe, n. 40.
Bénier Jules, employé à la Préfecture, n. 40.
Clerc, ancien instituteur, n. 40.
Morel, cuisinier, n. 40.
Thévenot Joseph, comptable, 40.
Duthu Pierre, marchand tailleur, n. 40.

Baudouin, rentière, n. 40.
Galiano Joseph, racommodeur de parapluies, n. 42.
Drouhin Amable, propriétaire, n. 42.
Matrat, Antoine, coiffeur, n. 42.
Gulimat-Giraud, propriétaire, n. 44.
Gulimat Henri fils, n. 44.
Clerget-Vaucouleurs Henri, conseiller à la cour, n. 44.
Modamey Claude, comptable, n. 44.
Jouffroy Louis, bijoutier, n. 44.
Thevenot Eugène, horloger, n. 44.
Authiève Jean-Baptiste, sabotier, n. 46.
Méline Auguste, marchand de tissus, n. 48.
Pernin Louis, comptable, n. 48.
Bollenat veuve, née Dechaux, propriétaire, n. 48.

ARQUEBUSE (Rue de l').

Chamard Jean-Baptiste, charpentier, n. 2.
Gaussot Auguste, cafetier et marchand de vin en gros, n. 2.
Thivet Claude, grenetier, n. 2.
Guillier Jean-Baptiste, chef poseur, n. 2.
Chapuis veuve, née Boyer Reine, rentière, n. 2.
Chapuis Henri, conducteur des ponts et chaussées, n. 2.
Chapuis veuve, née Boirin Anne, rentière, n. 2.
Jeannet Joseph, mécanicien au chemin de fer, n. 2.
Jacquet François, cordonnier, *avec échoppe*, n. 2.
Derepas Nicolas, homme d'équipe, n. 2.
Bizot Antoine, sellier, n. 2.
Morizot Pierre, homme d'équipe, n. 2.
Rondot Christine, rentière, n. 2.
Breuil Claude, marchand de bois et scieur de long, n. 4.
Roty la dame, née Audiffret Louise, n. 4.
Roussiaux Claude, facteur de première classe, n. 4.
Orange Jules, chaudronnier, n. 4.
Gardot Joseph, poseur de rails, n. 4.
Gardot Etienne, facteur de deuxième classe, n. 4.
Carpantier Joseph, épicier, n. 4.
Didier Henri, ouvrier mécanicien, n. 4.

Houssoit veuve, née Charry, propriétaire, n. 6.
Daudanne Charles, mécanicien, n. 6.
Tachot Eugène, comptable au chemin de fer, n. 6.
Charcouchet François, cabaretier, n. 8.
Guyon Emile, homme d'équipe, n. 8.
Georger Victor, cafetier, n. 10.
Michéa Jean, manouvrier, n. 10.
Vallée Pierre, rentier, n. 12.
Pocheron François, mécanicien, n. 12.
Renevier Joseph, mécanicien, n. 12.
Gourbet Claude, scieur de long, n. 12.
Peltey Victor, comptable, n. 14.
Peltey veuve, née Flachot, n. 14.
Bénasse Claude, chef d'équipe, n. 14.
Marielle Gaspard, comptable, n. 14.
Guyot Jacques, charpentier, n. 18.
Charollais Jean, mécanicien, n. 18.
Lanneau Bernard, entrepreneur, n. 18.
Bonnot Honoré, ancien messager, n. 18.
Bonnot Jules, liquoriste, n. 18.
Roger Pierre, homme d'équipe, n. 18.
Pelte François, conducteur chef, n. 18.
Pelletier veuve, née Sartory, rentière, n. 20.
Ronsin François, comptable, n. 20.
Ronsin René, commis voyageur, n. 20.
Rollet François, menuisier au chemin de fer, n. 20.
Raillard Alexandre, conducteur de trains, n. 20.
Riehler Rose, rentière, n. 20.
Gathelier Etienne, mécanicien, n. 22.
Ménard Auguste, employé à l'Abeille, n. 22.
Amanton Jean, conducteur chef, n. 22.
Saussier veuve, née Drouelle, n. 22.
Marié François, commis principal, n. 22.
Roguier Ambroise, mécanicien, n. 22.
Odrion Jean-Baptiste, représentant de commerce, n. 22.
Cordelier Jean, facteur au chemin de fer, n. 22.
Villemaire Désiré, mécanicien, n. 22.
Edouard Pierre, propriétaire, n. 24.
Edouard Edouard, employé, n. 24.
Amique Séraphin, géomètre, n. 24.

Gagneux Hippolyte, conducteur de trains et proprié-
taire, n. 24.
Micant Claude, propriétaire, n. 24.
Faivret Jean-Baptiste, tailleur de pierres, n. 24.
Mangin Joseph, nettoyeur, n. 24.
Dubreuil Jean-Baptiste, mécanicien, n. 24.
Cascaret Charles, chauffeur, n. 24.
Lamarche Jacques, rentier, n. 24.
Doutre Benoît, marchand de chiffons, n. 24.
Genestier Joseph, marchand de toiles, *avec voiture*, n. 24.
Chairgrasse Jean-Baptiste, compagnie du Soleil, n. 1.
Regnier Etienne, serrurier, n. 1.
Vaillant Nicolas, mouleur en fonte, n. 3.
Brocard Jacques, journalier, n. 3.
Andreis Pierre, couvreur, n. 3.
Lauchy Louis, domestique, n. 3.
Lorillard François, vigneron, n. 3.
Vavant Joseph, employé de bureau au chemin de fer, n. 3.
Rousseau, manouvrier, n. 3.
Bonnardot Léon, homme d'équipe, n. 3.
Gouaille Auguste, mécanicien, n. 3.
Phal, n. 3.
Guyard François, vigneron, n. 3.
Pautet veuve, femme de ménage, n. 3.
Morizot veuve, couturière, n. 3.
Gauther veuve, gargottière, n. 3.
Dantarre Ferdinand, chef de trains, n. 3.
Bouchet veuve, femme de ménage, n. 3.
Manton veuve, rentière, n. 3.
Thomard Bernard, menuisier, n. 3.
Lobrot Marguerite, journalière, n. 3.
Paquelain Etienne, journalier, n. 3.
Belnet Claude, journalier, n. 3.
Debelfort Claude, journalier, n. 3.
Naigeon François, journalier, n. 3.
Lacour Louis, corroyeur, n. 3.
Grenouillet François, tonnelier, n. 3.
Gauchez Edme, tailleur de pierres, n. 3.
Clerc Pierre, tonnelier, n. 3.
Meyer, marchand de vins en gros, n. 5.

Weil Jacques, rentier, n. 3.
Lardet Eugène, commis voyageur, n. 3.
Guillaumé Joseph, chauffeur, n. 3.
Montant Jacques, ancien notaire, n. 3.
Drevet Adolphe, mécanicien, n. 3.
Naudet Eugène, poseur, n. 3.
Décologne Louis, cordonnier, n. 3.
Poncet Pierre, scieur de long, n. 3.
Rouhard Joseph, fabricant de bâches, n. 3.
Lance Joseph, propriétaire, n. 5.
Richard veuve, née Lescomme, rentière, n. 5.
Michaud Joseph, chef de trains, n. 5.
Ferrez veuve, née Garnier, rentière, n. 5.
Borne François, chauffeur, n. 5.
Cartier Emile, journalier, n. 5.
Maillard veuve, née Colin, rentière, n. 7.
Reure François, contrôleur, n. 7.
Martin Charles, employé au chemin de fer, n. 7.
Mabille Jean-Baptiste, géomètre, n. 7.
Mabille Pierre-Eugène, officier, n. 7.
Duceux Louis, chauffeur, n. 7.
Gaguin Laurent, agent d'assurances, n. 9.
Dubreuil Auguste, tanneur, n. 9.
Cauvard Claude, garçon de magasin, n. 9.
Meleix Pierre, homme d'équipe, n. 9.
Bonnarde Etienne, mouleur en fonte, n. 9.
Louet Claude, journalier, n. 9.
Desvignes Nicolas, tonnelier, n. 9.
Desvignes Jean-Baptiste, cultivateur, n. 11.
Desvignes Auguste, plâtrier, n. 13.
Gagey Julie, n. 13.
Gobert Nicolas, marchand de vins en gros, n. 17.
Dubois Jean-Baptiste, charpentier, n. 19.
Dubois Jean-Baptiste, n. 19.
Maire veuve, née Nectoux, femme de ménage, n. 19.
Weber Joseph, tonnelier, n. 19.
Chalmot Simon, à l'équipe, n. 21.
Pinet Louis, employé au chemin de fer, n. 21.
Manelle Jean-Baptiste, homme d'équipe, n. 21.
Renard François, à l'équipe, n. 21.

Renard Louis, militaire, n. 21.
Marillier Jean-Baptiste, au télégraphe, n. 21.
Magasin de grains à M. Tamiset, n. 21.
Hattot Jean-Baptiste, manouvrier, n. 25.
Hattot Antoine, homme d'équipe, n. 25.
Cauvard Auguste, chargeur, n. 25.
Fortier Jean-Baptiste, homme d'équipe, n. 25.
Legal Pierre, sous-chef à la Reconnaissance, n. 25.
Clavel François, nettoyeur, n. 25.
Cagniant Jean-Baptiste, ajusteur, n. 25.
Cagniant Jacques, ancien garde forestier, n. 25.
Cauvard Henri, journalier, n. 25.
Gelliot Jean-Baptiste, menuisier, propriétaire, n. 27.
Laplanche Arthur, vinaigrier, fabricant de moutarde, 27.
Lebert veuve, née Devillebichot, n. 27.

AQUEDUCS, CLOS-TROUILLET (Rue des).

Ratel veuve.
Barthélemy veuve, née Pelletret.
Barthélemy Jean-Baptiste, huilier.
Durot Simon, scieur de long.
Guyon Claude, scieur de long.
Baconnais Pierre, nettoyeur.
Bresson Toussaint, scieur de long.
Bresson Alexis, fils.
Collon Pierre.
Baulot Pierre, chapelier.
Ruegg Fritz, commis de la maison Ulher.
Gross André, tourneur sur fer.
Henry Jean-Baptiste, propriétaire.

ARGENTIÈRES.

Maulbon d'Arbaumont Henri, propriétaire.
Maulbon d'Arbaumont Jules, propriétaire.
Denise Nicolas, cultivateur.
Potu Pierre, jardinier.
Pierre Pierre, vigneron.

ARQUEBUSE (Viaduc de l').

Gassendy Charles, restaurateur.
Leroy veuve.
Gros Pierre, voiturier.
Guilleminot James, entrepreneur de transports.
Blairet veuve, née Boirin, rentière.
Jacquelin Claude, voiturier.
Marlot Jean-Baptiste, serrurier.
Robin François, carrier.
Dureville, marbrier.
Patros, maçon.

ASSAS (Rue d').

Raviot Hubert, propriétaire, n. 1.
Raviot Félix fils, n. 1.
Delalune, veuve Naudet, marchande de légumes, n. 1.
Michel Bénigne, tonnelier, n. 1.
Michel veuve, née Logerot Christine, n. 1.
Guillemot Jean-Bénigne, médecin-vétérinaire, n. 1.
Joux veuve, née Lejeune, rentière, n. 5.
Guichard Octavie, rentière, n. 5.
Sinault Ursain, couvreur, n. 7.
Gravignard Jacques, rentier, n. 7.
Grusser François, ouvrier pâtissier, n. 9.
Régnier, n. 11.
Guillermet Marie-Mathilde, confection pour dames, n. 11.
Claveloux, employé des contributions indirectes, n. 13.
Ligeot, garçon boucher, n. 13.
Palland Auguste, relieur, n. 13.
Melon Benoît, scieur de bois, n. 13.
Simonnot veuve, ouvrière, n. 13.
Hénaut Jean, chapelier, n. 13.

Roux Sébastien, rentier, n. 13.
Jacquemin Pierre, ouvrier tonnelier, n. 13 *bis*.
Guilleminot Napoléon, employé à la mairie, n. 15.
Laurent veuve, née Gomiot, propriétaire, n. 15.
Thibaut Simon, journalier, n. 15.
Loidreau François-Eugène, ouvrier cordonnier, n. 15.
Chaudron Pierre, grenetier, n. 17.
Verrière Jean-Baptiste, jardinier, n. 17.
Verrière dame, née Chaudron, ouvrière, n. 17.
Verrière Louis, tapissier, n. 17.
Gerber Corinthe, boulanger, n. 19.
Bizouard veuve, n. 23.
Nicolle François, paveur, n. 25.
Clémencet Clarisse, rentière, n. 25.
Mariotte, relieur, n. 25.
Lardillon veuve, née Lardillon, n. 2.
Charbonnier veuve, née Langlois, rentière, n. 2.
Viallet veuve, née Maillard, rentière, n. 2.
Viallet Amédée fils, n. 2.
Giron veuve, née Jeannette, rentière, n. 4.
Giron Jules, propriétaire et mécanicien, n. 4.
Marchand Lucien, conduct^r des ponts et chaussées, n. 4.
Daubourg James, employé, n. 4.
Dessoye François, couvreur, n. 4.
Barrière la dame, née Beney, modiste, n. 6.
Hautefeuille Ludovic, commis de magasin, n. 6.
Talot Jules, receveur des domaines, n. 6.
Bardoux Elisabeth, ouvrière, n. 6.
Lemaitre Paul, serrurier, n. 8.
Chalons Elisabeth, rentière, n. 10.
Bonnard Pierre, grenetier, n. 10.
Sarrazin Jean-Baptiste, correcteur d'imprimerie, n. 10.
Monniot veuve, née Roy, n. 12.
Rivat, liquoriste, n. 12.
De Saint-Léger Charles, employé des contributions in-
     directes, n. 12.
Simon François, ouvrier liquoriste, n. 12.
Mugnier Charles, ancien notaire, n. 16.
De La Cuisine François, présid. de chambre honor., 18.
De La Cuisine Henri-François-Samuel fils, avocat, n. 18.

Jacotin Claude, concierge et cordonnier, n. 18.
Jallat Jacques, scieur de long, n. 20.
Pfister Jean, garçon brasseur, n. 20.
Marcellet Sébastien, plâtrier, n. 20.
Berthet Jean-Claude, aubergiste, n. 20.
Gossot Louis, employé aux fontaines, n. 20.
Maitret, journalier, n. 20.
Monin Joséphine, ouvrière, n. 20.
Carré veuve, propriétaire, n. 22.
Trivier père, propriétaire, n. 22.
Trivier-Carré Emile, brasseur, n. 22 *bis*.
Pfister Jean, garçon brasseur, n. 22 *bis*.
Guenot Emile, garçon brasseur, n. 22 *bis*.
Achener Guillaume, garçon brasseur, n. 22 *bis*.
Neubel François, garçon brasseur, n. 22 *bis*.
Vallot Françoise, ouvrière, n. 24.
Fournier Anne, chapelière, n. 24.
Lanterne Théodore, ébéniste, n. 24.
Sertory veuve, née Lanterne, journalière, n. 24.
Thevenin veuve, née Montjarder, rentière, n. 24.
Vincent André, agent de police, n. 26.
Marchand Alexis, tonnelier, n. 26.
Gosnier Pierre, sans profession, n. 26.
Chaubon Anne, ouvrière, n. 28.
Rigogne Suzanne, ouvrière en robes, n. 28.
Grapin Jacques, géomètre, n. 28.
Grapin Louis, clerc de notaire, n. 28.
Bonnouvrier Edouard-Ernest, agent d'assurances, n. 28.
Pernet Charles, employé au télégraphe, n. 28 *bis*.
Baud, employé, n. 28 *bis*.
Rose Jean-Baptiste, prêtre retraité, n. 30.
Dubois veuve, née Vitu, rentière, n. 30.
Pelteret Jean-Baptiste, cordonnier, n. 30.
Schneider Joseph, ouvrier tailleur, n. 30.
Gaillardet Louis, marchand de charbon, n. 30.

AUDRA (Impasse).

Chardot Joseph, contre-maître chapelier, n. 1.
Henri Louis, ouvrier chapelier, n. 1.

Ravet Simon, chapelier, employé, n. 1.
Ravet Jules-Joseph, employé, n. 1.
Pinel Mathieu, manouvrier, n. 1.
Elophe Nicolas, chapelier, n. 1.
Bizot Jean, journalier, n. 1.
Perruchot Sébastien, plâtrier, n. 1.
Protat Pierre, plâtrier, n. 1.
Beaugillot Jean, conducteur de trains, n. 1 et 2
Lenoir, tourneur, n. 3.
Tollois Alexis, sous-chef à l'équipe, n. 3.
Sourel Jean-Baptiste, nettoyeur, n. 4.
Jay Joseph, relieur, n. 5.
Perrin François, rentier, 6.
Moreau Nicolas, carrier, n. 8.
Moreau Etienne fils, tailleur de pierres, n. 8.
Vencleur Gabriel, propriétaire, serrurier, n. 9.
Henry Jules, propriétaire, mécanicien, n. 10.
Barrot Benoît, forgeron, n. 10.
Laleur Jean-Baptiste, charpentier, n. 10.
Regnier Louis, à l'équipe, n. 11.
Bougeault Edouard, employé au chemin de fer, n. 11.
Brissaire Françoise, lingère, n. 12.
Bessat Pierre, chiffonnier, n. 12.
Guilleminot Gabriel, chaudronnier-fumiste, n. 12.
Bourbier Pierre, chaudronnier, n. 12.
Puzenat Louis, charpentier, n. 12.
Gaïb Jean, mécanicien, n. 12.
Chabroulet François, maçon, propriétaire, n. 13.
Clerc Julien, horloger, n. 13.
Bouaut Antoine, cordonnier, n. 13.
Darbois la dame, née Dumont, rempailleuse, n. 13.
Poichot Auguste, sellier, n. 13.
Léon Hippolyte, mégissier, n. 13.

AUDRA (Rue).

Demeuzoy veuve, née Dorey, propriétaire, n. 1.
Déclume Ferdinand, propriétaire, marchand de charbon, n. 9.

Mouillon Claude, marchand de charbon, n. 9.
Michel Emmanuel, cuisinier, n. 9.
Gacon Valentin, ouvrier chauffeur, n. 9.
Prieur Gustave, gantier, n. 9.
Prévost Louis, ferblantier, n. 9.
Magasin de chiffons à M. Girault, rue Verrerie, 32, n. 11.
Blanche Charles, cabaretier, n. 13.
Sanitas Jean-Baptiste, sous-chef de gare, n. 13.
Poufflier Jacob, marbrier, n. 19.
Morizot Jean-Baptiste, à l'équipe, n. 19.
Ecaille Jean, cantonnier, n. 19.
Brugnerot Hubert, relieur, n. 19.
Robert Edouard, mécanicien, n. 21.
Rique Anatole, employé, n. 21.
Ficheter Nicolas, mouleur en fonte, n. 21.
Gosnier Claude, garçon de magasin, n. 21.
Magasin de grains à M. Chapard, n. 21.
Durepoix Etienne, garçon de magasin, n. 21.
Lavie Barthélemy, serrurier, mécanicien, n. 21.
Lesprit Jean-Baptiste, marchand de vins en gros, n. 2.
Jacob Etienne, pharmacien, major retraité, n. 2.
Cholet Claude, tonnelier, n. 4.
Cholet Nicolas fils, n. 4.
Cholet Emile fils, n. 4.
Garnier Nicolas, entrepreneur de travaux publics, n. 6.
Bonnotte Claude, marchand de grains, n. 6.
Bonotte veuve, née Mossan, rentière, n. 6.
Grunnald Jean, sous-chef de dépôt, n. 6.
Guyon Paul, rentier, n. 6.
Rabut François, professeur au lycée, n. 6.
Stern Charles, charron, n. 6.
Bouchard Claude, cordonnier, n. 6.
Baudot Antoine, professeur au lycée, n. 8.
Lafabrègue Alfred, commissaire de police, n. 8.
Durand Pierre, tonnelier, n. 8.
Fauriez Jules-Bernard, propriétaire, n. 8.
De Laborde Anne, propriétaire, n. 8.
Noireault Claude, employé à la préfecture, n. 8.
Maitrerobert François, professeur, n. 8.
Boulanger Louis, conduct[r] des ponts et chaussées, n. 8.

Laurrain Joseph, employé, n. 8.
Rigollot Jean-Baptiste, vérificateur des poids et mesures, n. 8.
Thomas Joseph, comptable, n. 8.
Cave Charles, professeur, n. 8.
Marchet Gustave, libraire, n. 8.
Bell veuve, née Bell Anne, n. 12.
Fournier François, journalier, n. 12.
Béroujon Nicolas, conducteur. n. 12.
Chevalier Gilbert, maçon, n. 14.
Barbier Claude, jardinier, n. 14.
Japiot Auguste, ouvrier marbrier, n. 14.
Ligeron Pierre, manouvrier, n. 14.
Jarlot Eugène, ouvrier mécanicien, n. 14.
Monzeler Emile, contre-maître chaudronnier mécanicien, n. 14.
Rigaut Jean, maçon, n. 14.
Gay Pierre, journalier, n. 14.
Loison Hyacinthe, ancien inspect^r de l'Académie, n. 14.
Finot Claude, menuisier, n. 16.
Lamblot Auguste, charpentier, n. 16.
Belin Edmond, chapelier, n. 16.
Dellery Jean-Baptiste, cabaretier, n. 16.
Torcheux Eugène, manouvrier, n. 16.
Phal Jean-Baptiste, grenetier, n. 16.
Baulot Esther, blanchisseuse, n. 16.
Vauthey Louis, garçon boucher, n. 16.
Thévenin François, nettoyeur, n. 16.
Moreau Jean, agent de police, n. 16.
Poulot Félix, domestique, n. 18.
Doudey François, propriétaire, maçon, n. 20.
Fremyot Auguste, homme d'équipe, n. 20.
Carriot Jean-Baptiste, tailleur de pierres, n. 20.
Chicotot Louis, serrurier, n. 20.
Mouillot Antoine, grenetier, n. 20.
Tabary Henri, cordonnier, n. 22.
Lecœur Antoine, graisseur, n. 22.
Lecœur Louis fils, n. 22.
Lambert Jean, forgeron, 22.
Michet Jean-Baptiste, marbrier, n. 26.

Michet Edmond fils, n. 26.
Colombet François, rentier, n. 26.
Gibert Joseph, fabricant de moutarde, n. 28.
Lemoine Pierre, garçon de magasin, n. 28.
Barabant Claude, concierge du cimetière, n. 30.

AUXONNE (Rue d').

Huet veuve, née Vernier, propriétaire, n. 1.
Rigoulet, veuve Vernier, propriétaire, n. 1.
Vernier Hortense veuve, sans profession, n. 1.
Renaud Bazile, rentier, n. 3.
Proteau, veuve Blondeau, propriétaire, n. 3.
Lhéritier Louis, aubergiste, n. 5.
Arveux Julie, femme Lambert, rentière, n. 5.
Gauriot Joseph, farinier, n. 5.
Lagorgette René, manouvrier, n. 5.
Daile-Kirin, agent irrigateur, n. 5.
Fornerot, garde du parc, n. 5.
Genty, n. 5.
Jeannet Henri, cafetier, n. 7.
Fumey Abel, sapinier, n. 7.
Couturier Pierre, domestique, 7.
Jonchéry Jean-Baptiste, maçon, n. 7.
Déclume, Jean-Baptiste, relieur, n. 7.
Ocquidant Philibert, boulanger, n. 9.
Vallot Reine, ouvrière, n. 11.
Fiet Anne, veuve Nicolardot, rentière, 11.
Edouard Jacques, propriétaire, n. 11.
Tenadet Auguste, perruquier, n. 11.
Nicolardot Jean-Baptiste, marchand de fromages, n. 13.
Billot Adolphe, grenetier, n. 13.
Thevenin Casimir, épicier, 15.
Lévy Siméon, marchand de chevaux, n. 15.
Labbé Eugène, boulanger, n. 15.
Dagousset, fabricant de moutarde, n. 15.
Brenot, manouvrier, n. 15.

Marguery Claude, propriétaire, n. 19.
Marguery Hippolyte, tonnelier, n. 19.
Cugnier François, grenetier, n. 21.
Benoît Bazile, négociant, n. 23.
Modot François, maréchal ferrant, n. 25.
Mutin Jean-Baptiste, ouvrier menuisier, n. 25.
Quetigny Joseph, ouvrier relieur, n. 25.
Maillot Catherine, veuve Moreau, rentière, n. 27.
Lieutet Prudent, grenetier et garde champêtre, n. 29.
Baudot, charpentier, n. 29.
Breuille Jean-Baptiste, manouvrier, n. 29.
Clavel Lucien, scieur de bois, n. 29.
Baudoin Pierre, employé au chemin de fer, n. 29.
Mutin Jean-Baptiste, menuisier, n. 29.
Mugneret, relieur, n. 29.
Lacroix, scieur de bois, n. 29.
Brouillard François, menuisier, n. 31.
Dautre Nicolas, propriétaire, charron, n. 31.
Holtzhauer Chrétien, charron, n. 31.
Gagnerot, veuve Moingeard, ouvrière, n. 31.
Chardonnet Denis, journalier, n. 31.
Ragouget Henri, chauffeur, 31.
Niestler Jacques, tailleur d'habits, n. 31.
Gray Eugénie, ouvrière, n. 31.
Morlot, manouvrier, n. 31.
Froidurot, veuve Marguery, journalière, n. 33.
Ruinet François, journalier, n. 33.
Labarbe Denis, ferblantier, n. 33.
Chaignet Vincent, rentier, n. 33.
Delorme, veuve Pauthey, ouvrière, 33.
Collonanne, veuve Daussy, ouvrière, n. 33.
Saconnay Jean-Baptiste, facteur rural, n. 33.
Corthot Reine, ouvrière, n. 33.
Baudot, veuve Marque, journalière, n. 33.
Aubrun, veuve Giffey, propriétaire, n. 33.
Brugnot André, charpentier, n. 33.
Roger Claude, maçon, n. 33.
Munier Claude, rentier, n. 33.
Pacot Philibert, propriétaire, n. 35.
Bonnin Claude, sabotier, n. 35.

Bouillet Jean, facteur des postes, n. 35.
Devant Claude, scieur de long, n. 35.
Akermann Grégoire, forgeron, n. 35.
Petit Claude, employé, n. 35.
Trimaille, employé des contributions indirectes, n. 35.
Génin Louis, charpentier, n. 35.
Piot, veuve Coirret, ouvrière, n. 35.
Quillardet, femme Dumont, ouvrière, n. 35.
Boivaut Louis, comptable, n. 35.
Tamisier Casimir, cordonnier, n. 35.
Perségol Fortuné, corroyeur, n. 35.
Prudhon Pierre, sculpteur, n. 35.
Minote Jean, domestique, n. 35.
Billot Léon, étudiant, n. 35.
Déroche Benoît, grenetier, n. 37.
Levoyet Pierre, charcutier, n. 39.
Dufourneau Louis, menuisier, n. 41.
Touichon Jean-Baptiste, rentier, n. 41.
Souillard Auguste, vérificateur en retraite, n. 41.
Moreau, veuve Marguery, journalière, n. 43.
Marguery Toussaint, jardinier, n. 43.
Daver Hyacinthe, cantonnier, n. 43.
Daver Nicolas, tailleur de pierres, n. 43.
Leflot Jean-Baptiste, grenetier, n. 43.
Vernier Louis, cabaretier, n. 45.
Verchère Michel, forgeron, n. 49.
Mauguin, ancien concierge, n. 49.
Bocquenet Sébastien, propriétaire, n. 49.
Décamot, veuve Héringuez, marchande, n. 49.
Briottet, manouvrier, n. 49.
Daviot Nicolas, propriétaire, n. 49.
Gagnerot, ouvrier, fabricant de voitures, n. 49.
Rochefort Louis, charron, n. 49.
Marchand Pierre, ouvrier cordonnier, n. 49.
Petit Claude, manouvrier, n. 49.
Marcaire Philippe, propriétaire, n. 51.
Morizot Jean, maçon, n. 51.
Noël Jacques, fripier, n. 51.
Clément, manouvrier, n. 51.
Olivier Pierre, jardinier, n. 57.

Marguery veuve, n. 59.
Pothier Jean-Baptiste, jardinier, n. 59.
Guilleminot Alexandre, vigneron, n. 59.
Millot Pierre, jardinier, n. 59.
Lignier Louis, jardinier, n. 61.
Edme Jacques, vigneron, n. 63.
Flammarion, manouvrier, n. 63.
Bardin Jean-Baptiste, manouvrier, n. 63.
Deignaut François, tonnelier, n. 63.
Diébold Michel, brasseur, n. 67.
Schœny Fridolin, brasseur, n. 67.
Combette Vivant, tailleur de pierres, n. 69.
Knetch Michel, rentier, n. 69.
Larderet veuve, ancienne armurière, n. 69.
Bonnardin Antoine, rentier, n. 69.
Coqunot, gardien de la prison, n. 69.
Baillon Jean, relieur, n. 69.
Christen Philémon, tonnelier, n. 69.
Point Simon, ouvrier charron, n. 71.
Rousseau Pierre, ferblantier, n. 71.
Robert Eugène, gardien à la prison, n. 71.
Boulanger Joseph, doreur, n. 71.
Helmeur Eugénie, n. 71.
Perron veuve, née Fremiet, journalière, n. 71.
Soulier veuve, née Gindrez, rentière, n. 71.
Bureau Pierre, scieur de long, n. 71.
Ruffey Louis, cafetier et aubergiste, n. 2.
Billot Jean-Marie, rentier, n. 2.
Prost Joséphine, femme Carruchet, ouvrière, n. 4.
Chabroulet Victor, maçon, n. 4.
Carnet Antoine, bourrelier, n. 4.
Jarlot Jacques, négociant, n. 6.
Perrot, Jean-Baptiste, journalier, n. 6.
Lafitte Marie, sœur supérieure, n. 8.
Roy Charles, n. 10.
Badier François, bourrelier, n. 10.
Stroheker Louis, boucher, n. 10.
Catinot Philippe, perruquier, n. 10.
Colombet François, aubergiste, n. 12.
Morelot veuve, ouvrière, n. 12.

Niestler Jean-Baptiste, tailleur d'habits, n. 12.
Potu Colette, femme Siruguet, journalière, n. 12.
Pelletier Auguste, maçon, n. 12.
Hattier Félicien, journalier, n. 14.
Boituzet Louis, ébéniste, n. 14.
Tonichon Jean-Baptiste, rentier, n. 14.
Larderet, rentière, n. 14.
Benoît Félix, négociant, n. 16.
Benoît Louis, négociant, n. 16.
Bornot Henri, forgeron, n. 18.
Martin François, jardinier, n. 18.
Lanneau veuve, née Rollin, propriétaire, n. 18.
Montrichard veuve, née Sicardet, rentière, n. 18.
Bizouard François, marbrier, n. 18.
Prévost veuve, ouvrière, n. 18.
Lamarche veuve, née Barbe, rentière, u. 20.
Girardin Claude, relieur, n. 20.
Jachiet, veuve Dorey, rentière, n. 20.
Briottet Nicolas, cafetier, n. 20.
Siredez Catherine, veuve Nèle, rentière, n. 20.
Robert Pierre, employé au gaz, n. 20.
Pacquetet Henri, marchand de vins en gros, n. 22.
Munier Maurice, rentier, n. 22.
Febvre Louis, rentier, n. 22.
Auger, rentier, n. 22.
Poiblanc Ernest, prêtre, n. 24.
Robert, marchand de vins en gros, n. 26.
Forey Paul, grenetier, n. 28.
Aubry veuve, née Vervandier, propriétaire, n. 28.
Coutier Jules, marchand de tissus, n. 28.
Chânut Jean, rétameur, n. 28.
Moruelle veuve, née Laborde, couturière, n. 28.
Chauchefoin Gustave, menuisier, n. 28.
Minet Claude, vigneron, n. 30.
Barra veuve, propriétaire, n. 30.
Sala Rémond, employé, n. 30.
Hanriot Pierre, marchand ambulant, n. 30.
Chapuis Louis, jardinier, n. 30.
Marillier, propriétaire, n. 32.
Petitjean Nicolas, fabricant d'huile, 34.

Bernard veuve, née Richard, rentière, n. 34.
Gras Eugène, tailleur de pierres, n. 38.
Viard Jean-Baptiste, propriétaire, n. 38.
Paitel François, boucher, n. 38.
Communaudat Auguste, manouvrier, n. 38.
Lafortune Emélie, blanchisseuse, n. 38.
Rebillon, employé au télégraphe, 38.
Delait, relieur, n. 38.
Gauchot, grenetier, n. 38.
Biot Charles, jardinier, n. 40.
Daujon Louis, jardinier, n. 40.
Millière Pierre, journalier, n. 40.
Moreau Catherine, rentière, n. 40.
Daviot Jean-Baptiste, serrurier, n. 44.
Bonnet Alexandre, menuisier, n. 44.
Bonnet veuve, Anne, n. 44.
Abigand Nicolas, sacristain, n. 44.
Gunther Pierre, jardinier et propriétaire, n. 48.
Roussey François, cordonnier, n. 48.
Faugère François, homme d'équipe, n. 48.
Petitprin Marie, veuve Chevalier, journalière, n. 48.
Lefol Pierre, jardinier, n. 50.
Berthonot André, retraité, n. 50.
Lefol François, jardinier, n. 50.
Febvre Pierre, rentier, n. 50.
Cazet Théophile, employé, n. 50.
Lefol Henri, jardinier, n. 50.
Loisier Jacques, pépiniériste, n. 52.
Loisier Auguste, abbé, n. 52.
Morichard Edme, jardinier, n. 54.
Lignier Claude, vigneron, n. 54.
Brodebeck Pierre, conducteur au chemin de fer,
   n. 54.
Gasq Jean-Baptiste, cordonnier, n. 60.
Philibeaux Jean-Baptiste, boulanger, n. 60.
Petitot Pierre, charpentier, n. 62.
Fournier Pierre, tailleur de pierres, n. 62.
Mugneret Pierre, manouvrier, n. 62.
Clément Vincent, ex-banquier, n. 62.
Lesecq Jean-Baptiste, geôlier chef à la prison, n. 64.

Lapostolet Nicolas, directeur des prisons, n. 64.
July Jean-Baptiste, concierge à la prison, n. 64.

AUXONNE (Route d').

Morel Urbain, propriétaire, n. 64.
Cholet Jean-Baptiste, vigneron, n. 64.
Ouzelet Claude, manouvrier, n. 64.
Morel François, manouvrier, n. 64.
Joigné veuve, n. 66.
Amary Pierre, cabaretier, n. 66.
Deslandes, charpentier, n. 66.
Jolyot Louis, cordonnier, n. 66.
Masson veuve, rentière, n. 66.
Tortochaux, rentier, n. 66.
Vienne Jean-Baptiste, ex-brigadier de gendarmerie, 66.
Poinsot Jean-Baptiste, plâtrier, n. 66.
Pouilly Valère, rentière, n. 66.
Raviot Jean-Baptiste, maçon, n. 66.
Goudeau dit Laroche, propriétaire, tailleur de pierres, 68.
Raillard la dame, rentière, n. 68.
Hytier Bernard, gardien à la prison, n. 70.
Poisier Pierre, jardinier, n. 70.
Vervandier Vincent, vigneron, n. 70.
Simmler, relieur, n. 70.
Blondeau Célestin, propriétaire, cultivateur, n. 72.
Léger François, propriétaire, jardinier, n. 74.
Romet Jean, gardien à la prison, n. 74.
Demongeot Pierre, propriétaire rentier, n. 74
Hutinel François, gardien à la prison.

BANNELIER (Rue).

Pauper Jean-François, marchand de poissons, n. 1.
Pauper François fils, n. 1.
Voituret veuve, née Frochot, rentière, n. 2.

Voituret Catherine, rentière, n. 2.
Vaque Théodore, tailleur, 2.
Bourrelier Charles, entrepreneur des vivres militaires, 2.
Leriche Antoine, receveur principal en retraite, n. 2.
Grandidier veuve, née Olivier, rentière, n 2.
Michet veuve, née Nicolas, marchande de volailles, n. 2.
Sky la dame, née Lerat, femme de ménage, n. 3.
Roubot veuve, née Lhuillier, blanchisseuse, n. 3.
Gugniot Camille, concierge à la halle, n. 3.
Roy Léon, ouvrier cordonnier, n. 3.
Galopin Louis, conducteur au chemin de fer, n. 3.
Naigeon Sophie, ouvrière, n. 3.
Gautheret-Morelle Louis, marchand de grains, n. 4.
Ragot François, journalier, 5.
Carré, chapelier, n. 7.
Cotetidot Gabriel, employé au chemin de fer, n. 7.
Déclaire Jean-Baptiste, maçon, n. 7.
Jeannet Jean, maçon, n. 7.
Vallée Victor, cabaretier, n. 7.
Hersant Michel, revendeur, n. 7.
Chareault Gabriel, voyageur de commerce, n. 7.
Collot Nicolas, tonnelier, n. 7.
Robert Joseph, charpentier, n. 7.
Laligant Henri, médecin vétérinaire, n. 9.
Gouhaut Louise, ouvrière, n. 9.
Blagny Alexis, vétérinaire, n. 9.
Miot François, employé au chemin de fer, n. 9.
Plumet Léon, ouvrier peintre, n. 9.
Jacotot Nicolas, rentier, n. 9.
Graillot veuve, née Michet, marchande de volailles, n. 11.
Pellegrin veuve, née Vincent, rentière, n. 11.
Pignant la dame, née Dugied, rentière, n. 11.
Fiet veuve, n. 11.
Aubertin Jean-Marie, marchand de chiffons, n. 13.
Magasin à M. Chaussenot-Legros, n. 13.
Belloy Delphine, ouvrière en robes, n. 13.
Benjamin la dame, née Anaclet, marchande de fromages, n. 13.

BASSANO (Rue).

D'Esterno veuve, née Richard, propriétaire, n. 1.
Manchematin Jean-Baptiste, n. 1.
Boucher Urbain, docteur-médecin, n. 1.
Diar François, concierge, n. 1.
Saverot Louis, conseiller, n. 1.
Deher Vivant, fripier, n. 3.
Besaucenot veuve, née Diart, rentière,n. 3.
Girodot Jean-Baptiste, scieur de long, n. 3.
Bernard Pierre, ancien chapelier, n. 3.
Augé Casimir, cabaretier, n. 5.
Thibaut Antoine, chaudronnier, n. 7.
Morel Jules, tailleur, n. 7.
Bolaron Victor, tailleur, n. 7.
Gautron Charles, garçon de magasin, n. 7.
Laroche Jeanne, ouvrière, n. 7.
Maréchal Adèle, rentière, n. 7.
Dessagne, chiffonnier, n. 7.
Borne Jeanne, rentière, n. 7.
Tainturier Anne, rentière, n. 7.
Porcherot Ernest, tonnelier, n. 7.
Salomon Jean-Baptiste, rentier, n. 9.
Devillebichot Isidore, rentier, n. 9.
Maupin François, cartonnier et trompette de la ville, 9.
Payme Antoine, rentier, n. 9.
Masson Jean-Baptiste, à l'équipe, n. 9.
Martin Marie, maîtresse de pension, n. 9.
Martin Jeanne, n. 9.
Martin Jean, rentier, n. 9.
Gruère veuve, née Guichard, propriétaire, n. 11.
Gruère Victor, docteur, n. 11.
Denuit veuve, née Paillet, rentière, 11.
Chevillard Jean-Baptiste, charcutier, n. 13.
Regnier Philiberte, rentière, n. 13.
Mallard Cécile, lingère, n. 13.
Groffier François, facteur au chemin de fer, n. 13.

Groffier François fils, dessinateur, n. 13.
Trulard Eugène, plâtrier, n. 13.
Viardot Pierre, employé à la distillerie, n. 13.
Truchetet Pierre, charpentier, n. 13.
Marion Guillaume, propriétaire, n. 17.
Marion Jules, rentier, n. 17.
Guiot Claude, banquier, n. 17.
Guillaume Hubert, concierge, n. 17.
Guillaume Antoine, employé, n. 17.
Seguin Hyacinthe, boulanger, n. 19.
Claverie Jacques, marchand linger, n. 19.
Doderet Hubert, rentier, n. 19.
Pitz Henri, cordonnier, n. 19.
Maire Alexis, épicier, n. 23.
Grappin Jean-Baptiste, serrurier, n. 25.
Desrues Antoine, maçon, n. 25.
Boullée Didier, coiffeur, n. 25.
Beoiveaut Jean, rentier, n. 29.
Grappin Henriette, coiffeuse, n. 29.
Estiot Philibert, compositeur d'imprimerie, n. 29.
Roger veuve, née Barbey, grenetière, n. 31.
Barbey François, n. 31.
Jaquette Victor, menuisier, n. 31.
Gallant Claude, cordonnier, n. 33.
Collombet Henri, garçon de magasin, n. 33.
Singer Catherine, couturière, n. 33.
Petit Auguste, musicien, n. 33.
Douée Alexandre, musicien, n. 33.
Fabvre la dame, rentière, n. 33.
Curnier Louis, commis voyageur, n. 33.
Verraux Alexis, boulanger, n. 35.
Barraux François, marchand de chiffons en gros, n. 37.
Farcy Jules, relieur, n. 37.
Chaudié Léon, dessinateur, n. 37.
Finot Jean, chapelier, n. 45.
Girodel Pierre, marchand linger, n. 45.
Jeannet Adrien, marchand linger, n. 45.
Harry Adolphe, chef de trains, n. 45.
Berger veuve, née Nief, grenetière, n. 47.
Lobron Joseph, chauffeur, n. 47.

Chevaux Louis, tailleur de pierres, n. 49.
Mongin Georges, piqueur au chemin de fer, n. 49.
Quirot Antoine, scieur de long, n. 49.
Sibilé Jean, forgeron, n. 49.
Gaudillière Alexis, cabaretier, n. 49.
Souweine Hermann, voyageur de commerce, n. 49.
Goll Louis, mécanicien, n. 49
Chameroy Nicolas, charcutier, n. 49.
Nadalon Pierre, cabaretier, n. 51.
Gros Ferdinand, propriétaire, n. 53.
Magasin à Niquevert, marchand fripier, n. 53.
Renaud, fileur de laine, n. 55.
Trivier Emile, conducteur de trains, n. 55.
Graff Jacob, cabaretier, n. 55.
Tissot Antoine, boulanger, n. 57.
Marie Marie, femme de ménage, n. 57.
Charmot veuve, née Pretet, rentière, n. 57.
Goffinet Auguste, tailleur de pierres, n. 57.
Glantenet François, manouvrier, n. 57.
Villiot Joseph, marchand, n. 57.
Lambert Jean-Baptiste, serrurier, n. 57.
Doix Ignace, cordonnier, n. 57.
Gremeau Emmanuel, marchand tailleur, n. 59.
Simmonnot Jean-Baptiste, cordonnier, n. 59.
Bertrès Frédéric, voyageur de commerce, n. 59.
Jolibois veuve, née Poulain, vinaigrier, n. 63.
Garrot Jean, chef de bureau, n. 63.
Virlin Joseph, ajusteur, 65.
Moreau Alexis, marchand fruitier, n. 65.
Robert Louis, sabotier, n. 65.
Koehrer Xavier, boucher, n. 67.
Briottet Philippe, ancien boucher, n. 67.
Chameroy François, charcutier, n. 69.
Gonin Charles, commissionnaire, n. 69.
Meuret Pierre, employé au chemin de fer, n. 69.
Chevalier Antoine, rentier, n. 71.
Billot Auguste, épicier, n. 71.
Billot Marie, n. 71.
Lavoignat François, n. 73.
Bresson Claude, cafetier, n. 73.

Laborey Louis, journalier, n. 73.
Robineau Jules, mécanicien, n. 73.
Mare Jean-Baptiste, tonnelier, n. 73.
Maitrejean Françoise, domestique, n. 75.
Marinet Antoine, domestique, n. 75.
Perrier Jean-Baptiste, cafetier, n. 75
Toulouse François, cafetier, n. 77.
Deligné Louis, facteur, n. 77.
Brille Pierre, cabaretier, n. 79.
Massenot Philippe, aiguilleur, n. 79.
Lambert François, tourneur, n. 79.
Degrange Pierre, grenetier, n. 79.
Vienne Simon, boulanger, n. 83.
Sanson Pierre, charpentier, n. 85.
Jissin François, journalier, n. 85.
Guérin Vincent, n. 85.
Derepas Charles, journalier, n. 85.
Galand Frédéric, homme d'équipe, n. 85.
Forey, employé au chemin de fer, n. 85.
Beaudot veuve, n. 85.
Delaborde Pierre, manouvrier, n. 87.
Gaudot Paul, perruquier, n. 87.
Modot Louis, manouvrier, n. 87.
Ravenet Etienne, marchand de fromages, n. 2.
Duthu Jean, entrepreneur de déménagements, n. 4
Marguery Pierre, serrurier, n. 6.
Lobrot Pierre, rentier, n. 6.
Duvernet veuve, née Gagnet, rentière, n. 6.
Chaumont Théodore, ouvrier serrurier, n. 6.
Perroux Denis, serrurier, n. 6.
Pelletier Xavier, jardinier, n. 8.
Quantin Jean, charcutier, n. 8.
Denizot veuve, née Robert, rentière, n. 10.
Toussaint Evariste, ex-ingénieur en chef, n. 10.
Lacroix veuve, née Dheigner Pauline, rentière, n. 10.
Chambrette Jean, concierge, n. 10.
Clergé Hector, directeur de l'enregistrement, n. 10.
Bertoza veuve, née Verdine, marchande de poterie,
    n. 12.
Bordet François, rentière, n. 12.

Thiaffait Claude, propriétaire, n. 14.
Siruguet veuve, née Berbey, rentière, n. 14.
Marchand Joseph, imprimeur, n. 14.
Roux Claude, épicier et marchand de bois, n. 16.
Perrin veuve, née Tillet, rentière, n. 16.
Viard veuve, femme de ménage, n. 16.
Collas Barthélemy, propriétaire, n. 18.
Henry François, sous-inspecteur des contributions indi-
    rectes, n. 18.
Geoffroy Jean, juge au tribunal civil, n. 20.
Chapuis Félix, marchand de laine filée, n. 20.
Lambert Pierre, ancien greffier, n. 20.
Charbonnel Jean, marchand de parapluies, n. 22.
Perrey veuve, née Vautrain, propriétaire, n. 22.
Girardot Joseph, grenetier, n. 22.
Rollin Pierre, cabaretier, n. 26.
Mousseron Jean-Baptiste, pharmacien, n. 28.
Pierrot Jean-Baptiste, fabricant de moutarde, n. 30.
Tissot Pierre, cafetier, n. 34.
Dorémus Charles, rentier, n. 34.
Rebichon veuve, née Lorange, aubergiste, n. 36.
Bornier Nicolas, marchand mercier, n. 38.
Heurté Catherine, rentière, n. 38.
Lhéritier Auguste, carrossier, n. 42.
Heurté Claude, huissier, n. 42.
Lambert Eugène, agent de police, n. 42.
Robert Claudine, domestique, n. 42.
Giusser Jean, ancien tailleur, n. 42.
Rousselet Jean, cafetier, n. 44.
Belin Louis, ancien patissier, n. 46.
Savary Félix, chantre et sabotier, n. 46.
Culard Louise, lingère, n. 46.
Pointurier Pierre, capitaine en retraite, n. 46.
Jacquin Edouard, menuisier, n. 46.
Dard Claude-Ernest, patissier, n. 46.
Dard la dame, née Lamarche, rentière, n. 46.
Gressot Jean-Baptiste, marchand de tissus, n. 48.
Pignant Charles, employé au chemin de fer, n. 48.
Rouge Claude, journalier, n. 50.
Jeannin veuve, née Rouge, femme de ménage, n. 50.

Pêche Pierre, charpentier, n. 50.
Girard Maurice, comptable, n. 50.
Bornier Jean, directeur d'assurances, n. 50.
Joliet veuve, née Canquoin, rentière, n. 54.
Babin André, marchand linger, n. 54.
Etienne veuve, née Baudier, femme de ménage, n. 54.
Maréchal veuve, née Grivot, manouvrière, n. 54.
Morizot veuve, née Joliet, rentière, 54.
Troly veuve, née Troly, ouvrière, n. 54.
Brey Jean-Baptiste, homme d'équipe, n. 54.
Bœuf veuve, née Maret, blanchisseuse, n. 54.
Mamet Jean-Baptiste, journalier, n. 54.
Bougenot, Jean-Baptiste, manouvrier, n. 54.
Jouiut Jean, tailleur, n. 54.
Fournereau veuve, née Charry, femme de ménage, n. 54.
Fournereau Blaise, ajusteur, n. 54.
Herardot Jean, épicier, n. 56.
Corniche Joseph, épicier, n. 58.
Leroux Marguerite, lingère, n. 58.
Verchère veuve, née Grenette, cuisinière, n. 58.
Verchère Michel, facteur, n. 58.
Petit Eugénie, lingère, n. 58.
Vachez Jean, maçon, n. 58.
Nectoux-Marien veuve, ouvrière, n. 58.
Gallot Nicolas, ancien soldat, n. 58.
Jeanniard veuve, née Catinet, femme de ménage, n. 58.
Manière Jacques, peintre, n. 58.
Mairet Jean-Baptiste, couvreur, n. 58.
Bresson Alexis, scieur de long, n. 58.
Doussot Paul, tanneur, n. 58.
Debelfort Jules, manouvrier, n. 58.
Orième, n. 58.
Caillard Georges, rentier, n. 58.
Boniard Jean-Baptiste, manouvrier, n. 58.
Mouchet Isidore, nettoyeur, n. 58.
Mallard Denis, marchand de farines, n. 60.
Noirot Marie, fleuriste, n. 60.
Grappin Jean-Baptiste, compositeur d'imprimerie, n. 62.

Coillot Pierre, cabaretier, n. 62.
Guillot François, aubergiste, n. 64.
Commiaux veuve, née Roy, n. 64.
Cornemillot veuve, née Petitot, ouvrière, n. 64.
Cornemillot Léon, charpentier, n. 64.
Peutet Jean-Baptiste, marchand de fer, n. 66.
Richet Charles, poêlier, n. 68.
Arnaud Victor, ouvrier horloger, n. 68.
Agnet Louis, garde de nuit, 68.
Jourdheuil François, cammionneur, n. 68.
Blagny Auguste, épicier, n. 70.
Fourneraux Claude, tapissier, n. 70.
Bonnarde veuve, née Barruet, femme de ménage n. 70.
Moutel Philibert, propriétaire, n. 72.
Bazilaire Jean-Baptiste, marchand de tissus, n. 74.
Sasse veuve, née Morisset, femme de ménage, n. 74.
Dautrey veuve, née Mongeot, femme de ménage, n. 74.
Bailly Pierre, employé, n. 74.
Bardolet Dominique, à l'équipe, n. 74.
Galimard la dame, née Battaux, rentière, n. 74.
Parriot Jean, employé au chemin de fer, n. 74.
Perroux veuve, née Drouhin, blanchisseuse, n. 74.
Lenoir Pierre, loueur en garni, n. 76.
Chapuis Gabriel, chaudronnier, n. 76.
Volland Emile, patissier, n. 78.
Bruet Joseph, propriétaire, n. 78.
Culas veuve, née Tableau Jeanne, rentière, n. 78.
Magnier Jean, charpentier, n. 78.
Pétot Jean, poêlier, n. 78.
Bailly François, plâtrier, n. 78.
Drouhin Jean-Baptiste, journalier, n. 78.
Decologne Auguste, ferblantier, n. 78.
Legrand Hugues, manouvrier, n. 78.
Charmot Jean, rentier, n. 80.
Cornemillot Auguste, charpentier, n. 80.
Belfin Jean-Baptiste, perruquier, n. 80.
Poulain Remy, peintre, n. 82.
Niquevert Joseph, fripier, n. 84.
Blanc veuve, née Grisot, marchande lingère, n. 84.
Colliet Victor, propriétaire, vigneron, n. 86.

Moratin Anne, femme de ménage, n. 86.
Vallot Charles, homme d'équipe, n. 86.
Bidet veuve, née François, rentière, n. 88.
Bertin Louis, cordier, n. 88.
Verchère Pierre, manouvrier, n. 90.
Goudot veuve, née Stivalet, femme de ménage, n. 90.
Berthillon Bénigne, maçon, n. 90.
Alhéritière Antoine, grenetier, n. 90.
Truffin Prudent, manouvrier, n. 90.
Renaud veuve, née Destot, fileuse de laine, n. 90.
Fagot Louis, forgeron, n. 90.
Charpiot veuve, née Noviot, n. 92.
Gardet François, piqueur, n. 92.
Rouard Pierre, épinglier, n. 92.
Cortot Joseph, aiguilleur, n. 94.
Mongeot Antoine, à l'équipe, n. 94.
Beaudier Jean-Baptiste, manouvrier, n. 94.
Bouttelin Mathieu, peintre en bâtiments, n. 94.
Gagniard Amédée, chapelier, n. 98.
Maitrot Claude, horloger, n. 100.
Chemet Henri, épicier, n. 102.
Grenillet Alfred, débitant de tabacs et employé au che-
    min de fer, n. 102.
Forges Etienne, marchand de farines, n. 104.
Tainturier Symphorien, marchand de tissus, n. 106.
Berget François, marchand de tissus, n. 106.
Derepas Denis, garde de nuit, n. 106.
Coldre Joseph, coiffeur, n. 108.
Garnier Rose, propriétaire, n. 108.
Ferrez Zéphirin, ancien cafetier, n. 110.
Hugot Auguste, cafetier, n. 110.
Thoridenet François, à l'équipe, n. 110.
Marillier Jean-Baptiste, chauffeur au chemin de fer, 110.
Sagot Alphonse, ingénieur civil, n. 110.
Parrot Louis, sous-officier en retraite, n. 110.
Philippon veuve, née Briottet, rentière, n. 112.
Lordon François, boucher, n. 112.
Michalon Marie, couturière, n. 112.
Maurice Publius, cordonnier, n. 114.
Nivelon Antoine, propriétaire de bateaux, n. 114.

Faivre Joseph, journalier, n. 114.
Lambert veuve, femme de ménage, n. 114.
Passenaud Guillaume, employé, n. 114.
Berthier veuve, marchande, n. 114.
Martenot Blaise, perruquier, n. 116.
Sage Jacques, ancien épicier, n 118.
Chauvelot Antoinette, propriétaire, n. 118.
Leruth Jean, mécanicien, 118.
Labourot Stéphen, charpentier, n. 118.
Léchenot Pierre, garçon meunier, n. 118.
Colombet Alfred, chef de trains, n. 118.
Griffon Catherine, lingère, n. 118.
Beck Louis, cabaretier, n. 120.
Dutartre Jean, cordonnier, n. 122.
Berthaux Philibert, épicier, n. 124.
Cordonnier veuve, née Cordonnier, rentière, n. 126.
Tortochaux Jean, ancien instituteur, n. 126.
Pétot Alexandre, garçon de magasin, n. 126.
Morlot la dame, propriétaire, n. 126.

BELLE-RUELLE (Rue).

Claudel veuve, femme de ménage, n. 1.
Moreau Claude, menuisier, n. 1.
Penotet Jean-François, matelassier, n. 1.
Monnard veuve, n. 2.
Roger Isidore, graisseur, n. 2.
Jacquemot Alexandre, tonnelier, n. 2.
Baillet Pierre, journalier, n. 2.
Carteron Etienne, capitaine en retraite, n. 2.
Jolivet Isidore, plâtrier, n 4.
Bernard François, à l'équipe, n. 4.
Deleschamp Jean, rentier, n. 4.
Godillot Jean-Baptiste, employé au télégraphe, n. 4.
Robin Etienne, ancien marchand de farines, n. 6.

BERBISEY (Rue).

Picard Pierre, clerc de notaire, n. 1.
Picard veuve, née Bonnard Jeanne, rentière, n. 1.

D'Henzel veuve, née Mollerat, propriétaire, n. 3.
Cornereau veuve, née d'Henzel, propriétaire, n. 3.
Simonnet Jules, conseiller à la Cour impériale, n. 3.
Pelletret Barthélemy, concierge, n. 3.
Morel de Duesmes veuve, née |Vaudremont, rentière, n. 3.
Gebhard Georges, capitaine en retraite, n. 5.
Pagel Françoise, couturière, n. 5.
Belost veuve, née Capet Françoise, propriétaire, n. 7.
Gueneau d'Aumont Louise, n. 7.
Clave veuve, née Dellery, épicière, n. 9.
Bachung Georges, menuisier, n. 11.
Raviot Marguerite, femme de ménage, n. 11.
Jouffroy veuve, née Cassard, relieur, n. 11.
Guenot Pierre, propriétaire, n. 13.
Lhuillier Pierre, employé à la préfecture, n. 13.
Lefol François, manouvrier, n. 13.
Curot femme, née Pelletret, femme de ménage, n. 13
France François, relieur, n. 13.
Constant Claude, scieur de long, n. 13.
Oulmann Abraham, rentier, n. 15.
Constantin Claude, journalier, n. 15.
Bressant Charles, fabricant de pain d'épices, n. 15.
Mairet Antoine, cabaretier, n. 15.
Collion Aubin, marchand fripier, n. 15.
Clavel Jean-Baptiste, marbrier, n. 19.
Boussey Jean-Baptiste, manouvrier, n. 19.
Nicole Marie, femme de ménage, n. 19.
Deleuze veuve, née Weber Jeanne, propriétaire, n. 19.
Viard Pierre, maçon, n. 19.
Douairet veuve, née Heuiller, femme de ménage, n. 19.
Cousin femme, blanchisseuse, n. 19.
Salomon, facteur à la poste, n. 19.
Déclert Ambroise, employé, n. 19.
Garnier Paul, employé au chemin de fer, n. 19.
Dufrat Alfred, pâtissier, n. 19.
Peltret veuve, née Colas, propriétaire, n. 21.
Thomas veuve, née Tortochon, rentière, n. 21.
Grignon, négociant, n. 21.

Vétu Pierre, docteur-médecin, n. 23.
Dromard Jules, propriétaire, n. 23.
Saverot veuve, née Petitjean, rentière, n. 23.
Revirard Edouard, propriétaire, n. 25.
Breton Henri, concierge, n. 25.
Chanoine Sulpice, conseiller honoraire, n. 25.
Viney Henri, conservateur des forêts, n. 25.
Jacques Henri, marchand de tissus, n. 27.
Maire Antoine, propriétaire, n. 29.
Maire Xavier, docteur en médecine, n. 29.
Jacques veuve, née Thiébaut, propriétaire, n. 29.
Herluison Jules, rentier, n. 29.
Dollat veuve, née Rousseau, rentière, n. 29.
Cotheret veuve, née Chovaux, rentière, n. 29.
Gautron veuve, née Chovaux, rentière, n. 29.
Marchand Jacques, propriétaire, n. 31.
Marchand Louis, docteur-médecin, n. 31.
Floret Philippe, rentier, n. 31.
Moussier veuve, née de Commeau, propriétaire, n. 33.
De Commeau veuve, née Fabrice, propriétaire, n. 33.
De Saussure veuve, née Dartis, rentière, n. 33.
Lyon-Joly Jean-Baptiste, régisseur, n. 33.
Boucher Honoré, concierge, n. 33.
Hudry Joseph, boulanger, n. 35.
Focillon Victor, menuisier, n. 37.
Rémond veuve, née Petitot, manouvrière, n. 37.
Guillemin Clément, ancien instituteur, n. 37.
Bernard Félix, serrurier, n. 37.
Borne veuve, née Chalochet, n. 37.
Degrave Jean, carrier, n. 37.
Collot Jean-Baptiste, vigneron, n. 39.
Fauche Marie, ouvrière, n. 39.
Herlin Antoine, marchand de bolits, n. 39
Bony Françoise, blanchisseuse, n. 39.
Henry François, cabaretier, n. 41.
Guyot Jean-Baptiste, propriétaire, n. 43.
Besserve Antoine, facteur de 1re classe, n. 43.
Lebrun Jules, capitaine en retraite, n. 43.
Melquion Etienne, revendeur, n. 45.
Parize François, charpentier, n. 45.

Bacquin Antoine, entrepreneur, tailleur de pierres, n. 45.
Guillaume Jacques, manouvrier. n. 45.
Pothier Jacques, scieur de long, n. 45.
Perrio Pierre, tonnelier, n. 45.
Duvivier veuve, née Agneaux, femme de ménage, n. 45.
Noirot Marie, fleuriste, n. 45.
Parize Louis, charpentier, n. 45.
Siquet Jean-Baptiste, conducteur de trains, n. 45.
Roumaingosse-Rémond, nettoyeur, n. 45.
Anguerrand François, homme d'affaires, n. 45.
Léger Claudine, cuisinière, n. 45.
Piget veuve, née Baulot, blanchisseuse, n. 45.
Monfillard Henri, agent de police, n. 45.
Desvignes Prosper, commis négociant, n. 45.
Bonnard, journalier, n. 45.
Contet Auguste, surveillant, n. 45.
Noëllat Pierre, horloger, n. 45.
Savoye François, cordonnier, n. 45.
Dorlin Claude, taillandier, n. 47.
Forey Jean-Baptiste, vigneron, n. 47.
Bolotte veuve, née Cornet, journalière, n. 47.
Boudier Aubin, perruquier, n. 49.
Arnaud Pierre, propriétaire, n. 49.
Brille veuve, née Guilleminot, femme de ménage, n. 49.
Pavaillon Claude, employé, n. 49.
Luc Félix, employé des postes, n. 49.
Thibaut François, vigneron, n. 49.
Calais Joseph, serrurier, n. 49.
Gaillac veuve, née Darbois, propriétaire, n. 49.
Lapré Jacques, manouvrier, n. 49.
Chaussenot Antoine, manouvrier, n. 49.
Cornu Anne, couturière, n. 49.
Berthaux Louis, employé au chemin de fer, n. 49.
Gosse Claude, journalier, n. 49.
Brille Louis, tôlier, n. 49.
Vachez Jean-Baptiste, paveur, n. 49.
Perrot Adolphe, employé, n. 49.
Derepas Claude, journalier, n. 49.

Paradis Joseph, cordonnier, n. 53.
Petitjean Paul, grenetier, n. 55.
Laguesse Alphonse, docteur-médecin, n. 57.
Laguesse veuve, née Lamiral, rentière, n. 57.
Bader Antoine, propriétaire, n. 57.
Boyer Victor, propriétaire, n. 59.
Bertrand veuve, née Remion, rentière, n. 59.
Claveric Jean, grenetier, n. 59.
Chaudonneret Mathieu, tonnelier, n. 59.
Gruet veuve, née Carrelet, rentière, n. 59.
Languereau Antoine, professeur, n. 59.
Estiot Reine, couturière, n. 59.
Baland François, propriétaire et maçon, n. 61.
Gauchey Claude, vigneron, n. 61.
Roret Edme, tourneur, n. 61.
Roy Anne, femme de ménage, n. 61.
Amanton Pierre, homme d'équipe, n. 61.
Penilet Jean-Baptiste, manouvrier, n. 61.
Parize veuve, née Simonnot, femme de ménage, n. 61.
Baillet Joseph, propriétaire, n. 61.
Vallot Claude, fileur de laine, n. 61.
Serre Antoine, vigneron, n. 61.
Trapet Denise, ancienne domestique, n. 61.
Messigny Louis, ferblantier, n. 61.
Lamy Pierre, conducteur de trains, n. 61.
Scrouin Pierre, vigneron, n. 63.
Lecœur Joseph, conducteur de trains, n. 65.
Laumay Antoine, maçon et logeur, n. 65.
Busquet Bazile, grenetier, n. 67.
Parizot veuve, née Garreau, rentière, n. 69.
Viard veuve, née Vincent, cordonnière, n. 69.
Rouget veuve, née Noirot, femme de ménage, n. 69.
Jovignot Jean-Baptiste, manouvrier, n. 69.
Mouchot Jacques, rentier, n. 69.
Janin la dame, née Champrenot, femme de ménage, 69.
Redan Gilbert, scieur de long, n. 69.
Roy François, tailleur de pierres, n. 69.
Morel veuve, née Lepaul, femme de ménage, n. 69.
Chevallier Etienne, vigneron, n. 69.
Diochon Louis, chauffeur, n. 69.

Martin Claude, limeur, n. 69.
Bodin Bernard, menuisier, n. 71.
Noblot Nicolas, tonnelier, n. 71.
Guyot Pierrette, propriétaire, n. 71.
Guyot Jacques, vigneron, n. 71.
Coiret veuve, née Tribolet, femme de ménage, n. 71.
Contour Jean, cordonnier, n. 71.
Bollot Joseph, vigneron, n. 71.
Petit François, maçon, n. 71.
Thibaut André, vigneron, n. 71.
Delarbre Michel, courtier, n. 71.
Dupont Pierre, ferblantier, n. 71.
Andriot veuve, née Cauvard, manouvrière, n. 71.
Dancheville née Moreau, femme de ménage, n. 71.
Huchon Joseph, facteur rural, n. 71.
Fenet Anatole, employé, n. 71.
Martin Auguste, corroyeur, n. 71.
Savedra Joseph, perruquier, n. 71.
Ledeuil Jean-Baptiste, vigneron, n. 73.
Sigoillot veuve, née Blot, journalière, n. 73.
Poissonnier Jean, berger, n. 73.
Garnier Jean, manouvrier, n. 73.
Martin André, ébéniste, n. 73.
Martin veuve, née Roy, n. 73.
Franchot François, maçon, n. 73.
Litaudon François, mécanicien, n. 75.
Ryat Prosper, grenetier, n. 75.
Cantin Pierre, serrurier, n. 75.
Poulain veuve, rentière, n. 75.
Blavot Joachim, journalier, n. 77.
Dupont Françoise, couturière, n. 77.
Paulus Joseph, cabaretier, n. 77.
Chaussier la dame, née Coindar, femme de ménage, n. 79.
Guillerme André, graisseur, n. 79.
Phelut Marien, perruquier, n. 79.
Ancel Jean-Baptiste, logeur, n. 81.
Petitot Françoise, femme de ménage, n. 81.
Rabut Joseph, frère-directeur de l'école chrétienne, 83.
Gœlz Martin, concierge, n. 83.
Voisin Claude, ancien boulanger, n. 85.

Passé François, menuisier, n. 87.
Lacroix Jean-Baptiste, fabricant de marteaux, n. 87.
Naudin François, ouvrier maçon, n. 87.
Flocard Nicolas, forgeron, n. 87.
Monniot Bernard, jardinier, n. 87.
Siégler Antoine, regrattier, n. 87.
Lutrat Pierre, ferblantier, n. 87.
Geny François, épinglier, n. 87.
Verain Jacques, restaurateur, n. 93.
Barbier Alexandre, peintre, n. 93.
Gonon Pierre, serrurier, n. 93.
Cossard Alexandre, conducteur de trains, n. 93.
Blondeau Joseph, tisserand, n. 95.
Pelletier Jacques, charpentier, n. 95.
Burgiard-Dumay, rentière, n. 95.
Gillot veuve, née Parizot, rentière, n. 95.
Noirot Etienne, grenetier, n. 95.
Moratin veuve, ouvrière, n. 95.
Petitot veuve, née Henry, couturière, n. 95.
Felss Xavier, boucher, n. 95.
Benoît Jean-Baptiste, cafetier, n. 2.
Mairet veuve, née Iselin, femme de ménage, n. 2.
Guguenheim Jacob, colporteur, n. 2.
Guguenheim veuve, née Lévy, n. 2.
Foulet Pierre, tonnelier, n. 2.
Gauthier Auguste, journalier, n. 2.
Lalance veuve, n. 2.
Brochot Antoinette, blanchisseuse, n. 2.
Luchard Alexandre, grenetier, n. 4.
Brille la dame, née Douge, femme de ménage, n. 4.
Pouffier Catherine, ouvrière, n. 4.
Chevassus Victor, pharmacien, n. 6.
Bon Pierre, élève en médecine, n. 6.
Buirette André, propriétaire, n. 6.
Sedillot Aléxandre, docteur-médecin, n. 6.
Sedillot Camille, garde général, n. 6.
Société de Saint-François-Régis, n. 6.
Goudot Jean-Baptiste, concierge et fileur de laine, n. 6.
Faraguet Jocet, negociant, n. 6.
Buirette Eugène, rentier, n. 6.

Bourgois veuve, née Gilles, rentière, n. 6.
Surget Alfred, propriétaire, n. 10.
Coffin Louis, ingénieur, n. 10.
Tardy la dame, née Maulbon, rentière, n. 10.
Navelle Charles, facteur, n. 10.
Saussay Edouard, rentier, n. 10.
Gresse veuve, n. 10.
Grandidier François, fabricant de formes, n. 12.
Sireguey Paul, professeur, n. 12.
Noël Claude-Edouard, employé des postes, n. 12.
Voulot Joseph, ancien instituteur, n. 12.
Favrier veuve, née Laligant, rentière, n. 12.
Remy Pierre, rentier, n. 12.
Leveaux Claude, tailleur, n. 12.
Brocard Claude, marchand de tissus, n. 14.
Lesterlin Julie, lingère, n. 14.
Jussaume veuve, née Lejay, rentière, n. 14.
Regnier veuve, née Durpoy, rentière, n. 14.
Nevers Pierre, ancien charcutier, n. 16.
Durens Joseph, grenetier, n. 16.
Chauvot veuve, née Berger, couturière, n. 16.
Rémond, jardinier, n. 16.
Baudrillard Jean-Baptiste, grenetier, n. 18.
Belin Alfred, poêlier, n. 20.
Russet Joseph, professeur, n. 20.
Carré Nicolas, chapelier, n. 20.
Claire Jeanne, blanchisseuse, n. 20.
Fabvre François, ancien distillateur, n. 20.
Commeau de Charry, propriétaire, n. 22.
Barbier Alexandre, percepteur, n. 24.
Barbier veuve, née Guerby, propriétaire, n. 24.
Boissard veuve, née Parigot, propriétaire, n. 24.
Boissard Yves, avocat, n. 24.
Boucher Jean-Baptiste, débitant de tabac, n. 24.
Bernard Claude, chanoine, n. 24.
Mathis Charles, cordonnier, n. 24.
Changarnier Henri, cordonnier, n. 26.
Vincent Jean-Baptiste, grenetier, n. 28.
Julien Louis, rentier, n. 28.
Meline Claudine, blanchisseuse, n. 28.

Servy Alix, loueur en garni, n. 28.
Seray Auguste, employé des contributions indirectes, 28.
Gilbert Adolphe, teinturier, n. 32.
Caïn Joseph, marchand d'étoffes, n. 32.
Tallandier veuve, née Guedenet, n. 32.
Soichot François, rentier, n. 36.
Soichot François, tapissier, n. 36.
Pariselet Jeanne, femme de ménage, n. 36.
Gorchet veuve, née Fleurot, femme de ménage, n. 36.
Renaud Jeanne, n. 36.
Ledeuil Anne, ouvrière, n. 36.
Coqunot Jean-Baptiste, menuisier, n. 36.
Rothé Maurice, menuisier, n. 36.
Gibourg Louis, cordonnier, n. 36.
Golmard Félix, menuisier, n. 36.
Batteau la dame, née Coqumet, n. 36.
France veuve, née Mary, femme de ménage, n. 36.
Thibaut François, manouvrier, n. 36.
Nautre Alexandre, tonnelier, n. 36.
Paillet, fabricant de casquettes, n. 38.
Beze Nicolas, fondeur, n. 38.
Rivet Nicolas, marchand fripier, n. 38.
Party Léon, avocat, 40.
Charnaux Antoine, propriétaire, n. 40.
Voinchet Jules, comptable, n. 40.
Boullier Alfred, représentant de commerce, n. 40.
Plaisance François, buraliste, n. 40.
Joliet Louis, menuisier, n. 42.
Theuriet Frédéric, tonnelier, n. 42.
Balot veuve, née Lemerle, couturière, n. 42.
Gschwing Louis, voyageur de commerce, n. 42.
Cruère Julie, rentière, n. 42.
Léopold Laurent, fabricant de parapluies, n. 44.
Tabourot Anne, revendeuse, n. 44.
Lefol Jean-Baptiste, tailleur de pierres, n. 44.
Deguize Lazare, garçon de magasin, n. 44.
Charnaux veuve, femme de ménage, n. 44.
Ferry Jean, tailleur, n. 46.
Morel Jacob, plâtrier, n. 46.
Saussier veuve, née Marchand, femme de ménage, n. 46.

Soichot Etienne, serrurier, n. 46.
Lherbier Victor, chef de trains, n. 46.
Creuillot Jean-Baptiste, charpentier, n. 46.
Bloc Isaac, tailleur, n. 48.
Morizot Pierre, grenetier, n. 50.
Laguesse Napoléon, corroyeur, n. 52.
Badet Charles, employé, n. 52.
Deslandes Eugène, charpentier, n. 52.
Michel Joseph, tailleur, n. 52.
Jousserand veuve, née Plaquet, femme de ménage, n. 52.
Porcherot Nicolas, peintre en bâtiments, n. 52.
Maubert Joseph, couvreur, n. 52.
Carteret Frédéric, fabricant de bâches, n. 52.
Riedot Antoine, gazier, n. 52.
Saunois Pierre, charpentier, n. 52.
Gauge Henri, homme d'équipe, n. 52.
Constantin François, corroyeur, n. 52.
Blum Moïse, marchand fripier, n. 52.
Clairet Félix, chaudronnier, n. 54.
Roux Claude, boulanger, n. 56.
Block veuve, née Mayer, marchand colporteur, n. 58.
Aubert Nicolas, chaudronnier, n. 58.
Perron, fabricant de pain d'épices, n. 58.
Leger Claude, plâtrier, n. 58.
Lambert Jean-Baptiste, ancien plâtrier, n. 58.
Gascard Victor, grenetier, n. 60.
Saussier Anne, blanchisseuse, n. 60.
Mouchou Jean, manouvrier, n. 60.
Gibourg François, cordonnier, n. 60.
Breuil Jean-Baptiste, nettoyeur, n. 60.
Bouché Claude, nettoyeur, n. 60.
Parent Claude, employé au télégraphe, n. 60.
Calais Albert, journalier, n. 60.
Chaussier Joseph, menuisier, n. 62.
Brix Etienne, loueur en garni, n. 64.
Brix Jean-Baptiste, bijoutier, n. 64.
Baulot veuve, née Thibert, revendeuse, n. 66.
Prâlon Jean-Baptiste, manouvrier, n. 66.
Lafleur Louis, charbonnier, n. 66.
Gey Jean, menuisier, n. 66.

Bonnet Philippe, journalier, n. 66.
Sunard Pierre, journalier, n. 66.
Mariotte Louis, menuisier, n. 66.
Mielle veuve, née Mutin, femme de ménage, n. 66.
Georgey Mme, née Beaut, marchande fripière, n. 70.
Guinchard Etienne, fabricant de limes, n. 72.
Rémond Nicolas, compositeur d'imprimerie, n. 72.
Girard Nicolas, serrurier, n. 72.
Tétot veuve, née Martin, loueuse en garni, n. 74.
Lallemand Emile, employé de commerce, n. 74.
Deher veuve, née Jourdain, couturière, n. 74.
Trapin Jean-Baptiste, à l'équipe, n. 74.
Moreau François, grenetier, n. 74.
Cousin Stéphane, boucher, n. 76.
Clousier Charles, propriétaire, n. 78.
Clousier François, conducteur des ponts et chaussées, 78.
Paillard veuve, née Clousier, rentière, n. 78.
Pidol Charles, scieur de long, n. 78.
Farcy Louis, imprimeur, n. 78.
Fougerolles veuve, née Thionnet, n. 78.
Pillet veuve, née Viret, femme de ménage, n. 78.
Poinsot Charles, employé au timbre, n. 78.
Poinsot François, n. 78.
Carimantrand François, carrier, n. 78.
Chanard Jacques, poseur, n. 78.
Gouillon Antoine, maçon, n. 78.
Labouré Charles, manouvrier, n. 78.
Lecourbe Charles-Séraphin (le comte), conseiller à la
  Cour impériale, n. 82.
Foisset Paul, avocat, n. 82.
Bigolet Claude, professeur de musique, n. 82.
Surette Louis, comptable, n. 82.
Foisset Théophile, ancien conseiller à la Cour imp., 82.
Javelle Augustine Mlle, débitante de tabac, n. 82.
Badet Jean, marchand de bois, n. 82.
Roblot veuve, née Fromantin, propriétaire, n. 88.
Roblot François, menuisier, n. 88.
Humbert Jean, aiguilleur, n. 88.
Rebourceau Jean, sous-officier en retraite, n. 88.
Dugrattoux Louis, sellier, n. 88.

Harry veuve, née Proteau, grenetière, n. 90.
Rougeot Jean-Baptiste, professeur, n. 90.
Rémond, Jean-Baptiste, tailleur, n. 92.
Lafeuillade, employé, n. 92
Huguenot Françoise Mlle, couturière, n. 94
Achery Edmée Mlle, lingère, n. 94.
Dugat Alexandre, menuisier, n. 94.
Meuret Henri, maçon, n. 94.
Calais Pierre, homme d'équipe, n. 96.
Viard Antoine, journalier, n. 96.
Denizot Charles, n. 96.
Vincenot François, ferblantier, n. 96.
Auer Joseph, grenetier, n. 96.
Carret Pierre, maçon, n. 96.
Salbreux veuve, née Tissot, rentière, n. 98.
Voituret Louis, marbrier, n. 98.
Salbreux Antoine, rentier, n. 98.
Veillet Claude, employé d'octroi, n. 98.
Tainturier veuve, propriétaire, n. 98.
Guethknecht François, menuisier, n. 100,
Masson François, journalier, n. 100.
Picoly Jean, ouvrier peintre, n. 100.
Jeannin François, garçon voiturier, n. 100.
Pichon Achille, commis voyageur, n. 100.
Charpy Françoise Mlle, lingère, n. 100.
Perrier veuve, née Vitu, bouchère, n. 102.
Brechillot Jacques, plâtrier, n. 102.
Rosseck veuve, née Besain, n. 102.
Léopold Philippe, employé, n 102.
Marlien, Jean-Baptiste, au chemin de fer, n. 102.
Clavel Alphonse, ouvrier marbrier, n. 102.
Jarrot Jean-Baptiste, marbrier, n. 102.
Giraudet Jean, maçon, propriétaire, n. 104.
Weil Aaron, fabricant de sacs, n. 104.
Tassé Désiré, peintre, n. 106.
Carrion Jean-Baptiste, menuisier, n. 106
Bourgeois Alexandre, sellier, n. 106.
Bailly Michel, marchand de vin en gros, n. 108.
Perrot Louise Mlle, modiste, n. 108.
Gros Denis, retraité, n. 108.

Grenier Jean, employé au chemin de fer, n. 108.
Collot Jacques, vigneron, n. 110.
Bourdet veuve, née Vallot, femme de ménage, n. 110.
François Pierre, charpentier, n. 110.
Parizot Nicolas, tisserand, n. 112.
Brejiroux François, maçon, n. 112.
Huguenot Bernard, marchand fruitier, n. 112.
Cluny veuve, née Debielle, n. 112.
Huguenot veuve, née Lévêque, n. 112.
Cavard Jean-Baptiste, charpentier, n. 112.
Baujard Louis, propriétaire, n. 114.
Charlet Isidore, ancien grenetier, n. 114.
Girodot Auguste, scieur de long, n. 114.
Binet Armand, peintre, n. 114.
Nief Pierre, serrurier, n. 116.
Bitsch Thibaut, tailleur, n. 116.
Jacotot François, grenetier, n. 116.
Seurre Jean-Baptiste, maçon, n. 116.
Leniept Edme, manouvrier, n. 116.
Robin veuve, née Follot, propriétaire, n. 120.
Perron Auguste, commis greffier, n. 120.
Follot Louis, propriétaire, n. 120.
Beaulieu Adolphe, corroyeur, n. 122.
Lucotte Pierre, cabaretier, n. 124.
Mugnier Eugène, tonnelier, n. 124.
Digoix Jean, journalier, n. 124.
Clerc François, propriétaire, n. 126.
Brulard Guillaume, plâtrier, n. 126.
Conchon Claude, maçon, n. 126.
Perrette Louis, compositeur d'imprimerie, n. 126.
Pingeon Jean-Baptiste, journalier, n. 126.
Bissey veuve, née Magnien, rentière, n. 126.
Soubayrolles Paul, charpentier, n. 126.
Sarrazin Jean-Baptiste, à l'équipe, n. 126.
Vialard Jean, ouvrier chaudronnier, n. 126.
Vinot Nicolas, menuisier, n. 128.
Masson Nicolas, maçon, n. 128.
Dessieux François, journalier, n. 128.
Collin Pierre, journalier, n. 128.
Donzelle Philippe, à l'équipe, n. 128.

Dalod Emmanuel, à l'équipe, n. 128.
Bussière Pierre, maçon, n. 128.
Degrave Mme, née Chapouteau, femme de ménage, 128.
Perrier veuve, née Bailly, vigneronne, n. 130.
Manières Ferdinand, charpentier, n. 130.
Lamblot Claude, cabaretier, n. 130.

BERGÈRE (Rue).

Kintre dit Gunther Denis, jardinier, n. 2.
Copier Mme, née Maure, n. 2.
Olivier Louis, jardinier, n. 4.
Millière Pierre, jardinier, n. 6.
Lambert veuve, née Renard, n. 6.
Pasquier veuve, née Miquet, rentière, n. 8.
Duprey veuve, née Pasquier, jardinière, n. 8.
Duprey Jules, dessinateur, n. 8.
Montrichard, Charles, jardinier, n. 10.
Gaillard Iréné, tailleur de pierres, n. 12.
Gaillard Jean-Baptiste, cordonnier, n. 12.
Gaillard Alfred, maçon, n. 12.
Royer Jean-Baptiste, fabricant de pompes, n. 12.
Claire Pierre, journalier, n. 12.
Joubert Guillaume, charpentier, n. 12.
Joubert Joseph, charpentier, n. 12.
Munier Etienne, homme d'équipe, n. 12.
Vachez Louis, charpentier, n. 12.
Coquillet Auguste, menuisier, n. 12.
Devillebichot François, vigneron, n. 12.
Ragonneau François, serrurier, n. 12.
Verchère Nicolas, journalier, n. 12.
Caumont Pierre, tailleur de pierres, n. 12.
Bornier Emile, homme d'équipe, n. 12.
Coste Ferdinand, propriétaire, n. 14 (pied-à-terre).
Creuvat François, jardinier, n. 14.
Ramonnet Louis, jardinier, n. 18.
Thomas François, journalier, n. 18.
Caillot Nicolas, jardinier, n. 18.

Abribat Jean, charron, n. 18.
Cholet Claude, jardinier, n. 18.
Montrichard Edme, propriétaire, n. 20.
Fichot Sébastien, jardinier, n. 20.
Pillet, ancien carrier, n. 22.
Conder Joseph, ancien négociant, n. 21.

BLANCHISSERIES (Les).

Seurot Jean, vigneron, n. 2.
Tamisier Jean, garde-moulin, n. 4.
Biakart Adolphe, garde-moulin, n. 4.
Bechet Denis, garde-moulin, n. 4.

BONS-ENFANTS (Rue des).

Barnoin Jean-Baptiste, facteur à la poste, concierge, 1.
Jacquinot Alfred, rentier, n. 1.
Guyot veuve, née Dromard, rentière, n. 1.
Granjean François, marbrier, n. 1.
Legoux Léon, substitut du procureur impérial, n. 1.
Petitot François, commandant du génie en retraite, n. 1.
Faivret veuve, n. 1.
Mutel Jean-Baptiste, boulanger, n. 5.
Niquevert Louis, vitrier, n. 5.
Davillebichot Nicolas, percepteur, n. 5.
Malteste veuve, née Perret, rentière, n. 7.
Malteste Louis-Victor, juge suppléant, n. 7.
Fossot Claude, cocher, n. 9.
Quignard Arthur, marchand de vin, n. 9.
Daudon Louis, plâtrier, n. 9.
Daudon Jean fils, n. 9.
Trécourt Catherine Mlle, ouvrière, n. 9.
Pautet Claudine Mlle, ouvrière, n. 11.
Genty Jean, employé au chemin de fer, n. 2.
Lucron Alfred, étudiant, n. 2.
Daubonne, avocat, n. 2.

Faurion Adèle Mlle, ouvrière, n. 2.
Clément veuve, née Gauche, ouvrière, n. 2.
Perrot Louis, doreur, n. 2.
Chenut veuve, née Chenut Olympe, rentière, n. 2.
Magnin veuve, née Philippon, propriétaire, n. 4.
Magnin Joseph, maître de forges, député de la Côte-d'Or, 4.
Pingaud Pierre-Marie, propriétaire, n. 6.
Pingaud Léon fils, n. 6.
Barbier Eugène, serrurier, n. 6.
Gauthier Laurent-Simon, doreur-miroitier, n. 8.
Fontaine Jean-Baptiste, rentier, n. 8.

BOSSUET, (Rue).

Gallois Claude, chapelier, n. 1.
Mouard Désiré, boulanger, n. 3.
Philibeaux Adolphe, ancien boulanger, n. 3.
Valnot Eugène, épicier, n. 5.
Jachiet François, maître d'hôtel, n. 9.
Paicheur Françoise Mlle, couturière, n. 9.
Bordet Laurent, carrier, n. 9.
Clerget Nicolas, poêlier, n 9.
Batuello Jacques, tailleur, n. 9.
Céry Jean-Baptiste, fabricant de paind'épices, n. 11.
Accard François, marchand de draps, n. 13.
Ragonneau veuve, née Ligeret, propriétaire, n. 15.
Vitu veuve, née Orange, blanchisseuse, n. 15.
Magasin de fer de Chapuis et Ravier, n. 15.
Rousset Léon, menuisier, n. 15.
Lévêque François, comptable, n. 15.
Demeurat Gilbert, maître imprimeur, n. 15.
Faradon Claude, journalier, n. 15.
Goudot Jean, garçon de magasin, n. 15.
Fréjacque Hubert, employé, n. 15.
Stefgen Charles, charpentier, n. 15.
Guignard Auguste, garçon de magasin, n. 15.
Delaborde Etienne, boulanger, n. 17.
Legros Claude, propriétaire, n. 17.

Courte Jacques, bottier, n. 19.
Monnot Louis, confiseur, n. 21.
Dessausses Pauline Mlle, rentière, n. 21.
Mochot Eléonore Mlle, rentière, n. 21.
Drouhin Claude, rentier, n. 23.
Goutel Jean, armurier, n. 23.
Elsaser Nicolas, plâtrier, n. 23.
Ravenet François, journalier, n. 23.
Ameline-Guerre Victor, coutelier, n. 25.
Boritte veuve, née Vincent, confectionneuse, n. 25.
Vincent Paul, employé de commerce, n. 25.
Barbe Edouard, bottier, n. 25.
Commot Jean, facteur au chemin de fer, n. 27.
Coulon, fileur de laine, n. 27.
Monin Claude, chapelier, n. 27.
Bomann Philippe, marchand de pelleterie, n. 29.
Bomann Adolphe, négociant, n. 29.
Clément Antoine, agent d'affaires, n. 29.
Gasq veuve, née Berthillon, femme de ménage, n. 29.
Maupin veuve, coiffeuse, n. 29.
Berger, menuisier, n. 29.
Rendu Jean, cordonnier, n. 29.
Gasq Joseph, conducteur de trains, n. 29.
Ramelet veuve, née Barbier, femme de ménage, n. 29.
Jorrot Alexis, marchand mercier, n. 31.
Behiet Charles, marchand mercier, n. 31.
Carrière veuve, née Mutin, limonadière, n. 2.
Lenhard Antoine, limonadier, n. 2.
Grappin Edme, marchand de toile, n. 4.
Bony Jeanne Mlle, lingère, n. 4.
Courcier Reine Mlle, femme de ménage, n. 4.
Gagné veuve, n. 6.
Seurre Vivant, ferblantier, n. 6.
Biot Jean, garçon de magasin, n. 6.
Marchet Gustave, libraire, n. 6.
Guelaud veuve, née Constantin, n. 6.
Gamot veuve, née Regnier, rentière, n. 6.
Gamot Gaspard, n. 6.
Polack Charles, marchand de vins en gros, n. 6.
Colnet Joseph, propriétaire, n. 8.

Noël Célestin, horloger, n. 8.
Caïn Sylvain, marchand tailleur, n. 8
Bouvier Pierre, marchand mercier, n. 8.
Thomas Joséphine Mlle, blanchisseuse, n. 8.
Dard Claude, marchand quincailler, n. 8.
Dard Claude, employé, n. 8.
Melchior Eugène, lithographe, n. 8.
Mongin Bernard, ancien coiffeur, n. 8.
Maumenet Françoise Mlle, lingère, n. 8.
Maumenet, veuve, née Moniot, n. 8.
Morier Claude, douanier, n. 8.
Breullier, commis, n. 8.
Noirot Simon, concierge et laveur, n. 8.
Duthu Maximilien, cordonnier, n. 8.
Chatouillot Julien, marchand de nouveautés, n. 10.
Fessard Adolphe, comptable, n. 10.
Bourgeon Jean-Baptiste, rentier, n. 10.
Dubier Mme, née Loquin, confection pour dames, n. 10.
Godot Honoré, tonnelier et concierge, n. 10.
Mutin Jules, commis d'Académie, n. 10.
Gayet veuve, née Josserand, rentière, n. 10.
Beaudot Henri, propriétaire, n. 12.
Monvenoux Auguste, rentier, n. 12.
Coquet Louis, cordonnier et concierge, n. 12.
Bresset Jean, greffier du tribun. de prem. instance, n. 12.
Mongin veuve, née Pasquier, rentière, n. 12.
Juillet veuve, née Gauthier, rentière, n. 12.
Geley Alfred, rentier, n. 12.
Mouginot veuve, née Bernard, marchande de toile, n. 14.
Barbier Jacques, rentier, n. 16.
Loth Nicolas. tailleur, n. 16.
Gouget Bernard, débitant de tabac, n. 16.
Gouget Camille, à l'enregistrement, n. 16.
Magy veuve, née Berthier, photographe, n. 18.
Paillet Françoise Mlle, rentière, n. 18.
Jardel François, dentiste, n. 18.
Gidel Victor, piqueur au chemin de fer, n. 18.
Chanat Camille, professeur de musique, n. 18.
Laleur Pierre, concierge, n. 18.
Ravier Claude, ajusteur, n. 18.

Morcrette Edmond, avocat, n. 18.
Tête Philibert, ouvrier peintre, n. 18.
Belin Nicolas, marchand de papiers peints, n. 20.
Merilly Charles, marchand mercier, n. 22.
Brocard Antoine, marchand de pipes, n. 24.
Richarme veuve, née Trégogli, march. quincaillère, 26.
Richarme Céline Mlle, n. 26.
Duthu Joseph, fabricant de chocolat, n. 28.

BOUDRONNÉE.

Nief Denis, receveur d'octroi.
Calais André, jardinier.
Jacquelin Jacques, jardinier.

BOUDRONNÉE (Rente de la).

Roux Pierre, cultivateur.

BOUHIER (Rue).

Dard Paul, docteur médecin, n. 2.
Rousselet, musicien, n. 4.
Gormand Thomas, cordonnier, n. 6.
Tournier Louise Mlle, ouvrière, n. 8.
Fournier Mlle, modiste, n. 8.
Grigne, professeur, n. 8.
Tridon Antoine, relieur, n. 8.
Jacquin Mme, née Lambert, rentière, n. 8.
Gindriez Auguste, arbitre de commerce, n. 12.

BOURG (Rue du).

Masson Jules, passementier, n. 1.
Brucker Joseph, marchand tailleur, n. 5.
Le baron Armand, rentier, n. 5
Renaud Pierre, marchand tailleur, n. 7.

Dubois veuve, manouvrière, n. 9.
Fontaine Jacques, menuisier, n. 9.
Maurice Louis, allumeur au gaz, n. 9.
Bruchon Jean-Claude, retraité, n. 9.
Carré François, journalier, n. 11.
Joiet Auguste, scieur de bois, n. 11.
Barberet Charles, frotteur, n. 11.
Fraissard Joseph, scieur de bois, n. 11.
Mutin Jean-Baptiste, boulanger, n. 11.
Perreau Anne Mlle, blanchisseuse, n. 11.
Pillot Claude, relieur, n. 11.
Renard veuve, scieur de bois, n. 11.
Hucherot Jean-Baptiste, tourneur, n. 11.
Vincent Simon, marbrier, n. 11.
Gautron Claude, homme d'équipe, n. 11.
Mongin François, manouvrier, n. 11.
Gaudry Françoise Mlle, lingère, n. 13.
Yncesse Pierre, boucher, n. 13.
Garnier Félix, ferblantier, n. 15.
Barbey Françoise Mme, femme de ménage, n. 15.
Chatain Jean-Baptiste, loueur en garni, n. 17.
Rouelle veuve, n. 17.
Boulet Colette Mlle, couturière, n. 17.
Bergeret Jean-Baptiste, rentier, n. 17.
Derepas Jean, cabaretier, n. 19.
Renucci Antoine, manouvrier, n. 19.
Bulot Alphonse, mécanicien, n 19.
Pannet Jules, marchand de liqueurs, n. 21.
Blavot, compositeur d'imprimerie, n. 21.
Tannier Edouard, employé à la préfecture, n. 21
Bollotte Jean-Baptiste, cafetier, n. 21.
Germain Jean-Baptiste, marchand de cuirs, n. 25
Genicot Augustine Mlle, lingère, n. 25.
Garniot Marie Mlle, lingère, n. 25.
Robin Charles, cordonnier, n. 25.
Lhéritier Jean-Baptiste, cordonnier, n. 25.
Lhéritier Jules, cordonnier, n. 25.
Matrat Claude, vannier, n. 29.
Sonnois Jean, tanneur, n. 29.
Pourieux Pierre, cordonnier, n. 29.

Birette Jean-Baptiste, cordonnier, n. 29.
Barbier veuve, née Gaude, femme de ménage, n. 29.
Chambrette Germain, tripier, n. 31.
Legrand Louis, marchand cordonnier et tailleur, n. 33.
Lévy Gustave, marchand chapelier, n. 35.
Deglanne Henri, marchand de couleurs, n. 35.
Moine Jean, boucher, n. 37.
Rose veuve, tripière, n. 39.
Block Samuel, marchand de tissus, n. 41.
Gey Jacques, scieur de bois, n. 41.
Midonnet Philibert, ouvrier tripier, n. 41.
Robert Pauline Mlle, ouvrière en robes, n. 41.
Hémard veuve Anne, femme de ménage, n. 41.
Franet Jeanne Mlle, couturière, n. 41.
Massenot veuve, née Paupion, marchande de souliers, n. 43.
Collion François, scieur de bois, n. 43.
Siredey François, manouvrier, n. 43.
Thomain Maria Mlle, femme de ménage, n. 43.
Benard Mme, née Petetin Colette, n. 43.
Lhennard Jean, boucher, n. 45.
Faidey veuve, née Berthier, rentière, n 45.
Feurtet Pierre, tripier, n. 45.
Midonnet veuve, rentière, n. 45.
Bourru Joseph, cabaretier, n. 45.
Guilleminot Pierre, marchand tailleur, n. 45.
Moine Nicolas, marchand de vin, n. 47.
Longepierre Jeanne Mlle, marchande lingère, n. 47.
Médard Louis, tripier, n. 49.
Lanet François, cordonnier, 51.
Perreau François, boucher, n. 53.
Bailly Pierre, tripier, n. 57.
Laureau Jacques, tripier, n. 59.
Chapuis, n. 61.
Bélier Antoine, marchand vannier, n. 61.
Duthu Claudine Mlle, lingère, n. 61.
Bélier Jean, marchand vannier, n. 61.
Cotillot Michel, marchand de sabots, épicier, n. 63.
Martenot, officier en retraite, n. 63.

Hainmüller, tailleur, n. 63.
Gaillardet, garçon de magasin, n. 63.
Pouffier, Catherine, n. 63.
Bélier Jean, propriétaire, n. 65.
Lordon Louis, marchand boucher, n. 65.
Doit veuve, manouvrière, n. 67.
Picamelot veuve, femme de ménage, n. 67.
Nicot, serrurier, n. 67.
Hugues-Lepetit Henriette Mlle, marchande de chaus-
    sures, n. 67.
Lepetit Victoire Mlle, n. 67.
Elie Laurent, marchand tailleur, 69.
Prisset Fortuné, rentier, n. 69.
Thubet Germain, marchand tailleur, n. 2.
Charroy Pierre, grenetier, n. 2.
Martenot Marguerite Mlle, lingère, n. 2
Roy Bertrand, ouvrier tailleur, n. 2.
Beaudier Jean-Baptiste, matelassier, n. 2.
Roy François, marchand de tissus, n. 4.
Fichot Jean, huissier, n. 4.
Bissey Claude, employé au télégraphe, n. 4.
Rigot Claude, sous-chef d'équipe, n. 4.
Gaudot Pierre, garçon de magasin, n. 4.
Guy Victor, marchand tailleur, n. 6.
Charton veuve, née Baulet, propriétaire, n. 6.
Cailloutet Pierre, rentier, n. 6.
Maréchal Amélie Mlle, marchande modiste, n. 8.
Verrière Jean-Baptiste, tailleur, n. 8.
Perrot veuve, née Lévêque, n. 8.
Préaux, marchand de modes, n. 8.
Barbier Jacques, pâtissier, n. 10.
Pillion Denis, marchand de rubans, n 10.
Morius veuve, née Artaux, rentière, n. 10.
Desogère veuve, née Morius, rentière, n 10.
Vallot Jean-Baptiste, chapelier, n. 12.
Jalliard Emile, employé, n. 12.
Courtioux Mme, née Verpaux, blanchisseuse, n. 12.
Perrin Jean-Baptiste, tailleur, n. 12.
Derry Charles, employé à la recette, n 12.
Paradis Eugène, cordonnier, n. 14.

Bonnot Nicolas, rentier, n. 16.
Prunaux Jean-Baptiste, tailleur, n. 16.
Raffort Jean, scieur de bois, n. 16.
Verchère Michel, employé au chemin de fer, n. 16.
Loiselet Victor, marchand d'étoffes, n. 16.
Aubelle Eugène, charcutier, n. 18.
Perrot Jules, marchand d'étoffes, n. 20.
Kramcher veuve, journalière, n. 20.
Romey Laurent, nettoyeur, n. 20.
Darantière Ludovic, huissier, n. 20.
Tainturier François, journalier, n. 20.
Poinsot veuve, n. 20.
Narterre veuve, grenetière, n. 22.
Schaub veuve, rentière, n. 22.
Malnoury Pierre, forgeron, n. 22.
Milanvoy Jeanne Mlle, n. 22.
Bribant Auguste, tailleur de pierres, n. 22.
Lepetit Ferdinand, marchand vannier, n. 24.
Filleteau veuve, n. 24.
Dubois Claude, manouvrier, n. 24.
Ehinger veuve, cordonnière, n. 26.
Volant Alexandre, corroyeur, n. 26.
Fontaine Toussaint, agent de police, n. 26.
Collon Eugène, poêlier, n. 26.
Pinet Jean, marchand de meules, n. 28.
Schaub André, cordonnier, n. 28.
Marguery veuve, née Vachez, couturière, n. 28.
Mignon Nicolas, garde-moulin, n. 28.
Baumont veuve, née Chambrette, n. 28.
Bouhaut Anne Mlle, marchande de tissus, n. 30.
Feuillebois Antoine, cordonnier, n. 32.
Vadol Mme, née Feuillebois, femme de ménage, n. 32.
Bonnardot Philippe, marchand linger, n. 34.
Debas Louis, marchand de tissus, n. 36.
Yncesse Pauline Mlle, marchande de mercerie, n. 36.
Schmit Frédéric, tailleur, n. 38.
Gouzenne Dominique, marchand d'étoffes, n. 40.
Vantard Claude, jardinier, n. 44.
Bazerolles Claude, grenetier, n. 44.
Millerand Jean-Baptiste, maçon, n. 44.

Gacon Gaspard, scieur de bois, n. 44.
Lévy Philippe, marchand de mercerie, n. 44.
Lévy Jacques, marchand de mercerie, n. 44.
Verrière François, cordonnier, n. 44.
Benoît Charles, grenetier, n. 46.
Vadot Antoine, manouvrier, n. 46.
Benoît Emélie Mlle, lingère, n. 46.
Magnien Jean, cordonnier, n. 46.
Magnien Jacques, cordonnier, n. 46.
Mignotte Jean-Baptiste, tailleur de pierres, n. 46.
Treuil Prosper, tailleur, n. 46.
Dambrun Nicolas, marchand cordonnier, n. 48.
Laurenceur Antoinette Mlle, lingère, 48.
Zawousky François, maçon, n. 48.
Jeunet Claude, serrurier, n. 48.
Bouteloup Mme, née Boulée, femme de ménage, n. 48.
Gagey Hugues, scieur de bois, n. 48.
Tatoux veuve, née Front, scieur de bois, n. 48.
Lasséchère Gabriel, maçon, n. 48.
Lamarche Jean, grenetier, n. 50.
Sirugues Jeanne Mlle, n. 50.
Costet Bernard, marchand cordonnier, n. 50.
Pansiot Pierre, cordonnier, n. 50.
Elie Claude, scieur de long, n. 50.
Roudot Pierre, manouvrier, n. 50.
Meurgey Mme, journalière, n. 50.
Bataillon Jean, marchand cordonnier, n. 52.
Hermann Joseph, cordonnier, n. 52.
Bourdon Pierre, corroyeur, n. 54.
Gudot Charles, cordonnier, n. 54.
Albrech Jean, cordonnier, n. 54.
Demoulin Jean, cordonnier, n. 54.
Bellot veuve, femme de ménage, n. 54.
Tatoux-Front Jeanne Mlle, scieur de bois, n. 54.
Correy Léonard, journalier, n. 54.
Bernard Nicolas, marchand linger, n. 54
Royer Auguste, à l'équipe, n. 54.
Baulot Etienne, serrurier, n. 56.
Charlet veuve, journalière, n. 58.
Theurot Pierre, marchand de tissus, n. 58.

Poncelin Charles, cordonnier, n. 58.
Sennequier Jules, matelassier, n. 58.
Charlet Pierre, scieur de bois, n. 58.
Belin Pierre, journalier, n. 58.
Charpiot Marguerite Mlle, couturière, n. 58.
Jay Gaspard, scieur de bois, n. 58.
Dorcy Antoine, charcutier, n. 62.
Rollin veuve, née Bailly, propriétaire, n. 62.
Collion Pierre, scieur de bois, n. 62.
Boussard Claude, tripier, n. 62.
Flamin Théodore, garçon de magasin, n. 62.
Coquillet Claudine Mlle, ouvrière, n. 62.
Febvre Antoine, menuisier, n. 62.
Tupin Eugène, facteur rural, n. 62.
Poiret veuve, née Garot Marie, blanchisseuse, n. 62.
Tuzet Jean-Louis, menuisier, n. 62.
Duplus Jean-Baptiste, chapelier, n. 64.
Fressard Isidore, scieur de bois, 64.
Noirot Jacques, forgeron, n. 64.
Mouillon Auguste, boulanger, n. 66.
Refroignet veuve, née Truchot, rentière, n. 66.
Bélicard Joseph, cordonnier, n. 68.
Fanchon Dominique, ouvrier cordonnier, n. 68.
Louet Hippolyte, linger, n. 70.
Legrand François, marchand de tissus, n. 72.
Amasse Joseph, grenetier, n. 74.
Fosset veuve, née Duprez Sophie, n. 74.
Tamisey Remy, marchand de tissus, n. 76.
Meilleure Pierre, manouvrier, n. 76.
Monin Denis, garçon de magasin, n. 76.
Pascard Georges, serrurier, n. 76.
Barrot Paul, garçon charbonnier, n. 76.
Jarrot Mme, femme de ménage, n. 76.
Claire Joseph, marchand d'étoffes, n. 82.
Dautin Léon, marchand mercier, n. 84
Collion André, grenetier, n. 86.

BRAY (Rente de).

Piot Claude, cultivateur.
Piot Claude fils, id.

BRULARD (Rue).

Coulon Françoise Mlle, lingère, n. 1.
Maillot François, employé, n. 1.
Malchaussé Victor, nettoyeur, n. 1.
Malchaussé Edouard, compositeur, n. 1.
Coullard Charles, mécanicien, n. 1.
Janny Anne Mlle, lingère, n. 3.
Rousset Denis, ébéniste, n. 3.
Gerbaulet Edme, ferblantier, n. 3.
Terrabert Anaïs Mlle, lingère, n. 5.
Renaud veuve, née Meuchet, n. 7.
Mielle Louis, journalier, n. 7.
Meuret Jacques, manouvrier, n. 9.
Dousson Claude, couvreur, n. 9.
Lignier Nicolas, manouvrier, n. 9.
Layer veuve, née Champonnois, femme de ménage, n. 9.
Collin Joseph, ingénieur civil, n. 9.
Rigolot Ferdinand, distillateur, n. 9.
Moreau Philippe, sellier, n. 2.
Vinderdin Mme, née Bloc, revenderesse, n. 2.
Bloc-Neman, revendeur, n. 2.
Quenier Pierre, manouvrier, n. 2.
Schœndorf Valentin, cordonnier n. 2.
Hausser Pierre, cloutier, n. 2.
Legrand veuve, née Taquenet, manouvrière, n. 2.
Genoux Claude, tonnelier, n. 2.
Prinsetet Jean-Baptiste, garçon de magasin, n. 2.
Hureau Victoire Mlle, rentière, n. 4.
Denizot Pierrette Mlle, ouvrière en robes, n. 4.
Caurot Jean-Baptiste, courrier des postes, n. 4.
Lenfant veuve, née Jarrot, femme de ménage, n. 4.
Devenet Thomas, commis, n. 4.

BUFFON (Rue).

Bonnet Pierre, ancien pharmacien, propriétaire, n. 1.
Lory Ernest-Léon, avoué, n. 1.

Dhetel, Philippe, ancien notaire, n. 1.
De Montillet Théodore, propriétaire, n. 3.
Carles Charles, concierge, n. 3.
Languet de Sivry Brice, propriétaire, n. 7.
Recouvrot, propriétaire, n. 7.
Recouvrot Jenny Mlle, propriétaire, n. 7.
Recouvrot Georgette Mlle, propriétaire, n. 7.
Deixmier d'Archiac, propriétaire, n. 9.
Dugier Pierre, ancien docteur-médecin, propriétaire, 11.
Létalenet Marie Mlle, rentière, n. 13.
Lhollier veuve, née Delage, rentière, n. 13.
Vuillermet, n. 13.
Mathieu veuve, rentière, n. 13.
Beckers veuve, rentière, n. 13.
Viennot Charles, propriétaire, n. 17.
Viennot Prosp., sous-inspect. des forêts en retraite, 19.
Chaussier veuve, née Perret, propriétaire, n. 21.
De Montureux, propriétaire, n. 21.
Blondeau Alexis, docteur-médecin, n. 21.
Labouré, Pierre-Eug., ing. en chef de la Cie de Lyon, 23.
Perrey veuve, née Guilbert, propriétaire, n. 25.
Lagnier Alexandre, juge de paix, n. 25.
Heynemens Jean-Marie, professeur de dessin, n. 27.
Dubart Jules, percepteur, n. 27.
Canquoin Alexandre, docteur-médecin, n. 27.
Rochet Nicolas, concierge, n. 27.
Grasset Ernest, président de chambre, n. 29.
Grasset Arthur, propriétaire, n. 29.
Thibaudot Gérard, concierge, n. 29.
Pernet Jean-Baptiste, domestique, n. 29.
De Sarcus Félix fils, propriétaire, n. 29.
De Sarcus père, propriétaire, n. 29.
Tissot Pierre, plâtrier, n. 31.
Renaud veuve, n. 31.
Soupet Henri, employé à la mairie, n. 31.
Fournier Edme, rentier, n. 31.
Renaud veuve, née Jacotot, ouvrière, n. 31.
Leborne Elisabeth Mlle, ouvrière, n. 31.
Olivier Louise Mlle, ouvrière, n. 31.
Foucault Jean-Baptiste, rentier, n. 31.

Ferrier François, menuisier, n. 33.
Belin veuve, née Janimard, rentière, n. 33.
Horion Joseph, employé au chemin de fer, n. 33.
Racine Jules, ouvrier horloger, n. 35.
Thuillier Marguerite, veuve Perrot, n. 35.
Bordat Anne Mlle, ouvrière, n. 35.
Dambrun Pierre, cordonnier, propriétaire, n. 35.
Alixant, jardinier, n. 35.
Biffaut Marie Mlle, rentière, n. 35.
Perrot veuve, n. 35.
Mallard veuve, née Tille, propriétaire, n. 37.
Rougeron veuve, née Quillardet Catherine, rentière, 37.
Vernot veuve, née Brullé Gabrielle, rentière, n. 37.
Tortochaux veuve, née Couquaux Anne. n. 39.
Champion veuve, née Couquaux Françoise, n. 39.
Martin veuve, née Guyot, propriétaire, n 39.
Bertillon Nicolas, manouvrier, n. 39.
Lamy Pierre, menuisier, n. 39.
Lamy Jules fils, n. 39.
Lombard Isidore, poêlier, n. 39.
Pozzy Félix, vitrier peintre, n 41.
Pozzy Charles fils, n. 41.
Demaizière Pierre, ouvrier tonnelier, n. 41.
Etienne Mme, née Loye, propriétaire, n. 41.
Renaud Claude-Félix, receveur au chemin de fer, n. 41.
Guillaumot veuve, née Martin, n. 41.
Judrin Henri, relieur, n. 41.
Desoto Joseph, rentier, n. 41.
Pouchetti veuve, née Carmantran, rentière, n. 43.
Pouchetti Paul, sculpteur, n. 43.
Edouard Jean-Baptiste, propriétaire, n. 43.
Bretin Victor, cordonnier, n. 2.
Poinsot Pierre, épicier, n. 2.
Dagallier Joséphine Mlle, propriétaire, n. 4.
Arnolet veuve, née Dagallier, rentière, n. 4.
Poisot Ch.-E., dir. de la succ. du conserv. de musique, 4.
Metman Jules, juge au tribunal, n. 4.
Metman Etienne fils, n. 4.
Ladey Victor, professeur à la faculté de droit, n. 6.
Ladey Xavier fils, n. 6.

Dorey veuve, née Vachez, rentière, n. 6.
Quirin Eugène, ancien avoué, n. 6.
De Charrey Hilaire, propriétaire, n. 8.
Coqunot Jean-Baptiste, propriétaire, n. 8 *bis.*
Roux-d'Arbaumont veuve, propriétaire, n. 8 *bis.*
Robert veuve, rentière, n 8 *bis.*
Lacomme Claude, professeur de droit, n. 8 *bis.*
Tétard Étienne, vétérinaire du département, n. 10.
Labouriau Mme, née Blandin, rentière, n. 12.
Japiot veuve, née Badet, rentière, n. 12.
Sabatier veuve, née Massard, ouvrière en robes, n. 12.
Massard Marie Mlle, ouvrière en robes, n. 12.
Sougris Barthélemy, employé des postes, n. 12.
Caquelin Joseph-Gédéon, marchand d'antiquités, n. 14.
Laurain Colette Mlle, ouvrière, n. 16.
Bazinval Jean-François, relieur, n. 16.
Marcilly Jean-Baptiste, boulanger, n. 16.
Lorenchet de Montjamont, conseiller à la cour, n. 18.
Lorenchet de Montjamont Joseph fils, n. 18.
Lorenchet de Montjamont Gervais fils, n. 18.
Hanin veuve, née Thiébaut, rentière, n. 18.
Serrigny Denis, doyen de la Faculté de droit, 20.
Vallot Désirée Mlle, rentière, n. 20.
Vallot Marguerite Mlle, rentière, n. 20.
Groselier Marguerite Mlle, rentière, n. 20.
Guényot veuve, née Bichot, propriétaire, n. 22.
Guényot Edmond fils, n. 22.
Morizot Ernest Jean-Baptiste, propriétaire, n. 24.
Crotti Emmanuel, ancien percepteur, n. 24.
Boyon Ferdinand, propriétaire, n. 26.
Despoisse, conducteur des ponts et chaussées, n. 26.
Roux, étudiant, n. 26.
Boudrot veuve, née Blancard, n. 28.
Blancard veuve, n. 28.
Magnein Jean-Baptiste, rentier, n. 28.
Dubard Pierre, manouvrier, n. 28.
Romey Jean-Baptiste, grenetier, n. 28.
Martenot André, voyageur de commerce, n. 28.
Buisson Antoinette Mlle, ouvrière, n. 28.
Gautherot Claude, employé au chemin de fer, n. 28.

Lallouette Adolphe, couvreur et lieut. des pompiers, 28.
Lallouette François-Léon fils, n. 28.
Brun François, loueur en garni, n. 30.
Masson François, serrurier, n. 32.
Pavoude Auguste, tourneur en chaises, n. 34.
Pascal Mme, née Pellegrin, ouvrière, n. 34.
Griffon Jean-Baptiste, ouvrier liquoriste, n. 34.
Denizot Jean-Baptiste, peintre, n. 34.
Clément Alice Mlle, ouvrière, n. 34.
Chemel Charles, grenetier, n. 36.
Polvey Marie Mlle, ouvrière en robes, n. 36.
Gibout Thérèse, Mlle, ouvrière, n. 36.
Turlin de la Mangeotte, ancien banquier, n. 36.
Régnier Martin, propriétaire, n. 36.
Mayer Jean, retraité, n. 38.
Barbet Claude, sellier-carrossier, n. 38.
Jarrot Félicité Mlle, institutrice, n. 38.

CALIFORNIE.

Gollotte Jean-Baptiste, fabricant de tuiles et de plâtre.
Cuvelier François, tailleur de pierres.
Bordas Nicolas, maçon.
Gelin Pierre, tailleur de pierres.
Faivre Philippe, manouvrier.
Midonnet veuve, née Lordins, manouvrière.
Hautoy Jean, propriétaire.
Coquillot Bernard, cabaretier.
Blanchet Claude, manouvrier.
Lagrange Philippe, manouvrier.
Moreau Claude, voiturier.
Péfert, manouvrier.
Piot François, vigneron.
Champy Stéphen, serrurier.
Martin Jean, vigneron.
Blondeau Pierre, voiturier.
Collot Jean-Baptiste, vigneron.
Barbier Mme, née Faivre.
Lollier François, poêlier.

Racine Alexis, menuisier.
Racine Alphonse, menuisier.
Riffaut veuve, née Bregigon.
Gabillot Christophe, cabaretier.
Bouchard Philibert, rentier.
Degoux Joseph, cabaretier.
Grenette Jean-Baptiste, jardinier.
Ladroite Hubert, vivandier.
Dumetier Joseph, propriétaire.
Bonnard, cordonnier.
Maillère Antoine, tonnelier.
Razzi Jean-François, propriétaire.
Barrié François, fabricant de paillassons.
Stoker Jean, casseur de pierres.
Bornot Claude, journalier.
Jacquèlin Pierre, jardinier.
Paillet, jardinier.
Hinsinger Joseph, manouvrier.
Poirier Jules, manouvrier.
Souillar veuve, née Beaufort.
Jardin Joseph, manouvrier.
Tachot Laurent, rentier.
Laurent Sébastien, cabaretier.
Bernard Pierre, cordonnier.
Bézard Pierre, manouvrier.
Tripier Jean, manouvrier.
Jachiet Nicolas, jardinier, propriétaire.
Bouhot Etienne, garçon jardinier.
Gautheret Alfred.
Coirier Annet, manouvrier.
Buy Jean-Baptiste, chiffonnier.
Lecomte Jean-Louis, pépiniériste-horticulteur.
Romain Arille, vivandier.
Aubert François, vigneron.

CANAL (Port du).

Entrep de charb. des mines d'Epinac, par M. Lion, n. 1.
Morin Alphonse, comptable, n. 1.
Monin Philibert, marchand de bois, n. 2.

Galland Hippolyte, rentier, n. 2.
Verpeau Jacques, domestique, n. 2.
Alliot Jean, garçon de magasin, n. 2.
Bonnet Joseph, voiturier, n. 3.
Curot Claude, cabaretier, n. 3.
Maignot Louis, propriétaire, n. 4.
Truchetet Auguste, charpentier, n. 4.
Bougaut François, mécanicien, n. 4.
Lancery Jean, journalier, n. 4.
Lhuillier Jacques, fabricant d'instruments aratoires, n. 5.
Girardot Auguste, grenetier, n. 7.
Menestré Claude, journalier, n. 7.
Chastin François-Edmond, cabaretier, n. 7.
Boudier Louis, journalier, n. 7.
Brocard Pierre, journalier, n. 7.
Décombe Claude, charpentier en bateaux, n. 7 *bis*.
Maignot Louis, rentier, n. 8.
Maignot Paul, sous-officier, n. 8.
Kalschmitt Jean, menuisier, n. 8.
Bonnet Pierre, manouvrier, n. 8.
Mollerat veuve, née Bouhey, femme de ménage, n. 8
Col Jean, scieur de long, n. 8.
Bouhey Jean, marchand de chiffons, n. 8.
Bouhey J.-B., manouvrier, marchand de chiffons, n. 8.
Burotte Félix, mécanicien, n. 8.
Chevalme Claude, messager, n. 8.
Barastier Joseph, mécanicien, n. 8.
Desray Louis, journalier, n. 8.
Saintebarbe Pierre, chef d'atelier, n. 8.
Eiberon Claude, scieur de long, n. 8.
Duval Jean-Baptiste, garçon voiturier, n. 8.
Entrepôt de charbon de terre, à M. Chapuis, n. 8.
Robelin Louis, fabricant de bleu d'outre-mer, n. 10.
Lespinasse Claude, négociant, n. 10.
Lespinasse Jules, entrepositaire, n. 10.
Lespinasse Louise Mlle, rentière, n. 10.
Magasin à M. Villet, marchand de grains, n. 10.
Estivalet Jean-Baptiste, voiturier, n. 10.
Heuchot Philippe, marchand de charbon, n. 11.
Debussy Pierre, receveur d'octroi, n. 11 *bis*.

Legros Nicolas, vigneron, 11 *bis.*
Babouhot Jean-Baptiste, journalier, n. 11 *bis.*
Guillier Benoît, ancien charpentier, n. 11 *bis.*
Pérard Jean-Baptiste, voiturier, marc. de cendres, 11 *bis.*
Béroux Eugène, marchand de charbon, n 12.
Guigrand Ossias, mécanicien, n. 12.
Vallée Jean, mécanicien, n. 12.
Cornice Jean, charpentier, n. 12.
Truillot Alexis, employé, n. 12.
Grillet Benoît, concierge, n. 12.
Sirot Jean, ancien négociant, n. 12.
Quillardet Jacques, rentier, n. 12.
Laurent Simon, mécanicien, n. 12.
Conois Jean-Baptiste, mouleur en fonte, n. 12.
Collot Amédée, ingénieur civil, n. 12.
Collot Alexandre, rentier, n. 12.
Conois Honoré, mouleur en fonte, n. 12.
Vallot Pierre, mouleur en fonte, n. 12.
Renard Frédéric, journalier, n. 12.
Savigny Pierre, journalier, n. 12.
Deslangres, abbé, n. 12.
Destouches veuve, née Bouvier, rentière, n. 12.
Barbier veuve, née Roy, rentière, n. 12.
Mutin François, cantonnier, n. 12.
Méot Félix, vigneron, n. 12.
Lacaille Bernard, receveur d'octroi, n. 12 *bis.*
Dequincey Etienne, voiturier, n. 12 *bis.*
Mutin Jean-Baptiste, mouleur en fonte, n. 13.
Lecœur Jean, voiturier, n. 13.
Bonnarde Etienne, vigneron, n. 13.
Brenot Louis, chargeur, n. 13.
Frerebeau Jean-Baptiste, manouvrier, n. 13.
Barbier Joseph, journalier, n. 13.
Rollot Jean-Baptiste, journalier, n. 13.
Poinsin Nicolas, vigneron, n. 13.
Belin Jean-Baptiste, menuisier, n. 13.
Lacaza Victor, marchand de cendres, n 14.
Roubot Auguste, vinaigrier, n. 14.
Bernard Bénigne, mouleur en fonte, n. 14.
Mauza Jean, employé au chemin de fer, n. 14.

Argenton Jacques, mouleur en fonte, n. 14.
Bernard Michel, chargeur, n. 14.
Magasin de tonneaux, à M. Merlin, n. 14.
Minot Simon, mouleur en fonte, n. 14.
Lambert Louis, vigneron, n. 16.
Couturier veuve, née Minot, n. 14.
Déclume Claude, journalier, n. 14.
Girot Aimé, menuisier, n. 14.
Rollot veuve, née Thunot, femme de ménage, n. 14.
Huguenin Nicolas, journalier, n. 14.
Fleurot François, journalier, n. 14.
Naissant Jean-Baptiste, plâtrier, n. 14.
Bonnet Alexandre, n. 15.
Millot Thomas, charpentier, n. 15.
Clerget François, marchand de cendres, n. 15.
Bocquet Charles, voiturier, n. 15.
Gavet Louis, charpentier, n. 15.
Frutiot Pierre, forgeron, n. 15.
Cazet Jean-Baptiste, cabaretier, n. 15.
Huchon Nicolas, voiturier, n. 15.
Martin François, journalier, n. 15.
Martin Joseph, journalier, n. 15.
Lambert Louis, vigneron, n. 16.
Bougaut veuve, née Pidancet, grenetière, n. 16.
Gaudot Honoré, journalier, n. 17.
Joie Blaise, scieur de long, n. 17.
Parizot Etienne, journalier, n. 17.
Barbier Philippe, journalier, n. 17.
Coillot Jules, voiturier, n. 17.
Perrier veuve, née Richard, femme de ménage, n. 17.
Clerc François, commissionnaire, n. 19.
Michel Joseph, journalier, n. 19.
Morizot Jérôme, domestique, n. 19.
Morizot Martin, n. 19.
Rollot Dominique, chargeur, n. 19.
Richard Jean, voiturier, n. 19.
Richard Jacques, marchand de tuiles, n. 19.
Marchand Claude, vigneron, n. 19.
Willam Jacques, employé, n. 19.
Laügant Antoine, ancien cafetier, n. 19.

Fiet Jacques, vigneron, n. 19.
Thevenin Pierre, cabaretier, n. 19.
Mongin François, vigneron, n. 19.
Page Pierre, cloutier, n. 20.
Page Eugène, ajusteur, n. 20.
Hardy veuve, née Legal, rentière, n. 20.
Roblin Claude, manouvrier, n. 20.
Tupinier Auguste, scieur de long, n. 21.
Niquez Pierre, manouvrier, n. 22.
Bernard Pierre, entrepositaire, marchand de sable, n. 22.
Gantré Gaspard, carrier, n. 22.
Cazet Pierre, manouvrier, n. 23.
Decize Prosper, entrepreneur scieur de long, n. 23.
Prost Pierre, manouvrier, n. 23.
Cavain Emile, fondeur en cuivre, n. 23.
Lambert Jean, fabricant de chaux, n. 24.
Perrot Pierre, cabaretier, n. 25.
Charles François, marchand de bois, n. 25.
Fournier Albert, plâtrier, n. 25.
Lallemand Denis, rentier, n. 25.
Colas Pierre, plâtrier, n. 25.
Guérin Louis, ouvrier potier, n. 25.
Cazet Pierre, manouvrier, n. 25.
Cazet Etienne, ajusteur, n. 25.
Piallat Jean-Auguste, receveur de la navigation, n. 25.
Piallat Joseph fils, n. 25.
Jadot Jean-Baptiste, employé, n. 25.
Raillard Michel, garde du canal, n. 25.
Morand Louis, éclusier, n. 23.
Manières Denis, cantonnier, n. 25.
Thomas Hippolyte, employé des ponts et chaussées, 25.
Corrot Auguste, marchand de bois, fabric. de plâtre, 26.
Maître veuve, née Bollenot, propriétaire, n. 26.
Gros Mme, née Secondi, rentière, n. 26.

CAZOTTE (Rue).

Demongeot Jean-Baptiste, propr. tailleur de pierres, 3.
Duvoisin Charles, garçon épicier, n. 3.
Pralet Jean, conducteur de trains, n. 3.

Laborey François, vigneron, n. 5.
Stecker Pierre, cloutier, n. 5.
Dechaux Nicolas, propriétaire, n. 7.
Viardot Marie Mlle, femme de ménage, n. 7.
Bourgeois Louis, ébéniste, n. 7.
Brocard veuve, née Grapin, rentière, n. 7.
Morizot Pierre, mouleur en fonte, n. 7.
Barraux Jean, inspecteur d'assurances, n. 9.
Troy Charles, professeur d'escrime, n. 11.
Rosselin Nicolas, ouvrier chapelier, n. 11.
Jolivet Jean-Baptiste, tonnelier, n. 11.
Garnier Jean-Baptiste, employé des contrib. indir. n. 11.
Legrand René, propriétaire, n. 13.
Legrand François, rentier, n. 13.
Raverat Germain, commis chez M. Thiébaut, n. 13.
Brocard Pierre, rentier, n. 13.
Tupin Alexandrine Mlle, rentière, n. 15.
Fremont Claude, tourneur, n. 15.
Desaille Georges, clerc de notaire, 15.
Huvet Louis, jardinier, n. 17.
Mabille Michel, commis voyageur, n. 17.
Vulliérod Antoine, président de chambre, n. 19.
Poulain Jean-Baptiste, commis greffier, n. 21.
Petitot François, tourneur, n. 21.
Bigot Marie Mlle, lingère, n. 23.
Breuil Agnès Mlle, couturière, n. 23.
Guenichot de Nogent veuve, née de Lapape, propr., n. 2.
Révol veuve, née Fusil, rentière, n. 2.
Hiestand veuve, née Regaud, rentière, n. 2.
Thiébaut Théodore, rentier, n. 2.
Claudel veuve, rentière, n. 2.
Jacquin François, poêlier, n. 4.
Moreau Jean-Baptiste, ancien facteur, n. 4.
Masson veuve, née Guillier, rentière, n. 4.
Vuillet Jean, conducteur chef, n. 4.
Cessey François, nettoyeur, n. 4.
Tharry Claude, nettoyeur, n. 4.
Legrand Bernard, tailleur de pierres, n. 4.
Guinot Léon, charpentier, n. 4.
Confuron veuve, née Prudent, femme de ménage, n. 6.

Bouchet Hippolyte, tailleur, n. 6.
Girard Antoine, cordonnier, n. 6.
Contet Colette Mlle, rentière, n. 8.
Petit Victor, chauffeur, n. 8.
Obriot Charles, cordonnier, n 8.
Georget Jean-Baptiste, chaudronnier, n. 8.
Petit Charles, homme d'équipe, n.8.
Mortier Auguste, grenetier, n. 8.
Merilly Christophe, plâtrier, n. 10.
Balmont Claude, manouvrier, n. 10.
Segler Jean, regrattier, n. 10.
Joannys Eugène, direct. des contrib. indir. en retraite, 12.
Bourgogne, directeur des contributions indirectes, n. 12.
Grand François, comptable, n. 12.
Mortier Jacques, concierge, n. 12.
Caire Antoine, avocat, n. 12.
Defranc Charles, ancien avoué, n. 12.
Defranc veuve, née Roper, rentière, n. 12.
Caillot Auguste, architecte, n. 12.
Laureau Jean, rentier, n. 12.
Cortot Paul, propriétaire, n. 14.
Demongeot veuve, née Pallegoix, couturière, n. 14.
Petitot veuve, n.14.
Grand Léonard, garçon voiturier, n. 14.
Bouvet Célestin, employé au télégraphe, n 14.
Jacquelin Auguste, manouvrier, n. 14.
Ravot Jean, journalier, n. 14.
Chapuis Joseph, scieur de long, n. 16.
Lassor Pierre, charpentier, n. 16.
Cazet Louise Mlle, ouvrière, n. 16.
Dubant Jean, garçon de magasin, n. 16.
Adam veuve, née Jacquinot, n. 16.
Adam Pierre, fabricant de bâches, n. 16.

CHABOT-CHARNY (Rue).

Vestré Charles, marchand tailleur, n. 1.
Etienne veuve, née Gourmelon, n. 1.
Blavot veuve, née Guillemin, n. 1.

Jouffroy, relieur, n. 1.
Couturier Adolphe, rentier, n. 1.
Courtois, rentier, n. 1.
Vallot Auguste, cafetier, n. 1.
Collot Marie Mlle, blanchisseuse, n. 3.
Collot veuve, née Bellenot, n. 3.
Dupoy Jean, ancien tailleur, n. 3.
Corbeil Emélie Mlle, ouvrière, n. 3.
Vodoiset Marie Mlle, ouvrière, n. 3.
Antoine Jean, cafetier, n. 3.
Sandier Pierre, rentier, n. 5.
Quet Jean-Baptiste, ajusteur, fruitier, n. 5.
Pignot Dominique, débitant de tabac, n. 5.
Villedieu de Tarcy Ernest, propriétaire, n. 7.
Modot Pierre, cafetier, n. 7.
Courte Frédéric, coutelier, n. 9.
Labouriau Augusta Mlle, marchande, n. 9.
Labouriau Mme, née Blandin, n. 9.
Vigneresse Jean-Baptiste, ouvrier maçon, n. 11.
Humbert Auguste, comptable, n. 11.
Paris Jacques-René, professeur de musique, n. 11.
Mallot veuve, rentière, n. 11.
Lalanne veuve, confectionneuse, n. 11.
Asile des domestiques, n 13.
Billoux François, sculpteur sur ivoire, n. 15.
Comparot Louis, voyageur de commerce, n. 15.
Gouverne veuve, née Montfilliard, n. 15.
Gouverne Victor, menuisier, n. 15.
Feuillard Caroline Mlle, modiste, n. 15.
Baboz Antoine, plâtrier, n. 17.
Fouillien veuve, rentière, n. 19.
Ledeuil Jean, agent-voyer, n. 19.
Degré veuve, ouvrière, n. 19.
Pasteur Mme, rentière, n. 19.
Petitguillaume, agent-voyer, n. 19.
Baboz Jacques-Edmond, plâtrier, n. 19.
Magner Charlemagne, capitaine en retraite, n. 19.
Dessoto Joseph, ouvrier peintre, n. 19.
Marielle Mlle, rentière, n. 19.
Mercier François, charron ferreur, n. 21.

Mercier Charles, ouvrier charron, n. 21.
Ledeuil Etienne, agent-voyer, n. 21.
Yvonnet Elisabeth veuve, journalière, n. 21.
Poinsot Marie-Bénigne Mlle, domestique, n. 23.
Guy Jean-Séraphin, serrurier, n. 23.
Barbier Nicolas, employé au gaz, n. 23.
Crazot Denis, cordonnier, n. 23.
Bornet Christine Mlle, ouvrière, n. 23.
Coulon Pierre, employé au chemin de fer. n. 27.
Poirot Marie-Thérèse, sup. des Sœurs de Bon-Secours, 29.
Mannoy Michel, marchand tailleur, n. 31.
Prim Chrétien, propriétaire, n. 31.
Jeoffroy veuve, rentière, n. 31.
Nolotte Louise Mlle, rentière, n. 33.
Nolotte françois, n. 33.
Sacquin veuve, née Félicaire, rentière, n. 33.
Félicaire Ernestine Mlle, rentière, n. 33.
David Flavien, boulanger, n. 35.
Jossot Etienne, agent général d'assurances, n. 35.
Moissenet veuve Jeanne, n. 35.
Jossot Jean-Marie, n. 35.
Millon Henri, étudiant, n. 37.
Renardet Etienne, négociant, n. 37.
Gabet Joseph-Henri. négociant, n. 37.
Chaffotte André, poêlier-fumiste, n. 39.
Cugnotet Georges, propriétaire, n. 41.
Piet Gustave, propriétaire, n. 41.
Marie Jean, concierge, n. 41.
Buzenet Jean-Jules, docteur-médecin, n. 41.
Boisselot Jeanne Mlle, journalière, n. 41.
Cousturier veuve, née Mathiron Eléon. (pied-à-terre), 43.
Ceyssel Emile, avoué, n. 43.
Verrollot Eugène, ancien notaire, n. 43.
Tardivot Cláude-Etienne, concierge, n. 43.
Michoux veuve, née Bazenet, concierge, n. 45.
Cavelier veuve, née Bazire, rentière, n. 45.
Masson Jacques, présid. du trib. de commerce, n. 49.
Royer Félix, confiseur, n. 51.
De Granrut veuve, née Lunaire, propriétaire, n. 51.
De Granrut Nathalie Mlle, n. 51.

Hustache Claude, professeur de musique, n. 53.
Hustache Claude-Théodore, n. 53.
Voirin, receveur municipal, n. 53.
Merle Antoine, fumiste, n. 53.
Grard Pierre, regrattier, n. 55.
Delachère veuve, née Demoulin, propriétaire, n. 55.
Montmey Antonin, rentier, n. 55.
Edon Pierre, quincailler, n. 55.
Chapuis Félix, grenetier, n. 55.
Couturier Adolphe, étudiant, 59.
Aubert Honoré, propriétaire, n. 59.
Lejour Jean-Baptiste, rentier, n. 59.
Chapelard veuve, née Vallot, rentière, n 59.
Socley Chrétien, débitant de tabac, n. 61.
Dastier veuve, née Gaudin, propriétaire, n. 63.
Rommeveaux Jean, employé à la préfecture, n. 63.
Ballet François, rentier, n. 63.
Pierre de Vellefrey veuve, née Brusset, propriétaire, 63.
Ripard Louis, maître d'hôtel, n. 65.
Ripard Jean-Baptiste-Jules, maître d'hôtel, n 65.
Bizot Frédéric, propriétaire, n. 67.
Rousselot Philibert, ébéniste, n. 67.
Ponsot Armand, fabricant de vinaigre, n 69.
Morelet Arthur, propriétaire, n. 71.
Chrétiennet Lucain, voyageur de commerce, n. 71.
Barabant Claude, domestique, n. 71.
Veurin veuve, née Masson, concierge, n. 71.
Regnier Jules, marchand de vin en gros, n. 71.
Nicolin Jean-Baptiste, agréé au trib. de commerce, n. 75.
Nicolin Nicolas-Ernest fils, n. 75.
Einstein Daniel, rentier, n. 75.
Millière François, fabricant de vinaigre, n. 75.
Bazard Rodolphe, contrôleur, n. 77.
Martin Jules, préposé en chef de l'octroi, n. 77.
Gérard Louise veuve, rentière, n. 77.
Martin Pierre, rentier, n. 77.
Gadot Philippe, sabotier, n. 77.
Phillbeaux Antoine, fabricant de moutarde, n 77.
Couland François, capitaine retraité, n. 77.
Blandin Joanne, caissier, n. 77.

Voimant Claude, grenetier, n. 81.
Chaffotte Pierre, employé d'oct:oi, n. 81.
Clairottet Jacques, charpentier, linger, n. 83.
Sarron Constant, forgeron, n. 83.
Conrois René, capitaine en retraite, n. 83.
Bramard Hippolyte, forgeron, n. 83.
Launay veuve, née Vallée, propriétaire, n. 85.
Gérin Charles, coiffeur, n. 85.
Besson Urbain, marchand de farines, n. 87.
Mouillet veuve, née Besson, rentière, n. 87.
Florimond veuve, née Billot, propriétaire, n. 87.
Voillequin Nicolas, baigneur, n. 89.
Guelaud Jean, cafetier, n. 91.
Legoux veuve, née Ancemot, propriétaire, n. 91.
Chanut Jean-Baptiste, propriétaire, n. 91.
Chanut Jules, étudiant, n. 91.
Jourdheuille Edmond, anc. insp. des contrib. indir., 91.
Hugueny Pierre, concierge, n. 91.
Radepont Jean-Baptiste, colonel du génie en retraite, 91.
Verrine Justin, ingénieur, dir. des trav. communaux, 91.
Bavelier Claude, ancien juge au tribunal, n. 91.
Contet Bernard, épicier, n. 91.
Frebeault Aristide, pharmacien, n. 91.
Meux Bernard, charcutier, n. 103.
Gaillardet Jules, pâtissier, n. 2.
Artaud Louis, confiseur, n. 2.
Haas, Edouard, professeur, n. 4.
Viard Nicolas, marchand de meubles, n. 6.
Coudeloup César, employé du télégraphe, n. 6.
Le marquis de Coutivron, propriétaire, n. 6.
Govin Auguste, professeur, n. 6.
Eberlin Joseph, cafetier, n. 6.
Eberlin Pierre, cafetier, n. 6.
Lamarche Antoine, libraire, n. 10.
Lamarche Gustave, n. 10.
Drouelle veuve, née Faubert, n. 10.
Descharmes Alfred, négociant, n. 10.
Dastier François, ancien restaurateur, n. 12.
Moine Louis-Simon, restaurateur, n. 12.
Moissenet, confiseur, n. 14.

Degrond Hippolyte, coiffeur, march. de parfumerie, 18.
D'Arestel veuve, née Pierre de Vellefray, propriét., 18.
Richard de Vesvrottes, propriétaire, n. 20.
Richard de Vesvrottes, Armand, propriétaire, n. 20.
D'Andelard René, propriétaire, n. 22.
Martin Victor, inspecteur des postes, n. 22.
Cugnotet Edgard, propriétaire, n. 24.
Roydet Henri, avocat (pied-à-terre), n. 24.
Espinosa Jean-Baptiste, concierge, n. 24.
Roy Simon-Eugène, notaire, n. 24.
Cugnotet Hippolyte, propriétaire, n. 24.
Echaillié veuve, propriétaire, n. 24.
Echaillié Léon, avocat, n. 24.
Rouget Louis-Ernest, notaire, n. 26.
Frochot Victoire Mlle, propriétaire, n. 26.
Debry d'Arcy Alphonse, inspect. des eaux et forêts, 26.
Borthond Armand, propriétaire, n. 26.
Gaudemet veuve, née Bouvret, propriétaire, n. 26.
Gaudemet Paul-Edouard, n. 26.
Enfert Nicolas, avoué, n. 28.
Enfert Lucien fils, avocat, n. 28.
Ollinet Emile, avoué, n. 28.
Bondair veuve, née Minard, propriétaire, n. 30.
Blancard Louis, concierge, n. 32.
Blondel Henri, notaire, n. 32.
Blondel Louis, étudiant n. 32.
Neveu-Lemaire, premier président, n. 32.
Neveu-Lemaire Anatole, étudiant, n 32.
Kock Henri, avocat, n. 34.
Duport veuve, née Trolu, n. 34.
Grésely, propriétaire, n. 34.
David Antoine, fabricant de peignes, n. 36.
David Claude fils, n. 36.
Telle veuve, née Baudot, logeuse en garni, n. 40.
Cazet François, marchand d'antiquités, n. 40.
Latreille Gaspard, pharmacien, n. 44.
Marchand Michel, fruitier, n. 40.
Richard Ernest, représentant de commerce, n. 40.
Focillon Edouard, cafetier, n. 48.
Lombard François-Frédéric, propriétaire, n. 48.

Rosseck Thomas, relieur, n. 50.
Monnot Marguerite Mlle, rentière, n. 50.
Julliard Henri, commis voyageur, n. 50.
Tarnier Henri, propriétaire, n. 50.
Tainturier Simon, boulanger, n. 52.
Ripard Jeanne Mlle, ouvrière, n. 52.
Magnien Joséphine Mlle, blanchisseuse, n. 52.
Renard Pierre, propriétaire, n. 52.
Royer Mlle, ouvrière en robes, n. 52.
Guasco, professeur de dessin, n. 52.
Barbier Jean-Baptiste, n. 52.
Ayard Denis-Joseph, charpentier, n. 52.
Lecouteux, n. 52.
Pitoiset veuve, née Voisot, ouvrière, n. 54.
Neurohr veuve, née Fèvre, n. 54.
Neurohr Edgard, n. 54.
Launay, n. 54.
Fèvre veuve, née Clerget, rentière, n. 54.
Dard Joseph, pâtissier, n. 56.
Lombard Julie Mlle, modiste, n. 58.
Picard Charles, chapelier, n. 58.
Contet François, propriétaire, n. 60.
Farget Justin, clerc de notaire, n. 60.
David Jean, cabaretier, n. 60.
Chopin Lazare, conseiller à la cour, n. 62.
Lataud veuve, née Charcot, rentière, n. 62.
Dessertaux François, conseiller, n. 62.
Barraux Gustave, peintre, concierge, n. 62.
Osmont Adolphe, général de brigade, n. 62.
Joliet Antoine-Gaspard, maire de la ville, n. 64.
Joliet Albert fils, n. 64.
Joliet Gaston fils, avocat, n. 64.
Bureau veuve, née Guenyot, propriétaire, n. 64.
Bureau Edme, rentier, n. 64.
Roger Jules, avoué, 64.
Gouget Auguste-Édouard, avocat, n. 66.
Boré Léon, professeur à la faculté des lettres, n. 66.
Boré Eugène fils, n 66.
Caristie veuve, rentière, n. 66.
Boisseau Félix, marchand de grains, n. 68.

Bornier Charles, cabaretier, n.68.
Guichard Mme, née Cretin, n. 72.
Gerbaulet Joseph, couvreur, n. 72.
Billié veuve, née Bourgeois, journalière, n. 72.
Thierry Nicolas, nettoyeur au chemin de fer, n. 72.
Montot veuve, née Manière, marchande de fruits, n. 72
Remy Jean-Baptiste, propriétaire, n. 72.
Remy Auguste fils, n. 72.
Vuillaume veuve, née Mille, rentière, n. 74.
Erné Olympe Mlle, ouvrière en robes, n. 74.
Payen Achille, perruquier, n. 76.
Debrye Louis, propriétaire, n. 76.
Coquet Jean, concierge, n. 76.
Huart Auguste, chef de bataillon en retraite, n. 76.
Moiroux Elisa Mlle, rentière, n. 76.
Pavaillon Claude, perruquier, n. 76.
Chenot Jean, ingénieur en chef du canal, n. 76.
Payen Marie Mlle, bonnetière, n. 76.
Bouhot Elisa Mlle, ouvrière, n. 76.
Pons Marie Mlle, ouvrière, n. 76.
Vallée Marie Mlle, ouvrière en dentelles, n. 76.
Vallée veuve, rentière, n. 76.
Pragat Louise Mlle, ouvrière, n. 76.
Garreau Antoine, plâtrier, n. 78.
Ruchot Claude, huissier, n. 78.
Ruchot Mme, débitante de tabacs, n. 78.

CHAIGNOT (Rue du).

Laurent veuve, née Berger, n. 1.
Roy Joseph, rentier, n. 1.
Eluau veuve, née Forey Anne, ouvrière en robes, n. 3.
Boucher Armand, rentier, n. 3.
Villette Jean-Baptiste, cond. des ponts-et-chaussées, n. 3.
Sachon Elisabeth, lingère, n. 5.
Gibourg André, serrurier, n. 5.
Gradelet veuve, née Tanière, femme de ménage, n. 5.
Maîtrejean Jean-Baptiste, tanneur, n. 5.
Baron Pierre, cordonnier, n. 5.
Gevin François, à l'équipe, n. 7.

Mourey Claude, aiguilleur, n. 7.
Bouteiller Marguerite Mlle, couturière, n 7.
Guedeney Jean, journalier, n. 7
Hautty Joseph, menuisier, n. 7.
Collot Gabriel, vigneron, n. 9.
Fourneret François, tailleur, n. 11.
Boiteux Auguste, manouvrier, n. 13.
Oudin veuve, née Flamant, couturière, n. 13.
Gazelle Jean, chaudronnier, n. 13.
Demongeot veuve, née Pallegoix, couturière, n. 13.
Barbot Blaise, manœuvre, n. 13.
Jabrillat Etienne, maçon, n. 13.
Fautret Pierre, chiffonnier, n. 13.
Fautret Jean-Baptiste, chiffonnier, n. 13.
Petit Antoine, docteur-médecin, n. 2.
Forey François, logeur, n. 6.
Mielle veuve, née Guichard, propriétaire, n. 10.
Pallegoix Paul, commis voyageur, n. 10.
De Latroche Auguste, rentier, n. 10.
Chevalier Joseph, piqueur, n. 10.
Lefranc Etienne, corroyeur, n. 10.
Sétiau Jean, ouvrier confiseur, n. 12.
Mallard Victor, nettoyeur, n. 14.
Martial Claude, scieur de long, n. 14.
Naudet, n. 14.
Creuzot Charles, chapelier, n. 14.
Petitjean Jacques, marchand de vins, n. 14.
Arbey veuve, née Petitjean, n. 14.
Proteau veuve, née Petitjean, rentière, 14.
Thoridenet Mme, née Javot, rentière, n. 14.
Jacquot Toussaint, cordonnier, 14.
Frerebeau Jean, à l'équipe, n. 14.
Bertrand veuve, née Lhuillier, femme de ménage, n. 14.
Bergue Christian, fabricant de brosses, n. 14.
Voisin Louis, tailleur de pierres, n. 14.
Lucotte veuve, née Liébot, rentière, n. 14.
Simon Jean, domestique, n. 14.
Leroux veuve, née Léopold, manouvrière, n. 14.
Mandon Nicolas, menuisier, n. 14.
Guilland Pierre, employé au chemin de fer, n. 14.

Jovin Jean-Baptiste, journalier, n. 14.
Garnier veuve, femme de ménage, n. 14.
Coulon veuve, née Collenet, journalière, n. 14.
Bureau à MM. Meyers, n. 14.
Bigolet Jean, cordonnier, n. 14.
Marnotte Nicolas, charpentier, n. 14.
Martin Louis, à l'équipe, n. 14.
Berger Claude, garçon de magasin, n. 14.
Noirot Pierre, tailleur de pierres, n. 14.
Maret veuve, née Compain, rentière, n. 18.
Morcrette Antoine, avocat, n. 18.
Huguenot Hugues, menuisier, n. 18.
Billier Claude, ancien concierge, n. 18.
Obriot Jeanne Mlle, couturière, n. 18.
Obriot Denis, n. 18.
Laurent Barthélemy, manouvrier, n. 18.
Thiout Ernest, teinturier, n. 18.
Thenadet Pierre, ancien notaire, n. 18.
Briant Auguste, commis voyageur, n. 18.
Chaffotte Mme, née Moutel, rentière, n. 20.
Saussay veuve, née Gresse, rentière, n. 20.
Regnier Gaspard, capitaine en retraite, n. 20.
Eparvier Numa, ancien conservat. des hypothèques, 20.
Eberlin Ernest, brasseur, n. 22.
Rozier veuve, née Couturier, n. 24.
Guyotte veuve, née Drouhin, concierge, n. 24.
Debost Eugène, propriétaire, n. 24.
Petitjean de Marcilly, rentière, n. 24.
Jolivet Jean, vigneron, n. 28.
Rezillot veuve, née Mathey, femme de ménage, n. 28.
Méant Antoine, peintre, n. 30.
Barbier Julie Mlle, institutrice, n. 32.
Barret Jean-Baptiste, peintre d'équipe, n. 34.
Barret Paul, peintre en équipages, n. 34.
Finel veuve, née Bertrand, femme de ménage, n 34.
Cornot Marguerite Mme, femme de ménage, n. 34.
Salomon Langs, revendeur, n. 34.
Kippe veuve, née Verdin, n. 34.
Caillet Didier, menuisier, n. 34.
Mottot veuve, née Grivot, femme de ménage, n. 34.

Petitfrères veuve, journalière, n. 34.
Kippe Jean-Baptiste, commis, n. 34.
Deslandes Jean, scieur de long, n. 34.
Galimard Etienne, menuisier, n. 36.
Modot veuve, femme de ménage, n. 36.
Larmier Claude, commis voyageur, n. 36.
Accard Antoine, tonnelier, n. 36.
Gandré François, courtier de bestiaux, n. 38.
Lanchy Jules, domestique, n. 38.
Dambrun veuve, née Febvret, n. 38.
Sellier Pierre, employé des contributions indirectes, 38.
Jazet veuve, née Millière, rentière, n. 38.
Blaize Léon, chapelier, n. 38.
Dorlin Nicolas, serrurier, n. 38.
Ligier Bénigne, journalier, n. 40.
Legrain Félix, lieutenant, n. 40.
Royer Victor, ouvrier peintre, n. 40.

CHAMP-MAILLOT.

Les Sœurs hospitalières.
Commode Hugues, jardinier et concierge.

CHAMP-DE-MARS (Rue du).

Blanc veuve, née Garreau, ouvrière, n. 1.
Dallery Anne, journalière, n. 1.
Dallery Louis, menuisier, n. 1.
Coquet Jules-Isidore, agent principal d'assurances, n. 1.
Nicolin Michel, sous-brigadier de police, n. 5.
Rabutot veuve, née Beau, ouvrière, n. 5.
Garlot André, casseur de pierres, n. 5.
Picard veuve, née Luce, rentière, n. 5.
Laurain François, cordonnier, n. 5.
Lacoste Pierre, chapelier, n. 5.
Chomard Mme, journalière, n. 5.
De Girval Pèdre, propriétaire, n. 7.
Valentin Charles, fabricant d'alcool (pied-à-terre), n. 7.
Létang Nicolas, ouvrier menuisier, n. 9.

Moront veuve, née Calais, ouvrière, n. 2.
Bochot Jean-Baptiste, cordonnier, n. 2.
Amelin veuve, sans profession, n. 2.
Perrot Marie, blanchisseuse, n. 2.
Voillot François, boulanger, n. 4.
Voisot Justine, ouvrière, n. 4.
Regnier Jean-Baptiste, domestique, n. 4.
Chamagne veuve, n. 4 *bis*.
Manière Philibert, marchand de marrons, n 6.
Belot veuve, née Rigaud, rentière, n. 8.
Berchet Nicolas, tailleur de pierres, n. 12.
Villemain Antoine, tourneur, n. 12.
Prost Claude, journalier, n. 12.
Aubert Félix, serrurier, n. 12.
Béringuez Alfred, tourneur, n. 12.
Sullerot Jean-Baptiste, commissionnaire, n. 12.
Trissler René, ouvrier tailleur, n. 14.
Garnier Mme, née Vétu, ouvrière en robes, n. 14.
Frossard Louis, tailleur de pierres, n. 14.
Prudhon Jeanne, rentière, n. 14.
Pochon Anne veuve, journalière, n. 14.
Parisot Edmée Mlle, ouvrière, n. 14 *bis*.
Voisin veuve, née Joly, n 14 *bis*.
Pacot François, cordonnier, n. 16.
Gabet Jean-Baptiste, chef de trains, n. 16.
Colomb veuve, née Benoît, n. 16.
Colomb Emile-Séraphin, ouvrier fabricant de peignes, 16.
Aubert Jean, ouvrier fabricant de biscuits, n. 16.
Aubert François, employé, n. 16.
Sabatier Marguerite, ouvrière, n. 16.
Follier-Gibon François, ouvrier chapelier, n. 16.
Follier Camille fils, n. 16.
Barbot, vigneron, n. 16.
Mariotte Emile, relieur, n. 20.

CHANCELIER-LHOPITAL (Rue).

Cosnard Michel, retraité, n. 1.
Cornibert Eugène, avocat, n. 1.
Merson, colonel en retraite, n. 1.

Darand Louise Mlle, ouvrière, n. 5.
Tardy veuve, née Gille, propriétaire, n. 5.
Tardy Albert, docteur-médecin, n. 5.
Villard Louis, propriétaire, n. 5.
Tardy Victor, propriétaire (pied-à-terre), n. 5.
Gossot Claude, domestique, n. 5.
Menetrier, rentière, n. 5.
Lieutet Pierre, poêlier, n. 7.
Pépin Jean-Baptiste, boulanger, n. 7.
Siredey Anne Mlle, rentière, n. 9.
Dugon veuve (la comtesse), propriétaire, n. 11.
Charantenay (de) propriétaire, n. 11.
Cabaron veuve, née Denizot, regrattière, n. 15.
Defossey Henri, cordonnier, n. 15.
Guyot Dominique, conseiller à la cour, n. 2.
Guyot Alfred, juge (pied-à-terre), n. 2.
Carnot Joseph, avocat (pied-à-terre), n. 2.
Chambeyron Antoine, concierge, 8 *bis*.
Dechaux Félix, garde du génie, 8 *bis*.
Dechaux Gustave, militaire, n. 8 *bis*.
Labborey Françoise Mlle, rentière, n. 10.
Montheuil Eugène, manouvrier, n. 10.
Serré Joseph, menuisier, n. 10.
Derepas François, employé au gaz, n. 10.
Bernoux Claudius, propriétaire négociant, n. 12.
Fournier, n. 12.
Rossin Joseph, manouvrier, n. 12.
Courtois, rentier, n. 12.
Guillemain Amable, employé, n. 12.
Moichine, propriétaire, n. 12.
Lyonnais Anne Mlle, rentière, n. 12.
Coquillet Jean, bourrelier, n. 14.
Donzey Claude, cordonnier, n. 14.

CHANTAL (Rue).

Serrey Denis, fabricant d'allumettes, n. 1.
Rapp Thomas, ouvrier menuisier, n. 1.
Bergerot veuve, née Pinsonnat, journalière, n. 1.

Serré Louis, cordonnier, n. 1.
Chenevier Louis, plâtrier, n. 1.
Pernet Frédéric, tonnelier, n. 1.
Racine Alfred, menuisier, n. 1.
Massenot Antoine, peintre, prof. de dessin au lycée, n 5.
Poirson, capitaine en retraite, n. 7.
Parizot Jean-Baptiste, manouvrier, n. 7.
Soumis, Jean-Marie, charpentier, n. 2.
Munier Etienne, charbonnier, n. 4.
Heitz veuve, née Breton, rentière, n. 10.

CHAPEAU-ROUGE (Rue du).

Mercier Jacques, grenetier, n. 1.
Marguery veuve, couturière, n. 3.
Alaise Philibert, lithographe, n. 3.
Berthol Jean, graveur, n. 5.
Raviot Claude, charpentier, n. 3.
Magasin à M. Beuchon, marchand de toile, n. 3.
Jehll Gaspard, marchand boucher, n. 5.
Bailly Antoine, horloger, n. 11.
Fèvre veuve, née Veuillemot, rentière, n. 11.
Commaret Achille, professeur au lycée, n. 11.
Gruardet Antoine, capitaine en retraite, n. 11.
Jovignot Jules, propriétaire, n. 11.
Labiche Théodore, premier commis des hypothèques, 11.
Collet Jean-Baptiste, marchand de toile, n. 15.
Dumont Hippolyte, avocat, n. 15.
Montcharmont veuve, rentière, n. 17.
Bertrand Georges, ouvrier tailleur, n. 17.
Paër veuve, née Febvre, grenetière, n. 17.
Paër Marie Mlle, grenetière, n. 17.
Taitot Marie Mlle, fileuse de laine, n. 21.
Roussin Jacques, avocat, n. 4.
Magasin de sacs à M. Briot, n. 4.
Guichard Prudent, propriétaire, n. 8.
Rigueur veuve, née Cazotte, rentière, n. 10.
Pommey Edouard, marchand de métaux, n. 10.

Pélissonnier Colombe Mlle, propriétaire, n. 12.
Belin Louis, architecte, n. 12.
Bourceret Achille, n. 12.
Aubry Auguste, rentier, n. 12.
Clémancey veuve, née Pansiot, rentière, n. 12.
Marquet, professeur au lycée, n. 12.
Dechaux Joseph, filateur de laine, n. 12 *bis*.
Bassot Alfred, marchand de grains en gros, n. 12 *bis*.
Lévêque Mme, née Krantz, fleuriste, n. 12 *bis*.
Picot Jean-Baptiste, restaurateur, n. 14.
Chaignet Eugène, restaurateur, n. 16.
Pétrot François, propriétaire, n. 16.
Polack Joseph, marchand de vin en gros, n. 16.
Polack Adolphe fils, associé, n. 16.
Porcheur Jean-Pierre, marchand de grains, n. 16.
Weill Jules, marchand d'étoffes, n. 16.
Thévenot Charles, ancien pharmacien, n. 16.

CHARMETTE (Rente de la).

Renard veuve, née Jacquot, fermière.
Renard Arthur fils, cultivateur.
Renard Louis-Léon fils.
Marandet, propriétaire.

CHARRUE (Rue).

Prouhet veuve, née Langray, épicière en gros, n. 1.
Boudrot François, maçon, n. 1.
Poilliot Paul, compositeur d'imprimerie, n. 1.
Jacob, n. 1.
Charlet veuve, femme de ménage, n. 1.
Gibassier, mouleur de bois, n. 1.
Besancenot Joseph, professeur de danse et artificier, 3.
Pangnier Louis, sous-économe des hospices, n. 5.
Blanchet veuve, née Michéa, femme de ménage, n. 5.
Mayer veuve, née Moreau, n. 5.

Mallard Étienne, journalier, n. 5.
Bertrand Bernard, bibliothécaire à la gare, n. 5.
Ladey, veuve Gaillardet, rentière, n. 5.
Machet Félix, n. 5.
Debeaune Louis, facteur de ville, n. 5.
Breton veuve, blanchisseuse, n. 5.
Guilleminot Charles, bijoutier, n. 7.
Gaillardet Anne, domestique, n. 7.
Collin Claude, concierge, n. 9.
Dugast Henri, docteur-médecin, n. 9.
Durandeau Denis, notaire, n. 9.
Promayet Félix, banquier, n. 9.
Gerbier veuve, née Lagaie, rentière, n. 9.
Noël Mme, née Gerbier, rentière, n. 9.
Delacarte André, percepteur, n. 11.
Marmora veuve, née Bouvet, rentière, n. 11.
Rameau Joséphine Mlle, rentière, n. 11.
Rameau Charlotte Mlle, rentière, n. 11.
Barberot Joseph, rentier, n. 11.
Lepage Prosper, propriétaire, n. 13.
Malbranche Michel, négociant, n. 13.
Bresson Achille, employé, n. 13.
Grignon, associé de Malbranche, n. 13.
De Berbis veuve, propriétaire, n. 15.
Rosselot Adolphe, concierge, n. 15.
Jonche Anne, rentière, n. 15.
Vincent Jean-Baptiste, rentier, n. 17.
De Sourdon Jules, officier supérieur en retraite, n. 19.
De Sourdon Georges fils, n. 19.
Sirot Jean-Baptiste, pharmacien, n. 19.
Simon Victor, cafetier, n. 21.
Ricaud veuve, née Thorel, propriétaire, n. 2.
Ricaud Charles fils, n. 2.
Ricaud Ferdinand, marchand d'étoffes, n. 2.
Poupard Robert, chapelier et propriétaire, n. 6.
Poupard Jeanne Mlle, rentière, n. 6.
Audemard Brutus, marchand chapelier, n. 6.
Combemorelle Mathieu, sabotier, n. 8.
Combemorelle François, sabotier, n. 8.
Clerget Hippolyte, boulanger, n. 10.

Borde veuve, née Blairet, rempailleuse, n. 10.
Borde Balthazar, vannier, n. 10.
Moreau François, maçon, n. 10.
Monniot veuve, rentière, n. 10.
Simonnet Gabriel, nettoyeur, n. 10.
Boyer veuve, née Baudrot, journalière, n. 10.
Boyer Alphonse fils, n. 10.
Boyer Albert fils, n. 10.
Garaudet Claudine, blanchisseuse, n. 10.
Gibassier, scieur de bois, n. 10.
Merle Jacques, manouvrier, n. 10.
Achery François, ouvrier peintre, n. 10.
Fontaine Jean-Baptiste, garçon de magasin, n. 10.
Paris Ferdinand, ouvrier charpentier, n. 10.
Gormotte Bernard, ferblantier, n. 12.
Meunier Ernest, dessinateur, n. 12.
Humblot Henri, propriétaire, n. 14.
Humblot Nicolas, marchand de toile, n. 14.
Fleurey François, employé, n. 14.
De Lachadenède veuve, née Delaloge, propriétaire, 14.
Villemain Claude, sabotier, n. 16.
Courrageon Joseph, relieur, n. 16.
Belin Mlle, lingère, n. 16.
Belot Placide veuve, propriétaire, n. 20.
De Thoisy, rentier, n. 20.
De Beaurepaire, propriétaire, n. 20.
Géraud veuve, née Billard, concierge, n. 20.
Deramble Claude, chapelier, n. 20.
Benoît Charles, libraire, n. 20.
Gauthier de Breuvand, propriétaire, n. 20.
Couturier, professeur au lycée, n. 20.
Cordy Jacques, propriétaire, n. 22.
Gernaliski Valère, cordonnier, n. 22.
Martin Marie Mlle, rentière, n. 22.
Chassagne François, fabricant de parapluies, n. 22.
Barré Etienne, coiffeur, n. 24.
Roland Alexis, fabricant de pain d'épices, n. 26.
Meurgey Pierre, propriétaire, n. 26.
Meurgey Charles fils, n. 26.
Henry veuve, née Mutin, professeur de piano, n. 26.

Morel Auguste, propriétaire, n. 26.
Côte veuve, n. 26.
Lamblin Philippe, rentier, n. 26.
Barthélemy veuve, rentière, n. 26.
Rolland veuve, née Vagneron, n. 26.
Rolland Alfred fils, n. 26.
Vagneron veuve, née Colbus, n. 26.
Sigoillot Jean, peintre, n. 28.
Mazeau Louis, rentier, n. 28.
Maurice Louis, capitaine en retraite, n. 28.
Delarche Auguste, ouvrier tailleur, n. 28.
Barbier Edme, marchand de cristaux, n. 30.
Robert Mme, née Noël, propriétaire, n. 30.
Lenoble Antoine, rentier, n. 30.
Bertrand Mlle, ouvrière, n. 30.
Frilley Joseph, marchand cordonnier, n. 32.
Berthet veuve, née Robert, rentière, n. 34.
Clerget Pierre, professeur d'écriture, n. 34.
Lenoble Philippe, épicier, n. 34.
Maitrejean Claude, rentier, n. 36.
Maitrejean veuve, née Sandier, rentière, n. 36.
Dorey Bénigne, cafetier, n. 36.
Delarüe veuve, née Jomain, propriétaire, n. 38.
Delarüe Antoine, pharmacien, n. 38.
Weber Jean-Baptiste, cordonnier, n. 40.
Vachez Jacques, marchand Mercier, n. 42.

CHATEAU (Rue du).

Eschbach Joseph, n. 1.
Fournier Marie Mlle, n. 1
Héron veuve, née Pacot, rentière, n. 1.
Arbey Paul, secrétaire-percepteur, n. 1.
Lapetite Philippe, ouvrier imprimeur, n. 3.
Corbeil Claude, marbrier, n. 3.
Magasin à M. Poupon, fabricant de moutarde, n. 7.
Magasin à M. Jouan, marchand de vin en gros, n. 7.
Gauchez Firmin, aubergiste, n. 7.
Bouillotte Claude, conducteur de voitures, n. 7.

Dumont Jean-Félix *(Société coopérative)*, n. 11.
Laurain Anne Mlle, lingère, n. 2.
Vernier Catherine Mlle, lingère, n. 2.
Renaud Louise Mlle, lingère, n. 2.
Jacob veuve, née Arron, couturière, n. 2.
Richard veuve, née Charlut, rentière, n. 2.
Culard veuve, née Mulot, blanchisseuse, n. 2.
Ratel veuve, n. 2.
Grappin Jean-Baptiste, n. 4.
Brulé veuve, née Cizelle, femme de ménage, n. 4.
Petit Eugénie Mlle, couturière, n. 6.
Barabant veuve, n. 6.
Brulletet veuve, née Tranchant, rentière, n. 6.
Barthélemy Xavier, manouvrier, n. 6.
Fagot Jean-Baptiste, tonnelier, n. 6.
Préquin Nicolas, cordonnier, n. 6.

CHATEAU (Petite rue du).

Biot François, tonnelier, n. 1.
Gros Jean, journalier, n. 1.
Floret François, garçon boulanger, n. 1.
Dumont Claude, employé d'octroi, n. 1.
Jolivet Antoine, manouvrier, n. 1.
Compagnot Jean, propriétaire, n. 1.
Bresson Jean-Louis, conducteur-chef, n. 1.
Dumarché François, tonnelier, n. 1.
Fleurvac Jean-Baptiste, cordonnier, n. 3.
Stivalet Philippe, ouvrier tonnelier, n. 3.
Camus Jean, cocher, n. 3.
Jacquelin Auguste, cocher, n. 3.
Ladrey Claude, professeur de chimie, n. 5.
Hoin veuve, née Gauthier, propriétaire, n. 7.
Sarrail Edouard, employé des contributions directes, 9.
Dromard Jules, conseiller à la Cour, n. 9.
Cormont Charles, homme de lettres, n. 9.
Pouteaux François, vinaigrier, n. 2.
Creusefond Henri, journalier, n. 2.
Lenesveber Henri, tonnelier, n. 2.

Brun Jacques, tonnelier, n. 4.
Mousseron Jean-Baptiste, commis voyageur, n. 4.
Vormèse Jacob, artiste peintre, n. 4.
Battau François, tailleur de pierres, n. 4.
Simonnot Claude, cordonnier et loueur en garni, 4 *bis.*
Ledeuil Hippolyte, tonnelier, n. 8.
Lamotte Edouard, menuisier, n. 8.
Raillard Eugénie Mlle, lingère, n. 10.
Raillard veuve, née Margot, n. 10.
Truchot Michel, propr., forgeron au chemin de fer, n. 12.
Thomas Pierre, employé, n. 12.
Vallot Claude, employé d'octroi, n. 12.

CHATEAU (Rempart du).

Lenoir J.-B. — Lenoir Mme, maison d'accouchements, 1.
Berget, fabricant d'huile, n. 1.
Bourasset Charles, mécanicien, n. 2.
Rabiet Jean-Baptiste, conducteur chef, n. 2.
Chevalier Victor, chef d'escadron en retraite, n. 3.
Perny Jacques, rentier, n. 4.
Gaudron Claude, propriétaire, n. 5.
Grenier Pierre-Eugène, négociant, n. 7.
Bresson Charles, tonnelier, n. 8.
Claudon Pierre, facteur au chemin de fer, n. 8.
Richet Jean, chauffeur, n. 8.
Martin Jean, loueur en garni, n. 8.
Lançon Olympe Mlle, lingère, n. 8.
Pirot Charles, comptable, n. 8.
Romand Auguste, typographe, n. 8.
Naigeon François, domestique, n. 8.
Pourcel Pierre, facteur, n. 8.
Vouillon Marguerite Mme, couturière, n. 8.
Ledeuil Alexandre, garçon de recette à la banque, n. 9.
Burkard François Mme, maison d'accouchements, n. 10.
Augey Félix, coupeur cordonnier, n. 10.
Gavot Pierre, charron, n. 11.
Petitjean Paul, propriétaire, n. 11.

Clerc Adrien, avocat stagiaire, n. 12.
Valdre François, conducteur de trains, n. 12.
Sicard Gaston, employé conducteur chef, n. 12.
Deflandre Pierre, colonel de gendarmerie.
Regat Jean-François, chef d'escadron de gendarmerie.
Duperré Louis-Aubin, capitaine-trésorier de gendarm.
De Simorre Cyr-Emile-Henri, capitaine de gendarmerie.
Masson Remy-Marcelin, adjudant sous-offic. de gendarm.
Ageron Nicolas, gendarme.
Courroye François-Eloi, gendarme.
Rousset Henri, gendarme.
Collot Jean-Baptiste-Bénigne, gendarme.
Janson Jean-Marie-Jules, gendarme.
Gauthier Hippolyte-Antoine, brigadier de gendarmerie.
Geoffroy Philippe-Alexis, gendarme.
Rodier Bénigne, gendarme.
Guillier Jean, gendarme.
Labussière Claude, gendarme.
Lamblin Jean-Baptiste-Alexis, brigadier de gendarmerie.
Lambert François, gendarme.
Pechinot François, gendarme.
Chequin Pierre-Hubert, gendarme.
Poillot Jean, gendarme.
Dupré Jean-Prudent, maréchal-des-logis de gendarm.
Lancelot Arsène-Joseph-Jean, mar.-d.-log., adj. au trés.
Coupé Claude, brigadier, secr. du colonel de gendarm.
Lallement Charles, brigadier de gendarmerie.
Changenet Pierre, gendarme.
Nicolas Claude-Julien, gendarme.
Vinot Nicolas-Victor, gendarme.
Moreau Louis, gendarme.
Dugay Mme, née Gauthier, dir. de l'école du rempart, 2.
Guelin Elisabeth, sous-directrice n. 2.

CHAUDE (Rue).

Séachon, jardinier, n. 1.
Détang, boucher, n. 3.
Montrichard Jean, jardinier, n. 3.
Montrichard Nicolas fils, n. 3.
Lemaître Henri, ouvrier chapelier, n. 5.

Fernet François, jardinier, n. 9.
Fremiet Bernard, propriétaire, menuisier, n. 11.
Fremiet François fils, n. 11.
Colombelle Charles, cultivateur, propriétaire, n. 13.
Lesenfant Jacques, jardinier, n. 15.
Paris François, jardinier, n. 2.
Moreau Antoine, jardinier, n. 4.
Montot Philippe, jardinier, n. 4.
Montot Philippe-Hubert, jardinier, n. 4.

CHAUDRONNERIE (Rue).

Lyautet Jul.-Em., ing. en chef du cont. du ch. de fer, 1.
Lévêque, n. 3.
Legrand veuve, née Perrot, journalière, n. 3.
Alexandre Martin, ouvrier relieur, n. 3.
Bouhier Jean, marchand de fer, n. 3.
Guillemin Jacques, fripier, n. 5.
Clazer Thomas, cordonnier, n. 9.
Blot Gustave, fripier, n. 9.
Chaudouet Bernard-Firmin, fripier, n. 11.
Chaudouet Arthur fils, n. 11.
Desportes Barthélemy, tailleur, n. 15.
Lordon Ernest, boucher, n. 15.
Bonnet veuve, née Perreau, n. 15.
Sudre Eugène, marbrier, n. 15.
Dumontier Adolphe, ouvrier menuisier, n. 15.
Mallard Nicolas, cabaretier, logeur, n. 17.
Morizot Jean-Baptiste, garçon brasseur, n. 17.
Guyot Jean-Baptiste, grenetier, n. 19.
Darbois Léon, propriétaire, n. 25.
Jabœuf veuve, née Carriot, propriétaire, n. 25.
Pothier Simon, grenetier, n. 25.
Pralon Hubert, relieur, n. 27.
Moisson Jean-Baptiste, tapissier, n. 29.
Gallette Jules, marchand de fer, n. 2.
Dormont René, employé, n. 2.
Houpert Jacques, commis des postes, n. 2.

Voilet Anne Mlle, ouvrière en robes, n. 4.
Meyer Joseph, ouvrier cordonnier, n. 4.
Simmonnot Elisabet Mlle, femme de ménage, n. 4.
Richard Paul, ancien coiffeur, n. 4.
Morizot Jean, garçon de magasin, n. 4.
Voilet veuve, née Goudeau Reine, ouvrière, n. 4.
Morelle Pierre, revendeur, n. 6.
Berthier Jules, marchand tailleur, n. 10.
Clolu veuve, rentière, n. 10.
Penevert Antoine, rentier, n. 10.
Groselier Jean, ancien boucher, n. 10.
Oudin Joseph, marchand de meubles, n. 14.
Fortin Emiland, rentier, n. 14.
César Marie-Joseph, étudiant en droit, n. 14.
Protat veuve, née Villée, rentière, n. 14.
Millot Auguste, commis greffier, n. 14.
Faubert Nicolas, rentier, n. 14.
Boulée Louis, propriétaire, n. 14.
César veuve, née Fortin, rentière, n. 14.
Chilliat, représentant de commerce, n. 14.
Meunier Claude, épicier, confiseur, n. 16.
Gerbaulet Mme, née Meunier, n. 16.
Raynaud Joseph, pharmacien, n. 18.
Obbée Stanislas, rentier, n. 18.
Rollot François, professeur de comptabilité, etc., n. 18.
Jacquier Maurice, propriétaire, n. 20.
Jacquier Victor, ouvrier menuisier, n. 20.
Masson Nicolas, tapissier, n. 20.
Vauthelin Simon, cordonnier, n. 20.
Jacquier Edouard, tapissier, n. 20.
Poulain Edme-Jean, commis greffier, n. 22.
Pauthenet François, comptable, n. 24.
Camus Joseph, employé au chemin de fer, n. 24.
Legrand veuve, née Lemoine, rentière, n. 24.
Faivre Antoine, cordonnier, n. 24.
Foutier Jean, ouvrier cordonnier, n. 26.
Lanier Eugène, peintre en bâtiments, n. 26.
Deschamps veuve, née Lacaille, propriétaire, n. 28.
Lacaille veuve, née Camus, rentière, n. 28.
Deschamps Hippolyte, poëlier, n. 28.

Spiroux Louis, ouvrier menuisier, n. 28.
Spiroux Didier fils, n. 28.
Lefoulet Denis, tailleur de pierres, n. 28.
Vachon, ancien tailleur, n. 28.
Moingeon François, cafetier, n. 30.
Dufour François-Charles, ouvrier menuisier, n. 30.
Cothenet, employé au chemin de fer, n. 32.
Guelin Alexandre, grenetier, n. 32.
Gousselin Jean, employé, n. 32.
Rathaux François, ferblantier, n. 34.
Callais Nicolas, ouvrier tailleur d'habits, n. 34.
Pitoiset Jean-Baptiste, sous-chef d'équipe, 34.
Breuil veuve, née Noël Suzanne, rentière, n. 34.
Girardot Jean-Baptiste, fripier, n. 34.
Bontemps Antoine, facteur à la poste, n. 34.
Moreau Claudine Mlle, n. 34.
Fournereaux Marie Mlle, manouvrière.
Baubis veuve, née Comeau, journalière, n. 34.
Baubis Jean-Baptiste fils, n. 34.
Faivre Anne Mlle, garde d'enfants, n. 36.
Engler Charles, tailleur en chambre, n. 38.
Marchand veuve, née Leclerc, ouvrière, n. 38.
Sérézin Pauline Mlle, ouvrière, n. 38.
Pitolet Léonie Mlle, ouvrière, n. 38
Bonnivard Antoine, cordonnier, n. 38.
Laguesse Louis-Napoléon, propriétaire, n. 40.
Défontaine Joseph, receveur de l'enregistrement, n. 40.
Chevallier Philippe, tailleur, n. 42.
Claysen Marie-Sophie Mlle, ouvrière, n. 42.
Claysen Marie-Joséphine Mlle, ouvrière, n. 42.
Thiéry Nicolas, typographe, propriétaire, n. 42.
Thiéry Clarisse Mlle, n. 42.
Thiéry Reine Mlle, n. 42.
Mugnier, n. 44.
De Joux, Aristide, propriétaire, n. 44.
Perrot abbé, n. 46.
Giraudet Joseph, rentier, n. 46.
Giraudet Louis fils, n. 46.
Millot Emélie Mlle, maîtresse de pension, n. 48.
Réthaler Hippolyte, chef d'orchestre au théâtre, n. 50.

Keller veuve, née Nicolas, rentière, n. 50.
Monnet veuve, née Oudot Sophie, journalière, n. 50.
Thomas, n. 50.
Gauthey Paul, avocat, n. 50.

CHEMIN D'AHUY.

Lavoyotte Lazare, jardinier.
Robinet André, propriétaire, maçon.
Boisseau, jardinier.

CHEMIN COUVERT (entre la porte Saint-Pierre et la porte Neuve).

Paillet Pierre, marchand de vin.
Paillet Henri fils.
Paillet Léon fils.
Chausset Charles, sous-inspecteur des forêts.
Pinet Jean, ouvrier serrurier.
Fragin Nicolas, manouvrier.
Boudrot Charles, poêlier.
Boudrot Charles fils.
Contet Charles, relieur.
Poupon Jacques, relieur.
Poupon Joseph, relieur.
Vaspard Jean.
Verpeaux veuve, née Artaux, laveuse.
Lieutet Pierre, poêlier.
Baut Jean-Baptiste, vigneron.
Berberet Pierre, propriétaire, boucher.
Julien Claude, manouvrier.
Gaulois veuve, rentière.
Girardot Joseph, jardinier.
Floury Auguste, tonnelier.
Girardot Auguste, jardinier.
Sténosse veuve, née François, propriétaire, n. 22.
Thibaut, propriétaire, entrepreneur, n. 22.
Lelièvre Théodore, propriétaire, entrepreneur, n. 22.
Lelièvre Pierre, rentier, n. 22.

Trautmann Emile, ingénieur en chef des mines, n. 22.
Bernard Marie-Clément, avocat général, n. 22.
Retrin, serrurier, n. 24.
Guyot Adèle Mlle, propriétaire, n. 24.
Menat Jacques, maçon, n. 24.
Menat veuve, née Thibaut, n. 24.
Bonnery Jean, charpentier, n. 30.
Vockerod Charles, employé d'assurances, n. 30.
Jay Pierre, charpentier, n. 30.
Perle Claude, plâtrier, n. 30.
Deschamps Nicolas, aubergiste, n. 30.
Deschamps Alfred fils, relieur, n. 30.
Massenot Louis, agent de police, n. 30.
Baram veuve, n. 30.
Féry Edouard, jardinier, n. 32.
Morot Ulric, peintre, n. 32.
Débonnaire veuve, née Corbeau, cabaretière, n. 34.
Feuchot Eugène, professeur de dessin, n. 34.
Ragois veuve, née Fournereau, ouvrière, n. 34.
Dufouer François, entrepreneur de charpenterie, n. 36.
Billiette Remy, entrepreneur, n. 1i.
Gacon veuve, née Waldkirch, rentière, n. 11.
Gacon Victor, employé, n. 11.
Méan René, peintre, n. 11.
Cavin Jacques, fondeur en fonte, n. 11.
Mercier Pierre-Auguste, chaudronnier, n. 11.
Poulot, menuisier, n. 11.
Faucher Pierre, propriétaire, entrepreneur, n. 13.
Gremeaux, commis, n. 13.
Schut Jean, rentier, ancien receveur d'octroi, n. 13.
Dulessey Joseph, entrepreneur, n. 13.
Cordier, abbé, n. 13.
Guyot François, charpentier, n. 17.
Jolibois veuve, née Jacotot, rentière, n. 17.
Aubin veuve, née Berger, épicière, n. 17.
Jourdin veuve, née Debillemont, n. 17.
Combelle, ancien entrepreneur, propriétaire, n. 19.
Lallemand veuve, née Renard, ouvrière, n. 19.
Bideaux, relieur, n. 19.
Picard Antoine, charpentier, n. 23.

Philibeaux Pierre, rentier, n. 23.
Melot Denis, ancien employé d'octroi, n. 23.
Damet veuve, née Dumontet, rentière, n. 23.
Damet Charles, clerc d'avoué, n. 23.
Renard Etienne, ouvrier horloger, n. 23.
Baulot veuve, née Maire, journalière, n. 23.
Guillot Etienne, manouvrier, n. 23.
Deschiens, employé à la poste, n. 23.
Naudet Denis, cordonnier, n. 23.
Ertel Jean, relieur, n. 23.
Perrier François, manouvrier, n. 25.
Margueron François, employé au chemin de fer, n. 25.
Degand Charles, employé, n. 25.
Landroz François, charpentier, n. 25.
Landroz Pierre, charpentier, n. 25.
Roy Jean, propriétaire, maçon.
Lodin de Lalaire, ancien professeur, propriétaire.
Marnotte Mme, née Mallard, rentière.
Babin Jean-Baptiste, capitaine d'état-major.
Doyant François, garde des mines.
Perle Bénigne, chef machiniste au théâtre.
Vieillard employé des ponts et chaussées.
Corrot Dominique, marbrier.
Garcenot Jean, serrurier.
Grozelier Joseph, propriétaire, plâtrier.
Durand Auguste, ouvrier tonnelier.
Moron Gabriel, relieur.
Forey veuve, née Garnier, manouvrière.
Porteret Firmin, agent d'assurances.
Tisserandet veuve.
Clair Auguste, employé au chemin de fer.
Mongin, manouvrier.
Marchevet Louis, tonnelier.
Piquet Léon, forgeron.
Duprey veuve.
Pernet, lessiveur.

CHEMIN DE FONTAINE.

Saussier, marchand de grains (pied-à-terre), n. 1.
Gallois Etienne, propriétaire, n. 3.

Dubard-Brenot, propriétaire (pied-à-terre), n. 5.
Roy Jean-Baptiste, vigneron, n. 5.
Remy, propriétaire (pied-à-terre), n. 7.
Gaudelet, propriétaire (pied-à-terre), n. 0.
Beringuier Lucien, propriétaire et menuisier, n. 2.
Dupon Eugène, propriétaire, n. 4.
Gautheret Jean-Baptiste, propriétaire.
Orange Charles, manouvrier.
Raillard Pierre, piqueur au chemin de fer.
Vaspard, ancien greffier (pied-à-terre).
Vallot Claude, jardinier.

CHEMIN DU PETIT-BERNARD.

Bertz Auguste, menuisier.
Steblen Jean, tourneur.
Haurlier Frédéric, contre-maître.
Redon Jean-Baptiste, rentier.
Orange Bernard, manouvrier.
Dorlet Anne, femme de ménage.
Dhorn Achille, journalier.
Guibaudet, marchand de grains.
Benoît Jean, garçon de magasin.
Panet Jules, marchand de liqueurs.

CHEMIN DE TALANT.

Truillot Benoît, receveur d'octroi, n. 1.
Vallot Xavier, rentier, n. 1.
Spore Joseph, propriétaire, ajusteur et cabaretier, n. 3.
Gollotte Jean, grenetier, comptable au chemin de fer, 3.
Fort Joseph, commis aux bordereaux, n. 3
Lechevalier Paul, zingueur, n. 3.
Perron horloger, rue Condé (pied-à-terre), n. 5.
Chaignet, restaurateur, rue Vauban (pied-à-terre), 5 *bis.*
Lecamfête Etienne, menuisier, propriétaire, n. 1.
Bordet Bernard, conducteur, propriétaire, n. 2.

Lodiot Denis, aiguilleur, n. 2.
Bouhin Antoine, serrurier, n. 2.
Gilbert Didier, propriétaire, n. 13.
Baudin Auguste, négociant (pied-à-terre), n. 15.
Pauper François, marc. de poissons (pied-à-terre), n. 19.
Roze Auguste, sous-chef aux ateliers, n. 27.
Masson Jean-Baptiste, capitaine en retraite, n. 27.
Masson Jeanne-Eugénie Mlle, n. 27.
Gérard Adolphe, propriétaire, n. 27.
Boudrot Jacques, propriétaire, n. 29.
Beguinet, n. 29.
Drouhin Antoine, chauffeur, n. 29.
Noëllat, Jean-Baptiste, vigneron, n. 29.
Denoyel Jean-Baptiste, rentier, n. 29.
Robert Jean-Baptiste, manouvrier, n. 29.
Laville Louis, manouvrier, n. 29.
Foulot Claude, rentier, n. 33.
Jouan, propriétaire (pied-à-terre), n. 33.
Lhéritier Claude, vigneron, n. 33.
Breton Claudine, propriétaire, n. 2.
Pain, propriétaire, n. 4.
Genin Claude, propriétaire, n. 6.
Cretin, orfévre (pied-à-terre), n. 8.
Chapet Philippe, propriétaire, n. 12.
Bizot Jean-Baptiste, vigneron, n. 12.
Bunel veuve, née Lebaut, rentière, n. 12.
Michel Claude-Louis, propriétaire, n. 12.
Minot Denis, ancien receveur d'octroi, n. 12.

CHINOIS (Rue du).

Bargy Julien, fabricant de colle.
Chapuis Hugues, fabricant de produits chimiques.
Gey Bénigne, serrurier, n. 3.
Malfait Mme, née Gey, fileuse de laine, n. 1.
Chaillé François, scieur de long, n. 1.
Marguery Claude, vigneron, n. 2.
Drouhot François, manouvrier, n. 1.

Gebin Colette Mlle, n. 1.
Desprès François, contre-maître, n. 1.
Desprès Guillaume, vigneron, n. 4.
Hotté Emile, manouvrier, n. 1.
Pierre Jacques, jardinier, n. 3.
Foissard Anne Mlle, laveuse, n. 2.
Foissard Pierre, ouvrier, n. 2.
Foissard Jules, ouvrier, n. 2.
Monnot Pierre, jardinier, n. 2.
Boiveau Pierre, journalier, n. 2.
Boucherot Antoine, ancien voiturier, n. 2.
Remy Joseph, journalier, n. 3.
Thomas Louis, manouvrier, n. 3.
Maisonnier François, journalier, n. 3.
Didier Auguste, jardinier, n. 3.

CIMETIÈRE (Avenue du).

Goichot Joseph, marchand de grains, n. 2.
Fournier Jean-Baptiste, fab. de monuments funèbres, 4.
Coquelu Pierre, marchand de vins en gros, n. 6.

CITÉ (Rue de la).

Sardy Henri, propriétaire.
Chauvelot François, rentier.
Laguain François, conducteur de trains.
Guilleminot veuve, née Layer.
Bardoux Jean-Baptiste, sous-chef d'équipe.
Herard Jules, facteur au chemin de fer.
Pasquier Pierre, homme d'équipe.
Gueritée Jean, conducteur de travaux.
Métin Jules, propriétaire, mécanicien.
Amiuieu Denis, conducteur.
Dupuis Louis, chaînier.
Février Joseph, camionneur.
Jacotot Jérôme, homme d'équipe.

Coupé François, homme d'équipe.
Lerat Cyprien, chef de trains.
Buet Jean-Baptiste, voiturier, n. 1.
Buet Jules fils, n. 1.
Buet Eugène fils, n. 1.
Porte Paul, carrier, n. 3.
Porte Claude-Eugène fils, n. 3.
Lamargue ouvrier fondeur, n. 3.
Guy Julien, musicien, n. 3.
Egueter Jean, marbrier, n. 3.
Egueter François, marbrier, n. 3.
Demesse Alexandre, ancien marchand de chiffons, n. 5.
Ballet Joseph, propriétaire, n. 5.
Paris Pierre, propriétaire, charron, n. 5.
Poupon Pierre, vigneron, n. 5.

CLAIRVAUX (Rue de).

Serbourse Jean-Baptiste, menuisier, n. 1.
Lefol (pied-à-terre), n. 1.
Perrone veuve, rentière, n. 1.
Meuret Jean-Baptiste, employé au chemin de fer, n. 1.
Chavannes (de), propriétaire (pied-à-terre), n. 1.
Ticier Joseph, employé, n. 1.
Roussotte Jacques, empl. au chem. de fer et propr., n. 3.
Bourgeois Charles, facteur de journaux, n. 3.
Prouillet veuve, née Forey, lingère, n. 3.
Vanderollet Pierre, tailleur, n. 3.
Masson Toussaint, peintre, n. 3.
Bourlier Jean-Baptiste, chapelier, n. 3.
Jacotin veuve, journalière, n. 3.
Naissant Marie Mlle, rentière, n. 3.
Choumann Mme, née Chapotot, femme de ménage, n. 3.
Bellay Joseph, vidangeur, n. 5.
Bertrand, ouvrier émouleur, n. 5.
Baret, ouvrier fondeur, n. 5.
Sivert veuve, née Rouvellier Marie, manouvrière, n. 6.
Bary Louis, carrossier, n. 6.

Sebaut Auguste, manouvrier, n. 6.
Lapipe Marie Mlle, rentière, n. 6.
Lapipe Anne Mlle, rentière, n. 6.
Aubert Etienne, manouvrier, n. 10.
Mathey Louis, domestique, n. 10.
Roger Pierre, domestique, n. 10.
Clément veuve, n. 10.
Piponnier Antoine, charron, n. 10.
Serrey Charles, cabaretier, n. 10.
Massapoux Anaïs Mlle, ouvrière, n. 10.
Bornier, cartonnier, n. 10.

CLOS LEVERNE.

Godard François, propriétaire, maçon.
Gallet Jacques, propriétaire, menuisier.
Nicolas Cécile Mlle, lingère.
Bonnaire Antoine, charron.
Barbier Jean-Baptiste, propriétaire, menuisier.
Houzard veuve, née Godard, rentière.
Delavaux Auguste, propriétaire, charpentier.
Champonnois André, homme d'équipe.
Mirey Pierre, ajusteur.
Ragot Claude-Blaise, plâtrier.

COLOMBIÈRE (Rue de la).

Borne, marchand quincailler (pied-à-terre), n. 1.
Hémery Félix, libraire, n. 3.
Méant Julien, ancien peintre, n. 5.
Méant Hippolyte, peintre, n. 5.
De Sainglis veuve, née Méant, rentière, n. 5.
Jacquinot Charles, rentier, n. 7.
Clertan, docteur-médecin (pied-à-terre), n. 13.
Roux Balthazar, cultivateur, n. 15.
Dupaquier Claude, propriétaire, n. 17.

Davier Michel, receveur d'octroi, n. 19.
Tagini Frédéric (pied-à-terre), n. 2.
Messy Etienne, rentier, n. 4.
Belnand Louis, conducteur des ponts-et-chaussées, n. 6.
Locquin Charles, teinturier, n. 8.
Dubier Mme, née Locquin, couturière, n. 8.
Legros Pierre, journalier, n. 8.
Louet Pierre, commis, n. 8.
Lagalisse Claude, commissionnaire de bois, n. 8.
Lécole Edme, charron, n. 8.
Rémond Jean, journalier, n. 8.
Colliard Louis, naturaliste, n. 10.
Durupt Nicolas, jardinier, horticulteur, n. 14.
Dudot veuve, née François, rentière, n. 16.
Vétu Jean-Baptiste, journalier, n. 16.
Roy Thomas, ancien restaurateur, n. 16.
Moreau Ferdinand, propriétaire, n. 18.
Moreau Ernest, employé, n. 18.
Marguery Pierre, propriétaire, n. 20.
Moniot veuve, née Lelièvre, rentière, n. 20.
Laurent Claude, capitaine en retraite, n. 22.
Vurmy veuve, née Maniella, rentière, n. 22.
Guenyot, propriétaire (pied-à-terre), n. 24.
Perès Emmanuel, gendarme en retraite, n. 26.
Pernelle Philibert, propriétaire, n. 30.
Champfort Pierre, rentier, n. 30.
Jeannel Jean, meunier, n. 32.
Mortier Denis, fabricant de chocolat, n. 34.
Rabeau veuve, née Laurent, rentière, n. 34.
Lebigot Jean, scieur de long, n. 36.
Lebigot Jules, scieur de long, n. 36.
Lebigot Camille, scieur de long, n. 36.

CONDÉ (Rue).

Siredey Nicolas, cafetier, n. 1.
Tridon Lucien, marchand tailleur, n. 3.
Mouillon Pierre, marchand de chaussures, n. 5.
Gasté Eugène, marchand quincaillier, n. 5.
Rostaing Victor, propriétaire, n. 5.

Durand Léon, doreur, n. 5.
Durand Mme, confection pour dames, n. 5.
Garnier Claude, imprimeur, n. 5.
Vautherin Mme, née Joliot Caroline, rentière, n. 5.
Moreau Hippolyte, fact. de pianos et prof. de mus., n. 5.
Guinchard veuve, née Breton, marchande de literie, n. 9.
Baesecké Charles, marchand de fourrures, n. 9.
Rousseau Auguste, représentant de commerce, n. 9.
Leniept veuve, née Demoulin, marchande lingère, n. 9.
Brouée Mme, née Roussin Geneviève, rentière, n. 9.
Froidurot Louis, ferblantier, n. 9.
Peyron Victor, horloger, n. 13.
David Joséphine Mlle, marchande de musique, n. 15.
Danrey Florine Mlle, marchande de musique, n. 15.
Guiller Charles, orfévre, n. 17.
Braillard Louis, fabricant de fleurs artificielles, n. 19.
Nodot François, propriétaire, n. 21.
Magnien Joseph, horloger, n. 21.
Migonnet Jean-Baptiste Mme, fabricant de corsets, n. 23.
Robichon Laurent, horloger, n. 23.
Toubin Joseph, horloger, n. 23.
Lambert Adrien, marchand de nouveautés, n. 25.
Lambert Elisabeth Mlle, rentière, n. 25.
Rollet Eugène, lampiste, n. 29.
Millet Claude, journalier, n. 29.
Jacquin Jean-Baptiste, rentier, n. 31.
Fayolle Joseph, lithographe, n. 31.
Vaillant Léon, teinturier, n. 31.
Petite frères, horlogers, n. 33.
Marlio Edmond, rentier, n. 35.
Ancemot Louis, marchand cordonnier, n. 35.
Commeaux veuve, née Ratheaux, march⁰ de mercerie, 35.
Pfister Louis, horloger, n. 35.
Gagnerot Eugénie Mlle, modiste, n. 41.
Fagotey François, chapelier, n. 41.
They Honoré Mme, rentière, n. 43.
Mathieu Victor, orfévre, n. 43.
Bailly Antoine, horloger, n. 47.
Girodet Etienne, orfévre, n. 47.
Magnien Jean-Baptiste, marchand chapelier, n. 49.

Mennetrier Henri, marchand quincailler, n. 51.
Bonnet Abel, propriétaire, n. 51.
Lacour Martial, commis voyageur, n. 51.
Tagini Frédéric, marchand d'antiquités, n. 55.
Daver Antoine, appariteur, n. 55.
Bordet Jean, concierge, n. 55.
Ancey Claude, appariteur, n. 55.
Vallée veuve, née Beuchet, rentière, n. 55.
Thibaut Henri, employé au télégraphe, n. 55.
Thibaut Eugène, n. 55.
Gonier Antoine, appariteur, n. 55.
Poilliot Pierre, appariteur, n. 55.
Hervic Louis, marchand tailleur, n. 55.
Galimard veuve, ex-concierge du Musée, n. 55.
Duffau Antoine, tambour des pompiers, n. 55.
Ducollet Emile, concierge du Musée, n. 55.
Laprévote Charles, chef cantonnier de la ville, n. 55.
Hébert Philippe, pharmacien, n. 2.
Burle Mme, née Auric, coiffeuse, n. 4.
Duval Emile, bonnetier, n. 6.
Olivier Auguste, marchand d'épicerie en gros, n. 10.
Chevillié veuve, née Lemaire, propriétaire, n. 10.
Chevillié Hippolyte, rentier, n. 10.
Laurin Agapit, marbrier, n. 10.
Charleu Jeanne Mlle, rentière, n. 10.
Breton Jean-Baptiste, scieur de long, n. 10.
Bidaut Lucie Mlle, n. 10.
Petret Marie Mlle, n. 10.
Vitu Pierrette Mlle, n. 10.
Lévy Jules, sacristain, n. 10.
Mille Joseph, lampiste, n. 12.
Lemoult Jules, marchand de mercerie en gros, n. 14.
Aubelle Jean, charcutier, n. 16.
Caillot veuve, marchande de bonneterie, n. 18.
Marmora frères, marchands de brosses, n. 20.
Gerin Alfred, lithographe, n. 20.
Sironi Louis, propriétaire, n. 20.
Billé Charles, marchand de tissus, n. 20.
Badet Jules, arbitre de commerce, n. 22.
Badet Mme, marchande de chaussures, n. 22.

Franck Charles, opticien, n. 24.
Rose Louis, marchand quincailler, n. 26.
Langts Charles, marchand tailleur, n. 26.
Truchot-Delval Jean-Baptiste, chemisier, n. 28.
Brocard Charles, confiseur, n. 32.
Serré Auguste, bottier, n. 32.
Dubois Philiberte Mlle, marchande de literie, n. 32.
Bonnard Frédéric, horloger, n. 34.
Bulot François, receveur des contributions indirect., 34.
Perrot Marie Mlle, modiste, n. 36.
Frélézeau Alexandre, marchand de parfumerie, n. 36.
Cretin Remy, orfévre, n. 40.
Molland, veuve Couturier, rentière, n. 40.
Devaux Joseph, marchand chapelier, n. 42.
Vienot Caroline Mlle, lingère, n. 42.
Jacquin Sophie Mlle, marchande de parapluies, n. 42.
Rémond Etienne, bottier, n. 44.
Bizot Denis, cafetier, n. 44.
Guichot Marie Mlle, lingère, n. 44.
Prétet Jules, voyageur de commerce, n. 46.
Guichot Marie veuve, femme de ménage, n. 46.
Gallisso Delphine Mlle, lingère, n. 46.
Thomas Barthélemy, horloger, n. 48.
Brun Jules, pharmacien, n. 50.
Gros Séraphin, huissier, n. 50.
Poitet Eugénie Mlle, rentière, n. 50.
Belime-Bernard Ferdinand, marchand bonnetier, n. 52.
Cercle Lamonnoye, n. 52.
Gonier Claude, débitant de tabac, n. 54.
Voirin Justine Mlle, lingère, n. 54.
Laureau Charles, marchand de parapluies, n. 56.
Henaut veuve, rentière, n. 56.
Jacquin veuve, rentière, n. 56.
Pons Adèle Mlle, modiste, n. 56.
Dosson Alexandre, ancien cafetier, 58.
Bandinelli Fortuné, café-restaurant, n. 58.

COUR BOURBERAIN.

Petit Jean-Baptiste, vigneron, n. 1.
Delorme Denis, cordonnier, n. 1.

Truffin Benoît, tonnelier, n. 3.
Girot Mme, née Lécrivain, femme de ménage, n. 3
Laleur Henri, vigneron, n. 3.
Girot Philibert, manouvrier, n. 3.
Geay Martin, manouvrier, n. 3.
Jambon, carrier, n. 3.
Vianet Claudine, femme de ménage, n. 3.
Carrion Victor, menuisier, n. 3.
Barré Pierre, poseur au chemin de fer, n. 3.
Cotrot Jules, menuisier, n. 2.
Blum veuve, née Abraham, marchande, n. 2.
Chartay Louis, manouvrier, n. 3.
Genty Mme, née Millon, femme de ménage, n. 3.
Tainturier Bernard, cordonnier, n. 3.
Guyot François, vigneron, n. 3.
Gaudry Etienne, journalier, n. 3.
Daussy veuve, née Carrière, n. 6.
Porcherot Bénigne, tailleur de pierres, n. 6.
Sordet Jean, manouvrier, n. 6.
Morel veuve, femme de ménage, n. 6.
Ouvrard Jacques, charpentier, n. 6.
Donjon, vigneron, n. 6.
Ménager Mme, née Ledeuil, couturière, n. 6.

COUR DE LA FAIENCERIE.

Lentz Marie, rentière, n. 1.
Cosson Auguste, cordonnier, n. 3.
Oudet veuve, née Mutelle, femme de ménage, n. 3.
Chavance François, charpentier, n. 3.
Ganaye Nicolas, chiffonnier, n. 4.
Jourdier Jean, tapissier, n. 3.
Fournier Pierre, voiturier, n. 5.
Grosbois Etienne, menuisier, n. 3.
Simon Nicolas, propriétaire, n. 5.
Fromantin François, couvreur, n. 7.
Lerat Pierre, cordonnier, n. 7.
Vétu Jean-Baptiste, journalier, n. 11.

Front Jean-Baptiste, garçon de magasin, n. 11.
Courtois Louis, tanneur, n. 9.
Charbonnet Mme, née Folletet, femme de ménage, n. 11.
Moutier Jean-Baptiste, propriétaire et menuisier, n. 11.
Maillefert André, manouvrier, n. 11.
Vétu veuve, née Petitot, femme de ménage, n. 11.
Hénaux veuve, née Dugied, femme de ménage, n. 11.
Dumont Claude, manouvrier, n. 11.
Gros Auguste, garçon de magasin, n. 11.
Choublanc Claude, tailleur de pierres, n. 11.
Chapuis Jean, relieur, n. 11.
Millerand François, journalier, n. 11.
Sanchez Blatz, ouvrier peintre, n. 13.
Garlot Etienne, journalier, n. 2.
Baulot veuve, n. 2.
Thomas Marie, blanchisseuse, n. 2.
Andriot veuve, rentière, n. 2.
Lemann Auguste, ouvrier tripier, n. 2.
Gauthier François, grenetier, n. 2.
Thomas Jean, manouvrier, n. 2.
Thomas Alexandre, lampiste, n. 2.
Robillot Jean-Baptiste, tourneur, n. 2.
Jolivet veuve, née Regnaut, vigneronne, n. 2.
Pothier Joachim, nettoyeur, n. 2.
Maire Guillaume, commissionnaire, n. 2.
Loubet Louis, chiffonnier, n. 2.
Ciameaux Nicolas, manouvrier, n. 2.
Sorlin Jules, couvreur, n. 2.
Michel Pierre, journalier, n. 2.
Petit veuve, née Martin, journalière, n. 2.
Billot veuve, née Fricot, n. 4.
Paquetet Antoine, plâtrier, n. 4.
Dolivot Emile, journalier, n. 4.
Lejeune Pierre, charron, n. 4 *bis*.
Boiveaut Louis, manouvrier, n. 4.
Bocquet Jean-Baptiste, vigneron, n. 6.
Chanteau veuve, née Cavard, vigneronne, n. 12.
Chanteau veuve, née Jolivet, vigneronne, n. 8.
Moreau veuve, née Léveillé, logeuse, n. 8 *bis*.
Martin veuve, née Moreau, logeuse, n. 8 *bis*.

Derepas Jean-Baptiste, peintre en voitures, n. 10.
Thinet Auguste, charpentier, n. 10.
Charel Joseph, manouvrier, n. 10.
Pouchol Antoine, tailleur de pierres, n. 10.
Monier Célestin, peintre en équipages, n. 10.
France veuve, née Chanteau, couturière, n. 10.
Bossut Philippe, n. 14.
Munier Edme, rentier, n. 14.
Renaud Théodore, garde de nuit, n. 14.
Chavance François, conducteur de trains, n. 14.

COUR DES FRÈRES.

Collin Antoine, propriétaire, n. 1.
Brulé Mme, née Simonnot, lingère, n. 1.
Fleury Marie Mlle, lingère, n. 1.
Saget Clémentine Mlle, giletière, n. 1.
Saget Marie Mlle, lingère, r. 1.
Billette Adèle Mlle, lingère, n. 1.
Charry Charles, charpentier, n. 1.
Chantrenne, n. 1.
Collin Jean-Baptiste, ancien cordonnier, n. 7.
Lalanne Auguste, nettoyeur, n. 7.
Collin Vivant, cordonnier, n. 7.
Gautron Claude, garçon de magasin, n. 7.
Pintat, maçon, n. 1.
Russet veuve, née Leniept, rentière, n. 2.
Charlot Pierre, couvreur, n. 4.
Louchard Jean, cordonnier, n. 4.
Gardès Jean, stationnaire, n. 4.
Leroux Mme, femme de ménage, n. 4.
Guillier veuve, née Charry, rentière, n. 6.
Brillet Remy, menuisier, n. 8.
Moreau Hippolyte, serrurier, n. 10.
Gagey Julie Mlle, ouvrière, n. 10.
Moreau veuve, née Claudon, femme de ménage, n. 10.
Regnier veuve, née Piélin, ancienne jardinière, n. 10.
Lachambre Denis, maçon, n. 10.

COUR DE LA GRENOUILLE.

Baillon François, manouvrier, n. 1.
Richard Etienne, manœuvre, n. 1.
Bonin Claude, à l'équipe, n. 1.
Saconnier Claude, vigneron, n. 3.
Brechillot Pierre, plâtrier, n. 2.
Mugnier François, menuisier, n. 2.
Carré Simon, vigneron, n. 2.
Poinsin Jean-Baptiste, vigneron, n. 2.
Gardey Jean, charron, n. 2.
Maudot veuve, née Seignot, ouvrière, n. 2.
Seignot Nicolas, relieur, n. 4.
Demongeot Lazarine Mme, femme de ménage, n. 4.
Fleury Marie Mme, femme de ménage, n. 4.
Trécourt Pierre, scieur de long, n. 4.

COUR DES POISSES.

Mathey Françoise Mlle, loueuse en garni, n. 4.
Gonin Louis, cordonnier, n. 4.
Noirot Antoine, manouvrier, n. 4.
Roy Joseph, tourneur, n. 6.
Parize Antoine, tonnelier, propriétaire, n. 8.
Brey Jean-Joseph, tailleur de pierres, n. 8.
Brouillard Elisabeth Mlle, lingère, n. 8.
Janinet Antoine, menuisier, n. 8.
Ferrandon Louis, couvreur, n. 10.
Ménard Edme veuve, née Gardey, n. 10.
Chailly Claude, serrurier, n. 12.
David Claude, brossier, n. 12.
Viénot François, peintre, n. 12.
Breuil Léon-Michel, sculpteur, n. 12
Parizelet veuve, née Perrot, journalière, n. 14.
Baudrot Guillaume, serrurier, n. 14.

Savolle Jean-Baptiste, propriétaire, n. 16.
Mazoyer Claude, débiteur de vin, n. 16.
Déclume Mme, journalière, n. 16.
Lévèque Agathe, journalière, n. 16.
Franchot Nicolas, homme d'équipe, n. 18.

COUR DU QUARTIER.

Brulard Denis, plâtrier, n. 1.
Petitfrères Jean-Baptiste, fileur de laine, n. 1.
Castille Pierre, vigneron, n. 5.
Pamponne veuve, née Huot, vigneronne, n. 5.
Simon Catherine Mlle, marchande de fromages, n. 5.
Maillard Claude, manouvrier, n. 7.
Fagot Jacques, journalier, n. 7.
Garnier Françoise Mlle, femme de ménage, n. 7.
Perrot veuve, née Bouhin, femme de ménage, n. 7.
Tétot Jean, journalier, n. 9.
Dutartre Maurice, marchand ébéniste, n. 11.
Doignon veuve, née Lorgy, couturière, n. 13.
Meuret Pierre, poseur, n. 13.
Renardet Joseph, vigneron, n. 17.
Faivret Joseph, vigneron, n. 17.
Girard veuve, née Laborey, vigneronne, n. 2.
Garnier François, nettoyeur, n. 2.
Girard Joseph, vigneron, n. 2.
Bune Philibert, nettoyeur, n. 2.
Picard veuve, née Colombin, marchande, n. 2.
Prin Louis, cordonnier, n. 4.
Lemoine Edouard, cordonnier, n. 4.
Beyer Jacques, manouvrier, n. 4.
Girard François, conducteur chef, n. 4 *bis*.
Sainton veuve, née Leclerc, tanneur, n. 4 *bis*.
Humbert Jean, conducteur de trains, n. 4 *bis*.
Sériot Charles, journalier, n. 4 *bis*.
Bocquenet Emile, manouvrier, 4 *bis*.
Bailly Jacques, propriétaire, tanneur, n. 6.
Bailly Françoise Mlle, tanneur, n. 6.

France veuve, née Charles, femme de ménage, n. 6.
Denizoi veuve, née Guillemard, femme de ménage, n. 6.
Violotte Denis, visiteur de trains, n. 6.
Charlot Jean, garçon boulanger, n. 6.
Bougenot Bénigne, ancien agent de police, n. 8.

CORDIER (Rue).

Tougras fils.
Ferrandon.
Vallot Denis, tapissier.

COURS FLEURY.

Lévêque Jean-Baptiste, jardinier, n. 1.
Renaud Jean, ancien jardinier, n. 3.
Renaud Bernard, jardinier, n. 3.
Maitrey Louis, vidangeur, n. 5.
Perny Jean-Baptiste, propriétaire, n. 7.
Garnier Claude, jardinier, n. 7.
Maitret Jean, voiturier, vidangeur, n. 9.
Henry veuve, née Lanneau Anne, rentière, n. 2.
Castagne Louis, ex-employé à la préfecture, n. 4.
Loppin Etienne, menuisier, n. 4.
Jacotot Pierre, brigadier garde champêtre, n. 6.
Faivret François, rentier, n. 6.
Fauchon Eugène, agent de police, n. 6.
Poifol Jean, employé d'octroi, n. 6.
Coquelu Claude, rentier, n. 6.
Colas veuve, née Ponnel, ouvrière, n. 6.
Bouquet veuve, née Gérard, rentière, n. 6.
Pothier François, journalier, n. 8.
Favéron veuve, née Picard, blanchisseuse, n. 8.
Perny Jean-Baptiste, rentier, n. 8.
Perron veuve, journalière, n. 8.
Lambert Auguste, jardinier, n. 10.

Lambert Léon, jardinier, n. 10.
Provencel Joseph, manouvrier, n. 10.
Vitu veuve, née Lignier, rentière, n. 10.

COURS DU PARC.

Vallot Jacques, propriétaire, n. 1.
Ganiard veuve, née Janin, rentière, n. 1.
Braham veuve, née Hugot, rentière, n. 1. '
Fiet, ancien fabricant d'huile, n. 1.
Boichot, conducteur des ponts et chaussées, n. 1.
Poujo veuve, n. 1.
Badet Claude, ancien cafetier, n. 1.
Castelli Casimir, rentier, n. 1.
Henry Edme, pépiniériste, n. 5.
Valby Pierre, propriétaire, n. 7.
Goudeau Jean-Baptiste, conduct. des ponts et chauss., 9.
Michaud Philippe, ancien notaire, n. 13.
Rivière Maurice, fabricant de moutarde, n. 17.
Dornier Edouard, fabricant de moutarde, n. 17.
Bouchoux veuve Jeanne, rentière, n. 19.
Finot veuve, née Biétry, rentière, n. 19.
Meurgey Pierre, propriétaire, n. 33.
Chauvenet Claude, dentiste (pied-à-terre), n. 35.
Ruinet Charles, n. 35.
Renard commis voyageur, n. 35.
Vallot Jules, restaurateur, n. 37.
Jourraut Marie Mlle, rentière, n. 37.
Sauvageot, garde du parc, n. 39.
Buguet Edouard, photographe, n. 2.
Lavallé Eugène, photographe, n. 2 *bis*.
Bertrand Pierre, ancien épicier, n. 2 *ter*.
Schwartz Valentin, fabricant de crépins, n. 4.
Riffe Georges, forgeron, n. 4.
Ragonneau Jean-Baptiste, manouvrier, n. 4.
Norture Isidore, cabaretier, n. 6.
Chardin Alphonse, photographe, n. 6.
Piedfort Pierre, charron, n. 6.

Mollerat veuve, née Villeneuve, rentière, n. 10.
Dosson Alexandre, ancien cafetier, n. 12 (pied-à-terre).
Lieutet Etienne, pépiniériste, n. 14.
Lieutet Hippolyte, pépiniériste, n. 14.
Ormancey Franç., ouv. maréchal, n. 3 de la rue Bergère.
Lochot Jacques, jardinier, n. 3   id.   id.
Ponier Lazare, rentier, n. 5   id.   id.
Marguery Philibert, jardinier, n 7   id.   id.
Balland Bernard, chauf. à l'usine à gaz, 7 id.   id.
Marie Louis, employé au gaz, n. 9   id.   id.
Thomas Louis, jardinier, n. 13   id.   id.
Sencier Alf., gén. de brigade en retraite, 15   id.
Judet Jean, commandant de recrutement, n. 17   id.
Maillotte Antoine, jardinier, n 21   id.

COURS DE SUZON.

Savet Henri, charbonnier, propriétaire.
Felmann Joseph, menuisier, propriétaire.

CRÉBILLON (Rue).

Retrouvé Jean, tréfileur, n. 3.
Gaudot Jean-Baptiste, marchand fripier, n. 3.
Monnot François, cocher, n. 5.
Barain Joseph, cordonnier, n. 5.
Cié Antoine, scieur de bois, n. 5.
Cyrot Jean-Baptiste, conducteur de trains, n. 5.
Pierre Mélanie Mlle, lingère, n. 5.
Guindey Jean-Baptiste, tonnelier, 7.
Noirot veuve, née Pérard, rentière, n. 9.
Noirot Jeanne, rentière, n. 9.
Clousier Denis, fripier, n. 11.
Mittau Eugène, menuisier, n 13.
Levey André, couvreur, n. 13.
Gaudot Catherine Mlle, fripière, n. 15.

Rose Jean, instituteur, n. 15.
Marache Jean, ancien gendarme, n. 15.
Maulbon Auguste, tanneur, n. 15.
Burette Louis, marchand fripier, n. 17.
Malgat Jean, chaudronnier, n. 19.
Guérard Auguste, ferrailleur, n. 19.
Chenillot Ives, homme d'équipe, n. 21.
Fétu Rose Mlle, lingère, n. 21.
Berthotte Godins, badigeonneur, n. 21.
Jourdhui Antoine, plombier, n. 21.
Verpy Henri, homme d'équipe, n. 21.
Lion veuve, née Lièvre Julie, n. 21.
Mandle Joseph, menuisier, n. 23.
Rémond Louis, marchand fripier, n. 29.
Rémond Charles fils, n. 29.
Gauthiot veuve, née Josserand, loueuse en garni, n. 29.
Violat André, voyageur de commerce, n. 29.
Bonnaire Paul, cordonnier, n. 31.
Verrière veuve, née Rousselet, fruitière, n. 31.
France Louis, maçon, n. 33.
Montot Jean, épicier, n. 35.
Dambrun Sébastien, concierge, n. 2.
Monty Léopold, recteur de l'Académie, n. 2.
Meyer Thibaut, concierge, n. 2.
Bornier Pierre, homme d'équipe, n. 4.
Picard veuve, née Moine, rentière n. 4.
Pointurier Mme, née Bouton, rentière, n. 4.
Deleuze Mme, née Pointurier, rentière, n. 4.
Fournier Albert, lithographe, n. 4.
Berget François, marchand tonnelier, n. 4.
Dupont Pauline, supérieure des sœurs de la Visitation, 8.
Buy veuve, née Monnot, marchande de fruits, n. 10.
Clesca Nicolas, menuisier, n. 10.
Luillier Barthélemy, homme d'équipe, n. 10.
Chambrette Jean-Baptiste, ajusteur, n. 10.
Roch Georges, relieur, n. 10.
Legrand Simon, relieur, n. 10.
Racine Alfred, menuisier, n. 14.
Ledeuil Balthazar, vigneron, n. 14.
Frèrejean Mathieu, relieur, n. 16.

Barabant Etienne, conducteur de trains, n. 16.
Chaudret Auguste, conducteur de trains, n. 16.
Gérinthe Claude, cabaretier, n. 18.
Estiot Philibert, jardinier, n. 20.
Pignolet Catherine Mlle, couturière, n. 20.
Biloir, née Brulé, lingère, n. 20.
Baillot Jean-Baptiste, rentier, n. 20.
Bienfait Pierre, aumônier, n. 20.
Lorimey Jean-Baptiste, boulanger, n. 22.
Minot Jean, scieur de long, n. 22.
Minot Jean, employé, n. 22.
Guérin Claude, manouvrier, n. 22.
Franchot François, cordonnier, n. 22.
Cagniard, née Gérard, tanneur, n. 22.
Meuret André, maçon, n. 22.
Barrat Jean-Baptiste, serrurier, n. 22.
Quantin Isidore, mouleur en fonte, n. 22.
Barbot Jean-Baptiste, fabricant de moutarde, n. 22.
Lièvre Salomon, marchand fripier, n. 28.
Saussier Jean-Baptiste, cafetier, n. 30.
Saussier Pierre, rentier, n. 30.
Prelet Claudine, loueuse en garni, n. 30.
Fourchotte Théoph., surnumér. des contrib. indir.,30.
Clostre Paul, chaudronnier au chemin de fer, n. 30.

CREUX-D'ENFER.

Jaupoy François, ouvrier imprimeur.
Edme Antoine, jardinier, fontaine des Suisses.

CROMOIS (Route de).

Aubert Jean-Baptiste, cultivateur.

DAUPHINE (Rue).

Berthelier Jean, cordonnier, n. 1.
Beaudot Anne, blanchisseuse, n. 3.
Ferry Pierre, relieur, n. 3.

Fournerat veuve, femme de ménage, n. 5.
Maire veuve, née Coste, n. 5.
Bedel Léopold-François, cloutier, n. 5.
Robillot Joseph, tourneur, n. 5.
Bony Pierre, ébéniste, n. 5.
Lechat Annet, maçon, n. 5.
Pitoizet Valentin, émouleur, n. 5.
Sirot Claude, maçon, n. 5.
Sennequier veuve, née Merle, matelassière, n. 5.
Leclerc, cordonnier, n. 5.
Genty veuve, née Lécuel, femme de ménage, n. 5.
Meurgey Joseph, serrurier, n. 7.
Freissard Jean, scieur de bois, n. 7.
Loreau Charles, serrurier, n. 7.
Spiroux Louis, ouvrier ferblantier, n. 7.
Sauvin Nicolas, propriétaire, n. 7.
Michel Eugène, sabotier, n. 7.
Annet Pierre, manouvrier, n. 7.
Eloy Joseph, charron, n. 7.
Rozat Pierre, fondeur, n. 9.
Morlot Claude, menuisier, n. 11.
Cauvard veuve, née Lagneau, n. 11.
Bouguet Jean, manouvrier, n. 11.
Veuillot Mathieu, matelassier, n. 11.
Lorimey veuve, née Cornette, n. 11.
Collin Mme, née Verrière, femme de ménage, n. 13.
Joannier Léon, employé d'octroi, n. 13.
Thomas Joseph, ouvrier tailleur, n. 13.
Poilliot Félix, menuisier, n. 15.
Boulée François, ancien serrurier, n. 15.
Chevalier Ernest, cordonnier, n. 15.
Chedal Joseph, scieur de bois, n. 15.
Fagot Jean-Baptiste, domestique, n. 15.
Jabally Louis, maçon, n. 17.
Breckenheimer Mme, pension bourgeoise, n. 17.
Blondeau veuve, cordonnière, n. 17.
Jacquelet Antoine, ouvrier cordonnier, n. 17.
Moron Jacques, tailleur, n. 19.
Leitchener veuve, née Melot, tailleuse, n. 19.
Crazot Jean-Baptiste, tourneur, n. 19.

Piget veuve Marie, blanchisseuse, n. 19.
Dupuy Simon, scieur de bois, n. 19.
Barral Joseph, scieur de bois, n. 19.
Verchères Grégoire, tailleur, n. 19.
Boutet Bernard, serrurier, n. 2.
Lelly Mathias, cloutier, n. 4.
Batuello Jacques, tailleur, n. 4.
Vannier Jules, cordonnier, n. 4.
Masson veuve, cordonnière, n. 4.
Hubert Joseph, chiffonnier, n. 6.
Laurent veuve, cordonnière, n. 6.
Parenthoën veuve, née Laurent, ouvrière, n. 6.
Maître veuve, née Ledeuil, ouvrière, n. 6.
Boniard Marie Mlle, couturière, n. 6.
Bonnardot Eugène, forgeron, n. 10.
Baulot veuve, ancienne fripière, n. 10.
Régullier Nicolas, marchand de charbon, n. 10.
Pfister Charles, ferblantier, n. 12.
Lagrange Louis, manouvrier, n. 12.
Perille Mathieu, corroyeur, 14.
Méot Victor, sabotier, n. 14.
Parcheminey Henri, cordonnier, n. 14.
Contet Marie, couturière, n. 14.
Bourgeot François, marchand de bois, n. 14.

DAUPHINE (Rue Neuve).

Chervier Pierre, propriétaire, n. 1.
Marchand veuve, ouvrière, n. 1.
Partois Mme, née Marchand, n. 1.
Germain Jean, orfévre, n. 1.
Perriquet Jean-Baptiste, imprimeur, n. 1.
Henry Anne, femme de ménage, n. 1.
Leriche Louis, chocolatier, n. 1.
Legrand Auguste, employé, n. 1.
Clerc Jean-Baptiste, cond. des ponts et chaussées, n. 1.
Kachel Charles, tailleur, n. 3.
Fourchotte, Pierre, marchand de vieux souliers, n. 3.

Barbaud Eugénie Mlle, lingère, n. 3.
Malardot Nicolas, rentier, n. 3.
Breton Mme, née Malardot, n. 3.
Baulot Etienne, serrurier, n. 3.
Dalloz Gédéon, perruquier, n. 2.
Fournier Anne Mlle, lingère, n. 2.
Theuriet Bénigne, manœuvrier, n. 2.
Manières Anne Mlle, lingère, n. 2.
Gacon Jeanne Mme, femme de ménage, n. 2.
Faucillon Albert, relieur, n. 2.
Brocard Henri, ouvrier peintre, n. 2.
Dumarcel Marguerite, femme de ménage, n. 4.
Magasin de chaussures tenu par M. Legrand, n. 4.
Girot veuve, née Bailly, lingère, n. 4.
Sormany veuve, femme de ménage, n. 4.
Legrand, n. 4.

DEVOSGES (Rue).

Abadie François, marbrier, n. 2.
Costet Jean, cabaretier, n. 2.
Fontaine François, tonnelier, n. 2.
Fauconnet Pierre, chef d'équipe, n. 2.
Rondot Joseph, plâtrier, n. 2.
Piron Marie Mlle, n. 2.
Bizot Salomon-Antoine, marchand de grains, n. 8.
Romanet Louis, marchand de vins en gros, n. 8.
Rochet Frédéric, marchand de planches, n. 10.
Rochet veuve, née Guichot, rentière, n. 10.
Buzenet Pierre, employé, n. 10.
Chauvelot Théodore, cafetier, n. 10.
Orliac Jean, maréchal, n. 14.
Chevalot Claude, gren., charron et débit de tabac, n. 16.
Balluet Henri, forgeron, n. 16.
Bargeron Jacques, maçon, n. 16.
Porteret François, cantonnier, n. 16.
Baresset veuve, née Baron, femme de ménage, n. 16.
Bretin Louis, forgeron, n. 16.

Soissons François, ajusteur, n. 16.
Jolibois Auguste, ajusteur, n. 16.
Jolibois veuve, née Tétot, n. 16.
Mouillon, cordonnier, n. 16.
Manguin Eugène, commis, n. 16.
Mutin Michel, dom. charbonnier, n. 16.
Malharbet Jacques, charron, n. 16.
Perrier Etienne, facteur au chemin de fer, n. 16.
Decorne Frédéric, chapelier, n. 16.
Guyard Jacques, maître maçon, n. 16.
Thibaut Philibert, au chemin de fer, n. 16.
Mélinand Pierre, chapelier, n. 16.
Vernot Jean, cordonnier, n. 20.
Seguin Pierre, rentier, n. 20.
Charles Antoine, entrepreneur maçon, n. 20.
Pinel Pierre, cocher, n. 20.
Delorieux François, chaudronnier, n. 20.
Prudhomme Théodore, tonnelier, n. 20.
Machurey Ignace, pointeur au dépôt, n. 22.
Habert Edme, chef surveillant du télégraphe, n. 22.
Ducroux Philibert, cabaretier, n. 24.
Siredey Paul, propriétaire, n. 24.
Pelletier Arthur, employé au chemin de fer, n. 24.
Lefol Sylvain, garçon de magasin, n. 24.
Ramelet Nicolas-Joseph, négociant, n. 24.
Laurent Michel, manouvrier, n. 26.
Daussy Jean, ébéniste, n. 28.
Mortier Auguste, propriétaire, n. 32.
Huant veuve, née Robert, rentière, n. 32.
Titard François, tonnelier, n. 32.
Deschamps Pierre, marchand de vins, n. 34.
Paris veuve, née Perrin, rentière, n. 34.
Berget François, marchand de grains, n. 34.
Berget Antoine, marchand de grains, n. 34.
Aguerre Emile, fabric. de moutarde et marc. de vins, 34.
Bouteille Joseph, chapelier et grenetier, n. 34 *bis*.
Kéranbrun Charles, chapelier, n. 34.
Lelièvre Pierre, chef de trains, n. 36.
Clerget, menuisier, n. 36.
Goisset Jean-Baptiste, propriétaire, n. 1.

Magasin de grains à M. Bassot, n. 1.
Lagoutte Gustave, distillateur, n. 1.
Pierre Nicolas, concierge, n. 1.
Chavasse-Fretas, charpentier, n. 3.
Maire Nicolas, conducteur de voitures, n. 3.
Quillot Edme, rentier, n. 3.
Esquila Auguste, capitaine en retraite, n. 3.
Dumont Auguste, employé, n. 3.
Violot Antoine, chef de bureau au chemin de fer, n. 3.
Ulher Léon, mécanicien, n. 3.
Sébille Jean-Baptiste, marchand de vins en gros, n. 3.
Sébille François, rentier, n. 3.
Ulher Jean, rentier, n. 3.
Bernot Auguste, aubergiste, n. 5.
Tixier Valentin, tonnelier, n. 9.
Magasin à M. Guillemot, marchand de vins en gros, n. 9.
Suisse Jean-Philippe, architecte du département, n. 11.
Suisse Charles fils, n. 11.
Grosperrin Auguste-Léonard, négociant, n. 11.
Lombard Mme, née Carré Eugénie, rentière, n. 15.
Mortier François, marchand de grains, n. 15.
Sorlin Simon, entrepreneur, n. 17.
Sorlin Alexandre fils, n. 17.
Bellenot Victor, rentier, n. 17.
Salbreux François, employé, n. 17.
Salbreux François fils, serrurier, n. 17.
Chouquet Auguste, voyageur de commerce, n. 17.
Fouché Charles, rentier, n. 17.
Crestin Claude, propriétaire, n. 19.
Boissard Jean-Baptiste, distillateur, n. 19.
Dubard Alexis, ancien marchand de grains, 19.
Petitcuenot Pierre, piqueur au chemin de fer, n. 19.
Dubard Henri, rentier, n. 19 *bis.*
Roch Eugène, maçon, n. 19 *bis.*
Lanoy François, comptable, n. 19 *bis.*
Pitolet veuve, née Thirion, rentière, n. 19 *bis.*
Forey Claude, rentier, n. 21.
Leminet veuve, née Magnien, rentière, n. 21.
Magnien Jean, rentier, n. 21.
Godillot Emile, chef de section au chemin de fer, n. 21.

Focillon Claude, conducteur des ponts et chaussées, 21.
Woljung Jean, ancien serrurier, n. 21.
Simonnet Jean, chef de division à la préfecture, n 23.
Royer veuve, née Pauly, n. 23.
Prieur Auguste, gantier, n. 23.
Berthaux Emile, comptable, n. 23.
Mercier Jules, chapelier, n. 23.
Chêne Jean-Baptiste, chapelier, n. 23.
Berrües Louis, charpentier, n. 27.
Prato Jean, plâtrier, n. 27.
Duplus Laurent, forgeron, n. 27.
Bony César, contre-maître, -n. 27.
Gayet veuve, rentière, n. 27.
Brenot Edme, chef d'instiut. et marc. de vins en gros, 29.
Brenot Albert fils, n. 29.
Aigoin Marie-Charles, conserv. des hypothèques n. 31.
Meugniot François, fabric. d'instrum. aratoires, n. 33.
Robert Pierre, forgeron, n 33.
Robert Gabriel, commis voyageur, n. 33.
Chapuzot Nicolas, boulanger-aubergiste, n. 35.
Magasin à M. Berget, n. 37.
Magasin à M. Paillard, négociant, n 30.
Guinot Eugène, propriétaire et cafetier, n. 39.
Génicot veuve, née Mignard, laveuse, n. 39.
Minot Jean-Baptiste, agent de police, n. 39.
Moreau Paul, chef de dépôt, n. 41.
Simonin Lucien, rentier, n. 41.
Debled Athanase, propriétaire, n. 41.
Debled Gabriel fils, n. 41.
Grandjean veuve, née Rey, n. 41.
Dragot veuve, née Grandjean, n. 41.
Dragot Eugène, ajusteur, n. 41.
Laurent Louis, fabricant de chapeaux, n. 43.
Barry Jean-Louis, sellier, n. 45.
Thiloy veuve, née Joannis, rentière, n. 45.
Bouillet Toussaint, propriétaire, n. 47.
Durande Auguste, propriétaire, n. 47.
Bontemps Claude, conducteur des ponts et chaussées, 49.
Grillon Jules, commis-voyageur, n. 49.
Brun Ernest, commis principal des postes, n. 49.

Andriot François, chapelier, n. 49.
Mallet Blaise, ancien fumiste, propriétaire, n. 51.
Michel Pierre, capitaine en retraite, n. 51.

DOCTEUR-MARET (Rue).

Plâtre François, restaurateur, march. de vins en gros, 1.
Ducrot veuve, née Moutel, n. 1.
Garrot François, concierge, n. 3.
Menneval veuve, née Vallot, rentière, n. 2.
Trélanne veuve, née Bouhain, n. 2.
Bélorgey François, marchand de chaussures, n. 2.
Bureau Auguste, colonel en retraite, n. 2.
Charollois Louise Mlle, rentière, n 2.
Mary Louis, percepteur, n. 2.
Jacotot Charles, ancien doreur, n. 2.
Rousselet Emile, comptable, n. 2.
Atelier d'imprimerie à M. Jobard, n. 4.
Pechinot veuve, née Morlot, revenderesse, n. 4.
Jacotot Nicolas, concierge, n. 4.
Lécrivain Jean-Baptiste, forgeron, n 4.
Jaugey Pierre, charron, n. 4.
Darantière veuve, née Ledeuil, logeuse, n. 4.
Magasin de bascules, balances à M. Mantoux, n. 4.
Saussier Eugène, marchand de grains, n 4 *bis.*
Guasco Jacques, rentier, n. 4 *bis.*
Viard, conducteur de trains, n. 6.
Tardy Jean-Baptiste, capitaine en retraite, n. 6.
Godard Antoine, cordonnier, n. 6.
Marèche Joseph, camionneur, n. 6.
Boissière Paul, atelier de tonnelier, n. 6.
Magasin à M. Busavelier, tonnelier, n. 8.
Schanoshy Jules, sculpteur, n. 8.
Moreau Pierre, cordonnier, n. 8.
Cailloux François, sacristain, n. 10.
Contet Marguerite Mlle, femme de ménage, n. 10.
Ragonneau Claudine, couturière, n. 10.
Pignalet Cécile Mlle, ouvrière, n. 10.

Martin veuve, née Jacquelin, femme de ménage, n. 10.
Gagey Françoise Mlle, n. 10.
Ardent Victor, propriétaire, n. 12.
Sénard Jules, professeur de piano, n. 12.
Champy Claudine Mlle, rentière, n. 12.
Mortureux Bénigne, rentier, n. 12.
Magasin à M. Poupon, marchand de vins en gros, n. 12.
Mollerat Louis, rentier, n. 12.
Lenief Joseph, concierge, n. 12.
Poupon Pierre, marchand de vins en gros, n. 12.
Dedieu Mme, née Poupon, n. 12.

DUBOIS (Rue).

Jacquemart François, cordonnier, n. 1.
Bontemps Philippe, tailleur de pierres, n. 1.
Malnoury Etienne, journalier, n. 1.
Chaffotte Louis, rentier, n. 1.
Cazet Pierre, tonnelier, n. 3.
Cazet veuve, née Roblot, rentière, n. 3.
Guillot Jean-Pierre, jardinier, n. 5.
Senot, ex-employé aux archives, n. 5.
Roussotte veuve, née Gremeau, femme de ménage, n. 5.
Simon Jean, cordonnier, n. 5.
Petitot Colette, rentière, n. 5.
Jobard, née Magnien, veuve d'officier retraité, n. 7.
Engremy Elisa, ouvrière, n. 9.
Fèvre Jeanne, propriétaire, n. 9.
Veillon Louis, ouvrier bijoutier, n. 11.
Chardon veuve, née Chaveau, rentière, n. 11.
Colas Mme, propriétaire, n. 4.
Theuvenot Pierre, homme d'équipe, n. 4.
Tisserandot veuve, née Quirot, ouvrière, n. 6.
Magnien Victor, employé au chemin de fer, n. 6.
Meneval Mme, née Lamarre, rentière, n. 6.
Meneval Denise, rentière, n. 6.
Bonnard Mme, rentière, n. 6.
Paupion Marie Mlle, ouvrière, n. 6.

Paupion Henri, voyageur de commerce, n. 6.
Boituzet veuve, née Stègre, ouvrière, n. 8.
Leblanc Gilbert, ouvrier menuisier, n. 8.
Boissard Denise Mlle, journalière, n. 8.
Manière Jean, manouvrier, n. 8.
Jeoffroy Marguerite Mlle, fileuse de laine, n. 8.
Martin, scieur de bois, n. 8.
Manière Jean, n. 8.
Lollier Etienne, ancien couvreur, propriétaire, n. 10.
Parenteau Thomas, couvreur, n. 10.
Gacon veuve, née Clémencet, n. 10.
Picard François, rentier, n. 12.
Aly Emile, avocat, n. 12.
Carlet François-Florent, rentier, n. 12.
Weiss Jules, menuisier, n. 14.

ECOLE-DE-DROIT (Rue de l').

Bailly Nicolas, directeur de l'école normale, n. 1.
Costet Bernard, appariteur, n. 5.
Maréchal Jean, concierge, n. 5.
Douhard Adolphe, concierge, n. 5.
Manuel Charles, présid. de la chambre de commerce, 7.
D'Arbaumont Auguste, propriétaire, n. 7.
Bouchard Bénigne, concierge, n. 7.
Dubard veuve, née Géliot, rentière, n. 7.
Vallet veuve, née Dubard, rentière, n. 7.
Blum Moïse, marchand de vin en gros, n. 2.
De Gemeaux veuve, née de Saint-Julien, rentière, n. 2.
Brocard veuve, née Rouard, ouvrière, n. 6.
Mangin veuve, née Gabion, rentière, n. 6.
Finet, premier commis de la recette principale, n. 6.
Achard Frédéric, artiste lyrique, n. 6.
Rothey Henri-Edouard, facteur de pianos, n. 6.

EPIREY (Ferme d').

Chaignet Nicolas, cultivateur.

ETIOUX (Rue des).

Leblanc Pierre, conducteur et regrattier, n. 5.
Mallard Jacques, huissier, n. 7.
Leveder François, employé au gaz, n. 7.
Henry Anne Mlle, couturière, n. 7.
Demongeot Jeanne, veuve Doyen, femme de ménage, 7.
Lhomme veuve, née Mongin, femme de ménage, n. 7.
Pommey Mathieu, corroyeur, n. 9.
Pierrot Pierre, fabricant de chapeaux, n. 9.
Renard Victor, passementier, n. 11.
Mairet Nicolas, menuisier, n. 13.
Chabenat Gabriel, tailleur, n. 15.
Bélier Alexis, vannier, n. 17.
Gazagne Mathieu, serrurier, n. 17.
Bouilly Auguste, chaudronnier, n. 17.
Simonet Mélanie Mlle, couturière, n. 17.
Lévèque, artiste violoniste, n. 2.
Marmora Léon, fabricant de brosses, n. 2.
Lavier Denis, serrurier, n. 2.
Lefebvre François, serrurier, n. 2.
Legrand Léonard, ouvrier plâtrier, n. 4.
Mairet Mathurin, menuisier, n. 6.
Nicolle Joseph, paveur, n. 6.
Maurisset François, tailleur, n. 6.
Gacon Gaspard, scieur de bois, n. 6.
Digot Jules, menuisier, n. 6.
Henry Joseph, luthier, n. 8.
Henry veuve, née Gagey Catherine, rentière, n. 8.
Mercier veuve, née Sirugue, rentière, n. 10.
Mercier veuve, née Mouha Agathe, prof. de musique, 10.
Berget Charles, ancien appariteur, n. 10.
Margot Antoine, ouvrier chapelier, n. 10.
Guyon Adeline Mlle, lingère, n. 10.
Maire ouvrier cordonnier, n. 10.
Beuchot François, propriétaire, n. 10.
Ragois Henri, menuisier, n. 12.
Pitolet François, marchand fripier, n. 14.

Soucl Jean, émouleur, n. 14.
Laurence veuve, née Moreau, grenetière, n. 16.
Godot, serrurier, n. 20.
Paicheur Charles, tailleur, n. 20.
Moreau Catherine, ouvrière, n. 20.
Delabis, garçon tripier, n. 20 *bis*.
Deize Claude, manœuvre, n. 20 *bis*.
Laroche Jean, manouvrier, n. 20 *bis*.
Gravier Marie Mlle, blanchisseuse, n. 20 *bis*.
Garrot Joseph, cabaretier, n. 22.
Louet Jean, propriétaire, n. 22.
Bonnardin François, typographe, n. 22.
Lecloux François, serrurier, n. 24.
Roussotte Claude, typographe, n. 26 *bis*.
Giboulot Claudine Mlle, lingère, n. 26 *bis*.
Poinsot Auguste, horloger, n. 28.
Mourot Nicolas, propriétaire, n. 28.
Beaudier Paul, tapissier, n. 28.
Serot Denis, serrurier, n. 30.
Gauthier Jean-Baptiste, cordonnier, n. 30.
Labbé Eugénie Mlle, lingère, n. 30.
Chevillon Jeanne Mlle, lingère, n. 30.
Blouctet Auguste, chauffeur, n. 30.
Chibert Séraphin, menuisier, n. 30.
Duthu Marie Mlle, lingère, n. 32.

FAUBOURG RENNES (Rue du).

Lepetit Etienne, n. 1.
Cagé Joseph, comptable, n. 1.
Courade Claude, scieur de long, n. 3.
Dutraye Jean, marchand de toile, n. 3.
Changenet Etienne, nettoyeur, n. 3.
Perrot Jean-Baptiste, charbonnier, n. 3.
Perrot François, journalier, n. 3.
Gachot Claude, forgeron, n. 5.
Grey Pierre, employé au télégraphe, n. 5.
Grey Vincent, facteur de première classe, n. 5.

Tixier Jean, conducteur de trains, n. 5.
Belfy Claude, boulanger, n. 9.
Valuet Marien, maçon, n. 9.
Paris François, maçon, n. 9.
Thierry Jacques, bourrelier, n. 9.
Thierry Jean-Baptiste, bourrelier, n. 9.
Drouelle Jacques, farineur, n. 9.
Nicolot Bernard, aiguilleur, n. 9.
Renaud Jean-Baptiste, à l'équipe, n. 9.
Berthol Alexandre, tanneur, n. 11.
Faivret veuve, née Bailly, charcutière, n. 11.
Fleith Louis, manouvrier, n. 11.
Nicolle Barthélemy, chiffonnier, n. 11.
Jeanniard veuve, vivandière, n. 11.
Bitouzet, manouvrier, n. 11.
Velardot François, charcutier, n. 11.
De Lamogère Aubert, officier d'administ. en retraite, 13.
Mennevaux Jules, aiguilleur, n. 13.
Tapin Jean, chaudronnier au chemin de fer, n 13.
Poinsin Jean, vigneron, n. 13.
Rocas Jean, charbonnier, n. 13.
Brulebaut Mme, née Salignon, marchande de vin, n. 13.
Brulebaut Jean, sous-chef d'équipe, n. 13.
Montfiliard François, menuisier, n. 13.
Montfiliard Jean-Baptiste, n. 13.
Ledoux Joseph, ajusteur, n. 13.
Balder Jacques, conducteur de trains, n. 13.
Girardot Etienne, nettoyeur, n. 13.
Collot Louis, baigneur, n. 15.
Collot veuve, née Guenot, n. 15.
Duthu Alexandre, homme d'équippe, n. 15.
Schittenger, serrurier, n. 15.
Pheulpin François, domestique, n. 15.
Girard Charles, employé, n. 15.
Leneveu Louis, carrier, n. 17.
Michéa Ernest, manouvrier, n. 17.
Segot François, manouvrier, n. 17.
Perruchot veuve, née Louet, propriétaire, n. 19.
Gendret Jean-Baptiste, charpentier, n. 19.
Viard Nicolas, tonnelier, n. 19.

Boisseau Joseph, charron, n. 19.
Leroux veuve, née Bidet, couturière, n. 19.
Rivet veuve, née Gremeau, n. 21.
Andréis Mme, née Berchet, femme de ménage, n. 23.
Fourneret Florentin, tanneur, n. 23.
Lintingre Mme, journalière, n. 23.
Daleme Pierre, concierge, n. 25.
Verain Frédéric, conducteur de trains, n. 25.
Verain Colombe Mlle, ouvrière, n. 25.
Perrot François, marchand de poissons, n. 27.
Theuriet veuve, vigneronne, n. 27.
Marting Nicolas, cloutier, n. 27.

FEBVRET (Rue).

Monnet veuve, née Florimond, propriétaire, n. 1.
Tupin veuve, née Porcherot, journalière, n. 1.
Ragonneau Marie Mlle, n. 6.
Beaupoil Pierre, fruitier, n. 6.
Marquet Antoine, homme d'équipe, n. 6.
Lhéritier Pierre, serrurier, n. 6.
Michel Claude, fabricant de sabots, n. 6.
Lavaux Nicolas, marchand de fruits, n. 6.
Moisot, mécanicien au chemin de fer, n. 6.
Queniet François, manouvrier, n. 6.
Lhomme Jean-Baptiste, conducteur de diligence, n. 6.
Pierre veuve, née Doublet, jardinière, n. 6.
Bazin, maçon, n. 6.

FORGES (Rue des).

Haran dite Devillé veuve, née Prestat, rentière, n. 3.
Cantrelle Victoire Mlle, lingère, n. 3.
Martenot Marguerite Mlle, rentière, n. 3.
Bailly Désiré, épicier, n. 3.
Chaussenot Paul, marchand de cristaux, n. 5.

Moutel Ant., doreur, march. de glaces et de tableaux, 7.
Joanne Philippe, mécanicien, n. 11.
Simonot Honoré, propriétaire, ancien tanneur, n. 13.
Ricaud Jean-Baptiste, marchand d'étoffes, n. 13.
Ricaud Claude-Emile fils, marchand d'étoffes, n. 13.
Ricaud Pierre, garçon de magasin, n. 13.
Jorrot Charles, employé, n. 13.
Stekel veuve, née Bizouard, rentière, n. 15.
Stekel Claude-Hippolyte fils, armurier, n. 15.
Rouget Jacques, employé au chemin de fer, n. 15.
Richard Louis, correcteur, n. 17.
Castilini, employé des postes, n. 17.
Larmonier Charles, lampiste, n. 19.
Courtois Charles, cordier, n. 19.
Courtioux René-Louis, march. d'articles de voyage, 21.
Courtioux Edmond fils, graveur, n. 21.
Lévêque Jean-Augustin, employé à l'enregistrement, 21.
Foulot Louis, employé à l'enregistrement, n. 21.
Bailly Claude, propriétaire rentier, n. 23.
Carillon Eugénie Mlle, blanchisseuse, n. 23.
Carillon Léon, employé, n. 23.
Lewis Jeanne Mme, professeur d'anglais, n. 23.
Cartaud Anna Mlle, ouvrière, n. 23.
Dellery Nicolas, ouvrier ébéniste, n. 23.
Devillebichot Bernard, marchand de farines, propr. 25.
Roulaud veuve, née Devillebichot, n. 25.
Rey Lucien, décrotteur, n. 25.
Boutet Charles, marchand de parapluies, n. 25.
Voinchet Pierre, propriétaire, ancien boulanger, n. 27.
Voinchet Ernest, boulanger, n. 27.
Lemoine Mme, née Litaudon, débitante de tabac, n. 27.
Modot Pierre, vigneron, n. 27.
Borel Joseph, scieur de bois, n. 27.
Lautrey Louis, ouvrier fabricant de biscuits, n. 27,
Lautrey Auguste fils, n. 27.
Borel, grenetier, n. 27.
Munier Jean-Baptiste, charcutier, n. 31.
Bonin Marie Mlle, rentière, n. 31.
Baillot Louis, ouvrier cordonnier, n. 31.
Vagnac Edmond, marchand quincailler, n. 33.

Richard Claude, voyageur de commerce, n. 33.
Henry Eugène, fabricant de bouchons, n. 35.
Faucillon veuve, modiste, n. 16.
Faucillon Henri, voyageur de commerce, n. 16.
Bougetet Louis, horloger, n. 16.
Miotte Jean-Baptiste, lampiste, n. 18.
Moron Léon, cordonnier, n. 18.
Massu François, voyageur de commerce, n. 20.
Sauvageot Claude-Pierre, rentier, n. 20.
Pécot Jean-Baptiste, marchand de nouveautés, n. 20.
Pinègre Jules-Charles, employé de commerce, n. 20.
Jaëger Georges, huissier, n. 20.
Brenet Elisa Mlle, modiste, n. 22.
Valette Gaspard, chef de trains, n. 24.
André Marie Mlle, ouvrière en robes, n. 24.
Sirugue veuve, débitante de tabac, n. 24.
Collardeau Pierre, propriétaire, n. 24.
Ragot veuve, née Sauvageot, rentière, n. 24.
Roy, tailleur, n. 24.
Begin Anna Mlle, ouvrière, n. 24.
Joly Auguste, employé à la préfecture, n. 26.
Bourdot François, journalier, n. 26.
Hanriot François, horloger, n. 26.
Mantelet Jules, marchand tapissier, n. 26.
Lévy Raphaël, boucher, n. 28.
Gathelot Jules, sacristain, n. 28.
Bergerot Jean-Pierre, ouvrier cordonnier, n. 28.
Arbey Vorles, clerc de notaire, n. 30.
Stekel Charles, cafetier, n. 30.
Gallet Henri, sous-agent principal, n. 30.
Aumaître Charles, ouvrier tailleur de pierres, n. 32.
Vernier Mme, née Chaudron, marchande libraire, n. 32.
Décombard Claude, marchand d'épicerie en gros, n. 32,
    et 34 pour le magasin.
Alexandre, n. 34.
Gallois Hippolyte, avoué, n. 36.
Ricaud-Mutin, marchand d'étoffe, n. 38.
Milsand Philib., admin. du Mont-de-Piété, s.-biblioth, 38.
Galland Jules, négociant en mercerie, n. 40.
Galland veuve, rentière, n. 40.

Berthier Jean-Claude, pharmacien, n. 42.
Talfumier Auguste, pharmacien, n. 42.
Folley Eugénie Mlle, rentière, n. 42.
Lombard veuve, née Morizot, propriétaire, n. 44.
Bresson Etienne, marchand épicier, n. 44.
Auger, fabricant de pain d'épices, n. 46.
Bressant Charles, employé, n. 46.
Dock Eugénie Mlle, ouvrière, n. 48.
Froment Pierre, commis en pharmacie, n. 48.
Fremiet Paul, manouvrier, n. 48.
Regnaudot veuve, née Petitot, cabaretière, n. 50.
Moiton veuve, née Regnaudot, n. 50.
Prin Louis, rentier, n. 50.
Villmann Magdeleine Mlle, ouvrière, n. 50.
Mougey François, inspecteur de la Cie *le Monde*, n. 50.
Mathieu veuve, née Lecloux, blanchisseuse, n. 50.
Porcherot Bazile, employé à la préfecture, n. 50.
Champenois veuve, née Desvigne, n. 50.
Mazeau, n. 50.
Guillemaut Achille, confiseur, n. 52.
Malterre Sébastien, Maçon, n. 52.
Poilevé Elisabeth, veuve Aimiot, ouvrière, n. 52.
Duthu François, peintre, n. 52.
Pidaut Pierre, manouvrier, n. 52.
Froidevaux Constant, ouvrier horloger, n. 52.
Froidevaux veuve, née Tardy, n. 52.
Viochot François, manouvrier, n. 52.
Desbordes, n. 54.
Fleurot Etienne, chasublier, n. 54.
Barral Joseph, scieur de bois, n. 54.
Boussard veuve, née Michaud, ouvrière, n. 54.
Lofler Bénédict, tailleur, n. 54.
Lofler Claude fils, n. 54.
Regnier veuve, journalière, n. 56.
Masson Jean-Baptiste-Eugène, tapissier, n. 56.
Masson Ernest fils, n. 56.
Auger Pierre, rentier, n. 56.
Leblanc Adolphe, homme d'équipe, n. 56.
Porcheret Jean, employé d'assurances, n. 56.
Frossard Jean-Baptiste, tailleur de pierres, n. 56.

Jacquier Romain, épicier, n. 58.
Rousselot Paul, épicier, n. 58.
Blandin Juliette Mlle, ouvrière, n. 60.
Lamblot Geneviève Mlle, ouvrière, n. 60.
Marzo Joseph, potier d'étain, n. 60.
Pacelli Michel, potier d'étain, n. 60.
Bertholon Mlle, rentière, n. 60.
Mugnier Pierrette Mlle, rentière, n. 60.
Pernet Claude, rentier, n. 62.
Porte François, marchand de fromages, n. 62.
Porte François fils, n. 62.
Malnoury Jean-Baptiste, rentier, n. 64.
Sauvage Pierre, direct. des messag. Kellermann et Cie, 64.
Moncorget Louis, teinturier, n. 68.
Monnier veuve, née Boutonnet, march. de mercerie, 70.
Flocard Mamès, cafetier, marchand de vin, n. 70.

FRANCKLIN (Rue).

Bizouard Jean-François, anc. greffier, propriétaire, n. 1.
Pasteur Louis, rentier, n. 1.
Moutton Xavier, vétérinaire, n. 1.
Lapertot Philippe, rentier, n. 1.
Renardet veuve, femme de ménage, n. 1.
Laborey Claudine Mlle, blanchisseuse, n. 1.
Savolle Mme, née Follot, marchande de vins, n. 3.
Follot François, tonnelier, n. 3.
Forgeot Nicolas, greffier de la chambre de commerce, 3.
Thomas veuve, née Costet, rentière, n. 3.
Thomas Julie Mlle, institutrice, n. 3.
Beaudot veuve, née Chapulliot, couturière, n. 3.
Pingat Mélanie Mlle, couturière, n. 3.
Claude veuve, née Goisset, rentière, n. 7.
Beaujard Emile, géomètre, n. 7.
Saugeot Louis, tonnelier, n. 7.
Béguin Edme, logeur, n. 7.
Prinsetet Antoine, cantonnier, n. 7.
Dubois Joseph, ancien cordonnier, n. 9,

Lesprit Etienne, journalier, n. 9.
Rome Jean-Baptiste, peintre, n. 9.
Bailly François, garçon de magasin, n. 9.
Tésio Jean-Baptiste, tailleur, n. 9.
Javelle Marie Mlle, cuisinière, n. 9.
Moreau Jean, cordonnier, n. 9.
Chouard Louis, menuisier, n. 9.
Aubertot Léon, herboriste, n. 9.
Petitot veuve, n. 9.
Petitot Jacques, serrurier, n. 9.
Chassagne Jean, cordonnier, n. 9.
Mosson Clovis, chapelier, n. 9.
Lhermier Jacques, anc. inspect. des poudres et salp., 2.
Lhermier Jacques-Eugène, ingénieur civil, n. 2.
Denizot veuve, née Tortochaux, lessiveuse, n. 4.
Fournier François, menuisier, n. 4.
Roy veuve, née Jovignot, femme de ménage, n. 6.
Monny veuve, née Poituet, femme de ménage, n. 10.
Monny Alexandre, plâtrier, n. 10.

FRANÇOIS-RUDE (Rue).

Braillard (pour un atelier de fleuriste), n. 3.
Favret Marie Mlle, lingère, n. 5.
Souël Pierre, émouleur, n. 5.
Lavoine Jacques, ouvrier tourneur, n. 7.
Garreaux Lazare, cabaretier, n. 7.
Gottsching Antoine, blanchisseur de chapeaux, n. 7.
Padrès Jean, ex-acteur, n. 7.
Gautherot Pierre, chaudronnier, n. 9.
Jaëger Georges, ouvrier fabricant de bas, n. 9.
Brouillard Thomas, menuisier, n. 9.
Amyot Pierre, manouvrier, n. 9.
Singer Léopold, facteur de pianos, n. 9.
Mairet veuve, ouvrière, n. 11.
Godin veuve, rentière, n. 11.
Florentin Pierre, grenetier, n. 11.
Thomas Félix, épicier, n. 15.

Chapard Léon, négociant en grains, n. 15.
Chapard veuve, rentière, n. 15.
Masson Eugène, fripier, n. 17.
Charmont Jean, photographe, n. 17.
Chauvot Sylvestre, corroyeur, n. 23.
Girault veuve, née Calmelet Françoise, n. 23.
Girault Nicolas, clerc de notaire, n. 23.
Schober, ancien épinglier, propriétaire, n. 23.
Viard Justine Mlle, rentière, n. 25.
Theuriet Nicolas, cafetier propriétaire, n. 25.
Mairet Etienne, employé au chemin de fer, n. 25.
Laudin Louis, marchand de marée, n. 27.
Lamant veuve, née Boyer, lingère, n. 27.
Perrot veuve, née Pion Anne, lingère, n. 27.
Nodot François, propriétaire, n. 6.
Fagot Simon, cordonnier, n. 8.
Junot Nicolas, garçon de magasin, n. 8.
Naigeon Claude, grenetier, n. 10.
Leclerc Philibert, ouvrier papetier, n. 10.
Renard Paul, menuisier, n. 10.
David Clarisse Mlle, marchande de tissus, n. 12.
Leclerc Pierre (atelier de chaussures), n. 12.
Bullet François, ouvrier imprimeur, n. 12.
Gillot Adrien, grenetier, n. 16.
Martin Mélanie Mlle, marchande de tissus, n. 18.
Schobert André, épinglier, n. 20.
Masson Anne Mlle, garde-malades, n. 22.
Lapine Reine, femme de ménage, n. 22.
Ravier Jean, ouvrier cordonnier, n. 22.
Michaud Félix, ouvrier maçon, n. 22.
Guy veuve, coiffeuse, n. 22.
Armand Joseph, ouvrier horloger, n. 22.
Aubert Claude, rentier, n. 24.
Guelin Claude, pâtissier, n. 24.
Leblanc Nicolas, conducteur des ponts et chaussées, 24.
Bianchi Jean, potier, n. 26.
Maréchal Antoine, ouvrier ébéniste, n. 28.
Tassin Alexis, tonnelier, 28.
Charbonnot Augustin, ferblantier, n. 32.
Sancenot Honoré, boulanger, n. 32.
Petit Oscart-Eugène, marchand bonnetier, n. 36.

GALOCHE (Grande rue).

Gauvenet, jardinier horticulteur, n. 1.
Paris Pierre, charron, n. 2.
Courtois Jean, n. 3.
Girard Laurent, jardinier, n. 4.
Trouillard Jean, chiffonnier, n. 4 *bis*.
Follet Auguste, plâtrier, n. 3.
Thevenin veuve, n. 3.
Desmarre Auguste, peintre, n. 3.
Roy Etienne, marchand de vins, n. 3.
Carme Victor, voyageur de commerce, n. 3.
Sicardet Etienne, jardinier, propriétaire, n. 4 *bis*.
Vallot Louis, jardinier, propriétaire, n. 5.
Thiard Eugène, menuisier, n. 2.
Péchinot François, jardinier, n. 8.
Marcillet veuve, née Décoté, jardinière, n. 10.
Marcillet Pierre-Eugène fils, n. 10.
Montrichard, jardinier, n. 10.
Devanne Henri, jardinier, n. 12.

GALOCHE (Petite rue).

Contet veuve, née Maillot, jardinière, n. 14.

GARE (Rue de la).

Gerber François, brasseur et boulanger, n. 2.
Gerber Auguste fils, n. 2.
Gerber François fils, n. 2.
Faivre Auguste, chauffeur, n. 2.
Pivant Frédéric, chauffeur, n. 2.
Houdard Pierre, chauffeur, n. 2.

Thaller Jules, chauffeur, n. 2.
Altimback Joseph, ajusteur, n. 2.
Saveron veuve, née Drillot, n. 2.
Huot Jacques, cordonnier, n. 2.
Bertrand Michel, conducteur de trains, n. 2.
Jacquet Victor, employé des douanes, n. 2.
Perron Séraphin, facteur de deuxième classe, n. 2.
Mavoir Jean-Baptiste, cabaretier et voiturier, n. 6.
Mavoir Emile, cuisinier, n. 6.
Demongeot Edmond, commis, n. 6.
Schavanne Joseph, nettoyeur, n. 6.
Meny Joseph, ajusteur, n. 6.
Bayard François, à l'équipe, n. 6.
Areskis veuve, née Courtois, lingère, n. 6.
Nicolin Auguste, entrepreneur d'omnibus, n. 6.
Maitret Claude, manouvrier, n. 6.
Gaudot Joseph, nettoyeur, n. 6.
Bunos Eugène, modeleur, n. 6.
Dumont Jacques, chargeur, n. 6.
Farcy veuve, née Farcy, femme de ménage, n. 6.
Cantignot François, serrurier, n. 6.
Cantignot Pierre, mécanicien, n. 6.
Point Joseph, jardinier, n. 6.
Pillié Pierre, ouvrier marbrier, n. 6.
Cannet André, forgeron, n. 6.
Réveillon Jules, poseur, n. 6.
Picard Toussaint, nettoyeur, n. 6.
Cunisset Pierre, aiguilleur, n. 6.
Lamy Léon, homme d'équipe, n. 6.
Frey Edouard, chauffeur, n. 6.
Mavoir Emile, tailleur de pierres, n. 6.
Martin Xavier, restaurateur, n. 8.
Guillemin François-Xavier, chauffeur, n. 8.
Mavoir Philippe, propriétaire, n. 10.
Renard Jean, conducteur chef, n. 10.
Theuriet Jean-Baptiste, cabaretier, n. 10.
Cornillon Léon, perruquier, n. 10.
Regneau Jean, cabaretier et loueur en garni, n. 12.
Sennequier Prosper, fabric. de chandelles, propr., n. 12.
Leblanc veuve, née Darceau, rentière, n. 12.

Borel Edmond, sous-chef d'équipe, n. 12.
David Michel, hôtelier-restaurateur, n. 14.
Gauthier Pierre, gargottier, n. 18.
Leminet Emile, tourneur, n. 18.
Brille Charles, tourneur, n. 18.
Chaussier Bernard, marchand bonnetier, n. 18.
Camus Eugène, cabaretier, n. 26.
Perrot Jacques, n. 26.
Andriot veuve, née Boulicaut, femme de ménage, n. 1.
Marmier François, conducteur des ponts et chaussées, 1.
Amiot Jean-Baptiste, marchand de charbon, n. 1.
Niquevert dit Lucenet, billardier, n. 1.
Schall Marie Mlle, couturière, n. 1.
Diringer Michel, tailleur, n. 1.
Maître Nicolas, serrurier, n. 1.
Mérand Frédéric, tonnelier, n. 1.
Jacquin veuve, née Correy, propriétaire, n. 1.
Besson Eugénie Mlle, lingère, n. 1.
Dolfus veuve, née Resler, n. 1.
Devichet Jacques, chauffeur, n. 1.
Bordenet Auguste, mécanicien, n. 1.
Décologne Louis, cuisinier chef, n. 1.
Détourbet Auguste, cafetier, n. 1 *bis*.
Frey Antoine, mécanicien, n. 1 *bis*.
Breux Pierre, ajusteur, n. 1 *bis*.
Fraudin Hippolyte, épicier, n. 1 *bis*.
Fraudin Louis, fabricant de liqueurs, n. 3.
Devillebichot Mme, née Bordet, fabricant de liqueurs, 7.
Bordet François, fabricant de liqueurs, n. 7.
Bordet Michel, rentier, n. 7.
Bordet Jules, fabricant de liqueurs, n. 7.
Cassoux Nicolas, propriétaire, n. 7.
Baubonne Gérard, comptable, n. 7.
Masson Marie Mlle, n. 7.
Quenot Auguste, rentier, n. 7.
Gustel Julien, rentier, n. 7.
Garraudet Jacques, distillateur, n. 7.
Miel Jean-Baptiste, domestique, n. 7.
Castagne Ferdinand, dessinateur, n. 7.
Frossard veuve, née Forgenot, rentière, n. 7.

Koënig Philippe, mécanicien, n. 7.
Baumgartener Joseph, grenetier, n. 9.
Brulé Louis, n. 9.
Thibaut François, marchand mercier, n. 9.
Bernard Charles, homme d'équipe, n. 9.
Chaligney Léon, homme d'équipe, n. 9.
Alviset Jean-Baptiste, receveur d'octroi, n. 9.
Didier Jean-Baptiste, chauffeur, n. 9.
David Denis, garçon de salle, n. 9.
Maitre Joseph, serrurier, n. 9.
Maitre veuve, née Paget, femme de ménage, n. 9.
Royet Elie, facteur, n. 9.
Santinard Nicolas, fondeur, n. 9.
Mairet Bénigne, cabaretier, n. 11.
Morot Jean-François, cabaretier, n. 13.
Marandet Denis, propriétaire, n. 13.
Dormoy Louis, facteur de première classe, n. 13.
Besançon Achille, poseur, n. 13.
Mouton François, tourneur, n. 13.
Manières Hippolyte, fondeur, n. 13.
Séjournant Victor, homme d'équipe, n. 13.
Vaulrot Claude, cafetier, n. 15.
Pichot Jean, employé des postes, n. 15.
Meugniot Athanase, employé des postes, n. 15.
Boshard Henri, fondeur mécanicien, n. 17.
Richard Albert, agent principal, n. 20.
Sangnier Louis, chef des ateliers du chemin de fer, n. 20.
Hureau Isidore, concierge, n. 20.
Pauly Jean-Baptiste, chef de gare, n. 20.
Bragny Jean-Baptiste, sous-chef de gare, n. 20.
Verrier Adolphe, sous-chef de gare, n. 20.
Robert Charles, garde-magasin, n. 20.
Bourgeois Auguste, sous-chef de traction, n. 20.
Guillemot Paul, restaurateur (buffet de la gare), n. 20.

GAZ (Rue du).

Malenn Hippolyte, charpentier, n. 2.
Huret veuve, née Lejeune, logeuse, n. 2.
Laborde Mme, née Huret, couturière, n. 2.

Fabrique d'eau gazeuse à M. Bornier, n. 2.
Habigant Nicolas, vigneron, n. 2.
Wolpert Frédéric, ouvrier brasseur, n. 2.
Cornu Eugène, plâtrier, n. 2.
Badet Mme, née Deschamp, propriétaire, n. 2 *bis*.
Deschamps veuve, née Pelotoier, rentière, n. 2 *bis*.
Thevenot veuve, née Jourdheuil, rentière, n. 2 *bis*.
Pigeon Pierre, ouvrier poêlier, 2 *bis*.
Chamson Eugène, marbrier, 2 *bis*.
Bernard Louis, ancien coiffeur, 2 *ter*.
Visca Louis, rentier, 2 *ter*.
Monnet Anne Mlle, artiste dramatique, 2 *ter*.
Regnier veuve, née Petitjean, propriétaire, n. 2 *ter*.
Lefèvre Léon, architecte, n. 4.
Marillier Frédéric, grenetier, n. 4.
Delhotal Charles, journalier, n. 6.
Perrier Marie Mlle, lingère, n. 6.
Bernard Catherine Mlle, femme de ménage, n. 6.
Perrier Anne Mlle, lingère, n. 6.
Moyeux Valier, marchand de chevaux, n. 6.
Lechevalier, veuve Guinet, propriétaire, n. 8.
Billoux Alfred, corroyeur, n. 10.
Gaudard Etienne, ancien corroyeur, n. 10.
Barbier Mme, rentière, n. 10.
Chaity Pierre, tailleur de pierres, n. 10.
Chaity Joseph, tailleur de pierres, n. 10.
Mallard François, employé, n. 10.
Dard Jean, charpentier, n. 10.
Gille Florimont, marbrier, n. 10.
Viennot Denis, pépiniériste, n. 14.
Bretenet Jean-Baptiste, ancien tisserand, n. 14.
Delveaux René, mécanicien, n. 16.
Delveaux Victor, mécanicien, n. 16.
Campenon François, rentier, n. 16.
Jacob Nicolas, propriétaire, n. 18.
Bardouiche veuve, née Bonne, rentière, n. 18.
Duris François, directeur de l'usine à gaz, n. 20.
Rosselin Etienne, concierge, n. 20.
Emery Benoît, serrurier, n. 20.
Monnet Philippe, plâtrier, n. 22.

Charretier Antoine, tailleur, n. 22.
Lochot veuve, née Perriquet, jardinière, n. 22.
Bergeret Jean-Baptiste, tailleur de pierres, n. 22.
Bouzereau François, ancien receveur d'octroi, n. 22.
Perrot Pierre, cantonnier, n. 22.
Deport Auguste, garçon boucher, n. 22.
Amiot Bernard, aiguilleur et cabaretier, n. 24.
Mongin Claude, propriétaire vigneron, n. 26.
Louhet Claude, journalier, n. 26.
Pommul Léon, tonnelier, n. 26.
Devosges Nicolas, journalier, n. 26.
Beuchot Claude, journalier, n. 26.
Lamy veuve, née Chaumette, jardinière, n. 30.
Lamy veuve, née Pelletret, n. 30.
Dufour François, fabricant d'instruments aratoires, n. 1.
Bruillard Louis, entrepr. de convois civils, n. 5.
Blocaille J.-B., colonel de gendarmerie en retraite, n. 5.
Chauchot Paul, fabricant de plâtre, march. de planches
　et de tuiles mécaniques, n. 7.
Granjon Pierre, journalier, n. 7.
Burard Louis, jardinier, n. 9.
Curey Claude, jardinier, n. 9.
Olivier Chrétien, jardinier, n. 13.
Grenette Claude, jardinier, n. 13.
Marguery Jean-Baptiste, jardinier, n. 13.
Girard Charles, propriétaire, n. 15.
Garreau veuve, née Julien, concierge, n. 15.
Rousselet François, cultivateur, n. 15.
Ferrez, ancien cafetier, n. 17.
Theurot, marchand de bois, n. 19.
Focillon (atelier de chaudronnerie), n. 25.
Masson Louis, entrepreneur maçon, n. 25.

GODRANS (Rue des).

Legrand du Saulle Jean, capitaine en retraite, n. 1.
Carrier Théophile, propriétaire, n. 1.
Troisgros Pierre, voyageur de commerce, n. 1
De Nogaret René-Alfred, propriétaire, n. 1.

De Massol veuve, née Bernard de Sassenay, propr., n. 1.
Mathieu veuve, rentière, n. 1.
Vincent Joseph, rentier, n. 3.
Douard Jules, marchand épicier en détail, n. 3.
Frund Urbain, agent libraire, n. 3.
Favotte Denis, rentier, n. 5.
Voinet Claude, courrier des postes, n. 5.
Fleurichand Alexis, propriétaire, n. 5.
Royer Marguerite Mlle, ouvrière, n. 5.
Marquet veuve, née Theuriet, ouvrière, n. 5.
Rodier Marie Mme, ouvrière, n. 5.
Astre Marie Mlle, ouvrière, n. 5.
Mercy Urbain, vétérinaire, n. 5.
Rodier Jean, ouvrier ferblantier, n. 5.
Bourlier veuve, née Guilbert, propriétaire, n. 7.
Défontaine Antoine, propriétaire, n. 7.
Munier Jean, rentier, n. 7.
Bressac Laurent, marchand de liqueurs, n. 7.
Favret Jean, boulanger, n. 9.
Mocquin Marie Mlle, rentière, n. 11.
Pertua Mme, née Pauper, ouvrière, n. 11.
Gasquet Théophile, chapelier, n. 13.
Robert Elisabeth Mlle, cuisinière, n. 13.
Frèrebeau Antoine, domestique, n. 13.
Denizot, n. 13.
Motard Mme, née Chauvelot, ouvrière, n. 13.
Guilleminot Jean-Baptiste, cocher, n. 13.
Naudet Jules, manouvrier, n. 13.
Robert Elisabeth Mlle, n. 13.
Grun Joseph, peintre au chemin de fer, n. 13.
Paillet Antoinette Mlle, blanchisseuse, n. 15.
Petitjean Emélie Mlle, ouvrière, n. 13.
Létonné Claude, ancien militaire, n. 15.
Aillot Auguste dit Gatinais, ouvrier serrurier, n. 15.
Drouhot Louis, charron, n. 15.
Sordoillet François, conducteur, n. 15.
Debled veuve, née Perriot, journalière, n. 23.
Guinot Victor, cordonnier, n. 23.
Jacquenet Marie Mlle, ouvrière, n. 23.
Flachot Jenny Mlle, blanchisseuse, n. 23.

Pothier V^e, née Douhin Joséphine, march. à la place, 23.
Chambonnet Gabriel, couvreur, n. 23.
Varennes François, chauffeur, n. 25.
Crazot Thomas, tonnelier, marchand de vin, n. 27.
Gallois Claude, fabricant de vinaigre, n. 29.
Gallois Louis, commis-négociant, n. 29.
Bezard Noël, marchand de grains, n. 29.
Belin Alfred, peintre, n. 29.
Weber veuve, née Cornu, rentière, n. 31.
Weber Florent, boulanger, n. 31.
Lapine Etienne, serrurier, n. 33.
Naudin Anne Mlle, ouvrière, n. 33.
Sennequier Claude, chaudronnier au chemin de fer, 33.
Kokot Nicolas, serrurier, n. 33.
Toussaint veuve, blanchisseuse, n. 33.
Presne Frédéric, employé, n. 35.
Cazet, employé des contributions indirectes, n. 35.
Converset Jean, employé au télégraphe, n. 35.
Belin Jean-Baptiste, propriétaire, n. 37.
Fondet Mme, née Gouaille, rentière, n. 37.
Thomas veuve, née Minot, sans profession, n. 39.
Thomas Joseph, comptable, n. 39.
Fagotey Antoine, teneur de livres, n. 41.
Ménard Joseph, compositeur-typographe, n. 41.
Dessaulx veuve, née de la Folly de Joux, prop., n. 43.
Dubois Auguste, ancien avoué, n. 43.
Thibaut Claude, grenetier, n. 45.
Ragonneau Auguste, cafetier, n. 45.
Misset Victor, ouvrier confiseur, n. 45.
Thomas Hippolyte, plâtrier, n. 45.
Lavaud Jacques, coupeur, n. 45.
Laboulaye Honoré, agent de police, n. 45.
Grey Etienne, tonnelier, n. 45.
Flamand Gustave, employé, n. 45.
Geoffroy Mathieu Mlle, lingère, n. 47.
Guinot Jules, cordonnier, n. 47.
Degoulange Gustave, compositeur, n. 47.
Burglé Georges, mécanicien, n. 47.
Simonnet Louis, tonnelier, n. 47.
Peutet Louise Mlle, n. 49.

Fremiot François, cordonnier, n. 49.
Derayaut Jean, fabricant de balances, n. 49.
Thierry François, perruquier, n. 51.
Thierry Eugène, perruquier, n. 51.
Marguery veuve, n. 53.
Magasin de la *Société l'Epargne*, épicerie, n. 53.
Duriot Jean , tailleur, n. 53.
Eberlet Joseph, chapelier, n. 53.
Pétrot Charles, épicier en demi gros, n. 59.
Dubard Pierre-Antoine, propriétaire, n. 61.
Dubard Paul, négociant, n. 61.
Charpiot Pierre, employé, n. 61.
Spuller Joseph, boucher, n. 63.
Renaudin veuve, née Bertrand, propriétaire, n. 63.
Aretz Léonard, rentier, n. 63.
Mitja-Miquet, ouvrier tailleur, n. 63.
Grillard François, directeur des commissionnaires, n. 63.
Maugey Pierre, sellier, n. 65.
Berget Jean, huilier, n. 2.
Bornier Etienne, cabaretier, n. 2.
Pigeon Jean, employé au chemin de fer, n. 2.
Tissot Jacques, boulanger, n. 6.
Boulée Nicolas, rentier, n. 8.
Joyot Auguste, épicier et mercier, n. 8.
Huguin Théodule, employé au télégraphe, n. 8.
Fourney Pierre, manouvrier, n. 8.
Blanchont Elisabeth Mlle, sans profession, n. 10.
Seignot Jean, ouvrier tailleur de pierres, n. 10.
Jolivet veuve, née Petitjean, journalière, n. 10.
Grey François, menuisier, n. 10.
Chauvot Jean-Baptiste, maçon, n. 10.
Montcharmont Henri, vitrier, n. 10.
Bouhier Jean, journalier, n. 10.
Delmailly Joseph, cafetier, n. 12.
Forey Jeanne, journalière, n. 14.
Lecloux François, cordonnier, n. 16.
Lecloux Jean, ouvrier cordonnier, n. 16.
Didelon Charles, employé au chemin de fer, n. 16.
Bourgeot Reine, journalière, n. 16.
Guillen Barthélemy, marchand de marrons, n. 16.

Chevenement Elisa Mlle, femme de ménage, n. 16.
Urbach Jacob, ouvrier cordonnier, n. 16.
Viennot Catherine Mlle, femme de ménage, n. 18.
Faivre Victorin, menuisier, n. 18.
Fourchotte Pierre, couvreur, n. 18.
Girodot Jean, scieur de long, n. 18.
Vadriez veuve, née Cire, journalière, n. 18.
Berthelemot Alexandre, ouvrier menuisier, n. 20.
Finck Joseph, ouvrier tailleur, n. 20.
Barthélemy Jean, propriétaire, n. 20.
Valby, casseur de pierres, n. 20.
Breuillot Reine, ouvrière, n. 20.
Petitjean Jean, regrattier, n. 20.
Guillène Barthélemy, journalier, n. 20.
Damiens veuve, née Carled, journalière, n. 22.
Hess Joseph, ouvrier cordonnier, n. 22.
Chaussenot-Legros, Md de cristaux (pour un magasin), 22.
Parpelet Jean, camionneur, n. 22.
Zlotorinsky Hertz, marchand ambulant, n. 22.
Racine Louis, menuisier, n. 22.
Perrot veuve, née Boussey, grenetière, n. 24.
Hubert François, rentier, n. 24.
Falconnet Mme, journalière, n. 24.
Guillemin Jean, garçon huilier, n. 24.
Gathelier François, cabaretier, n. 24.
Thierry Mme, née Duhot, ouvrière, n. 24.
Hubert Jean, menuisier, n. 24.
Cretin Camille, cabaretier, n. 28.
Naudin Benoît, marchand de meubles, n. 28.
Arrival Thomas, ouvrier menuisier, n. 30.
Merlin veuve, née Lamy, propriétaire, n. 30.
Labussière veuve, née Morel, rentière, n. 30.
Durand Mlle, domestique, n. 30.
Bonot Jules, commis voyageur, n. 30.
Lacoste Auguste, facteur au chemin de fer, n. 30.
Mutel Zoé Mlle, ouvrière, n. 30.
Girault veuve, rentière, n. 30.
Durupt Nicolas, rentier, n. 30.
Dufour, conseiller de préfecture, n. 32.
Leblanc veuve, née Michel, marchande de volailles, n. 32.

Schilling Joseph, ouvrier cordonnier, n. 32.
Barraux Prosper, chauffeur au chemin de fer, n. 32.
Perrot Ovide, menuisier, n. 32.
Jobin veuve, née Bénigne Clerc, matelassière, n. 32.
Queuilhe Camille, employé au chemin de fer, n. 32.
Ariet Mlle, rentière, n. 32.
Le général Carrelet, sénateur (pied-à-terre), n. 34.
Saint-Père veuve, née de Chevigny, rentière, n. 34.
Laurent Joseph, portier, n. 34.
Lefaure Claude, employé de préfecture, n. 34.
Lefaure Hippolyte, tonnelier, n. 34.
Suquet Emile, ingénieur, n. 34.
Bigot Marie Mlle, ouvrière, n. 40.
Moreau Marie Mlle, rentière, n. 40.
Siredey Louis, débitant de vin, n. 40.
Jay Germain, maître ramonneur, n. 40.
Duperrat Louis, mécanicien, n. 40.
Porcherot Prudent, tonnelier, n. 40.
Sciaux, n. 40.
Prost, brigadier à l'octroi, n. 44.
Dambrun Claude, liquoriste, n. 46.
Calais veuve, née Durand Louise, n. 46.
Abran Jean, ancien notaire, n. 46.
Soumis Paul, charpentier, n. 46.
Contant Antoine, grenetier, n. 48.
Ravenot Antoine, nettoyeur au chemin de fer, n. 48.
Perrier veuve, née Chaudot, ouvrière, n. 48.
Maréchal Clarisse Mlle, ouvrière, n. 48.
Viennot Charles, camionneur, n. 48.
Michel Paul, pâtissier, n. 50.
Favier Anne Mlle, lingère, n. 50.
Maillard Louise Mlle, ouvrière, n. 50.
Coulot Louise Mlle, ouvrière, n. 50.
Bonnet, manouvrier, n 50.
Parisot Catherine Mlle, lingère, n. 50.
Flaive Ferdinand, cabaretier, n. 52.
Chauvin Jean-Baptiste, charcutier, n. 56.
Febvre Philibert, cabaretier, n. 58.
Caffard Adrien, ouvrier tailleur, n. 60.
Burand Jacques, rentier, n. 60.

Bulliard François, relieur, n. 62.
Maréchal veuve, née Ancemot, propriétaire, n. 62.
Voisin Louis, confiseur, n. 62.
Masson Anne Mlle, ouvrière, n. 62.
Gamet François, sous-officier en retraite, n. 62.
Pignalet Marie Mlle, journalière, n. 62.
May Samuel, rentier, n. 66.
Berryer Léon, négociant, filateur, n. 66.
Buzon veuve, née Jeannot, n. 66.
Emery veuve, née Pétot, ouvrière, n. 68.
Gaillardet Bernard, ouvrier cordonnier, n. 68.
Brossa Louis, tailleur d'habits, n. 68.
Behr Joseph, employé au chemin de fer, n. 68.
Paulet Louis, marchand de bois, propriétaire, n. 70.
Faure Jean, horloger, n. 70.
Moreau veuve, née Simonnet, n. 72.
Guichard Fanny Mlle, modiste, n. 72.
Poinsot Nicolas, propriétaire, n. 72.
Frachot Jules, débitant de tabac, n. 72.
Midan Jeanne Mlle, ouvrière, n. 72.
Jeadot Marie Mlle, ouvrière, n. 72.
Robert Anne, chaudronnière, n. 72.
Davignon Joseph, cordonnier, n. 72.
Cretin Claude, rentier, n. 72.
Rivière, avocat, n. 72.
Montret Aline Mlle, ouvrière, n. 72.
Dumont Jules, ferblantier, n. 74.
Roger Constant, tailleur de pierres, n. 74.
Leblanc Antoine, homme d'équipe, n. 74.
Tanret Alexandre, teneur de livres, n. 74.
Pétot Claude, coiffeur, n. 74.
Tupin veuve, née Porcherot, rentière, n. 74.
Lambry veuve, née Jolicœur, rentière, n. 74.
Pauthenet Jeanne Mlle, rentière, n. 76.
Lignier Jean-Baptiste, tailleur, n. 76.
Talfumière veuve, née Pothenet, rentière, n. 76.
Perrot François, négociant en toile et grains, n. 76.
Boigey Jean-Baptiste, comptable, n. 76.
Gautrelet Paul, docteur-médecin, n. 76.
Deleuze Edouard, sous-inspecteur des forêts, n. 76.

Tournois Denis, cafetier, n. 80.
Muselin Eugène, voyageur de commerce, n. 80.
Joly Claudine Mlle, rentière, n. 80.
Tournois Hélène, ouvrière, n. 80.
Gonfrier Claude, sellier au chemin de fer, n. 80.
Joanniez Jean, aubergiste, n. 82.
Mosson veuve, née Denizot, n. 82.
Boulmier Pierre, ouvrier relieur, n. 84.
Marcaire Félix, marchand de bougies, n. 84.
Covillet Frédéric, boulanger, n. 86.
Martenot Jean-Baptiste, menuisier, n. 88.
Gay Pierre, employé, n. 88.
Marcigny Henri, journalier, n. 88.
Messager Xavier, marchand de couleurs, n. 88.
Robin Etienne, à l'équipe, n. 88.
Durandeau Jean, forgeron, n. 88.
Fressard Martin, tourneur, n. 88.
Mairet Théodore, employé au chemin de fer, n. 88.
Voillequin Félix, cafetier, n. 90.
Poinssot Sébastien, ancien notaire, n 92.
Sirodot veuve, née Poinssot, rentière, n. 92.
Fériel veuve, née Grosjean, rentière, n 92.
Badoz Anicet, marchand de toiles, n. 92.
Déclume veuve, née Vernier, laveuse, n. 94.
Jeunet Claude, commissionnaire, n. 94.
Gérard Mme, née Soupet, journalière, n. 94.
Guerite Pierre, journalier, n. 94.
Vernot Joseph, journalier, n. 94.
Mougin Ferdinand, camionneur, n. 96.
Trivier Jacques, cordonnier, n. 98.
Cocruot Victor, manouvrier, n. 98.
Porteret Paul, ouvrier cordonnier, n. 98.
Mercier Jean-Louis, tailleur, n. 98.
Galimard Pierre, treillageur, n. 98.
Bonne Anne Mlle, rentière, n. 98
Thomas veuve, née Bailly, blanchisseuse, n. 98.
Delepine Auguste, cordonnier, n. 98.
David Eugénie Mlle, modiste, n. 100.
Evrat Pierre, marchand de chaussures, n. 102.
Porteret Jules, caissier, n. 102.

Belin Louis, ouvrier sellier, n. 104.
Bizot Jacques, fabricant de parapluies, n. 104.
Petit veuve, née Patron, concierge, n. 104.
Cornice Jean, ouvrier cordonnier, n. 104.
Brossard Anne, journalière, n. 104.
Rateau Antoine, ancien libraire, n. 104.

GRAY (Rue de).

Mugnot André, garde fontaines, n. 1.
Fagot-Richard, percepteur, n. 3 (pied-à-terre).
Albert François, maréchal, n. 9.
Fagot veuve, rentière, n. 9.
Chandellier Hippolyte-François, employé à la mairie, 11.
Sirandré Jean-Baptiste, menuisier, n. 11.
Garnier Jacques, grenetier et tonnelier, n. 13.
Theuret veuve, née Brossard, rentière, n. 15.
Theuret Pierre, charron et grenetier, n. 15.
Meurisse Camille, employé de la préfec. en retraite, n. 15.
Méot Jean-Baptiste, cordonnier, n. 15.
Leblanc veuve, née Verdot, ouvrière, n. 15.
Huot Louise Mlle, n. 15.
Floccard Auguste, commis voyageur en liqueurs, n. 17.
Chauvirey Félix, fabricant de limonade, n. 17.
Verrière Pierre, cabaretier, n. 19.
Tillet Louis, relieur, n. 19.
Roussel veuve, née Grandcompain, garde-malade, n. 21.
Roussel Jules, serrurier, n. 21.
Méline Jean-Baptiste, propriétaire, n. 23.
Rosey Pierre, propriétaire, n. 25.
Rosey Henri fils, clerc de notaire, n. 25.
Rosey veuve, née Forey, propriétaire, n. 25.
Stoupence Louis-Jean-Baptiste, ouv. fab. de biscuits, 27.
Chapotot Victor, menuisier, n. 27.
Gauthier François, relieur, n. 27.
Maurice Jean-Baptiste, ébéniste, n. 27.
Boucherot François, doreur sur tranche, n. 27.
Bouhin Bernard, cultivateur, n. 27.
Berthet veuve, née Theuret, n. 27.

Gélium Antoine, manouvrier, n. 27.
Stoupence veuve, née Mathey, journalière, n. 27.
Communaux Claude, rentier, n. 27.
Noël Prudent, commis aux hypothèques, n. 27.
Artaux Mme, manouvrière, n. 29.
Guerre veuve, manouvrière, n. 29.
Moreau, manouvrier, n. 29.
Huot veuve, femme de ménage, n. 27.
Malgat Ferréol, rentier, n. 29.
Aubin, relieur, n. 29.
Rougelin Simon, manouvrier, n. 29.
Baucher Jean-Baptiste, manouvrier, n. 29.
Aubin Jean-Baptiste, relieur, n. 29.
Martin, ouvrier fondeur, n. 29.
Arthot Claude, fabricant de chaises, n. 29.
Brulé veuve, née Marguery, propriétaire, n. 29.
Picot Thomas, ouvrier menuisier, n. 29.
Babouhot veuve, née Léchenet, journalière, n. 29.
Delage Pierre-Jean, tourneur au chemin de fer, n. 29.
Paillet Victoire veuve, journalière, n. 29.
Niquevert dit Lucenay, journalier, n. 29.
Lombard Claude, menuisier, n. 29.
Gaillard veuve, manouvrière, n. 29.
Lorche veuve, relieuse, n. 29.
Couturier veuve, née Pauper, n. 29.
Douillon Jean-Louis, relieur, n. 29.
Dumontot Pierre, rentier, n. 31.
Ricaut Pierre, ouvrier distillateur, n. 31.
Dubard Claude, ouvrier distillateur, n. 31.
Pamponne Philippe, fabricant de biscuits, n. 31.
Pamponne veuve, née Tavernier, n. 31.
Maréchal Claude, menuisier, n. 31.
Poirier Jean-Baptiste, relieur, n. 31.
Fernet Auguste, employé, n. 31.
Thonion Jean, marchand de planches, n. 31.
Dambrun, ouvrier jardinier, n. 31.
Richard Jean-Baptiste, manouvrier, n. 33.
Goudeaux veuve, née Ragot, propriétaire, n. 33.
Mangin François, marchand de chiffons, n. 33.
Cornubert Just, manouvrier, n. 33.

Lamidez François, mouleur, n. 33.
Baram veuve, née Chauvenet, manouvrière, n. 33.
Delay Antoine, relieur, n. 33.
Nérob Nicolas, galochier, n. 33.
Mangin François, chiffonnier, n. 33.
Rozière Henri, galochier, n. 33.
Rouvière Frédéric, négociant en vins, distillateur, n. 37.
Piot François, vigneron, n. 39.
Piot Mme, née Paris, jardinière, n. 39.
Piot Bernard fils, n. 39.
Piot Claude fils, n. 39.
Chaignet François, jardinier, n 41.
Marquet Jean-Baptiste, vigneron, n. 43.
Tourdias Michel, dessinateur, n. 43.
Bressand François, domestique, n. 43.
Gauthier Jean, vigneron, n. 43.
Gauthier veuve, née Seurot, jardinière, n. 43.
Gauthier François fils, n. 43.
Sementré Auguste, maçon, n. 43.
Maître Philippe, vigneron, n. 43.
Clémencet Jean, balayeur, n. 45.
Institution de Marie-Thérèse (pensionnat), n. 2.
Verrot, tonnelier, n. 4.
Bardet Claude, jardinier, n. 6.
Messigny, cabaretier, n. 6.
Couturier Claude, relieur, n. 8.
Boucher Bernard, receveur en retraite, n. 8.
Poupon Mathieu, maçon, n. 8.
Martin veuve, rentière, n. 8.
Hess veuve, rentière, n. 8.
Duvaux Simon, receveur d'octroi, n. 10.
Nicole Jeanne Mlle, domestique, n. 12.
Tournois Denis, propriétaire, n. 12.
Tournois Paul fils, n. 12.
Pouilly, manouvrier, n. 12.
Poincelin François, tonnelier, n. 12.
Thubet Louis, ex-cafetier, n. 12.
Lacuisine Pierre, ouvrier cordonnier, n. 12.
Huot Emile, relieur, n. 12.
Cotosset, relieur, n. 12.

Bizouard, lessiveur, n. 12.
Vernier, menuisier, n. 12.
Bodinet, scieur de long, n. 12.
Eloy Vivant, cordonnier, n. 12.
David, relieur, n. 12.
Egert, manouvrier, n. 12.
Tréfort, maçon, n. 12.
Bizouard Jean-Baptiste, fabricant de balais, n. 12.
Bizouard Jean-Baptiste fils, n. 12.
Galliac, rentier, n. 14.
Siredey, manouvrier, n. 14.
Masson, fabricant de biscuits, n. 16.
Monnin Louis-François, tuilier, n. 20.
Normand Pierre, tailleur de pierres, n. 22.
Poillot Pierre, journalier, n. 22.
Sirodot Jean, garde champêtre, n. 22.
Grapin Nicolas, ouvrier, n 22.

GRENOUILLE (Rue de la).

Bailly Pierre, à l'équipe, n. 1.
Kirchemeyer veuve, née Pettig, femme de ménage, n. 1.
Sicardet Jean-Baptiste, charpentier, n. 1.
Reisseler Louis, jardinier, n. 1.
Camus Claude, domestique, n. 1.
Morizot François, manouvrier, n. 1.
Fourrier François, scieur de long, n. 1.
Fournier François, tonnelier, n. 1.
Chappe Jean, manouvrier, n. 1.
Staulus Auguste, ajusteur, n. 3.
Lance Joseph, charron ferreur, n 3.
Robert Pierre, homme d'équipe, n. 3.
Bossu veuve, femme de ménage, n. 3.
Cochet Joseph, corroyeur, n. 3.
Bouhin Louis, chauffeur, n. 4.
Baroche Auguste, ajusteur, n. 4.
Cosson Joseph, manouvrier, n. 4.

Jacson Nicolas, jardinier, n. 4.
Macherey Joseph, à l'équipe, n. 4.
Fiet Jean-Baptiste, jardinier, n. 5.

GUILLAUME (Rue).

Lavielle Jules, cordonnier, n. 1.
Barbier veuve, née Arlin, propriétaire, n. 3.
Tachot Jean, aubergiste, n. 3.
Lejour Nicolas, marchand de grains, n. 3.
Sarryani Nicolas, rentier, n. 5.
Morange Gilbert, chef de section au chemin de fer, n. 5.
Seignot Martin, cafetier, n. 5.
Huan Jacques, marchand de vins en gros, n. 5.
Bailly Louis, cabaretier, n. 9.
Denizot Abel, employé des postes, n. 9.
Berthillon Henriette Mlle, femme de ménage, n. 9.
Bertrand Angélique Mlle, lingère, n. 9.
Bertrand Jean-Baptiste, manouvrier, n. 9.
Baudoin Catherine Mlle, ouvrière, n. 9.
Parizot Joséphine Mlle, couturière, n. 9.
Nourrisset veuve, née Roydot, loueuse en garni, n. 9.
Jourjon, contrôleur au chemin de fer, n. 9.
Thomas Ferdinand, commis voyageur, n. 9.
Cailloux François, marchand de tissus, n. 11.
Bornier François, bottier, n. 11.
Picard François, maçon, n. 11.
Trouillet Ferdinand, épicier, n. 11.
Goisset veuve, née Nief, maître d'hôtel de la Cloche, 15.
Goisset Edmond, maître d'hôtel de la Cloche, n. 15.
Bailly Nicolas, restaurateur, n. 17.
Monnot veuve, née François, loueuse en garni, n. 17.
Strauss Abraham, courtier de bestiaux, n. 17.
Ravet veuve, née Fauconnet, femme de ménage, n. 17.
Jeannin Louis, négociant, n. 17.
Poiselet Nicolas, ingén. civil, présid. des prud'hom., 17.
Briottet veuve, née Fournier, rentière, n. 17.
Cornice François, épicier, n. 19.

Roux veuve, née Mosson, cabaretière, 21.
Speich Eugène, homme d'équipe, n. 21.
Boisson Auguste, homme d'équipe, n. 21.
Mathias Jean-Baptiste, plâtrier, n. 21.
Clémencet Joseph, boulanger, n. 23.
Costerousse Jules, médecin, n. 23.
Disson Jean-Baptiste, employé au chemin de fer, n. 23.
Pain Pierre, marchand de vins en gros, n. 25.
Dorey Félix, marchand de vins en gros, n. 25.
Beuchon François, marchand de toiles pour sacs, n. 25.
Dépôt de toile de sacs de MM. Lebœufle et Cie, n. 25.
Barraux Anne Mlle, femme de ménage, n. 25.
Breton Louis, tonnelier, n. 25.
Massapoux Mme, née Froment, ouvrière, n. 25.
Bollotte Jacques, menuisier, n. 25.
Galmard François, cordonnier, n. 25.
Galmard veuve, née Delmard, n. 25.
Sordoillet Etienne, mécanicien, n. 25.
Brunat Ernest, marchand tailleur, n. 27.
Héron Claudine Mlle, lingère, n. 27.
Pageault Pierre, employé des postes, n. 27.
Mouillon Félix, cabaretier, n. 31.
Devillebichot Anne Mlle, n. 31.
Thiercelin François, regrattier, n. 33.
Dupaquier Philibert, allumeur au gaz, n. 33.
Larquier Caroline Mlle, débitante de tabac, n. 35.
Saunier Mme, née Micolet, fleuriste, n. 37.
Jacquemont Antoine, marchand de mercerie, n. 39.
Monin Félix, cafetier, n. 41.
Marguery Jacques, lampiste, n. 43.
Arbey Alexis, restaurateur, n. 43.
Gassendi Alexandre, vitrier, n. 45.
Combat Antoine, jardinier, n. 45.
Gremeau Pierre, charcutier, n. 45.
Rousseau Claude, relieur, n. 45.
Moreau Noël, propriétaire, n. 45.
Chavasse Victor, charpentier, n. 45.
Mugnier Frédéric, distillateur, n. 45.
Sulot Jean, professeur de musique, n. 45.
Clémencet Jean-Baptiste, tailleur, n. 45.

Perrotin veuve, née Maland, rentière, n. 45.
Beau Anne Mlle, rentière, n. 45.
De Saizerey, expéditionnaire, n. 45.
Rey Pierre, cafetier, n. 47.
Jouan Louis, marchand de vins en gros, n. 47.
Jouan Louis, propriétaire, n. 47.
Larché Mme, née Charlonniers, n. 47.
Ancelme Nicolas, cocher, n. 47.
Berthaux Pierre, Md de vins en gr., fab. de moutarde, 49.
Voillard veuve, née Jouy, propriétaire, n. 49.
Fournier Claude, cordonnier, n. 49.
Olivier Jean, épicier, n. 51.
Jehl Georges, cafetier, n. 53.
Fournier Pauline, rentière, n. 55.
Marquet Hubert, marchand tailleur, n. 55.
Latour Charles, lithographe, n. 57.
Vaspard François, propriétaire, n. 57.
Martin Vital, boulanger, n. 59.
Gillet Claude, cafetier, n. 61.
Naudin Denis, charron, n. 61.
Breton Claude, ancien épinglier, n. 61.
Ravet Jean, plâtrier, n. 61.
Jouffroy Auguste, cartonnier, n. 61.
Clémencet Jean-Baptiste, rentier, n. 61.
Perrault Louis, maître d'hôtel de la Galère, n. 63.
Bornier Denis, fabricant de chocolat, n. 67.
Perille Mathieu, corroyeur, n. 67.
Bodinot Jean-Baptiste, cocher, n. 67.
Costet Antoine, marchand quincailler, n. 67.
Bornier Louis, armurier, n. 71.
Lenoir Claude, commis-voyageur, n. 71.
Voiret Eugène, marchand mercier, n. 73.
Vincent Pierre, ferreur, n. 73.
Carrion Eugène, marchand de nouveautés, n. 75.
Devanne veuve, née Matruchot, propriétaire, n. 2.
Hugon veuve, née Durand, couturière, n. 2.
Platre, maître d'hôtel du Nord, n. 2.
Fournier J.-B., vérificat.-adjoint des poids et mesures, 2.
Pinel Auguste, sellier, n. 2.
Boyer Joseph, coiffeur, n. 2.

Poirotte veuve, née Devanne, marchande de vin, n. 2.
Simard Jules, marchand bimblotier, n. 2.
Durupt Henri, fabricant de gants, n. 4.
Destouches Charles, premier commis de direction, n. 4.
Jobard Eugène, imprimeur, n. 4.
Guasco Henri, publiciste, n. 4.
Collas Louis, inspecteur des forêts en retraite, n. 4.
Flamant Pierre, épicier, n. 4.
Cœurdacier Jules, marchand de cristaux, n. 4.
Beucher Julien, entrepreneur des petites voitures, n. 4.
Popelain Antoine, rentier, n. 4.
Garnier Bernard, ancien marchand de grains, n. 4 *bis*.
Thevenin Jean, architecte, n. 4.
Chasseaux veuve, née Crédot, rentière, n. 4.
Besse Augustin, horloger, n. 6.
Cornu Paul, architecte, n. 6.
Holl Charles, ouvrier horloger, n. 6.
Sauvin Jean-Baptiste, chapelier, n. 6.
Derepas Jean, cabaretier, n. 6.
Pallegoix, commis-voyageur, n. 6.
Myard Victor, chef lampiste, n. 6.
Bugaud Adrien, pâtissier, n. 6.
Maillot veuve, née Benoît, épicière, n. 6.
Gustin veuve, née Gustin, rentière, n. 6.
Boiteux Joseph, charcutier, n. 6.
Ludy veuve, née Devillebichot, rentière, n. 6.
Breuilley veuve, demoiselle de magasin, n. 6.
Riboust Vital, coupeur, n. 6.
Marcan Auguste, rentier, n. 6.
Maignot veuve, née Pansiot, rentière, n. 6.
Perron veuve, née Michel, propriétaire, n. 6 *bis*.
Rossi Joseph, ingénieur en retraite, n. 6 *ter*.
Huguet François, comptable, n. 6 *ter*.
De Courtivron Jules, lieutenant-colonel, n. 6 *ter*.
Estivalet Emile, greffier, n. 6 *ter*.
Magnien André, ancien cafetier, n. 8.
Pierre François, garde d'artillerie en retraite, n 8.
Bochot François, cafetier, n. 8.
Seguin François, boulanger, n. 14.
Desbois Clément, perruquier, n. 16.

Teinturier Jean-Baptiste, marchand de grains, n. 16.
Marquignon, veuve Patois, couturière, n. 16.
Coquillon Antoine, serrurier, n. 16.
Toutois Pierre, facteur au chemin de fer, n. 16.
Lavier Nicolas, aubergiste, n. 18.
Ligey Joseph, grenetier, n. 18.
Poissonnier Jules, coiffeur, n. 22.
Ropiteau François, libraire, n. 24.
Guignard Virginie Mlle, lingère, n. 24.
Pernot Auguste, épicier, n. 28.
Brunet Michel, dessinateur de broderies, n. 28.
Fousset Louis, ancien restaurateur, rentier, n.28.
Gaitet Bernarde Mlle, rentière, n. 28.
Moulin Jeanne Mlle, femme de ménage, n. 28.
Dupaquier Nicolas, garçon boulanger, n. 28.
Céry Jean, fabricant de pain d'épices, n. 30.
Huard François, comptable au chemin de fer, n. 30.
Loiseau, juge d'instruction, n. 30.
Cocusse Auguste, tonnelier, n. 30.
Magasin à M. Rolland, fabricant de pain d'épices, n. 32.
Poupon Auguste, fabricant de moutarde, n. 32.
Destot Henri, marchand de nouveautés, n. 36
Bougenot Louis, ancien coiffeur, n. 38.
Thevenot Lazare, coiffeur, 38.
Brunache François, coutelier, n. 40.
Brenot Pierre, pâtissier, n. 42.
Brenot veuve, née Tailfer, n. 42.
Duffay Paul, employé, représ. de la maison Briot, n 42.
Perry Emile, représentant de commerce, n. 42.
Mortureux Just, débitant de tabac, n. 44.
Couty Victor, marchand papetier, n. 46.
Chassagne Martial, chapelier et march. de parapluies, 48.
Berlet Pierre, cordonnier, n. 48.
Gacon Philibert, relieur, n. 48.
Focillon Marguerite Mlle, rentière, n. 48.
Parent Claude, fabricant de moutarde, n. 50.
Vincent Joseph, tailleur, n. 50.
David Pierre, musicien, n. 50.
Lacour Philippe, coiffeur, n. 52.
Mouillon Jean-Baptiste, ancien facteur, n. 54.

Meaux Pierrette Mlle, femme de ménage, n. 54.
Petitjean Claude, propriétaire, n. 54.
Gros James, épicier, n. 54.
Voyez Louis, conducteur chef, n. 54.
Guignier veuve, née Robardet, n. 54.
Lhomme Denis, rentier, n. 54.
Paeszcler, rentière, n. 54.
Coldre Joseph, coiffeur et loueur en garni, n. 56.
Jarlot Paul, employé des postes, n. 56.
Baumann Isaac, marchand tailleur, n. 58.

GUILLAUME-TELL (Rue).

Gibourg Victor, tourneur mécanicien, n. 2.
Michel Paul, maître carrier, n. 4.
Fidret Claude, compositeur d'imprimerie, n. 4.
Rondinet Jacques, chef de manœuvres, n. 4.
Rondinet Louis, employé au chemin de fer, n. 4.
Garnier Antoine, propriétaire.
Thiaffait François-Xavier, propriétaire.
Ferrary Pierre-Julien, officier retraité.
Quillot Louis, conducteur de trains.
Michel Jean-Baptiste, tailleur de pierres, n. 6.
Gaudey Pierre, commissionnaire portefaix, n. 6.
Hanriot veuve, née Pinet, n. 6.
Isselin Alexandre, menuisier.
Cortot Claude, maçon.
Berthillon Jean-Baptiste, poseur.
Lagrange Pierre, propriétaire.
Marmora Jean, conducteur de trains.
Arret Pierre, cordonnier.
Sauvageot Félix, homme d'équipe.
Farcy Charles, homme d'équipe.
Carré Bénigne, vigneron.
Villeret Claude, entrepreneur de travaux.
Thomas Etienne, à l'équipe.
Villeret Etienne, entrepreneur de travaux.
Tortochaux Louis, poseur au chemin de fer.

Verlot Jean.
Parizer Antoine, tailleur de pierres.
Jallon Louis, facteur à la gare.
Jallon veuve, née Michot.
Gautheret Louis, nettoyeur.
Paulvé Désiré, chauffeur.
Jacquelin Isidore, homme d'équipe.
Jacotot Denis, manouvrier.
Destot Honoré, ouvrier mécanicien.
Lerouge Jean, tonnelier.
Andriot Christine Mlle, propriétaire.
Couturier Charles, journalier.
Faivre Claude, garçon meunier.
Desportes Antoine, nettoyeur.
Isabey Louis, jardinier propriétaire.
Battard Louis, sous-officier en retraite.
De Torey Alexandre, rentier.
Veuillot Simon, rentier.
Nioulon Pierre, rentier.
Buet Jean-Baptiste, propriétaire et maçon.
Billiette Antoine, propriétaire.
Augaudy Léon, nettoyeur.
Coupé Jean, ajusteur.
Mennetrier Jean-Baptiste, fondeur.

GUYTON-MORVEAU (Rue).

Perreau François, marchand de vins en gros, n. 1.
Thomas Julien-Prosper, contrôl. princip. en retraite, 3.
Perrier Louis, rentier, n. 3.
Blandin Pierre, propriétaire, n. 5.
Suchetet Marie, rentière.
Golmard veuve, propriétaire, n. 5.
Golmard Alexis fils, n. 5.
Golmard Pierre fils, h. 5.
Grosdemange Alexandre, plâtrier, n. 5.
Vaudrey Marie, ouvrière en dentelles, n. 5.
Mazeau Alphonse, ancien avoué, n. 5.

Sassey veuve, née Aunard, concierge, n. 5.
Le vicomte de Saint-Mauris, propriétaire, n. 5.
Bouhot veuve, née Laligant, concierge, n. 5.

HALLES (Rue devant les).

Aîné Hubert, maçon, n. 1.
Bodognet François, cabaretier, n. 1.
Bouchy Justin, réparateur de parapluies, n. 2
Carré Hugues, chapelier, n. 2.
Sausserotte veuve, née de Zenardy, rentière, n. 4
Sennequier Claude, cordonnier, n. 6.

HOPITAL (Rue de l').

Rousseau Charles, serrurier, entrepreneur, n. 1.
Perrier Pierre, cabaretier, n. 1.
Baubis François, serrurier, n. 1.
Prudent Eugénie Mlle, lingère, n. 1.
Cornot Alfred, chauffeur, n. 1.
Bosc Louis, comptable, n. 1.
Roger Pierre, manouvrier, n. 1.
Lacroix Claude, manouvrier, n. 1.
Sebaut Jean, journalier, n. 1
Caucel Pierre, journalier, n. 1.
Pidancet Jean, ferblantier, n. 1.
Mathieu Magdeleine Mlle, marchande de tissus, n. 3.
Chevret Etienne, militaire retraité, n. 3.
Martenot Jacques, manouvrier, n. 3.
Droubin Symphorien, chargeur, n. 3.
Ravoillon Joseph, peintre, n. 3.
Pernet Joseph, fabricant de chaises, n. 3.
Boiteux François, lessiveur, n. 3.
Jovignot Louis, homme d'équipe, n. 3.
Ursot Jean, aubergiste, n. 3.

Bulot Pierre, n. 3.
Fauquelle Edouard, chauffeur, n. 3.
Deschamps Nicolas, cultivateur, n. 3.
Rouget Jules, dessinateur, n. 3.
Fourrier Vincent, propriétaire, perruquier, n. 3 *bis*.
Vienne Pierre, comptable, n. 3 *bis*.
Massu François, homme d'équipe, n. 3 *bis*.
Millon Alphonse, marchand d'étoffes, n. 3 *bis*.
Merlin Joseph, rentier, n. 3 *bis*.
Conton Auguste, teneur de livres, n. 3 *bis*.
Gurnelle François, employé de commerce, n. 3 *bis*.
Huvet Gustave, chauffeur au chemin de fer, n. 3 *bis*.
Laruet Alphonse, conducteur chef, n. 3 *bis*.
Guendret Auguste, mécanicien, n. 3 *bis*.
Lamblet Jean-Baptiste, marchand d'étoffes, n. 5.
Rossignol Claude, jardinier, n. 5.
Roussel Théodore, anc. doreur, voyageur en liquides, 5.
Raviot Jean-Baptiste, bourrelier, n. 9.
Schup François, forgeron, n. 9.
Defossey veuve, née Jolivet, rentière, n. 9.
Paris veuve, née Barbette, revendeuse, n. 9.
Charité Charles, mouleur en fonte, n. 9.
Orième Jean, boulanger, n. 11.
Cauvard veuve, née Rouhier, rentière, n. 11.
Sebille Etienne, cabaretier, n. 13.
Corait Claude, cabaretier, n. 15.
Choillot Félix, bourrelier, n. 15.
Gavillet Antoine, charpentier, n. 15.
Lemulier veuve, née Barberet, boulangère, n. 17.
Poulain Jean-Baptiste, vinaigrier, n. 19.
Moignot Charles, grenetier, n. 23.
Latreille Pierre, aubergiste, n. 25.
Demongeot François, domestique, n. 25.
Sebillotte Emile, domestique, n. 25.
Fournier Claude, cabaretier, n. 27.
Toussaint, ex-employé à la régie, n. 27.
Mongeot Antoine, maréchal, n. 29.
Deptasse Nicolas, charron, n. 29.
Maréchal Vital, forgeron, n. 29.
Perret Jacques, cordonnier, n. 29.

Bourdet Jean-Baptiste, aiguilleur, n. 29.
Rebourg Auguste, garçon voiturier, n. 29.
Deschamps Jean-Baptiste, n. 31.
Mitteau Jules, menuisier, n. 31.
Renaud Bazile, marchand de grains, n. 33.
Merlin Claude, débitant de tabac, n. 35.
Merlin veuve, née Coule, rentière, n. 35.
Troisgros Joseph, cafetier, n. 37.
Sordoillet André, économe de l'hôpital, n. 2.
Matuchet Pierre, aumônier de l'hôpital, n. 2.
Vittenet Jean, sous-aumônier de l'hôpital, n. 2.
Pinget Louis, concierge de l'hôpital, n. 2.
Mirequet J.-B., concierge de l'école de médecine, n. 6.
Tirquit Louis, receveur d'octroi, n. 6

ILE (Rue de l').

Briottet Philippe, charcutier, n. 1.
Elier René, fileur de laine, n. 1.
Dumont Jean-Baptiste, vigneron, n. 1.
Barastier veuve, née Mouchet, fileuse de laine, n. 1.
Mary Claude, journalier, n. 1.
Saint Denis-Pierre, fileur de laine, n. 1.
Gilles Joseph, manouvrier, n. 1.
Renaud Pierre, menuisier, n. 1.
Baudoin Armand, journalier, n. 1.
Rongier Joseph, ouvrier potier, n. 1.
Prosper veuve, née Chapuis, femme de ménage, n. 2.
Convert Joseph, fileur de laine, n. 2.
Olivier Jean-Baptiste, tanneur, n. 2.
Barastier François, tourneur, n. 2.
Mairet Edouard, charpentier, n. 2.
Fouchonneret Louis, relieur, n. 2.
Laruelle Jean, journalier, n. 2.
Lebœuf Claude, journalier, n. 2.
Loth Pierre, journalier, n. 2.
Truffin Bernard, journalier, n. 3.
Verney Louis, fileur de laine, n. 3.

Rendu veuve, née Favet, journalière, n. 3.
Favet Alexis, journalier, n. 3.
Thierry Pierre, aiguilleur, n. 3.
Drouard Claude, tanneur, n. 3.
Schupp Jean, mécanicien, n. 3.
Telcey Louis, homme d'équipe, n. 4.
Drouelle Jean-Baptiste, manouvrier, n. 4.
Michaud Joseph, homme d'équipe, n. 4.
Mosset Jean-Baptiste, fileur de laine, n. 4.
Maucler Claude, journalier, n. 4.
Benoît Jean-Baptiste, forgeron, n. 4.
Martin Auguste, maroquinier, n. 4.
Varichon Auguste, journalier, n. 4.
Richard Charles, voiturier et cabaretier, n. 4.
Fleuriot Jean, garçon charcutier, n. 4.
Bouchard Antoine, garde-magasin, n. 4.
Launay Joseph, scieur de long, n. 4.
Moniot veuve, née Poin, femme de ménage, n. 4.
Poirson, corroyeur, n. 4.
Roblot Nicolas, tanneur, n. 4.
Mignardet, ouvrier fileur de laine, n. 4.
Lequin Jean-Baptiste, manouvrier, n. 4.
Clouzot Jean-Baptiste, sous-chef d'équipe, n. 4.
Jodenet Bénigne, facteur, n. 4.
Mann Romain, forgeron, n. 4.
Clouzot Pierre, homme d'équipe, n. 4.
Meugnier Jean, journalier, n. 4.
Potet veuve, née Borne, vigneronne, n. 4.
Legrain Claude, journalier, n. 4.
Pichuc Adolphe, journalier, n. 4.
Grégoire Hubert, ouvrier fileur de laine, n. 4.
Chabance Claude, concierge, n. 4.
Filature Thiaffait et Faraguet, n. 4.
Hourlier Frédéric, contre-maître, n. 4.
Huchon Simon, jardinier, n. 6.
Boisserand Jules, tanneur, n. 7.
Déresse Pierre, tanneur, n. 8.
Tétard veuve, née Maréchal, rentière, n. 8.
Chargrasse Jean, ancien parfumeur, n. 10.
Legrand Jean, jardinier, n. 12.

Mannevaux Jean, jardinier, n. 14.
Carrion Pierre, menuisier et tourneur, x.
Bizot veuve, née Micheland, xx.
Germain Louis, charpentier, xxx.
Gerebeau Pierre, fileur de laine, xx.
Jeannet Jean, propriétaire, xxxx.
Sirey Joseph, garçon de magasin, x 4.
Volant Etienne, corroyeur, x 4.
Picot Joseph, tourneur en fer, n. 2
Verdelet, ouvrier fileur de laine, n. 2.
Clavel Joseph, charbonnier, n. 2.
Michaudon Philibert, n. 2.
Galimard Bernard, journalier, n. 1.
Moustier Philibert, ouvrier fileur de laine, n. 1.

JEANNIN (Rue).

Darcier Théodore, dentiste, n. 1.
Guichard Isidore, capitaine retraité, n. 1.
Vallot Isidore, colonel en retraite, n. 1.
Zongolowick Jérôme, chef de section, n 1.
Dubois Hippolyte, huissier, n. 1.
Marey Ferdinand, propriétaire, n. 1.
Becque Frédéric, concierge, cordonnier, n. 1.
Bruchet Gilbert, tonnelier, n. 3.
Calais Franç., march. de vins en gros, fabr. de vinaig., 5.
Perchet Jean-Baptiste, fabricant d'images, n. 5.
Feuillard Edme, fripier, n. 5.
Faivre Jean-Baptiste, fabricant de chaises, n. 7.
Pauly, conducteur au chemin de fer, n. 7.
Héliot Jacques, fripier, n. 7.
Petitjean Charles, ancien notaire, n. 9-11.
Fleurot Hippolyte, notaire, n. 9-11.
Tétot veuve, née Trutat, propriétaire, n. 15.
Rey François-Joseph, inspecteur des forêts, n 15.
Simerey veuve, née Moreau, rentière, n. 19.
Viardot Jules, avoué, n. 19.
Borot Armand Mlle, propriétaire, n. 19.

Borot Hélène, propriétaire, n. 19.
Chavin Etienne, marchand de vins en gros, n. 19.
Guillemot Pierre, conseiller à la Cour, n. 23.
Bardonnaut, percepteur, n. 23.
Didier veuve, née Rigolet, concierge, n. 23.
Vallot Laure Mlle, rentière, n. 23.
Vallot, professeur, n. 23.
Denand Victor, cordonnier, n. 25.
Maire Nicolas, jardinier, n. 25.
Rozand Louis, doreur, n. 25.
Girardot Thomas, menuisier, n. 27.
Lhomme Jean, loueur en garni, épicier, n. 27.
Minard Jeanne Mlle, ouvrière, n. 27.
Venot François-Bernard, marchand de vins en gros, 29.
Thomas, sous-inspecteur des forêts, n. 29.
Martin veuve, ouvrière, n. 29.
Tanier veuve, née Pétrot Marie, rentière, n. 31.
Frenoir Frédéric, commissaire central, n. 31.
Chevalier, employé chez M. Héluin, n. 31.
Petitjean de Marcilly Cl., anc. receveur de l'hospice, 33.
Lorenchet de Montjamont, L.-A., recev. des hospices, 33.
Muteau Charles, conseiller à la Cour, n. 33.
Patriarche veuve, née Chapuis, concierge, n. 33.
Clerc Armand, ancien gendarme, n. 35.
Paquier Mme, née Sirdey, rentière, n. 35.
Desjours Pierre, comptable n. 35.
Pétrot veuve, née Minigot, n. 35.
Pétrot Etienne, menuisier, n. 35.
Hamon Jean-Baptiste, cocher, n. 35.
Pralon Claude, relieur, n. 37.
Vermeillet Jacques, cordonnier, n. 37.
Picard Marie Mlle, ouvrière en robes, n. 37.
Chicheret veuve, rentière, n. 37.
Lenoir Jean-Baptiste, tourneur, n. 37.
Lerr Mme, née Gauthier, ouvrière en robes, n. 37.
Vermeillet Louis, cordonnier, n. 37.
Baschung Jean, débitant de tabac, n. 39.
Carrelet de Loisy Robert, propriétaire, n. 43.
Legouz de Saint-Seine Maurice, propriétaire, n. 45.
De Macheco veuve, née de Brosse, propriétaire, n. 47.

Mittaine Joseph, concierge, n. 45.
Nicolas Claude, journalier, n. 47.
Sirandré Nicolas, ouvrier serrurier, n. 47.
Pierre veuve, née Thibaut, journalière, n. 47.
Cholet Pierre, serrurier, n. 47.
Gardey Pierre, marchand de grains, n. 49.
Verdin veuve, n. 49.
Guillaume veuve, rentière, n. 49.
Fanet Etienne, mercier, n. 51.
Sirot veuve, née Philippon, rentière, n. 51.
Christophani François, cordonnier, n. 51.
Guyot Jean, boulanger, n. 53
Claude François, couvreur, n. 53.
Duguet Laurent, tailleur, n. 53.
Brenot Pierre, ouvrier chapelier, n. 53.
Suchetet, domestique, n. 55.
Lévèque veuve, ouvrière, n. 55.
Quarré Louis, capitaine en retraite, n. 55.
Chantelot Egésine, marchand de vins en gros, n. 55.
Philibeaux Pierre, rentier, n. 55.
Naudin Félix, ouvrier épinglier, n. 55.
Petit Benoît, cordonnier, n. 57.
Clémencet Louis, ouvrier bonnetier, n. 57.
Verdin Didier, ouvrier cordonnier, n. 57.
Jacotot Jean-Baptiste, propriétaire, n. 59.
Duhot Jean, manouvrier, n. 59.
Philipot Louis, cordonnier, n. 59.
Guiller veuve, née Bessey, journalière, n. 59.
Garot Louise Mlle, journalière, n. 59.
Gouvenain veuve, née Garcenot, blanchisseuse, n. 59.
Royer veuve, née Lambert, rentière, n. 59.
Capdevielle veuve, garde-malade, n. 59.
Guillier veuve, née Brossard, n. 59.
Clerget Jeanne Mlle, ouvrière, n. 59.
Guenin Etienne, rentier, n. 59.
Baudoin Pierre, coiffeur, n. 59.
Marie Louise Mlle, rentière, n. 59.
René Jeanne veuve, journalière, n. 59.
Michel Léopold, manouvrier, n. 59.
Loison veuve, née Jobard, grenetière, n. 61.

Vacherot Françoise Mlle, blanchisseuse, n. 63.
Bizouard Jean, journalier, n. 63.
Oudet Marguerite Mlle, ouvrière, n. 63.
Monnier veuve, née Frézard, manouvrière, n. 63.
Lenoir Maurice, fabricant de chaises, n. 63.
Chape Jean, paveur, n. 63.
Chape Joseph, charpentier, n. 63.
Thibaut Mme, n. 63.
Matry Pierre, balayeur, n. 63.
Humbert Mme, née Camuzot, ouvrière, n. 63.
Mairet veuve, née Philibeaux, rentière, n 65.
Pillet veuve, loueuse en garni, n. 65.
Nuguet Joseph, cafetier, n. 65.
Excoffier veuve, née Gomiot, journalière, n. 65.
Babey Bernard, menuisier, n. 67.
Nuguet, restaurateur, n. 67.
Charles Louis, cafetier, n. 69.
Thomas, employé, n. 69.
Mayet, sculpteur, n. 69.
Cornet Nicolas, ouvrier vinaigrier, n. 69.
Petitot Pierre, propriétaire, n. 69.
Leveau Claude, ouvrier tailleur, n. 69.
Mallard Nicolas, cafetier, n. 71.
Ragonneau veuve, née Grenette, journalière, n. 71.
Broin veuve, née Renaudet, propriétaire, n. 71.
Renardet Etienne, ancien notaire, n. 71.
Vauthelin veuve, journalière, n. 73.
Fournier Jacques, ancien boulanger, n. 73.
Gardey veuve, née Mittaine, ouvrière, n. 73.
Salomon François, propriétaire, n. 73.
Frélézeau veuve, née Jolicœur, marchande mercière, 73.
Barbier, manouvrier, n. 73.
Berthier François, voyageur de commerce, n. 73.
Frémiet Mme, née Petit, propriétaire, n. 75.
Frémiet Joseph, avocat, n. 75.
Gouget Germain, boulanger, n. 77.
Couturier Adolphe, grenetier, n. 79.
Socley Aubin, propriétaire, n. 79.
Robert Julie Mlle, ouvrière lingère, n. 79.
Huot Jules, ouvrier chapelier, n. 79.

Fontaine Joseph, scieur de bois, n. 81.
Thibaut Paul, cabaretier, n. 81.
Vincendon veuve, journalière, n. 81.
Gasq Marie Mlle, ouvrière, n. 81.
Breuil Jacques, cabaretier, n. 81.
Mauchaussé Jacques, garde particulier, n. 81.
Breuil Jean-Baptiste, employé au gaz, n. 81.
Excoffier Joseph, grenetier, n. 83.
Ravet Alexis, cordonnier, n. 87.
Corrot Antoine, perruquier, n. 87.
Paris veuve, née Moreau, fruitière, n. 87.
Rebattu veuve, née Parizot, propriétaire, n. 2.
Joblin Jean, portier, n. 2.
Marmier Louis, inspecteur d'académie, n. 2.
Moisson, n. 2.
Menassier Claude, agréé, n. 4.
Millot Pierre, concierge, n. 8.
Garnier Joseph, conservateur des archives, n. 8.
Garnier veuve, née Sandier Anne, n. 8.
Garnier Anne-Cécile Mlle, n. 8.
Fauléau Jean-Baptiste, notaire, n. 16.
Pianet Gustave, premier commis de direction, n. 18.
Alix Louis, propriétaire rentier, n. 18.
Benoît Georges, épicier, n. 20.
Tissot Henri, coiffeur, n. 22.
Poidevin Pierre-Alexandre, libraire, n. 22.
Gibourg Pierre, propriétaire, n. 22.
Martenet veuve, propriétaire, n. 26.
Belime veuve, née Ruelle, rentière, n. 28.
Belime Henri, avocat, n. 28.
Bonnamas Lucien, employé, n. 30.
Boudair Philippe, professeur de dessin, n. 30.
Berthet veuve, née Douard, n. 30.
Nicolas de Marcilly Félix, propriétaire, n. 32.
Masson d'Autum, propriétaire, n. 32.
De Rothalier Henri, propriétaire, n. 34.
Naudier Alphonse, employé à la recette générale, n 36.
Jeanniot Pierre-Alexandre, artiste peintre, n. 36.
Forey veuve, née Anthony, rentière, n. 36.
Naudier veuve, née Rosat, rentière, n. 36.

Hirt André, cordonnier et concierge, n. 36.
Charpillet Eugène, ouvrier, n. 36.
Pallant veuve, née Michel, rentière, n. 36.
Talfumier Joseph, employé, n. 36.
Larché veuve, née Bouchu Amélie, propriétaire, n. 36.
Proust, avocat général, n. 36.
Sarget, contrôleur des contributions directes, n. 36.
Pétrot, pâtissier, n. 38.
Bourrelier Antoine, propriétaire, n. 40.
Crouigneau Jean, docteur-médecin, n. 40.
Senig, chef de bataillon en retraite, n. 40.
Cornice veuve, née Meline Emélie, propriétaire, n. 42.
Désogère François, épicier, n. 42.
Perrot François, ancien voiturier, n. 42.
Marguery Jean-Baptiste, marchand de bétail, n. 42.
Sivry Denis, conducteur, n. 42.
Vacheron Marguerite Mlle, journalière, n 42.
Duplessis Ernest, boucher, n. 44.
Bavard Catherine Mlle, ouvrière en robes, n. 44.
Patouillet veuve, née Beutot, ouvrière, n. 44.
Fournier veuve, née Moline Marie, ouvrière, n. 44.
Fournier Jean-François, ouvrier menuisier, n. 44.
Courbet Jeanne Mlle, ouvrière, n. 46.
Beaune Jeanne Mlle, ouvrière, n. 46.
Clerget Claude, comptable à la régie, n. 46.
Sirop Jean, marchand de liqueurs, n. 46.
Patriarche veuve, née Mortureux, rentière, n. 48.
Morel Joseph, charcutier, n. 48.
Massenot Jules, ouvrier forgeron, n. 48.
Jossot Etienne, bourrelier, n. 50.
Barré veuve, née Desault, propriétaire, n. 50.
Vuilcard Françoise Mlle, ouvrière, n. 50.
Prieur Simon, grenetier et cabaretier, n. 52.
Joly Alexis, intendant militaire retraité, n. 54.
Cabet Etienne-Bernard, fabricant de vinaigre, n. 54.
Cabet Eugène, fils, n. 54.
Pitiot veuve, propriétaire, n. 54.
Jolliot Claudine Mlle, rentière, n. 54.
Bourgogne Charles, marchand poêlier, n. 58.
Zwell Judith Mme, rentière, n. 58.

Bassot Nicolas, ouvrier confiseur, n. 58.
Breuillot Mme, journalière, n. 58.
Guillemard Jean-Baptiste, tailleur de pierres, n. 58.
Bourdery Louis-Joseph, charpentier, n. 58
Royer François, tonnelier, n. 60.
Giraud Eugène, menuisier, n. 60.
Quantin Jeanne Mlle, ouvrière, n. 60.
Theuriet veuve, née Saverot Marie, journalière, n. 60.
Gevrey Pierre, cafetier, n. 60.
Prehant Jean-Francois, ouvrier relieur, n. 60.
Malgat Pierre, chaudronnier poêlier, n. 62.
Barthélemy Eloi, chaudronnier poêlier, n. 62.
Barthélemy Jules, chaudronnier poêlier, n. 62.
Rivière Antoine, chaudronnier poêlier, n. 62.
Coster Marie-Françoise, supér. des Petites-Sœurs, n. 64.
Gachot Jacques, loueur de voitures, n. 68.
Gachot Pierre-Ernest, loueur de voitures, n. 68.
Gachot jeune, loueur de voitures, n. 68.
Son Simon, cocher, n. 68.
Ganger Barthélemy, cocher, n. 68.
Sirejean Cyprien, cocher, n. 68.
Ducher Etienne, cordonier, n. 68.
Guinot Théodore, fabricant de chaussures, n. 68.
Roux Antoine, jardinier, n. 70.
Vacheron Jules, receveur général, n. 70.
Girard Louis, logeur, *rempart de la porte Neuve.*
Galliana Victor, logeur, id.			id.
Danjon Solange Mlle, logeuse,		id.
Lhémann Bernard, logeur,			id.
Michaud Jean, logeur,			id.
Hemmerdinger Gertrude Mlle, logeuse, id.

LACET (Rue du).

Mugnier Hippolyte, marchand mercier, n. 1.
Guignier Jean-Baptiste, dit Monnet, rentier, n. 3.
Faivre Claude, ouvrier tailleur, n. 3.
Borrel Joseph, grenetier, n. 3.
Bouchard Henri, employé, n. 3.
Bullet François, lithographe, n. 3.
Briotet Jean-Baptiste, boucher, n. 5.

Pernet Claude, propriétaire, ancien négociant, n. 4.
Benoît Denise Mlle, lingère, n. 4.
Porte François, marchand de papier, n. 6.
Adnot Joseph, cordonnier, n. 6.
Pernin Claude, tailleur, n. 6.
Pinsonnaux Louis, employé au chemin de fer, n. 6.
Buret André, ferblantier, n. 6.

LAMONNOYE (Rue).

Chemery Félix, agent d'affaires.
Mazier veuve, née Pernin, cafetière.
Mazier Mlle, cafetière.
Messigny Jacques, négociant en soieries.
Darbois Alvard, propriétaire.
Darbois Arthur fils.
Gajan Raymond, fabricant de bouchons.
Bulté Victorine Mlle, modiste.
Vassal Thérèse Mlle, ouvrière.
Quillot Jacques, employé à la recette générale.
Dosson Mme.
Décailly veuve, née Pierre Denise, ex-libraire.
Duthu Hippolyte, libraire.
Guiller Joseph, directeur d'assurances.
Raymond veuve, née Guillier, rentière.
Girod, associé de M. Descharmes.
Desvignes.
Lucan, ancien orfévre.
Roignot Jean-Baptiste, avocat, n. 1.
Roignot Pierre-Lucien, avocat, n. 1.
Cousturier Philippe, propriétaire, n. 1.
Montagne Auguste, avocat, n. 1.

LARREY (Montagne de).

Adenot Vᵉ, née Carabonne, cabar., aux Car. - Blanches.
Alexandre Jean-Baptiste, vigneron, au Fort Yon.
Chottier Pierre, vigneron.   id.

Arvier Jean, vigneron, fontaine Sainte-Anne.
Alliot, scieur de long, à Saint-Antibes.
Antoine François, domestique, Combe-Serpent.
Buthot Louis, vigneron, fontaine Sainte-Anne.
Buthot Pierre, vigneron, aux Echaillons.
Buthot Jean-Baptiste, vigneron, aux Echaillons.
Bahin veuve, née Salbreux, vigneronne, Larrey.
Bahin Charles, vigneron,   id.
Benoît Pierre, fabr. de chaux, près la Combe-au-Serpent.
Beuchot François, propriétaire, au Fort Yon.
Bahin Louis, propriétaire, vigneron, Combe-Persil.
Beaupertuis Nicolas, ouvrier carrier, Fort Yon.
Bricard Claude, vigneron,   id.
Bricard Joseph, vigneron,   id.
Benoît Pierre, garde champêtre, aux Echaillons.
Besançon Claude, vigneron,   id.
Bougenot Louis, garde champêtre,   id.
Billot François, vigneron, à Larrey.
Baudot Pierre, tuilier,   id.
Bouvret Philibert, jardinier, fontaine Sainte-Anne.
Belin François, vigneron à Saint-Antibes.
Belin Jean, vigneron,   id.
Belin François, vigneron,   id.
Bergerot Etienne, menuisier, Larrey.
Bertrand Thibaut, maçon et vivandier, à Saint Antibes.
Biot Denis, facteur, chemin de Corcelles.
Biot Denis, clerc de notaire, id.
Bretenet Etienne, cultivateur, rente Giron.
Bretenet Henri, cultivateur,   id.
Bretenet André, domestique,   id.
Bussard Etienne, chaudronnier, fontaine Sainte-Anne.
Berthillon Claude, vigneron,   id.
Clerget Claude, carrier, Carrières-Blanches.
Callais Jacques, jardinier, Fort Yon.
Chartier Jean, maçon, aux Echaillons.
Cluny François, vigneron, fontaine Sainte-Anne.
Collon Jacques, tailleur de pierres, id.
Collon François,   id.   id.
Collon René, voiturier,   id.
Chuchelet Pierre, vigneron,   id.

Collin Auguste, propriétaire, au Fort Yon.
Castille Louis, propr., vigneron, chemin de Corcelles.
Chotier Pierre, vigneron, au Fort Yon.
Cavard, veuve Boudier, propriétaire, à Saint-Antibes.
Clément François, tuilier, à Larrey.
Céry-Billot Nicolas, rentier, id.
Choquier Jean, vigneron,   id.
Clerget François, employé au télégraphe, à St-Antibes.
Choquier Bernard, vigneron,   id.
Chêne veuve, née Esmonin, cabaretière, font. Ste-Anne.
Chêne Philippe fils, fontaine Sainte-Anne.
Collon Barthélemy, carrier, id.
Correol Pierre, domestique, à la Corvée.
David Pierre, carrier, Carrières-Blanches.
Delveau Philippe, vigneron à Larrey.
Delaroux Germain, capit. en retraite, aux Echaillons.
Delaroux Jean, propriétaire,   id.
Depré Jean-Baptiste, à Larrey.
Durieux Balthazar, vigneron, Combe-au-Serpent.
Didier Mamet, cabaretier, Carrières-Blanches.
Deville François, cordonnier, Larrey.
Darceau François, vigneron,   id.
Darceau veuve,   id.
Drioton François, carrier, Carrières-Blanches.
Desmaret Georges, vigneron, Fort Yon.
David Jean, éclusier, cours du Canal.
Esmonin Vivant, cabaretier, fontaine Sainte-Anne.
Etienne François, exécuteur des hautes-œuvres, Larrey.
Etienne Henri fils, Larrey.
François Pierre, jardinier, rente Saint-Joseph.
Falconnet Joseph, tailleur, Combe-Serpent.
Fleury François, propriétaire, à la Corvée.
Faivret François, vigneron, Saint-Antibes.
Goudot Jean-Baptiste, peintre, Fort Yon.
Fourneret Claude, couvreur, Carrières-Blanches.
François Pierre, vigneron,   id.
Goisset François, vigneron, rente Chatenet.
Gremeau Jean-Bapt., tailleur de pierres, aux Echaillons.
Gremeau François, vigneron, fontaine Sainte-Anne.
Girardot Pierre, vigneron, au Fort Yon.

Girardot Jérôme fils, au Fort Yon.
Girardot François fils,   id.
Galant Claude, vigneron, Combe-au-Serpent.
Galant Victor fils,   id.
Guyon Denis, éclusier (écluse 53).
Guyon Ve, née Dubert, vigneronne, Combe-au-Serpent.
Guyon François fils,   id.
Galant François, journalier,   Larrey.
Grandjean André, à l'équipe,   id.
Grandjean, veuve, née Pavaillon,   id.
Gallois Claude, cabaretier,   id.
Guillot Jean, homme d'équipe,   id.
Guichard Claude, vigneron,   id.
Huot François, éclusier (écluse 52).
Jacquin François, vigneron, fontaine Sainte-Anne.
Janiard Pierre, cabaretier,   Larrey.
Jacson François, vigneron,   id.
Jacquin, propriétaire, fontaine Sainte-Anne.
Krammer Claude, cabaretier, Larrey.
Krammer Jean, rentier,   id.
Lucotte Pierre, carrier, Combe-au-Serpent.
Lucotte, veuve, née Jendrot, id.
Louvet Joseph, journalier, Carrières-Blanches.
Lesprit Victor, vigneron, Fort Yon.
Laborey Mathurin, vigneron, aux Echaillons.
Laborey, veuve, née Bouillier, vigneronne, Larrey.
Laborey Louis fils,   id.
Labarbe François, ancien ferblantier, à Saint-Antibes.
Laborde Jean, vigneron,   Larrey.
Ledeuil veuve, née Garnier, vigneronne, id.
Mairot Pierre, rentier, chemin de Corcelles.
Mitteau Joséphine Mlle, Carrières-Blanches.
Merle Frédéric, carrier, Combe-au-Serpent,
Mignotte Denis, vigneron, fontaine Sainte-Anne.
Mugneret Pierre, manouvrier, à Saint-Antibes.
Martin, Ve Parizot, vigneronne, fontaine Sainte-Anne.
Mairet Auguste, garçon de ferme,   id.
Noëllat Pierre, vigneron, Combe-au-Persil.
Noëllat Bénigne, vigneron,   id.
Pitié Jean, carrier, au Fort Yon.

Poulain Jean-Baptiste, carrier, en Bruant.
Poilliot Pierre, carrier, Carrières-Blanches.
Paris Pierre, carrier, rente Chatenay.
Poinsin Mathurin, vigneron, Combe-au-Persil.
Poinsin Henri fils,   id.
Parisot Jacq., forgeron au ch. de fer, fontaine Ste-Anne.
Poupon Jean, vigner. au bas de la fontaine Sainte-Anne.
Perrot Jean-Baptiste, vigneron, Combe-au-Persil.
Patet Joseph, tailleur de pierres, Fort Yon.
Poilliot Jean, journalier, Carrières-Blanches.
Poinsin Nicolas, vigneron,   Larrey.
Perrot Jean-Baptiste, vigneron,   id.
Poulain Antoine, vigneron,   id.
Poulain Jean-Baptiste, vigneron,   id.
Pigeon, veuve, née Jacquelin, journalière,   id.
Pigeon Claude, tuilier,   id.
Prudhon Jean-Baptiste, taillandier, à Saint-Antibes.
Pétret Louis, journalier,   id.
Poillot Jacques, carrier,   id.
Ragonot Etienne, chauffeur, Carrières-Blanches.
Romé Jean-Basptiste, carrier, en Bruant.
Royer Etienne, vigneron, Fort Yon.
Ragonot Antoine, chauffeur, Larrey.
Radouan Charles, cloutier, à Saint-Antibes.
Roussin Jacques, rentier, à Saint-Antibes.
Robin François, carrier, Carrières-Blanches.
Richard Jean, vigneron,   id.
Soichot Joseph, à l'équipe,   Larrey.
Soichot veuve, née Paris, journalière, id.
Simon Nicolas, retraité, fontaine Sainte-Anne.
Tissot Etienne, propriétaire, rente Chatenay.
Thomassin Nicolas, ancien poëlier, Fort-Yon.
Voisin François, menuisier, Combe-au-Serpent.
Velzel François, foudrier, fontaine Sainte-Anne.
Victal Pierre, carrier, aux Echaillons.
Viard Jean, propriétaire à la Corvée.
Venot François, maçon, Larrey.

LEGOUZ-GERLAND (Rue).

Parisot Pierre, directeur de l'enregis. et des dom., n. 1.
Charleuf, ancien directeur des contributions directes, 5.

De Gigors, propriétaire, n. 5.
Dechaux veuve, rentière, n. 5.
Matry, avocat, n. 5.
Perdrix Etienne, concierge, n. 5.
Mairet veuve, née Giret, propriétaire, n. 5.
Dunoyer veuve, née Gremillet, propriétaire, n 5.
D'Agrain (le marquis), n. 7.
Vaissier, ancien notaire, n. 7.
Grebille Denis, tailleur en chambre, n. 2.
François Marie Mlle, ouvrière, n 2.
Bur Emile, contre-maître, n. 2.
Chaffotte Denis, fabricant de grosse chaudronnerie, n. 2.
Lechène veuve, née Cavarot, maître de manége, n 2 *bis*.
Lévêque Antoine, dit Chalopé, n. 4 *bis*.
Dechaux Augustin, propriétaire, n. 6.
Fagottier François, rentier, n. 6
Meurgey Louis-Vincent, empl. au journal *le Progrès*. 6.
Hurot Joséphine Mlle, ouvrière, n. 6.
Magnien Anne Mlle, ouvrière, n 6.
Chapelle Gustave, relieur, n. 6.

LONGEPIERRE (Rue).

Prudent Claude, marchand de fer, n. 1.
Robert Antoine, marchand de vins en gros, n. 3.
Robert Raoul fils, n. 3.
Midan Pierre, concierge, n. 3.
Paris César, négociant en vins, n. 3.
Paris Georges fils, n. 3.
Paris Edouard fils, n. 3.
Lavalle Jean, docteur-médecin, n. 3.
Devillé veuve, née Prestat, ex-concierge du théâtre, n. 2.
Labouré Prosper, concierge du théâtre, n. 2.
Jolicœur veuve, née Mougin, propriétaire, n. 4.
César Louis, menuisier, n. 4.
Chalmet Marie Mlle, rentière, n. 4.
Saunois Félix, ouvrier peintre, n. 8.
Jolicœur Anne Mlle, ouvrière, n. 8.

Deroye, artiste musicien, propriétaire, n. 10.
Baudriller veuve, rentière, n. 10.
Ronot, dentiste, n. 10.
Duroché Pierre-Auguste, teneur de livres, n. 10.
Mallard Jacques, plâtrier, n. 12.
Mallard Louis fils, n. 12.
Mallard Hippolyte fils, n. 12.
Bosc veuve, née Despérousse, rentière, n. 12.
Despérousse veuve, rentière, n. 12.
Dubois veuve, née Beuchot, rentière, n. 12.
Bizouard, rentier, n. 12.
Duseuil, ancien juge de paix, n. 12.
Prudent François, journalier, n. 14.
Talmot Pierre, tailleur, n. 14.
Talmot Jules, peintre, n. 14.
Fanchin, cordonnier, n. 14.
Forestier Louis, avoué, n. 14.
Trouillard Pierre-Hippolyte, relieur, n. 14.
Trouillard veuve, née Dérivet, rentière, n. 14.
Charvin Gabriel, peintre en bâtiments, n. 16.
Pierrot, artiste musicien, n. 16.
Mathieu Prosper, ancien juge au tribunal, n. 16.
Mathieu Jean-Lucien fils, n. 16.
Clerc veuve, née Guy, rentière, n. 20.
Millerand veuve, née Brocard, n. 20.
Deschamps Marie Mlle, rentière, n. 20.
Menner Jeanne Mlle, rentière, n. 20.
Fillion Claudine Mlle, rentière, n. 20.
Meunier Pierre-Edouard, agent général (*La France*), 20.

LONGVIC (Rue de).

Ruffez Louis, aubergiste, n. 1.
Vernier Ferdinand, domestique, n. 1.
Barraux Firmin, marchand de grains, n. 1.
Denise Louis, négociant, n. 3.
Robinot Anne, veuve Denise, rentière, n. 3.
Virginat Jean-Baptiste, propriétaire, n. 3.

Simon Catherine, veuve Delanne, rentière, n. 3.
Valangin veuve, n. 3.
Labbé Martin, cabaretier, n. 9.
Lenoir Pierre, grenetier, n. 11.
Olivier Antoine, jardinier, n. 13.
Lefort Lazare, ancien gendarme, propriétaire, n. 15.
Nesle Eugène, peintre, n. 17.
Marillier Simon, n. 17.
Pothier veuve, née Maire, journalière, n. 17.
Levoyet Jean-Baptiste, jardinier, n. 19.
Defrat Pierre, balayeur de la ville, n. 23.
Ladrey Charlotte, femme Varrache, ouvrière, n. 23.
Renaudin veuve, propriétaire, n. 23.
Boyer Jean, manouvrier, n. 23.
Vernier François, vigneron, n. 23.
Preffot Cléopine, veuve Ducret, march. de chiffons, 23.
Rousselet Jean-Baptiste, jardinier, propriétaire, n. 23.
Morin Charles, ouvrier boulanger, n. 23.
Lavenir Jean-Baptiste, employé, n. 23.
Cholet Jean-Baptiste, vigneron, n. 23.
Peuchin Sophie, veuve Delise, ouvrière, n. 23.
Serrier François, chargeur, n. 23.
Clerc Bernard, jardinier, n. 23.
Bonnet Jean-Baptiste, ébéniste, n. 23.
Bœuf Hugues, cordonnier, n. 23.
Gaillardet Claude, journalier, n. 23.
Foucherot Auguste, manouvrier, n. 23.
Viretely Victor, plâtrier, n. 23.
Deville Claude, homme d'équipe, n. 23.
Vervandier veuve, jardinière, n. 27.
Pernet Jean-Baptiste, ancien militaire retraité, n. 27.
Devillebichot Mme, née Gambier, marchande de café, 27.
Roland Philibert, jardinier, n. 31.
Perrot François, cantonnier, n. 31.
Naudin, vigneron, n. 33.
Drouhot Dominique, employé au chemin de fer, n. 35.
Gosnier Louis, charpentier, n. 35.
Bornier Claude, vigneron, n. 35.
Poinsard Nicolas, vigneron, n. 35.
Ravet Auguste, ancien horloger, propriétaire, n° 35.

Vincent Yves, journalier, n. 35.
Baudiot Jean, vigneron, n. 35.
Berget Henri, serrurier, n. 35.
Magnien Pierre, vigneron, n. 35.
Drézet, manouvrier, n. 35.
Fichot Jules, jardinier, n. 37.
Gauthier Jean-Baptiste, fabric. d'allumettes chim., 43.
Gauthier Auguste, fabric. d'allumettes chimiques, n. 43.
Mairot Jean-Baptiste, jardinier, n. 45.
Thomas François, menuisier, n. 45.
Poinsard Pierre, jardinier, n. 45.
Fumey Joseph, tonnelier, n. 45.
Grammont veuve, née Varache, journalière, n. 45.
Goudeau Jean, vigneron, n. 49.
Lanneau veuve, journalière, n. 49.
Faivre Jean-Baptiste, ouvrier fabricant d'allumettes, 49.
Perrot François, jardinier, n. 49.
Marquet Léon, manouvrier, n. 49.
Scribot Louis, ouvrier cordonnier, n. 49.
Bougenot Jean-Baptiste, receveur d'octroi, n. 51.
Verrière Nicolas, cafetier-brasseur, n. 2.
Gevrey Emile, aubergiste, n. 4.
Minotte Nicolas, vigneron, n. 4.
Frèrejacques Auguste, ferblantier, n. 4.
Appointaire Claude, journalier, n. 6.
Marguery Claude, propriétaire, n. 6.
Jacquinot Auguste, tailleur de pierres, n. 6.
Rivière, chapelier, n. 6.
Ladrey Jacques, tailleur de pierres, n 6.
Sirandré Jeanne Mlle, ouvrière, n. 6.
Mimeur Pierre, employé au chemin de fer, n. 6.
Drouelle Martin, ancien boulanger, n. 6.
Lallemand André, cordonnier, n. 6.
Cornaut, fabricant de pain d'épices, n. 6.
Degout veuve, née Gauvenet, rentière, n. 6.
Tamisier, garde de moulins, n. 6.
Deminuit Jacques, rentier, n. 6.
Marguery veuve, née Camus, n. 6.
Prevot Claude, charpentier, n. 6.
Commard François, manouvrier, n. 6.

Cornemilliot, veuve Drouelle, rentière, n. 6.
Remoissenet François, vigneron, n. 8.
Devillebichot Etienne, vigneron, n. 8.
Breton Jean, manouvrier, n. 8.
Chevrey Jean-Baptiste, jardinier, n. 8.
Baudet Charles, charpentier, n. 8.
Drillien Jean-Baptiste, capitaine en retraite, n. 8.
Babot Didière Mlle, couturière, n. 10.
Minset Jean-Baptiste, tisserand, n. 10.
Labbé Jules, tonnelier, n. 10.
Cournot Pierre, propriétaire, n. 16.
Bernard, n. 16.
Guillien Claude, garde princip. d'artillerie en retraite, 16.
Chevrot Alfred, architecte, n. 20.
Mercier veuve, née Gabet, rentière, n. 20.
Chauvelot Charles, jardinier, n. 30.
Rougeot Alexandre, professeur, n. 32.
Louet Jean, jardinier, n. 38.
Jeannin Pierre, manouvrier, n. 38.
Jeanniard Louis, vigneron, n. 38.
Picard veuve, née Gauthier, journalière, n. 38.
Baumont Louis, jardinier, n. 38
Tortochot François, manouvrier, n. 38.
Veillet Joseph, plâtrier, n. 38.
Sabatier Jean-Baptiste, maçon, n. 38.
Gonchamp Hubert, maçon, n. 38.
Giffez Jean-Baptiste, vigneron, n. 44.
Pujol Paul, rentier, n. 44.
Rouget Jean, jardinier, n. 44.
Drezet Auguste, jardinier, n. 44.
Creuzot Frédéric, sculpteur, n. 50.
Giffez Jean-Baptiste, jardinier, n. 52.
Borderel Jean-Baptiste, capitaine en retraite, n. 54.
Soulier Jean, maçon, n. 56.

LONGVIC (Route de).

Voisin Antoine, rentier, maison Brey.
Guenée Alexis, charron, maison Yvert.
Baret Jean-Baptiste, mécanicien, maison Perrot.

Focillon Philibert, employé au ch. de fer, maison Perrot.
Colin François, propriétaire.
Raffay Nicolas, manouvrier.
Lacombe Joseph, manouvrier.
Yvert Louis, peintre.
Guiller Claude, propriétaire vigneron.
Bigollet Adolphe, tailleur de pierres.
Coudor Claude, employé au chemin de fer.
Baud Jean, voiturier.
Jesset, manouvrier.
Deville veuve, née Magnin, manouvrière.
Thirion Pierre, jardinier.
Ladrey Léon, marchand de vin.
Bonvalot Claude, journalier.
Leblanc Nicolas, vigneron.
Bardin, journalier.
Marquet Joseph, propriétaire vigneron.
Huet veuve (pied-à-terre).
Picamelot veuve, née Viremaître, propriétaire.
Parent Joseph, tonnelier.
Rondot Joseph, manouvrier.
Delay Toussaint, relieur.
Saussotte François, propriétaire, menuisier.

LONGVIC (Rue Coupée de).

Courboulin Honoré, cordier, n. 1.
Desbruère, n. 1.
Davadant Jacques, charron, n. 3.
Davadant Jean, charron, n. 3.
Bitouzet François, applicateur de ciment, n. 5.
Faucillon veuve, née Poichot, propriétaire, n. 7.
Faucillon Pierre, maréchal-ferrant, n. 7.
Putot Claude, cordonnier, n. 7.
Lamblet Jean-Baptiste, relieur, n. 7.
Darot Joseph, terrassier, n. 7.
Catinot Philippe, perruquier, n. 9.
Fiet François, rentier, n. 2.

Patouillet Félix, fabricant d'huile, n. 2.
Ponnavoix Claude, marchand d'étoffes, n 6.
Mention Suzanne Mlle, ouvrière, n. 6.
Voisin Anne Mlle, rentière, n. 6.
Camus Jean-Baptiste, manouvrier, n. 6.
Aubertot Jean, rentier, n. 6.
Dercy Eugène, garde-moulin, n. 6.
Minet veuve, née Vaniot, journalière, n. 8.
Austerlitz Pierre, cabaretier, n. 8.
Bruandet René, sabotier, n. 10
Monniot Jean, scieur de long, n. 10.
Michelot Jean-Baptiste, sellier, n. 10.

MABLY (Rue).

Bernard Charles, marchand de vins en gros, n. 1.
Marion François, propriétaire, n. 3
Copié Pierre, employé, n. 3.
Linard Rabier Mlle, rentière, n. 3.
Muyard Elisée, sculpteur, n. 5.
Jétot Pierre, géomètre, n. 7.
Meulien Philippe, commis-voyageur, n. 7.
Meulien Pierrette Mlle, n. 7.
Brenaus Constant, comptable au buffet, 7.
Seurre Armand, ouvrier ferblantier, n. 7.
Bur Charles, mécanicien, n. 7.
Broin François, tailleur, n. 9.
Commard Pierre, bourrelier, n. 9.
André Louis, garde-magasin au chemin de fer, n. 9.
Bernard veuve, née Tétot, propriétaire, n. 11.
Pauly Antoine, commis-voyageur, n. 11.
Paillard Joseph, négociant, n. 2.
Bouché Léon, propriétaire, n. 2.
Venot Emile, docteur médécin, n. 2.
Fremiet Paul, domestique, n. 2.
Petit Nicolas, rentier, n. 6.
Mathey, veuve Gailly, femme de ménage, n. 6.
Mathey Pierrette Mlle, lingère, n. 6.

Pollier Jules, mécanicien, n. 6.
Didier Etienne, facteur, n. 6.

MAGDELEINE (Rue).

Masson, n. 1.
Machelard, receveur de l'enregistrement, n. 1.
Gallois Paul, employé à la préfecture, n. 3.
Bochot veuve, née Pellerin Marie, blanchisseuse, n. 3.
Bouchot Claudine Mlle, rentière, n. 5.
Durande Albert, propriétaire, n. 5.
Lorin Henri, conseiller honoraire, propriétaire, n. 7.
Lorin Mlle, propriétaire, n. 7.
Martin Jean-Baptiste, ouvrier menuisier, n. 9.
Desvigne veuve, née Corbat, loueuse en garni, n. 11.
Locquin Victor, avocat à la Cour impériale, n 11.
Oulmann Léon, marchand colporteur, n. 13.
Atelier de menuiserie à M. Georges, n. 2.
Blanc Joseph, docteur-médecin, n. 4.
Febvret Claude, rentier, n. 4.
Muneret veuve, née Cordier, loueuse en garni, n. 8.
Guigon, rentier, n. 8.

MAGENTA (Rue).

Perret Etienne, débitant de vin, n. 1.
Bardoux François, propriétaire, march. de cendres, n. 3.
Fourcault Bernard, vigneron, n. 3.
Javelle Pierre, gardien à la prison, n. 3.
Georgelle Charles, verrier, n. 3.
Denize veuve, née Crotet, rentière, n. 3.
Rousseau Pierre, maçon, n. 5.
Rousseau Pierre fils, n. 5.
Rémond Maurice, charpentier, n. 5.
Sancenot Antoine, voiturier, n. 5.
Thibaut Mme, née Ducret, ouvrière, n. 5.

Fournier Pierre, manouvrier, n. 5.
Naudin François, serrurier, n. 5.
Jérôme Alfred, employé au chemin de fer, n 5
Morisot Pierre, tailleur de pierres, n. 7.
Pidou Alexandre, rentier, n. 7.
Foulon Julie Mlle, sans profession, n. 7.
Poisier Jean, propriétaire, n. 9.
Morisot veuve, née Laloge, journalière.
Serrochèque Nicolas-Jules, ouvrier charpentier
Serrochèque Nicolas, ouvrier charpentier.
Perrot Justine Mlle, ouvrière.
Bigarnet, peintre.
Versey Pierre, voiturier.
Versey Nicolas fils.
Pelletier Jean-Baptiste, manouvrier.
Lochot Jacques, jardinier.
Tavernier Jean, domestique.
Janniard Claude, propriétaire vigneron, n. 11.
Provot Auguste, tailleur de pierres, n. 11.
Dormoy Jean, manouvrier, n. 11.
Dormoy Jules fils, n. 11.
Durand Germain, frotteur, propriétaire, n. 13.
Raffay Louis, ex-conducteur au chemin de fer, n. 13.
Frochot Jacques, rentier, n. 13.
Martenot François, épicier, propriétaire, n. 15.
Richard Henri, ouvrier imprimeur, n. 15.
Raquet Jean-Baptiste, n. 15.
Martenot Etienne, charpentier, n. 15.
Tougras P.-L., dir. de manéges de chev. de bois, n. 17.
Millanvoy Etienne, épicier, n. 19.
Drézet Pierre, journalier, n. 19.
Boulée François, jardinier, n. 19.
Bonnet Claude, domestique, n. 19.
Hainnin Jean-Baptiste, manouvrier, n. 19.
Guillemain, cordonnier, n. 19.
Coquillet Jeanne Mlle, ouvrière, n. 19.
Olivier, jardinier, n. 21.
Peutet Claude, tailleur de pierres, maçon, n. 21.
Cordier Alphonse, ancien cafetier, n. 21.
Diot veuve, n. 21.

Etienne Eugène, menuisier, n. 21.
Voiturier Simon, relieur, n. 21.
Cavin Hector, serrurier, n. 21.
Fallot Jean-Baptiste, chapelier, n. 21.
Mant Eugène, manouvrier, n. 21.
Mathey Jacques, épicier, n. 2.
Naudet Pierre, maçon, n. 2.
Denis Jean-Baptiste, ouvrier cordonnier, n. 2.
Marfot Anselme, marchand ambulant, n. 2.
Bauché, jardinier, n. 2.
Martenné Claude, manouvrier, n. 2.
Lombard Jean, propriétaire, n. 2.
Rose Auguste, marchand de charbon, n. 2.
Fretel Jean, manouvrier, n. 4.
Jacob Joseph, manouvrier, n. 4.
Morey Charles, relieur, n. 4.
Forestier Antoine, jardinier, n. 4.
Thouvenot Joseh, charbonnier, propriétaire, n. 4.
Bérard Eloi, cloutier, n. 4.
Thierry François, cordonnier, n. 4.
Camus Bernard, typographe, n. 4.
Paris Jean, maçon.
Dupuy Antoine, maçon.
Gautherot Laurent, manouvrier.
Verchère Michel, commissionnaire.
Pinel Jean-Baptiste, maçon.
Lorain Chrétien, manouvrier.
Roy Mme, ouvrière.
Delmas Jean, menuisier.
Rouette Pierre, terrassier.
Marchand Pierre, journalier.
Petitjean, journalier.
Bollenot, tonnelier.
Bourdon Nicolas, scieur de long.
Benoit Casimir, épinglier, cabaretier.
Chevillot Ernest, peintre.
Dorey Louis, propriétaire.
Besancenot Jean-Baptiste, charpentier.
Coutet veuve, ouvrière.
Belime Nicolas, ouvrier cordonnier.

Aliger Christophe, scieur de long.
Garnier, serrurier, propriétaire.
Camus veuve, née Theuriet, propriétaire.
Bourlier Jean-Baptiste, employé comptable au ch. de fer.
Finel François, ouvrier à la façon.
Garnier François, propriétaire, vigneron.
Lenoir Bénigne, propriétaire, serrurier.
Fortin Nicolas, ouvrier fabricant d'allumettes.
Rouget Louis, ouvrier charpentier.
Daussy Jean-Baptiste, charpentier.
Chassagne Pierre, scieur de long.
Eguiperce Pierre, ouvrier cordonnier.
Auger Pierre, sans profession.

MALADIÈRE (Ferme de la).

Duchène Jean, cultivateur.
Thevenin Jean-Baptiste, entrepreneur.

MANUTENTION (Rue de la).

Rougetet Honoré, tonnelier, n. 1.
Rudde Daniel, journalier, n. 1.
Dungler François, badigeonneur, n. 1.
Gelot, vidangeur, n. 1.
Ledeuil Jean-Baptiste, manouvrier, n 1.
Millerand, couvreur, n. 1.
Deresse Claude, rentier, n. 3.
Courtois veuve, nee Michel, ouvrière eu robe, n. 3.
Jacquot Jean, à l'équipe, n. 3.
Vallerot Pierre, menuisier, n. 3.
Robe Charles, à l'équipe, n. 3.
Woljung François, mécanicien, n. 3.
Collenet Jean-Baptiste, brigadier garde, n. 3.
Speckel Edouard, marchand teinturier, n. 3.
Grivot veuve, née Diérolf, n. 5.
Mouillasse Etienne, facteur à la gare, n. 5.

Protte Jean-Baptiste, ajusteur, n. 5.
Beau veuve, née Bardel, n. 5.
Lavrain François, journalier, n. 5.
Seguin Toussaint, ancien chapelier, n. 5.
Baron Claude, conducteur de trains, n. 5.
Lejendre veuve, née Benat Madeleine, ouvrière, n. 5.
Lavoignat Hippolyte, fabricant de pain d'épices, n. 5.
Chambellan Constant, forgeron, n. 5.
Palluet veuve, née Daudon, rentière, n. 5.
Magasin à M. Saussier, cafetier, n. 5.
Pechinot Louis, menuisier, n. 5.
Didelot veuve, née Maigrot, rentière, n. 5.
Renardet Etienne, employé à la poste, n. 5.
Chambonnet veuve, née Pain, ouvrière, n. 5.
Laurain Françoise Mlle, manouvrière, n. 5.
Lacroix Pierre, manouvrier, n. 5.
Bouchard Jean, journalier, n. 5.
Broize veuve, née Brocard, rentière, n. 5.
Jacquet Hugues, comptable, n. 5.
Ballot Jacques, clerc de notaire, n. 5.
Focillon Victor, chaudronnier, n. 5.
Gauthier Mlle, femme de ménage, n. 5.
Magasin à M. Bailly, marchand de vins en gros, n. 5
Huquenot veuve, née Levoque, femme de ménage, n. 5.
Cornot François, nettoyeur chauffeur, n. 5.
Muller Joseph, brigadier à l'octroi, n. 5.
Aubelle Antoine, propriétaire, n. 5.
Vignal Etienne, conducteur chef, n. 5.
Tortochaux Nicolas, forgeron, n. 5.
Latour Claude, facteur, n. 5.
Magnien veuve, née Malifert, grenetière, n. 7.
Lenoir Toussaint, garçon huilier, n. 7.
Thomas Jacques, terrassier, n. 7.
Bondonna Mme, née Boulanger, femme de ménage, n. 7.
Ocquidant, charron, n. 7.
Marchand François, ajusteur, n. 7.
Azier veuve, née Ruehard, n. 7.
Paris Auguste, ouvrier tonnelier, n. 7.
Blairet Alexandre, vannier, n. 7.
Bertrand Dominique, journalier, n. 7.

Marnotte Mme, femme de ménage, n. 7.
Fraise, garçon boulanger, n. 7.
Moreau Félix, scieur de long, n. 7.
Lamperrière Louis, peintre, n. 9.
Bouhin Paul, charron, n. 9.
Rossin Jean-Baptiste, garde de nuit, n. 9.
Bellier Hippolyte, premier chef d'équipe, n. 9.
Jeandet Charles, voyageur de commerce, n. 9.
Rousseau Mme, née Girardin, lingère, n. 9.
Gambier veuve, née Millière, rentière, n. 9.
Savelle Mme, née Letonné, ouvrière, n. 9.
Marguery veuve, née Nicolaï, cabaretière, n. 9.
Breuil Antoine, cordonnier, n. 9.
Dugratteau Alexandre, sellier, n. 9 *bis.*
Laborde V^e, née Braconnier, femme de ménage, n. 9 *bis.*
Loiselet Jean-Baptiste, ferblantier, n. 9.
Mignac Ambroise, voyageur de commerce, n 9.
Boudin Jean-Baptiste, marchand de bois, n. 11.
Palluet Auguste, propriétaire, n. 17.
Berthaux Jean-Baptiste, propriétaire, n. 17.
Bavelier Ernest, rentier, n. 17.
Courtois Emile, professeur, n. 17.
Mairet Ernest, employé des contributions indirect., n. 17.
Durande veuve, née Dériollet, rentière, n. 17.
Pelletier Jean-Baptiste, capitaine en retraite, n 17.
Guerriéri Jean-Sylvestre, officier comptable, n. 21.
Gerbet François, huilier, n. 25.
Perrin Léonard, chargeur, n. 25.
Lecurey Pierre, forgeron, n. 25.
Burruet veuve, née Etienne, femme de ménage, n. 25.
Barbier Charles, ouvrier mécanicien, n. 25.
Gustave Philippe, garçon de salle, n. 25.
Jouane Mme, née Barabant, ouvrière, n. 4.
Fernandès Joseph, garçon boulanger, n. 6.
Pain Elisabeth Mlle, grenetière, n. 6.
Pain Remy, scieur de long, n. 6.
Caubert Brutus, rentier, n. 10.
Lombard Marie Mlle, rentière, n. 10.
Bresson Auguste, ouvrier coiffeur, n. 10.
Anot Jean, retraité, n. 10.

Arthaut Louis, marchand de vins en gros, n. 10.
Poulain André, confiseur, n. 12.
Blavier Eugène, confiseur, n. 12.
Conclois Simon, conducteur de trains, n. 14.
Bailly Jacques, charpentier, n. 14.
Derboule Mme, née Cuvard, blanchisseuse, n. 14.
Rousseau Jacques, employé à la mairie, n. 14.
Grillon Joseph, à l'équipe, n. 14.
Balland Jean, manouvrier, n. 16.
Massu François, chaudronnier, n. 16.
Thomas Mme, née Leclerc, couturière, n. 16.
Carrion Victor, ouvrier peintre, n. 16.
Jobard Jean-Baptiste, chauffeur, n. 16.

MATERNITÉ (Rue de la).

Gerbenne Jacques, ancien gendarme.
Gerbenne Mme, née Houot, maîtresse sage-femme (hospice départemental).
Baldomme Pierre, march. quinc., tenant le grand bazar.
Pouard Joseph, tailleur.
Gonin Louis, chaudronnier.
Sidoli François, charpentier.
Meurgey Pierre, charpentier.

MÉNEVALLE (Rue).

Magasin de grains à M. Samuel, n. 2
Brulé Auguste, tonnelier, n. 2.
Barbier François, chargeur, n. 2.
Clément Pierre, marchand de vins en gros, n. 2.
Ménevalle Edme, propriétaire, n. 4.
Geoffroy Etienne, rentier.
Delaborde Jacques, voiturier.
Fichot Alexandre, boulanger.
Hertel Henri, grenetier, propriétaire.
Bernard Nicolas, manouvrier.

Canard Alexis, marbrier.
Hautemanières Edme, cabaretier.
Darier Pierre-Auguste, marbrier.
Marotte Antoine, homme d'équipe.
Marotte veuve, née Drouelle.
Veillon, cabaretier.
Ariendarée Jean, berger.
Carrion, cordonnier, n. 5.
Michalet Joseph, tonnelier, n. 5.
Forassipy Jean-Baptiste, voiturier, n. 5.
Douain François, carrier, n. 7.
Chavanton Jacques, manouvrier, n. 7.
Boudier veuve, née Barru, femme de ménage, n. 7.
Vernier François, plâtrier, n. 7.
Chapuis Gabriel, menuisier, cabaretier, n. 7.
Davanture Jean-Baptiste, cabaretier.
Eloy Antoine, journalier.
Davanture Louis, tourneur.
Vaspard Hugues, manouvrier.
Lanterbecque, scieur de long.

MIRANDE (Hameau de).

Trivier Jean-Baptiste, cultivateur.
Massot Edmond, concierge.
Massot Edmond fils.
Changenet Jean-Baptiste, vigneron.
Marquet Victor, vigneron.
Carillon Simon, garde particulier.
Berger Jacques, vigneron.
Huteau Louis, cultivateur.
Dessey Pierre, berger.
Pautey Jean-Baptiste, vigneron.
Pautey Pierre fils.
Guenot Pierre, vigneron.
Goussot Louis, vigneron.
Bardoux Paul, cultivateur.
Goussot veuve, née Mime, propriétaire.

Bernard Henri, vigneron.
Vautrot Jacques, propriétaire.
Guyenot Firmin, propriétaire.
Lignier Jean, cultivateur.
Gosnier Pierre, cultivateur.
Gosnier Jean-Baptiste fils.
Munier Claude, vigneron.
Bardoux Marie, née Noblot, vigneronne.
Noblot Jean-Baptiste, vigneron.
Noblot Claude, vigneron.
Duchêne François, cultivateur.
Brenot Etienne, cultivateur.
Guyot Pierre, manouvrier.
Frèrebaut Pierre, jardinier.

MIRANDE (Chemin de).

Gogot Edme, propriétaire, entrepreneur plâtrier.
Gogot Léon fils.
Fournéreaux Léon, plâtrier.
Lucas, rentier.
Clerc Mme, rentière.
Pommier Charles, fondeur.
Clairottet Jean-Baptiste, rentier.
Naudin François, ouvrier liquoriste.
Loiseau Théodule, négociant.
Boyer Claude, propriétaire, plâtrier.
Renardet veuve, née Lajeanne, rentière.
Bourrier François, scieur de long.
Forey Louis, serrurier, propriétaire.
Témérat veuve, née Forey, propriétaire.
Forey Charles, vigneron, propriétaire.
Fumey Joseph, épicier.
Maître Antoine, propriétaire (grand atelier de reliure).
Leclerc Gaspard gendre (grand atelier de reliure).
Mindez de Larua veuve, née Maître, propriétaire.
Mindez de Larua Ernest fils.
Cotosset Jean-Baptiste, concierge.

Coron François, receveur d'octroi.
Vallot Jacques, horticulteur, propriétaire.
Rodcnet François, employé à l'octroi.
Garnier Prosper, employé.

MONTIGNY (Rue).

Dessieux Constant, employé, n. 2.
Martel veuve, née Thomassin, n. 2.
Genreau Philippe, charron, n. 2.
Glandas Joseph, boucher, n. 2.
Pfister Henri, chiffonnier, n. 2.
Magasin à M. Dubard-Brenot, marchand de grains, n. 4.
Magasin à M. Voinchet, marchaud de grains, n. 4.
Carry François, ébéniste, n. 4.
Deschamps veuve, née Rouget, rentière, n. 6.
Grabwoski Alexandre, médecin, n. 6 (pied-à-terre).
Hureau Narcisse, garde-magasin, n. 6.
Follet Pierre, serrurier en voitures, n. 6.
Berthillion Jean-Baptiste, garçon de magasin, n. 6.
Raboisseau Claude-Ferdinand, menuisier, n. 6.
Gagey Guillaume, constructeur de machines à vapeur, 10.
Belin Alexandre, garçon de magasin, n. 14.
Magasin de charbon à M. Béroux, n. 14.
Billette Jean-Baptiste-Jules, menuisier, n. 16.
Vielle Emile, chef de bureau, n. 18.
Seguin Alfred, constructeur de machines à vapeur, n. 18.
Molland Amédée, employé à l'*Abeille*.
Monnot François, agent principal de l'*Abeille*.
Monnot veuve, née Saulgeot, rentière, n. 18.
Mazoyer, propriétaire, n. 18.
Camus Louis-Félicien, commis voyageur, n. 18.
Baudot veuve, née Rose, rentière, n. 18.
Démartinécourt veuve, née Corayon, propriétaire, n. 20.
Laurent Ernest, fabricant de chapeaux, n. 1.
Ragonneau Jacques, propriétaire, n. 5.
Paradis Auguste, garçon de salle, n. 5.
Vacheux Constant, mécanicien-chaudronnier, n. 5.

Billoux Louis, contre-maître, n. 5.
Bellenot Adolphe, maçon, n. 7.
Girodel Antoine, maçon, n. 7.
Mattenet Louis, constructeur de machines à vapeur, n. 7.
Baudot Armand, employé d'octroi, n. 7.
Guichard Emile, propriétaire, n. 9.
Pompinot Dominique, peintre-vitrier, n. 11.
Menne Pierre-Maurice, général de brigade dans le cadre de réserve, n. 13.
Maillot François, anc. chef de divisions à la préfect., 13

MONTMUZARD (Rue de).

Bergamin Louis, directeur de l'école des Frères, n. 1.
Venot veuve, née Joudriez, propriétaire, n. 3.
Pansiot Nicolas, conducteur des ponts et chaussées, 3.
Boissot veuve, née Talbot, logeuse, n. 3.
Bourgeois François, domestique, n. 3.
Carrette Nicolas, retraité, n. 3.
Gros Pierre, chapelier, n. 3.
Robin veuve, journalière, n. 3.
Quantin Antoine, camionneur, n. 3.
Guillemin, carrier, n. 3.
Guillerme Jean, cordonnier, n. 3.
Aubert Pierre, plâtrier, n. 3.
Bégin Charles, chef de bataillon en retraite, n. 5.
Pansiot veuve, née Mignardot, rentière, n. 5.
Lecuret veuve, née Durand, journalière, n. 7.
Bouchard Jules, chapelier, n. 7.
Piot Léon, garçon boulanger, n. 7.
Grandjon Claude, à l'équipe, n. 7.
Lefort Françoise Mlle, ouvrière, n. 7.
Mercier Joseph, ouvrier peintre, n. 7.
Sadon Joseph, chapelier, n. 7.
Gollotte, manouvrier, n. 7.
Aubert François, tonnelier, n. 7.
Parisot François, cultivateur, n. 9.
Lignier Claude, vigneron, n. 9.
Masson Jean-Baptiste, peintre, n. 11.

Charchillet Antoine, menuisier, n. 11.
Joliet François, menuisier entrepreneur, n. 11.
Seguin François, tailleur de pierres, n. 11.
Vernet Vivant, gendarme en retraite, n. 11.
Bichely François, ouvrier matelassier, n. 11.
Catherinet, jardinier, n. 11.
Loppin Auguste, propriétaire, n. 13.
Pothier Jules, jardinier. n. 15.
Genin veuve, née Pelletier Claudine, manouvrière, n. 15.
Perrier François, carrier, n. 15.
Jacquemin Guillaume, tonnelier, propriétaire, n. 15.
Bernard Auguste, journalier, n. 15.
Wohlgemuth Frédéric, tailleur, n. 17.
Meurgey Simon, journalier, n. 17.
Ravenet Louis, maçon, n. 17.
Froidurot Jacques, voiturier, n. 17.
Rollin Bénigne, tailleur de pierres, n. 17.
Gauvenet Jean, manouvrier, n. 17.
Bauchey François, manouvrier, n. 17.
Guenot Louis, vigneron, n. 17.
Poinselin Etienne, propriétaire, n. 19.
Forey Claude, propriétaire, n. 21.
Morey Etienne, jardinier, n. 21.
Raguet veuve, revendeuse, n. 21.
Voinchet Jean-Baptiste, manouvrier, n. 23.
Péchinot Louis, jardinier, n. 25.
Girod Philibert, chapelier, n. 25.
Contet Etienne, manouvrier, n. 25.
Soyer Gabriel, jardinier, n. 25.
Magnien Denis, jardinier, n. 31.
Maire veuve, née Deschamps, propriétaire, n. 33.
Morizot veuve, née Aubert, rentière, n. 33.
Olivier Joseph, jardinier propriétaire, n. 33.
Froidurot Auguste, plâtrier, n. 33.
Poupon Jean, n. 33
Jolivet François, ouvrier chapelier, n. 35.
Coquet Charles, plâtrier, n. 35.
Genty François, vigneron, n. 35.
Parmentier, sous-officier en retraite, n. 35.
Marquet Antoine, propriétaire jardinier, n 35.

Seyé Charles, manouvrier, n. 35.
Naigeon Charles, vigneron, n. 35.
Garnier Nicolas, doreur, n. 35.
Guenot Jacques, vigneron, n. 37.
Morat Pierre, menuisier, n. 39.
Belleville Léonie Mlle, ouvrière, n. 39.
Genty Jean-Baptiste, cultivateur, n. 39.
Gautheret-Morel, n. 39 (pied-à-terre).
Guilleminot Jean-Baptiste, jardinier, n. 41.
Potot Sébastien, plâtrier, n. 41.
Mairet Jean, cantonnier, n. 41.
Roussel Christophe, propriétaire, n. 43.
Copier François, domestique à la Maladière, n. 43.
Ecaille Auguste, cantonnier, n. 43.
Vitaut Pierre, tonnelier, n. 43.
Mazoyer, n. 43.
Niquet Claude, charbonnier, n. 43.
Naigeon Philibert, vigneron, cabaretier, n. 45.
Baudot Jules, manouvrier, n. 45.
Venot veuve, née Duchesne, propriétaire, n. 47.
Venot Jean-Baptiste, rentier, n. 47.
Jaëger Joseph, peintre en bâtiments, n. 47.
Humet Antoine, receveur d'octroi, n. 49.
Gunther Joséphine Mlle, regrattière, n. 2.
Lanier (pour un magasin), n. 2 *bis*.
Gagnard veuve, orfévre (pied-à-terre), n. 6.
Faubert Claude, propriétaire, n. 8.
Vallot Charles, jardinier, n. 10.
Paris Jean-Baptiste, jardinier, n. 12.
Guyard veuve, n. 14.
Potu Pierre, jardinier, n. 16.
Jachiet Auguste, jardinier, n. 18.
Charchillet Pierre, marchand de faïencerie, n 22
Charchillet Claude, menuisier, n. 22.
Lanchy Bonaventure, charpentier, n. 24.
Belnet Charles, propriétaire, n. 24.
Roussel Georges, charpentier, n 24.
Marcand François, vivandier, n. 24.
Monnin Jean-Baptiste, cultivateur, n. 26.
Thoux François, vigneron, n. 28.

Rérole Jean-Baptiste, manouvrier (*hors barrière*).
Vangeebergen Joseph, cabaretier (*hors barrière*).
Moireaud Célestin, ex-employé d'octroi (*hors barrière*).

MONTMUZARD (Clos de).

Venot Pierre, propriétaire, cultivateur.
Moreau, jardinier.
Colnet Pierre, garçon jardinier.
Lobrot, voiturier.
Miton Claude, chapelier.
Tanière Claude, manouvrier.
Thunot Pierre, propriétaire.
Gruillet Jean-Baptiste, manouvrier.
Thiard, manouvrier.
Babot, manouvrier.
Robinet veuve, née Marcellet, journalière.
Landriot Jean, manouvrier.
Gueland Nicolas, domestique.
Clerc Jean-Baptiste, tonnelier.
Chandellier Jacques, receveur d'octroi.
Trulard veuve, née Rousselin.
Kerffer Frédéric, cordonnier.
Colombey Jean, menuisier.
Lespagnol Claude, tailleur.
Prost François, manouvrier.
Jorand Félix, couvreur.
Pott Charles, garçon brasseur.
Son veuve, née Mathey, journalière.
Malardot veuve, née Graillet, journalière.
Bornot Jean-Baptiste, manouvrier.
Brocard veuve, journalière.
Brocard Eugène, ouvrier relieur.
Fousset Antoine, rentier (route Saint-Apollinaire).
Roux Thibaut, ouvrier cordonnier.

MORIN (Clos). — Faubourg Saint-Nicolas.

Berget Claude, maçon.
Tenadet, marchand d'huile.

Bouhot Claude, brigadier facteur.
Marlet Antoine, manouvrier. .
Jachiet veuve, née Mairet, jardinière.
Champenois Pierre, cantonnier.
Missler, marchand de vins (pour un atelier).
Guillier Charles, commis.

MOULINS (Rue des).

Bélorgé Jean-Baptiste, propriétaire, n. 1.
Bélorgé Joseph, propriétaire, n. 1.
Druard Mme, née Bélorgé, rentière, n. 1.
Seguin Jean-François, journalier, n. 1.
Noguier François, jardinier, n. 1.
Renard Louis, vannier, n. 1.
Flaget Jean-Baptiste, jardinier, n. 3.
Levoyet François, jardinier, n. 3.
Pasturel Jean-Pierre, menuisier, n. 3.
Pasturel Chrétien, menuisier, n. 3.
Sigoillot veuve, née Mannota, journalière, n. 3.
Champrenant Germain, journalier, n. 3.
Jachiet Louis, jardinier, n. 7.
Poupon Nicolas, journalier, n. 9.
Jonchery Claude, maçon, n. 9.
Seignot veuve, née Garodot, vigneronne, n. 9.
Levoyet Claude, jardinier, n. 11.
Barra veuve, née Moreau, rentière, n. 11.
Mutin François, jardinier, n. 11 *bis*.
Cornu Jean-Baptiste, propriétaire, n. 11 *ter*.
Barbier François, journalier, n. 11 *ter*.
Magasins à M. Regneau, brasseur, n. 15.
Moret Antoine, jardinier, n. 17.
Poillevey Pierre, facteur rural, n. 17.
Lebrun veuve, née Joannis Simonne, lingère, n. 17.
Marchand Hugues, jardinier, n. 19.
Forey Charles, rentier, n. 19.
Poifol veuve, née Lochot, jardinière, n. 19.
Lherbin Louis, journalier, n. 19.
Bonnot Claude, chaudronnier, n. 19.

Nivelon Claude, ébéniste, n. 19 *bis*.
Belin François, maçon, n. 19 *bis*.
Ruffey veuve, née Vernier, cabaretière, n. 19 *bis*.
Louis Joseph, ouvrier tailleur, n. 19 *bis*.
Bonnefoy Jean-Baptiste, journalier, n. 19 *bis*.
Gormotte Mme, née Mutin, rentière, n. 21.
Mutin Claudine Mlle, couturière, n. 21.
Gault Mme, née Bouteloup, fabricant de moutarde, n. 21.
Leflot Etienne, grenetier, n. 21.
Lobrot veuve, vigneronne, n. 21.
Caillet Edme, jardinier, n. 21.
Demarre Pierre, menuisier, n. 21.
Pacotte Claude, garde-moulin, n. 21.
Seurot Jean, garde-moulin, n. 21.
Seignot Nicolas, jardinier, n. 21.
Guyot Adolphe, vigneron, n. 23.
Levoyet Louis, jardinier, n. 25.
Lochot Jean-Baptiste, jardinier, n. 25.
Chartenay Jean, grenetier, n. 31.
Moreau Denis, vigneron, n. 33.
Vallot veuve, née Jachiet, propriétaire, n. 35.
Garnier Mathieu, jardinier, n. 35.
Morichard Pierre, jardinier, n. 37.
Fournier François, rentier, n. 37.
Jonchery Jean-Baptiste, maçon, n. 39.
Déclume Jean-Baptiste, relieur, n. 39.
Noirot Hugues, journalier, n. 39.
Poignant Jean-Baptiste, jardinier, n. 41.
Poignant Antoine, jardinier, n. 41.
Verpeau veuve, née Mugnier, n. 41.
Roncenet Charles, cultivateur, n. 43.
Boyer Joseph, journalier, n. 43.
Levieux Chrétien, jardinier, n. 45.
Lhuilier Charles, tonnelier, n. 45.
Salbreux Henri, relieur, n. 45.
Leborne veuve, née Tappe, n. 45.
Lucotte Pierre, garçon brasseur, n. 45.
Devillebichot veuve, née Bordet, propriétaire, n. 45.
Perrot Denis, jardinier, n. 45 *bis*.
Marciaux Jean-Baptiste, vigneron, n. 45 *bis*.

Belleurgey François, jardinier, n. 47.
Flammarion veuve, née Lalourot, journalière, n. 47.
Leflot Charles, jardinier, n. 51.
Marchand Pierre, jardinier, n. 55.
Galette Louis, rentier, n. 2.
Galette Adèle, rentière, n. 2.
Magasin de charbon à M. Galette, n. 2.
Baillet, garçon de magasin, n. 2.
Maigrot Pierre, propriétaire, n. 4.
Brachet François, capitaine en retraite, n. 4.
Sauvageot Jean-Baptiste, premier clerc de notaire, n. 4.
Roger Pierre, journalier, n. 4.
Bonnotte Pierrette Mlle, n. 4.
Desoignes Antoine, clerc de notaire, n. 4.
Robin, journalier, n. 4.
Billet Félix, professeur, n. 8.
Levieux François, jardinier, n. 12.
Levieux veuve, née Piot, rentière, n. 14.
Petite Eugène, rentier, n. 14.
Petite veuve, née David, rentière, n. 14.
Roure Adolphe, comptable, n. 14.
Piot Mme, vigneronne, n. 14.
Magasin à M. Nivelon, marchand fruitier, n. 14.
Guyot Jean, vigneron, n. 16.
Debruères Etienne, cabaretier, n. 18.
Garaudot Jean-Baptiste, jardinier, n. 20.
Jacob François, jardinier, n. 20.
Jacob veuve, née Garaudot, jardinière, n 20.
Thomas Henri, journalier, n. 20.
Jeanniard Jean-Baptiste, vigneron, n. 20.
Bugnot François, abbé, n. 24.
Perriquet veuve, rentière, n. 24.
Mabille Jeanne Mlle, institutrice, n. 24.
Penotet Jules, ébéniste, n. 24.
Lanaud Anne Mlle, rentière, n. 24.
Valotte Marguerite Mlle, rentière, n. 24.
Belnet Charles, propriétaire, n. 26.
Belnet Jeanne Mlle, n. 26.
Jacotot Pierre, rentier, n. 28.
Matrot Jacques, rentier, n. 30.

Lustre Pierre, tailleur de pierres, n. 30.
Jacob Jean-Baptiste, boulanger, n. 30.
Sirugues Jean-Baptiste, camionneur, n. 30.
Sirugues Auguste, camionneur, n. 30.
Noé Joseph, jardinier, n. 34.
Perriquet Jacques, vigneron, n. 34.
Gravet Jean, jardinier, n. 34.
Monthoret veuve, jardinière, n. 38.
Lochot veuve, née Mercier, jardinière, n. 40.
Lochot Claude, jardinier, n. 40.
Borde Auguste, fabricant de voitures, n. 42.
Borde Gustave, sellier, n. 42.
Hézard Claude, sellier carrossier, n. 42.
Guyot Mme, née Jelet, couturière, n. 42.
Paris veuve, née Monrichard, propriétaire, n. 48.
Manières Nicolas, marchand de bétail, n. 48.
Thinlot René, propriétaire, n. 48.
Hittier Jean-Baptiste, propriétaire, n. 50.
Poulain Edmond, brigadier-forestier, n. 50.
Bourgeot Sébastien, jardinier, n. 50.
Boiveau Louis, journalier, n. 50.
Lagrange Jean-Baptiste, journalier, n. 50.
Perrier Jean, vigneron, n. 50 *bis*.
Bouvard Philibert, loueur en garni, n. 52.
Bouvard Jeanne Mlle, n. 52.
Martin veuve, née Clerget, journalière, n. 52.
Louchard François, journalier, n. 52.
Cordier Laurent, propriétaire, n. 54.
Regnaut Abraham, ancien brasseur, n. 56.
Refrognet Pierre, jardinier, n. 56.
Pagant Auguste, concierge, n. 56.
Gaudelet Nicolas, rentier, n. 56.
Semet Etienne, brasseur, n. 56.
Meurgey Romarin, brasseur, n. 56.
Fleuriet Pierre, comptable, n. 58.
Gentet Félix, meunier, n. 60.
Vigouroux veuve, née Feulbon, n. 60.

MOUTON (Rue du).

Kung veuve, née Porcherot, sage-femme, n. 1.

Mortet François, cordonnier, n. 1.
Halt Jules, mouleur en fonte, n. 1.
Cochenet Nicolas, manouvrier, n. 3 *ter*.
Nicolle Marie Mlle, femme de ménage, n. 5.
Delpéroux Félix, ferblantier, n. 3.
Bourasset, journalier, n. 3 *bis*.
Manuel Dominique, nettoyeur, n. 3 *ter*.
Cornet François, manouvrier, n. 3 *bis*.
Darantière Ferdinand, forgeron au chem. de fer, n. 3 *bis*.
Dauvey Nicolas, manœuvre, n. 3 *bis*.
Gradelet Jean, menuisier, n. 3 *bis*.
Verney Adolphe, relieur, n. 3.
Chapuis Alexandre, journalier, n. 3.
Bresson Jean-Baptiste, tailleur de pierres, n. 3 *ter*.
Bouellat Joseph, brigadier des douanes, n. 3.
Mortureux Charles, graineur, n. 3.
Jacquenin Charles, poseur au chemin de fer, n. 1.
Simon François, mécanicien, n. 3 *bis*.
Sauvageot Jean-Baptiste, relieur, n. 3 *bis*.
Bonnet François, corroyeur, n. 3 *ter*.
Chenevier Jean-Baptiste, manouvrier, n. 3 *bis*.
Chabroulet Louis, garçon de magasin, n. 3 *bis*.
Berthet Flavien, forgeron, n. 3 *ter*.
Berthet Frédéric, nettoyeur, n. 3 *ter*.
Boin veuve, née Bizouard, rentière, n. 5.
Collot Jean-Baptiste, vigneron, n. 5.
Barbier Mme, née Barbier, revendeuse, n. 5.
Guirbal Pierre, manouvrier, n. 5.
Smouth Jules, journalier, n. 7.
Faivelet Magdeleine Mlle, domestique, n. 7.
Carayon Louis, poseur, n. 7.
Vadot Antoine, manouvrier, n. 7.
Daubigney Denis, fabricant de limonade, n. 7.
Girodet veuve, née Bocquet, propriétaire, n. 9.
Bricard veuve, née Perrot, matelassière, n. 9.
Maire veuve, née Leclerc, femme de ménage, n. 9.
Péchinot François, forgeron, n. 9.
Saunois Joseph, forgeron, n. 9.
Pacot Gaspard, tailleur de pierres, n. 9.
Castille Nicolas, propriétaire vigneron, n. 11.

Thurot veuve, née Bouvret, femme de ménage, n. 13.
Berger Auguste, menuisier, n. 13.
Venot François, maître maçon, n. 13.
Chapelle Jean, manouvrier, n. 13.
Sarrazin Jean-Baptiste, homme d'équipe, n 13.
Créon Léon, conducteur de trains, n. 13.
Martenot Antides, manouvrier, n. 13.
Gathelier Jean-Baptiste, serrurier, n. 17.
Gaumiot Jacques, manouvrier, n. 17.
Bossu Nicolas, serrurier, n. 17.
Fleurot Pierre, laveur, n. 17.
Gauthier Antoine, rentier, n. 17.
Dangoise Pierre, serrurier, n. 17.
Guillet veuve, née Michéa, femme de ménage, n. 17.
Clergeat Julien, journalier, n. 17.
Baron François, cordonnier, n. 19.
Vergalant Jean, journalier, n. 19.
Poisot Denis, charpentier, n. 19.
Serrurier Jean, journalier, n. 19.
Bondonnier Agathe Mlle, domestique, n. 19.
Izard Joseph, ouvrier balancier, n. 19.
Bonnot Antoine, charpentier, n. 23.
Maire veuve, née Leclerc, femme de ménage, n. 23.
Montmaron veuve, née Jobart, rentière, n. 23.

MORVEAU (Rente).

Bresson Pierre-Honoré, cultivateur.
Bresson Honoré fils.

MUSETTE (Rue).

Lefaure Firmin, propriétaire, n. 1.
Leroy veuve, née Porrenot Victoire, propriétaire, n. 1.
Poisot François-Marie, propriétaire, n. 1.
Braux Antoine, fermier des halles et marchés, n. 1 *bis*.
Guyot Victor, banquier, n. 1 *bis*.

Debillemont veuve, née Clairet, blanchisseuse, n. 1 *bis*.
Nicolas Reine Mlle, modiste, n. 1 *bis*.
Blondel veuve, née Bertrand, propriétaire, n. 1 *bis*.
Cordier-Prudhomme, négociant, n. 1 *bis*.
Accard Vivant, tonnelier, n. 3.
Le Maistre Philippe, conseiller à la Cour, n. 5.
Robert veuve, ouvrière, n. 7.
Magnien Louis, pâtissier, n. 7.
Dézé Louis, propriétaire, n. 7.
Chevalier Hippolyte, mécanicien au chemin de fer, n. 7.
Baume-Boisselier, comptable au chemin de fer, n. 7.
Marty Gabriel, blanchisseur de chapeaux de paille, 9-11.
Jobin Emile, chapelier, n. 13.
Robert Claude, rentier, n. 13.
Begin Louis, employé au chemin de fer, n. 13.
Pinègre Adolphe, ferblantier, n. 13.
Gourroux veuve, née Gardey, ouvrière, n. 15.
Salzard Isidore, menuisier, n. 17.
Joanne Maurice, serrurier, n. 17.
Belin Jules, épicier en détail, n. 19.
Groselier Nicolas, camionneur, n. 21.
Lévy Gustave, chapelier, n. 21.
Bossu Marguerite Mlle, dévideuse de laine, n. 21.
Renardet François, cocher, n. 21.
Monniot Jean-Baptiste, manouvrier, n. 21.
Faivre, charpentier, n. 21.
Pierrot Henri, employé au chemin de fer, n. 21.
David Nicolas, cordonnier, n. 21.
Toppets Richard, marchand de chapeaux de paille, 23.
Dorléans Jean, marinier, n. 23.
Delarbre Jean-Pierre, marchand de bonneterie, n. 25.
Bloc Isaac, bimblotier, n. 27.
Pasquin Henri, tourneur au chemin de fer, n. 27.
Montoy Louis, restaurateur, n. 29.
Seguin, chef de cuisine, n. 29.
Barbier Pierre, employé, n. 29.
Ramousset Hippolyte, employé, n. 29.
Gianella François, marchand de chaussures, n. 31.
Delechamps Mme, née Lavocat, march. de faïence, n. 33.
Quesler Jacob, ouvrier imprimeur, n. 35.

Pertuy Claude, bouquiniste, n. 35.
Potot François, tailleur en chambre, n. 35.
Chevalier veuve, née Charlut, marchand tailleur, n. 37.
Brey Jean-Baptiste, tailleur de pierres, n. 37.
Bénier Napoléon, tabletier, n. 2.
Chamagne Joseph, marchand d'objets de literie, n. 2.
Chamagne Jean-Baptiste, rentier, n. 4.
Lebrun veuve, née Collin, rentière, n. 4.
Semprez Jean-Louis-Marie, peintre et vitrier, n. 6.
Raclot Joseph-Amédée, confiseur, n. 8.
André Prudent, coutelier, n. 8.
Montfilliard François, marchand de nouveautés, n. 10.
Coffin François, teneur de livres, n. 10.
Lévy Simon, revendeur d'étoffes, n. 10.
Lévy Alfred fils, chapelier, n. 10.
Lévy Albert fils, n. 10.
Vauthier Mme, née Chrétien, rentière, n. 10.
Mayer, voyageur de commerce, n. 10.
Chrétien Charles, ancien professeur, n. 10.
Pessel Jeanne Mlle, ouvrière, n. 10.
Trécourt Louise Mlle, lingère, n. 14.
Donier Joseph, représentant de commerce, n. 14.
Raskin Guillaume, marchand de chapeaux de paille, 16.
Rendu, employé au chemin de fer, n. 16.
Debocq Louis, marchand de tissus, n. 18.
Rémond veuve, née Bonniard, journalière, n. 20.
Rémond veuve, née Durand, ouvrière, n. 20.
Dardenne Charles, employé au chemin de fer, n. 20.
Dardenne Alexandre fils, n. 20.
Gagnard Magdeleine Mlle, ouvrière, n. 20.
Berger veuve, n. 20.
Vaspard Mme, née Changenet, casquettière, n. 20.
Guenon, garçon brasseur, n. 20.
Escaille Pierre, cordonnier, n. 22.
Mock veuve, née Vigoureux, ouvrière, n. 22.
Dumetier Louis, serrurier, n. 22.
Gilbert Henri, teinturier, n. 24.
Fournier Nicolas, ancien notaire, n. 24.
Mélin Nicolas, porteur de journaux, n. 24.
Woog Caroline Mlle, modiste, n. 24.

Gibert Claude, marchand de moutarde, n. 24.
Cavillet Anne Mlle, lingère, n. 24.
Morelot veuve, n. 24.
Douhin veuve, née Chevillard, journalière, n. 24.
Mielle Gustave, ouvrier ferblantier, n. 24.
Troly Emiland, mercier, n. 24 *bis*.
Troly Alexis, négociant, n. 24 *bis*.
Rougeot François, perruquier, n. 24 *bis*.
Rougeot fils, fabricant de biscuits, n. 24 *bis*.
Marcel Louis, sacristain, n. 24 *bis*.
Johannard Pierre, marchand d'étoffes, n. 24 *ter*.
Souël veuve, née Boussey, propriétaire, n. 24 *ter*.
Porteret Louise Mlle, ouvrière, n. 24 *ter*.
Gandy Céline Mlle, marchande de mercerie, n. 26.
Millot Claude, loueur de voitures, n. 30.
Millot Jacques-Charles fils, n. 30.
Collombet veuve, née Breux Jeanne, n. 30.
Dumont, directeur de l'épicerie dijonnaise, n. 30.
Collot, directeur de la boucherie dijonnaise, n. 30.
Richard Antoinette Mlle, domestique, n. 34.
Clerget François, marchand de farine, n. 34.
Blum Marx, pédicure, n. 34.
Mezergue Jean-Baptiste, marchand de parapluies, n. 36.
Thierry père, perruquier, n. 36.
Perrin François, propriétaire, n. 36.
Hutté veuve, née Ligeret, rentière, n. 36.
Raviot Joseph, employé, n. 36.
Gevrey Claude, épicier, n. 38.
Gevrey Jean-Baptiste fils, commis, n. 38.

NANTILLIÈRES (Rue des). — Faubourg d'Auxonne.

Vautrot Jean-Baptiste, fabricant d'allumettes,
Goudeaux Catherine, veuve Joignier.
Piard Claude, manouvrier.
Brichon Henri, matelassier.
Jouan Françoise Mlle.
Métayer Adolphe, employé.

Sarret Louis, garde champêtre.
Saunier Jean-Baptiste, ouvrier fabricant d'allumettes
Luxembourg Georges, terrassier.
Ponceblanc veuve.
Thomas Philibert, menuisier.
Coulichet Barthélemy, manouvrier.
Bouchot Nicolas, agent de police.
Charles François, tailleur de pierres.
Petitjean Jacques, scieur de long.
Petitjean Pierre, manouvrier.
Dautrey Pierre, manouvrier.

NOTRE-DAME (Rue).

Lambert Jean-Baptiste, menuisier, fripier, n. 3.
Lambert Charles, tapissier, n. 3.
Le vicomte de Salles France, conseiller de préfecture, 3.
Aubert, chirurgien-major en retraite, n. 3.
Argenton Mme, née Poisse, rentière, n. 3.
Poisse veuve, née Comparot, rentière, n. 3.
Pingeon veuve, née Gaudriot, rentière, n. 5.
Guenot veuve, née Bresson, rentière, n. 5.
Guenot Henri fils, n. 5.
Verrot Prudent, géomètre, n. 5.
Petitot veuve, née Drioton, rentière, n. 7.
Theurel Anasthase, marchand de vieux habits, n. 11.
Theurel Anasthase fils, n. 11.
Lobrot Claude, ébéniste, n. 4.
De Vogué, propriétaire, n. 8 (pied-à-terre).
Boissard Bern.-Edm., présid. de chambre à la cour, 8.
Bonnet Claude, facteur de ville, n. 8.
Rodier Albert, vérificateur des domaines, n. 8.
Variot Pierre, fripier, n. 10.
Machureaux Jean-Baptiste, tonnelier, n. 12.
Grenier Constant, fripier, n. 12.
Hartemann Jacques, matelassier, n. 14.
Hartemann veuve, née Martin, n. 14.
Collignon Stanislas, tapissier, n. 14.

Coquet Jean-Baptiste, facteur de ville, n. 16.
Cousin Jean-Baptiste, ouvrier menuisier, n. 16.
Seine Jean-François, ex-employé au greffe, n. 16.
Bouhot veuve, née Delile, femme de ménage, n. 16.
Verpeaux, n. 16.
Donay Justine Mlle, rentière, n. 18.
Henry Félix, ouvrier ébéniste, n. 18.
Albepart Anne Mlle, ouvrière, n. 18.
Gallimard veuve, rentière, n. 18.
Denoix veuve, née Jolicœur, n. 18.
Lemoine Marie Mlle, rentière, n. 18.
Rouget André-Jules, propriétaire, n. 18 *bis*.
Rouget Pierre-Henri, avoué, n. 18 *bis*.
Simon Jean, marchand de terrerie, n. 20.
Simon Nicolas fils, n. 20.
Simon Joseph fils, n. 20.
Moissenet Pauline Mlle, rentière, n. 20.
Gousselin Charlotte Mlle, modiste, n. 20.
Nicolardot veuve, née Rossignol, blanchisseuse, n. 20.
Rossignol veuve, née Fontaine, n. 20.
Millot Mme, née Martin, revendeuse, n. 20.
Heller Louis, tailleur, n. 20.
Huttner Jacques, tailleur, n. 20.
Bresson Bernarde Mlle, ouvrière en robes, n. 22.
Esmonin Nicolas, manouvrier, n. 22.
Lucot Claudine Mlle, lingère, n. 22.
Pelletier Antoine, maçon, n. 22.
Charve Pierre, employé à la poste, n. 22.
Neffliez Pierre-Paul, couvreur, n. 22.
Gaveau Vivant, clerc d'agréé, n. 22.
Gaudot Victorine Mlle, blanchisseuse, n. 22.
Barral veuve, journalière, n. 22.
Lanneau Pierre, journalier, n. 22.
Pralon Jacques, menuisier, n. 24.
Tulipe Alexandre, ébéniste, n. 24.
Ladrex Marie Mlle, brocanteur, n. 24.
Clerget Jules, commis, n. 24 *bis*.
Debled Denis, ébéniste, n. 24 *bis*.
Bonnemain veuve, sage-femme, n. 24.
Loccard Jules, employé des postes, n. 24.

Gérard Etienne, maçon, n. 24.
Bouillot Pierre, cocher, grenetier, n. 26.
Cauvard Joseph, boulanger, n. 28.
Salomon Malix, rentier, n. 30.
Dhuiset Claude, employé au télégraphe, n. 30.
Boilon Mme, née Garaudet, ouvrière, n. 30.

NORD (Rue du).

Jacquin veuve, née Titrot, rentière, n. 1.
Contosset Madeleine, gantière, n. 1.
Sarrazin André, scieur de bois, n. 1.
Balaguet François, journalier, n. 1.
Carré Antoine-Claude, ouvrier cordonnier, n. 1.
Raverat, ouvrier chapelier, n. 5.
Galimard Joseph, chef ouvrier de la ville, n. 5.
Galimard veuve, née Billette, n. 5.
Fauconney Bernard, comptable, n. 7.
Fourcault Louis, peintre, n. 4.
Bardet, garçon brasseur, n. 6.
Vallet Nicolas-Eugène, garçon brasseur, n. 6.
Gambier Félix, chapelier, n. 6.
Dureuil Jules-Alfred, ancien négociant, n. 6.
Lemoine Jean, charpentier, n. 6.
Petitot Antoine, inspecteur des écoles, n. 8.
Enslon Théodore, employé au chemin de fer, n. 8.
Chomard Joseph, comptable, n. 8.

NOVICES (Rue des).

Menant Gabriel, propriétaire, n. 1.
Ravinet veuve, née Léger, ouvrière, n. 1.
Touvenot Jeanne Mlle, femme de ménage, n. 1.
Moniot Jeanne Mlle, femme de ménage, n. 1.
Sebillotte Marie Mlle, ouvrière, n. 1.
Seguin Elisabeth Mlle, ouvrière, n. 1.

Borde veuve, née Munia, rentière, n. 3.
Gayard Etienne, commis-voyageur, n. 3.
Rousselot René, ouvrier chapelier, n. 3.
Miel Charles, chantre, n. 3.
Achard Eugène, contrôleur au chemin de fer, n. 3.
Meussot Charles, cocher, n. 3.
Barthet Jeanne Mlle, lingère, n. 3.
Magasin à M. Grataloup, n. 5.
Lavier Eugène, ancien cafetier, n. 7.
Comparot Joseph, chanoine, n. 7.
Boyer Jean-Baptiste, vicaire à Saint-Jean, n. 7.
Magasin à MM. Jacquot et Rousseau, n. 9.
Marchet Joseph, n. 11.
Gueyral Mathieu, débitant de tabac, n. 2.
Gand Denis, propriétaire, n. 2.
Bauchetet veuve, née Chevillard, propriétaire, n. 2.
Guiolot Armand, agent de remplacement, n. 2.
Carnet Nicolas, entrepreneur de travaux publics, n. 2.
Charlut Louise Mlle, domestique, n. 4.
Pillot veuve, née Dagallier, rentière, n. 6.
Boulmet Henri, curé de Saint-Jean, n. 6.
Jeannel Auguste, vicaire, n. 6.
Pastier Louis, entrepreneur, n. 6.
Chaperon Victoire Mlle, maîtresse de pension, n. 10.
Lambert Joseph, employé des bois de marine, n. 12.
Feuillée Jean-Baptiste, professeur au lycée, n. 12.
Bouret veuve, née Laborey, propriétaire, n. 12.
Lobron Antoinette Mlle, fleuriste, n. 12.
Courte veuve, née Hébert, rentière, n. 12.
Schwindenger Jean, badigeonneur, n. 12.
Thibaut Germain, rentier, n. 14.
Caillet veuve, née Michel, marchande de chocolat, n. 14.
Robert Joséphine Mlle, modiste, n. 14.
Dutheil Pierre, manouvrier, n. 14.
Dubarry Jean-Baptiste, ancien ingénieur-opticien, n. 14.
Pasteur Claudine Mlle, rentière, n. 14.
Boiteux Jacques, épinglier, n. 16.
Toussaint Gaspard, juge-auditeur, n. 28.
Lebœuf François, vicaire général, n. 18.
Gagnereaux Paul, employé de commerce, n. 20.

Fremont Claude, marchand de vins, n. 22.
Vigouroux Michel, ancien receveur des contributions indirectes, n. 22.
Chanussot Jean, courrier des postes, n. 22.
Arlin Denis, propriétaire, n. 22.
Renaud veuve, née Jocotot, rentière, n. 22
Daubourg Jean, propriétaire, n. 24.
Clunet Catherine Mlle, rentière, n. 24.
Boisseau Françoise Mlle, rentière, n. 26.
Andriot Jean, journalier, n. 26.

ODEBERT (Rue).

Michel Claude, fabricant de sabots, n. 1.
Meunier François, charbonnier, n. 1.
Michel Auguste, marchand de volailles, n. 3.
Maître veuve, née Roussin, journalière, n. 3.
Damongeot Claude, tailleur de pierres, n. 3.
Damongeot Paul fils, n. 3.
Rey Pierre, manouvrier, n. 3.
Maurice Antoine, marchand de légumes, n. 3.
Peltier Jean-Baptiste, homme d'équipe, n. 3.
Peltier Arthur fils, n. 3.
Joubert Auguste, charpentier, n. 3.
Defau Pierre, marchand de comestibles, n. 5.
Vallée François, manouvrier, n. 5.
Pain veuve, cuisinière, n. 5.
Dransard Louis, chaudronnier, n. 5.
Breton Jacques, manouvrier, n. 5.
Deperdant Antoine, manouvrier, n. 7.
Faivre Claude-Gabriel, marchand épicier, n. 9-11.
Vallée Bernard-Félix, boucher, n. 13.
Mirondot Mme, marchande de jardinage, n. 15.
Lacoste veuve, née Poutrat, marchande d'étoffes, n. 17-19.
Dant veuve, lingère, n. 17-19.
Vormèse Jacob, peintre, marchand de lingerie, n. 19.
Marais Pierre, chargeur, n. 2.

Malnoury veuve, née Durand, revendeuse de volailles, 2.
Aubert veuve, née Matrot, rentière, n. 2.
Michel veuve, rentière, n 2.
Jacquot veuve, née Faivre, marchande, n. 2.
Petiet veuve, marchande de fruits, n. 4.
Boulitrop veuve, rentière, n. 4.
Roussin Jean, homme de peine, n. 4.
Oulmann Nathan, greffier du Conseil de préfecture, n. 4.
Ancemot Claude, cordonnier, n. 8
Breton Pierre, propriétaire, tonnelier, n. 8.
Noble Jeanne, veuve Lucotte, n. 8.
Polvey Victor, n. 8.
Desanglois, employé au chemin de fer, n. 8.
Naïf, employé au chemin de fer, n. 8.
Carnet Charles, employé à la direction, n. 8.
Toussaint Bernard, restaurateur, n. 10.
Suterne Jacques, serrurier, n. 10.
Chassagne Charles, marchand fruitier, n. 12.
Gobert Jeanne, rentière, n. 14.
Reichenecker Albert, débitant de bière viennoise, n. 14.
Barthélemi Pierre, rentier, n 14.
Greissart, caissier à la succursale du chemin de fer, 14.
Mollerat Lucien (magasin de charbon), n. 16.
Charles, débitant de vin, n. 16.
Chazelle veuve, née Bouchard, n. 18.
Chazelle veuve, née Lallemant, n. 18.
Breton Denis, homme d'équipe, n. 18.
Bollotte veuve, née Gottsching, rentière, n. 20.
Thunot Louis, marchand de comestibles, n. 20.
Lebrasseur veuve, née Anne Paire, ouvrière, n. 22.
Michaud Claude, ouvrier maçon, n. 22.
Savel Mme, née Létonné, lingère, n. 22.
Seuret Alexandre, employé au chemin de fer, n. 22.
Bergerot veuve, née Pinsonneau, journalière, n. 22.
Clerget Jean-Baptiste, rentier, n. 22.
Renard Antoine, facteur au télégraphe, n. 22.
Renaudot, cordonnier, n. 22.
Boisson Pierrette Mlle, ouvrière, n. 22.
Guirand Jean-Baptiste, tourneur, n. 22.
Chevrey Jean-Baptiste, marchand de vin, n. 24.

Clavey veuve, née Guillaume, march. de confection, 26.
Nérat Adèle, journalière, n. 26.
Richemont François, perruquier, n. 26
Moniot Yves, boucher, n. 28.
Verpeaux Denis, marchand de chaussures, n. 28.
Nicolas François, menuisier, n. 28.

ORMEAUX (Rue des).

Vallot veuve, née Poulain, jardinière, n. 1.
Legiot Claude, jardinier, n. 1.
Pacquetet Pierre, chauffeur, propriétaire, n. 1.
Bénal, jardinier, n. 5.
Bourdot Jean, voiturier, n. 7.
Bassot François, jardinier, n. 2.
Maitre Claude, jardinier, n. 2.
Kintre, vigneron, n. 2.
Jolivet Philippe, jardinier, n. 2 *bis.*
Gachot, rentier, n. 2 *bis.*
Mérat, rentier, n. 2 *bis.*
Paris Jean-Baptiste, jardinier, n. 4.
Marcillet Jean, vigneron, n. 6.
Moine Claudine Mlle, n. 6.
Monnot Dominique, jardinier, n. 6.

PALAIS (Rue du).

Gauthiot François, propriétaire, n. 1.
Dardelin, employé au chemin de fer, n. 1.
Lépine Frédéric, docteur-médecin, n. 3.
Pernet Pierre, ancien magistrat, propriétaire, n. 5.
Bourceret veuve, propriétaire, n. 5.
Fouleux François, dit Henri, agent d'assurances, n. 7.
Moyne veuve, née Febvre, propriétaire, n. 9.
Moyne François-Numa, docteur-médecin, n. 9.
Moyne Adrien fils, n. 9.

Moyne veuve, née Démoulin, n. 9.
Lapertot Emma Mlle, rentière, n. 9.
Bichot Albéric, avoué, n. 9.
Cornier Louise Mlle, femme de ménage, n. 13.
Elie Jean, plâtrier, n. 13.
Perriquet Maurice, propriétaire, ancien avoué, n. 15.
Perriquet Albert fils, n. 15.
Perriquet Léon-Georges fils, n. 15.
Truchot François, huissier, n. 15.
Joannet Jean-Baptiste, ancien appariteur, n. 17.
Antonietti Joseph, plâtrier, n. 17.
Antonietti Eugène frère, n. 17.
Clerget Charles, géomètre, n. 17.
Defaille, menuisier, n. 17.
Bayle veuve, née Dulniau, journalière, n. 17.
Glantenet, agent-voyer en retraite, n. 17.
Chenot veuve, née Hicquet, propriétaire, n. 19.
Pitolet Jean-Baptiste, baigneur, propriétaire, n. 21.
Coëffard Remi, huissier, n. 23.
Boitouzet Edme, rentier propriétaire, n. 23.
Molerat veuve, rentière, n. 23.
Bourgeon Victor, professeur, n. 2.
Delvaux Pierre, n. 6.
De Corgeat Mme, née de Rothalier, rentière, n. 6.
Bonnet veuve, rentière, n. 6.
Crosse, capitaine en retraite, n. 6.
Laurent veuve, n. 6.
Soccard François-Jules, concierge, n. 8.
Guillier Eugène, employé, n. 8.
Regelé Médard, concierge, n. 10.
Vauvilliers Adolphe, avoué, n. 12.
Beaune, substitut du procureur impérial, n. 14.
Larcher Sophie Mme, ouvrière, n. 14.

PERRIÈRES (Rue des).

Martelet Régis, marchand de fromages et de bois, n. 2.
Alotte Jean, lithographe, n. 2.
Attenot Joseph, conducteur des ponts et chaussées, n. 2.

Jeannin Claude, garçon voiturier, n. 2.
Mutelle Jean-Baptiste, mécanicien, n. 2.
Moyeau veuve, née Mairet, journalière, n. 2.
Bullet Jean, compositeur, n. 2
Gloton Alexandre, chauffeur, n. 2.
Poupard Emile, mécanicien, n. 2.
Duhot veuve, née Pomard, blanchisseuse, n. 2.
Olivier veuve, née Lombard, n. 4.
Démaret Maxime, restaurateur, n. 4.
Paintrant Jean, chauffeur, n. 4.
Guyot François, manouvrier, n. 4.
Brodas Alexandre, employé, n. 4.
Villard Prudent, facteur, n. 4.
Brémont François, nettoyeur, n. 4.
Calmelet Félix, conducteur chef, n. 4.
Schmitt Joseph, coutelier, n. 4.
Leclerc Pierre, tourneur, n. 4.
Lacour Jean-Baptiste, voiturier, n. 4.
Lacour Claude fils, n. 4.
Duriot Benoît, garçon de magasin, n. 4.
Simonnet Louis, homme d'équipe, n. 4.
Déliot veuve, née Déliot, n. 4.
Déliot Jean-Baptiste, homme d'équipe, n. 4.
Roussey Just, compositeur d'imprimerie, n. 4.
Plard Hippolyte, conducteur de trains, n. 4.
Boujard Jean-Pierre, retraité, n. 4.
Farey Jean-Baptiste, menuisier, n. 4.
Boisseau Jacques, propriétaire, n. 6.
Quinquin Jules, commis. de surveil. au ch. de fer, 6 bis.
Bouley Charles, serrurier entrepreneur, n. 6.
Mignardet Pierre, propriétaire, n. 8.
Mignardet Henri, propriétaire, n. 8.
Dubois Nicolas, rentier, n. 8.
Zaboretzki Charles, propriétaire, n. 10.
Cotillot François, propriétaire, n. 12.
Cluzel Jean, rentier, n. 12.
Rougetet Jean-Baptiste, menuisier, n. 14.
Bourgeois Pierre, rentier, n. 14.
Bourgeois Victor, mécanicien, n. 14.
Jacotot Claude, charpentier, n. 14.

Destot François, ajusteur, n. 14.
Bourgeois Alexandre, mécanicien, n. 14.
Defevrimont Gustave, menuisier, n. 14.
Collin Jean-Victor, peintre, n. 14.
Samborski Martin, cordonnier, n. 14.
Drouillat Jean-Baptiste, homme d'équipe, n 16.
Ravot Antoine, sous-chef à l'équipe, n. 16.
Charchaude Claude, propriétaire, n. 16.
Poulot veuve, née Serlin, n. 16.
Bourgogne Charles, vannier et grenetier, n. 16.
Bourgogne Charles fils, n. 16.
Bourgogne Jean-Baptiste fils, n. 16.
Loichot Jean-Bernard, conducteur de trains, n. 16.
Delarche François, ancien chaudronnier, n. 16.
Jolivet Pierre, employé au télégraphe, n. 16.
Maréchal Simon, sous-chef d'équipe, n. 18.
Aranger Alexandre, conducteur chef, n. 18.
Billon Joseph, douanier, n. 18.
Ruty Urbain, employé au chemin de fer, n. 18.
Louis Joseph, employé aux Chartreux, n. 18.
Aubin Nicolas, aiguilleur, n. 18.
Fournereau veuve, propriétaire, n. 18.
Jeanne Paul, mécanicien, n. 18.
Cernesson Théophile, homme d'équipe, n. 18.
Faugère Léon, cordonnier, n. 18.
Constantin Joseph, propriétaire, n. 22.
Poulain Jean-Baptiste, propriétaire vigneron, n. 24.
Gaussot Jean-Baptiste, receveur d'octroi, n. 26.
Taillard Jean, maçon, n. 26 *bis*.
Bulliot Jean-Claude, maçon, n. 26 *bis*.
Maitre Jean, propriétaire, serrurier, n. 28.
Lamy Claude, vigneron, n. 28.
Nuss, n. 28.
Gressard Pierre, employé de commerce, n. 28.
Rouget Albin, journalier, n. 28.
Morel Henri, conducteur chef, n. 28 *bis*.
Gavot Auguste, nettoyeur, n. 28 *bis*.
Pothier François, ajusteur, n. 28 *bis*.
Tixier Guillaume, employé au chem. de fer, propriét., 30.
Thibaut Claude, employé au chemin de fer, n. 30.

Thibaut Louis, au télégraphe, n. 30.
Gérard Pierre, conducteur de trains, n. 30.
Voitrin Henri, mécanicien, n. 32.
Baretje Philippe, ancien fabricant de bouchons, n. 32.
Manelle Alexandre, nettoyeur, n. 32.
Nicolet Eugène, chauffeur, n. 34.
Petitot Hugues, propriétaire, n. 34.
Vallot Pierre, homme d'équipe, n. 34.
Gremeau Jules, mécanicien, n. 34.
Belin François, homme d'équipe, n. 34.
Gremeau Bénigne, vigneron, n. 34.
Jeubert Dominique, rentier, n. 36.
Ledeuil Pierre, propriétaire, n. 36 *bis.*
Poux Louis, homme d'équipe, n. 36 *bis.*
Graillet Charles, marchand de meules, n. 1.
Jacotot Jean, facteur, n. 1.
Fauquelle Edouard, mécanicien, n. 1.
Morizot veuve, née Labarde, blanchisseuse, n. 1.
Guyon François, boucher, n. 1.
Jacotot Jean, homme d'équipe, n. 1.
Fournier Auguste, tailleur de pierres, n. 1.
Montharet Jeanne Mlle, femme de ménage, n. 3.
Goux Eugène, sous-chef d'équipe, n. 3.
Hubner Claude, contre-maître, n. 3.
Thibaut Philippe, au télégraphe, n. 3.
Flachon Charles, chapelier, n. 3.
Heckly Aloïse, chauffeur, n. 3.
Compagnon Louis, à l'équipe, n. 3 *bis.*
Boudier Pierre, ancien receveur, n. 3 *bis.*
Cornice Bernard, débitant de vin, n. 3 *bis.*
Malardot Bernard, nettoyeur, n. 3 *bis.*
Chauvigné Louis, sous-chef d'équipe, n. 3 *bis.*
Virey Jules, ajusteur, n. 3 *bis.*
Iches Jean-Baptiste, ajusteur, n. 3 *bis.*
Boursey Simon, garçon d'écurie, n. 5.
Commeau veuve, née Neréty, femme de ménage, n. 7.
Trouillet Joseph, propriétaire, n. 7.
Trouillet Louis fils, n. 7.
Thomas Jean, forgeron, n. 7.

PERRIÈRES (Chemin de limite).

Mariotte veuve, née Viard, journalière, n. 1.
Guilliot Pierre, carrier, n. 3.
Doyen Pierre, carrier.
Durupt Joseph, carrier.
Rousselet Jean-Baptiste, vigneron
Remy Alexandre, propriétaire.
Marielle Marc, payeur au ch. de fer, propr., 7 (p.-à-ter.).
Rochat David, propriétaire, n. 9 (pied-à-terre).

PERRIÈRES (Rue des Marmuzots).

Cardœur Pierre, tailleur de pierres, n 1.
Cardœur Auguste fils, n. 1.
Olivier Jean-Baptiste, tailleur de pierres, n. 2.
Ramelet, n. 2.
Josserand Louis, sous-chef d'équipe, n. 2.
Guenin Jean-Baptiste, tailleur de pierres, n. 3.
Donzelle Philippe, homme d'équipe, n. 4.
Hattot Jean-Baptiste, homme d'équipe, n. 4.
Follet Céline Mlle, propriétaire, n. 4.
Maurice Antoine, conducteur, n. 3.
Lambert, plâtrier, rue Saint-Nicolas (pied-à-terrre), n. 2.
Colas, inspect. des forêts, rue Guillaume (pied-à-terre), 4.
Berthaux, propriétaire, n. 5.
Truchetet, charpentier, port du canal (pied-à-terre), n. 7.
Nodot (pied-à-terre).
Boulée, professeur, rue des Bons-Enfants (pied-à-terre), 8.
Vaissier veuve, propriétaire, n. 11.
Cathomen, propriétaire, n. 10.
Dalais Etienne, vigneron.
Jeanniard Gustave, propriétaire.
Barrat François, jardinier.
Gallois Louis, propriétaire (pied-à-terre).
Nicaise Eugène, chauffeur.

PERRIÈRES (Rue Monha).

Mercier veuve (pied-à-terre).
Bazin, propriétaire (pied-à-terre).
Vigneresse, propriétaire.
Almelet Abel, propriétaire.
Tétard.
Loisier.
Carriat Jean-Baptiste, jardinier.
Leniept Gilbert, journalier.

PERRIÈRES (Rue Mulot).

Lambert veuve.
Baillon Mlle.
Mulot, fabr. de pain d'épices, place St-Jean (pied-à-terre).
Camus Pierre, vigneron.
Clémencet Jean-Baptiste, garçon de magasin.
Lalet Sicaire, tailleur de pierres.
Degoux François, charpentier.
Horny veuve, née Chevalier, journalière.
Durand Victor, carrier.
Viard Mathieu, ouvrier charpentier.
Jacquelin Claudine, rentière.
Davot Charles, imprimeur.
Moissenet Nicolas, imprimeur.

PERRIÈRES (Rue Saint-Esprit).

Mulleret Pierre, cordonnier, n. 3.
Lignier Philippe, n. 3.
Darantiere, notaire, place Saint-Jean (pied-à-terre), 5.
Môre Jean-Baptiste, marchand de vin, n. 7.
Theuret Prothès, charpentier, n. 7.

Lambert Alexis, commis. de roulage, n. 2 (pied-à-terre).
Penning François, propriétaire, n. 4.
Delorme veuve, propriétaire, n. 6.
Henry veuve, née Marchandon, rentière, n. 6.
Gaulin Ernest, banquier (pied-à-terre), n. 8.
Monin veuve, propriétaire.
Petit Antoine, docteur-médecin (pied-à-terre).
Bataillon (pied-à-terre).
Dudeffant, commis de commerce.
Jorrot Pierre, cordonnier.
Fleurot, marchand d'ornements d'églises (pied-à-terre).
Lauchard Nicolas, garçon meunier.
Gersant Théoph., rédact. en chef du jour. le *Bien public*.

PERRIÈRES (Rue Saint-Simon).

Simon, propriétaire, cafetier.
Perrot J., march. tailleur, rue du Bourg (pied-à-terre).

PERRIÈRES (Rue Voinchet).

Voinchet, boulanger, rue des Forges (pied-à-terre), n. 1.
Devillebichot veuve, vigneronne, n. 5.
Belorgey Jacques, propriétaire, n. 7.
Rochat Henri, propriétaire, n. 9.
Renaut Claude, homme d'équipe.
Seroin Hector, garçon meunier.
Fontenelle Jean, vigneron.

PETIT-CITEAUX (Rue du).

Vallée Pierre, direct. de l'abattoir, insp. de la boucherie.
Ledeuil Gérard, sous-directeur de l'abattoir.
Thielland Joseph, concierge à l'abattoir.
Brion veuve, née Marchand, concierge à l'abattoir.

Bertot Ant., préposé au pesage de l'octroi à l'abattoir.
Bonhomme Jean, receveur d'octroi à l'abattoir.
Frérot Jean, garçon boucher à l'abattoir.
Paillot Thérèse, couturière.
Collot François, propriétaire vigneron, n. 4.
Valentin Adrien, commissionnaire, n. 4.
Labourot Toussaint, charpentier, n. 4.
Manières Pierre, employé, n. 4.
Montenot Jean-Baptiste, ajusteur.
Ratel Pierre, journalier.
Jarsuen Joseph, conducteur de trains.
Vinot Jacques, menuisier, n. 1.
Michot Claude, facteur, n. 1.
Brille Léon, conducteur de trains, n. 1.
Léon Antoine, propriétaire-chevrier.
Rivet Marien, menuisier.
Dureux Jean, journalier.
Chaderat Jacques, scieur de long.
Fayll Benoît, scieur de long entrepreneur.
Manières Nicolas, journalier.
Richard Jacques, voiturier.
Martenot Alexis, manouvrier.
Gaulon Jean, journalier.
Ravel Louis, jardinier.
Gormotte Pierre, cabaretier.
Prudhon Etienne, tanneur.
Magnien Mme, née Morot, couturière.
Morlot François, tonnelier.
Mignotte Lazare, manouvrier.
Lombard Suzanne Mlle, couturière.
Robin Jacques, journalier.
Bourgeot Jules, mégissier.
Fagot Mme, née Chazelle, cabaretière.
Jobard François, homme d'équipe.
Jobard Nicolas, journalier.
Laureaux veuve, propriétaire, n. 5.
Laureaux Jean-Bernard, conduct. des ponts et chauss., 5.
Laureaux François, employé des ponts et chauss., n. 5.
Mangonot Pierre, employé d'octroi, n. 5.
Deponthieu Pierre, fileur de laine.

Bernard François, journalier.
Moufart Claude, journalier.
Favier Auguste, journalier.
Ferrière Etienne, vannier.
Gunther Jean-Baptiste, jardinier, n. 6.
Gérard Jean-Baptiste, jardinier, n. 8.
Gadjoux Georges, jardinier, n. 8.
Cavein Marguerite Mlle, femme de ménage, n. 8.
Vannerot Jules, charpentier, n. 9.
Franck Elie, chiffonnier, n. 9.
Antoine Henriette Mlle, couturière, n. 9.
Robinot-Chauvelot Anne Mlle, n. 9.
Simon Antoine, jardinier, n. 9.
Montenet Jean-Baptiste, ouvrier tanneur, n. 9.
Mérelle Jean-Baptiste, fileur de laine, n. 9.
Verchère Charles, journalier, n. 9.
Maire veuve, née Frochot, jardinière, n. 11.
Maître veuve, née Jarrot, n. 11.
Amajonty Antoine, ouvrier tanneur, n. 11.
Maître veuve, née Frochot, vannier, n. 11.
Perret Jean-Baptiste, journalier, n. 11.
Girod Jean, chiffonnier, n. 11.
Gérard veuve, née Maire, rentière, n. 11.
Skibiski Louis, manouvrier, n. 11.
Filature à M. Thiaffait, n. 11.
Charpotot François, contre-maître, n. 11 *bis*.
Vincent Joseph, contre-maître, n. 11 *bis*.

PETITE-DES-POUSSOTS (Rue). — Californie.

Louvot Claude, chiffonnier.
Darceaux Jean, ancien boucher.
Gaillard Victor, manouvrier.
Laurent Claude, vigneron.
Duthu Claude, journalier.
Massot, ouvrier tailleur de pierres.
Faivre Pierre, garde-moulin.
Montant Gustave, manouvrier.

Poupon Nicolas, manouvrier.
Renard veuve, née Sauvage, march. de pain d'épices.
Prieur Adèle Mlle, ouvrière.
Prieur Claude, manouvrier.
Modot Geneviève Mlle, propriétaire.
Mégret Théodore, manouvrier.
Lenoir François, journalier.
Moncache François, journalier.
Bonnet, manouvrier à l'abattoir.
Manière Jean-Baptiste, vivandier.
Mayer Louis, buandier.
Cluchier Pascal, serrurier.
Cauvard Jean-Baptiste, manouvrier.
Faivre François, manouvrier.
Manière Jean, vivandier.
Gonot Claude, manouvrier.
Vaulot Claude, marbrier.
Jean veuve, née Voisin, propriétaire.
Corbeil Pierre, tailleur de pierres.
Spiroux Claude, manouvrier.
Drézet Claude, manouvrier.
Guillemot Toussaint, manouvrier.

PETIT-POTET (Rue du).

Blondeau Claude, propriétaire, n. 1.
Descombe Mme, née Damanchet Caroline, n. 5.
Gallois Vincent, chaudronnier, n. 15.
Girard Toussaint, rentier, n. 15.
Fyot de Mimeure, propriétaire, n. 17.
Confuron Jean-Baptiste, charpentier, n. 17.
Confuron Henri fils, n. 17.
Confuron Louis fils, n. 17.
Bavelier Jean-Baptiste, rentier, n. 19.
Jolibois Jean-Baptiste, vinaigrier, n. 19.
Nassoy Georges, sous-intendant militaire, n. 23.
Bordet Christine Mlle, rentière, n. 23.
Chateau Jean, ouvrier confiseur, n. 23.

Thuilier, propriétaire, n. 23.
Protat Jean-Baptiste, propriétaire, n. 25.
Lemoine Laurent, ancien proviseur, n. 25.
De Montangon, propriétaire, n. 25.
De Saussy, n. 25.
Levoyet Jules, maître-adjoint de l'école normale, n. 29.
Renard Jean, concierge, n. 29.
Suchet Claude, rentier, n. 29.
Morisot Eugène, appariteur, n. 29.
Menneret Pierre, secrétaire de la Faculté de droit, n. 29.
Ratel Justin, maître-adjoint, n. 29.
Desrues Henri, secrétaire de l'Académie, n. 29.
Darbois Jean-Baptiste, rentier, n. 2.
Remoissenet veuve, née Chaussenot, journalière, n. 2.
Jacotot-Valères Jules, président du tribunal civil de Semur, n. 6 (pied-à-terre).
Walères Salomon, représentant de commerce, n. 6.
Renaud, professeur à la Faculté, n. 6.
Alotte, n. 6.
Audiffred Hyacinthe, propriétaire, n. 12.
Vitu Blaise, applicateur d'asphalte, n. 10.
Langeron Auguste, propriétarie, n. 14.
Gouverne Pierre, menuisier, sous-lieutenant des pompiers, n. 16.
Mathieu Paul, propriétaire, n. 16.
Noirot Léon, étudiant en droit, n. 16.
Breuil Remy, rentier, n. 16.
Drouelle Charles, tonnelier, n. 18.
Bredillet Jean, cocher, n. 18.
Nagely Henri, tailleur, n. 18.
Cellard François, maître de forges, n. 20.
Cheminet Emile, cocher et concierge, n. 20.
Sirodot Alfred, architecte, n. 20.
Siraudin, propriétaire, n. 20.
Jacotot Jean-Baptiste, receveur de l'enregistrement, 24.
Nutt Hélène Mlle, rentière, n. 24.
Denizot, n. 24.
Ripard Anne Mlle, blanchisseuse de dentelles, n. 26.

Violle Louis, avoué, n. 26.
Monnier Théodore, rentier, n. 26.
Prudent Pierre, menuisier, n. 26.
Macherat Vincent, ex-employé à la préfecture, n. 28.
Boudrot, veuve Lefin, rentière, n. 28.
Prudent Claudine Mlle, ouvrière, n. 28.
Rossignol Armand, cordonnier, n. 28.
Perrier Louis, marchand de broderies, n. 28.
Godeau Jules, menuisier, n. 28.
Fiet Auguste, serrurier, n. 30.
Ducros Marie Mlle, ancienne domestique, n. 30.
Berchet Mme, née Denize, blanchisseuse, n. 32.
Logery Claude, comptable, n. 32.
Commard Pierre, ancien huissier, n. 32.
Mathis Marguerite Mlle, ouvrière en robes, n. 32.
Maréchal Jules, tailleur, n. 32.
Fremiot Eugène, poêlier, n. 32.
Tillé Joséphine Mlle, ouvrière, n. 32.
Maillard Claude-Auguste, docteur-médecin, n. 34.
Courlet de Vrégille, contrôleur principal, n. 34.
Girard de Labrely, commis des postes, n. 34.

PETITES ROCHES.

Pothier Hippolyte, jardinier.
Morizot, propriétaire vigneron.
Lacour Lazare, marchand.
Charlut veuve, née Louchard, journalière.
Gavignet Jean, fabricant d'allumettes.
Pelletret Antoine, épinglier.
Lignier, jardinier.
Gunther Louis, jardinier.
Robinet Auguste, chiffonnier.
Perrot Prudent, jardinier.
Leblanc Nicolas, jardinier.
Roussenet Antoine, propriétaire.
Parisot Jean-Baptiste, propriétaire vigneron.
Collot François, propriétaire jardinier.
Lory veuve, née Maranzey, propriétaire.

PIRON (Rue).

Marielle Nicolas, marchand papetier, n. 1.
Chanat Edmond, professeur de musique, n. 1.
Rabutot Jean, imprimeur, n. 1.
De Ruelle, propriétaire, n. 1.
Lepage, marchand de rubans, n. 1.
Gauthier, marchand de rubans, n. 1.
Paris veuve, rentière, n. 1.
Piat Marie Mlle, rentière, n. 1.
Bulliard Jules, relieur, n. 13.
Héringuez Auguste (bazar des 100,000 articles), n. 11.
Charvin François, peintre, n. 13.
Dupuis Antoine, tailleur, n. 13.
Ravoir Marie Mlle, ouvrière en robes, n. 13.
Valeur Louis, peintre, n. 13.
Weill Jacques, marchand d'étoffes, n. 15.
Floertheim Raphaël, marchand d'étoffes, n. 15.
Bouché Eugène, greffier à la prison militaire, n. 15.
Magasins de chaussures à M. Lescaille, n. 15.
Perrier Louis, n. 15.
Clopin Marie Mlle, ouvrière en robes, n. 15.
Pechinot Elisabeth Mlle, lingère, n. 15.
Magasin et atelier à M. Audemard, n. 15.
Hairon Alexis, chapelier, n. 15.
De Beuvrand Gustave, propriétaire, n. 17.
De Broin Edouard, propriétaire, n. 17.
Quirot de Poligny René, rentier, n. 17.
Du Gond veuve, née Robert, rentière, n. 17.
Tristant François, rentier, n. 17.
Breton Jeanne Mlle, rentière, n. 17.
Poinsel, chanoine, n. 17.
Sauvain Jean, rentier, n. 17.
Horry Claude, serrurier, n. 21.
Lemaire Françoise Mlle, maîtresse de pension, n. 23.
Dreyfus Narcisse, marchand papetier, n. 27.
Préaux Edith Mlle, modiste, n. 27.

Berthon François, marchand de tissus, n. 29-33.
Thoureau Léon, rentier, n. 29.
Darceau Eugénie Mlle, femme de confiance, n. 29.
Seurre, ferblantier, n. 2.
Pélissard Etienne, ferblantier, n. 4.
Javot Madeleine Mlle, rentière, n. 4.
Thierry Nicolas, restaurateur, n. 4.
Converset Adolphe, boulanger, n. 8.
Courtioux Louis, grenetier, n. 10.
Leclerc Jean-Baptiste, ajusteur, n. 10.
Paris veuve, née Larteau, propriétaire, n. 10.
Bideaux Catherine Mlle, rentière, n. 10.
Tournier Pierre, grenetier, n. 12.
Basse Antoine, cordonnier, n. 14.
Pichenot Elisabeth Mlle, n. 14.
Verpeaux Adolphe, manouvrier, n. 14.
Carrière Charles, forgeron, n. 14.
Wirth Caroline Mlle, cartonnière, n. 14.
Sachot Vincent, tailleur de pierres, n. 14.
Bon Justin, chauffeur, n. 16.
Lhommelin Eugène, architecte, n. 18.
Magasin à M. Baldomme (bazar), n. 18.
Lavenne Félix, horloger, n. 20.
Laugerotte Pierre, chauffeur, n. 20.
Beuchot Antoine, marchand fruitier, n. 20.
Petitjean Julien, rentier, n. 20.
Varcasson Mme, née Renard, lingère, n. 20.
Rouard Alexis, confiseur, n. 22.
Risse Claude, employé de commerce, n. 22.
Gérard veuve, née Paquelin, rentière, n. 22.
Monceaux Jean-Baptiste, forgeron, n. 22.
Ledeuil Bernard, propriétaire, n. 24.
Decape Stéphanie Mlle, rentière, n. 24.
Girardin Joseph, chef de bataillon en retraite, n. 24.
Trullard Jacques, professeur de mathématiques, n. 24.
Gignon Edme, pâtissier, n. 26.
Maillard François, manouvrier, n. 26.
Woog Mme, née Kaïn, lingère, n. 26.
Ferrant Marie Mlle, couturière, n. 26.
Courte Jean, ébéniste, n. 26.

Cêtre Jacques, cocher, n. 26.
Pelletier Henriette Mlle, institutrice, n. 28.
Remu François, ancien tailleur, n. 28.
Humbert Hippolyte, marchand mercier, n. 30.
Suchet Joseph, scieur de bois, n. 30.
Suchet Martin, scieur de bois, n. 30.
Mourot Moïse, commis voyageur, n. 52.
Bertrand Sébastien, commissionnaire, n. 52.
Ravonneau François, cafetier, n. 52.
Spiroux Jacques, garçon de magasin, n. 52.
Meunier Jean, marchand de terrerie, n. 54.
Angelot Emile, bonnetier, n. 54.
Adenot François, rentier, n. 54.
Bourgeois François, fabricant de pain d'épices, n. 54.
Maillot Charles, ancien épicier, n. 54.
Rolland, pharmacien, n. 54.
Jovin Jean, épicier, n. 56.
Rasina Ferdinand, oiselier, n. 58.
Devillebichot veuve, rentière, n. 58.
Amouroux Mme, née Choisot, femme de ménage, n. 58.
Sagot veuve, née Brunet, rentière, n. 58.
Berger veuve, née Fournerot, ouvrière en robes, n. 58.
Menneglier veuve, journalière, n. 58.
Belin François, poseur au chemin de fer, n. 40.
Bailly veuve, née Collot, femme de ménage, n. 40.
Lavalle Jean, jardinier, n. 40.
Gallien Jean, ancien négociant, n. 40.
Aïmey Louis, marchand linger, n. 40.
Moissenet Marguerite Mlle, rentière, n. 42.
Barnique Jean, maçon, n. 42.
Meunier Louis, manouvrier, n. 42.
Meurgey, manouvrier, n. 42.
Fraudin Auguste, garçon de salle, n. 42.
Patriarche, cordonnier, n. 44.
Meilleur Antoine, scieur de bois, n. 44.
Bélorgey Michel, grenetier, n. 44.
Charlet veuve, née Marc, scieur de bois, n. 44.
Vincent Jean, manouvrier, n. 44.
Coquillot Fanchette Mlle, femme de ménage, n. 44.

PLACE D'ARMES.

Richard François, marchand de papiers peints, n. 2.
Clémencet Charles, teneur de livres, n. 2.
Berthet Mmes, modistes, n. 2.
Gagniard veuve, née Richard, propriétaire, n. 2.
Gagniard veuve, née Marillier, propriétaire, n. 2.
Tixier Eugène, avocat, n. 4.
Baubant Claire Mlle, rentière, n. 4.
Carré Jacques, employé d'assurances, n. 4.
Carré Hortense Mlle, dessinateur de broderies, n. 4.
Cagnant veuve, née Lebègue, rentière, n. 4.
Rémond Joseph, marchand de chapeaux, n. 4.
Jacquin Gustave, rentier, n. 4.
Mouginot veuve, rentière, n. 4.
Suguenot Etienne, pâtissier, n. 6.
Mermilliod Etienne, fabricant de liqueurs, n. 6.
Desbrit Cécile Mlle, rentière, n. 6.
Poinsot Anne Mlle, n. 6.
Dupin Nicolas, huissier, n. 6.
Messigny Pierre, marchand de vins, n. 6.
Roussotte François, restaurateur, n. 6.
Nicolle, cafetier, n. 8.
Baudin Auguste, ancien négociant, n. 10.
Billié Antoine, marchand d'étoffes en gros, n. 10.
Dupré Constant, n. 10.
Jacotot Claude, clerc de notaire, n. 10.
Chauvenet Claude, dentiste, n. 10.
Grappin Edme, commis, n. 10.
Robin Geneviève Mlle, rentière, n. 10.
Renard veuve, née Petelin, rentière, n. 10.
Pollevet Jules, menuisier, n. 10.
Regnier Louis, distillateur, n. 10.
Delmont Xavier, marchand de tapisserie, n. 10.
Meline Marie Mlle, modiste, n. 10.
Lucot veuve, née Javelle, concierge, n. 10.
Terme Etienne, professeur d'escrime, n. 10.

Lambert, pour la succursale du chemin de fer, n. 14.
Du Chellard Jean-Baptiste, capitaine en retraite, n. 14.
Regnier Jules, marchand de vins en gros, n. 16.
Legoux Hippolyte, rentier, n. 16.
Forestier Jean, concierge, n. 16.
Bollenot veuve, née Clémendot Barbe, rentière, n. 16.
Gerbore Emmanuel, greffier, n. 16.
Mazetier Etienne, teinturier, n. 18.
Mathonnet Auguste, opticien, n. 20.
Manière François, libraire, n. 22.
Gagnepain Claude, cafetier, n. 1.
Lamy Gaspard-Laurent, avocat stagiaire, n. 1.
Ferrand Frédéric, étudiant en droit, n. 1.
Jacotot, doreur, n. 3.
Thévenard Marie Mlle, libraire, n. 5.
Baur veuve, née Baugey Rosalie, libraire, n. 7.
Foll Louis, tonnelier, n. 7.
Constantin Gustave, marchand de rubans, n. 9.
Schneider veuve, née Theurot, loueuse de pianos, n. 9.
Bresset Etienne, lampiste, n. 11.
Richard Bernard, lithographe, n. 13.
Guillemin Louis, cafetier, n. 15.
Bizouard Antoine, parfumeur, n. 15.

PLACE DE LA BANQUE.

Cordier Louis, directeur de la Banque, n. 2.
Lefebvre Joseph, caissier, n. 2.
Gard Joseph, concierge, n. 2.
Arnoult Anne, revendeuse, n. 4.
Picard Guillaume, ex-tonnelier, n. 4.
Adaim François, chapelier, n. 4.
Petit Félix, n. 4.
Roy Mme, née Roy Françoise, rentière, n. 4.
Gras Mme, journalière, n. 4.
Charles Victor, tonnelier, n. 6.
Thomas Auguste, cordonnier, n. 8.
Lestiévant Marie-Anne Mlle, ouvrière en bottines, n. 8.

Vignetet Pierre, ouvrier cordonnier, n. 8.
Pernet Claude-François, piqueur, n. 8.
Vauloup François, menuisier, n. 8.
Denuit Thomas, cordonnier, n. 8.
Ancemot Emile, rentier, n. 3.
Degrenand, banquier (comptoir des actionnaires), n. 3.
Modot veuve, née Faivre, concierge, n. 3.
Modot Jean-Prosper, employé, n. 3.

PLACE DARCY.

Portron-Bassot Gabriel, march. de chiffons en gros, 1.
Anquoin François, fabricant de marteaux, n. 1.
Champy Jean-Baptiste, teinturier, n. 1.
Champy veuve, née Perpinet, n. 1.
Richard veuve, née Charlut, propriétaire, n. 1.
Mainaz veuve, cafetier, n. 1.
Daizey Nicolas, cordonnier, n. 1.
Jaquet Gustave, photographe, n. 1.
Jobin Armand, menuisier, n. 1.
Tamisier Claude, géomètre, n. 1.
Lévy Salomon, marchand de chevaux, n. 1.
Dard Antoine, aubergiste, n. 2.
Chalon Christine, ouvrière en robes, n. 2.
Garnier Adèle Mlle, femme de ménage, n. 2.
Masson Michel, homme de magasin, n. 2.
Brille Pierre, serrurier, n. 2.
Magasin à M. Lejour, n. 2.
Mouillon François, cordonnier, n. 2.
Champenois Jacques, chapelier, n. 2.
Quarré Louis, sous-chef de gare, n. 2.
Louet François, propriétaire, n. 3.
Pothier Bernard, rentier, n. 3.
Bidet veuve, née Prost, cordière, n. 3.
Carillon Pierre, à l'équipe, n. 3.
Gabut Jean-Baptiste, sous-chef d'équipe, n. 3.
Courroux Auguste, cabar. et march. de vins en gros, n. 3.
Bresson Jean, manouvrier, n. 3.

Seguin Jean, domestique, n. 3.
Faies Simon, ouvrier imprimeur, n. 3.
Boucher Mme, née Chalon, ouvrière en robes, n. 3.
Salbreux Charles, ajusteur, n. 3.
Jacquot Joseph, marchand de grains et de sacs, n. 3.
Valette Gabriel, carrier, n. 3.
Legrand François, garçon de magasin, n. 3.
Malivernet Victor, menuisier, n. 3.
Thomassin François, domestique, n. 3.
Vercher Napoléon, commissionnaire, n. 3.
Chauvin Marie Mlle, n. 3.
Laffay Claude, mécanicien, n. 3.
Vacher veuve, née Fandric Emma, rentière, n. 3.
Monnot Pierre, aubergiste, n. 5.
Guy Hyacinthe, mécanicien, n. 5.
Windisch Charles, chauffeur, n. 5.
Courbey Jean, journalier, n. 5.
Courbey Alphonse fils, employé de commerce, n. 5.
Buet François, forgeron, n. 5.
Baguet Jean-Baptiste, manouvrier, n. 5.
Tuniot André, à l'équipe, n. 5.
Canot Alexis, manouvrier, n. 5.
Guenard Jean, manouvrier, n. 5.
Dumont veuve, née Seguin, femme de ménage, n. 5.
Nefflier veuve, née Rounotte, n. 5.
Delaporte veuve, née Nief, n. 5.
Delaporte Auguste, tonnelier, n. 5.
Cornu Claude, nettoyeur, n. 5.
Guillemard François, paveur, n. 5.
Guillemain François, tailleur de pierres, n. 5.
Péguillet Claude, menuisier, n. 5.
Riédot Claude, manouvrier, n. 5.
Ariski veuve, née Courtois, blanchisseuse, n. 5.
Clerc Joseph, facteur de deuxième classe, n. 5.
Waïhner Daniel, tourneur, n. 5.
Callevilley Antoine, facteur de première classe, n. 5.
Messigny Pierre, domestique, n. 5.
Rémond Bénigne, à l'équipe, n. 5.
Pitoizet Jean-Baptiste, nettoyeur, n. 5.
Pitoizet Jean-Baptiste fils, n. 5.

Pitoizet François fils, n. 5.
Pitoizet Alphonse fils, n. 5.
Morizot Pierre, n. 5.
Benoît Pierre (hôtel de Bourgogne).
Belorgey Jacques, marchand de chaussures.
Simard, bimblotier (Lazar).

PLACE DES DUCS.

Liédel André, concierge de l'Hôtel de ville, n. 1.
Garrot P., brig. de police, concierge de la Tour de Bar, 3.
Guy, concierge de l'école des Beaux-Arts.
Lobrot, marchand de meubles, n. 2.
Perrot Jean-Claude, marchand-tailleur, n. 2.
Monnin Augustine Mlle, ouvrière en robes, n. 2.
Tournier Henri, employé des contributions indirectes.
Chevalier Jean-Baptiste, cafetier, n. 8.
Gattefossey Jacques, compositeur d'imprimerie, n. 8.
Berry Marguerite Mlle, marchande lingère, n. 10.
Lechenet veuve, née Adeleine, marchande de fer, n. 12.
Fénéon, employé d'enregistrement, n. 12.
Montlezu Charles, ouvrier tailleur, n. 12.
Picard Jean-Baptiste, coutelier et bandagiste, n. 14.

PACE DU MORIMONT (Rue et).

Boussard Louis, boucher, n. 1.
Bourgeot Pierre, conducteur de trains, n. 1.
Petitfrères Auguste, grenetier, n. 5.
Fioux Jean, manouvrier, n. 5.
Lhuillier Marie Mlle, loueuse en garni, n. 5.
Lemerle Charles, badigeonneur, n. 5.
Lévy Eugène, compositeur d'imprimerie, n. 5.
Magnien Nicolas, manouvrier, n. 5.
Collot Denis, manouvrier, n. 5.
Petitjean veuve, née Naudet, propriétaire, n. 2.

Piogey Jean-Baptiste, rentier, n. 2.
Boursot Claudine Mlle, rentière, n. 2.
Boursot Pierre, rentier, n. 2.
Disson veuve, née Bayo, rentière, n. 2.
Legros Jean-Baptiste, mécanicien, n. 2.
Jomard veuve, couturière, n. 2.
Florentin Eugène, tailleur, n. 2.
Berthillon Nicolas, maçon, n. 2.
Berthaux François, cocher, n. 2.
Oppeneau Charles, agent d'assurances, n. 2.
Monchet Philippe, homme d'équipe, n. 2.
Mathieu Victor, cartonnier, n. 1.
Theuret Jeanne Mlle, ouvrière, n. 1.
Rollet veuve, née Pelletret, rentière, n. 1.
Belland Etienne, rentier, n. 1.
Poupon Claudine Mlle, lingère, n. 1.
Millié veuve, née Dessaul, manouvrière, n. 1.
Prudent Louis, à l'équipe, n. 1.
Brossard Anne Mlle, lingère, n. 1.
Mutin François, ferblantier, n. 1.
Ganée-Faivre, fournisseur des vivres de la guerre, n. 1.
Mairet Alphonse, peintre, n. 1.
Chansardon veuve, née Robin, couturière, n. 1.
Nonin veuve, née Poupon, femme de ménage, n. 1.
Picamelot Isidoré, garçon meunier, n. 1.
Noirot Claude, manouvrier, n. 1.
Ganée veuve, née Jovignot, aubergiste, n. 3.
Nicolardot Charles, huissier, n. 5.
Darbois veuve, née Guichot, rentière, n. 5.
Moreau Paul, ancien serrurier, n. 5.
Wilhelme veuve, n. 5.
Rouhier Jean-Baptiste, négociant, n. 5.
Mathey, sellier-carrossier, n. 7.
Mathey veuve, née Rougeot, rentière, n. 7.
Jacquinot Mme, rentière, n. 7.
Boisseaux François, chef de trains, n. 7.
Perron Ulysse, ouvrier peintre, n. 7.
Bellevaut Honoré, tailleur, n. 7.
Magasin à M. Masson, négociant, n. 9.
Balandry Joseph, manouvrier, n. 9.

Vincent Bernard, garçon d'écurie, n. 11.
Guinot Philibert, propriétaire, n. 11.
Pessard Jean-Baptiste, charpentier, n. 11.
Berger Alexandre, cordonnier, n. 11.
Collot Jean-Baptiste, vigneron, n. 11.
Mary Joseph, plâtrier, n. 13.
Charretier Jean, tonnelier, n. 15.
Rennevey Claude, charbonnier, 15.
Vallot François, à l'équipe, n. 15.
Lapiche Jean, fabricant de moutarde, n. 15.
Pinègre veuve, née Thomas, laveuse, n. 15.
Hofmann Jacques, cabaretier, n. 17.
Boullée Jacques, rentier, n. 2.
Drouhot Antoine, manouvrier, n. 2.
Mathey Denis, serrurier en voitures, n. 4.
Poulain Louis, cordonnier, n. 8.
Broissant Joseph, charron ferreur, n. 8.
Pagot Jean, carrossier, n. 10.
Moniot Alexandre, n. 10.
Renard Rosalie Mlle, femme de ménage, n. 10.
Morel, scieur de long, n. 10.
Gacon Joseph, cordonnier, n. 14.
Jovin veuve, née Bossu, n. 14.
Laborde Jean, débitant de vin, n. 14.
Feuillebois Pierre, manouvrier, n. 14.
Lévêque Elisabeth Mlle, femme de ménage, n. 14.
Lévêque Philibert, tisserand, n. 14.
Marceau Jean-Baptiste, menuisier, n. 14.
Seguin Pierre, aiguilleur, n. 14.
Chameroy Nicolas, garçon de salle, n. 14.
Cornuot veuve, née Maréchal, march. de charbon, n. 18.
Marcillet François, marchand de charbon, n. 18
Morin Jean-Baptiste, revendeur, n. 18.
Chavant Claude, à l'équipe, n. 20.
Guillemard Jean-Baptiste, maréchal, n. 24.

PLACE NOTRE-DAME.

Sauvageot Alfred, marchand tailleur, n. 1.
Volguing Jean-Baptiste, ferblantier, n. 3.

Gras Jules, ouvrier coutelier, n. 3.
Aumaitre Marie Mlle, marchande de mercerie, n. 7.
Aumaitre François, manouvrier, n. 7.
Mortureux Anne Mlle, garde-malade, n. 7.
Pagnier Aimé, marchand d'étoffes, n. 11.
Sauvageot, tailleur, n. 2.
Orième Anna Mlle, lingère, n. 2.
Gosnier Etienne, employé au chemin de fer, n. 2.
Gosnier Charles fils, n. 2.

PLACE SAINT-BERNARD.

Buffet Charles, ancien tapissier, propriétaire, n. 1.
Laflitte veuve, née Buffet, rentière, n. 1.
Aubry Nicolas, chef de bataillon en retraite, n. 1.
Bichard veuve, née Barnola, propriétaire, n. 7-9.
Barnola Sauveur, rentier, n. 7-9.
Lair Jacques, concierge, n. 7-9.
Pingaux veuve, née Vivien, propriétaire, n. 7-9.
Rocault veuve, née Sautereau, rentière, n. 7-9.
Capmas Charles, professeur de droit, n. 7-9.
Jacquinot veuve, née Bertrand, propriétaire, n. 11.
De Prinsac veuve, née Verpy, rentière, n. 11.
Joly Joseph, rentier, n. 11.
Dacraigne Dominique, insp. des contrib. indirectes, 11.
Spanier Jean-Laurent, capi aine en retraite, n. 11.
Fort veuve, née Belnet, propriétaire, n. 11.
Lejour Pierre, marchand de vins en gros, n. 11.
Gille Félix, marchand de vins en gros, n. 11.
Faucheux Jean-Baptiste, cordonnier, n. 11.

PLACE SAINT-JEAN.

Barrié Ludovic, mécanicien, n. 1.
Clément veuve, née Poitet, rentière, n. 1.
Nicolas Claude, propriétaire distillateur, n. 1.

Ruet Mme, née Godillot, n. 1.
Bonvalot Auguste, ingénie ⸱⸱⸱⸱⸱⸱⸱ n, n. 1.
Jeantet Ferdinand, caissier, ⸱⸱ ⸱.
Lerouge Bernard, propriétaire, n. 1.
Poulain François, rentier, n. 1.
Hardy Etienne, ouvrier imprimeur, n. 1.
Vêtu Jacques, pâtissier, n. 3.
Thomas Jean-Baptiste, parfumeur, n. 3.
Giraud André, pharmacien, n. 5.
Roy Floriant, élève en pharmacie, n. 5.
Drouhet Henri, conseiller de préfecture, n. 5.
Jaquemet Bertrand, arbitre de commerce, n. 9.
Patriarche Jean-Baptiste, agent d'assur. (l'*Urbaine*), n. 9.
Lapiche François, compositeur d'imprimerie, n. 9.
Gay Edme, marchand linger, n. 9.
Chargrasse Charles, parfumeur, n. 11.
Mulot Louis, fabricant de pain d'épices, n. 13.
Goyennech, premier commis des contrib. indirectes, 13.
Grey Florentin, chaudronnier, n. 13.
Boittier Auguste, ancien cafetier, n. 13 (pied-à-terre).
Dupuis Joseph, menuisier, n. 13.
Dupuis Anne Mlle, femme de ménage, n. 13.
Confuron veuve, née Froidurot, grenetière, n. 15.
Javelier Jean-Baptiste, charpentier, n. 15.
Piot Auguste, jardinier, n. 15.
Chanut Eugène, docteur-médecin, n. 17.
De Loisy, propriétaire, n. 17.
Pingat Nicolas, ancien avoué, n. 17.
Dusseuil veuve, née Chanut Anne, rentière, n. 17.
Darantiere Pierre, notaire, n. 17.
Grataloup Pierre, commissionnaire de roulage, n. 19.
Vanlarhoven Charles, cordonnier, n. 21.
Robin veuve, née Regneau, filateur, n. 21.
Saulgeot, employé, n. 21.
Lièvre Jules, procureur impérial, n. 21.
Girard Philibert, marchand de tissus en gros, n. 21.
Girard Adolphe, propriétaire, n. 21.
Girardin Marie Mlle, marchande de gants, n. 21.
Du Mesniladelée Adrien, propriétaire, n. 21.
Thiébaut Charles, marchand de tissus en gros, n. 23.

Thiébaut Antoine, marchand de tissus en gros, n. 23.
Thiébaut Alexis, propriétaire, n. 23.
Thiébaut Camille Mlle, rentière, n. 23.
Belin veuve, demoiselle de magasin, n. 23.
Lebœuf Pierre, employé de commerce, n. 23.
Lacombe Camille, rentier, n. 27.
Seguin de Broin, propriétaire, n. 29.
Seguin de Broin Amédée, rentier, n. 29.
Jacquelin Jean-Baptiste, concierge, n. 29.
Hartmann veuve, née Cantagrelle, bouquiniste, n. 31.
Cantagrelle veuve, née Mosson, n. 31.
Front Gaspard, marchand bimblotier (bazar), n. 35.
Front Antoine fils, n. 35.
Weil Jules, marchand de tissus, n. 2.
Dormier Paul, employé de commerce, n. 2.
Guinburger Simon,   id.
Vauchey Jean,   id.
De Lachadenède Charles, propriétaire, n. 2.
Perrenet de Charrey Edmond, propriétaire; n. 2.
Chatelain Joseph, jardinier concierge, n. 4.
Lévy Charles, marchand de tissus, n. 4.
Choulet Charles, rentier, n. 4.
Gonon Paul, ajusteur, n. 6.
Tissot Anne Mlle, couturière, n. 6.
Fortin Jeanne Mlle, couturière, n. 6.
Grapin Pierre, fabricant de biscuits, n. 6.
Verguain de Mornay veuve, propriétaire, n. 6.
Didier Claude, rentier, n. 6.
Jacquot Xavier, marchand quincaillier, n. 8.
Darbois Nicolas, ancien notaire, n. 8.
Bouvier Zéphirin, fleuriste, n. 8.
Tessier François, tailleur, n. 8.
Rousseau Jean, marchand mercier, n. 10.
Thiébaut François, coutelier, n. 10.
Gagey François, libraire, n. 12.

PLACE SAINT-MICHEL.

Philiberte Jeanne Mlle, domestique, n. 1.
Cazeau Charles-Antoine, propriétaire, n. 1.

Vallée Fanny Mlle, lingère, n. 3.
Philibert veuve, née Rousseau, journalière, n. 5.
Julliard Jean-Baptiste, commis voyageur, n. 3.
Lhuillier, cabaretier-logeur, n. 5.
Frilley Alfred, peintre en bâtiments, n. 5.
Verpillat Théodule, doreur, n. 7.
Oudot veuve, née Caillot, march. de papier et chiff., n. 9.
D'Arbigny de Chalus Hugues, propriétaire, n. 11.
De Girval Maurice, propriétaire, n. 11.
De Chalus Henri, n. 11.
De la Contamine veuve, née du Carrieul, propr., n. 11.
Baulot Philiberte Mlle, rentière, n. 13.
Saverot Françoise Mlle, ouvrière, n. 13.
De Serrezin Théodore, propriétaire, n. 13.
De Serrezin Elisée fils, n. 13.
Rougeot veuve, née Maloir, concierge, n. 13.
De Serrezin Vᵉ, née de Montgazon de Kolly, prop., 13.
Capitain veuve, née Courtois, propriétaire, n. 15.
Masson de La Bretenière Louise Mlle, propriétaire, 17.
De Laloge Louis, propriétaire, n. 17.
Lelorrain Jules, président du Tribunal civil, n. 17.
Ourcel veuve, née Massenot Catherine, ouvrière, n. 17.
Chambrault veuve, née Arbout, propriétaire, n. 19.
Massenot veuve, née Berger, rentière, n. 19.
Berger Reine Mlle, rentière, n. 19.
Morel Jean-Baptiste, propriétaire, n. 21.
Rousselot Paul, professeur au Lycée, n. 21.
Rousselot Xavier, professeur en retraite, n. 21.
Chapuis Jean-Baptiste, ouv. charp. au chem. de fer, n. 23.
Missonnier Jean-Baptiste, rentier, n. 23.
Boiteux veuve, rentière (petite rue de la Monnaie), n. 1.
Robinet Pierre-Eugène, représentant de commerce (petite
   rue de la Monnaie), n. 1.
Bertrand Pauline, rentière, n. 23.
Morel veuve, née Retz Agathe, propriétaire, n. 25.
Morel Mathilde-Agathe Mlle, propriétaire, n. 25.
Guéniard veuve, née Nicot, rentière, n. 25.
Carnot veuve, née Perret, propriétaire, n. 25.
Coquet Nicolas, ancien avoué, n. 27.
De Bast veuve, propriétaire, n. 27.

Beaune-Poncet Mme, propriétaire, n. 29.
Rouget Paul-Jean-Baptiste, avoué, n. 29.
Coquelu Prudent, docteur-médecin, n. 31.
De Kolly Henri, propriétaire, n. 33.
Chrétiennet veuve, née Berge, rentière, n. 35.
Chrétiennet Adrien, commis voyageur, n. 35.
Achery Hyacinte, ouvrier cordonnier, n. 35.
Allouis Jean, commis greffier, n. 35.
Allouis Jules fils, n. 35.
Maugey, propriétaire, n. 35.
Banès Pierre, menuisier, n. 35.
Saverot Françoise Mlle, ouvrière, n. 35.
Clerc Amélie Mlle, ouvrière en robes, n. 35.
Desgrange Adalbert, cafetier cabaretier, n. 39.
Becus Louis-Joseph, prêtre, n. 2.
Suchetet Jean-Baptiste, propriétaire, n. 2.
Leminet Mme, née Jeanne, rentière, n. 2.
Boussenard Auguste, chef de bataillon en retraite, n. 2.
Boussenard Louis fils, n. 2.
Logery veuve, manouvrière, n. 4.
Boy Léon, cordonnier, n. 4.
Bruchon veuve, manouvrière, n. 4.
Steinbach Charles, relieur, n. 4.
André veuve, domestique, n. 4.
Edmond François, employé au chemin de fer, n. 4.
Crozier Etienne, tailleur d'habits, n. 4.
Theuret Vivant, ouvrier marbrier, n. 4.
Lemoine Eugène, peintre, n. 4.
Perrot, journalier, n. 4.
Prost veuve, née Bidet, n. 4.
Prost Victor, peintre en miniature, n. 4.
Prost Jean-Claude, ouvrier plâtrier, n. 4.
Bidet Jenny Mlle, ouvrière en robes, n. 4.
Gauthier Adèle Mlle, ouvrière, n. 4.
Décombard Marie Mlle, ouvrière, n. 4.
Guilleminot, marchand ambulant, n. 4.
Guignard, mar. de vin (pour un magasin et un atelier), 4.
Piron Désiré, sculpteur, n. 4.
Doyen veuve, née Lebas, manouvrière, n. 4.
Péchinot Joseph, ouvrier imprimeur, n. 4.

Lanoix Pierre-Joseph, charbonnier, n. 4.
Thouillot veuve, scieur de bois, n. 4.
Deschamp veuve, née Dufond, n. 4.
Emery-Dufour Joseph, photographe, n. 6.
Dorey veuve, née Vachet, rentière, n. 10.
Baud Louis, costumier, n. 10.
Baud Marie veuve, rentière, n. 10.
Rollé Auguste, ouvrier cordonnier, n. 10.
Gilbert Alphonse, tapissier, n. 10.
Simon Pierre, employé au chemin de fer, n. 10.
Janier Etienne, garçon de magasin, n. 10.
Lefol Cécile, rentière, n. 10.
Pétiet veuve, née Rainguet, propriétaire, n. 10 *bis*.
D'Arvisenet Laure Mlle, propriétaire, n. 10 *bis*.
De Coënard, lieutenant-col. d'état-maj. en retraite, 10 *bis*.
Penotet Joséphine Mlle, rentière, n. 12.
Lamarche Hugues, libraire, n. 12.
Cretin veuve, rentière, n. 12.
Poulet Louise Mlle, ancienne domestique, n. 12.
Larché Mme, journalière, n. 14.
Foucherot Auguste, fileur de laine, n. 14.
Heinrich Louis, relieur, n. 14.
Bajol Ernest, garçon de théâtre, n. 14.
Lombard Claude, rentier, n. 16.
Crevas Claude, épicier en détail, n. 16.

PLACE SAINT-PIERRE.

Clertan Claude, docteur-médecin, n. 2.
Villet Joseph, march. de grains et farines en gros, n. 2.
Court, propriétaire, n. 2.
Villié Edouard, ingénieur des mines, n. 2.
Tissot Claude, professeur à la faculté, n. 2.
Delamarche Philippe, rentier, n. 2.
Chamson Pierre, propriétaire, n. 4.
Villequez Ferdinand, professeur de droit, n. 4.
Marion Adrien, greffier en chef de la Cour impériale, 4.
Bouchard veuve, née Roy, propriétaire, n 4.
De Gigors Charles, rentier, n. 4.
Beutot Louis, curé de Saint-Pierre, n. 6.

PLACE SAINT-NICOLAS.

Les domiciles des habitants de cette place dépendent des rues qui y aboutissent.

POUILLY (Rue de).

Wion Etienne, pépiniériste, n. 1.
Nolotte Jean-Baptiste, pépiniériste, n. 1.
Létalnet Pierre, rentier, n. 1.
Mathey Antoine, vidangeur, n. 1.
Belin Jean-Baptiste, chapelier, n. 3.
Dessole François, menuisier, n. 5.
Maret Claude, manouvrier, n. 5.
Marigny, ex-boulanger, n. 5.
Peltret Alexis, négociant, n. 7.
Forcy Adèle Mlle, rentière, n. 7.
Forcy Louise Mlle, rentière, n. 7.
Bérubey Louise Mlle, rentière, n. 7.
Allemand Auguste, employé d'octroi, n. 7.
Allemand Gustave fils, musicien, n. 7.
Bailly aîné, marchand de planches, n. 7.
Bailly Théophile, marchand de planches, n. 7.
Jeannel Nicolas, rentier, n. 7.
Prost Jacques, voyageur de commerce, n. 7.
Faivre Louis, employé, n. 7.
Brochot Anne Mlle, ouvrière, n. 9.
Garnet Marguerite Mlle, ouvrière en robes, n. 9.
Belloy Joseph, ébéniste, propriétaire, n. 9.
Cotin Jean, chaudronnier, n. 11.
Cotin Pierre, chaudronnier, n. 11.
Lerre Félix, fabricant de plâtre, n. 11.
Lerre Alexandre, n. 11.
Pierre Antoine, chapelier, n. 11.
Humbert Jean-Baptiste, charron, n. 11.
Humbert Simon fils, n. 11.

Theuriet, n. 11.
Miette Claude, marchand de grains, n. 11.
Rougeot Benoît, liquoriste, n. 13.
Genty Paul, propriétaire, n. 15.
Clémencet Charles, rentier, n. 17.
Bachet Jean-Baptiste, propriétaire, géomètre, n. 19.
Bachet Gabriel, géomètre, n. 19.
Bachet Gabriel-Auguste, géomètre, n. 19.
Roux François, vigneron, n. 21.
Faivret Sylvestre, vigneron, n. 23.
Duchêne Marie Mlle, rentière, n. 25.
Millière Victor, chapelier, n. 27.
Paillet Jacques, cordonnier, n. 29.
Maitrey Pierre, manouvrier, n. 27.
Boisselin Henri, cloutier, n. 31.
Maitrey Frédéric, cabaretier, n. 31.
Detrey Antoine, journalier, n. 31.
Mariotte veuve, rentière, n. 31.
Lombard Simon, receveur d'octroi, n. 33.
Amichaux Michel, maçon, n. 35.
Winder Auguste, chauffeur, n. 35.
Pariselet Nicolas, vigneron, n. 35.
Masson Louis, chapelier, n. 35.
Jacquard, n. 35.
Michelot Claude, chapelier, n. 35.
Migeon veuve, née Rouhier, propriétaire, n. 37.
Thomassin Auguste, employé aux hypothèques, n. 37.
Savetier Pierre, employé au chemin de fer (*hors barrière*).
Renard Gabriel, marchand de grains (*hors barrière*), 39.
Castel Thomas, aubergiste, n. 2.
Parisot Anne Mlle, n. 2.
Tenadet Claude, marchand d'huile, n. 4.
Morot Angélique Mlle, ouvrière en robes, n. 4.
Ragonneau, n. 4.
Corot Pierre, charpentier, n. 4.
Gollot Etienne, chapelier, n. 4.
Calais Jacques, carrier, n. 4.
Gie Jean-Baptiste, receveur des traverses, n. 6.
Lebaut Hippolyte, n. 8.
Mortureux Edme, manouvrier, n. 10.

Gauthier Claude, vigneron, n. 12.
Gremeaux Charles, marchand de grains, n. 14.
Lavoignat Louis, marchand de grains, n. 16.
Tortochaux Pierre, aubergiste, n. 16.
Peulat Pierre, propriétaire, n. 16.
Charles, n. 16.
Lhuillier Jean-Baptiste, cabaretier, n. 18.
Poignant François, maréchal-ferrant, n. 18.
Aimard veuve, née Millet, journalière, n. 18.
Aimard Jean, chapelier, n. 18.
Cordelier Adolphe, chapelier, n. 18.
Lyonnais Jean-Baptiste, n. 18.
Cugniet, n. 18.
Mercier, propriétaire, n. 18.
Guillemin Philibert, chapelier, n. 18.
Grospierre, employé, n. 18.
Villerot Françoise Mlle, rentière, n. 20.
Dépaul Nicolas, charpentier, n. 20.
Laudenet François, rentier, n. 20.
Petitot Françoise Mlle, manouvrière, n. 20.
Mahée J.-B., prof. d'inst. en bois au cons. de musique, 22.
Jacquelin Jacques, jardinier, n. 22.
Guichard Claude, préposé des lits militaires, n. 22.
Hubert Ferdinand, ouvrier menuisier.
Winder Jean, cordonnier.
Winder François, chapelier.

POUILLY (Hameau de).

Cornice Nicolas, cultivateur.
Cornice Nicolas fils.
Cornice Jean-Baptiste fils.
Legrand Claude, vigneron.
Courraux Etienne, jardinier.
Rollin Jean-Baptiste, vigneron.
Roydet, propriétaire (pied-à-terre).

PRÉFECTURE (Rue de la).

Louis Antoinette-Delphine-Zoé Mlle, propriétaire, n. 2.
Deshairs Marie-Jeanne Mlle, rentière, n. 2.

Degouvenain Arsène Mlle, rentière, n. 2.
Degouvenain Zoé Mlle, rentière, n. 2.
Maréchal Jean-Baptiste, chapelier, n. 2.
Maréchal Jean-François fils, n. 2.
Vallot Octavie Mlle, peintre, n. 2.
Desjours Marie Mlle, ouvrière en robes, n. 2.
Gougeul Henri, boulanger, n. 4.
Lévêque Auguste, serrurier, n. 6.
Défontaine Mme, née Louise, n. 6.
Lenoir Bénigne, grenetier, n. 8.
Dard Jean-Baptiste-Paul, ouvrier confiseur, n. 8.
Courbet Jean-Joseph, facteur, n. 8.
Bruthiot Reine Mlle, journalière, n. 8.
Vacherot Léon, ferreur, n. 10.
Chantriaux Louis, baigneur, n. 12.
Charvot Jacques-Félix, avoué, n. 14.
Charvot Stéphen fils, n. 14.
De La Poterie Mme, propriétaire, n. 14.
Serié Elisabeth, sœur sup. de St-Vincent-de Paul, n. 18.
Mathieu, avocat, n. 20.
Ancemot veuve, née Chopard, rentière, n. 22.
Madon Paul, notaire, propriétaire, n. 24.
Degré Henri-Jean-Baptiste, architecte, n. 26.
Degré Claude-Pierre-Jean-Albert fils, n. 26.
Remy Jean-Baptiste-Jules, banquier, n. 26.
Gauthier Jean-Joseph, ouvrier chapelier, n. 26.
Rouget veuve, née Pérille, rentière, n. 28.
Rouget Pierre-Augustin, commis greffier, n. 28.
Rouget Jean-Baptiste-Paul, avoué, n. 28.
Chaumet veuve, née Jolivet, rentière, n. 28.
Colliot veuve, née Bourgy, rentière, n. 28.
Ardiet Amable-Joseph, chef de bataillon en retraite, 28.
Monthieu Jean, garde général des forêts, n. 32.
Pingat veuve, née Courtois, rentière, n. 32.
De Behr, secrétaire de préfecture, n. 32.
Deshumes veuve, rentière, n. 32.
Montmey Antonin, avoué, n. 32.
Muller Charles, tailleur, n. 32.
Couturier Jean-Baptiste, clerc d'agréé, n. 34.
Guignard Philippe, bibliothécaire de la ville, n. 36.

Laurent Julie Mlle, fabricante de fleurs artificielles, 36.
Poultier de Suzenet Gustave, propriétaire, n. 38.
André Aimé-Louis, propriétaire, n. 40.
André Jules, propriétaire, n. 40.
Vertet Jacques, concierge, n. 40.
Couloumy (le baron) Paul, conseiller à la Cour, n. 40.
Sullerot veuve, n. 40.
Gavignet Marie Mlle, ouvrière, n. 42.
Duveluz Palamède, voyageur de commerce, n. 42.
Chaignet Claude, rentier, n. 42.
Chaignet Henri fils, n. 42.
Monnet Laurent, cabaretier, n. 44.
Guilleminot François, perruquier, n. 46.
Rose Antoine, menuisier, n. 48.
Bordet, géomètre, n. 48.
Millanvoy, rentier, n. 50.
Cagé Adrien, chef de bureau à la préfecture, n. 50.
Cordier, n. 50.
Durantel Charles, ouvrier maçon, n. 52.
Lépori Pierre, ouvrier peintre, n. 52.
Chenut Philibert, débitant de tabac, n. 52.
Renard Charlotte, supérieure des sœurs Ste-Marthe, 56.
Blangey veuve, née Grenot, ouvrière, n. 60.
Pourpour veuve, née Pelletret, rentière, n. 60.
Berthaux Jacques, marchand de farines, n. 60.
Fléty veuve, sans profession, n. 60.
Pelletret veuve, née Bouchard, rentière, n. 60.
Bouchard veuve, née David, rentière, n. 60.
Bertrand Pierre, perruquier, n. 60.
André Alexandre, tailleur, n. 60.
Roulard Nicolas, chapelier, n. 60.
Renevier Victor-Joseph, ouvrier tonnelier, n. 60.
Heuvrard Jacques, comptable, n. 60.
Boucher Victor, peintre, n. 60.
Boucher Eugène fils, n. 60.
Boucher Henri fils, n. 60.
Foroit Pierre, employé au chemin de fer, n. 60.
Guyot Philippine Mlle, rentière, n. 64.
Miller veuve, née Feuillet, rentière, n. 64.
De la Folly de Joux Mlle, rentière, n. 64.

Gaveau Pierre, serrurier, n. 64.
Rollin Etienne, tonnelier, n. 66.
Bizot Jean, horticulteur, n. 66.
Maire Ferdinand, employé au chemin de fer, n. 68.
Vorles veuve, née Collot, rentière, n. 68.
Bernard, manouvrier, n. 68.
Dorey François, commissionnaire, n. 72.
Dorey Pierre-Paul, chapelier, n. 72.
Dorey Jean-Baptiste, chapelier, n. 72.
Dubois Mme, née Picamelot, journalière, n. 72.
Berthelier Marguerite Mlle, journalière, n. 72.
Fourton, ouvrier maçon, n. 72.
Barberet Jacques, facteur rural, n. 72.
Barberet veuve, née Achezzy, n. 72.
Barberet François, charpentier, n. 72.
Couchetet Bierre, fabricant de moutarde, n. 72.
Barbier, menuisier, n. 74.
Chalon Claude, propriétaire, n. 74.
Billy Félix, chapelier, n. 76.
Vincent veuve, née Rameau, laveuse, n. 76.
Thirion Pierre, journalier, n. 76.
Marcot François, journalier, n. 76.
Prolrowski François, cordonnier, n. 76.
Laroque Jules, sculpteur, n. 78.
Foullon Mme, journalière, n. 78.
Duthu Pierre-Edouard, cafetier, n. 80.
Bisouard veuve, née Laudet, journalière, n. 80.
Chevalier Emélie Mlle, ouvrière en linge, n. 80.
Graveleuse Mme, journalière, n. 80.
Maron Jeanne Mlle, journalière, n. 80.
Dellery Blaise-Paul, grenetier, ouvrier cordonnier, n. 82.
Grappin Ve, née Berthet, revendeuse de beurre, n. 82.
Grappin Jean, ouvrier cordonnier, n. 82.
Dubois Joseph, manouvrier, n. 84.
Vachez Joseph, ouvrier menuisier, n. 84.
Vachez Auguste fils, n. 84.
Picamelot Antoine, cordonnier, n. 84.
Thirion Désiré, menuisier, n. 84.
Mialle Marguerite Mlle, ouvrière, n. 84.
Mialle Philiberte Mlle,   id.

Mialle Joseph, employé d'assurances, n. 84.
Grandperrin veuve, née Baulieu, n. 88.
Grandperrin Hippolyte fils, n. 88.
Dugourd Antoine, cloutier, n. 86.
Richard Nicolas, réparateur de fourneaux, n. 86.
Grandperrin Eugène, ferblantier, n. 88.
Pons veuve, née Sibert, n. 90.
Pons Denis, ouvrier peintre, n. 90.
Giboulot Mme, née Perrin, ouvrière, n. 90.
Perrin Hugues, manouvrier, n. 90.
Côte Antoine, tailleur de pierres, n. 90.
Richard Louis, journalier, n. 90.
Thirion François, manœuvre, n. 90.
Roux Jean, vigneron, n. 90.
Frolois Denis, tonnelier, n. 92.
Regnaut Madeleine Mlle, blanchisseuse, n. 92.
Lainé Jules, ouvrier menuisier, n. 92.
Portat Louis, maçon, n. 96.
Noir Augustin, tailleur de pierres, n. 100.
Fremiot Paul, vigneron, n. 100.
Verpeaux, entrepreneur (pour un magasin), n. 102.
Changenet veuve, née Forey, journalière, n. 104.
Cluny Jean, manœuvre, n. 106.
Bret Jean-Baptiste, journalier, n. 106.
Allix veuve, née Rémond, n. 106.
Lagouttière Jean, maçon, n. 106.
Demmer Sébastien, tailleur, n. 106.
Clerget Pierre, manouvrier, n. 106.
Jacquelin, n. 106.
Guignard François, scieur de long, n. 106.
Boisseau Jacques, agent d'affaires, n. 108.
Javelier Antoinette Mlle, ouvrière en robes, n. 108.
Béving Henri, employé, n. 108.
Branlard veuve, née Blondeau, rentière, n. 110.
Aubert Philibert, propriétaire, n. 110.
Calais Marie, femme Hermann, revendeuse, n. 110.
Bocquet Mme, marchande de volaille, n. 110.
Blazer, menuisier, n. 112.
Lanier Pierre, ancien boulanger, n. 112.
Gerrier Joseph, chapelier, n. 112.

Fourneaux, forgeron, n. 112.
Giraud Pierre-Hippolyte, ouvrier chapelier, n. 112.
Gagniard Marguerite Mlle, rentière, n. 112.
Bourdier veuve, née Gagniard, rentière, n. 112.
Berthet, greffier du tribunal de commerce, n. 112.
Raverat, n. 112.
Masson veuve, journalière, n. 114.
Raverat, homme d'équipe, n. 114.
Regnaut Jean-Baptiste, cordonnier, n. 114.
Richard Nicolas, ouvrier poêlier, n. 114.
Langlois Marie Mlle, ouvrière, n. 114.
Pingaud Joseph, rentier, n. 114.
Royer Jean-Baptiste, manouvrier, n. 114.
Poitoux Marie Mlle, journalière, n. 114.
Dutartre veuve, née Jeannel, rentière, n. 114.
Voillequé Pierre, abbé, n. 114.
Couchetet Nicolas, journalier, n. 114.
Galimard Félix, manouvrier, n. 114.
Renard Philippe, chapelier, n. 114.
Gallimard veuve, née Billette, n. 114.
Regnaud Lazare, menuisier, n. 114.
Hoffmann Mme, née Regnaud, n. 114.
Meurgey, ancien chef de bureau à la préfecture, n. 114.
Lamouche Frédéric, employé à la mairie, n. 116.
Lamouche Mme, directrice de la salle du Nord, n. 116.
Laureau père, rentier, n. 116.
Laureau fils, secrétaire d'Académie, n. 116.
Lévêque Henri-Frédéric, avocat, n. 3.
Echalié Charles, banquier, n. 3.
Echalié Paul, banquier, n. 5.
Echalié Stéphen fils, n. 5.
Granjon Antoine, manouvrier, n. 7.
Melot Gaspard, ouvrier menuisier, n. 7.
Gondard Victor, agent de police, n. 7.
Anne veuve, revendeuse, n. 7.
Cretin François-Joseph, ébéniste, n. 7.
Vergalland Pierre, employé au gaz, n. 7.
Vallot Etienne, n. 7.
Jamard Camille, ouvrière, n. 7.
Billiette Jean, cantonnier, n. 7.

Fournier Charles, sous-officier en retraite, n. 7.
Fournier veuve, née Poyer, n. 7.
Defossey Jean, menuisier, n. 9.
Brocard Louis, employé à la préfecture, n. 9.
Airney Rose Mlle, ouvrière, n. 9.
Melot Pauline Mlle, ouvrière, n. 9.
Mugnier veuve, journalière, n. 9.
Jouanne Maurice (atelier de menuiserie), n. 11.
Camus Joseph, employé au chemin de fer, n. 13.
Drevon veuve, née Dunoyer, rentière, n. 15.
Drevon Louis-Philippe, propriétaire, n. 15.
Loichet Eugénie Mlle, rentière, n. 15.
Loichet Marie Mlle, rentière, n. 15.
Thomas Julie Mlle, rentière, n. 19.
Huet Léonie Mlle, institutrice, n. 19.
Fazy veuve, rentière, n. 19.
Clavel Jacques, journalier, n. 21.
Clavel Cyprien, scieur de bois, n. 21.
De Contenson née Raviot, rentière, n. 23.
Haisé Jacques, rentier, n. 25.
Charpentier Ch., sous-chef de bureau à la préfecture, 25.
Picard, receveur d'octroi retraité, n. 25.
Remy Jean-Claude, propriétaire, n. 27.
Meugniot Julie Mlle, cuisinière, n. 27.
Maurice Jean-Gaspard, rentier, n. 27.
Amyot Catherine Mlle, rentière, n. 27.
Pelletier François, ancien domestique, n. 27.
Morin Paul, propriétaire, n. 29.
Fourrat Benoît, docteur-médecin, n. 31.
Fourrat Henri fils, n. 31.
De Meixmoron, Jean-Pierre, propriétaire, n. 33.
Pastol de Keramelin veuve, née Mongin, rentière, n. 33.
Voillard Eugène, dentiste, n. 33.
Contet Philippe, commissaire-priseur, n. 35.
Contet Louis, père, rentier, n. 35.
Bombonnel Charles, propriétaire, n. 35.
Rouget Pierre-Hippolyte, anc. notaire, propriétaire, 37.
Boussey Joseph, propriétaire, n. 41.
Boussey Gaston fils, étudiant, n. 41.
Boussey Raoul fils, n. 41.
Joliet Henri, propriétaire, n. 41.

Lombard Laurent-Jules, rentier, n. 41.
Chauvelot veuve, rentière, n. 41.
Estival Claude-Antoine, inspecteur du télégraphe, n. 43.
Estival Claude, rentier, n. 43.
Virely Pierre-François-Louis, notaire, n. 45.
Jacquier Claude, propriétaire, n. 45.
Lanthier Charles-Louis, rentier, n. 45.
Baud Claude, teneur de livres, n. 47.
Morand de Callac (comte), préfet de la Côte-d'Or, n. 49.
Desmazières veuve, née Martin, concierge, n. 49.
Loiseau Denis, concierge, n. 49.
De Boissondy, secrétaire particulier du Préfet, n. 49.
Mairot Marie-Caroline Mlle, rentière, n. 53.
Bessonnat, directeur du télégraphe, n. 53.
Catherine Mlle, rentière, n. 55.
De Loisy Albert, propriétaire, n. 55.
Vitu Pierre, concierge, n. 55.
Renaud Léon, commis d'académie, n. 57.
Cazeau Jean-Philippe, rentier, n. 57.
Demaizière veuve, née Truitard, ouvrière, n. 59.
Lemaitre Joseph, employé au chemin de fer, n. 59.
Botquelet François, ouvrier boulanger, n. 59.
Monin Anne Mlle, rentière, n. 59.
Chamson Mme, née Paupon, rentière, n. 59.
Sinault Henri, couvreur propriétaire, n. 59.
Colin Jean-Joseph, conduct. des ponts et chaussées, 61.
Lebouleur Mme, née Borrelli, rentière, n. 61.
Brunet veuve, née Cazet, propriétaire, n. 63.
Mathey veuve, née Chevignard, n. 63.
Mathey Joseph-Ernest fils, n. 63.
Duris veuve, née Walter, n. 63.
Duris Félix, clerc d'avoué, n. 63.
Brocot Pierre, employé à la recette générale, n. 63.
Barbut Joseph, voyageur de commerce, n. 63.
Delavaux Joseph, maçon, n. 63.
Lenoir Félix, tourneur, n. 65.
Lenoir Auguste fils, n. 65.
Werter Abraham, marchand, n. 65.
Guilleminot veuve, née Perrot, laveuse, n. 65.
Chaussenot Jean-Baptiste, scieur de long, n. 67.

Dutrop, charbonnier, n. 67.
Fournereau, veuve Ragois, blanchisseuse, n. 67.
Gouzoski Agathon, ouvrier cordonnier, n 69.
Bornier Claude, ouvrier, n. 69.
Siméon Claude, cabaretier, n. 69.
Fressin Dominique, cordonnier, n. 71.
Siméon veuve, née Jeannet, n. 73.
Guillemain veuve, née Aubert, n. 75.
Guillemain François, menuisier, n. 75.
Revilgabet Maurice, maître ramonneur, n. 75.
Villadiez Antoine, maçon, n. 77.
Estivalet, homme d'équipe, n. 81.
Sauvestre Auguste, cordonnier, n. 85.
Benoît Ferdinand, tonnelier, n. 85.
Belin Charles, ouvrier cordonnier, n. 85.
Garde Georges, employé, n. 85.
Pierre Auguste, chapelier, n. 85.
Bony veuve, née Vernisy, ouvrière, n. 85.
Gloria André-Louis, ouvrier cordonnier, n. 85.
Pernet veuve, née Esmez, journalière, n. 85.
Grandmange Henri, peintre, n. 85.
Beaudiot Lazare, manouvrier, n. 85.
Marcilly Jeanne Mlle, ouvrière, n. 87.
Daujeon Simon, journalier, n. 87.
Raboisseau Jacques, ouvrier plâtrier, n. 87.
Buxler Joseph, ébéniste, n. 87.
Olivier Jules, cordonnier, n. 87.
Léonard veuve, née Pion, journalière, n. 87.
Bondonnier Anne Mlle, loueuse en garni, n. 89.
Defaille Joseph, ouvrier menuisier, n. 89.
Rondot veuve, journalière, n. 89.
Petitjean Jean-Baptiste, scieur de long, n. 89.
Taprin Adrien, rentier, n. 89.
Mignardot Jean, scieur de bois, n. 91.
Creucet Etienne, manouvrier, n. 95.
Ragoix Jean-Baptiste, maçon, n. 95.
Poupon Denis, tailleur de pierres, n. 95.
Frossard Louis, tailleur de pierres, n. 95.
Lucot Jean-Baptiste, garçon brasseur, n. 95.
Vicaire Anne Mlle, ouvrière, n. 95.

— 256 —

Tilley Claude, manouvrier, n. 95.
Chevrey veuve, née Richard, n. 97.
Mouillon Auguste, ouvrier menuisier, n. 97.
Balland veuve, née Bourgeois, journalière, n. 101.
Carré dit Voltaux Mme, née Judée, journalière, n. 101.
Carré Jean fils, n. 101.
Carré Henri fils, ébéniste, n. 101.
Marandet Michel, cordonnier, n. 101.
Charcousset Pierre, anc. cond. des ponts et chaussées, 101.
Caillot Mme, journalière, n. 101.
Luré veuve, née Possard, propriétaire, n. 105.
Lévy, major au 23e de ligne, n. 105.
D'Azincourt Claude, rentier, n. 105.
D'Azincourt Louis fils, avocat, n. 105.
D'Azincourt Charles fils, n. 105.
Benloew Louis, professeur de littérature, n. 105.
Poulain Edouard-Joseph, ouvrier sabotier, n. 107.
Valluot Louis, ouvrier tailleur de pierres, n. 109.
Valluot Henri fils, n. 109.
Valluot Nicolas-Eugène fils, n. 109.
Jovin Etienne, ouvrier menuisier, n. 109.
Gaudet Alexandre, manouvrier, n. 109.
Martenot Jean-Baptiste, cabaretier logeur, n. 111.
Grey veuve, née Choublanc, garde-malade, n. 113.
Sirodot Paul, employé d'octroi, n. 113.
Naudin Mme, n. 115.
Pouteaux Honoré, comptable, n. 115.
Marc Mme, née Daujon, rentière, n. 115.
Félisse Charles, propriétaire, n. 117.
Briottet Joseph, rentier, n. 117.
Humbert veuve, née Desbordes, domestique, n. 117.
Bercul Nicolas, ouvrier menuisier, n. 117.
Larlotte Etienne-Fernand, journalier, n. 117.
Giroux Victor, garçon de magasin, n. 117.
Leniept Ernest, peintre, n. 117.
Royer Pierre, manouvrier, n. 117.
Royer Jean-Baptiste-Charles fils, n. 117.

PRÉVOTÉ (Rue de la).

Menant François, propriétaire, n 1.

Menant veuve, née Chaumont, rentière, n. 1.
Choüet Joseph, juge de paix, n. 3.
Bouzerand Auguste, vicaire général, n. 3.
Guy Alfred, propriétaire, n. 5.
Jodon Louis, grenetier, n. 7.
Blandin veuve, née Lécuyer, rentière, n. 7.
Pigeon Victor, employé au chemin de fer, n. 7.
Janon veuve, née Cordier, sage-femme, n. 9.
Bordet Jacques, propriétaire, caserne de passage, n. 9.
Bordet François, cafetier cabaretier, n. 9.
Corniche Joseph, menuisier, n. 9.
Perret François, manouvrier, n. 9.
Contet Jean, aiguilleur, n. 9.
Gillot veuve, née Ferrand, ouvrière, n. 9.
Poiselet veuve, née Carié, rentière, n. 9.
Potot, homme d'équipe, n. 9.
Mongin Adolphe, manouvrier, n. 9.
Gidel Auguste, conducteur de trains, n 9.
Berry François, conducteur de trains, n. 9.
Charbonnier Joseph, relieur, n. 9.
Pocheron Antoine, employé au chemin de fer, n. 9.
Charvin, peintre au chemin de fer, n. 9.
Bassot Nestor, marchand de grains, n. 13.
Bassot veuve, née Quantin, rentière, n. 13.
Clairin veuve, née Clunet, rentière, n. 13.
Un magasin de grains à M. Martin, n. 15.
Marandet Jean, marchand de grains, n. 2.
Marandet Emile, marchand de grains, n. 2.
Nodot Victor, préparateur de chimie, n. 2.
Marandet Félix, marchand de grains, n. 2.
Bourgeois Etienne, marbrier, n. 4.
Gouverne Etienne, ancien serrurier, n. 4.
Guillier Joseph, propriétaire, n. 4.
Plateau Auguste, charpentier, n. 4.
Maréchal Paul, cafetier, n. 4.
Besson Paul, ancien sellier, n. 6.
Nicolot Joseph, peintre, n. 6.
Martin Alphonse, marchand de grains, n. 6.
Martin veuve, née Besson, rentière, n. 6.
Pétry Michel, tailleur, n. 6.

Gidel Claude, cafetier restaurateur, n. 6.
Lordereau Delphin, chauffeur, n. 6.
Gaudot Pierre, serrurier, n. 6.
Billiette Pierre, charpentier, n. 6.
Paufard Jules, marbrier.
Gros Claude, rentier.
Jacquin Philibert, ancien boucher.
Gaitet Henri, boucher.
Bauzon Joseph, cafetier.
Pourot Auguste, employé de commerce.

PROUDHON (Rue).

Brette Mathurin-Guillaume, capitaine en retraite, n 3.
Desailles veuve, rentière, n. 3.
Démétrius veuve, née Vallée, rentière, n. 3.
Vallée Louis, rentier, n. 3.
Tortochaux François, homme d'équipe, n 5.
Bizouard Edouard, gendarme en retraite, n. 5.
Legros Claude, propriétaire géomètre, n. 7.
Morey veuve, née Mortureux, rentière, n. 7
Damet Charles, avoué, n. 7, étude rue Chaudronnerie, 3.
Noirot veuve, née Vuillemereux, rentière, n. 9.
Noirot Charles-Louis, docteur-médecin, n. 9.
Noirot Mlle, propriétaire, n. 9.
Jehly Jean-Baptiste, propriétaire, n 11.
Vétu Etienne, entrepreneur, n. 13.
Vétu Jean fils, n. 13
Laurent François, ouvrier maçon, n. 13.
Marpeau Pierre, conducteur de voitures, n 13.
Mosnier veuve, née Valerie, rentière, n. 17.
Masson veuve, née Huot, propriétaire, n. 17.
Masson Eugène, avocat, n. 7.
Carlin Ludovic, avoué, n. 17.
Desmoulins Claudine Mlle, rentière, n 19.
Bouchard Jeanne Mlle, ancienne domestique, n. 19.
Lamidey Marie Mlle, ancienne domestique, n. 19.
Millerand Jacques, manouvrier, n. 19.

Villemain Antoine, plâtrier, n. 21.
Villemain Jean, plâtrier, n. 21.
Eliot Marguerite Mlle, journalière, n. 21.
Montot, voiturier, n. 23.
Gautheret Lisa Mlle, domestique, n. 23.
Wolff Moïse, propriétaire, n. 23.
Wolff Jean-Charles, propriétaire, n 23.
Lévy Alfred, rabbin, n. 25.
Gilbert Elisabeth Mlle, rentière, n. 25.
Mielle veuve, née Caillot, rentière, n. 25.
Rougeot Marie Mlle, rentière, n. 25.
Grapin Jean-Baptiste, rentier, n. 25.
Braillard Louis, huissier, n. 25.
Braillard veuve, née Prince, n. 25.
Pignalet Etienne, relieur, n. 25.
De Cristol veuve, née Blime, propriétaire, n. 27.
Delays de Truchy Maxime, propriétaire, n. 27.
Rebuffard Jean-Baptiste, rentier, n. 27.
Forgeot veuve, rentière, n. 27.
Chotard Pierre, propriétaire, n. 27.
Richebois Joseph, grenetier et marchand de café, n. 2.
Michel Bénigne, tonnelier, n. 2.
Collet Catherine Mlle, femme de ménage, n 2
Brocard Anne Mlle, cuisinière, n. 2.
Naigeon Jean-Baptiste, ouvrier ferblantier, n. 4.
Womcelle Clotilde Mlle, ouvrière, n. 4.
Siredey veuve, journalière, n. 4.
Monnier veuve, journalière, n. 4.
Siredey Mlle, loueuse en garni, n. 6.
Franconnier, fumiste, n. 6.
Monthuy Charles, rentier, n. 6.
Siredey, loueur en garni, n. 6.
Mongin James, conseiller à la cour, n. 10.
Cardot Victor, substitut du procurial impérial, n. 10.
Letort Louis, propriétaire, n. 10.
Petit de Cotty François-Eugène, fondé de pouvoirs, 12.
Fréjafon Pierre, capitaine des douanes retraité, n. 14.
Fréjafon Théodore fils, n. 14.
Ragot Pierre, plâtrier, n. 14.
Hugault Pierre, huissier, n. 14.

Arbinet, greffier, n. 16.
Gautrelet veuve, propriétaire, n. 16.
Brivot veuve, propriétaire, n. 16.
Deprey, n. 18.
Benoît Denise Mlle, ouvrière, n. 18.
Ducollet veuve, née Salm, rentière, n. 18.
Masse Pierre, journalier, n. 18.
Gautheron, plâtrier, n. 18.
Frilley Emiland, rentier, n. 20.
Perrin, abbé, n. 20.
Blanc Joseph, employé au chemin de fer, n. 20.
Blanc veuve, née Trassat, n. 20.
Bornier Antoine, ancien huissier, n. 20.
Bornier Claude-Pierre, comm. greffier au trib. civil, n. 20.
Roux Alexandre, notaire, n. 22.
Gadant Jean-Baptiste, relieur, n. 24.
Dunion, contrôleur des contributions directes, n. 24.
Lejeune Mme, née Boisseau, n. 24.
Hess veuve, née Eberlin, tient pension, n. 24 *bis*
Leroy Charles, ouvrier distillateur, n. 24 *bis*.

QUANTIN (Rue).

Favret Pierre, marchand de poissons, n. 13.
Favret Auguste fils, n. 13.
Zimmermann Charles, aubergiste, n. 15.
Liberette Jean-Baptiste, épicier, n. 2.
Rose Faustine Mlle, marchande à la toilette, n 6.
Brugnot Jean-Baptiste, boucher, n. 6.
Nicole Jean-Baptiste, cordonnier, n. 6.
Petitot Pierre, cordonnier, n. 6.
Vergalland Pierre, manouvrier, n. 6.
Niquet Jean-Paul, rentier, n. 6.
Chabbat Casimir, tourneur, n. 6
Manheimer Nathan, n. 6.
Cretin Joseph, menuisier, n. 6.
Damongeot Claude, grenetier, n. 8.
Saglier veuve, née Hutinel, march. de comestibles, n. 10.

Boyer Nicolas, restaurateur, n. 12.
Fabre Pierre, tailleur, n. 12.
Vernier Mme, n. 14.
Avecque Joseph, ouvrier menuisier, grenetier, n. 14.
Charlet Mme, née Mercier, n. 14.
Sidoni veuve, née Patron, ouvrière, n. 14.
Bellenot Jean-Baptiste, propriétaire, n. 16.
Vernier Mme, revendeuse, n. 16.
Aubertin Pierre, gargotier, n. 16.
Brulé Mlle, journalière, n. 16.
Millière veuve, née Gauvernet, march. de bouillon, 16.
Petitjean veuve, journalière, n. 16.
Belland Philippe, marchand de volailles, n. 18.
Parfait Pierre, aubergiste, n. 20.
Boutinon Louis, typographe, n. 22.
Berbey veuve, née Courtot, n. 22.

RABOT (Rue du).

Saussier Claude-Augustin, propriétaire, n. 1.
Barral Fanny-Elisabeth, rentière, n. 1.
Barral Eugène, commis, n. 1.
Picard veuve, née Mercier, rentière, n. 2.
Lucotte Jean-Baptiste, manouvrier, n. 2.
Pitoiset Louis, ouvrier distillateur, n. 2.
Meurgey Jean, menuisier, n. 2.

RAMEAU (Rue).

Bossu Albert, horloger, n. 4.
Héluin Etienne, négociant en étoffes et meubles, n. 12.
Helm Joseph, employé, n. 12.
Billiard veuve, née Moret, orfévre, n. 16.
Billiard Charles fils, n. 16.
Lambert Charles, peintre, n. 18.
Jaillet Claude, marchand de parapluies et tailleur, n. 18.
Darantière veuve, rentière, n. 18.

Couquaux Céline Mlle, débitante de tabac, n. 20.
Couquaux Hortense Mlle, débitante de tabac, n. 20.
Clairet Maria Mlle, rentière, n. 22.
Magasin Jaillet, marchand tailleur, n. 24.
Lecqner veuve, née Melot, ouvrière, n. 24.
Lemonnier veuve, née Lecqner, n. 24.
Mercier Jean-Baptiste, coiffeur, n. 20.
Bureaux du télégraphe, n. 1.
Buchillot René, marchand de modes, n. 3.
Nanteuil Célestin, direc. de l'école des Beaux-Arts, 3 *bis*.
Dutartre Fanny Mlle, fabric. de fleurs, Palais des Etats,
    quatrième et cinquième arcades.
Loye Antoine-Joseph, rentier, Palais des Etats, 3e arcade.
Denizot, employé, Palais des Etats, 3e arcade.
Loye Adèle Mlle, marc. de merc., Pal. des Etats, 3e arcade.
Nef Balthazar-Gustave, libraire, Palais des Etats, sixième
    et septième arcades.
Dupont veuve, née Thevenin, libraire, Palais des Etats,
    sixième et septième arcades.

RÉSERVOIR (Avenue du).

Pérol Louis, voyageur de commerce.
Filland Jean-Baptiste, manouvrier.
Coiret veuve, propriétaire.
Rollot Auguste, manouvrier.
Naige veuve, née Bernard, manouvrière.
Monin Catherine Mlle, relieuse, Clos Détourbet.
Monin Célestine Mlle, coiffeuse,   id.
Carré Bénigne, manouvrier,   id.
Mustier Antoine, manouvrier,   id.
Potey François, ouvrier cordonnier,   id.
Bachelard Jean-Baptiste, pâtissier, Clos de la Nitrière.
Jarrot Jean-Baptiste, vigneron,   id.
Laureau Antoine, cultivateur,   id.
Laureau Albert fils,   id.   id.
Derepas veuve, née Marie, manouvrière,   id.
Daujon Simon, tourneur,   id.
Belle veuve, née Villotte, manouvrière,   id.

Belle Joseph fils.
Fournès Etienne, capitaine retraité, maison Raschung.
Maillot, relieur.
Besancenot Louis, cabaretier.
Manière François, journalier.
Clauss Joseph, manouvrier.
Schreiber Sophie Mlle, domestique.
Vachey Pierre, manouvrier.
Jany Jean-Baptiste, maçon.
Emery Marc, relieur.
Mielle Jean-Baptiste, journalier.
Méot, relieur.
Commard Philibert, relieur.
Jovin Louis, marbrier.
Carpentier, relieur.
Maret Isidore, relieur.
Drouot François, journalier.
Champonnois veuve, rentière.
Leblanc Florentin, rentier.
Arbinet Jean, abbé.
Mutin Germain, fondeur.
Mutin Jean-Baptiste fils, mécanicien.
Mutin Paul fils, mécanicien.
Nefflier Antoine, manouvrier.
Aumaître Auguste, manouvrier.

RICHELIEU (Rue et rempart).

Leclerc François, mécanicien, n. 2.
Thierry Auguste, caissier, n. 2
Mallard A., cap. retraité, comm. de surv. au ch. de fer, 2.
Genevoix Jean, fabricant de moutarde, n. 4.
Juillot Pierre, garde de nuit, n. 6.
Rousselet Joseph, nettoyeur, n. 6.
Lambert veuve, née Rousset, charpentier, n. 6.
Michot Nicaise, à l'équipe, n. 6.
Boiteux Jean, à l'équipe, n. 6.
Guenot Jean, garde au chemin de fer, n. 9.
Pellion Emilie Mlle, libraire, n. 9.

Marchet Pierre, rentier, n. 9.
Bloctet Louis, à l'équipe, n. 9.
Piot veuve, née Oudot, n. 10.
Piot veuve, née Voillot, rentière, n. 10.
Piot Pierre, capitaine de gendarmerie en retraite, n. 10.
Choux André, cordonnier, n. 10.
Plumet Etienne, manouvrier, n. 10.
Mariotte Jean-Baptiste, doreur, n. 10.
Littau Alexis, commissionnaire, n. 10.
Lecloux Pierre, propriétaire, n. 11.
Perron Séraphin, employé à la petite vitesse, n. 11.
Bollotte Nicolas, lithographe, n. 11.
Pelletier Toussaint, manouvrier, n. 12.
Pons Antoine, plâtrier, n. 12.
Jolicard François, nettoyeur, n. 12.
David veuve, née Picard, propriétaire, n. 12.
Pitié Simon, tonnelier, cabaretier, n 12.
Bailly Eugène, cuisinier, n. 12.
Millière Auguste, à l'équipe, n. 12.
Boisselier Alexandre, marchand de vins en gros, n. 12.
Olivier Jean-Baptiste, tailleur de pierres, n. 12.
Parizot François, nettoyeur, n. 12.
Richel Antonin, chauffeur, n. 13.
Noirot Stéphanie Mlle, artiste dramatique, n. 13.
Rousselot Pierre, ébéniste, n. 13.

ROSES (Rue des).

Chantier à M. Vétu, entrepreneur, rue Proudhon, n. 1.
Maréchal Jean-Baptiste, contre-maître, n. 3.
Maréchal François, contre-maître, n. 3.
Duchêne Félix, journalier, n. 3.
Brenot veuve, née Modot, n. 3.
Brenot Jean, conducteur de travaux, n. 3.
Nicolas Jean, marchand de grains, n. 5.
Blonde Pierre, jardinier, horticulteur, n. 9.
Luce-Villiard J.-F., fab. de tricots, lingerie et modes, 11.
Luce Joseph fils, n. 11.
Duméril Alfred, professeur, n. 11.

Duthu veuve, née Louet, concierge, n. 11.
Dechaux François, propriétaire.
Dupin Jean, entrepreneur.
Foureau Jean, receveur d'octroi.
Lecœur veuve, née Tixier, rentière, n. 2.
Prieur Claude, rentier, n. 2.
Prieur Albert, avocat stagiaire, n. 2.
Galimard François, homme d'équipe, n. 2.
Duval veuve, née Vauthier, rentière, n. 2.
Laureau veuve, née Vauthier, rentière, n. 2.
Abit Pierre, capitaine en retraite, n. 2.
Lemoine veuve, née Garigue, rentière, n. 4.
Garigue veuve, née Gouveiler, n. 4.
Pertuzon Auguste, ministre du culte protestant, n. 4.
Couttolence veuve, née Harvey, rentière, n. 4.
Jacquemin Victor, chef de bataillon en retraite, n. 4.
Pellet Charles-Albert, sous-inspecteur au ch. de fer, 4.
Brosselin Pierre, marchand de vin, n. 4.
Bertrand Auguste-Fortuné, lieutenant d'état-major, n. 4.
Pauthenet Jean-Baptiste, propriétaire maçon, n. 6.
Logeat François, maçon, n. 6.
Robillot Jean, ajusteur, n. 6.
Scheffer Edouard, piqueur au chemin de fer, n. 6.
Debas veuve, née Dugied, rentière, n. 6.

ROULOTTE (Rue).

Moreau Jean-Louis, propriétaire, n. 1.
Guyot, n. 3.
Guillier Jacques, ouvrier cordonnier, n. 3.
Pillié veuve, née Gauthier, vigneronne, n. 3.
Pourcel Joseph, matelassier, n. 3.
Pourcel Louis fils, n. 3.
Ainez Pierre, maçon, n. 5.
Millary veuve, née Taupin Jeanne, ouvrière, n. 5.
Coquet Etienne, menuisier, n. 5.
Chédal Cyprien, ancien concierge, n. 13.
Merle Anne Mlle, journalière, n. 15.

Tétard François, commissionnaire, n 17.
Perrot Philippe, cabaretier, n. 17.
Sonnois Gervais, ouvrier couvreur, n. 17.
Vaussot Auguste, couvreur, n. 17.
Chapotot veuve, née Matra, journalière, n. 17.
Bastard Louise Mlle, journalière, n. 17.
Bonamour François-Hyacinthe, n. 17.
Voirtel Sophie Mlle, ouvrière, n. 19.
Fortin veuve, née Clerc, journalière, n. 19.
Fortin Antoine, fabricant d'allumettes, n. 19.
Méot Marie Mlle, journalière, n. 19.
Masson veuve, née Vergat Marie, n. 19.
Jacob Pierre-Auguste, couvreur, n. 19.
Changenet Mme, née Jacob, journalière, 19
Pinel, manouvrier, n. 19.
Violette veuve, née Marie Bénal, manouvrière, n. 19.
Herling Mme, née Colinot, n. 21.
Rémond Désiré, couvreur, n. 23.
Chevalier Amable, chaudronnier, n. 23.
Rozet François, bonnetier, n. 25.
Collot Jacques-Joseph, cabaretier, n. 25.
Collot Gustave fils, n. 25.
Cazet veuve, née Baubin, journalière, n. 25.
Gaucher Claude, vigneron, n. 25.
Velmot Anne Mlle, ouvrière, n. 25.
Rose Mlle, journalière, n. 25.
Oulmann, manouvrier, n. 25.
Changenet Frédéric, fumiste, n. 25.
Roch François, maître ramoneur, n. 25.
Bellet (pour un atelier de menuiserie), n. 27.
Cathelinet Jean-Baptiste, couvreur, n. 27.
Cathelinet Auguste-Etienne, menuisier, n. 27.
Fontaine, charpentier, n. 27.
Martin Jacques, journalier, n. 27.
Martin Joseph fils, n. 27.
Blancard Honoré, couvreur, n. 27.
Naigeon Madeleine Mlle, journalière, n. 27.
Sonnois Claude, manœuvre, n. 27.
Perrot Mme, née Baux, journalière, n. 29.
Préaux veuve, née Antoinette Rossec, ouvrière, n. 29.

Russec veuve, née Ribaus, ouvrière, n. 29.
Humblot Jean-Baptiste, charpentier, cabaretier, n. 29.
Lombardot, manouvrier, n. 29.
Fourneret François, corroyeur, n. 29.
Nicolle, vigneron, n. 29.
Léon Alexandre, marchand ambulant, n. 29.
Gernet Marguerite Mlle, journalière, n. 31.
Gérard Anne Mlle, journalière, n. 31.
Nectoux Jeanne Mlle, revendeuse, n. 31.
Guyot Marguerite Mlle, journalière, n. 33.
Drouhin veuve, née Nimetz, logeuse, n. 37.
Michaud Jean, logeur, n. 39.
Gauthier Charlotte Mlle, journalière, n. 2.
Taillefert veuve, née Diolot, n. 4.
Greggio veuve, née Taillefert, n. 4.
Caillet Joseph, ouvrier couvreur, n. 4.
Jouanne Etienne-Toussaint, an. march. de meubles, n. 6.
Jouanne Etienne, ancien marchand de meubles, n. 6.
Bolletet Etienne, marchand de terrerie, n. 8.
Bolletet Antoine-Bernard fils, n. 8.
Bolletet Emile fils, n. 8.
Changenet Ignace-Henri, ouvrier plâtrier, n. 8.
Tristant veuve, née Roussel, n. 10.
Bonnamour Claude, n. 10.
Mairet veuve, née Feurtin, n. 10.
Nicolle Denise Mlle, ouvrière, n. 10.
Gray, cordonnier, n. 10.
Dauvé Jeanne Mlle, ouvrière, n. 10.
Hess Victoire Mlle, manouvrière, n. 10.
Munier veuve, n. 10.
Monnet Jean-Baptiste, journalier, n. 10.
Léonore Judith Mlle, lingère, n. 10.
Gaulet Lazare, marchand de chiffons, n. 10.
Gaulet Jean fils, n. 10.
Morel Etienne, cabaretier, n. 12.
Jacotot, n. 14.
Bernard veuve, née Picard, march. de bric à brac, 14.
Bolletet Philibert, ébéniste, marchand de cendres, n 16.
Bolletet veuve, née Boisseau, n. 16.
Quiller veuve, née Bolletet, n. 16.

Maisonnier Mme, née Girodot, journalière, n. 16.
Bosson veuve, née Boulanger, journalière, n. 16.
Rousselle Pierre, menuisier, n. 18.
Boudier Théodore, commissionnaire, n. 18.
Herling Nicolas, couvreur, n. 18.
Demanche Jean, ouvrier cordonnier, n. 18.
Lordon Sophie Mlle, journalière, n. 18.
Groselier Marie Mlle, journalière, n. 18.
Mozoyer, n. 22.
Gloton Louis, menuisier, n. 22.
Brimeur Paul, brossier, n. 24.
Gaspard, journalier, scieur de bois, n. 24.
Sciau Jean-Georges, journalier, n. 24.
Demanche, journalier, n. 24.
Taulaurain, journalier, n. 24.
Dumeix Anne Mlle, n. 24.
Brimeur veuve, née Lebiet, ouvrière, n. 24.
Regnier veuve, journalière, n. 24.
Dagat, journalier, n. 24.
Lariotte Auguste, manouvrier, n. 24.
Fabvre Antoine, marchand, n. 24.
Chapuis François, journalier, n. 24.
Diéry Marguerite Mlle, marchande de café à la tasse, 24.
Gillot Edmond, cordonnier, n. 24.
Chapy Mme, revendeuse, n. 26.
Daubourg Jean-Baptiste, ouvrier imprimeur, n. 26.
Vallot, journalier, n. 26.

ROUTE DE LANGRES.

Fabrique de noir animal à MM. Bargy et Jacotot.
Bellet François, cultivateur.
Duval Jean-Baptiste, domestique.
Chaudier Jean, cultivateur.
Fousset Nicolas, fermier.
Glandas, veuve Accard, propriétaire.
Accard Louis.
Leclerc Mme, née Accard, propriétaire.

Dey Pierre, marchand vivandier.
Sauvestre Jean-Baptiste, cabaretier.

ROUTE DE LYON.

Moret veuve, née Baron, propriétaire, n. 1.
Mortier Eugène, marchand de farines, n. 1.
Fagot Prudent, cabaretier, n. 3.
Fagot Auguste, ajusteur, n. 3.
Ragot Georges, marchand de bois, n. 3.
Ledeuil Dominique, chargeur, n. 3.
Bouchard Jean, voiturier par eau, n. 3.
Favier Benoît, scieur de long, n. 3.
Saulnier François, scieur de long, n. 3.
Gallin François, contre-maître de fonderie, n. 3.
Royer Jean-Baptiste, fabricant de bougies, n. 5.
Royer Hippolyte, fabricant de bougies, n. 5.
Bizouard Adrien, n. 5.
Flaiche Pierre, manouvrier, n. 7.
Vaillé Simon, concierge, n. 7.
Lefol veuve, née Messigny, femme de ménage, n. 7.
Cortot François, carrier, n. 7.
Mahon Joseph, journalier, n. 7.
Gagne veuve, née Back, propriétaire, n. 7.
Debières Apollinaire, aiguilleur, n. 7.
Aubert François, fabricant de savon.
Aubert fils,   id.
Rodier Célestin, sous-chef de dépôt, n. 11.
Mutin Pierre, commis auxiliaire, n. 11.
Delmotte Honoré, cantonnier n. 11.
Roy Louis, vigneron.
Amidieu François, garde ligne.
Clerget Pierre, garde ligne.
Gaillard Félix, sous-officier en retraite, n. 2.
Ragot Claude, marchand de bois, n. 2.
Ploncard Léon, cloutier, n. 2.
Douard Jean-Baptiste, cabaretier, n. 2.
Groffier Joseph, sous-officier en retraite, n. 2.

Lapelletière Jean, receveur d'octroi, n. 4.
Bourgeot Jean-Baptiste, journalier, n. 6.
Danières Paul, tonnelier, n. 6.
Mutin Jean-Baptiste, garçon de magasin, n. 6.
Cizel Clément, chauffeur, n. 6.
Huchon Vincent, cultivateur, n. 8.
Thiberville, marchand de bois, n. 8.
Rodier Alexis, propriétaire, n. 10.
Troly Louis, manouvrier, n. 10.
Flachot Henri, contre-maître, n. 10.
Forgemont Pierre, journalier, n. 10.
Manchematin Prosper, ferreur.
Guillot Michel, cantonnier.
Chotier Pierre et Henry, n. 10.

ROUTE DE PLOMBIÈRES.

Belin François, surveill. du cabinet d'histoire naturelle.
Dumont Pierre, concierge et surv. du jard. des plantes.
Weber Jean-Baptiste, jardinier en chef.
Guerillot François, jardinier aide.
Regneau Philibert, jardinier   id.
Patry Charles, chauffeur.
Valluy Simon.
Buron Pierre, cafetier.
Grenier Ernest, chauffeur.
Guenot Célestin, contre-maître.
Couriol Etienne, entrepreneur.
Léonard Urbain, ouvrier carrier.
Naudin Henri, homme d'équipe.
Brunet Joseph, docteur-médecin de l'asile des aliénés
Grosjean Henri, économe,   id.
Missonnier Louis, aumônier,   id.
Petrucci Gaston-Paul, médecin-adjoint.   id.
Porta Arthur, interne,   id.
Stivalet Pierre, concierge,   id.
Stivalet Edmond, sous-officier,   id.
Stivalet Jean-Baptiste, garçon charcutier.
Bouley Jean-Baptiste, jardinier.

Chapard Victor, meunier et marchand de farines.
Doyen Vivant, concierge, garde-moulin.
Bonnotte Emile, jardinier.
Drouhot Jean-Baptiste, garçon voiturier.
Seroin Jean-Baptiste, employé.
Décailly Claude, meunier.
Décailly Charles fils.
Sauvageot Ferdinand, garçon voiturier.
Claire Etienne, employé.
Legros Jules, fabricant de colle.
Breuil Jacques, meunier.
Stefgen veuve, née Lévêque, cabaretière.
Berger François, cond. de trains, épicier et cabaretier.
Humbert Mme, née Cordier, lingère.
Héliotte Claude, manouvrier.
Gelezenet Emile, carrier.
Poitoux Jean-Baptiste, à l'équipe.
Gibourg veuve, née Suchetet, femme de ménage.
Goliard François, conducteur.
Joran François, garçon de magasin.
Bacquin veuve, journalière.
Marchandon Jean-Baptiste, tailleur de pierres.
Porcherot Pierre, garçon meunier.
Gibourg Pierre, à l'équipe.
Batsalle Dominique, employé au chemin de fer.
Moiton Clément, conducteur de trains.
Chevillard Pierre, homme d'équipe.
Monniot Jean-Baptiste, cantonnier.
Mohin Pierre, gardien aux Chartreux.
Léchenet Mme.
Carré Etienne, chapelier.
Naigeon François, tailleur de pierres.
Verchère Pierre, receveur d'octroi.
Noël François, comptable au chemin de fer.
Lejard, fileur de laine.
Josserand Bénigne, vigneron.
Robelin Louis, propriétaire, fab. de bleu (pied-à-terre).
Chiffolot Pierre, journalier.
Claire Jean-Baptiste, garçon farineur.
Misset Claude, garçon farineur.
Chériot Antoine, cantonnier.

ROUTE DE SAINT-SEINE.

Bertrand Nicolas, jardinier.
Deleau Jean-Baptiste, rentier.
Hemousse Mme.
Febvret veuve, née Toulouse, propriétaire, n. 2.
Tribolet Nicolas, cantonnier, n. 2.
Cuinet Constant, journalier.
Guillemain François, tailleur de pierres, propriétaire.
Cortot Pierre, tailleur de pierres.
Moussenergue Philippe, ouvrier serrurier.
Thévenin Joseph, ancien gendarme.
Aubry Auguste, propriétaire, n. 2.
Johannard, négociant, rue Musette, n. 4 (pied-à-terre).
Nicolas Etienne, nettoyeur, n. 4.
Costet Antoine, marchand quincailler, n. 4.
Aubert Honoré, propriétaire, n. 4 (pied-à-terre).
Lemoult, négociant, rue Condé, n. 6   id.
Simon Pierre, propriétaire, nettoyeur, n. 8.
Thal Anatole, propriétaire, cabaretier, n. 10.
Tribolet Nicolas, cantonnier, n. 10.
Vuidepot Louis, chauffeur, n. 10.
Bizot Sébastien, garçon de magasin, n. 12.
Regnier Victor, propriétaire, n. 12.
Guidat Jean-Baptiste, tourneur en fer, n. 14.
Verreaux, ferblantier, n. 14 (pied-à-terre).
Mallard, n. 18 (pied-à-terre).
Magnien n. 20 (pied-à-terre).
Broin veuve n. 22 (pied-à-terre).

RUELLE AUX PRÊTRES.

Clerc Claude, orthopédiste, n. 1.
Feuvrier Mme, professeur de musique, n. 1.
Demartinécourt Joseph, vigneron, n. 3.

Esmonin Louis, coquetier, n. 3.
Naigeon Antoine, journalier, n. 3.
Dupaquier Jean, vivandier, n. 3.
Ragot Jean, manouvrier, n. 2.
Fontaine veuve, née Bonnard, jardinière, n. 2.
Masson Jean-Baptiste, voiturier, n. 2.
Calais Jean, carrier, n. 2.
Cartier Jean-Baptiste, vigneron, n. 2.
Ragot Jean-Baptiste, jardinier, n. 2.
Calais Michel, carrier, n. 2.
Dumont Pierre, chiffonnier, n. 2.
Fleury François, chapelier, n. 2.
Masson Mathieu, manouvrier, n. 2.
Lamorelle veuve, rentière, n. 2.
Ragot Jean-Baptiste, vigneron propriétaire, n. 2.
Duchesne Pierre, cultivateur, n. 4.
Duchesne Jean-Baptiste, rentier, n. 4.
Duchesne Louis, vigneron, n. 6.
Poignant Antoine, jardinier, n. 8.
Calais Claude, jardinier, n. 10. .
Bernard Antoine, manouvrier, n. 10.
Fernet Etienne, cultivateur, n. 12.

SACHOT (Rue du).

Duvivier Paul, employé des postes, n. 1.
Louchain Jacques, à l'équipe, n. 3.
Siruguet Anne Mlle, couturière, n. 3.
Dubreuil François, journalier, n. 3.
Préclair André, facteur au chemin de fer, n. 11.
Grand François, scieur de long, n. 2.
Dorey Maurice, à l'équipe, n. 2.
Maitret Auguste, manouvrier, n. 2.
Guyot Joseph, propriétaire, n. 2.
Desprès Simon, vigneron, n. 2.
Berbet Paul, ajusteur, n. 1.
Saulgeot François, forgeron, n. 2.
Baudilaire Etienne, garçon brasseur, n. 2.

Cornillon Ferdinand, tailleur, n. 2.
Fillot Etienne, maçon, n. 2.
Althermat, menuisier, n. 2
Lhéritier Jean, maçon, n. 2.
Leblanc Jean, cordonnier, n. 4.
Grillon Joseph, à l'équipe, n. 4.
Miniac Charles-Louis, fabricant de chapeaux, n 8.
Dorey François, journalier, n. 8.
Coupé Joseph, journalier, n. 8.
Pierre Jean-Baptiste, cloutier, n. 12.
Prieur veuve, née Voinchet, ouvrière, n. 12.
Palant Jean, manœuvre, n. 12.
Fillion Jean, manouvrier, n. 12.
Terreaux Alexis, garçon boulanger, n. 12.
Persey Jacques, sellier, n. 12.
Chaussenot Mme, née Coutier, gargotière, n. 16.

SAMBIN (Rue).

Jacquinot Ferdinand, propriétaire, n. 1.
Schindeler veuve, née Joly, rentière, n. 1.
Aubertin Charles, professeur de littérature, n. 1.
Mouillon Philibert, charpentier, n 3.
Fontaine Bernard, propriétaire, n. 5.
Douard veuve, née Claudon, rentière, n. 5.
Beurdeley veuve, née Marmin, propriétaire, n. 7.
Faësel Joseph, ancien brasseur, n. 7.
Chataigner Eugène, comptable, n. 7.
Durey Claude, inspecteur des forêts, n. 7.
Durey Camille, chef de bureau, n. 7.
Baudin Eugène, serrurier entrepreneur, n. 9.
Baudin Auguste fils, n. 9.
Mathey Claude-Victor, propriétaire, n. 9.
Cothenet-Thibaut, avocat, n. 9.
Bully Claude, propriétaire, n. 9.
De Flandres Pierre, colonel en retraite, n. 9.
De Flandres Gaston, employé à l'inspec. principale, 9.
Bertrand Jean-Baptiste, n. 15.

Bertrand Jean, vidangeur, n. 15.
Gauvin veuve, née Nîmes, propriétaire, n. 15.
Gauvin Claude, cultivateur, n. 15.
Seignot Simon, jardinier, n. 15.
Payotte Jean-Baptiste, journalier, n. 15.
Bitouzet Pierre, vivandier, n. 15.
Poirey veuve, née Carrière, journalière. n. 15.
Tarby Bernard, voiturier, n. 15.
Méline Joseph, manouvrier, n. 15.
Beaubillé François, journalier, n. 15.
Gérard Lazare, voiturier, n. 15.
Gérard Henri fils, n. 15.
Salbreux Reine, blanchisseuse, n. 15.
Porcherot Jean, matelassier, n. 15.
Pernot Philippe, jardinier, n. 15.
Darantière Nicolas, manouvrier, n. 15.
Darbre Jean-Baptiste, voiturier, n. 15.
Corcol Jean, surveillant d'octroi, n. 17.
Massenot, n. 17.
Faurion Louis, tonnelier, n. 17.
Chary Auguste, ouvrier tonnelier, n. 17.
Jomard Jean-Baptiste, manouvrier, n. 19.
Jomard Jean, vidangeur, n. 19.
Fourneret Jean-Baptiste, jardinier, n. 19.
Fourneret Mme, n. 19.
Meurgey Jean-Baptiste, jardinier, n. 19.
Bernard François, manouvrier, n. 19.
Millerand François, manœuvre, n. 19.
Cauvard Bernard, manouvrier, n. 19.
Fleury, chapelier, n. 23.
Guala Pierre, fabricant de plâtre, n. 23.
Dumarché veuve, née Berthenet, ouvrière, n. 23.
Brosseaux François, cloutier, n. 23.
Sauvageot Joseph, ancien jardinier, n. 23.
Paillot Auguste, manouvrier, n. 23
Bochot Charles, ouvrier cordonnier, n. 23.
Maire Antoine, menuisier, n. 23.
Renier Claude, propriétaire, n. 2.
Bélorgey Gabriel, rentier, n. 2.
Langlais Jean-Baptiste, ancien marchand de charbon, 4.

Langlais François fils, n. 4.
Atelier de tonnellerie à M. Chardiner, n. 4.
Morel François, manouvrier, n. 4.
Daudon Joseph, propriétaire, plâtrier, n. 6
Daudon Antoine fils, n. 6
Daudon Edouard fils, n. 6.
Jeannier Jacques, caissier de banque, n. 6.
Debillemont Ernest, employé au chemin de fer. n. 6.
Bourette veuve, rentière, n. 6.
Bernard Jean-Baptiste, à l'équipe, n. 6.
Coudret Victor, employé au chemin de fer, n. 6.
Mathelin Pierre, entrepreneur, n. 6.
Thevenin Arsène, ancien cafetier, n 6.
Dumoulin Sylvain, propriétaire, entrepreneur, n. 8.
Thirion veuve, rentière, n. 8.
Botquelet François, rentier, n. 8.

SAMBIN (Ruelle).

Robin Jean, manouvrier.
Ienisch André, fabricant de savon.
Girard Joseph, employé au chemin de fer.
Dietz Georges, employé au chemin de fer
Siméon (Loge maçonnique).
Bleklinger veuve, née Bouquet.
Dufaure Camille, employé retraité.
Courtioux fils (pied-à-terre).
Franoy, propriétaire.
Duchêne, cultivateur.
Belleville François, ancien domestique.

SAUMAISE (Rue).

Jobard Jean-François, fabricant de chaussures, n. 1.
Jobard Modeste, voyageur de commerce, n. 3.
Gauchat Claude, garçon boulanger, n. 5.
Bance Hippolyte, employé, n. 5.

Siredey Etienne, menuisier, n. 5.
Bissey Jean-Baptiste, tonnelier marchand de vin, n. 11.
Ducaire Pierre, ouvrier limonadier, n. 11.
Desjours Charles-Alexandre, comptable, n. 11.
Lafête Clara, sœur supérieure, n 13.
Marteaux veuve, née Fournerat, n. 27.
Villien Martin, journalier, n. 27.
Deschamps Emile, peintre, n. 27.
Lefoulet veuve, née Normand, rentière, n. 29.
Maître Jeanne Mlle, regrattière, n. 29.
Arnaud Mlle, ouvrière, n. 29.
Thervil Louis, serrurier, n. 31.
Serbourse, dit Barette Prudent, menuisier entrepr., n. 35.
Serbourse fils, menuisier entrepreneur, n. 35.
Benoît Catherine Mlle, n. 35.
Blondel veuve, née Madeleine, rentière, n. 35.
Deresse, juge d'instruction, n. 35.
Deresse, rentier, n. 35.
·Petitot Jeanne Mlle, ancienne domestique, n 35.
Pansiot Anne Mlle, rentière, n. 39.
Linoir François, vicaire de Saint-Michel, n. 39.
Linoir Jeanne Mlle, sœur, n. 39.
Dromard veuve, propriétaire, n. 39.
Sauvageot Charles, propriétaire, n. 41.
Collot François, rentier, n. 43.
Maulbon d'Arbaumont Jules, propriétaire, n. 43.
Chrétien Henriette Mlle, rentière, n. 43.
Julien, rentier, n. 45.
Leclerc Jeanne Mlle, rentière, n. 47.
Hurot Eugénie Mlle, rentière, n. 47.
Cegaud, curé de St-Michel, n. 47.
Duvault veuve, née Cartaud, rentière, n. 47.
Chambellan veuve, née Ronot, rentière, n. 47.
Langeron Jean-Claude, homme de lettres, n. 51.
Chalochet Claude, prêtre, n. 51.
Teinturier Louis, aumônier du Bon-Pasteur, n. 51.
Mareuse veuve, née Perrot Marie, propriétaire, n. 53.
Joly Claude, liquoriste, n. 55.
Focillon Etienne, charron-ferreur, n. 55.
Roussotte Claude, rentier, n. 55.

Sarrazin Flavie Mlle, ouvrière, n. 55.
Ménard Etienne, maréchal ferrant, n. 55.
Prévot Claude, jardinier, n. 55.
Talmôt Michel, peintre, n. 55.
Chapuis Pierre, ouvrier, n. 57.
Villotet Marie Mlle, rentière, n. 57.
Lechenaut veuve, rentière, n. 57.
Trimaille Nestor, propriétaire, n. 59.
Rouge Jeanne Mlle, rentière, n. 59.
Rabut Charles, comptable, n. 59.
Demaizières, tonnelier, n. 61.
Douard Auguste, bourrelier, n. 61.
Veludot veuve, née Guilleminot, ouvreuse au théâtre, 61.
Gillet veuve, rentière, n. 61.
Daussy Léon, ébéniste, n. 61.
Rabut Charles, employé, n. 61.
Gallien Antoine, concierge, n. 61.
Carrosse veuve, rentière, n. 61.
Paupion veuve, rentière, n. 61.
Naudin, tonnelier, n. 61.
Faivre, menuisier, n 61.
Perrin Anne Mlle, rentière, n. 61.
Barbier Jean, rentier, n. 61
Faucillon veuve, rentière, n. 61.
Faucillon fils, employé à la recette générale, n. 61.
Frossard Jean-Baptiste, employé, n. 61.
Chaunevet Claudine Mlle, domestique, n 61.
Vallot, ouvrier relieur, n. 61.
Talmot, journalier, n. 61.
Voinchet Jean-Baptiste, menuisier, n. 61.
Clotte Joseph, revendeur de fer, n. 63.
Vannier Jules, cordonnier, n. 63.
Verreaux François, ancien ferblantier, n. 63.
Bizot François, ouvrier relieur, n. 63.
Chambrette Jean, ouvrier confiseur, n. 63.
Martin Eugène, élève architecte, n. 63.
Truchot, charron, n. 63.
Blaggy Pierre, fumiste, n. 63.
Painchaux Claude, couvreur, n. 63.
Bronkannd Charles, cordonnier, n. 63.

Rondot Alexis, propriétaire, n. 65.
Berthaux, graveur, n. 65.
Bonnet Firmin, marchand de vins en gros, n. 65.
De la Chaussée, capitaine au 62e, n. 65.
Lascombe Mme, née Verrière, ouvrière, n. 65.
Kuntz Joséphine Mlle, rentière, n. 67.
Denizot Prudent, loueur en garni, n. 67.
Garnier veuve, née Guiller, grenetière, n. 69.
Chambret Pierre, tailleur de pierres, n. 69.
Laurent Adélaïde, loueuse en garni, n. 69.
Jarrot veuve, née Rosillon Jeanne, rentière, n. 69.
Faivre Louise Mlle, lingère, n. 4.
Heller veuve, née Genty, lingère, n. 4.
Henry Cyprien, garçon potier, n. 8.
Decurey Louis, marchand de vin, n. 8.
Oudot Julien, cordonnier, n. 8.
Billiette veuve, journalière, n. 10.
Gord François, sous-officier en retraite, n. 10.
Lerr Mme, née Gauthier, ouvrière, n. 10.
Maindiau Xavier, menuisier, n. 10.
Vallée Marguerite Mlle, ouvrière, n. 10.
Berthier-Gille Mme, ouvrière, n. 10.
Gobbi Philippe, vitrier propriétaire, n. 10.
Demmer Sébastien, ouvrier tailleur, n. 12.
Duval, ouvrier cordonnier, n. 12.
Besançon Joseph, manouvrier, n. 12.
Baefgen Philibert, cordonnier, n. 14.
Ledur Mme, née Salmon, blanchisseuse, n. 14.
Benoît Jacques, blanchisseur de linge, n. 14.
Conversey Anne, rentière, n. 14.
Clerc Gabriel, ouvrier peintre, n. 14.
Gasq, épinglier, n. 14.
Maillot Claude, tailleur de pierres, n. 16.
Maillot Léon fils, n. 16.
Mongin Mme, ouvrière, n. 16.
Perret François, serrurier, n. 16.
Pétot veuve, née Bram, ouvrière, n. 16.
Marquiset, manouvrier, n. 16.
Neffliez, manouvrier, n. 16.
Peffert Louis, maçon, n. 16.

Gadesky Pierre, rentier, n. 16.
Dumont Louis, n. 16.
Marin A., maréch. des logis de gendarmerie en retr. 18.
De Chatellenot veuve, propriétaire, n. 18.
Griffon Jean-Baptiste, rentier, n. 18.
Payme Antoine, employé à l'*Abeille*, n. 18.
Reitz veuve, rentière, n. 18.
Sicre Victor, propriétaire, n. 18.
Cagnoly Célestin, rentier, n. 18.
Témérat Charles, plâtrier, n. 18.
Mochot André, rentier, n. 18.
Jolimet veuve, née Meurgey, blanchisseuse, n. 18.
Gauthier F., débitant de vin, employé au ch. de fer, 20.
Plomb Alfred, cordonnier, n. 20
Halluis Louis, chapelier, n. 20.
Pétot Gabrielle, dite Filliette, journalière, n. 20.
Clavel Etienne, couvreur, n. 20.
Michel, ouvrier cordonnier, n. 20.
Clerget Pierre, facteur rural, n. 20.
Tupin Denise, journalière, n. 20.
Martin, ouvrier tapissier, n. 20.
Drouelle Jean, journalier, n. 20.
Bresson François-Xavier, couvreur, n. 20.
Cottenet Jacques, menuisier, n. 20.
Giraud Jacques, grenetier, n. 22.
Camus Philibert, regrattier, débitant de vin, n. 24.
Pitolet Françoise, journalière, n. 26.
Lefoulet Lazareth Mlle, ouvrière, n. 26.
Mairet Françoise, ancienne domestique, n. 26.
Albrier Emile, employé aux contributions indirectes, 26.
Landois Théodore, capitaine en retraite, n. 26.
Magny Elisabeth Mlle, ouvrière, n. 26.
Landois, docteur-médecin militaire, n. 26.
Tamisey Jean, prêtre, aumônier, n. 26.
Tamisey Ludovine sœur, n. 26.
Monnot veuve, rentière, n. 26.
Chambrette Mlle, journalière, n. 28.
Pansiot Claude, cocher de M. de St-Seine, n. 28.
Diétrich Adolphe, organiste, n. 28.
Lejeune veuve, née Delmont, rentière, n. 28.

Gallois veuve, née Vallot, rentière, n. 28.
Thevenin veuve, née Dupuis, rentière, n. 28.
Bertaux Ernest, employé, n. 28.
Bouchard, tailleur de pierres, n. 30.
Berthonet veuve, née Pacquelin, journalière, n. 30.
Commard Christine Mlle, journalière, n. 30.
Gourdet, capitaine en retraite, n. 30.
Mortet Christine Mlle, rentière, n. 30.
Besancenot André, propriétaire, n. 30.
Besancenot Claudine Mlle, rentière, n. 30.
Belin veuve, rentière, n. 30.
Simonnot veuve, née Duvaux, rentière, n. 30.
Maître Catherine Mlle, rentière, n. 30.
Donjon Anne, ouvrière, n. 30.
Pelletier veuve, née Truchetet, rentière, n. 30.
Garnier Joseph, marchand de bois, n. 30.
Trutat Louis, rentier, n. 30.
Girard Françoise Mlle, rentière, n. 30.
Javel Marie Mlle, rentière, n. 30.
Gros Nicolas, rentier, n. 32.
Pauffard Victoire, ouvrière, n. 34.
Accard Adèle Mlle, rentière, n. 34.
Monot Colette Mlle, ouvrière, n. 34.
Gauthier, doreur, n. 34.
Fontaine veuve, née Duvollet, rentière, n. 34.
Guérin veuve, revendeuse, n. 34.
Ehinger Claude, ouvrier cordonnier, n. 34.
Goux Napoléon, agent d'assurances, n. 40.
Chapuis Antoine, couvreur, n. 40.
Vermeillet, cordonnier, n. 40.
Jourdheuil Joseph, ancien conseiller à la Cour, n. 42.
Girard Etienne, agent d'assurances, n. 42.
Vacherie Julien, conseiller à la Cour, n. 42.
Manine François, maçon et cabaretier, n. 46.
Mercier Onésime, émouleur, n. 46.

SAINTE-ANNE (Rue).

Malloir Ernest, banquier, n. 1.
Valette Jean, propriétaire, n. 3.

Creuzot veuve, née Violle, propriétaire, n. 3.
Creuzot Gustave, rentier, n. 3.
Tribolet François, tourneur, n. 5.
Gauthier Léon, propriétaire, n. 7.
Nardey Christophe, capitaine en retraite, n. 7.
Tournade veuve, née Oriole, propriétaire, n. 7.
Dupotet Thérèse Mlle, supérieure des sœurs St-Anne, 9.
Robinet Cléophore, poêlier, n. 2.
Hutinet veuve, née Bernard, blanchisseuse, n. 2.
Bizot Pierre, marchand tripier, n. 2.
Thouin Alphonse, porteur de journaux, n. 2.
Brunelle Amable, porteur de journaux, n. 2.
Lebœuf Mme, née Flachot, rentière, n. 4.
Gerbet Adèle Mlle, blanchisseuse, n. 4.
Belleville veuve, propriétaire, n. 4.
Chevardin François, comptable, n. 4.
Sauger veuve, née Loreau, couturière, n. 4.
Chedal Alexandre, commissionnaire, n. 4.
Bonnotte Auguste, tonnelier, n. 4.
Guilland Nicolas, chapelier, n. 6.
Ancey Catherine Mlle, lingère, n. 6.
Michel François, employé au chemin de fer, n. 6
Joannet Pierre, marchand de charbon, n. 6 *bis.*
Plaisant Jean-Baptiste, entrepreneur plâtrier, n. 6 *bis.*
Plaisant fils, n. 6 *bis.*
Lenoir veuve, née Levebedel, propriétaire, n. 6 *bis.*
Deroye André, propriétaire, n. 6 *bis.*
Géry Antoine, menuisier, n. 10.
Legrand Jean, jardinier, n. 10.
Bulon Bernard, secrétaire des hospices, n. 10.
Bertrand Marie Mlle, rentière, n. 10.
Ledeuil Claude, propriétaire, n. 18.
Brugnot Louis, abbé, n. 12.
D'Estocquois François, professeur à la Faculté, n. 12 *bis.*
Perchet veuve, née Febvre, logeuse, n. 14.
Guichot Denis, maçon, n. 16.
Labbaye François, employé au chemin de fer, n. 16.
Vuillemain Antoine, sabotier, n. 16.
Doyen veuve, née Petit, femme de ménage, n. 16.
Rougetet Jean-Baptiste, manouvrier, n. 16.

Bissey Charles, à l'abattoir, n. 16.
Miguot Claude, à l'abattoir, n. 16.

SAINT-BÉNIGNE (Rue).

Rivet François-Victor, évêque, n. 1.
Rivet Victoire Mlle, sœur, n. 1.
Pillot Pierre, secrétaire de Monseigneur, n. 1.
Brenot Antoine, sacristain, n. 1.
Sylvestre Vorles, secrétaire de Monseigneur, n. 1.
Dubois Henri,   id.
Pissot Jacques, concierge, n. 1.
Lagoutte Pierre, restaurateur, n. 5.
Moine Pierre, filateur de laine, n. 7.
Moine François,   id.
Breuil Joseph, fabricant de parapluies, n. 9.
Guyot Etienne, cafetier, n. 11.
Chataigner Jules, fabricant de billards, n. 11.
Chapuis Pierre, marchand de fer, n. 11.
De Bontemps de Saint-Cernin Mlle, rentière, n. 15.
De Bontemps de Saint-Cernin Jenny Mlle, rentière, 15.
Bizot Frédéric, fabricant de casquettes, n. 2.
Rabuteau Pierre, marchand de pipes en gros, n. 2.
Lavier Vivant, sellier, n. 4.
Tixier veuve, née Laurent, institutrice, n. 6 *bis.*
Samuel Jules, négociant en grains, n. 8.
Mourot Philippe, peintre-vitrier, n. 10.
Mourot Alfred, peintre-vitrier, n. 10.

SAINT-BÉNIGNE (Rue Neuve).

Leroy Hector, doreur.
Camuset Vincent, homme d'équipe.
Rousseau Jacques, vigneron.
Collon Laurent, forgeron.
Delaporte Auguste, sculpteur.
Berger Charles, pianiste.
Garnier Joseph, homme d'équipe.

SAINT-BERNARD (Rue).

Viallanes veuve, née Roussin, propriétaire, n. 1.
Corbabon Camille, propriétaire, n. 1.
Corbabon Armand fils, n. 1.
Corbabon Henri fils, n. 1.
Doncieux Joseph, conseiller, n. 1.
Gagniard Pierre, propriétaire.
Guenée Hippolyte, professeur de droit.
Robert Antoine, avocat stagiaire.
Maréchal Joseph, propriétaire, n. 4.
Margerie Maximilien-Eugène, inspecteur en retraite, n. 4.
Laroche Claude, employé de commerce, n. 4.
Chaumonot Pierre, capitaine de gend. en retraite, n. 4.
Chaumonot Alfred fils, surnuméraire, n. 4.
Bridon Joseph, rentier, n. 4.

SAINTE-CATHERINE (Rue).

Cretenet Jean-Baptiste, ouvrier chapelier, n. 1.
Konot veuve, née Méaut, journalière, n. 3.
Cornubert Just, journalier, n. 3.
Vincenot, homme d'équipe, n. 3.
Ariet Mme, née Truffet, rentière, n. 3.
Delalune Louis, maçon, n. 3.
Delalune Claude, chapelier, n. 3.
Picamelot Jacques, manouvrier, n. 3.
Forquet veuve, née Verrière, propriétaire, n. 5.
Guyot Jacques, huilier, n. 5.
Thirion Jean, rentier, n. 5 *bis*.
Laporte-Arnaud, trésorier de la Caisse d'épargne, 5 *bis*.
Ragonneau Jean, jardinier, n. 7.
Regipier veuve, née Devaux, journalière, n. 9.
Regipier Jean, manouvrier, n. 9.
Fremiet Jules, relieur, n. 9.

Javelier Antoine, tailleur de pierres, n. 11.
Maurice Jules, manouvrier, n. 13.
Maurice Auguste, manouvrier, n. 13.
Marchal Joseph, n. 13.
Roux Denis, jardinier, n. 13.
Roux Jules, jardinier, n. 13.
Fournelle Pierre, charpentier, n. 13.
Leborgne Louis, sablier, n. 13.
Chatain Claude, manouvrier, n. 15.
Chatain Pierre, manouvrier, n. 15.
Bertrand Claude, manouvrier, n. 15.
Morer Nicolas, maçon, n. 17.
Barbarin Jean, homme d'équipe, n. 17.
Bouley Jean-Baptiste, peintre, n. 17.
Brulard Charles, garçon brasseur, n. 17.
Fatiguet Etienne, chapelier, n. 17.
Fatiguet veuve, née Damongeot, ouvrière, n. 17.
Lepaire Marguerite Mlle, marchande de volaille, n. 17.
Chalet Antoine, marchand d'eau-de-vie, n. 17.
Perrot Jean-Baptiste, manouvrier, n. 17.
Perrot Etienne, manouvrier, n. 17.
Bizet Joseph, chapelier, n. 17.
Dumont Jacques, marbrier, n. 17.
Paxion François, garçon brasseur, n. 17.
Bajotet, commissionnaire, n. 17.
Thiébaut Etienne, manouvrier, n. 17.
Mathey Philibert, plâtrier, n. 23.
Hecquet Jean-Baptiste, manouvrier, n. 25.
Genty Prudent, vigneron, n. 4.
Genty Eugène, militaire retraité, n. 4.
Rigaud Charles, cabaretier, n. 4.
Garot Claude, charpentier, n. 4
Dorey veuve, laveuse, n. 4.
Forquet Jean, rentier, n. 4.
Nicolas François, manouvrier, n. 4.
Derepas François, manouvrier, n. 4.
Vallot Charles, jardinier, n. 6.
Clerc veuve, née Daisey, jardinière, n. 6.
Gras Mme, née Laurent, n. 6.
Laurent Antoinette Mlle, n. 6.

Gras Auguste, cultivateur, n. 6.
Bury veuve, née Veillet, lingère, n. 6.
Guilleminot Jean-Baptiste, manouvrier, n. 6.
Laurent Charles, propriétaire, n. 6.
Regnier Théodore, liquoriste, n. 8.
Faraguet Julie Mlle, n. 8.
Laurent veuve, née Pallereau, rentière, n. 8.
Talfumière, manouvrier, n. 8.
Bredillet Pierre, ouvrier tonnelier, n. 12.
Maire Jean, jardinier, n. 12.
Maire Antoine, garçon brasseur, n. 12.
Maire Jean, gendarme, n. 12.
Grillot Claude, chapelier, n. 12.
Mathis veuve, n. 12.
Bonamy veuve, née Lerat, ouvrière, n. 12.
Laurent veuve, née Barin, propriétaire, n. 14.
Bonvalet Charles, jardinier, n. 14.
Bonvalet François, jardinier, n. 14.
Bannelier Jean-Baptiste, jardinier, n. 16.
Javelier Jacques, tailleur de pierres, n. 18.
Javelier Jean-Baptiste fils, n. 18.
Javelier Edouard fils, n. 18.
Javelier Emile fils, n. 18.
Pichenot Claude, rentier, n. 18.
Ragot Charles, jardinier, n. 20.
Boisseau veuve, née Barbette, journalière, n. 20.
Boisseau Pierre, jardinier, n. 20.
Charpentier Edme, jardinier, n. 22.
Charpentier Antoine, jardinier, n 22.
Guillaume Jean-Baptiste, manouvrier, n. 22.
Charpentier Louis, jardinier, n. 22.
Boissière veuve, née Cholse, journalière, n 22.
Dupaquier Antoine, manouvrier, n. 24.
Verrière Joseph, propriétaire, n. 24.
Prist, garçon brasseur, n. 24.
Gras veuve, née Saunier, manouvrière, n. 24.
Saunier Claude, manouvrier, n. 24.
Seguin veuve, manouvrière, n. 24.
Mairet Ferdinand, chapelier, n. 26
Himatte Nicolas, chauffeur, n. 26.

Nérat René, manouvrier, n. 26.
. Alloin Jean-Claude, charpentier, n. 26.
Thunot Jean, jardinier, n. 26.
Thunot Michel, jardinier, n. 26.
Dumas Etienne, manouvrier, n. 26.
Cornuot Charles, cloutier, n. 26.
Ragot Auguste, jardinier, n. 28.
Barbette Pierre, jardinier, vigneron, n. 30.
Barbette Bernard fils, n. 30.
Hébert Achille, menuisier, n. 30.
Isselin François, employé, n. 30.
Lobrot Jacques, jardinier, n. 32.
Ragot Jacques, jardinier, n. 34.
Raguet Nicolas, serrurier, n. 36.
Beuchon veuve, née Méot, journalière, n. 36.
Désarbre Joseph, propriétaire, marchand de bétail, 36.
Massin Claude, vigneron, n. 36.
Mallat Jean-Baptiste, rentier, n. 36.
Charpentier Philibert, journalier, n. 36.
Cambis Pierre, capitaine en retraite, n. 36.
Tachot Edme, employé au télégraphe, n. 36.
Simonnet Claude, tonnelier, n. 38.
Bonnard veuve, née Monnot, épicière, n 38.
Lindel Jean-Pierre, chapelier, n. 40.
Fernet Jean-Baptiste, jardinier, n. 40.

SAINT-LAZARE (Ruelle).

Gunther Joseph, propriétaire, vigneron.
Pignot Antoine, propriétaire.
Malnoury Louis, garçon de magasin.
Tanière Etienne, rentier.

SAINT-LAZARE (Grande rue.

Fortin Joseph, ouvrier relieur, n. 3.
Guibaudet François, propriétaire, march. de grains, n. 7.

Guibaudet Eugène, marchand de grains, n. 7.
Saunois P., vic. de St-Pierre et curé de St-Apollinaire, 7:
De Pinteville, baron de Cernon, colonel en retraite, n. 9.
Villedieu de Torcy Zénéide Mlle, rentière, n. 9.
Audiot Claude, caissier, n. 11.
Déclume Flavie Mlle, ouvrière, n. 11.
Poret, n. 11.
Michel, menuisier, n. 11.
Couvent des Carmélites (Mme de Sézin, supérieure), 15.
Lang Charles, relieur, n. 17.
Deschiens Nicolle, relieur, n. 17.
Servy Félix, scieur de long, n. 19.
Dangeville Marie Mlle, ouvrière, n. 21.
Thevenin Casimir, propriétaire, n. 2.
Douhin Jean-Baptiste, jardinier, n. 6.
Grenette Jean, vigneron, n. 8.
Duvaldestin Jean, ancien opticien, n. 10.
Perney Antoine, jardinier, n. 12.
Schmitt André, relieur, n. 14.
Fiet Pierre, jardinier, n. 16.
Fiet Jean-Baptiste fils, n. 16.
Fiet Philippe fils, n. 16.
Fiet Philippe, jardinier, n. 16.
Robert Jean, teneur de livres, n. 18.
Couvent de Saint-Lazare, n. 20.

SAINT-LAZARE (Petite rue).

Roque Henri, poêlier.
Hibard Guillaume, ouvrier plâtrier.
Perron Jean-Baptiste, maçon.
Perron François fils.
Daudret Jean-Baptiste, limonadier.
Petitjean Jean-Baptiste, tailleur de pierrres.
Clerc Henri, ébéniste.
Clerc François, propriétaire.
Rebourseau François, tailleur de pierres.
Piot veuve, née Thomas, manouvrière.

Morisot Pierre, jardinier.
Burny, propriétaire, ancien boucher.
Coquet Pierre, teneur de livres.
Poilvey Claude, facteur rural.

SAINTE-MARGUERITE (Rue).

Lebaut Hippolyte, aubergiste, n. 1.
Billot François-Hippolyte, grenetier, n. 1.
Trezenème Charles, voyageur de commerce, n. 3.
Lanier Pierre, boulanger, n. 5
Voisin François, cafetier, n. 9.
Munier Simon-Paul, ancien bourrelier, n. 11.
Viardot veuve, née Tarnier, propriétaire, n. 13.
Gonier François, chapelier, n. 13.
Roux Jean-Baptiste, cultivateur, n. 13.
Laurent Pierre-Antoine, rentier, n. 13.
Laborey François, plâtrier, n. 15.
Perrot Pierre, maçon, n. 15.
Tabarant Jean, menuisier, n. 15
Ravery Jean-Baptiste, plâtrier, n. 15.
Poitout Auguste, manouvrier, n. 15.
Fernet veuve, née Penotet, n. 15.
Pelletier Jean, ouvrier poêlier, n. 15.
Parizot Pierre, journalier, n. 15.
Clotte Jean-Baptiste, serrurier, n. 15.
Clotte Félix, ouvrier lithographe, n. 15.
Zaëgel Aloyse, garçon brasseur, n. 15.
Gomeret Jean-Baptiste, manouvrier, n. 15.
Lavoignet Edme, ouvrier paveur, n. 15.
Bardin veuve, née Mutin, rentière, n. 17.
Bardin Félix fils, n. 17.
Sauvageot Léonard, journalier, n. 17.
Sauvageot Jean-Baptiste fils, n. 17.
Lobrot Charles, manouvrier, n. 17.
Mercier veuve, née Martin, rentière, n. 19.
Mercier Jean-Baptiste, maréchal, n. 19.
Rivière Pierre, chapelier, n. 19.

Charpentier Adolphe, jardinier, n. 21.
Ruffel André, ouvrier cordonnier, n. 21.
Ruffel veuve, n. 21.
Moreau Victor, contre-maître, n. 21.
Hecquet Henri, rentier, n. 21.
Paggy Bernard, plâtrier, n. 23.
Lévy Simon, marchand de chevaux, n. 23.
Darbre Pierre, cultivateur, n. 29.
Darbre Jean-Baptiste fils, n. 29.
Pingaux veuve, née Jouy, propriétaire, n. 29.
Perrault Louis, brasseur, n. 29.
Jacquelin, jardinier, n. 35.
Chifflot Jules, jardinier, n. 37.
Lobrot Nicolas, propriétaire vigneron, n. 39.
Lobrot Antoinette Mlle, rentière, n. 39.
Lavoine, serrurier, n. 39.
Boichard, forgeron, n. 39.
Lobron Etienne, jardinier, n. 39.
Moreau veuve, née Colombelle, propriétaire, n. 41.
Rebourg Chrétien, rentier, n. 43.
Ragonneau Jean, jardinier, n. 45.
Sauvageot veuve, née Tunot, propriétaire, n. 47.
Soichot Antoine, serrurier, n. 47
Saussier veuve, née Jacotot, cultivateur, n. 49.
Fernet Etienne, jardinier, n. 51.
Redon François, vigneron, n. 51.
Noize Jacques, manouvrier, n. 53.
Lamy Simon, jardinier, n. 53.
Lamy veuve, née Boin, n. 53.
Jachiet Antoine, ouvrier jardinier, n. 53.
Roblot Jean-Baptiste, manouvrier, n. 55.
Péchinot Claudine Mlle, propriétaire, n. 55.
Viard Pierre, jardinier, n. 57.
Viard Louis fils, n. 57.
Collé François, propriétaire, n. 59.
Seybel Guillaume, capitaine en retraite, n. 59.
Marcellin veuve, née Billée, n. 59.
Clerc Mme, née Nourisson, n. 2.
Thévenot Claude, voiturier, n. 2.
Guillemard veuve, née Marie Vincent, n. 2.

Ruffet Léger, manouvrier, n. 2.
Delorme, entrepreneur, n. 2.
Sirandré Laurent, fabric. de chandelles et de savon, n. 4.
Sirandré Nicolas, associé, n. 4.
Raviot René, voiturier, n. 6.
Mathey Antoine, cordonnier, n. 6.
Mugniot Philippe, garde-fontaine, n. 6
Lobrot Charles, manouvrier, n. 6.
Ragot François, manouvrier, n. 8.
Goudot Pierre, chapelier, n. 8.
Gonier Françoise Mlle, ouvrière en robes, n. 8.
Chataing veuve, née Boisseau, ouvrière, n. 8.
Ragot veuve, née Pollotte, rentière, n. 8.
Gloeckner Adam, foudrier, n. 8.
Mesner Antoine, brasseur, n. 10.
Eldès Adolphe, brasseur, n. 12.
Eldès Jean, propriétaire, n. 14.
Popelard Etienne, ouvrier savonnier, n. 14.
Bouchard Louis, manouvrier, n. 14.
Midon veuve, née Eldès, rentière, n. 14.
Bardin Jacques, propriétaire, n. 16.
Boisseau Emiland, jardinier, n. 18.
Boisseau Jacques fils, n. 18.
Boisseau Auguste fils, n. 18.
Gauthier François, marchand ambulant, n. 18.
Dutronc veuve, née Mairet, manouvrière, n. 18.
Brun veuve, née Gueuret, manouvrière, n. 18.
Brun Jean-Baptiste, facteur, n. 18.
Gallimard François, manouvrier, n. 20.
Bourrier Pierre, manouvrier, n. 20.
Vaspard Grégoire, jardinier propriétaire, n. 22.
Ferrand veuve, n. 22.
Roux Antoine, jardinier, n. 24.
Maire François, rentier, n. 26.
Maitre Louis, fabricant de limonade, n. 28.
Vallet veuve, née Blondeau, propriétaire, n. 30.
Vallet Théodore, voiturier, n. 30.
Vallet Henri,   id.   n. 30.
Vallet Jacques,   id.   n. 30.
Noize François, vigneron, n. 30.

Graff Michel, tonnelier, n. 30.
Tainturier Bernard, rentier, n. 30 *bis*.
Romanet, employé à la préfecture, n. 30 *bis*.
Tissier François, homme d'équipe, n. 30 *bis*.
Félinière Léopold, chapelier, n. 30.
Jacotot Pierre, receveur d'octroi, n. 32.
Gandré Lazare, manouvrier, n. 32 *bis*.
Bellay François, voiturier, n 32 *bis*.
Héringuez Joseph, marchand ambulant, n. 32 *bis*.

SAINT-MARTIN (Rue).

Cormillot Jean-Charles, menuisier, n. 7.
Cormillot Edmond frère, n. 7.
Duthu, poêlier, n. 7.
Duthu, chaudronnier, n. 7.
Garcenot Jean, menuisier, regrattier, n. 9.
Jacquinot veuve, née Buchillot, propriétaire, n. 9.
Péguet veuve, née Froidurot, n. 9 *bis*.
Péguet Félix, peintre-vitrier, n. 9 *bis*.
Baudot, n. 11.
Missler Jean, cafetier marchand de vin, n. 11.
Taver Auguste, cordonnier, n. 13.
Bacholier Joseph, rentier, n. 15.
Minot Emile, ferblantier, n. 15.
Bernard Benoît, ancien garde magasin, n. 15.
Menetrier Antoine, cordonnier, n. 17.
Nefflier Denis, débitant de tabac, n. 19.
Poinsot, ouvrier horloger, n. 19.
Lavisse veuve, née Bailly, rentière, n. 19.
Richoux Jean, contrôleur des contributions indirect. 19.
Minot Jacques, ferblantier, n. 21.
Gobert André, marchand de vieux habits, n. 23.
Lemaître Jean-Louis, tailleur d'habits, n. 25.
Pizard Mme, n. 27.
Chapuis Prosper, miroitier, n. 27.
Moutot veuve, née Bavoux, rentière, n. 27.
Sigoillot Marie-Louise, modiste, n. 29.

Bernardot François, rentier, ancien plâtrier, n. 31.
Coiret Pierre-Antoine, tonnelier, épicier, n. 3!
Bernardot veuve, née Amavet, rentière, n. 31.
Daudon Paul, plâtrier, n. 31.
Lambert François, capitaine en retraite, n. 31.
Beurnot Jean, charcutier, n. 35.
Menetrier Marie Mlle, marchande de poterie, n. 37.
Pillet veuve, née Nicolle, journalière, n. 37.
Renard, cordonnier, n. 37.
Galbert Louis, plâtrier, n. 37.
Jamot Jean-Baptiste, manouvrier, n. 37.
Gabbert, plâtrier, n. 37.
Paris veuve, journalière, n. 37.
Roques Jean, tailleur, n. 37.
Robardet Jean-François, liquoriste, n. 37.
Pillié veuve, journalière, n. 37.
Paris Nicolas, conducteur au chemin de fer, n. 39.
Falconnet Marie Mlle, n. 39.
Falconnet Jean-Baptiste, épicier, n. 39.
Rameau Annette Mlle, ouvrière, n. 41.
Jacquot, maçon, n. 41.
Faudot François, ouvrier tailleur, n. 41.
Mongestot Auguste, manouvrier, n. 41.
Duchêne Charles, chapelier, n. 41.
Sauvageot Claude, fripier, n. 2.
Clazer, n. 2.
Sudre Eugène, marbrier, n. 4.
Marx, rabbin, n. 6.
Lanaspèze Paul, musicien, n. 6.
Legras Mme, née Mathey, journalière, n. 6.
Lejeay Henri, fabricant de liqueurs, n. 8.
Guichard Claude, n. 12.
Perrot Jacques, boulanger, n. 14.

SAINT-NICOLAS (Rue).

Robin Antoine, scieur de long, n. 3.
Bouvret Joseph, perruquier, n. 3.
Naigeon Etienne, marchand de sabots, n. 3.

Maréchal veuve, née Boyer, ouvrière, n. 3.
Burger Joseph, charcutier, n. 5.
Andrieux veuve, journalière, n. 5.
Charpiot, carrier, n. 5.
Greuillot Albert, ébéniste, n. 5.
Lalouette Victor, fabricant de chaises, n. 5.
Michelin Jean-Baptiste, employé, n. 5.
Gras Jacques, fabricant de bas, n. 7.
Vallot Jean-Baptiste, maréchal, n. 7.
Cartaud Charles, débitant de tabac, n. 7.
Achery veuve, née Mongenot, fabric. de moutarde, n. 9.
Marcel veuve, née Achery, rentière, n. 9.
Thevenot Jean, marchand chemisier, n. 11.
Guyard Sébastien, cafetier, n. 13.
Belnet Just, boulanger, n. 15.
Lanier veuve, née Carnet, marchande de cuirs, n. 17.
Schaub Frédéric, cordonnier, n. 17.
Miot Eugénie Mlle, ouvrière, n. 21.
Poirey Pierre, facteur de ville, n. 21.
Clausse Anatole, teneur de livres, n. 21.
Clausse Mme, marchande-lingère, n. 21.
Migne François, cafetier, n. 23.
Viard Pierre, cafetier, n. 23.
Vernet Marie Mlle, rentière, n. 25.
Racine Ernest, chapelier, n 25.
Marlet Jean, maçon, n. 27.
Berger François, conducteur, n. 27.
Thibaut veuve, née Vitu, chapelière, n. 27.
Bouzereau Victor, receveur buraliste, n. 29.
Masson Jean-Baptiste, marchand d'épicerie, n. 29.
Ninot Ferdinand, plâtrier, n. 29.
Aubert Pauline Mlle, relieuse, n. 29.
Bornier Jean-Baptiste, conducteur, n. 31.
Merle Flavin, chaudronnier, n. 31.
Mairet Lucien, marchand de chaussures, n. 31.
Fremyot Jean-Baptiste, menuisier, n. 33.
Vialle Jean, ouvrier cordonnier, n. 33.
Jacquin veuve, née Rose, journalière, n. 33.
Poinsard Pierre, journalier, n. 33.
Giclon Jean-Baptiste, fabricant de pain d'épices, n. 35.

Nicolas veuve, journalière, n. 35.
Bouhin François, professeur d'écriture, n. 35.
Cornu Jeanne Mlle, journalière, n. 35.
Féoé Athénaïs Mlle, modiste, n. 35.
Rabuteau veuve, née Beau, rentière, n. 37.
Thomas Alfred, employé au chemin de fer, n. 37.
Chomard veuve, n. 37.
Guillemin, tailleur de pierres, n. 37.
Keller, serrurier, n. 37.
Bélorgey, rentier, n. 37.
Baron Pierre, employé à la mairie, n. 37.
Bougueleret Michel, ouvrier fabricant de biscuits, n. 37.
Dangin Joseph, ouvrier charpentier, n. 37.
Golmard Emile, employé à l'octroi, n. 37.
Lechenot Germain, ouvrier sabotier, n. 37.
Painchaux Jean, vitrier, n. 37.
Cizel Isidore, grenetier, n. 39.
Piard Eugénie Mlle, chapelière, n. 41.
Nicod Félix, négociant en vin, n. 41.
Breuillot Edouard, couvreur, n. 41.
Bizouard veuve, ouvrière, n. 41.
Leclerc Charles, employé au chemin de fer, n. 41.
Migne François, cafetier, n. 43.
Viard Antoine, employé d'octroi, n. 43.
Clachet Antoine-Louis, propriétaire, n. 45.
Sullerot François, propriétaire, n. 45.
Moniot Pierre, horloger, n. 45.
Langrais J-L., propriétaire, ex-empl. aux contr. ind. 47.
Capiomont Charles, comptable, n. 47.
Tissot Louis, boulanger, n. 47.
Lautenay Jean-Baptiste, domestique, n. 49.
Lambert veuve, née Girard, propriétaire, n. 49.
Fromentin Pierre, scieur de bois charron, n. 49.
Derepas François, aubergiste, n. 49.
Laloge Jacques, plâtrier, n. 51.
Chapluet Antoine, employé à la poste, n. 51.
Charnaut Pierre, homme de peine, n. 51.
Larigaudet Nicolas, ouvrier menuisier, n. 51.
Destrey Joséphine veuve, rentière, n. 51.
Vernet Claude, commissionnaire, n. 51.

Vernet veuve, née Husson, n. 51.
Lechat Antoine, homme d'équipe, n. 51.
Jeannin François-Auguste, maçon, n. 51.
Durieux Isidore, manouvrier, n. 51.
Maufut Jean, rentier, n. 51.
Berthelemot Mme, née Maufut, n. 51.
Prieur, coupeur, n. 51.
Pouillot Germain, maçon, n. 51.
Viennot, commissionnaire, n. 51.
Geiger Jean-Baptiste, tailleur, n. 59.
Védu Antoine, vitrier, n. 59.
Védu Gaspard, n. 59.
Bailly veuve, née Bourceret, matelassière, n. 59.
Recordon François, serrurier, n. 59.
Lenet Jean, commis, n. 59.
Jeannel Jules, négociant en farines, n. 59.
Jeannel Marie Mlle, rentière, n. 59.
Verdunoy Mme, ouvrière, n. 61.
Lebeault Jeanne Mlle, ouvrière, n. 61.
Brocot Jeanne Mlle, ouvrière, n. 61.
Bizard Marthe Mlle, ouvrière, n. 61.
Desvigne veuve, ouvrière, n. 61.
Lebeau Eugénie Mlle, sans profession, n. 61.
Breux Louis-Eugène, marchand linger, n. 63.
Morizot veuve, rentière, n. 63.
Romand, pharmacien, n. 63.
Savary veuve, née Garet, matelassière, n. 63.
Savary Alfred, n. 63.
Savary Albert, n. 63.
Ienisch Louis, ouvrier tonnelier, n. 63.
Ienisch Gotlob, propriétaire, fabricant de savon, n. 65.
Bertel Auguste, ouvrier peintre, n. 65.
Ramaget veuve, née Gelin, ouvrière, n. 65.
Cartaud Anne Mlle, ouvrière en robes, n. 67.
Sonnois veuve, née Truchot, propriétaire, n. 67.
Guillemain veuve, née Sonnois, n. 67.
Meyer Mélanie Mlle, ouvrière, n. 67.
Sirodot Paul, tonnelier, grenelier, n. 67.
Bailly Jean-Baptiste-Victor, perruquier, n. 69.
Bailly Paul fils, n. 69.

Carré Jean, ouvrier menuisier, n. 69.
Vincenot Philibert, n. 73.
Quéro Julien, employé des contrib. indir. en retraite, 73.
Perrier Jean-Baptiste, pâtissier, n. 77.
Jolibois Claude, peintre, n. 79.
Renaud Anaïs, modiste, n. 79.
Jolibois Eugène, chapelier, n. 79.
Gaudry Françoise Mlle, ouvrière, n. 79.
Patriarche Claude, boulanger, n. 79.
Perrot veuve, Marguerite, n. 79.
Vachon Jean-Baptiste, cloutier, n. 79.
Fournier veuve, née Boulée, marchande de fruits, n. 81.
Carpentier Pierre, charpentier, n. 81.
Michaud Pierre, ouvrier horloger, n. 81.
Mariguet Thérèse Mlle, ouvrière, n. 83.
Pilleron Claude, épicier en détail, n. 83.
Maréchal Pierre, garçon boulanger, n. 83.
Benoît Marie Mlle, épicière, n. 83.
Benoît veuve, née Commot, n. 83.
Berthaut Eugène, épicier, n. 83
Pilleron Pierre-Auguste, photographe, n. 85.
Perdry Nicolas, ouvrier cordonnier, n. 87.
Marigney Thérèse, ouvrière, n. 87.
Abran Félix, menuisier, n. 87.
Barbier Annette Mlle, ouvrière passementière, n. 89.
Thomas Stanislas, marchand boucher, n. 89.
Coiret Edouard, garçon de théâtre, n. 89.
Pitois Jean, cordonnier, n. 89.
Morin veuve, n. 89.
Vernier, menuisier, n. 89.
Racine Louis, n. 91.
Buet Marie Mlle, ouvrière en robes, n. 91.
Dumont Joseph, mécanicien, n. 93.
Marquet veuve, née Fagot, n. 93.
Bittmann veuve, née Daizé, ouvrière, n. 93.
Buchenet Mme, née Londonnier Adélaïde, ouvrière, 93.
Martin Fleury, fabricant de bois de galoches, n. 93.
Roy Pierre, employé au greffe, n. 95.
Sirodot veuve, rentière, n. 95.
Paillet Sébastien, architecte, n. 95.

Pierre Alvard, plâtrier, n. 95.
Dambrun Etienne, cordonnier, n. 97.
Lagoutte et Lejay (pour un magasin de liqueurs), n. 97.
Paillet Anne Mlle, blanchisseuse, n. 99.
Diolot Léopold, menuisier, n. 99.
Dumont Nicolas, employé au chemin de fer, n. 99.
Balland Paul, cabaretier logeur, n. 101.
Courtois Jeanne Mlle, rentière, n. 101.
Piot, chapelier, n. 103.
Adolphine Mlle, ouvrière, n. 103.
Frèrejean veuve, née Bornier, rentière, n. 103.
Etienne Jean, fabricant de paillassons, n. 103.
Serciron Gilbert, étudiant en droit, n. 103.
Klipfel Balthazar, tailleur, n. 105.
Bornette Philippe, employé, n. 105.
Gossot Marie Mlle, ouvrière modiste, n. 105.
Capard Jean, cabaretier, n. 107.
Batelier Jules, commis, n. 109.
Pelletret Jean-Baptiste, comptable, n. 109.
Bollotte Léon, employé en librairie, n. 111.
Joly Louis, propriétaire, n. 111.
Carré Barthélemy, ouvrier ébéniste, n. 113.
Haas, rentier, n. 113.
Baulot Barthélemy, peintre, n. 113.
Sarrazin, commis voyageur, n. 113.
Breugnot Jeanne Mlle, ancienne domestique, n. 117.
Miroy Auguste, coiffeur, n. 117.
Barbier Jean-Baptiste-Edouard, rentier, n. 117.
Roussel François, rentier, n. 117.
Chambeyron Jeanne Mlle, ouvrière, n. 117.
Magnin Mathilde Mlle, rentière, n. 117.
Thiébaut veuve, née Baillet, matelassière, n. 119.
Naigeon, plombier (pour un petit magasin), n. 119.
Cutler Thomas, ouvrier menuisier, n. 119.
Fleurot Firmin, docteur-médecin, n. 121.
Jeanniot Nicolas, avoué, n. 121.
Clerget-Vaucouleur, juge, n. 121.
Luminet Charles, propriétaire, n. 2.
Luminet Catherine, veuve Forquet, rentière, n. 2.
Paillet veuve, née Masson, journalière, n. 2.

Lecaër Simon, ouvrier menuisier, n. 2.
Hutter Xavier, fondeur, n. 2.
Baudry Mme, née Baudoin, ouvrière, n. 4.
Jacotot Jean, propriétaire, n. 4.
Thomas Pierre, journalier, n. 4.
Armedey Auguste, cordonnier, n. 6.
Buzenet Jeanne Mlle, propriétaire, n. 8.
Lemonnier Laurent, n. 8.
Mijonnet Jean-François, n. 8.
Lemonnier Claudine Mlle, journalière, n. 8.
Gelot Paul, cabaretier, n. 8.
Villaume Marie Mlle, journalière, n. 8.
Deblé Mme, née Potot, journalière, n. 8.
Ferré veuve, née Saussier, propriétaire, n. 10.
Mutz veuve, rentière, n. 10.
Gonin veuve, née Ferré, rentière, n. 10.
Pelletier Louis, manouvrier, n. 10.
Bossu veuve, journalière, n. 10.
Talmot Pierre, rentier, n. 10.
Robergeot, marchand de vins, tonnelier et cafetier, n. 10.
Ponsard Nicolas, manouvrier, n. 10.
Renard Didier, marchand de grains en gros, n. 12.
Rigaud Claude, ouvrier menuisier, n. 14.
Cartaud Charles, débitant de tabac, n. 16.
Naudot Emile, menuisier, n. 16.
Michel Alexis, ouvrier menuisier, n. 16.
Lejay veuve, née Davigot, rentière, n. 16.
Guillier Joseph, cordier, n. 16.
Maire Auguste, employé d'octroi, n. 16.
Coquibus veuve, née Boyer, rentière, n. 16.
Coquibus Jean-Baptiste, fabricant de visières, n. 16.
Bocquet veuve, laveuse, n. 16.
Guyotte Jean, bourrelier, n. 18.
Titerot Jeanne Mlle, rentière, n. 18.
Forey veuve, née Mortier, rentière, n. 18.
Chevalier Louis, cafetier, n. 22.
Chaignet Antoine, propriétaire, n. 22.
Furet veuve, née Drouard, n. 22.
Furet Gilbert, cordonnier, n. 22.
Croset Caroline Mlle, blanchisseuse, n. 22.

Crosset Marie, veuve Maîtrejean, blanchisseuse, n. 22.
Perrot, manouvrier, n. 22.
Brigandet Jean-Baptiste, menuisier, n. 22.
Ritster Madeleine Mlle, ouvrière, n. 22.
Schopp Théophile, relieur, n. 22.
Pagot Eugène, aubergiste, n. 22.
Masson veuve, rentière, n. 22.
Pétrot Edmond, ouvrier menuisier, n. 22.
Faraguet Julius, liquoriste, n. 22.
Picherot veuve, née Guiller, n. 22.
Grébille veuve, née Labarre, manouvrière, n. 22.
Guilleminot Adrien, brasseur, n. 26.
Guilleminot Charles, brasseur, n. 26.
Michéa Pierre, bourrelier, n. 28.
Noël Claude, ancien horloger, n. 28.
Magasin à M. Naigeon, sabotier, n. 28.
Magasin à M. Rouard, épinglier, n. 28.
Auguste veuve, née Elise, ouvrière, n. 28.
Mongeot Louise Mlle, rentière, n. 28.
Mongeot Catherine Mlle, rentière, n. 28.
Mongeot Victor, rentier, n. 28.
Nouveau Jacques, tailleur de pierres, n. 28.
Chaussier Jean-François, grenetier, n. 30.
Artaut Pierre, fabricant de vinaigre, n. 30.
Veuillet Jean, tonnelier, n. 30.
France Frédéric, maçon, n. 30.
Regnault Edmée veuve, n. 30.
Tisserand Jeanne veuve, n. 30.
Courte Etienne, ébéniste, n. 30.
Bouvret Eugénie Mlle, ouvrière, n. 30.
Philippon Jean-Baptiste, ouvrier chapelier, n. 30.
Philippon Jean-Baptiste fils, n. 30.
Artaut Antoine, propriétaire, n. 30.
Perrot veuve, rentière, n. 30.
Enard Jean-Baptiste, cordier, propriétaire, n. 32.
Huguenot Joseph, ouvrier charron, n. 32.
Lollier veuve, née Montenet, journalière, n. 32.
Latullière, chapelier, n. 32.
Guillot veuve, née Foutier, journalière, n. 32.
Rouard Pierre, épinglier, n. 34.

Boucaut François, n. 34.
Hubert veuve, née Petit, n. 34.
Marnotte Claude, serrurier, n. 36.
Gentelet François, tailleur, n. 36.
Faucillon veuve, née Pallant, ouvrière, n. 36.
Faucillon Jacques-Adonis, employé, n. 36.
Hanriot veuve, n. 36.
Radenne Jean-Marie, menuisier, n. 38.
Serville Auguste, manouvrier, n. 38.
Champ Augustin, jardinier, n. 38.
Frochot, n. 38.
Petitot Edme, couvreur, n. 38
Petitot Emile, doreur, n. 38.
Mathey, vigneron, n. 38.
Gaulard Mme, née Alexandre, journalière, n. 38.
Gascq François, ouvrier cordonnier, n. 38.
Gascq veuve, née Ballant, n. 38.
Marguery Alexandre, relieur, n. 38.
Munier veuve, née Bordot, n. 38.
Charlot Jean-Baptiste, ouvrier cordonnier, n. 38.
Poupon Claude, ouvrier tourneur, n. 40.
Marfaire Claude, journalier, n. 40.
Laroque Jules, menuisier, n. 40.
Pothier Joséphine Mlle, blanchisseuse, n. 40.
Pothier veuve, n. 40.
Peltret Louis, frappeur, n. 40.
Martin Marie Mlle, lingère, n. 40.
Peltret Etienne, lithographe, n. 40.
Pillié veuve, journalière, n. 40.
Legay Antoine, ouvrier ébéniste, n. 40.
Chouchetet Pierre, manouvrier, n. 40.
Petitot, ouvrier tailleur, n. 40.
Lambert veuve, née Aubert, propriétaire, n. 42.
Lambert Bénigne, plâtrier, n. 42.
Pagy Bernard, plâtrier, n. 42.
Larget veuve, née Peltret, n. 42.
Pèremeire Pierre, manouvrier, n. 42.
Barbey Bernard, ancien instituteur, n. 42.
Dubois veuve, née Tiercelin, commissionnaire, n. 42.
Bauchetet Nicolas, voyageur de commerce, n. 42.

Bardel, gendarme en retraite, n. 42.
Jacquot Maximin, employé au chemin de fer, n. 42.
Gibourg Edouard, ébéniste, n. 42.
Duthu, n. 42.
Gaulot Louis-Philippe, boulanger, n. 44.
Gerberr Joseph, ancien boulanger, n. 46.
Jobard Louis, tonnelier, n. 46.
Vivarat Antoine, serrurier, n. 46.
Siredey Jean, employé à la mairie et march. linger, 46.
Lépée veuve, née Piguet, n. 46.
Lépée François, relieur, n. 46.
Durand Charlotte Mlle, lingère, n. 46.
Morisot Denis, perruquier, n. 46.
Jobard, tonnelier, n. 48.
Missey Jacques, employé au chemin de fer, n. 48.
Simonnet Jean, cabaretier, n. 50.
Goudeau veuve, née Toulouse, n. 50.
Naudy Bernard, ouvrier cordonnier, n. 50.
Forneron Pierre, bourrelier, n. 52.
Prévost Jean, rémouleur, n. 52.
Prévost Hippolyte fils, n. 52.
Prévost Arsène fils, n. 52.
Mutin veuve, née Veillet, journalière, n. 52.
Dussert veuve, née Dupoiset, journalière, n. 52.
Gruardet Nicolas, conducteur, n. 52.
Margot Antoine, ouvrier chapelier, n. 52.
Labbé, employé, n. 52.
Dard veuve, née Besson, rentière, n 54.
Dard Nicolas, employé de commerce, n. 54.
Talfumière Jean, domestique, n. 56.
Couturier Emile, menuisier, n. 56.
Gayet veuve, née Tabouret, rentière, n. 56.
Malgat Jules, poêlier, n. 56.
Baulot Pierre, menuisier, n. 56.
Manetta veuve, née Marisot, rentière, n. 58.
Denizot veuve, née Manetta, rentière, n. 58.
Potier François, plâtrier, n. 58.
Emery Jean, marchand de farines, n. 60.
Mercier, manouvrier, n. 60.
Vallée Philippe, employé à la bibliothèque, n. 60.

Artaud fils, marchand, n. 60.
Pouilly Jules, homme de peine, n. 62.
Guillet Victor, menuisier, n. 62.
Rémond veuve, née Grey Eléonore, ouvrière, n. 62.
Enselme François, comptable, n. 62.
Benoît Mlle, rentière, n. 62.
Gresset Arsène, menuisier, n. 62.
Hébrard Henri, cafetier, propriétaire, n. 64.
Boillot Antoine, étudiant, n. 64.
Grey Louis, employé à la préfecture et cafetier, n. 64.
Détang Joachim, marchand boucher, n. 66.
Odennewesker, veuve Derepas, blanchisseuse, n. 66.
Odennewesker Bernade Mlle, blanchisseuse, n. 66.
Brocot veuve, ouvrière, n. 66.
Bocquenet Martin, scieur de long, n. 66.
Pouhin Nicolas, manouvrier, n. 68.
Mourot François, manouvrier, n. 68.
Regnier Charles, charcutier, n 68.
Boyer veuve, n. 70.
Fulcran Alexandre, propriétaire, n. 70.
Collin François, rentier, n. 70.
Trembloy Adolphine Mlle, marchande lingère, n. 70.
Savolle Antoinette Mlle, revendeuse, n. 72.
Javillier Jean, cafetier et fabricant de vinaigre, n. 72.
Lanchy Claude, manouvrier, n. 74.
Cauvard Bernard, manouvrier, n. 74.
Gouget Chrétien, ferblantier, n. 74.
Gouget Henri fils, n. 74.
Bourceret veuve, née Douhin, ouvrière, n. 74.
Bonnemain, veuve Delavaux, journalière, n. 78.
Habegger Pierre, ouvrier fondeur, n. 78.
Bonnemain Jean-Baptiste, scieur de bois, n. 78.
Mouillon Pierre, employé à l'équipe, n. 82.
Arbinet Claude, manouvrier, n. 82.
Chochot Eugène, manouvrier, n. 84.
Baudin Pierre, marchand épicier et de tabac, n. 84.
Renaud Jean-Baptiste, charbonnier, n. 84.
Cézil Alexandrine Mlle, marchande d'étoffes, n. 86.
Dechamps Auguste, contrôleur, n. 88.
Pansiot veuve, née Lobrot, concierge, n. 88.

Chapuis Prosper, doreur, n. 88.
Solignac Jean, capitaine retraité, n. 88.
Huguenin Antoine, agréé au tribunal de commerce, 88.
Galimardet Jean, marchand de blé, n. 90.
Douaire François, propriétaire, n. 90.
Adler Isidore, marchand colporteur, n. 92.
Chassagne Jean, marchand de parapluies, n. 92.
Dupay veuve, née Millau, ouvrière, n. 92.
Dupay Félix fils, n. 92.
Prélot Eugène, ancien notaire, n. 94.
Lenoble Edme, épicier, n. 94.
Quéro Julien, ex-employé à la régie, n. 96.
Masson Louis, cordonnier, n. 96.
Monniot veuve, née Roy, rentière, n. 96.
Frèrejacques Joseph, cafetier, n. 98.
Jacquemet Auguste, agent des ponts et chaussées, n. 98.
Guichard Claude, baigneur, n. 98.
Martinet veuve, rentière, n. 98.
Gilmaire Marie Mlle, professeur de piano, n. 98.
Spuller veuve, née Clerc, bouchère, n. 100.
Spuller Jean fils, n. 100.
Spuller Alexandre fils, n. 100.
Spuller Nicolas fils, n. 100.
Trapon Laurent, tailleur de pierres, n. 100.
Trapon Antoine, plâtrier, n. 100.
Trapet Pierre, cordonnier, n. 100.
Michéa Claude, plâtrier, n. 100.
Philippe Pierre, employé au télégraphe, n. 100.
Bourgogne Jean-Baptiste, avocat, n. 102.
Bourriot veuve, née Meilleure, propriétaire, n. 102.
Paul, ancien chef de division à la préfecture, n. 102.
Dorey Emile, conseiller à la Cour, n. 102.
Mairet, professeur de droit, n. 102.
Lagoutte veuve, fabricant de liqueurs, n. 102.
Lejay Henri et Lagoutte, fabricants de liqueurs, n. 102.
Brivot Jean-Baptiste, boulanger, n. 104.
Fournier Claude, serrurier, n. 106.
Ferrandon Louis, ouvrier couvreur, n. 106.
Binet Antoine, ouvrier serrurier, n. 106.
Pillié François, plâtrier, march. de papiers peints, n 108.
Guenin veuve, née Payme, lingère, n. 110.

SAINT-PHILIBERT (Rue).

Grosdemanche Louis, naturaliste, n. 1-3.
Vallot Louis, plâtrier, n. 1-3.
Volmier Reine Mlle, rentière, n. 1-3.
Brunot Désiré, ajusteur, n. 1-3.
Hemery Valentin, cocher, n. 3.
Mortier Denise Mlle, loueuse de chaises, n. 3.
Gomiot Jean, ancien cabaretier, n. 5.
Bouhin Philibert, poseur, n. 5.
Collin François, garçon boulanger, n. 5.
Weill Jacques, marchand ambulant, n. 5.
Mairet Claude, cabaretier, n. 5.
Garcin Lucien, perruquier, n. 5.
Schwach Jean, directeur de la maîtrise, n. 7.
Schwach Joséphine Mlle, n. 7.
Castille veuve, née Evrat, vigneronne, n. 11.
Castille Victor, vigneron, n. 11.
Duménil Georges, ouvrier, n. 13.
Ibos Jean-Baptiste, marchand tailleur, n. 13.
Pitot Antoine, journalier, n. 13.
Hébert veuve, née Messemacker, rentière, n. 13.
Millière Adélaïde Mlle, rentière, n. 13.
Perrin Daniel, capitaine en retraite, n. 15.
Cocharot Joseph, chantre, n. 15.
Perriquet veuve, née Guyot, propriétaire, n. 15.
Thury veuve, née Paris, rentière, n. 15.
Maréchal veuve, née Garnier, couturière, n. 15.
Carillon Céline Mlle, blanchisseuse, n. 17.
Servé Paul, restaurateur, n. 17.
Vacherot veuve, née Limossier, regrattière, n. 19.
France François, à l'équipe, n. 19.
Mortet François, menuisier, n. 21.
Lebœuf veuve, née Monthoret, rentière, n. 21.
Babouhot Antoine, homme d'équipe, n. 21.
Séné Edmond, chanoine, n. 21.
Petitjean veuve, née Renaud, n. 21.

David Eugène, journalier, n. 21.
Rouffe veuve, née Brisebare Virginie, couturière, n. 21.
Cèdre veuve, née Humbert, rentière, n. 23.
Fromantin Marie Mlle, femme de ménage, n. 23.
Pacot veuve, née Charpiot, rentière, n. 23.
Dufour Etienne, facteur, n. 23.
Dufour, commis, n. 23.
Malbranche François, ancien marchand de fer, n. 23.
Drioton Auguste, marchand de drap, n. 23.
Petitjean Germain, cabaretier et grenetier, n. 25.
Duez Auguste, nettoyeur, n. 25.
Pariot veuve, née Damongeot, ouvrière, n. 25.
Blanchet Célestin, chauffeur, n. 25.
Guande Célestin, manœuvre, n. 25.
Courcier veuve, née Bourgeois, femme de ménage, n. 27.
Siredey Etiennette Mlle, rentière, n. 27.
Marcel Louis, rentier, n. 27.
Godard, journalier, n. 27.
Damongeot Louis, contre-maître, n. 29.
Majot Albert, coiffeur, n. 29.
Pierrot Constant, représentant pour la Côte-d'Or de la
    compagnie le *Gresham*, assurance sur la vie, n. 29.
Roussel Alexandre, cabaretier, n. 31.
Javillier Pierre, boulanger, n. 33.
Brigodiot Jean, marchand de vin en gros, n. 35.
Brulé Auguste, professeur, n. 41.
Clavey Henri, piqueur, n. 41.
Saski Dominique, employé à l'*Abeille*, n. 41.
Albrier Jean, ancien notaire, n. 41.
Guillemot Gaspard, conseiller, n. 49.
Charlut Hippolyte, directeur d'institution, n. 51.
Bernard Charles, chef d'institution, n. 51.
Abran Jean-Baptiste, propriétaire, n. 53.
Moret Marie Mlle, rentière, n. 53.
Lemaître Charles, ancien serrurier, n. 53.
Salle Claude, grenetier, n. 55.
Truchetet Pierre, attaché à la boulangerie sociétaire, 55.
Romey Jean-Baptiste, manouvrier, n. 55.
Goffinet Céline Mlle, ouvrière, n. 55.
Nheurin Jean-Baptiste, journalier, n. 55.

Rémond veuve, née Duval, femme de ménage, n. 55.
Ninot Jean, manouvrier, n. 55.
Préfot veuve, née Charry, ouvrière, n. 55.
Aubert Pierre, propriétaire et peintre, n. 57.
Melot Jean-Baptiste, sellier, n. 57.
Guindey Eugénie Mlle, rentière, n. 57.
Provencel Jean-Baptiste, forgeron, n. 57.
Javelle Jean-Baptiste, forgeron, n. 57.
Dubier veuve, née Bertrand, rentière, n. 57.
Pitut Vivant, modeleur, n. 57.
Lacoste Jean-Baptiste, commis, n. 59.
Mavoir Marie Mlle, femme de ménage, n 59.
Royer François, fermier, n. 59.
Latour Claude, employé au télégraphe, n. 59.
Oberlé Elisabeth Mlle, couturière, n. 59.
Espinoza Louis, propriétaire relieur, n. 59.
Navayzard Claude, mécanicien, n. 59.
Lory François, propriétaire, n. 61.
Jeunhomme veuve, née Machuron, n. 61.
Jussot Gilbert, à l'équipe, n. 61.
Petit Claude, chauffeur, n. 61.
Bribant Louis, tailleur de pierres, n. 61.
Meut Mme, née Perchet, ouvrière, n. 61.
Biller Jules, fondeur, n. 61.
Mouillon Jean-Baptiste, menuisier, n. 61.
Lamblot François, journalier, n. 61.
Schmit Eugène, mécanicien, n. 61.
Laleur, vigneron, n. 61.
Lacaille Auguste, grenetier, n. 63.
Clerget Eugène, chaudronnier, n. 63 *bis*.
Claude Jean, à l'équipe, n. 65.
Coppin Jean-Baptiste, conducteur de trains, n. 65.
Mugneret François, ancien menuisier, n. 65.
Tortochaux, chef de bureau à la mairie, n. 65.
Matrat Françoise Mlle, propriétaire, n. 65.
Lagoutte Blaise, propriétaire, n. 67.
Lagoutte veuve, née Lefol, rentière, n. 67.
Bune Philibert, nettoyeur, n. 67.
Radamel Louis, nettoyeur, n. 67.
Guenot Jacques, débitant de vin au détail, n. 67.

Verdin Auguste, forgeron, n. 67.
Pélissonnier Hippolyte, propriétaire, n. 69.
Gouget veuve, née Barazère, propriétaire, n. 69.
Didier Philibert, nettoyeur, n. 71.
Jude Léon, serrurier, n. 71.
Pourpy Claude, cabaretier, n. 71.
Maret veuve, née Hébert, rentière, n. 73.
Lordereau François, propriétaire, n. 73.
Chanliau Charles, charpentier, n. 73.
Naudin Anne, ouvrière en robes, n. 77.
Arnout Mme, née Vauthier, revendeuse, n. 77.
Jeanbaptiste Baptiste, rentier, n. 77.
Mathey Bernard, ancien cafetier, n. 77.
Poulain François, peintre, n. 77.
Lorrain Camille, agent princip. de la Cie *la Nationale*, 2.
Personnier, marchand de domaines (pied-à-terre), n. 2.
Thomas Pierre, gendarme en retraite, n. 2.
Piron François, rentier, n. 2.
Chevret veuve, née Maréchal, rentière, n. 2.
Fournerot Louis, garde de barrière, n. 6.
Finger, ouvrier tailleur, n. 6.
Digoix Charles, journalier, n. 6.
Lapoton Louis, voiturier, n. 6.
Bocquet Jean-Baptiste, vigneron, n. 6.
Weil Lemann, colporteur, n. 6.
Doix Denis, cordonnier, n. 6.
Pellery Constant, ferblantier au chemin de fer, n. 6.
Thomas Mme, née Bouriane, femme de ménage, n. 6.
Bardolet Marie Mme, femme de ménage, n. 6.
Miel Jean, journalier, n. 6.
Legrand Auguste, peintre en bâtiment, n. 6.
Renard Pierre, cordonnier, n. 6.
Dupuis veuve, née Michot, femme de ménage, n. 6.
Pancrasse François, regrattier, n. 8.
Flaive Pierre, cabaretier, n. 10.
Ramonnet Claude, nettoyeur, n. 12.
Fichot veuve, née Guillemain, grenetière, n. 12.
Latreille Jean-Baptiste, employé d'octroi, n. 12.
Bonbois Célestin, chauffeur, n. 12.
Riameaux Nicolas, manouvrier, n. 12.

Disson, journalier, n. 12.
Salomon veuve, née Angoulvant, cabaretière, n. 14.
Lhermite François, journalier, n. 14.
Gourier Françoise Mlle, rentière, n. 16.
Cosson Auguste, cordonnier, n. 16.
Garaudet Catherine Mlle, cordonnière, n. 16.
Pothier veuve, née Golliard, couturière, n. 16.
Martin Anne Mlle, rentière, n. 16.
Cournot Henri, proviseur du lycée impérial, n. 18.
Francolin Alexandre, censeur du lycée impérial, n. 18.
Moireau Claude, économe du lycée impérial, n. 18.
Gagey Pierre, aumônier du lycée impérial, n. 18.
Lagneau Hyacinthe, concierge du lycée impérial, n. 18.
Migeonnet Jean, maître d'études au lycée impérial, 18.
Bouvier Jean, maître d'études au lycée impérial, n. 18.
Devillebichot, maître d'études au lycée impérial, n. 18.
Lautrey Jacques, dépensier du lycée impérial, n. 18.
Genret, dépensier du lycée impérial, n. 18.
Thiaffait Félix, négociant, n. 20.
Bernard Jean, concierge, n. 20.
Chauvin Hippolyte, conseiller à la Cour, n. 20.
Lefranc Mlle, rentière, n. 22.
Lefranc Anne Mlle, n. 22.
Chouet Célestine Mlle, rentière, n. 24.
Sage Pierre, rentier, n. 24.
Morlot Claude, docteur-médecin, n. 24.
Jeannel Michel, rentier, n. 24. -
Martin Pierre, professeur, n. 24.
Laureau Jacques, boucher, n. 26.
Coquet Jacques, menuisier, n. 26.
Pralon Mme, née Mairet, femme de ménage, n. 26.
Lafontaine Hippolyte, boulanger, n. 28.
Beaudot Marguerite Mlle, femme de ménage, n. 28.
Barbe veuve, née Languet, manouvrière, n. 28.
Millière Claude, manouvrier, n. 28.
Mourey veuve, née Chanitre, ouvrière, n. 28.
Beaudot Marguerite Mlle, ouvrière, n. 28.
Guillemain Jean-Baptiste, serrurier, n. 28.
Guillemard Denis, tailleur de pierres, n. 28.
Martin Claude, berger, n. 28.

Bessenfelder Louis, serrurier, n. 28.
Mairet veuve, née Loudé, lessiveuse, n. 28.
Martenot Jean-Baptiste, entrepreneur maçon, n. 28.
Garrot Guillaume, garçon meunier, n. 28.
Mussot Anne Mlle, épicière, n. 30.
Chambrant Nicolas, propriétaire, n. 32.
Troisgros Nicolas, rentier, n. 32.
Raison veuve, née Douillet, rentière, n. 32.
Gaudemet veuve, née Dechamoy, rentière, n. 32.
Genevoy Pierre, tailleur de pierres, n. 34.
Lebert Joseph, propriétaire rentier, n. 34.
Pitoizet Denis, garçon de magasin, n. 34.
Catala Jean, cabaretier, n. 34.
Commard Pierre, tailleur de pierres, n. 34.
Devaux Charles, grenetier, n. 34.
Vallot François, plâtrier, n. 36.
Baroche veuve, née Vallot, femme de ménage, n. 36.
Maire veuve, née Temerat, femme de ménage, n. 36.
Vaspard Jean-Baptiste, tonnelier, n. 36.
Bizot Jean-Baptiste, vigneron, n. 36.
Jeanningros Joseph, cordonnier, n. 36.
Boileau Jacques, sabotier, n. 36.
Simon Catherine Mlle, marchande de fromages, n. 36.
Bouhin Paul, à l'équipe, n. 36.
Denuis Joseph, rentier, n. 38.
Gourju Pierre, chef d'institution, n. 40.
Gourju fils, avocat, n. 40.
Garapon Antoine, rentier, n. 40.
Jarrot Pierre, grenetier, n. 42.
Cavard Nicolas, ancien plâtrier, n. 42.
Gathelier veuve, née Roussin, n. 42.
Cavard Claude, plâtrier, n. 42.
Mirebel Claude, manouvrier, n. 42.
Magasin à M. Peutèt, marchand de fer, n. 42.
Barain Antoine, plâtrier, n. 42.
Buffière, abbé, n. 42.
Tournier, abbé, n. 42.
Bernard, abbé, n. 42.
Boussar Simon, conducteur chef, n. 42.
Pellegry Ernest, supérieur des jésuites, n. 42 *bis*.

Bret Auguste, boulanger, n. 42 *bis*.
Clémencet Jean, grenetier, n. 44.
Gagin Louis, comptable, n. 44.
Meyer, marchand de vins en gros, n. 44.
Gérard veuve, née Vétu, femme de ménage, n. 44.
Boirin Claude, charpentier, n. 44.

SAINT-PIERRE (Rue).

Marnas Isidore, marchand tailleur, n. 2.
Liotot Lucie Mlle, lingère, n. 2.
Munier veuve, née Martin, rentière, n. 4.
Martin veuve, née Moissenet, n. 4.
Garnier François, cocher, n. 4.
Anthoine Philibert, facteur, n. 4.
Ferrand François, sellier, n. 4.
Coiret Simon, cordonnier, n. 4.
Thibelot Jean, grenetier, n. 6.
Vallée Jean, boucher, n. 8.
Clerget Jean, boulanger, n. 10.
Gallois Auguste, greffier de police, n. 10.
Jacquelin veuve, née Popon, rentière, n. 10.
Guillermier Joseph, charpentier, n. 10.
Bigarnet Claude, peintre, n. 10.
Collin Jean, cabaretier, n. 10.
Grenier frères, propriétaires, n. 14.
Brulé Victor, docteur-médecin, n. 14.
Laplace Charles, professeur à l'école de droit, n. 14.
Chaffotte Henri, notaire, n. 16.
Gouttenoir Louis, propriétaire, n. 16.
Gouttenoir Louis, avocat stagiaire, n. 16.
Edon Martin, serrurier, n. 18.
Rullemonde Emile, cordonnier, n. 18.
Pompier Auguste, comptable, n. 18.
Bellet Nicolas, conducteur des ponts et chaussées, n. 18.
Georges Xavier, rentier, n. 22.
Bonvalot Pierre, loueur en garni, n. 22.
Poncet Térence, avocat stagiaire, n. 22.

Villedieu de Torcy Auguste, avocat stagiaire, n. 22.
De Buchet Edouard, étudiant, n. 22.
Misset Louis, avoué, n. 24.
Joly Guillaume, propriétaire, n. 26.
Verchère d'Arcelot, propriétaire, n. 28 (pied-à-terre).
Vignet Antoine, rentier, n. 28.
Marillier Denise Mlle, rentière, n 28.
Ramelet Nicolas, fabricant de chaux, n. 28.
Parisot Louis, concierge, n. 28.
Lagrange Victor-Etienne, typographe, n. 30.
Bœuf Nicolas, ancien notaire, n. 32.
Gambier Claude, loueur en garni, n. 32.
Mairet Henri, ancien notaire, n. 34.
Mairet veuve, rentière, n. 34.
Mairet Anatole, banquier, n. 34.
Benoît Etienne, conseiller à la Cour, n. 34.
Lévèque François, cafetier, n. 36.
Hébert François, ancien agent d'assurances, n. 36.
Henriet veuve, rentière, n. 36.
Tixier Jean, grenetier, n. 38.
Blocaille Erasme, contrôleur des contrib. directes, n. 38.
Sandronnet, rentier, n. 38.
Malnoury Jean, loueur en garni, n. 40.
Bard Jules, professeur, n. 40.
Bernard Félix, cafetier, n. 40.
Martin Mme, née François, sage-femme, n. 42.
David Louis, cafetier, n. 44.
Cornemillot Jean, marchand de tissus, n. 1.
Cornemillot Jules fils,   id.
De Gouvenain Louis, archiviste, n. 1.
De Gouvenain veuve, née de Gouvenain, rentière, n. 1.
Maurice Christophe, capitaine en retraite, n. 1.
Aclocque Cécile Mlle, propriétaire, n. 1 bis.
Perrot Louis, agréé au tribunal de commerce, n. 3.
Ménélon veuve, née Antoine, propriétaire, n. 5.
Brunot Bernard, propriétaire, n. 5.
De Marcilly Elisabeth Mlle, rentière, n. 7.
Anthony Adèle Mlle, rentière, n. 7.
Anthony Louise Mlle, rentière, n. 7.
Pichot-Lamabilais Henri, propriétaire, n. 9.

Gaulin Janvier, propriétaire, n. 11.
Gaulin Ernest, banquier, n. 11 *bis*.
Rapon Jacques, garçon de recette, n. 11 *bis*.
Regniault Pierre, rentier, n. 15.
Couturier veuve, née Rigueur, rentière, n. 15.
Japiot, docteur-médecin, n. 15.
Mila Charles, contrôleur des contributions directes, 15.
Hélouis veuve, née Guigneux, rentière, n. 15.
Faivre Pierre, marchand de vins en gros, n. 15.
Boituzet Lucien, greffier du juge de paix (cant. ouest), 17.
Basset Anne Mlle, blanchisseuse, n. 17.
Dubois veuve, née Simonnot, journalière, n. 17.
Delosdat Claude, marchand grenetier, n. 17.
Burelle Bernard, coutelier, n. 17.
Henri Marie Mlle, professeur de peinture, n. 17.
Collin Elisabeth Mlle, professeur de peinture, n. 17.
Lacan Joseph, recev. principal des contr. indirectes, 19.
Faton Jean, rentier, n. 19.
Fortin veuve, née Louviot, propriétaire, n. 19.
Belin Jean-Baptiste, cabaretier, n. 25.
Gilet Alphonse, employé à la régie, n. 25.
Kleb Jean, charcutier, n. 27.
Raviot Jean-Baptiste, maçon, n. 27.
Deptasse Michel, épicier, n. 29.
Couet Jean-Baptiste, propriétaire, n. 26.
Michel Marie Mlle, rentière, n. 29.
Welter Henri, rentier, n. 29.
Perrot Philibert, forgeron, n. 29.
Bellorgey Denis, boulanger, n. 31.
Lavier Marguerite Mlle, blanchisseuse, n. 31 *bis*.
Blondeau veuve, née Guenot, propriétaire, n. 33.
Machard Paul, maître d'hôtel, n. 35.
Raillard François, boulanger, n. 37.
Dubard Pierre, manouvrier, n. 37.
Pouhin Nicolas, menuisier, n. 39.
Flammarion Auguste, compositeur d'imprimerie, n. 39.
Paris Claude, rentier, n. 39.
Boursot Marie Mlle, couturière, n. 39.
Delettre Isidore, cabaretier, n. 41.
Bolot Louis, employé des contributions indirectes, 41.

Lévêque Sylvain, maçon, n. 41.
Schneider François, ouvrier cordonnier, n. 41.
Jeannin François, journalier, n. 41.
Barbier, marchand cordier, n. 43.
Michelot Alphonse, quincaillier, n. 45.
Guillier Honoré, professeur de musique, n. 45.
Guillier Marguerite Mlle, rentière, n. 45.

SUZON (Rue de).

Camagny Louis-Joseph, n. 1 (pied-à-terre).
Bauvey Louis, nettoyeur, n. 1.
Siméon Claude, employé, n. 1.
Siméon Louis fils, n. 1.
Bouault Edouard, employé à l'*Abeille*, n. 1.
Larmonnier Charles, tonnelier, grenetier, n. 3.
Baulion Jean, ouvrier tonnelier, n. 3.
Trulard Bernard-Irénée, avocat, n. 5.
Dureuil Charles, rentier, n. 5.
Mathieu Claude, propriétaire, n. 5.
Grobert Louise Mlle, ouvrière, n. 11.
William Madeleine Mlle, ouvrière, n. 11.
Jacob Anne Mlle, ouvrière, n. 11.
Dupont Jacques, propriétaire, n. 2.
Péchin Pauline Mlle, rentière, n. 2.
Meyrand Jean-François, capitaine retraité, n. 2.
Limonet Alfred, propriétaire, n. 2.
Poinssot Jean, rentier, n. 2.
Berthelet Anne Mlle, rentière, n. 2.
Gérard Jacotot-Pierre, propriétaire, n. 2.
Olivier Pierre, ouvrier cordonnier, n. 2.
Perrin veuve, née Fontaine, rentière, n. 2.
Marquet veuve, née Olivier, revendeuse, n. 2.
Jacquemin Henri, garçon de recette, n. 8.
Durand veuve, rentière, n. 8.
Gernez Pierre, capitaine retraité, n. 8.
Layer veuve, rentière, n. 8.
Emery Emiland, employé au chemin de fer, n 8.

Chataignier veuve, n. 8.
Ginot Claude, propriétaire, médecin, n. 8.
Sandoz Jean-Baptiste, propriétaire, médecin, n. 8.
Dupont Emilie Mlle, ouvrière, n. 8.
Faivre Anna Mlle, ouvrière, n. 8.
Philibert Alfred, voyageur de commerce, n. 8.
Valet-Pérard, propriétaire, n. 10.
Pascal, gendre, n. 10.
Roy Pierre, tailleur de pierres, n. 12.
Champy Martin, manouvrier, n. 12.
Breuille Jean-François, ouvrier menuisier, n. 12.
Courtioux Jeanne, femme Zimmermann, n. 12
Barrot veuve, née Corrot, ouvrière relieuse, n. 12.
Barrot Henri fils, relieur, n. 12.
Simonnet Mme, née Chapuis, manouvrière, n. 12.
Mugniot Jean-Baptiste, conducteur, n. 14.
Fromont Edouard, commissaire de police, n. 14.
Garnier veuve, née Thevenin, rentière, n. 14.
Carteret Théophile, maçon, n. 14.
Lagoute veuve, née Gillot, rentière, n. 14.

TANNERIES (Rue des).

Nicolas Claude, marchand de moutons, n. 1.
Nicolas Jean, marchand de moutons, n. 1.
Siméon Louis, mégissier, n. 3.
Monniotte veuve, née Sommier, n. 3.
Buzenet Pierre, mégissier, n. 3.
Lebœuf Stanislas, charbonnier, n. 3.
Trapet François, comptable, n. 3.
Girard Charles, mégissier, n. 3.
Fillion Eugène, tanneur, n. 7.
Ragonneau Pierre, chauffeur, n. 7.
Girard Pierre, sous-officier en retraite, n. 7.
Javelle Auguste, journalier, n. 7.
Didier François, manouvrier, n. 9.
Douche Claude, corroyeur, n. 9.
Ripart Antoine, tonnelier, n. 11.

Obriot François, tanneur, n. 13.
Lavergne Claude, maçon, n. 13.
Chouet Vincent, manouvrier, n. 13.
Ferrand Claude, journalier, n. 13.
Febvre veuve, née Gaudelet, propriétaire, n. 13.
Rigolier Nicolas, propriétaire, n. 15.
Bertrand veuve, née Forquet, n. 15.
Thora Joseph, manouvrier, n. 15.
Serre Jean-Baptiste, manouvrier, n. 15.
Elie Eugène, scieur de long, n. 15.
Rocher, étameur, n. 15.
Gandré Jean-Baptiste, journalier, n. 15.
Forassipy Dominique, journalier, n. 15.
Douges veuve, née Levistre, tanneur, n. 17.
Nasse Joseph, tanneur, n. 17.
Drouhot Claude, mégissier, n. 17.
Vioux Louis, journalier, n. 17.
Walch Isaac, marchand de bétail, n. 19.
Salbreux veuve, née Raille, tanneur, n. 21.
Hoche Claude, ferreur, n. 21.
Moreau Jean, journalier, n. 21.
Touzé veuve, née Ferrand, n. 23.
Bourrelier Eulalie Mlle, lingère, n. 23.
Chardon Jean, garçon voiturier, n. 23.
Pidancet Claude, chargeur, n. 23.
Pidancet Antoine, serrurier, n. 23.
Procope Jean, n. 23.
Lorrain, marchand épicier, n. 23.
Bajavon Mme, née Noirot, n. 23.
Morizot Joseph, tailleur de pierres, n. 23.
Chalex Jean, cordonnier, n. 23.
Defossemant Claude, aiguilleur, n. 23.
Bailly Etienne, journalier, n. 23.
Bergeron Auguste, scieur de long, n. 23.
Moulinot Philibert, manouvrier, n. 23.
Manières Jean-Baptiste, boucher, n. 23.
Guenot Antoine, charpentier, n. 23.
Désirié François, chauffeur, n. 23.
Duthu Pierre, forgeron, n. 23.
Cordonnier Désiré, mouleur en fonte, n. 23.

Guillot François, journalier, n. 23.
Altheimer Cyprien, tourneur, n. 23
Faivre Prudent, scieur de long, n. 23.
Lesprit Etienne, manouvrier, n. 23.
Lavoine Jean-Baptiste, journalier, n. 23.
Lorain Pierre, propriétaire, n. 25.
Lorain veuve, née Laureau. n. 25.
Rivot Lubin, à l'équipe, n. 25.
Simon Vincent, tonnelier, n. 25.
Potet Joseph, épicier, n. 25.
Hubert veuve, née Ulher, n. 27.
Marson veuve, née Pigney, rentière, n. 27.
Gaudard Emile, marchand de cuirs, n. 27.
Lerondel Benjamin, cabaretier, n. 29.
Godard veuve, née Tétard, rentière, n. 29.
Petit Joseph, manouvrier, n. 29.
Richard Charles, tailleur de pierres, n. 29.
Moreau Jean-Baptiste, ajusteur, n. 29.
Poidrat Albert, jardinier, n. 29.
Dumarché Charles, agent de la navigation, n. 2.
Vauchez Claude, journalier, n. 2.
Mercier Antoine, tonnelier, n. 2.
Charrey Blaise, charpentier, n. 2.
Bouhin Jeanne Mlle, femme de ménage, n. 4.
Laureau Claude, boucher, n. 4.
Bailly Joséphine Mlle, marchande de vin, n. 6.
Dalem Joseph, marchand de bétail, n. 6.
Brulebaut veuve, née Léchenot, femme de ménage, n. 6.
Poinsot Xavier, journalier, n. 6.
Gœger François, corroyeur, n. 6.
Viard Vincent, manouvrier, n. 8.
Dumont veuve, née Mamet, chargeur, n. 8.
Moreau Simon, manouvrier, n. 8.
Bottain Toussaint, scieur de long, n. 8.

TANNERIES (Rue du Pont des).

Lacaza Raphaël, tourneur, n. 4.
Marnotte Nicolas, charpentier, n. 6.

Frénot François, manouvrier, n. 6.
Michelin François, tailleur de scies, n. 6.
Frénot veuve, née Bateau, manouvrière, n. 6.
Fouchonneret Philippine Mlle, femme de ménage, n. 6.
Babin Jean-Baptiste, cordonnier, n. 6.
André Jacques, chiffonnier, n. 6.
Gillot Claude, journalier, n. 6.
Léon Louis, tanneur, n. 6.
Chapuis Bénigne, tanneur, n. 6.
Bolot Louis, journalier, n. 6.
Aubelle veuve, née Menneval, rentière, n. 6 *bis.*
Marguery veuve, née Menneval, rentière, n. 6 *bis*
Gudot Julien, jardinier, 6 *bis.*
Prunaux Jacques, jardinier, n. 6 *bis.*
Prosper veuve, née Chapuis, femme de ménage, n. 6 *bis.*
Massé Toussaint, marchand de moutons, n. 6 *bis.*
Bouchard Jean, mégissier, 6 *bis.*
Francillon Mme, née Marcilly, mégissier, n. 6 *bis.*
Chazelle François, cabaretier, n. 8.
Riberon Jean-Baptiste, scieur de long, n. 8.
Robin Jacques, manouvrier, n. 8.
Poirson Ernest, corroyeur, n. 8.
Poirson veuve, née Bernard, tanneur, n. 8.
Dornion veuve, née Martin, femme de ménage, n. 8.
Singère Clément, ouvrier tanneur, n. 8.
Brouillard Thomas, ouvrier tanneur, n. 8.
Carry, ancien Boucher, n. 8.
Bordeux Claude, marchand de bétail, n. 10.
Jalliet Jean, grenetier, n. 10.
Belin René, serrurier, n. 12.
Belin veuve, née Appert, cabaretière, n. 12.
Manières Nicolas, fileur de laine, n. 12.
Mouillon Charles, rentier, n. 12.
Roux veuve, née Goustard, marchande de mottes, n. 14.
Lenoir François, manouvrier, n. 14.
Briaudet François, domestique, n. 14.
Lombard Suzanne Mlle, fileuse de laine, n. 14.
Berger Victor, homme d'équipe, n. 14.
Pignalet Jean-Baptiste, manouvrier, n 14.
Odet Auguste, ouvrier tanneur, n. 14.

Doussot Claude, cabaretier, n. 1.
Fournier Jacques, garçon boucher, n. 3.
Bertrand veuve, née Forquet, n. 3.
Rabatel Jacques, fileur de laine, n. 3.
Protet François, rentier, n. 3.
Romand Nicolas, tailleur de pierres, n. 5.
Ducroix Jean, mégissier, n. 5.
Carrion Victor, tourneur, n. 5.
Romand Paul, ouvrier tanneur, n. 5.
Brulebaut Charles, manouvrier, n. 5.
Naudet Jean, manouvrier, n. 5.
Chambellant veuve, née Frapillon, rentière, n. 7.
Monnard Auguste, journalier, n. 7.

TANNERIES (Rue Derrière les).

Fauvelet Henri, voiturier, n. 1.
Rousselet Félix, manouvrier, n. 1.
Lauvernac veuve, née Carrion, journalière, n. 1.
Margant François, voiturier, n. 3.
Petit Jean-Baptiste, charbonnier, n. 3.
Thorey Philibert, cabaretier, n. 5.
Bresson Jean-Baptiste, n. 7.
Bouret Pierre, vigneron, n. 9.
Degrave François, tanneur, n. 2.
Gabillot Mme, née Roiclot, femme de ménage, n. 2.
Blondel Pierre, manouvrier, n. 4.
Bouret Antoine, vigneron, n. 6.

TILLOT (Rue du).

Gruère Dominique, chanoine, n. 1.
Derepas Lazare, vicaire, n. 1.
Derepas Jean-Baptiste, employé, n. 1.
Carteret Nicolas, garçon de magasin, n. 1.
Saconnier Jean-François, employé au chemin de fer, 3.

Bornier Jean-Baptiste, menuisier, n. 3.
Massiotte Jean-Baptiste, serrurier, n. 3.
Drioton Joseph, maçon, n. 5.
Demongeot Jean-Baptiste, tailleur de pierres, n. 5.
Balthazar Jacques, rentier, n. 5.
Caillet Henri, épinglier, n. 7.
Cimetière Jacques, homme d'équipe, n. 7.
Chevalier Eugène, tapissier, n. 7.
Papinot veuve, née Beaurepère, propriétaire, n. 9.
Royer Louise Mlle, rentière, n. 9.
Arnautot Jacques, chauffeur, n. 11.
Viard Pierre, nettoyeur, n. 11.
Maigrot veuve, née Pélissonnier, femme de ménage, 11.
Riedot veuve, née Delorme, ouvrière, n. 11.
Claire Jean-Baptiste, graisseur au chemin de fer, n. 11.
Sebillotte Jeanne, femme de ménage, n. 11.
Charcouchet Jean, chauffeur, n. 11.
Pacot Jean, manœuvre, n. 11.
Trompette Antoine, rabotteur, n. 11.
Saverot Claudine Mlle, rentière, n. 13.
Saverot veuve, née Jolibois, blanchisseuse, n. 13.
Breuillot Claude, voyageur de commerce, n. 13.
Renaud Anne, ouvrière, n. 13.
Bardin Claude, employé de commerce, n. 13.
Chabert Jean-Joseph, percepteur, n. 17.
Ranty veuve, née Forissier, rentière, n. 17.
Chappeau Jean-Baptiste, propriétaire, entrepreneur, 19.
Baillot Françoise Mlle, rentière, n. 19.
Cromback Rose Mlle, rentière, n. 19.
Guillaume François, propriétaire, n. 19.
Alexandre Louis, domestique, n. 19.
Barazer Constant, rentier, n. 19
Villard Joseph, ancien notaire, n. 19.
Attier, supérieure des sœurs de Saint-Bénigne, n. 2.
Maire veuve, née Mathieu, propriétaire, n. 4.
Mathieu Adèle Mlle, rentière, n. 4.
Collenet Bénigne, vicaire, n. 4.
Samuel veuve, née Maire, rentière, n. 4.
Courtois Mme, née Darbois, propriétaire, n. 6.
Menneval Jean-Baptiste, ancien chapelier, n. 6.

Broussier Jules, sous-voyer de la ville, n. 6.
Fosset Jacques, tonnelier, n. 6.
Quantin Joseph, ancien confiseur, n. 6.
Potot veuve, née Jacquin, rentière, n. 6.
Josselin Philippe, propriét., administr. des hospices, 8.
Sauvin, rentier, n. 8.
Viardot Pierre, chanoine, n. 8.
Anthony veuve, née Sirodot, rentière, n. 8.
Collas Vᵉ, née de Latapie de Ligonie, propriétaire, n. 8.
Collas de Latapie, avocat, n. 8.
Collas de Latapie de Ligonie, propriétaire, n. 8.
Moreau Charles, curé de Saint-Bénigne, n. 10.
Thonac veuve, née Burer, rentière, n. 10.
Dutrone Charlotte Mlle, femme de ménage, n. 10.
Maître Marie Mlle, cuisinière, n. 10.
Montillot Marguerite Mlle, femme de ménage, n. 10.
Gallien-Bergerot Mme, femme de ménage, n. 10.
Renaudot Jeanne Mlle, rentière, n. 10.
Tissier Anne Mlle, n. 10.
Bordis Emélie Mlle, brodeuse, n. 10.
Bordis Marie Mlle, brodeuse, n. 10.
Blandin veuve, née Schmitt, rentière, n. 12.
Valby veuve, née Torius, rentière, n. 12.
Barberet Pierre, ancien boucher, n. 12.
Morel Etienne, rentier, n. 12.
Coquet Louis, rentier, n. 14.

TIVOLI (Rempart du).

Laborey Claudine Mlle, blanchisseuse, n. 1.
Lemoine Louis, professeur de musique, n. 5.
Perraud Mme, née Duchassin, lingère, n. 5.
Gros veuve, née Munier, lingère, n. 6.
Girard Antoinette Mlle, lingère, n. 6.
Burnelle Clara, logeuse en garni, n. 6.
Clément, agent d'affaires, n. 6 (pied-à-terre).
Hutinet veuve, née Fromentin, relieuse, n. 5.
Coquet Antoine, ancien menuisier, n. 7.

Gauthier Pierre, entrepreneur de travaux publics, n. 7.
Rougier veuve, née Belgy, rentière, n. 10.
Renaud-Belgy Jeanne Mlle, rentière, n. 10.
Renaud Pierre, comptable, n. 10.
Jeannier Eugène, caissier de banque, n. 10.
Gros Adrien, comptable, n. 10.
Moreau veuve, née Carré, rentière, n. 9.
Roger veuve, née Beaut, propriétaire, n. 8.
Guibaudet Pierre, employé principal du percepteur, n. 8.
Mourot Marguerite Mlle, rentière, n. 13.
Berthillon Claude, ouvrier fondeur, n. 13.
Chat Emile, commis voyageur, n. 13.
Belliard Joseph, rentier, n. 14.
Quercy Pierre, sous-chef de gare, n. 14.
Sorlin Armand, brigadier poseur, n. 14.

TRÉMOUILLE (Rue de la).

Petitot Henri, tonnelier, maison Tardits.
Charveau Victor, comptable, maison Tardits.
Drevon Nicolas, conseiller à la cour, maison Tardits.
Junot Pierrette Mlle, journalière, maison Tardits.
Tardits Guillaume, charpentier, maison Tardits.
Laffite Rémond, charpentier, grenetier, maison Tardits.
Corduan Aug., march. de vins en gros, maison Chamard.
Dugas Louis, maison Chamard.
Tribolet Alexis, chauffeur au ch. de fer, maison Chamard.
Aubine Jean, contr. de télégraphe, maison Chamard.
Drouhin Paul, charpentier, maison Chamard.
Billamboz Albin, commis voyageur, maison Chamard.
Jolibois Louis, mécanicien, maison Chamard.
Fageol Louis, rentier, maison Chamard.
Guillarme Emile, voyag. de commerce, maison Chamard.
Fontagny J., march. de vins en gros et vinaigrier, n. 1.
Thibaut Marie veuve, aubergiste, n. 1.
Curdy Jean-Baptiste, propriétaire plâtrier, n. 3.
Doth Louis, ouvrier ébéniste, n. 3.
Bornier Paul, cordonnier, n. 3.

Brot Sébastien, cordonnier, n. 2.
Verpeau, couvreur.
Guillemin, plâtrier.
Gouillard, chapelier.
Bonvoisin, serrurier.
Pelletret, forgeron.
Lenoir, manouvrier.
Talfumier, rentier.
Furet, peintre.
Baudier Léon, cafetier, n. 5.
Potot veuve, née Bescherelle, chapelière, n. 4.

TRIBUNAL (Rue du).

Rémond Jean, propriétaire, n. 1.
Mornay Etienne, bimbelotier, n. 1.
Bucherot, forgeron, n. 1.
Gérard, garçon limonadier, n. 1.
Morel, cordonnier, n. 1.
Bougueleret Anna Mlle, ouvrière, n. 1.
Gremeau veuve, née Sonnois, rentière, n. 3.
Leroux Claude, tailleur de pierres, n. 3.
Leroux Jean fils, n. 3.
Gracieux Gustave, manouvrier, n. 3.
Kuekn Jean-Baptiste, ouvrier tailleur, n. 3.
Weber Pierre, cordonnier, n. 3.
Massenot veuve, née Moret, revendeuse, n. 3.
Pain Jean-Baptiste, chapelier, n. 3.
Allanic Emile, ébéniste, n. 3.
Chanlon, cabaretier, n. 5.
Blanc Gabriel, huissier, n. 2.
Laborde veuve, née Jachiel, propr., ouvrière en robes, 2.
Locquin veuve, rentière, n. 2.
Laborde Auguste, peintre, n. 2.
Lacoste Eugène, agréé au tribunal, n. 2.
Lhugnot Joseph, employé de commerce, n. 2.
Bouhier veuve, née Gallier, rentière, n. 2.

TURGOT (Rue).

Belliard veuve, née Couthaud, direct. de la salle d'asile, 1.
Boudrot Pauline, sous-directrice, n. 1.
Pelletier Marie-Françoise, direct. de l'école communale de jeunes filles, n. 3.
Audiffret Hubert, marchand de vins en gros, n. 5.
Bresson Joseph, avocat, ancien avoué, n. 5.
Etienne Pauline Mlle, couturière, n. 5.
Lefranc veuve, née Morizot, propriétaire, n. 2.
Poignant veuve, née Monnet, cuisinière, n. 2
Amiet Emile, rentier, n. 2.
François Louis, rentier, n. 2.
De Bahèzre Gaspard, rentier, n. 2.
Masson Bernard, nettoyeur, n. 2.
Rabiet Anne Mlle, lingère, n. 2.
Weill Michel, marchand colporteur, n. 2.
Roger Joseph, artiste, n. 2.
Maurice J.-B., conducteur des ponts et chaussées, n. 4.
Amiot, veuve Verneuil, rentière, n. 4.
Leblanc veuve, née Poittevin, rentière, n. 4.
Grozelier veuve, née Pelletier, rentière, n. 4.
Hut veuve, née Baron, rentière, n. 4.
Girard Claude, rentier, n. 4.
Weist Christian, rentier, n. 4.
Detalante Marie Mlle, n. 4.
Launay veuve, née Bonnamy, rentière, n. 6.
Verneuil Nicole Mlle, rentière, n. 6.
Magnin veuve, rentière, n. 6.
Harpet Catherine Mlle, rentière, n. 6.
Guillemard veuve, née Marlet, rentière, n. 8
Grillet Geneviève, rentière, n. 8.
Salomon Louis dit Marx, rentier, n. 8.
Maritoux Claude, rentier, n. 8.
Boursot Claude, commissionnaire, n. 8.
Fremiet veuve, née Royer, rentière, n. 8.
Brun Eugène, propriétaire, n. 10.
Brun Benoît, propriétaire, n. 10.

Marey veuve, née Chapus, propriétaire, n. 10.
Chameroy Jean-Baptiste, cocher, n. 14.
Dessolle Vivant, journalier, n. 14.
Dessolle veuve, née Dubin, femme de ménage, n. 14.
Collot Marie Mlle, lingère, n. 14.
Guigre Antoine, marbrier, n. 16.
Guigre Joseph, marbrier, n. 16.
Magnien Stéphen, fabricant de brosses, n. 16.
Guilleminot Edme, agent de police, n. 16.
Liotot veuve, née Barbier, blanchisseuse, n. 16.
Liotot Antoinette Mlle, blanchisseuse, n. 16.
Parent Jean-Baptiste, charpentier, n. 16.
Godinot veuve, née Oiselle, institutrice, n. 16.
De Boibe Albine Mlle, lingère, n. 16.
Pheulpin Jean-Baptiste, journalier, n. 16.
Simonin Jeanne Mlle, n. 16.
Delmasse veuve, née Glavet, couturière, n. 16.
Drouhin Mme, née Colnot, n. 16.
Darmaisin François, menuisier, n. 16.
Bissey, prieur des dominicains, n. 18.
Scordia Corantin, cordonnier, n. 26.
Galfione veuve, née Malsalé, n. 26.
Lemaire Louis, typographe, n. 26.
Chiffon Jacques, rentier, n. 26.
Mayer Layette Mlle, lingère, n. 26.
Ledeuil Jean, grenetier, n. 26.
Mignon, n. 26.
Ledeuil veuve, née Ladrosse, femme de ménage, n. 26.

VAILLANT (Rue).

Robinet veuve, rentière, n. 3.
Lagier Firmin, conseiller à la Cour, n. 3.
Monnier Eugène, fabricant de pianos, n. 3.
Dameron, sculpteur, prof. à l'école des Beaux-Arts, n. 3.
Machard Jules, marchand de toiles, n. 3.
Roux Jean-Baptiste-Armand, propriétaire, n. 5.
Roux Jules fils, n. 5.

Roux Paul fils, n. 5.
Paupion Jérôme, marchand papetier, n. 5.
Paupion Claude,   id.   n. 5.
Jaupoy Albert, peintre, n. 5.
Vigny, n. 5.
Contet Jeanne Mlle, couturière, n. 5.
Guipet Antoine, photographe, n. 5.
Andriot Pierre, n. 5.
Wintz François, fabricant de pianos, n. 5.
Verneau Lazare, pharmacien, n. 7.
Guenée veuve, née Lefranc Zoé, rentière, n. 7.
Mongin, n. 7.
Perdrix Auguste, avocat, n. 17.
De Laverne, rentier, n. 17.
Bourdery Antoine, maçon, concierge, n. 17.
Bourdery Louis-Joseph fils, n. 17.
Rousselet Christen, cordonnier, n. 17.
Bligny Georges, manouvrier, n. 17.
Voirin Séraphine Mlle, passementière, n. 19.
Faivre Marie Mlle, passementière, n. 19.
Chauve Claude dit Jules, coiffeur, n. 19.
Serrigny veuve, née Fournier, propriétaire, n. 21.
Serrigny Louise Mlle, marchande de broderies, n. 21.
Serrigny Rosalie Mlle,   id.   n. 21.
Roy Pierre-Auguste, compositeur, n. 21.
Lebrasseur Achille, peintre, n. 21.
Prost Jean-Baptiste, marchand de cristaux, n. 4.
Barrié François, cafetier, n. 6.
Magnien Charles-Edouard, restaurateur, n. 8.
Ancey Pierre, cordonnier, n. 10.
Courret, débitant de tabac, n. 12.
Hugot Jean, cordonnier, n. 14.
Koehrer Joseph, boucher, n. 16.
Loisier Désiré, fabricant de corsets, n. 16.

VALMY (Rente).

Pralon Jean-Baptiste, cultivateur, marchand de bois.
Mercier Claude, cultivateur.

VANNERIE (Rue).

Prudhon Pierre, épicier, n. 1.
Modot Jean-Baptiste, tailleur, n. 1.
Munier veuve, journalière, n. 3.
Forey Antoine, vigneron, n. 3.
Boussière Louise Mlle, ouvrière, n. 3.
Barraut, manouvrier, n. 3.
Kieffer Nicolas, logeur, n. 5.
Passerotte Françoise Mlle, logeuse, n. 11.
Mahuet Hippolyte, logeur, n. 11.
Tainturier Jules, aubergiste, n. 13.
Chauvenet Didier, directeur du mont-de-piété, n. 17.
Mirande Jean, concierge, n. 17.
Marchal François, homme d'équipe, n. 17.
Boutreux veuve, née Reverchon, propriétaire, n. 19.
Charles Nicolas, ajusteur, n. 19.
Lagoutte (pour un magasin), n. 23.
Fournel Joseph, menuisier, n. 23.
Bornette veuve, née Rolland, ouvrière, n. 25.
Marey Jeanne Mlle, ouvrière, n. 25.
Picard Anne Mlle, journalière, n. 25.
Foissotte Eugène, ouvrier, n. 25.
Brunot Adolphe, menuisier, n. 27.
Paris veuve, née Clerc, rentière, n. 27.
Patiot Léopold, chapelier, n. 27.
Prouët veuve, née François, rentière, n. 27.
Estivalet Antoine, tonnelier, propriétaire, n. 27.
Orième Noël, homme d'équipe, n. 29.
Bertrand Pierrette Mlle, ouvrière, n. 29.
Audebert Léopold, tonnelier, n. 27.
Pascal Joseph, liquoriste, n. 29.
Michon Jean-Baptiste, brigadier de police, n. 29.
Daudon Anne, veuve Gageot, n. 29.

Charlut Jean, employé aux contributions, n. 33.
Guichard François-Elie, ouvr. fabric. de chandelles, 29.
Vincendon François, facteur de ville, n. 33.
Laborey veuve, rentière, n. 29.
Rougeot Pierre, manouvrier, n. 29.
Du Parc veuve, née Charpy de Juigné, propriétaire, 35.
Du Parc Charles, propriétaire, n. 35.
Collion Gaspard, concierge, n. 35.
Salins Jean, perruquier, n. 27.
Bathelier Jean-Baptiste, propriétaire, n. 37.
Chapuis, veuve Boulard, ouvrière, n. 37.
De Champeau, propriétaire, n. 39.
Ligier Edgard, n. 39.
Ligier Belair (comte), propriétaire, n. 39.
Champion de Nansouty veuve, propriétaire, n. 39.
De Saint-Germain Auguste, inspect. des contr. indir., 39.
Maitrejean Louis, n. 39.
Fortoul, docteur-médecin, n. 39.
Carrier veuve, née Bozon, propriétaire, n. 39.
Lurillon veuve, née Surrel Clotilde, rentière, n. 39.
Dugat veuve, née Mugnier, concierge, n. 39.
Douard Mlle, propriétaire, institutrice, n. 39.
Leclerc de Juigné, propriétaire, n. 41.
De Damas Paul, propriétaire, n. 41.
De Mérignac, propriétaire, n. 41.
Joyet Célestin, concierge, n. 41.
De Blic Emmanuel, propriétaire, n. 41.
Ranfer de Bretennière Edmond, propriétaire, n. 41.
Grandet de la Villette, propriétaire, n. 41.
Chevreul Henri, propriétaire, n. 41.
Mignard Thomas, homme de lettres, n. 43.
Gleize Léon, avoué, n. 43.
Arvet Marius, directeur des contrib. indirectes, 43 *bis*.
Mairot Jean, abbé, n. 45.
Mairot Pierre, abbé, n. 45.
Girard veuve, née Jacotot, rentière, n. 45.
Mazoyer Jean, propriétaire, n. 47.
Barberet veuve, n. 47.
Dutrut veuve, née Guérard, journalière, n. 47.
Cotétidot Charles, entrepreneur menuisier, n. 47.

Raffin Mlle, rentière, n. 47.
Guenée Jacques, rentier, n. 47.
Guérard, veuve Duthu Françoise, ouvrière, n. 47.
Barberet veuve, rentière, n. 47.
Brenet Henri, propriétaire, n. 49.
Imgarde de Lœffemberg, procureur général, n. 49.
Bonnard veuve, rentière, n. 49.
Bellay Jean-Baptiste, propriétaire, n. 51.
Goussot Jeanne Mlle, écrivain public, n. 51.
Bellay Pierre, menuisier, n. 51.
Versey Jean-Baptiste, manœuvre, n. 51.
Duc Etienne, chiffonnier, n. 51.
Merle Joseph, maçon, n. 51.
Romey veuve, née Costet, boulangère, n 53.
Girard Marie Mlle, rentière, n. 55.
Bornier, huissier, n. 55.
De Montagu, n. 55.
Dard Antoine, ouvrier, n. 57.
Colas Jean-Baptiste, boulanger, n. 57.
Renard Pierre, ouvrier horloger, n. 57.
Naudet veuve, née Daujon, marchande de bonnets, n. 57.
Patron veuve, née Moreau, femme de ménage, n. 57.
Charpozat, maçon, n. 57.
Thevenard veuve, née Girardot, propriétaire, n. 59.
Bouley Jean, employé d'octroi, n. 59.
Bourrey, facteur de ville, n. 59.
Moyaux Jean, peintre, n. 59.
Quillot, propriétaire, peintre, n. 59.
Thibert Pierre, regrattier, n. 59.
Labas Simonne Mlle, blanchisseuse, n. 59.
Donnarel Philippe, ouvrier serrurier, n. 59.
Voye Etienne, menuisier, n. 59.
Radix, loueur en garni, n. 61.
Dellery Jean-Baptiste, cordonnier, n. 61.
Tarnier Emile, docteur-médecin, n. 63.
Tournois Nicolas, fabricant de moutarde, n. 65.
Gaudot Pierre, agent d'assurances, n. 67.
Chays Claude, cloutier, n. 67.
Verreaux Paul, ferblantier, n. 67.
Jacquelin Auguste, cordonnier, n. 67.

Proust Emile, ébéniste, n. 69.
Jeannin Jean-Baptiste, cabaretier, n. 71.
Petitot, employé des contributions indirectes, n. 73.
Faivre François, grenetier, n. 73.
Grandjeon veuve, née Lignier, vigneronne, n. 75.
Retter Frédéric, cordonnier, n. 75.
Cottenet Louis, commis voyageur, n. 73.
Mathelie François, grenetier, n. 77.
Jeandot Claude, boulanger, n. 79.
Goriot Claude, ferreur au chemin de fer, n. 81.
Leniept Charles, ouvrier corroyeur, n. 81.
Royer Virginie Mlle, marchande de mercerie, n. 83.
Brocard Bernard, retraité, n. 81.
Ledeuille Catherine Mlle, ouvrière, n. 81.
Bardoux Elisabeth Mlle, ouvrière, n. 83.
Pluchare Louis, employé des ponts et chaussées, n. 85.
Paulln Jean-Baptiste, employé au chemin de fer, n. 85.
Schaub Philippe, propriétaire, n. 2.
Lallemand veuve, née Marguery, n. 4.
Cocusse veuve, née Millot, rentière, n. 4.
Regnaut Jean-Baptiste, cordonnier, n. 4.
Dulac, marchand tailleur, n. 4.
Canthe Gilbert, propriétaire, n. 6.
Poiret Pierre, facteur de ville, n. 6.
Clausse Anatole, employé de commerce, n. 6.
Guyénot Auguste, clerc de notaire, n. 6.
Darly Louise Mlle, ouvrière, n. 6.
Monnet Jeanne, femme Monniot, journalière, n. 8.
Mirey Pauline Mlle, ouvrière, n. 12.
Noccard Marie Mlle, n. 12.
Leclère Rose Mlle, ouvrière, n. 14.
Stekel Claude, propriétaire, n. 16.
Mugnier, n. 16.
Chambrette Etienne, cabaretier, n 16.
Duprey Blaise, employé au chemin de fer, n. 16.
Costet veuve, née Bougueleret, blanchisseuse, n. 18.
Thomas Louis, journalier, n. 20.
Ulric Michel, manouvrier, n. 20.
Clott Rose, veuve Ulric, ouvrière, n. 20.
Cubiburu Emmanuel, ouvrier cordonnier, n. 20.

Brulebeau Adrien, employé des postes, n. 20.
Chapuis Vincent, n. 20.
Tournois Marie, journalière, n. 20.
Boudier Marie, veuve Léchenot, journalière, n. 20.
Aumaître Gabriel, maçon, n. 22.
Arbinet François, tonnelier, n. 22.
Lamet Catherine, veuve Jaillet, journalière, n. 22.
Gossot Eugène, ouvrier menuisier, n. 22.
Barbet Claude, marchand de volailles, n. 22.
Pillié veuve, n. 24.
Nicolas Françoise Mlle, n. 24.
Chapuis veuve, n. 24.
Rasseneux Louis, plâtrier, n. 24.
Derepas Joseph, menuisier, n. 24.
Hairon Jean, tailleur de pierres, n. 24.
Debron Catherine, veuve Dellery, ouvrière, n. 24.
Grey Jean-Baptiste, loueur en garni, n. 26.
Baulot Clémentine Mlle, ouvrière, n. 26.
Roussey Eugénie Mlle, blanchisseuse, n. 26.
Lacroix Marie Mlle, blanchisseuse, n. 26.
Paris Abel, commissionnaire, n. 26.
Protsmaire Jean, domestique, n. 26.
Kaltschmidt Adolphe, cabaretier, n. 28.
Mallet François, taupier, n. 28.
Trécourt veuve, n. 28.
Max Geoffroy, avocat, n. 28.
Bertrand François, employé des postes, n. 30.
Paillet Nicolas, menuisier, n. 32.
Fontaine Barthélemy, rentier, n. 32.
Lucotte Alexandre, employé de commerce, n. 32.
Courbet veuve, née Bruet Jeanne, cordonnière, n. 32.
Marlo François, peintre, n. 32.
Carré veuve, née Piquot Marie, rentière, n. 32.
Thomas Louis, journalier, n. 32.
Lanaud Simon, ouvrier tailleur de pierres, n. 32.
Moyaux Nicolas, ouvrier imprimeur, n. 32.
Bovagnet Joseph, tonnelier, n. 32.
Morizot Jean, employé au chemin de fer, n. 32.
Lanchy Pierre, plâtrier, n. 32.
Chimbeault Alexandre, peintre, n. 32.

Gauthier Julie Mlle, propriétaire, n. 34.
Le comte d'Andelarre Jules, propriétaire, n. 34.
Lamy Bénigne Mlle, ouvrière en robes, n. 38.
Damron, statuaire, n. 38.
Hermann Eugénie Mlle, rentière, n. 38.
Durand Antoine, tailleur de pierres, n. 40.
Brivot veuve, née Michaud, rentière, n. 40.
Sirodot Céline Mlle, rentière, n. 40.
Magnien Etienne, géomètre, n. 42.
Merle Pierre, receveur en retraite, n. 42.
Ledeuil Augustin, agent-voyer en retraite, n. 42.
Bonot Pierrette Mlle, n. 42.
Thevenin veuve, rentière, 42 *bis.*
Bolletet Antoine, menuisier, 42 *bis.*
Renardet, employé au chemin de fer, n. 42 *bis.*
Guérard veuve, née Badin, rentière, n. 42 *bis.*
Guérin René, chef d'escadron en retraite, n. 42 *bis.*
Grivot veuve, née Delavillaubois, ouvrière, n. 44.
Mairet Louis, mouleur, n. 44.
Bellenot Marie Mlle, ouvrière, n. 44.
Jacquin Eugène, ouvrier marbrier, n. 44.
Jaugey veuve, née Mathieu, journalière, n. 44.
Lacombe veuve, née Boursier, rentière, n. 46.
Perrot Marguerite Mlle, rentière, n. 46.
Fleurey Adélaïde Mlle, blanchisseuse, n. 48.
Dugat Paul, maçon, n. 48.
Jacquelain Auguste, ouvrier cordonnier, n. 48.
Diringer Henri, tailleur et loueur en garni, n. 50.
Gerbenne Pierre, menuisier, n. 52.
Saverot Pierre, manouvrier, n. 52.
Roret Nicolas, ouvrier cordonnier, n. 52.
Fossey Anne Mlle, grenetière, n. 54.
Jourdin Eugène, rentier, n. 54.
Doyen Elisabeth Mlle, ouvrière, n. 54.
Theuret Françoise Mlle, ouvrière, n. 54.
Demongeot Claudine Mlle, blanchisseuse, n. 54.
Carrelet Antoinette Mlle, ouvrière, n. 54.
Moine veuve, manouvrière, n. 54.
Rondot Victoire Mlle, blanchisseuse, n. 54.
Remoissenet Philibert, capitaine en retraite, n. 60.

Vittenet Etienne, employé au télégraphe, n. 60.
Quillot Jean, peintre, n. 64.
Meyer Joseph, agent d'affaires, n. 64.
Robert Jean-Baptiste, peintre, n. 66.
De Massey veuve, née Marie, marchande de fil à coudre, n. 68.
Tavernier François, cafetier, n. 70.
Vessal Marguerite Mlle, lingère, n. 70.
Coursier Nicolas, ouvrier menuisier, n. 70.
Pujos Pierre, employé des postes, n. 70.
Laurain Louise Mlle, ouvrière, n. 70.
Bonnet Marie Mlle, ouvrière, n. 72.
Wendeling Pauline Mme, modiste, n. 72.
Ménelet Georges, cabaretier, n. 72.
Demonteil Marie Mlle, ouvrière en robes, n. 76.
Dugourd Etienne-Napoléon, employé à la mairie, n. 76.
Michaud Louis, grenetier, n. 76.
Lalune Albert, chef de comptabilité à la recette générale, n. 78.
Deroye Henri, boucher, n. 78.
Salbreux Auguste, relieur, n. 78.
Robert Léon, fabricant de sabots, n. 80.
Toitot pâtissier, n. 84.
Boyer Jean, rentier, n. 86.
Hugues Antoine, contrôleur des contributions indirectes, n. 86.
Hugues veuve, née Pion, n. 86.
Montchanin Jean, fabricant de billards, n. 86.
Seidel Alexandre, ouvrier tailleur, n. 88.
Boyer Jean-Baptiste, cafetier, n. 88.
Esmonin veuve, née Rollet, rentière, n. 88.
Bernard Dominique, menuisier, n. 88.
Bonnard Pierre, charcutier, n. 90.
Sarrey Jean, rentier, n. 90.
Marc Jules, commis voyageur, n. 90.
Perrot Berthe Mlle, ouvrière, n. 90.
Lanoix Jacques, ferblantier, n. 92.
Savourey Anne Mlle, rentière, n. 92.
Arbinet Simon, rentier, n. 92.
Verrey Jean-Baptiste, chef de bureau à la préfect., 92.

Huguenot, cordonnier, n. 92.
Maloir Anne, veuve Monjordet, rentière, n. 92.
Bendat Cécile, veuve Collet, journalière, n. 92.
Mougenot François, journalier, n. 92.
Buret Françoise, veuve Roche, ouvrière, n. 92.
Narterre Pierre, marchand cordonnier, n. 94.
Modot Céline Mlle, ouvrière, n. 94.
Colombe, ancien domestique, n. 96.
Lallemand veuve, née Boitouzet, rentière, n. 96.
Gerbenne Jules, épicier, n. 96.
Bonnotte Claude, propriétaire, n. 96.
Rougetet veuve, née Poirier, rentière, n. 96.
Marchand Sara Mlle, ouvrière, n. 98.
Costet Claudine, veuve Bouvret, lingère, n. 98.
Choveau Marie Mlle, rentière, n. 98.
Silvestre Reine Mlle, ouvrière en gilets, n. 98.
Devillebichot Jean-Baptiste, propriétaire, n. 98.
Barnier Madeleine, ouvrière fabricante de fleurs, n. 98.
Devillebichot, veuve Mongin, rentière, n. 98.
Devillebichot Jean-Baptiste, rentier, n. 98.

VAUBAN (Rue).

Muteau François, propriétaire, n. 1.
Michaud Pierre, restaurateur, n. 1.
Philibeaux Antoine, boulanger, n. 3.
Racine Adèle Mlle, modiste, n. 3.
Gros Jean, épicier, n. 7.
Magasin à M. Mennetrier, marchand quincaillier, n. 9.
Geley Jérôme, marchand de musique, n. 9.
Descoup Rosalie Mlle, couturière, n. 9.
Roccas Bernard, professeur de musique, n. 9.
Leroy veuve, née Guillier Marie, couturière, n. 9.
Mielle Anne Mlle, couturière, n. 9.
Hutinel Henri, manouvrier, n. 9.
Rémond Pierre, bottier, n. 13.

Handel Henri, marchand tailleur, n. 13.
Theurot Jean-Baptiste, marchand de bois, n. 13.
Siquelet veuve, née Clémencet, rentière, n. 13.
Mathiron, imprimeur, n. 13.
Gruère employé d'octroi, n. 13.
Pousset veuve, née Rémont, rentière, n. 15.
Rémond G., emp. de bureau au chem. de fer, libraire, 15.
Theurot François, marchand de bois, n. 17.
Liez Jean, marchand de tissus en gros, n. 19.
Laurencier veuve, née Marion, rentière, n. 19.
Liégeard Jean-Baptiste, propriétaire, anc. maire, n. 21.
Gallois Claude, notaire, n. 21.
Tarnier Jean, rentier, n. 21.
Laborie Louis, ingénieur en chef, n. 21.
Chouet Claude, concierge, n. 21.
Guyot Auguste, commissaire-priseur, n. 2.
Tessier veuve, n. 4.
Nicolle Marguerite Mlle, propriétaire, n. 4.
Benoît François, cabaretier, n. 8.
Saunier Gabriel, propriétaire, n. 12.
Saunier Alexine Mlle, rentière, n. 12.
Papy Pierre, concierge, n. 12.
Taillat de Lamaisonneuve, propriétaire, n. 12.
Vernis Blaise, ingénieur, n. 12.
Delvaux Mme, née Delangre, propriétaire, n. 14.
Tugniot Irma Mlle, rentière, n. 14.
Hanier veuve, née Pétilot Marie, rentière, n. 14.
Quirot de Poligny, rentier, n. 14.
Le cercle Dijonnais, n. 14.
Dumergue Louis, glacier-limonadier du cercle, n. 14.
Euvrard Claude, concierge, n. 14.
Leniept Léon, peintre décorateur, n. 16.
Dworjack Joseph, rentier, n. 16.

VENISE (Rue de).

Jacquinot veuve, née Gunther, propriétaire.
Jacquinot Joseph, serrurier.

Mathiot Hippolyte, distillateur.
Billy Jean, manouvrier.
Prenelle Dominique, maçon.
Girod Antoine, charpentier.
Jarot Pierre, journalier.
Beaupoil Adolphe, jardinier.
Didier Louis, maçon.
Coiret Simon, ouvrier cordonnier.
Pitavy Jacques, propriétaire.
Vervandier Antoine, vigneron.
Nautrot Jacques, propriétaire.
Husson Louis, employé d'octroi.
Munier Euphémie Mlle.
Mouillon Jean-Baptiste, manouvrier.
Mouillon Bénigne fils.
Dhuot, employé d'octroi.
Robichon Pierre, manouvrier.
Flavien Philippe, militaire en retraite.
Maillot Pierre, porteur de journaux.
Perrot Xavier, manouvrier.
Perrot Emile fils.
Fagotte Claude, propriétaire.
Blanchon Hilaire, scieur de long.
Dambrun Denis, ouvrier fabricant de moutarde.
Richard Claude, ouvrier potier.
Pitavy Hilaire, scieur de long.
Berger veuve, née Carion, manouvrière.
Jarot Jean-Baptiste, employé au chemin de fer.
Crépin Joseph, manouvrier.
Dhuot Jacques, manouvrier.
Choutard Denis, employé au gaz.
Romand François, tailleur de pierres.
Lonchard veuve, vigneronne.
Wéber Ferdinand, cordonnier.

VERRERIE (Rue).

Borne Jean-Baptiste, quincaillier, n. 1.
Borne Gustave fils, n. 1.

Daurey veuve, blanchisseuse, n. 1.
Laborey Marguerite Mlle, ouvrière, n. 5.
Venot Mme, née Fremiot, marchande d'étoffes, n. 5.
Réjaumont Marie Mlle, ouvrière, n 5.
Verreaux Simon, marchand tailleur, n. 7.
Siméon Henri, propriétaire, n. 7.
Robinet Louis, surnuméraire des postes, n. 7.
Gigot Gustave, rentier, n. 7.
Siméon Henri, avocat, n. 7 (pied-à-terre).
Bernard Charles, ouvrier distillateur, n. 9.
Bergery Jacques-Victor, facteur de ville, n. 9.
Loy Jean-Baptiste, manouvrier, n. 9.
Rudelle Mme, née Rouhier, épicière, n. 9.
Lefebvre Eugène, ouvrier chapelier, n. 9.
May Julie Mlle, modiste, n. 9.
Bay Anne Mlle, ouvrière, n. 9.
Lallemand François, marchand de meubles, n. 11.
Bonvalet Joseph, marchand de meubles, n. 13.
Fournereaux Denis, marchand de meubles, n. 15.
Braux Antoine, propriétaire, fermier des halles, n. 17.
Petitot veuve, née Daisey, ouvrière, n. 17.
Fuccio veuve, n. 17.
Pinègre veuve, née Fuccio, n. 17.
Paillet Valérie, tonnelier, n. 17.
Lemarié Ferdinand, mécanicien au chemin de fer, n. 17.
Duchassaing veuve, née Homède, giletière, n. 17.
Michel Mme, journalière, n. 17.
Raviot François, manouvrier, n. 17.
Mary Auguste, employé de commerce, n. 17.
Héron Léon, marchand de nouveautés, n. 17.
Lambert Claude, manouvrier, n. 17.
Longvic Claude, rentier, n. 21.
Philippon veuve, ouvrière, n. 21.
Lambert Claude, employé à l'octroi, n. 21.
Boudoir Catherine Mlle, blanchisseuse, n. 21.
Bailly veuve, n. 21.
Quignolot Vᵉ née Bailly, fripière march. de meubles, 21.
Baudry veuve, n. 21.
Bollotte veuve, née Couturier, ouvrière, n. 21.
Bollotte Louise Mlle, ouvrière, n. 21.

Miel Marie-Stéphanie Mlle, casquetière, n. 21.
Debroye, n. 23.
Rignaut, rentier, n. 23.
Dworjack Jules, tailleur, n. 23.
Estieu Maurice, marchand d'étoffes, n. 25.
De Lavalle Charles, peintre, n. 25.
Giboulot veuve, n. 25.
Giboulot François, correcteur d'imprimerie, n. 25.
Bazard Gaston, docteur-médecin, n. 27.
Bardoz Joseph, épicier, n. 27.
Menetrier Marie Mlle, rentière, n. 27.
Montchaussé Claudine Mlle, ancienne domestique, n. 27.
Legouz de Saint-Seine Etienne-Joseph, propriétaire, 29.
Legouz de Saint-Seine Etienne, propriétaire, n. 29.
Legouz de Saint-Seine Raoul, propriétaire, n. 29.
Legouz de Saint-Seine Sixte, propriétaire, n. 29.
Monnat François, concierge, n. 29.
Roussin Pierre, rentier, n. 31.
Chauvelet veuve, née Faivelet, rentière, n. 31.
Faivelet François, rentier, n. 31.
Albert Auguste, ouvrier tapissier, n. 31.
Bouteloup Louise Mlle, ouvrière, n. 31.
Ramousset Jean-Baptiste, vicaire à Notre-Dame, n. 31.
Ramousset Bernard, rentier, n. 31.
Durupt Pierre, propriétaire, n. 33.
Mercey veuve, née Coquet, rentière, n. 33.
Colinet veuve, rentière, n. 33.
Michel veuve, née Chevalier, journalière, n. 33.
Moissonnier Marie Mlle, blanchisseuse, n. 33.
Ferrand veuve, née Deschamps, rentière, n. 33.
Jusseaume veuve, rentière, n. 33.
Sorbet, charpentier, n. 33.
Bouteloup veuve, rentière, n. 33.
Michel, n. 33.
Gilet de Chalonge Amédée, curé de Notre-Dame, n. 35.
Liénel Pierre, propriétaire, ancien notaire, n. 35.
Finel Mlle, ouvrière, n. 35.
Ligier veuve, née Juillet de St-Pierre, propriétaire, 35.
Ligier Onésime fils, propriétaire, n. 35.
Sauvin Jean-Baptiste, propriétaire, n. 37.

Dubois Mme, rentière, n. 37.
Matrot veuve, née Thibaut, concierge, n. 37.
Matrot Prosper, menuisier, n. 37.
Masson Louis, cordonnier, n. 39.
Serbourse Jacques, fabricant de chaises, n. 41.
Bolu Jean-Baptiste, docteur-médecin, n. 41.
Lucotte veuve, rentière, n. 41.
Roy, propriétaire (pied-à-terre), n. 41.
Gosnier, cocher, n. 41.
Arnaud Edme, pédicure, n. 43.
Michel Alexis, garde d'artillerie en retraite, n. 43.
Marche Joseph, capitaine en retraite, n. 45.
Sonnois veuve, née Coquau, propriétaire, n. 45.
Sonnois Jean-Baptiste, propriétaire, n. 45.
Tamisier veuve, née Beaurepaire, rentière, n. 45.
Dutrut Auguste, employé, concierge, n. 47.
Nagely Jean, marchand tailleur, n. 2 *bis*.
Montag, associé, n. 2 *bis*.
Jacob Jacques, marchand de toiles, n. 4.
Bizouard Emile, graveur, n. 4.
Maréchal veuve, sans profession, n. 4.
Marinot Jean-Baptiste, boulanger, n. 6.
Voisin Pierre, marchand de meubles, n. 8.
Heller Clément, tailleur, n. 12.
Burgiard Eugène, marchand fripier, n. 14.
Himbert, n. 14.
Favotte François, rentier, n. 16.
Pitois François, ouvrier tailleur, n. 16.
Duroc Auguste, grenetier, n. 18.
Baudry Jean-Jacques, n. 20.
Bret Jean-Baptiste, manouvrier, n. 20.
Vuillamy François, marchand de machines à coudre, 20.
Coffre Angéline Mlle, marchande fripière, n. 22.
Seguin Pierre, bouquiniste, n. 24.
Fremiot, rentier, n. 24.
Guillemin-Laligant (pour un magasin), n. 24.
Ducret Simonne Mlle, rentière, n. 24.
Perrot Claudine Mlle, ouvrière, n. 24.
Jarsuel veuve, née Fourat, propriétaire, n. 26.
Jarsuel Joseph, avocat, n. 26.

Champy Jean, serrurier, n. 28.
Nevers, cordonnier, n. 28.
Geissler Louis, cordonnier, n. 28.
Tartelin veuve, née Marchand, n. 30.
Henry Joseph, ex-receveur de l'enregistrement, n. 30.
Marchand Jean-Jacques, propriétaire, n. 30.
Hodoul Marie-Claire Mlle, sans profession, n. 32.
Gagey Mlle, institutrice, n. 32.
Gagey Mme, n. 32.
Chambrette Pierre, employé à *l'Abeille*, n. 34.
Vion Louise Mlle, ouvrière, n. 34.
Vincenot Jacques, forgeron, n. 34.
Chaire Reine Mlle, rentière, n. 34.
Faivre Joseph, commis-négociant, n. 36.
Porterat veuve, née Marquet, ouvrière, n. 38.
Marquet veuve, née Pitois, n. 38.
Morfeire veuve, blanchisseuse, n. 38.
Deshoulière Julie Mlle, giletière, n. 38.
Rouget Jean-Baptiste, propriétaire, n. 40.
Liénard Louis, agent-voyer en chef, n. 40.
Metzger Aaron, agent d'assurances, n. 40.
Couquaux veuve, n. 42.
Guillier François, couvreur, n. 42.
Jossot Eugène, conducteur des ponts et chaussées, n. 42.
Martin Marie Mlle, couturière, n. 42.
Beuchot veuve, n. 42.
Petit Jean-Baptiste, cafetier, n. 44.
Duthu veuve, née Olivier, n. 48.
Duthu François, poêlier, n. 48.
Nicaud Mme, née Collombel, journalière, n. 48.
Luc François, ouvrier serrurier, n. 48.
Huot Etienne, ouvrier serrurier, n. 48.
Gaudelet Marie, veuve Valeur, ouvrière, n. 48.
Valeur Nicolas, manouvrier, n. 48.
Dumontier Adolphe, menuisier, n. 50.
Grenot veuve, tient pension, n. 52.
Vallette Paul-Louis, n. 52.
Alexandre Mme, n. 54.
Fournier Edme, bottier, n. 54.
Pompet Mme, rentière, n. 54.
Rougeot Hubert, cafetier, n. 56.

VICTOR-DUMAY (Rue).

Jacotot Pierre, notaire, n. 1.
Chevalier Denis, propriétaire, ancien notaire, n. 3.
Mathieu Prosper, colonel en retraite, n. 5.
Moinjeard Claude, employé d'architecte, n. 7.
Berthier Jeanne Mlle, lingère, n. 7.
Garnier Clotilde Mlle, lingère, n. 7.
Petitot Françoise Mlle, lingère, n. 7.
Birmann Mme, née Renaud, débitante de vin, n. 7.
Febvre François, employé, n. 9.
Buisson Antoinette Mlle, couturière, n. 9.
Fontette Jean, vigneron, n. 9.
Ocquidant veuve, née Noirot, femme de ménage, n. 9.
David Jean-Baptiste, cordonnier, n. 9.
Boissard veuve, née Vannier, blanchisseuse, n. 9.
Maldiné François, chiffonnier, n. 9.
Jacquelin veuve, née Boileau, n. 9.
Voiret Claude, serrurier, n. 11.
Gadesky Rosalie, couturière, n. 11.
Gadesky Charles, relieur, n. 11.
Polé Alexandre, agent principal, n. 13.
Hugon Hippolyte, concierge, n. 13.
Baudrillard, cabaretier et loueur en garni, n. 13.
Clerget Mme, née Minotte, lingère, n. 15.
Baunikausen Alexandre, dit Effeil, propriétaire, n. 17.
Paulin Charles, colonel en retraite, n. 17.
Torel Constance, propriétaire, n. 2.
Saulny François, rentier, n. 2.
Carra Jules, abbé, n. 2.
Rousseau veuve, née Barbette, propriétaire, n. 4.
Ravet Bernard, rentier, n. 4.
Bureau Alphonse, conducteur des ponts et chaussées, 8.
Mérandon sous-inspecteur des forêts, n. 8.
Henry Antoine, ancien grenetier, n. 12.
Brocard veuve, née Toux, rentière, n. 12.
Dulché Louis, mécanicien, n. 14.

Royer Claude, comptable, n. 14.
Goizet Jean-Baptiste, serrurier, n. 14.
Hausser Pierre, cloutier, n. 14.
Riotte Louis, cabaretier, n. 16.
Goussard Jean, juge de paix, n. 18.
Goussard Charles, n. 18 (pied-à-terre).
Bauchetet Denise Mlle, rentière, n. 18.
Dumay veuve, née Weiss, propriétaire, n. 20.
Maillet veuve, née Moreau, rentière, n. 24.
Ohresser Didier, employé, n. 24.
Lebgigun Antoine, inspecteur des contributions indir. 24.
Verdot Isidore, conducteur des ponts et chaussées, 24.

VIEUX-COLLÉGE (Rue du).

Picard Thomas, capitaine en retraite, n. 1.
Cuny Claude, march. de couleurs et de papiers peints, 1.
Dole Claudine Mlle, ouvrière, n. 3.
Racine Charlotte Mlle, ouvrière, n. 3.
Ragonneau veuve, née Décailly, rentière, n. 3.
Vatard veuve, née Décailly, rentière, n. 3.
Bouhey Louis, sacristain, n. 3.
Gatelier. clerc de notaire, n. 3.
Labarre veuve, née Robiteau, rentière, n. 3.
Bourdier Antoine, vicaire à Saint-Michel, n. 5.
Bourdier Antoine père, n. 5.
Lépine Louis, docteur-médecin, n. 5.
Carré veuve, née Durand, concierge, n. 7.
Tainturier Henri, docteur-médecin, n. 7.
Ragot Joseph, rentier, n. 9.
Siredey Anne Mlle, ouvrière, n. 9.
Bala veuve, née Beuvart, rentière, n. 9.
Couquaux Jean, rentier, n. 9.
Bazin Henri, ingénieur, n. 11.
Guérard Hippolyte, chef des bureaux de la mairie, n. 11.
Hélyotte Amélie, propriétaire, n. 11.
Lambert Emile, propriétaire, n. 13.
Thiébaut veuve, née Grand, rentière, n. 13.

Marchand, fabricant de liqueurs, n. 13.
Perrot François, ouvrier distillateur, n. 13.
Poupier Charles, ex-receveur des actes civils, n. 17.
Violle veuve, née Lamblin, direct. de pensionnat, n. 19.
Guindey Louise-Eléonore Mlle, propriétaire, n. 19.
Tournois Jean-Baptiste, prêtre, n. 2.
Mairet Pierre, propriétaire, n. 4.
Laignelet Louise Mlle, ouvrière, n. 4.
Ferrière Jeanne Mlle, rentière, n. 4.
De Poncharra Jules-César-Alphonse (le comte), commandant de recrutement en retraite, n. 4.
D'Arbaumont Denis, propriétaire, n. 4.
Boussey veuve, née d'Arbaumont, propriétaire, n. 4.
D'Arbaumont Marie-Victoire-Elisabeth, propriétaire, 4.
Jeuchot veuve, née Payan, rentière, n. 8.
Petit Victor, clerc de notaire, n. 8.
Raclot, avocat, n. 8.
Mercier François, loueur en garni, n. 12.

DEUXIÈME PARTIE

NOMS DES CHEFS DE MÉNAGES

par

ORDRE ALPHABÉTIQUE.

A

Abadie François, marbrier, rue Devosge, n. 2.
Abigand Nicolas, sacristain, rue d'Auxonne, n. 44.
Abit Pierre, capitaine en retraite, route des Roses, n. 2.
Abran Jean, ancien notaire, rue des Godrans, n. 46.
Abran Jean-Baptiste, propriétaire, rue St-Philibert, n. 55.
Abran Felix, menuisier, rue Saint-Nicolas, n. 87.
Abribat Jean, charron, rue Bergère, n. 18.
Accard veuve, née Glandas, prop., route de Langres.
Accard Louis fils, route de Langres.
Accard Adèle Mlle, rentière, rue Saumaise, n. 54.
Accard François, marchand de drap, rue Bossuet, n. 13.
Accard Antoine, tonnelier, rue du Chaignot, n. 36.
Accard Vivant, tonnelier, rue Musette, n. 5.
Achard Frédéric, artiste lyrique, r. de l'Ecole-de-Droit, n. 6.
Achard Eugène, contrôleur au ch. de fer, r. des Novices, n. 3.
Achener Guillaume, garçon brasseur, rue d'Assas, n. 22 *bis*.
Achery François, ouvrier peintre, rue Charrue, n. 10.
Achery Hyacinthe, cordonnier, pl. St-Michel, n. 35.
Achery Claudine Mlle, rue Piron, n. 7.
Achery veuve, née Mongenot, rue Saint-Nicolas, n. 9.
Achery Edmée Mlle, lingère, rue Berbisey, n. 94.
Achery Edmée Mlle, blanchisseuse, r. Amiral-Roussin, n. 11.

Aclocque Cécile Mlle, prop., rue Saint-Pierre, 1 *bis*.
Adain François, chapelier, place de la Banque, n. 4.
Adam veuve, née Jacquinot, rue Cazotte, n. 16.
Adam Pierre, fabricant de bâches, rue Cazotte, n. 16.
Adam François-Joseph, carrier, rue d'Athuy, n. 11.
Adenot François, rentier, rue Piron, n. 34.
Adenot veuve, née Carabonne, cabar. aux Carr. Blanches.
Adler Isidore, marchand colporteur, r. Saint-Nicolas, n. 92.
Adnot Joseph, cordonnier, rue du Lacet, n. 6.
Adolphine Mlle, ouvrière, rue Saint-Nicolas, n. 103.
Agnet Louis, garde de nuit, rue Bassano, n. 68.
Agrain (d') le marquis, rue Legoux-Gerland, n. 7.
Aguerre Em., Ft de moutarde et Md de vin, r. Devosge, n. 34.
Aigoin Charles, cons. des hypothèques, r. Devosge, n. 31.
Aillot Aug. dit Gatinais, ouv. serrur., r. des Godrans, n. 15.
Aimard veuve, née Millet, journalière, rue de Pouilly, n. 18.
Aimard Jean, chapelier, rue de Pouilly, n. 18.
Aimey Louis, Md linger, rue Piron, n. 40.
Ainé Hubert, maçon, rue Devant-les-Halles, n. 1.
Ainez Pierre, maçon, rue Roulotte, n. 5.
Airney Rose Mlle, ouvrière, rue de la Préfecture, n. 9.
Akermann Grégoire, forgeron, rue d'Auxonne, n. 35.
Alaise Philibert, lithographe, r. du Chapeau-Rouge, n. 5.
Albepart Anne Mlle, ouvr., rue Notre-Dame. n. 18.
Albert François, maréchal, rue de Gray, n. 9.
Albert Auguste, ouvrier tapissier, rue Verrerie, n. 31.
Albrech Jean, cordonnier, rue du Bourg, n. 54.
Albrier Emile, empl. aux Cont. indir., r. Saumaise, n. 26.
Albrier Jean, ancien notaire, rue St-Philibert, n. 41.
Alexandre Martin, ouv. relieur, rue Chaudronnerie, n. 3.
Alexandre Jean-Baptiste, vigneron, au Fort-Yon.
Alexandre Mme, rue Verrerie, n. 54.
Alexandre, rue des Forges, n. 34.
Alexandre Louis, domestique, rue du Tillot, n. 19.
Alhéritière Antoine, grenetier, rue Bassano, n. 90.
Aliger Christophe, scieur de long, rue Magenta.
Alix Louis, propr.-rentier, rue Jeannin, n. 18.
Alexant, jardinier, rue Buffon, n. 35.
Allanic Emile, ébéniste, rue du Tribunal, n. 3.
Allemand Auguste, empl. d'octroi, rue de Pouilly, n. 7.
Allemand Gustave fils, rue de Pouilly, n. 7.
Alliot, scieur de long, à Saint-Antibes.

Alliot Jean, garçon de magasin, port du Canal, n. 2.
Alloin Jean-Claude, charpentier, rue Ste-Catherine, n. 26.
Allouis Jules fils, place Saint-Michel, n. 35.
Allouis Jean, commis greffier, place Saint-Michel, n. 35.
Allix veuve, née Rémond, rue de la Préfecture, n. 106.
Ally Emile, avocat, rue Dubois, n. 12.
Almelet Abel, prop., clos Mouha (Perrières).
Alotte Jean, lithographe, rue des Perrières, n. 2.
Alotte, rue du Petit-Potet, n. 6.
Altheimer Cyprux, tourneur, rue des Tanneries, n. 23.
Althermat, menuisier, rue du Sachot, n. 2.
Altimback Joseph, ajusteur, rue de la Gare, n. 2.
Alviset Jean-Baptiste, receveur d'octroi, r. de la Gare, n. 9.
Aly Pierre, maître tailleur de pierres, propr., r. d'Ahuy, n. 8.
Amajonty Antoine, tanneur, rue du Petit-Citeaux, n. 11.
Amanton Jean, conducteur chef, r. de l'Arquebuse, n. 22.
Amanton Pierre, homme d'équipe, rue Berbisey, n. 61.
Amary Pierre, cabaretier, rue d'Auxonne, n. 66.
Amasse Joseph, grenetier, rue du Bourg, n. 74.
Amelin veuve, sans profession, r. du Champ-de-Mars, n. 2.
Ameline Victor, coutelier, rue Bossuet, n. 25.
Amichaux Michel, maçon, rue de Pouilly, n. 35.
Amidieu Denis, conducteur, rue de la Cité.
Amidieu François, garde de ligne, route de Lyon.
Amiel Emile, rentier, rue Turgot, n. 2.
Amiot veuve Verneuil, rentière, rue Turgot, n. 4.
Amiot Jean-Baptiste, Md de charbon, r. de la Gare, n. 1.
Amiot Bernard, aiguilleur-cabaretier, r. du Gaz, n. 24.
Amique Séraphin, géomètre, r. de l'Arquebuse, n. 24.
Amouroux femme, née Choisot, f. de mén, r. Piron, n. 38.
Amyot Catherine, rentière, rue de la Préfecture, n. 27.
Amyot Pierre, manouvrier, rue François-Rude, n. 9.
Ancel Jean-Baptiste, logeur, rue Berbisey, n. 81.
Ancelme Nicolas, cocher, rue Guillaume, n. 47.
Ancemot Emile, rentier, place de la Banque, n. 3.
Ancemot Ve, née Chopard, rentière, r. de la Préfecture, n. 22.
Ancemot Louis, cordonnier, rue Condé, n. 35.
Ancemot Claude, cordonnier, rue Odebert, n. 8.
Ancey Claude, appariteur, rue Condé, n. 55.
Ancey Catherine Mlle, lingère, rue Sainte-Anne, n. 6.
Ancey Pierre, cordonnier, rue Vaillant, n. 10.
Ancey Henri, menuisier, allée des Chartreux, n. 16.

Andelard René (d'), propriétaire, rue Chabot-Charny, 22.
Andelarre comte (d'), propriétaire, rue Vannerie, n. 34.
André Jacques, chiffonnier, pont des Tanneries, n. 6.
André Jules, propriétaire, rue de la Préfecture, n. 40.
André Aimé-Louis, propriétaire, rue de la Préfecture, n. 40.
André Louis, garde-magasin au chem. de fer, r. Mably, n. 9.
André veuve, domestique, faub. St-Michel, n. 4.
André Alexandre, tailleur, rue de la Préfecture, n. 60.
André Prudent, coutelier, rue Musette, n. 8.
André Marie Mlle, ouvrière en robes, r. des Forges, n. 24.
Andreis femme, née Berchet, f. de mén., faub. Rennes, 23.
Andreis Pierre, couvreur, rue de l'Arquebuse, n. 3.
Andrieux veuve, journalière, rue Saint-Nicolas, n. 5.
Andriot Christine Mme, propriétaire, rue Guillaume-Tell.
Andriot veuve, rentière, cour de la Faïencerie, n. 2.
Andriot Pierre, rue Vaillant, n. 5.
Andriot veuve, née Boulicaut, f. de mén., r. de la Gare, n. 1.
Andriot Jean, journalier, rue des Novices, n. 26.
Andriot François, chapelier, rue Devosge, n. 49.
Andriot veuve, née Cauvard, manouvrière, rue Berbisey, 71.
Angelot Emile, bonnetier, rue Piron, n. 34.
Anguerrand François, homme d'aff., rue Berbisey, n. 45.
Anne veuve, revendeuse, rue de la Préfecture, n. 7.
Annet Pierre, manouvrier, rue Dauphine, n. 7.
Anot Jean, retraité, rue de la Manutention, n. 10.
Anquouin François, fabricant de marteaux, pl. Darcy, n. 1.
Anthoine Philibert, facteur, rue Saint-Pierre, n. 4.
Anthony Adèle Mlle, rentière, rue Saint-Pierre, n. 7.
Anthony Louise Mlle, rentière, rue Saint-Pierre, n. 7.
Anthony veuve, née Sirodot, rentière, rue du Tillot, n. 8.
Antoine Jean, cafetier, rue Chabot-Charny, n. 3.
Antoine Henriette Mlle, coutur., r. du Petit-Cîteaux, n. 9.
Antoine François, domestique, à la Combe-Serpent.
Antonietti Joseph, plâtrier, rue du Palais, n. 17.
Antonietti Eugène, frère, rue du Palais, n. 17.
Appointaire Claude, journalier, rue de Longvic, n. 6.
Aranger Alexandre, conduct. chef, r. des Perrières, n. 18.
Arbaumont Auguste (d'), propriétaire, rue de l'Ec.-de-D., 7.
Arbaumont Denis (d'), propr., rue du Vieux-Collége, n. 4.
Arbaumont Marie-Victoire (d'), propr., r. du Vieux-Col., 4.
Arbey Paul, percepteur, rue du Château, n. 1.
Arbey veuve, née Petitjean, rentière, rue du Chaignot, 14.

Arbey Alexis, restaurateur, rue Guillaume, n. 43.
Arbey Yorles, clerc de notaire, rue des Forges, n. 30
Arbigny de Chalus Hugues (d'), propr., faub. St-Mich., 11.
Arbinet Simon, rentier, rue Vannerie, n. 92.
Arbinet François, tonnelier, rue Vannerie, n. 22.
Arbinet Jean, abbé, avenue du Réservoir de Montmuzard.
Arbinet, greffier, rue Proudhon, n. 16.
Arbinet Claude, manouvrier, rue Saint-Nicolas, n. 82.
Ardent Victor, propriétaire, rue Docteur-Maret, n. 12.
Ardiet Amable, chef de bat. en retr., rue de la Préf., n. 28.
Areskis veuve, née Courtois, lingère, rue de la Gare, n. 6.
Aretz Léonard, rentier, rue des Godrans, n. 63.
Argenton Jacques, mouleur en fonte, port du Canal, n. 14.
Argenton la dame, née Poisse, rentière, r. Notre-Dame, 3.
Ariendarée Jean, berger, pont Menneval.
Ariet la dame, née Truffet, rentière, rue Ste-Catherine, 3.
Ariet, rentière, rue des Godrans, n. 52.
Ariski veuve, née Courtois, blanchisseuse, place Darcy, n. 5.
Arlin Denis, propriétaire, rue des Novices, n. 22.
Armand (le baron), rentier, rue du Bourg, n. 5.
Armand Joseph, ouvrier horloger, rue François-Rude, n. 22.
Armedey Auguste, cordonnier, rue Saint-Nicolas, n. 6.
Arnaud Pierre, propriétaire, rue Berbisey, n. 49.
Arnaud Edme, pédicure, rue Verrerie, n. 43.
Arnaud Victor, ouvrier horloger, rue Bassano, n. 68.
Arnaud Mlle, ouvrière, rue Saumaise, n. 29.
Arnautot Jacques, chauffeur, rue du Tillot, n. 11.
Arnolet veuve, née Dagallier, rentière, rue Buffon, n. 4.
Arnoult veuve, née Baudin, f. de mén., r. Amir.-Roussin, 47.
Arnoult Anne, revendeuse, place de la Banque, n. 4.
Arnout femme, née Vauthier, revend., r. St-Philib., n. 77.
Arret Pierre, cordonnier, rue Guillaume-Tell.
Arrival Thomas, ouvrier menuisier, r. des Godrans, n. 30.
Artaud Louis, confiseur, rue Chabot-Charny, n. 2.
Artaud Félix, marchand, rue Saint-Nicolas, n. 60.
Artaux Antoine, propriétaire, rue Saint-Nicolas, n. 30.
Artaux Pierre, fabricant de vinaigre, rue St-Nicolas, n. 30.
Artaux Mme, manouvrière, rue de Gray, n. 29.
Arthaut Louis, march. de v. en gr., r. de la Manutention, 10.
Arthot Claude, fabricant de chaises, rue de Gray, n. 29.
Arvet Marius, directeur des contr. ind., rue Vannerie, n. 43.
Arveux Julie, femme Lambert, rent., r. d'Auxonne, n. 5.

Arvier Jean, vigneron, fontaine Sainte-Anne.
Arvisenet Laure (d'), propr., place Saint-Michel, n. 10 *bis*.
Asile des domestiques, rue Chabot-Charny, n. 13.
Astre Marie, ouvrière, rue des Godrans, n. 5.
Attenot Joseph, cond. des ponts et chaus., r. des Perrières, 2.
Aubelle Jean, charcutier, rue Condé, n. 16.
Aubelle Eugène, charcutier, rue du Bourg, n. 18.
Aubelle Antoine, propr., rue de la Manutention, n. 5.
Aubelle veuve, née Menneval, rent., p. des Tanner., n. 6 *bis*.
Aubert François, fabric. de savon, route de Lyon, pet. gare.
Aubert fils, fabricant de savon, route de Lyon, petite gare.
Aubert Honoré, propr., route de St-Seine, 4 (pied-à-terre).
Aubert Honoré, propriétaire, rue Chabot-Charny, n. 59.
Aubert François, employé, rue du Champ-de-Mars, n. 16.
Aubert Claude, rentier, rue François-Rude, n. 24.
Aubert veuve, née Matrat, rentière, rue Odebert, n. 2.
Aubert, chirurgien-major en retraite, r. Notre-Dame, n. 3.
Aubert Philippe, propriétaire, rue de la Préfecture, n. 110.
Aubert Pierre, propr. et peintre, rue St-Philibert, n. 57.
Aubert Félix, serrurier, rue du Champ-de-Mars, n. 12.
Aubert Nicolas, chaudronnier, rue Berbisey, n. 58.
Aubert Pierre, plâtrier, rue de Montmuzard, n. 3.
Aubert François, tonnelier, rue de Montmuzard, n. 7.
Aubert Jean-Baptiste, cultivateur, route de Cromois.
Aubert François, jardinier, allées de la Retraite, n. 4.
Aubert François, vigneron, à la Californie.
Aubert Etienne, manouvrier, rue de Clairvaux, n. 10.
Aubert Jean, ouv. fab. de bisc., rue du Champ-de-Mars, 16.
Aubert Pauline Mlle, relieuse, rue Saint-Nicolas, n. 20.
Aubertin Charles, professeur à la Faculté, rue Sambin, n. 1.
Aubertin Jean, marchand de chiffons, rue Bannelier, 13.
Aubertin Pierre, aubergiste, rue Quantin, n. 16.
Aubertot Léon, herboriste, rue Franklin, n. 9.
Aubertot Jean, rentier, rue Coupée-de-Longvic, n. 6.
Aubin Nicolas, aiguilleur, rue des Perrières, n. 18.
Aubin veuve, née Berger, épic., ch. couv. de la Bel.-Etoile, 17.
Aubin Jean-Baptiste, relieur, rue de Gray, n. 29.
Aubin, relieur, rue de Gray, n. 29.
Aubine Jean, contrôleur de télégraphe, rue de la Tré-
   mouille, maison Chamard.
Aubrun veuve, née Giffey, propr., rue d'Auxonne, n. 33.
Aubry Nicolas, chef de bataillon en retr. pl. St-Bernard, 1.

Aubry Auguste, rentier, rue du Chapeau-Rouge, n. 12.
Aubry Auguste, propriétaire, route de Saint-Seine, n. 2.
Aubry veuve, née Vervandier, prop., rue d'Auxonne, n. 28.
Audebert Léopold, tonnelier, rue Vannerie, n. 27.
Audemard négociant, rue Piron, n. 15.
Audemard Brutus, marchand chapelier, rue Charrue, n. 6.
Audifred Hubert, marchand de vins en gros, r. Turgot, 5.
Audifred Hyacinthe, propriétaire, rue du Petit-Potet, 12.
Audiot Claude, caissier, grande rue Saint-Lazare, n. 11.
Auer Joseph, grenetier, rue Berbisey, n. 96.
Augaudy Léon, nettoyeur, rue Guillaume-Tell.
Augé Casimir, cabaretier, rue Bassano, n. 5.
Auger, fabricant de pain d'épices, rue des Forges, n. 46.
Auger Pierre, rentier, rue des Forges, n. 56.
Auger, rentier, rue d'Auxonne, n. 22.
Auger Pierre, sans profession, rue Magenta.
Augey Félix, coupeur cordonnier, remp. du Château, n. 10.
Auguste veuve, née Elise, ouvrière, rue St-Nicolas, n. 28.
Aumaître Marie Mlle, march. de merc., pl. Notre-Dame, 7.
Aumaître Aug., journ., aven. du Réserv. de Montmuzard.
Aumaître Charles, ouv. tailleur de pierres, r. des Forges, 32.
Aumaître François, manouvrier, pl. Notre-Dame, n. 7.
Aumaître Gabriel, maçon, rue Vannerie, n. 22.
Aumaître Gabriel, maçon, rue Vannerie, n. 26.
Austerlitz Pierre, cabaretier, rue Coupée-de-Longvic, n. 8.
Authiève Jean-Baptiste, sabotier, r. Amiral-Roussin, 46.
Avecque Joseph, ouv. men., regrattier, rue Quantin, n. 14.
Ayard Denis-Joseph, charpentier, r. Chabot-Charny, n. 52.
Azier veuve, née Ruehard, rue de la Manutention, n. 7.
Azincourt (d') Claude, rentier, rue de la Préfecture, n. 105.
Azincourt (d') Charles fils, avocat, r. de la Préfecture, 105.

B

Babey Bernard, menuisier, rue Jeannin, n. 67.
Babin J.-B., cap. d'état-major, ch. couv. de la Belle-Etoile.
Babin André, marchand linger, rue Bassano, n. 54.
Babot Didière Mlle, couturière, rue de Longvic, n. 10.
Babot, manouvrier, clos de Montmuzard.

Babouhot veuve, née Lechenet, journ., rue de Gray, 29.
Babouhot Antoine, homme d'équipe, rue St-Philibert, 21.
Babouhot Jean-Baptiste, journalier, port du Canal, 11 *bis*.
Baboz Antoine, anc. plâtrier, rue Chabot-Charny, n. 17.
Baboz Jacques-Edmond, plâtrier, rue Chabot-Charny, 19.
Bachelard Jean-Baptiste, pâtissier, avenue du Réservoir, clos de la Nitrière.
Bachelier Joseph, rentier, rue Saint-Martin, n. 15.
Bachet Jean-Baptiste, propriétaire, géomètre, rue de Pouilly, n. 19.
Bachet Gabriel, géomètre, rue de Pouilly, n. 19.
Bachet Gabriel-Auguste, géomètre, rue de Pouilly, n. 19.
Baconnais Pierre, nettoy., rue des Aqueducs, cl. Trouillet.
Bacquin Antoine, entrepreneur, tailleur de pierres, rue Berbisey, n. 45.
Bader Antoine, propriétaire, rue Berbisey, n. 57.
Badet Jules, arbitre de commerce, rue Condé, n. 22.
Badet Mme, marchande de chaussures, rue Condé, n 22.
Badet Claude, anc. cafetier, cours du Parc, n. 1.
Badet Mme, née Deschamp, propriétaire, r. du Gaz, 2 *bis*.
Badet Charles, employé, r. Berbisey, n. 52.
Badet Jean, marchand de bois, rue Berbisey, n. 82.
Badier François, bourrelier, rue d'Auxonne, n. 10.
Badlot Anicet, marchand de toiles, rue des Godrans, n. 92.
Baefgen Philibert, cordonnier, rue Saumaise, n. 14.
Baesecké Charles, marchand de fourrures, rue Condé, n. 9.
Baguet Jean-Baptiste, manouvrier, place Darcy, n. 5.
Bahezre Gaspard (de), rentier, rue Turgot, n. 2.
Bahin Jean-Baptiste, cordonnier, pont des Tanneries, n. 6.
Bahin Charles, vigneron, à Larrey.
Bahin Louis, propriétaire, vigneron, à la Combe-Persil.
Baillet Joseph, propriétaire, rue Berbisey, n. 61.
Baillet Pierre, journalier, rue Belle-Ruelle, n. 2.
Baillet, garde de magasin, rue des Moulins, n. 2.
Baillon Jean, relieur, rue d'Auxonne, n. 69.
Baillon François, manouvrier, cour de la Grenouille, n. 1.
Baillon Mlle, rue Mulot, aux Perrières.
Baillot Françoise, rentière, rue du Tillot, n. 19.
Baillot Jean-Baptiste, rentier, rue Crébillon, n. 20.
Baillot Louis, ouvrier cordonnier, rue des Forges, n. 31.
Bailly Michel, marchand de vins en gros, r. Berbisey, 108.
Bailly, marchand de vins en gros, r. de la Manutention, 5.

Bailly Nicolas, restaurateur, rue Guillaume, n. 17.
Bailly Joséphine, marchande de vin, r. des Tanneries, n. 6.
Bailly Louis, cabaretier, rue Guillaume, n. 9.
Bailly Théophile, march. de planches, rue de Pouilly, n. 7.
Bailly aîné, march. de planches, rue de Pouilly, n. 7.
Bailly N., direct. de l'école normale, r. de l'Ecole-de-Droit, 1.
Bailly Antoine, horloger, rue Condé, n. 47.
Bailly Antoine, horloger, rue du Chapeau-Rouge, n. 11.
Bailly Désiré, épicier, rue des Forges, n. 5.
Bailly Claude, propriétaire, rentier, rue des Forges, n. 23.
Bailly Françoise, tanneur, cour du Quartier, n. 6.
Bailly Jacques, propriétaire, tanneur, cour du Quartier, 6.
Bailly, Pierre, à l'équipe, cour de la Grenouille, n. 1.
Baillly Pierre, employé, rue Bassano, n. 74.
Bailly veuve, rue Verrerie, n. 21.
Bailly Jean-Baptiste-Victor, perruquier, rue St-Nicolas, 69.
Bailly Paul fils, rue Saint-Nicolas, n. 69.
Bailly veuve, née Bourceret, matelassière, r. St-Nicolas, 59.
Bailly François, garçon de magasin, rue Franklin, n. 9.
Bailly Jacques, charpentier, rue de la Manutention, n. 12.
Bailly Eugène, cuisinier, rue Richelieu, n. 12.
Bailly Pierre, tripier, rue du Bourg, n. 57.
Bailly Etienne, journalier, rue des Tanneries, n. 25.
Bailly François, plâtrier, rue Bassano, n. 78.
Bailly veuve, née Collot, femme de ménage, rue Piron, 40.
Bajol Ernest, place Saint-Michel, n. 14.
Bajolet, commissionnaire, rue Sainte-Catherine, n. 17.
Bajavon Mme, née Noirot, rue des Tanneries, n. 23.
Bala veuve, née Beuvard, rentière, rue du Vieux-Col-
  lége, n. 9.
Balaguay François, fabr. de chocolat, rue St-Nicolas, n. 1.
Baland François, propriétaire, maçon, rue Berbisey, n. 61.
Balandry Joseph, manouvrier, place du Morimont, n. 9.
Balder Jacques, cond. de trains, faubourg Rennes, n. 13.
Baldomme Pierre, marchand quincailler, tenant le grand
  bazar, rue de la Maternité.
Baldomme, tenant le bazar de la rue Piron, n. 18.
Balland Jean, manœuvre, rue de la Manutention, n. 16.
Balland Paul, cabaretier, logeur, rue Saint-Nicolas, n. 101.
Balland veuve, née Bourgeois, journalière, rue de la Pré-
  fecture, n. 101.
Balland Bernard, chauff. à l'us. à gaz, cours du Parc, n. 7.

Baller Joseph, propriétaire, rue de la Cité, n. 5.
Ballet François, rentier, rue Chabot-Charny, n. 36.
Ballot Jacques, clerc de notaire, rue de la Manutention, 5.
Balluet Henri, forgeron, rue Devosge, n. 16.
Balmont Claude, manouvrier, rue Cazotte, n. 10.
Balot veuve, née Lemerle, couturière, rue Berbisey, n. 42.
Balthazard Jacques, rentier, rue du Tillot, n. 7.
Bance Hippolyte, employé, rue Saumaise, n. 5.
Bandinelli Fortuné, café-restaurant, rue Condé, n. 58.
Banès Pierre, menuisier, place Saint-Michel, n. 35.
Bannelier Jean-Baptiste, jardinier, rue Ste-Catherine, 16.
Bacquin veuve, route de Plombières.
Barabant Étienne, conducteur de trains, r. Crébillon, n.16.
Barabant Claude, concierge du Cimetière, r. Audra, n. 30.
Barabant veuve, r. du Château, n. 6.
Barabant Claude, domestique, rue Chabot-Charny, n. 71.
Barachet François, capitaine en retraite, r. des Moulins, 4.
Barain Antoine, plâtrier, rue Saint-Philibert, n. 42.
Barain veuve, née Chauvenet, manouvrière, r. de Gray, 33.
Barain Joseph, cordonnier, rue Crébillon, n. 5.
Baram veuve, chemin couvert de la Belle-Etoile, n. 30.
Barastier veuve, née Monchet, fileuse de laine, r. de l'Ile, 1.
Barastier François, tourneur, rue de l'Ile, n. 2.
Barastier Joseph, mécanicien, port du Canal, n. 8.
Barazer Constant, rentier, rue du Tillot, n. 19.
Barbarat Jacques, chapelier, rue d'Ahuy, n. 20.
Barbarin Jean, homme d'équipe, rue Ste-Catherine, 17.
Barbaud Eugénie Mlle, lingère, rue Neuve-Dauphine, n. 5.
Barbe Edouard, cordonnier, rue Bossuet, n. 25.
Barbe veuve, née Languet, manouvr., r. St-Philibert, 28.
Barberet P., propr., boucher, ch. couv. de la Belle-Etoile.
Barberet Pierre, ancien boucher, rue du Tillot, n. 12.
Barberet veuve, née Achezzy, rue de la Préfecture, n. 72.
Barberet Jacques, facteur rural, rue de la Préfecture, 72.
Barberet François, charpentier, rue de la Préfecture, 72.
Barberet veuve, rentière, rue Vannerie, n. 47.
Barberet Charles, frotteur, rue du Bourg, n. 11.
Barberot Joseph, rentier, rue Charrue, n. 11.
Barbet Claude, sellier, rue Buffon, n. 38.
Barbet Claude, marchand de volailles, rue Vannerie, 22.
Barbette Pierre, jardinier, vigneron, r. Ste-Catherine, 30.
Barbette Bernard fils, rue Sainte-Catherine, n. 30.

Barbey Bernard, anc. instituteur, rue Saint-Nicolas, n. 42.
Barbey François, rue Bassano, n. 31.
Barbey Françoise, femme de ménage, rue du Bourg, n. 15.
Barbier Jacques, pâtissier, rue du Bourg, n. 10.
Barbier veuve, née Arlin, propriétaire, r. Guillaume, n. 3.
Barbier Françoise, rentière, rue du Gaz, n. 10.
Barbier Jean-Baptiste, propr., menuisier, clos Leverne.
Barbier François, journalier, rue des Moulins, 11 *ter*.
Barbier Mme, née Barbier, revendeuse, rue du Mouton, 5.
Barbier Pierre, employé, rue Musette, n. 29.
Barbier François, chargeur, rue Menevalle, n. 2.
Barbier veuve, née Roy, rentière, port du Canal, n. 12.
Barbier Joseph, journalier, port du Canal, n. 15.
Barbier Philippe, journalier, port du Canal, n. 17.
Barbier, marchand cordier, rue Saint-Pierre, n. 45.
Barbier Jean-Baptiste-Edouard, rentier, r. St-Nicolas, 117.
Barbier Annette Mlle, ouv. passementière, r. St-Nicolas, 89.
Barbier Jean, rentier, rue Saumaise, n. 61.
Barbier Charles, ouv. mécanicien, r. de la Manutention, 25.
Barbier Nicolas, employé au gaz, r. Chabot-Charny, n. 23.
Barbier Jean-Baptiste, rue Chabot-Charny, n. 52.
Barbier Julie Mlle, institutrice, rue du Chaignot, n. 52.
Barbier Edme, marchand de cristaux, rue Charrue, n. 30.
Barbier veuve, née Foucaut, propriétaire, r. d'Ahuy, 24.
Barbier François, chargeur, allée des Chartreux, n. 2.
Barbier Claude, jardinier, rue Audra, n. 14.
Barbier Mme, née Faivre, à la Californie.
Barbier veuve, née Guerley, propr., rue Berbisey, n. 24.
Barbier Alexandre, percepteur, rue Berbisey, n. 24.
Barbier Alexandre, peintre, rue Berbisey, n. 93.
Barbier Eugène, serrurier, rue des Bons-Enfants, n. 6.
Barbier veuve, née Gacide, femme de mén., r. du Bourg, 29.
Barbier Jacques, rentier, rue Bossuet, n. 16.
Barbier, manouvrier, rue Jeannin, n. 73.
Barbier, menuisier, rue de la Préfecture, n. 74.
Barbot Jean-Baptiste, fabr. de moutarde, r. Crébillon, 22.
Barbot Blaise, manœuvre, rue du Chaignot, n. 13.
Barbot, vigneron, rue du Champ-de-Mars, n. 16.
Barbut Joseph, voyageur de comm., r. de la Préfecture, 65.
Bard Jules, professeur, rue Saint-Pierre, n. 40.
Bardel, gendarme en retraite, rue Saint-Nicolas, n. 42.
Bardet Claude, jardinier, rue de Gray, n. 6.

Bardet, garçon brasseur, rue Saint-Nicolas, n. 6.
Bardin, journalier, route de Longvic.
Bardin veuve, née Mutin, rentière, r. Ste-Marguerite, 17.
Bardin Félix fils, rue Sainte-Marguerite, n. 17.
Bardin Jacques, propriétaire, r. Ste-Marguerite, n. 16.
Bardin Claude, employé de commerce, rue du Tillot, n. 13.
Bardin Jean-Baptiste, manouvrier, rue d'Auxonne, n. 63.
Bardolet Dominique, à l'équipe, rue Bassano, n. 74.
Bardolet Marie Mlle, femme de mén., r. St-Philibert, n. 6.
Bardonnaut, percepteur, rue Jeannin, n. 23.
Bardouiche veuve, née Bonne, rentière, rue du Gaz, n. 18.
Bardoux Elisabeth Mlle, ovrière, rue d'Assas, n. 6.
Bardoux Florentin, manouvrier, allée des Chartreux, 10.
Bardoux Elisabeth, ouvrière, rue Vannerie, n. 83.
Bardoux François, marchand de cendres, r. Magenta, n. 3.
Bardoux Jean-Baptiste, sous-chef d'équipe, rue de la Cité.
Bardoux Paul, cultivateur, hameau de Mirande.
Bardoux Marie Mlle, née Noblot, vigner., ham. de Mirande.
Bardoz Joseph, épicier, rue Verrerie, n. 27.
Baresset veuve, née Baron, fem. de mén., r. Devosge, n. 16.
Baret J.-B., mécanicien, route de Longvic, maison Perrot.
Baret, ouvrier fondeur, rue de Clairvaux, n. 5.
Baretje Philippe, anc. fabr. de bouchons, r. des Perrières, 32.
Bargeron Jacques, maçon, rue Devosge, n. 16.
Bargy, fabricant de produits chimiques, route de Langres.
Bargy Julien, fabricant de colle, rue du Chinois.
Barloggio Ferdinand, poêlier, rue Amiral-Roussin, n. 41.
Barnier Magdeleine Mlle, fabr. de fleurs, r. Vannerie, 98.
Barnique Jean, maçon, rue Piron, n. 42.
Barnoin J.-B., fact. à la poste, conc., r. des Bons-Enfants, 1.
Barnola Sauveur, rentier, place Saint-Bernard, n. 7 et 9.
Baroche veuve, née Vallot, femme de ménage, rue Saint-
  Philibert, n. 36.
Baroche Auguste, ajusteur, rue de la Grenouille, n. 4.
Baroche Etienne, gendarme, rempart du Château, n. 4.
Baron Pierre, cordonnier, rue du Chaignot, n. 5.
Baron Claude, conducteur de trains, r. de la Manutention, 5.
Baron Pierre, employé à la Mairie, rue St-Nicolas, n. 37.
Baron François, cordonnier, rue du Mouton, n. 19.
Barra veuve, propriétaire, rue d'Auxonne, n. 30.
Barra veuve, née Mareau, rentière, rue des Moulins, n. 11.
Barral Joseph, scieur de bois, rue des Forges, n. 54.

Barral Fanny Mlle, rentière, rue du Rabot, n. 1.
Barral Eugène, commis, rue du Rabot, n. 1.
Barral veuve, journalière, rue Notre-Dame, n. 22.
Barrat François, jardinier, r. des Marmuzots (Perrières.)
Barrat Jean-Baptiste, serrurier, rue Crébillon, n. 22.
Barraut, manouvrier, rue Vannerie, n. 3.
Barraux Franç., march. de chiff., en gros, rue Bassano, 37.
Barraux Prosper, chauff. au ch. de fer, r. des Godrans, 32.
Barraux Firmin, marchand de vin, rue de Longvic, n. 1.
Barraux Jean, inspecteur d'assurances, rue Cazotte, n. 9.
Barraux Gustave, peintre, concierge, r. Chabot-Charny, 62.
Barraut Anne Mlle, femme de ménage, r. Guillaume, 25.
Barré Etienne, coiffeur, rue Charrue, n. 24.
Barré Pierre, poseur au chemin de fer, cour Bourberain, 3.
Barré veuve, née Desault, propriétaire, rue Jeannin, n. 50.
Barret Jean-Baptiste, peintre d'équip., r. du Chaignot, 34.
Barret Paul, peintre en équipages, rue du Chaignot, n. 34.
Barrié François, cafetier, rue Vaillant, n. 6.
Barrié Ludovic, mécanicien, place Saint-Jean, n. 1.
Barrié François, fabricant de paillassons, à la Californie.
Barrière Mme, née Benet, modiste, rue d'Assas, n. 6.
Barrot Benoît, forgeron, impasse Audra, n. 10.
Barrot veuve, née Coirot, ouvrière relieuse, r. de Suzon, 12.
Barrot Henri, relieur, rue de Suzon, n. 12.
Barry Jean-Louis, sellier, rue Devosge, n. 45.
Barry veuve, née Jaugey, allée des Chartreux, n. 16.
Barthélemy Pierre, rentier, rue Odebert, n. 14.
Barthélemy Jean, propriétaire, rue des Godrans, n. 20.
Barthélemy veuve, rentière, rue Charrue, n. 26.
Barthélemy veuve, née Pelletret, rue des Aqueducs, clos
  Trouillet.
Barthélemy J.-B., huilier, r. des Aqueducs, clos Trouillet.
Barthélemy Eloi, chaudr.-poêlier, rue Jeannin, n. 62.
Barthélemy Xavier, manœuvre, rue du Château, n. 6.
Barthelet Jeanne, lingère, rue des Novices, n. 3.
Barthet Julien, loueur en garni, r. Amiral-Roussin, n. 47.
Bary Louis, carrossier, rue de Clairvaux, n. 6.
Baschung Jean, débitant de tabac, rue Jeannin, n. 39.
Baschung Georges, menuisier, rue Berbisey, n. 11.
Basse Antoine, cordonnier, rue Piron, n. 14.
Basset Anne Mlle, blanchisseuse, rue Saint-Pierre, n. 17.
Bassot Alfred, march. de grains, r. du Chap.-Rouge, 12 *bis*.

Bassot Alfred, magasin de grains, rue Devosge, n. 1.
Bassot Nestor, marchand de grains, rue de la Prévôté, 13.
Bassot veuve, née Quantin, rentière, rue de la Prévôté, 13.
Bassot François, jardinier, rue des Ormeaux, n. 2.
Bassot Nicolas, ouvrier confiseur, rue Jeannin, n. 58.
Bast (de) veuve, propriétaire, place Saint-Michel, n. 27.
Bastard Louise Mlle, journalière, rue Roulotte, n. 17.
Bataillon Jean, marchand cordonnier, rue du Bourg, 52.
Bataillon, rue Saint-Esprit (Perrières) (pied-à-terre).
Batelier Jules, commis, rue Saint-Nicolas, n. 109.
Batet Pierre, journalier, rue du Petit-Cîteaux.
Bathelier Jean-Baptiste, propr., rue Vannerie, 37.
Batsalle Dominique, empl. au ch. de f., route de Plombières.
Battard Louis, sous-officier en retraite, r. Guillaume-Tell.
Battau François, tailleur de pierres, pet. r. du Château, 4.
Batteau Mme, née Coqumet, rue Berbisey, n. 36.
Batuello Jacques, tailleur, rue Bossuet, n. 9.
Batuello Jacques, tailleur, rue Dauphine, n. 4.
Baubant Claire, rentière, place d'Armes, n. 4.
Baubant Jean, voiturier, ruelle d'Ahuy, n. 1.
Baubant Albert fils, ruelle d'Ahuy, n. 1.
Baubis François, serrurier, rue de l'Hôpital, n. 1.
Baubis veuve, née Comeau, rue Chaudronnerie, n. 34.
Baubis Jean-Baptiste fils, rue Chaudronnerie, n. 34.
Baubonne César, comptable, rue de la Gare, n. 7.
Bauché, jardinier, rue Magenta.
Baucher Jean-Baptiste, manouvrier, rue de Gray, n. 29.
Bauchetet veuve, née Chevillard, propr., rue des Novices, 2.
Bauchetet Denise, rentière, rue Victor-Dumay, n. 18.
Bauchetet Nicolas, voyageur de comm., r. St-Nicolas, 42.
Bauchey François, manouvrier, rue de Montmuzard, 17.
Baud Charles, teneur de livres, rue de la Préfecture, 47.
Baud Louis, costumier, place Saint-Michel, n. 10.
Baud Marie veuve, place Saint-Michel, n. 10.
Baud Jean, voiturier, route de Longvic.
Baud, employé, rue d'Assas, n. 28 *bis*.
Baudet Charles, charpentier, rue de Longvic, n. 8.
Baudier Léon, cafetier, rue de la Trémouille, n. 5.
Baudilaire Etienne, garçon brasseur, rue du Sachot, n. 2.
Baudin Aug., négoc., chemin de Talant, 15 (pied-à-terre).
Baudin Auguste, négociant, place d'Armes, n. 10.
Baudin Pierre, marchand épicier, rue Saint-Nicolas, n. 84.

Baudin Eugène, entrepreneur, rue Sambin, n. 9.
Baudin Auguste, entrepreneur, rue Sambin, n. 9.
Baudiot Jean, vigneron, rue de Longvic, n. 35.
Baudoin Pierre, coiffeur, rue Jeannin, n. 59.
Baudoin, rentière, rue Amiral-Roussin, n. 40.
Baudoin Catherine Mlle, ouvrière, rue Guillaume, n. 9.
Baudoin Pierre, empl. au chemin de fer, r. d'Auxonne, 29.
Baudouin Armand, journalier, rue de l'Ile, n. 1.
Baudot Antoine, professeur au lycée, rue Audra, n. 8.
Baudot Armand, employé d'octroi, rue de Montigny, n. 7.
Baudot Jules, manouvrier, rue de Montmuzard, n. 45.
Baudot Pierre, tuilier, à Larrey.
Baudot, rue Saint-Martin, n. 11.
Baudot veuve, rue Bassano, n. 85.
Baudot, veuve Masque, journalière, rue d'Auxonne, n. 35.
Baudot, charpentier, rue d'Auxonne, n. 29.
Baudoz veuve, née Rose, rentière, rue Montigny, n. 18.
Baudrillard Jean-Baptiste, grenetier, rue Berbisey, n. 18.
Baudriller veuve, rentière, rue Longepierre, n. 10.
Baudrot Guillaume, serrurier, cour des Poisses, n. 14.
Baudry veuve, rue Verrerie, n. 21.
Baudry Jean-Jacques, rue Verrerie, n. 20.
Baudry Mme, née Baudoin, ouvrière, rue Saint-Nicolas, n. 4.
Baudry Alexis, propriétaire, rue d'Ahuy, n. 13.
Baujard Louis, propriétaire, rue Berbisey, n. 114.
Baulion Jean, ouvrier tonnelier, rue de Suzon, n. 3.
Baulot Esther Mlle, blanchisseuse, rue Audra, n. 16.
Baulot Pierre, chapelier, rue des Aqueducs, clos Trouillet.
Baulot Ve, née Maire, journ., ch. couv. de la Belle-Etoile, 23.
Baulot veuve, née Thibert, revendeuse, rue Berbisey, n. 66.
Baulot Etienne, serrurier, rue du Bourg, n. 56.
Baulot veuve, cour de la Faïencerie, n. 2.
Baulot Etienne, serrurier, rue Neuve-Dauphine, n. 5.
Baulot veuve, ancienne fripière, rue Dauphine, n. 10.
Baulot Philiberte Mlle, rentière, place Saint-Michel, n. 13.
Baulot Pierre, menuisier, rue Saint-Nicolas, n. 56.
Baulot Barthélemy, peintre, rue Saint-Nicolas, n. 113.
Baulot Clémentine Mlle, ouvrière, rue Vannerie, n. 26.
Baumann Isaac, marchand tailleur, rue Guillaume, n. 58.
Baume-Boisselier, compt. au ch. de fer, rue Musette, n. 7.
Baumgartener Joseph, grenetier, rue de la Gare, n. 9.
Baumont veuve, née Chambrette, rue du Bourg, n. 28.

Baumont Louis, jardinier, rue de Longvic, n. 58.
Baumkausen dit Eiffel, propriétaire, rue Victor-Dumay, 17.
Baur veuve, née Baugey, libraire, place d'Armes, 7.
Baut Jean-Baptiste, vign., ch. couvert de la Belle-Etoile.
Bauvet Louis, nettoyeur, rue de Suzon, n. 1.
Bauzon Joseph, cafetier, rue de la Prévôté, n. 2.
Bauzon Eugénie veuve, née Carrier, rue Vannerie, n. 59.
Bavard Catherine Mlle, ouvrière en robes, rue Jeannin, 44.
Bavelier Claude, ancien juge, rue Chabot-Charny, n. 91.
Bavelier Ernest, rentier, rue de la Manutention, n. 17.
Bavelier Jean-Baptiste, rentier, rue du Petit-Potet, n. 19.
Bay Anne Mlle, ouvrière, rue Verrerie, n. 9.
Bayard François, à l'équipe de la Gare, n. 6.
Bayle veuve, née Dulniau, journalière, rue du Palais, n. 17.
Bazard Rodolphe, contrôleur, rue Chabot-Charny, n. 77.
Bazard Gaston, docteur-médecin, rue Verrerie, n. 27.
Bazerolles Claude, grenetier, rue du Bourg, n. 44.
Bazilaire Jean-Baptiste, march. de tissus, rue Bassano, 74.
Bazin, maçon, rue Febvret, n. 6.
Bazin propriétaire, rue Mouha (Perrières) (pied-à-terre).
Bazin Henri, ingénieur, rue du Vieux-Collége, n. 11.
Bazinval Jean-François, relieur, rue Buffon, n. 16.
Beau Anne Mlle, rentière, rue Guillaume, n. 45.
Beau veuve, née Bardel, rue de la Manutention, n. 5.
Baubillié François, journalier, rue Sambin, n. 15.
Beaudier Jean-Baptiste, manouvrier, rue Bassano, n. 94.
Beaudier Jean-Baptiste, matelassier, rue du Bourg, n. 2.
Beaudier Paul, tapissier, rue des Etioux, n. 28.
Beaudiot Lazare, manouvrier, rue de la Préfecture, n. 85.
Beaudot Henri, propriétaire, rue Bossuet, n. 12.
Beaudot Anne Mlle, blanchisseuse, rue Dauphine, n. 3.
Beaudot veuve, née Chapulliot, coutur., rue Francklin, 5.
Beaudot Marguerite Mlle, ouvrière, rue St-Philibert, 28.
Beaudot Marguerite, fem. de ménage, rue St-Philibert, 28.
Beaugillot Jean, cond. de trains, impasse Audra, n. 1 et 2.
Beaujard Emile, géomètre, rue Francklin, n. 7.
Beaulieu Adolphe, corroyeur, rue Berbisey, n. 122.
Beaune Jeanne Mlle, ouvrière, rue Jeannin, n. 46.
Beaune, substitut, rue du Palais, n. 14.
Beaune-Poncet Mme, propriétaire, place St-Michel, n. 29.
Beaupertuis Nicolas, carrier, Fort Yon.
Beaupoil Pierre, fruitier, rue Febvret, n. 6.

Beaupoil Adolphe, jardinier, rue de Venise.
Beaurepaire (de), propriétaire, rue Charrue, n. 20.
Berbey veuve, née Courtot, rue Quantin, n. 22.
Berbis (de) veuve, propriétaire, rue Charrue, n. 15.
Bechet Denis, garde-moulin, aux Blanchisseries, n. 4.
Beck Louis, cabaretier, rue Bassano, n. 120.
Beckers veuve, rentière, rue Buffon, n. 13.
Becque Frédéric, concierge, cordonnier, rue Jeannin, n. 1.
Becquenet Emile, manouvrier, cour du Quartier, n. 4 *bis*
Bécus Louis-Joseph, prêtre, impasse Saint-Michel, n. 2.
Bedel Léopold, cloutier, rue Dauphine, n. 5.
Begin Anna Mlle, ouvrière, rue des Forges, n. 24.
Bégin Charles, chef de bat. en retr., rue de Montmuzard. 5.
Begin Louis, enployé au chemin de fer, rue Musette, n. 15.
Béguin Edme, logeur, rue Francklin, n. 7.
Beguinet, chemin de Talant, n. 29.
Behiet Charles, marchand mercier, rue Bossuet, n. 31.
Behiot veuve, femme de ménage, rue du Bourg, n. 54.
Berh Joseph, employé au ch. de fer, rue des Godrans, 68
Behr (de), sec. gén. de la préfecture, rue de la Préfecture, 32.
Beillard V^e, née Couthaud, dir. de la sal. d'asile, r. Turgot, 1.
Belfin Jean-Baptiste, perruquier, rue Bassano, n. 80.
Belfy Claude, boulanger, faubourg Rennes, n. 9.
Bélicar Joseph, cordonnier, rue du Bourg, n. 68.
Bélier Jean, propriétaire, rue du Bourg, n. 65.
Bélier Antoine, marchand vannier, rue du Bourg, n. 61.
Bélier Alexis, vannier, rue des Etioux, n. 17.
Belime-Bernard Ferdinand, march. bonnetier, r. Condé, 52.
Belime Henri, avocat, rue Jeannin, n. 28.
Belime veuve, née Ruelle, rentière, rue Jeannin, n. 28.
Belime Nicolas, ouvrier cordonnier, rue Magenta.
Belin Edmond. chapelier, rue Audra, n. 16.
Belin Louis, ancien pâtissier, rue Bassano, n. 46.
Belin-Clairet Alfred, poêlier, rue Berbisey, n. 20.
Belin Nicolas, march. de papiers peints, rue Bossuet, n. 20.
Belin Pierre, journalier, rue du Bourg, n. 58.
Belin veuve, née Janinard, rentière, rue Buffon, n. 33.
Belin Louis, architecte, rue du Chapeau-Rouge, n. 12.
Belin Mlle, lingère, rue Charrue, n. 16.
Belin Alfred, peintre, rue des Godrans, n. 29.
Belin Jean-Baptiste, propriétaire, rue des Godrans, n. 37.
Belin Louis, ouvrier sellier, rue des Godrans, n. 104.

Belin Alexandre, garçon de mag., rue de Montigny, n. 14.
Belin François, maçon, rue des Moulins, n. 19 *bis.*
Belin Jules, épicier en détail, rue Musette, n. 19.
Belin François, homme d'équipe, rue des Perrières, n. 34.
Belin François, poseur au chemin de fer, rue Piron, n. 40.
Belin veuve, demoiselle de magasin, pl. Saint-Jean, n. 23.
Belin V⁰, née Appert, cabar., r. du Pont des Tanneries, 12.
Belin Jean-Baptiste, menuisier, port du Canal, n. 13.
Belin Jean-Baptiste, chapelier, rue de Pouilly, n. 5.
Belin Charles, ouvrier cordonnier, r. de la Préfecture, 85.
Belin Franç., garde du cab. d'hist. nat. route de Plombières.
Belin veuve, rentière, rue Saumaise, n. 30.
Belin Jean, vigneron, à Saint-Antibes.
Belin François, vigneron, à Saint-Antibes.
Belin François, vigneron, à Saint-Antibes.
Belin Jean-Baptiste, cabaretier, rue Saint-Pierre, n. 25.
Bell veuve, née Bell Anne, rue Audra, n. 12.
Belland Etienne, rentier, place du Morimont, n. 1.
Belland Philippe, march. de volailles, rue Quantin, n. 18.
Bellay Joseph, vidangeur, rue de Clairvaux, n. 5.
Bellay François, voiturier, rue Ste-Marguerite, n. 32 *bis.*
Belle veuve, née Villotte, man., av du Rés., cl. de la Nitrière.
Belle Joseph fils, avenue du Réservoir, clos de la Nitrière.
Bellenot Victor, rentier, rue Devosge, n. 17.
Bellenot Adolphe, maçon, rue de Montigny, n. 7.
Bellenot J.-B., propr., fourn. de denrées, r. Quantin, n. 16.
Bellenot Marie, ouvrière, rue Vannerie, n. 44.
Bellet Nicolas, conduct. des ponts et ch., r. St-Pierre, 18.
Bellet, charpentier, rue Roulotte, n. 27.
Bellet François, cultivateur, route de Langres.
Bellet Jean-Baptiste, propriétaire, rue Vannerie, n, 51.
Bellet Pierre, menuisier, rue Vannerie, n. 51.
Belleurgey François, jardinier, rue des Moulins, n, 47.
Bellevaut Honoré, tailleur, place du Morimont, n. 7.
Belleville Léonie, ouvrière, rue de Montmuzard, n. 39.
Belleville veuve, propriétaire, rue Sainte-Anne, n. 4.
Belleville Françoise Mlle, domestique, ruelle Sambin.
Belliard Joseph, rentier, rempart du Tivoli, n. 14.
Bellier Hippolyte, 1ᵉʳ chef d'éq., r. de la Manutention, n. 9.
Bellorger Denis, boulanger, rue Saint-Pierre, n. 31.
Belloy Delphine Mlle, ouvrière en robes, r. Bannelier, 13.
Belloy Joseph, ébéniste, propriétaire, rue de Pouilly, n. 9.

Belnand Louis, cond. des p. et ch., r. de la Colombière, 6.
Belnet Charles, architecte, rue Amiral-Roussin, n. 41.
Belnet veuve, née Joliet, journalière, r. Amiral-Roussin, 3.
Belnet Claude, journalier, rue de l'Arquebuse, n. 3.
Belnet Charles, propriétaire, rue de Montmuzard, n. 24.
Belnet Charles, propriétaire, rue des Moulins, n. 26.
Belnet Jeanne, rue des Moulins, n. 26.
Belnet veuve, propriétaire, rue des Moulins, n. 30.
Belnet Just, boulanger, rue Saint-Nicolas, n. 15.
Bélorgey François, marc. de chauss., r. Docteur-Maret, 2.
Bélorgey Jean-Baptiste, propr., rue des Moulins, n. 1.
Bélorgey Jacques, propriétaire, rue Voinchet (Perrières).
Bélorgey Michel, grenetier, rue Piron, n. 44.
Bélorgey, rentier, rue Saint-Nicolas, n. 37.
Bélorgey Gabriel, rentier, rue Sambin, n. 2.
Belost veuve, née Capet Françoise, propr., r. Berbisey, 7.
Belot veuve, née Rigaud, rent., r. du Champ-de-Mars, 8.
Belot Placide veuve, propriétaire, rue Charrue, n. 20.
Bénal, jardinier, rue des Ormeaux, n. 5.
Bénasse Claude, chef d'équipe, rue de l'Arquebuse, n. 14.
Bené veuve, journalière, rue Jeannin, n. 59.
Bénier Jules, employé à la Préfect., r. Amiral-Roussin, 40.
Bénier Napoléon, tabletier, rue Musette, n. 2.
Benjamin Mme, née Anaclet, march. de from., rue Ban-
nelier, n. 13.
Benlœw Louis, prof. de littérature, r. de la Préfecture, 105.
Benoît Nicolas, propriétaire, ruelle d'Ahuy, n. 5.
Benoît Louis, négociant, rue d'Auxonne, n. 16.
Benoît Félix, négociant, rue d'Auxonne, n. 16.
Benoît Bazile, négociant, rue d'Auxonne, n. 23.
Benoît Jean-Baptiste, cafetier, rue Berbisey, n. 2.
Benoît Emélie, lingère, rue du Bourg, n. 46.
Benoît Charles, grenetier, rue du Bourg, n. 46.
Benoît Charles, libraire, rue Charrue, n. 20.
Benoît Jean, garçon de mag., chemin du Petit-Bernard.
Benoît Pierre, car. et fab. de chaux, près la Combe-Serpent.
Benoît Pierre, garde champêtre, aux Echaillons.
Benoît Jean-Baptiste, forgeron, rue de l'Ile, n. 4.
Benoît Georges, épicier, rue Jeannin, n. 20.
Benoît Denise, lingère, rue du Lacet, n. 4.
Benoît Casimir, épinglier, cabaretier, rue Magenta,
Benoît Pierre, maître d'hôtel de Bourgogne, place Darcy.

Benoît Ferdinand, tonnelier, rue de la Préfecture, n. 85.
Benoît Denise , ouvrière, rue Proudhon, n. 18.
Benoît Marie, épicière, rue Saint-Nicolas, n. 85.
Benoît veuve, née Commot, rue Saint-Nicolas, n. 83.
Benoît, rentière, rue Saint-Nicolas, n. 62.
Benoît Etienne, conseiller, rue Saint-Pierre, n. 34.
Benoît Catherine, rue Saumaise, n. 35.
Benoît Jacques, rentier, rue Saumaise, n. 14.
Benoît François, cabaretier, rue Vauban, n. 8.
Bérard Eloi, cloutier, rue Magenta.
Berbet Paul, ajusteur, rue du Sachot, n. 1.
Berchet Nicolas, taill. de pierres, r. du Champ-de-Mars, 12.
Berchet Marie Mlle, anc. domest., rue du Petit-Potet, 30.
Berchet Mme, née Denize, blanch., rue du Petit-Potet, 32.
Bereul Nicolas, ouvrier menuisier, r. de la Préfecture, 107.
Bergamin Louis, frère directeur, r. de Montmuzard, n. 1.
Berger veuve, née Nief grenetière, rue Bassano, n. 47.
Berger, menuisier, rue Bossuet, n. 29.
Berger Claude, garçon de magasin, rue du Chaignot, 14.
Berger Charles, ancien appariteur, rue des Etioux, n. 10.
Berger Jacques, vigneron, hameau de Mirande.
Berger Auguste, menuisier, rue du Mouton, n. 13.
Berger veuve, rue Musette, n. 20.
Berger veuve, née Fournerot, ouv. en robes, r. Piron, 38.
Berger Pierre, ex-conc. de l'Ec. des Beaux-Arts, pl. des Ducs, 5.
Berger Reine, rentière, place Saint-Michel, n. 19.
Berger Alexandre, cordonnier, place du Morimont, n. 11.
Berger Victor, homme d'éq., pont des Tanneries, n. 14.
Berger, fabricant d'huile, rempart du Château, n. 1.
Berger Fr.. cond. de trains, cabaretier, route de Plombières.
Berger Charles, musicien, rue Neuve-Saint-Bénigne.
Berger François, conducteur, rue Saint-Nicolas, n. 27.
Attier Jeanne, supérieure de la maison de charité de
  Saint-Bénigne, rue du Tillot, n. 2.
Berger veuve, née Carrion, manouvrière, rue de Venise.
Bergeret Jean-Baptiste, rentier, rue du Bourg, n. 17.
Bergeret Jean-Baptiste, tailleur de pierres, rue du Gaz, 22.
Bergeron Aug., scieur de long, rue des Tanneries, n. 23.
Bergerot Auguste, cordonnier, rue d'Ahuy, n. 11.
Bergerot veuve, née Pinsonna, journalière, r. Chantal, 1.
Bergerot Jean-Pierre, ouv. cordonnier, rue des Forges, 28.
Bergerot Etienne, menuisier, à Larrey.

Bergerot veuve, née Pinsonneau, journ., r. Odebert, n. 22.
Bergery Jacques-Victor, facteur des postes, rue Verrerie, 9.
Berget François, marchand de tissus, r. Bassano, n. 106.
Berget François, marchand tonnelier, rue Crébillon, n. 4.
Berget, négociant, rue Devosge, n. 37.
Berget François, marchand de grains, rue Devosge, n. 34.
Berget Antoine, marchand de grains, rue Devosge, n. 34.
Berget Jean, huilier, rue des Godrans, n. 2.
Berget Henri, serrurier, rue de Longvic, n. 35.
Berget Claude, maçon, clos Morin, rue de Montmuzard.
Bergue Christian, fab. de brosses, rue du Chaignot, n. 14.
Béringuez Alfred, tourneur, rue du Champ-de-Mars, n. 12.
Béringuez Lucien, propriétaire, chemin de Fontaine, n. 2.
Berlet Pierre, cordonnier, rue Guillaume, n. 48.
Berlet-Meugniot, comptable, rue Devosge, n. 49.
Bernard veuve, née Barbier, allée des Chartreux, n. 10.
Bernard dit Fétu, commis greffier, r. Amiral-Roussin, 41.
Bernard Albert fils, rue Amiral-Roussin, n. 41.
Bernard veuve, née Richard, rent., rue d'Auxonne, n. 34.
Bernard Pierre, ancien chapelier, rue Bassano, n. 3.
Bernard François, à l'équipe, Belle-Ruelle, n. 4.
Bernard Félix, serrurier, rue Berbisey, n. 37.
Bernard Claude, chanoine, rue Berbisey, n. 24.
Bernard Nicolas, marchand linger, rue du Bourg, n. 54.
Bernard Pierre, cordonnier, à la Californie.
Bernard Marie-Clément, avocat général, chemin couvert de
    la Belle-Etoile, n. 22.
Bernard Charles, homme d'équipe, rue de la Gare, n. 9,
Bernard Louis, ancien coiffeur, rue du Gaz, 2 *ter*.
Bernard Catherine Mlle, femme de ménage, r. du Gaz, n. 6.
Bernard, rue de Longvic, n. 16.
Bernard veuve, née Tétot, propriétaire, rue Mably, n. 11.
Bernard Charles, marchand de vins en gros, r. Mably, 1.
Bernard Nicolas, manouvrier, rue Meneval.
Bernard Henri, vigneron, hameau de Mirande.
Bernard Auguste, journalier, rue de Montmuzard, n. 15.
Bernard François, journalier, rue du Petit-Cîteaux.
Bernard Pierre, entrep. march. de sable, port du Canal, 22.
Bernard Michel, chargeur, port du Canal, n. 14.
Bernard Bénigne, mouleur en fonte, port du Canal, n. 14.
Bernard, manouvrier, rue de la Préfecture, n. 68.
Bernard Benoît, anc. garde-magasin, rue Saint-Martin, 15.

Bernard Jean, concierge, rue Saint-Pbilibert, n. 20.
Bernard, rue Saint-Pbilibert, n. 42.
Bernard Charles, chef d'institution, rue Saint-Philibert, 51.
Bernard Félix, cafetier, rue Saint-Pierre, n. 40.
Bernard François, manouvrier, rue Sambin, n. 19.
Bernard Jean-Baptiste, à l'équipe, rue Sambin, n. 6.
Bernard veuve, née Picard, march. de bric-à-brac, rue Rou-
    lotte, 14.
Bernard Antoine, manouvrier, Ruelle-aux-Prêtres, n. 10.
Bernard Dominique, menuisier, rue Vannerie, n. 88.
Bernard Charles, ouv. distillateur, rue Verrerie, n. 9.
Bernardot veuve, née Armavet, rentière, r. St-Martin, 31.
Bernardot François, ancien plâtrier, r. Saint-Martin, n. 31.
Berne Jean-Franç., empl. au greffe, rue Notre-Dame, n. 16.
Bernot Auguste, aubergiste, rue Devosge, n. 5.
Bernoux Claudius, négociant, r. Chancelier-l'Hopital, 12.
Béroujon Nicolas, conducteur, rue Audra, n. 12.
Béroux, magasin de charbon, rue Montigny, n. 14.
Béroux Eugène, marchand de charbon, port du Canal, 12.
Berrier Léon, négociant filateur. rue des Godrans, n. 66.
Berrües Louis, charpentier, rue Devosge, n. 27.
Berry Marguerite Mlle, lingère, place des Ducs, n. 10
Berry François, conducteur de trains, rue de la Prévôté, 9.
Bertaux Ernest, employé, rue Saumaise, n. 28.
Bertel Auguste, ouvrier peintre, rue Saint-Nicolas, n. 65.
Berthaut Eugène, épicier, rue Saint-Nicolas, n. 83.
Berthaux Catherine, rentière, rue Amiral-Roussin, n. 21.
Berthaux Philibert, épicier, rue Bassano, n. 124.
Berthaux Louis, empl. au chemin de fer, r. Berbisey, n 49.
Berthaux Emile, comptable, rue Devosge, n. 25.
Berthaut Pierre, march. de vins en gros, r. Guillaume, 49.
Berthaut Jean-Baptiste, propr., rue de la Manutention, 17.
Bertaux François, cocher, rue du Morimont, n. 2.
Berthaux, propr., rue des Marmuzots, n. 5 (Perrières).
Berthaux Jacques, march. de farine, r. de la Préfecture, 60.
Berthaux, graveur, rue Saumaise, n. 65.
Berthelemot Alexandre, ouv. menuisier, r. des Godrans, 20.
Berthelemot Mme, née Maufut, rue Saint-Nicolas, n. 51.
Berthelet Anne, rentière, rue de Suzon. n. 2.
Berthelier Jean, cordonnier, rue Dauphine, n. 1.
Berthelier Marguerite Mlle, journ., r. de la Préfecture, 72.
Berthet Jean-Claude, aubergiste, rue d'Assas, n. 20.

Berthet veuve, née Robert, rentière, rue Charrue, n. 34.
Berthet veuve, née Theuret, rue de Gray, n. 27.
Berthet veuve, née Douard, rue Jeannin, n. 50.
Berthet Frédéric, nettoyeur, rue du Mouton, n. 3 *ter*.
Berthet Flavien, forgeron, rue du Mouton, n. 3 *ter*.
Berthet Mmes, modistes, place d'Armes, n. 2.
Berthet, commis greffier, rue de la Préfecture, n. 112.
Berthier veuve, marchande, rue Bassano, n. 114.
Berthier Jules, marchand tailleur, r. Chaudronnerie, n. 10.
Berthier Jean-Claude, pharmacien, rue des Forges, n. 42.
Berthier François, voyageur de commerce, r. Jeannin, 75.
Berthier-Gille, ouvrière, rue Saumaise, n. 10.
Berthier Jeanne Mlle, lingère, rue Victor-Dumay, n. 7.
Berthillon Bénigne, maçon, rue Bassano, n. 90.
Berthillon Henriette, femme de mén., r. Guillaume, n. 9.
Berthillon Jean-Baptiste, poseur, rue Guillaume-Tell.
Berthillon J.-B., garçon de magasin, rue de Montigny, n. 6.
Berthillon Nicolas, maçon, rue du Morimont, n. 2.
Berthillon Claude, ouvrier fondeur, remp. du Tivoli, 15.
Berthillon Claude, vigneron, fontaine Sainte-Anne.
Berthol Jean, graveur, rue du Chapeau-Rouge, n. 5.
Berthol Alexandre, tanneur, faubourg Rennes, n. 11.
Bertholon Mme, rentière, rue des Forges, n. 60.
Berthon François, marchand d'étoffes, rue Piron, 29-55.
Berthonet veuve, née Pacquelin, journ., r. Saumaise, n. 50.
Berthonot André, retraité, rue d'Auxonne, n. 50.
Berthotte Godius, badigeonneur, rue Crébillon, n. 21.
Bérubey Louise Mlle, rentière, rue de Pouilly, n. 7.
Bertillon Nicolas, manouvrier, rue Buffon, n. 39.
Bertin Louis, cordier, rue Bassano, n. 88.
Berthot Antoine, préposé au pesage de l'octroi, à l'abattoir.
Bertoza veuve, née Verdine, marchande de poterie, rue
    Bassano, n. 12.
Bertrand veuve, née Remion, rentière, rue Berbisey, 59.
Bertrand veuve, née Lhuillier, femme de ménage, rue du
    Chaignot, n. 14.
Bertrand Georges, ouv. tailleur, r. du Chapeau-Rouge, 17.
Bertrand Bernard, bibliothécaire à la gare, rue Charrue, 5.
Bertrand, ouvrière, rue Charrue, n. 30.
Bertrand, ouvrier émouleur, rue de Clairvaux, n. 5.
Bertrand Pierre, ancien épicier, cours du Parc, n. 2 *bis*.
Bertrand Michel, conducteur de trains, rue de la Gare, 2.

Bertrand Jean-Baptiste, manœuvre, rue Guillaume, n. 9.
Bertrand Dominique, journalier, rue de la Manutention, 7.
Bertrand Sébastien, commissionnaire, rue Piron, n. 7.
Bertrand Pauline Mlle, rentière, place Saint-Michel, n. 23.
Bertrand Pierre, perruquier, rue de la Préfecture, n. 60.
Bertrand Auguste, capitaine d'état-major, r. des Roses, 4.
Bertrand Nicolas, jardinier, route de Saint-Seine.
Bertrand Thibaud, maçon et vivandier, à Saint-Antibes.
Bertrand Marie Mlle, rentière, à Sainte-Anne, n. 10.
Bertrand Claude, manouvrier, rue Sainte-Catherine, 15.
Bertrand Jean, vidangeur, rue Sambin, n. 15.
Bertrand Jean-Baptiste, rentier, rue Sambin, n. 13.
Bertrand Pierrette Mlle, ouvrière, rue Vannerie, n. 29.
Bertrand François, employé des Postes, rue Vannerie, 30.
Bertrand veuve, née Forquet, rue des Tanneries, n. 15.
Bertrand veuve, née Forquet, pont des Tanneries, n. 3.
Bertrès Frédéric, voyageur de commerce, r. Bassano, n. 59.
Bertz Auguste, menuisier, chemin du Petit-Bernard.
Besancenot Louis, cabaretier, avenue du Réservoir.
Besancenot veuve, née Diart, rentière, rue Bassano, n. 5.
Besancenot Joseph, prof. de danse et artificier, r. Charrue, 5.
Besancenot Jean-Baptiste, charpentier, rue Magenta.
Besancenot André, propriétaire, rue Saumaise, n. 30.
Besançon Claude, vigneron, aux Echaillons.
Besançon Achille, poseur, rue de la Gare, n. 13.
Besançon Joseph, manouvrier, rue Saumaise, n. 12.
Bessat Pierre, chiffonnier, impasse Audra, n. 12.
Besse Augustin, horloger, rue Guillaume, n. 6.
Besse Mathurin, place Saint-Nicolas, n. 5.
Bessenfelder Louis, serrurier, rue Saint-Philibert, n. 28.
Besserve Antoine, facteur de 1re classe, rue Berbisey, n. 43.
Bessière Etienne, chapelier, rue d'Ahuy, n. 6.
Besson Urbain, marchand de farine, r. Chabot-Charny, 87.
Besson Eugénie Mlle, lingère, rue de la Gare, n. 1.
Besson Paul, ancien sellier, rue de la Prévôté, n. 6.
Bessonnat, directeur du télégraphe, r. de la Préfecture, 53.
Beucher Julien, entr. des petites voitures, r. Guillaume, 4.
Beuchon, march. de toile (mag.), r. du Chapeau-Rouge, 3.
Beuchon François, marchand de toile, r. Guillaume, n. 25.
Beuchon veuve, née Méot, journ., rue Ste-Catherine, n. 56.
Beuchot François, propriétaire, rue des Etioux, n. 10.
Beuchot François, propriétaire, au Fort Yon.

Beuchot Claude, journalier, rue du Gaz, n. 26.
Beuchot Antoine, marchand fruitier, rue Piron, n. 20.
Beuchot Philippe, marchand de charbons, port du Canal, n. 11.
Beuchot veuve, rue Verrerie, n. 42.
Beugnot Denis, cabaretier et épicier, allée des Chartreux, n. 6 bis.
Beurdeley veuve, née Marnin, propriétaire, r. Sambin, 7.
Beurnot Jean, charcutier, rue Saint-Martin, n. 35.
Beurton Jean-Baptiste, agent-voyer, rue d'Ahuy, n. 12.
Beutot Louis, curé de Saint-Pierre, place Saint-Pierre, 6.
Beving Henri, employé, rue de la Préfecture, n. 108.
Beyer Jacques, manouvrier, cour du Quartier, n. 4.
Bézard Pierre, manouvrier, Californie.
Bézard Noël, marchand de grains, rue des Godrans, n. 29.
Bèze Nicolas, fondeur, rue Berbisey, n. 38.
Biaggy Pierre, fumiste, rue Saumaise, n. 63.
Bianchi Jean, potier, rue François-Rude, n. 26.
Biaudet Françoise Mlle, domestique, rue des Tanneries, 14.
Bichely François, ouvrier matelassier, rue Montmuzard, 11.
Bichot Pierre, propriétaire, rue d'Ahuy, n. 9.
Bichot Henri, rue d'Ahuy, n. 9.
Bichot Albéric, avoué, rue du Palais, n. 9.
Bidault Louis, charpentier, rue d'Ahuy, n 16.
Bidaut Lucie Mlle, rue Condé, n. 10.
Bidaux Catherine, rentière, rue Piron, n. 10.
Bideaux relieur, chemin couvert de la Belle-Etoile, n. 19.
Bidet veuve, née François, rentière, rue Bassano, n. 88.
Bidet veuve, née Prost, cordière, place Darcy, n. 3.
Bidet Jenny Mlle, ouvr. en robes, impasse Saint-Michel, 4.
Biehler Rose Mlle, rentière, rue de l'Arquebuse, n. 20.
Bienfait Pierre, aumônier, rue Crébillon, n. 20.
Biffaut Marie Mlle, rentière, rue Buffon, n. 35.
Bigarnet, peintre, rue Magenta.
Bigarnet Claude, peintre, rue Saint-Pierre, n. 10.
Bigolet Claude, professeur de musique, rue Berbisey, n. 82.
Bigolet Jean, cordonnier, rue du Chaignot, n. 14.
Bigollet Adolphe, tailleur de pierre, rue de Longvic.
Bigot Marie Mlle, lingère, rue Cazotte, n. 23.
Bigot Marie Mlle, ouvrière, rue des Godrans, n. 40.
Billamboz Albin, commis-voyageur, rue de la Trémouille, maison Chamard.

Biller Jules, fondeur, rue Saint-Philibert, n. 61.
Billet Félix, professeur, rue des Moulins, n. 8.
Billette Jean-Baptiste, menuisier, rue Montigny, n. 16.
Billette Adèle Mlle, lingère, cour des Frères, n. 1.
Billard veuve, née Maret, orfèvre, rue Rameau, n. 16.
Billiard Charles fils, rue Rameau, n. 16.
Billié Charles, marchand d'étoffes, rue Condé, n. 20.
Billié Antoine, négociant, place d'Armes, n. 10.
Billié veuve, née Bourgeois, journ., rue Chabot-Charny, 72
Billié Claude, ancien concierge, rue du Chaignot, n. 18.
Billiette Remy, entrepr., chem. couv. de la Belle-Etoile, 11.
Billiette Antoine, propriétaire, rue Guillaume-Tell.
Billiette Jean, cantonnier, rue de la Préfecture, n. 7.
Billette Pierre, charpentier, rue de la Prévôté, n. 6.
Billette veuve, journalière, rue Saumaise, n. 10.
Billon Joseph, douanier, rue des Perrières, n. 18.
Billot Jean-Marie, rentier, rue d'Auxonne, n. 2.
Billot Adolphe, grenetier, rue d'Auxonne, p. 13.
Billot Léon, étudiant, rue d'Auxonne, n. 35.
Billot Auguste, épicier, rue Bassano, n. 71.
Billot Marie Mlle, rue Bassano, n. 71.
Billot veuve, née Fricot, cour de la Faïencerie, n. 4.
Billot François, vigneron, Larrey.
Billot François-Hippolyte, grenetier, rue Ste-Marguerite, 1.
Billot Auguste, manouvrier, rue Sambin, n. 23.
Billoux François, sculp. sur ivoire, rue Chabot-Charny, 13.
Billoux Alfred, corroyeur, rue du Gaz, n. 10.
Billoux Louis, contre-maître, rue Montigny, n. 5.
Billy Félix, chapelier, rue de la Préfecture, n. 72.
Billy Jean, manouvrier, rue de Venise.
Biloir, née Brulé, lingère, rue Crébillon, n. 20.
Binet Armand, peintre, rue Berbisey, n. 114.
Binet Antoine, ouvrier serrurier, rue St-Nicolas, n. 106.
Biot Maurice-Claude, propriétaire, rue d'Ahuy, n. 15.
Biot Charles, jardinier, rue d'Auxonne, n. 40.
Biot Jean, garçon de magasin, rue Bossuet, n. 6.
Biot Denis, clerc de notaire, chemin de Corcelles.
Biot Denis, facteur, chemin de Corcelles.
Biot François, tonnelier, petite rue du Château, n. 1.
Birette Jean-Baptiste, cordonnier, rue du Bourg, n. 20.
Birmann Mme, née Renaud, déb. de vin, rue Victor-Dumay.
Bissey veuve, née Magnien, rentière, rue Berbisey, n. 126.

Bissey Claude, employé au télégraphe, rue du Bourg, n. 41
Bissey Cl., homme de peine à l'abattoir, r. Ste-Anne, 16
Bissey Jean-Baptiste, march. de vin, rue Saumaise, n. 11
Bissey, prieur des dominicains, rue Turgot, n. 18
Bitouzet Claude, manouvrier, allées des Chartreux, n. 26
Bitouzet François, cimentier, rue Coupée de Longvic, n. 6
Bitouzet Edme, rentier, propriétaire, rue du Palais, n. 25
Bitouzet, manouvrier, faubourg Rennes, n. 11
Bitouzet Pierre, vivandier, rue Sambin, n. 15
Bitsch Thibaut, tailleur, rue Berbisey, n. 16
Bittmann veuve, née Daizé, ouvrière, rue St-Nicolas, 93
Bizard Marthe Mlle, ouvrière, rue Saint-Nicolas, n. 61
Bizet Joseph, chapelier, rue Sainte-Catherine, n. 17
Bizot Antoine, sellier, rue de l'Arquebuse, n. 2
Bizot Jean, journalier, impasse Audra, n. 1
Bizot Frédéric, propriétaire, rue Chabot-Charny, n. 67
Bizot Jean-Baptiste, vigneron, chemin de Talant, n. 12
Bizot Denis, cafetier, rue Condé, n. 44
Bizot-Salomon Antoine, march. de grains, rue Devosge, 8
Bizot Jacques, fabric. de parapluies, rue des Godrans, 104
Bizot veuve, née Micheland, rue de l'Isle, xx
Bizot Jean, jardinier fleuriste, rue de la Préfecture, n. 66
Bizot Pierre, marchand triper, rue Sainte-Anne, n. 2
Bizot Frédéric, fabricant de casquettes, r. Saint-Bénigne, 2
Bizot Jean-Baptiste, vigneron, rue Saint-Philibert, n. 46
Bizot Sébastien, garçon de magasin, route de St-Seine, 12
Bizot François, ouvrier relieur, rue Saumaise, n. 63
Bizouard veuve, rue d'Assas, n. 23
Bizouard François, marbrier, rue d'Auxonne, n. 18
Bizouard Jean Franç., anc. greffier en chef, r. Franklin, 1
Bizouard, lessiveur, rue de Gray, h. 12
Bizouard Jean-Baptiste, fabricant de balais, r. de Gray, 12
Bizouard Jean-Baptiste fils, rue de Gray, n. 12
Bizouard Jean, journalier, rue Jeannin, n. 63
Bizouard, rentier, rue Longepierre, n. 12
Bizouard veuve, ouvrière, rue Saint-Nicolas, n. 41
Bizouard Antoine, parfumeur, place d'Armes, h. 15
Bizouard veuve, née Laudet, journ., r. de la Préfecture, 80
Bizouard Edouard, gendarme en retraite, rue Proudhon, 5
Bizouard Adrien, route de Lyon, n. 5
Bizouard Emile, graveur, rue Verrerie, n. 4
Blaghy Alexis, vétérinaire, rue Bannelier, n. 9

Blagny Auguste, épicier, rue Bassano, n. 70.
Blairet veuve, née Noirin, rentière, Viaduc de l'Arquebuse.
Blairet Alexandre, vannier, rue de la Manutention, n. 7.
Blaize Léon, chapelier, rue du Chaignot, n. 38.
Blanc veuve, née Grizot, marc. lingère, rue Bassano, n. 84.
Blanc veuve, née Garreau, ouvr., r. du Champ-de-Mars, 1.
Blanc Joseph, docteur-médecin, rue Magdeleine, n. 4.
Blanc veuve, né Trassat, rue Proudhon, n. 20.
Blanc Joseph, employé au chemin de fer, r. Proudhon, 20.
Blanc Gabriel, huissier du tribunal, n. 2.
Blancard veuve, rue Buffon, n. 28.
Blancard Louis, concierge, rue Chabot-Charny, n. 32.
Blancard Honoré, couvreur, rue Roulotte, n. 27.
Blanche Charles, cafetier-cabaretier, rue Audra, n. 13.
Blanchet Claude, manouvrier, à la Californie.
Blanchet veuve, née Michéa, femme de mén., r. Charrue, 5.
Blanchet Célestin, chauffeur, rue Saint-Philibert, n. 25.
Blanchon Hilaire, scieur de long, rue de Venise.
Blanchont Elisabeth, sans profession, rue des Godrans, 10.
Blanchot Frédéric, insp. au chem. de fer, rue d'Ahuy, n. 5.
Blandin Joanne, caissier, rue Chabot-Charny, n. 77.
Blandin Juliette, ouvrière, rue des Forges, n. 60.
Blandin Pierre, propriétaire, rue Guyton-Morveau, n 5
Blandin veuve, née Lecuyet, rentière, rue de la Prévôté, 7.
Blandin veuve, née Schmit, rentière, rue du Tillot, n. 12.
Blangey veuve, née Grenot, ouvr., rue de la Préfecture, 60.
Blavier Eugène, confiseur, rue de la Manutention, n. 12.
Blavot, compositeur d'imprimerie, rue du Bourg, n. 21.
Blavot Joachim, journalier, rue Berbisey, n. 77.
Blavot veuve, née Guillemin, rue Chabot-Charny, n. 1.
Blazer, menuisier, rue de la Préfecture, n. 112.
Blekinger veuve, née Bouquet, ruelle Sambin.
Blic (de) Emmanuel, propriétaire, rue Vannerie, n. 41.
Bligny Georges, manouvrier, rue Vaillant, n. 17.
Blin Jules, marchand de grains, rue Victor-Dumay, n. 24.
Bloc Isaac, tailleur, rue Berbisey, n. 48.
Bloc Isaac, bimblotier, rue Musette, n. 27.
Blocaille J.-B., colonel de gendarmerie en ret., r. du Gaz, 5.
Blocaille Erasme, contr. des contrib. dir., r. St-Pierre, 58.
Blocc Neman, revendeur, rue Brulard, n. 2.
Block veuve, née Mayer, marc. colport., rue Berbisey, 58.
Block Samuel, marchand d'étoffes, rue du Bourg, n. 41.

Bloctet Louis, à l'équipe, rue Richelieu, n. 9.
Blonde Pierre, jardinier-horticulteur, boulev. des Roses, 9.
Blondeau Jean, tourneur, rue d'Ahuy, n. 11.
Blondeau Joseph, tisserand, rue Berbisey, n. 95.
Blondeau Alexis, docteur médecin, rue Buffon, n. 21.
Blondeau Pierre, voiturier, Californie.
Blondeau veuve, cordonnière, rue Dauphine, n. 17.
Blondeau Claude, propriétaire, rue du Petit-Potet, n. 1.
Blondeau Célestin, propriétaire, route d'Auxonne, n. 72.
Blondeau veuve, née Guenyot, propriétaire, r. St-Pierre, 33.
Blondel Henri, notaire, rue Chabot-Charny, n. 32.
Blondel Louis, étudiant, rue Chabot-Charny, n. 32.
Blondel veuve, née Bertrand, propr., rue Musette, 1 *bis*.
Blondel veuve, née Magdeleine, rentière, r. Saumaise, 35.
Blondel Pierre, manouvrier, rue Derrière-les-Tanneries, 4.
Blot Gustave, fripier, rue Chaudronnerie, n. 9.
Blouctet Auguste, chauffeur, rue des Etioux, n. 30.
Blum Moïse, marchand fripier, rue Berbisey, n. 52.
Blum veuve, née Abraham, marchande, cour Bourberain, 2.
Blum Moïse, marc. de vins en gros, r. de l'Ecole-de-Droit, 2.
Blum Marx, pédicure, rue Musette, n. 54.
Bochot Jean-Baptiste, cordon., rue du Champ-de-Mars, 2.
Bochot François, cafetier, rue Guillaume, n. 8.
Bochot, veuve Pellerin Marie, blanch., rue Magdeleine, 3.
Bochot Charles, ouvrier cordonnier, rue Sambin, n. 23.
Bocquenet Sébastien, propriétaire, rue d'Auxonne, n. 49.
Bocquenet Martin, scieur de long, rue Saint-Nicolas, n. 66.
Bocquet Jean-Baptiste, vigneron, cour de la Faïencerie, 6.
Bocquet Charles, voiturier, port du Canal, n. 15.
Bocquet Mme, march. de volailles, r. de la Préfecture, 110.
Bocquet veuve, laveuse, rue Saint-Nicolas, n. 16.
Bocquet Jean-Baptiste, vigneron, rue Saint-Philibert, 6.
Bodin Bernard, menuisier, rue Berbisey, n. 71.
Bodinet, scieur de long, rue de Gray, n. 12.
Bodinot Jean-Baptiste, cocher, rue Guillaume, n. 66.
Bodognet François, cabaretier, rue Devant-les-Halles, n. 1.
Bœuf veuve, née Maret, blanchisseuse, rue Bassano, n. 54.
Bœuf Hugues, cordonnier, rue de Longvic, n. 23.
Bœuf Nicolas Mlle, modiste, rue Sainte-Anne, n. 32.
Boibe Albine (de) Mlle, lingère, rue Turgot, n. 16.
Boichard, forgeron, rue Sainte-Marguerite, n. 39.
Boichot, cond. des ponts et chaussées, cour du Parc, n. 1.

Boigey Jean-Baptiste, comptable, rue des Godrans, n. 76.
Boileau Jacques, sabotier, rue Saint-Philibert, n. 36.
Boillot Antoine, étudiant, rue Saint-Nicolas, n. 64.
Boilon Mme, née Garaudet, ouvrière, rue Notre-Dame, 30.
Boilot Jean-Baptiste, homme d'équipe, rue d'Ahuy, n. 15.
Boin veuve, née Bizouard, rentière, rue du Mouton, n. 5.
Boirin Claude, charpentier, rue Saint-Philibert, n. 44.
Boissard veuve, née Parigot, propriétaire, r. Berbisey, 24.
Boissard Jean-Baptiste, distillateur, rue Devosge, n. 10.
Boissard Denise, journalière, rue Dubois, n. 8.
Boissard Edmond, conseiller à la cour, r. Notre-Dame, 8.
Boisseau, jardinier, chemin d'Ahuy.
Boisseau Félix, marc. de grains, rue Chabot-Charny, n. 68.
Boisseau Françoise, rentière, rue des Novices, n. 26.
Boisseau Jacques, propriétaire, rue des Perrières, n. 6.
Boisseau-Juliot Jacq., port. de cont., r. de la Préfecture, 108.
Boisseau Joseph, charron, faubourg Rennes, n. 19.
Boisseau veuve, née Barbette, journal., r. Ste-Catherine, 20.
Boisseau Pierre, jardinier, rue Sainte-Catherine, n. 20.
Boisseau Emiland, jardinier, rue Sainte-Marguerite, 18.
Boisseau Jacques fils, rue Sainte-Marguerite, n. 18.
Boisseau Auguste fils, rue Sainte-Marguerite, n. 18.
Boisseau veuve, née Talbot, logeuse, r. de Montmuzard, 5.
Boisseaux François, chef de trains, place du Morimont, 7.
Boisselier Alexandre, marc. de vins en gros, r. Richelieu, 12.
Boisselin Henri, cloutier, rue de Pouilly, n. 31.
Boisselot Jeanne, journalier, rue Chabot-Charny, n. 4.
Boisserand Jules, tanneur, rue de l'Ile, n. 7.
Boissière Pierre, chapelier, ruelle d'Ahuy, n. 4.
Boissière Paul, tonnelier, rue Docteur-Maret, n. 6.
Boissière veuve, née Choiso, journ., r. Ste-Catherine, n. 20.
Boissière Louise Mlle, ouvrière, rue Vannerie, n. 3.
Boisson Auguste, homme d'équipe, rue Guillaume, n. 20.
Boisson Pierrette Mlle, ouvrière, rue Odebert, n. 22.
Boissondy (de), secrét. part. du préfet, r. de la Préfecture, 40.
Boiteux Auguste, manouvrier, rue du Chaignot, n. 13.
Boiteux Joseph, charcutier, rue Guillaume, n. 6.
Boiteux François, lessiveur, rue de l'Hôpital, n. 3.
Boiteux veuve, rentière, petite rue de la Monnaie, n. 1.
Boiteux Jacques, épinglier, rue des Novices, n. 16.
Boiteux Jean, à l'équipe, rue Richelieu, n. 6.
Boitier Auguste, anc. cafetier, pl. St-Jean (pied-à-terre), 13.

Boitouzet Anne Mme, femme de confiance, r. St-Pierre, 26.
Boituzet Louis, ébéniste, rue d'Auxonne, n. 14.
Boituzet veuve, née Stègre, ouvrière, rue Dubois, n. 8.
Boituzet Lucien, greffier, rue Saint-Pierre, n. 17.
Boivaut Louis, comptable, rue d'Auxonne, n. 35.
Boiveau Pierre, journalier, rue du Chinois.
Boiveau Louis, journalier, rue des Moulins, n. 50.
Boiveaut Jean, rentier, rue Bassano, n. 29.
Boiveau Louis, manouvrier, cour de la Faïencerie, n. 4.
Bolarou Victor, tailleur, rue Bassano, n. 7.
Bollenat veuve, née Dechaux, propr., r. Amiral-Roussin, 48.
Bollenot, tonnelier, rue Magenta.
Bollenot veuve, née Clémendot Barbe, rent., pl. d'Armes, 16.
Bolletet Emile, rue Roulotte, n. 8.
Bolletet veuve, née Boisseau, rue Roulotte, n. 16.
Bolletet Philibert, ébéniste, rue Roulotte, n. 16.
Bolletet Etienne, marchand de terrerie, rue Roulotte, 8.
Bolletet Antoine-Bernard fils, rue Roulotte, n. 8.
Bolletet Antoine, menuisier, rue Vannerie, n. 42 *bis*.
Bollot Joseph, vigneron, rue Berbisey, n. 71.
Bollotte Jean-Baptiste, mécanicien, rue du Bourg, n. 21.
Bollotte Jacques, menuisier, rue Guillaume, n. 25.
Bollotte veuve, née Gottsching, rentière, rue Odebert, 20.
Bollotte Nicolas, lithographe, rue Richelieu, n. 11.
Bollotte Léon, employé, rue Saint Nicolas, n. 111.
Bollotte Louis Mlle, ouvrière, rue Verrerie, n. 21.
Bollotte veuve, née Couturier, ouvrière, r. Verrerie, n. 21.
Bolot Louis, empl. des Contrib. ind., rue St-Pierre, n. 41.
Bolot Louis, journalier, pont des Tanneries, n. 6.
Bolotte veuve, née Carnet, journalière, rue Berbisey, n. 47.
Bolu Jean-Baptiste, docteur-médecin, rue Verrerie, n. 41.
Bomann Philippe, march. de pelleterie, rue Bossuet, n. 29.
Bomann Adolphe, associé à M. Billié, rue Bossuet, n. 29.
Bombonnel Charles, propriétaire, r. de la Préfecture, 55.
Bon Pierre, élève en médecine, rue Berbisey, n. 6.
Bon Justin, chauffeur, rue Piron, n. 16.
Bonamour François-Hyacinthe, rue Roulotte, n. 17.
Bonamy veuve, née Lerat, rue Sainte-Catherine, n. 12.
Bonbois Célestin, imprimeur, rue Saint-Philibert, n. 12.
Bondair veuve, née Minard, propr., r. Chabot-Charny, 30.
Bondonna Mme, née Boulanger, femme de ménage, rue de
 la Manutention, n. 7.

Bondonnier Agathe Mlle, domestique, rue du Mouton, 19.
Bondonnier Anne Mlle, loueuse, rue de la Préfecture, 89.
Bonhomme Jean, receveur d'octroi, à l'abattoir.
Bonniard Jean-Baptiste, manouvrier, rue Bassano, n. 58.
Bonniard Marie Mlle, couturière, rue Dauphine, n. 6.
Bonin Claude, à l'équipe, cour de la Grenouille, n. 1.
Bonin Marie Mlle, rentière, rue des Forges, n. 31.
Bonnaire Antoine, charron, clos Leverne.
Bonnaire Paul, cordonnier, rue Crébillon, n. 31.
Bonamas Lucien, emp. des contrib. dir., rue Jeannin, 30.
Bonnamour Claude, rue Roulotte, n. 10.
Bonnard Pierre, grenetier, rue d'Assas, n. 10.
Bonnard, journalier, rue Berbisey, n. 45.
Bonnard, cordonnier, Californie.
Bonnard Frédéric, horloger, rue Condé, n. 34.
Bonnard veuve, rentière, rue Dubois, n. 6.
Bonnard veuve, née Monot, épicière, r. Ste-Catherine, 38.
Bonnard veuve, rentière, rue Vannerie, n. 49.
Bonnard Pierre, charcutier, rue Vannerie, n. 90.
Bonnard Etienne, mouleur en fonte, r. de l'Arquebuse, 9.
Bonnard veuve, née Barruet, femme de mén., r. Bassano, 70.
Bonnarde Etienne, vigneron, port du Canal, n. 13.
Bonnardin Antoine, rentier, rue d'Auxonne, n. 69.
Bonnardin François, compos. d'impr., rue des Etio..., 22.
Bonnardot veuve, rue d'Ahuy, n. 20.
Bonnardot Léon, homme d'équipe, r. de l'Arquebuse, n. 3.
Bonnardot Philippe, marchand linger, rue du Bourg, n. 34.
Bonnardot Eugène, forgeron, rue Dauphine, n. 10.
Bonne Anne, rentière, rue des Godrans, n. 98.
Bonnefoy Jean-Baptiste, journalier, r. des Moulins, 19 *bis*.
Bonnemain veuve, sage-femme, rue Notre-Dame, n. 24.
Bonnemain veuve Delavaux, journal., r. St-Nicolas, n. 78.
Bonnemain Jean-Baptiste, scieur de bois, r. St-Nicolas, 78.
Bonnerot Jules, maçon, rue d'Ahuy, n. 14 *ter*.
Bonnery Jean, charpentier, ch. couv. de la Belle-Etoile, 30.
Bonnet Alexandre, menuisier, rue d'Auxonne, n. 44.
Bonnet veuve Anne, rue d'Auxonne, n. 44.
Bonnet Philippe, journalier, rue Berbisey, n. 66.
Bonnet Pierre, propriétaire, rue Buffon, n. 1.
Bonnet, manouv. à l'abat, pet. r. des Poussots (Californie).
Bonnet veuve, née Perreau, rue Chaudronnerie, n. 15.
Bonnet Abel, propriétaire, rue Condé, n. 51.

Bonnet, manouvrier, rue des Godrans, n. 50.
Bonnet Jean-Baptiste, ébéniste, rue de Longvic, n. 23.
Bonnet Claude, domestique, rue Magenta, n. 19.
Bonnet François, corroyeur, rue du Mouton, n. 3 *ter*.
Bonnet Claude, facteur de ville, rue Notre-Dame, n. 8.
Bonnet veuve, rentière, rue du Palais, n. 6.
Bonnet Joseph, voiturier, port du Canal, n. 3.
Bonnet Pierre, manouvrier, port du Canal, n. 8.
Bonnet Alexandre, port du Canal, n. 15.
Bonnet Firmin, march. de vins en gros, rue Saumaise, 65.
Bonnet Marie Mlle, ouvrière, rue Vannerie, n. 72.
Bonin, sabotier, allée de la Retraite, n. 10.
Bonin Claude, sabotier, rue d'Auxonne, n. 35.
Bonnivard Antoine, cordonnier, rue Chaudronnerie, n. 38.
Bonnot Honoré, ancien messager, r. de l'Arquebûse, n. 18.
Bonnot Jules, liquoriste, rue de l'Arquebuse, n. 18.
Bonnot Pierrette Mlle, rue des Moulins, n. 4.
Bonnot Claude, chaudronnier, rue des Moulins, n. 19.
Bonnot Antoine, charpentier, rue du Mouton, n. 23.
Bonnotte Nicolas, rentier, rue du Bourg, n. 16.
Bonnotte veuve, née Mosson, rentière, rue Audra, n. 6.
Bonnotte Claude, marchand de grains, rue Audra, n. 6.
Bonnotte Emile, jardinier, route de Plombières.
Bonnotte Auguste, tonnelier, rue Sainte-Anne, n. 6.
Bonnotte Claude, propriétaire, rue Vannerie, n. 96.
Bonnouvrier Edouard, agent d'assurances, rue d'Assas, 28.
Bonot Jules, commis voyageur, rue des Godrans, n. 30.
Bonot Pierrette, rue Vannerie, n. 42.
Bontemps Antoine, fact. à la poste, r. Chaudronnerie, 54.
Bontemps Claude, cond. des ponts et ch., rue Devosge, 49.
Bontemps Philippe, tailleur de pierres, rue Dubois, n. 1.
Bontemps de Saint-Cernin Janny Mlle (de), rentière, rue
    Saint-Bénigne, n. 15.
Bontemps de Saint-Cernin (de), rentier, rue Saint-Bé-
    nigne, n. 15.
Bonvalet Charles, jardinier, rue Sainte-Catherine, n. 14.
Bonvalet François, rue Sainte-Catherine, n. 14.
Bonvalet Joseph, march. de meubles, rue Verrerie, n. 13.
Bonvalot Auguste, ingénieur-opticien, place Saint-Jean,
    n. 1.
Bonvalot Claude, journalier, route de Longvic.
Bonvalot Pierre, loueur en garni, rue Saint-Pierre, n. 22.

Bonvoisin, serrurier, rue de la Trémouille.
Bony Françoise Mlle, blanchisseuse, rue Berbisey, n. 39.
Bony Jeanne Mlle, lingère, rue Bossuet, n. 4.
Bony Pierre, ébéniste, rue Dauphine, n. 5.
Bony César, contre-maître, rue Devosge, n. 27.
Bony veuve, née Vernisy, ouvrière, r. de la Préfecture, 85.
Bordas Nicolas, maçon, Californie.
Bordat Anne Mlle, ouvrière, rue Buffon, n. 35.
Borde veuve, née Blairet, rempailleuse, rue Charrue, n. 10.
Borde Balthazar, vannier, rue Charrue, n. 10.
Borde Auguste, fabricant de voitures, rue des Moulins, 42.
Borde Gustave, sellier, rue des Moulins, n. 42.
Borde veuve, née Munia, rentière, rue des Novices, n. 3.
Bordenet Auguste, mécanicien, rue de la Gare, n. 1.
Borderel Jean-Baptiste, cap. en retr., rue de Longvic, 54.
Bordet Françoise, rentière, rue Bassano, n. 12.
Bordet Laurent, carrier, rue Bossuet, n. 9.
Bordet Bernard, conducteur, chemin de Talant, n. 2.
Bordet J., garde-magas. des pompes à incend., r. Condé, 55.
Bordet Jules, distillateur, rue de la Gare, n. 7.
Bordet Michel, rentier, rue de la Gare, n. 7.
Bordet François, distillateur, rue de la Gare, n. 7.
Bordet Christine, rentière, rue du Petit-Potet, n. 23.
Bordet, géomètre, rue de la Préfecture, n. 48.
Bordet François, cafetier, rue de la Prévôté, n. 9.
Bordet Jacques, caserne de passage, rue de la Prévôté, 9.
Bordeux Claude, mach. de bétail, pont des Tanneries, 10.
Bordis Marie Mlle, brodeuse, rue du Tillot, n. 10.
Bordis Emélie Mlle, brodeuse, rue du Tillot, n. 10.
Boré Léon, prof. à la Faculté des lettres, r. Ch.-Charny, 66.
Boré Eugène, rue Chabot-Charny, n. 66.
Borel Joseph, grenetier, rue du Lacet, n. 3.
Borel Edmond, sous-chef d'équipe, rue de la Gare, n. 12.
Boritte veuve, née Vincent, confectionn., r. Bossuet, n. 25.
Borne François, chauffeur, rue de l'Arquebuse, n. 5.
Borne Jeanne Mlle, rentière, rue Bassano, n. 7.
Borne veuve, née Chalochet, rue Berbisey, n. 37.
Borne, quincailler, rue de la Colombière, 1 (pied-à-terre).
Borne Gustave fils, quincailler, rue Verrerie, n. 1.
Borne Jean-Baptiste, quincailler, rue Verrerie, n. 1.
Bornet Christine Mlle, ouvrière, rue Chabot-Charny, n. 23.
Bornette Philippe, employé, rue Saint-Nicolas, n. 105.

Bornette veuve, née Rolland, rue Vannerie, n. 25.
Bornier Jean, directeur d'assurances, rue Bassano, n. 50.
Bornier Nicolas, marchand mercier et débitant de tabacs, rue Bassano, n. 38.
Bornier Emile, homme d'équipe, rue Bergère, n. 12.
Bornier Charles, cabaretier, rue Chabot-Charny, n. 68.
Bornier, cartonnier, rue de Clairvaux, n. 10.
Bornier Pierre, homme d'équipe, rue Crébillon, n. 4.
Bornier, fabricant d'eau gazeuse, rue du Gaz, n. 2.
Bornier Etienne, cabaretier, rue des Godrans, n. 2.
Bornier François, cordonnier, rue Guillaume, n. 11.
Bornier Louis, armurier, rue Guillaume, n. 71.
Bornier Denis, fabricant de chocolat, rue Guillaume, n. 67.
Bornier Claude, vigneron, rue de Longvic, n. 35.
Bornier Claude, ouvrier, rue de la Préfecture, n. 69.
Bornier Ant., commis-gref. au Trib. civil, r. Proudhon, 20.
Bornier Claude, employé au Greffe, rue Proudhon, n. 20.
Bornier Jean-Baptiste, conducteur, rue St-Nicolas, n. 51.
Bornier Jean-Baptiste, menuisier, rue du Tillot, n. 5.
Bornier Paul, cordonnier, rue de la Trémouille, n. 5.
Bornier, huissier, rue Vannerie, n. 55.
Bornot Henri, forgeron, rue d'Auxonne, n. 18.
Bornot Claude, journalier, Californie.
Bornot Jean-Baptiste, manouvrier, route de Montmuzard.
Borot Armande Mlle, propriétaire, rue Jeannin, n. 19.
Borot Hélène Mlle, propriétaire, rue Jeannin, n. 19.
Borthon Armand, propriétaire, rue Chabot-Charny, n. 26.
Bosavelier, tonnelier, rue Docteur-Maret, n. 8.
Bosc Louis, comptable, rue de l'hopital, n. 1.
Bosc veuve, née Despérousse, rentière, rue Longepierre, 12.
Bosson veuve, née Boulanger, journalière, r. Roulotte, 16.
Bossu veuve, femme de ménage, cour de la Grenouille, 5.
Bossu Nicolas, serrurier, rue du Mouton, n. 17.
Bossu Marguerite Mlle, dévideuse de laine, r. Musette, 21.
Bossu Albert, horloger, rue Rameau, n. 4.
Bossu veuve, journalière, rue Saint-Nicolas, n. 10.
Bossu Philippe, anc. ébéniste, cour de la Faïencerie, n. 14.
Bosshard Henri, fondeur mécanicien, rue de la Gare, 17.
Bosquelet François, ouv. boulanger, r. de la Préfecture, 59.
Bosquelet François, rentier, rue Sambin, n. 8.
Bottain Toussaint, scieur de long, r. des Tanneries, n. 8.
Bouaut Antoine, cordonnier, impasse Audra, n. 13.

Bouault Edouard, employé à l'Abeille, r. de Suzon, n. 1.
Boucauts François, rue Saint-Nicolas, n. 34.
Bouchard Claude, propriétaire, allée de la Retraite, n. 10.
Bouchard Claude, cordonnier, rue Audra, n. 6.
Bouchard Philibert, rentier. Californie.
Bouchard Bénigne, concierge, rue de l'Ecole-de-Droit, 7.
Bouchard Antoine, garde-magasin, rue de l'Ile, n. 4.
Bouchard Henri, employé, rue du Lacet, n. 3.
Bouchard Jean, journalier, rue de la Manutention, n. 5.
Bouchard Jules, chapelier, rue de Montmuzard, n. 7.
Bouchard veuve, née Roy, propriétaire, pl. St-Pierre, n. 4.
Bouchard veuve, née David, rentière, r. de la Préfecture, 60.
Bouchard Jeanne Mlle, anc. domestique, r. Proudhon, 19.
Bouchard Jean, voiturier par eau, route de Lyon, n. 3.
Bouchard Louis, manouvrier, rue Ste-Marguerite, n. 14.
Bouchard, tailleur de pierres, rue Saumaise, n. 30.
Bouchard Jean, mégissier, pont des Tanneries, n. 6 bis.
Bouché Claude, nettoyeur, rue Berbisey, n. 60.
Bouché Léon, propriétaire, rue Mably, n. 2.
Bouché Eugène, greffier à la prison militaire, r. Piron, 15.
Boucher Urbain, docteur-médecin, rue Bassano, n. 1.
Boucher Honoré, concierge, rue Berbisey, n. 33.
Boucher Jean-Baptiste, déb. de tabac, r. Berbisey, n. 24.
Boucher Armand, rentier, rue du Chaignot, n. 3.
Boucher Bernard, receveur en retraite, rue de Gray, n. 8.
Boucher Mme, née Chalon, ouv. en robes, pl. Darcy, n. 3.
Boucher Victor, peintre, rue de la Préfecture, n. 60.
Boucher Henri fils, rue de la Préfecture, n. 60.
Bouchet Antoine, anc. voiturier, rue du Chinois.
Bouchet veuve, femme de ménage, r. de l'Arquebuse, n. 5.
Bouchet Hippolyte, tailleur, rue Cazotte, n. 6.
Bouchot Nic., ag. de police, r. des Nantillières, Californie.
Bouchot Claudine Mlle, rentière, r. Madeleine n. 5.
Bouchoux, veuve Biétry, rentière, cours du Parc, n. 19.
Bouchy Justin, répar. de parapluies, rue Devant-les-Halles.
Bourceret veuve, née Douhin, rentière, r. St-Nicolas, 74.
Boudain J.-B., march. de bois, r. de la Manutention, 11.
Boudair Ph., anc. prof. à l'Ec. des Beaux-Arts, r. Jeannin, 30.
Boudair Catherine Mlle, blanchisseuse, r. Verrerie, n. 21.
Boudal Gabriel, scieur de long, allée des Chartreux, n. 16.
Boudier Aubin, perruquier, rue Berbisey, n. 49.
Boudier veuve, née Barra, femme de ménage. r. Menneval, 7.

Boudier Pierre, anc. receveur, r. des Perrières, n. 3 *bis*.
Boudier Louis, journalier, port du Canal, n. 7.
Boudier Théodore, rue Roulotte, n. 18.
Boudier, veuve Lechenot, journalière, rue Vannerie, n. 20.
Boudrot veuve, née Blancard, rue Buffon, n. 28.
Boudrot François, maçon, rue Charrue, n. 1.
Boudrot Charles, poêlier, chem. couv. de la Belle-Etoile.
Boudrot Charles fils, chemin couvert de la Belle-Etoile.
Boudrot Jacques, propriétaire, chemin de Talant, n. 29.
Boudrot, veuve Lefin, rentière, rue du Petit-Potet, n. 28.
Boudrot Pauline Mlle, sous-directrice de la salle d'asile, rue Turgot, n. 1.
Bouellat Joseph, brigadier des douanes, rue du Mouton, 3.
Bougaud François, mécanicien, port du Canal, n. 4.
Bougaut veuve, née Pidancet, grenet., port du Canal, 16.
Bougeault Edouard, empl. au chem. de fer, imp. Audra, 11.
Bougenot Jean-Baptiste, manouvrier, rue Bassano, n. 54.
Bougenot Bénig., ex-agent de police, cour du Quartier, 8.
Bougenot Louis, garde champêtre, aux Echaillons.
Bougenot Louis, ancien coiffeur, rue Guillaume, n. 38.
Bougenot J.-B., receveur d'octroi, rue de Longvic, n. 51.
Bougueleret Jean-Baptiste, man., allée de la Retraite, n. 9.
Bougueleret Michel, ouv. fabric. de bisc., r. St-Nicolas, 37.
Bougueleret Anna Mlle, ouvrière, rue du Tribunal, n. 1.
Bouguet Jean, manouvrier, rue Dauphine, n. 11.
Bouhaut Anne Mlle, marchande d'étoffes, r. du Bourg, 30.
Bouhier Jean, march. de fer, rue Chaudronnerie, n. 3.
Bouhier Jean, journalier, rue des Godrans, n. 10.
Bouhier veuve, née Gallier, rentière, rue du Tribunal, 2.
Bouhey Jean, marchand de chiffons, port du Canal, n. 8.
Bouhey Jean-Baptiste, march. de chiff., port du Canal, 8.
Bouhey Louis, sacristain, rue du Vieux-Collège, n. 8.
Bouhin Antoine, serrurier, chemin de Talant.
Bouhin Bernard, cultivateur, rue de Gray, n. 27.
Bouhin Louis, chauffeur, cour de la Grenouille, n. 4.
Bouhin Paul, charron, rue de la Manutention, n. 9.
Bouhin François, professeur d'écriture, r. St-Nicolas. 35.
Bouhin Philibert, poseur, rue Saint-Philibert, n. 5.
Bouhin Paul, à l'équipe, rue Saint-Philibert, n. 36.
Bouhin Jeanne, femme de ménage, rue des Tanneries, 4.
Bouhot Etienne, garçon jardinier, Californie.
Bouhot Elisa Mlle, ouvrière, rue Chabot-Charny, n. 76.

Bouhot veuve, née Laligant, rent., rue Guyton-Morveau, 5.
Bouhot Claude, brig. facteur, el. Morin, r. de Montmuzard.
Bouhot veuve, née Delile, fem. de mén.,r. Notre-Dame, 16.
Bouillet Jean, facteur des postes, rue d'Auxonne, n. 55.
Bouillet Toussaint, propriétaire, rue Devosge, n. 47.
Bouillot Pierre, cocher. grenetier, rue Notre-Dame, n. 26.
Bouillotte Claude, cond. de voitures, rue du Château, 7.
Bouilly Auguste. chaudronnier, rue des Etioux. n. 17.
Bouin Louis, ajusteur. rue d'Ahuy, n. 12.
Boujard Jean, retraité, rue des Perrières, n. 4.
Boulanger Louis. cond. des ponts et ch., rue Audra, n. 8.
Boulanger Joseph, doreur, rue d'Auxonne, n. 71.
Boulé veuve, rentière, rue d'Ahuy, n. 15.
Boulée Anne Mlle, rentière, rue Amiral-Roussin, n. 17.
Boulée Louis, propriétaire, rue Chaudronnerie, n. 14.
Boulée François, ancien serrurier, rue Dauphine, n. 15.
Boulée Nicolas, rentier, rue des Godrans, n. 8.
Boulée François, jardinier, rue Magenta, n. 19.
Boulée, prof., r. des Marmuzots (Perrières), (pied-à-terre).
Boulet Colette Mlle, couturière, rue du Bourg, n. 17.
Boulet Jean, employé d'octroi, rue Vannerie, n. 59.
Bouley Charles, serrurier, entrepreneur, r. des Perrières, 6.
Bouley Jean, jardinier, route de Plombières.
Bouley Jean-Baptiste, peintre, rue Sainte-Catherine, n. 17.
Bourlier veuve, née Guilbert, propr., rue des Godrans, n. 7.
Boulitrop veuve, rentière, rue Odebert, n. 4.
Boullée Didier, coiffeur, rue Bassano, n. 25.
Boullée Jacques, rentier, place du Morimont, n. 2.
Boullier Alfred, représ. de commerce, rue Berbisey, n. 40.
Boulmet Henri, curé de Saint-Jean, rue des Novices, n. 6.
Boulmier Pierre, ouvrier relieur, rue des Godrans, n. 78.
Bouquet veuve, née Gérard, rentière, Cours-Fleury, n. 6.
Bourasset, journalier, rue du Mouton, n. 3 *bis*.
Bourasset Charles, mécanicien, rempart du Château, n. 2.
Bourbier Pierre, chaudronnier, impasse Audra, n. 12.
Bourceret Achille, rue du Chapeau-Rouge, n. 12.
Bourceret veuve, propriétaire, rue du Palais, n. 5.
Bourcherot François, doreur sur tranche, rue de Gray, 27.
Bourdet veuve, née Vallot, femme de mén.,r. Berbisey, 110.
Bourdet Jean-Baptiste, aiguilleur, rue de l'Hôpital, n. 29.
Bourdery Louis-Joseph, charpentier, rue Jeannin, n. 58.
Bourdery Louis-Joseph fils, rue Vaillant, n. 17.

Bourdier V^e, née Gagnard, rent., r. de la Préfecture, 112.
Bourdier Ant., vicaire à St-Michel, r. du Vieux-Collége, 5.
Bourdier Antoine, rentier, rue du Vieux-Collége, n. 5.
Bourdon Pierre, corroyeur, rue du Bourg, n. 54.
Bourdon Nicolas, scieur de long, rue Magenta.
Bourdot François, journalier, rue des Forges, n. 26.
Bourdot Jean, voiturier, rue des Ormeaux, n. 7.
Bourret veuve, née Laborey, propr., r. des Novices, n. 12.
Bouret Ant., vigneron, rue Derrière-les-Tanneries, n. 6.
Bourret Pierre, vigneron, r. Derrières-les-Tanneries, n. 9.
Bourelle veuve, rentière, rue Sambin, n. 6.
Bourgeois veuve, née Gille, rentière, rue Berbisey, n. 6.
Bourgeois Alexandre, sellier, rue Berbisey, n. 106.
Bourgeois Louis, ébéniste, rue Cazotte, n. 7.
Bourgeois Charles, facteur de journaux, r. de Clairvaux, 3.
Bourgeois Auguste, s.-chef de traction, r. de la Gare, 20.
Bourgeois François, domestique, rue de Montmuzard, n. 3.
Bourgeois Pierre, rentier, rue des Perrières, n. 14.
Bourgeois Victor, mécanicien, rue des Perrières, n. 14.
Bourgeois Alexandre, mécanicien, rue des Perrières, n. 14.
Bourgeois Franç., fabric. de pain d'épices, rue Piron, n. 34.
Bourgeois Etienne, marbrier, rue de la Prévôté, n. 4.
Bourgeon Pierre, liquoriste, allée de la Retraite, n. 1.
Bourgeon fils, allée de la Retraite, n. 1.
Bourgeon Jean-Baptiste, rentier, rue Bossuet, n. 10.
Bourgeon Victor, professeur, rue du Palais, n. 2.
Bourgeot François, marchand de bois, rue Dauphine, 14.
Bourgeot Reine Mlle, journalière, rue des Godrans, n. 16.
Bourgeot Pierre, cond. de trains, pl. du Morimont, n. 1.
Bourgeot Sébastien, jardinier, rue des Moulins, n. 50.
Bourgeot Jules, mégissier, rue du Petit-Cîteaux.
Bourgeot Jean-Baptiste, journalier, route de Lyon, n. 6.
Bourgogne Charles, marchand poêlier, rue Jeannin, n. 58.
Bourgogne Charles, grenetier, rue des Perrières, n. 16.
Bourgogne Charles fils, rue des Perrières, n. 16.
Bourgogne Jean-Baptiste, avocat, rue Saint-Nicolas, n. 102.
Bourguignon veuve, rentière, rue Amiral-Roussin, n. 19.
Bourlier Jean-Baptiste, chapelier, rue de Clairvaux, n. 3.
Bourlier J.-B., empl. compt. au ch. de fer, rue Magenta.
Bourlier Ch., entr. des vivres milit., rue Bannelier, n. 2.
Bourrelier Antoine, propriétaire, rue Jeannin, n. 40.
Bourrelier Eulalie Mlle, lingère, rue des Tanneries, n. 23.

Bourrey, facteur, rue Vannerie, n. 59.
Bourrier François, scieur de long, route de Mirande.
Bourrier Pierre, manouvrier, rue Sainte-Marguerite, n. 20.
Bourriot veuve, née Meilleure, propr., rue St-Nicolas, 102.
Bourru Joseph, cabaretier, rue du Bourg, n. 45.
Boursey Simon, garçon de magasin, r. des Perrières, n. 5.
Boursot Claudine, rentière, rue du Morimont, n. 2.
Boursot Pierre, rentier, rue du Morimont, n. 2.
Boursot Marie Mlle, couturière, rue Saint-Pierre, n. 39.
Boursot Claude, commissionnaire, rue Turgot, n. 8.
Boussard Claude, tripier, rue du Bourg, n. 62.
Boussard veuve, née Michaud, ouvrière, rue des Forges, 34.
Boussard Louis, boucher, rue du Morimont, n. 1.
Boussard Simon, cond. chef, rue Saint-Philibert, n. 42.
Boussenard Auguste, chef. de bat. en ret., pl. St-Michel, 2.
Boussenard Louis fils, place Saint-Michel, n. 2.
Boussey Jean-Baptiste, manouvrier, rue Berbisey, n. 19.
Boussey Joseph, propriétaire, rue de la Préfecture, n. 41.
Boussey Gaston fils, étudiant, rue de la Préfecture, n. 41.
Boussey Raoul fils, rue de la Préfecture, n. 41.
Boussey veuve, née d'Arbaumont, propriétaire, rue du
  Vieux-Collége, n. 4.
Bouteille Joseph, chapelier, grenetier, r. Devosge, 54 *bis*.
Bouteiller Marguerite Mlle, couturière, rue du Chaignot, 7.
Bouteloup Mme, née Boulée, fem. de mén., r. du Bourg, 48.
Bouteloup veuve, rue Verrerie, n. 33.
Bouteloup Louise Mlle, ouvrière, rue Verrerie, n. 31.
Boutet Bernard, serrurier, rue Dauphine, n. 2.
Boutet Charles, march. de parapluies, rue des Forges, 25.
Boutinon Louis, typographe, rue Quantin, n. 22.
Boutreux veuve, née Reverchon, propr., rue Vannerie, 19.
Bouttelin Mathieu, peintre en bât., rue Bassano, n. 94.
Bouvard Phil. Mlle, loueuse en garni, r. des Moulins, 52.
Bouvard Jeanne Mlle, rue des Moulins, n. 52.
Bouvet Célestin, empl. au télégraphe, rue Cazotte, n. 14.
Bouvier Pierre, marchand mercier, rue Bossuet, n. 8.
Bouvier Zéphirin, fleuriste, place Saint-Jean, n. 8.
Bouvier Jean, maître d'étude, rue Saint-Philibert, n. 18.
Bouvret Philibert, jardinier, fontaine Sainte-Anne.
Bouvret Joseph, perruquier, rue Saint-Nicolas, n. 3.
Bouvret Eugénie, ouvrière, rue Saint-Nicolas, n. 30.
Bouvret veuve, née Costet, lingère, rue Vannerie, n. 98.

Bouzerand Auguste, vicaire général, rue de la Prévôté, 5.
Bouzereau François, anc. recev. d'octroi, r. du Gaz, n. 22.
Bouzereau Victor, recev. buraliste, rue Saint-Nicolas, 29.
Bovagnet Joseph, tonnelier, rue Vannerie, n. 52.
Boy Léon, cordonnier, place Saint-Michel, n. 4.
Boyer Joseph, coiffeur, rue Guillaume, n. 2.
Boyer Joseph, journalier, rue des Moulins, n. 45.
Boyer Jean-Baptiste, vicaire à St-Jean, r. des Novices, 7.
Boyer Victor, propriétaire, rue Berbisey, n. 59.
Boyer veuve, née Baudrot, journalière, rue Charrue, n. 10.
Boyer Alphonse fils, rue Charrue, n. 10.
Boyer Albert fils, rue Charrue, n. 10.
Boyer Jean, manouvrier, rue de Longvic, n. 23.
Boyer Nicolas, restaurateur, rue Quantin, n. 12.
Boyer Claude, propriétaire, plâtrier, route de Mirande.
Boyer veuve, rue Saint-Nicolas, n. 70.
Boyer Jean-Baptiste, cafetier, rue Vannerie, n. 88.
Boyer Jean, rentier, rue Vannerie, n. 86.
Boyon Ferdinand, cordonnier, rue Buffon, n. 26.
Brabant veuve, née Delaloge, allée des Chartreux, maison
    Andreis.
Brac Claude, gendarme, rempart du Château, n. 4.
Bragny Jean-Baptiste, sous-chef de gare, r. de la Gare, 20.
Braham veuve, née Hugot, rentière, cours du Parc, n. 1.
Braillard Louis, march. de fleurs artific., rue Condé, n. 19.
Braillard veuve, née Prince, rue Proudhon, n. 25.
Braillard Louis, huissier, rue Proudhon, n. 25.
Bramard Hippolyte, forgeron, rue Chabot-Charny, n. 83.
Branlard Ve, née Blondeau, rent., r. de la Préfecture, 110.
Braux fils, fermier des Halles, rue Musette, 1 *bis*.
Braux Antoine, fermier des Halles, rue Verrerie, n. 17.
Brechillot Jacques, plâtrier, rue Berbisey, n. 102.
Brechillot Pierre, plâtrier, cour de la Grenouille, n. 2.
Breckenheimer Mme, pension bourgeoise, r. Dauphine, 17.
Bredillet Jean, cocher, rue du Petit-Potet, n. 18.
Bredillet Pierre, ouv. tonnelier, rue Sainte-Catherine, 12.
Brehant Jean, ouvrier relieur, rue Jeannin, n. 60.
Bréjiroux Gabriel, charpentier, rue d'Ahuy, n. 15.
Bréjiroux François, maçon, rue Berbisey, n. 112.
Brémont François, nettoyeur, rue des Perrières, n. 4.
Brenaut Constant, comptable au Buffet, rue Mably, n. 7.
Brenet Elisa Mlle, modiste, rue des Forges, n. 22.

Brenet Henri, propriétaire, rue Vannerie, n. 49.
Brenot, manouvrier, rue d'Auxonne, n. 15.
Brenot Edme, chef d'institution, rue Devosge, n. 29.
Brenot Albert fils, rue Devosge, n. 29.
Brenot veuve, née Tailfert, rue Guillaume, n. 42.
Brenot Pierre, pâtissier, rue Guillaume, n. 42.
Brenot Pierre, ouvrier chapelier, rue Jeannin, n. 55.
Brenot Etienne, cultivateur, hameau de Mirande.
Brenot Louis, chargeur, port du Canal, n. 13.
Brenot Jean, conducteur de travaux, rue des Roses, 5.
Brenot veuve, née Modot, rue des Roses, n. 5.
Brenot Antoine, sacristain, rue Saint-Bénigne, n. 1.
Bressac Laurent, marchand de liqueurs, r. des Godrans, 7.
Bressand François, domestique, rue de Gray, n. 43.
Bressant Charles, fabr. de pain d'épices, r. Berbisey, n. 15.
Bressant Charles, employé, rue des Forges, n. 46.
Bressant J.-B., tailleur de pierres, rue du Mouton, 3 *ter*.
Bresset Jean, greffier du tribunal civil, rue Bossuet, n. 12.
Bresset Etienne, lampiste, place d'Armes, n. 11.
Bresson Victor, cabaretier, rue d'Ahuy, n 6.
Bresson Claude, maçon, rue Amiral-Roussin, n. 15.
Bresson Claude, cafetier, rue Bassano, n 73.
Bresson Alexis, scieur de long, rue Bassano, n. 58.
Bresson Alexis fils, rue des Aqueducs, clos Trouillet.
Bresson Toussaint, sieur de long, rue des Aqueducs, clos
  Trouillet.
Bresson Achille, employé, rue Charrue, n. 13.
Bresson Etienne, marchand épicier, rue des Forges, n. 44.
Bresson Auguste, ouv. coiffeur, r. de la Manutention, 10.
Bresson Bernarde Mlle, ouv. en robes, r. Notre-Dame, 22.
Bresson Louis, conduct. chef, petite rue du Château, n. 1.
Bresson Jean, manouvrier, place Darcy, n. 5.
Bresson Charles, tonnelier, rempart du Château, n. 8.
Bresson Pierre-Honoré, cultivateur, rente Morveau.
Bresson Honoré fils, rente Morveau.
Bresson François-Xavier, couvreur, rue Saumaise, n. 20.
Bresson Jean-Baptiste, rue Derriere-les-Tanneries, n. 7.
Bresson Joseph-Jean-Aimé, anc. avoué, avocat, r. Turgot, 5.
Bret Jean-Baptiste, journalier, rue de la Préfecture, 106.
Bret Auguste, boulanger, rue Saint-Philibert, n. 42 *bis*.
Bret Jean-Baptiste, manouvrier, rue Verrerie, n. 20.
Bretenet Jean-Baptiste, ancien tisserand, rue du Gaz, 14.

Bretenet Etienne, cultivateur, rente Giron.
Bretenet Henri, cultivateur, rente Giron.
Bretenet André, domestique, rente Giron.
Bretin Louis, forgeron, rue Devosge, n. 16.
Bretin Victor, cordonnier, rue Buffon, n. 2
Breton Henri, concierge, rue Berbisey, n. 25.
Breton Mme, née Malardot, rue Neuve-Dauphine, n. 3.
Breton veuve, blanchisseuse, rue Charrue, n.5.
Breton Claudine Mlle, propriétaire, chemin de Talant, 2.
Breton Jean-Baptiste, scieur de long, rue Condé, n. 10.
Breton Jean, manouvrier, rue de Longvic, n. 8.
Breton Louis, tonnelier, rue Guillaume, n. 25.
Breton Claude, ancien épinglier, rue Guillaume, n. 61.
Breton Jacques, gargotier, rue Odebert, n. 5.
Breton Pierre, propr., anc. tonnelier, rue Odebert, n. 8.
Breton Denis, homme d'équipe, rue Odebert, n. 18.
Breton Jeanne Mlle, rentière, rue Piron, n. 17.
Brette Mathurin, capitaine en retraite, rue Proudhon, n. 3.
Breugniot Jeanne Mlle, anc. domest., rue St-Nicolas, 117.
Breuil André, propriétaire, allée des Chartreux, n. 4.
Breuil Claude, marchand de bois, r. de l'Arquebuse, n. 4.
Breuil Jean-Baptiste, nettoyeur, rue Berbisey, n. 60.
Breuil Agnès Mlle, couturière, rue Cazotte, n. 23.
Breuil veuve, née Noël, rentière, r. Chaudronnerie, n. 34.
Breuil Léon-Michel, sculpteur, cour des Poisses, n. 12.
Breuil Jean-Baptiste, employé au gaz, rue Jeannin, n. 81.
Breuil Jacques, cabaretier, rue Jeannin, n. 81.
Breuil Antoine, cordonnier, rue de la Manutention, n. 9.
Breuil Remy, rentier, rue du Petit-Potet, n. 16.
Breuil, rue Piron, n. 7.
Breuil Jacques, meunier, route de Plombières.
Breuil Joseph, fabr. de parapluies, rue Saint-Bénigne, n. 9.
Breuille Jean-Baptiste, manouvrier, rue d'Auxonne, n. 29.
Breuille Jean, ouvrier menuisier, rue de Suzon, n. 12.
Breuillier, commis, rue Bossuet, n. 8.
Breuillot Reine Mlle, ouvrière, rue des Godrans, n. 20.
Breuillot Mme, journalière, rue Jeannin, n. 58.
Breuillot Edouard, couvreur, rue Saint-Nicolas, n. 41.
Breuillot Claude, voyageur de comerce, rue du Tillot, 13.
Breuilly veuve, demoiselle de mag., rue Guillaume, n. 6.
Brevand (de) Gustave, propriétaire, rue Piron, n. 17.
Breux Pierre, ajusteur, rue de la Gare, n. 1 *bis*.

Breux Louis-Eugène, linger, rue Saint-Nicolas, n. 63.
Brey Jean-Baptiste, homme d'équipe, rue Bassano, n. 54.
Brey Jean-Joseph, taill. de pierres, cour des Poisses, n. 8.
Brey Jean-Baptiste, tailleur de pierres, rue Musette, n. 37.
Briant Auguste, commis-voyageur, rue du Chaignot, n. 18.
Bribant Auguste, tailleur de pierres, rue du Bourg, n. 22.
Bribant Louis, tailleur de pierres, rue St-Philibert, n. 61.
Brichon Henri, matelassier, r. des Nantillères, Californie.
Bricard Claude, vigneron, Fort Yon.
Bricard Joseph, vigneron, Fort Yon.
Bricard veuve, née Perrot, matelassière, rue du Mouton, 9.
Bridon Joseph, rentier, rue Saint-Bernard, n. 4.
Brigandet Jean-Baptiste, menuisier, r. St-Nicolas, n. 22.
Brigodiot Jean, march. de vins en gros, r. St-Philibert, 35.
Brille Pierre, cabaretier, rue Bassano, n. 79.
Brille Mme, née Douge, femme de ménage, r. Berbisey, 4.
Brille veuve, née Guilleminot, femme de ménage, rue
    Berbisey, n. 49.
Brille Louis, tôlier, rue Berbisey, n. 49.
Brille Charles, tourneur, rue de la Gare, n. 18.
Brille Léon, conducteur de trains, r. du Petit-Cîteaux, 1.
Brille Pierre, serrurier, place Darcy, n. 2.
Brillet Remi, menuisier, cour des Frères, n. 8.
Brimeur veuve, née Lebiet, ouvrière, rue Roulotte, n. 24.
Brimeur Paul, brossier, rue Roulotte, n. 24.
Bringue Timoth., chef de gare en retraite, r. d'Ahuy, 14 *ter*.
Brion veuve, née Marchand, concierge de l'abattoir, rue
    du Petit-Cîteaux.
Briot, magasin de sacs, rue du Chapeau-Rouge, n. 4.
Briottet Nicolas, cafetier, rue d'Auxonne, n. 20.
Briottet, manouvrier, rue d'Auxonne, n. 49.
Briottet Philippe, ancien boucher, rue Bassano, n. 67.
Briottet veuve, née Fournier, rentière, r. Guillaume, n. 17.
Briottet Philippe, charcutier, rue de l'Ile, n. 1.
Briottet Jean-Baptiste, boucher, rue du Lacet, n. 5.
Briottet Joseph, rentier, rue de la Préfecture, n. 117.
Brissaire Françoise Mlle, lingère, impasse Audra, n. 12.
Brivot veuve, propriétaire, rue Proudhon, n. 16.
Brivot Jean-Baptiste, boulanger, rue St-Nicolas, n. 104.
Brivot veuve, née Michaud, rentière, r. Vannerie, n. 40.
Brix Etienne, loueur en garni, rue Berbisey, n. 64.
Brix Jean-Baptiste, bijoutier, rue Berbisey, n. 64.

Brocard Alexis, journalier, rue d'Ahuy, n. 11.
Brocard Jacques, journalier, rue de l'Arquebuse, n. 3.
Brocard Antoine, marchand de pipes, rue Bossuet, n. 24.
Brocard-Truchot Claude, march. de tissus, r. Berbisey, 14.
Brocard veuve, née Grapin, rentière, rue Cazotte, n. 7.
Brocard Pierre, rentier, rue Cazotte, n. 13.
Brocard Charles, confiseur, rue Condé, n. 32.
Brocard Henri, ouvrier peintre, rue Neuve-Dauphine, n. 2.
Brocard, veuve Rouard, ouvrière, r. de l'École-de-Droit, 6.
Brocard Pierre, journalier, port du Canal, n. 7.
Brocard Louis, emp. à la préfecture, r. de la Préfecture, 9.
Brocard Anne Mlle, cuisinière, rue Proudhon, n. 2.
Brocard veuve, journalière, clos de Montmuzard.
Brocard Eugène, relieur, clos de Montmuzard.
Brocard Bernard, retraité, rue Vannerie, n. 81.
Brocard veuve, née Toux, rentière, r. Victor-Dumay, n. 12.
Brochot Antoinette Mlle, blanchisseuse, r. Berbisey, n. 2.
Brochot Anne Mlle, ouvrière, rue de Pouilly, n. 9.
Brocot Pierre, emp. à la recette générale, r. Préfecture, 63.
Brocot veuve, ouvrière, rue Saint-Nicolas, n. 66.
Brocot Jeanne Mlle, ouvrière, rue Saint-Nicolas, n. 61.
Brodas Alexandre, employé, rue des Perrières, n. 4.
Brodebeck Pierre, conduct. au ch. de fer, r. d'Auxonne, 54.
Broin veuve, née Renardet, propriétaire, rue Jeannin, 71.
Broin François, tailleur, rue Mably, n. 9.
Broin (de) Edouard, propriétaire, rue Piron, n. 17.
Broin veuve, route de St-Seine, n. 22 (pied-à-terre).
Broissant Joseph, charron-ferreur, pl. du Morimont, n. 8.
Broize veuve, née Brocard, rentière, r. de la Manutention, 5.
Brondel Jean, ouvrier tailleur, rue d'Ahuy, n. 20.
Bronkannd Charles, cordonnier, rue Saumaise, n. 63.
Brossa Louis, tailleur d'habits, rue des Godrans, n. 68.
Brossard Anne Mlle, journalière, rue des Godrans, n. 104.
Brossard Anne Mlle, lingère, place du Morimont, n. 1.
Brossart J.-B., cond. de trains, allée des Chartreux, n. 4.
Brosseaux François, cloutier, rue Sambin, n. 23.
Brosselin Pierre, march. de vin, rue des Roses, n. 4.
Brot Sébastien, cordonnier, rue de la Trémouille, n. 2.
Brouée, née Roussin Geneviève, rentière, rue Condé, n. 9.
Brouillard François, menuisier, rue d'Auxonne, n. 31.
Brouillard Elisabeth, lingère, cour des Poisses, n. 8.
Brouillard Thomas, menuisier, rue François-Rude, n. 9.

Brouillard Thomas, pont des Tanneries, n. 8
Broussier Jules, sous-voyer de la ville, rue du Tillot, n. 6.
Bruandet René, sabotier, rue Coupée-de-Longvic, n. 10.
Bruchon Jean-Claude, militaire retraité, r. du Bourg, 9.
Bruchon veuve, manouvrière, place Saint-Michel, n. 4.
Bruchot Gilbert, tonnelier, rue Jeannin, n. 5.
Brucker Joseph, marchand tailleur, rue du Bourg, n. 5.
Bruet Joseph, propriétaire, rue Bassano, n. 78.
Brugnerot Hubert, relieur, rue Audra, n. 19.
Brugnot André, charpentier, rue d'Auxonne, n. 33.
Brugnot Jean-Baptiste, boucher, rue Quantin, n. 6.
Brugnot Louis, abbé, rue Sainte-Anne, n. 12.
Bruillard Louis, entrepreneur de convois civils et mili-
    taires, rue du Gaz, n. 5.
Brulard Guillaume, plâtrier, rue Berbisey, n. 126.
Brulard Denis, plâtrier, cour du Quartier, n. 1.
Brulard Charles, garçon brasseur, r. Ste-Catherine, n. 17.
Brulé veuve, née Cizelle, femme de ménage, r. du Château, 4.
Brulé Mme, née Simonnot, lingère, cour des Frères, n. 1.
Brulé Louis, rue de la Gare n. 9.
Brulé veuve, née Marguery, propriétaire, r. de Gray, 29.
Brulé Auguste, tonnelier, rue Menevalle, n. 2.
Brulé Mlle, journalière, rue Quantin n. 16
Brulé Victor, docteur-médecin, rue Saint-Pierre, n. 14.
Brulé Auguste, professeur, rue Saint-Philibert, n. 41.
Brulebaut Mme, née Solignon, marchande de vin, faubourg
    Rennes, n. 15.
Brulebaut Jean, sous-chef d'équipe, faubourg Rennes, 15.
Brulebaut veuve, née Léchenot, rue des Tanneries, n. 6.
Brulebaut Charles, manouvrier, pont des Tanneries, n. 5.
Brulebeau Adrien, employé des postes, r. Vannerie, n. 20.
Brulletet veuve, née Tranchant, rentière, r. du Château, 6.
Brun Antoine, capitaine en retraite, ruelle d'Ahuy, n. 9.
Brun François, loueur en garni, rue Buffon, n. 50.
Brun Jacques, tonnelier, petite rue du Château, n. 4.
Brun Jules, pharmacien, rue Condé, n. 50.
Brun Ernest, commis princ. des postes, rue Devosge, 49.
Brun Jean-Baptiste, facteur, rue Ste-Marguerite, n. 18.
Brun veuve, née Guerret, manouv., r. Ste-Marguerite, 18.
Brun Eugène, propriétaire, rue Turgot, n. 10.
Brun Benoît, propriétaire, rue Turgot, n 10.
Brunache François, coutelier, rue Guillaume, n. 40.

Brunat Ernest, marchand tailleur, rue Guillaume, n. 27.
Brunelle Amable, porteur de journaux, r. Ste-Anne, n. 2.
Brunet Michel, dessinat. de broderies, rue Guillaume, 28.
Brunet veuve, née Cazel, propr., rue de la Préfecture. 65.
Brunet Joseph, docteur-médecin de l'asile des aliénés, route de Plombières.
Brunot Désiré, ajusteur, rue Saint-Philibert, n. 1 et 5.
Brunot Bernard, propriétaire, rue Saint-Pierre, n. 5.
Brunot Adolphe, menuisier, rue Vannerie, n. 27.
Bruthiot Reine Mlle, journalière, r. de la Préfecture, n. 8.
Bucherot, forgeron, rue du Tribunal, n. 1.
Buchet (de) Edouard, étudiant, rue Saint-Pierre, n. 22.
Buchillot René, marchand de modes, rue Rameau, n. 3.
Buet Jean-Baptiste, voiturier, rue de la Cité, n. 1.
Buet Jules fils, rue de la Cité, n 1.
Buet Eugène fils, rue de la Cité, n. 1.
Buet Jean-Baptiste, propriétaire, rue Guillaume-Tell.
Buet François, forgeron, place Darcy, n. 5.
Buet Marie, ouvrière en robes, rue Saint-Nicolas, n. 91.
Buffet Charles, anc. tapissier, place Saint-Bernard, n. 1.
Buflière, abbé, rue Saint-Philibert, n. 42.
Bugaud Adrien, pâtissier, rue Guillaume, n. 6.
Buguet Edouard, photographe, cours du Parc, n. 2.
Bugnot François, abbé, rue des Moulins, n 24.
Buirette André, propriétaire, rue Berbisey, n. 6.
Buirette Eugène, rentier, rue Berbisey, n. 6.
Buisson Auguste, chapelier, rue d'Ahuy, n. 4.
Buisson Antoinette Mlle, couturière, rue Victor-Dumay, 9.
Bulé François, ouvrier imprimeur, r. François-Rude, 12.
Bullé Victorine Mlle, modiste, rue de Lamonnoye.
Bullet François, lithographe, rue du Lacet, n. 5.
Bullet Jean, compositeur d'imprim., rue des Perrières, 2.
Bulliard François, relieur, rue des Godrans, n. 62.
Bulliard Jules, relieur, rue Piron, n. 13.
Bulliot Jean-Claude, maçon, rue des Perrières, n. 26.
Bully Claude, propriétaire, rue Sambin, n. 9.
Bulon Bernard, secrétaire des hospices, r. Ste-Anne, n. 10.
Bulot Alphonse, mécanicien, rue du Bourg, n. 19.
Bulot François, recev. des contr. indir., rue Condé, n. 34.
Bulot Pierre, rue de l'Hôpital, n. 3.
Bune Philibert, nettoyeur, cour du Quartier, n. 2.
Bune Philibert, nettoyeur, rue Saint-Philibert, n. 67.

Bunel veuve, née Lebaut, rentière, chemin de Talant, 12.
Bunos Eugène, modeleur, rue de la Gare, n. 6.
Bur Emile, contre-maître, rue Legoux-Gerland, n. 6.
Bur Charles, commis à l'inspect. princip., rue Mably, n. 7.
Burand Jacques, rentier, rue des Godrans, n. 60.
Burard Louis, journalier, rue du Gaz, n. 9.
Bureau Pierre, scieur de long, rue d'Auxonne, n. 71.
Bureau Edme, rentier, rue Chabot-Charny, n. 64.
Bureau veuve, née Guenyot, propr., r. Chabot-Charny, 64.
Bureau Auguste, colonel en retraite, rue Docteur-Maret, 2.
Bureau Alph., cond. des ponts et ch., r. Victor-Dumay, 8.
Burelle Bernard, coutelier, rue Saint-Pierre, n. 17.
Buret André, ferblantier, rue du Lacet, n. 6.
Burette Louis, marchand fripier, rue Crébillon, n. 17.
Burger Joseph, charcutier, rue Saint-Nicolas, n. 5.
Burgiard Eugène, marchand. fripier, rue Verrerie, n. 14.
Burgiard-Dumay Mme, rentière, rue Berbisey, n. 95.
Burglé Georges, mécanicien, rue des Godrans, n. 47.
Burkart François, (mais. d'accouch.), remp. du Château, 10.
Burkart Adolphe, garde-moulin, aux Blanchisseries, n. 4.
Burle Mme, née Auric, coiffeuse, rue Condé, n. 4.
Burnelle Clara, loueuse en garni, rempart du Tivoli, n. 6.
Buron Pierre, cafetier, route de Plombières.
Burotte Félix, mécanicien, port du Canal, n. 8.
Burny, propriétaire, petite rue Saint-Lazare.
Beurruet veuve, née Etienne, femme de ménage, rue de la
  Manutention, n. 25.
Bury veuve, née Veillet, rue Sainte-Catherine, n. 6.
Busquet Bazile, grenetier, rue Berbisey, n. 67.
Bussard Etienne, ancien chaudronnier, fontaine Ste-Anne.
Bussière Pierre, maçon, rue Berbisey, n. 128.
Buisson Antoinette Mlle, ouvrière, rue Buffon, n. 28.
Buthot Pierre, vigneron, aux Echaillons.
Buthot Jean-Baptiste, vigneron, aux Echaillons.
Buthot Louis, vigneron, fontaine Sainte-Anne.
Buttet Claude, potier, allée de la Retraite, n. 5.
Buxler Joseph, ébéniste, rue de la Préfecture, n. 87.
Buy Jean-Baptiste, chiffonnier, Californie.
Buy veuve, née Monnot, march. de fruits, r. Crébillon, 10.
Buzenet Jean-Jules, doct.-médecin, r. Chabot-Charny, 41.
Buzenet Pierre, employé, rue Devosge, n. 10.
Buzenet Jeanne Mlle, propriétaire, rue Saint-Nicolas, n. 8.

Buzenet Pierre, mégissier, rue des Tanneries, n. 5.
Buzon veuve, née Jeannot, rue des Godrans, n. 66.

C

Cabarou Mme, née Denizot, regrattière, rue Chancelier-
l'Hôpital, n. 15.
Cabet Etienne-Bernard, fabr. de vinaigre, r. Jeannin, 54.
Cabet Eugène fils, rue Jeannin, n. 54.
Caën Joseph, marchand d'étoffes, rue Berbisey, n. 52.
Caffard Adrien, ouvrier tailleur, rue des Godrans, n. 60.
Cagé Adrien, chef de bureau à la Préfecture, rue de la
Préfecture, n. 50.
Cagé Joseph, comptable, faubourg Rennes, n. 1.
Cagnard veuve, née Monnot, rentière, rue d'Ahuy, 14 ter.
Cagnant veuve, née Lebegue, rentière, place d'Armes, n. 4.
Cagniant Jacques, anc. garde forest., r. de l'Arquebuse, 25.
Cagniant Jean-Baptiste, ajusteur, r. de l'Arquebuse, n. 25.
Cagniard Mme, née Gérard, tanneur, rue Crébillon, n. 22.
Cagnoly Célestin, rentier, rue Saumaise, n. 18.
Caillard Georges, rentier, rue Bassano, n. 58.
Caillet Didier, menuisier, rue du Chaignot, n. 34.
Caillet Edme, jardinier, rue des Moulins, n. 21.
Caillet Ve, née Michel, march. de chocolat, r. des Novices, 14.
Caillet Joseph, ouvrier couvreur, rue Roulotte, n. 4.
Caillet Henri, épinglier, rue du Tillot, n. 7.
Caillot Nicolas, jardinier, rue Bergère, n. 18.
Caillot Auguste, architecte, rue Cazotte, n. 12.
Caillot Mme, marchande de bonneterie, rue Condé, n. 18.
Caillot Mme, journalière, rue de la Préfecture, n. 101.
Cailloutet Pierre, rentier, rue du Bourg, n. 6.
Cailloux François, sacristain, rue Docteur-Maret, n. 10.
Cailloux François, marchand de tissus, rue Guillaume, 11.
Caïn-Sylvain, marchand tailleur, rue Bossuet, n. 8.
Caire Antoine, avocat, rue Cazotte, n. 12.
Calais François, jardinier, allée de la Retraite, n. 12.
Calais Albert, journalier, rue Berbisey, n. 60.
Calais Joseph, serrurier, rue Berbisey, n. 49.
Calais Pierre, homme d'équipe, rue Berbisey, n. 96.
Calais André, jardinier, rente de la Boudronnée.

Calais veuve, née Durand Louise, rue des Godrans, n. 46.
Calais François, march. de vins en gros, rue Jeannin, n. 3.
Calais Jacques, carrier, rue de Pouilly, n. 4.
Calais Michel, carrier, ruelle aux Prêtres, n. 2.
Calais Jean, carrier, ruelle aux Prêtres, n. 2.
Calais Claude, jardinier, ruelle aux Prêtres, n. 10.
Callais Nicolas, ouv. taill. d'habits, r. Chaudronnerie, 34.
Callais Jacques, jardinier, Fort-Yon.
Callevilley Antoine, facteur de 1re classe, place Darcy, n. 5.
Calmelet, marchand de meubles, rue Jeannin, n. 4.
Calmelet Félix, conducteur chef, rue des Perrières, n. 4.
Camagny Louis, rue de Suzon (pied-à-terre), n. 3.
Cambis Pierre, capitaine en retr., r. Sainte-Catherine, 36.
Campenon François, rentier, rue du Gaz, n. 16.
Camus Jos., empl. au chem. de fer, r. Chaudronnerie, 24.
Camus Eugène, cabaretier, rue de la Gare, n. 26.
Camus Claude, domestique, cour de la Grenouille, n. 1.
Camus Jean-Baptiste, manouv., r. Coupée-de Longvic, 6.
Camus Bernard, typographe, rue Magenta.
Camus veuve, née Theuriet, propriétaire, rue Magenta.
Camus Louis-Félicien, commis voyageur, r. Montigny, 14.
Camus Jean, cocher, petite rue du Château, n. 3.
Camus Pierre, vigneron, rue Mulot (Perrières.)
Camus Jos., empl. au chem. de fer, r. de la Préfecture, 13.
Camus Philibert, regrattier, déb. de vin, r. Saumaise, 24.
Camuset Vincent, homme d'équipe, r. Neuve-St-Bénigne.
Canard Alexis, marbrier, rue Menevalle.
Canelle, anc. empl. des contrib. indir., cl. de Montmuzard.
Cannet André, forgeron, rue de la Gare, n. 6.
Canot Alexis, manouvrier, place Darcy, n. 5.
Canquoin Alexandre, docteur-médecin, rue Buffon, n. 27.
Cantagrelle veuve, née Masson, place Saint-Jean, n. 31.
Canthe Gilbert, propriétaire, rue Vannerie, n. 6.
Cantignot Pierre, mécanicien, rue de la Gare, n. 6.
Cantignot François, serrurier, rue de la Gare, n. 6.
Cantin Pierre, serrurier, rue Berbisey, n. 75.
Cantrelle Victoire Mlle, lingère, rue des Forges, n. 5.
Capard Jean, cabaretier, rue Saint-Nicolas, n. 107.
Capdevielle veuve, garde-malade, rue Jeannin, n. 59.
Capiomont Charles, comptable, rue Saint-Nicolas, n. 47.
Capitain veuve, née Courtois, propr., pl. Saint-Michel, 15.
Capmas Charles, professeur de droit, pl. Saint-Bernard, 79.

Caquelin Joseph, marchand d'antiquités, rue Buffon, n. 14.
Caquet Jules-Isidore, agent principal d'assurances, rue du Champ-de-Mars, n. 1.
Carayon Louis, poseur, rue du Mouton, n. 7.
Card François, charron, rue d'Ahuy, n. 20.
Cardœur Pierre, tailleur de pierres, rue des Marmuzots, n. 1 (Perrières).
Cardœur Auguste fils, rue des Marmuzots, n. 1 (Perrières).
Cardot Victor, subst. du proc. imp., rue Proudhon, n. 10.
Carillon Léon, employé, rue des Forges, n. 25.
Carillon Eugénie Mlle, blanchisseuse, rue des Forges, 25.
Carillon Simon, garde particulier, hameau de Mirande.
Carillon Pierre, à l'équipe, place Darcy, n. 3.
Carillon Céline, blanchisseuse, rue Saint-Philibert, n. 17.
Carimantrand François, carrier, rue Berbisey, n. 78.
Caristie veuve, rue Chabot-Charny, n. 66.
Carle Charles, concierge, rue Buffon, n. 3.
Carlet François-Florent, rentier, rue Dubois, n. 12.
Carlin Ludovic, avoué, rue Proudhon, n. 17.
Carme Victor, voyag. de comm., grande rue Galoche, n. 3.
Les Carmélites, grande rue Saint-Lazare, n. 15.
Carmouche veuve, rentière, rue d'Ahuy, n. 23.
Carnet Antoine, bourrelier, rue d'Auxonne, n. 4.
Carnet Nicolas, entr. de travaux publics, r. des Novices, 1.
Carnet Charles, employé à la direction, rue Odebert, n. 8.
Carnot Joseph, avocat, rue Chancelier-l'Hôpital, n. 2.
Carnot veuve, née Perret, propr., place Saint-Michel, 25.
Carpentier Joseph, épicier, rue de l'Arquebuse, n. 4.
Carpentier, relieur, avenue du Réservoir.
Carpentier Pierre, charpentier, rue Saint-Nicolas, n. 81.
Carra Jules, abbé, rue Victor-Dumay, n. 2.
Carré Franç., imprimeur-lithographe, r. Amiral-Roussin, 40.
Carré Bénigne, manouvrier, avenue du Réservoir, clos Détourbet.
Carré, chapelier, rue Bannelier, n. 7.
Carré Nicolas, chapelier, rue Berbisey, n. 20.
Carré François, journalier, rue du Bourg, n. 11.
Carré Simon, vigneron, cour de la Grenouille, n. 2.
Carré Bénigne, vigneron, rue Guillaume-Tell.
Carré Hugues, chapelier, rue Devant-les-Halles.
Carré Jacques, employé, place d'Armes, n. 4.
Carré Hortense Mlle, dessin. de broderies, place d'Armes, 4.

Carré dit Voltaux Mme, née Judée, journalière, rue de la Préfecture, n. 5.
Carré Jean fils, rue de la Préfecture, n. 101.
Carré Henri, ébéniste, rue de la Préfecture, n. 101.
Carré Antoine, cordonnier, rue Saint-Nicolas, n. 1.
Carré Jean, ouvrier menuisier, rue Saint-Nicolas, n. 69.
Carré Barthélemy, ouv. ébéniste, r. St-Nicolas, n. 113.
Carré Etienne, chapelier, route de Plombières.
Carré veuve, née Piquot, rentière, rue Vannerie, n. 32.
Carré veuve, née Durand, concierge, r. du Vieux-Collége, 7.
Carrelet, général, sénat., r. des Godrans, 34 (pied-à-terre).
Carrelet de Loisy, propriétaire, rue Jeannin, n. 43.
Carrelet Pierre, rentier, ruelle d'Ahuy.
Carrelet Antoinette Mlle, ouvrière, rue Vannerie, n. 54.
Carret Pierre, maçon, rue Berbisey, n. 96.
Carrette Nicolas, soldat en retraite, rue de Montmuzard, 3.
Carriat Jean-Baptiste, jardinier, rue Mouha (Perrières).
Carrier Théophile, propriétaire, rue des Godrans, n. 1.
Carrier veuve, née Bazon, propriétaire, rue Vannerie, 39.
Carrière J.-B., tailleur de pierres, ruelle d'Ahuy, n. 3.
Carrière veuve, née Mutin, cafetière, rue Bossuet, n. 2.
Carrière Charles, forgeron, rue Piron, n. 14.
Carrion Jean-Baptiste, menuisier, rue Berbisey, n. 106.
Carrion Victor, menuisier, cour Bourberain, n. 3.
Carrion Eugène, marchand de tissus, r. Guillaume, n. 75.
Carrion Pierre, tourneur, rue de l'Ile, x.
Carrion Victor, ouvrier peintre, r. de la Manutention, 16.
Carrion, cordonnier, rue Menevalle.
Carrion Victor, tourneur, pont des Tanneries, n. 5.
Carriot Jean-Baptiste, tailleur de pierres, rue Audra, 20.
Carrose veuve, rentière, rue Saumaise, n. 61.
Carruchet Mme, née Prost Joséphine, ouv., r. d'Auxonne, 4.
Carry François, ébéniste, rue de Montigny, n. 4.
Carry, ancien boucher, pont des Tanneries, n. 8.
Cartaud Anna Mlle, ouvrière, rue des Forges, n. 23.
Cartaud Charles, débitant de tabac, rue St-Nicolas, n. 7.
Cartaud Charles, débitant de tabac, rue Saint-Nicolas, 16.
Cartaux Anne Mlle, ouvrière en robes, rue St-Nicolas, 67.
Carteret Frédéric, fabricant de bâches, rue Berbisey n. 52.
Carteret Théophile, maçon, rue de Suzon, n. 14.
Carteret Nicolas, garçon de magasin, rue du Tillot, n. 1.
Carteron Etienne, capitaine en retraite, Belle-Ruelle, n. 2.

Cartier Emile, journalier, rue de l'Arquebuse, n 5.
Cartier Jean-Baptiste, vigneron, ruelle aux Prêtres, n. 2.
Cascaret Charles, chauffeur, rue de l'Arquebuse, n. 24.
Cassoux Nicolas, propriétaire, rue de la Gare, n. 7.
Castagne Pierre, chapelier, rue d'Ahuy, n. 12.
Castagne Louis, ex-empl. à la Préfecture, Cours-Fleury, 4.
Castagne Ferdinand, dessinateur, rue de la Gare, n. 7.
Castel Thomas, aubergiste, rue de Pouilly, n. 2.
Castelli Casimir, rentier, cours du Parc, n. 1.
Castilini, employé des postes, rue des Forges, n. 17.
Castille Louis, propriétaire, vigneron, chemin de Corcelles.
Castille Pierre, vigneron, cour du Quartier, n. 5.
Castille Nicolas, propriétaire, vigneron, rue du Mouton, 11.
Castille Victor, vigneron, rue Saint-Philibert, n. 11.
Castille veuve, née Evrat, vigner., rue Saint-Philibert, 11.
Catala Jean, cabaretier, rue Saint-Philibert, n. 34.
Cathelinet Auguste, menuisier, rue Roulotte, n. 27.
Cathelinet Jean-Baptiste, couvreur, rue Roulotte, n. 27.
Catherine Mlle, rentière, rue de la Préfecture, n. 55.
Catherinet, jardinier, rue de Montmuzard, n. 11.
Cathomen, propr., rue des Marmuzots n. 10 (Perrières.)
Catinot Philippe, perruquier, rue d'Auxonne, n. 10.
Catinot Philippe, perruquier, rue Coupée-de-Longvic, 9.
Caubert Brutus, rentier, rue de la Manutention, n. 10.
Caucel Pierre, journalier, rue de l'Hôpital, n. 1.
Caumont Pierre, tailleur de pierres, rue Bergère, n. 12.
Caurot Jean-Baptiste, courrier des postes, rue Brulard, 4.
Cauvard Claude, garçon de mag., rue de l'Arquebuse, n. 9.
Cauvard Auguste, chargeur, rue de l'Arquebuse, n. 25.
Cauvard Henri, journalier, rue de l'Arquebuse, n. 25.
Cauvard J.-B., manouv., r. Petite-des-Poussots (Californie).
Cauvard veuve, née Lagneau, rue Dauphine, n. 11.
Cavard veuve, née Rouhier, rentière, rue de l'Hôpital, 11.
Cauvard Joseph, boulanger, rue Notre-Dame, n. 28.
Cauvard Bernard, manouvrier, rue Sambin, n. 19.
Cauvard Bernard, manouvrier, rue Saint-Nicolas, n. 74.
Cavain Emile, fondeur en cuivre, port du Canal, n. 23.
Cavard Adolphe, marbrier, allée des Chartreux, n. 2.
Cavard Pierre, charpentier, allée des Chartreux, n. 2.
Cavard Jean-Baptiste, charpentier, rue Berbisey. n. 112.
Cavard, veuve Boudier, propriétaire, à Saint-Antibes.
Cavard Claude, plâtrier, rue St-Philibert, n. 42.

Cavard Nicolas, ancien plâtrier, rue Saint-Philibert, n. 42.
Cave Charles, professeur, rue Audra, n. 8.
Cavein Marg. Mlle, fem. de ménage, r. du Petit-Cîteaux, 8.
Cavelier veuve, née Bazire, rentière, r. Chabot-Charny, 45.
Cavillé Anne Mlle, lingère, rue Musette, n. 24.
Cavin Louis, fabricant de limes, allée de la Retraite, n. 12.
Cavin Jacques, fondeur en fonte, chemin couvert de la Belle-Etoile, n. 11.
Cavin Hector, serrurier, rue Magenta.
Cazeau Charles, propriétaire, place Saint-Michel, n. 1.
Cazeau Jean-Philippe, rentier, rue de la Préfecture, n. 57.
Cazel Claudine Mlle, propriétaire, rue d'Ahuy, n. 5.
Cazel Théophile, employé, rue d'Auxonne, n. 50.
Cazel Louise Mlle, ouvrière, rue Cazotte, n. 16.
Cazel Franç., ouv. cordonn. et menuisier, r. Ch.-Charny, 40.
Cazel veuve, née Roblot, rentière, rue Dubois, n. 5.
Cazel Pierre, tonnelier, rue Dubois, n. 5.
Cazel, emp. des contributions indirectes, r. des Godrans, 55.
Cazel Jean-Baptiste, cabaretier, port du Canal, n. 15.
Cazel Pierre, manouvrier, port du Canal, n. 23.
Cazel Etienne, ajusteur, port du Canal, n. 25.
Cazel Pierre, manouvrier, port du Canal, n. 25.
Cazel veuve, née Baubin, journalière, rue Roulotte, n. 25.
Cèdre veuve, née Humbert, rentière, r. St-Philibert, n. 23.
Cellard François, maître de forges, r. du Petit-Potet, n. 20.
Cercle Lamonnoye, rue Condé, n. 52.
Cercle du commerce, rue Chabot-Charny, n. 6.
Cercle Dijonnais, rue Vauban, n. 14.
Cernesson Théophile, homme d'équipe, r. des Perrières, 18.
Céry Jean-Baptiste, fabr. de pain d'épices, r. Bossuet, n. 11.
Céry Jean, fabricant de pain d'épices, r. Guillaume, n. 30.
Céry Nicolas, rentier, à Larrey.
Césard veuve, née Fortin, rentière, r. Chaudronnerie, n. 14.
Césard Marie-Joseph, étudiant en droit, rue Chaudronnerie, n. 14.
César Louis, menuisier, rue Longepierre, n. 4.
Cessey François, nettoyeur, rue Cazotte, n. 4.
Cêtre Jacques, cocher, rue Piron, n. 26.
Ceyssel Emile, avoué, rue Chabot-Charny, n. 43.
Cezil Alexandrine Mlle, march. d'étoffes, r. St-Nicolas, n. 86.
Chabance Claude, concierge, rue de l'Ile.
Chabbat Casimir, tourneur, rue Quantin, n. 6.

Chabenat Gabriel, tailleur, rue des Etioux n. 15.
Chabert Jean-Joseph, percepteur, rue du Tillot, n. 17.
Chabroulet François, maçon, impasse Audra, n. 13.
Chabroulet Victor, maçon, rue d'Auxonne, n. 4.
Chabroulet Louis, garçon de magasin, r. du mouton, 3 *bis*.
Chaderat Jacques, scieur de long, rue du Petit-Cîteaux.
Chaffotte Bernard, serrurier, rue Amiral-Roussin, n. 17.
Chaffotte André, poêlier-fumiste, r. Chabot-Charny, n. 39.
Chaffotte Pierre, employé d'octroi, rue Chabot-Charny, 81.
Chaffotte Mme, née Moutel, rentière, rue du Chaignot, 20.
Chaffotte Louis, rentier, rue Dubois, n. 1.
Chaffotte André, poêlier-fumiste, rue Legoux-Gerland, 2.
Chaffotte Henri, notaire, rue Saint-Pierre, n. 16.
Chaignet Emilie Mlle, couturière, rue d'Ahuy, n. 15.
Chaignet Vincent, rentier, rue d'Auxonne, n. 35.
Chaignet, restaurateur, ch. de Talant, 5 *bis* (pied-à-terre).
Chaignet François, jardinier, rue de Gray, n. 41.
Chaignet Eugène, restaurat., hôtel du Chapeau-Rouge, 16.
Chaignet Claude, rentier, rue de la Préfecture, n. 42.
Chaignet Henri fils, rue de la Préfecture, n. 42.
Chaignet Antoine, propriétaire, rue Saint-Nicolas, n. 22.
Chaillé François, scieur de long, rue du Chinois, n. 1.
Chaillot Joseph, voy. de commerce, allée de la Retraite, 4 *bis*.
Chailly Claude, serrurier, cour des Poisses, n. 12.
Chaire Reine Mlle, rentière, rue Verrerie, n 34.
Chairgrasse J.-B., Cie du Soleil, rue de l'Arquebuse, n. 1.
Chailly Pierre, tailleur de pierres, rue du Gaz, n. 10.
Chalet Antoine, march. d'eau-de-vie, r. Ste-Catherine, 17.
Chalex Jean, cordonnier, rue des Tanneries, n. 25.
Chalmet Marie Mlle, rentière, rue Longepierre, n. 4.
Chalmot Simon, tonn. au chem. de fer, r. de l'Arquebuse, 21.
Chalochet Claude, prêtre, rue Saumaise, n. 51.
Chalon Christine Mlle, ouvrière en robes, place Darcy, n. 2.
Chalon Claude, journalier, rue de la Préfecture, n. 74.
Chalons Elisabeth Mlle, rue d'Assas, n. 10.
Chalus (de) Henri, propriétaire, place Saint-Michel, n. 11.
Chalut François, domestique, rue Amiral-Roussin, n. 29.
Chamagne veuve, rue du Champ-de-Mars, n. 4 *bis*.
Chamagne Joseph, march. d'objets de literie, r. Musette, 2.
Chamagne Jean-Baptiste, rentier, rue Musette, n. 4.
Chamard Claude, charpentier, rue d'Ahuy, n. 4 *bis*.
Chamard Félix fils, charpentier, rue d'Ahuy, n. 4 *bis*.

Chamard Jean-Baptiste, charpentier, r. de l'Arquebuse, 2.
Chambrant Nicolas, propriétaire, rue St-Philibert, n. 32.
Chambrault veuve, née Arbout, propr., pl. St-Michel, 19.
Chambellan Constant, forgeron, r. de la Manutention, 5.
Chambellan veuve, née Ronot, rentière, r. Saumaise, 47.
Chambellant veuve, née Frapillon, rentière, pont des Tanneries, n. 7.
Chambeyron Ant., concierge, r. Chancelier-l'Hôpital, 8 *bis.*
Chambeyron Jeanne Mlle, ouvrière, r. Saint-Nicolas, 117.
Chambounet Gabriel, couvreur, rue des Godrans, n. 23.
Chambonnet veuve, née Pain, ouv., r. de la Manutention, 5.
Chambret Pierre, tailleur de pierres, rue Saumaise, n. 69.
Chambrette Jean, concierge, rue Bassano, n. 10.
Chambrette Germain, tripier, rue du Bourg, n. 31.
Chambrette Jean-Baptiste, ajusteur, rue Crébillon, n. 10.
Chambrette Mlle, journalière, rue Saumaise, n. 28.
Chambrette Jean, ouvrier confiseur, rue Saumaise, n. 63.
Chambrette Etienne, cabaretier, rue Vannerie, n. 16.
Chambrette Pierre, employé à l'*Abeille*, rue Verrerie, n. 34.
Chameroy Nicolas, charcutier, rue Bassano, n. 49.
Chameroy François, charcutier, rue Bassano, n. 69.
Chameroy Nicolas, garçon de salle, pl. du Morimont, n. 14.
Chameroy Jean-Baptiste, cocher, rue Turgot, n. 14.
Chaumonot Pierre, capitaine de gendarmerie en retraite, rue Saint-Bernard, n. 4.
Champ Augustin, jardinier, rue Saint-Nicolas, n. 38.
Champfort Pierre, rentier, rue de la Colombière, n. 30.
Champeau (de), propriétaire, rue Vannerie, n. 39.
Champenois Pierre, cantonn., cl. Morin, r. de Montmuzard.
Champenois veuve, née Desvignes, rue des Forges, n. 50.
Champenois Jacques, chapelier, place Darcy, n. 2.
Champion veuve, née Couquaux Franç., rue Buffon, 39.
Champion de Nansouty veuve, propr., rue Vannerie, 39.
Champounois veuve, rentière, avenue du Réservoir.
Champonnois André, homme d'équipe, clos Leverne.
Champrenant Germain, journalier, rue des Moulins, n. 3.
Champy Stéphen, serrurier, Californie.
Campy Claudine Mlle, rentière, rue Docteur-Maret, n. 12.
Champy veuve, née Perpinet, place Darcy, n. 1.
Champy Jean-Baptiste, teinturier, place Darcy, n. 1.
Champy Martin, manouvrier, rue de Suzon, n. 12.
Champy Jean, serrurier, rue Verrerie, n. 28.

Chamson Eugène, marbrier, rue du Gaz, n 2 *ter*.
Chamson Pierre, propriétaire, place Saint-Pierre, n. 4.
Chamson Mme, née Paupon, rent., r. de la Préfecture, 59.
Chanussot Jean, courrier des postes, rue des Novices, 22.
Chanard Jacques, poseur, rue Berbisey, n. 78.
Chanat Camille, professeur de musique, rue Bossuet, 18.
Chanat Edmond, professeur de musique, rue Piron, n. 1.
Chandellier Hipp.-Franç., empl. à la Mairie, r. de Gray, 11.
Chandellier Eugénie Mlle, rue de Gray, n. 11.
Chandellier Jacques, recev. d'octroi, clos Montmuzard.
Chaunevet Claudine Mlle, domestique, rue Saumaise, 61.
Changarnier Henri, cordonnier, rue Berbisey, n. 26.
Changenet Jean-Baptiste, vigneron, hameau de Mirande.
Changenet, femme Vaspard, casquettière, r. Musette, 20.
Changenet V^e, née Forey, journ., r. de la Préfecture, 104.
Changenet Pierre, gendarme, rempart du Château, n. 4.
Changenet Etienne, nettoyeur, faubourg Rennes, n. 3.
Changenet Ignace, ouvrier plâtrier, rue Roulotte, n. 8.
Changenet Mme, née Jacob, journalière, rue Roulotte, 19.
Changenet Frédéric, fumiste, rue Roulotte, n. 25.
Chanliau Charles, charpentier, rue Saint-Philibert, n. 73.
Chanlon, cabaretier, rue du Tribunal, n. 5.
Chanoine Sulpice, conseiller à la Cour, rue Berbisey, n. 25.
Chansardon veuve, née Robin, coutur., pl. du Morimont, 1.
Chanteau veuve, née Jolivet, vigneronne, cour de la
    Faïencerie, n. 8.
Chanteau veuve, née Cavard, vigneronne, cour de la
    Faïencerie, n. 12.
Chantelot Egésine, march. de vins en gros, r. Jeannin, 55.
Chantrenne, cour des Frères, n. 1.
Chantriaux Louis, baigneur, rue de la Préfecture, n. 12.
Chanut Jean, rétameur, rue d'Auxonne, n. 28.
Chanut Jean-Baptiste, propriétaire, r. Chabot-Charny, 91.
Chanut Jules, étudiant, rue Chabot-Charny, n. 91.
Chanut Eugène, docteur-médecin, place Saint-Jean, n. 17.
Chapard Léon, négociant en grains, rue François-Rude, 15.
Chapard veuve, rentière, rue François-Rude, n. 15.
Chapard Vict., meunier, march. de farine, r. de Plombières.
Chape Jean, paveur, rue Jeannin, n. 63.
Chapelle Gustave, relieur, rue Legoux-Gerland, n. 6.
Chapelle Jean, manouvrier, rue du Mouton, n. 13.
Chapelard veuve, née Vallot, rent., r. Chabot-Charny, 59.

Chaperon Victorine Mlle, maîtresse de pension, rue des No-
  vices, n. 10.
Chapet Philippe, propriétaire, chemin de Talant, n. 12.
Chapluet Claude, anc. huissier, rue Amiral-Roussin, n. 1.
Chapluet Antoine, empl. à la poste, rue Saint-Nicolas, 51.
Chapotot Victor, menuisier, rue de Gray, n. 27.
Chapotot veuve, née Matra, journ., rue Roulotte, n. 17.
Chappe Jean, manouvrier, rue de la Grenouille, n. 1.
Chappe Joseph, charpentier, rue Jeannin, n. 65.
Chappeau Jean-Baptiste, propriétaire, rue du Tillot, n. 19
Chapuis Henri, cond. des ponts et ch., r. de l'Arquebuse, 2.
Chapuis veuve, née Boirin Anne, rent., r. de l'Arquebuse, 2.
Chapuis veuve, née Royer Reine, rent., r. de l'Arquebuse, 2.
Chapuis Louis, jardinier, rue d'Auxonne, n. 50.
Chapuis Félix, march. de laine filée, rue Bassano, n. 20.
Chapuis Gabriel, chaudronnier, rue Bassano, n. 76.
Chapuis, marchand de fer, rue Bossuet, n. 15.
Chapuis, rue du Bourg, n 61.
Chapuis Joseph, scieur de long, rue Cazotte, n. 16.
Chapuis Félix, grenetier, rue Chabot-Charny, n. 55.
Chapuis Hugues, fabr. de produits chimiq., r. du Chinois.
Chapuis Jean, relieur, cour de la Faïencerie, n. 11.
Chapuis Alexandre, journalier, rue du Mouton, n. 3.
Chapuis Gabriel, menuisier, cabaretier, rue Menevalle, 7.
Chapuis J.-B., ouv. charp., au chem. de fer, pl. St-Michel, 23.
Chapuis, entr. de charbon de terre, port du Canal, n. 8.
Chapuis François, journalier, rue Roulotte, n. 24.
Chapuis Pierre, marchand de fer, rue St-Bénigne, n. 11.
Chapuis Prosper, miroitier, rue Saint-Martin, n. 27.
Chapuis Prosper, doreur, rue Saint-Nicolas, n. 88.
Chapuis Antoine, couvreur, rue Saumaise, n. 40.
Chapuis Pierre, ouvrier, rue Saumaise, n. 57.
Chapuis Bénigne, tanneur, pont des Tanneries, n. 6.
Chapuis Vincent, rue Vannerie, n. 20.
Chapuis veuve, rue Vannerie, n. 24.
Chapuis, veuve Boulard, ouvrière, rue Vannerie, n. 37.
Chapuzot Nicolas, boulanger-aubergiste, rue Devosge, 55.
Chapy Mme, revendeuse, rue Roulotte, n. 26.
Charentenay (de), propriétaire, r. Chancelier-l'Hôpital. 11.
Charbonnel Jean, marchand de parapluies, r. Bassano, 22.
Charbonnet Mme, née Folletet, femme de ménage, cour de
  la Faïencerie, n. 11.

Charbonnier Célestine Mlle, coiffeuse, r. Amiral-Roussin, 3.
Charbonnier veuve, née Langlois, rentière, rue d'Assas, 2.
Charbonnier Joseph, relieur, rue de la Prévoté, n. 9.
Charbonnot Augustin, ferblantier, rue François-Rude, 32.
Charchaude Claude, propriétaire, rue des Perrières, n. 16.
Charchillet Antoine, menuisier, rue de Montmuzard, n. 11.
Charchillet Pierre, marchand de faïencerie, rue de Mont-
    muzard, n. 22.
Charchillet Claude, menuisier, rue de Montmuzard, n. 22.
Charcouchet François, cabaretier, r. de l'Arquebuse, n. 8.
Charcouchet Jean, chauffeur, rue du Tillot, n. 11.
Charcousset P., anc. cond. des p. et ch., r. de la Préfect., 101.
Chardin Alphonse, photographe, cours du Parc, n. 6.
Chardiner, tonnelier, rue Sambin, n. 4.
Chardon veuve, née Chaveau, rentière, rue Dubois, n. 11.
Chardon Jean, garçon voiturier, rue des Tanneries, n. 23.
Chardonnet Denis, journalier, rue d'Auxonne, n. 31.
Chardot Joseph, contre-maître chapelier, imp. Audra, n. 1.
Chareault Gabriel, représent. de commerce, r. Bannelier, 7.
Charel Joseph, manœuvre, cour de la Faïencerie, n. 10.
Chargrasse Charles, parfumeur, place Saint-Jean n, 11.
Chargrasse Jean, ancien parfumeur, rue de l'Ile, n. 10.
Charité Charles, mouleur en fonte, rue de l'Hôpital n. 9.
Charles François, tailleur de pierres, r. des Nantillières,
    (Californie).
Charles Antoine, maçon entrepreneur, rue Devosge, n. 20.
Charles Louis, cafetier, rue Jeannin, n. 69.
Charles, débitant de vin, rue Odebert, n. 16.
Charles Victor. tonnelier, place de la Banque, n. 6.
Charles François, marchand de bois, port du Canal, n. 25.
Charles, rue de Pouilly, n. 16.
Charles Nicolas, ajusteur, rue Vannerie, n. 19.
Charleuf, an. dir. des cont. directes, r. Legoux-Gerland, 5.
Charlet Isidore, anc. grenetier, rue Berbisey, n. 114.
Charlet veuve, journalière, rue du Bourg, n. 58.
Charlet Pierre, scieur de bois, rue du Bourg, n. 58.
Charlet veuve, femme de ménage, rue Charrue, n. 1.
Charlet veuve, née Marc, scieur de bois, rue Piron, n. 44.
Charlet Mme, née mercier, rue Quantin, n. 14.
Charleu Jeanne Mlle, rentière, rue Condé, n. 10.
Charlochet Isidore, propriét., mécanicien, ruelle d'Ahuy.
Charlot Pierre, couvreur, cour des Frères, n. 4.

Charlot Jean, garçon boulanger, cour du Quartier, n. 6.
Charlot J.-B., ouv. cordonnier, rue Saint-Nicolas, n. 38.
Charlut Louise Mlle, domestique, rue des Novices, n. 4.
Charlut veuve, née Louchard, journalière (Petites-Roches).
Charlut Hippolyte, direct. d'institution, r. St-Philibert, 51.
Charlut Jean, empl. aux contributions, r. Vannerie, n. 33.
Charmont Jean, photographe, rue François-Rude, n. 17.
Charmot veuve, née Pretet, rentière, rue Bassano, n. 57.
Charmot Jean, rentier, rue Bassano, n. 80.
Charnaut Pierre, homme de peine, rue St-Nicolas, n. 51.
Charnaux Antoine, propriétaire, rue Berbisey, n. 40.
Charnaux veuve, femme de ménage, rue Berbisey, n. 44.
Charollois Jean, mécanicien, rue de l'Arquebuse, n. 18.
Charollois Louise Mlle, rentière, rue Docteur-Maret, n. 2.
Charpentier Charles, sous-chef de bureau à la préfecture,
    rue de la Préfecture, n. 25.
Charpentier Antoine, jardinier, r. Sainte-Catherine, n. 22.
Charpentier Edme, jardinier, rue Sainte-Catherine, n. 22.
Charpentier Louis, jardinier, rue Sainte-Catherine, n. 22.
Charpentier Philibert, journalier, r. Ste-Catherine, n. 36.
Charpentier Adolphe, jardinier, r. Ste-Marguerite, n. 21.
Charpillet Eugénie Mlle, ouvrière, rue Jeannin, n. 36.
Charpiot veuve, née Noviot, rue Bassano, n. 92.
Charpiot Marguerite Mlle, couturière, r. du Bourg, n. 58.
Charpiot Pierre, employé, rue des Godrans, n. 61.
Charpiot, carrier, rue Saint-Nicolas, n. 5.
Charpotot Franç., contre-maître, r. du Petit-Cîteaux, 11 bis.
Charpozot, maçon, rue Vannerie, n. 57.
Charpy Françoise Mlle, lingère, rue Berbisey, n. 100.
Charretier Antoine, tailleur, rue du Gaz, n. 22.
Charretier Jean, tonnelier, place du Morimont, n. 15.
Charrey (de) Hilaire, propriétaire, rue Buffon, n. 8.
Charrey Blaise, charpentier, rue des Tanneries, n. 2.
Charroy Pierre, grenetier, rue du Bourg, n. 2.
Charry Charles, charpentier, cour des Frères, n. 1.
Chartay Louis, manouvrier, cour Bourberain, n. 3.
Chartenay Jean, grenetier, rue des Moulins, n. 51.
Chartier Jean, maçon, aux Echaillons.
Charton veuve, née Baulet, propriétaire, r. du Bourg, n. 6.
Charve Pierre, employé à la poste, r. Notre-Dame, n. 22.
Charveau Victor, comptable, rue de la Trémouille.
Charvin Gabriel, peintre en bâtiments, r. Longepierre, 16.

Charvin François, peintre, rue Piron, n. 13.
Charvin, peintre au chemin de fer, rue de la Prévoté, n. 9.
Charvot Jacques-Félix, avoué, rue de la Préfecture, n. 14.
Charvot Stephen fils, rue de la Préfecture, n. 14.
Chary Auguste, ouvrier tonnelier, rue Sambin, n. 17.
Chassagne François, fabr. de parapluies, r. Charrue, 22.
Chassagne Jean, cordonnier, rue Franklin, n. 9.
Chassagne Martial, chapelier et marchand de parapluies,
    rue Guillaume, n. 48.
Chassagne Pierre, scieur de long, rue Magenta.
Chassagne Charles, marchand fruitier, rue Odebert, n. 12.
Chassagne Jean, march. de parapluies, r. St-Nicolas, n. 92.
Chassaing Mme, née Potot, ouv., r. Amiral-Roussin, n. 15.
Chasseaux veuve, née Crédot, rentière, r. Guillaume, n. 4.
Chastin François-Edmond, cabaretier, port du Canal, n. 7.
Chat Emile, commis voyageur, boulevard du Tivoli, n. 13.
Chataignier Jules, fabr. de billards, r. Saint-Bénigne, 11.
Chataignier Eugène, rentier, rue Sambin, n. 7.
Chataignier veuve, rue de Suzon, n. 8.
Chatain Jean-Baptiste, loueur en garni, r. du Bourg, n. 17.
Chatain Pierre, manouvrier, rue Sainte-Catherine, n. 15.
Chatain Claude, manouvrier, rue Sainte-Catherine, n. 15.
Chataing veuve, née Boisseau, ouv., r. Ste-Marguerite, n. 8.
Chateau François, chapelier, rue d'Ahuy, n. 4.
Chateau Jean, ouvrier confiseur, rue du Petit-Potet, 23.
Chatelain Joseph, jardinier, concierge, place St-Jean, n. 4.
Chatellenot (de) veuve, propriétaire, rue Saumaise, n. 18.
Chatouillot Julien, march. de nouvautés, r. Bossuet, n. 10.
Chaubon Anne Mlle, ouvrière, rue d'Assas, n. 28.
Chauchefoin Gustave, menuisier, rue d'Auxonne, n. 28.
Chauchot Paul, fabricant de plâtre, marchand de plan-
    ches et de tuiles mécaniques, rue du Gaz, n. 7.
Chaudié Léon, dessinateur, rue Bassano, n. 37.
Chaudié Jean, cultivateur, route de Langres.
Chaudonneret Mathieu, tonnelier, rue Berbisey, n. 59.
Chaudouet Bernard-Firmin, fripier, r. Chaudronnerie, 11.
Chaudouet Arthur fils, rue Chaudronnerie, n. 11.
Chaudret Auguste, conducteur de trains, r. Crébillon, 16.
Chaudron Pierre, grenetier, rue d'Assas, n. 17.
Chaumet veuve, née Jolivet, rent., r. de la Préfecture, 28.
Chaumonot Alfred fils, surnuméraire, r. St-Bernard, n. 4.
Chaumont Théodore, ouvrier serrurier, rue Bassano, n. 6.

Chaussée (de la), capitaine au 62e, rue Saumaise, n. 65.
Chaussenot-Legros, négociant, rue Bannelier, n. 13.
Chaussenot Antoine, manœuvrier, rue Berbisey, n. 49.
Chaussenot Paul, marchand de cristaux, rue des Forges, 5.
Chaussenot-Legros, march. de cristaux, r. des Godrans, 22.
Chaussenot J.-B., scieur de long, r. de la Préfecture, n. 67.
Chaussenot Mme, née Coutier, gargot., rue du Sachot, 16.
Chaussier Mme, née Coindar, fem. de mén., r. Berbisey, 79.
Chaussier veuve, née Perret, propriétaire, rue Buffon, 21.
Chaussier Bernard, march. bonnetier, rue de la Gare, 18.
Chaussier Jean-François, grenetier, rue St-Nicolas, n. 30.
Chaussiez Joseph, menuisier, rue Berbisey, n. 62.
Chauve Claude, dit Jules, coiffeur, rue Vaillant, n. 19.
Chauvelot Antoinette Mlle, propriétaire, r. Bassano, 118.
Chauvelot François, rentier, rue de la Cité.
Chauvelot Théodore, cafetier, rue Devosge, n. 14.
Chauvelot Charles, jardinier, rue de Longvic, n. 30.
Chauvelot veuve, rentière, rue de la Préfecture, n. 41.
Chauvenet Claude, dentiste, cours du Parc, n. 35 (pied-à-
    terre).
Chauvenet Claude, dentiste, place d'Armes, n. 10.
Chauvenet Didier, dir. du Mont-de-piété, r. Vannerie, 17.
Chauvenet veuve, née Faivelet, rentière, rue Verrerie, 31.
Chauvigné Louis, sous-chef d'éq., r. des Perrières, 3 *bis.*
Chauvin Jean-Baptiste, charcutier, rue des Godrans, 56
Chauvin Marie Mlle, place Darcy, n. 3.
Chauvin Hippolyte, cons. à la Cour, rue St-Philibert, 20.
Chauvirey Félix, fabr. de limonade, rue de Gray, n. 17.
Chauvot veuve, née Berger, couturière, r. Berbisey, 16.
Chauvot Sylvestre, corroyeur, rue François-Rude, n. 23.
Chauvot Jean-Baptiste, maçon, rue des Godrans, n. 10.
Chavance Franç., cond. de trains, cour de la Faïencerie, 14.
Chavance François, charpentier, cour de la Faïencerie, 3.
Chavannes (de), propr., rue de Clairvaux, 1 (pied-à-terre).
Chavant Claude, à l'équipe, place du Morimont, n. 20.
Chavanton Jacques, manouvrier, rue Menevalle, n. 7.
Chavasse Frelas, charpentier, rue Devosge, n. 3.
Chavasse Victor, charpentier, rue Guillaume, n. 45.
Chavin Etienne, marchand de vins en gros, r. Jeannin, 19.
Chay Claude, cloutier, rue Vannerie, n. 67.
Chazelle, menuisier, rue Odebert, n. 18.
Chazelle veuve, née Lallemand, rue Odebert, n. 18.

Chazelle veuve, née Bouchard, rue Odebert, n. 18.
Chazelle François, cabaretier, pont des Tanneries, n. 8.
Chédal Joseph, scieur de bois, rue Dauphine, n. 15.
Chédal Cyprien, ancien concierge, rue Rou   13.
Chédal Alexandre, commissionn.   , rue Saint   ie, 4.
Chellard (du) J.-B., capitaine en retraite, pl. d'   s, 14.
Chemery Félix, agent d'affaires, rue de Lamon
Chemet Henri, épicier, rue Bassano, n. 102.
Chemet Charles, grenetier, rue Bassano, n. 36.
Chemunet Emile, cocher et concierge, r. du Petit-Potet, 20.
Chêne Jean-Baptiste, chapelier, rue Devosge, n. 23.
Chêne veuve, née Esmonin, cabaretière, fontaine Ste-Anne.
Chêne Philippe fils, fontaine Sainte-Anne.
Chenevier Louis, plâtrier, rue Chantal, n. 1.
Chenevrier Jean-Baptiste, manouv., rue du Mouton, 3 *bis*.
Chenillot Yves, homme d'équipe, rue Crébillon, n. 21.
Chenot Jean, ingén. en ch. du Canal, r. Chabot-Charny. 70.
Chenot veuve, née Hicquet, propriétaire, r. du Palais, 19.
Chenut V^e, née Chenut Olymipe, rent., r. des Bons-Enfants, 2.
Chenut Philibert, débit. de tabac, r. de la Préfecture, 52.
Chériot Antoine, cantonnier, route de Plombières.
Chervier Pierre, rentier, rue Neuve-Dauphine, n. 1.
Chevalier Mélanie Mlle, grenetière, rue d'Ahuy, n. 8.
Chevalier Louis, cafetier, rue Saint-Nicolas, n. 22.
Chevalier Gilbert, maçon, rue Audra, n. 14.
Chevalier veuve, née Petitprin, journal., r. d'Auxonne, 48.
Chevalier Antoine, rentier, rue Bassano, n. 71.
Chevalier Ernest, cordonnier, rue Dauphine, n. 15.
Chevalier Joseph, piqueur, rue du Chaignot, n. 10.
Chevalier, employé chez M. Héluin, rue Jeannin, n. 31.
Chevalier Hippolyte, mécanicien, rue Musette, n. 7.
Chevalier veuve, née Charlut, march. taill., r. Musette, 37.
Chevalier Jean-Baptiste, cafetier, place des Ducs, n. 8.
Chevalier Emilie Mlle, ouv. en linge, r. de la Préfecture, 80.
Chevalier Vict.-Denis, chef d'escad., remp. du Château, 3.
Chevalier Amable, chaudronnier, rue Roulotte, n. 23.
Chevalier Eugène, tapissier, rue du Tillot, n. 3.
Chevalier Denis, ancien notaire, rue Victor-Dumay, n. 3.
Chevallier Etienne, vigneron, rue Berbisey, n. 69.
Chevallier Philippe, tailleur, rue Chaudronnerie, n. 42.
Chevalme Claude, messager, port du Canal, n. 8.
Chevalot Jean-Baptiste, grenetier, rue d'Ahuy, n. 12.

Chevalot Claude, grenetier, charron et débitant de tabac, rue Devosge, n. 16.

Chevardin François, comptable, rue Sainte-Anne, n. 4.

Chevassus Victor, pharmacien, rue Berbisey, n. 6.

Chevaux Louis, tailleur de pierres, rue Bassano, n. 49.

Chevenement Elisa, femme de ménage, r. des Godrans, 16.

Chevillard Jean-Baptiste, charcutier, rue Bassano, n. 13.

Chevillard Pierre, homme d'équipe, route de Plombières.

Chevillié veuve, née Lemaire, propriétaire, r. Condé, n. 10.

Chevillé Hippolyte, rentier, rue Condé, n. 10.

Chevillon Jeanne Mlle, lingère, rue des Etioux, n. 30.

Chevillot Ernest, peintre, rue Magenta.

Chevret Etienne, militaire retraité, rue de l'Hôpital, n. 3.

Chevret veuve, née Maréchal rentière, r. St-Philibert, 2.

Chevreul Henri, propriétaire, rue Vannerie, n. 41.

Chevrey Jean-Baptiste, jardinier, rue de Longvic, n. 8.

Chevrey Jean-Baptiste, marchand de vin, r. Odebert, n. 24.

Chevrey veuve, née Richard, rue de la Préfecture, n. 97.

Chevrot Alfred, architecte, rue de Longvic, n. 20.

Chibert Séraphin, menuisier, rue des Etioux, n. 30.

Chicheret veuve, rentière, rue Jeannin, n. 37.

Chicotot Louis, serrurier, rue Audra, n. 20.

Chifflot Jules, jardinier, rue Sainte-Marguerite, n. 57.

Chiffolot Pierre, journalier, route de Plombières.

Chiffon Jacques, rentier, rue Turgot, n. 24.

Chilliat, représent. de commerce, r. Chaudronnerie, n. 14.

Chimbeault Alexandre, peintre, rue Vannerie, n. 32.

Choilot Félix, bourrelier, rue de l'Hôpital, n. 15.

Cholet Simon, tourneur, rue Amiral-Roussin, n. 33.

Cholet Claude, tonnelier, rue Audra, n. 4.

Cholet Nicolas fils, rue Audra, n. 4.

Cholet Emile fils, rue Audra, n. 4.

Cholet Jean-Baptiste, vigneron, route d'Auxonne, n. 61.

Cholet Claude, jardinier, rue Bergère, n. 18.

Cholet Pierre, serrurier, rue Jeannin, n. 47.

Cholet Jean-Baptiste, vigneron, rue de Longvic, n. 23.

Chomard Mme, journalière, rue du Champ-de-Mars.

Chomard Joseph, comptable, rue Saint-Nicolas, n. 8.

Chomard veuve, rue Saint-Nicolas, n. 37.

Chonion Jean, marchand de planches, rue de Gray, n. 31.

Chopard, marchand de grains, rue Audra, n. 21.

Chopin Lazare, conseiller à la cour, r. Ch.-Charny, n. 62.

Choquier Bernard, vigneron, à Saint-Antibes.
Choquier Jean, vigneron, à Larrey.
Cholier Pierre, vigneron, au Fort Yon.
Cholard Pierre, propriétaire, rue Proudhon, n. 27.
Cholier Pierre, route de Lyon, n. 10.
Cholier Henri, route de Lyon, n. 10.
Choltier Pierre, vigneron, au Fort Yon.
Chouard Louis, menuisier, rue Franklin, n. 9.
Choublanc Cl., taill. de pierres, cour de la Faïencerie, 11.
Chouchelet Pierre, manœuvre, rue Saint-Nicolas, n. 40.
Chouët Joseph, juge de paix, rue de la Prévôte, n. 3.
Chouët Célestine Mlle, rentière, r. Saint-Philibert, n. 24.
Chouet Vincent, manouvrier, rue des Tanneries, n. 13.
Chouet Claude, concierge, rue Vauban, n. 21.
Choulet Charles, rentier, place Saint-Jean, n. 4.
Choumann Mme, née Chapotot, femme de ménage, rue
  de Clairvaux, n. 3.
Chouquet Auguste, voyageur de commerce, r. Devosge, 17.
Choulard Denis, employé au gaz, rue de Venise.
Choux André, manouvrier, rue Richelieu, n. 10.
Choveau Marie Mlle, rentière, rue Vannerie, n. 98.
Chrétien Charles, ancien professeur, rue Musette, n. 10.
Chrétien Henriette Mlle, rentière, rue Saumaise, n. 43.
Chrétiennet Lucien, voyageur de commerce, rue Chabot-
  Charny, n. 71.
Chrétiennet veuve, née Berge, rentière, pl. St-Michel, n. 35.
Chrétiennet Adrien, commis voyageur, pl. St-Michel, n. 35.
Christen Philémon, tonnelier, rue d'Auxonne, n. 69.
Christophani François, cordonnier, rue Jeannin, n. 51.
Chuchelet Pierre, vigneron, fontaine Sainte-Anne.
Ciameaux Nicolas, manouvrier, cour de la Faïencerie, n. 2.
Cié Antoine, scieur de bois, rue Crébillon, n. 5.
Cimetière Jacques, homme d'équipe, rue du Tillot, n. 7.
Cizel Isidore, grenetier, rue Saint-Nicolas, n. 39.
Cizel Clément, chauffeur, route de Lyon, n. 6.
Clachet Antoine-Louis, propriétaire, rue St-Nicolas, n. 45.
Clair Auguste, employé au chemin de fer, chemin couvert
  de la Belle-Etoile.
Clairc Jean-Baptiste, garçon farinier, route de Plombières.
Claire Pierre, journalier, rue Bergère, n. 12.
Claire Jeanne Mlle, blanchisseuse, rue Berbisey, n. 20.
Claire Joseph, marchand d'étoffes, rue Berbisey, n. 82.

Claire Etienne, employé, route de Plombières.
Claire Jean-Baptiste, graisseur, rue du Tillot, n. 11.
Clairet Félix, chaudronnier, rue Berbisey n. 54.
Clairet Maria Mlle, rentière, rue Rameau, n. 22.
Clairin veuve, née Clunet, rentière, r. de la Prévôté, n. 15.
Clairottet Jacques. charpentier et linger, r. Ch.-Charny, 85.
Clairottet Jean-Baptiste, rentier, route de Mirande.
Claude veuve, née Goisset, rentière, rue Franklin, n. 7.
Claude François, couvreur, rue Jeannin, n. 53.
Claude Jean, à l'équipe, rue Saint-Philibert, n. 65.
Claudel veuve, femme de ménage, Belle-Ruelle, n. 1.
Claudel veuve, rentière, rue Cazotte, n. 2.
Claudon Pierre, fact. au chemin de fer, r. du Château, n.8.
Clauset Charles, sous-inspecteur des forêts, chemin couvert de la Belle-Etoile.
Clauss Joseph, manouvrier, avenue du Réservoir.
Clausse Anatole Mme, lingère, rue Saint-Nicolas, n. 21.
Clausse Anatole, employé de commerce, r. Vannerie, n. 6.
Clave veuve, née Dellery, épicière, rue Berbisey, n. 9.
Clavel François, nettoyeur, rue de l'Arquebuse, n. 25.
Clavel Lucien, scieur de bois, rue d'Auxonne, n. 29.
Clavel Jean-Baptiste, marbrier, rue Berbisey, n. 19.
Clavel Alphonse, ouvrier marbrier, rue Berbisey, n. 102.
Clavel Joseph, charbonnier, rue de l'Ile, n. 2.
Clavel Jacques, journalier, rue de la Préfecture, n. 21.
Clavel Cyprien, scieur de bois, rue de la Préfecture, n. 21.
Clavel Etienne, couvreur, rue Saumaise, n. 20.
Clavelot Etienne, tailleur de pierres, rue d'Ahuy, n. 20.
Claveloux, employé des contrib. indirect., rue d'Assas, 13.
Claverie Jacques, marchand linger, rue Bassano, n. 19.
Claverie Jean, grenetier, rue Berbisey, n. 59.
Clavey veuve, née Guillaume, marchande de confections, rue Odebert, n. 26.
Clavey Henri, chef de section au chemin de fer, rue Saint-Philibert, n. 41.
Claysen Marie-Joséphine Mlle, ouvrrière, rue Chaudronnerie, 42.
Claysen Marie Mlle, ouvrière, rue Chaudronnerie, n. 42.
Clazer Thomas, cordonnier, rue Chaudronnerie, n. 9.
Clazer, rue Saint-Martin, n. 2.
Clerc Nicolas, propriétaire, rue d'Ahuy, n. 19.
Clerc Julien, horloger, impasse Audra, n. 15.

Clerc, ancien instituteur, rue Amiral-Roussin, n. 40.
Clerc Pierre, tonnelier, rue de l'Arquebuse, n. 3.
Clerc François, propriétaire, rue Berbisey, n. 126.
Clerc Jean-Baptiste, conducteur des ponts et chaussées, rue Neuve-Dauphine, n. 1.
Clerc Armand, ancien gendarme, rue Jeannin, n. 35.
Clerc veuve, née Guy, rentière, rue Longepierre, n. 20.
Clerc Bernard, jardinier, rue de Longvic, n. 23.
Clerc Madame, rentière, route de Mirande.
Clerc Jean-Baptiste, tonnelier, rente Montmuzard.
Clerc Joseph, facteur, place Darcy, 5.
Clerc Amélie Mlle, ouvrière en robes, place St-Michel, 35.
Clerc François, commissionnaire, Port du Canal, n. 19.
Clerc Adrien, avocat stagiaire, rempart du Château, n. 12.
Clerc Claude, orthopédiste, ruelle aux Prêtres, n. 1.
Clerc Gabriel, ouvrier peintre, rue Saumaise, n. 14.
Clerc veuve, née Daisey, journalière, rue Ste-Catherine, 6.
Clerc François, propriétaire, petite rue Saint-Lazare.
Clerc Henri, ébéniste, petite rue Saint-Lazare.
Clerc Mme, née Nourrisson, rue Sainte-Marguerite, n. 2.
Clesca Nicolas, menuisier, rue Crébillon, n. 10.
Clémancey veuve, née Pansiot, rentière, rue du Chapeau-Rouge, n. 12.
Clémencet Clarisse Mlle, rentière, rue d'Assas, n. 25.
Clémencet Jean, balayeur, rue de Gray, n. 45.
Clémencet Joseph, boulanger, rue Guillaume, n. 23.
Clémencet Jean-Baptiste, tailleur, rue Guillaume, n. 45.
Clémencet Jean-Baptiste, rentier, rue Guillaume, n. 61.
Clémencet Louis, ouvrier bonnetier, rue Jeannin, n. 57
Clémencet Jean-Baptiste, garçon de magasin, rue Mulot (Perrières).
Clémencet Charles, teneur de livres, place d'Armes, n. 2.
Clémencet Charles, rentier, rue de Pouilly, n. 17.
Clémencet Jean, grenetier, rue Saint-Philibert, n. 44.
Clémendot Jules, commissaire-priseur, rue d'Ahuy, n. 9.
Clément, manouvrier, rue d'Auxonne, n. 51.
Clément Vincent, ex-banquier, rue d'Auxonne, n. 62.
Clément Antoine, agent d'affaires, rue Bossuet, n. 29.
Clément Alice Mlle, ouvrière, rue Buffon, n. 34.
Clément veuve, rue de Clairvaux, n. 10.
Clément François, tuilier à Larrey.
Clément Pierre, marchand de vin en gros, r. Menevalle, 2.

Clément veuve, née Portel, place Saint-Jean, n. 1.
Clément, agent d'affaires, rempart du Tivoli, n. 6 (pied-à-
terrre).
Clément Michel, comptable, ruelle d'Ahuy.
Clergé Hector, direct. de l'enregistrement, rue Bassano, 10.
Clergeat Julien, journalier, rue du Mouton, n. 17.
Clerget-Vaucouleur Henri, conseiller honoraire à la Cour,
rue Amiral-Roussin, n. 44.
Clerget Nicolas, poêlier, rue Bossuet, n. 9.
Clerget Claude, carrier, aux Carrières-Blanches.
Clerget Hippolyte, boulanger, rue Charrue, n. 10.
Clerget Pierre, professeur d'écriture, rue Charrue, n. 34.
Clerget, menuisier, rue Devosge, n. 36.
Clerget Claude, comptable à la régie, rue Jeannin, n. 46.
Clerget Jeanne Mlle, ouvrière, rue Jeannin, n. 59.
Clerget Jules, commis, rue Notre-Dame, n. 24 bis.
Clerget François, marchand de farines, rue Musette, n. 34.
Clerget Jean-Baptiste, rentier, rue Odebert, n. 22.
Clerget Charles, géomètre, rue du Palais, n. 17.
Clerget François, marchand de cendres, Port du Canal, 15.
Clerget Pierre, manouvrier, rue de la Préfecture, n. 106.
Clerget François, employé au télégraphe, à Saint-Antibes.
Clerget-Vaucouleur fils, juge, rue Saint-Nicolas, n. 121.
Clerget Eugène, chaudronnier, rue Saint-Philibert, 63 bis.
Clerget Jean, boulanger, rue Saint-Pierre, n. 10.
Clerget Pierre, facteur rural, rue Saumaise, n. 20.
Clerget Pierre, garde-ligue, route de Lyon.
Clerget Mme, née Minotte, lingère, rue Victor-Dumay, 15.
Clertan, docteur-médecin, r. de la Colombière, 13 (p. -à-t.)
Clertan Claude, docteur-médecin, place Saint-Pierre, n. 9.
Clochot Eugène, manouvrier, rue Saint-Nicolas, n. 84.
Clolu veuve, rentière, rue Chaudronnerie, n. 10.
Clopin Marie Mlle, ouvrière en robes, rue Piron, n. 15.
Clostre Paul, chaudron. au chem. de fer, r. Crébillon, 30.
Clott Rose, veuve Ulric, ouvrière, rue Vannerie, n. 20.
Clotte Eugène, manouvrier, rue Sainte-Marguerite, n. 15.
Clotte Jean-Baptiste, serrurier, rue Sainte-Marguerite, 15.
Clotte Joseph. revendeur de fer, rue Saumaise, n. 63.
Clousier François, conducteur des ponts et chaussées, rue
Berbisey, n. 78.
Clousier Charles, propriétaire, ancien menuisier, rue Ber-
bisey, n. 78.

Clousier Denis, fripier, rue Crébillon, n. 11.
Clouzot Jean-Baptiste, sous-chef d'équipe, rue de l'Ile, 4.
Clouzot Pierre, homme d'équipe, rue de l'Ile, n. 4.
Cluchier Pascal, serrurier, r. Petite-d.-Poussots (Californ.)
Clunet Catherine Mlle, rentière, rue des Novices, n. 24.
Cluny veuve, née Debielle, rue Berbisey, n. 112.
Cluny Jean, manœuvre, rue de la Préfecture, n. 106.
Cluny François, vigneron, fontaine Sainte-Anne.
Cluzel Jean, rentier, rue des Perrières, n. 12.
Cocharot Joseph, chantre, rue Saint-Philibert, n. 15.
Cochenet Nicolas, manouvrier, rue du Mouton, n. 3 ter.
Cochet Joseph, corroyeur, cour de la Grenouille, n. 5.
Cocruot Victor, manœuvre, rue des Godrans, n. 98.
Cocusse Auguste, tonnelier, rue Guillaume, n. 50.
Cocusse veuve, née Millot, rentière, rue Vannerie, n. 4.
Coëffard Remy, huissier, rue du Palais, n. 23.
Coënard (de), lieutenant-colonel d'état-major en retraite, place Saint-Michel, n. 10 bis.
Cœurdassier Jules, marchand de cristaux, r. Guillaume, 4.
Coffin François, teneur de livres, rue Musette, n. 10.
Coffin Louis, ingénieur, rue Berbisey, n. 10.
Coffre Angéline Mlle, marchande fripière, rue Verrerie, 22.
Coillot Jules, voiturier, port du Canal, n. 17.
Coillot Pierre, cabaretier, rue Bassano, n. 62.
Coiret veuve, propriétaire, avenue du Réservoir.
Coiret veuve, née Tribolet, femme de ménage, rue Berbisey, n. 71.
Coiret Pierre-Antoine, épicier, tonnelier, r. St-Martin, 51.
Coiret Edouard, garçon de théâtre, rue Saint-Nicolas, 89.
Coiret Simon, cordonnier, rue Saint-Pierre, n. 4.
Coiret Simon, ouvrier cordonnier, rue de Venise.
Coiriet Annet, manouvrier, Californie.
Col Jean, scieur de long, port du Canal, n. 8.
Colas Etienne, relieur, allée de la Retraite, n. 2.
Colas veuve, née Ponnel, ouvrière, Cours-Fleury, n. 6.
Colas Mme, propriétaire, rue Dubois, n. 4.
Colas, inspecteur des forêts, rue des Marmuzots (Perrières). (pied-à-terre).
Colas Pierre, plâtrier, port du Canal, n. 23.
Colas Jean-Baptiste, boulanger, rue Vannerie, n. 57.
Coldre Joseph, coiffeur, rue Bassano, n. 108.
Coldre Joseph, coiffeur et loueur en garni, r. Guillaume, 56.

Colin Jean-Joseph, conducteur des ponts et chaussées, rue de la Préfecture, n. 61.
Colin François, propriétaire, route de Longvic.
Colinet veuve, rentière, rue Verrerie, n. 53.
Collardot Pierre, propriétaire, rue des Forges, n. 24.
Collas Barthélemy, propriétaire, rue Bassano, n. 18.
Collas Louis, insp. des forêts en retr., rue Guillaume, n. 4.
Collas de Latapie de Ligonie, propr., rue du Tillot, n. 8.
Collas de Latapie, avocat, rue du Tillot, n. 8.
Collas Ve née de Latapie de Ligonie, propr., r. du Tillot, 8.
Collé François, propriétaire, rue Sainte-Marguerite, n. 59.
Collet J.-B., march. de toiles, r. du Chapeau-Rouge, n. 15.
Collet Catherine Mlle, femme de mén,, rue Proudhon, n. 2.
Collet veuve, née Bendal, journalière, rue Vannerie, n. 92.
Collenet J.-B., brigadier garde, r. de la Manutention, n. 3.
Collenet Bénigne, vicaire, rue du Tillot, n. 4.
Colliard Louis, naturaliste, rue de la Colombière, n. 10.
Colliet Victor, propriétaire, vigneron, rue Bassano, n. 86.
Collignon Stanislas, tapissier, rue Notre-Dame, n. 14.
Collin Michel, manouvrier, allée des Chartreux, n. 2.
Collin Pierre, journalier, rue Berbisey, n. 128.
Collin Joseph, ingénieur civil, rue Brulard, n. 9.
Collin Claude, concierge, rue Charrue, n. 9.
Collin Antoine, propriétaire, cour des Frères, n. 1.
Collin Jean-Baptiste, anc. cordonnier, cour des Frères, 7.
Collin Vivant, cordonnier, cour des Frères, n. 7.
Collin Mme, née Verrière, femme de mén., r. Dauphine, 13.
Collin Auguste, propriétaire, Fort Yon.
Collin Jean-Victor, peintre, rue des Perrières, n. 14.
Collin François, rentier, rue Saint-Nicolas, n. 70.
Collin François, garçon boulanger, rue Saint-Philibert, 5.
Collin Jean, cabaretier, rue Saint-Pierre, n. 10.
Collin Elisabeth Mlle, prof. de peinture, r. St-Pierre, 17.
Collion Aubin, marchand fripier, rue Berbisey, n. 15.
Collion François, scieur de bois, rue du Bourg, n. 43.
Collion Pierre, scieur de bois, rue du Bourg, n. 62.
Collion Gaspard, concierge, rue Vannerie, n. 35.
Collion André, grenetier, rue du Bourg, n. 86.
Colliot veuve, née Bourgy, rent., r. de la Préfecture, n. 28.
Collon Eugène, poêlier, rue du Bourg, n. 26.
Collon Pierre, rue des Aqueducs (clos Trouillet).
Collon René, voiturier, fontaine Sainte-Anne.

Collon Barthélemy, carrier, fontaine Sainte-Anne.
Collon François, tailleur de pierres, fontaine Sainte-Anne.
Collon Jacques, tailleur de pierres, fontaine Sainte-Anne.
Collon Laurent, forgeron, rue Neuve-Saint-Bénigne.
Collonanne, veuve Daussy, ouvrière, rue d'Auxonne, 33.
Collot Nicolas, tonnelier, rue Bannelier, n. 7.
Collot Jean-Baptiste, vigneron, rue Berbisey, n. 39.
Collot Jacques, vigneron, rue Berbisey, n. 110.
Collot Jean-Baptiste, vigneron, Californie.
Collot Gabriel, vigneron, rue du Chaignot, n. 9.
Collot veuve, née Bellenot, rue Chabot-Charny, n. 5.
Collot Marie Mlle, blanchisseuse, r. Chabot-Charny, n. 3.
Collot Denis, manouvrier, rue du Morimont, n. 5.
Collot Jean-Baptiste, vigneron, rue du Mouton, n. 5.
Collot, direct. de la boucherie dijonnaise, rue Musette, 30.
Collot Franç., propriétaire, vigneron, r. du Petit-Cîteaux, 4.
Collot Franç., propriétaire, jardinier (Petites-Roches).
Collot Jean-Baptiste, vigneron, place du Morimont, n. 11.
Collot Alexandre, rentier, port du Canal, n. 12.
Collot Amédée, ingénieur civil, port du Canal, n. 12.
Collot Jean-Baptiste, gendarme, rempart du Château, n. 4.
Collot veuve, née Guenot, faubourg Rennes, n. 15.
Collot Louis, baigneur, faubourg Rennes, n. 15.
Collot François, rentier, rue Saumaise, n. 43.
Collot Joseph, cabaretier, rue Roulotte, n. 25.
Collot Gustave fils, rue Roulotte, n. 25.
Collot Marie Mlle, lingère, rue Turgot, n. 14.
Colnet Joseph, propriétaire, rue Bossuet, n. 8.
Colnet Pierre, garçon jardinier, clos Montmuzard.
Colomb Emile-Séraphin, ouvrier fabricant de peignes, rue
     du Champ-de-Mars, n. 16.
Colomb veuve, née Benoit, rue du Champ-de-Mars, n. 16.
Colombe, ancien domestique, rue Vannerie, n. 96.
Colombelle Charles, cultivateur propriét., r. Chaude, n. 13.
Colombet François, rentier, rue Audra, n. 26.
Colombet François, aubergiste, rue d'Auxonne, n. 12.
Colombet Henri, garçon de magasin, rue Bassano, n. 33.
Colombet Alfred, chef de trains, rue Bassano, n. 118.
Colombet veuve, née Breux Jeanne, rue Musette, n. 30.
Colombey Jean, menuisier, clos Montmuzard.
Combat Antoine, jardinier, rue Guillaume, n. 45.
Combemorelle Mathieu, sabotier, rue Charrue, n. 8.

Combemorelle François, sabotier, rue Charrue, n. 3.
Combette Vivant, tailleur de pierres, r. d'Auxonne, n. 69.
Combette François, représentant de la maison Lobereau et Meurgey, fabricants de ciment à Venarey, chemin de ceinture de la Belle-Etoile, 19.
Commard Philibert, relieur, avenue du Réservoir.
Commaret Achille, prof. au lycée, r. du Chapeau-Rouge, 11.
Commard François, manouvrier, rue de Longvic, n. 9.
Commard Pierre, bourrelier, rue Mably, n. 9.
Commard Pierre, ancien huissier, rue du Petit-Potet, n. 32.
Commard Pierre, tailleur de pierres, r. St-Philibert, n. 34.
Commard Christine Mlle, journalière, rue Saumaise, n. 30.
Commeau (de) veuve, née Fabrice, propr., r. Berbisey, 35.
Commeau de Charry, propriétaire, rue Berbisey, n. 22.
Commeau veuve, née Nerely, femme de ménage, rue des Perrières, n. 7.
Commeaux Mmes, marchandes de tapisserie, rue Condé, n. 35.
Commiaux veuve, née Roy, rue Bassano, n. 64.
Commode Hugues, jardinier concierge à Chamaillot.
Commot Jean, facteur au chemin de fer, r. Bossuet, n. 27.
Communaudat Auguste, entrepreneur, r. d'Auxonne, n. 58.
Communaux Claude, rentier, rue de Gray, n. 27.
Compagnon Louis, à l'équipe, rue des Perrières, n. 5 *ter*.
Compagnot Jean, propr., petite rue du Château, n. 1.
Comparot Louis, voyageur de commerce, r. Ch.-Charny, 15.
Comparot Joseph, chanoine, rue des Novices, n. 7.
Conchon Claude, maçon, rue Berbisey, n. 126.
Conclois Simon, cond. de trains, r. de la Manutention, 14.
Conder Joseph, ancien négociant, rue Bergère, n. 24.
Confuron veuve, née Prudent, femme de ménage, rue Cazotte, n. 6.
Confuron J.-B., charpentier, rue du Petit-Potet, n. 17.
Confuron Henri fils, rue du Petit-Potet, n. 17.
Confuron Vve, née Froidurot, grenetière, pl. St-Jean, 15.
Conois Honoré, mouleur en fonte, port du Canal, n. 12.
Conois J.-B., mouleur en fonte, port du Canal, n. 12.
Conrois René, capitaine en retraite, r. Ch.-Charny, n. 83.
Constant Claude, scieur de long, rue Berbisey, n. 13.
Constantin Claude, journalier, rue Berbisey, n. 15.
Constantin François, corroyeur, rue Berbisey, n. 52.
Constantin Joseph, propriétaire, rue des Perrières, n. 22.

Contantin Gustave, march. de rubans, place d'Armes, 9.

Contamine (de la) veuve, née du Carrieul, propriétaire, place Saint-Michel, n. 11.

Contant Antoine, grenetier, rue des Godrans, n. 48.

Contenson (de) veuve, née Raviot, rentière, rue de la Préfecture, n. 25.

Contet Charles, ouvrier relieur, chemin couvert de la Belle-Etoile.

Contet Auguste, surveillant, rue Berbisey, n. 45.

Contet Catherine Mlle, rentière, rue Cazotte, n. 8.

Contet François, propriétaire, rue Chabot-Charny, n. 60.

Contet Bernard, épicier, rue Chabot-Charny, n. 91.

Contet Marie Mlle, couturière, rue Dauphine, n. 14.

Contet Marg., femme de ménage, r. Docteur-Maret, n. 10.

Contet veuve, née Maillot, jardinière, petite r. Galoche, 14.

Contet Etienne, manouvrier, rue de Montmuzard, n. 35.

Contet Philip., commissaire-priseur, r. de la Préfecture, 35.

Contet Louis, rue de la Préfecture, n. 35.

Contet Jean, aiguilleur, rue de la Prévôté, n. 9.

Contet Jeanne Mlle, couturière, rue Vaillant, n. 5.

Conton Auguste, teneur de livres, r. de l'Hôpital, n. 3 *bis*.

Contossey Madeleine Mlle, gantière, r. Saint-Nicolas, n. 1.

Contour Jean, cordonnier, rue Berbisey, n. 71.

Converset Pierre, milit. en retraite, allée de la Retraite, 16.

Converset Jean, employé au télégraphe, r. des Godrans, 35.

Converset Adolphe, boulanger, rue Piron, n. 8.

Conversey Anne Mlle, rentière, rue Saumaise, n. 14.

Convert Joseph, fileur de laine, rue de l'Ile, n. 2.

Copié Pierre, employé, rue Mably, n. 3.

Copier Mme, née Maure, rue Bergère, n. 2.

Copier François, domestique à la Maladière, rue de Montmuzard, n. 43.

Coppin J.-B., conducteur de trains, r. St-Philibert, n. 65.

Coquelu Pierre, march. de vin en gros, av. du Cimetière, 6.

Coquelu Claude, rentier, Cours Fleury, n. 6.

Coquelu Prudent, docteur-médecin, place St-Michel, n. 31.

Coquet veuve, née Huchon, femme de ménage, rue Amiral-Roussin, n. 33.

Coquet Louis, cordonnier et concierge, rue Bossuet, n. 12.

Coquet Jean, concierge, rue Chabot-Charny, n. 76.

Coquet Charles, plâtrier, rue de Montmuzard, n. 35.

Coquet Jean-Baptiste, facteur de ville, r. Notre-Dame, 16.

Coquet Nicolas, ancien avoué, place Saint-Michel, n. 27.
Coquet Antoine, anc. menuisier, rempart du Tivoli, n. 7.
Coquet Etienne, menuisier, rue Roulotte, n. 5.
Coquet Pierre, comptable, petite rue Saint-Lazare.
Coquet Jacques, menuisier, rue Saint-Phillibert, n. 26.
Coquet Louis, rentier, rue du Tillot, n. 14.
Coquibus Auguste, maçon, allée de la Retraite, n. 10.
Coquibus veuve, née Boyer, rentière, r. Saint-Nicolas, 16.
Coquibus Jean-Baptiste, fab. de visières, r. St-Nicolas, 16.
Coquillet Auguste, menuisier, rue Bergère, n. 12.
Coquillet Claudine Mlle, couturière, rue du Bourg. n. 62.
Coquillet Bernard, cabaretier, Californie.
Coquillet Jean, bourrelier, rue Chancelier-l'Hôpital, n. 14.
Coquillet Jeanne Mlle, ouvrière, rue Magenta, n. 19.
Coquillot Fanchette Mlle, femme de ménage, rue Piron, 44.
Coquillon Antoine, serrurier, rue Guillaume, n. 16.
Coqunot, gardien de la prison, rue d'Auxonne, n. 69.
Coqunot Jean-Baptiste, menuisier, rue Berbisey, n. 36.
Coqunot Jean-Baptiste, propriétaire, rue Buffon, n. 8 *bis*
   (pied-à-terre).
Corait Claude, cabaretier, rue de l'Hôpital, n. 15.
Corbabon Camille, rentier, rue Saint-Bernard, n. 1.
Corbabon Henri fils, rue Saint-Bernard, n. 1.
Corbaron Armand fils, rue Saint-Bernard, n. 1.
Corbeil Pierre, tailleur de pierres, rue Petite-des-Poussots (Californie).
Corbeil Emilie Mlle, ouvrière, rue Chabot-Charny. n. 3.
Corbeil Claude, marbrier, rue du Château, n. 3.
Corcol Jean, surveillant d'octroi, rue Sambin, n. 17.
Cordelier Jean, fact. au chem. de fer, r. de l'Arquebuse, 22.
Cordelier Adolphe, chapelier, rue de Pouilly, n. 18.
Cordier, abbé, chemin couvert de la Belle-Etoile, 13.
Cordier Alphonse, ancien cafetier, rue Magenta.
Cordier Laurent, propriétaire, rue des Moulins, n. 54.
Cordier Prudhomme, négociant, rue Musette, n. 1 *bis*.
Cordier Louis, direct. de la Banque, pl. de la Banque, n. 2.
Cordier, rue de la Préfecture, n. 50.
Cordonnier veuve, née Cordonnier, rent., r. Bassano, 126.
Cordonnier Désiré, mouleur en fonte, r. des Tanneries, 23.
Corduan Auguste, marchand de vins en gros, rue de la
   Trémouille, maison Chamard.
Cordy Jacques, propriétaire, rue Charrue, n. 22.

Corgeat (de) Mme, née Rothalier, rent., rue du Palais, 6.
Cormillion Léonie Mlle, lingère, rue d'Ahuy, n. 17.
Cormilliot, veuve Drouelle, rentière, rue de Longvic, n. 6.
Cormillot Jean-Charles, menuisier, rue Saint-Martin, 7.
Cormillot Edmond, frère, rue Saint-Martin, n. 7.
Cormont Charles, homme de lettres, r. Petite-du-Château, 9.
Cornaut, fabricant de pain d'épices, rue de Longvic, n. 6.
Cornemillot Léon, charpentier, rue Bassano, n. 64.
Cornemillot veuve, née Petitot, ouvrière, rue Bassano, 64.
Cornemillot Auguste, charpentier, rue Bassano, n. 80.
Cornemillot Jean, marchand d'étoffes, rue St-Pierre, n. 1.
Cornemillot Jules, marchand d'étoffes, rue St-Pierre, n. 1.
Cornerot veuve, née d'Henzel, propriétaire, r. Berbisey, 3.
Cornet Nicolas, garçon vinaigrier, rue Jeannin, n. 69.
Cornet François, manouvrier, rue du Mouton, n. 3 *bis*.
Cornetet Victor, chapelier, ruelle d'Ahuy, n. 3.
Cornibert Eugène, avocat, rue Chancelier-l'Hôpital, n. 1.
Cornice Jean, ouvrier cordonnier, rue des Godrans, n. 104.
Cornice François, épicier, rue Guillaume, n. 19.
Cornice veuve, née Méline Emilie, propr., r. Jeannin, 42.
Cornice Bernard, débitant de vin, rue des Perrières, 3 *bis*.
Cornice Jean, charpentier, port du Canal, n. 12.
Cornice Nicolas, cultivateur, hameau de Pouilly.
Cornice Nicolas fils, hameau de Pouilly.
Cornice Jean-Baptiste fils, hameau de Pouilly.
Corniche Joseph, épicier, rue Bassano, n. 58.
Corniche Joseph, menuisier, rue de la Prévôté, n. 9.
Cornier Louise Mlle, femme de ménage, rue du Palais, 13.
Cornillon Léon, perruquier, rue de la Gare, n. 10.
Cornillon Ferdinand, tailleur, rue du Sachot, n. 2.
Cornot Marguerite Mlle, fem. de mén., r. du Chaignot, 34.
Cornot Alfred, chauffeur, rue de l'Hôpital, n. 1.
Cornot François, nettoy. chauff., r. de la Manutention, 5.
Cornu Anne Mlle, couturière, rue Berbisey, n. 49.
Cornu Eugène, plâtrier, rue du Gaz, n. 2.
Cornu Paul, architecte, rue Guillaume, n. 6.
Cornu Jean-Baptiste, propriétaire, rue des Moulins, 11 *ter*.
Cornu Claude, nettoyeur, place Darcy, n. 5.
Cornu Jeanne Mlle, journalière, rue Saint-Nicolas, n. 35.
Cornubert Just, manouvrier, rue de Gray, n. 33.
Cornubert Just, journalier, rue Sainte-Catherine, n. 3.
Cornuot veuve, née Maréchal, marchand de charbon, place du Morimont, n. 18.

Cornuot Charles, cloutier, rue Sainte-Catherine, n. 26.
Coron François, receveur d'octroi, route de Mirande.
Corot Pierre, charpentier, rue de Pouilly, n. 4.
Corréol Pierre, domestique, à la Corvée.
Correy Léonard, journalier, rue du Bourg, n. 54.
Corrot Dominique, marbrier, chemin couvert de la Belle-Etoile.
Corrot Antoine, perruquier, rue Jeannin, n. 87.
Corrot Auguste, marchand de bois, port du Canal, n 26.
Corthot Reine Mlle, ouvrière, rue d'Auxonne, n. 33.
Cortot François, tonnelier, rue d'Ahuy, n. 15.
Cortot Marguerite, chapelière, rue d'Ahuy, n. 15.
Cortot Joseph, aiguilleur, rue Bassano, n. 94.
Cortot Paul, propriétaire, rue Cazotte, n. 14.
Cortot Claude, maçon, rue Guillaume-Tell.
Cortot François, carrier, route de Lyon, n. 7.
Cortot Pierre, tailleur de pierres, route de Saint-Seine.
Cosnard Michel, retraité, rue Chancelier-l'Hôpital, n. 1.
Cossard Alexandre, conducteur de trains, r. Berbisey, 93.
Cosson Eugène, employé, rue d'Ahuy, n. 15.
Cosson Auguste, cordonnier, cour de la Faïencerie, n. 7.
Cosson Joseph, manouvrier, cour de la Grenouille, n. 4.
Cosson Auguste, cordonnier, rue Saint-Philibert, n. 16.
Coste Ferdinand, propr., rue Bergère, n. 14 (pied-à-terre).
Coster Marie-Françoise Mlle, supérieure des Petites-Sœurs-des-Pauvres, rue Jeannin, n. 64.
Costerousse Jules, médecin, rue Guillaume, n. 23.
Costet Bernard, marchand cordonnier, rue du Bourg, 50.
Costet Jean, cabaretier, rue Devosge, n. 2.
Costet Bernard, appariteur, rue de l'Ecole-de-Droit, n. 5.
Costet Antoine, march. quincaillier, rue Guillaume, n. 69.
Costet Antoine, march. quincaillier, route de St-Seine, 4.
Costet veuve, né Bougueleret, blanch., rue Vannerie, 18.
Côte veuve, née Giroux, couturière, rue d'Ahuy, n. 20.
Côte Charles, lithographe, rue d'Ahuy, n. 20.
Côte Jacques, tailleur de pierres, rue Charrue, n. 26.
Côte Antoine, tailleur de pierres, rue de la Préfecture, 90.
Cotétidot Gabriel, empl. au chemin de fer, r. Bannelier, 7.
Cotédidot Charles, entrep. menuisier, rue Vannerie, n. 47.
Cothenet, empl. au chemin de fer, r. Chaudronnerie, 32.
Cothenet Thibaut, avocat, rue Sambin, n. 9.
Cotheret veuve, née Chovaux, rentière, r. Berbisey, n. 29.

Cotillot Michel, march. de sabots, épicier, r. du Bourg, 63.
Cotillot François, propriétaire, rue des Perrières, n. 12.
Cotin Pierre, chaudronnier, rue de Pouilly, n. 11.
Cotin Jean, chaudronnier, rue de Pouilly, n. 11.
Cotosset, relieur, rue de Gray, n. 12.
Cotosset Jean-Baptiste, concierge, route de Mirande.
Cotrot Jules, menuisier, cour Bourberain, n. 2.
Cottenet Jacques, menuisier, rue Saumaise, n. 20.
Cottenet Louis, commis voyageur, rue Vannerie, n. 73.
Couchetet Pierre, fabr. de moul., r. de la Préfecture, n 72.
Couchetet Nicolas, journalier, rue de la Préfecture, n. 114.
Coudeloup César, empl. du télégraphe, r. Chabot-Charny, 6.
Coudor Claude, empl. au chem. de fer, route de Longvic.
Coudret Victor, empl. au chemin de fer, rue Sambin, n. 6.
Couet Jean-Baptiste, propriétaire, rue Saint-Pierre, n. 29.
Couland François, capitaine en retr., r. Chabot-Charny, 77.
Coulichet Barthélemy, manouvrier, rue des Nantillières,
    (Californie).
Coullard Charles, mécanicien, rue Brulard, n. 1.
Coulon, fileur de laine, rue Bossuet, n. 27.
Coulon Françoise Mlle, lingère, rue Brulard, n. 1.
Coulon Pierre, empl. au chem. de fer, r. Chabot-Charny, 27.
Coulon veuve, née Coillenet, journal., r. du Chaignot, 14.
Coulot Louise Mlle, ouvrière, rue des Godrans, n. 50.
Couloumy (le baron) Paul, conseiller à la cour, rue de la
    Préfecture, n. 40.
Coupé François, homme d'équipe, rue de la Cité.
Coupé Jean, ajusteur, rue Guillaume-Tell.
Coupé Claude, gendarme, rempart du Château, n. 4.
Coupé Joseph, journalier, rue du Sachot, n. 8.
Couquaux Céline Mlle, débit. de tabac, rue Rameau, n. 20.
Couquaux Hortense Mlle, débit. de tabac, r. Rameau, 20.
Couquaux veuve, rue Verrerie, n. 42.
Couquaux Jean, rentier, rue du Vieux-Collége, n. 9.
Courade Claude, scieur de long, faubourg Rennes, n. 3.
Courbet Jeanne Mlle, ouvrière, rue Jeannin, n. 46.
Courbet Jean-Joseph, facteur de ville, r. de la Préfecture, 8.
Courbet veuve, née Bruet, cordonnière, r. Vannerie, n. 32.
Courbey Jean, place Darcy, n. 5.
Courbey, débitant de tabac, rue Vaillant, n. 12.
Courboulin Honoré, cordier, rue Coupée-de-Longvic, n. 1.
Courcier Reine Mlle, femme de ménage, rue Bossuet, n. 4.

Courcier Vᵉ, née Bourgeois, fem. de mén., r. St-Philibert, 27.
Couriol Etienne, entrepreneur, route de Plombières.
Courlet de Vregille, contr. princ., rue du Petit-Potet, 34.
Cournot Pierre, propriétaire, rue de Longvic, n. 16.
Cournot Henri, proviseur, rue Saint-Philibert, n. 18.
Courraux Etienne, jardinier, hameau de Pouilly.
Courrageon Joseph, relieur, rue Charrue, n. 16.
Courret Augustin, employé à l'octroi, débitant de tabac, rue Vaillant, n. 12.
Courroux Auguste, march. de vin en gros, pl. Darcy, n. 3.
Courroye Eloi, gendarme, rempart du Château, n. 4.
Coursier Nicolas, ouvrier menuisier, rue Vannerie, n. 70.
Court, propriétaire, place Saint-Pierre, n. 2.
Courte Jacques, bottier, rue Bossuet, n. 19.
Courte Frédéric, coutelier, rue Chabot-Charny, n. 9.
Courte veuve, née Hébert, rentière, rue des Novices, n. 12.
Courte Jean, ébéniste, rue Piron, n. 26.
Courte Etienne, ébéniste, rue Saint-Nicolas, n. 30.
Courtioux Mme, née Verpaux, blanch., rue du Bourg, 12.
Courtioux René-Louis, marchand d'articles de voyage, rue des Forges, n. 21.
Courtioux Edmond fils, graveur, rue des Forges, n. 21.
Courtioux Louis, grenetier, rue Piron, n. 10.
Courtioux fils, ruelle Sambin (pied-à-terre).
Courtioux Jeanne, femme Zimmermann, rue de Suzon, 12.
Courtioux Claude, rue Piron, n. 7.
Courtivron (le marquis de), propriétaire, rue Chabot-Charny, n. 6.
Courtivron (de) Jules, lieut.-colon., rue Guillaume, 6 ter.
Courtois, rentier, rue Chabot-Charny, n. 1.
Courtois, rentier, rue Chancelier-l'Hôpital, n. 12.
Courtois Louis, tanneur, cour de la Faïencerie, n. 9.
Courtois Charles, cordier, rue des Forges, n. 19.
Courtois Jean, grande rue Galoche, n. 3.
Courtois Vᵉ, née Michel, ouvrière en robes, rue de la Manutention, n. 3.
Courtois Emile, professeur, rue de la Manutention, n. 17.
Courtois Jeanne, rentière, rue Saint-Nicolas, n. 101.
Courtois Mme, née Darbois, propriétaire, rue du Tillot, 6.
Cousin Mme, blanchisseuse, rue Berbisey, n. 19.
Cousin Stéphane, boucher, rue Berbisey, n. 76.
Cousin Jean-Baptiste, ouv. menuisier, r. Notre-Dame, 16.

Cousturier Vᵉ, née Mathiron Eléonore, r. Chabot-Charny, 43.
Cousturier Philippe, propriétaire, rue de Lamonnoye, n. 1.
Coutet veuve, ouvrière, rue Magenta.
Coutier Jules, marchand d'étoffes, rue d'Auxonne, n. 28.
Couttholence veuve, née Arvey, rentière, rue des Roses, 4.
Couturier Emile, fabricant de pain d'épices, rue Amiral-
    Roussin, n. 21.
Couturier Claude, propriétaire, rue Amiral-Roussin, 40.
Couturier Pierre, domestique, rue d'Auxonne, n. 7.
Couturier Adolphe, rentier, rue Chabot-Charny, n. 1.
Couturier Adolphe, étudiant, rue Chabot-Charny, n. 59.
Couturier, professeur au lycée, rue Charrue, n. 20.
Couturier Claude, relieur, rue de Gray, n. 8.
Couturier veuve, née Pauper, rue de Gray, n. 29.
Couturier Charles, journalier, rue Guillaume-Tell.
Couturier Adolphe, grenetier, rue Jeannin, n. 79.
Couturier veuve, née Minot, Port du Canal, n. 14.
Couturier J.-B., clerc d'agréé, rue de la Préfecture, n. 34.
Couturier Emile, menuisier, rue Saint-Nicolas, n. 56.
Couturier veuve, née Rigueur, rentière, r. St-Pierre, n. 15.
Couty Victor, marchand papetier, rue Guillaume, n. 46.
Covillet Frédéric, boulanger, rue des Godrans, n. 86.
Crazot Denis, cordonnier, rue Chabot-Charny, n. 23.
Crazot Jean-Baptiste, tourneur, rue Dauphine, n. 19.
Crazot Thomas, tonnelier march. de vin, r. des Godrans, 27.
Créon Léon, conducteur de trains, rue du Mouton, n. 13.
Crépin Joseph, manouvrier, rue de Venise.
Crestin Claude, propriétaire, rue Devosge, n. 19.
Cretenet J.-B., ouvrier chapelier, r. Sainte-Catherine, n. 1.
Crétin Joseph, matelassier, rue d'Ahuy, n. 4.
Cretin, orfèvre, chemin de Talant, n. 8.
Cretin Remi, orfèvre, rue Condé, n. 40.
Cretin Camille, cabaretier, rue des Godrans, n. 28.
Cretin Claude, rentier, rue des Godrans, n. 72.
Cretin veuve, rentière, place Saint-Michel, n. 12.
Cretin François, ébéniste, rue de la Préfecture, n. 7
Cretin Joseph, menuisier, rue Quantin, n. 6.
Cretinet Jean-Louis, chapelier, rue d'Ahuy, n. 20.
Creucet Etienne, manœuvre, rue de la Préfecture, n. 95.
Creuillot Jean-Baptiste, charpentier, rue Berbisey, n. 46.
Creusefond Henri, journalier, petite rue du Château, n. 2.
Creuvat François, jardinier, rue Bergère, n. 14.

Creuzot Charles, chapelier, rue du Chaignot, n. 14.
Creuzot Frédéric, sculpteur, rue de Longvic, n. 50.
Creuzot Gustave, rentier, rue Sainte-Anne, n. 3.
Creuzot veuve, née Violle, propriétaire, r. Sainte-Anne, 3.
Creva Claude, épicier en détail, place Saint-Michel, n. 16.
Cristol (de) Vve, née Blime, propriétaire, r. Proudhon, 27.
Cromback Rose Mlle, rentière, rue du Tillot, n. 19.
Croset Caroline Mlle, blanchisseuse, rue St-Nicolas, n. 22.
Crosse, capitaine en retraite, rue du Palais, n. 6.
Crotti Emmanuel, rentier, rue Buffon, n. 24.
Crouïgneau Jean, docteur-médecin, rue Jeannin, n. 40.
Crozier Etienne, tailleur d'habits, place Saint-Michel, n. 4.
Cubiburu Emmanuel, ouv. cordonnier, r. Vannerie, 20.
Cugnier François, grenetier, rue d'Auxonne, n. 21.
Cugniet, rue de Pouilly, n. 18.
Cugnotet Hippolyte, propriétaire, r. Chabot-Charny, n. 24.
Cugnotet Edgard, propriétaire, rue Chabot-Charny, n. 24.
Cugnotet Georges, propriétaire, rue Chabot-Charny, n. 41.
Cuinet Constant, journalier, route de Saint-Seine.
Cuisine (de la) François-Elisabeth, président de chambre,
     rue d'Assas, n. 18.
Cuisine (de la) Henri-François-Samuel fils, r. d'Assas, 18.
Culas veuve, née Tableau, rentière, rue Bassano, n. 78.
Culard Louise Mlle, lingère, rue Bassano, n. 46.
Culard veuve, née Mulot, blanchisseuse, r. du Château, 2.
Culnet veuve, née Chapuis, rentière, r. Amiral-Roussin, 36.
Cunisset Pierre, aiguilleur, rue de la Gare, n. 6.
Cuny Claude, marchand de couleurs et de papiers peints,
     rue du Vieux-Collége, n. 1.
Curdy Jean-Baptiste, propriétaire plâtrier, rue de la Tré-
     mouille, n. 3.
Curé Jean, prop. charpentier, allée des Chartreux, n. 10.
Curey Claude, jardinier, rue du Gaz, n. 9.
Curnier Louis, commis voyageur, rue Bassano, n. 33.
Curot Madame, née Pelletret, femme de ménage, rue
     Berbisey, n. 13.
Curot Claude, cabaretier, port du Canal, n. 2.
Cutter Thomas, ouvrier menuisier, r. Saint-Nicolas, n. 119.
Cuvelier François, tailleur de pierres, Californie.
Cyrot Jean-Baptiste, conducteur de trains, r. Crébillon, 5.

D

Dacraigne Dominique, inspecteur des contributions in-
 directes, place Saint-Bernard.
Dagallier Joséphine Mlle, propriétaire, rue Buffon, n. 4.
Dagat Mlle, journalière, rue Roulotte, n. 24.
Dagousset, fabricant de moutarde, rue d'Auxonne, n. 15.
Daile Kirin, agent irrigateur, rue d'Auxonne, n. 5.
Daillet Nicolas, menuisier, rue Vannerie, n. 32.
Daisey Bernard, rentier, ruelle d'Ahuy, n. 9.
Daisey Nicolas, cordonnier, place Darcy, n. 1.
Dalais Etienne, vigneron, r. des Marmuzots (Perrières).
Dalem Pierre, concierge, rue du faubourg Rennes, n. 25.
Dalem Joseph, march. de bétail, rue des Tanneries, n. 6.
Dallery Anne Mlle, journal., r. du Champ-de-Mars, n. 1.
Dallery Louis, menuisier, rue du Champ-de-Mars, n. 1.
Dalloz Gédéon, perruquier, rue Neuve-Dauphine, n. 2.
Damas Paul (de), propriétaire, rue Vannerie, n. 41.
Dambrun Nicolas, march. cordonnier, r. du Bourg, 48.
Dambrun Pierre, cordonnier, propriét., r. Buffon, n. 55.
Dambrun veuve, née Febvret, rue du Chaignot, n. 38.
Dambrun Sébastien, concierge, rue Crébillon, n. 2.
Dambrun, ouvrier jardinier, rue de Gray, n. 31.
Dambrun Claude, liquoriste, rue des Godrans, n. 46.
Dambrun Etienne, cordonnier, rue Saint-Nicolas, n. 97.
Dambrun Denis, ouvr. fabric. de moutarde, r. de Venise.
Damères Paul, tonnelier, route de Lyon, n. 6.
Dameron, sculpteur, rue Vaillant, n. 3.
Damet veuve, née Dumontet, rentière, chemin couvert
 de la Belle-Etoile, n. 23.
Damet Charles, avoué, étude rue Chaudronnerie, n. 3.
Damet Charles, avoué, rue Proudhon, n. 7.
Damiens veuve, née Carled, journalière, rue des Go-
 drans, n. 22.
Damongeot Claude, tailleur de pierres, rue Odebert, 3.

Damongeot Paul fils, rue Odebert, n. 3.
Damongeot Claude, grenetier, rue Quantin, n. 8.
Damot Antoine, cordonnier, rue d'Ahuy, n. 14.
Danand Abel, facteur de 1re cl., cond. chef, r. d'Ahuy, 16.
Dancheville veuve, née Moreau, femme de ménage, rue Berbisey, n. 71.
Dangeville Marie Mlle, ouvrière, grande r. St-Lazare, 21.
Dangin Joseph, ouvrier charpentier, r. St.-Nicolas, 37.
Dangoise Pierre, serrurier, rue du Mouton, n. 17.
Danjon Solange, logeuse, rempart de la porte Neuve, 25.
Danrey Florine Mlle, rue Condé, n. 15.
Dant veuve, lingère, rue Odebert, n. 17-19.
Dantarre Ferdinand, chef de trains, r. de l'Arquebuse, 3.
Darand Louise Mlle, ouvrière, r. Chancelier-l'Hôpital, 3.
Darantière Ludovic, huissier, rue du Bourg, n. 20.
Darantière veuve, née Ledeuil, logeuse, rue Docteur-Maret, n. 4.
Darantière Ferdinand, forgeron au chemin de fer, rue du Mouton, n. 3 *bis.*
Darantière, notaire (pied-à-terre), rue du St-Esprit, n. 5 (Perrières).
Darantière Pierre, notaire, place St-Jean, n. 17.
Darantière veuve, rentière, rue Rameau, n. 18.
Darantière Nicolas, manouvrier, rue Sambin, n. 15.
Darbois Mme, née Dumont, rempailleuse, impasse Audra, n. 13.
Darbois Léon, propriétaire, rue Chaudronnerie, n. 25.
Darbois Alvard, propriétaire, rue Lamonnoye.
Darbois Arthur fils, rue Lamonnoye.
Darbois Jean-Baptiste, rentier, rue du Petit-Potet, n. 2.
Darbois Nicolas, ancien notaire, place Saint-Jean, n. 8.
Darbois veuve, née Guichot, rentière, place Morimont, 5.
Darbre Pierre, cultivateur, rue Ste-Marguerite, n. 29.
Darbre Jean-Baptiste fils, rue Ste-Marguerite, n. 29.
Darbre Jean-Baptiste, voiturier, rue Sambin, n. 15.
Darceau François, vigneron, Larrey.
Darceau veuve, Larrey.
Darceau Eugénie Mlle, femme de confiance, r. Piron, 29.
Darceaux Jean, ancien boucher, rue Petite-des-Poussots, (Californie).

Darcier Théodore, dentiste, rue Jeannin, n. 1.
Dard Claude-Ernest, pâtissier, rue Bassano, n. 46.
Dard Mme, née Lamarche, rentière, rue Bassano, n. 46.
Dard Claude, marchand quincailler, rue Bossuet, n. 8.
Dard Claude, employé, rue Bossuet, n. 8.
Dard Paul, docteur-médecin, rue Bouhier, n. 2.
Dard Joseph, pâtissier, rue Chabot-Charny, n. 56.
Dard Jean, charpentier, rue du Gaz, n. 10.
Dard Antoine, aubergiste, place d'Arcy, n. 2.
Dard Jean-Baptiste-Paul, ouvrier confiseur, rue de la
  Préfecture, n. 8.
Dard veuve, née Besson, rentière, rue St-Nicolas, n. 54.
Dard Nicolas, employé de commerce, rue St-Nicolas, 54.
Dard Antoine, ouvrier, rue Vannerie, n. 57.
Dardelin, employé au chemin de fer, rue du Palais, n. 1.
Dardenne Charles, visiteur au ch. de fer, r. Musette, 20.
Dardenne Alexandre fils, rue Musette, n. 20.
D'Arestel veuve, née Pierre de Vellefray, propriétaire,
  rue Chabot-Charny, n. 18.
Darier Pierre-Auguste, marbrier, rue Menevalle.
Darly Louise Mlle, ouvrière, rue Vannerie, n. 6.
Darmaisin François, menuisier, rue Turgot, n. 16.
Darot Joseph, terrassier, rue Coupée-de-Longvic, n. 7.
Dastier veuve, née Gaudin, propriétaire, rue Chabot-
  Charny, n. 63.
Dastier François, anc. restaurat., r. Chabot-Charny, 12.
Daubigney Denis, fabric. de limonade, r. du Mouton, 7.
Daubonne, avocat, rue des Bons-Enfants, n. 2.
Daubourg James, employé, rue d'Assas, n. 4.
Daubourg Jean, propriétaire, rue des Novices, n. 24.
Daubourg Jean-Baptiste, typographe, rue Roulotte, 26.
Daudanne Charles, mécanicien, rue de l'Arquebuse, n. 6.
Daudon François, plâtrier, propriétaire, rue d'Ahuy, 10.
Daudon Louis, plâtrier, rue des Bons-Enfants, n. 9.
Daudon Jean fils, rue des Bons-Enfants, n. 9.
Daudon Joseph, propriétaire plâtrier, rue Sambin, n. 6.
Daudon Antoine fils, rue Sambin, n. 6.
Daudon Edouard fils, rue Sambin, n. 6.
Daudon veuve, née Gageot, rue Vannerie, n. 29.
Daudon Paul, plâtrier, rue St-Martin, n. 31.

Daudret Jean-Baptiste, limonadier, petite rue St-Lazare.
Daujon Simon, journalier, rue de la Préfecture, n. 87.
Daujon Louis, jardinier, rue d'Auxonne, n. 40.
Daujon Simon, tourneur, avenue du Réservoir (clos de la Nitrière).
Daurey veuve, blanchisseuse, rue Verrerie, n. 1.
Daussy veuve, née Carrière, cour Bourberain, n. 6.
Daussy Jean, ébéniste, rue Devosge, n. 28.
Daussy Jean-Baptiste, charpentier, rue Magenta.
Daussy Léon, ébéniste, rue Saumaise, n. 61.
Dautin Léon, marchand mercier, rue du Bourg, n. 84.
Dautré Nicolas, charron, rue d'Auxonne, n. 31.
Dautrey veuve, née Mongeot, femme de ménage, rue Bassano, n. 74.
Dautrey Pierre, manouvrier, rue des Nantillières (Californie).
Dauvé Jeanne Mlle, ouvrière, rue Roulotte, n. 10.
Dauvey Nicolas, manouvrier, rue du Mouton, n. 3 *bis*.
Davadant Jean, charron, rue Coupée-de-Longvic, n. 3.
Davadant Jacques, charron, rue Coupée-de-Longvic, 3.
Davanture Jean-Baptiste, cabaretier, rue Menevalle.
Davanture Louis, tourneur, rue Menevalle.
Daver Nicolas, tailleur de pierres, rue d'Auxonne, n. 43.
Daver Hyacinthe, cantonnier, rue d'Auxonne, n. 43.
Daver Antoine, appariteur, rue Condé, n. 55.
David Pierre, carrier, aux Carrières-Blanches.
David Flavien, boulanger, rue Chabot-Charny, n. 35.
David Antoine, fabr. de peignes, r. Chabot-Charny, 36.
David Claude fils, rue Chabot-Charny, n. 36.
David Jean, cabaretier, rue Chabot-Charny, n. 60.
David Joséphine Mlle, march. de musique, r. Condé, 15.
David Claude, brossier, cour des Poisses, n. 12.
David Jean, éclusier, cours du Canal.
David Clarisse Mlle, marchande de tissus, rue François-Rude, n. 12.
David Denis, garçon de salle, rue de la Gare, n. 9.
David Michel, restaurateur (hôtel du Jura), rue de la Gare, n. 14.
David Eugénie Mlle, modiste, rue des Godrans, n. 100.
David Victor, relieur, rue de Gray, n. 12.

David Pierre, musicien, rue Guillaume, n. 50.
David Nicolas, ouvrier cordonnier, rue Musette, n. 21.
David veuve, née Picard, propriétaire, rue Richelieu, 12.
David Eugène, journalier, rue Saint-Philibert, n. 21.
David Louis, cafetier, rue St-Pierre, n. 44.
Davier Michel, receveur d'octroi, rue de la Colombière.
Daviot Nicolas, propriétaire, rue d'Auxonne, n. 49.
Daviot Jean-Baptiste, serrurier, rue d'Auxonne, n. 44.
Davignon Joseph, cordonnier, rue des Godrans, n. 72.
Davot Charles, typographe, rue Mulot (Perrières).
Debas Louis, marchand de tissus, rue du Bourg, n. 36.
Debas veuve, née Dugied, rentière, rue des Roses, n. 6.
Debeaune Louis, facteur de ville, rue Charrue, n. 5.
Debelfort Claude, journalier, rue de l'Arquebuse, n. 3.
Debelfort Jules, manouvrier, rue Bassano, n. 58.
Debières Apollinaire, aiguilleur, route de Lyon, n. 7.
Debillemont veuve, née Clairet, blanchisseuse, rue Musette, n. 1 *bis*.
Debillemont Ernest, employé au chemin de fer, rue Sambin, n. 6.
Deblé veuve, née Perriot, journalière, r. des Godrans, 23.
Deblé veuve, née Potot, journalière, rue St-Nicolas, n. 8.
Debled Denis, ébéniste, rue Notre-Dame, n. 24 *bis*.
Debocq Louis, marchand tailleur, rue Musette, n. 18.
Debonnaire veuve, née Corbeau, cabaretière, chemin couvert de la Belle-Etoile, n. 34.
Debost Eugène, propriétaire, rue du Chaignot, n. 24.
Debron, veuve Dellery, ouvrière, rue Vannerie, n. 24.
Debroye, rue Vannerie, n. 78.
Debroye, rue Verrerie, n. 23.
Debruères Etienne, cabaretier, rue des Moulins, n. 18.
Debrye Louis, propriétaire, rue Chabot-Charny, n. 76.
Debry d'Arcy Alphonse, inspecteur des eaux et forêts, rue Chabot-Charny, n. 26.
Debussy Pierre, receveur d'octroi, port du Canal, 11 *bis*.
Décailly Vᵉ, née Pierre Denise, anc. libr., r. Lamonnoye.
Décailly Claude, meunier, route de Plombières.
Décailly Charles fils, route de Plombières.
Décamot, veuve Héringuez, marchande, r. d'Auxonne, 49.
Decape Stéphanie, rentière, rue Piron, n. 24.

Déchamp Auguste, contrôleur, rue St-Nicolas, n. 88.
Dechaux Nicolas, propriétaire, rue Cazotte, n. 7.
Dechaux Félix, garde du génie, rue Chancelier-l'Hôpital, n. 8 *bis*.
Dechaux Gustave, militaire, r. Chancelier-l'Hôpital, 8 *bis*.
Dechaux Joseph, filateur de laine, rue du Chapeau-Rouge, n. 12 *bis*.
Dechaux Auguste, propriétaire, rue Legoux-Gerland, 6.
Dechaux veuve, rentière, rue Legoux-Gerland, n. 5.
Dechaux François, propriétaire, rue des Roses.
Decize Prosp., entrepr. scieur de long, port du Canal, 23.
Declaire Jean, maçon, rue Bannelier, n. 7.
Declert Ambroise, employé, rue Berbisey, n. 19.
Déclume Emile, relieur, allée de la Retraite, n. 8.
Déclume Ferdin., propr. march. de charbon, r. Audra, 9.
Déclume Jean-Baptiste, relieur, rue d'Auxonne, n. 7.
Déclume Mme, journalière, cour des Poisses, n. 16.
Déclume veuve, née Vernier, laveuse, r. des Godrans, 94.
Déclume Jean-Baptiste, relieur, rue des Moulins, n. 39.
Déclume Claude, journalier, port du Canal, n. 14.
Déclume Flavie Mlle, ouvrière, grande rue St-Lazare, 11.
Décologne Louis, cordonnier, rue de l'Arquebuse, n. 3.
Décologne Auguste, ferblantier, rue Bassano, n. 78.
Décologne Louis, cuisinier chef, rue de la Gare, n. 1.
Décombe Claude, charpentier en bateaux, port du Canal, n. 7 *bis*.
Décombard Claude, marchand d'épicerie en gros, rue des Forges, n. 32-34.
Décombard Marie Mlle, ouvrière, place St-Michel, n. 4.
Décorne Frédéric, chapelier, rue Devosge, n. 16.
Décurey Louis, marchand de vin, rue Saumaise, n. 8.
Dedieu Mme, née Poupon, rue Docteur-Maret, n. 12.
Defaille, menuisier, rue du Palais, n. 17.
Defaille Joseph, menuisier, rue de la Préfecture, 89.
Défau Pierre, march. de comestibles, rue Odebert, n. 5.
Defevrimont Gustave, menuisier, rue des Perrières, 14.
Défontaine Joseph, rec. de l'enr., rue Chaudronnerie, 40.
Défontaine Antoine, propriétaire, rue des Godrans, n. 7.
Défontaine Mme, née Louise, rue de la Préfecture, n. 6.
Defossemont Claude, aiguilleur, rue des Tanneries, 23.

Defossey Henri, cordonnier, rue Chancelier-l'Hôpital, 15.
Defossey veuve, née Jolivet, rentière, rue de l'Hôpital, 9.
Defossey Jean, menuisier, rue la Préfecture, n. 9.
Defranc veuve, née Roper, rentière, rue Cazotte, n. 12.
Defranc Charles, ancien avoué, rue Cazotte, n. 12.
Defrat Pierre, balayeur de la ville, rue de Longvic, n. 23.
Degand Ch., employé, ehem. couv. de la Belle-Etoile, 25.
Deglanne Henri, march. de couleurs, rue du Bourg, 35.
Degoud Ve, née Gauvenet, journalière, r. de Longvic, 6.
Degoud Joseph, cabaretier, Californie.
Degoud François, charpentier, rue Mulot (Perrières).
Dégoulange Gustave, compositeur, rue des Godrans, 47.
Degouvenain Zoé Mlle, rentière, rue de la Préfecture, 2.
Degouvenain A. Mlle, rentière, rue de la Préfecture, 2.
Degrange Pierre, grenetier, rue Bassano, n. 79.
Degrave Jean, carrier, rue Berbisey, n. 37.
Degrave Mme, née Chapouteau, femme de ménage, rue
    Berbisey, n. 128.
Degrave François, tanneur, r. Derrière-les-Tanneries, 2.
Degré veuve, ouvrière, rue Chabot-Charny, n. 19.
Degré Henry-Jean-Bapt., architecte, r. de la Préfect., 26.
Degré Claude-Pierre fils, rue de la Préfecture, n. 26.
Degrenand, comptoir des action., place de la Banque, 3.
Degrond Hippolyte, coiffeur, rue Chabot-Charny, n. 18.
Deguize Lazare, garçon de magasin, rue Berbisey, n. 44.
Deher Vivant, fripier, rue Bassano, n. 3.
Deher Ve, née Jourdain, couturière, rue Berbisey, n 74.
Deixmier d'Archiac, propriétaire, rue Buffon, n. 9.
Deize Claude, manœuvre, rue des Etioux, n. 20 *bis*.
Delabis, garçon tripier, rue des Etioux, n. 20 *bis*.
Delaborde Pierre, manouvrier, rue Bassano, n. 87.
Delaborde Etienne, boulanger, rue Bossuet, n. 17.
Delaborde Jacques, voiturier, rue Menevalle.
Delacarte André, percepteur, rue Charrue, n. 11.
Delachère Ve, née Demoulin, prop., r. Chabot-Charny, 55.
Delage Pierre-Jean, emp. au ch. de fer, rue de Gray, 20.
Delait, relieur, rue d'Auxonne, n. 38.
Delalune Ve, née Naudet, march. de légumes, r. d'Assas, 1.
Delalune Louis, maçon, rue Sainte-Catherine, n. 3.
Delalune Claude, chapelier, rue Sainte-Catherine, n. 3.

Delamarche V^e, née Morelot, prop., r. Amiral-Roussin, 2.
Delamarche Antoine-René, garde général, rue Amiral-Roussin, n. 2.
Delamarche Albert, étud. en droit, r. Amiral-Roussin, 2.
Delamarche Philippe, rentier, place Saint-Pierre, n. 2.
Delanne V^e, née Simon, rentière, rue de Longvic, n. 3.
Delaporte veuve, née Nief, place Darcy, n. 5.
Delaporte Auguste, tonnelier, place Darcy, n. 5.
Delaporte Auguste, sculpteur, rue Neuve-St-Bénigne.
Delarbre Michel, courtier, rue Berbisey, n. 71.
Delarbre J.-P., march. de bonneterie, rue Musette, n. 25.
Delarche Auguste, ouvrier tailleur, rue Charrue, n. 28.
Delarche François, anc. chaudr., rue des Perrières, 16.
Delaroux Jean, propriétaire, aux Echaillons.
Delaroux Germain, capitaine en retraite, aux Echaillons.
Delarue veuve, née Jomain, prop., rue Charrue, n. 38.
Delarue Antoine, pharmacien, rue Charrue, n. 38.
Delatroche Auguste, rentier, rue du Chaignot, n. 10.
Delavalle Charles, peintre, rue Verrerie, n. 25.
Delavaux François, maçon, rue d'Ahuy, n. 20.
Delavaux Auguste, prop. charpentier, clos Leverne.
Delavaux Joseph, maçon, rue de la Préfecture, n. 63.
Delay Antoine, relieur, rue de Gray, n. 33.
Delay Toussaint, relieur, route de Longvic.
Delays de Truchy Maxime, propr., rue Proudhon, n. 27.
Deleau Jean-Baptiste, rentier, route de Saint-Seine.
Delechamps Mme, née Lavocat, marchande de faïence, rue Musette, n. 33.
Delemailly Joseph, cafetier, rue des Godrans, n. 12.
Delepine Auguste, cordonnier, rue des Godrans, n. 98.
Deleschamps Jean, rentier, Belle-Ruelle, n. 4.
Delettre Isidore, cabaretier, rue Saint-Pierre, n. 41.
Deleure V^e, née Weber Jeanne, prop., rue Berbisey, 19.
Deleuze Mme, née Pointurier, rentière, rue Crébillon, 4.
Deleuze Edouard, sous-insp. des forêts, r. des Godrans, 76.
Delgnaut François, tonnelier, rue d'Auxonne, n. 63.
Delhotal Charles, journalier, rue du Gaz, n. 6.
Deligné Louis, facteur, rue Bassano, n. 77.
Delion Adolphe, farineur, allée des Chartreux, n. 8.
Deliot J.-B., homme d'équipe, rue des Perrières, n. 4.

Deliot veuve, née Dellot, rue des Perrières, n. 4.
Dellery Jean-Baptiste, cabaretier, rue Audra, n. 16.
Dellery Nicolas, ouvrier ébéniste, rue des Forges, n. 23.
Dellery Blaise, grenetier, rue de la Préfecture, n. 82.
Dellery Jean-Baptiste, cordonnier, rue Vannerie, n. 61.
Delmas Jean, menuisier, rue Magenta.
Delmasse veuve, née Glavet, couturière, rue Turgot, 16.
Delmont Xavier, march. de tapisserie, place d'Armes, 10.
Delmont, place d'Armes, n. 16.
Delmotte Honoré, cantonnier, route de Lyon, n. 11.
Delorieux François, chaudronnier, rue Devosge, n. 20.
Delorme, veuve Pauthey, ouvrière, rue d'Auxonne, 33.
Delorme Denis, cordonnier, cour Bourberain, n. 1.
Delorme veuve, prop., rue St-Esprit, n. 6 (Perrières).
Delorme, entrepreneur, rue Sainte-Marguerite, n. 2.
Delosdat Claude, marchand grenetier, rue St-Pierre, 17.
Delcourt Charles, mécanicien, rue d'Ahuy, n. 15.
Delpéroux Félix, ferblantier, rue du Mouton, n. 3.
Delune Louis, gendarme, rempart du Château, n. 4.
Delvaux Pierre, rue du Palais, n. 6.
Delvaux Mme, née Delangre, propriétaire, rue Vauban, 14.
Delveau Philippe, vigneron, Larrey.
Delveaux Victor, mécanicien, rue du Gaz, n. 16.
Delveaux René, mécanicien, rue du Gaz, n. 16.
Demaizière Pierre, ouvrier tonnelier, rue Buffon, n. 41.
Demaizière Ve, née Truitard, ouvrière, rue de la Préfecture, n. 59.
Demaizières, tonnelier, rue Saumaise, n. 61.
Demanche Jean, ouvrier cordonnier, rue Roulotte, n. 18.
Demanche, journalier, rue Roulotte, n. 24.
Démaret Maxime, restaurateur, rue des Perrières, n. 4.
Demarre Pierre, menuisier, rue des Moulins, n. 31.
Demartinécourt Ve, née Carayon, prop., r Montigny, 20.
Demartinécourt Joseph, vigneron, Ruelle-aux-Prêtres, 3.
Demesse Alex., anc. march. de chiffons, rue de la Cité, 5.
Demeurat Gilbert, imprimeur, rue Bossuet, n. 15.
Demeuzoy veuve, née Dorey, propriétaire, rue Audra, 1.
Démétrius veuve, née Vallée, rentière, rue Proudhon, 3.
Deminuit Jacques, rentier, rue de Longvic, n. 6.
Demmer Sébastien, tailleur, rue de la Préfecture, n. 106.

Demmer Sébastien, ouvrier tailleur, rue Saumaise, 12.
Demongeot Pierre, propriétaire, route d'Auxonne, n. 74.
Demongeot J.-B., tailleur de pierres, rue Cazotte, n. 3..
Demongeot Vᵉ, née Pallegoix, couturière, rue Cazotte, 14.
Demongeot Vᵉ, née Pallegoix, coutur., r. du Chaignot, 13.
Demongeot Lazarine Mlle, femme de ménage, cour de la
 Grenouille, n. 4.
Demongeot Edmond, commis, rue de la Gare, n. 6.
Demongeot Jeanne, veuve Doyen, femme de ménage, rue
 des Etioux, n. 7.
Demongeot François, domestique, rue de l'Hôpital, 25.
Demongeot Louis, contre-maître, rue St-Philibert, 29.
Demongeot J.-B., tailleur de pierres, rue du Tillot, n. 5.
Demongeot Claudine Mlle, blanchisseuse, rue Vannerie,
 n. 54.
Demonteil Marie Mlle, ouvrière en robes, r. Vannerie, 76.
Demoulin Jean, cordonnier, rue du Bourg, n. 54.
Denand Victor, cordonnier, rue Jeannin, n. 25.
Denis Jean-Baptiste, ouvrier cordonnier, rue Magenta.
Denise Nicolas, cultivateur, aux Argentières.
Denise Louis, négociant, rue de Longvic, n. 3.
Denise veuve, née Crotet, rentière, rue Magenta, n. 3.
Denizot Jeanne Mlle, couturière, rue Amiral-Roussin, 30.
Denizot veuve, né Robert, rentière, rue Bassano, n. 10.
Denizot Charles, rue Berbisey, n. 96.
Denizot Pierrette, ouvrière en robes, rue Brulard, n. 4.
Denizot Jean-Baptiste, ouvrier peintre, rue Buffon, n. 34.
Denizot veuve, née Guillemard, femme de ménage, cour
 du Quartier, n. 6.
Denizot Vᵉ, née Tortochaux, lessiveuse, rue Franklin, 4.
Denizot, rue des Godrans, n. 13.
Denizot Abel, employé des postes, rue Guillaume, n. 9.
Denizot, rue du Petit-Potet, n. 24.
Denizot, employé, Palais des Etats, 3ᵉ arcade, r. Rameau.
Denizot veuve, née Manetta, rentière, rue St-Nicolas, 58.
Denizot Prudent, artiste lyrique, rue Saumaise, n. 67.
Denoix veuve, née Jolicœur, rue Notre-Dame, n. 18.
Denoyel Jean-Baptiste, rentier, chemin de Talant, n. 29.
Denuis Joseph, rentier, rue Saint-Philibert, n. 38.
Denuit veuve, née Paillet, rentière, rue Bassano, n. 11.

Denuit Thomas, cordonnier, place de la Banque, n. 8.
Dépaul Nicolas, charpentier, rue de Pouilly, n. 20.
Déperdant Antoine, manouvrier, rue Odebert, n. 7.
Deponthieu Pierre, fileur de laine, rue du Petit-Citeaux.
Deport Auguste, garçon boucher, rue du Gaz, n. 22.
Depré Jean-Baptiste, à Larrey.
Deprey, rue Proudhon, n. 18.
Deptasse Nicolas, charron, rue de l'Hôpital, n. 29.
Deptasse Michel, épicier, rue Saint-Pierre, n. 29.
Dequincey Etienne, voiturier, port du Canal, n. 12 *bis*.
Deramble Claude, chapelier, rue Charrue, n. 20.
Dérayaut Jean, fabr. de balances, rue des Godrans, 49.
Derboule Mme, née Cuvard, blanchisseuse, rue de la
    Manutention, n. 14.
Dercy Eug., garde-moulin, rue Coupée-de-Longvic, n. 6.
Derepas Nicolas, homme d'équipe, rue de l'Arquebuse, 2.
Derepas veuve, née Marie, manouvrière, avenue du Ré-
    servoir (clos de la Nitrière.)
Derepas Charles, journalier, rue Bassano, n. 85.
Derepas Denis, garde de nuit, rue Bassano, n. 106.
Derepas Claude, journalier, rue Berbisey, n. 49.
Derepas Jean, cabaretier, rue du Bourg, n. 19.
Derepas F., employé au gaz, rue Chancelier-l'Hôpital, 10.
Derepas J.-B., peintre en bâtiments, cour de la Faïen-
    cerie, n. 10.
Derepas Jean, cabaretier, rue Guillaume, n. 6.
Derepas François, manouvrier, rue Ste-Catherine, n. 4.
Derepas François, aubergiste, rue Saint-Nicolas, n. 49.
Derepas Lazare, vicaire, rue du Tillot, n. 1.
Derepas Jean-Baptiste, employé, rue du Tillot, n. 1.
Derepas Joseph, menuisier, rue Vannerie, n. 24.
Deresse Pierre, tanneur, rue de l'Ile, n. 8.
Deresse Claude, rentier, rue de la Manutention, n. 3.
Deresse, juge d'instruction, rue Saumaise, n. 35.
Deresse, rentier, rue Saumaise, n. 35.
Déroche Benoît, grenetier, rue d'Auxonne, n. 37.
Deroye, propriétaire, rue Longepierre, n. 10.
Deroye Henri, boucher, rue Vannerie, n. 78.
Deroye André, propriétaire, rue Sainte-Anne, n. 6 *bis*.
Derry Charles, employé à la recette, rue du Bourg, n. 12.

Désaille Georges, clerc de notaire, rue Cazotte, n. 15.
Désailles veuve, rentière, rue Proudhon, n. 3.
Desanglois, employé au chemin de fer, rue Odebert, 8.
Désarbro Joseph, propriétaire marchand de bétail, rue Ste-Catherine, n. 36.
Desboit Clément, perruquier, rue Guillaume, n. 16.
Desbordes, rue des Forges, n. 54.
Desbrit Cécile Mlle, rentière, place d'Armes, n. 6.
Desbruère, rue Coupée-de-Longvic, n. 1.
Deschamp veuve, née Pelotor, rentière, r. du Gaz, 2 *bis*.
Deschamp veuve, née Dufond, place St-Michel, n. 4.
Deschamps Emile, peintre, rue Saumaise, n. 27.
Deschamp Pierre, ouvrier chapelier, rue d'Ahuy, n. 8.
Deschamps Claude, typographe, rue d'Ahuy, n. 15.
Deschamps Auguste, cabaretier, rue Amiral-Roussin, 38.
Deschamps veuve, née Lacaille, propriétaire, rue Chaudronnerie, n. 28.
Deschamps Hippolyte, poêlier, rue Chaudronnerie, 28.
Deschamps Nicolas, aubergiste, chemin couvert de la Belle-Etoile, n. 30.
Deschamps Alfred, relieur, chemin couvert de la Belle-Etoile, n. 30.
Deschamps Pierre, marchand de vin, rue Devosge, 34.
Deschamps Nicolas, cultivateur, rue de l'Hôpital, n. 3.
Deschamps Jean-Baptiste, rue de l'Hôpital, n. 31.
Deschamps Marie Mlle, rentière, rue Longepierre, n. 20.
Deschamps veuve, née Rouget, rentière, rue Montigny, 6.
Descharmes Alfred, négociant, rue Chabot-Charny, 10.
Deschiens, employé à la poste, chemin couvert de la Belle-Etoile, n. 23.
Deschiens Nicolle, relieur, grande rue St-Lazare, n. 17.
Descombe, née Damanchet Caroline, r. du Petit-Potet. 5.
Descoup Rosalie Mlle, couturière, rue Vauban, n. 9.
Desgrange Adalbert, cabaretier, place St-Michel, n. 39.
Deshairs Marie-Jeanne Mlle, rentière, r. de la Préfect., 2.
Deshoulière Julie Mlle, giletière, rue Verrerie, n. 38.
Deshume veuve, rentière, rue de la Préfecture, n. 32.
Désirié François, chauffeur, rue des Tanneries, n. 23.
Desjours Pierre, teneur de livres, rue Jeannin, n. 35.
Desjours Marie Mlle, ouvrière en robes, rue de la Préfecture, n. 2.

Desjours Charles, comptable, rue Saumaise, n. 11.
Deslandes, charpentier, route d'Auxonne, n. 66.
Deslandes Eugène, charpentier, rue Berbisey, n. 52.
Deslandes Jean, scieur de long, rue du Chaignot, n. 34.
Deslangres, abbé, port du Canal, n. 12.
Desmaret Georges, vigneron, Fort Yon.
Desmarre Auguste, peintre, grande rue Galoche, n. 3.
Desmazières veuve, née Martin, concierge, rue de la Préfecture, n. 49.
Desmoulins Claudine Mlle, rentière, rue Proudhon, 19
Désogère veuve, née Morius, rentière, rue du Bourg, 10.
Désogère François, épicier, rue Jeannin, n. 42.
Desoignes Jean-Baptiste, cultivat., r. de l'Arquebuse, 11.
Desoignes Antoine, clerc de notaire, rue des Moulins, 4.
Desoto Joseph, rentier, rue Buffon, n. 41.
Desperousse veuve, rentière, rue Longepierre, n. 12.
Desportes Barthélemy, tailleur, rue Chaudronnerie, 15.
Desportes Antoine, nettoyeur, rue Guillaume-Tell.
Despoisses, conduct. des ponts et chauss., rue Buffon, 28.
Desprès François, contre-maître, rue du Chinois, n. 1.
Desprès Guillaume, vigneron, rue du Chinois, n. 4.
Desprès Simon, vigneron, rue du Sachot, n. 2.
Desray Louis, journalier, port du Canal, n. 8.
Desrues Antoine, maçon, rue Bassano, n. 25.
Desrues Henri, secrét. de l'académie, r. du Petit-Potet, 29.
Dessagne, chiffonnier, rue Bassano, n. 7.
Dessaulx veuve, née de La Folly de Jeux, propriétaire, rue des Godrans, n. 43.
Dessausses Pauline Mlle, rentière, rue Bossuet, n. 21.
Dessertaux François, conseiller à la Cour, rue Chabot-Charny, n. 62.
Dessey Pierre, berger, hameau de Mirande.
Dessieux François, journalier, rue Berbisey, n. 128.
Dessieux Constant, employé, rue Montigny, n. 2.
Dessole François, menuisier, rue de Pouilly, n. 5.
Dessolle Vivant, journalier, rue Turgot, n. 14.
Dessolle Ve, née Dubin, femme de ménage, r. Turgot, 14.
Dessoto Joseph, ouvrier peintre, rue Chabot-Charny, 19.
Dessoye François, couvreur, rue d'Assas, n. 4.
Destouches Charles, 1er commis de direction, rue Guillaume, n. 4.

Destouches veuve, née Bouvier, rentière, port du
Canal, n. 12.
Destot Henri, marchand de tissus, rue Guillaume, n. 36.
Destot Honoré, mécanicien, rue Guillaume-Tell.
Destot François, ajusteur, rue des Perrières, n. 14.
Destrey Joséphine veuve, rentière, rue St-Nicolas, n. 51.
Desvigues Nicolas, tonnelier, rue de l'Arquebuse, n. 9.
Desvignes Auguste, plâtrier, rue de l'Arquebuse, n. 13.
Desvignes Prosper, commis négociant, rue Berbisey, 45.
Desvignes, rue Lamonnoye.
Desvignes veuve, née Corbot, loueuse en garni, rue
Madeleine, n. 11.
Desvignes veuve, ouvrière, rue St-Nicolas, n. 61.
Détalante Marie Mlle, rue Turgot, n. 4.
Détang Louis, percepteur, rue d'Ahuy, n. 3.
Détang, boucher, rue Chaude, n. 3.
Détang Joachim, marchand boucher, rue St-Nicolas, 66.
Détourbet Auguste, cafetier, rue de la Gare, n. 1 *bis*.
Détrey Antoine, journalier, rue de Pouilly, n. 51.
Devanne Henri, jardinier, grande rue Galoche, n. 12.
Devanne veuve, née Matruchot, propr., r. Guillaume, 2.
Devant Claude, scieur de long, rue d'Auxonne, n. 35.
Devaux Joseph, marchand chapelier, rue Condé, n. 42.
Devaux Charles, grenetier, rue St-Philibert, n. 34.
Devenet Louis, rentier, allée de la Retraite, n. 16.
Devenet Thomas, commis, rue Brulard, n. 4.
Devichet Jacques, chauffeur, rue de la Gare, n. 1.
Devillé veuve, née Prestat, rentière, rue des Forges, 3.
Devillé François, cordonnier, Larrey.
Deville Claude, homme d'équipe, rue de Longvic, n. 23.
Deville Ve, née Magnin, manouvrière, route de Longvic.
Devillebichot Isidore, rentier, rue Bassano, n. 9.
Devillebichot François, vigneron, rue Bergère, n. 12.
Devillebichot Nicolas, percepteur, r. des Bons-Enfants, 5.
Devillebichot Bernard, marchand de farines, rue des
Forges, n. 25.
Devillebichot Anne Mlle, rue Guillaume, n. 51.
Devillebichot Etienne, vigneron, rue de Longvic, n. 8.
Devillebichot Mme, née Gambier, marchande de café, rue
de Longvic, n. 27.

Devillebichot Vᵉ, née Bordet, prop., r. des Moulins, 45.
Devillebichot Vᵉ, vigneronne, rue Voinchet (Perrières.)
Devillebichot veuve, rentière, rue Piron, n. 38.
Devillebichot, maître d'études, rue St-Philibert, n. 18.
Devillebichot Jean-Baptiste, rentier, rue Vannerie, n. 98.
Devillebichot Jean-Baptiste, prop., rue Vannerie, n. 98.
Devorjack Joseph, rentier, rue Vauban, n. 16.
Devosge Nicolas, journalier, rue du Gaz, n. 26.
Dey Pierre, marchand vivandier, route de Langres.
Dézé Louis, propriétaire, rue Musette, n. 7.
Dhetel Philippe, ancien notaire, rue Buffon, n. 1.
Dhorn Achille, journalier, chemin du Petit-Bernard.
Dhuiset Claude, empl. au télégraphe, r. Notre-Dame, 30.
Dhuot Jacques, manouvrier, rue de Venise.
Dhuot, employé d'octroi, rue de Venise.
Diart François, concierge, rue Bassano, n. 1.
Didelon Ch., employé au chem. de fer, r. des Godrans, 16.
Didelot veuve, née Maigrot, rentière, rue de la Manu-
  tention, n. 5.
Didier Henri, ouv. mécanicien, rue de l'Arquebuse, n. 4.
Didier Mamet, cabaretier, aux Carrières-Blanches.
Didier Auguste, journalier, rue du Chinois.
Didier Jean Baptiste, chauffeur, rue de la Gare, n. 9.
Didier veuve, née Rigolet, concierge, rue Jeannin, n. 23.
Didier Etienne, facteur, rue Mably, n. 6.
Didier Claude, rentier, place St-Jean, n. 6.
Didier Philibert, nettoyeur, rue St-Philibert, n. 71.
Didier Louis, maçon, rue de Venise.
Didier François, manouvrier, rue des Tanneries, n. 9.
Diébold Michel, brasseur, rue d'Auxonne, n. 67.
Diéry Marguerite Mlle, marchande de café à la tasse,
  rue Roulotte, n. 24.
Diétrich Adolphe, organiste, rue Saumaise, n. 28.
Dietz Georges, employé au chem. de fer, ruelle Sambin.
Digoix Jean, journalier, rue Berbisey, n. 124.
Digoix Charles, journalier, rue St-Philibert, n. 6.
Digot Jules, menuisier, rue des Etioux, n. 6.
Diochon Louis, chauffeur, rue Berbisey, n. 69.
Diolot Léopold, menuisier, rue St-Nicolas, n. 99.
Diost veuve, rue Magenta.

Diringer Michel, tailleur, rue de la Gare, n. 1.
Diringer Henr., tailleur et loueur en garni, r. Vannerie, 50.
Disson Jean-Baptiste, emp. au ch. de fer, r. Guillaume, 23.
Disson veuve, née Bayot, rentière, place du Morimont, 2.
Disson, journalier, rue St-Philibert, n. 12.
Dock Eugénie, ouvrière, rue des Forges, n. 48.
Doderet Hubert, rentier, rue Bassano, n. 19.
Doignon Vᵉ, née Lorgy, couturière, cour du Quartier, 13.
Doit veuve, manouvrière, rue du Bourg, n. 67.
Doix Ignace, cordonnier, rue Bassano, n. 57.
Doix Denis, cordonnier, rue St-Philibert, n. 6.
Dole Claudine, ouvrière, rue du Vieux-Collége, n. 3.
Dolfus veuve, née Resler, rue de la Gare, n. 1.
Dolivot Emile, journalier, cour de la Faïencerie, n. 4.
Dollat veuve, née Rousseau, rentière, rue Berbisey, 29.
Donay Justine Mlle, rentière, rue Notre-Dame, n. 18.
Doncieux Joseph, conseiller à la Cour, r. St-Bernard, 1.
Donier Joseph, représentant de com., rue Musette, n. 14.
Donjon, vigneron, cour Bourberain, n. 6.
Donjon Anne Mlle, ouvrière, rue Saumaise, n. 30.
Donnarel Philippe, ouvrier serrurier, r. Vannerie, n. 59.
Donzelle Philippe, à l'équipe, rue Berbisey, n. 128.
Donzelle Philippe, homme d'équipe, rue des Marmuzots,
    n. 4, aux Perrières.
Donzey Claude, cordonnier, rue Chancelier-l'Hopital, 14.
Darémus Charles, rentier, rue Bassano, n. 34.
Dorey veuve, née Jachiet, rentière, rue d'Auxonne, n. 20.
Dorey veuve, née Vachez, rentière, rue Buffon, n. 6.
Dorey Antoine, charcutier, rue du Bourg, n. 62.
Dorey Bénigne, cafetier, rue Charrue, n. 36.
Dorey Félix, marc. de vin en gros, rue Guillaume, n. 25.
Dorey Louis, propriétaire, rue Magenta.
Dorey veuve, née Vachet, rentière, place St-Michel, 10.
Dorey Jean-Baptiste, chapelier, rue de la Préfecture, 72.
Dorey Pierre-Paul, chapelier, rue de la Préfecture, 72.
Dorey François, commission., r. de la Préfecture, n. 72.
Dorey Maurice, à l'équipe, rue du Sachot, n. 2.
Dorey François, journalier, rue du Sachot, n. 8.
Dorey veuve, laveuse, rue Ste-Catherine, n. 4.
Dorey Emile, conseiller à la Cour, rue St-Nicolas, n. 102.

Dorléans Jean, marinier, rue Musette, n. 23.
Dorlet Anne Mlle, fme de mén., chem. du Petit-Bernard.
Dorlin Claude, taillandier, rue Berbisey, n. 47.
Dorlin Nicolas, serrurier, rue du Chaignot, n. 38.
Dormier Paul, empl. de commerce, place St-Jean, n. 2.
Dormont René, employé, rue Chaudronnerie, n. 2.
Dormoy Louis, facteur de 1re classe, rue de la Gare, 13.
Dormoy Jean, manouvrier, rue Magenta, n. 11.
Dormoy Jules fils, rue Magenta, n. 11.
Dornier Edouard, fabric. de moutarde, cours du Parc, 17.
Dornion veuve, née Martin, femme de ménage, rue du
   Pont-des-Tanneries, n. 8.
Dosson Alexandre, ancien cafetier, rue Condé, n. 58.
Dosson, ancien cafetier, cours du Parc, 12 (pied-à-terre).
Dosson Mme, rue Lamonnoye.
Doth Joseph, ébéniste, rue Amiral-Roussin, n. 3.
Doth Mlle, ouvrière, rue Amiral-Roussin, n. 15.
Doth Louis, ouvrier ébéniste, rue de la Trémouille, n. 3.
Douain François, carrier, rue Menevalle, n. 7.
Douaire François, propriétaire, rue Saint-Nicolas, n. 92.
Douairet Ve, née Heuiller, fem. de mén., r. Berbisey, 19.
Douard Jules, march. épicier en détail, r. des Godrans, 3.
Douard veuve, née Claudon, rentière, rue Sambin, n. 5.
Douard Auguste, bourrelier, rue Saumaise, n. 61.
Douard Jean-Baptiste, cabaretier, route de Lyon, n. 2.
Douard Mlle, propriétaire, institutrice, r. Vannerie, 39.
Douche Claude, corroyeur, rue des Tanneries, n. 9.
Doudey François, propriétaire, maçon, rue Audra, n. 20.
Douée Alexandre, musicien, rue Bassano, n. 33.
Douges Ve, née Levistre, tanneur, rue des Tanneries, 17.
Douhard Adolphe, concierge, rue de l'Ecole-de-Droit, 5.
Douhin Ve, née Chevilliard, journalière, r. Musette, 24.
Douhin J.-B., jardinier, grande rue Saint-Lazare, n. 6.
Douillon Jean-Louis, relieur, rue de Gray, n. 29.
Dousson Claude, couvreur, rue Brulard, n. 9.
Doussot Paul, tanneur, rue Bassano, n. 58.
Doussot Claude, cabaretier, pont des Tanneries, n. 1.
Doutre Benoît, march. de chiff., r. de l'Arquebuse, n. 24.
Doyant François, garde des mines, chemin couvert de
   la Belle-Etoile.

Doyen Pierre, carrier, chemin de limite (Perrières.)
Doyen Ve, née Petit, femme de ménage, r. Ste-Anne, 16.
Doyen Ve, née Lebas, manouvrière, place St-Michel, 4.
Doyen Vivant, garde-moulin, route de Plombières.
Doyen Elisabeth Mlle, ouvrière, rue Vannerie, n. 54.
Dragot veuve, née Grandjean, rue Devosge, n. 41.
Dragot Eugène, ajusteur, rue Devosge, n. 41.
Dransard Louis, chaudronnier, rue Odebert, n. 5.
Drevon veuve, née Dunoyer, rent., r. de la Préfecture, 15.
Drevon Louis-Philippe, propr., rue de la Préfecture, 15.
Drevon Nicolas, cons. à la cour, rue de la Trémouille.
Drevet Adolphe, mécanicien, rue de l'Arquebuse, n. 3.
Dreyfusse Narcisse, march. papetier, rue Piron, n. 27.
Drézet Claude, manouvrier, rue Petite-des-Poussots
   (Californie.)
Drézet, manouvrier, rue de Longvic, n. 35.
Drezet Auguste, jardinier, rue de Longvic, n. 44.
Drezet Pierre, jardinier, rue Magenta, n. 19.
Drillien J.-B., capitaine en retraite, r. de Longvic, n. 8.
Drioton François, carrier, Carrières-Blanches.
Drioton Auguste, march. de draps, rue St-Philibert, 23.
Drioton Joseph, maçon, rue du Tillot, n. 5.
Dromard Jules, propriétaire, rue Berbisey, n. 23.
Dromard Jules, cons. à la cour, pet. rue du Château, 9.
Dromard veuve, propriétaire, rue Saumaise, n. 39.
Drouard Claude, tanneur, rue de l'Ile, n. 3.
Drouelle veuve, née Faubert, rue Chabot-Charny, n. 10.
Drouelle Jean-Baptiste, manouvrier, rue de l'Ile, n. 4.
Drouelle Martin, ancien boulanger, rue de Longvic, 6.
Drouelle Charles, tonnelier, rue du Petit-Potet, n. 18.
Drouelle Jacques, farineur, faubourg Rennes, n. 9.
Drouelle Jean, journalier, rue Saumaise, n. 20.
Drouet François, journalier, avenue du Réservoir.
Drouillat Jean-Bapt., homme d'éq., r. des Perrières, 16.
Drouhet Henri, cons. de préfecture, place St-Jean, n. 5.
Drouhin Amable, propriétaire, r. Amiral-Roussin, 42.
Drouhin Jean-Baptiste, journalier, rue Bassano, n. 78.
Drouhin Claude, rentier, rue Bossuet, n. 23.
Drouhin Antoine, chauffeur, chemin de Talant, n. 29.
Drouhin Symphorien, chargeur, rue de l'Hôpital, n. 3.

Drouhin veuve, né Nimetz, logeuse, rue Roulotte, n. 37.
Drouhin Paul, charpentier, rue de la Trémouille, maison Chamard.
Drouhin femme, née Colnot, rue Turgot, n. 16.
Drouhot François, manouvrier, rue du Chinois, n. 1.
Drouhot Louis, charron, rue des Godrans, n. 15.
Drouhot Dominique, employé au chemin de fer, rue de Longvic, n. 33.
Drouhot Antoine, manouvrier, place du Morimont, n. 2.
Drouhot J.-B., garçon voiturier, route de Plombières.
Drouhot Claude, mégissier, rue des Tanneries, n. 17.
Druard Mme, née Bélorgé, rentière, rue des Moulins, 1.
Dubant Jean, garçon de magasin, rue Cazotte, n. 16.
Dubard Jules, percepteur, rue Buffon, n. 27.
Dubard Pierre, manouvrier, rue Buffon, n. 28.
Dubard-Brenot, négociant, chemin de Fontaine.
Dubard-Brenot, propr., chem. de Fontaine (pied-à-terre.)
Dubard Alexis, anc. march. de grains, rue Devosge. 19.
Dubard Henri, rentier, rue Devosge, n. 19 *bis*.
Dubard veuve, née Geliot, rent., r. de l'Ecole-de-Droit, 7.
Dubard Pierre, propriétaire, rue des Godrans, n. 61.
Dubard Paul, négociant, rue des Godrans, n. 61.
Dubard Claude, ouvrier distillateur, rue de Gray, n. 31.
Dubard-Brenot, march. de grains, rue de Montigny, n. 4.
Dubard Pierre, manouvrier, rue St-Pierre, n. 37.
Dubarry Jean-Baptiste, anc. opticien, rue des Novices, 14.
Dubier Mme, née Loquin, confection pour dames, rue Bossuet, n. 10.
Dubier Mme, née Loquin, couturière, rue de la Colombière, n. 8.
Dubier veuve, née Bertrand, rentière, r. St-Philibert, 57.
Dubled Athanase, propriétaire, rue Devosge, n. 41.
Dubled Gabriel fils, rue Devosge, n. 41.
Dubois Jean-Baptiste, charpentier, r. de l'Arquebuse, 19.
Dubois Jean-Baptiste, rue de l'Arquebuse, n. 19.
Dubois veuve, née Vitu, rentière, rue d'Assas, n. 30.
Dubois veuve, manouvrière, rue du Bourg, n. 9.
Dubois Claude, manouvrier, rue du Bourg, n. 24.
Dubois Philiberte Mlle, march. de literie, rue Condé, 32.
Dubois Joseph, ancien cordonnier, rue Franklin, n. 9.

Dubois Auguste, ancien avoué, rue des Godrans, n. 43.
Dubois Hippolyte, huissier, rue Jeannin, n. 1.
Dubois veuve, née Beuchot, rentière, r. Longepierre, 12.
Dubois Nicolas, rentier, rue des Perrières, n. 8.
Dubois Mme, née Picamelot, journalière, rue de la Préfecture, n. 72.
Dubois Joseph, manouvrier, rue de la Préfecture, n. 84.
Dubois Henri, secrétaire de Monseigneur, rue Saint-Bénigne, n. 1.
Dubois Ve, née Tiercelin, commis., rue Saint-Nicolas, 42.
Dubois Ve, née Simonnot, journalière, rue St-Pierre, 17.
Dubois Mme, rentière, rue Verrerie, n. 37.
Dubour, commis, rue Saint-Philibert, n. 23.
Dubreuil Auguste, tanneur, rue de l'Arquebuse, n. 9.
Dubreuil Jean-Baptiste, méc., rue de l'Arquebuse, n. 24.
Dubreuil François, journalier, rue du Sachot, n. 3.
Duc Etienne, chiffonnier, rue Vannerie, n. 51.
Ducaire Pierre, ouvrier limonadier, rue Saumaise, 11.
Duceux Louis, chauffeur, rue de l'Arquebuse, n. 7.
Duchassain Ve, née Homède, giletière, rue Verrerie, 17.
Duchêne François, cultivateur, hameau de Mirande.
Duchêne Marie Mlle, rentière, rue de Pouilly, n. 25.
Duchêne Félix, journalier, rue des Roses, n. 3.
Duchêne Charles, chapelier, rue Saint-Martin, n. 41.
Duchêne, cultivateur, ruelle Sambin.
Duchesne Pierre, cultivateur, Ruelle-aux-Prêtres, n. 4.
Duchesne Jean-Baptiste, rentier, Ruelle-aux-Prêtres, 4.
Duchesne Louis, vigneron, Ruelle-aux-Prêtres, n. 6.
Ducher Etienne, cordonnier, rue Jeannin, n. 68.
Ducollet Emile, concierge du Musée, rue Condé, n. 55.
Ducollet Ve, née Salm, rentière, rue Proudhon, n. 18.
Ducret Simonne Mlle, rentière, rue Verrerie, n. 24.
Ducroix Jean, mégissier, rue du Pont-des-Tanneries, 5.
Ducros Marie Mlle, anc. domest., rue du Petit-Potet, 30.
Ducroux Philibert, cabaretier, rue Dévosge, n. 24.
Dudiffand, commis négociant, rue St-Esprit (Perrières).
Dudot Ve, née François, rentière, r. de la Colombière, 16.
Dudrumel veuve, née Teupenier, rue d'Ahuy, n. 15.
Dudrumel Charles, professeur, rue d'Ahuy, n. 17.
Duérot veuve, née Moutel, rue Docteur-Maret, n. 1.

Duez Auguste, nettoyeur, rue Saint-Philibert, n. 25.
Dufaur Camille, employé retraité, ruelle Sambin.
Dufau Antoine, tambour des pompiers, rue Condé, n.55.
Duffay Paul, emp., repr. de la m⁰ⁿ Briot, r. Guillaume, 12.
Dufouer François, entrepreneur de charpenterie, chemin couvert de la Belle-Etoile, n. 36.
Dufour F.-C., ouvr. menuisier, rue Chaudronnerie, n. 30.
Dufour François, fab. d'instr. aratoires, rue du Gaz, n. 1.
Dufour, conseiller de préfecture, rue des Godrans, n. 32.
Dufour Etienne, facteur, rue Saint-Philibert, n. 23.
Dufourneau Louis, menuisier, rue d'Auxonne, n. 41.
Dufrat Alfred, pâtissier, rue Berbisey, n. 19.
Dugas Louis, rue de la Trémouille, maison Chamard.
Dugast Henri, docteur-médecin, rue Charrue, n. 9.
Dugat Alexandre, menuisier, rue Berbisey, n. 94.
Dugat veuve, née Mugnier, concierge, rue Vannerie, 39.
Dugat Paul, maçon, rue Vannerie, n. 48.
Dugay Mme, née Gauthier, directrice de l'école du rempart, rempart du Château, n. 20.
Dugied Pierre, propriétaire, rue Buffon, n. 11.
Dugon Vᵉ (la comtesse), prop.,r. Chancelier-l'Hôpital,11.
Dugourd Antoine, cloutier, rue de la Préfecture, n. 88.
Dugourd E.-N., employé à la mairie, r. Vannerie, n 76.
Dugratteau Alex., sellier, rue de la Manutention, n. 9 bis.
Dugrattoux Louis, sellier, rue Berbisey, n. 88.
Duguay Anne-Josép., institutrice, r. de la Préfecture,13.
Duguet Laurent, tailleur, rue Jeannin, n. 53.
Duhot Jean, manœuvre, rue Jeannin, n. 59.
Duhot veuve, née Ponsard, blanchis., r. des Perrières, 2.
Dulac, marchand tailleur, rue Vannerie, n. 4.
Dulché Louis, mécanicien, rue Victor-Dumay, n. 14.
Dulessey Joseph, entrep., ch. couv. de la Belle-Etoile, 13.
Dumarcel Marguerite Mlle, femme de ménage, rue Neuve-Dauphiné, n. 4.
Dumarché François, tonnelier, petite rue du Château, 1.
Dumarché Vᵉ, née Berthenet, ouvrière, rue Sambin, 23.
Dumarché A., agent de la navigation, r. des Tanneries, 2.
Dumas Etienne, manouvrier, rue Ste-Catherine, n. 26.
Dumay veuve, née Weiss, prop., rue Victor-Dumay, 20.
Dumeix Anne Mlle, rue Roulotte, n. 24.

Duménil Georges, ouvrier, rue Saint-Philibert, n. 13.
Dumergue Louis, cafetier, rue Vauban, n. 14.
Duméril Alfred, professeur, rue des Roses, n. 11.
Dumetier Joseph, propriétaire, Californie.
Dumetier Louis, serrurier, rue Musette, n. 22.
Dumont Hippolyte, avocat, rue du Chapeau-Rouge, 15.
Dumont J.-F. *(la Bourguignonne)*, rue du Château, n. 11.
Dumont Claude, manœuvre, cour de la Faïencerie, n. 11.
Dumont Auguste, employé, rue Devosge, n. 3.
Dumont Jacques, chargeur, rue de la Gare, n. 6.
Dumont Jules, ferblantier, rue des Godrans, n. 74.
Dumont Jean-Baptiste, vigneron, rue de l'Ile, n. 1.
Dumont, direct. de l'Epicerie dijonnaise, r. Musette, 30.
Dumont Claude, emp. d'octroi, petite rue du Château, 1.
Dumont Ve, née Seguin, fem. de ménage, place Darcy, 5.
Dumont Pierre, chiffonnier, Ruelle-aux-Prêtres, n. 2.
Dumont Pierre, concierge, route de Plombières.
Dumont Louis, rue Saumaise, n. 16.
Dumont Jacques, marbrier, rue Sainte-Catherine, n. 17.
Dumont Joseph, mécanicien, rue Saint-Nicolas, n. 93.
Dumont Nicolas, emp. au chem. de fer, r. St-Nicolas, 99.
Dumont Ve, née Mamet, chargeur, r. des Tanneries, n. 8.
Dumontier Adolp., ouv. menuisier, r. Chaudronnerie, 15.
Dumontier Adolphe, menuisier, rue Verrerie, n. 50.
Dumontot Pierre, rentier, rue de Gray, n. 31.
Dumoulin Sylvain, propriétaire, rue Sambin, n. 8.
Dungler François, badigeonneur, r. de la Manutention, 1.
Dunion, contrôleur des cont. directes, r. Proudhon, 24.
Dunoyer veuve, née Gremillet, propriétaire, rue Legoux-Gerland, n. 5.
Dupaquier Claude, propriétaire, rue de la Colombière.
Dupaquier Nicolas, garçon boulanger, rue Guillaume, 28.
Dupaquier Philibert, allumeur au gaz, rue Guillaume, 33.
Dupaquier Jean, vivandier, Ruelle-aux-Prêtres, n. 3.
Dupaquier Antoine, manouvrier, rue Ste-Catherine, 24.
Du Parc veuve, née Charpy de Juigné, propriétaire, rue Vannerie, n. 35.
Du Parc Charles, propriétaire, rue Vannerie, n. 35.
Dupay veuve, née Millau, ouvrière, rue St-Nicolas, 92.
Dupay Félix fils, rue St-Nicolas, n. 92.

Duperrat Louis, mécanicien, rue des Godrans, n. 40.
Dupin Nicolas, huissier, place d'Armes, n. 6.
Dupin Jean, entrepreneur, rue des Roses.
Duplessis Ernest, boucher, rue Jeannin, n. 44.
Duplus Jean-Baptiste, chapelier, rue du Bourg, n. 64.
Duplus Laurent, forgeron, rue Devosge, n. 27.
Dupont Eugène, propriétaire, chemin de Fontaine, n. 4.
Dupont veuve, née Thevenin, libraire, Palais des Etats, 6e et 7e arcades, Place du Théâtre.
Dupont Pierre, ferblantier, rue Berbisey, n. 71.
Dupont Françoise Mlle, couturière, rue Berbisey, n. 77.
Dupont Pauline, supérieure des sœurs de la Visitation, rue Crébillon, n. 8.
Dupont Jacques, propriétaire, rue de Suzon, n. 2.
Dupont Emilie, ouvrière, rue de Suzon, n. 8.
Duport Ve, née Trolu, marchande, rue Chabot-Charny, n. 34.
Dupoy Jean, ancien tailleur, rue Chabot-Charny, n. 3.
Dupré Constant, place d'Armes, n. 10.
Duprey veuve, chemin couvert de la Belle-Etoile.
Duprey Jules, dessinateur, rue Bergère, n. 8.
Duprey Blaise, employé au chemin de fer, rue Vannerie, n. 16.
Dupuis Louis, chaînier, rue de la Cité.
Dupuis Antoine, tailleur, rue Piron, n. 13.
Dupuis Joseph, menuisier, place St-Jean, n. 13.
Dupuis Anne, femme de ménage, place St-Jean, n. 13.
Dupuis veuve, née Michot, femme de ménage, rue Saint-Philibert, n. 6
Dupuy Simon, scieur de bois, rue Dauphine, n. 19.
Dupuy Antoine, maçon, rue Magenta.
Durand d'Arsonval veuve, née de Chambure, r. Amiral-Roussin, n. 4.
Durand Vve, née Morel, rentière, r. Amiral-Roussin, 29.
Durand Pierre, tonnelier, rue Audra, n. 8.
Durand Auguste, ouvrier tonnelier, chemin couvert de la Belle-Etoile.
Durand Léon, relieur, rue Condé, n. 5.
Durand Mme, confection pour dames, rue Condé, n. 5.
Durand, domestique, rue des Godrans, n. 30.

Durand Germain, frotteur, propriétaire, r. Magenta, 13.
Durand Albert, propriétaire, rue Madeleine, n. 5.
Durand Victor, carrier, rue Mulot (Perrières).
Durand Charlotte, lingère, rue St-Nicolas, n. 46.
Durand veuve, rentière, rue de Suzon, n. 8.
Durand Antoine, tailleur de pierres, rue Vannerie, n. 40.
Durande Auguste, propriétaire, rue Devosge, n. 47.
Durande veuve, née Dériollet, rentière, rue de la Manutention, n. 17.
Durandeau Denis, notaire, rue Charrue, n. 9.
Durandeau Jean, forgeron, rue des Godrans, n. 88.
Durantel Charles, ouvrier maçon, r. de la Préfecture, 52.
Durepoix Etienne, garçon de magasin, rue Audra, n. 21.
Durens Joseph, grenetier, rue Berbisey, n. 16.
Dureuil Jules, commis avoué, rue St-Nicolas, n. 6.
Dureuil Charles, rentier, rue de Suzon, n. 5.
Dureux Jean, journalier, rue du Petit-Cîteaux.
Dureville, marbrier, viaduc de l'Arquebuse.
Durey Claude, inspecteur des forêts, rue Sambin, n. 7.
Durey Camille, chef de bureau, rue Sambin, n. 9.
Durieux Balthazar, vigneron, à la Combe-Serpent.
Durieux Isidore, manouvrier, rue St-Nicolas, n. 51.
Duriot Jean, tailleur, rue des Godrans, n. 53.
Duriot Benoît, garçon de magasin, rue des Perrières, 4.
Duris François, directeur de l'usine à gaz, r. du Gaz, 20.
Duris veuve, née Walter, rue de la Préfecture, n. 63.
Duris Félix, clerc d'avoué, rue de la Préfecture, n. 63.
Duroc Auguste, grenetier, rue Verrerie, n. 18.
Duroch André, menuisier, rue d'Ahuy, n. 16.
Duroché P.-A., teneur de livres, rue Longepierre, n. 10.
Durot Simon, scieur de long, rue des Aqueducs (clos Trouillet).
Durozoy Joseph, fabr. de chaises, r. Amira-Roussin, 29.
Durupt Nicolas, jardinier horticulteur, rue de la Colombière, n. 14.
Durupt Nicolas, rentier, rue des Godrans, n. 30.
Durupt Henri, fabricant de gants, rue Guillaume, n. 4.
Durupt Joseph, carrier, chemin de limite (Perrières).
Durupt Pierre, propriétaire, rue Verrerie, n. 33.
Duseuil, ancien juge de paix, rue Longepierre, n. 12.

Dussert Vve, née Dupoiset, journalière, r. St-Nicolas, 52.
Dusseuil Vve, née Chanut Anne, rentière, pl. St-Jean, 17.
Dutartre Jean, cordonnier, rue Bassano, n. 122
Dutartre Maurice, march. ébéniste, cour du Quartier, 11.
Dutartre veuve, née Jeannel, rentière, rue de la Préfecture, n. 114.
Dutartre Fanny, fabricante de fleurs, Palais des États, 4e et 5e arcades de la place du Théâtre.
Dutheil Pierre, manouvrier, rue des Novices, n. 14.
Duthu Pierre, marchand tailleur, r. Amiral-Roussin, 40.
Duthu Jean, entrepr. de déménagements, r. Bassano, 4.
Duthu Maximilien, cordonnier, rue Bossuet, n. 8.
Duthu Joseph, fabricant de chocolat, rue Bossuet, n. 28.
Duthu Cl., journal., rue Petite-des-Poussots (Californie).
Duthu Hippolyte, libraire, rue Lamonnoye.
Duthu Marie, lingère, rue des Etioux, n. 32.
Duthu François, peintre, rue des Forges, n. 52.
Duthu Pierre-Edouard, cafetier, r. de la Préfecture, 80.
Duthu Alexandre, homme d'équipe, faub. Rennes, n. 15.
Duthu veuve, née Louet, concierge, rue des Roses, 11.
Duthu, rue St-Nicolas, n. 42.
Duthu, chaudronnier, rue St-Martin, n. 7.
Duthu, poêlier, rue St-Martin, n. 7.
Duthu Pierre, forgeron, rue des Tanneries, n. 23.
Duthu veuve, née Olivier, rue Verrerie, n. 48.
Duthu François, poêlier, rue Verrerie, n. 48.
Dutraye Jean, marchand de toile, faubourg Rennes, 3.
Dutrone veuve, née Mairet, manouvrière, rue Ste-Marguerite, n. 18.
Dutrone Charlotte, femme de ménage, rue du Tillot, 10.
Dutrot, charbonnier, rue de la Préfecture, n. 67.
Dutrut veuve, née Guérard, journalière, r. Vannerie, 47.
Dutrut Auguste, employé concierge, rue Verrerie, n. 47.
Duval Emile, bonnetier, rue Condé, n. 6.
Duval Jean-Baptiste, garçon voiturier, port du Canal, 8.
Duval veuve, née Vauthier, rentière, rue des Roses, n. 2,
Duval Jean-Baptiste, domestique, route de Langres.
Duval, ouvrier cordonnier, rue Saumaise, n. 12.
Duvaldestin Jean, ancien opticien, gr. rue St-Lazare, 10.
Duvault veuve, née Cartaud, rentière, rue Saumaise, 47.

Duvaut Simon, receveur d'octroi, rue de Gray, n. 10.
Duveluz Palamède, voyageur de commerce, rue de la
 Préfecture, n. 42.
Duvernet veuve, née Gagnet, rentière, rue Bassano, n. 6.
Duvivier veuve, née Agneau, femme de ménage, rue
 Berbisey, n. 45.
Duvivier Paul, employé des postes, rue du Sachot, n. 1.
Duvoisin Charles, garçon épicier, rue Cazotte, n. 3.
Dworjack Léon, doreur, rue Amiral-Roussin, n. 31.
Dworjack Jules, tailleur, rue Verrerie, n. 23.

E

Eberlet Joseph, chapelier, rue des Godrans, n. 53.
Eberlin Pierre, cafetier, rue Chabot-Charny, n. 6.
Eberlin Joseph, cafetier, rue Chabot-Charny, n. 6.
Eberlin Ernest, brasseur, rue du Chaignot, n. 22.
Ecaille Jean, cantonnier, rue Audra, n. 19.
Ecaille Auguste, cantonnier, rue de Montmuzard, n. 43.
Echallé veuve, née Jomin, propriétaire, rue Chabot-
 Charny, n. 24.
Echallé Léon, avocat, rue Chabot-Charny, n. 24.
Echallé Charles, banquier, rue de la Préfecture, n. 3.
Echallé Paul, banquier, rue de la Préfecture, n. 5.
Echallé Stéphen fils, rue de la Préfecture, n. 5.
Edme Jacques, vigneron, rue d'Auxonne, n. 63.
Edme Antoine, jardinier, Creux-d'Enfer (Fontaine-des-
 Suisses).
Edmond François, employé au chemin de fer, place
 St-Michel, n. 4.
Edon Pierre, quincaillier, rue Chabot-Charny, n. 55.
Edon Martin, serrurier, rue St-Pierre, n. 18.
Edouard Pierre, propriétaire, rue de l'Arquebuse, n. 24.
Edouard Edouard fils, employé, rue de l'Arquebuse, 24.
Edouard Jacques, propriétaire, rue d'Auxonne, n. 11.
Edouard Jean-Baptiste, propriétaire, rue Buffon, n. 43.
Egert, manouvrier, rue de Gray, n. 12.

Egueter Jean, marbrier, rue de la Cité, n, 5,
Egueter François, marbrier, rue de la Cité, n 5.
Eguiperce Pierre, ouvrier cordonnier, rue Magenta.
Ehinger veuve, cordonnière, rue du Bourg, n. 26,
Ehinger Claude, ouvrier cordonnier, rue Saumaise, 34.
Eiberon Claude, scieur de long, port du Canal, n. 8.
Einstein Daniel, rentier, rue Chabot-Charny, n. 75,
Eldess Adolphe, brasseur, rue Ste-Marguerite, n, 12.
Eldess Jean, propriétaire, rue Ste-Marguerite, n. 14.
Elie Claude, scieur de long, rue du Bourg, n. 50.
Elie Laurent, marchand tailleur, rue du Bourg, n. 69.
Elie Jean, plâtrier, rue du Palais, n. 13.
Elie Eugène, scieur de long, rue des Tanneries, n. 15.
Elier René, fileur de laine, rue de l'Ile, n. 1.
Eliot Marguerite, journalière, rue Proudhon, n. 21.
Elophe Nicolas, chapelier, impasse Audra, n. 1.
Eloy Adolphe, homme d'équipe, rue d'Ahuy, n. 14 *bis*.
Eloy Camille fils, rue d'Ahuy, n. 14 *bis*.
Eloy Joseph, charron, allée des Chartreux, n. 10.
Eloy Joseph, charron, rue Dauphine, n. 7.
Eloy Vivant, cordonnier, rue de Gray, n. 12.
Eloy Antoine, journalier, rue Menevalle.
Elsaser Nicolas, plâtrier, rue Bossuet, n. 23.
Eluau Vve, née Forey, ouvr. en robes, r. du Chaignot, 3.
Emery Marc, relieur, avenue du Réservoir.
Emery Benoît, serrurier, rue du Gaz, n. 20.
Emery veuve, née Pétot, ouvrière, rue des Godrans, 68.
Emery-Dufour Joseph, photographe, place St-Michel, 6.
Emery Jean, marchand de farines, rue St-Nicolas, n. 60.
Emery Emiland, employé au chem. de fer, r. de Suzon, 8.
Enfert Nicolas, avoué, rue Chabot-Charny, n. 28.
Enfert Lucien fils, rue Chabot-Charny, n. 28.
Engler Ch., tailleur en chambre, r. Chaudronnerie, n. 38.
Engreny Elisa Mlle, ouvrière, rue Dubois, n. 9.
Enselme François, comptable, rue St-Nicolas, n. 62.
Eparvier Numa, ancien conservateur des hypothèques,
     rue du Chaignot, n. 20.
Erné Olympe Mlle, ouvr. en robes, r. Chabot-Charny, 74.
Ertel Jean, relieur, chemin couvert de la Belle-Etoile, 23.
Escaille Pierre, march. de chaussures, rue Musette, 22.

Eschbach Joseph, rue du Château, n. 1.

Esmonin Vivant, cabaretier, Fontaine Ste-Anne.

Esmonnin Nicolas, manouvrier, rue Notre-Dame, n. 22.

Esmonnin Louis, coquetier, Ruelle-aux-Prêtres, n. 3.

Esmonnin veuve, née Rollet, rentière, rue Vannerie, 88.

Espinosa Jean-Baptiste, concierge, r. Chabot-Charny, 24.

Espinoza Louis, propriétaire, relieur, r. St-Philibert, 59.

Esquila Auguste, capitaine retraité, rue Devosge, n. 3.

Esternot Ve (d'), née Richard, propriétaire, r. Bassano, 1.

Estieu Maurice, marchand d'étoffes, rue Verrerie, n. 25.

Estiot Honoré, menuisier, rue d'Ahuy, n. 20.

Estiot Philibert, typographe, rue Bassano, n. 29.

Estiot Reine Mlle, couturière, rue Berbisey, n. 59.

Estiot Philibert, jardinier, rue Crébillon, n. 20.

Estival Claude, rentier, rue de la Préfecture, n. 43.

Estival Claude, directeur du télégraphe, rue Rameau, 1.

Estivalet Emile, greffier, rue Guillaume, n. 6 *ter*.

Estivalet Jean-Baptiste, voiturier, port du Canal, n. 10.

Estivalet, homme d'équipe, rue de la Préfecture, n. 81.

Estivalet Antoine, tonnelier, propr., r. Vannerie, n. 27.

Estocquois François (d'), professeur à la Faculté, rue
  Sainte-Anne, n. 12 *bis*.

Etienne veuve, née Baudier, femme de ménage, rue
  Bassano, n. 54.

Etienne Mme, née Loye, propriétaire, rue Buffon, n. 41.

Etienne veuve, née Gourmelond, rue Chabot-Charny, 1.

Etienne Eugène, menuisier, rue Magenta.

Etienne François, exécuteur des hautes œuvres, Larrey.

Etienne Henri fils, Larrey.

Etienne Jean, fabricant de paillassons, r. St-Nicolas, 103.

Etienne Pauline Mlle, couturière, rue Turgot, n. 5.

Euvrard Claude, concierge, rue Vauban, n. 14.

Evrat Pierre, march. de chaussures, r. des Godrans, 102.

Excoffier veuve, née Gonniot, journalière, r. Jeannin, 65.

Excoffier Joseph, grenetier, rue Jeannin, n. 83.

F

Fabvre Mme, rentière, rue Bassano, n. 33.

Fabvre François, ancien distillateur, rue Berbisey, 20.

Fabvre Antoine, marchand, rue Roulotte, n. 24.
Faësel Joseph, ancien brasseur, rue Sambin, n. 7.
Fageol L., rentier, rue de la Trémouille, m⁰ⁿ Chamard.
Fagot Louis, forgeron, rue Bassano, n. 90.
Fagot Jean-Baptiste, tonnelier, rue du Château, n. 6.
Fagot Jacques, journalier, cour du Quartier, n. 7.
Fagot Jean-Baptiste, domestique, rue Dauphine, n. 15.
Fagot Simon, cordonnier, rue François-Rude, n. 8.
Fagot veuve, rentière, rue de Gray, n. 9.
Fagot Mme, née Chazelle, cabaretière, rue du Petit-
Citeaux.
Fagot Prudent, cabaretier, route de Lyon, n. 3.
Fagot Auguste, ajusteur, route de Lyon, n. 3.
Fagot Eugène, aubergiste, rue Saint-Nicolas, n. 22.
Fagotey Antoine, teneur de livres, rue des Godrans, 41.
Fagotte Claude, propriétaire, rue de Venise.
Fagottier François, rentier, rue Legoux-Gerland, n. 6.
Faies Simon, imprimeur, place Darcy, n. 3.
Faidey Vᵉ, née Berthier, rentière, rue du Bourg, n. 45.
Faivelet Madeleine Mlle, domestique, rue du Mouton, 7.
Faivelet François, rentier, rue Verrerie, n. 31.
Faivre Joseph, journalier, rue Bassano, n. 114.
Faivre Pierre, garde-moulin, rue Petite-des-Poussots
(Californie).
Faivre François, manouvrier, rue Petite-des-Poussots
(Californie).
Faivre Philippe, manouvrier, Californie.
Faivre Antoine, cordonnier, rue Chaudronnerie, n. 24.
Faivre Anne Mlle, gardeuse d'enfants, rue Chaudron-
nerie, n. 36.
Faivre Auguste, chauffeur, rue de la Gare, n. 2.
Faivre Claude, garçon meunier, rue Guillaume-Tell.
Faivre Victorin, menuisier, rue des Godrans, n. 18.
Faivre Jean-Baptiste, fabricant de chaises, r. Jeannin, 7.
Faivre Claude, ouvrier tailleur, rue du Lacet, n. 1.
Faivre J.-B , ouv. fabr. d'allumettes, rue de Longvic, 49.
Faivre, charpentier, rue Musette, n. 21.
Faivre Claude-Gabriel, march. épicier, r. Odebert, 9-11.
Faivre Louis, employé, rue de Pouilly, n. 7.
Faivre Pierre, march. de vins en gros, rue St-Pierre, 15.

Faivre Louise Mlle, lingère, rue Saumaise, n. 4.
Faivre, menuisier, rue Saumaise, n. 61.
Faivre Anna Mlle, ouvrière, rue de Suzon, n. 8.
Faivre Prudent, scieur de long, rue des Tanneries, n. 23.
Faivre Marie Mlle, passementière, rue Vaillant, n. 19.
Faivre François, grenetier, rue Vannerie, n. 73.
Faivre Joseph, commis négociant, rue Verrerie, n. 36.
Faivret J.-B., tailleur de pierres, rue de l'Arquebuse, 24.
Faivret veuve, rue des Bons-Enfants, n. 1.
Faivre Joseph, vigneron, cour du Quartier, n. 17.
Faivret François, rentier, Cours-Fleury, n. 6.
Faivret Sylvestre, rue de Pouilly, n. 23.
Faivre Ve, née Bailly, charcutière, faubourg Rennes, 11.
Faivret François, vigneron, Saint-Antibes.
Falconnet Joseph, tailleur, Combe-Serpent.
Falconnet Mme, journalière, rue des Godrans, n. 24.
Falconnet Jean-Baptiste, épicier, rue Saint-Martin, 39.
Falconnet Marie Mlle, rue Saint-Martin, n. 39.
Fallot Jean Baptiste, chapelier, rue Magenta.
Fanchon Dominique, ouv. cordonnier, rue du Bourg, 68.
Fanet Etienne, mercier, rue Jeannin, n. 51.
Faradon Claude, journalier, rue Bossuet, n. 15.
Faraguet-Jocet, filateur, rue Berbisey, n. 6.
Faraguet Julie, rue Sainte-Catherine, n. 8.
Faraguet Julius, liquoriste, rue Saint-Nicolas, n. 22.
Farcy Jules, relieur, rue Bassano, n. 37.
Farcy Louis, imprimeur, rue Berbisey, n. 78.
Farcy Ve, née Farcy, fem. de ménage, rue de la Gare, 6.
Farcy Charles, homme d'équipe, rue Guillaume-Tell.
Farcy Jean-Baptiste, menuisier, rue des Perrières, n. 4.
Farget Justin, clerc de notaire, rue Chabot-Charny, n. 60.
Fatiguet veuve, née Damongeot, ouvrière, rue Sainte-
    Catherine, n. 17.
Fatiguet Etienne, chapelier, rue Sainte-Catherine, n. 17.
Faton Jean, rentier, rue Saint-Pierre, n. 19.
Faubert Nicolas, rentier, rue Chaudronnerie, n. 14.
Faubert Claude, rentier, rue de Montmuzard, n. 8.
Fauche Marie Mlle, ouvrière, rue Berbisey, n. 39.
Faucher Pierre, propriétaire, entrepreneur, chemin de
    ceinture de la Belle-Etoile, n. 13.

Faucheux Jean-Baptiste, cordonnier, place St-Bernard.
Fauchon Eugène, agent de police, Cours-Fleury, n. 6.
Faucillon Albert, relieur, rue Neuve-Dauphine, n. 2.
Faucillon veuve, modiste, rue des Forges, n. 16.
Faucillon veuve, née Poichot, propriétaire, rue Coupée-de-Longvic, n. 7.
Faucillon Pierre, maréchal-ferrant, rue Coupée-de-Longvic, n. 7.
Faucillon V°, née Pallant, ouvrière, rue St-Nicolas, 36.
Faucillon Jacques, employé, rue Saint-Nicolas, n. 36.
Faucillon veuve, rentière, rue Saumaise, n. 61.
Faucillon fils, emp. à la recette générale, r. Saumaise, 61.
Fauconnet Pierre, chef d'équipe, rue Devosge, n. 2.
Faudot François, ouvrier tailleur, rue Saint-Martin, 41.
Faugère François, homme d'équipe, rue d'Auxonne, 48.
Faugère Léon, cordonnier, rue des Perrières, n. 18.
Fauléau notaire, rue Guyton-Morveau, n. 5.
Fauléau Jean-Baptiste, notaire, rue Jeannin, n. 16.
Fauquelle Edouard, chauffeur, rue de l'Hôpital, n. 3.
Fauquelle Edouard, mécanicien, rue des Perrières, n. 1.
Faure Jean-François, chapelier, rue d'Ahuy, n. 4.
Faure Jean, horloger, rue des Godrans, n. 70.
Fauriez Jules-Bernard, propriétaire, rue Audra, n. 8.
Faurion Adèle Mlle, ouvrière, rue des Bons-Enfants, 2.
Faurion Louis, tonnelier, rue Sambin, n. 17.
Fautret Jean-Baptiste, chiffonnier, rue du Chaignot, 13.
Fautret Pierre, chiffonnier, rue du Chaignot, n. 13.
Fauvelet Henri, voiturier, rue Derrière-les-Tanneries, 1.
Favéon V°, née Picard, blanchisseuse, Cours-Fleury, 8.
Favet Alexis, journalier, rue de l'Ile, n. 3.
Favier Anne, lingère, rue des Godrans, n. 50.
Favier Auguste, journalier, rue du Petit-Cîteaux.
Favier Benoît, scieur de long, route de Lyon, n. 3.
Favotte Denis, rentier, rue des Godrans, n. 5.
Favotte François, rentier, rue Verrerie, n. 16.
Favre Pierre, tailleur, rue Quantin, n. 12.
Favret Marie Mlle, lingère, rue François-Rude, n. 5.
Favret Jean, boulanger, rue des Godrans, u. 9.
Favret Pierre, marchand de poissons, r. Quantin, n. 13.
Favret Auguste fils, rue Quantin, n. 13.

Fayll Benoît, scieur de long entrepreneur, rue du Petit-Citeaux.

Fayolle Joseph, lithographe, rue Condé, n. 31.

Fazy veuve, rentière, rue de la Préfecture, n. 19.

Febvre Louis, rentier, rue d'Auxonne, n. 22.

Febvre Pierre, rentier, rue d'Auxonne, n. 50.

Febvre Philibert, cabaretier, rue des Godrans, n. 58.

Febvre veuve, née Gaudelet, prop., rue des Tanneries, 15.

Febvre François, employé, rue Victor-Dumay, n. 9.

Febvret Claude, rentier, rue Madeleine, n. 4.

Febvret veuve, née Toulouse, prop., route de St-Seine, 2.

Felicaire Ernestine Mlle, rentière, r. Chabot-Charny, 33.

Felimère Léopold, chapelier, rue Ste-Marguerite, n. 30.

Félisse Charles, propriétaire, rue de la Préfecture, 117.

Felmann Joseph, menuisier propriétaire, cours de Suzon.

Felss Xavier, boucher, rue Berbisey, n. 95.

Fénéon, à l'enregistrement, place des Ducs, n. 12.

Fenet Anatole, employé, rue Berbisey, n. 71.

Féoé Athénaïs Mlle, modiste, rue St-Nicolas, n. 35.

Feriel veuve, née Grosjean, rentière, r. des Godrans, 92.

Fernandès Joseph, garçon boulanger, rue de la Manu-tention, n. 6.

Fernebach Georges, tailleur, rue d'Ahuy, n. 11.

Fernet François, jardinier, rue Chaude, n. 9.

Fernet Auguste, employé, rue de Gray, n. 31.

Fernet Étienne, cultivateur, Ruelle-aux-Prêtres, n. 12.

Fernet Jean-Baptiste, jardinier, rue Ste-Catherine, 10.

Fernet veuve, née Penotet, rue Ste-Marguerite, n. 15.

Fernet Étienne, jardinier, rue Ste-Marguerite, n. 51.

Ferrand Frédéric, étudiant en droit, place d'Armes, n. 1.

Ferrand Marie Mlle, couturière, rue Piron, n. 26.

Ferrand veuve, rue Ste-Marguerite, n. 22.

Ferrand François, sellier, rue St-Pierre, n. 4.

Ferrand Claude, journalier, rue des Tanneries, n. 13.

Ferrand veuve, née Deschamps, rentière, r. Verrerie, 33.

Ferraudon, rue Cordier.

Ferrandon Louis, couvreur, cour des Poisses, n. 10.

Ferrandon Louis, ouvrier couvreur, rue St-Nicolas, 106.

Ferrary Pierre-Julien, officier retraité, rue Guillaume-Tell.

Ferrez veuve, née Garnier, rentière, r. de l'Arquebuse, 5.

Ferrez Zéphirin, ancien cafetier, rue Bassano, n. 110.
Ferrez, ancien cafetier, rue du Gaz, n. 17 (pied-à-terre).
Ferrez veuve, née Saussier, marchande de grains, rue St-Nicolas, n. 10.
Ferrière François, menuisier, rue Buffon, n. 33.
Ferrière Etienne, vannier, rue du Petit-Cîteaux.
Ferry Jean, tailleur, rue Berbisey, n. 46.
Ferry Pierre, relieur, rue Dauphine, n. 3.
Fery Edouard, jardinier, chemin couvert de la Belle-Etoile, n. 32.
Fessard Adolphe, comptable, rue Bossuet, n. 10.
Fétu Rose Mlle, lingère, rue Crébillon, n. 21.
Feuchot Eugène, professeur de dessin, chemin couvert de la Belle-Etoile, n. 34.
Feuillard Caroline Mlle, modiste, r. Chabot-Charny, 15.
Feuillard Edme, fripier, rue Jeannin, n. 5.
Feuillebois Antoine, cordonnier, rue du Bourg, n. 32.
Feuillebois Pierre, manouvrier, place du Morimont, 14.
Feuillée Jean-Baptiste, professeur, rue des Novices, 12.
Feuvrier Mme, profes. de musique, Ruelle-aux-Prêtres, 1.
Fèvre veuve, née Clerget, rentière, r. Chabot-Charny, 54.
Fèvre veuve, née Vuillemot, rentière, rue du Chapeau-Rouge, n. 11.
Fèvre Jeanne Mlle, propriétaire, rue Dubois, n. 9.
Fevrier Joseph, camionneur, rue de la Cité.
Février veuve, née Laligant, rentière, rue Berbisey, 12.
Ficheter Nicolas, mouleur en fonte, rue Audra, n. 21.
Fichot Sébastien, jardinier, rue Bergère, n. 20.
Fichot Jean, huissier, rue du Bourg, n. 4.
Fichot Jules, jardinier, rue de Longvic, n. 37.
Fichot Alexandre, boulanger, rue Menevalle.
Fichot Vᵉ, née Guillemain, grenetière, r. St-Philibert, 12.
Fidret Claude, compositeur d'imp., r. Guillaume-Tell, 4.
Fiet veuve, rue Bannelier, n. 11.
Fiet, ancien fabricant d'huile, cours du Parc, n. 1.
Fiet Jean-Baptiste, jardinier, cour de la Grenouille, n. 5.
Fiet François, relieur, rue Coupée-de-Longvic, n. 2.
Fiet Auguste, serrurier, rue du Petit-Potet, n. 30.
Fiet Jacques, vigneron, port du Canal, n. 19.
Fiet Pierre, jardinier, grande rue St-Lazare, n. 16.

Fiet Philippe, jardinier, grande rue St-Lazare, n. 16.
Fiet Jean-Baptiste fils, grande rue St-Lazare, n. 16.
Fiet Philippe fils, grande rue St-Lazare, n. 16.
Fillan Eugène, tanneur, rue des Tanneries, n. 7.
Filland Jean-Baptiste, manouvr., avenue du Réservoir.
Filleteau veuve, rue du Bourg, n. 24.
Fillion Claudine Mlle, rentière, rue Longépierre, n. 20.
Fillion Jean, manouvrier, rue du Sachot, n. 12.
Fillot Etienne, maçon, rue du Sachot, n. 2.
Finck Joseph, ouvrier tailleur, rue des Godrans, n. 20.
Finel veuve, née Bertrand, femme de ménage, rue du Chaignot, n. 34.
Finel Auguste, sellier, rue Guillaume, n. 2.
Finel François, ouvrier à façon, rue Magenta.
Finet, 1er commis de la recette principale, rue de l'Ecole-de-Droit, n. 6.
Finel Mlle, ouvrière, rue Verrerie, n. 35.
Finger, ouvrier tailleur, rue St-Philibert, n. 6.
Finot Claude, menuisier, rue Audra, n. 16.
Finot Jean, chapelier, rue Bassano, n. 45.
Finot veuve, née Biétry, rentière, cours du Parc, n. 19.
Fioux Jean, manouvrier, rue du Morimont, n. 5.
Flachon Charles, chapelier, rue des Perrières, n. 3.
Flachot Jenny Mlle, blanchisseuse, rue des Godrans, 23.
Flachot Henri, contre-maître, route de Lyon, n. 10.
Flaget Jean-Baptiste, jardinier, rue des Moulins, n. 3.
Flaive Ferdinand, cabaretier, rue des Godrans, n. 52.
Flaive Pierre, cabaretier, rue St-Philibert, n. 10.
Flamand Gustave, employé, rue des Godrans, n. 45.
Flamand Pierre, épicier, rue Guillaume, n. 4.
Flamarion veuve, née Labourot, journalière, rue des Moulins, n. 47.
Flamin Théodore, garçon de magasin, rue du Bourg, 62.
Flammarion, manouvrier, rue d'Auxonne, n. 63.
Flammarion Auguste, typographe, rue St-Pierre, n. 39.
Flandres Pierre (de), colonel en retraite, rue Sambin, 9.
Flandres Gaston (de), employé à l'inspection principale, rue Sambin, n. 9.
Flavien Philippe, militaire en retraite, rue de Venise.
Fleith Louis, manouvrier, faubourg Rennes, n. 11.

Fleurey François, employé, rue Charrue, n. 14.
Fleurey Adélaïde Mlle, blanchisseuse, rue Vannerie, 48.
Fleurichand Alexis, propriétaire, rue des Godrans, n. 5.
Fleuriet Pierre, comptable, rue des Moulins, n. 58.
Fleuriot Jean, garçon charcutier, rue de l'Ile, n. 4.
Fleurot Etienne, chasublier, rue des Forges, n. 54.
Fleurot Hippolyte, notaire, rue Jeannin, n. 9-11.
Fleurot Pierre, laveur, rue du Mouton, n. 17.
Fleurot, marchand d'ornements d'église, rue Saint-Esprit (Perrières) (pied-à-terre).
Fleurot François, journalier, port du Canal, n. 14.
Fleurot Firmin, docteur-médecin, rue St-Nicolas, n. 121.
Fleurvac Jean-Baptiste, loueur en garni, petite rue du Château, n. 3.
Fleury Marie Mlle, femme de ménage, cour de la Grenouille, n. 4.
Fleury Marie Mlle, lingère, cour des Frères, n. 1.
Fleury François, propriétaire, à la Cornée.
Fleury d'Amiens, dépôt de sacs, rue Guillaume, n. 25.
Fleury François, chapelier, Ruelle-aux-Prêtres.
Fleury chapelier, rue Sambin, n. 23.
Fléty veuve, sans profession, rue de la Préfecture, n. 60.
Flocard Nicolas, forgeron, rue Berbisey, n. 87.
Flocard Mamès, cafetier march. de vin, r. des Forges, 70.
Floccard Auguste, voyag. en liqueurs, rue de Gray, 17.
Floertheim Raphaël, marchand de tissus, rue Piron, 15.
Florentin Pierre, grenetier, rue François-Rude, n. 11.
Florentin Eugène, tailleur, rue du Morimont, n. 2.
Floret Philippe, rentier, rue Berbisey, n. 31.
Floret François, garçon boulanger, pet. r. du Château, 1.
Florimond Vve, née Billot, propr., r. Chabot-Charny, 87.
Floury Auguste, tonnelier, chemin couvert de la Belle-Etoile.
Focillon Victor, menuisier, rue Berbisey, n. 37.
Focillon Edouard, cafetier, rue Chabot-Charny, n. 48.
Focillon Claude, conduct. des ponts et chaussées, rue Devosge, n. 21.
Focillon, atelier de chaudronnerie, rue du Gaz, n. 23.
Focillon Marguerite, rentière, rue Guillaume, n. 48.
Focillon Victor, chaudronnier, r. de la Manutention, 5.

Focillon Philibert, empl. au ch. de fer, route de Longvic.
Focillon Étienne, charron-ferreur, rue Saumaise, n. 55.
Foissard Anne Mlle, laveuse, rue du Chinois, n. 2.
Foissard Pierre, ouvrier, rue du Chinois, n. 2.
Foissard Jules, ouvrier, rue du Chinois, n. 2.
Foisset Théophile, ancien conseiller, rue Berbisey, 82.
Foisset Paul, rentier, rue Berbisey, n. 82.
Foissotte Eugène, ouvrier, rue Vannerie, n. 25.
Foll Louis, tonnelier, place d'Armes, n. 7.
Follet Nicolas, propriétaire, rue d'Ahuy, n. 24.
Follet Auguste, plâtrier, grande rue Galoche, n. 3.
Follet Pierre, serrurier en voitures, rue de Montigny, 6.
Follet Céline Mlle, prop., r. des Marmuzots, 4 (Perrières).
Folley Eugénie Mlle, rentière, rue des Forges, n. 42.
Follier-Gibon François, ouvrier chapelier, r. du Champ-
    de-Mars, n. 16.
Follier Camille fils, rue du Champ-de-Mars, n. 16.
Follot Louis, propriétaire, rue Berbisey, n. 120.
Follot François, tonnelier, rue Franklin, n. 3.
Folly de Joux (de la), rentière, rue de la Préfecture, 64.
Fondet Mme, née Gouaille, rentière, rue des Godrans, 37.
Fontagny Joseph, marchand de vins en gros, rue de la
    Trémouille, n. 1.
Fontaine Jean-Baptiste, rentier, rue des Bons-Enfants, 8.
Fontaine Jacques, menuisier, rue du Bourg, n. 9.
Fontaine Toussaint, agent de police, rue du Bourg, 26.
Fontaine Jean-Baptiste, garçon de magas., r. Charrue, 10.
Fontaine François, tonnelier, rue Devosge, n. 2.
Fontaine Joseph, scieur de bois, rue Jeannin, n. 81.
Fontaine veuve, née Bonnard, jardinière, Ruelle-aux-
    Prêtres, n. 2.
Fontaine, charpentier, rue Roulotte, n. 27.
Fontaine Bernard, propriétaire, rue Sambin, n. 5.
Fontaine veuve, née Duvollet, rentière, r. Saumaise, 34.
Fontaine Barthélemy, rentier, rue Vannerie, n. 32.
Fontenette Jean, vigneron, rue Voinchet (Perrières).
Fontette Jean, vigneron, rue Victor-Dumay, n. 9.
Forassipy, Jean-Baptiste, voiturier, rue Menevalle, n. 5.
Forassipy Dominique, journalier, rue des Tanneries, 15.
Forestier Louis, avoué, rue Longepierre, n. 14.

Forestier Antoine, jardinier, rue Magenta.
Forestier Jean, concierge, place d'Armes, n. 16.
Forey Paul, grenetier, rue d'Auxonne, n. 28.
Forey, au chemin de fer, rue Bassano, n. 85.
Forey Jean-Baptiste, vigneron, rue Berbisey, n. 47.
Forey François, logeur, rue du Chaignot, n. 6.
Forey veuve, née Garnier, manouvrière, chemin couvert
　de la Belle-Etoile.
Forey Claude, rentier, rue Devosge, n. 21.
Forey Jeanne Mlle, journalière, rue des Godrans, n. 14.
Forey veuve, née Anthony, rentière, rue Jeannin, n. 36.
Forey Claude, propriétaire, rue de Montmuzard, n. 21.
Forey Charles, rentier, rue des Moulins, n. 19.
Forey Adèle Mlle, rentière, rue de Pouilly, n. 7.
Forey Louise Mlle, rentière, rue de Pouilly, n. 7.
Forey veuve, née Martier, rentière, rue St-Nicolas, n. 1.
Forey Louis, serrurier, propriétaire, route de Mirande.
Forey Charles, vigneron, propriétaire, route de Mirande.
Forey Antoine, vigneron, rue Vannerie, n. 3.
Forgemont Pierre, journalier, route de Lyon, n. 10.
Forgeot Nicolas, employé, rue Franklin, n. 3.
Forgeot veuve, rentière, rue Proudhon, n. 27.
Forges Etienne, marchand de farines, r. Bassano, n. 104.
Forneron Pierre, bourrelier, rue Saint-Nicolas, n. 52.
Fornerot, garde du Parc, rue d'Auxonne, n. 5.
Foroit Pierre, empl. au ch. de fer, r. de la Préfecture, 60.
Forquet Jean, rentier, rue Sainte-Catherine, n. 4.
Forquet veuve, née Verrière, propr., r. Ste-Catherine, 5.
Forquet veuve, née Luminet, rentière, r. St-Nicolas, n. 2.
Fort Jos., commis aux bordereaux, chem. de Talant, 3.
Fort veuve, née Belnet, propriétaire, place St-Bernard.
Fortier J.-B., homme d'équipe, rue de l'Arquebuse, 25.
Fortin Emiland, rentier, rue Chaudronnerie, n. 14.
Fortin Nicolas, ouvrier fabr. d'allumettes, r. Magenta.
Fortin veuve, née Clerc, journalière, rue Roulotte, n. 19.
Fortin Antoine, fabric. d'allumettes, rue Roulotte, n. 19.
Fortin Jeanne Mlle, couturière, place Saint-Jean, n. 6.
Fortin Joseph, ouv. relieur, grande rue Saint-Lazare, 3.
Fortin veuve, née Louviot, propr., r. Saint-Pierre, n. 19.
Fortoul, docteur-médecin, rue Vannerie, n. 39.

Fosset veuve, née Duprez Sophie, rue du Bourg, n. 74.
Fosset Jacques, tonnelier, rue du Tillot, n. 6.
Fossey Anne, grenetière, rue Vannerie, n. 54.
Fossot Claude, cocher, rue des Bons-Enfants, n. 9.
Foucault Jean-Baptiste, rentier, rue Buffon, n. 31.
Foucaut Frédéric, rentier, ruelle d'Ahuy, n. 9.
Fouché Charles, rentier, rue Devosge, n. 17.
Foucherot Auguste, manouvrier, rue de Longvic, n. 23.
Foucherot Auguste, fileur de laine, pl. St-Michel, n. 14.
Fouchonneret Philippine, femme de ménage, pont des
     Tanneries, n. 6.
Fougerolles veuve, née Thionnet, rue Berbisey, n. 78.
Fouilien veuve, rentière, rue Chabot-Charny, n. 19.
Fouleux veuve, née Tamiset, propr., r. Amiral-Roussin, 6.
Fouleux François, dit Henri, agent d'assurances, rue du
     Palais, n. 7.
Foulet Pierre, tonnelier, rue Berbisey, n. 2.
Foullon Mme, journalière, rue de la Préfecture, n. 78.
Foulon Julie Mlle, rue Magenta, n. 7.
Foulot Louis, empl. à l'enregistrement, r. des Forges, 21.
Foulot Claude, rentier, chemin de Talant, n. 33.
Fourat Benoît, docteur-médecin, r. de la Préfecture, 31.
Fourat Henri fils, rue de la Préfecture, n. 31.
Fourcaut Bernard, vigneron, rue Magenta, n. 3.
Fourcaut Louis, ouvrier peintre, rue Saint-Nicolas, n. 4.
Fourcaut François, employé, rue d'Ahuy, n. 13.
Fourchonneret Louis, relieur, rue de l'Ile, n. 2.
Fourchotte Théophile, secrétaire des contributions indi-
     rectes, rue Crébillon, n. 30.
Fourchotte Pierre, marchand de souliers, rue Neuve-
     Dauphine, n. 3.
Fourchotte Pierre, couvreur, rue des Godrans, n. 18.
Foureau Jean, receveur d'octroi, rue des Roses.
Fourreaut Jean, manouvrier, rue d'Ahuy, n. 20.
Fourneaux François, maçon, rue Amiral-Roussin, n. 8.
Fourneaux Joseph fils, rue Amiral-Roussin, n. 8.
Fourneaux, forgeron, rue de la Préfecture, n. 112.
Fournel Joseph, menuisier, rue Vannerie, n. 23.
Fournel Pierre, charpentier, rue Sainte-Catherine, 13.
Fournerat veuve, femme de ménage, r. Dauphine, n. 5.

Fourneraux Claude, tapissier, rue Bassano, n. 70.
Fournereau veuve, née Charry, femme de ménage, rue Bassano, n. 54.
Fournereau Blaise, ajusteur, rue Bassano, n. 54.
Fournereau veuve, propriétaire, rue des Perrières, 18.
Fournereau, Vᵉ Ragois, blanch., r. de la Préfecture, 67.
Fournereaux Marie Mlle, manouv., r. Chaudronnerie, 34.
Fournereaux Léon, plâtrier, route de Mirande.
Fournereaux Denis, march. de meubles, r. Verrerie, 15.
Fourneret Claude, couvreur, Carrières-Blanches.
Fourneret François, tailleur, rue du Chaignot, n. 11.
Fourneret Florentin, tanneur, faubourg Rennes, n. 23.
Fourneret François, corroyeur, rue Roulotte, n. 29.
Fourneret, Mme, rue Sambin, n. 19.
Fourneret Jean-Baptiste, jardinier, rue Sambin, n. 19.
Fournerot Jean, moutardier, allée de la Retraite, n. 12.
Fournerot Louis, garçon de banque, r. St-Philibert, 6.
Fournès Etienne, capitaine retr., avenue du Réservoir.
Fourney Pierre, manouvrier, rue des Godrans, n. 8.
Fournier Jean, tailleur de pierre, allée de la Retraite, 8.
Fournier Emile fils, allée de la Retraite, n. 8.
Fournier Anne Mlle, chapelière, rue d'Assas, n. 24.
Fournier François, journalier, rue Audra, n. 12.
Fournier Pierre, tailleur de pierres, rue d'Auxonne, 62.
Fournier Jean-Baptiste, fabricant de monuments funè-
    bres, avenue du Cimetière, n. 4.
Fournier Mlle, modiste, rue Bouhier, n. 8.
Fournier Edme, rentier, rue Buffon, n. 31.
Fournier, rue Chancelier-l'Hôpital, n. 12.
Fournier Marie, rue du Château, n. 1.
Fournier Pierre, voiturier, cour de la Faïencerie, n. 5.
Fournier Albert, lithographe, rue Crébillon, n. 4.
Fournier Anne Mlle, lingère, rue Neuve-Dauphine, n. 2.
Fournier François, tonnelier, cour de la Grenouille, 1.
Fournier Jean-Baptiste, vérificateur des poids et mesu-
    res, rue Guillaume, n. 2.
Fournier Claude, cordonnier, rue Guillaume, n. 49.
Fournier Pauline Mlle, rentière, rue Guillaume, n. 55.
Fournier Claude, cabaretier, rue de l'Hôpital, n. 27.
Fournier Jean-François, ouv. menuisier, r. Jeannin, 44.

Fournier Vᵉ, née Méline Marie, ouvrière, r. Jeannin, 44.
Fournier veuve, rentière, rue Jeannin, n. 73.
Fournier Pierre, manouvrier, rue Magenta, n. 5.
Fournier François, rentier, rue des Moulins, n. 57.
Fournier Nicolas, ancien notaire, rue Musette, n. 24.
Fournier Auguste, tailleur de pierres, r. des Perrières, 1.
Fournier Albert, plâtrier, port du Canal, n. 25.
Fournier Charles, sous-officier en retraite, rue de la
    Préfecture, 7.
Fournier veuve, née Poyer, rue de la Préfecture, n. 7.
Fournier veuve, née Boulée, marchande de fruits, rue
    Saint-Nicolas, n. 81.
Fournier Claude, serrurier, rue Saint-Nicolas, n. 106.
Fournier Jacques, garçon boucher, rue du Pont-des-
    Tanneries, n. 3.
Fournier Edme, bottier, rue Verrerie, n. 54.
Fourrier Fr., scieur de long, cour de la Grenouille, n. 1.
Fourrier Vincent, propriétaire, perruquier, rue de l'Hô-
    pital, n. 3 *bis*.
Fourton, journalier, rue de la Préfecture, n. 72.
Fousset Louis, rentier, rue Guillaume, n. 28.
Fousset Nicolas, fermier, route de Langres.
Fousset Antoine, rentier, route de Saint-Apollinaire.
Foutier Jean, ouvrier cordonnier, r. Chaudronnerie, 26.
Frachot Jules, débitant de tabac, rue des Godrans, n. 72.
Fragin Nicolas, manouvrier, chemin couvert de la Belle-
    Etoile.
Fraise, garçon boulanger, rue de la Manutention, n. 7.
Fraissard Joseph, scieur de bois, rue du Bourg, n. 11.
France François, relieur, rue Berbisey, n. 13.
France Vᵉ, née Mary, femme de ménage, r. Berbisey, 36.
France veuve, née Chanteau, couturière, cour de la
    Faïencerie, n. 10.
France veuve, née Charles, femme de ménage, cour du
    Quartier, n. 6.
France Louis, maçon, rue Crébillon, n. 33.
France Frédéric, maçon, rue Saint-Nicolas, n. 30.
France François, à l'équipe, rue Saint-Philibert, n. 19.
Franchin, cordonnier, rue Longepierre, n. 14.
Franchot François, maçon, rue Berbisey, n. 73.

Franchot Nicolas, homme d'équipe, cour des Poisses, 18.
Franchot François, cordonnier, rue Crébillon, n. 22.
Francillon Mme, née Marcilly, mégissier, rue du Pont-des-Tanneries, n. 6 *bis*.
Franck Charles, opticien, rue Condé, n. 24.
Franck Elie, chiffonnier, rue du Petit-Cîteaux, n. 9.
François Auguste, avocat, rue Amiral-Roussin, n. 7.
François Pierre, charpentier, rue Berbisey, n. 110.
François Pierre, vigneron, Carrières-Blanches.
François Marie Mlle, ouvrière, rue Legoux-Gerland, n. 2.
François Pierre, jardinier, rente Saint-Joseph.
François Louis, rentier, rue Turgot, n. 2.
Francolin Alex., censeur du lycée, r. St-Philibert, 18.
Franconnier fumiste, rue Proudhon, n. 6.
Franet Jeanne Mlle, couturière, rue du Bourg, n. 41.
Franois, propriétaire, ruelle Sambin.
Fraudin Hippolyte, épicier, rue de la Gare, n. 1 *bis*.
Fraudin Louis, restaurateur, rue de la Gare, n. 3.
Fraudin Auguste, garçon de salle, rue Piron, n. 42.
Frebeault Aristide, pharmacien, rue Chabot-Charny, 91.
Freissard Jean, scieur de bois, rue Dauphine, n. 7.
Fréjafon Pierre, capitaine des douanes retraité, rue Proudhon, n. 14.
Fréjafon Théodore fils, rue Proudhon, n. 14.
Fréjacque Hubert, employé, rue Bossuet, n. 15.
Frélezeau Alexandre, marchand de parfumerie, rue Condé, n. 36.
Frélezeau veuve, née Jolicœur, marchande mercière, rue Jeannin, n. 73.
Fremiet Bernard, propriétaire, menuisier, r. Chaude, 11.
Fremiet François fils, rue Chaude, n. 11.
Fremiet Paul, manouvrier, rue des Forges, n. 48.
Fremiet veuve, née Petit, propriétaire, r. Jeannin, n. 73.
Fremiet Joseph, avocat, rue Jeannin, n. 75.
Fremiet Paul, domestique, rue Mably, n. 2.
Fremiet Jules, relieur, rue Sainte-Catherine, n. 9.
Fremiet veuve, née Royer, rentière, rue Turgot, n. 8.
Fremiot François, cordonnier, rue des Godrans, n. 49.
Fremiot Eugène, poêlier, rue du Petit-Potet, n. 32.
Fremiot Paul, vigneron, rue de la Préfecture, n. 100.

Fremiot, rentier, rue Verrerie, n. 24.
Fremont Claude, tourneur, rue Cazotte, n. 15.
Fremont Claude, marchand de vin, rue des Novices, 22.
Fremyot Antoine, grenetier, rue Amiral-Roussin, n. 15
Fremyot Auguste, homme d'équipe, rue Audra, n. 20.
Fremyot Jean-Baptiste, menuisier, rue Saint-Nicolas, 33.
Frenoir Fréd., commis. central de police, r. Jeannin, 31.
Frenot veuve, née Bateau, manouvrière, rue du Pont-des-Tanneries, n. 6.
Frenot François, manouvrier, rue du Pont-des-Tanneries, n. 6.
Frèrebeau Jean, à l'équipe, rue du Chaignot, n. 14.
Frèrebeau Antoine, domestique, rue des Godrans, n. 13.
Frèrebeau Jean-Baptiste, manouvrier, port du Canal, 13.
Frèrebeaut Pierre, jardinier, hameau de Mirande.
Frèrejacques Auguste, ferblantier, rue de Longvic, n. 4.
Frèrejacques Jean, cafetier, rue Saint-Nicolas, n. 98.
Frèrejean Mathieu, rentier, rue Crébillon, n. 16.
Frèrejean Vᵉ, née Bornier, rentière, rue St-Nicolas, 103.
Frérot Jean, garçon boucher, rue du Petit-Cîteaux.
Fressard Isidore, scieur de bois, rue du Bourg, n. 64.
Fressard Martin, tourneur, rue des Godrans, n. 88.
Fressin Dominique, cordonnier, rue de la Préfecture, 71.
Frétel Jean, manouvrier, rue Magenta, n. 4.
Frey Antoine, mécanicien, rue de la Gare, n. 1 *bis*
Frey Edouard, chauffeur, rue de la Gare, n. 6.
Fribourg Gustave, cabaretier logeur, rue d'Ahuy, n. 21.
Frilley Joseph, marchand cordonnier, rue Charrue, 32.
Frilley Alfred, peintre en bâtiments, débitant, place St-Michel, n. 5.
Frilley Emiland, rentier, rue Proudhon, n. 20.
Fritsch Jean-Baptiste, cordonnier, rue d'Ahuy, n. 4.
Frochot Victoire Mlle, propriétaire, r. Chabot-Charny, 26.
Frochot Jacques, rentier, rue Magenta, n. 13.
Frochot, née Maitre, vannier, rue du Petit-Cîteaux, 11.
Frochot, rue St-Nicolas, n. 38.
Froidevaux veuve, née Tardy, rue des Forges, n. 52.
Froidevaux Constant, ouv. horloger, r. des Forges, 52.
Froidurot Vᵉ, née Marguery, journal., r. d'Auxonne, 33.
Froidurot Louis, ferblantier, rue Condé, n. 9.

Froidurot Jacques, voiturier, rue de Montmuzard, n. 17.
Froidurot Auguste, plâtrier, rue de Montmuzard, n. 33.
Frolois Denis, tonnelier, rue de la Préfecture, n. 92.
Fromantin François, couvreur, cour de la Faïencerie, 7.
Fromantin Marie Mlle, femme de ménage, rue St-Philibert, n. 23.
Froment Pierre, commis en pharmacie, r. des Forges, 48.
Fromentin Pierre, scieur de bois, charron, rue Saint-Nicolas, n. 49.
Fromont Edouard, commis. de police, rue de Suzon, 14.
Front Jean-Baptiste, garçon de magasin, cour de la Faïencerie, n. 11.
Front Gaspard, marchand bimbelotier, pl. St-Jean, 35.
Front Antoine fils, place St-Jean, n. 35.
Frossard Louis, tailleur de pierres, rue du Champ-de-Mars, n. 14.
Frossard J.-B., tailleur de pierres, rue des Forges, 56.
Frossard veuve, née Forgenot, rentière, r. de la Gare, 7.
Frossard Louis, tail. de pierres, r. de la Préfecture, 95.
Frossard Jean-Baptiste, employé, rue Saumaise, n. 61.
Frund Urbain, agent de librairie, rue des Godrans, n 5.
Frutiot Pierre, forgeron, port du Canal, n. 15.
Fuccio veuve, rue Verrerie, n. 17.
Fulcran Alexandre, propriétaire, rue St-Nicolas, n. 70.
Fumey Abel, sapinier, rue d'Auxonne, n. 7.
Fumey Joseph, tonnelier, rue de Longvic, n. 45.
Fumey Joseph, épicier, route de Mirande.
Furet Gilbert, cordonnier, rue St-Nicolas, n. 22.
Furet veuve, née Drouard, rue St-Nicolas, n. 22.
Furet, peintre, rue de la Trémouille.
Fyot de Mimeure, propriétaire, rue du Petit-Potet, 17.

G

Gabbert, plâtrier, rue St-Martin, n. 37.
Gabet Jean-Baptiste, chef de trains, rue du Champ-de-Mars, n. 16.

Gabet J.-H., march. d'étoffes, r. Chabot-Charny, 37 *bis*.
Gabillot Christophe, cabaretier, Californie.
Gabillot Mme, née Roiclot, femme de ménage, rue Derrière-les-Tanneries, n. 2.
Gabut Jean-Baptiste, sous-chef d'équipe, place Darcy, 3.
Gachot frères, loueurs de voitures, rue Jeannin, n. 68.
Gachot Jacques, propriétaire, rue Saumaise, n. 18.
Gachot, rentier, rue des Ormeaux, 2 *bis*.
Gachot Claude, forgeron, faubourg Rennes, n. 5.
Gacon, commissionnaire, rue Amiral-Roussin, n. 41.
Gacon Valentin, ouvrier chauffeur, rue Audra, n. 9.
Gacon Gaspard, scieur de bois, rue du Bourg, n. 44.
Gacon veuve, née Waldkirch, rentière, chemin couvert de la Belle-Etoile, n. 11.
Gacon Victor, employé, chemin couvert de la Belle-Etoile, n. 11.
Gacon Jeanne Mme, femme de ménage, rue Neuve-Dauphine, n. 2.
Gacon veuve, née Clémencet, rue Dubois, n. 10.
Gacon Gaspard, scieur de bois, rue des Etioux, n. 6.
Gacon Philibert, relieur, rue Guillaume, n. 48.
Gacon Joseph, cordonnier, place du Morimont, n. 14.
Gadant Jean-Baptiste, relieur, rue Proudhon, n. 24.
Gadesky Pierre, rentier, rue Saumaise, n. 16.
Gadesky Charles, relieur, rue Victor-Dumay, n. 11.
Gadesky Rosalie Mlle, couturière, r. Victor-Dumay, 11.
Gadjoux Georges, jardinier, rue du Petit-Cîteaux, n. 8.
Gadot Philippe, sabotier, rue Chabot-Charny, n. 77.
Gagey Hugues, scieur de bois, rue du Bourg, n. 48.
Gagey Julie Mlle, ouvrière, cour des Frères, n. 10
Gagey Françoise Mlle, rue Docteur-Maret, n. 10.
Gagey Guillaume, entrepreneur mécanicien, rue Montigny, 10.
Gagey Pierre, aumônier, rue St-Philibert, n. 18.
Gagey François, libraire, place St-Jean, n. 12.
Gagey Mlle, institutrice, rue Verrerie, n. 32.
Gagey Julie, rue de l'Arquebuse, n. 13.
Gagin Louis, comptable, rue St-Philibert, n. 44.
Gagné veuve, rue Bossuet, n. 6.
Gagné veuve, née Michelback, propr., route de Lyon, 7.

Gagnard Ve, anc. orfévre, r. de Montmuzard (p.-à-t.), 6.
Gagnard Marguerite, rentière, rue de la Préfecture, 112.
Gagnepain Claude, cafetier, place d'Armes, n. 1.
Gagneraux Paul, empl. de commerce, r. des Novices, 20.
Gagnerot, veuve Moingeard, ouvrière, r. d'Auxonne, 31.
Gagnerot, ouvrier fabric. de voitures, r. d'Auxonne, 49.
Gagnerot Eugénie Mlle, modiste, rue Condé, n. 41.
Gagneux Hippolyte, conducteur de trains, propriétaire,
    rue de l'Arquebuse, n. 24.
Gagniard Amédée, chapelier, rue Bassano, n. 98.
Gagniard Madeleine Mlle, ouvrière, rue Musette, n. 20.
Gagniard veuve, née Richard, propr., place d'Armes, 2.
Gagniard veuve, née Marillier, propr., place d'Armes, 2.
Gagniard Pierre, propriétaire, rue St-Bernard, n. 1.
Gaguin Laurent, agent d'assurances, r. de l'Arquebuse, 9.
Gaïb Jean, mécanicien, impasse Audra, n. 12.
Gaillac veuve, née Darbois, propriétaire, r. Berbisey, 49.
Gaillac, fabricant de plâtre, rue de Gray, n. 14.
Gaillard Irénée, tailleur de pierres, rue Bergère, n. 12.
Gaillard Jean-Baptiste, cordonnier, rue Bergère, n. 12.
Gaillard Alfred, maçon, rue Bergère, n. 12.
Gaillard Victor, manouvrier, rue Petite-des-Poussots
    (Californie).
Gaillard veuve, manouvrière, rue de Gray, n. 29.
Gaillard Félix, sous-officier en retraite, route de Lyon, 2.
Gaillardet Louis, marchand de charbon, rue d'Assas, 30.
Gaillardet, garçon de magasin, rue du Bourg, n. 63.
Gaillardet Anne Mlle, domestique, rue Charrue, n. 7.
Gaillardet Jules, pâtissier, rue Chabot-Charny, n. 2.
Gaillardet Bernard, ouvr. cordonnier, r. des Godrans, 68.
Gaillardet Claude, journalier, rue de Longvic, n. 23.
Gailly Claude, jardinier, allée des Chartreux, n. 5.
Gailly Pierre, vigneron, allée des Chartreux, n. 5.
Gaitet Bernarde Mlle, rentière, rue Guillaume, n. 28.
Gaitet Henri, boucher, rue de la Prévôté, n. 2.
Gajan Raymond, fabric. de bouchons, rue Lamonnoye.
Galand Frédéric, homme d'équipe, rue Bassano, n. 85.
Galant Claude, vigneron, Combe-Serpent.
Galant Victor fils, Combe-Serpent.
Galant François, journalier, Larrey.

Galbert Louis, plâtrier, rue St-Martin, n. 37.
Galette Adèle Mlle, rentière, rue des.Moulins, n. 2.
Galette, marchand de charbon, rue des Moulins, n. 2.
Galette Louis, rentier, rue des Moulins, n. 2
Galfione veuve, née Malsalé, rue Turgot, n. 24.
Galiano J., raccom. de parapluies, r. Amiral-Rouss., 42.
Galimard Mme, née Battoux, rentière, rue Bassano, 74.
Galimard Etienne, menuisier, rue du Chaignot, n. 36.
Galimard veuve, ex-concierge du Musée, rue Condé, 55.
Galimard Bernard, journalier, rue de l'Ile, n. 1.
Galimard Félix, surveillant des ouvriers de la ville, rue
    de la Préfecture, 114.
Galimard François, homme d'équipe, rue des Roses, 2.
Galimardet Jean, marchand de blé, rue St-Nicolas, n. 90.
Galland veuve, rentière, rue des Forges, n. 40.
Galland Jules, négociant en mercerie, r. des Forges, 40.
Galland Hippolyte, rentier, port du Canal, n. 2.
Gallant Claude, cordonnier, rue Bassano, n. 33.
Gallemard Pierre, treillageur, rue des Godrans, n. 92.
Gallet Jacques, propriétaire menuisier, clos Leverne
Gallet Henri, agent principal, rue des Forges, n. 30.
Gallette Jules, marchand de fer, rue Chaudronnerie, 2,
Galliana Victor, logeur, rempart de la porte Neuve, 31.
Gallien Jean, ancien négociant, rue Piron, n. 40.
Gallien Antoine, concierge, rue Saumaise, n. 61.
Gallien-Bergerot, femme de ménage, rue du Tillot, n. 10.
Gallimard veuve, rentière, rue Notre-Dame, n. 18.
Gallimard veuve, née Billette, rue de la Préfecture, 114.
Gallimard François, manouvrier, rue Ste-Marguerite, 20.
Gallin François, contre-maître, route de Lyon, n. 3.
Gallisso Delphine Mlle, lingère, rue Condé, n. 46.
Gallois Claude, chapelier, rue Bossuet, n. 1.
Gallois Etienne, propriétaire, chemin de Fontaine, n. 3.
Gallois Hippolyte, avoué, rue des Forges, n. 30.
Gallois Claude, fabricant de vinaigre, r. des Godrans, 29.
Gallois Louis, commis négociant, rue des Godrans, 29.
Gallois Claude, cabaretier, à Larrey.
Gallois Paul, employé à la préfecture, rue Madeleine, 3.
Gallois Vincent, chaudronnier, rue du Petit-Potet, 15.
Gallois Louis, prop., rue des Marmuzots (Perrières.)

Gallois Auguste, greffier de police, rue St-Pierre, n. 10.
Gallois veuve, née Vallot, rentière, rue Saumaise, n. 28.
Gallois Claude, notaire, rue Vauban, n. 21.
Gallon Robert, tonnelier, rue d'Ahuy, n. 14.
Gallot Nicolas, ancien soldat, rue Bassano, n. 58.
Galmard veuve, née Delmard, rue Guillaume, n. 25.
Galmard, ingénieur civil, rue des Godrans. n. 3.
Galmard François, cordonnier, rue Guillaume, n. 25.
Galopin Louis, conducteur au chemin de fer, rue Ban-
nelier, n. 3.
Gambier veuve, née Millière, rentière, rue de la Manu-
tention, n. 9.
Gambier Félix, ouvrier chapelier, rue St-Nicolas, n. 6.
Gambier Claude, loueur en garni, rue St-Pierre, n. 32.
Gamet François, sous-officier en retraite, rue des Go-
drans, n. 62.
Gamot veuve, née Regnier, rentière, rue Bossuet, n. 6.
Gamot Gaspard, rue Bossuet, n. 6.
Ganaye Nicolas, chiffonnier, cour de la Faïencerie, n. 4.
Gand Denis, propriétaire, rue des Novices, n. 2.
Gandré François, courtier de bestiaux, rue du Chai-
gnot, n. 38.
Gandré Lazare, manouvrier, rue Ste-Marguerite, 32 *bis*.
Gandré Jean-Baptiste, journalier, rue des Tanneries, 15.
Gandy Céline Mlle, march. de mercerie, r. Musette, 26.
Ganée-Faivre, fournisseur des vivres de la guerre, place
du Morimont, n. 1.
Ganée, veuve née Jovignot, aubergiste, place du Mori-
mont, n. 3.
Ganger Barthélemy, cocher, rue Jeannin, 68.
Ganiard veuve, née Janin, rentière, cours du Parc, n. 1.
Gantenet François, manouvrier, rue Bassano, n. 57.
Gantré Gaspard, carrier, port du Canal, n. 22.
Garapon Antoine, rentier, rue St-Philibert, n. 40.
Garaudet Claudine Mlle, blanchisseuse, rue Charrue, 10.
Garaudet Catherine Mlle, cordon., rue St-Philibert, 16.
Garaudot Jean-Baptiste, jardinier, r. des Moulins, n. 20.
Garcenot Victor, employé à la Mairie, rue d'Ahuy, n. 9.
Garcenot Jean, serrurier, chemin couvert de la Belle-
Etoile.

Garcenot Jean, menuisier, regrattier, rue St-Martin, n. 9.
Garcin Lucien, perruquier, rue St-Philibert, n. 5.
Gard Joseph, concierge, place de la Banque, n. 2.
Garde Georges, employé, rue de la Préfecture, n. 85.
Gardès Jean, stationnaire, cour des Frères, n. 4.
Gardet Joseph, poseur de rails, rue de l'Arquebuse, n. 4.
Gardet François, piqueur, rue Bassano, n. 92.
Gardey Jean, charron, cour de la Grenouille, n. 2.
Gardey Pierre, marchand de grains, rue Jeannin, n. 49.
Gardey veuve, née Mittaine, ouvrière, rue Jeannin, 73.
Gardot Etienne, facteur de 2e classe, r. de l'Arquebuse, 4.
Gardye de Lachapelle Henri, rent., r. Amiral-Roussin, 23.
Garigue veuve, née Gouveiler, rue des Roses, n. 4.
Garlot André, casseur de pierres, rue du Champ-de-
  Mars, n. 5.
Garlot Etienne, journalier, cour de la Faïencerie, n. 2.
Garnet Marguerite Mlle, ouvr. en robes, r. de Pouilly, 9.
Garnier veuve, née Legrand, allée des Chartreux, n. 16.
Garnier Denis, corroyeur, allée de la Retraite, n. 12.
Garnier Nicolas, entrepreneur de travaux publics, rue
  Audra, n. 6.
Garnier Rose, propriétaire, rue Bassano, n. 108.
Garnier Paul, poseur au chem. de fer, rue Berbisey, 19.
Garnier Jean, manouvrier, rue Berbisey, n. 73.
Garnier Félix, ferblantier, rue du Bourg, n. 15.
Garnier Jean-Baptiste, employé des contributions indi-
  rectes, rue Cazotte, n. 11.
Garnier veuve, femme de ménage, rue du Chaignot, 14.
Garnier Mme, née Vétu, ouvrière en robes, rue du Champ-
  de-Mars, n. 14.
Garnier Claude, relieur, rue Condé, n. 5.
Garnier François, nettoyeur, cour du Quartier, n. 2.
Garnier Françoise Mme, femme de ménage, cour du Quar-
  tier, n. 7.
Garnier Claude, jardinier, Cours-Fleury, n. 7.
Garnier Jacques, grenetier, tonnelier, rue de Gray, 13.
Garnier Bernard, ancien marchand de grains, rue Guil-
  laume, n. 4.
Garnier Antoine, propriétaire, rue Guillaume-Tell.
Garnier J., conservat. des archives départ., r. Jeannin, 8.

Garnier veuve, née Sandier Anne, rue Jeannin, n. 8.
Garnier Anne-Cécile, rue Jeannin, n. 8.
Garnier, serrurier, propriétaire, rue Magenta.
Garnier François, propriétaire vigneron, rue Magenta.
Garnier Nicolas, doreur, rue de Montmuzard, n. 35.
Garnier Mathieu, jardinier, rue des Moulins, n. 35.
Garnier Adèle Mlle, femme de ménage, place Darcy, n. 2.
Garnier Prosper, employé, route de Mirande.
Garnier Joseph, homme d'équipe, rue Neuve-St-Bénigne.
Garnier François, cocher, rue St-Pierre, n. 4.
Garnier Joseph, marchand de bois, rue Saumaise, n. 30.
Garnier veuve, née Guiller, grenetière, rue Saumaise, 69.
Garnier veuve, née Thevenin, rentière, rue de Suzon, 14.
Garnier Clotilde Mlle, lingère, rue Victor-Dumay, n. 7.
Garniot Marie Mlle, lingère, rue du Bourg, n. 25.
Garot Simon, concierge, rue Amiral-Roussin, n. 24.
Garot Louise Mlle, journalière, rue Jeannin, n. 59.
Garot Claude, charpentier, rue Ste-Catherine, n. 4.
Garraudet Jacques, distillateur, rue de la Gare, n. 7.
Garraudy Hippolyte, fabricant de sacs, allée des Chartreux, n. 4.
Garreau Antoine, plâtrier, rue Chabot-Charny, n. 78.
Garreau Lazare, cabaretier, rue François-Rude, n. 7.
Garreau veuve, née Julien, concierge, rue du Gaz, n. 15.
Garrot Jean, chef de bureau, rue Bassano, n. 63.
Garrot François, concierge, rue Docteur-Maret, n. 5.
Garrot Joseph, cabaretier, rue des Etioux, n. 22.
Garrot Pierre, brigadier de police, place des Ducs, n. 3.
Garrot Guillaume, garçon meunier, rue St-Philibert, 28.
Gascard Victor, grenetier, rue Berbisey, n. 60.
Gascq Joseph, conducteur de trains, rue Bossuet, n. 29.
Gascq veuve, née Ballant, rue Saint-Nicolas, n. 38.
Gascq François, ouvrier cordonnier, rue St-Nicolas, 38.
Gascq, journalier, scieur de bois, rue Roulotte, n. 24.
Gascq Jean-Baptiste, cordonnier, rue d'Auxonne, n. 60.
Gascq veuve, née Berthillon, femme de ménage, rue Bossuet, n. 29.
Gascq Marie Mlle, ouvrière, rue Jeannin, n. 81.
Gascq, épinglier, rue Saumaise, n. 14.
Gaspard, journalier, scieur de bois, rue Roulotte, n. 24.

Gasquet Théophile, chapelier, rue des Godrans, n. 13.
Gassendy Alexandre, rentier, rue Guillaume, n. 45.
Gassendy Charles, restaurateur, Viaduc de l'Arquebuse.
Gasté Eugène, marchand quincaillier, rue Condé, n. 5.
Gathelier, clerc de notaire, rue du Vieux-Collége, n. 3.
Gathelier Etienne, mécanicien, rue de l'Arquebuse, n. 22.
Gathelier François, cabaretier, rue des Godrans, n. 24.
Gathelier Jean-Baptiste, serrurier, rue du Mouton, n. 17.
Gathelier veuve, née Roussin, rue Saint-Philibert, n. 42.
Gathelot Jules, sacristain, rue des Forges, n. 28.
Gattefossey Jacques, compositeur d'imprimerie, place
    des Ducs, n. 10.
Gauchat Claude, garçon boulanger, rue Saumaise, n. 5.
Gaucher Claude, vigneron, rue Roulotte, n. 25.
Gauchey Claude, vigneron, rue Berbisey, n. 61.
Gauchez Edme, tailleur de pierres, rue de l'Arquebuse, 3.
Gauchez Firmin, aubergiste, rue du Château, n. 7.
Gauchot, grenetier, rue d'Auxonne, n. 38.
Gaudard Emile, marchand de cuirs, r. des Tanneries, 27.
Gaudelet, propriétaire, chemin de Fontaine, n. 9 (pied-
    à-terre).
Gaudelet Nicolas, rentier, rue des Moulins, n. 56.
Gaudelet veuve, née Bouvret, propriétaire, rue Chabot-
    Charny, n. 26.
Gaudemet Paul-Edouard, rue Chabot-Charny, n. 26.
Gaudemet Vᵉ, née Dechamoy, rentière, r. St-Philibert, 32.
Gaudet Alexandre, manœuvre, rue de la Préfecture, 109.
Gaudet Pierre, commissionnaire-portefaix, rue Guillau-
    me-Tell, n. 6.
Gaudilière Alexis, cabaretier, rue Bassano, n. 49.
Gaudot André, journalier, allée des Chartreux, n. 16.
Gaudot Paul, perruquier, rue Bassano, n. 87.
Gaudot Pierre, garçon de magasin, rue du Bourg, n. 4.
Gaudot Jean-Baptiste, marchand fripier, r. Crébillon, 3.
Gaudot Catherine Mlle, fripière, rue Crébillon, n. 15.
Gaudot Joseph, nettoyeur, rue de la Gare, n. 6.
Gaudot Victorine, blanchisseuse, rue Notre-Dame, n. 22.
Gaudot Pierre, serrurier, rue de la Prévôté, n. 6.
Gaudot Honoré, journalier, port du Canal, n. 17.
Gaudron Claude, propriétaire, rempart du Château, n. 5.

Gaudot Pierre, agent d'assurances, rue Vannerie, n. 67.
Gaudry Françoise Mlle, lingère, rue du Bourg, n. 13.
Gaudry Etienne, journalier, cour Bourberain, n. 3.
Gaudry Françoise Mlle, ouvrière, rue Saint-Nicolas, 79.
Gauge Henri, homme d'équipe, rue Berbisey, n. 52.
Gaulard Prudent, fabricant de billards, rue Amiral-Roussin, n. 15.
Gaulard Mme, née Alexandre, journal., r. St-Nicolas, 38.
Gaulet Lazare, march. de chiffons, rue Roulotte, n. 10.
Gaulet Jean fils, rue Roulotte, n. 10.
Gaulin Ernest, banquier, rue St-Esprit, n. 8 (Perrières), (pied-à-terre).
Gaulin Janvier, propriétaire, rue Saint-Pierre, n. 11.
Gaulin Ernest, banquier, rue Saint-Pierre, n. 11 *bis*.
Gaulois Ve, rentière, chemin couvert de la Belle-Etoile.
Gaulon Jean, journalier, rue du Petit-Cîteaux.
Gaulot Louis-Philippe, boulanger, rue Saint-Nicolas, 44.
Gault Mme, née Bouteloup, fabricant de moutarde, rue des Moulins, n. 21.
Gaumiot Jacques, manouvrier, rue du Mouton, n. 17.
Gauriot Jacques, farinier, rue d'Auxonne, n. 5.
Gaussot Auguste, cafetier et marchand de vins en gros, rue de l'Arquebuse, n. 2.
Gaussot J.-B., receveur d'octroi, rue des Perrières, 26.
Gauther veuve, gargotière, rue de l'Arquebuse, n. 3.
Gautheret Louis, march. de grains, fabricant d'eaux minérales, rue Bannelier, n. 4.
Gautheret Alfred, Californie.
Gautheret Jean-Baptiste, propriétaire, ch. de Fontaine.
Gautheret Lisa Mlle, domestique, rue Proudhon, n. 23.
Gautheret Louis, nettoyeur, rue Guillaume-Tell.
Gautheret-Morel, rue de Montmuzard, n. 39 (pied-à-ter.).
Gautheron, plâtrier, rue Proudhon, n. 18.
Gautherot Claude, employé au chem. de fer, r. Buffon, 28.
Gautherot Pierre, chaudronnier, rue François-Rude, 9.
Gautherot Laurent, manouvrier, rue Magenta.
Gauthey Paul, avocat, rue Chaudronnerie, n. 50.
Gauthier Auguste, journalier, rue Berbisey, n. 2.
Gauthier Laurent, doreur-miroitier, rue des Bons-Enfants, n. 8.

Gauthier de Beuvrand, propriétaire, rue Charrue, n. 20.
Gauthier François, grenetier, cour de la Faïencerie, n. 2.
Gauthier Jean-Baptiste, cordonnier, rue des Etioux, 30.
Gauthier Pierre, gargotier, rue de la Gare, n. 18.
Gauthier François, relieur, rue de Gray, n. 27.
Gauthier veuve, née Seurot, jardinière, rue de Gray, 43.
Gauthier François fils, relieur, rue de Gray, n. 43.
Gauthier Jean, vigneron, rue de Gray, n. 43.
Gauthier Auguste, fabr. d'allumettes, rue de Longvic, 43.
Gauthier Jean-Bapt., fabr. d'allumettes, r. de Longvic, 43.
Gauthier Mme, femme de ménage, rue de la Manuten-
    tion, n. 5.
Gauthier Antoine, rentier, rue du Mouton, n. 17.
Gauthier, marchand de rubans, rue Piron, n. 1.
Gauthier Adèle Mlle, ouvrière, place St-Michel, n. 4.
Gauthier Claude, vigneron, rue de Pouilly, n. 12.
Gauthier Jean-Joseph, ouvrier charpentier, rue de la
    Préfecture, n. 26.
Gauthier Pierre, entrepreneur, rempart du Tivoli, n. 7.
Gauthier Charlotte Mlle, journalière, rue Roulotte, n. 2.
Gauthier Léon, propriétaire, rue Ste-Anne, n 7.
Gauthier François, marchand ambulant, rue Ste-Mar-
    guerite, n. 18.
Gauthier François, débitant de vin et employé au che-
    min de fer, rue Saumaise, n. 20.
Gauthier, doreur, rue Saumaise, n. 34.
Gauthier Julie Mlle, propriétaire, rue Vannerie, n. 34.
Gauthiot veuve, née Josserand, loueuse en garni, rue
    Crébillon, n. 29.
Gauthiot François, propriétaire, rue du Palais, n. 1.
Gautrelet Paul, docteur-médecin, rue des Godrans, 76.
Gautrelet veuve, propriétaire, rue Proudhon, n. 16.
Gautron Charles, garçon de magasin, rue Bassano, n. 7.
Gautron veuve, née Chovaux, rentière, rue Berbisey, 29.
Gautron Claude, homme d'équipe, rue du Bourg, n. 11.
Gautron Claude, garçon de magasin, cour des Frères, 7.
Gauvenet, jardinier horticulteur, grande rue Galoche, 1.
Gauvenet Jean, manouvrier, rue de Montmuzard, n. 17.
Gauvin veuve, née Labaig, propr.. Ruelle d'Ahuy, n. 9.
Gauvin Claude, cultivateur, rue Sambin, n. 15.

Gauvin veuve, née Nîmes, propriétaire, rue Sambin, 15.
Gaveau Vivant, clerc d'agréé, rue Notre-Dame, n. 22.
Gaveau Pierre, serrurier, rue de la Préfecture, n. 64.
Gavet Louis, charpentier, port du Canal, n. 15.
Gavignet Jean, fabricant d'allumettes, Petites-Roches.
Gavignet Marie Mlle, ouvrière, rue de la Préfecture, 42.
Gavillet Antoine, charpentier, rue de l'Hôpital, n. 15.
Gavot Auguste, nettoyeur, r :e des Perrières, n. 28 *bis.*
Gavot Pierre, charron, rempart du Château, n. 11.
Gay Pierre, journalier, rue Audra, n. 14.
Gay Pierre, employé, rue des Godrans, n. 88.
Gay Edme, marchand linger, place St-Jean, n. 9.
Gayard Etienne, commis voyageur, rue des Novices, 3.
Gayet veuve, née Josserand, rentière, rue Bossuet, n. 10.
Gayet veuve, rentière, rue Devosge, n. 27.
Gayet veuve, née Tabouret, rue St-Nicolas, n. 56.
Gayon Innocent, adjudant de gendarmerie, rempart du
    Château, n. 4.
Gazagne Mathieu, serrurier, rue des Etioux, n. 17.
Gazelle Jean, chaudrounier, rue du Chaignot, n 13.
Geay Martin, manouvrier, cour Bourberain, n. 3.
Gebhard Georges, capitaine en retraite, rue Berbisey, 5.
Gebin Colette Mlle, rue du Chinois.
Geiger Jean-Baptiste, tailleur, rue St-Nicolas, n. 58.
Geissler Louis, cordonnier, rue Verrerie, n. 28
Geley Alfred, rentier, rue Bossuet, n. 12.
Geley Jérôme, marchand de musique, rue Vauban, n. 9.
Gelezenet Emile, carrier, route de Plombières.
Gelin Pierre, tailleur de pierres, Californie.
Gélium Antoine, manouvrier, rue de Gray, n. 27.
Gelliot Jean-Baptiste, menuisier, propriétaire, rue de
    l'Arquebuse, n. 27.
Gelot, vidangeur, rue de la Manutention, n. 1.
Gelot Paul, cabaretier, rue St-Nicolas, n. 8.
Gemeaux (de) veuve, née de St-Julien, rentière, rue de
    l'Ecole-de-Droit, n. 2.
Gendarmerie à pied, rue d'Ahuy.
Gendret Joseph, charpentier, allée des Chartreux, n. 8.
Gendret Jean-Baptiste, charpentier, rue du faubourg
    Rennes, n. 19.

Genelot Henri, receveur d'octroi, au bas des Roses, n. 6.
Genestier Joseph, march. de toiles (avec voitures), rue de l'Arquebuse, n. 24.
Genevoix Jean, fabricant de moutarde, rue Richelieu, 4.
Genevoy Pierre, tailleur de pierres, rue St-Philibert, 34.
Genglair Louis, représent. de commerce, ruelle d'Ahuy.
Genicot Nicolas, tailleur de pierres, rue d'Ahuy, n 6.
Genicot Augustine Mlle, lingère, rue du Bourg, n. 25.
Genicot veuve, née Mignard, laveuse, rue Devosge, n 39.
Genin Joseph, employé, allée des Chartreux, n. 8.
Genin Louis, charpentier, rue d'Auxonne, n. 35.
Genin veuve, née Pelletier, manouvrière, rue de Montmuzard, n. 15.
Genin Claude, propriétaire, chemin de Talant, n. 6.
Genoux Claude, tonnelier, rue Brulard, n. 2.
Genreau Philippe, charron, rue de Montigny, n. 2.
Genret, maître d'études, rue St-Philibert, n. 18
Gentelet François, tailleur, rue St-Nicolas, n. 36.
Gentet Félix, meunier, rue des Moulins, n. 60.
Gentilhomme Hubert, charron, allée des Chartreux, 4.
Genty, rue d'Auxonne, n. 5.
Genty Jean, employé au chemin de fer, rue des Bons-Enfants, n. 2.
Genty Mme, née Millon, femme de ménage, cour Bourberain, n. 3.
Genty Vve, née Leniel, femme de ménage, r. Dauphine, 5.
Genty François, vigneron, rue de Montmuzard, n. 35.
Genty Jean-Baptiste, cultivateur, rue de Montmuzard, 39.
Genty Paul, rentier, rue de Pouilly, n. 15.
Genty Eugéne, militaire retraité, rue Ste-Catherine, n 4.
Genty Prudent, vigneron, rue Ste-Catherine, n. 4.
Geny Adolphe, rentier, ruelle d'Ahuy.
Geny François, épinglier, rue Berbisey, n. 87.
Geoffroy Jean, juge au tribunal civil, rue Bassano, n. 20.
Geoffroy Matthieu, linger, rue des Godrans, n. 47.
Geoffroy Etienne, rentier, rue Menevalle.
Geoffroy Philippe, gendarme, rue du Château, n. 4.
Georgelle Charles, verrier, rue Magenta, n. 3.
Georger Victor, cafetier, rue de l'Arquebuse, n. 10.
Georges, atelier de menuiserie, rue Madeleine, n. 2.

Georges Xavier, rentier, rue St-Pierre, n. 22.
Georget Jean-Baptiste, chaudronnier, rue Cazotte, n. 8.
Georgey Mme, née Beaut, marchande fripière, rue Berbisey, n. 70.
Gérard Auguste, menuisier, rue Amiral-Roussin, n. 30.
Gérard Louise veuve, rentière, rue Chabot-Charny, 77.
Gérard Adolphe, propriétaire, chemin de Talant, n. 27.
Gérard Mme, née Soupet, journalière, r. des Godrans, 91.
Gérard Etienne, maçon, rue Notre-Dame, n. 24.
Gérard Pierre, conduct. de trains, rue des Perrières, 30.
Gérard Jean-Baptiste, jardinier, rue du Petit-Cîteaux, 8.
Gérard V^e, née Maire, rentière, rue du Petit-Cîteaux, 11.
Gérard veuve, née Pecquelin, rentière, rue Piron, n. 22.
Gérard Anne Mlle, journalière, rue Roulotte, n. 31.
Gérard veuve, née Vêtu, femme de ménage, rue Saint-Philibert, n. 44.
Gérard Lazare, voiturier, rue Sambin, n 15.
Gérard Henri fils, rue Sambin, n. 15.
Gérard-Jacotot Pierre, propriétaire, rue de Suzon, n. 2.
Gérard, garçon limonadier, rue du Tribunal, n. 1.
Géraud veuve, née Billard, concierge, rue Charrue, 20.
Gerbaulet Edme, ferblantier, rue Brulard, n. 3.
Gerbaulet Joseph, couvreur, rue Chabot-Charny, n. 72.
Gerbaulet Mme, née Meunier, rue Chaudronnerie, n. 16.
Gerbenne Jacques, ancien gendarme, rue de la Maternité.
Gerbenne Mme, née Rouhot, maîtresse sage-femme, rue de la Maternité.
Gerbenne Pierre, menuisier, rue Vannerie, n. 52.
Gerbenne Jules, épicier, rue Vannerie, n. 96.
Gerber Corinthe, boulanger, rue d'Assas, n. 19.
Gerber François, brasseur, boulanger, rue de la Gare, 2.
Gerber Auguste fils, rue de la Gare, n. 2.
Gerber François fils, rue de la Gare, n. 2.
Gerber Joseph, ancien boulanger, rue St-Nicolas, n 46.
Gerbet François, huilier, rue de la Manutention, n. 25.
Gerbet Adèle Mlle, blanchisseuse, rue Sainte-Anne, n. 4.
Gerbier veuve, née Lagaie, rentière, rue Charrue, n. 9.
Gerbore Em., gref. du trib. de commerce, pl. d'Armes, 16.
Gerbeau Pierre, fileur de laine, rue de l'Ile, xx.
Gérin Charles, coiffeur, rue Chabot-Charny, n. 85.

Gerin Alfred, lithographe, rue Condé, n. 20.
Gérinthe Claude, cabaretier, rue Crébillon, n. 18.
Germain veuve, née Pacquetet, allée des Chartreux, 4.
Germain Jean-Baptiste, march. de cuirs, r. du Bourg, 25.
Germain Jean, orfévre, rue Neuve-Dauphine, n. 1.
Germain Louis, charpentier, rue de l'Ile, xxx.
Germaliski Valère, cordonnier, rue Charrue, n. 22.
Gernès Pierre, capitaine retraité, rue de Suzon, n. 8.
Gernet Marguerite, journalière, rue Roulotte, n. 51.
Gerrier Joseph, chapelier, rue de la Préfecture, n. 112.
Gersant Théophile, rédacteur en chef du journal *le Bien
     public,* rue Saint-Esprit (Perrières).
Géry Antoine, menuisier, rue Sainte-Anne, n. 10.
Gevin François, à l'équipe, rue du Chaignot, n. 7.
Gevrey Pierre, cafetier, rue Jeannin, n. 60.
Gevrey Emile, aubergiste, rue de Longvic, n. 4.
Gevrey Claude, épicier, rue Musette, n. 38.
Gevrey Jean-Baptiste fils, commis, rue Musette, n. 38.
Gey Jean, menuisier, rue Berbisey, n. 66.
Gey Jacques, scieur de bois, rue du Bourg, n. 41.
Gey Bénigne, serrurier, rue du Chinois, n. 3.
Gibassier, mouleur de bois, rue Charrue, n. 1.
Gibassier, scieur de bois, rue Charrue, n. 10.
Gibert Joseph, fabricant de moutarde, rue Audra, n. 28.
Giboulot Claudine Mlle, lingère, rue des Etioux, 26 *bis.*
Giboulot Mme, née Perrin, ouvrière, r. de la Préfeture, 90.
Giboulot veuve, rue Verrerie, n. 25.
Giboulot Louis-François, correcteur d'imprimerie, rue
     Verrerie, n. 25.
Gibourg Louis, cordonnier, rue Berbisey, n. 36.
Gibourg François, cordonnier, rue Berbisey, n. 60.
Gibourg André, serrurier, rue du Chaignot, n. 5.
Gibourg V., tourneur-mécanicien, rue Guillaume-Tell, 2
Gibourg Pierre, naturaliste, rue Jeannin, n. 22.
Gibourg veuve, née Suchetet, femme de ménage, route
     de Plombières.
Gibourg Pierre, à l'équipe, route de Plombières.
Gibourg Edouard, ébéniste, rue Saint-Nicolas, n. 42.
Gibout Thérèse Mlle, ouvrière, rue Buffon, n. 36.
Giclon Jean-Baptiste, fabricant de pain d'épices, rue
     Saint-Nicolas, n. 35.

Gidel Victor, piqueur au chemin de fer, r. Bossuet, n. 18.
Gidel Claude, cafetier, place Saint-Bénigne, n. 6.
Gidel Auguste, conducteur de trains, r. de la Prévôté, 9.
Gie Jean-Baptiste, recev. des traverses, r. de Pouilly, 6.
Giffez Jean-Baptiste, vigneron, rue de Longvic, n. 44.
Giffez Jean-Baptiste, jardinier, rue de Longvic, n. 52.
Gignon Edme, pâtissier, rue Piron, n. 26.
Gigord Charles (de), rentier, place Saint-Pierre, n. 4.
Gigord (de), propriétaire, rue Legoux-Gerland, n. 5.
Gigot Gustave, rentier, rue Verrerie, n. 7.
Gilbert Adolphe, teinturier, rue Berbisey, n. 32.
Gilbert Didier, propriétaire, chemin de Talant, n. 13.
Gilbert Claude, marchand de moutarde, rue Musette, 2.
Gilbert Henri, teinturier, rue Musette, n. 24.
Gilbert Alphonse, tapissier, place Saint-Michel, n. 10.
Gilbert Elisabeth Mlle, rentière, rue Proudhon, n. 25.
Gilet Alphonse, employé à la régie, rue Saint-Pierre, 25.
Gilet de Chalonge, curé de Notre-Dame, r. Verrerie, 35.
Gille Florimond, marbrier, rue du Gaz, n 10.
Gille Felix, marchand de vins en gros, place Saint-Bernard.
Gilles Joseph, manouvrier, rue de l'Ile, n. 1.
Gillet Claude, cafetier, rue Guillaume, n. 61.
Gillet veuve, rentière, rue Saumaise, n. 61.
Gillot Claude, tailleur de pierres, rue Amiral-Roussin, 8.
Gillot veuve, née Parizot, rentière, rue Berbisey, n. 95.
Gillot Adrien, grenetier, rue François-Rude, n. 16.
Gillot veuve, née Ferrand, ouvrière, r. de la Prévôté, 9.
Gillot Edmond, cordonnier, rue Roulotte, n. 24.
Gillot Claude, journalier, rue des Tanneries, n. 6.
Gilmaire Marie, professeur de pianos, r. St-Nicolas, 98.
Gindre Mélanie Mlle, ouvrière, rue Amiral-Roussin, 33.
Ginot Claude, propriétaire, rue de Suzon, n. 8.
Girard François, vannier, rue Amiral-Roussin, n. 33.
Girard Maurice, comptable, rue Bassano, n. 50.
Girard Antoine, cordonnier, rue Cazotte, n. 6.
Girard Ve, née Laborey, vigneronne, cour du Quartier, 2.
Girard Joseph, vigneron, cour du Quartier, n. 2.
Girard François, conducteur chef, cour du Quartier, 4 *bis*.
Girard Laurent, jardinier, grande rue Galoche, n. 4.

Girard Charles, propriétaire, rue du Gaz, n. 15.
Girard Toussaint, rentier, rue du Petit-Potet, n. 15.
Girard de Labrely, com. des postes, r. du Petit-Potet, 34.
Girard Adolphe, propriétaire, place St Jean, n. 21.
Girard Philibert, marchand de tissus, place St-Jean, 21.
Girard Antoinette Mlle, lingère, rempart du Tivoli, n. 6.
Girard Joseph, employé au chem. de fer, ruelle Sambin.
Girard Françoise Mlle, rentière, rue Saumaise, n. 30.
Girard Etienne, agent d'assurances, rue Saumaise, n. 42.
Girard Charles, mégissier, rue des Tanneries, n. 3.
Girard Pierre, sous-officier en retr., r. des Tanneries, 7.
Girard Claude, rentier, rue Turgot, n. 4.
Girard veuve, née Jacotot, rentière, rue Vannerie, n. 45.
Girard Marie Mlle, rentière, rue Vannerie, n. 55.
Girard Charles, employé, faubourg Rennes, n. 15.
Girard Louis, logeur, rempart de la porte Neuve, n. 27.
Girardin Claude, relieur, rue d'Auxonne, n. 20.
Girardin Joseph, chef de bataillon en retr., r. Piron, 24.
Girardin Marie Mlle, march. de gants, place St-Jean, 21.
Girardot Joseph, grenetier, rue Bassano, n. 26.
Girardot Jean-Baptiste, fripier, rue Chaudronnerie, 34.
Girardot Joseph, jardinier, chemin couvert de la Belle-
    Etoile.
Girardot Auguste, jardinier, chemin couvert de la Belle-
    Etoile.
Girardot Pierre, vigneron, au Fort Yon.
Girardot Jérôme fils, au Fort Yon.
Girardot François fils, au Fort Yon.
Girardot Thomas, menuisier, rue Jeannin, n. 27.
Girardot Auguste, grenetie., port du Canal, n. 7.
Girardot Etienne, nettoyeur, faubourg Rennes, n. 13.
Giraud Eugène, menuisier, rue Jeannin, n. 60.
Giraud André, pharmacien, place St-Jean, n. 5.
Giraud Pierre-Hippolyte, ouvrier chapelier, rue de la
    Préfecture, n. 112.
Giraud Jacques, grenetier, rue Saumaise, n. 22.
Giraudet Jean, maçon propriétaire, rue Berbisey, 104.
Giraudet Joseph, rentier, rue Chaudronnerie, n. 46.
Giraudet Louis fils, rue Chaudronnerie, n. 46.
Girault, marchand de chiffons en gros, rue Audra, n. 11.

Girault veuve, rentière, rue des Godrans, n. 30.
Girault veuve, née Calmelet Françoise, rue Fauçois-Rude, n. 23.
Girault Nicolas, clerc de notaire, rue François-Rude, 23.
Giret Claude, chapelier, rue d'Ahuy, n. 23.
Girod, associé de M. Descharmes, rue Lamonnoye.
Girod Philibert, chapelier, rue de Montmuzard, n. 25.
Girod Jean, chiffonnier, rue du Petit-Cîteaux, n. 11.
Girod Antoine, charpentier, rue de Venise.
Girodel Pierre, marchand linger, rue Bassano, n. 45.
Girodel Antoine, maçon, rue de Montigny, n. 7.
Girodel veuve, née Bocquet, propr., rue du Mouton, 9.
Girodet Etienne, orfévre, rue Condé, n. 47.
Girodot Jean-Baptiste, scieur de long, rue Bassano, n. 3.
Girodot Auguste, scieur de long, rue Berbisey, n. 114.
Girodot Jean, scieur de long, rue des Godrans, n. 18.
Giron veuve, née Jeannette, rentière, rue d'Assas, n. 4.
Giron Jules, propriétaire mécanicien, rue d'Assas, n. 4.
Girot Mme, née Lécrivain, femme de ménage, cour Bourberain, n. 3.
Girot veuve, née Bailly, lingère, rue Neuve-Dauphine, 4.
Girot Philibert, manouvrier, cour Bourberain, n 3.
Girot Aimé, menuisier, port du Canal, n. 14.
Giroux Victor, garçon de mag., r. de la Préfecture, 117.
Girval Pèdre (de), propr., rue du Champ-de-Mars, n. 7.
Girval Maurice (de), propriétaire, place St-Michel, n. 11.
Glandas Joseph, boucher, rue de Montigny, n. 2.
Glantenet, agent-voyer en retraite, rue du Palais, n. 17.
Gleize Léon, avoué, rue Vannerie, n. 43.
Glolekner Adam, foudrier, rue Ste-Marguerite, n. 8.
Gloria André-Louis, ouvrier cordonnier, rue de la Préfecture. n. 85.
Gloton Vᵉ, née Faivre, manouv., allée de la Retraite, 10.
Gloton Alexandre, chauffeur, rue des Perrières, n. 2.
Gloton Louis, menuisier, rue Roulotte, n. 22.
Gobbi Philippe, vitrier propriétaire, rue Saumaise, 10.
Gobert N., march. de vins en gros, r. de l'Arquebuse, 17.
Gobert Jeanne Mlle, rentière, rue Odebert, n. 14.
Gobert André marchand fripier, rue St-Martin, 23.
Godard Antoine, cordonnier, rue Docteur-Maret, n. 6.

Godard Etienne, ancien corroyeur, rue du Gaz, n. 10.
Godard François, propriétaire maçon, clos Leverne.
Godard, journalier, rue St-Philibert, n. 27.
Godard veuve, née Tetard, rentière, r. des Tanneries, 29.
Godeau Jules, menuisier, rue du Petit-Potet, n. 28.
Godillot Emile, chef de sect. au ch. de fer, r. Devosge, 21.
Godillot Jean-Baptiste, employé au télégraphe.
Godin veuve, rentière, rue François-Rude, n. 11.
Godinot veuve, née Oiselle, institutrice, rue Turgot, 16.
Godot Honoré, tonnelier et concierge, rue Bossuet, 10.
Godot, serrurier, rue des Etioux, n. 20.
Gœger François, corroyeur, rue des Tanneries, n. 6.
Goetz Martin, concierge, rue Berbisey, n. 83.
Goffinet Auguste, tailleur de pierres, rue Bassano, n. 57.
Goffinet Céline Mlle, ouvrière, rue St-Philibert, n. 55.
Gogot Edme, propr. entrepreneur, route de Mirande.
Gogot Léon fils, route de Mirande.
Goichot Joseph, march. de grains, avenue du Cimetière, 2.
Goisset Jean-Baptiste, propriétaire, rue Devosge, n. 1.
Goisset veuve, née Nief, maître d'hôtel, r. Guillaume, 15.
Goisset Edmond, maître d'hôtel, rue Guillaume, n. 15.
Goisset François, vigneron, rente Chatenet.
Goizet Jean-Baptiste, serrurier, rue Victor-Dumay, 14.
Goliard François, conducteur, route de Plombières.
Goll Louis, mécanicien, rue Bassano, n. 49.
Gollot Etienne, chapelier, rue de Pouilly, n. 4.
Gollotte Jean-Baptiste, fabricant de tuiles, Californie.
Gollotte Jean, grenetier, comptable au chemin de fer,
    chemin de Talant, n. 3.
Gollotte, manouvrier, rue de Montmuzard, n. 7.
Golmard François, marchand de cendres, allée des
    Chartreux, n. 6.
Golmard Félix, menuisier, rue Berbisey, n. 36.
Golmard veuve, propriétaire, rue Guyton-Morveau, n. 5.
Golmard Alexis fils, rue Guyton-Morveau, n. 5.
Golmard Pierre fils, rue Guyton-Morveau, n. 5.
Golmard Emile, employé à l'octroi, rue St-Nicolas, 37.
Gomeret Jean-Baptiste, manouvr., r. Ste-Marguerite, 15.
Gomiot Jean, ancien cabaretier, rue St-Philibert, n. 5.
Gonchamp Hubert, maçon, rue de Longvic, n. 38.

Gond (du) veuve, née Robert, rentière, rue Piron, n. 17.
Gondard Victor, agent de police, rue de la Préfecture, 7.
Gonfrier Claude, sellier au chemin de fer, rue des Godrans, n. 80.
Gonier Claude, débitant de tabac, rue Condé, n. 54.
Gonier Antoine, appariteur, rue Condé, n. 55.
Gonier Françoise, ouvrière en robes, r. Ste-Marguerite, 8.
Gonier François, chapelier, rue Ste-Marguerite, n. 13.
Gonin Charles, commissionnaire, rue Bassano, n. 69.
Gonin Louis, cordonnier, cour des Poisses, n. 4.
Gonin Louis, chaudronnier, rue de la Maternité.
Gonin veuve, née Ferrey, rentière, rue St-Nicolas, n. 10.
Gonon Pierre, serrurier, rue Berbisey, n. 93.
Gonon Paul, ajusteur, place St-Jean, n. 6.
Gonot Claude, manouvrier, rue Petite-des-Poussots (Californie).
Gord François, sous-officier en retraite, r. Saumaise, 10.
Gorchet veuve, née Fleurot, femme de ménage, rue Berbisey, n. 36.
Gorget François, imprimeur, rue d'Ahuy, n. 14.
Goriot Claude, ferreur au chemin de fer, r. Vannerie, 81.
Gormand Thomas, cordonnier, rue Bouhier, n. 6.
Gormotte Bernard, ferblantier, rue Charrue, n. 12.
Gormotte Mme, née Mutin, rentière, rue des Moulins, 21.
Gormotte Pierre, cabaretier, rue du Petit-Cîteaux.
Gosnier Pierre, sans profession, rue d'Assas, n. 26.
Gosnier Claude, garçon de magasin, rue Audra, n. 21.
Gosnier Louis, charpentier, rue de Longvic, n. 35.
Gosnier Pierre, cultivateur, hameau de Mirande.
Gosnier Jean-Baptiste fils, hameau de Mirande.
Gosnier Etienne, employé au chemin de fer, place Notre-Dame, n. 2.
Gosnier Charles fils, place Notre-Dame, n. 2.
Gosnier, cocher, rue Verrerie, n. 41.
Gosse Claude, journalier, rue Berbisey, n. 49.
Gossot Louis, employé aux fontaines, rue d'Assas, n. 20.
Gossot Claude, domestique, rue Chancelier-l'Hôpital, 5.
Gossot Marie Mlle, ouvrière modiste, rue St-Nicolas, 105.
Gossot Eugène, ouvrier menuisier, rue Vannerie, n. 22.
Gottlob Ienich, fabricant de savon, rue d'Ahuy.

Gottsching Antoine, blanchisseur de chapeaux, rue François-Rude, n. 7.

Gouaille Auguste, mécanicien, rue de l'Arquebuse, n. 3.

Goudeau dit Laroche, tailleur de pierres, propriétaire, route d'Auxonne, n. 68.

Goudeau J.-B., cond. des ponts et ch., cours du Parc, 9.

Goudeau Jean, vigneron, rue de Longvic, n. 49.

Goudeau veuve, née Toulouse, rue St-Nicolas, n. 50.

Goudeaux Vve, née Ragot, propriétaire, r. de Gray, 55.

Goudot veuve, née Stivalet, femme de ménage, rue Bassano, n 90.

Goudot Jean-Baptiste, concierge et fileur de laine, rue Berbisey, n. 6.

Goudot Jean, garçon de magasin, rue Bossuet, n. 15.

Goudot, Jean-Baptiste, peintre, Fort-Yon.

Goudot Pierre, chapelier, rue Ste-Marguerite, n. 8.

Gouet Ern.-Fort., architecte de la ville, rue d'Ahuy, 10.

Gougeul Henri, boulanger, rue de la Préfecture, n. 4.

Gouget Bernard, débitant de tabac, rue Bossuet, n. 16.

Gouget Camille, à l'enregistrement, rue Bossuet, n. 16.

Gouget Auguste-Edouard, avocat, rue Chabot-Charny, 66.

Gouget Germain, boulanger, rue Jeannin, n. 77.

Gouget Chrétien, ferblantier, rue St-Nicolas, n. 74.

Gouget Henri fils, rue St-Nicolas, n. 74.

Gouget veuve, née Barazère, propr., r. St-Philibert, 69.

Gouhaut Louise Mlle, ouvrière, rue Bannelier, n. 9.

Gouillon Antoine, maçon, rue Berbisey, n. 78.

Gouillard, chapelier, rue de la Trémouille.

Gourbet Claude, scieur de long, rue de l'Arquebuse, 12.

Gourdet, capitaine en retraite, rue Saumaise, n. 30.

Gourju Pierre, chef d'institution, rue St-Philibert, n. 40.

Gourrier Françoise Mlle, rentière, rue St-Philibert, 16.

Gourroux veuve, née Gardey, ouvrière, rue Musette, 15.

Goussard Jean, juge de paix, rue Victor-Dumay, n. 18.

Gousselin Jean, employé, rue Chaudronnerie, n. 32.

Gousselin Charlotte, modiste, rue Notre-Dame, n. 20.

Gousset Jean-Baptiste, mouleur en fonte, allée des Chartreux, n. 4.

Gousset Jean-Claude, allée des Chartreux, n. 4.

Goussot veuve, née Nune, propr., hameau de Mirande.

Goussot Louis, vigneron, hameau de Mirande.
Goussot Jeanne Mlle, écrivain public, rue Vannerie, 51.
Goutel Jean, armurier, rue Bossuet, n. 23.
Gouttenoir Louis, propriétaire, rue St-Pierre, n. 16.
Gouttenoir Louis, avocat stagiaire, rue St-Pierre, n. 16.
Gouvenain veuve, née Garcenot, blanchisseuse, rue Jeannin, n. 59.
Gouvenain (de) veuve, rentière, rue St-Pierre, n. 1.
Gouvenain (de) Louis, archiviste, rue St-Pierre, n. 1.
Gouverne veuve, née Montfilliard, r. Chabot-Charny, 15.
Gouverne Victor, menuisier, rue Chabot-Charny, n. 15.
Gouverne P., offic. des pompiers, r. du Petit-Potet, 16.
Gouverne Etienne, ancien serrurier, rue de la Prévôté, 4.
Goux Eugène, sous-chef d'équipe, rue des Perrières, 3.
Goux Napoléon, agent d'assurances, rue Saumaise, n. 40.
Gouzenne Dominique, march. d'étoffes, r. du Bourg, 40.
Gouzoski Agathon, ouvrier cordonnier, rue de la Préfecture, n. 69.
Govin Auguste, professeur, rue Chabot-Charny, n. 6.
Goyennech, prem. commis des contributions indirectes, place Saint-Jean, n. 13.
Grabwoski Alex., médecin, r. Montigny, 6 (pied-à-terre).
Gracieux Gustave, manouvrier, rue du Tribunal, n. 3.
Gradelet veuve, née Tanière, femme de ménage, rue du Chaignot, n. 5.
Gradelet Jean, menuisier, rue du Mouton, n. 3 *bis*.
Graff Jacob, cabaretier, rue Bassano, n. 55.
Graff Michel, tonnelier, rue Sainte-Marguerite, n. 30.
Graillot veuve, née Michet, marchande de volailles, rue Bannelier, n. 11.
Grammont veuve, née Varache, journalière, rue de Longvic, n. 45.
Grand François, comptable, rue Cazotte, n 12.
Grand Léonard, garçon voiturier, rue Cazotte, n. 14.
Grand François, scieur de long, rue du Sachot, n. 2.
Grandet de la Villette, propriétaire, rue Vannerie, n. 41.
Grandidier Jean-Baptiste, farinier, allée des Chartreux, 4.
Grandidier Ve, née Olivier, rentière, rue Bannelier, n. 2.
Grandidier François, fabricant de formes, r. Berbisey, 12.
Grandjean Franç., ouv. marbrier, r. des Bons-Enfants, 1.

Grandjean veuve, née Rey, rue Devosge, n. 41.
Grandjean veuve, née Pavaillon, Larrey.
Grandjean André, à l'équipe, Larrey.
Grandjeon Ve, née Lignier, vigneronne, r. Vannerie, 75.
Grandjeon Pierre, journalier, rue du Gaz, n. 7.
Grandjon Claude, à l'équipe, rue de Montmuzard, n. 7.
Grandjon Antoine, manouvrier, rue de la Préfecture, 7.
Grandmange Henri, peintre, rue de la Préfecture, n. 85.
Grandperrin veuve, née Baulieu, r. de la Préfecture, 88.
Grandperrin Hippolyte fils, rue de la Préfecture, n. 88.
Grandperrin Eugène, ferblantier, r. de la Préfecture, 88.
Granrut (de) veuve, née Lumaire, propriétaire, rue
    Chabot-Charny, n. 51.
Granrut Nathalie (de) Mlle, rue Chabot-Charny, n. 51.
Grapin Bernard, conducteur des ponts et chaussées,
    allée de la Retraite, n. 6.
Grapin Jules fils, employé au télégraphe, allée de la
    Retraite, n 6.
Grapin Jacques, géomètre, rue d'Assas, n. 28.
Grapin Louis, clerc de notaire, rue d'Assas, n. 28.
Grapin Nicolas, ouvrier, rue de Gray, n. 22.
Grapin Pierre, fabricant de biscuits, place St-Jean, n. 6.
Grapin Jean-Baptiste, rentier, rue Proudhon, n. 25.
Grappin Jean-Baptiste, serrurier, rue Bassano, n. 25.
Grappin Henriette Mlle, coiffeuse, n. 29.
Grappin Jean-Baptiste, compositeur d'imprimerie, rue
    Bassano, n. 62.
Grappin Edme, marchand de toile, rue Bossuet, n. 4.
Grappin Jean-Baptiste, rue du Château, n. 4.
Grappin Edme, commis, place d'Armes, n. 18.
Grappin veuve, née Berthet, revendeuse de beurre, rue
    de la Préfecture, n. 82.
Grappin Jean, ouv. cordonnier, rue de la Préfecture, 84.
Grard Pierre, regrattier, rue Chabot-Charny, n. 55.
Gras Eugène, tailleur de pierres, rue d'Auxonne, n. 38
Gras Mme, journalière, place de la Banque, n. 4.
Gras Jules, ouvrier coutelier, place Notre-Dame, n. 3.
Gras veuve, née Saunier, manouvrière, rue Sainte-Ca-
    therine, n. 24.
Gras Mme, née Laurent, rue Sainte-Catherine, n. 6.

Gras Joseph, employé à la mairie, rue St-Nicolas, n. 7.
Gras Auguste, cultivateur, rue Sainte-Catherine, n. 6.
Gras Jacques, fabricant de bas, rue Saint-Nicolas, n. 7.
Grasset Arthur, propriétaire, rue Buffon, n. 29.
Grasset Ernest, conseiller à la cour, rue Buffon, n. 29.
Gratalaup, négociant, rue des Novices, n. 5.
Grataloup P., commiss. de roulage, place St-Jean, 19.
Graveleuse Mme, journalière, rue de la Préfecture, n. 80.
Gravet Jean, jardinier, rue des Moulins, n. 54.
Gravier Marie Mlle, blanchisseuse, rue des Etioux, 20 *bis*.
Gravignard Jacques, rentier, rue d'Assas, n. 7.
Gray Eugénie Mlle, ouvrière, rue d'Auxonne, n. 31.
Gray, cordonnier, rue Roulotte, n. 10.
Grebille Denis, tailleur en chambre, r. Legoux-Gerland, 2.
Grebille veuve, née Labarre, manouvrière, rue Saint-
  Nicolas, n. 22.
Gréé Mme, née Leclerc, couturière, r. Amiral-Roussin, 25.
Greggio veuve, née Taillefer, rue Roulotte, n. 4.
Grégoire Hubert, fileur de laines, rue de l'Ile, n. 4.
Greissart, caissier à la succursale du chemin de fer, rue
  Odebert, n. 14.
Gremeau Emmanuel, marchand tailleur, r. Bassano, 59.
Gremeau J.-B., tailleur de pierres, aux Echaillons.
Gremeau Pierre, charcutier, rue Guillaume, n. 45.
Gremeau Jules, mécanicien, rue des Perrières, n. 34.
Gremeau Bénigne, vigneron, rue des Perrières, n. 34.
Gremeau François, vigneron, Fontaine Sainte-Anne.
Gremeau V^e, née Sonnois, rentière, rue du Tribunal, 3.
Gremeaux, commis, chemin couv. de la Belle-Etoile, 13.
Gremeaux Charles, march. de grains, r. de Pouilly, n. 14.
Gremillet Alfred, employé au chemin de fer, marchand
  de pipes, rue Bassano, n. 102.
Grenette Jean-Baptiste, jardinier, Californie.
Grenette Claude, jardinier, rue du Gaz, n. 13.
Grenette Jean, vigneron, grande rue Saint-Lazare, n. 8.
Grenier Jean, employé au chem. de fer, r. Berbisey, 108.
Grenier Constant, chantre et fripier, r. Notre-Dame, 12.
Grenier frères, négoc. en grains, rempart du Château, 7.
Grenier Ernest, chauffeur, route de Plombières.
Grenier frères, propriétaires, rue Saint-Pierre, n. 14.

Grenouillet François, tonnelier, rue de l'Arquebuse, n. 3.
Grenot veuve, tient pension, rue Verrerie, n. 52.
Gresely, propriétaire, rue Chabot-Charny, n. 34.
Gressard P., employé de commerce, r. des Perrières, 28.
Gresse veuve, rue Berbisey, n 10.
Gresset Arsène, menuisier, rue Saint-Nicolas, n. 62.
Gressot Jean-Baptiste, march. de tissus, r. Bassano, 48.
Greuillot Albert, ébéniste, rue Saint-Nicolas, n. 5.
Grey François, menuisier, rue des Godrans, n. 10.
Grey Etienne, tonnelier, rue des Godrans, n. 45.
Grey Florentin, chaudronnier, place Saint-Jean, n. 13.
Grey veuve, née Chamblanc, garde-malade, rue de la
    Préfecture, n. 113.
Grey Pierre, employé au télégraphe, faubourg Rennes, 5.
Grey Vincent, facteur de 1re classe, faubourg Rennes, 5.
Grey Louis, employé à la préfecture, cafetier, rue Saint-
    Nicolas, n 64.
Grey Jean-Baptiste, loueur en garni, rue Vannerie, n. 26.
Griffon Catherine Mlle, lingère, rue Bassano, n. 118.
Griffon Jean-Baptiste, ouvrier liquoriste, r. Buffon, 34.
Griffon Jean-Baptiste, rentier, rue Saumaise, n. 18.
Grigne, professeur, rue Bouhier, n. 8.
Grignon, négociant, rue Berbisey, n. 21.
Grignon, associé de Malbranche, rue Charrue, n. 13.
Grillard Franç., directeur des commissionnaires porte-
    faix, rue des Godrans, n. 63.
Grillet Benoît, concierge, port du Canal, n. 12.
Grillet Geneviève Mlle, rentière, rue Turgot, n. 8.
Grillon Jules, commis voyageur, rue Devosge, n. 49.
Grillon Joseph, à l'équipe, rue de la Manutention, n 14.
Grillon Joseph, à l'équipe, rue du Sachot, n. 4.
Grillot Claude, chapelier, rue Sainte-Catherine, n. 12.
Grivelet Auguste, tonnelier, allée des Chartreux, n. 3.
Grivot veuve, née Diérolf, rue de la Manutention, n. 5.
Grivot veuve, née Delavillaubois, ouvrière, rue Van-
    nerie, n. 44.
Groffier, employé au chemin de fer, rue Bassano, n. 13
Groffier François, dessinateur, rue Bassano, n. 13.
Groffier J., sous-officier en retraite, route de Lyon, n. 2.
Gros Pierre, voiturier, viaduc de l'Arquebuse.

Gros Ferdinand, propriétaire, rue Bassano, n. 53.
Gros Denis, retraité, rue Berbisey, n. 108.
Gros Séraphin, huissier, rue Condé, n. 50.
Gros Aug., garçon de magasin, cour de la Faïencerie, 11.
Gros James, épicier, rue Guillaume, n. 54.
Gros Pierre, chapelier, rue de Montmuzard, n. 3.
Gros Jean, journalier, petite rue du Château, n. 1.
Gros Mme, née Secondy, rentière, port du Canal, n. 26.
Gros Claude, rentier, rue de la Prévôté, n. 2.
Gros veuve, née Munier, lingère, rempart du Tivoli, n. 6.
Gros Adrien, comptable, rempart du Tivoli, n. 10.
Gros Nicolas, rentier, rue Saumaise, n. 32.
Gros Jean, épicier, rue Vauban, n. 7.
Grosbert Louise Mlle, ouvrière, rue de Suzon, n. 11.
Grosbois Etienne, menuisier, cour de la Faïencerie, n. 3.
Grosdemange Alexandre, plâtrier, rue Guyton-Morveau.
Grosdemanche Louis, naturaliste, rue St-Philibert, 1-3.
Grosdemanche, rue Piron, n. 7.
Groselier Marguerite Mlle, rentière, rue Buffon, n. 20.
Groselier Jean, ancien boucher, rue Chaudronnerie, 10.
Groselier Nicolas, camionneur, rue Musette, n. 21.
Groselier Marie Mlle, journalière, rue Roulotte, n. 18.
Grosjean Henri, économe de l'asile des aliénés, route de
  Plombières.
Grosperrin Auguste, négociant, rue Devosge, n. 11.
Grospierre, employé, rue de Pouilly, n. 18.
Gross A., tourn. sur fer, r. des Aqueducs, clos Trouillet.
Grozelier Joseph, propriétaire plâtrier, chemin couvert
  de la Belle-Etoile.
Grozelier veuve, née Pelletier, rentière, rue Turgot, n. 4.
Gruardet A., capit. en retraite, r. du Chapeau-Rouge, 11.
Gruardet Nicolas, conducteur, rue Saint-Nicolas, n. 52.
Gruère veuve, née Guichard, propriét., r. Bassano, n. 11.
Gruère Victor, docteur-médecin, rue Bassano, n. 11.
Gruère Julie Mlle, rentière, rue Berbisey, n. 42.
Gruère Dominique, chanoine, rue du Tillot, n. 1.
Gruère, employé d'octroi, rue Vauban, n. 13.
Gruet veuve, née Carrelet, rentière, rue Berbisey, n. 59.
Gruillet Jean-Baptiste, manouvrier, rente Montmuzard.
Grun Joseph, peintre au chem. de fer, r. des Godrans, 13.

Grunwald Jean, sous-chef de dépôt, rue Audra, n. 6.
Grusser François, ouvrier pâtissier, rue d'Assas, n. 9.
Gschwing Louis, voyageur de commerce, r Berbisey, 42.
Guala Pierre, fabricant de plâtre, rue Sambin, n. 23.
Guande Célestin, manœuvre, rue Saint-Philibert, n. 25.
Guasco peintre, rue Chabot-Charny, n. 52.
Guasco Jacques, rentier, rue Docteur-Maret, n. 4 bis.
Guasco Henri, rue Guillaume, n. 4.
Gudot Charles, cordonnier, rue du Bourg, n. 54.
Gudot Julien, rue du Pont-des-Tanneries, n. 6 bis.
Guedeney Jean, journalier, rue du Chaignot, n. 7.
Gueland veuve, née Constantin, rue Bossuet, n. 6.
Gueland Nicolas, domestique, rente Montmuzard.
Guelaud Jean, cafetier, rue Chabot-Charny, n. 91.
Guelin Alexandre, grenetier, rue Chaudronnerie, n. 32.
Guelin Claude, pâtissier, rue François-Rude, n. 24.
Guelin Elisabeth, sous-directrice de l'école des filles,
    rempart du Château, n. 2.
Guenard Jean, manouvrier, place Darcy, n. 5.
Guendret Auguste, mécanicien, rue de l'Hôpital, n. 3 bis.
Gueneau d'Aumont, rue Berbisey, n. 7.
Guenée Alexis, charron, route de Longvic, m⁰ⁿ Yvert.
Guenée Hippolyte, professeur de droit, r. Saint-Bernard.
Guenée veuve, née Lefranc, propriétaire, r. Vaillant, 7.
Guenée Jacques, rentier, rue Vannerie, n 47.
Guenard veuve, née Nicot, rentière, place St-Michel, 25.
Guenichot de Nogent Vᵉ, née de Lapape, propriétaire,
    rue Cazotte, n. 2.
Guenin Etienne, rentier, rue Jeannin, n. 59.
Guenin J.-Bapt., tailleur de pierres, rue des Marmuzots
    (Perrières).
Guenin veuve, née Payme, lingère, rue St-Nicolas, 110.
Gueniot veuve, née Bichot, propriétaire, r. Buffon, n. 22.
Guenot Edmond fils, rue Buffon, 22.
Guenot, garçon brasseur, rue Musette, n. 20.
Guenot Emile, garçon brasseur, rue d'Assas, n. 22 bis.
Guenot Pierre, propriétaire, rue Berbisey, n. 13.
Guenot Pierre, vigneron, hameau de Mirande.
Guenot Louis, vigneron, rue de Montmuzard, n. 17.
Guenot Jacques, vigneron, rue de Montmuzard, n. 37.

Guenot, charpentier, rue de Gray, n 8 *bis*.
Guenot veuve, née Bresson, rentière, rue Notre-Dame, 5.
Guenot Henri fils, rue Notre-Dame, n. 5.
Guenot Jean, garde au chemin de fer, rue Richelieu, 9.
Guenot Célestin, contre-maître, route de Plombières.
Guenot Jacques, marchand de vin au détail, rue St-Philibert, n. 67.
Guenot Antoine, charpentier, rue des Tanneries, n. 25.
Guenyot, propr. (pied-à-terre), rue de la Colombière, 24.
Guérard Auguste, ferrailleur, rue Crébillon, n 19.
Guérard veuve, née Badin, rentière, r. Vannerie, 42 *bis*.
Guérard veuve, née Duthu, ouvrière, rue Vannerie, 47.
Guérard Hippolyte, chef des bureaux de la mairie, rue du Vieux-Collége, n. 11.
Guérillot François, jardinier, route de Plombières.
Guérin Vincent, rue Bassano, n. 85.
Guérin Claude, manouvrier, rue Crébillon, n. 22.
Guérin Louis, ouvrier potier, port du Canal, n. 25.
Guérin veuve, revendeuse, rue Saumaise, n. 34.
Guérin René, chef d'escadron en retraite, rue Vannerie, 42 *bis*.
Guérite Pierre, journalier, rue des Godrans, n. 94.
Guéritée Jean, surveillant de travaux, rue de la Cité.
Guerre veuve, manouvrière, rue de Gray, n. 29.
Guerriéri Sylvestre, officier comptable, rue de la Manutention, n. 21.
Guethknecht François, menuisier, rue Berbisey, n. 100.
Gueyral Mathieu, débitant de tabac, rue des Novices, 2.
Guguenheim veuve, née Lévy, rue Berbisey, n. 2.
Guguenheim Jacob, colporteur, rue Berbisey, n. 2.
Guibaudet, marchand de grains, chemin du Petit-Bernard.
Guibaudet François, propr., grande rue St-Lazare, n. 7.
Guibaudet Eugène, négociant, grande rue St-Lazare, 7.
Guibaudet Pierre, employé, rempart du Tivoli, n. 8.
Guichard Octavie, rentière, rue d'Assas, n. 5.
Guichard Mme, née Cretin, rue Chabot-Charny, n. 72.
Guichard Prudent, propriétaire, r. du Chapeau-Rouge, 8.
Guichard Fanny Mlle, modiste, rue des Godrans, n. 72.
Guichard Isidore, capitaine retraité, rue Jeannin, n. 1.
Guichard Claude, vigneron, Larrey.

Guichard Emile, propriétaire, rue Montigny, n. 9.
Guichard Claude, préposé des lits militaires, rue de Pouilly, n. 22.
Guichard Claude, rue St-Martin, n. 12.
Guichard Claude, baigneur, rue St-Nicolas, n. 98.
Guichard François, fabr. de chandelles, r. Vannerie, 29.
Guichot Marie Mlle, lingère, rue Condé, n. 44.
Guichot Marie veuve, femme de ménage, rue Condé, 46.
Guichot Denis, maçon. rue Ste-Anne, n. 16.
Guidat Jean-Baptis', tourneur en fer, route de St-Seine, n. 14.
Guignard Auguste, garçon de magasin, rue Bossuet, 15.
Guignard Virginie Mlle, lingère, rue Guillaume, n. 24.
Guignard Ph., biblioth. de la ville, r. de la Préfecture, 36.
Guignard François, scieur de long, rue de la Préfecture, n. 106.
Guignier veuve, née Robardet, rue Guillaume, n. 54.
Guignier Jean-Baptiste dit Monnet, rentier, r. du Lacet, 1.
Guigniot Camille, concierge à la halle, rue Bannelier, 3.
Guigon, rentier, rue Madeleine, n. 8.
Guigrand Ossias, mécanicien, port du Canal, n. 12.
Guigre Antoine, marbrier, rue Turgot, n. 16.
Guigre Joseph, marbrier, rue Turgot, n. 16.
Guiller veuve, née Bessey, journalière, rue Jeannin, 59.
Guilland Pierre, employé au chemin de fer, rue du Chaignot, n. 14.
Guilland Nicolas, chapelier, rue Ste-Anne, n. 6.
Guillarme Emile, voyageur de commerce, rue de la Trémouille (maison Chamard).
Guillaume Joseph, chauffeur, rue de l'Arquebuse, n. 3.
Guillaume Antoine, employé, rue Bassano, n. 17.
Guillaume Hubert, concierge, rue Bassano, n. 17.
Guillaume Jacques, manouvrier, rue Berbisey, n. 45.
Guillaume veuve, rentière, rue Jeannin, n. 49.
Guillaume Jean-Baptiste, manouvr., r. Ste-Catherine, 22.
Guillaume François, agent d'assuranc., r. du Tillot, 19.
Guillaumot veuve, née Martin, rue Buffon, n. 41.
Guillemain Amable, employé, r. Chancelier-l'Hôpital, 12.
Guillemain Jacques, fripier, rue Chaudronnerie, n. 5.
Guillemain François, chauffeur, rue de la Gare, n. 8.

Guillemain, cordonnier, rue Magenta, n. 19.
Guillemain François, tailleur de pierres, place Darcy, 5.
Guillemain veuve, née Aubert, rue de la Préfecture, 75.
Guillemain François, menuisier, rue de la Préfecture, 75.
Guillemain François, tailleur de pierres, propriétaire,
 · route de St-Seine.
Guillemain veuve, née Lonnois, rue St-Nicolas, n. 67.
Guillemain Jean-Baptiste, serrurier, rue St-Philibert, 28.
Guillemain Clément, ancien instituteur, rue Berbisey,
 n. 37.
Guillemain Jean, garçon huilier, rue des Godrans, n. 24.
Guillemain, carrier, rue de Montmuzard, n. 3.
Guillemard Jean-Baptiste, rue Jeannin, n. 58.
Guillemard François, paveur, place Darcy, n. 5.
Guillemard Jean-Baptiste, maréchal, pl. du Morimont, 24.
Guillemard veuve, née Vincent, rue Ste-Marguerite, 2.
Guillemard Denis, tailleur de pierres, r. St-Philibert, 28.
Guillemard veuve, née Marlet, rentière, rue Turgot, n. 8.
Guillemaut Achille, confiseur, rue des Forges, n. 52.
Guillemin Louis, cafetier, place d'Armes, n. 15.
Guillemin Philibert, chapelier, rue de Pouilly, n. 18.
Guillemin, tailleur de pierres, rue St-Nicolas, n. 37.
Guillemin, plâtrier, rue de la Trémouille.
Guillemin-Laligant, négociant, rue Verrerie, n. 24.
Guilleminot James, entrepreneur de transports, viaduc
 de l'Arquebuse.
Guilleminot Napoléon, empl. à la mairie, r. d'Assas, 15.
Guilleminot Gabriel, chaudronnier-fumiste, impasse
 Audra, n. 12.
Guilleminot Alexandre, vigneron, rue d'Auxonne, n. 59.
Guilleminot Pierre, march. tailleur, rue du Bourg, n 45.
Guilleminot Charles, bijoutier, rue Gharrue, n. 7.
Guilleminot veuve, née Layer, rue de la Cité.
Guilleminot Jean-Baptiste, cocher, rue des Godrans, 13.
Guilleminot Jean-Bapt., jardinier, r. de Montmuzard, 41.
Guilleminot, marchand ambulant, place St-Michel, n. 4.
Guilleminot Franç., perruquier, r. de la Préfecture, 46.
Guilleminot veuve, née Perrot, laveuse, rue de la Pré-
 fecture, n. 65.
Guilleminot J.-B., manouvrier, rue Ste-Catherine, n. 6.

Guilleminot Charles, brasseur, rue Saint-Nicolas, n. 26.
Guilleminot Adrien, brasseur, rue Saint-Nicolas, 26.
Guilleminot Edme, agent de police, rue Turgot, n. 16.
Guillemot Gaspard, conseiller, rue Saint-Philibert, n. 49.
Guillemot J.-B., médecin-vétérinaire, rue d'Assas, n. 1.
Guillemot Toussaint, manouvrier, r. Petite-des-Poussots, (Californie).
Guillemot, marchand de vin, rue Devosge, n. 9.
Guillemot Paul, restaurateur (buffet de la Gare), n. 20.
Guillemot Pierre, conseiller à la cour, rue Jeannin, 23.
Guilen Barth., march. de marrons, r. des Godrans, n. 16.
Guillène Barthélemy, journalier, rue des Godrans, n.20.
Guiller Charles, orfévre, rue Condé, n. 17.
Guiller Claude, propriét. vigneron, route de Longvic.
Guiller Joseph, cordier, rue Saint-Nicolas, n. 16.
Guillerme André, graisseur, rue Berbisey, n. 79.
Guillerme Marie Mlle, ouvr. en robes, rue d'Assas, n. 11.
Guillermier Joseph, charpentier, rue Saint-Pierre, n. 10.
Guillet Victor, menuisier, rue Saint-Nicolas, n. 62.
Guillier Pierre, tourneur, allée de la Retraite, n. 2.
Guillier Jean-Baptiste, chef poseur, r. de l'Arquebuse, 2.
Guillier Ve, née Charry, rentière, cour des Frères, n. 6.
Guillier veuve, née Brossard, rue Jeannin, n. 59.
Guillier Joseph, directeur d'assurances, r. Lamonnoye.
Guillier Ve, née Michéa, fem. de ménage, r. du Mouton, 17.
Guillier Eugène, employé, rue du Palais, n 8.
Guillier Benoît, anc. charpentier, port du Canal, 11 *bis*.
Guillier Joseph, propriétaire, rue de la Prévôté, n. 4.
Guillier Jacques, ouvrier cordonnier, rue Roulotte, n. 3.
Guillier Marguerite Mlle, rentière, rue Saint-Pierre, 45.
Guillier Honoré, professeur de musique, r. St-Pierre, 45.
Guillier François, couvreur, rue Verrerie, n. 42.
Guillin Claude, garde principal d'artillerie en retraite, rue de Longvic, n. 16.
Guillot Pierre, carrier, chemin de limite (Perrières).
Guillot François, aubergiste, rue Bassano, n. 64.
Guillot E., manouvrier, ch. couv. de la Belle-Etoile, 23.
Guillot Jean-Pierre, jardinier, rue Dubois, n. 5.
Guillot Jean, homme d'équipe, Larrey.
Guillot Michel, cantonnier, route de Lyon

Guillot V[e], née Foutier, journalière, r. St-Nicolas, n. 32.
Guillot François, journalier, rue des Tanneries, n. 23.
Guinburger Simon, emp. de commerce, place St-Jean, 2.
Guinchard Etienne, tailleur de limes, rue Berbisey, 72.
Guinchard V[e], née Breton, march. de literie, r. Condé, 9.
Guindey Jean-Baptiste, tonnelier, rue Crébillon, n. 7.
Guindey Eugénie Mlle, rentière, rue St-Philibert, n. 57.
Guindey Louis, propriétaire, rue du Vieux-Collége, 19.
Guinot Edme, chapelier, rue d'Ahuy, n. 14.
Guinot Léon, charpentier, rue Cazotte, n. 4.
Guinot Eugène, propriétaire cafetier, rue Devosge, n. 39.
Guinot Victor, cordonnier, rue des Godrans, n. 23.
Guinot Jules, cordonnier, rue des Godrans, n. 47.
Guinot Théodore, fabric. de chaussures, rue Jeannin, 70.
Guinot Philiberte Mlle, propriétaire, place Morimont, 11.
Guiolot Armand, sous-chef de remp., rue des Novices, 2.
Guiot Claude, banquier, rue Bassano, n. 17.
Guipet Antoine, photographe, rue Vaillant, n. 5.
Guiraud Jean-Baptiste, tourneur, rue Odebert, n. 22.
Guirbal Pierre, manouvrier, rue du Mouton, n. 5.
Guisser Jean, ancien tailleur, rue Bassano, n. 42.
Gulimat-Giraud, propriétaire, rue Amiral-Roussin, n. 44.
Gulimat Henri fils, rue Amiral-Roussin, n. 44.
Gindriez Auguste, arbitre de commerce, rue Bouhier, 12.
Gunther Pierre, jardinier propriétaire, r. d'Auxonne, 48.
Gunther Joséph. Mlle, regrattière, r. de Montmuzard, 2.
Gunther Jean-Baptiste, jardinier, r. du Petit-Cîteaux, 6.
Gunther Louis, Petites-Roches.
Gunther Joseph, prop. vigneron, ruelle Saint-Lazare.
Gurnelle François, emp. de com , rue de l'Hôpital, 3 *bis*.
Gustave Philip., garçon de salle, r. de la Manutention, 25.
Gustel Julien, rentier, rue de la Gare, n. 7.
Gustin veuve, née Gustin, rentière, rue Guillaume, n. 6.
Guy Victor, marchand tailleur, rue du Bourg, n. 6.
Guy Jean-Séraphin, serrurier, rue Chabot-Charny, n. 23.
Guy Julien, musicien, rue de la Cité, n. 3.
Guy veuve, coiffeuse, rue François-Rude, n. 22.
Guy Hyacinthe, mécanicien, place Darcy, n. 5.
Guy Alfred, propriétaire, rue de la Prévôté, n. 5.
Guyard veuve, née Brenot, rentière, rue d'Ahuy, n. 23.

Guyard François, vigneron, rue de l'Arquebuse, n. 3.
Guyard Jacques, maître maçon, rue Devosge, n. 16.
Guyard veuve, rue de Montmuzard, n. 14.
Guyard Sébastien, cafetier, rue Saint-Nicolas, n. 13.
Guyénot Firmin, propriétaire, hameau de Mirande.
Guyénot Auguste, clerc de notaire, rue Vannerie, n. 6.
Guyon Claude, scieur de long, rue des Acqueducs (clos Trouillet).
Guyon Emile, homme d'équipe, rue de l'Arquebuse, 8.
Guyon Paul, rentier, rue Audra, n. 6.
Guyon Vᵉ, née Dubert, vigneronne, Combe-Serpent.
Guyon François fils, Combe-Serpent.
Guyon Denis, éclusier (écluse n° 53.)
Guyon Adeline Mlle, lingère, rue des Etioux, n. 10.
Guyon François, boucher, rue des Perrières, n. 1.
Guyot Jacques, charpentier, rue de l'Arquebuse, n. 18.
Guyot Jean-Baptiste, propriétaire, rue Berbisey, n. 43.
Guyot Pierrette Mlle, propriétaire, rue Berbisey, n. 71.
Guyot Jacques, vigneron, rue Berbisey, n. 71.
Guyot, née Dromard veuve, rentière, rue des Bons-Enfants, n. 1.
Guyot Dominique, conseiller honoraire à la Cour, rue Chancelier-l'Hôpital, n. 2.
Guyot Alfred, juge, r. Chancelier-l'Hôpital, 2 (pied-à-ter.)
Guyot Jean-Baptiste, grenetier, rue Chaudronnerie, 19.
Guyot François, charpentier, chemin couvert de la Belle-Etoile, n. 17.
Guyot Adèle Mlle, propriétaire, chemin couvert de la Belle-Etoile, n. 24.
Guyot François, vigneron, cour Bourberain, n. 3.
Guyot Jean, boulanger, rue Jeannin, n. 53.
Guyot Pierre, manouvrier, hameau de Mirande.
Guyot Jean, vigneron, rue des Moulins, n. 16.
Guyot Adolphe, vigneron, rue des Moulins, n. 23.
Guyot Mme, née Jelet, couturière, rue des Moulins, 42.
Guyot Victor, banquier, rue Musette, n. 1 *bis.*
Guyot François, manouvrier, rue des Perrières, n. 4.
Guyot Philippine Mlle, rentière, rue de la Préfecture, 64.
Guyot, rue Roulotte, n. 3.
Guyot Marguerite, journalière, rue Roulotte, n. 33.

Guyot Joseph, propriétaire, rue du Sachot, n. 2.
Guyot Etienne, cafetier, rue St-Bénigne, n. 11.
Guyot Jacques, huilier, rue Ste-Catherine, n. 5.
Guyot Auguste, commissaire-priseur. rue Vauban, n. 2.
Guyotte Ve, née Drouhin, concierge, r. du Chaignot, 24.
Guyotte Jean, bourrelier, rue St-Nicolas, n. 18.

H

Haas Edouard, professeur au lycée, r. Chabot-Charny, 4.
Haas, rentier, rue Saint-Nicolas, n. 113.
Habegger Pierre, ouvrier fondeur, rue St-Nicolas, n. 78.
Habert Edme, chef surv. du télégraphe, r. Devosge, n. 22.
Habigant Nicolas, vigneron, rue du Gaz, n. 2.
Hainmüller, tailleur, rue du Bourg, n. 63.
Hainin Jean-Baptiste, manouvrier, rue Magenta, n. 19.
Hairon Alexis, chapelier, rue Piron, n. 17.
Hairon Jean, tailleur de pierres, rue Vannerie, n. 24.
Haisé Jacques, rentier, rue de la Préfecture, n. 25.
Halluis Louis, chapelier, rue Saumaise, n. 20.
Halt Jules, mouleur en fonte, rue du Mouton, n. 1.
Hamon Jean-Baptiste, cocher, rue Jeannin, n. 35.
Handel Henri, marchand tailleur, rue Vauban, n. 13.
Hanier veuve, née Petitot, rentière, rue Vauban, n. 14.
Hanin veuve, née Thiébaut, rentière, rue Buffon, n. 18.
Hanriot Pierre, marchand ambulant, rue d'Auxonne, 30.
Hanriot François, horloger, rue des Forges, n. 26.
Hanriot veuve, née Pinel, rue Guillaume-Tell, n. 6.
Hanriot veuve, rue Saint-Nicolas, n. 36.
Hardy Etienne, imprimeur, place Saint-Jean, n. 1.
Hardy veuve, née Legal, rentière, port du Canal, n. 20.
Hartemann veuve, née Martin, rue Notre-Dame, n. 14.
Hartemann Jacques, matelassier, rue Notre-Dame, n. 14.
Hartmann veuve, née Cantagrelle, bouquiniste, place
   Saint-Jean, n. 31.
Harpet Catherine Mlle, rentière, rue Turgot, n. 6.
Harry Adolphe, employé au chemin de fer, r. Bassano, 45.
Harry veuve, née Proteau, grenetière, rue Berbisey, n. 90.
Hattier Félicien, journalier, rue d'Auxonne, n. 14.

Hattot Antoine, homme d'équipe, r. de l'Arquebuse, n. 25.
Hattot Jean-Baptiste, manouvrier, r. de l'Arquebuse, 25.
Hattot J.-B., homme d'éq., r. des Marmuzots (Perrières).
Hausser Pierre, cloutier, rue Brulard, n. 2.
Hausser Pierre, cloutier, rue Victor-Dumay, n. 14.
Hauteville Ludovic, commis de magasin, rue d'Assas, n. 6.
Hautemanières Edme, cabaretier, rue Menevalle.
Hautoy Jean, propriétaire, Californie.
Hauty Joseph, menuisier, rue du Chaignot, n. 7.
Hébert Philippe, pharmacien, rue Condé, n. 2.
Hébert Achille, menuisier, rue Sainte-Catherine, n. 50.
Hébert veuve, née Messemaccker, rent., r. St-Philibert, 15.
Hébert François, anc. agent gén. d'assur., rue St-Pierre, 36.
Hébrard Henri, propriétaire, rue Saint-Nicolas, n. 64.
Heckly Aloise, chauffeur, rue des Perrières, n. 5.
Hecquet Henri, rentier, rue Sainte-Marguerite, n. 21.
Heim Joseph, employé, rue Rameau, n. 12.
Heinrich Louis, relieur, place Saint-Michel, n. 14.
Heitz veuve, née Breton, rentière, rue Chantal, n. 10.
Héliot Jacques, fripier, rue Jeannin, n. 7.
Héliotte Claude, manouvrier, route de Plombières.
Heller Louis, tailleur, rue Notre-Dame, n. 20.
Heller veuve, née Genty, lingère, rue Saumaise, n. 4.
Heller Clément, tailleur, rue Verrerie, n. 12.
Helmeur Eugénie Mlle, rue d'Auxonne, n. 71.
Hélouis veuve, née Guigneux, rentière, r. St-Pierre, n. 15.
Héluin Etienne, négociant, rue Rameau, n. 12.
Heliotte Amélie Mlle, propriétaire, r. du Vieux-Collége, 11.
Hémard veuve Anne, femme de ménage, r. du Bourg, 41.
Hémery Félix, ancien libraire, rue de la Colombière, n. 5.
Hémery Valentin, cocher, rue Saint-Philibert, n. 3.
Hemmerdinger Gertrude Mlle, logeuse, rempart de la Porte-
    Neuve, n. 29.
Hémousse Mme, route de Saint-Seine.
Hénaut Jean, chapelier, rue d'Assas, n. 13.
Hénaut veuve, rentière, rue Condé, n. 56.
Hénaux veuve, né Dugied, femme de ménage, cour de la
    Faïencerie, n. 11.
Henemens Jean-Marie, profess. de peinture, r. Buffon, 27.
Henriet veuve, rentière, rue Saint-Pierre, n. 36.
Henry Cyprien, garçon potier, allée de la Retraite, n. 5.
Henry J.-B., propr., rue des Aqueducs (clos Trouillet).

Henry Louis, ouvrier chapelier, impasse Audra, n. 1.
Henry Jules, propriétaire, mécanicien, imp. Audra, n. 10.
Henry Franç., s.-insp. des contr. indir., rue Bassano, n. 18.
Henry François, cabaretier, rue Berbisey, n. 41.
Henry veuve, née Mutin, prof. de piano, rue Charrue, 26.
Henry veuve, née Lanneau, rentière, Cours Fleury, n. 2.
Henry Edme, pépiniériste, cours du Parc, n. 5.
Henry Anne Mlle, femme de mén., r. Neuve-Dauphine, 1.
Henry Anne Mlle, couturière, rue des Etioux, n. 7.
Henry Joseph, luthier, rue des Etioux, n. 8
Henry veuve, née Gagey Catherine, rent., r. des Etioux, 8.
Henry Eugène, fabricant de bouchons, rue des Forges, 35.
Henry Félix, ébéniste, rue Notre-Dame, n. 18.
Henry veuve, née Marchandon, rentière, rue Saint-Esprit, n. 6 (Perrières).
Henry Marie Mlle, prof. de peinture, rue Saint-Pierre, 17.
Henry Cyprien, garçon potier, rue Saumaise, n. 8.
Henry Joseph, ex-recev. de l'enregistr., rue Verrerie, 30.
Henry Antoine, ancien grenetier, rue Victor-Dumay, n. 12.
Henzel (d') veuve, née Mollerat, propr., rue Berbisey, n. 3.
Hérard Jules, facteur des postes, rue de la Cité.
Hérardot Jean, épicier, rue Bassano, n. 56.
Héringuez Auguste, march. bimbelotier, rue Piron, n. 11.
Héringuez Joseph, march. ambul., r. Ste-Marguerite, 32 *bis*.
Herlin Antoine, marchand de bolits, rue Bassano, n. 31.
Herlin Nicolas, couvreur, rue Roulotte, n. 18.
Herling Mme, née Colinot, rue Roulotte, n. 21.
Herluison Jules, rentier, rue Berbisey, n. 29.
Hermann Joseph, cordonnier, rue du Bourg, n. 52.
Hermann Mme, née Calais, revend., r. de la Préfecture, 110.
Hermann Eugénie Mlle, rentière, rue Vannerie, n. 38.
Héron Claudine Mlle, lingère, rue Guillaume, n. 27.
Héron veuve, née Pacot, rentière, rue du Château, n. 1.
Héron Léon, marchand de nouveautés, rue Verrerie, n. 17.
Hertel Henri, grenetier et propriétaire, rue Menevalle.
Hersant Michel, revendeur, rue Bannelier, n. 7.
Hervic Louis, march. tailleur, r. Condé, 55 (Hôtel de ville).
Hess Joseph, ouvrier cordonnier, rue des Godrans, n. 22.
Hess veuve, rentière, rue de Gray, n. 8.
Hess veuve, née Eberlin, tient pension, r. Proudhon, 24 *bis*.
Hess Victoire Mlle, manouvrière, rue Roulotte, n. 10.
Heurté Catherine Mlle, rentière, rue Bassano, n. 38.

Heurté Claude, huissier, rue Bassano, n. 42.
Heuvrard Jacques, comptable, rue de la Préfecture, n. 60.
Hézard Claude, sellier-carrossier, rue des Moulins, n. 42.
Hiestand veuve, née Regaud, rentière, rue Cazotte, n. 2.
Himatte Nicolas, chauffeur, rue Ste-Catherine, n. 26.
Himbert Mme, née Cordier, lingère, route de Plombières.
Himbert, rue Verrerie, n. 14.
Hinsinger Joseph, manouvrier, Californie.
Hirt André, cordonnier, concierge, rue Jeannin, n. 58.
Hittier Jean-Baptiste, propriétaire, rue des Moulins, n. 50.
Hoche Claude, ferreur, rue des Tanneries, n. 21,
Hocquet Joseph, manouvrier, rue Ste-Catherine, n. 25.
Hodoul Marie-Claire Mlle, sans prof., rue Verrerie, n. 32.
Hoffmann veuve, née Regnaud, rue de la Préfecture, 114.
Hoffmann Jacques, cabaretier, place du Morimont, n. 17.
Hoin veuve, née Gauthier, prop., petite r. du Château, 7.
Holl Charles, ouvrier horloger, rue Guillaume, n. 6.
Holtzhauer Chrétien, charron, rue d'Auxonne, n 31.
Horion Joseph, employé au chemin de fer, r. Buffon, 33.
Horny veuve, née Chevalier, journalière, rue Mulot
    (Perrières).
Horry Claude, serrurier, rue Piron, n. 21.
Hotté Emile, manouvrier, rue du Chinois, n. 1.
Houdard Pierre, chauffeur, rue de la Gare, n. 2.
Houper Jacques, commis des postes, rue Chaudronnerie, 2.
Hourlier Frédéric, contre-maître, chem. du Petit-Bernard.
Hourlier Frédéric, contre-maître, rue de l'Ile.
Houssoil veuve, née Charry, prop., rue de l'Arquebuse, 6.
Houzard veuve, née Godard, rentière, clos Leverne.
Huan Jacques, marchand de vins, rue Guillaume, n. 3.
Huan veuve, née Robert, rentière, rue Devosge, n. 52.
Huard Franç., comptable au chem. de fer, r. Guillaume, 30.
Huart Auguste, chef de bataillon en retraite, rue Chabot-
    Charny, n. 76.
Hubert Joseph, chiffonnier, rue Dauphine, n 6.
Hubert Francois, rentier, rue des Godrans, n. 24.
Hubert Jean, menuisier, rue des Godrans, n. 24.
Hubert Ferdinand, ouvrier menuisier, r. de Pouilly.
Hubert veuve, née Petit, rue St-Nicolas, n. 34.
Hubert veuve, née Ulher, rue des Tanneries, n. 27.
Hubner, veuve, née Pokorni, coutur., r. Amiral-Roussin, 3.
Hubner Claude, contre-maître, rue des Perrières, n. 7.

Hucherot Jean-Baptiste, tourneur, rue du Bourg, 11.
Huchon François cultivateur, allée des Chartreux, n. 14.
Huchon Joseph, facteur des postes, rue Berbisey, n. 71.
Huchon Simon, jardinier, rue de l'Ile, n. 6.
Huchon Nicolas, voiturier, port du Canal, 15.
Huchon Vincent, cultivateur, route de Lyon, n. 8.
Hudry Joseph, boulanger, rue Berbisey, n. 35.
Huet veuve, née Vernier, propriétaire, rue d'Auxonne, n. 1.
Huet Léonie Mlle, institutrice, rue de la Préfecture, 19.
Huet veuve, route de Longvic (pied-à-terre).
Hugault Pierre, huissier, rue Proudhon, n. 14.
Hugon veuve, née Durand, couturière, rue Guillaume, 2.
Hugon Hippolyte, concierge, rue Victor-Dumay, n. 13.
Hugot Auguste, cafetier, rue Bassano, n. 110.
Hugot Jean, cordonnier, rue Vaillant, n. 14.
Huguenin Nicolas, journalier, port du Canal, n. 14.
Huguenin Antoine, agréé au tribunal de commerce, rue
  Saint-Nicolas, n. 88.
Huguenot veuve, née Champonnois, prop., rue d'Ahuy.
Huguenot Françoise, couturière, rue Berbisey, n. 94.
Huguenot veuve, née Lévêque, rue Berbisey, n. 112.
Huguenot Bernard, marchand fruitier, r. Berbisey, n. 112.
Huguenot Hugues, menuisier, rue du Chaignot, n. 18.
Huguenot Joseph, ouvrier charron, rue St-Nicolas, n. 32.
Huguenot Joseph, cordier, propriétaire, r. St-Nicolas, 32.
Huguenot, cordonnier, rue Vannerie, n. 92.
Hugueny Pierre, concierge, rue Chabot-Charny, n. 91.
Hugues-Lepelit Henriette Mme, marchande de chaussures,
  rue du Bourg, n. 67.
Hugues veuve, née Pion, rue Vannerie, n. 86.
Hugues Antoine, contrôleur des contributions indirectes,
  rue Vannerie, n. 86.
Huguet François, comptable, rue Guillaume, n. 6 *ter*.
Huguin Théodule, employé au télégraphe, rue des Go-
  drans, n. 8.
Humbert Jean, aiguilleur, rue Berbisey, 88.
Humbert Auguste, comptable, rue Chabot-Charny, 11.
Humbert Jean, conduct. de trains, cour du Quartier, 4 *bis*.
Humbert veuve, née Camuzot, ouvrière, rue Jeannin, 63.
Humbert Hippolyte, marchand mercier, rue Piron, 31.
Humbert Jean-Baptiste, charron, rue de Pouilly, n. 11.
Humbert Simon fils, rue de Pouilly, n. 11.

Humbert Ve, née Desbordes, domest., r. de la Préfect., 117.
Humblot Nicolas, marchand de toile, rue Charrue, n. 14.
Humblot Henri, propriétaire, rue Charrue, n. 14.
Humblot J.-B., charpentier, cabaretier, r. Roulotte, 29.
Humet Antoine, receveur d'octroi, r. de Montmuzard, n. 49.
Huot François, éclusier (écluse 52).
Huot Jacques, cordonnier, rue de la Gare, n. 2.
Huot Emile, relieur, rue de Gray, n. 12.
Huot Louise Mlle, rue de Gray, n. 15.
Huot veuve, femme de ménage, rue de Gray, n. 29.
Huot Jules, ouvrier chapelier, rue Jeannin, 79.
Huot Etienne, ouvrier serrurier, rue Verrerie, 48.
Huquenot veuve, née Lévêque, femme de ménage, rue de
    la Manutention, n. 5.
Hureau Victoire Mlle, rentière, rue Brulard, n. 4.
Hureau Isidore, concierge, rue de la Gare, n. 20.
Hureau Narcisse, garde magasin, rue Montigny, n. 6.
Huret veuve, née Lejeune, logeuse, rue du Gaz, n. 2.
Hurot Joséphine Mlle, ouvrière, rue Legoux-Gerland, n. 6.
Hurot Eugénie Mlle, rentière, rue Saumaise, n. 47.
Husson Louis, employé d'octroi, rue de Venise.
Hustache Claude-Théodore, r. Chabot-Charny, n. 53.
Hut veuve, née Baron, rentière, rue Turgot, n. 4.
Hutté veuve, née Ligeret, rentière, rue Musette, n. 36.
Hutteau Louis, cultivateur, hameau de Mirande.
Hutter Xavier, fondeur, rue Saint-Nicolas, n. 2.
Hutinel veuve, née Bernard, blanch., rue Sainte-Anne, 2.
Hutinel Franç., gardien à la prison, route d'Auxonne, 76.
Hutinel Henri, manœuvre, rue Vauban, n. 9.
Hutinet veuve, née Fromentin, relieuse, remp. du Tivoli, 5.
Huttner Jacques, tailleur, rue Notre-Dame, n. 20.
Huvet Louis, jardinier, rue Cazotte, n. 17.
Huvet Gustave, chauff. au ch. de fer, r. de l'Hôpital, 4 *bis*.
Hytier Bern., ex-gardien à la prison, route d'Auxonne, 76.

I

Ibos J.-B., marchand tailleur, rue Saint-Philibert, n. 13.
Iches Jean-Baptiste, ajusteur, rue des Perrières, n. 3 *bis*.
Ienisch Louis, ouvrier tonnelier, rue St-Nicolas, n. 63.

Ienisch Gottlob, propriétaire, rue St-Nicolas, n. 65.
Ienisch André, fab. de savon, ruelle Sambin.
Imgarde de Lœffemberg, proc. gén., rue Vannerie, n. 49.
Isabey Louis, jardinier, propriétaire, rue Guillaume-Tell.
Isidore Hyacinthe, poseur, rue d'Ahuy, n. 11.
Iselin Alexandre, menuisier, rue Guillaume-Tell.
Isselin François, employé, rue Sainte-Catherine, n. 30.
Lzard Joseph, ouvrier balancier, rue du Mouton, n. 19.

J

Jabailly Louis, maçon, rue Dauphine, n. 17.
Jabœuf veuve, née Carriot, propr., r. Chaudronnerie, 25.
Jabrillat Etienne, maçon, rue du Chaignot, n. 13.
Jachiet François, maître d'hôtel, rue Bossuet, n. 9.
Jachiet Nicolas, jardinier, Californie.
Jachiet Auguste, jardinier, rue de Montmuzard, n. 18.
Jachiet veuve, née Mairet, jardinière, rue de Montmuzard
  (clos Morin).
Jachiet Louis, jardinier, rue des Moulins, n. 7.
Jachiet Antoine, ouv. jardinier, rue Ste-Marguerite, n. 53.
Jacob François, homme d'équipe, allée des Chartreux, 10.
Jacob Etienne, ancien pharmacien, rue Audra, n. 2.
Jacob, rue Charrue, n. 1.
Jacob veuve, née Arron, couturière, rue du Château, n. 2.
Jacob Nicolas, propriétaire, rue du Gaz, n. 18.
Jacob Joseph, manouvrier, rue Magenta.
Jacob François, jardinier, rue des Moulins, n. 20.
Jacob veuve, née Garaudat, jardinière, rue des Moulins, 20.
Jacob Jean-Baptiste, boulanger, rue des Moulins, n. 30.
Jacob Pierre-Auguste, couvreur, rue Roulotte, n. 19.
Jacob Anne Mlle, ouvrière, rue de Suzon, n. 11.
Jacob Jacques, marchand de toiles, rue Verrerie, n. 4.
Jacotin Claude, concierge, cordonnier, rue d'Assas, n. 18.
Jacotin veuve, journalière, rue de Clairvaux, n. 3.
Jacotot Nicolas, rentier, rue Bannelier, n. 9.
Jacotot François, grenetier, rue Herbisey, n. 116.
Jacotot Jérôme, homme d'équipe, rue de la Cité.
Jacotot Pierre, brig. garde champêtre, Cours-Fleury, n. 6.

Jacotot Charles, ancien doreur, rue Docteur-Maret, n. 2.
Jacotot Nicolas, concierge, rue Docteur-Maret. n. 4.
Jacotot Denis, manouvrier, rue Guillaume-Tell.
Jacotot Jean-Baptiste, propriétaire, rue Jeannin, n. 59.
Jacotot Pierre, rentier, rue des Moulins, n. 28.
Jacotot Jean, facteur, rue des Perrières, n. 1.
Jacotot Jean, homme d'équipe, rue des Perrières, n. 1.
Jacotot Claude, charpentier, rue des Perrières, n. 14.
Jacotot Valère, président du tribunal civil de Semur, rue
    du Petit-Potet, n. 6 (pied-à-terre).
Jacotot Jean-Baptiste. receveur de l'enregistrement, rue
    du Petit-Potet, n. 24.
Jacotot Claude, clerc de notaire, place d'Armes, n. 10.
Jacotot, rue Roulotte, n. 14.
Jacotot, fabricant de noir animal, au Chinois.
Jacotot Pierre, receveur d'octroi, r. Ste-Marguerite, n. 32.
Jacotot Jean, propriétaire, rue Saint-Nicolas, n. 4.
Jacotot Pierre. notaire, rue Victor-Dumay, n. 1.
Jacquard, rue de Pouilly, n. 55.
Jacquelain Auguste, ouv. cordonnier, rue Vannerie, n. 48.
Jacquelet Antoine, ouvrier cordonnier, rue Dauphine, 17.
Jacquelin Louis-Joseph, rentier, ruelle d'Ahuy, n. 3.
Jacquelin Claude, voiturier, Viaduc de l'Arquebuse.
Jacquelin Jacques, jardinier, rente de la Boudronnée.
Jacquelin Pierre, jardinier, Californie.
Jacquelin Auguste, manouvrier, rue Cazotte, n. 14.
Jacquelin Isidore, homme d'équipe, rue Guillaume-Tell.
Jacquelin Claudine Mlle, rentière, rue Mulot (Perrières).
Jacquelin Auguste, cocher, petite rue du Château, n. 3.
Jacquelin Jean-Baptiste, concierge, place Saint-Jean, 29.
Jacquelin, rue de la Préfecture, n. 106.
Jacquelin Jacques, jardinier, rue de Pouilly, n. 22.
Jacquelin, jardinier, rue Sainte-Marguerite, n. 55.
Jacquelin veuve, née Popon, rentière, rue St-Pierre, 10.
Jacquelin Auguste, cordonnier, rue Vannerie, n. 67.
Jacquelin veuve, née Boileau, rue Victor-Dumay, n. 9.
Jacquemart François, cordonnier, rue Dubois, n. 1.
Jacquemet Aug., agent des ponts et ch., r. St-Nicolas, 98.
Jacquemet Bertrand, agent d'affaires, place St-Jean, n. 9.
Jacquemin Pierre, ouvrier tonnelier, rue d'Assas, n. 13 *bis*.
Jacquemin Guillaume, tonnelier, r. de Montmuzard, 15.
Jacquemin Charles, pos. au chem. de fer, rue du Mouton, 1.

Jacquemin Victor, chef de bat. en retr., rue des Roses, 4.
Jacquemin Henri, garçon de recette, rue de Suzon, n. 8.
Jacquemot Antoine, mercier, rue Guillaume, n. 39.
Jacquemot Alexandre, tonnelier, Belle-Ruelle, n. 2.
Jacquenet Marie Mlle, ouvrière, rue des Godrans, n. 23.
Jacques Henri, marchand de tissus, rue Berbisey, n. 27.
Jacques veuve, née Thiébaut, propr., rue Berbisey, n. 29.
Jacquet François, cordonn. en échoppe, r. de l'Arquebuse, 2.
Jacquet Victor, employé des douanes, rue de la Gare, n. 2.
Jacquet Hugues, comptable, rue de la Manutention, n. 5.
Jacquier Maurice, propriétaire, rue Chaudronnerie, n. 20.
Jacquier Edouard, tapissier, rue Chaudronnerie, n. 20.
Jacquier Romain, épicier, rue des Forges, n. 58.
Jacquier Claude, propriétaire, rue de la Préfecture, n. 45.
Jacquin Nicolas, relieur, rue Amiral-Roussin, n. 8.
Jacquin Edouard, menuisier, rue Bassano, n. 16.
Jacquin Mme, née Lambert, rentière, rue Bouhier, n. 8.
Jacquin François, poêlier, rue Cazotte, n. 4.
Jacquin Jean-Baptiste, rentier, rue Condé, n. 31.
Jacquin Sophie Mlle, march. de parapluies, rue Condé, 42.
Jacquin veuve, rue Condé, n. 56.
Jacquin veuve, née Correy, propriétaire, rue de la Gare, 1.
Jacquin Gustave, rentier, place d'Armes, n. 4.
Jacquin Philibert, ancien boucher, rue de la Prévôté, n. 2.
Jacquin Denis, gendarme, rempart du Château, n. 4.
Jacquin François, vigneron, Fontaine-Sainte-Anne.
Jacquin propriétaire, Fontaine-Sainte-Anne.
Jacquin veuve, née Tilerot, rentière, rue St-Nicolas, n. 1.
Jacquin veuve, née Rose, journalière, rue St-Nicolas, 33.
Jacquin Eugène, ouvrier marbrier, rue Vannerie, n. 44.
Jacquinot Alfred, rentier, rue des Bons-Enfants, n. 1.
Jacquinot Charles, rentier, rue de la Colombière, n. 7.
Jacquinot Auguste, tailleur de pierres, rue de Longvic, 6.
Jacquinot Mme, rentière, place du Morimont, n. 7.
Jacquinot veuve, née Bertrand, propriétaire, place Saint-
  Bernard, n. 11.
Jacquinot veuve, née Buchillot, prop., rue St-Martin, n. 9.
Jacquinot Ferdinand, propriétaire, rue Sambin, n. 1.
Jacquinot veuve, née Gunther, propriétaire, rue de Venise.
Jacquinot Joseph, serrurier, rue de Venise.
Jacquot Célestin, manouvrier, rue Amiral-Roussin, n. 15.
Jacquot Toussaint, cordonnier, rue du Chaignot, n. 14.

Jacquot Jean, à l'équipe, rue de la Manutention, n. 3.
Jacquot, négociant, rue des Novices, n. 9.
Jacquot veuve, née Fèvre, marchande, rue Odebert, n. 2.
Jacquot Joseph, march. de grains et de sacs, pl. Darcy, 3.
Jacquot Xavier, march. quincaillier, place St-Jean, n. 8.
Jacquot, maçon, rue St-Martin, n. 41.
Jacquot Maximin, employé au ch. de fer, r. St-Nicolas, 42.
Jacson Nicolas, jardinier, cour de la Grenouille, n. 4.
Jacson François, vigneron, Larrey.
Jadot Jean-Baptiste, employé, port du Canal.
Jaëger, ouvrier fab. de bas, rue François-Rude, n. 9.
Jaëger Joseph, peintre en bâtim., rue de Montmuzard, 47.
Jaëger Georges, huissier, rue des Forges, n. 20.
Jaillet Claude, marchand de parapluies et tailleur, rue
   Rameau, n. 18 et 24.
Jallat Jacques, scieur de bois, rue d'Assas, n. 20.
Jalliard Emile, employé, rue du Bourg, n. 12.
Jalliet Jean, grenetier, Pont des Tanneries, n. 12.
Jallon Louis, facteur à la gare, rue Guillaume-Tell.
Jallon veuve, née Michot, rue Guillaume-Tell.
Jamard Camille Mlle, ouvrière, rue de la Préfecture, n. 7.
Jambon, carrier, cour Bourberain, n. 3.
Jamot Jean-Baptiste, manouvrier, rue St-Martin, n. 57.
Janiard Pierre, cabaretier, rue Larrey.
Janier Etienne, garçon de magasin, pl. St-Michel, n. 10.
Janier Jacques, caissier de banque, rue Sambin, n. 6.
Janin Mme, née Champrenot, femme de ménage.
Janinet, Antoine, menuisier, cour des Poisses, n. 8.
Janny Anne Mlle, lingère, rue Brulard, n. 3
Janon veuve, née Cordier, sage-femme, r. de la Prévôté, 9.
Jany Jean-Baptiste, maçon, avenue du Réservoir.
Japiot Auguste, ouvrier marbrier, rue Audra, n. 14.
Japiot veuve, née Badet, rentière, rue Buffon, n. 12.
Japiot, docteur-médecin, rue St-Pierre, n. 15.
Jaquet Gustave, photographe, place Darcy, n. 1.
Jaquette Victor, menuisier, rue Bassano, n. 31.
Jardel François, dentiste, rue Bossuet, n. 18.
Jardin Joseph, manouvrier, Californie.
Jarlot Eugène, ouvrier mécanicien, rue Audra, n 14.
Jarlot Jacques, négociant, rue d'Auxonne, n. 6.
Jarlot Paul, employé des postes, rue Guillaume, n. 56.
Jarot Jean-Baptiste, emp. au ch. de fer, r. de Venise.

Jarot Pierre, journalier, rue de Venise.
Jarrot J.-B., vigneron, av. du Réservoir (clos de la Nitrière).
Jarrot Jean-Baptiste, marbrier, rue Berbisey, n. 102.
Jarrot Mme, femme de ménage, rue du Bourg, n. 76.
Jarrot Félicité, institutrice, rue Buffon, n. 38.
Jarrot Pierre, grenetier, rue St-Philibert, n. 52.
Jarrot veuve, née Rossillon, rentière, rue Saumaise, n. 69.
Jarsuel veuve, née Fourat, propriétaire, r. Verrerie, 26.
Jarsuel Joseph, avocat, rue Verrerie, n. 26.
Jarsuen Joseph, conducteur de trains, r. du Petit-Cîteaux.
Jasez Étienne, employé, rue Amiral-Roussin, n. 17.
Jaugey Pierre, charron, rue Docteur-Maret, n. 4.
Jaugey veuve, née Mathieu, journalière, rue Vannerie, 44.
Jaupoy François, ouvrier imprimeur, creux d'Enfer.
Jaupoy Albert, peintre, rue Vaillant, n. 5.
Javel Marie, rentière, rue Saumaise, n. 30.
Javelier Jean-Baptiste, charpentier, place St-Jean, n. 15.
Javelier Antoinette Mlle, ouvrière en robes, rue de la Préfecture, n. 108.
Javelier Antoine, tailleur de pierres, r. Ste-Catherine, 11.
Javelier Jacques, tailleur de pierres, r. Ste-Catherine, n. 18.
Javelier Jean-Baptiste, rue Ste-Catherine, n. 18.
Javelier Jean-Baptiste fils, rue Ste-Catherine, n. 18.
Javelier Edouard fils, rue Ste-Catherine, n. 18.
Javelier Emile fils, rue Ste-Caherine, n. 18.
Javelle Augustine, déb. de tabac, rue Berbisey, n. 82.
Javelle Marie Mlle, cuisinière, rue Franklin, n. 9.
Javelle Pierre, geôlier à la prison, rue Magenta, n. 3.
Javelle Jean-Baptiste, forgeron, rue St-Philibert, n. 57.
Javelle Auguste, journalier, rue des Tanneries, n. 7.
Javiller Jean, cafetier et fab. de vinaigre, r. St-Nicolas, 72.
Javiller Pierre, boulanger, rue St-Philibert, n. 35.
Javot Madeleine Mlle, rentière, rue Piron, n. 4.
Jay Joseph, relieur, impasse Audra, n. 5.
Jay Gaspard, scieur de bois, rue du Bourg, n. 58.
Jay Pierre, charpent., chemin couv. de la Belle-Etoile, 30.
Jay Germain, maître ramonneur, rue des Godrans, n. 40.
Jazet veuve, née Millière, rentière, rue du Chaignot, n. 38.
Jeadot Marie, ouvrière, rue des Godrans, n. 72.
Jean, veuve, née Voisin, propriétaire, rue Petite-des-Poussots (Californie).
Jeanbaptiste Baptiste, rentier, rue St-Philibert, n. 77.

Jeandet Charles, voyageur de commerce, rue de la Manutention, n. 9.

Jeandot Claude, boulanger, rue Vannerie, n. 79.

Jeanne Paul, mécanicien, rue des Perrières, n. 18.

Jeannel Jean, meunier, rue de la Colombière, n. 52.

Jeannel Auguste, vicaire, rue des Novices, n. 6.

Jeannel Nicolas, rentier, rue de Pouilly, n. 7.

Jeannel Marie Mlle, rentière, St-Nicolas, n. 59.

Jeannel Jules, négociant en farines, rue St-Nicolas, n. 59.

Jeannel Michel, rentier, rue St-Philibert, n. 24.

Jeannel Joseph, mécanicien au chemin de fer, rue de l'Arquebuse, n. 2.

Jeannet Henri, cafetier, rue d'Auxonne, 7.

Jeannet Adrien, marchand linger, rue Bassano, n. 45.

Jeannet Jean, propriétaire, rue de l'Ile, xxxx.

Jeanniard veuve, née Catinet, femme de ménage, rue Bassano, n. 58.

Jeanniard Louis, vigneron, rue de Longvic, n. 38.

Jeanniard Claude, propriétaire, vigneron, r. Magenta, 11.

Jeanniard Jean-Baptiste, vigneron, rue des Moulins, n. 20.

Jeanniard Gustave, propriét., r. des Marmuzots (Perrières).

Jeanniard veuve, vivandière, faubourg de Rennes, n. 11.

Jeannier Eugène, employé à la banque, boul. du Tivoli, 10.

Jeannin veuve, née Rouge, femme de mén., r. Bassano, 50.

Jeannin François, garçon voiturier, rue Berbisey, n. 100.

Jeannin Louis, négociant, rue Guillaume, n. 17,

Jeannin Pierre, manouvrier, rue de Longvic, n. 38.

Jeannin Claude, garçon voiturier, rue des Perrières, n. 2.

Jeannin François-Auguste, maçon, rue St-Nicolas, n. 51.

Jeannin François, journalier, rue St-Pierre, n. 41.

Jeannin Jean-Baptiste, cabaretier, rue Vannerie, n. 71.

Jeanningros Joseph, cordonnier, rue St-Philibert, 36.

Jeanniot Pierre, artiste peintre, rue Jeannin, n. 36.

Jeanniot Nicolas, avoué, rue St-Nicolas, n. 121.

Jeantet Ferdinand, caissier, place St-Jean, n. 1.

Jehl Georges, cafetier, rue Guillaume, n. 53.

Jehll Gaspard, march. boucher, rue du Chapeau-Rouge, 5.

Jehly Jean-Baptiste, propriétaire, rue Proudhon, n. 11.

Jeoffroy veuve, rentière, rue Chabot-Charny, n. 31.

Jeoffroy Marguerite, fileuse de laine, rue Dubois, n. 8.

Jérôme à Amiens, dépôt de sacs, rue Guillaume, n. 25.

Jérôme Alfred, emp. au chemin de fer, rue Magenta, n. 5.

Jesset, manouvrier, route de Longvic.
Jétot Pierre, géomètre, rue Mably, n. 7.
Jeubert Dominique, rentier, rue des Perrières, n. 36.
Jeuchot veuve, née Payant, rue du Vieux-Collége, n. 8.
Jeunet Claude, serrurier, rue du Bourg, n. 48.
Jeunet Claude, commissionnaire, rue des Godrans, n. 94.
Jeunhomme veuve, née Machuron, rue St-Philibert, n. 61.
Jianella François, marchand de chaussures, r. Musette, 31.
Jissin François, journalier, rue Bassano, n. 85.
Jlibard Guillaume, ouvrier plâtrier, petite r. St-Lazare.
Joanne Philippe, mécanicien, rue des Forges, n. 11.
Joannet J.-B., ancien appariteur, rue du Palais, n. 17.
Joannet Pierre, march. de charbon, r. St-Anne, n. 6 *bis*.
Joanniez Léon, employé d'octroi, rue Dauphine, n. 13.
Joanniez Jean, aubergiste, rue des Godrans, n. 82.
Joanys Eugène, directeur des contributions indirectes en
  retraite, rue Cazotte, n. 12.
Jobard Eugène, imprimerie, rue Docteur-Maret, n. 4.
Jobard veuve, née Magnien, rentière, rue Dubois, n. 7.
Jobard Eugène, imprimeur, rue Guillaume, n. 4.
Jobard Louis, tonnelier, rue St-Nicolas, n. 46.
Jobard Jean-François, fab. de chaussures, r. Saumaise, 1.
Jobard Modeste, voyag. de commerce, r. Saumaise, n. 3.
Jobard Jean-Baptiste, chauffeur, r. de la Manutention, 16.
Jobard François, homme d'équipe, rue du Petit-Cîteaux.
Jobard Nicolas, journalier, rue du Petit-Cîteaux.
Jobard, tonnelier, rue St-Nicolas, n. 18.
Jobin veuve, née Bénigne Clerc, matelassière, rue des
  Godrans, n. 32.
Jobin Emile, chapelier, rue Musette, n. 13.
Jobin Armand, menuisier, place Darcy, n. 1.
Joblin Jean, concierge, rue Jeannin, n. 2.
Jodenet Bénigne, facteur, rue de l'Ile, n. 4.
Jodon Louis, grenetier, rue de la Prévôté, n. 7.
Johannard Pierre, march. d'étoffes, rue Musette, n. 24 *ter*.
Johannard, négociant, route de St-Seine, 4 (pied-à-terre).
Joie Blaise, scieur de long, port du Canal, n. 17.
Joiet Auguste, scieur de long, rue du Bourg, n. 11.
Joigné veuve, rue d'Auxonne, n. 66.
Joigner veuve, née Goudeaux, r. des Nantillières (Califor.).
Jolibois Jean-Baptiste, avocat, rue Amiral-Roussin, n. 40.
Jolibois veuve, née Poulain, vinaigrier, rue Bassano, 63.

Jolibois veuve, née Jacotot, rentière, chemin couvert de la Belle-Etoile, n. 17.

Jolibois Auguste, ajusteur, rue Devosge, n. 16.

Jolibois veuve, née Tetot, rue Devosge, n. 16.

Jolibois Jean-Baptiste, vinaigrier, rue du Petit-Potet, 19.

Jolibois Eugène, chapelier, rue St-Nicolas, n. 79.

Jolibois Claude, peintre, rue St-Nicolas, n. 79.

Jolibois Louis, mécanicien, rue de la Trémouille (maison Chamard).

Jolicard François, nettoyeur, rue Richelieu, n. 12.

Jolicœur veuve, née Mougin, propriétaire, r. Longepierre, 4.

Jolicœur Anne Mlle, ouvrière, n. 8.

Joliet veuve, née Canquoin, rentière, rue Bassano, n. 54.

Joliet Louis, menuisier, rue Berbisey, n. 42.

Joliet Antoine-Gaspard, maire de la ville, propriétaire, rue Chabot-Charny, n. 64.

Joliet Albert fils, rue Chabot-Charny, n. 64.

Joliet Gaston fils, avocat, rue Chabot-Charny, n. 64.

Joliet François, menuisier entrep., r. de Montmuzard, 11.

Joliet Henri, propriétaire, rue de la Préfecture, n. 41.

Jolimet veuve, née Meurgey, blanchiss., r. Saumaise, 18.

Jolivet Isidore, plâtrier, Belle-Ruelle, n. 4.

Jolivet Jean-Baptiste, tonnelier, rue Cazotte, n. 11.

Jolivet Jean, vigneron, rue du Chaignot, n. 28.

Jolivet veuve, née Regnaut, vigneronne, cour de la Faïencerie, n. 2.

Jolivet Ve, née Petitjean, journalière, r. des Godrans, 10.

Jolivet François, ouv. chapelier, r. de Montmuzard, 35.

Jolivet Philippe, jardinier, rue des Ormeaux, n. 2 *bis*.

Jolivet Pierre, employé au télégraphe, r. des Perrières, 16.

Jolivet Antoine, manouvrier, petite rue du Château, n. 1.

Jolliot Claudine Mlle, rentière, rue Jeannin, n. 54.

Joly Auguste employé à la préfecture, r. des Forges, 26.

Joly Claudine, rentière, rue des Godrans, n. 80.

Joly de Servetière Alexis, intendant en retraite, rue Jeannin, n. 54.

Joly Joseph, rentier, place St-Bernard, n. 11.

Joly Charles, brigadier de gendarmerie, r. du Château, 4.

Joly Louis, propriétaire, rue St-Nicolas, n. 111.

Joly Guillaume, propriétaire, rue St-Pierre, n. 26.

Joly Claude, négociant, rue Saumaise, n. 55.

Jolyot Louis, cordonnier, rue d'Auxonne, n. 66.

Jomard veuve, couturière, rue du Morimont, n. 2.
Jomard Jean-Baptiste, manouvrier, rue Sambin, n. 19.
Jomard Jean, vidangeur, rue Sambin, n. 10.
Jonche Anne, rentière, rue Charrue, n. 15.
Jonchery Jean-Baptiste, maçon, rue d'Auxonne, n. 7.
Jonchery Claude, maçon, rue des Moulins, n. 9.
Jonchery Jean-Baptiste, maçon, rue des Moulins, n. 39.
Jorand Félix, couvreur, clos de Montmuzard.
Jorand François, garçon de magasin, route de Plombières.
Joreb Jean, épinglier, rue d'Ahuy, n. 14 *ter*.
Jorrot Alexis, marchand mercier, rue Bossuet, n. 31.
Jorrot Charles, employé, rue des Forges, n. 13.
Jorrot Pierre, cordonnier, rue du St-Esprit (Perrières).
Jossaume veuve, née Lejay, rentière, rue Berbisey, n. 14.
Josselin Philippe, administr. des hospices, r. du Tillot, 8.
Josserand Louis, sous-chef d'équipe, rue des Marmuzots,
  n. 2 (Perrières).
Josserand Benigne, vigneron, route de Plombières.
Jossot Etienne, agent général d'Assurances, rue Chabot-
  Charny, n. 35.
Jossot Jean, rue Chabot-Charny, n. 35.
Jossot Etienne, bourrelier, rue Jeannin n. 50.
Jossot Eugène, cond. des ponts et chauss., rue Verrerie, 42.
Jouan Françoise Mlle, rue des Nantillières (Californie).
Jouan, march. de vins en gr. (magasin), r. du Château, 7.
Jouan, propriétaire, chemin de Talant (pied-à-terre).
Jouan Louis, march. de vins en gros, rue Guillaume, 47.
Jouane Mme, née Barabant, ouv., r. de la Manutention, 4.
Jouane Maurice, serrurier, rue Musette, n. 17.
Jouanne Maurice, atelier de menuiserie, r. de la Préfec-
  ture, n. 11.
Jouanne Etienne, rentier, rue Roulotte, n. 6.
Jouanne Etienne-Toussaint, rentier, rue Roulotte, n. 6.
Joubert Guillaume, charpentier, rue Bergère, n. 12.
Joubert Joseph, charpentier, rue Bergère, n. 12.
Joubert Auguste, charpentier, rue Audebert, n. 5.
Jourdheuil François, camionneur, rue Bassano, n. 68.
Jourdheuil Edmond, anc. inspecteur des contrib. directes,
  rue Chabot-Charny, n. 91.
Jourdheuil Joseph, ancien conseiller à la Cour, rue Sau-
  maise, n. 42.
Jourdhui Antoine, plombier, rue Crébillon, 21.

Jourdier Jean, tapissier, cour de la Faïencerie, n. 3.
Jourdin veuve, née Debillemont, chemin couvert de la Belle-Etoile, n. 17.
Jourdin Eugène, rentier, rue Vannerie, n. 54.
Jouffroy Eugène, cartonnier, rue Amiral-Roussin, n. 11.
Jouffroy Louis, bijoutier, rue Amiral-Roussin, n. 44.
Jouffroy veuve, née Cassard, relieuse, rue Berbisey, n. 11.
Jouffroy, relieur, rue Chabot-Charny, n. 1.
Jouffroy Auguste, cartonnier, rue Guillaume, n. 61.
Jouiut Jean, tailleur, rue Bassano, n. 54.
Jourant Marie, rentière, cours du Parc, n. 37.
Jourjon, contrôleur au ch. de fer, rue Guillaume, n. 9.
Jousserand veuve, née Plaquet, femme de ménage, rue Berbisey, n. 52.
Joux veuve, née Lejeune, rentière, rue d'Assas, n. 5.
Joux Aristide (de), rue Chaudronnerie, n. 44.
Jovignot Jean-Baptiste, manouvrier, rue Berbisey, n. 69.
Jovignot Jules, propriétaire, rue du Chapeau-Rouge, 11.
Jovignot Louis, homme d'équipe, rue de l'Hôpital, n. 3.
Jovin Louis, marbrier, avenue du Réservoir.
Jovin Jean-Baptiste, journalier, rue du Chaignot, n. 14.
Jovin Jean, épicier, fabric. de limonade, rue Piron, n. 56.
Jovin veuve, née Bossu, place du Morimont, n. 14.
Jovin Etienne, ouvrier menuisier, r. de la Préfecture, 109.
Joyet Célestin, concierge, rue Vannerie, n. 41.
Joyot Auguste, épicier, mercier, rue des Godrans, n. 8.
Jude Léon, serrurier, rue St-Philibert, n. 71.
Judet Jean, command. de recrutement, cours du Parc, 17.
Judrin Henri, relieur, rue Buffon, n. 41.
Juillet veuve, née Gauthier, rentière, rue Bossuet, n. 12.
Julien Claude, manouvrier, ch. couvert de la Belle-Etoile.
Julien Louis, rentier, rue Berbisey, n. 28.
Julien, rentier, rue Saumaise, n. 45.
Julliard Henri, commis voyag., rue Chabot-Charny, n. 50.
Julliard Jean-Baptiste, commis voyageur, place Saint-Michel, n. 3.
Julliot Pierre, garde de nuit, rue Richelieu, n. 6.
July Jean-Baptiste, concierge à la prison, r. d'Auxonne, 64.
Junot Nicolas, garçon de magasin, r. François-Rude, n. 8.
Junot Pierrette Mlle, journalière, rue de la Trémouille.
Jusseaume veuve, rentière, rue Verrerie, n. 33.
Jussot Gilbert, à l'équipe, rue St-Philibert, n. 61.

K

Kachel Charles, tailleur, rue Neuve-Dauphine, n. 3.
Kalschmitt Jean, menuisier, port du Canal, n. 8.
Kaltschmidt Adolphe, cabaretier, rue Vannerie, n. 28.
Keller veuve, née Nicolas, rentière, rue Chaudronnerie, 50.
Keller, serrurier, rue Saint-Nicolas, n. 37.
Keranbrun Charles, chapelier, rue Devosge, n. 34.
Kerfer Frédéric, cordonnier, rente Montmuzard.
Kilffer Nicolas, logeur, rue Vannerie, n. 5.
Kintre Denis, jardinier, rue Bergère, n. 2.
Kintre, vigneron, rue des Ormeaux, n. 2.
Kippe veuve, née Verdin, femme de mén., r. du Chaignot, 34.
Kippe Jean-Baptiste, commis, rue du Chaignot, n. 34.
Kirchemeyer veuve, née Pettig, femme de ménage, cour de
    la Grenouille, n. 1.
Kleb Jean, charcutier, rue Saint-Pierre, n. 27.
Kleinprintz Ménéral, charpentier, allée de la Retraite, 9.
Klippfel Balthazar, tailleur, rue Saint-Nicolas, n. 105.
Knetch Michel, rentier, rue d'Auxonne, n. 69.
Koch François-Paul-Henri, avocat, r. Amiral-Roussin, 15.
Koch Henri-Luc, avocat, rue Chabot-Charny, n. 34.
Koherer Xavier, boucher, rue Bassano, n. 67.
Koënig Philippe, mécanicien, rue de la Gare, n. 7.
Kohrer Joseph, boucher, rue Vaillant, n. 16.
Kokot Nicolas, serrurier, rue des Godrans, n. 33.
Kolly (de) Henri, propriétaire, place Saint-Michel, n. 33.
Kramcher veuve, journalière, rue du Bourg, n. 20.
Kramer Claude, cabaretier, à Larrey.
Kramer Jean, rentier, à Larrey.
Kuekn Jean-Baptiste, ouvrier tailleur, rue du Tribunal, 3.
Kung veuve, née Porcherot, sage-femme, r. du Mouton, 1.
Kuntz Joséphine Mlle, rentière, rue Saumaise, n. 67.

L

Labarbe Bénigne, ferblantier, rue d'Auxonne, n. 33.
Labarbe François, anc. ferblantier, à St-Antibes.

Labarre veuve, née Robiteau, rent., r. du Vieux-Collége, 3.
Labas Simonne Mlle, blanchisseuse, rue Vannerie, n. 59.
Labbaye François, emp. au chem. de fer, rue Ste-Anne, 16.
Labbé Eugène, boulanger, rue d'Auxonne, n. 15.
Labbé Eugénie, lingère, rue des Etioux, n. 30.
Labbé Martin, cabaretier, rue de Longvic, n. 9.
Labbé Jules, tonnelier, rue de Longvic, n. 10.
Labbé, employé, rue St-Nicolas, n. 56.
Labiche Théodore, premier commis des hypothèques, rue du Chapeau-Rouge, n. 11.
Laborde Martin, tonnelier, rue d'Ahuy, n. 8.
Laborde Anne (de) Mlle, propriétaire, rue Audra, n. 8.
Laborde Mme, née Huret, couturière, rue du Gaz, n. 2.
Laborde Jean, vigneron, Larrey.
Laborde veuve, née Baconnier, femme de ménage, rue de la Manutention, n. 9 *bis*.
Laborde Jean, déb. de vin, place du Morimont, n. 14.
Laborde veuve, née Jachiet, propriétaire, ouvrière en robes, rue du Tribunal, n. 2.
Laborde Auguste, peintre, rue du Tribunal, n. 2.
Laborey Louis, journalier, rue Bassano, n. 73.
Laborey François, vigneron, rue Cazotte, n. 5.
Laborey Françoise Mlle, rentière, r. Chancelier-l'Hôpital, 10.
Laborey Mathurin, vigneron, aux Echaillons.
Laborey Claudine, blanchisseuse, rue Franklin, n. 1.
Laborey veuve, née Bouflier, vigneronne, Larrey.
Laborey Louis fils, Larrey.
Laborey Claudine Mlle, blanchisseuse, boulev. du Tivoli, 1.
Laborey François, plâtrier, rue Ste-Marguerite, n. 15.
Laborey veuve, rentière, rue Vannerie, n. 29.
Laborey Marguerite Mlle, ouvrière, rue Verrerie, n. 5.
Laborie Louis, ingén. en chef, rue Vauban, n. 21.
Laboulaye Honoré, agent de police, rue des Godrans, n. 45.
Labouré Charles, manouvrier, rue Berbisey, n. 78.
Labouré Pierre-Eugène, ingénieur en chef de la Comp. de Lyon, rue Buffon, n. 23.
Labouré Prosper, concierge du Théâtre, r. Longepierre, 2.
Labouriau veuve, née Blandin, rentière, rue Buffon, 12.
Labouriau Mme, née Blandin, rue Chabot-Charny, n. 9.
Labouriau Augusta Mlle, marchande, r. Chabot-Charny, 9.
Labourot Stephen, charpentier, rue Bassano, n. 118.
Labourot Toussain, charpentier, r. du Petit-Cîteaux, n. 4.

Labussière veuve, née Morel, rentière, rue des Godrans, 30.
Lacaille veuve, née Camus, rentière, r. Chaudronnerie, 28.
Lacaille Bernard, receveur d'octroi, port du Canal, 12 *bis*.
Lacaille Auguste, grenetier, rue St-Philibert, n. 63.
Lacan Joseph, receveur principal des contributions indirectes, rue St-Pierre, n. 19.
Lacaza Victor, march. de cendres, port du Canal, n. 14.
Lacaza Raphaël, tourneur, pont des Tanneries, n. 4.
Lachadenède (de) veuve, née de Laloge, propriétaire, rue Charrue, n. 14.
Lachadenède Charles (de), propriétaire. place St-Jean, 2.
Lachambre Denis, maçon, cour des Frères, n. 10.
Lachaux Claude, prêtre, allée de la Retraite, n. 2.
Lacombe Camille, rentier, place St-Jean, n. 27.
Lacombe veuve, née Boursier, rentière, rue Vannerie, 46.
Lacomme Claude, prof. de droit, rue Buffon, n. 8 *bis*.
Lacomte Joseph, manouvrier, route de Longvic.
Lacoste Pierre, chapelier, rue du Champ-de-Mars, n. 5.
Lacoste Auguste, facteur au ch. de fer, rue des Godrans, 30.
Lacoste Ve, née Poutrat, march. de tissus, r. Odebert, 17-19.
Lacoste Jean-Baptiste, commis, rue St-Philibert, 59.
Lacoste Eugène, agréé au tribunal de commerce, rue des Bons-Enfants, n. 6.
Lacour Louis, corroyeur, rue de l'Arquebuse, n. 5.
Lacour Martial. commis voyageur, rue Condé. n. 51.
Lacour Philippe, coiffeur, rue Guillaume, n. 52.
Lacour Jean-Baptiste, voiturier, rue des Perrières, n. 4.
Lacour Claude fils, rue des Perrières, n. 4.
Lacour Lazare, marchand, Petites-Roches.
Lacroix, scieur de bois, rue d'Auxonne, n. 29.
Lacroix veuve, née Dheigner Pauline, rent., r. Bassano, 10.
Lacroix Jean-Baptiste, fabr. de marteaux, r. Berbisey, 87.
Lacroix Claude, manouvrier, rue de l'Hôpital, n. 1.
Lacroix Pierre, manœuvre, rue de la Manutention, n. 5.
Lacroix Marie Mlle, blanchisseuse, rue Vannerie, n. 26.
Lacuisine Pierre, ouvrier cordonnier, rue de Gray, n. 12.
Ladey Victor, professeur à la faculté de droit, r. Buffon, 6.
Ladey Xavier fils, rue Buffon, n. 6.
Ladey, veuve Gaillardet, rentière, rue Charrue, n. 5.
Ladrey Marie Mlle, brocanteuse, rue Notre-Dame, n. 24.
Ladrey Claude, professeur de chimie, pet. r. du Château, 5.
Ladrey Jacques, tailleur de pierres, rue de Longvic, n. 6.

Ladrey Charlotte, femme Varrache, ouvr., r. de Longvic, 23.
Ladrey Léon, marchand de vin, route de Longvic.
Ladroite Hubert, vivandier, Californie.
Lafabrègue Alfred, commissaire de police, rue Audra, n. 8.
Lafeuillade, employé d'octroi, rue Berbisey, n. 92.
Lafète Clara, supérieure des Sœurs de Saint-Vincent-de-Paul, rue Saumaise, n. 13.
Laffay Claude, mécanicien, place Darcy, n. 5.
Laffite veuve, née Buffet, rentière, place Saint-Bernard, 1.
Laffite Rémond, charpentier, grenetier, r. de la Trémouille.
Laffite Marie, sœur supérieure, rue d'Auxonne, n. 8.
Lafleur Louis, charbonnier, rue Berbisey, n. 66.
Lafond Charles veuve, rue du Gaz, n. 7.
Lafontaine Hippolyte, boulanger, rue Saint-Philibert, 28.
Lafortune Emilie Mlle, blanchisseuse, rue d'Auxonne, 38.
Lagalisse Claude, comm. de bois, rue de la Colombière, n. 8.
Lagier Firmin, conseiller à la Cour, rue Vaillant, n. 3.
Lagneau Hyacinthe, concierge, rue Saint-Philibert, n. 18.
Lagnier Alexandre, juge de paix, rue Buffon, n. 25.
Lagorgette René, manouvrier, rue d'Auxonne, n. 5.
Lagoutte veuve, née Gillot, rentière, rue de Suzon, n. 14.
Lagoutte Gustave, distillateur, rue Devosge, n. 1.
Lagoutte Pierre, restaurateur, rue Saint-Bénigne, n. 5.
Lagoutte, négociant en liqueurs, rue St-Nicolas, 97-103.
Lagoutte Blaise, propriétaire, rue Saint-Philibert, n. 67.
Lagoutte veuve, née Lefol, rentière, r. Saint-Philibert, 67.
Lagoutte et Cie, liquoristes (pour un magasin), rue Vannerie, n. 23.
Lagouttière Jean, maçon, rue de la Préfecture, n. 106.
Lagrange Philippe, manouvrier, Californie.
Lagrange Louis, manouvrier, rue Dauphine, n. 12.
Lagrange Pierre, propriétaire, rue Guillaume-Tell.
Lagrange Jean-Baptiste, journalier, rue des Moulins, n. 50.
Lagrange Victor, typographe, rue Saint-Pierre, n. 30.
Laguain François, conducteur de trains, rue de la Cité.
Laguesse Napoléon, corroyeur, rue Berbisey, n. 52.
Laguesse veuve, née Lamiral, rentière, rue Berbisey, 52.
Laguesse Alphonse, docteur-médecin, rue Berbisey, n. 57.
Laguesse Louis-Napoléon, banquier, r. Chaudronnerie, 40.
Laignelet Louise Mlle, ouvrière, rue du Vieux-Collége, 4.
Lainé Jules, ouvrier menuisier, rue de la Préfecture, 92.
Lair Jacques, concierge, place Saint-Bernard, n. 7-9.

Lalance veuve, rue Berbisey, n. 2.
Lalanne veuve, ouvr. en robes, r. Chabot-Charny, n. 11.
Lalanne Auguste, nettoyeur, cour des Frères, n. 7.
Laleur Jean-Baptiste, charpentier, impasse Audra, n. 10.
Laleur Pierre, concierge, rue Bossuet, n. 18.
Laleur Henri, vigneron, cour Bourberain, n. 3.
Laleur, vigneron, rue Saint-Philibert, n. 61.
Lalet Sicaire, tailleur de pierres, rue Mulot (Perrières).
Laligant Henri, médecin-vétérinaire, rue Bannelier, n. 9.
Laligant Antoine, ancien cafetier, port du Canal, n. 19.
Lallemand Jacques, garde-barrière, allée des Chartreux, 8.
Lallemand veuve, née Churion, ouvr., r. Amiral-Roussin, 3.
Lallemand veuve, née Renard, ouvrière, chemin couvert
  de la Belle-Etoile, n. 19.
Lallemand Emile, employé de commerce, r. Berbisey, 74.
Lallemand André, cordonnier, rue de Longvig, n. 6.
Lallemand Denis, rentier, port du Canal, n. 25.
Lallemand veuve, née Marguery, rent., rue Vannerie, 4.
Lallemand veuve, née Boitouzet, rentière, r. Vannerie, 96.
Lallemand François, march. de meubles, rue Verrerie, 11.
Laloge Emile, employé au gaz, allée de la Retraite, n. 8.
Laloge (de) Louis, propriétaire, place Saint-Michel, n. 17.
Laloge Jacques, plâtrier, rue Saint-Nicolas, n. 51.
Lallouette Adolphe, lieut. de pompiers, rue Buffon, n. 28.
Lallouette François-Léon fils, rue Buffon, n. 28.
Lalouette Victor, fabricant de chaises, r. St-Nicolas, n. 5.
Lalune Albert, chef de comptabilité à la Recette générale,
  rue Vannerie, n. 78.
Lamant veuve, née Boyer, lingère, rue François-Rude, 27.
Lamarche Jean-Baptiste, journalier, rue d'Ahuy, n. 11.
Lamarche Jacques, rentier, rue de l'Arquebuse, n. 24.
Lamarche veuve, née Barbe, rentière, rue d'Auxonne, 20.
Lamarche Jean, grenetier, rue du Bourg, n. 50.
Lamarche Antoine, libraire, rue Chabot-Charny, n. 10.
Lamarche Gustave, rue Chabot-Charny, n. 10.
Lamarche Hugues, libraire, place Saint-Michel, n. 12.
Lamargue, ouvrier fondeur, rue de la Cité, n. 3.
Lambert Pierre, garçon meunier, allée des Chartreux, 10.
Lambert Jean, forgeron, rue Audra, n. 22.
Lambert Pierre, ancien greffier, rue Bassano, n. 20.
Lambert Eugène, agent de police, rue Bassano, n. 42.
Lambert Jean-Baptiste, serrurier, rue Bassano, n. 57.

Lambert François, tourneur, rue Bassano, n. 79.
Lambert veuve, femme de ménage, rue Bassano, n. 114.
Lambert Jean-Baptiste, ancien plâtrier, rue Berbisey, 58.
Lambert veuve, née Renard, rue Bergère, n. 6.
Lambert Elisabeth Mlle, rentière, rue Condé, n. 25.
Lambert Adrien, marchand de tissus, rue Condé, n. 25.
Lambert Léon, jardinier, Cours-Fleury, n. 10.
Lambert Jean-Baptiste, menuisier, fripier, r. Notre-Dame, 5.
Lambert Charles, tapissier, rue Notre-Dame, n. 3.
Lambert Joseph, employé des bois de marine, rue des Novices, n. 12.
Lambert Alexis, commissionnaire de roulage, rue Saint-Esprit, n. 2 (Perrières).
Lambert veuve, rue Mulot (Perrières).
Lambert, plâtrier, rue des Marmuzots (Perrières), (pied-à-terre).
Lambert, pour la succursale du chemin de fer, place d'Armes, n. 14.
Lambert Louis, vigneron, port du Canal, n. 16.
Lambert Jean, fabricant de chaux, port du Canal, n. 24.
Lambert Charles, peintre, rue Rameau, n. 18.
Lambert veuve, née Rousset, charpentier, r. Richelieu, 6.
Lambert François, capitaine en retraite, r. St-Martin, 31.
Lambert veuve, née Aubert, rue Saint-Nicolas, n. 42.
Lambert Bénigne, plâtrier, rue Saint-Nicolas, n. 42.
Lambert veuve, née Girard, propriétaire, r. St-Nicolas, 49.
Lambert Claude, manouvrier, rue Verrerie, n. 17.
Lambert Claude, employé d'octroi, rue Verrerie, n. 21.
Lambert Emile, propriétaire, rue du Vieux-Collège, n. 13.
Lamblet J.-B., marchand de tissus, rue de l'Hôpital, n. 5.
Lamblet Jean-Baptiste, relieur, rue Coupée-de-Longvic, 7.
Lamblin Philippe, rentier, rue Charrue, n. 26.
Lamblot Auguste, charpentier, rue Audra, n. 16.
Lamblot Claude, cabaretier, rue Berbisey, n. 130.
Lamblot Geneviève Mlle, ouvrière, rue des Forges, n. 60.
Lamblot François, journalier, rue Saint-Philibert, n. 61.
Lambry Marie Mlle, rentière, rue Amiral-Roussin, n. 15.
Lambry veuve, née Jolicœur, rentière, r. des Godrans, 74.
Lamet Catherine, veuve Jaillet, journal., r. Vannerie, 22.
Lamidey Marie Mlle, anc. domestique, rue Proudhon, 19.
Lamidey François, mouleur, rue de Gray, n. 33.
Lamogère (de) Aubert, capit. en retraite, faub. Rennes, 15.

Lamoraire veuve, Ruelle-aux-Prêtres, n. 2.
Lamotte Edouard, menuisier, petite rue du Château, n. 8.
Lamouche Frédéric, employé à la Mairie, rue de la Préfecture, n. 116.
Lamouche Mme, née Loreau, directrice de l'asile du nord, rue de la Préfecture, n. 116.
Lamperrière Louis, peintre, rue de la Manutention, n. 9.
Lamy Pierre, conducteur de trains, rue Berbisey, n. 61.
Lamy Pierre, menuisier, rue Buffon, n. 39.
Lamy Jules fils, rue Buffon, n. 39.
Lamy Léon, homme d'équipe, rue de la Gare, n. 6.
Lamy veuve, née Chaumette, jardinière, rue du Gaz, 50.
Lamy veuve, née Pelletret, rue du Gaz, n. 30.
Lamy Claude, vigneron, rue des Perrières, n. 28.
Lamy Gaspard, avocat stagiaire, place d'Armes, n. 1.
Lamy Simon, jardinier, rue Sainte-Marguerite, n. 55.
Lamy veuve, née Boin, rue Sainte-Marguerite, n. 53.
Lamy Bénigne Mlle, ouvrière en robes, r. Vannerie, n. 38
Lanaspèze veuve, rue Saint-Martin, n. 6.
Lanaud Simon, tailleur de pierres, rue Vannerie, n. 32.
Lance Joseph, propriétaire, rue de l'Arquebuse, n. 3.
Lance Joseph, charron-ferreur, cour de la Grenouille, n. 5.
Lancery Jean, journalier, port du Canal, n 4.
Lanchy Louis, domestique, rue de l'Arquebuse, n. 5.
Lanchy Jules, domestique, rue du Chaignot, n 38.
Lanchy Bonaventure, charpentier, r. de Montmuzard, 24.
Lanchy Claude, manouvrier, rue Saint-Nicolas, n. 74.
Lanchy Pierre, plâtrier, rue Vannerie, n. 32.
Lançon Olympe Mlle, lingère, rempart du Château, n. 8.
Landois Gustave, docteur-médecin milit., r. Saumaise, 26.
Landois Théodore, capitaine en retraite, r. Saumaise, 26.
Landriot Jean, manouvrier, rente Montmuzard.
Landroz François, charpentier, chemin couvert de la Belle-Etoile, n. 25.
Landroz Pierre, charpentier, chemin couvert de la Belle-Etoile, n. 25.
Lanet François, cordonnier, rue du Bourg, n. 51.
Lang Charles, relieur, grande rue Saint-Lazare, n. 17.
Langeron Auguste, rentier, rue du Petit-Potet, n. 14.
Langeron J.-Cl., homme de lettres, rue Saumaise, n. 51.
Langlais J.-B., anc. marchand de charbon, rue Sambin, 4.
Langlais François fils, rue Sambin, n. 4.

Langlais Marie Mlle, ouvrière, rue de la Préfecture, 114.
Langrais Jean-Louis, propriétaire, ex-employé aux Contri-
butions indirectes, rue Saint-Nicolas, n. 47.
Languereau Antoine, professeur, rue Berbisey, n. 59.
Languet de Sivry Brice, propriétaire, rue Buffon, n. 7.
Langtz Charles, marchand tailleur, rue Condé, n. 26.
Lanier Eugène, peintre, rue Chaudronnerie, n. 26.
Lanier, rue de Montmuzard, n. 2 *bis.*
Lanier Pierre, ancien boulanger, rue de la Préfecture, 112.
Lanier Pierre, boulanger, rue Sainte-Marguerite, n. 5.
Lanier veuve, née Cornet, marchande de cuirs, rue Saint-
Nicolas, n. 17.
Lannaud Anne Mlle, rentière, rue des Moulins, n. 24.
Launeau Bernard, entrepreneur, rue de l'Arquebuse, n. 18.
Lanneau veuve, née Rollin, propriétaire, r. d'Auxonne, 18.
Lanneau veuve, journalière, rue de Longvic, n. 49.
Lanneau Pierre, journalier, rue Notre-Dame, n. 22.
Lanoix Pierre-Joseph, charbonnier, pl. Saint-Michel, 4.
Lanoix Jacques, ferblantier, rue Vannerie, n. 92.
Lanoix François, comptable, rue Devosge, n. 19 *bis.*
Lanterbecque, scieur de long, rue Menevalle.
Lanterne Théodore, ébéniste, rue d'Assas, n. 24.
Lanthier Charles, rentier, rue de la Préfecture, n. 45.
Lapelletière Jean, receveur d'octroi, route de Lyon, n. 4.
Lapertot Philippe, rentier, rue Franklin, n. 1.
Lapertot Emma Mlle, rentière, rue du Palais, n. 9.
Lapetite Philippe, imprimeur, rue du Château, n. 1.
Lapiche Jean, fabr. de moutarde, place du Morimont, 15.
Lapiche François, compositeur d'imprim., pl. St-Jean, 9.
Lapine Reine Mlle, femme de mén., r. François-Rude, 22.
Lapine Etienne, serrurier, rue des Godrans, n. 33.
Lapipe Marie Mlle, rentière, rue de Clairvaux, n. 6.
Lapipe Anne Mlle, rentière, rue de Clairvaux, n. 6.
Laplace Charles, professeur à l'école de Droit, rue Saint-
Pierre, n. 14.
Laplanche Arthur, vinaigrier, fabricant de moutarde, rue
de l'Arquebuse, n. 27.
Laporte Arnaud, trésorier de la Caisse d'épargne, rue
Sainte-Catherine, n. 5 *bis.*
Lapostolet Nicolas, directeur des prisons, r. d'Auxonne, 64.
Lapoton Louis, voiturier, rue Saint-Philibert, n. 6.
Lapré Jacques, manouvrier, rue Berbisey, n. 49.

Laprévote Charles, chef cantonnier de la ville, r. Condé, 55.
Larché Mme, née Charbonniers, rue Guillaume, n. 47.
Larché veuve, née Bouchu, propriétaire, rue Jeannin, 36.
Larché Mme, journalière, place Saint-Michel, n. 14.
Larcher Mme Sophie, ouvrière, rue du Palais, n. 14.
Larderet Mlle, rentière, rue d'Auxonne, n. 14.
Larderet veuve, ancienne armurière, rue d'Auxonne, 69.
Lardet veuve, commis voyageur, rue de l'Arquebuse, 3.
Lardillon veuve, née Lardillon, rue d'Assas, n. 2.
Larget, ancien tailleur, rue des Godrans, n. 50.
Larget veuve, née Peltret, rue Saint-Nicolas, n. 42.
Larigaudet Nicolas, ouvrier menuisier, r. St-Nicolas, 51.
Lariotte Etienne-Ferrand, journ., r. de la Préfecture, 117.
Lariotte Auguste, manouvrier, rue Roulotte, n. 24.
Larmier Claude, commis voyageur, rue du Chaignot, 36.
Larmonier Charles, lampiste, rue des Forges, n. 19.
Larmonnier Charles, tonnelier, grenetier, r. de Suzon, 3.
Laroche Jeanne Mlle, ouvrière, rue Bassano, n. 7.
Laroche Jean, manouvrier, rue des Etioux, n. 20 *bis*.
Laroche Claude, employé de commerce, pl. St-Bernard, 4.
Laroque Jules, sculpteur, rue de la Préfecture, n. 78.
Laroque Jules, menuisier, rue Saint-Nicolas, n. 40.
Larquier Caroline, débitante de tabac, rue Guillaume, 55.
Laruelle Jean, journalier, rue de l'Ile, n. 2.
Laruet Alphonse, conducteur-chef, r. de l'Hôpital, 3 *bis*.
Lascombe Mme, née Verrière, ouvrière, rue Saumaise, 65.
Lasséchère Gabriel, maçon, rue du Bourg, n. 48.
Lassor Pierre, charpentier, rue Cazotte, n. 16.
Lataud veuve, née Charcot, rentière, r. Chabot-Charny, 62.
La   Charles, lithographe, rue Guillaume, n. 57.
Latou   Claude, facteur, rue de la Manutention, n. 5.
Latour Claude, empl. au télégraphe, rue St-Philibert, 59.
Latreille Etienne, compositeur, rue Amiral-Roussin, 31.
Latreille Gaspard, pharmacien, rue Chabot-Charny, n. 44.
Latreille Pierre, aubergiste, rue de l'Hôpital, n. 25.
Latreille J.-B., receveur d'octroi, rue Saint-Philibert, 12.
Latullière, chapelier, rue Saint-Nicolas, n. 32.
Lauchard Nicolas, garçon meunier, r. St-Esprit (Perrières).
Laudenet François, rentier, rue de Pouilly, n. 20.
Laudin Louis, march. de marée, rue François-Rude, 27.
Laugerotte Pierre, chauffeur, rue Piron, n. 20.
Laumay Charles, entrepreneur maçon, rue d'Ahuy, n. 14.

Laumay Antoine, maçon et logeur, rue Berbisey, n. 65.
Launay veuve, née Vallée, propr., rue Chabot-Charny, 85.
Launay, rue Chabot-Charny, n. 54.
Launay Joseph, scieur de long, rue de l'Ile, n. 4.
Launay veuve, née Bonnamy, rentière, rue Turgot, n. 6.
Laurain Joseph, employé, rue Audra, n. 8.
Laurain Colette Mlle, ouvrière, rue Buffon, n. 16.
Laurain François, cordonnier, rue du Champ-de-Mars, 5.
Laurain Anne Mlle, lingère, rue du Château, n. 2.
Laurain François, journalier, rue de la Manutention, 5.
Laurain Louise Mlle, ouvrière, rue Vannerie, n. 70.
Laureau J.-B., anc. sculpteur, allée de la Retraite, n. 2.
Laureau Antoine, jardinier, avenue du Réservoir (clos de
  la Nitrière).
Laureau Jacques, tripier, rue du Bourg, n. 59.
Laureau Jean, rentier, rue Cazotte, n. 12.
Laureau Charles, march. de parapluies, rue Condé, n. 56.
Laureau Jean-Bernard, employé des ponts et chaussées.
  rue du Petit-Cîteaux, n. 5.
Laureau François, employé, rue du Petit-Cîteaux, n. 5.
Laureau veuve, propriétaire, rue du Petit-Cîteaux, n. 5.
Laureau Pierre, maréchal de logis, rempart du Château, 4.
Laureau veuve née Vauthier, rentière, r. des Roses, n. 2.
Laureau Jacques, boucher, rue Saint-Philibert, n. 26.
Laureau Claude, boucher, rue des Tanneries, n. 4.
Laurence veuve, née Moreau, grenetière, r. des Etioux, 16.
Laurenceur Antoinette Mlle, lingère, rue du Bourg, n. 48.
Laurencier veuve, née Marion, rentière, rue Vauban, 19.
Laurent Auguste, propriétaire, allée des Chartreux, n. 1.
Laurent veuve, née Lapostolet, rent., r. Amiral-Roussin, 15.
Laurent veuve, née Gomiot, propriétaire, rue d'Assas, 15.
Laurent Claude, vigneron, pet. r. des Poussots (Californie.)
Laurent Sébastien, cabaretier, Californie.
Laurent veuve, née Berger, rue du Chaignot, n. 1.
Laurent Barthélemy, manouvrier, rue du Chaignot, 14.
Laurent Claude, capit. en retraite, rue de la Colombière, 22.
Laurent veuve, ouvrière, rue Dauphine, n. 6.
Laurent Michel, manouvrier, rue Devosge, n. 26.
Laurent aîné Louis, fabric. de chapeaux, rue Devosge, 43.
Laurent Joseph, concierge, rue des Godrans, n. 54.
Laurent Ernest, fabric. de chapeaux, rue Montigny, n. 1.
Laurent veuve, rue du Palais, n. 6.

Laurent Simon, mécanicien, port du Canal, n. 12.
Laurent Julie Mlle, fabricante de fleurs artificielles, rue de la Préfecture, n. 36.
Laurent François, ouvrier maçon, rue Proudhon, n. 13.
Laurent Charles, propriétaire, rue Sainte-Catherine, n. 9.
Laurent Antoinette Mlle, rue Sainte-Catherine, n. 6.
Laurent veuve, née Pallereau, rentière, r. Ste-Catherine, 8.
Laurent veuve, née Barin, propr., r. Ste-Catherine, n. 14.
Laurent Pierre, rentier, rue Sainte-Marguerite, n. 13.
Laurent Adélaïde, loueuse en garni, rue Saumaise, n. 69.
Laurin Agapit, marbrier, rue Condé, n. 10.
Lautenay Jean-Baptiste, domestique, r. St-Nicolas, n. 49.
Lautrey Louis, ouv. fabric. de biscuits, rue des Forges, 27.
Lautrey Auguste fils, rue des Forges, n. 27.
Lautrey Jacques, sous-économe, rue St-Philibert, n. 18.
Lauvernac veuve, née Carrion, journalière, rue Derrière-les-Tanneries.
Lavaud Jacques, coupeur, rue des Godrans, n. 45.
Lavallé Eugène, photographe, cours du Parc, n. 2 *bis*.
Lavalle Jean, docteur-médecin, rue Longepierre, n. 3.
Lavalle Jean, jardinier, rue Piron, n. 40.
Lavaux Nicolas, marchand de fruits, rue Febvret, n. 6.
Lavelle Louis, chapelier, rue d'Ahuy, n. 14 *ter*.
Lavenir Jean-Baptiste, employé, rue de Longvic, n. 23.
Lavenne Félix, horloger, rue Piron, n. 20.
Lavergne Claude, maçon, rue des Tanneries, n. 16.
Laverne (de), rentier, rue Vaillant, n. 17.
Lavielle Jules, cordonnier, rue Guillaume, n. 1.
Lavier Denis, serrurier, rue des Etioux, n. 2.
Lavier Nicolas, aubergiste, rue Guillaume, n. 18.
Lavier Eugène, ancien cafetier, rue des Novices, n. 7.
Lavier Vivant, sellier, rue Saint-Bénigne, n. 4.
Lavier Marguerite, blanchisseuse, rue Saint-Pierre, 51 *bis*.
Lavie Barthélemy, serrurier-mécanicien, rue Audra, 21.
Laville Louis, manouvrier, chemin de Talant, n. 29.
Lavisse veuve, née Bailly, rentière, rue Saint-Martin, 19.
Lavoignat François, rue Bassano, n. 73.
Lavoignat Hippolyte, fabricant de pain d'épices, rue de la Manutention, n. 5.
Lavoignat Louis, marchand de grains, rue de Pouilly, 16.
Lavoignet Edme, ouvrier paveur, r. Ste-Marguerite, n. 15.
Lavoine Jacques, ouvrier tourneur, rue François-Rude, 7.

Lavoine, serrurier, rue Sainte-Marguerite, n. 39.
Lavoine Jean-Baptiste, journalier, rue des Tanneries, 23.
Lavoisol veuve, née Dubard, rent., r. Amiral-Roussin, 23.
Lavoyotte Lazare, jardinier, chemin d'Ahuy.
Layer veuve, née Champonnois, femme de ménage, rue Brulard, n. 9.
Layer veuve, rentière, rue de Suzon, n. 8.
Lebaut Hippolyte, rue de Pouilly, n. 8.
Lebaut Hippolyte, aubergiste, rue Sainte-Marguerite, n. 1.
Lebeau Eugénie Mlle, rue St-Nicolas, n. 61.
Lebeault Jeanne Mlle, ouvrière, rue St-Nicolas, n. 61.
Lebert veuve, née Devillebichot, rue de l'Arquebuse, n. 27.
Lebert Joseph, propriétaire, rentier, r. St-Philibert, n. 34.
Lebigot Jean, scieur de long, rue de la Colombière.
Lebigot Jules, scieur de long, rue de la Colombière.
Lebigot Camille, scieur de long, rue de la Colombière.
Lebjigum Antoine, insp. des cont. indir., r. Vict.-Dumay, 14.
Leblanc Charles, cond. de trains, allée des Chartreux, n. 4.
Leblanc Joseph, concierge, rue Amiral-Roussin, n. 29.
Leblanc Florentin, rentier, avenue du Réservoir.
Leblanc Pierre, conducteur, rue des Etioux, n. 5.
Leblanc Gilbert, ouvrier menuisier, rue Dubois, n. 8.
Leblanc Adolphe, homme d'équipe, rue des Forges, n. 56.
Leblanc Nicolas, conducteur des ponts et chaussées, rue François-Rude, n. 24.
Leblanc veuve, née Darceau, rentière, rue de la Gare, n.12.
Leblanc veuve, née Verdot, ouvrière, rue de Gray, n. 15.
Leblanc veuve, née Michel, marchande de volailles, rue des Godrans, n. 32.
Leblanc Antoine, homme d'équipe, rue des Godrans, n. 74.
Leblanc Nicolas, jardinier, Petites-Roches.
Leblanc Nicolas, vigneron, route de Longvic.
Leblanc Jean, cordonnier, rue du Sachot, n. 4.
Leblanc veuve, née Poittevin, rentière, rue Turgot, n. 4.
Lebœuf Claude, journalier, rue de l'Ile, n. 2.
Lebœuf François, vicaire général, rue des Novices, n. 18.
Lebœuf Pierre, emp. de commerce, place St-Jean, n. 23.
Lebœuf Mme, née Flachot, rentière, rue Ste-Anne, n. 4.
Lebœuf veuve, née Monthoret, rentière, r. St-Philibert, 21.
Lebœuf Stanislas, charbonnier, rue des Tanneries, n. 3.
Lebœuf, à Amiens, dépôt de sacs, rue Guillaume, n. 25.
Leborgne Louis, sablier, rue Ste-Catherine, 13.

Leborne Elisabeth Mlle, ouvrière, rue Buffon, n. 31.
Leborne veuve, née Tappe, rue des Moulins, n. 45.
Lebouleur Mme, née Borelli, rentière, r. de la Préfect., 61.
Lebrasseur veuve, née Anne Pair, ouvrière, r. Odebert, 22.
Lebrasseur Achille, peintre, rue Vaillant, n. 21.
Lebrun Jules, capitaine en retraite, rue Berbisey, n. 43.
Lebrun veuve, née Joannis Simonne, lingère, rue des Moulins, n 17.
Lebrun veuve, née Collin, rentière, rue Musette, n. 4.
Lecaër Simon, ouvrier menuisier, rue St-Nicolas, n. 2.
Lecamfête Etienne, menuisier, propriét., ch. de Talant, 1.
Lechat Annet, maçon, rue Dauphine, n. 5.
Lechat Antoine, homme d'équipe, rue St-Nicolas, n. 51.
Lechenant veuve, rentière, rue Saumaise, n. 57.
Lechêne veuve, née Cavarot, maître de manége, rue Legoux-Gerland, 2 *bis.*
Lechenet veuve, née Adeleine, march. de fer, pl. des Ducs, 12.
Lechenet Mme, route de Plombières.
Léchenot Pierre, garçon meunier, rue Bassano, n. 118.
Léchenot Germain, ouvrier sabotier, rue St-Nicolas, n. 37.
Lechevalier Paul, zingueur, chemin de Talant, 3.
Lechevalier veuve, née Guinet, prop., rue du Gaz, n. 8.
Leclerc Jean, journalier, allée des Chartreux, 2.
Leclerc veuve, née Jarrot, couturière, r. Amiral-Roussin, 25.
Leclerc, cordonnier, rue Dauphine, n. 5.
Leclerc Philibert, ouvrier papetier, rue François-Rude, 10.
Leclerc Pierre, march. de chaussures, r. François-Rude, 12.
Leclerc Pierre, tourneur, rue des Perrières, n. 4.
Leclerc Jean-Baptiste, ajusteur, rue Piron, 10.
Leclerc François, mécanicien, rue Richelieu, n. 2.
Leclerc Mme, née Accard, propriétaire, route de Langres.
Leclerc Gaspard, relieur, route de Mirande.
Leclerc Jeanne Mlle, rentière, rue Saumaise, n. 47.
Leclerc de Juigné veuve, propriétaire, rue Vannerie, 41.
Leclère Rose Mlle, ouvrière, rue Vannerie, n. 14.
Leclerq Charles, emp. au ch. de fer, rue St-Nicolas, n. 41.
Lecloux François, serrurier, rue des Etioux, n. 24.
Lecloux Jean, ouvrier cordonnier, rue des Godrans, n. 16.
Lecloux François, cordonnier, rue des Godrans, n. 16.
Lecloux Pierre, propriétaire, rue Richelieu, n. 11.
Lecmoux Ludovic, chapelier, rue d'Ahuy, n. 16.
Lecœur Antoine, graisseur, rue Audra, n. 22.

Lecœur Louis fils, rue Audra, n. 22.
Lecœur Joseph, conducteur de trains, rue Berbisey, n. 65.
Lecœur Jean, voiturier, port du Canal, n. 13.
Lecœur veuve, née Tixier, rentière, rue des Roses, n. 2.
Lécole Edme, charron, rue de la Colombière, n. 8.
Lecomte Jean-Louis, horticulteur, route d'Auxonne.
Lecourbe Charles, conseiller à la Cour impériale, rue Ber-
  bisey, n. 82.
Lecouleux, rue Chabot-Charny, n. 52.
Lecqner veuve, née Melot, ouvrière, rue Rameau, n. 24.
Lécrivain Jean-Baptiste, forgeron, rue Docteur-Maret, 4.
Lécurey Pierre, forgeron, rue de la Manutention, n. 25.
Ledeuil Anne Mlle, ouvrière, rue Berbisey, n. 36.
Ledeuil Jean-Baptiste, vigneron, rue Berbisey, n. 73.
Ledeuil Jean, agent-voyer, rue Chabot-Charny, n. 10.
Ledeuil Etienne, agent-voyer, rue Chabot-Charny, n. 21.
Ledeuil Balthazar, vigneron, rue Crébillon, n. 14.
Ledeuil veuve, née Garnier, vigneronne, Larrey.
Ledeuil Jean-Baptiste. manouvrier, r. de la Manutention,1.
Ledeuil Pierre, propriétaire, rue des Perrières, n. 36 *bis.*
Ledeuil Hippolyte, tonnelier, place du Château, n. 8.
Ledeuil Gérard, sous-dir. de l'abattoir, r. du Petit-Cîteaux.
Ledeuil Bernard, propriétaire, rue Piron, n 24.
Ledeuil Dominique, chargeur, route de Lyon, n. 3.
Ledeuil Alexandre, garçon de recette à la banque, rue du
  Château, n. 9.
Ledeuil Claude, propriétaire, rue Ste-Anne, n. 18.
Ledeuil Jean, grenetier, rue Turgot, n. 24.
Ledeuil veuve, née Ladrosse, femme de ménage, r. Turgot,24.
Ledeuil Augustin, anc. agent-voyer, rue Vannerie, n. 42.
Ledeuille Catherine Mlle, ouvrière, rue Vannerie, n. 81.
Ledoux Joseph, ajusteur, faubourg Rennes, n. 13.
Ledur Mme. née Salmon, blanchisseuse, rue Saumaise, 14.
Lefaure Hippolyte, tonnelier, rue des Godrans, n. 34.
Lefaure Claude, employé à la préfect., r. des Godrans, 34.
Lefaure Firmin, propriétaire, rue Musette, n. 1.
Lefebvre François, serrurier, rue des Etioux, n. 2.
Lefebvre Joseph, caissier, place de la Banque, n. 2.
Lefebvre Eugène, ouvrier chapelier, rue Verrerie, n. 9.
Lefevre Léon, architecte, rue du Gaz, n. 4.
Leflot Jean-Baptiste, grenetier, rue d'Auxonne, n. 43.
Leflot Etienne, grenetier, rue des Moulins, n. 21.

Leflot Charles, jardinier, rue des Moulins, n. 51.
Lefol Pierre, jardinier, rue d'Auxonne, n. 50.
Lefol Henri, jardinier, rue d'Auxonne, n. 50.
Lefol François, manouvrier, rue Berbisey, n. 15.
Lefol Jean-Baptiste, tailleur de pierres, r. Berbisey, n. 44.
Lefol, propriétaire, rue de Clairvaux, n. 1 (pied-à-terre).
Lefol Sylvain, garde-magasin, rue Devosge, n. 24.
Lefol Cécile Mlle, rentière, place Saint-Michel, n. 10.
Lefol veuve, née Messigny, femme de ménage, route de
    Lyon, n. 7.
Lefort Lazare, rentier, rue de Longvic, n. 15.
Lefort Françoise Mlle, ouvrière, rue de Montmuzard, n. 7.
Lefoulet Denis, tailleur de pierres, rue Chaudronnerie, 28.
Lefoulet Lazareth Mlle, ouvrière, rue Saumaise, n. 26.
Lefoulet veuve, née Normand, rentière, rue Saumaise, 29.
Lefranc Etienne, corroyeur, rue du Chaignot, n. 10.
Lefranc Mme, rentière, rue Saint-Philibert, n. 22.
Lefranc Anne Mlle, rue Saint-Philibert, n. 22.
Lefranc veuve, née Morizot, propriétaire, rue Turgot, 2.
Legal Pierre, sous-chef à la Reconnaissance, rue de l'Ar-
    quebuse, n. 25.
Legay Henri, dessinateur, rue d'Ahuy, n. 3.
Legay Antoine, ouvrier ébéniste, rue Saint-Nicolas, n. 40.
Léger Franç., propriét., jardin., route d'Auxonne, n. 74.
Léger Claudine, cuisinière, rue Berbisey, n. 45.
Léger Claude, plâtrier, rue Berbisey, n. 58.
Légiot Claude, jardinier, rue des Ormeaux, n. 1.
Legoux Léon, substitut du procureur impérial, rue des
    Bons-Enfants, n. 1.
Legoux (la baronne) veuve, née Ancemot, propriétaire, rue
    Chabot-Charny, 91.
Legoux Hippolyte, rentier, place d'Armes, n. 16.
Legouz de Saint-Seine Maurice, propriét., r. Jeannin, 45.
Legouz de St-Seine Etienne, propriét., rue Verrerie, 29.
Legouz de St-Seine Raoul, propriét., rue Verrerie, n. 29.
Legouz de St-Seine Sixte, propriétaire, rue Verrerie, 29.
Legrain Félix, lieutenant, rue du Chaignot, n. 40.
Legrain Claude, journalier, rue de l'Ile, n. 4.
Legrand Hugues, manouvrier, rue Bassano, n. 78.
Legrand Louis, march. cordon. et tailleur, r. du Bourg, 53.
Legrand François, march. de tissus, rue du Bourg, n. 72.
Legrand veuve, née Taquenet, manouvrière, r. Brulard, 2.

Legrand Bernard, tailleur de pierres, rue Cazotte, n. 4.
Legrand François, rentier, rue Cazotte, n. 13.
Legrand René, propriétaire, rue Cazotte, n. 13.
Legrand veuve, née Perrot, journal., r. Chaudronnerie, 3.
Legrand Ve, née Lemoine, rentière, r. Chaudronnerie, 24.
Legrand Simon, relieur, rue Crébillon, n. 10.
Legrand Auguste, employé, rue Neuve-Dauphine, n. 1.
Legrand, marchand de chaussures, r. Neuve-Dauphine, 4.
Legrand, rue Neuve-Dauphine, n. 4.
Legrand Léonard, ouvrier plâtrier, rue des Etioux, n. 4.
Legrand du Saulle J., capitaine en retr., r. des Godrans, 1.
Legrand Jean, jardinier, rue de l'Ile, n. 12.
Legrand François, garçon de magasin, place Darcy, n. 3.
Legrand Claude, vigneron, hameau de Pouilly.
Legrand Jean, jardinier, rue Sainte-Anne, n. 10.
Legrand Auguste, peintre en bâtiments, r. St-Philibert, 6.
Legras Mme, née Mathey, journalière, rue St-Martin, n. 6.
Legros Claude, propriétaire, rue Bossuet, n. 17.
Legros Pierre, journalier, rue de la Colombière, n. 8.
Legros Jean-Baptiste, mécanicien, rue du Morimont, n. 2.
Legros Jules, fabricant de colle, route de Plombières.
Legros Nicolas, vigneron, port du Canal, n. 11 *bis*.
Legros Claude, propriétaire, géomètre, r. Proudhon, n. 7.
Leitchener veuve, née Melot, tailleur, rue Dauphine, 19.
Lejard, fileur de laine, route de Plombières.
Lejay veuve, née Davigot, rentière, rue St-Nicolas, n. 16.
Lejeay Henri, liquoriste, rue Saint-Nicolas, n. 102.
Lejendre veuve, née Benat Madeleine, ouvrière, rue de la
    Manutention, n. 5.
Lejeune Pierre, charron, cour de la Faïencerie, 4 *bis*.
Lejeune Mme, née Boisseau, rue Proudhon, n. 24.
Lejeune veuve, née Delmont, rentière, rue Saumaise, 28.
Lejour Jean-Baptiste, rentier, rue Chabot-Charny, n. 59.
Lejour Nicolas, marchand de grains, rue Guillaume, n. 3.
Lejour, négociant, place Darcy, n. 2.
Lejour Pierre, march. de vins en gros, place St-Bernard.
Lelièvre Séverin, scieur de long, allée des Chartreux (mai-
    son Breuil).
Lelièvre Théodore, propriétaire, chemin couvert de la
    Belle-Etoile, n. 22.
Lelièvre Pierre, rentier, chem. couv. de la Belle-Etoile, 22.
Lelièvre Pierre, chef de trains, rue Devosge, n. 36.

Lelly Mathias, cloutier, rue Dauphine, n. 4.
Lelorrain Jules, prés. du tribunal civil, pl. St-Michel, 17.
Lemaire Jules, commis voyageur, r. Amiral-Roussin, n. 6.
Lemaire Françoise Mlle, maîtresse de pension, r. Piron, 23.
Lemaire Louis, typographe, rue Turgot, n. 26.
Lemaître Pierre-Sylvain, serrurier, r. Amiral-Roussin, 32.
Lemaître Henri, ouvrier chapelier, rue Chaude, n. 5.
Lemaître Paul, serrurier, rue d'Assas, n. 8.
Lemaître Joseph, empl. au ch. de fer, r. de la Préfect., 59.
Lemaître Jean, tailleur d'habits, rue Saint-Martin, 25.
Lemaître Charles, ancien serrurier, r. St-Philibert, n. 53.
Lemarié Ferdin., mécanicien au ch. de fer, r. Verrerie, 17.
Le Maistre Philippe, cons. à la Cour, rue Musette, n. 5.
Lemaner Auguste, ouv. tripier, cour de la Faïencerie, n. 2.
Lemerle Charles, badigeonneur, rue du Morimont, n. 5.
Leminet Ve, née Magnien, rentière, rue Devosge, n 21.
Leminet Emile, tourneur, rue de la Gare, n. 18.
Leminet Mme, né Jeanne, rentière, place Saint-Michel, 2.
Lemoine Ve, née Bey, journalière, r. Amiral-Roussin, 21.
Lemoine Pierre, garçon de magasin, rue Audra, n. 28.
Lemoine Edouard, cordonnier, cour du Quartier, n. 4.
Lemoine Mme, née Litaudon, débitante de tabac, rue des
    Forges, n. 27.
Lemoine Marie Mlle, rentière, rue Notre-Dame, n. 18.
Lemoine Laurent, ancien proviseur, r. du Petit-Potet, 25.
Lemoine Eugène, peintre, place Saint-Michel, n. 4.
Lemoine Louis, musicien, rempart du Tivoli, n. 5.
Lemoine Ve, née Garigue, rentière, rue des Roses, n. 4.
Lemoine Jean, ouvrier charpentier, rue St-Nicolas, n. 8.
Lemonnier veuve, née Lecquer, rue Rameau, n. 24.
Lemonnier Claudine, journalière, rue Saint-Nicolas, n. 8.
Lemonnier Laurent, rue Saint-Nicolas, n. 8.
Lemoult Jules, march. de mercerie en gros, rue Condé, 14.
Lemoult, négociant, route de Saint-Seine, 6 (pied-à-terre).
Lemulier Ve, née Barberet, boulangère, r. de l'Hôpital, 17.
Lenesveber Henri, tonnelier, petite rue du Château, n. 2.
Lenet Jean, commis, rue Saint-Nicolas, n. 59.
Leneveu Victor, carrier, allée des Chartreux, n. 10.
Leneveu Louis, voiturier, faubourg Rennes, n. 17.
Lenfant veuve, née Jarrot, fem. de ménage, r. Brulard, 4.
Lenief Joseph, concierge, rue Docteur-Maret, n. 12.
Leniept Edme, manouvrier, rue Berbisey, n. 116.

Leniept veuve, née Dumoulin, march. lingère, r. Condé, 9.
Leniept Gilbert, journalier, rue Mouha (Perrières).
Leniept Ernest, peintre, rue de la Préfecture, n. 117.
Leniept Charles, ouvrier corroyeur, rue Vannerie, n. 81.
Leniept Léon, peintre décorateur, rue Vauban, n. 16.
Lennhard Antoine, cafetier, rue Bossuet, n. 2.
Lenoble Antoine, rentier, rue Charrue, n. 30.
Lenoble Philippe, épicier, rue Charrue, n. 34.
Lenoble Edme, épicier, rue Saint-Nicolas, n. 94.
Lenoir, tourneur, impasse Audra, n. 3.
Lenoir Pierre, loueur en garni, rue Bassano, n. 76.
Lenoir F., journalier, r. Petite-des-Poussots (Californie).
Lenoir Claude, commis voyageur, rue Guillaume, n. 71.
Lenoir Maurice, fabricant de chaises, rue Jeannin, n. 63.
Lenoir Pierre, grenetier, rue de Longvic, n. 11.
Lenoir Bénigne, propriétaire, serrurier, rue Magenta.
Lenoir Toussaint, garçon huilier, r. de la Manutention, 7.
Lenoir Bénigne, grenetier, rue de la Préfecture, n. 8.
Lenoir Félix, tourneur, rue de la Préfecture, n. 65.
Lenoir Auguste fils, rue de la Préfecture, n. 65.
Lenoir J.-B., loueur en garni, rempart du Château, n. 1.
Lenoir Ve, née Levebedel, propriétaire, r. Ste-Anne, 6 *bis*.
Lenoir François, manouvrier, r. du Pont-des-Tanneries, 14.
Lenoir, manouvrier, rue de la Trémouille.
Lentz Marie Mlle, rentière, cour de la Faïencerie, n. 1.
Léon Adolphe, march. de papiers, r. Amiral-Roussin, 28.
Léon Hippolyte, mégissier, impasse Audra, n. 13.
Léon Antoine, prop. chevrier, rue du Petit-Cîteaux.
Léon Alexandre, marchand ambulant, rue Roulotte, n. 29.
Léon Louis, tanneur, rue du Pont-des-Tanneries, n. 6.
Léonard Ve, née Pion, journalière, r. de la Préfecture, 87.
Léonard Urbain, ouvrier carrier, route de Plombières.
Léonore Judith Mlle, lingère, rue Roulotte, n. 10.
Léopold Pierre, journalier, allée des Chartreux, n. 8.
Léopold Laurent, fab. de parapluies, rue Berbisey, n. 44.
Léopold Philippe, employé, rue Berbisey, n. 102.
Lepage Prosper, marchand d'étoffes, rue Charrue, n. 13.
Lepage, marchand de rubans, rue Piron, n. 1.
Lepaire Marguerite, marchande de volailles, rue Sainte-
 Catherine, n. 17.
Lépée veuve, née Pignet, rue Saint-Nicolas, n. 46.
Lépée François, relieur, rue Saint-Nicolas, n. 46.

Lepetit Ferdinand, marchand vannier, rue du Bourg, 24.
Lepetit Victoire Mlle, rue du Bourg, n. 67.
Lepetit Etienne, meunier, faubourg Re...es, n. 1.
Lépine Frédéric, docteur-médecin, rue du Palais, n. 3.
Lépine Louis, docteur-médecin, rue du Vieux-Collége, 5.
Lépori Pierre, ouvrier peintre, rue de la Préfecture, 52.
Lequin Jean-Baptiste, manouvrier, rue de l'Ile, n. 4.
Lerat Jean-Baptiste, liquoriste, allée de la Retraite, n. 1.
Lerat Cyprien, chef de trains, rue de la Cité.
Lerat Pierre, cordonnier, cour de la Faïencerie, n. 7.
Leriche Antoine, receveur principal en retraite, rue Bannelier, n. 2.
Leriche Louis, chocolatier, rue Neuve-Dauphine, n. 1.
Lerondel Benjamin, cabaretier, rue des Tanneries, n. 29.
Lerouge Jean, tonnelier, rue Guillaume-Tell.
Lerouge Bernard, propriétaire, place Saint-Jean, n. 1.
Leroux Marguerite Mlle, lingère, rue Bassano, n. 58.
Leroux Ve, née Léopold, manouvrière, r. du Chaignot, 14.
Leroux Mme, femme de ménage, cour des Frères, n. 4.
Leroux Vve, née Bidet, couturière, faubourg Rennes, 19.
Leroux Claude, tailleur de pierres, rue du Tribunal, n. 3.
Leroux Jean fils, rue du Tribunal, n. 3.
Leroy veuve, viaduc de l'Arquebuse.
Leroy Ve, née Porrenot, propriétaire, rue Musette, n. 1.
Leroy Charles, ouvrier distillateur, rue Proudhon, 24 *bis*.
Leroy Hector, doreur, rue Neuve-Saint-Bénigne.
Leroy Ve, née Guillier, couturière, rue Vauban, n. 9.
Lerr Mme, née Gauthier, ouvrière en robes, rue Jeannin, n. 37.
Lerre Félix, fabricant de plâtre, rue de Pouilly, n. 11.
Lerre Alexandre, rue de Pouilly, n. 11.
Leruth Jean, mécanicien, rue Bassano, n. 118.
Lescaille, marchand de chaussures, rue Piron, n. 15.
Lesecq J.-B., gardien chef à la prison, r. d'Auxonne, 64.
Lesenfants Jacques, jardinier, rue Chaude, n. 15.
Lespagnol Claude, tailleur, rente Montmuzard.
Lespinasse Jules, entrepositaire, port du Canal, n. 10.
Lespinasse Claude, port du Canal, n. 10.
Lespinasse Louise Mlle, rentière, port du Canal, n. 10.
Lesprit Jean-Baptiste, march. de vins en gros, r. Audra, 2.
Lesprit Etienne, journalier, rue Franklin, n. 9.
Lesprit Victor, vigneron, Fort Yon.

Lesprit Etienne, manouvrier, rue des Tanneries, n. 23.

Lesterlin Julie Mlle, lingère, rue Berbisey, n. 14.

Lestievant Marie Mlle, ouvrière en bottines, place de la Banque, n. 8.

Letalenet Marie Mlle, rentière, rue Buffon, n. 13.

Letalnet Pierre, pépiniériste, rue de Pouilly, n. 1.

Létang Nicolas, ouv. menuisier, r. du Champ-de-Mars, 9.

Létonné Claude, ancien militaire, rue des Godrans, n. 15.

Letort Louis, propriétaire, rue Proudhon, n. 10.

Leveau Claude, ouvrier tailleur, rue Jeannin, n. 69.

Leveaux Claude, tailleur, rue Berbisey, n. 12.

Leveder François, ébéniste, rue des Etioux, n. 7.

Lévêque François, comptable, rue Bossuet, n. 15.

Lévêque Mme, née Krantz, fleuriste, rue du Chapeau-Rouge, n. 12 bis.

Lévêque, rue Chaudronnerie, n. 3.

Lévêque Agathe Mlle, journalière, cour des Poisses, n. 16.

Lévêque Jean-Baptiste, jardinier, Cours-Fleury, 1.

Lévêque, artiste violoniste, professeur à la succursale du Conservatoire de musique, rue des Etioux, n. 2.

Lévêque Jean, emp. à l'enregistrement, r. des Forges, 21.

Lévêque veuve, ouvrière, rue Jeannin, n. 55.

Lévêque Antoine, dit Chalopé, rue Legoux-Gerland, 4 bis.

Lévêque Elisab. Mlle, fem. de ménage, pl. du Morimont, 14.

Lévêque Philibert, tisserand, place du Morimont, n. 14.

Lévêque Henri, avocat, rue de la Préfecture, n. 3.

Lévêque Auguste, serrurier, rue de la Préfecture, n. 6.

Lévêque François, cafetier, rue Saint-Pierre, n. 36.

Lévêque Sylvain, maçon, rue Saint-Pierre, n. 41.

Levey André, couvreur, rue Crébillon, n. 13.

Levieux François, jardinier, rue des Moulins, n. 12.

Levieux veuve, née Piot, rentière, rue des Moulins, n. 14.

Levieux Chrétien, jardinier, rue des Moulins, n. 45.

Levoyet Pierre, charcutier, rue d'Auxonne, n. 39.

Levoyet Jean-Baptiste, jardinier, rue de Longvic, n. 19.

Levoyet François, jardinier, rue des Moulins, n. 3.

Levoyet Claude, jardinier, rue des Moulins, n. 11.

Levoyet Louis, jardinier, rue des Moulins, n. 25.

Levoyet Jules, maître-adjoint de l'école Normale, rue du Petit-Potet, n. 29.

Lévy Jacob, marchand de chevaux, allée des Chartreux, 4.

Lévy Joseph, rentier, rue Amiral-Roussin, n. 33.

Lévy Simon, march. de chevaux, rue d'Auxonne, n. 15.
Lévy Gustave, marchand chapelier, rue du Bourg, n. 35.
Lévy Philippe, marchand de mercerie, rue du Bourg, 44.
Lévy Jacques, marchand de mercerie, rue du Bourg, 44.
Lévy Jules, sacristain, rue Condé, n. 10.
Lévy Raphaël, boucher, rue des Forges, n. 28.
Lévy Eugène, compositeur d'imprimerie, r. du Morimont, 5.
Lévy Simon, revendeur d'étoffes, rue Musette, n. 10.
Lévy Alfred, chapelier, rue Musette, n. 10.
Lévy Albert fils, rue Musette, n. 10.
Lévy Gustave, chapelier, rue Musette, n. 21.
Lévy Salomon, marchand de chevaux, place Darcy, n. 1.
Lévy Charles, marchand de tissus, place Saint-Jean, n. 4.
Lévy, major au 23e de ligne, rue de la Préfecture, n. 105.
Lévy Alfred, rabbin, rue Proudhon, n. 25.
Lévy Simon, marchand de chevaux, r. Ste-Marguerite, 23.
Lewis Jeanne Mme, professeur d'anglais, r. des Forges, 23.
Lhémann Bernard, logeur, rempart de la porte Neuve, 21.
Lhennard Jean, boucher, rue du Bourg, n. 45.
Lherbier Victor, chef de trains, rue Berbisey, n. 46.
Lherbin Louis, journalier, rue des Moulins, n. 19.
Lhéritier François, chaudronnier, rue d'Ahuy, n. 4.
Lhéritier Louis, aubergiste, rue d'Auxonne, n. 5.
Lhéritier Auguste, carrossier, rue Bassano, n. 42.
Lhéritier Jules, cordonnier, rue du Bourg, n. 25.
Lhéritier Jean-Baptiste, cordonnier, rue du Bourg, n. 25.
Lhéritier Claude, vigneron, chemin de Talant.
Lhéritier Pierre, serrurier, rue Febvret, n. 6.
Lhéritier Jean, maçon, rue du Sachot, n. 2.
Lhermier Eugène, ingénieur civil, rue Franklin, n. 2.
Lhermier Jacques, rentier, rue Franklin, n. 2.
Lhermite François, journalier, rue Saint-Philibert, n. 14.
Lhermitte, allée de la Retraite, n. 10.
Lhollier veuve, née Delage, rentière, rue Buffon, n. 13.
Lhomme Ve, née Mongin, fem. de ménage, r. des Etioux, 7.
Lhomme Jean-Baptiste, cond. de diligences, r. Febvret, 6.
Lhomme Denis, rentier, rue Guillaume, n. 54.
Lhomme Jean, loueur en garni, épicier, rue Jeannin, 27.
Lhommelin Eugène, architecte, rue Piron, n. 18.
Lhory Marie Mlle, journalière, rue Amiral-Roussin, n. 3.
Lhugnot Joseph, employé de commerce, r. du Tribunal, 2.
Lhuilier Charles, tonnelier, rue des Moulins, n. 45.

Lhuillier P., s.-chef de bureau à la Préfect., r. Berbisey, 15.
Lhuillier Barthélemy, homme d'équipe, r. Crébillon, n. 10.
Lhuillier Marie Mlle, loueuse en garni, r. du Morimont, 5.
Lhuillier, cabaretier-logeur, place Saint-Michel, n. 5.
Lhuillier J., fabric. d'instrum. aratoires, port du Canal, 5.
Lhuillier Jean-Baptiste, cabaretier, rue de Pouilly, n. 18.
Liberette Jean-Baptiste, épicier, rue Quantin, n. 2.
Liédel André, concierge de l'Hôtel de ville, n. 1.
Liégeard J.-B., anc. maire, propriétaire, rue Vauban, n. 21.
Liénard Louis, agent-voyer en chef, rue Verrerie, n. 40.
Liénel Pierre, propriétaire, ancien notaire, r. Verrerie, 35.
Lieutet Prudon, grenetier, rue d'Auxonne, n. 29.
Lieutet Pierre, poëlier, rue Chancelier-l'Hôpital, n. 7.
Lieutet Pierre, poëlier, chemin couvert de la Belle-Etoile.
Lieutet Hippolyte, pépiniériste, cours du Parc, n. 14.
Lieutet Etienne, pépiniériste, cours du Parc, n. 14.
Lièvre Salomon, marchand fripier, rue Crébillon, n. 28.
Lièvre Jules, procureur impérial, place St-Jean, n. 21.
Liez Jean, marchand de tissus, rue Vauban, n. 19.
Ligeol, garçon boucher, rue d'Assas, n. 13.
Ligeron Pierre, manouvrier, rue Audra, n. 14.
Ligey Joseph, grenetier, rue Guillaume, n. 18.
Ligier Bénigne, journalier, rue du Chaignot, n. 40.
Ligier Belair (comte), propriétaire, rue Vannerie, n. 39.
Ligier Edgard, rue Vannerie, n. 39.
Ligier Ve, née Juillet de St-Pierre, propr., r. Verrerie, 35.
Ligier Onésime, propriétaire, rue Verrerie, n. 35.
Lignier Antoine, ouvrier charpentier, rue d'Ahuy, n. 5.
Lignier Claude, vigneron, rue d'Auxonne, n. 54.
Lignier Louis, jardinier, rue d'Auxonne, n. 61.
Lignier Nicolas, manouvrier, rue Brulard, n. 9.
Lignier Jean-Baptiste, tailleur, rue des Godrans, n. 76.
Lignier Jean, cultivateur, hameau de Mirande.
Lignier Claude, vigneron, rue de Montmuzard, n. 9.
Lignier, jardinier, Petites-Roches.
Lignier Philippe, rue du Saint-Esprit (Perrières).
Limonet Alfred, propriétaire, rue de Suzon, n. 2.
Linard-Rabier Mme, rentière, rue Mably, n. 3.
Lindel Jean-Pierre, chapelier, rue Ste-Catherine, n. 40.
Linoir François, vicaire, rue Saumaise, n. 39.
Linoir Jeanne Mlle, rue Saumaise, n. 39.
Lintingre Mme, journalière, faubourg Rennes, n. 23.

Lion-Joly, négociant, rue Berbisey, n. 33 (entrepôt de charbons, port du Canal, n. 1).
Lion veuve, née Lièvre Julie, rue Crébillon, n. 21.
Liotot Lucie, lingère, rue Saint-Pierre, n. 2.
Liotot veuve, née Barbier, blanchisseuse, rue Turgot, 16.
Liotot Antoinette Mlle, blanchisseuse, rue Turgot, n. 16.
Litaudon François, charpentier, rue Berbisey, n. 75.
Littau Alexis, commissionnaire, rue Richelieu, n. 10.
Lobron Pierre, cabaretier, allée des Chartreux, n. 1.
Lobron Joseph, chauffeur, rue Bassano, n. 47.
Lobron Antoinette Mlle, fleuriste, rue des Novices, n. 12.
Lobron Etienne, jardinier, rue Sainte-Marguerite, n. 39.
Lobrot Marguerite Mlle, journalière, r. de l'Arquebuse, 3.
Lobrot Pierre, rentier, rue Bassano, n. 6.
Lobrot veuve, vigneronne, rue des Moulins, n. 21.
Lobrot, voiturier, rente Montmuzard.
Lobrot Claude, ébéniste, rue Notre-Dame, n. 4.
Lobrot, tapissier, place des Ducs, n. 2.
Lobrot Jacques, jardinier, rue Sainte-Catherine, n. 32.
Lobrot Charles, manouvrier, rue Sainte-Marguerite, n. 6.
Lobrot Nicolas, propr., vigneron, r. Ste-Marguerite, n. 39.
Lobrot Antoinette Mlle, rentière, r. Ste-Marguerite, n. 39.
Loccard Jules, employé des postes, rue Notre-Dame, n. 24.
Lochot Jacques, jardinier, cours du Parc, n. 3.
Lochot veuve, née Perriquet, jardinière, rue du Gaz, 22.
Lochot Jacques, jardinier, rue Magenta.
Lochot Jean-Baptiste, jardinier, rue des Moulins, n. 25.
Lochot veuve, née Mercier, jardinière, r. des Moulins, 40.
Lochot Claude, jardinier, rue des Moulins, n. 40.
Locquin Charles, teinturier, rue de la Colombière, n. 8.
Locquin Victor, avocat à la Cour impér., r. Madeleine, 11.
Locquin veuve, rentière, rue du Tribunal, n. 2.
Lodin de Lalaire, anc. prof., ch. couvert de la Belle-Etoile.
Lodiot Denis, aiguilleur, chemin de Talant.
Lofler Bénédict, tailleur, rue des Forges, n. 54.
Lofler Claude fils, rue des Forges, n. 54.
Logeat François, maçon, rue des Roses, n. 6.
Logery Claude, comptable, rue du Petit-Potet, n. 32.
Logery veuve, manouvrière, place Saint-Michel, n. 4.
Loichet Eugénie Mlle, rentière, rue de la Préfecture, n. 15.
Loichet Marie Mlle, rentière, rue de la Préfecture, n. 15.
Loichot Jean, conducteur de trains, rue des Perrières, 16.

Loidreau François-Eugène, ouvr. cordonnier, r. d'Assas, 15.
Loiseau, juge d'instruction, rue Guillaume, n. 30.
Loiseau Denis, concierge, rue de la Préfecture, 49.
Loiseau Théodule, négociant, route de Mirande.
Loiselet Victor, marchand d'étoffes, rue du Bourg, n. 16.
Loiselet Jean-Baptiste, ferblantier, r. de la Manutention, 9.
Loisier Jacques, pépiniériste, rue d'Auxonne, n. 52.
Loisier Auguste, abbé, rue d'Auxonne, n. 52.
Loisier, rue Mouha (Perrières).
Loisier Mme, fabricante de corsets, rue Vaillant, n. 16.
Loison Hyacinthe, anc. inspect. de l'Académie, r. Audra, 14.
Loison veuve, née Jobard, grenetière, rue Jeannin, n. 61.
Loisy Albert (de), propriétaire, rue de la Préfecture, n. 55.
Loisy (de), propriétaire, place Saint-Jean, n. 17.
Lollier François, poêlier, Californie.
Lollier Etienne, ancien couvreur, rue Dubois, n. 10.
Lollier veuve, née Montenet, journalière, r. St-Nicolas, 32.
Lombard veuve, née Borne, propr., r. Amiral-Roussin, 9.
Lombard Gabriel, avocat, rue Amiral-Roussin, n. 23.
Lombard Isidore, poêlier, rue Buffon, n. 39.
Lombard Julie Mlle, modiste, rue Chabot-Charny, n. 58.
Lombard Franç.-Frédéric, propriét., r. Chabot-Charny, 48.
Lombard Mme, née Carré Eugénie, rentière, r. Devosge, 15.
Lombard veuve, née Morizot, propriét., r. des Forges, 44.
Lombard Claude, menuisier, rue de Gray, n. 29.
Lombard Jean, propriétaire, rue Magenta.
Lombard Suzanne Mlle, couturière, r. du Petit-Cîteaux.
Lombard Marie Mlle, rentière, rue de la Manutention, 10.
Lombard Simon, receveur d'octroi, rue de Pouilly, n. 33.
Lombard Laurent, rentier, rue de la Préfecture, n. 41.
Lombard Claude, rentier, place Saint-Michel, n. 16.
Lombard Suzanne Mlle, fileuse de laine, rue du Pont-des-
     Tanneries, n. 14.
Lombardot, manouvrier, rue Roulotte, n. 29.
Loudonnier Adélaïde, dame Buchenet, ouvrière, rue Saint-
     Nicolas, n. 93.
Longepierre Jeanne Mlle, lingère, rue du Bourg, n. 47.
Longvic Claude, rentier, rue Verrerie, n. 21.
Loppin Etienne, menuisier, Cours Fleury, n. 4.
Loppin Auguste, propriétaire, rue de Montmuzard, n. 13.
Lordin Chrétien, manouvrier, rue Magenta.
Lorain Pierre, propriétaire, rue des Tanneries, n. 25.

Lorain veuve, née Laureau, rue des Tanneries, n. 25.
Lorin Henri, conseiller honoraire, rue Madeleine, n. 7.
Lorin Mlle, rue Madeleine, n. 7.
Lorche veuve, relieuse, rue de Gray, n. 29.
Lordereau Delphin, chauffeur, rue de la Prévôté, n. 6.
Lordereau François, propriétaire, rue St-Philibert, n. 75.
Lordon François, boucher, rue Bassano, n. 112.
Lordon Louis, marchand boucher, rue du Bourg, n. 65.
Lordon Ernest, boucher, rue Chaudronnerie, n. 15.
Lordon Sophie Mlle, journalière, rue Roulotte, n. 18.
Loreau Charles, serrurier, rue Dauphine, n. 7.
Loreau, rentier, rue de la Préfecture, n. 116.
Loreau Mme, sous-directrice de l'asile du Nord, rue de la
    Préfecture, n. 116.
Lorenchet de Montjamont, conseil. à la Cour, r. Buffon, 18.
Lorenchet de Montjamont Joseph fils, rue Buffon, n. 18.
Lorenchet de Montjamont Gervais fils, rue Buffon, n. 18.
Lorenchet de Montjamont Louis-Alexandre, receveur des
    hospices, rue Jeannin, n. 33.
Lorillard François, vigneron, rue de l'Arquebuse, n. 3.
Lorimey Jean-Baptiste, boulanger, rue Crébillon, n. 22.
Lorimey veuve, née Cornette, rue Dauphine, n. 11.
Lorrain Camille, employé à la Cie *La Nationale*, rue Saint-
    Philibert, n. 2.
Lorrain, marchand épicier, rue des Tanneries, n. 23.
Lory Ernest, avoué, rue Buffon, n. 1.
Lory veuve, née Maranzey, propriétaire, Petites-Roches.
Lory François, propriétaire, rue Saint-Philibert, n. 61.
Loth Nicolas, tailleur, rue Bossuet, n. 16.
Loth Pierre, journalier, rue de l'Ile, n. 2.
Loubet Louis, chiffonnier, cour de la Faïencerie, n. 2.
Louchain Jacques, à l'équipe, rue du Sachot, n. 3.
Louchard Jean, cordonnier, cour des Frères, n. 4.
Louchard François, journalier, rue des Moulins, n. 52.
Louchard veuve, vigneronne, rue de Venise.
Louet Edme, concierge, rue Amiral-Roussin, n. 4.
Louet Claude, journalier, rue de l'Arquebuse, n. 9.
Louet Hippolyte, linger, rue du Bourg, n. 70.
Louet Pierre, commis, rue de la Colombière, n. 8.
Louet Jean, propriétaire, rue des Etioux, n 22.
Louet Jean, jardinier, rue de Longvic, n. 38.
Louet François, propriétaire, place Darcy, n. 3.

Louhet Claude, journalier, rue du Gaz, n. 26.
Louis Joseph, ouvrier tailleur, rue des Moulins, 19 *bis*.
Louis Joseph, employé aux Chartreux, r. des Perrières, 18.
Louis Antoinette Mlle, propriétaire, r. de la Préfecture, 2.
Louvet Joseph, journalier, Carrières-Blanches.
Louvot Claude, chiffon., r. Petite-des-Poussots (Californ.).
Loye Antoine-Joseph, rentier. Palais des Etats, troisième arcade, place du Théâtre.
Loye Adèle Mlle, marchande de mercerie, Palais des Etats, troisième arcade, place du Théâtre.
Loy Jean-Baptiste, manouvrier, rue Verrerie, n. 9.
Luc Félix, employé des postes, rue Berbisey, n. 49.
Luc François, ouvrier serrurier, rue Verrerie, n. 48.
Lucan, ancien orfèvre, rue Lamonnoye.
Lucas, rentier, route de Mirande.
Luce Jean-François, fabricant, rue des Roses, n. 11.
Luce Joseph fils, fabricant, rue des Roses, n. 11.
Luchard Alexandre, grenetier, rue Berbisey, n. 4.
Lucot Claudine Mlle, lingère, rue Notre-Dame, n. 22.
Lucot veuve, née Javelle, concierge, place d'Armes, n. 10.
Lucot Jean-Bapt., garçon brasseur, r. de la Préfecture, 95.
Lucotte Pierre, cabaretier, rue Berbisey, n. 124.
Lucotte veuve, née Liébot, rentière, rue du Chaignot, 14.
Lucotte veuve, née Jendriot, Combe-Serpent.
Lucotte Pierre, carrier, Combe-Serpent.
Lucotte Pierre, employé, rue des Moulins, n. 45.
Lucotte Jean-Baptiste, manouvrier, rue du Rabot, n. 2.
Lucotte Alexandre, voyag. de comm., r. Vannerie, n. 32.
Lucotte veuve, rentière, rue Verrerie, n. 41.
Lucron Alfred, étudiant, rue des Bons-Enfants, n. 2.
Ludy veuve, née Devillebichot, rentière, r. Guillaume, 6.
Luminet Charles, propriétaire, rue Saint-Nicolas, n. 2.
Luré veuve, née Possard, propriét., rue de la Préfect., 105.
Lurillon Ve, née Surrel Clotilde, rentière, r. Vannerie, 39.
Lustache Claude, prof. de musique, r. Chabot-Charny, 53.
Lustre Pierre, tailleur de pierres, rue des Moulins, n. 30.
Lutrat Pierre, ferblantier, rue Berbisey, n. 87.
Luxembourg Georges, terrassier, r. des Nantillières (Calif.)
Lyautet Jules-Emile, ingénieur en chef du chemin de fer, rue Chaudronnerie, n. 1.
Lyonnais Anne Mlle, rentière, r. Chancelier-l'Hôpital, 12.
Lyonnais Jean-Baptiste, rue de Pouilly, n 18.

M

Mabille Jean-Baptiste, géomètre, rue de l'Arquebuse, 7.
Mabille Pierre-Eugène, officier, rue de l'Arquebuse, n. 7.
Mabille Michel, commis voyageur, rue Cazotte, n. 17.
Mabille Jeanne, institutrice, rue des Moulins, n. 24.
Machard Victor, géomètre, rue Richelieu, n. 2.
Machard Paul, maître d'hôtel, rue St-Pierre, n. 35.
Machard Jules, marchand de toile, rue Vaillant, n. 3.
Macheco (de) veuve, née Debrosse, propriétaire, rue
  Jeannin, n. 45.
Machelard, receveur de l'enregistrement, r. Madeleine, 1.
Macherat Vincent, ex-employé, rue du Petit-Potet, n. 28.
Macherey Joseph, à l'équipe, rue de la Grenouille, n. 4.
Machet Félix, rue Charrue, n. 5.
Machureaux Jean-Baptiste, tonnelier, r. Notre-Dame, 12.
Machurey Ignace, pointeur au dépôt, rue Devosge, 22.
Madoa Paul, notaire, propriétaire, r. de la Préfecture, 24.
Magner Charlemagne, capitaine en retraite, rue Chabot-
  Charny, n. 19.
Magnien veuve, propriétaire, allée des Chartreux, n. 8.
Magnien Jean, cordonnier, rue du Bourg, n. 46.
Magnien Jacques, cordonnier, rue du Bourg, n. 46.
Magnien Joséphine, blanchisseuse, r. Chabot-Charny, 52.
Magnien Joseph, horloger, rue Condé, n. 21.
Magnien Jean-Baptiste, march. chapelier, r. Condé, 49.
Magnien Jean, rentier, rue Devosge, n. 21.
Magnien Victor, employé au chemin de fer, rue Dubois, 6.
Magnien André, ancien cafetier, rue Guillaume, n. 8.
Magnien Anne Mlle, ouvrière, rue Legoux-Gerland, n. 6.
Magnien Pierre, vigneron, rue de Longvic, n. 35.
Magnien veuve, née Malifert, grenetière, rue de la Ma-
  nutention, n. 7.
Magnien Denis, jardinier, rue de Montmuzard, n. 31.
Magnien Nicolas, manouvrier, rue du Morimont, n. 5.
Magnien Louis, pâtissier, rue Musette, n. 7.

Magnien Mme, née Morot, coutur., r. du Petit-Citeaux.

Magnien, route de St-Seine, n. 20 (pied-à-terre).

Magnien Stéphen, fabricant de brosses, rue Turgot, 16.

Magnien Charles-Edouard, restaurateur, rue Vaillant, 8.

Magnien Etienne, géomètre, rue Vannerie, n. 42.

Magnier Jean, charpentier, rue Bassano, n. 78.

Magnin Joseph, maître de forges, député, rue des Bons-Enfants, n. 4.

Magnin veuve, née Philippon, propriétaire, r. des Bons-Enfants, n. 4.

Magnin Jean-Baptiste, rentier, rue Buffon, n. 28.

Magnin Mathilde Mlle, rentière, rue St-Nicolas, n. 117.

Magnin veuve, rentière, rue Turgot, n. 6.

Magny Elisabeth Mlle, ouvrière, rue Saumaise, n. 26.

Magy veuve, née Berthier, photographe, r. Bossuet, 18.

Mahée Jean-Baptiste, casernier, rue de Pouilly, n. 22.

Mahuet Hippolyte, logeur, rue Vannerie, n. 11.

Mahon Joseph, journalier, route de Lyon, n. 7.

Maignot veuve, née Pansiot, rentière, rue Guillaume, 6.

Maignot Louis, propriétaire, port du Canal, n. 4.

Maignot Louis, rentier, port du Canal, n. 8.

Maignot Paul, sous-officier, port du Canal, n. 8.

Maigrot Pierre, propriétaire, rue des Moulins, n. 4.

Maigrot veuve, née Pelissonnier, femme de ménage, rue du Tillot, n. 11.

Maillard veuve, née Colin, rentière, r. de l'Arquebuse, 7.

Maillard Claude, manouvrier, cour du Quartier, n. 7.

Maillard Louise Mlle, ouvrière, rue des Godrans, n. 50.

Maillard Claude-Auguste, docteur-médecin, r. du Petit-Potet, n. 34.

Maillard François, manouvrier, rue Piron, n. 26.

Maillefert André, manouvrier, cour de la Faïencerie, 11.

Maillère Antoine, tonnelier, Californie.

Maillet veuve, née Moreau, rentière, r. Victor-Dumay, 24.

Maillot, relieur, avenue du Réservoir.

Maillot François, employé, rue Brulard, n. 1.

Maillot veuve, née Benoît, épicière, rue Guillaume, n. 6.

Maillot François, anc. chef de division à la Préfecture, rue de Montigny, n. 13.

Maillot Charles, ancien épicier, rue Piron, n. 34.

Maillot Claude, tailleur de pierres, rue Saumaise, n. 14.
Maillot Léon fils, rue Saumaise, n. 14.
Maillot Pierre, porteur de journaux, rue de Venise.
Maillotte Antoine, jardinier, cour du Parc, n. 21.
Mainaz Théodore, cafetier, place Darcy, n. 1.
Maindiau Xavier, menuisier, rue Saumaise, n. 10.
Maisonnier François, journalier, rue du Chinois.
Maisonnier Mme, née Girodot, journal., r. Roulotte, 16.
Maire veuve, née Nectoux, femme de ménage, rue de l'Arquebuse, n. 19.
Maire Alexis, épicier, rue Bassano, n. 23.
Maire Antoine, capitaine en retraite, rue Berbisey, n. 29.
Maire Xavier, docteur en médecine, rue Berbisey, n. 29.
Maire Guillaume, commission., cour de la Faïencerie, 2.
Maire veuve, née Coste, rue Dauphine, n. 5.
Maire Nicolas, conducteur de voitures, rue Devosge, 3.
Maire, ouvrier cordonnier, rue des Etioux, n. 10.
Maire Nicolas, jardinier, rue Jeannin, n. 25.
Maire veuve, née Leclerc, femme de ménage, rue du Mouton, n. 9.
Maire Veuve, née Deschamps, propriétaire, rue de Montmuzard, n. 33.
Maire veuve, née Frochot, jardinière, rue du Petit-Cîteaux, n. 11.
Maire Ferdinand, employé au chemin de fer, rue de la Préfecture, n. 68.
Maire François, rentier, rue Ste-Marguerite, n. 26.
Maire Auguste, employé d'octroi, rue St-Nicolas, n. 16.
Maire Jean, gendarme, rue Ste-Catherine, n. 12.
Maire Jean, jardinier, rue Ste-Catherine, n. 12.
Maire Antoine, garçon brasseur, rue Ste-Catherine, 12.
Maire veuve, née Témérat, femme de ménage, rue Saint-Philibert, n. 36.
Maire Antoine, menuisier, rue Sambin, n. 23.
Maire veuve, née Mathieu, propriétaire, rue du Tillot, 4.
Mairet Jean-Baptiste, couvreur, rue Bassano, n. 58.
Mairet Vᵉ, née Iselin, femme de ménage, r. Berbisey, 2.
Mairet Antoine, cabaretier, rue Berbisey, n. 15.
Mairet Mathurin, menuisier, rue des Etioux, n. 6.
Mairet Nicolas, menuisier, rue des Etioux, n. 13.

Mairet veuve, ouvrière, rue François-Rude, n. 11.
Mairet Etienne, empl. au ch. de fer, r. François-Rude, 25.
Mairet Bénigne, cabaretier, rue de la Gare, n. 11.
Mairet Théodore, employé au chemin de fer, rue des Godrans, n. 88.
Mairet Edouard, charpentier, rue de l'Ile, n. 2.
Mairet veuve, née Philibeaux, rentière, rue Jeannin, 65.
Mairet, architecte, rue Jeannin, n. 65.
Mairet veuve, née Giret, propr., r. Legoux-Gerland, n. 5.
Mairet Ernest, employé des contributions indirectes, rue de la Manutention, n. 17.
Mairet Jean, cantonnier, rue de Montmuzard, n. 41.
Mairet Alphonse, peintre, place du Morimont, n. 1.
Mairet veuve, née Feurtin, rue Roulotte, n. 10.
Mairet Auguste, garçon de ferme, Fontaine-Ste-Anne.
Mairet Lucien, march. de chaussures, rue St-Nicolas, 31.
Mairet, professeur de droit, rue St-Nicolas, n. 102.
Mairet Ferdinand, chapelier, rue Ste-Catherine, n. 26.
Mairet Claude, cabaretier, rue St-Philibert, n. 5.
Mairet veuve, née Loudé, lessiveuse, rue St-Philibert, 28.
Mairet Anatole, banquier, rue St-Pierre, n. 34.
Mairet veuve, rentière, rue St-Pierre, n. 34.
Mairet Henri, ancien notaire, rue St-Pierre, n. 34.
Mairet Françoise, ancienne domestique, r. Saumaise, 26.
Mairet Louis, mouleur, rue Vannerie, n. 44.
Mairet Pierre, propriétaire, rue du Vieux-Collége, n. 4.
Mairot Pierre, rentier, chemin de Corcelles.
Mairot Jean-Baptiste, jardinier, rue de Longvic, n. 45.
Mairot Caroline Mlle, rentière, rue de la Préfecture, 53.
Mairot Jean, abbé, rue Vannerie, n. 45.
Mairot Pierre, abbé, rue Vannerie, n. 45.
Maitre, veuve Ledeuil, ouvrière, rue Dauphine, n. 6.
Maitre Nicolas, serrurier, rue de la Gare, n 1.
Maitre Ve, née Paget, femme de ménage, r. de la Gare, 9.
Maitre Joseph, serrurier, rue de la Gare, n. 9.
Maitre Philippe, vigneron, rue de Gray, n. 43.
Maitre veuve, née Roussin, journalière, rue Odebert, 3.
Maitre Claude, jardinier, rue des Ormeaux, n. 2.
Maitre Antoine, propriétaire, négociant, grand atelier de reliure, route de Mirande.

Maitre Jean, propriétaire serrurier, r. des Perrières, 28.
Maitre Vᵉ, née Jarrot, tanneur, rue du Petit-Citeaux, 11.
Maitre veuve, née Bollenot, propr., port du Canal, n. 26
Maitre Louis, fabric. de limonade, rue Ste-Marguerite, 23.
Maitre Jeanne Mlle, regrattière, rue Saumaise, n 29.
Maitre Catherine Mlle, rentière, rue Saumaise, n. 30.
Maitre Marie Mlle, cuisinière, rue du Tillot, n. 10.
Maitrejean François, domestique, rue Bassano, n. 75.
Maitrejean Jean-Baptiste, tanneur, rue du Chaignot, 5.
Maitrejean veuve, née Sandier, rentière, rue Charrue, 36.
Maitrejean Claude, rentier, rue Charrue, n. 36.
Maitrejean veuve, née Crosset Marie, blanchisseuse, rue
  St-Nicolas, n. 22.
Maitrejean Louis, rue Vannerie, n. 39.
Maitrerobert François, professeur, rue Audra, n. 8.
Maitret, journalier, rue d'Assas, n. 20.
Maitret Jean, voiturier vidangeur, Cours-Fleury, n. 9.
Maitret Claude, manouvrier, rue de la Gare, n. 6.
Maitret Auguste, manouvrier, rue du Sachot, n. 2.
Maitrey Louis, vidangeur, Cours-Fleury, n. 5.
Maitrey Pierre, manouvrier, rue de Pouilly, n. 27.
Maitrey Frédéric, cabaretier, rue de Pouilly, n. 31.
Maitrot Claude, horloger, rue Bassano, n. 100.
Majot Albert, coiffeur, rue St-Philibert, n. 29.
Malardot Nicolas, rentier, rue Neuve-Dauphine, n. 5.
Malardot veuve, née Graillet, journalière, rente Mont-
  muzard.
Malardot Bernard, nettoyeur, rue des Perrières, n. 3 *bis*.
Malbranche Auguste, homme d'équipe, rue d'Ahuy, n. 6.
Malbranche Michel, march. d'étoffes, rue Charrue, n. 15.
Malbranche François, ancien marchand de fer, rue St-
  Philibert, n. 23.
Malchaussé François, nettoyeur, rue Brulard, n. 1.
Malchaussé Edouard, compositeur, rue Brulard, n. 1.
Maldiné François, chiffonnier, rue Victor-Dumay, n. 9.
Malenn Hippolyte, charpentier, rue du Gaz, n. 2.
Malfait Mme, née Gey, fileuse de laine, r. du Chinois, 1.
Malgat Jean, chaudronnier, rue Crébillon, n. 19.
Malgat Ferréol, rentier, rue de Gray, n. 29.
Malgat Pierre, chaudronnier-poêlier, rue Jeannin, n. 62.

Malgat Jules, poêlier, rue St-Nicolas, n. 56.
Malharbet Jacques, charron, rue Devosge, n. 16.
Malivernet Victor, menuisier, place Darcy, n. 3.
Mallard Cécile Mlle, lingère, rue Bassano, n. 13.
Mallard Denis, marchand de farines, rue Bassano, n. 60
Mallard veuve, née Tille, propriétaire, rue Buffon, n. 37.
Mallard Victor, nettoyeur, rue du Chaignot, n. 14.
Mallard Etienne, journalier, rue Charrue, n. 5.
Mallard Nicolas, cabaretier-logeur, r. Chaudronnerie, 17.
Mallard Jacques, huissier, rue des Etioux, n. 7.
Mallard François, employé, rue du Gaz, n. 10.
Mallard Nicolas, cafetier, rue Jeannin, 71.
Mallard Jacques, plâtrier, rue Longepierre, n. 12.
Mallard Louis fils, rue Longepierre, n. 12.
Mallard Hippolyte fils, rue Longepierre, n. 12.
Mallard Augustin, capitaine en retraite, r. Richelieu, 2.
Mallat Jean-Baptiste, rentier, rue Ste-Catherine, n. 36.
Mallet Blaise, propriétaire, rue Devosge, n. 51.
Mallet François, taupier, rue Vannerie, n. 28.
Malloir Ernest, banquier, rue Ste-Anne, n. 1.
Mallot veuve, rentière, rue Chabot-Charny, n. 11.
Malmondi Georges, gendarme, rempart du Château, 4.
Malnoury Pierre, forgeron, rue du Bourg, n. 22.
Malnoury Etienne, journalier, rue Dubois, n. 1.
Malnoury Jean-Baptiste, rentier, rue des Forges, n. 64.
Malnoury veuve, née Durand, revendeuse de volailles,
 rue Odebert, n. 2.
Malnoury Louis, garçon de magasin, ruelle St-Lazare.
Malnoury Jean, loueur en garni, rue St-Pierre, n. 40.
Malterre Sébastien, maçon, rue des Forges, n. 52.
Malteste Ve, née Perret, rentière, r. des Bons-Enfants, 7.
Malteste L.-V., juge-suppléant, rue des Bons-Enfants, 7.
Mamet Jean-Baptiste, journalier, rue Bassano, n. 54.
Manchematin Jean-Baptiste, rue Bassano, n. 1.
Manchematin Prosper, ferreur, route de Lyon.
Mandle Joseph, menuisier, rue Crébillon, n. 23.
Manelle J.-B., homme d'équipe, rue de l'Arquebuse, 21.
Manelle Alexandre, nettoyeur, rue des Perrières, n. 32.
Manetta veuve, née Morisot, rentière, rue St-Nicolas, 58.
Mangin Joseph, nettoyeur, rue de l'Arquebuse, n. 24.

Mangin Vᵉ, née Gabion, rentière, r. de l'Ecole-de-droit, 6.
Mangin François, chiffonnier, rue de Gray, n. 33.
Mangonnet Pierre, empl. d'octroi, r. du Petit-Cîteaux, 5.
Manguin Eugène, commis, rue Devosge, n. 16.
Manheimer Nathan, rue Quantin, n. 6.
Manière François, journalier, avenue du Réservoir.
Manière Jacques, peintre, rue Bassano, n. 58.
Manière J., vivandier, r. Petite-des-Poussots (Californie).
Manière Jean-Baptiste, vivandier, rue Petite-des-Poussots (Californie).
Manière P., march. de marrons, r. du Champ-de-Mars, 6.
Manière Jean, manouvrier, rue Dubois, n. 8.
Manière François, libraire, place d'Armes, n. 22.
Manières Ferdinand, charpentier, rue Berbisey, n. 130.
Manières Anne Mlle, lingère, rue Neuve-Dauphine, n. 2
Manières Hippolyte, fondeur, rue de la Gare, n. 13.
Manières Nicolas, march. de bétail, rue des Moulins, 48.
Manières Nicolas, journalier, rue du Petit-Cîteaux.
Manières Pierre, employé, rue du Petit-Cîteaux, n. 4.
Manières Denis, cantonnier, port du Canal.
Manières N., fileur de laine, r. du Pont-des-Tanneries, 12.
Manières Jean-Baptiste, boucher, rue des Tanneries, 23
Manine François, maçon et cabaretier, r. Saumaise, 46.
Mann Romain, forgeron, rue de l'Ile, n. 4.
Mannevaux Jean, jardinier, rue de l'Ile, n. 14.
Mannoy Michel, marchand tailleur, r. Chabot-Charny, 51.
Mant Eugène, manouvrier, rue Magenta.
Mantelet Jules, tapissier, rue des Forges, n. 26.
Manton veuve, rentière, rue de l'Arquebuse, n. 3.
Mantoux, marchand de bascules-balances, rue Docteur-Maret, n. 4.
Manuel Charles, fab. de sucre, président de la Chambre de commerce, rue de l'Ecole-de-droit, n. 7.
Manuel Dominique, nettoyeur, rue du Mouton, 3 *ter*.
Marache Jean, ancien gendarme, rue Crébillon, n. 15.
Marais Pierre, chargeur, rue Odebert, n. 2.
Marandet Denis, propriétaire, rue de la Gare, n. 13.
Marandet Michel, cordonnier, rue de la Préfecture, 101.
Marandet Jean, marchand de grains, r. de la Prévôté, 2
Marandet Emile, march. de grains, rue de la Prévôté, 2.

Marandet Félix, march. de grains, rue de la Prévôté, 2.
Marc Mme, née Daujon, rentière, r. de la Préfecture, 115.
Marc Jules, commis voyageur, rue Vannerie, n. 90.
Marcaise Philippe, propriétaire, rue d'Auxonne, n. 51.
Marcaire Félix, march. de bougies, rue des Godrans, 84.
Marcan Auguste, rentier, rue Guillaume, n. 6.
Marcand François, vivandier, rue de Montmuzard, n. 24.
Marceau Jean-Baptiste, menuisier, pl. du Morimont, 14.
Marcel Louis, sacristain, rue Musette, n. 2 *bis*.
Marcel veuve, née Achery, rentière, rue St-Nicolas, n. 9.
Marcel Louis, rentier, rue Saint-Philibert, n. 27.
Marcellet Sébastien, plâtrier, rue d'Assas, n. 20.
Marcellin veuve, née Billée, rue Sainte-Marguerite, 59.
Marchal Joseph, rue Sainte-Catherine, n. 13.
Marchal François, homme d'équipe, rue Vannerie, n. 17.
Marchand Lucien, conducteur des ponts et chaussées,
    rue d'Assas, n. 4.
Marchand Alexis, tonnelier, rue d'Assas, n. 26.
Marchand Pierre, ouvrier cordonnier, r. d'Auxonne, 49.
Marchand Joseph, imprimeur, rue Bassano, n. 12.
Marchand Jacques, propriétaire, rue Berbisey, n. 31.
Marchand Louis, docteur-médecin, rue Berbisey, n. 31.
Marchand Michel, fruitier, rue Chabot-Charny, n. 46.
Marchand V^e, née Leclerc, ouvrière, r. Chaudronnerie, 38.
Marchand veuve, ouvrière, rue Neuve-Dauphine, n. 1.
Marchand Pierre, journalier, rue Magenta.
Marchand François, ajusteur, rue de la Manutention, 7.
Marchand Hugues, jardinier, rue des Moulins, n. 19.
Marchand Pierre, jardinier, rue des Moulins, n. 55.
Marchand Claude, vigneron, port du Canal, n. 19.
Marchand Sara Mlle, ouvrière, rue Vannerie, n. 98.
Marchand Jean-Jacques, propriétaire (pied-à-terre), rue
    Verrerie, n. 30.
Marchand, liquoriste, rue du Vieux-Collége, n. 13.
Marchandon J.-B., tail. de pierres, route de Plombières.
Marche Joseph, capitaine en retraite, rue Verrerie, n. 45.
Marchet Gustave, libraire, rue Audra, n. 8.
Marchet Gustave, libraire, rue Bossuet, n. 6.
Marchet Joseph, rue des Novices, n. 11.
Marchet Pierre, rentier, rue Richelieu, n. 9.

Marchevet Louis, tonnelier, ch. couv. de la Belle-Etoile.
Marciaux Jean-Baptiste, vigneron, r. des Moulins, 45 *bis*.
Marcigny Henri, journalier, rue des Godrans, n. 88.
Marcillet veuve, née Décote, jardinière, grande rue Galoche, n. 10.
Marcillet Pierre-Eugène fils, grande rue Galoche, n. 10.
Marcillet Jean, vigneron, rue des Ormeaux, n. 6.
Marcillet Fr., march. de charbon, pl. du Morimont, 18.
Marcilly Jean-Baptiste, boulanger, rue Buffon, n. 16.
Marcilly Jeanne, ouvrière, rue de la Préfecture, n. 87.
Marcilly (de) Elisabeth Mlle, rentière, rue St-Pierre, n. 7.
Marconnais Jean, menuisier, allée des Chartreux, n. 8.
Marcot Franç., employé, rue Amiral-Roussin, n. 38.
Marcot François, journalier, rue de la Préfecture, n. 76.
Mare Jean-Baptiste, tonnelier, rue Bassano, n. 73.
Maréchal Amélie Mlle, march. modiste, r. du Bourg, 8.
Maréchal Adèle Mlle, rentière, rue Bassano, n. 7.
Maréchal Ve, née Grivot, manouvrière, r. Bassano, n. 54.
Maréchal Jean, concierge, rue de l'Ecole-de-Droit, n. 5.
Maréchal Antoine, ouvrier ébéniste, r. François-Rude, 28.
Maréchal Clarisse Mlle, ouvrière, rue des Godrans, 48.
Maréchal veuve, née Ancemot, propriétaire, rue des Godrans, n. 62.
Maréchal Claude, menuisier, rue de Gray, n. 31.
Maréchal Vital, forgeron, rue de l'Hôpital, n. 29.
Maréchal Simon, sous-chef d'équipe, r. des Perrières, 18.
Maréchal Jules, tailleur, rue du Petit-Potet, n. 32.
Maréchal Jean-Baptiste, chapelier, r. de la Préfecture, 2.
Maréchal Jean-François fils, rue de la Préfecture, n. 2.
Maréchal Paul, cafetier, rue de la Prévôté, n. 4.
Maréchal François, contre-maître, rue des Roses, n. 3.
Maréchal Jean-Baptiste, contre-maître, rue des Roses, 3.
Maréchal Joseph, propriétaire, rue St-Bernard, n. 4.
Maréchal veuve, née Boyer, ouvrière, rue St-Nicolas, 3.
Maréchal Pierre, garçon boulanger, rue St-Nicolas, 83.
Maréchal Ve, née Garnier, couturière, r. St-Philibert, 15.
Maréchal veuve, sans profession, rue Verrerie, n. 4.
Marèche Joseph, camionneur, rue Docteur-Maret, n. 6.
Maret Isidore, relieur, avenue du Réservoir.
Maret veuve, née Compain, rentière, rue du Chaignot, 18.

Maret Claude, manouvrier, rue de Pouilly, n. 5.
Maret veuve, née Hébert, rentière, rue St-Philibert, 73.
Marcuse veuve, née Perrot Marie, propriétaire, rue Saumaise, n. 53.
Marey Ferdinand, propriétaire, rue Jeannin, n. 1.
Marcy veuve, née Chapuis, propriétaire, rue Turgot, 10.
Marey Jeanne Mlle, ouvrière, rue Vannerie, n. 25.
Marfaire Claude, journalier, rue St-Nicolas, n. 40.
Marfot Anselme, marchand ambulant, rue Magenta.
Margant François, voiturier, r. Derrière-les-Tanneries, 3.
Marguerie Maximilien, inspecteur en retraite, rue St-Bernard, n. 4.
Margot Antoine, ouvrier chapelier, rue St-Nicolas, 52.
Margueron François, employé au chemin de fer, chemin couvert de la Belle-Etoile, n. 25.
Marguery Louis, chauffeur, rue d'Abuy, n. 12.
Marguery Claude, propriétaire, rue d'Auxonne, n. 19.
Marguery Hippolyte, tonnelier, rue d'Auxonne, n. 19.
Marguery Ve, née Moreau, jardinière, rue d'Auxonne, 43.
Marguery Toussaint, jardinier, rue d'Auxonne, n. 43.
Marguery veuve, rue d'Auxonne, n. 59.
Marguery Pierre, serrurier, rue Bassano, n. 6.
Marguery Ve, née Vochez, couturière, r. du Bourg, n. 28.
Marguery veuve, couturière, rue du Chapeau-Rouge, 3.
Marguery Claude, vigneron, rue du Chinois, n. 2.
Marguery Pierre, propriétaire, rue de la Colombière, 20.
Marguery Philibert, jardinier, cours du Parc, n. 7.
Marguery Jean-Baptiste, jardinier, rue du Gaz, n. 13.
Marguery veuve, rue des Godrans, n. 53.
Marguery Jacques, lampiste, rue Guillaume, n. 43.
Marguery Claude, propriétaire, rue de Longvic, n. 6.
Marguery veuve, née Camus, rue de Longvic, n. 6.
Marguery Jean-Baptiste, march. de bétail, r. Jeannin, 42.
Marguery veuve, née Nicolaï, cabaretière, rue de la Manutention, n. 9.
Marguery Alexandre, relieur, rue St-Nicolas, n. 38.
Marguery veuve, née Menevalle, rentière, rue des Tanneries, n. 6 bis.
Marlé François, commis principal, r. de l'Arquebuse, 22.
Marlo Marie Mlle, femme de ménage, rue Bassano, n. 57.

Marie Jean, concierge, rue Chabot-Charny, n. 41.
Marie Louis, employé au gaz, cours du Parc, n. 9.
Marie Thérèse, institution de pensionnat, r. de Gray, 2.
Marie Louise Mlle, rentière, rue Jeannin, n. 59.
Marielle Gaspard, comptable, rue de l'Arquebuse, n. 14.
Marielle Mlle, rentière, rue Chabot-Charny, n. 19.
Marielle Marc, propriétaire, chemin de limite (Perrières).
Marielle Nicolas, marchand papetier, rue Piron, n. 1.
Marigny, ex-boulanger, rue de Pouilly, n. 5.
Mariguet Thérèse Mlle, ouvrière, rue St-Nicolas, n. 83.
Marillier Simon, rue de Longvic, n. 17.
Marillier Jean-Bapt., au télégraphe, r. de l'Arquebuse, 21.
Marillier, propriétaire, rue d'Auxonne, n. 32.
Marillier Jean-Baptiste, chauffeur au chemin de fer, rue
    Bassano, n. 110.
Marillier Frédéric, grenetier, rue du Gaz, n. 4.
Marillier Denise Mlle, rentière, rue St-Pierre, n. 28.
Marin Alexandre, maréchal des logis de gendarmerie en
    retraite, rue Saumaise, n. 18.
Marinet Antoine, domestique, rue Bassano, n. 75.
Marinot Jean-Baptiste, boulanger, rue Verrerie, n. 6.
Marion Guillaume, propriétaire, rue Bassano, n. 17.
Marion Jules, rentier, rue Bassano, n. 17.
Marion François, propriétaire, rue Mably, n. 3.
Marion Adrien, greffier en chef, place St-Pierre, n. 4.
Mariotte, relieur, rue d'Assas, n. 25.
Mariotte Louis, menuisier, rue Berbisey, n. 66.
Mariotte Emile, relieur, rue du Champ-de-Mars, n. 20.
Mariotte veuve, née Viard, journalière, chemin de li-
    mite (Perrières).
Mariotte veuve, rentière, rue de Pouilly, n. 31.
Mariotte Jean-Baptiste, doreur, rue Richelieu, n. 10.
Maritoux Claude, rentier, rue Turgot, n. 8.
Marlet Antoine, manouvrier, clos Morin, rue de Mont-
    muzard.
Marlet Jean, maçon, rue St-Nicolas, n. 27.
Marlien Jean-Baptiste, au chem. de fer, r. Berbisey, 102.
Marlio Edmond, rentier, rue Condé, n. 35.
Marlot François, peintre, rue Vannerie, n. 32.
Marlot Jean-Baptiste, serrurier, viaduc de l'Arquebuse.

Marmier François, conducteur des ponts et chaussées, rue de la Gare, n. 1.

Marmier Louis, inspecteur d'académie, rue Jeannin, 2.

Marmora veuve, née Bouvet, rentière, rue Charrue, 11.

Marmora Edmond, march. de brosses, rue Condé, n. 20.

Marmora Léon, march. de brosses, rue des Etioux, n. 2.

Marmora Jean, conducteur de trains, r. Guillaume-Tell.

Marnas Isidore, marchand tailleur, rue St-Pierre, n. 2.

Marnotte Nicolas, charpentier, rue du Chaignot, n. 14.

Marnotte Mme, née Mallard, rentière, chemin couvert de la Belle-Etoile.

Marnotte Mme, femme de ménage, r. de la Manutention, 7.

Marnotte Claude, serrurier, rue St-Nicolas, n. 36.

Marnotte Nicolas, charpentier, pont des Tanneries, n. 6.

Maron Jeanne Mlle, journalière, r. de la Préfecture, 80.

Marotte veuve, née Drouelle, rue Menevalle.

Marotte Antoine, homme d'équipe, rue Menevalle.

Marpeau Pierre, conducteur de voitures, r. Proudhon, 13.

Marquet, profes. au Lycée, rue du Chapeau-Rouge, n. 12.

Marquet Antoine, homme d'équipe, rue Febvret, n. 6.

Marquet Ve, née Theuriet, ouvrière, rue des Godrans, 5.

Marquet Jean-Baptiste, vigneron, rue de Gray, n. 43.

Marquet Hubert, marchand tailleur, rue Guillaume, 55.

Marquet Léon, manouvrier, rue de Longvic, n. 49.

Marquet Joseph, propr. vigneron, route de Longvic.

Marquet Victor, vigneron, hameau de Mirande.

Marquet Antoine, propr. jardinier, r. de Montmuzard, 35.

Marquet veuve, née Fagot, rue St-Nicolas, n. 93.

Marquet veuve, née Olivier, revendeuse, r. de Suzon, 2.

Marquet veuve, née Piton, rue Verrerie, n. 38.

Marquignon Mme, veuve Patois, couturière, rue Guillaume, n. 16.

Marquiset, manouvrier, rue Saumaise, n. 16.

Marson veuve, née Piguey, rentière, r. des Tanneries, 27.

Marteaux veuve, née Fournerat, rue Saumaise, n. 27.

Martel veuve, née Thomassin, rue de Montigny, n. 2.

Martelet Régis, marchand de fromages et de bois, rue des Perrières, n. 2.

Martenet veuve, propriétaire, rue Jeannin, n. 26.

Martenne Claude, manouvrier, rue Magenta.

Martenot Blaise, perruquier, rue Bassano, n. 116.
Martenot Marguerite, lingère, rue du Bourg, n. 2.
Martenot André, voyageur de commerce, r. Buffon, 28.
Martenot Marguerite, rentière, rue des Forges, n. 3.
Martenot Jean-Baptiste, menuisier, rue des Godrans, 88.
Martenot Jacques, manouvrier, rue de l'Hôpital, n. 3.
Martenot, officier en retraite, rue du Bourg, n. 63.
Martenot Etienne, charpentier, rue Magenta, n. 15.
Martenot François, épicier propriétaire, r. Magenta, 15.
Martenot Antides, manouvrier, rue du Mouton, n. 13.
Martenot Alexis, manouvrier, rue du Petit-Cîteaux.
Martenot Jean-Baptiste, cabaretier-logeur, rue de la Préfecture, n. 111.
Martenot Jean-Baptiste, entrepreneur maçon, rue Saint-Philibert, n. 28.
Martiai Claude, scieur de long, rue du Chaignot, n. 14.
Martin veuve, née Guyot, propriétaire, rue Buffon, n. 59.
Martin Hubert, fabricant de savon, rue d'Ahuy.
Martin Charles, employé au chemin de fer, rue de l'Arquebuse, 7.
Martin François, jardinier, rue d'Auxonne, n. 18.
Martin Jean, rentier, rue Bassano, n. 9.
Martin Jeanne Mlle, maîtresse de pension, r. Bassano, 9.
Martin Marie Mlle, maîtresse de pension, r. Bassano, 9.
Martin Claude, limeur, rue Berbisey, n. 69.
Martin Auguste, corroyeur, rue Berbisey, n. 71.
Martin André, ébéniste, rue Berbisey, n. 73.
Martin veuve, née Roy, rue Berbisey, n. 73.
Martin Jean, vigneron, à la Californie.
Martin Victor, inspec. des postes, r. Chabot-Charny, 22.
Martin Pierre, rentier, rue Chabot-Charny, n. 77.
Martin Jules, préposé en chef de l'octroi, rue Chabot-Charny, n. 77.
Martin Louis, à l'équipe, rue du Chaignot, n. 14.
Martin Marie Mlle, rentière, rue Charrue, n. 22.
Martin veuve, née Moreau, ouvrière, cour de la Faïencerie, n. 8 *bis*.
Martin veuve, née Jacquelin, femme de ménage, rue Docteur-Maret, n. 10.
Martin, scieur de bois, rue Dubois, n. 8.

Martin Mélanie Mlle, marchande de tissus, rue François-Rude, n. 18.

Martin Xavier, restaurateur, rue de la Gare, n. 8.

Martin veuve, rentière, rue de Gray, n. 8.

Martin, ouvrier fondeur, rue de Gray, n. 29.

Martin Vital, boulanger, rue Guillaume, n. 59.

Martin Auguste, maroquinier, rue de l'Ile, n. 4.

Martin veuve, ouvrière, rue Jeannin, n. 29.

Martin Jean-Baptiste, ouv. menuisier, rue Madeleine, 9.

Martin Vᵉ, née Clerget, journalière, r. des Moulins, 52.

Martin Joseph, journalier, port du Canal, n. 15.

Martin veuve, née Besson, rentière, r. de la Prévôté, 6.

Martin Alphonse, march. de grains, rue de la Prévôté, 6.

Martin, marchand de grains, rue de la Prévôté, n. 15.

Martin Jacques, journalier, rue Roulotte, n. 27.

Martin Joseph fils, rue Roulotte, n. 27.

Martin, veuve Parizot, vigneronne, Fontaine Ste-Anne.

Martin Marie Mlle, lingère, rue St-Nicolas, n. 40.

Martin Fleury, fabricant de bois de galoches, rue Saint-Nicolas, n. 93.

Martin Anne Mlle, rentière, rue St-Philibert, n. 16.

Martin Pierre, professeur, rue St-Philibert, n. 24.

Martin Claude, berger, rue St-Philibert, n. 28.

Martin veuve, née Moissenet, rue St-Pierre, n. 4.

Martin Mme, née François, sage-femme, r. St-Pierre, 42.

Martin, ouvrier tapissier, rue Saumaise, n. 20.

Martin Eugène, élève architecte, rue Saumaise, n. 63.

Martin Marie Mlle, couturière, rue Verrerie, n. 42.

Martinet veuve, rentière, rue St-Nicolas, n. 98.

Marting Nicolas, cloutier, faubourg Rennes, n. 27.

Marty Gabriel, blanchisseur de chapeaux de paille, rue Musette, n. 9-11.

Marx, rabbin, rue St-Martin, n. 6.

Mary Louis, percepteur, rue Docteur-Maret, n. 2.

Mary Claude, journalier, rue de l'Ile, n. 1.

Mary Joseph, plâtrier, place du Morimont, n. 13.

Mary Auguste, employé de commerce, rue Verrerie, 17.

Marzo Joseph, potier d'étain, rue des Forges, n. 60.

Massapoux Anaïs Mlle, ouvrière, rue de Clairvaux, n. 10.

Massapoux Mme, née Froment, ouvr., r. Guillaume, 25.

Massard Marie Mlle, ouvrière en robes, rue Buffon, 12.
Masse Pierre, journalier, rue Proudhon, n. 18.
Massé Toussaint, berger, r. du Pont-des-Tanneries, 6 *bis*.
Massenot Philippe, aiguilleur, rue Bassano, n. 79.
Massenot veuve, née Paupion, marchande de souliers, rue du Bourg, n. 43.
Massenot Antoine, artiste peintre, rue Chantal, n. 5.
Massenot Louis, agent de police, chemin couvert de la Belle-Etoile, n. 30.
Massenot Jules, ouvrier forgeron, rue Jeannin, n. 48.
Massenot V^e, née Berger, rentière, place St-Michel, 19.
Massenot, rue Sambin, n. 17.
Massenot V^e, née Moret, revendeuse, r. du Tribunal, 3.
Massey (de) veuve, née Marie, marchande de fil à coudre, rue Vannerie, n. 68.
Massin Claude, vigneron, rue Ste-Catherine, 36.
Massiotte Jean-Baptiste, serrurier, rue du Tillot, n. 3.
Massol (de) veuve, née Bernard, propriétaire, rue des Godrans, n. 1.
Masson veuve, rentière, route d'Auxonne, n. 66.
Masson Jean-Baptiste, à l'équipe, rue Bassano, n. 9.
Masson François, journalier, rue Berbisey, n. 100.
Masson Jules, passementier, rue du Bourg, n. 1.
Masson François, serrurier, rue Buffon, n. 32.
Masson veuve, née Guillier, rentière, rue Cazotte, n. 4.
Masson Jacques, président du tribunal de commerce, rue Chabot-Charny, n. 49.
Masson Nicolas, tapissier, rue Chaudronnerie, n. 20.
Masson Jean-Baptiste, capitaine en retraite, chemin de Talant, n. 27.
Masson Jeanne-Eugénie Mlle, chemin de Talant, n. 27.
Masson Toussaint, peintre, rue de Clairvaux, n. 3.
Masson veuve, cordonnière, rue Dauphine, n. 4.
Masson Jean-Bapt.-Eugène, tapissier, r. des Forges, 56.
Masson Ernest fils, rue des Forges, n. 56.
Masson Eugène, fripier, rue François-Rude, n. 17.
Masson Anne Mlle, garde-malade, r. François-Rude, 22.
Masson Marie Mlle, rue de la Gare, n. 7.
Masson Louis, entrepreneur maçon, rue du Gaz, n. 25.
Masson Anne Mlle, ouvrière, rue des Godrans, n. 62.

Masson, fabricant de biscuits, rue de Gray, n. 16.
Masson d'Autun, propriétaire, rue Jeannin, n. 32.
Masson, rue de la Madeleine, n. 1.
Masson Jean-Baptiste, peintre, rue de Montmuzard, 11.
Masson Michel, homme de magasin, place Darcy, n. 2.
Masson, négociant, place du Morimont, n. 9.
Masson de Labretenière Louise Mlle, propriétaire, place
   St-Michel, n 17.
Masson Louis, chapelier, rue de Pouilly, n. 35.
Masson veuve, journalière, rue de la Préfecture, n. 114.
Masson veuve, née Huot, propriétaire, rue Proudhon, 17.
Masson Eugène, avocat, rue Proudhon, n. 17.
Masson Remy, gendarme, rempart du Château, n. 4.
Masson veuve, née Vergat Marie, rue Roulotte, n. 19.
Masson Jean-Baptiste, voiturier, Ruelle-aux-Prêtres, 2.
Masson Mathieu, manouvrier, Ruelle-aux-Prêtres, n. 2.
Masson veuve, rue St-Nicolas, n. 22.
Masson Jean-Baptiste, march. épicier, r. St-Nicolas, 29.
Masson Louis, cordonnier, rue St-Nicolas, n. 96.
Masson Bernard, nettoyeur, rue Turgot, n. 2.
Masson Louis, cordonnier, rue Verrerie, n. 39.
Massot, ouvrier tailleur de pierres, rue Petite-des-Pous-
   sots (Californie).
Massot Edmond, concierge, hameau de Mirande.
Massu Franç., voyageur de commerce, r. des Forges, 20.
Massu François, homme d'équipe, r. de l'Hôpital, 3 *bis*.
Massu François, chaudronnier, r. de la Manutention, 16.
Mathias Jean-Baptiste, plâtrier, rue Guillaume, n. 21.
Mathelie François, grenetier, rue Vannerie, n. 77.
Mathelin Pierre, entrepreneur, rue Sambin, n. 6.
Mathey Camille, manouvrier, allée des Chartreux, n. 10.
Mathey Jeanne Mlle, rentière, rue Amiral-Roussiu, 19.
Mathey Catherine Mlle, rentière, rue Amiral-Roussin, 19.
Mathey Louis, domestique, rue de Clairvaux, n. 10.
Mathey Franç. Mlle, loueuse en garni, cour des Poisses, 4.
Mathey veuve, née Bailly, femme de ménage, r. Mably, 6.
Mathey Pierrette Mlle, lingère, rue Mably, n. 6.
Mathey Jacques, épicier, rue Magenta, n. 2.
Mathey Vᵉ, née Rougeot, rentière, place du Morimont, 7.
Mathey, sellier-carrossier, place du Morimont, n. 7.

Mathey Denis, serrurier en voitures, pl. du Morimont, 4.
Mathey Antoine, vidangeur, rue de Pouilly, n. 1.
Mathey veuve, née Chevignard, r. de la Préfecture, 63.
Mathey Joseph-Ernest fils, rue de la Préfecture, 63.
Mathey Philibert, plâtrier, rue Ste-Catherine, n. 23.
Mathey Antoine, cordonnier, rue Ste-Marguerite, n. 6.
Mathey, vigneron, rue St-Nicolas, n. 38.
Mathey Bernard, ancien cafetier, rue St-Philibert, n. 77.
Mathey Claude-Victor, propriétaire, rue Sambin, n. 9.
Mathieu veuve, rentière, rue Buffon, n. 13.
Mathieu Victor, orfévre, rue Condé, n. 43.
Mathieu V^e, née Lecloux, blanchisseuse, r. des Forges, 50.
Mathieu Madeleine, march. de tissus, r. de l'Hôpital, 3.
Mathieu veuve, rentière, rue des Godrans. n. 1.
Mathieu Prosper, ancien juge, rue Longepierre, n. 16.
Mathieu Jean-Lucien fils, rue Longepierre, n. 16.
Mathieu Paul, propriétaire, rue du Petit-Potet, n. 16.
Mathieu Victor, cartonnier, place du Morimont, n. 1.
Mathieu, rue de la Préfecture, n. 20.
Mathieu Claude, propriétaire, rue de Suzon, n. 5.
Mathieu Adèle Mlle, rentière, rue du Tillot, n. 4.
Mathieu Prosper, colonel en retraite, r. Victor-Dumay, 5.
Mathiot Hippolyte, distillateur, rue de Venise.
Mathiron, imprimeur, rue Vauban, n. 13.
Mathis Charles, cordonnier, rue Berbisey, n. 24.
Mathis Marguerite Mlle, ouvrière en robes, rue du Petit-
   Potet, n. 32.
Mathis veuve, rue Sainte-Catherine, n. 12.
Mathonnet Auguste, opticien, place d'Armes, n. 20.
Matrat Antoine, coiffeur, rue Amiral-Roussin, n. 42.
Matrat Claude, vannier, rue du Bourg, n. 29.
Matrat Françoise Mlle, propriétaire, r. St-Philibert, 65.
Matrot Jacques, rentier, rue des Moulins, n. 30.
Matrot veuve, née Thibaut, concierge, rue Verrerie, 37.
Matrot Prosper, menuisier, rue Verrerie, n. 37.
Matry Pierre, balayeur, rue Jeannin, n. 63.
Matry, avocat, rue Legoux-Gerland, n. 5.
Matuchet Pierre, aumônier de l'Hôpital, r. de l'Hôpital, 2.
Mattenet Louis, fondeur, rue Montigny, n. 7.
Maubert Joseph, couvreur, rue Berbisey, n. 52.

Mauchassé Jacques, garde particulier, rue Jeannin, 81.

Mauchevat Jean-Bapt., lessiveur, allée des Chartreux, 4.

Maucler Claude, journalier, rue de l'Ile, n. 4.

Maudot veuve, née Seignot, ouvrière, cour de la Grenouille, n. 2.

Maufus Séb., march. de poissons, allée des Chartreux.

Maufut Jean, rentier, rue Saint-Nicolas, n. 51.

Maugey Pierre, scieur de marbre, allée des Chartreux, 8.

Maugey François, inspecteur de la compagnie *le Monde*, rue des Forges, n. 50.

Maugey Pierre, sellier, rue des Godrans, n. 65.

Maugey, propriétaire, place Saint-Michel, n. 35.

Mauguin, ancien concierge, rue d'Auxonne, n. 49.

Maulbon d'Arbaumont Henri, prop., aux Argentières.

Maulbon d'Arbaumont Jules, prop., aux Argentières.

Maulbon d'Arbaumont Jules, prop., rue Saumaise, n. 43.

Maulbon Auguste, tanneur, rue Crébillon, n. 15.

Maumenet veuve, née Moniot, rue Bossuet, n. 8.

Maumenet Françoise Mlle, lingère, rue Bossuet, n. 8.

Maupin François, cartonnier, rue Bassano, n. 9.

Maupin veuve, coiffeuse, rue Bossuet, n. 29.

Maurice Publius, cordonnier, rue Bassano, n. 114.

Maurice Louis, allumeur au gaz, rue du Bourg, n. 9.

Maurice Louis, capitaine en retraite, rue Charrue, n. 28.

Maurice Jean-Baptiste, ébéniste, rue de Gray, n. 27.

Maurice Antoine, marchand de légumes, rue Odebert, 3.

Maurice Antoine, conducteur, rue des Marmuzots, n. 3 (Perrières).

Maurice Jean-Gaspard, rentier, rue de la Préfecture, 27.

Maurice Jules, manouvrier, rue Sainte-Catherine, n. 13.

Maurice Auguste, manouvrier, rue Sainte-Catherine, 13.

Maurice Christophe, capitaine en retraite, r. St-Pierre, 1.

Maurice J.-B., cond. des ponts et chaussées, r. Turgot, 4.

Maurisset François, tailleur, rue des Etioux, n. 6.

Mauzat Jean, employé au chem. de fer, port du Canal, 14.

Mavoir J.-B., cabaretier, voiturier, rue de la Gare, n. 6.

Mavoir Emile, cuisinier, rue de la Gare, n. 6.

Mavoir Emile, tailleur de pierres, rue de la Gare, n. 6.

Mavoir Philippe, propriétaire, rue de la Gare, n. 10.

Mavoir Marie Mlle, femme de ménage, r. St-Philibert, 50.

Max Geoffroy, avocat, rue Vannerie, n. 28.
May Samuel, rentier, rue des Godrans, n. 66.
May Julie Mlle, modiste, rue Verrerie, n. 9.
Mayer Jean, retraité, rue Buffon, n. 38.
Mayer veuve, née Moreau. rue Charrue, n. 5.
Mayer, voyageur de commerce, rue Musette, n. 10.
Mayer Hayette Mlle, lingère, rue Turgot, n. 21.
Mayère L., buandier, r. Petite-des-Poussots (Californie).
Mayet, sculpteur, rue Jeannin, n. 69.
Mazeau Louis, rentier, rue Charrue, n. 28.
Mazeau, rue des Forges, n. 50.
Mazeau Alphonse, ancien avoué, r. Guyton-Morveau, 5.
Mazetier Etienne, teinturier, place d'Armes, n. 18.
Mazier veuve, née Pernin, cafetière, rue Lamonnoye.
Mazier Mlle, cafetière, rue Lamonnoye.
Mazoyer Claude, débitant de vin, cour des Poisses, 16.
Mazoyer, propriétaire, rue Montigny, n. 18.
Mazoyer, rue de Montmuzard, n. 43.
Mazoyer, rue Roulotte, n. 22.
Mazoyer Jean, propriétaire, rue Vannerie, n. 47.
Méant Antoine, peintre, rue du Chaignot, n. 30.
Méant Julien, ancien peintre, rue de la Colombière, n. 5.
Méant Hippolyte, peintre, rue de la Colombière, n. 5.
Méau René, peintre, chem. couvert de la Belle-Etoile, 11.
Meaux Pierrette, femme de ménage, rue Guillaume, 54.
Medard Louis, tripier, rue du Bourg, n. 49.
Mégret Théodore, manouvrier, rue Petite-des-Poussots
    (Californie).
Meilleure Pierre, manouvrier, rue du Bourg, n. 76.
Meilleur Antoine, scieur de bois, rue Piron, n. 44.
Melard Ant., march. de bétail, allée de la Retraite, n. 10.
Melard Georges fils, allée de la Retraite, n. 10.
Melchior Eugène, lithographe, rue Bossuet, n. 8.
Meleix Pierre, homme d'épulpe, rue de l'Arquebuse, 9.
Mélinand Pierre, chapelier, rue Devosge, n. 16.
Melin Nicolas, marchand de journaux, rue Musette, 24.
Meline Françoise Mlle, domestique, r. Amiral-Roussin, 7.
Méline Auguste, march. de tissus, r. Amiral-Roussin, 48.
Méline Claudine Mlle, blanchisseuse, rue Berbisey, 28.
Méline Jean-Baptiste, propriétaire, rue de Gray, n. 23.

Meline Marie Mlle, modiste, place d'Armes, n. 10.
Meline Joseph, manouvrier, rue Sambin, n. 15.
Melon Benoît, scieur de bois, rue d'Assas, n. 13.
Melot Marie, rentière, rue Amiral-Roussin, n. 29.
Melot Denis, ancien employé d'octroi, chemin couvert de la Belle-Etoile, n. 23.
Melot Gaspard, ouvrier menuisier, r. de la Préfecture, 7.
Melot Pauline Mlle, ouvrière, rue de la Préfecture, n. 9.
Melot Jean-Baptiste, sellier, rue St-Philibert, n. 57.
Melquion Etienne, revendeur, rue Berbisey, n. 45.
Meixmoron (de) Jean-Pierre, propriétaire, rue de la Préfecture, n. 33.
Menajer Mme, née Ledeuil, couturière, cour Bourberain, n. 6.
Menant Gabriel, rentier, rue des Novices, n. 1.
Menant Ve, née Chaumont, rentière, r. de la Prévôté, 1.
Menant François, propriétaire, rue de la Prévôté, n. 1.
Ménard Auguste, empl. à l'*Abeille*, r. de l'Arquebuse, 22.
Ménard veuve, née Gardey, cour des Poisses, n. 10.
Ménard Joseph, typographe, rue des Godrans, n. 41.
Ménard Etienne, maréchal-ferrant, rue Saumaise, n. 55.
Menat Jacques, entrepreneur maçon, chemin couvert de la Belle-Etoile, n. 24.
Menat veuve, née Thibault, chemin couvert de la Belle-Etoile, n. 24.
Menassier Cl., agréé au trib. de commerce, r. Jeannin, 4.
Menelet Georges, cabaretier, rue Vannerie, n. 72.
Ménélon veuve, née Antoine, propriétaire, rue Saint-Pierre, 5.
Menestré Claude, journalier, port du Canal, n. 7.
Menetrier Antoine, cordonnier, rue St-Martin, n. 17.
Menetrier Marie, marchande de poterie, r. St-Martin, 37.
Menetrier Marie Mlle, rentière, rue Verrerie, n. 27.
Mennegoz Julien, marbrier, allée des Chartreux, n. 8.
Menne Pierre, général de brigade retraité, rue de Montigny, n. 13.
Mennegier veuve, journalière, rue Piron, n. 38.
Menner Jeanne Mlle, rentière, rue Longepierre, n. 20.
Menneret Pierre, secrétaire de la faculté de droit, rue du Petit-Potet, n. 29.

Mennetrier Mlle, rentière, rue Chancelier-l'Hôpital, n. 5.
Mennetrier Henri, marchand quincaillier, r. Condé, n. 51.
Mennetrier Jean-Baptiste, fondeur, rue Guillaume-Tell.
Mennetrier, marchand quincaillier, rue Vauban, n. 9.
Menevalle Vᵉ, née Vallot, rentière, r. Docteur-Maret, 2.
Menevalle Vᵉ, née Lamarre, rentière, rue Dubois, n. 6.
Menevalle Denise, rentière, rue Dubois, n. 6.
Menevalle Edme, propriétaire, rue Menevalle, n. 4.
Menevalle Jean-Baptiste, ancien chapelier, r. du Tillot, 6.
Mennevaux Jules, aiguilleur, faubourg Rennes, n. 13.
Mennier Ernest, dessinateur, rue Charrue, n. 12.
Mention Suzanne Mlle, rentière, r. Coupée-de-Longvic, 6.
Meny Joseph, ajusteur, rue de la Gare, n. 6
Méot, relieur, avenue du Réservoir.
Méot Victor, sabotier, rue Dauphine, n. 14.
Méot Jean-Baptiste, cordonnier, rue de Gray, n. 15.
Méot Félix, vigneron, port du Canal, n. 12.
Méot Marie Mlle, journalière, rue Roulotte, n. 19.
Mérand Frédéric, tonnelier, rue de la Gare, n. 1.
Mérandon, sous-inspect. des forêts, r. Victor-Dumay, 8.
Mérat, rentière, rue des Ormeaux, n. 2 *bis*.
Mercey veuve, née Coquet, rentière, rue Verrerie, n. 33.
Mercier Franç., charron-ferreur, r. Chabot-Charny, 21.
Mercier Charles, ouvrier charron, r. Chabot-Charny, 21.
Mercier Jacques, grenetier, rue du Chapeau-Rouge, n. 1.
Mercier Pierre-Auguste, chaudronnier, chemin couvert
    de la Belle-Etoile, n. 11.
Mercier Jules, chapelier, rue Devosge, n. 23.
Mercier veuve, née Mouha Agathe, professeur de mu-
    sique, rue des Etioux, n. 10.
Mercier veuve, née Sirugue, rentière, rue des Etioux, 10.
Mercier Jean-Louis, tailleur, rue des Godrans, n. 98.
Mercier veuve, née Gabet, rentière, rue de Longvic, 20.
Mercier Joseph, ouvrier peintre, rue de Montmuzard, 7.
Mercier veuve, rue Mouha (Perrières), (pied-à-terre).
Mercier, propriétaire, rue de Pouilly, n. 18.
Mercier Jean-Baptiste, coiffeur, rue Rameau, n. 20.
Mercier Onésime, émouleur, rue Saumaise, n. 47.
Mercier Vᵉ, née Martin, rentière, r. Ste-Marguerite, 19.
Mercier Jean-Baptiste, maréchal, r. Ste-Marguerite, 19.

Mercier, manouvrier, rue St-Nicolas, n. 60.
Mercier Antoine, tonnelier, rue des Tanneries, n. 2.
Mercier Claude, cultivateur, rente Valmy.
Mercier Franç., loueur en garni, r. du Vieux-Collége, 12.
Mercy Urbain, vétérinaire, rue des Godrans, n. 5.
Mérelle J.-B., fileur de laine, rue du Petit-Cîteaux, n. 9.
Mérignac (de), propriétaire, rue Vannerie, n. 41.
Merilly Charles, marchand mercier, rue Bossuet, n. 22.
Merilly Christophe, plâtrier, rue Cazotte, n. 10.
Merle Antoine, fumiste, rue Chabot-Charny, n. 53.
Merle Jacques, manouvrier, rue Charrue, n. 10.
Merle Frédéric, carrier, Combe-Serpent.
Merle Anne Mlle, journalière, rue Roulotte, n. 15.
Merle Flavien, chaudronnier, rue St-Nicolas, n. 31.
Merle Pierre, receveur en retraite, r. Vannerie, n. 42.
Merle Joseph, maçon, rue Vannerie, n. 51.
Merlin Vᵉ, née Lamy, propriétaire, r. des Godrans, 30.
Merlin Joseph, rentier, rue de l'Hôpital, n. 3 *bis*.
Merlin Vᵉ, née Coule, rentière, rue de l'Hôpital, n. 35.
Merlin Claude, débitant de tabac, rue de l'Hôpital, n. 35.
Merlin, magasin de tonneaux, port du Canal, n. 14.
Mermillod Etienne, propriétaire, place d'Armes, n. 6.
Merson, colonel en retraite, rue Chancelier-l'Hôpital, 1.
Messager Xavier, march. de couleurs, r. des Godrans, 88.
Messigny Louis, ferblantier, rue Berbisey, n. 61.
Messigny, aubergiste, rue de Gray, n. 6.
Messigny Jacques, négociant en soierie, rue Lamonnoye.
Messigny Pierre, marchand de vin, place d'Armes, n. 6.
Messigny Pierre, domestique, place Darcy, n. 5.
Messner Antoine, brasseur, rue Ste-Marguerite, n. 10.
Mesniladelée (de), Adrien, place St-Jean, n. 21.
Messy Etienne, rue de la Colombière, n. 4.
Métais Jules, propriétaire, mécanicien, rue de la Cité.
Métayer Adolphe, employé, r. des Nantillières (Californ.).
Metman, juge au tribunal, rue Buffon, n. 4.
Metman Etienne fils, rue Buffon, n. 4.
Metzger Aaron, agent d'assurances, rue Verrerie, n. 40.
Meugnier Jean, journalier, rue de l'Ile, n. 4.
Meugniot François, fabricant d'instruments aratoires,
rue Devosge, n. 33.

Meugniot Athanase, employé des postes, r. de la Gare, 15.
Meugniot Julie Mlle, cuisinière, r. de la Préfecture, 27.
Meulien Pierrette Mlle, rue Mably, n. 7.
Meulien Philippe, commis voyageur, rue Mably, n. 7.
Meunier Jean-Baptiste, employé au chemin de fer, rue d'Ahuy, n. 4.
Meunier Pierre-Edouard, agent général de *la France*, rue Longepierre, n. 20.
Meunier Claude, épicier confiseur, r. Chaudronnerie, 16.
Meunier François, charbonnier, rue Odebert, n. 1.
Meunier Jean, marchand de terrerie, rue Piron, n. 54.
Meunier Louis, manouvrier, rue Piron, n. 42.
Meuret Pierre, au chemin de fer, rue Bassano, n. 60.
Meuret Henri, maçon, rue Berbisey, n. 94.
Meuret Jacques, manouvrier, rue Brulard, n. 9.
Meuret Jean-Baptiste, employé au chemin de fer, rue de Clairvaux, n. 1.
Meuret André, maçon, rue Crébillon, n. 22.
Meuret Pierre, poseur, cour du Quartier, n. 15.
Meurgey Mme, journalière, rue du Bourg, n. 50.
Meurgey Pierre, propriétaire, rue Charrue, n. 26.
Meurgey Charles fils, rue Charrue, n. 26.
Meurgey Pierre, propriétaire, cours du Parc, n. 35.
Meurgey Joseph, serrurier, rue Dauphine, n. 7.
Meurgey Louis-Vincent, employé au journal *Le Progrès*, rue Legoux-Gerland, n. 6.
Meurgey Pierre, charpentier, rue de la Maternité.
Meurgey Simon, journalier, rue de Montmuzard, n. 17.
Meurgey Romain, brasseur, rue des Moulins, n. 56.
Meurgey, manouvrier, rue Piron, n. 42.
Meurgey, ex-chef de bureau, rue de la Préfecture, 114.
Meurgey Jean, menuisier, rue du Rabot, n. 2.
Meurgey Jean-Baptiste, jardinier, rue Sambin, n. 19.
Meurin Jean-Baptiste, journalier, rue St-Philibert, n. 55.
Meurisse Camille, employé de la Préfecture en retraite, rue de Gray, n. 15.
Meussot Charles, cocher, rue des Novices, n. 3.
Meut Mme, née Perchet, ouvrière, rue St-Philibert, 61.
Meux Bernard, charcutier, rue Chabot-Charny, n. 103.
Meyer, marchand de vins en gros, rue de l'Arquebuse, 3.

Meyer Joseph, ouvrier cordonnier, r. Chaudronnerie, 4.
Meyer Thibaut, concierge, rue Crébillon, n. 2.
Meyer Mélanie Mlle, ouvrière, rue St-Nicolas, n. 67.
Meyer, marchand de vins en gros, rue St-Philibert, 44.
Meyer Joseph, agent d'affaires, rue Vannerie, n. 64.
Meyer MM., rue du Chaignot, n. 14.
Meyrand Jean-François, capitaine retraité, r. de Suzon, 2.
Mézergue Jean-Baptiste, marchand de parapluies, rue
    Musette, n. 36.
Mialle Joseph, employé d'assurances, rue de la Préfec-
    ture, n. 84.
Mialle Marguerite Mlle, ouvrière, r. de la Préfecture, 84.
Mialle Philiberte Mlle, ouvrière, r. de la Préfecture, 84.
Miandon Nicolas, menuisier, rue du Chaignot, n. 14.
Micant Claude, propriétaire, rue de l'Arquebuse, n. 24.
Michalet Joseph, tonnelier, rue Menevalle, n. 5.
Michalon Marie Mlle, couturière, rue Bassano, n. 112.
Michandon Philibert, rue de l'Ile, n. 2.
Michaud Joseph, chef de trains, rue de l'Arquebuse, 5.
Michaud Philippe, ancien notaire, cours du Parc, n. 13.
Michaud Félix, ouvrier maçon, rue François-Rude, 22.
Michaud Joseph, homme d'équipe, rue de l'Ile, n. 4.
Michaud Claude, ouvrier maçon, rue Odebert, n. 22.
Michaud Jean, logeur, rempart de la Porte-Neuve, 19.
Michaud Jean, logeur, rue Roulotte, n. 39.
Michaud Pierre, ouvrier horloger, rue St-Nicolas, n. 81.
Michaud Louis, grenetier, rue Verrerie, n. 76.
Michaud Pierre, restaurateur, rue Vauban, n. 1.
Michéa Victor, chargeur, allée des Chartreux, n. 16.
Michéa Jean, manouvrier, rue de l'Arquebuse, n. 10.
Michéa Louis, manouvrier, faubourg Rennes, n. 17.
Michéa Pierre, bourrelier, rue St-Nicolas, n. 28.
Michéa Claude, plâtrier, rue St-Nicolas, n. 100.
Michel René, homme d'équipe, rue d'Ahuy, n. 20.
Michel Bénigne, facteur de 1re classe au chemin de fer,
    ruelle d'Ahuy.
Michel Eugène, commissionnaire au chemin de fer,
    ruelle d'Ahuy.
Michel veuve, née Logeret, rue d'Assas, n. 1.
Michel Bénigne, tonnelier, rue d'Assas, n. 1.

Michel Emmanuel, cuisinier, rue Audra, n. 9.
Michel Joseph, tailleur, rue Berbisey, n. 52.
Michel Claude-Louis, propriétaire, chemin de Talant, 12.
Michel Pierre, journalier, cour de la Faïencerie, n. 2.
Michel Eugène, sabotier, rue Dauphine, n. 7.
Michel Pierre, capitaine en retraite, rue Devosge, n. 51.
Michel Claude, marchand de sabots, rue Febvret, n. 6.
Michel Paul, pâtissier, rue des Godrans, n. 50.
Michel Paul, maître carrier, rue Guillaume-Tell, n. 4.
Michel J.-B., tailleur de pierres, rue Guillaume Tell, 6.
Michel Léopold, manouvrier, rue Jeannin, n. 59.
Michel Claude, rue Odebert, n. 1.
Michel veuve, rentière, rue Odebert, n. 2.
Michel Auguste, marchand de volailles, rue Odebert, 5.
Michel Joseph, journalier, port du Canal, n. 19.
Michel Bénigne, tonnelier, rue Proudhon, n. 2.
Michel Joseph, gendarme, rempart du Château, n. 4.
Michel Franç., employé au chemin de fer, r. Ste-Anne, 6.
Michel, menuisier, grande rue St-Lazare, n. 11.
Michel Alexis, ouvrier menuisier, r. St-Nicolas, n. 16.
Michel Marie Mlle, rentière, rue Sainte-Anne, n. 29.
Michel, ouvrier cordonnier, rue Saumaise, n. 20.
Michel Mme, journalière, rue Verrerie, n. 17.
Michel veuve, née Chevalier, rue Verrerie, n. 33.
Michel, rue Verrerie, n. 33.
Michel A., garde d'artillerie en retraite, r. Verrerie, 43.
Michelin Jean-Baptiste, employé, rue Saint-Nicolas, 5.
Michelin François, tailleur de scies, rue du Pont-des-
   Tanneries, n. 6.
Michelot Jean-Bapt., sellier, rue Coupée-de-Longvic, 10.
Michelot Claude, chapelier, rue de Pouilly, n. 55.
Michelot Alphonse, quincaillier, rue Saint-Pierre, n. 43.
Michet Jean-Baptiste, marbrier, rue Audra, n. 26.
Michet Edmond fils, rue Audra, n. 26.
Michet veuve, née Nicolas, marchande de volailles, rue
   Bannelier, n. 2.
Michon J.-B., brigadier de police, rue Vannerie, n 29.
Michot Claude, facteur, rue du Petit-Cîteaux, n. 1.
Michot Pierre, gendarme, rempart du Château, n. 4.
Michot Nicaise, à l'équipe, rue Richelieu, n. 6.

Michoux Ve, née Bazenel, concierge, r. Chabot-Charny, 45
Midan Jeanne, ouvrière journalière, r. des Godrans, 72.
Midan Pierre, concierge, rue Longepierre, n. 5.
Midon veuve, née Eldess, rentière, r. Ste-Marguerite, 14.
Midonnet Philibert, ouv. tripier, rue du Bourg, n. 41.
Midonnet Ve, née Lardins, manouvrière, Californie.
Miel Jean-Baptiste, domestique, rue de la Gare, n. 7.
Miel Charles, chantre, rue des Novices, n. 5.
Miel Jean, journalier, rue Saint-Philibert, n. 6.
Miel Marie Mlle, casquettière, rue Verrerie, n. 21.
Mielle Jean-Baptiste, journalier, avenue du Réservoir.
Mielle veuve, née Mutin, fem. de ménage, r. Berbisey, 66.
Mielle Louis, journalier, rue Brulard, n. 7.
Mielle veuve, née Guichard, prop., r. du Chaignot, n. 10.
Mielle Gustave, ouvrier ferblantier, rue Musette, n. 24.
Mielle Ve, née Caillot, rentière, rue Proudhon, n. 25.
Mielle Anne Mlle, couturière, rue Vauban, n. 9.
Miette Claude, marchand de grains, rue de Pouilly, n. 11.
Migeon Ve, née Rouhier, propriétaire, rue de Pouilly, 37.
Mignard Thomas, homme de lettres, rue Vannerie, n. 43.
Mignardet, fileur de laine, rue de l'Ile, n. 4.
Mignardet Pierre, propriétaire, rue des Perrières, n. 8.
Mignardet Henri, propriétaire, rue des Perrières, n. 8.
Mignardot Jean, scieur de bois, rue de la Préfecture, 91.
Migne François, cafetier, rue Saint-Nicolas, n. 43.
Migniac Ambroise, voyageur de commerce, rue de la
    Manutention, n. 9.
Mignon Nicolas, garde-moulin, rue du Bourg, n. 28.
Mignon, rue Turgot, n. 24.
Mignot Claude, à l'abattoir, rue Sainte-Anne, n 16.
Mignotte Jean-Bapt., tailleur de pierres, r. du Bourg, 46.
Mignotte Lazare, manouvrier, rue du Petit-Cîteaux.
Mignotte Denis, vigneron, Fontaine Sainte-Anne.
Migonnet Mme, fabric. de corsets, rue Condé, n. 23.
Migonnet Jean, maître d'études, rue Saint-Philibert, 18.
Mijet Jean, brigadier de gendarmerie, rempart du Châ-
    teau, n. 4.
Mijonnet Jean-François, rue Saint-Nicolas, n. 8.
Mila Charles, contrôleur des contributions indirectes,
    rue Saint-Pierre, n. 15.

Miliary veuve, née Taupin, ouvrière, rue Roulotte, n. 5.
Millanvoy Jeanne Mlle, rue du Bourg, n. 22.
Millanvoy Etienne, épicier, rue Magenta, n. 19.
Millanvoy, rentier, rue de la Préfecture, n. 50.
Mille Joseph, lampiste, rue Condé, n. 12.
Millerand Jean-Baptiste, maçon, rue du Bourg, n. 44.
Millerand François, journalier, cour de la Faïencerie, 11.
Millerand veuve, née Brocard, rue Longepierre, n. 20.
Millerand, couvreur, rue de la Manutention, n. 1.
Millerand Jacques, manouvrier, rue Proudhon, n. 19.
Millerand François, manœuvre, rue Sambin, n. 19.
Miller V^e, née Feuillet, rentière, rue de la Préfecture, 64.
Millet Claude, journalier, rue Condé, n. 29.
Millié V^e, née Dessaul, manouvrière, pl. du Morimont, 1.
Millière Pierre, journalier, rue d'Auxonne, n. 40.
Millière Pierre, jardinier, rue Bergère, n. 6.
Millière François, fabricant de vinaigre, rue Chabot-
   Charny, n. 75.
Millière V^e, née Gouvernet, marchande de bouillon, rue
   Quantin, n. 16.
Millière Victor, chapelier, rue de Pouilly, n. 27.
Millière Auguste, à l'équipe, rue Richelieu, n. 12.
Millière Adélaïde Mlle, rentière, rue Saint-Philibert, 13.
Millière Claude, manouvrier, rue Saint-Philibert, n. 28.
Millon Henri, étudiant, rue Chabot-Charny, n. 37.
Millon Alphonse, march. de tissus, r. de l'Hôpital, 3 *bis.*
Millot Pierre, jardinier, rue d'Auxonne, n. 59.
Millot Auguste, commis greffier, r. Chaudronnerie, 14.
Millot Mlles, maîtresses de pension, r. Chaudronn., 48.
Millot Pierre, concierge des archives, rue Jeannin, n. 8.
Millot Claude, carrioleur, rue Musette, n. 30.
Millot Jacques-Charles fils, rue Musette, n. 30.
Millot Mme, née Martin, revendeuse, r. Notre-Dame, 20.
Millot Thomas, charpentier, port du Canal, n. 15.
Milsand Philibert, administrateur du mont-de-piété,
   sous-bibliothécaire de la ville, rue des Forges, 38.
Mimeur Pierre, emp. au chem. de fer, rue de Longvic, 6.
Minard Jeanne Mlle, ouvrière, rue Jeannin, n. 27.
Mindez de Larua veuve, née Maître, propriétaire, route
   de Mirande.

Mindez de Larua Ernest fils, route de Mirande.
Minet Claude, vigneron, rue d'Auxonne, n. 30.
Minet V⁰,née Vamot, journalière, r. Coupée-de-Longvic,8.
Miniac Charles-Louis, fab. de chapeaux, r. du Sachot, 8.
Minois Catherine Mlle, rentière, allée de la Retraite, 16.
Minot veuve, née Lavielle, femme de ménage, allée des
   Chartreux, maison Breuil.
Minot Denis, anc. recev. d'octroi, chemin de Talant, 12.
Minot Jean, employé, rue Crébillon, n. 22.
Minot Jean, scieur de long, rue Crébillon, n. 22.
Minot Jean-Baptiste, agent de police, rue Devosge, 39.
Minot Simon, mouleur en fonte, port du Canal, n. 14.
Minot Emile, ferblantier, rue St-Martin, n. 15.
Minot Jacques, ferblantier, rue St-Martin, n. 21.
Minote Jean, domestique, rue d'Auxonne, n. 35.
Minotte Nicolas, vigneron, rue de Longvic, n. 4.
Minotte Claude, cabaretier et loueur en garni, r. Victor-
   Dumay, n. 15.
Minset Jean-Baptiste, tisserand, rue de Longvic, n. 10.
Miot François, employé au chemin de fer, r. Bannelier, 9.
Miot Eugénie Mlle, ouvrière, rue St-Nicolas, n. 21.
Miotte Jean-Baptiste, lampiste, rue des Forges, n. 18.
Mirande Jean, concierge, rue Vannerie, n. 17.
Mirebel Claude, manouvrier, rue St-Philibert, n. 42.
Mireguet Jean-Baptiste, concierge de l'Hôpital.
Mirey Pierre, ajusteur, clos Leverne.
Mirey Pauline Mlle, ouvrière, rue Vannerie, n. 12.
Mirondot Mme, marchande de jardinage, r. Odebert, 15.
Miroy Auguste, coiffeur, rue St-Nicolas, n. 117.
Misset Victor, ouvrier confiseur, rue des Godrans, n. 45.
Misset Claude, garçon farineur, route de Plombières.
Misset Louis, avoué, rue St-Pierre, n. 24.
Missey Jacques, employé au chemin de fer, rue St-Ni-
   colas, n. 48.
Missler, marchand de vin (pour un atelier), clos Morin,
   rue de Montmuzard.
Missler Jean, cafetier marchand de vin, rue St-Martin, 11.
Missonnier Jean-Baptiste, rentier, place St-Michel, n. 23.
Missonnier Louis, aumônier de l'asile des aliénés, route
   de Plombières.

Mitja-Miguet, ouvrier tailleur, rue des Godrans, n. 63.
Miton Claude, chapelier, rente Montmuzard.
Millaine Joseph, concierge, rue Jeannin, n. 45.
Mittau Eugène, menuisier, rue Crébillon, n. 13.
Mittea 1 Joséphine Mlle, Carrières-Blanches.
Mitteau Jules, menuisier, rue de l'Hôpital, n. 31.
Mochot Eléonore Mlle, rentière, rue Bossuet, n. 21.
Mochot André, rentier, rue Saumaise, n. 18.
Mocquin Marie Mlle, rentière, rue des Godrans, n. 11.
Modamey Claude, comptable, rue Amiral-Roussin, 44.
Modot François, maréchal-ferrant, rue d'Auxonne, n 25.
Modot Louis, manouvrier, rue Bassano, n. 81.
Modot Geneviève Mlle, propriétaire, rue Petite-des-Poussots (Californie).
Modot Pierre, cafetier, rue Chabot-Charny, n. 7.
Modot veuve, femme de ménage, rue du Chaignot, 36.
Modot Pierre, vigneron, rue des Forges, n. 27.
Modot Ve, née Faivre, concierge, place de la Banque, 3.
Modot Jean-Prosper, employé, place de la Banque, n. 3.
Modot Jean-Baptiste, tailleur, rue Vannerie, n. 1.
Modot Céline Mlle, ouvrière, rue Vannerie, n. 94.
Mobin Pierre, gardien aux Chartreux, route de Plombières.
Moichine, propriétaire, rue Chancelier-l'Hôpital, n. 12.
Moignot Charles, grenetier, rue de l'Hôpital, n. 23.
Moine Jean, boucher, rue du Bourg, n. 37.
Moine Nicolas, marchand tailleur, rue du Bourg, n. 47.
Moine Louis-Simon, restaurateur, r. Chabot-Charny, 12.
Moine Claudine Mlle, rue des Ormeaux, n. 6.
Moine veuve, née Febvre, propriétaire, rue du Palais, 9.
Moine veuve, née Demoulin, rue du Palais, n. 9.
Moine François-Numa, docteur-médecin, r. du Palais, 9.
Moine Adrien fils, rue du Palais, n. 9.
Moine Pierre, filateur de laine, rue St-Bénigne, n. 7.
Moine Françoise Mlle, filateur de laine, r. St-Bénigne, 7.
Moine veuve, manouvrière, rue Vannerie, n. 54.
Moingeon François, cafetier, rue Chaudronnerie, u. 30.
Moinjeard Claude, empl. architecte, rue Victor-Dumay, 7.
Moireau Claude, économe au lycée, rue St-Philibert, 18.
Moiroux Elisa, rentière, rue Chabot-Charny, n. 76.

Moisot, mécanicien au chemin de fer, rue Febvret, n. 6.
Moissenet, confiseur, rue Chabot-Charny, n. 14.
Moissenet Jeanne veuve, rue Chabot-Charny, n. 35.
Moissenet Pauline, rentière, rue Notre-Dame, n. 26.
Moissenet Nicolas, imprimeur, rue Mulot (Perrières).
Moissenet Mme, rentière, rue Piron, n. 42.
Moisson Jean-Baptiste, tapissier, r. Chaudronnerie, 29.
Moisson, employé à la recette générale, rue Jeannin, 2.
Moissonnier Marie Mlle, blanchisseuse, r. Verrerie, 33.
Moiton Pierre, charpentier, rue d'Ahuy, n. 21.
Moiton veuve, née Regnaudot, rue des Forges, n. 50.
Moiton Clément, cond. de trains, route de Plombières.
Moitton J.-B., propriétaire, charron, r. d'Ahuy, n. 21.
Molerat veuve, rentière, rue du Palais, n. 23.
Molland, veuve Couturier, rentière, rue Condé, n. 40.
Molland Amédée, employé, rue de Montigny, 18.
Mollard, route de St-Seine, n. 18.
Mollerat Vᵉ, née Villeneuve, rentière, cours du Parc, 10.
Mollerat Louis, rentier, rue Docteur-Maret, n. 12.
Mollerat Lucien, magasin de charbon, rue Odebert, 16.
Mollerat veuve, née Bouhey, femme de ménage, port
     du Canal, n. 8.
Moncache François, journalier, rue Petite-des-Poussots
     (Californie).
Monceaux Jean-Baptiste, forgeron, rue Piron, n. 22.
Moncorget Louis, teinturier, rue des Forges, n. 68.
Monfiliard François, menuisier, faubourg Rennes, 13.
Monfiliard Jean-Baptiste, faubourg Rennes, n. 13.
Mongeot Antoine, à l'équipe, rue Bassano, n. 94.
Mongeot Antoine, maréchal, rue de l'Hôpital, n. 29.
Mongeot Victor, rentier, rue St-Nicolas, n. 28.
Mongeot Catherine, rue St-Nicolas, n. 28.
Mongeot Louise Mlle, rentière, rue St-Nicolas, n. 28.
Mongestot Auguste, manouvrier, rue St-Martin, n. 41.
Mongin veuve, née Audoix, jardinière, allée des Char-
     treux, n. 9.
Mongin Georges, piqueur au chem. de fer, r. Bassano, 49.
Mongin, manouvrier, chem. couvert de la Belle-Etoile.
Mongin Bernard, ancien coiffeur, rue Bossuet, n. 8.
Mongin veuve, née Pasquier, rentière, rue Bossuet, 12.

Mongin François, manouvrier, rue du Bourg, n. 11.
Mongin Claude, propriétaire vigneron, rue du Gaz, n. 26.
Mongin François, vigneron, port du Canal, n. 19.
Mongin Adolphe, manouvrier, rue de la Prévôté, n. 9.
Mongin James, conseiller, rue Proudhon, n. 10.
Mongin Mme, ouvrière, rue Saumaise, n. 16.
Mongin, rue Vaillant, n. 7.
Mongin Ve, née Devillebichot, rentière, r. Vannerie, 98.
Monier Célestin, peintre en équipages, cour de la Faïencerie, n. 10.
Monin Joséphine Mlle, ouvrière, rue d'Assas, n. 20.
Monin Catherine Mlle, relieuse, avenue du Réservoir (clos Détourbet).
Monin Célestine Mlle, coiffeuse, avenue du Réservoir (clos Détourbet).
Monin Claude, chapelier, rue Bossuet, n. 27.
Monin Denis, garçon de magasin, rue du Bourg, n. 76.
Monin Félix, cafetier, rue Guillaume, n. 41.
Monin veuve, propriétaire, rue St-Esprit (Perrières).
Monin Philibert, marchand de bois, port du Canal, n. 2.
Monin Anne Mlle, rentière, rue de la Préfecture, n. 59.
Moniot veuve, née Lelièvre, rentière, rue de la Colombière, n. 20.
Moniot Ve, née Point, femme de ménage, rue de l'Ile, 4.
Moniot Jeanne, femme de ménage, rue des Novices, n. 1.
Moniot Yves, Boucher, rue Odebert, n. 28.
Moniot Alexandre, place du Morimont, n. 10.
Moniot Pierre, horloger, rue St-Nicolas, n. 45.
Monjordet veuve, née Maloir, rentière, r. Vannerie, 92.
Monnard veuve, Belle-Ruelle, n. 2.
Monnard Auguste, journalier, pont des Tanneries, n. 7.
Monnat François, concierge, rue Verrerie, n. 29.
Monnet veuve, née Oudot Sophie, journalière, rue Chaudronnerie, n. 50.
Monnet veuve, née Florimond, propr., rue Febvret, n. 1.
Monnet Anne Mlle, artiste dramatique, rue du Gaz, 2 ter.
Monnet Philippe, plâtrier, rue du Gaz, n. 22.
Monnet Laurent, cabaretier, rue de la Préfecture, n. 41.
Monnet Jean-Baptiste, journalier, rue Roulotte, n. 10.
Monnet Jeanne, femme Monniot, journalière, rue Vannerie, n. 8.

Monnin Louis, tuilier, rue de Gray, n. 20.
Monnin Jean-Baptiste, cultivateur, r. de Montmuzard, 26.
Monnin Augustine Mlle, modiste, place des Ducs, n. 2.
Monniér veuve, née Boutonnet, marchande de mercerie, rue des Forges, n. 70.
Monnier Ve, née Frézard, manouvrière, r. Jeannin, 63.
Monnier Théodore, rentier, rue du Petit-Potet, n. 26.
Monnier veuve, journalière, rue Proudhon, n. 4.
Monnier Eugène, facteur de pianos, rue Vaillant, n. 3.
Monniot veuve, née Roy, rue d'Assas, n. 12.
Monniot Bernard, jardinier, rue Berbisey, n. 87.
Monniot veuve, rentière, rue Charrue, n. 10.
Monniot Jean, scieur de long, r. Coupée-de-Longvic, 10.
Monniot Jean-Baptiste, manouvrier, rue Musette, n. 21.
Monniot Jean-Baptiste, cantonnier, route de Plombières.
Monniot veuve, née Roy, rentière, rue St-Nicolas, n. 96.
Monniotte veuve, née Sommier, rue des Tanneries, n. 3.
Monnot Louis, confiseur, rue Bossuet, n. 21.
Monñot Marguerite Mlle, rentière, r. Chabot-Charny, 50.
Monnot Pierre, jardinier, rue du Chinois.
Monnot François, cocher, rue Crébillon, n. 5.
Monnot veuve, née François, loueuse en garni, rue Guillaume, n. 17.
Monnot François, agent principal de l'*Abeille,* rue Montigny, n. 18.
Monnot veuve, née Saulgeot, rentière, r. Montigny, 18.
Monnot Dominique, jardinier, rue des Ormeaux, n. 6.
Monnot Pierre, aubergiste, place Darcy, n. 5.
Monnot veuve, rentière, rue Saumaise, n. 26.
Monny Ve, née Poituet, femme de ménage, r. Franklin, 10.
Monny Alexandre, plâtrier, rue Franklin, n. 10.
Monot Colette Mlle, ouvrière, rue Saumaise, n 34.
Montagne Auguste, avocat, rue Lamonnoye, n. 1.
Montagu (de), rue Vannerie, n 55.
Montangon (de), propriétaire, rue du Petit-Potet, n. 25.
Montant Jacques, ancien notaire, rue de l'Arquebuse, 3.
Montant Gustave, manouvrier, rue Petite-des-Poussots (Californie).
Montay, associé, rue Verrerie, 2 *bis.*
Montchanin Jean, billardier, rue Vannerie, n. 86.

Montcharmont veuve, rentière, r. du Chapeau-Rouge, 17.
Montcharmont Henri, vitrier, rue des Godrans, n. 10.
Montchaussé Claudine Mlle, ancienne domestique, rue Verrerie, n. 27.
Montenet Jean-Baptiste, tanneur, r. du Petit-Cîteaux, 9.
Montenot Jean-Baptiste, ajusteur, rue du Petit-Cîteaux.
Montfageon Louis, chapelier, rue d'Ahuy, n. 4 *bis*.
Montfilliard Henri, agent de police, rue Berbisey, n. 45.
Montfilliard François, marchand de nouveautés, rue Musette, n. 10.
Montheuil Eugène, manouv., r. Chancelier-l'Hôpital, 10.
Monthieu Jean, garde général, rue de la Préfecture, 32.
Monthoret veuve, jardinière, rue des Moulins, n. 38.
Monthoret Jeanne, femme de ménage, r. des Perrières, 3.
Monthuy Charles, rentier, rue Proudhon, n. 6.
Montillet Théodore (de), propriétaire, rue Buffon, n. 3.
Montillot Marguerite, femme de ménage, r. du Tillot, 10.
Montlezu Charles, ouvrier tailleur, place des Ducs, n. 12.
Montmaron Ve, née Jobard, rentière, rue du Mouton, 23.
Montmey Antonin, rentier, rue Chabot-Charny, n. 55.
Montmey Antonin, avoué, rue de la Préfecture, n. 32.
Montot Pierre, nettoyeur, rue d'Ahuy, n. 15.
Montot veuve, née Manière, marchande de fruits, rue Chabot-Charny, n. 72.
Montot Philippe-Hubert, jardinier, rue Chaude, n. 4.
Montot Philippe, jardinier, rue Chaude, n. 4.
Montot Jean, épicier, rue Crébillon, n. 35.
Montot, voiturier, rue Proudhon, n. 22.
Montoy Louis, restaurateur, rue Musette, n. 29.
Montret Aline, ouvrière, rue des Godrans, n. 72.
Montrichard Ve, née Sicardet, rentière, r. d'Auxonne, 18.
Montrichard Charles, jardinier, rue Bergère, n. 10.
Montrichard Jean, jardinier, rue Chaude, n. 3.
Montrichard Nicolas fils, rue Chaude, n 3.
Montrichard jardinier, grande rue Galoche, n. 10.
Montureux (de), propriétaire, rue Buffon, n. 21.
Monty Léopold, recteur, rue Crébillon, n. 2.
Monvenoux Auguste, rentier, rue Bossuet, n. 12.
Monzeler Emile, contre-maître chaudronnier-mécanicien, rue Audra, n. 14.

Morand Louis, éclusier, port du Canal.
Morand de Callac (comte), préfet, r. de la Préfecture, 49.
Morange Gilbert, chef de section au chemin de fer, rue Guillaume, n. 5.
Morat Pierre, menuisier, rue de Montmuzard, n. 39.
Moratin Anne, femme de ménage, rue Bassano, n. 86.
Moratin veuve, ouvrière, rue Berbisey, n. 95.
Morcrette Edmond, avocat, rue Bossuet, n. 18.
Morcrette Antoine, avocat, rue du Chaignot, n. 18.
Môre Jean-Baptiste, marchand de vin, rue du Saint-Esprit, n. 7 (Perrières).
Moreau Jean-Baptiste, avoué, rue Amiral-Roussin, n. 9.
Moreau Nicolas, carrier, impasse Audra, n. 8.
Moreau Etienne, tailleur de pierres, impasse Audra, 8.
Moreau Jean, agent de police, rue Audra, n. 16.
Moreau veuve, née Maillot, rentière, rue d'Auxonne, 27.
Moreau Catherine Mlle, rentière, rue d'Auxonne, n. 40.
Moreau Alexis, marchand fruitier, rue Bassano, n. 65.
Moreau Claude, menuisier, Belle-Ruelle, n. 1.
Moreau François, grenetier, rue Berbisey, n. 74.
Moreau Philippe, sellier, rue Brulard, n. 2.
Moreau Claude, voiturier, Californie.
Moreau Jean-Baptiste, ancien facteur, rue Cazotte, n. 4.
Moreau François, maçon, rue Charrue, n. 10.
Moreau Antoine, jardinier, rue Chaude, n. 4.
Moreau Claudine Mlle, rue Chaudronnerie, n. 34.
Moreau Ferdinand, propriétaire, r. de la Colombière, 18.
Moreau Ernest, employé, rue de la Colombière, n. 18.
Moreau Hippolyte, facteur de pianos, rue Condé, n. 5.
Moreau veuve, née Léveillé, logeuse, cour de la Faïencerie, n. 8 bis.
Moreau veuve, née Claudon, femme de ménage, cour des Frères, n. 10.
Moreau Hippolyte, serrurier, cour des Frères, n. 10.
Moreau Paul, chef de dépôt, rue Dévosge, n. 41.
Moreau Pierre, cordonnier, rue Docteur-Maret, n. 8.
Moreau Catherine Mlle, ouvrière, rue des Etioux, n. 20.
Moreau Jean, cordonnier, rue Franklin, n. 9.
Moreau Marie, rentière, rue des Godrans, n. 40.
Moreau veuve, née Simonnet, rue des Godrans, n. 72.

Moreau, manouvrier, rue de Gray, n. 29.
Moreau Noël, propriétaire, rue Guillaume, n. 45.
Moreau Félix, scieur de long, rue de la Manutention, 7.
Moreau jardinier, route de Montmuzard.
Moreau Paul, ancien serrurier, place du Morimont, n. 5.
Moreau Denis, vigneron, rue des Moulins, n. 33.
Moreau Jean, gendarme, rempart du Château, n. 4.
Moreau veuve, née Carré, rentière, rempart du Tivoli, 9.
Moreau Jean-Louis, propriétaire, rue Roulotte, n. 1.
Moreau Victor, contre-maître, rue Ste-Marguerite, 21.
Moreau veuve, née Colombelle, propriétaire, rue Ste-Marguerite, n. 41.
Moreau Jean, journalier, rue des Tanneries, n. 21.
Moreau Jean-Baptiste, ajusteur, rue des Tanneries, 29.
Moreau Simon, manouvrier, rue des Tanneries, n. 8.
Moreau Charles, curé de St-Bénigne, rue du Tillot, 10.
Morel Ferdinand, ajusteur, allée des Chartreux, n. 6.
Morel veuve, née Monin, femme de ménage, allée des Chartreux, n. 8.
Morel, cuisinier, rue Amiral-Roussin, n. 40.
Morel Urbain, propriétaire, route d'Auxonne, n. 64.
Morel François, manouvrier, route d'Auxonne, n. 64.
Morel Jules, tailleur, rue Bassano, n. 7.
Morel de Duesmes veuve, née Vaudremont, rentière, rue Berbisey, n. 3.
Morel Jacob, plâtrier, rue Berbisey, n. 46.
Morel Ve, née Lepaul, femme de ménage, r. Berbisey, 69.
Morel Auguste, propriétaire, rue Charrue, n. 26.
Morel veuve, femme de ménage, cour Bourberain, n. 6.
Morel Joseph, charcutier, rue Jeannin, n. 48.
Morel Henri, conducteur chef, rue des Perrières, 28 *bis*.
Morel Jean-Baptiste, propriétaire, place St-Michel, 21.
Morel veuve, née Retz Agathe, propriétaire, place St-Michel, n. 25.
Morel Mathilde-Agathe Mlle, propr., place St-Michel, 25.
Morel, scieur de long, place du Morimont, n. 10.
Morel Étienne, cabaretier, rue Roulotte, n. 12.
Morel François, manouvrier, rue Sambin, n. 4.
Morel Étienne, rentier, rue du Tillot, n. 12.
Morel, cordonnier, rue du Tribunal, n. 1.

Morelet Arthur, propriétaire, rue Chabot-Charny, n. 71.
Morelle Pierre, revendeur, rue Chaudronnerie, n. 6.
Morelot Etienne, abbé, rue Amiral-Roussin, n. 2.
Morelot Louis, doyen honoraire de la faculté de droit, rue Amiral-Roussin, 2.
Morelot veuve, ouvrière, rue d'Auxonne, n. 12.
Morelot veuve, rue Musette, n. 24.
Morer Nicolas, maçon, rue Ste-Catherine, n. 17.
Moret Antoine, jardinier, rue des Moulins, n 17.
Moret veuve, née Baron, propriétaire, route de Lyon, 1.
Moret Marie, rentière, rue St-Philibert, n. 53.
Morey Charles, relieur, rue Magenta.
Morey Etienne, jardinier, rue de Montmuzard, n. 21.
Morey veuve, née Mortureux, rentière, rue Proudhon, 7.
Morfaire veuve, blanchisseuse, rue Verrerie, n. 38.
Morichard Edme, jardinier, rue d'Auxonne, n. 54.
Morichard Edme, propriétaire, rue Bergère, n. 20.
Morichard Pierre, jardinier, rue des Moulins, n. 37.
Morier Claude, douanier, rue Bossuet, n. 8.
Morin Charles, ouvrier boulanger, rue de Longvic, 23.
Morin Jean-Baptiste, revendeur, place du Morimont, 18.
Morin Alphonse, comptable, port du Canal, n. 1.
Morin Paul, propriétaire, rue de la Préfecture, n. 29.
Morin veuve, rue St-Nicolas, n. 89.
Morisot Jean, maçon, rue d'Auxonne, n. 51.
Morisot Eugène, appariteur, rue du Petit-Potet, n. 29.
Morisot Pierre, jardinier, petite rue St-Lazare.
Morisot Denis, perruquier, rue St-Nicolas, n 48.
Morius veuve, née Artaux, rentière, rue du Bourg, n. 10.
Morizot Pierre, homme d'équipe, rue de l'Arquebuse, 2
Morizot veuve, couturière, rue de l'Arquebuse, n. 3.
Morizot Jean-Baptiste, à l'équipe, rue Audra, n. 19.
Morizot veuve, née Joliet, rentière, rue Bassano, n. 54.
Morizot Pierre, grenetier, rue Berbisey, n. 50.
Morizot Ernest, propriétaire, rue Buffon, n. 24.
Morizot Pierre, mouleur en fonte, rue Cazotte, n. 7.
Morizot Jean, garçon de magasin, r. Chaudronnerie, 4.
Morizot Jean-Baptiste, garçon brasseur, rue Chaudronnerie, n. 17.
Morizot François, manouvrier, cour de la Grenouille, 1.

Morizot veuve, journalière, rue Magenta.
Morizot Pierre, tailleur de pierres, rue Magenta, n. 7.
Morizot Vᵉ, née Aubert, rentière, r. de Montmuzard, 33.
Morizot veuve, née Laborde, blanchisseuse, rue des Perrières, n. 1.
Morizot, propr. vigneron, aux Petites-Roches.
Morizot Pierre, place Darcy, n. 5.
Morizot Jérôme, domestique, port du Canal, n. 19.
Morizot Martin, port du Canal, n. 19.
Morizot veuve, rentière, rue St-Nicolas, n. 63.
Morizot Joseph, tailleur de pierres, r. des Tanneries, 23.
Morizot Jean, employé au chem. de fer, r. Vannerie, 32.
Morlot, manouvrier, rue d'Auxonne, n. 31.
Morlot Mme, propriétaire, rue Bassano, n. 126.
Morlot Claude, menuisier, rue Dauphine, n. 11.
Morlot François, tonnelier, rue du Petit-Cîteaux.
Morlot Claude, docteur médecin, rue St-Philibert, n. 24.
Mornay Etienne, bimbelotier, rue du Tribunal, n. 1.
Moron Jacques, tailleur, rue Dauphine, n. 19.
Moron Léon, cordonnier, rue des Forges, n. 18.
Moront Vᵉ, née Calais, ouvrière, r. du Champ-de-Mars, 2.
Moron Gabriel, relieur, chemin couvert de la Belle-Etoile.
Morot Ulric, peintre, chemin couv. de la Belle-Etoile, 32.
Morot Jean-François, cabaretier, rue de la Gare, n. 13.
Morot Angélique Mlle, ouvr. en robes, r. de Pouilly, 4.
Mortel Christine Mlle, rentière, rue Saumaise, n. 30.
Mortet François, cordonnier, rue du Mouton, n. 1.
Mortet François, menuisier, rue St-Philibert, n. 21.
Mortier Auguste, grenetier, rue Cazotte, n. 8.
Mortier Jacques, concierge, rue Cazotte, n. 12.
Mortier Denis, fabricant de chocolat, r. de la Colombière.
Mortier François, march. de grains, rue Devosge, n. 15.
Mortier Auguste, propriétaire, rue Devosge, n. 32.
Mortier Eugène, marchand de farines, route de Lyon, 1.
Mortier Dénise Mlle, loueuse de chaises, rue Saint-Philibert, n. 3.
Mortureux Bénigne, rentier, rue Docteur-Maret, n. 12.
Mortureux Just, débitant de tabac, rue Guillaume, n. 44.
Mortureux Charles, graisseur, rue du Mouton, n. 3.

Mortureux Anne Mlle, garde malade, pl. Notre-Dame, 7.
Mortureux Edme, manouvrier, rue de Pouilly, n. 10.
Moruelle Vᵉ, née Laborde, couturière, r. d'Auxonne, 28.
Mosnier veuve, née Valerie, rentière, rue Proudhon, 17.
Mosset Jean-Baptiste, fileur de laine, rue de l'Ile, n. 4.
Mosson Clovis, chapelier, rue Franklin, n. 9.
Mosson veuve, née Denizot, rue des Godrans, n. 82.
Motard Mme, née Chauvelot, ouvr., r. des Godrans, 13.
Mottot veuve, née Grivot, femme de ménage, rue du
    Chaignot, n. 34.
Mouard Désiré, boulanger, rue Bossuet, n. 3.
Mouchet Isidore, nettoyeur, rue Bassano, n. 58.
Mouchet Philippe, homme d'équipe, pl. du Morimont, 2.
Mouchon Jean, manouvrier, rue Berbisey, n. 60.
Mouchot Jacques, rentier, rue Berbisey, n. 69.
Moufart Claude, journalier, rue du Petit-Cîteaux.
Mougenot François, journalier, rue Vannerie, 92.
Mougin Ferdinand, camionneur, rue des Godrans, n. 96.
Mouginot veuve, née Bernard, marchande de toiles, rue
    Bossuet, n. 14.
Mouginot veuve, rentière, place d'Armes, n. 4.
Mouillasse Etienne, facteur à la gare, rue de la Manu-
    tention, n. 5.
Mouillet Vᵉ, née Besson, rentière, rue Chabot-Charny, 87.
Mouillon Claude, marchand de charbon, rue Audra, 9.
Mouillon Antoine, grenetier, rue Audra, n. 20.
Mouillon Auguste, boulanger, rue du Bourg, n. 66.
Mouillon Pierre, marchand de chaussures, rue Condé, 5.
Mouillon cordonnier, rue Devosge, n. 16.
Mouillon Félix, cabaretier, rue Guillaume, n. 31.
Mouillon Jean-Baptiste, ancien facteur, r. Guillaume, 54.
Mouillon François, cordonnier, place Darcy, n. 2.
Mouillon Auguste, ouvrier menuisier, rue de la Préfec-
    ture, n. 99.
Mouillon Pierre, employé à l'équipe, rue St-Nicolas, 82.
Mouillon Jean-Baptiste, menuisier, rue St-Philibert, 61.
Mouillon Philibert, charpentier, rue Sambin, n. 3.
Mouillon Jean-Baptiste, manouvrier, rue de Venise.
Mouillon Bénigne fils, rue de Venise.
Mouillon Charles, rentier, pont des Tanneries, n. 12.

Moulin Jeanne Mlle, femme de ménage, r. Guillaume, 28.
Moulinot Philibert, manouvrier, rue des Tanneries, 23.
Mourey Claude, aiguilleur, rue du Chaignot, n. 7.
Mourey veuve, née Chanitre, ouvrière, rue Saint-Philibert, n. 28.
Mourot Jean-Baptiste, cabaretier, employé au chemin de fer, allée des Chartreux, n. 4.
Mourot Nicolas, propriétaire, rue des Etioux, n. 28.
Mourot Moïse, commis voyageur, rue Piron, n. 32.
Mourot Marguerite Mlle, rentière, rempart du Tivoli, 13.
Mourot Philippe, peintre vitrier, rue St-Bénigne, n. 10.
Mourot Alfred, peintre, rue St-Bénigne, n. 10.
Mourot François, manouvrier, rue St-Nicolas, n. 68.
Moussenergue Philippe, ouvrier serrurier, route de St-Seine.
Mousseron Jean-Baptiste, pharmacien, rue Bassano, 28.
Mousseron Jean-Baptiste, commis voyageur, rue Petite-du-Château, n. 4.
Moussier veuve, née de Commeau, propriétaire, r. Berbisey, n. 33.
Moustier Philibert, fileur de laine, rue de l'Ile, n. 1.
Moutel Philibert, propriétaire, rue Bassano, n. 72.
Moutel Antoine, miroitier doreur, rue des Forges, n. 7.
Moutier Jean-Baptiste, propriétaire, menuisier, cour de la Faïencerie, n. 11.
Mouton François, tourneur, rue de la Gare, n. 13.
Moutot Noémi, blanchisseuse, rue Amiral-Roussin, 25.
Moutot veuve, née Bavoux, rentière, rue St-Martin, 27.
Moutton Xavier, vétérinaire, rue Franklin, n. 1.
Mouxeau Joseph, employé, rue d'Ahuy, n. 14.
Moyant François, peintre, rue Amiral-Roussin, n. 33.
Moyaux Nicolas, ouvrier imprimeur, rue Vannerie, 32.
Moyaux Jean, peintre, rue Vannerie, n. 59.
Moyeau Ve, née Mairet, journalière, r. des Perrières, 2.
Moyeux Valier, marchand de chevaux, rue du Gaz, n. 6.
Mucher Antoine, ouvrier tailleur, r. Amiral-Roussin, 45.
Mugneret Pierre, menuisier, St-Antibes.
Mugneret, relieur, rue d'Auxonne, n. 29.
Mugneret Pierre, manouvrier, rue d'Auxonne, n. 62.
Mugneret François, menuisier, rue St-Philibert, n. 65.

Mugnier Pierre, propriétaire, rue d'Ahuy, n. 23.
Mugnier Charles, ancien notaire, rue d'Assas, n. 16.
Mugnier Eugène, tonnelier, rue Berbisey, n. 124.
Mugnier, rue Chaudronnerie, n. 44.
Mugnier François, menuisier, cour de la Grenouille, 2.
Mugnier Pierrette Mlle, rentière, rue des Forges, n. 60.
Mugnier Frédéric, distillateur, rue Guillaume, n. 45.
Mugnier Hippolyte, marchand mercier, rue du Lacet, 1.
Mugnier veuve, journalière, rue de la Préfecture, n. 9.
Mugnier, rue Vannerie, n. 16.
Mugniot Philippe, garde fontaine, rue Ste-Marguerite, 6.
Mugniot Jean-Baptiste, conducteur, rue de Suzon, n. 14.
Mugnot André, garde fontaine, rue de Gray, n. 1.
Muller Joseph, brigadier à l'octroi, rue de la Manu-
tention, n. 5.
Muller Charles, tailleur, rue de la Préfecture, n. 52.
Mulleret Pierre, cordonnier, rue St-Esprit, n. 3 (Per-
rières).
Mulot, fabricant de pain d'épices, rue Mulot (Perrières),
(pied-à-terre).
Mulot, fabricant de pain d'épices, place St-Jean, n. 13.
Muneret veuve, née Cordier, loueuse en garni, rue Ma-
deleine, n. 8.
Munier Maurice, rentier, rue d'Auxonne, n. 22.
Munier Claude, rentier, rue d'Auxonne, n. 33.
Munier Etienne, homme d'équipe, rue Bergère, n. 12.
Munier Etienne, charbonnier, rue Chantal, n. 4.
Munier Edme, rentier, cour de la Faïencerie, n. 14.
Munier Jean-Baptiste, charcutier, rue des Forges, n. 31.
Munier Jean, rentier, rue des Godrans, n. 7.
Munier Claude, vigneron, hameau de Mirande.
Munier veuve, rue Roulotte, n. 10.
Munier veuve, née Bordot, rue St-Nicolas, n. 38.
Munier Simon-Paul, ancien bourrelier, rue Ste-Margue-
rite, n. 11.
Munier veuve, née Martin, rentière, rue St-Pierre, n. 4.
Munier veuve, journalière, rue Vannerie, n. 3.
Munier Euphémie Mlle, rue de Venise.
Muselin Eugène, voyageur de commerce, rue des Go-
drans, n. 80.

Mussot Anne Mlle, épicière, rue St-Phllibert, n. 30.
Mustier Antoine, manouvrier, avenue du Réservoir, clos Détourbet.
Muteau Charles, conseiller à la cour impériale, rue Jeannin, n. 33.
Muteau François, propriétaire, rue Vauban, n. 1.
Mutel Jean-Baptiste, boulanger, rue des Bons-Enfants, 5.
Mutel Zoé Mlle, ouvrière, rue des Godrans, n. 30.
Mutelle Jean-Baptiste, mécanicien, rue des Perrières, 2.
Mutin Jean-Baptiste, ouvrier menuisier, r. d'Auxonne, 25.
Mutin Jean-Baptiste, menuisier, rue d'Auxonne, n. 29.
Mutin Germain, fondeur, avenue du Réservoir.
Mutin Jean-Baptiste fils, avenue de Montmuzard.
Mutin Paul fils, avenue de Montmuzard.
Mutin Jules, commis d'académie, rue Bossuet, n. 10.
Mutin Joseph, boulanger, rue du Bourg, n. 11.
Mutin Michel, domestique charbonnier, rue Devosge, 16.
Mutin François, jardinier, rue des Moulins, n. 11 *bis*.
Mutin Claudine Mlle, couturière, rue des Moulins, n. 21.
Mutin François, ferblantier, place du Morimont, n. 1.
Mutin François, cantonnier, port du Canal, n. 12.
Mutin Jean-Baptiste, mouleur en fonte, port du Canal, 13.
Mutin Jean-Baptiste, garçon de magasin, route de Lyon, 6.
Mutin Pierre, commis auxiliaire, route de Lyon, n. 11.
Mutin veuve, née Veillet, journalière, rue St-Nicolas, 52.
Mutz veuve, rentière, rue Saint-Nicolas, n. 10.
Muyard Elisée, sculpteur, rue Mably, n. 5.
Myard Victor, chef lampiste, rue Guillaume, n. 6.

N

Nadalon Pierre, cabaretier, rue Bassano, n. 51.
Nagely Henri, tailleur, rue du Petit-Potet, n. 18.
Nagely Jean, marchand tailleur, rue Verrerie, n. 2 *bis*.
Naïf, employé au chemin de fer, rue Odebert. n. 8.
Naige veuve, née Bernard, manouvrière, avenue du Réservoir.

Naigeon Nicolas, propr. charpentier, ruelle d'Ahuy, 4.
Naigeon François, journalier, rue de l'Arquebuse, n. 3.
Naigeon Sophie Mlle, ouvrière, rue Bannelier, n. 3.
Naigeon Claude, grenetier, rue François-Rude, n. 10.
Naigeon Jean-Baptiste, ouvr. ferblantier, r. Proudhon, 4.
Naigeon Philibert, vigneron cabaretier, rue de Montmuzard, n. 45.
Naigeon Charles, vigneron, rue de Montmuzard, n. 35.
Naigeon François, domestique, rempart du Château, 8.
Naigeon Antoine, journalier, Ruelle-aux-Prêtres, n. 3.
Naigeon Madeleine, journalière, rue Roulotte, n. 27.
Naigeon François, tailleur de pierres, r^te de Plombières.
Naigeon Etienne, marchand de sabots, rue St-Nicolas, 3.
Naigeon, sabottier, rue St-Nicolas, n. 28.
Naigeon, marchand, rue St-Nicolas, n. 119.
Naissant Marie Mlle, rentière, rue de Clairvaux, n. 3.
Naissant Jean-Baptiste, plâtrier, port du Canal, n. 14.
Nanteuil Célestin, directeur de l'école des Beaux-Arts, rue Rameau, n. 3 *bis.*
Nardey Christophe, capitaine en retraite, r. Ste-Anne, 7.
Narterre veuve, grenetière, rue du Bourg, n. 22.
Narterre Pierre, marchand cordonnier, r. Vannerie, 94.
Nasse Joseph, tanneur, rue des Tanneries, n. 17.
Nassoy Georges, sous-intendant militaire, rue du Petit-Potet, n. 23.
Naudei Eugène, poseur, rue de l'Arquebuse, n. 3.
Naudet, rue du Chaignot, n. 14.
Naudet Denis, cordonnier, chemin couvert de la Belle-Etoile, n. 23.
Naudet Jules, manouvrier, rue des Godrans, n. 13.
Naudet Pierre, maçon, rue Magenta.
Naudet Jean, manouvrier, pont des Tanneries, n. 5.
Naudet veuve, née Daujon, marchande de bonnets, rue Vannerie, n. 57.
Naudier veuve, née Rosat, rentière, rue Jeannin, n. 36.
Naudier Alphonse, employé à la recette générale, rue Jeannin, n. 36.
Naudin François, ouvrier maçon, rue Berbisey, 87.
Naudin Benoît, marchand de vieux meubles, rue des Godrans, n. 28.

Naudin Anne, ouvrière, rue des Godrans, n. 33.
Naudin Félix, ouvrier épinglier, rue Jeannin, n. 55.
Naudin Denis, charron, rue Guillaume, n. 61.
Naudin, vigneron, rue de Longvic, n. 33.
Naudin François, serrurier, rue Magenta, n. 5.
Naudin Mme, rue de la Préfecture, n. 115.
Naudin François, ouvrier liquoriste, route de Mirande.
Naudin Henri, homme d'équipe, route de Plombières.
Naudin Anne Mlle, ouvrière en robes, r. St-Philibert, 77.
Naudin, tonnelier, rue Saumaise, n. 61.
Naudot Emile, menuisier, rue St-Nicolas, n. 16.
Naudy Bernard, ouvrier cordonnier, rue St-Nicolas, 50.
Nautre Alexandre, tonnelier, rue Berbisey, n. 36.
Nautrot Jacques, propriétaire, rue de Venise.
Navayzard Claude, mécanicien, rue St-Philibert, n. 59.
Navelle Charles, facteur, rue Berbisey, n. 10.
Nectoux Jeanne Mlle, revendeuse, rue Roulotte, n. 31.
Nectoux Marien veuve, ouvrière, rue Bassano, n. 58.
Nef Balthazar, libraire, place du théâtre.
Nefflier Antoine, manouvrier, avenue du Réservoir.
Nefflier veuve, née Rounotte, place Darcy, n. 5.
Nefflier Denis, débitant de tabac, rue St-Martin, n. 19.
Neffliez Pierre-Paul, couvreur, rue Notre-Dame, n. 22.
Neffliez, manouvrier, rue Saumaise, n. 16.
Nerat Adèle Mlle, journalière, rue Odebert, n. 26.
Nérat René, manouvrier, rue Ste-Catherine, n. 26.
Nérob Nicolas, galochier, rue de Gray, n. 33.
Nesle Eugène, peintre, rue de Longvic, n. 17.
Neubel François, garçon brasseur, rue d'Assas, n. 22 *bis*.
Neurohr veuve, née Fèvre, rue Chabot-Charny, n. 54.
Neurohr Edgard, rue Chabot-Charny, n. 54.
Nevers Pierre, ouvrier charcutier, rue Berbisey, n. 16.
Nevers, cordonnier, rue Verrerie, n. 28.
Neveu-Lemaire Gustave, premier président, rue Chabot-Charny, n. 32.
Neveu-Lemaire Anatole, étudiant, r. Chabot-Charny, 32.
Nicaire Eugène, chauffeur, r. des Marmuzots (Perrières).
Nicaud Mme, née Collombel, journalière, r. Verrerie, 48.
Nicod Félix, négociant en vins, rue St-Nicolas, n. 41.
Nicolardot veuve, née Fiet, rentière, rue d'Auxonne, 11.

Nicolardot Jean-Baptiste, marchand de fromages, rue d'Auxonne, n. 13.

Nicolardot veuve, née Rossignol, blanchisseuse, rue Notre-Dame, n. 20.

Nicolardot Charles, huissier, place du Morimont, n. 5.

Nicolas Cécile Mlle, lingère, clos Leverne.

Nicolas de Marcilly Félix, propriétaire, rue Jeannin, 32.

Nicolas Claude, journalier, rue Jeannin, n. 47.

Nicolas Reine Mlle, modiste, rue Musette, n. 1 *bis*.

Nicolas François, menuisier, rue Odebert, n. 28.

Nicolas Claude, propr. distillateur, place St-Jean, n. 1.

Nicolas Jean, marchand de grains, rue des Roses, n. 5.

Nicolas Etienne, nettoyeur, route de St-Seine, n. 4.

Nicolas François, manouvrier, rue Ste-Catherine, n. 4.

Nicolas veuve, journalière, rue St-Nicolas, n. 35.

Nicolas Claude, march. de moutons, r. des Tanneries, 1.

Nicolas Jean, march. de moutons, rue des Tanneries, 1.

Nicolas Françoise Mlle, ouvrière, rue Vannerie, n. 24.

Nicole Jeanne Mlle, domestique, rue de Gray, n. 12.

Nicole Jean-Baptiste, cordonnier, rue Quantin, n. 6.

Nicolet Eugène, chauffeur, rue des Perrières, n. 34.

Nicolin Jean-Baptiste, ancien agréé au tribunal de commerce, rue Chabot-Charny, n. 75.

Nicolin Ernest fils, rue Chabot-Charny, n. 75.

Nicolin Michel, sous-brigadier de police, rue du Champ-de-Mars, 5.

Nicolin Auguste, entrepr. d'omnibus, r. de la Gare, 6.

Nicolle François, paveur, rue d'Assas, n. 25.

Nicolle Marie Mlle, femme de ménage, rue Berbisey, 19.

Nicolle Joseph, paveur, rue des Etioux, n. 6.

Nicolle Marie Mlle, femme de ménage, r. du Mouton, 5.

Nicolle, cafetier, place d'Armes, n. 8.

Nicolle Barthélemy, chiffonnier, faubourg Rennes, n. 11.

Nicolle Denise Mlle, ouvrière, rue Roulotte, n. 10.

Nicolle vigneron, rue Roulotte, n. 29.

Nicolle Marguerite Mlle, propriétaire, rue Vauban, n. 4.

Nicolot Joseph, peintre, rue de la Prévôté, n. 6.

Nicolot Bernard, aiguilleur, faubourg Rennes, n. 9.

Nicot, serrurier, rue du Bourg, n. 67.

Nief Pierre, serrurier, rue Berbisey, n. 116.

Nief Denis, receveur d'octroi, à la Boudronnée.
Niestler Jean-Bapt., tailleur d'habits, r. d'Auxonne, 12.
Niestler Jacques, tailleur d'habits, rue d'Auxonne, 31.
Ninot Ferdinand, plâtrier, rue St-Nicolas, n. 29.
Ninot Jean, manouvrier, rue St-Philibert, n. 55.
Nioulon Pierre, rentier, rue Guillaume-Tell.
Niquet Vincent, charpentier, allée de la Retraite, n. 16.
Niquet Jean-Bapt., charpentier, allée de la Retraite, 16.
Niquet Claude, charbonnier, rue de Montmuzard, n. 43.
Niquet Jean-Paul, rentier, rue Quantin, n. 6.
Niquevert Joseph, fripier, rue Bassano, n. 84.
Niquevert Louis, vitrier, rue des Bons-Enfants, n. 5.
Niquevert dit Lucenay, billardier, rue de la Gare, n. 1.
Niquevert dit Lucenay, journalier, rue de Gray, n. 29.
Niquez Pierre, manouvrier, port du Canal, n. 22.
Nivelle Jacques, capitaine major de la gendarmerie, rue
  d'Ahuy, n. 17.
Nivelon Jean-Baptiste, marchand fruitier, rue Amiral-
  Roussin, n. 51.
Nivelon Antoine, propr. de bateaux, rue Bassano, 114.
Nivelon, marchand fruitier, rue des Moulins, n. 14.
Nivelon Claude, ébéniste, rue des Moulins, n. 19 *bis*.
Noble, veuve Lucotte, rue Odebert, n 8.
Noblot Nicolas, tonnelier, rue Berbisey, n. 71.
Noblot Jean-Baptiste, vigneron, hameau de Mirande.
Noblot Claude, vigneron, hameau de Mirande.
Noccard Marie Mlle, rue Vannerie, n. 12.
Nock veuve, née Vigoureux, ouvrière, rue Musette, 22.
Nodot François, propriétaire, rue Condé, n. 21.
Nodot François, propriétaire, rue François-Rude, n. 6.
Nodot, rue des Marmuzots, n. 6 (Perrières), (pied-à-terre).
Nodot Victor, préparateur de chimie, r. de la Prévôté, 2.
Noé Joseph, jardinier, rue des Moulins, n. 34.
Noël V*, née Couroux, rentière, allée des Chartreux, 1.
Noël Jacques, fripier, rue d'Auxonne, n. 51.
Noël Claude-Edouard, empl. des postes, r. Berbisey, 12.
Noël Célestin, horloger, rue Bossuet, n. 8.
Noël Mme, née Gerbier, rentière, rue Charrue, n. 9.
Noël Prudent, commis aux hypothèques, r. de Gray, 27.
Noël François, comptable au chemin de fer, route de
  Plombières.

Noël Claude, ancien horloger, rue St-Nicolas, n. 28.
Noëllat Pierre, horloger, rue Berbisey, n. 45.
Noëllat Jean-Baptiste, vigneron, chemin de Talant, n. 29.
Noëllat Bénigne, vigneron, Combe-Persil.
Noëllat Pierre, vigneron, Combe-Persil.
Nogaret (de) René-Alfred, propriétaire, r des Godrans, 1.
Noguier François, jardinier, rue des Moulins, n. 1.
Noir Augustin, tailleur de pierres, r. de la Préfecture, 100.
Noireault Claude, employé à la Préfecture, rue Audra, 8.
Noirot Marie Mlle, fleuriste, rue Bassano, n. 60.
Noirot Marie Mlle, fleuriste, rue Berbisey, n. 45.
Noirot Etienne, grenetier, rue Berbisey, n. 95.
Noirot Simon, concierge et laveur, rue Bossuet, n. 8.
Noirot Jacques, forgeron, rue du Bourg, n 64.
Noirot Pierre, tailleur de pierres, rue du Chaignot, 14.
Noirot Antoine, manouvrier, cour des Poisses, n. 4.
Noirot veuve, née Pérard, rentière, rue Crébillon, n. 9.
Noirot Jeanne Mlle, rentière, rue Crébillon, n. 9.
Noirot Hugues, journalier, rue des Moulins, n. 39.
Noirot Léon, étudiant en droit, rue du Petit-Potet, n. 16.
Noirot Claude, manouvrier, place du Morimont, n. 1.
Noirot Charles, docteur-médecin, rue Proudhon, n. 9.
Noirot veuve, née Vuillemereux, rentière, r. Proudhon, 9.
Noirot Stéphanie, artiste dramatique, rue Richelieu, 13.
Noize François, vigneron, rue Ste-Marguerite, n. 30.
Noize Jacques, manouvrier, rue Ste-Marguerite, n. 53.
Noletta Jean-Baptiste, peintre, rue d'Ahuy, n. 6.
Nolotte Louise Mlle, rentière, rue-Chabot-Charny, 33.
Nolotte François, rue Chabot-Charny, n. 33.
Nolotte Jean-Baptiste, pépiniériste, rue de Pouilly, n 1.
Nonin veuve, née Poupon, femme de ménage, place du
  Morimont, n. 1.
Normand Pierre, tailleur de pierres, rue de Gray, n. 22.
Norture Isidore, cabaretier, cours du Parc, n. 6.
Nourisset veuve, née Roydot, loueuse en garni, rue Guil-
  laume, n. 9.
Nouveau Jacques, tailleur de pierres, rue St-Nicolas, 28.
Nuguet, restaurant, rue Jeannin, n. 67.
Nuguet Joseph, cafetier, rue Jeannin, n. 65.
Nuss, rue des Perrières, n. 28.
Nutt Hélène, rentière, rue du Petit-Potet, n. 24.

O

Obbée Stanislas, rentier, rue Chaudronnerie, n. 18.
Oberlé Elisabeth Mlle, couturière, rue St-Philibert, 59.
Obriot Charles, cordonnier, rue Cazotte, n. 8.
Obriot Jeanne Mlle, couturière, rue du Chaignot, n. 18.
Obriot Denis, anc. agent de police, rue du Chaignot, 18.
Obriot François, tanneur, rue des Tanneries, n. 13.
Ocquidant Philibert, boulanger, rue d'Auxonne, n. 9.
Ocquidant, charron, rue de la Manutention, n. 7.
Ocquidant Vᵉ, née Vannier, blanch., r. Victor-Dumay, 9.
Odennewesker veuve, née Derepas, blanchisseuse, rue
    St-Nicolas, n. 66.
Odennewesker Bernarde Mlle, blanchisseuse, rue Saint-
    Nicolas, n. 66.
Odet Auguste, tanneur, pont des Tanneries, n. 14.
Odrion Jean-Baptiste, représentant de commerce, rue
    de l'Arquebuse, n. 22.
Ohresser Didier, employé, rue Victor-Dumay, n 24.
Olivier Pierre, jardinier, rue d'Auxonne, n. 57.
Olivier Louis, jardinier, rue Bergère, n. 4.
Olivier Louise Mlle, ouvrière, rue Buffon, n. 31.
Olivier Auguste, march. d'épicerie en gros, r. Condé, 10.
Olivier Chrétien, jardinier, rue du Gaz, n. 13.
Olivier Jean, épicier, rue Guillaume, n. 51.
Olivier Jean-Baptiste, tanneur, rue de l'Ile, n. 2.
Olivier Antoine, jardinier, rue de Longvic, n. 13.
Olivier, jardinier, rue Magenta, n. 21.
Olivier Joseph, jardinier propr., r. de Montmuzard, 33.
Olivier Jean-Baptiste, tailleur de pierres, rue des Mar-
    muzots (Perrières).
Olivier veuve, née Lombard, rue des Perrières, n. 4.
Olivier Jules, cordonnier, rue de la Préfecture, n. 87.
Olivier Jean-Bapt., tailleur de pierres, r. Richelieu, 12.
Olivier Pierre, ouvrier cordonnier, rue de Suzon, n. 2.
Ollinet Emile, avoué, rue Chabot-Charny, n. 28.

Oppencau Charles, agent d'assur., pl du Morimont, n. 2.
Orange Jules, chaudronnier, rue de l'Arquebuse, n. 4.
Orange, chemin de Fontaine.
Orange Bernard, manouvrier, chemin du Petit-Bernard.
Orgolet veuve, née Myon, femme de ménage, r. d'Ahuy, 4.
Orième, rue Bassano, n. 58.
Orième Jean, boulanger, rue de l'Hôpital, n. 11.
Orième Anna Mlle, lingère, place Notre-Dame, n. 2.
Orième Noël, homme d'équipe, rue Vannerie, n. 29.
Orliac Jean, maréchal, rue Devosge, n. 14.
Ormancey François, ouvrier maréchal, cours du Parc, 3.
Osmont Adolphe, général de brig., r. Chabot-Charny, 62.
Oudet veuve, née Mutelle, femme de ménage, cour de la
   Faïencerie, n. 3.
Oudet Marguerite Mlle, ouvrière, rue Jeannin, n. 63.
Oudin veuve, née Flamant, couturière, r. du Chaignot, 13.
Oudin Joseph, marchand de meubles, rue Chaudron-
   nerie, n. 14.
Oudot veuve, née Paillot, marchande de papiers et
   chiffons, place St-Michel, n. 9.
Oudot Julien, cordonnier, rue Saumaise, n. 8.
Oulmann Abraham, rentier, rue Berbisey, n. 15.
Oulmann fils, agent d'affaires, rue Madeleine, n. 13.
Oulmann Nathan, greffier du conseil de préfecture, rue
   Odebert, n. 4
Oulmann, manouvrier, rue Roulotte, n. 25.
Ourcel veuve, née Massenot Catherine, ouvrière, place
   St-Michel, n. 17.
Ouvrard Jacques, charpentier, cour Bourberain, n. 6.
Ouzelet Claude, manouvrier, route d'Auxonne, n. 64.

P

Pacelli Michel, potier d'étain, rue des Forges, n. 60.
Pacot Philibert, propriétaire, rue d'Auxonne, n. 35.
Pacot François, cordonnier, rue du Champ-de-Mars, 16.
Pacot Gaspard, tailleur de pierres, rue du Mouton, n. 9.

Pacot veuve, née Charpiot, rentière, r. St-Philibert, 23.
Pacot Jean, manouvrier, rue du Tillot, n. 11.
Pacotte Claude, garde moulin, rue des Moulins, n. 21.
Pacquetet H., march. de vins en gros, r. d'Auxonne, 22.
Pacquetet Pierre, chauffeur, propr., r. des Ormeaux.
Padrès Jean, ex-acteur, rue François-Rude, n. 7.
Paër veuve, née Febvre, grenetière, rue du Chapeau-Rouge, n. 17.
Paër Marie Mlle, grenetière, r. du Chapeau-Rouge, 17.
Paeszeler Mlle, rentière, rue Guillaume, n. 54.
Pagant Auguste, concierge, rue des Moulins, n. 56.
Page Eugène, ajusteur, port du Canal, n. 20.
Page Pierre, cloutier, port du Canal, n. 20.
Pageault Pierre, employé des postes, rue Guillaume, 27.
Paget Françoise Mlle, couturière, rue Berbisey, n. 5.
Paggy Bernard, plâtrier, rue Ste-Marguerite, n. 23.
Pagnier Aimé, marchand d'étoffes, place Notre-Dame, 11.
Pagot Jean, carrossier, place du Morimont, n. 10.
Pagy Bernard, plâtrier, rue St-Nicolas, n. 42.
Paicheur Françoise Mlle, couturière, rue Bossuet, n. 9.
Paicheur Charles, tailleur, rue des Étioux, n. 20.
Paillard veuve, née Clousier, rentière, rue Berbisey, 78.
Paillard, négociant, rue Devosge, n. 37.
Paillard Joseph, négociant, rue Mably, n. 2.
Paillet, fabricant de casquettes, rue Berbisey, n. 38.
Paillet Françoise Mlle, rentière, rue Bossuet, n. 18.
Paillet, jardinier, Californie.
Paillet Pierre, marchand de vins, chemin couvert, près les Marronniers.
Paillet Henri fils, chemin couvert.
Paillet Léon fils, chemin couvert.
Paillet Antoinette, blanchisseuse, rue des Godrans, n. 13.
Paillet Victoire veuve, journalière, r. de Gray, n. 29.
Paillet Jacques, cordonnier, rue de Pouilly, n. 29.
Paillet veuve, née Masson, journalière, r. St-Nicolas, 2.
Paillet Sébastien, professeur de dessin linéaire au lycée, rue St-Nicolas, 95.
Paillet Anne Mlle, blanchisseuse, rue St-Nicolas, n. 99.
Paillet Valérie, tonnelier, rue Verrerie, n. 17.
Paillot Thérèse Mlle, couturière, rue du Petit-Cîteaux.

Pain, propriétaire, chemin de Talant, n. 4.
Pain Pierre, marchand de vins en gros, r. Guillaume, 25.
Pain veuve, cuisinière, rue Odebert, n. 5.
Pain Elisabeth, grenetière, rue de la Manutention, n. 6.
Pain Remy, scieur de long, rue de la Manutention, n. 6.
Pain Jean-Baptiste, chapelier, rue du Tribunal, n. 3.
Painchaux Jean, vitrier, rue St-Nicolas, n. 37.
Painchaux Claude, couvreur, rue Saumaise, n. 63.
Paintrant Jean, chauffeur, rue des Perrières, n. 4.
Paitel François, boucher, rue d'Auxonne, n. 38.
Palant Jean, manouvrier, rue du Sachot, n. 12.
Palland Auguste, relieur, rue d'Assas, n. 13.
Pallant veuve, née Michel, rentière, rue Jeannin, n. 36.
Pallegoix Paul, commis voyageur, rue du Chaignot, 10.
Pallegoix François, commis voyageur, rue Guillaume, 6.
Palluet veuve, née Daudon, rentière, rue de la Manutention, n. 5.
Palluet Auguste, propriétaire, rue de la Manutention, 17.
Pamponne Ve, née Huot, vigneronne, cour du Quartier, 5.
Pamponne veuve, née Tavernier, rue de Gray, n. 31.
Pamponne Philippe, fabricant de biscuits, r. de Gray, 31.
Pancrasse François, regrattier, rue St-Philibert, n. 8.
Pangnier Louis, sous-économe des hospices, r. Charrue, 5.
Pannet Jules, marchand de liqueurs, rue du Bourg, 21.
Pannet Jules, marchand de liqueurs, chemin du Petit-Bernard.
Pansiot Pierre, cordonnier, rue du Bourg, n. 50.
Pansiot Nicolas, conducteur des ponts et chaussées, rue de Montmuzard, n. 3.
Pansiot Ve, née Mignardot, rentière, r. de Montmuzard, 7.
Pansiot veuve, née Lobrot, concierge, rue St-Nicolas, 88.
Pansiot Claude, cocher, rue Saumaise, n. 28.
Pansiot Anne Mlle, rentière, rue Saumaise, n. 39.
Papinot veuve, née Beaurepère, rentière, r. du Tillot, 9.
Papy Pierre, concierge, rue Vauban, n. 12.
Paquelain Etienne, journalier, rue de l'Arquebuse, n. 3.
Paquetet Antoine, plâtrier, cour de la Faïencerie, n. 4.
Paquier veuve, née Sirdey, rentière, rue Jeannin, n. 35.
Paradis Joseph, cordonnier, rue Berbisey, n. 53.
Paradis Auguste, garçon de salle, rue de Montigny, n. 5.

Parcheminey Henri, cordonnier, rue Dauphine, n. 14.
Parent Claude, employé au télégraphe, rue Berbisey, 60.
Parent Claude, fabricant de moutarde, r. Guillaume, 50.
Parent Joseph, tonnelier, route de Longvic.
Parent Jean-Baptiste, charpentier, rue Turgot, n. 16.
Parenteau Thomas, couvreur, avenue du Réservoir (clos Détourbet).
Parenthoën Ve, née Laurent, ouvrière, r. Dauphine, 6.
Parfait Pierre, aubergiste, rue Quantin, n. 20.
Pariot Claude, teinturier, rue d'Ahuy, n. 17.
Pariot Ve, née Damongeot, ouvrière, r. St-Philibert, 25.
Pâris François, vigneron, allée de la Retraite, n. 16.
Pâris Ferdinand, ouvrier charpentier, rue Charrue, 10.
Pâris François, jardinier, rue Chaude, n. 2.
Pâris Jacques-René, professeur de musique, r. Chabot-Charny, n. 11.
Pâris Pierre, propriétaire, charron, rue de la Cité.
Pâris veuve, née Peirin, rentière, rue Devosge, n. 34.
Pâris Pierre, charron, grande rue Galoche, n 2.
Pâris veuve, née Barbette, revendeuse, r. de l'Hôpital, 9.
Pâris veuve, née Moreau, fruitière, rue Jeannin, n. 87.
Pâris César, négociant en vins, rue Longepierre, n. 3.
Pâris Edouard fils, rue Longepierre, n. 3.
Pâris Georges fils, rue Longepierre, n. 3.
Pâris J.-B., plâtrier, rue Derrière-Notre-Dame, n. 20.
Pâris Jean, maçon, rue Magenta.
Pâris Auguste, ouv. tonnelier, rue de la Manutention, 7.
Pâris Jean-Baptiste, jardinier, rue de Montmuzard, 12.
Pâris veuve, née Monrichard, prop., r. des Moulins, 48.
Pâris Jean-Baptiste, jardinier, rue des Ormeaux, n. 4.
Pâris veuve, rentière, rue Piron, n. 1.
Pâris veuve, née Larteau, propriétaire, rue Piron, n. 10.
Pâris François, maçon, faubourg Rennes, n. 9.
Pâris Pierre, carrier, rente Chadenet.
Pâris veuve, journalière, rue Saint-Martin, 37.
Pâris Nicolas, cond. au chem. de fer, rue St-Martin, 39.
Pâris Claude, rentier, rue Saint-Pierre, n. 39.
Pâris Abel, commissionnaire, rue Vannerie, n. 26.
Pâris veuve, née Clair. rentière, rue Vannerie, n. 27.
Pariselet Jeanne Mlle, fem. de ménage, r. Berbisey, 36.

Pariselet Nicolas, vigneron, rue de Pouilly, n. 35.
Parisot Edmée Mlle, ouvr., rue du Champ-de-Mars, 14 *bis*.
Parisot Pierre, directeur de l'enregistrement et des domaines, rue Legoux-Gerland, n. 1.
Parisot François, cultivateur, rue de Montmuzard, n. 9.
Parisot Jean-Baptiste, prop. vigneron, Petites-Roches.
Parisot Anne Mlle, rue de Pouilly, n. 2.
Parisot Louis, concierge, rue Saint-Pierre, n. 28.
Parize François, charpentier, rue Berbisey, n. 45.
Parize Louis, charpentier, rue Berbisey, n. 45.
Parize Ve, née Simonnot, fem. de ménage, r. Berbisey, 61.
Parize Antoine, tonnelier, cour des Poisses, n. 8.
Parizelet Ve, née Perrot, journal., cour des Poisses, 14.
Parizer Antoine, tailleur de pierres, rue Guillaume-Tell.
Parizot Ve, née Garreau, rentière, rue Berbisey, n. 69.
Parizot Nicolas, tisserand, rue Berbisey, n. 112.
Parizot Jean-Baptiste, manouvrier, rue Chantal, n. 7.
Parizot Catherine Mlle, lingère, rue des Godrans, n. 50.
Parizot Joséphine Mlle, couturière, rue Guillaume, n. 9.
Parizot Etienne, journalier, port du Canal, n. 17.
Parizot François, nettoyeur, rue Richelieu, n. 19.
Parizot Jacques, forgeron, Fontaine Sainte-Anne.
Parizot Pierre, journalier, rue Sainte-Marguerite, n. 15.
Parmentier, sous-offic. en retraite, r. de Montmuzard, 55.
Parpelet Jean, camionneur, rue des Godrans, n. 22.
Parriot Jean, employé au chem. de fer, r. Bassano, n. 74.
Parrot Louis, sous-officier en retraite, rue Bassano, 110.
Partois Mme, née Marchand, lingère, rue Neuve-Dauphine, n. 1.
Party Léon, avocat, rue Berbisey, n. 40.
Pascal Mme, née Pellegrin, ouvrière, rue Buffon, n. 34.
Pascal, rue de Suzon, n. 10.
Pascal Joseph, liquoriste, rue Vannerie, n. 29.
Pascard Georges, serrurier, rue du Bourg, n. 76.
Pasquier Ve, née Miquel, rentière, rue Bergère, n. 8.
Pasquier veuve, née Duprey, jardinière, rue Bergère, 8.
Pasquier Pierre, homme d'équipe, rue de la Cité.
Pasquin H., tourneur au chemin de fer, rue Musette, 7.
Passé François, menuisier, rue Berbisey, n. 37.
Passenaud Guillaume, employé, rue Bassano, n. 114.

Passerotte Françoise Mlle, logeuse, rue Vannerie, n. 11.
Pasteur Mme, rentière, rue Chabot-Charny, n. 19.
Pasteur Louis, rentier, rue Franklin, n. 1.
Pasteur Claudine Mlle, rentière, rue des Novices, n. 14.
Pastier Louis, entrepreneur, rue des Novices, n. 6.
Pastol de Keramelin veuve, née Mongin, rentière, rue de la Préfecture, n. 33.
Pasturelle Jean, menuisier, rue des Moulins, n. 5.
Pasturelle Chrétien, menuisier, rue des Moulins, n. 3.
Patet Joseph, tailleur de pierres, Fort Yon.
Patiot Léopold, chapelier, rue Vannerie, n. 27.
Patouillet Vᵉ, née Beutôt, ouvrière, rue Jeannin, n. 44.
Patouillet Félix, fab. d'huile, r. Coupée-de-Longvic, n. 2.
Patriarche Vᵉ, née Chapuis, concierge, rue Jeannin, 33.
Patriarche Vᵉ, née Mortureux, rentière, rue Jeannin, 48.
Patriarche, cordonnier, rue Piron, n. 44.
Patriarche Jean-Bapt., agent d'assurances de *l'Urbaine*, place Saint-Jean, n. 9.
Patriarche Claude, boulanger, rue Saint-Nicolas, n. 79.
Patron Vₑ, née Moreau, fem. de ménage, r. Vannerie, 57.
Patros, maçon, viaduc de l'Arquebuse.
Patry Charles, chauffeur, route de Plombières.
Paufard Jules, marbrier, rue de la Prévôté, n. 2.
Pauffard Victoire Mlle, ouvrière, rue Saumaise, n. 34.
Paul, ancien chef de division, rue Saint-Nicolas, n. 102.
Paulet Louis, march. de bois, prop., r. des Godrans, 70.
Paulin Jean-Baptiste, emp. au ch. de fer, r. Vannerie, 85.
Paulin Charles, colonel en retraite, r. Victor-Dumay, 17.
Paulus Joseph, cabaretier, rue Berbisey, n. 77.
Paulvé Désiré, chauffeur, rue Guillaume-Tell.
Pauly Jean-Baptiste, chef de gare, rue de la Gare, n. 20.
Pauly, conducteur au chemin de fer, rue Jeannin, n. 7.
Pauly Antoine, commis voyageur, rue Mably, n. 11.
Paume Antoine, employé à *l'Abeille*, rue Saumaise, 18.
Pauper François, march. de poissons, ch. de Talant, 19.
Pauper J.-F., marchand de poissons, rue Bannelier, n. 1
Pauper François fils, rue Bannelier, n. 1.
Paupion Henri, voyageur de commerce, rue Dubois, 6.
Paupion Marie Mlle, ouvrière, rue Dubois, n. 6.
Paupion Claude, marchand de papier, rue Vaillant, n. 5.

Paupion Jérôme, marchand de papier, rue Vaillant, n. 5.
Paupiou veuve, rentière, rue Saumaise, n. 61.
Pauthenet François, comptable, rue Chaudronnerie, 24.
Pauthenet Jeanne Mlle, rentière, rue des Godrans, n. 76.
Pauthenet J.-B., propriétaire, maçon, rue des Roses, 6.
Pautet veuve, femme de ménage, rue de l'Arquebuse, 3.
Pautet Claudine Mlle, ouvrière, r. des Bons-Enfants, 11.
Pautey Jean-Baptiste, vigneron, hameau de Mirande.
Pautey Pierre fils, hameau de Mirande.
Pavaillon Claude, employé, rue Berbisey, n. 49.
Pavaillon Claude, perruquier, rue Chabot-Charny, n. 76.
Pavoude Auguste, tourneur en chaises, rue Buffon, 34.
Paxion François, garçon brasseur, rue Ste-Catherine, 17.
Payme Antoine, rentier, rue Bassano, n. 9.
Payen Achille, perruquier, rue Chabot-Charny, n. 76.
Payen Marie Mlle, bonnetière, rue Chabot-Charny, 76.
Payotte Jean-Baptiste, jardinier, rue Sambin, n. 15.
Pêche Pierre, charpentier, rue Bassano, n. 50.
Péchin Pauline Mlle, rentière, rue de Suzon, n. 2.
Péchinot veuve, née Morlot, revenderesse, rue Docteur-
  Maret, n. 4.
Péchinot François, jardinier, grande rue Galoche, n. 8.
Péchinot Louis, menuisier, rue de la Manutention, n. 5.
Péchinot Louis, jardinier, rue de Montmuzard, n. 25.
Péchinot François, forgeron, rue du Mouton, n. 9.
Péchinot Elisabeth Mlle, lingère, rue Piron, n. 15.
Péchinot Joseph, ouvr. imprimeur, place St-Michel, n. 4.
Péchinot Claudine Mlle, propr., rue Ste-Marguerite, 55.
Pécot Jean-Baptiste-Charles, marchand de nouveautés,
  rue des Forges, n. 20.
Péfert, manouvrier, à la Californie.
Peffert Louis, maçon, rue Saumaise, n. 16.
Péguet veuve, née Froidurot, rue St-Martin, n. 9 *bis*.
Péguet Félix, peintre-vitrier, rue St-Martin, n. 9 *bis*.
Peguillet Claude, menuisier, place Darcy, n. 5.
Pelissard Etienne, ferblantier, rue Piron, n. 4.
Pelissonnier Colombe Mlle, propriétaire, r. du Chapeau-
  Rouge, n. 12.
Pélissonnier Hippolyte, propr., rue St-Philibert, n. 69.
Pellegrin veuve, née Vincent, rentière, r. Bannelier, 11.

Pellegry Ernest, supérieur des Jésuites, rue Saint-Philibert, n. 42 *bis*.

Pellery Constant, ferblantier au chemin de fer, rue St-Philibert, n. 6.

Pellet Charles-Albert, sous-inspecteur au chemin de fer, rue des Roses, n. 4.

Pelletier Victor, charpentier, rue Amiral-Roussin, n. 30.

Pelletier Ve, née Sartory, rentière, r. de l'Arquebuse, 20.

Pelletier Auguste, maçon, rue d'Auxonne, n. 12.

Pelletier Xavier, jardinier, rue Bassano, n. 8.

Pelletier Jacques, charpentier, rue Berbisey, n. 95.

Pelletier Arthur, empl. au chemin de fer, r. Devosge, 24.

Pelletier Jean-Baptiste, manouvrier, rue Magenta.

Pelletier Jean-Baptiste, capitaine en retraite, rue de la Manutention, n. 17.

Pelletier Antoine, maçon, rue Notre-Dame, n. 22.

Pelletier Henriette Mlle, institutrice, rue Piron, n. 28.

Pelletier François, ancien domes., r. de la Préfecture, 27.

Pelletier Toussaint, manouvrier, rue Richelieu, n. 12.

Pelletier Jean, ouvrier poêlier, rue Ste-Marguerite, 15.

Pellletier Marie-Françoise, directrice de l'Ecole communale de filles, rue Turgot, n. 3.

Pelletier Louis, manouvrier, rue St-Nicolas, n. 10.

Pelletier Ve, née Truchetet, rentière, rue Saumaise, 30.

Pelletret Barthélemy, concierge, rue Berbisey, n. 3.

Pelletret Antoine, épinglier, aux Petites-Roches.

Pelletret veuve, née Bouchard, rentière, rue de la Préfecture, n. 60.

Pelletret Jean-Baptiste, comptable, rue St-Nicolas, 109.

Pelletret, forgeron, rue de la Trémouille.

Pellier Jules, mécanicien, rue Mably, n. 6.

Pellion Emilie Mlle, libraire, rue Richelieu, n. 9.

Pelte François, conducteur chef, rue de l'Arquebuse, 18.

Pelteret Jean-Baptiste, cordonnier, rue d'Assas, n. 30.

Peltey veuve, née Flachot, rue de l'Arquebuse, n. 14.

Peltey Victor, comptable, rue de l'Arquebuse, n. 14.

Peltier Jean-Baptiste, homme d'équipe, rue Odebert, 3.

Peltier Arthur fils, rue Odebert, n. 3.

Peltret Ve, née Colas, propriétaire, r. Berbisey, 21.

Peltret Alexis, négociant, rue de Pouilly, n. 7.

Peltret Etienne, lithographe, rue St-Nicolas, n. 40.
Peltret Louis, frappeur, rue St-Nicolas, n. 40.
Penevert Antoine, rentier, rue Chaudronnerie, n. 10.
Penilet Jean-Baptiste, manouvrier, rue Berbisey, n. 61.
Penning François, propriétaire, rue Saint-Esprit, n. 4
    (Perrières).
Penotet Jean, matelassier, Belle-Ruelle, n. 1.
Penotet Jules, ébéniste, rue des Moulins, n. 24.
Penotet Joséphine Mlle, rentière, place St-Michel, n. 12.
Pépin Jean-Bapt., boulanger, r. Chancelier-l'Hôpital, 7
Pérard Jean-Baptiste, voiturier marchand de cendres,
    port du Canal, n. 11 *bis.*
Perchet Jean-Baptiste, fabric. d'images, rue Jeannin, 5.
Perchet veuve, née Febvre, logeuse, r. Ste-Anne, n. 14.
Perdrix Etienne, concierge, rue Legoux-Gerland, n. 5.
Perdrix Auguste, avocat, rue Vaillant, n. 17.
Perdry Nicolas, ouvrier cordonnier, rue St-Nicolas, 87.
Pereimère Pierre, manouvrier, rue St-Nicolas, n. 42.
Perès Emmanuel, gendarme en retraite, rue de la Co-
    lombière, 26.
Pérille Mathieu, corroyeur, rue Dauphine, n. 14.
Pérille Mathieu, corroyeur, rue Guillaume, n. 67.
Perle Bénigne, machiniste, chemin couvert de la Belle-
    Etoile.
Perle Claude, plâtrier, chemin couv. de la Belle-Etoile, 30.
Pernelle Philibert, propriétaire, r. de la Colombière, 30.
Pernet Charles, employé au télégraphe, r. d'Assas, 28 *bis.*
Pernet Jean-Baptiste, domestique, rue Buffon, n. 29.
Pernet Frédéric, tonnelier, rue Chantal, n. 1.
Pernet Claude, rentier, rue des Forges, n. 62.
Pernet Joseph, fabricant de chaises, r. de l'Hôpital, 3.
Pernet Claude, propr., ancien négociant, rue du Lacet, 4.
Pernet Jean-Baptiste, militaire retraité, r. de Longvic, 27.
Pernet Pierre, propr., ancien magistrat, rue du Palais, 5.
Pernet Claude, piqueur, place de la Banque, n. 8.
Pernet Ve, née Esmez, journalière, r. de la Préfecture, 85.
Pernet Antoine, jardinier, grande rue St-Lazare, n. 12.
Pernin Louis, comptable, rue Amiral-Roussin, n. 48.
Pernin Claude, tailleur, rue du Lacet, n. 6.
Pernot Auguste, épicier, rue Guillaume, n. 28.

Pernot Philippe, jardinier, rue Sambin, n. 15.
Perny Jean-Baptiste, propriétaire, Cours-Fleury, n. 7.
Perny Jean-Baptiste, rentier, Cours-Fleury, n. 8.
Perny Jacques, rentier, rempart du Château, n. 4.
Perodin, marchand de vins en gros, place au Foin.
Pérol Louis, voyag. de commerce, avenue du Réservoir.
Perraud Mme, née Duchassin, lingère, rempart du Tivoli, n. 5.
Perreau Louis, brasseur, rue Ste-Marguerite, n. 29.
Perreau Anne Mlle, blanchisseuse, rue du Bourg, n. 11.
Perreau François, boucher, rue du Bourg, n. 53.
Perreau François, propriétaire, rue Guyton-Morveau.
Perrenet de Charrey Edmond, propr., place St-Jean, 2.
Perret Jacques, cordonnier, rue de l'Hôpital, n. 29.
Perret Etienne, débitant, rue Magenta, n. 1.
Perret Jean-Baptiste, journalier, rue du Petit-Citeaux, 11.
Perret François, manouvrier, rue de la Prévôté, n. 9.
Perret François, serrurier, rue Saumaise, n. 16.
Perrette Louis, typographe, rue Berbisey, n. 126.
Perrey veuve, née Vautrain, propriétaire, r. Bassano, 22.
Perrey veuve, née Guilbert, propriétaire, rue Buffon, 25.
Perrier Jean-Baptiste, cafetier, rue Bassano, n. 75.
Perrier veuve, née Vitu, bouchère, rue Berbisey, n. 102.
Perrier veuve, née Bailly, vigneronne, r. Berbisey, 130.
Perrier François, manouvrier, chemin couvert de la Belle-Etoile, n. 25.
Perrier Etienne, facteur au chemin de fer, r. Devosge, 16.
Perrier Marie Mlle, lingère, rue du Gaz, n. 6.
Perrier Anne Mlle, lingère, rue du Gaz, n. 6.
Perrier Ve, née Chaudot, ouvrière, r. des Godrans, 48.
Perrier Louis, rentier, rue Guyton-Morveau, n. 3.
Perrier Pierre, cabaretier, rue de l'Hôpital, n. 1.
Perrier François, carrier, rue de Montmuzard, n. 15.
Perrier Jean, vigneron, rue des Moulins, n. 50 *bis*.
Perrier Louis, marchand de broderies, rue du Petit-Potet, n. 28.
Perrier Louis, rue Piron, n. 15.
Perrier veuve, née Richard, femme de ménage, port du Canal, n. 17.
Perrier Jean-Baptiste, pâtissier, rue St-Nicolas, n. 77.

Perrière Jeanne Mlle, rentière, rue du Vieux-Collége, 4.
Perrin Louis, chapelier, rue d'Ahuy, n. 23.
Perrin François, rentier, impasse Audra, n. 6.
Perrin veuve, née Tillet, rentière, rue Bassano, n. 16.
Perrin Jean-Baptiste, tailleur, rue du Bourg, n. 12.
Perrin Léonard, chargeur, rue de la Manutention, n. 25.
Perrin François, propriétaire, rue Musette, n. 36.
Perrin Hugues, manouvrier, rue de la Préfecture, n. 90.
Perrin, abbé, rue Proudhon, n. 20.
Perrin Daniel, capitaine en retraite, rue St-Philibert, 15.
Perrin Anne, rentière, rue Saumaise, n. 61.
Perrin veuve, née Fontaine, rentière, rue de Suzon, n. 2.
Perrio Pierre, tonnelier, rue Berbisey, n. 45.
Perriquet Jean-Bapt., imprimeur, r. Neuve-Dauphine, 1.
Perriquet Jacques, vigneron, rue des Moulins, n. 34.
Perriquet Maurice, propriétaire, ancien avoué, rue du
  Palais, n. 15.
Perriquet Albert fils, rue du Palais, n. 15.
Perriquet Léon-Georges fils, rue du Palais, n. 15.
Perriquet Vᵉ, née Guyot, propriétaire, r. St-Philibert, 15.
Perron veuve, née Fremiet, journalière, r. d'Auxonne, 71.
Perron, fabricant de pain d'épices, rue Berbisey, n. 58.
Perron Auguste, commis greffier, rue Berbisey, n. 120.
Perron, borloger, chemin de Talant, n. 5 (pied-à-terre).
Perron veuve, journalière, Cours Fleury, n. 10.
Perron Séraphin, facteur de 2ᵉ classe, rue de la Gare, 2.
Perron Vᵉ, née Michel, propriétaire, r. Guillaume, 6 *bis*.
Perron Ulysse, peintre, place du Morimont, n. 7.
Perron Séraphin, employé à la petite vitesse, rue Ri-
  chelieu, n. 11.
Perron Jean-Baptiste, maçon, petite rue St-Lazare.
Perron François fils, petite rue St-Lazare.
Perronne veuve, rentière, rue de Clairvaux, n. 1.
Perrot Edouard, fabr. de cirage, allée des Chartreux, 1.
Perrot Jean-Baptiste, journalier, rue d'Auxonne, n. 6.
Perrot Adolphe, employé, rue Berbisey, n. 49.
Perrot Louise Mlle, modiste, rue Berbisey, n. 108.
Perrot Louis, doreur, rue des Bons-Enfants, n. 2.
Perrot veuve, née Lévêque, rue du Bourg, n. 8.
Perrot Jules, marchand d'étoffes, rue du Bourg, n. 20.

Perrot veuve, rue Buffon, n. 35.
Perrot veuve, née Thuilier, rue Buffon, n. 35.
Perrot Marie Mlle, blanchiss., r. du Champ-de-Mars, 2.
Perrot abbé, rue Chaudronnerie, n. 46.
Perrot Jean-Baptiste, vigneron, à la Combe-Persil.
Perrot Marie Mlle, modiste, rue Condé, n. 36.
Perrot veuve, née Bouhin, femme de ménage, cour du Quartier, n. 7.
Perrot Ve, née Pion Anne, lingère, r. François-Rude, 27.
Perrot Jacques, rue de la Gare, n. 26.
Perrot Pierre, cantonnier, rue du Gaz, n. 22.
Perrot Ve, née Boussey, grenetière, r. des Godrans, 24.
Perrot Ovide, menuisier, rue des Godrans, n. 32.
Perrot François, négociant en toile et grains, rue des Godrans, n. 76.
Perrot L., maître d'hôtel de la Galère, r. Guillaume, 63.
Perrot veuve, née Minigot, rue Jeannin, n. 35.
Perrot François, ancien voiturier, rue Jeannin, n. 42.
Perrot Jean-Baptiste, vigneron, Larrey.
Perrot François, cantonnier, rue de Longvic, n. 31.
Perrot François, jardinier, rue de Longvic, n. 49.
Perrot Justine Mlle, ouvrière, rue Magenta.
Perrot Denis, jardinier, rue des Moulins, n. 45 *bis.*
Perrot Jules, marchand tailleur, rue Simon (Perrières) (pied-à-terre).
Perrot Prudent, jardinier, Petites-Roches.
Perrot Louis, rue Piron, n. 7.
Perrot Jean-Claude, march. tailleur, place des Ducs, 2.
Perrot, journalier, place St-Michel, n. 4.
Perrot Pierre, cabaretier, port du Canal, n. 25.
Perrot François, faubourg Rennes, n. 3.
Perrot François, march. de poissons, faub. Rennes, 27.
Perrot Philippe, cabaretier, rue Roulotte, n. 17.
Perrot Mme, née Baux, journalière, rue Roulotte, n. 29.
Perrot Etienne, manouvrier, rue Ste-Catherine, n. 17.
Perrot Jean-Baptiste, manouvrier, rue Ste-Catherine, 17.
Perrot Pierre, maçon, rue Ste-Marguerite, n. 15.
Perrot Jacques, boulanger, rue St-Martin, n. 14.
Perrot, manouvrier, rue St-Nicolas, n. 22.
Perrot veuve, manouvrière, rue St-Nicolas, n. 30.

Perrot Marguerite veuve, rue St-Nicolas, n. 79.
Perrot Louis, agréé au tribunal, rue St-Pierre, n. 3.
Perrot Philibert, forgeron, rue St-Pierre n. 29.
Perrot Marguerite Mlle, rentière, rue Vannerie, n. 46.
Perrot Berthe Mlle, ouvrière, rue Vannerie, n. 90.
Perrot Xavier, manouvrier, rue de Venise.
Perrot Emile fils, rue de Venise.
Perrot Claudine Mlle, ouvrière, rue Verrerie, n. 24.
Perrot François, ouvrier distillateur, rue du Vieux-Collége, n. 15.
Perrotin veuve, née Malaud, rentière, r. Guillaume, 45.
Perroux Denis, serrurier, rue Bassano, n. 6.
Perroux V^e, née Drouhin, blanchisseuse, r. Bassano, 74.
Perruchot Sébastien, plâtrier, impasse Audra, n. 1.
Perruchot veuve, née Louet, prop., faubourg Rennes, 19.
Perry Emile, représ. de commerce, rue Guillaume, n. 42.
Perségol Fortuné, corroyeur, rue d'Auxonne, n. 35.
Persey Jacques, sellier, rue du Sachot, n. 12.
Personnier, marchand de domaines, rue St-Philibert, 2 (pied-à-terre).
Pertua Mme, née Pauper, ouvrière, r. des Godrans, 11.
Pertuy Claude, bouquiniste, rue Musette, n. 35.
Pertuzon Auguste, pasteur du culte protestant, rue des Roses, n. 4.
Pessard Jéan-Baptiste, charpentier, pl. du Morimont, 11.
Pessel Jeanne Mlle, ouvrière, rue Musette, n. 10.
Petiet veuve, marchande de fruits, rue Odebert, u. 4.
Petiet veuve, née Rainguet, propr., pl. St-Michel, 10 bis.
Pétit Claude, employé, rue d'Auxonne, n. 35.
Petit Claude, manouvrier, rue d'Auxonne, n. 49.
Petit Auguste, musicien, rue Bassano, n. 33.
Petit Eugénie Mlle, lingère, rue Bassano, n. 58.
Petit François, maçon, rue Berbisey, n. 71.
Petit Charles, homme d'équipe, rue Cazotte, n. 8.
Petit Victor, chauffeur, rue Cazotte, n. 8.
Petit Guillaume, agent-voyer, rue Chabot-Charny, n. 19.
Petit Antoine, docteur-médecin, rue du Chaignot, n. 2.
Petit Eugénie Mlle, couturière, rue du Château, n. 6.
Petit Jean-Baptiste, vigneron, cour Bourberain, n. 1.
Petit V^e, née Martin, journal., cour de la Faïencerie, 2.

Petit Oscar-Eugène, marchand bonnetier, rue François-Rude, n. 36.

Petit veuve, née Patron, concierge, r. des Godrans, 104.

Petit Benoît, cordonnier, rue Jeannin, n. 57.

Petit Nicolas, rentier, rue Mably, n. 6.

Petit Antoine, docteur-médecin, rue St-Esprit, Perrières (pied-à-terre).

Petit Félix, place de la Banque, n. 4.

Petit de Cotty François-Eugène, chef de comptabilité à la trésorerie générale, rue Proudhon, 12.

Petit Claude, chauffeur, rue St-Philibert, n. 61.

Petit J.-B., charbonnier, r. Derrière-les-Tanneries, n. 3.

Petit Joseph, manouvrier, rue des Tanneries, n. 29.

Petit Jean-Baptiste, cafetier, rue Verrerie, n. 44.

Petit Victor, clerc de notaire, rue du Vieux-Collége, 8.

Petitcuenot Pierre, piqueur au chemin de fer, rue Devosge, n. 19.

Petite Edmond, horloger, rue Condé, n. 33.

Petite veuve, née David, rentière, rue des Moulins, 14.

Petite Eugène, rentier, rue des Moulins, n. 14.

Petitfrères veuve, journalière, rue du Chaignot, n. 34.

Petitfrères Jean-B., fileur de laine, cour du Quartier, 1.

Petitfrères Auguste, grenetier, place du Morimont, n. 5.

Petitjean veuve, née Bertrand, allée des Chartreux, 14.

Petitjean Nicolas, fabricant d'huile, rue d'Auxonne, 31.

Petitjean Nicolas, rue d'Auxonne, n. 31.

Petitjean Paul, grenetier, rue Berbisey, n. 55.

Petitjean Pierre, manouvrier, rue des Nantillières (Californie).

Petitjean Jacques, scieur de long, rue des Nantillières (Californie).

Petitjean Jacques, ex-brasseur, marchand de vin, rue du Chaignot, n. 14.

Petitjean de Marcilly Mlle, rentière, r. du Chaignot, 24.

Petitjean Emilie Mlle, ouvrière, rue des Godrans, n. 13.

Petitjean Jean, regrattier, rue des Godrans, n. 20.

Petitjean Claude, propriétaire, rue Guillaume, n. 54.

Petitjean Charles, ancien notaire, rue Jeannin, u. 9-11.

Petitjean de Marcilly Claude, ancien receveur de l'hospice, rue Jeannin, n. 33.

Petitjean, journalier, rue Magenta.
Petitjean Ve, née Naudet, propr., place du Morimont, 2.
Petitjean Julien, rentier, rue Piron, n. 20.
Petitjean Jean-B., scieur de long, r. de la Préfecture, 89.
Petitjean veuve, journalière, rue Quantin, n. 16.
Petitjean Paul, propriétaire, rue du Château, n. 11.
Petitjean Jean-Baptiste, tailleur de pierres, petite rue St-Lazare.
Petitjean veuve, née Renaud, rue St-Philibert, n. 21.
Petitjean Germain, cabaretier, rue St-Philibert, n. 25.
Petitot Pierre, charpentier, rue d'Auxonne, n. 62.
Petitot Françoise, femme de ménage, rue Berbisey, n. 81.
Petitot veuve, née Henry, couturière, rue Berbisey, n. 95.
Petitot François, commandant du génie en retraite, rue des Bons-Enfants, n. 1.
Petitot François, tourneur, rue Cazotte, n. 21.
Petitot veuve, rue Cazotte, n. 14.
Petitot Colette Mlle, rentière, rue Dubois, n 5.
Petitot Jacques, serrurier, rue Franklin, n. 9.
Petitot veuve, rue Franklin, n. 9.
Petitot Pierre, rentier, rue Jeannin, n. 69.
Petitot veuve, née Drioton, rentière, rue Notre-Dame, 7.
Petitot Hugues, propriétaire, rue des Perrières, n. 34.
Petitot François, manouvrier, rue de Pouilly, n. 20.
Petitot Pierre, cordonnier, rue Quantin, n. 6.
Petitot Edme, couvreur, rue Saint-Nicolas, n. 38.
Petitot Emile, doreur, rue Saint-Nicolas, n. 38.
Petitot, ouvrier tailleur, rue Saint-Nicolas, n. 42.
Petitot Jeanne Mlle, anc. domestique, rue Saumaise, 35.
Petitot Henri, tonnelier, rue de la Trémouille.
Petitot, employé des cont. indirectes, rue Vannerie, 73.
Petitot veuve, née Daisey, ouvrière, rue Verrerie, n. 17.
Petitot Françoise Mlle, lingère, rue Victor-Dumay, n. 7.
Pétot Jean, poêlier, rue Bassano, n. 78.
Pétot Alexandre, garçon de magasin, rue Bassano, 126.
Pétot Claude, coiffeur, rue des Godrans, n. 74.
Pétot veuve, née Bramm, ouvrière, rue Saumaise, n. 16.
Pétot Gabrielle dit Filliette Mlle, journalière, rue Saumaise, n. 20.
Pétret Marie Mlle, rue Condé, n. 10.

Pétret Louis, journalier, Saint-Antibes.
Pétrot Stéphen, mécanicien, rue d'Ahuy, n. 15.
Pétrot François, propriétaire, rue du Chapeau-Rouge, 16.
Pétrot Charles, épicier en gros, r. des Godrans, n. 59.
Pétrot Etienne, pâtissier, rue Jeannin, n. 38.
Pétrot Edmond, ouvrier menuisier, rue St-Nicolas, 22.
Pétrucci Gaston-Paul, médecin-adjoint de l'asile des aliénés, route de Plombières.
Pétry Michel, tailleur, rue de la Prévôté, n. 6.
Peuchin Sophie, Ve Delise, ouvrière, rue de Longvic, 23.
Peutat Pierre, propriétaire, rue de Pouilly, n. 16.
Peutet Jean-Baptiste, marchand de fer, rue Bassano, 66.
Peutet Louise Mlle, rue des Godrans, n 49.
Peutet Claude, maçon, rue Magenta.
Peutet, négociant, rue Saint-Philibert, n. 42.
Peyron Victor, horloger, rue Condé, n. 13.
Pfister Jean, garçon brasseur, rue d'Assas, n. 22 bis.
Pfister Louis, horloger, rue Condé, n. 35.
Pfister Charles, ferblantier, rue Dauphine, n. 12.
Pfister Henri, chiffonnier, rue Montigny, n. 2.
Phal, rue de l'Arquebuse, n. 3.
Phal Jean-Baptiste, grenetier, rue Audra, n. 16.
Phelut Marien, perruquier, rue Berbisey, n. 79.
Pheulpin François, domestique, faubourg Rennes, n. 15.
Philibeaux Jean-Baptiste, rue d'Auxonne, n. 60.
Philibeaux Adolphe, ancien boulanger, r. Bossuet, n. 3.
Philibeaux Antoine, fabricant de moutarde, rue Chabot-Charny, n. 77.
Philibeaux Pierre, rentier, chemin couvert de la Belle-Etoile, n. 23.
Philibeaux Pierre, rentier, rue Jeannin, n. 55.
Philibeaux Antoine, boulanger, rue Vauban, n. 5.
Philibert Ve, née Rousseau, journalière, pl. St-Michel, 3.
Philibert Alfred, voyag. de commerce, r. de Suzon, n. 8.
Philiberte Jeanne Mlle, domestique, place St-Michel, 1.
Philippe Pierre, emp. au télégraphe, rue St-Nicolas, 100.
Philippon veuve, née Briottet, rentière, r. Bassano, 112.
Philippon Jean-Bapt., ouv. chapelier, r. St-Nicolas, 30.
Philippon Jean-Baptiste fils, rue Saint-Nicolas, n. 30.
Philippon veuve, ouvrière, rue Verrerie, n. 21.

Phlipot Henri, cordonnier, rue Jeannin, n. 59.
Pialla J.-A., receveur de la navigation, port du Canal.
Pialla Joseph fils, port du Canal.
Pianet Gustave, premier commis des contributions directes, rue d'Ahuy, n. 3.
Piard Eugénie Mlle, chapelière, rue Saint-Nicolas, n. 41.
Piat Marie Mlle, rentière, rue Piron, n. 1.
Picard Ve, née Bonnard, rentière, rue Berbisey, n. 1.
Picard Pierre, clerc de notaire, rue Berbisey, n. 1.
Picard Charles, chapelier, rue Chabot-Charny, n. 58.
Picard Ve, née Luce, rentière, r du Champ-de-Mars, 5.
Picard Antoine, charpentier, chemin couvert de la Belle-Etoile, n. 23.
Picard Ve, née Colombin, march., cour du Quartier, n. 2.
Picard veuve, née Moine, rentière, rue Crébillon, n. 4.
Picard François, rentier, rue Dubois, n. 12.
Picard Toussaint, nettoyeur, rue de la Gare, n. 6.
Picard François, maçon, rue Guillaume, n. 11.
Picard Marie Mlle, ouvrière en robes, rue Jeannin, 37.
Picard Ve, née Gauthier, journalière, r. de Longvic, 38.
Picard Guillaume, ex-tonnelier, place de la Banque, n. 4.
Picard Jean-Baptiste, coutelier, place des Ducs, n. 14.
Picard, recev. d'octroi en retraite, r. de la Préfecture, 25.
Picard veuve, née Mercier, rentière, rue du Rabot, n. 2.
Picard Anne Mlle, journalière, rue Vannerie, n. 25.
Picard Thomas, capitaine en retr., r. du Vieux-Collége, 1.
Picamelot J.-B., menuisier, prop., r. Amiral-Roussin, 33.
Picamelot veuve, femme de ménage, rue du Bourg, n 67.
Picamelot Ve, née Viremaître, prop., route de Longvic.
Picamelot Isidore, garçon meunier, pl. du Morimont, 1.
Picamelot Antoine, cordonnier, rue de la Préfecture, 84.
Picamelot Jacques, manouvrier, rue Sainte-Catherine, 3.
Pichenot Elisabeth, rue Piron, n. 14.
Pichenot Claude, rentier, rue Sainte-Catherine, n. 18.
Picherot veuve, née Guillier, rue Saint-Nicolas, n. 22.
Pichon Achille, commis voyageur, rue Berbisey, n. 100.
Pichon Claude, brigadier de gendarmerie, rempart du Château, n. 4.
Pichot Jean, employé au télégraphe, rue de la Gare, 15.
Pichot Lamabilais, propriétaire, rue Saint-Pierre, n. 9.

Pichuc Adolphe, journalier, rue de l'Ile, n. 4.
Picoly Jean, ouvrier peintre, rue Berbisey, n. 100.
Picot Jean-Bapt., restaurateur, r. du Chapeau-Rouge, 14.
Picot Thomas, ouvrier menuisier, rue de Gray, n. 29.
Picot Joseph, tourneur en fer, rue de l'Ile, n. 2.
Pidancet Jean, ferblantier, rue de l'Hôpital, n. 1.
Pidancet Antoine, serrurier, rue des Tanneries, n. 23.
Pidancet Claude, chargeur, rue des Tanneries, n. 23.
Pidaut Pierre, manouvrier, rue des Forges, n. 52.
Pidol Charles, scieur de long, rue Berbisey, n. 78.
Pidou Alexandre, rentier, rue Magenta, n. 7.
Piedfort Pierre, charron, cours du Parc, n. 6.
Pierre Pierre, vigneron, aux Argentières.
Pierre de Vellefrey veuve, née Brusset, propriétaire,
    rue Chabot-Charny, n. 63.
Pierre Jacques, jardinier, rue du Chinois, n. 3.
Pierre Mélanie Mlle, lingère, rue Crébillon, n. 5.
Pierre Nicolas, concierge, rue Devosge, n. 1.
Pierre veuve, née Doublet, jardinière, rue Febvret, 6.
Pierre François, garde d'artillerie en retraite, rue Guil-
    laume, n. 8.
Pierre veuve, née Thibaut, journalière, rue Jeannin, 47.
Pierre Auguste, chapelier, rue de la Préfecture, n. 85.
Pierre Antoine, chapelier, rue de Pouilly, n. 11.
Pierre Jean-Baptiste, cloutier, rue du Sachot, n. 12.
Pierre Alvard, plâtrier, rue St-Nicolas, n 95.
Pierrot Jean-Baptiste, fabricant de moutarde, rue Bas-
    sano, n. 30.
Pierrot Pierre, marchand de chapeaux, r. des Etioux, 9.
Pierrot Constant, représentant de la Cie d'assurances sur
    la vie : *le Gresham*, rue St-Philibert, n° 29.
Pierrot Henri, employé au chemin de fer, r. Musette, 21.
Piet Gustave, propriétaire, r. Chabot-Charny, n. 41.
Pigeon Pierre, ouvrier plâtrier, rue du Gaz, 2 *ter*.
Pigeon Jean, employé au chemin de fer, r. des Godrans, 2.
Pigeon veuve, née Jacquelin, journalière, Larrey.
Pigeon Claude, tuilier, Larrey.
Pigeon Victor, employé au chemin de fer, r. de la Pré-
    vôté, n. 7.
Piget veuve, née Baulot, blanchisseuse, r. Berbisey, 45.

Piget Marie veuve, blanchisseuse, rue Dauphine, n. 19.
Pignalet Cécile Mlle, ouvrière, rue Docteur-Maret, 10.
Pignalet Marie Mlle, journalière, rue des Godrans, 62.
Pignalet Etienne, relieur, rue Proudhon, n. 25.
Pignalet Jean-Baptiste, manouvrier, rue du Pont-des-Tanneries, n. 14.
Pignant Mme, née Dugied, rentière, rue Bannelier, n. 11.
Pignant Charles, employé au chem. de fer, r. Bassano, 48.
Pignolet Catherine Mlle, couturière, rue Crébillon, 20.
Pignot Léon, rentier, rue Amiral-Roussin, n. 33.
Pignot Dominique, débit. de tabac, r. Chabot-Charny, 5.
Pignot Antoine, anc. march. de bois, ruelle St-Lazare.
Pihouet Victor, poêlier, rue Amiral-Roussin, n. 25.
Pillé veuve, journalière, rue St-Nicolas, n. 40.
Pilleron Claude, épicier, rue St-Nicolas, n. 83.
Pilleron Pierre-Auguste, photographe, r. St-Nicolas, 85.
Pillet veuve, née Viret, femme de ménage, r. Berbisey, 78.
Pillet, ancien carrier, rue Bergère, n. 22.
Pillet veuve, louse en garni, rue Jeannin, 63.
Pillet veuve, née Nicolle, journalière, rue St-Martin, 37.
Pillié Pierre, ouvrier marbrier, rue de la Gare, n. 6.
Pillié veuve, née Gauthier, vigneronne, rue Roulotte, 3.
Pillié veuve, journalière, rue St-Martin, n. 37.
Pillié François, plâtrier et marchand de papiers peints, rue St-Nicolas, n. 108.
Pillié veuve, rue Vannerie, n. 24.
Pillion Denis, marchand de rubans, rue du Bourg, n. 10.
Pillot Claude, relieur, rue du Bourg, n. 11.
Pillot veuve, née Dagallier, rentière, rue des Novices, 6.
Pillot Pierre, abbé, secrét. de Monseig., r. St-Bénigne, 1.
Pinègre Jules, employé de commerce, r. des Forges, 20.
Pinègre Adolphe, ferblantier, rue Musette, n. 13.
Pinègre Vᵉ, née Thomas, laveuse, place Morimont, 15.
Pinègre veuve, née Fuccio, rue Verrerie, n. 17.
Pinel Jean-Baptiste, cordonnier, rue d'Ahuy, n. 15.
Pinel Mathieu, manouvrier, impasse Audra, n. 1.
Pinel Pierre, cocher, rue Devosge, n. 20.
Pinel Jean-Baptiste, maçon, rue Magenta.
Pinel, manouvrier, rue Roulotte, n. 19.
Pinet Louis, employé au chemin de fer, rue de l'Arquebuse, n. 21.

Pinet Jean, marchand de meules, rue du Bourg, n. 28.
Pinet Jean, ouvrier serrurier, chemin couvert de la Belle-Etoile.
Pingaud Pierre, propriétaire, rue des Bons-Enfants, 6.
Pingaud Léon fils, rue des Bons-Enfants, n. 6.
Pingaud Joseph, rentier, rue de la Préfecture, n. 114.
Pingaud V^e, née Vivien, propr., place St-Bernard, 7-9.
Pingaux veuve, née Jouy, propriétaire, rue Ste-Marguerite, n. 29.
Pingat Mélanie Mlle, couturière, rue Franklin, n 3.
Pingat Nicolas, ancien avoué, place St-Jean, n. 17.
Pingat V^e, née Courtois, rentière, r. de la Préfecture, 32.
Pingeon Jean-Baptiste, journalier, rue Berbisey, n. 126.
Pingeon veuve, née Gaudriot, rentière, r. Notre-Dame, 5.
Pinget Louis, concierge de l'Hôpital général.
Pinsonnaux Louis, employé au chemin de fer, rue du Lacet, n. 6.
Pintat maçon, cour des Frères, n. 1.
Pinteville (de) baron de Cernon, colonel en retraite, grande rue St-Lazare, n. 9.
Pion Pierre, jardinier, allée des Chartreux.
Piot, veuve Coirret, ouvrière, rue d'Auxonne, n. 35.
Piot Claude, cultivateur, rente de Bray.
Piot Claude fils, rente de Bray.
Piot François, vigneron, Californie.
Piot François, vigneron, rue de Gray, n. 39.
Piot Mme, née Paris, jardinière, rue de Gray, n. 39.
Piot Bernard fils, jardinier, rue de Gray, n. 39.
Piot Claude fils, jardinier, rue de Gray, n. 39.
Piot Léon, garçon boulanger, rue de Montmuzard, n. 7.
Piot Mme, vigneronne, rue des Moulins, n. 14.
Piot Auguste, jardinier, place St-Jean, n. 15.
Piot veuve, née Oudot, rue Richelieu, n. 10.
Piot Pierre, capitaine de gendarmerie en retraite, rue Richelieu, n. 10.
Piot veuve, née Voillot, rentière, rue Richelieu, n. 10.
Piot V^e, née Thomas, manouvrière, petite rue St-Lazare.
Piot, chapelier, rue St-Nicolas, n. 103.
Piponnier Antoine, charron, rue de Clairvaux, n. 10.
Piquet L., forgeron, chemin couvert de la Belle-Etoile.

Piron Marie Mlle, rue Devosge, n. 2.
Piron Désiré, sculpteur, place St-Michel, n. 4.
Piron François, rentier, rue St-Philibert, n. 2.
Pirot Charles, comptable, rue du Château, n. 8.
Pissot Jacques, concierge, rue St-Bénigne, n. 1.
Pitavy Jacques, propriétaire, rue de Venise.
Pitavy Hilaire, scieur de long, rue de Venise.
Pitié Jean, carrier, en Bruant.
Pitié Simon, tonnelier et cabaretier, r. Richelieu, n. 12.
Pitiot Jean-François veuve, rue Jeannin, n. 54.
Pitois Jean, cordonnier, rue St-Nicolas, n. 89.
Pitois François, ouvrier tailleur, rue Verrerie, n. 16.
Pitoiset Ve, née Voisot, ouvrière, r. Chabot-Charny, 54.
Pitoiset Jean-Baptiste, sous-chef d'équipe, rue Chau-
    dronnerie, n. 34.
Pitoiset Louis, ouvrier distillateur, rue du Rabot, n. 2.
Pitoiset Denis, garçon de magasin, rue St-Philibert, 34.
Pitoizet Valentin, émouleur, rue Dauphine, n. 5.
Pitoizet Jean-Baptiste, nettoyeur, place Darcy, n. 5.
Pitoizet Jean-Baptiste fils, place Darcy, n. 5.
Pitoizet François fils, place Darcy, n. 5.
Pitoizet Alphonse fils, place Darcy, n. 5.
Pitolet Léonie Mlle, ouvrière, r. Chaudronnerie, n. 38.
Pitolet veuve, née Thirion, rentière, rue Devosge, 19 *bis*.
Pitolet François, marchand fripier, rue des Etioux, 14.
Pitolet Jean-Baptiste, baigneur, propriétaire, rue du
    Palais, n. 21.
Pitolet Françoise Mlle, journalière, rue Saumaise, n. 26.
Pilot Antoine journalier, rue St-Philibert, n. 13.
Pitut Vivant, modeleur, rue Saint-Philibert, n. 57.
Pitz Henri, cordonnier, rue Bassano, n. 19.
Pivant Frédéric, chauffeur, rue de la Gare, n. 2.
Pizard Mme, rue St-Martin, n. 27.
Plaiche Pierre, manouvrier, route de Lyon, n. 7.
Plaisance François, receveur buraliste, rue Berbisey, 40.
Plaisant Jean-Baptiste, entrepreneur plâtrier, r. Sainte-
    Anne, n. 6 *bis*.
Plaisant fils, rue Ste-Anne, n. 6 *bis*.
Plard Hippolyte, conduct. de trains, r. des Perrières, 4.
Plateau Auguste, charpentier, rue de la Prévôté, n. 4.

Plâtré François, restaurateur, marchand de vins en gros, rue Docteur-Maret, n. 1.

Platré, restaurateur (hôtel de Bougogne), r. Guillaume, 2.

Pleulpin Jean-Baptiste, journalier, rue Turgot, n. 16.

Plomb Alfred, cordonnier, rue Saumaise, n. 20.

Ploncard Léon, cloutier, route de Lyon, n. 2.

Pluchard Louis, employé des ponts et chaussées, rue Vannerie, n. 85.

Plumet Léon, ouvrier peintre, rue Bannelier, n. 9.

Plumet Etienne, manouvrier, rue Richelieu, n. 10.

Pocheron François, mécanicien, rue de l'Arquebuse, 12.

Pocheron Antoine, employé au chemin de fer, rue de la Prévôté, n. 9.

Pochon Anne Mlle, journal., r. du Champ-de-Mars, 14.

Poiblanc Ernest, abbé, rue d'Auxonne, n. 24.

Poichot Auguste, sellier, impasse Audra, n. 13.

Poidevin Pierre-Alexandre, libraire, rue Jeannin, n. 22.

Poidrat Albert, jardinier, rue des Tanneries, n. 29.

Poifol Jean, employé d'octroi, Cours Fleury, n. 6.

Poifol veuve, née Lochot, jardinière, r. des Moulins, 19.

Poignant Antoine, jardinier, rue des Moulins, n. 41.

Poignant Jean-Baptiste, jardinier, rue des Moulins, 41.

Poignant François, maréchal ferrant, rue de Pouilly, 18.

Poignant Antoine, jardinier, Ruelle-aux-Prêtres, n. 8.

Poignant veuve, née Monnet, cuisinière, rue Turgot, 2.

Poilevé Elisabeth, Ve Aimiot, ouvrière, r. des Forges, 52.

Poillevey Pierre, facteur rural, rue des Moulins, n. 17.

Poilliot Pierre, carrier, Carrières-Blanches.

Poilliot Jean, journalier, Carrières-Blanches.

Poilliot Paul, typographe, rue Charrue, n. 1.

Poilliot Pierre, appariteur, rue Condé, n. 55.

Poilliot Félix, menuisier, rue Dauphine, n. 15.

Poilliot Jacques, carrier, St-Antibes.

Poilliot Pierre, journalier, rue de Gray, n. 22.

Poilvey Claude, facteur rural, petite rue St-Lazare.

Poincelin François, tonnelier, rue de Gray, n. 12.

Poinsard Nicolas, vigneron, rue de Longvic, n. 35.

Poinsard Pierre, jardinier, rue de Longvic, n. 45.

Poinsard Pierre, journalier, rue St-Nicolas, n. 33.

Poinsel, chanoine, rue Piron, n. 17.

Poinselin Etienne, propriétaire, rue de Montmuzard, 19.
Poinsin Math., vign., Combe-Persil (montag. de Larrey).
Poinsin Henri fils, Combe-Persil (montagne de Larrey).
Poinsin Jean-Bapt., vigneron, cour de la Grenouille, 2.
Poinsin Nicolas, vigneron, Larrey.
Poinsin Nicolas, vigneron, port du Canal, n. 13.
Poinsin Jean, vigneron, faubourg Rennes, n. 13.
Poinsot Antoine, manouvrier, allée de la Retraite, n. 9.
Poinsot Charles, employé au timbre, rue Berbisey, 78.
Poinsot François, rue Berbisey, n. 78.
Poinsot veuve, rue du Bourg, n. 20.
Poinsot Pierre, épicier, rue Buffon, n. 2.
Poinsot Marie Mlle, domestique, rue Chabot-Charny, 23.
Poinsot Auguste, horloger, rue des Etioux, n. 28.
Poinsot Nicolas, propriétaire, rue des Godrans, n. 72.
Poinsot Anne, place d'Armes, n. 6.
Poinsot veuve, institutrice, rue Saumaise, n. 28.
Poinsot, ouvrier horloger, rue St-Martin, n. 19.
Poinsot Jean-Baptiste, plâtrier, route d'Auxonne, n. 66.
Poinsot Xavier, journalier, rue des Tanneries, n. 6.
Poinssot Sébastien, anc. notaire, rue des Godrans, 92.
Poinssot Jean, rentier, rue de Suzon, n. 2.
Point Simon, ouvrier charron, rue d'Auxonne, n. 71.
Point Joseph, jardinier, rue de la Gare, n. 6.
Pointurier Pierre, capitaine en retraite, r. Bassano, 46.
Pointurier Mme, née Bouton, rentière, rue Crébillon, 4.
Poiret veuve, née Garot, blanchisseuse, r. du Bourg, 62.
Poirey Pierre, facteur de ville, rue St-Nicolas, n. 21.
Poirey veuve, née Carrière, journalière, rue Sambin, 15.
Poirier Jules, manouvrier, Californie.
Poirier Jean-Baptiste, relieur, rue de Gray, n. 31.
Poirot Marie Mlle, supérieure des sœurs de Bon-Secours,
    rue Chabot-Charny, n. 29.
Poirotte Vᵉ, née Devanne, march. de vin, r. Guillaume, 2.
Poirson, capitaine en retraite, rue Chantal, n. 7.
Poirson, corroyeur, rue de l'Ile, n. 4.
Poirson veuve, née Bernard, tanneur, rue du Pont-des-
    Tanneries, n. 8.
Poirson Ernest, corroyeur, r. du Pont-des-Tanneries, 8.
Poiselet Nicolas, ingénieur civil, rue Guillaume, n. 17.

Poiselet veuve, née Carlé, rentière, rue de la Prévôté, 9.
Poisier Pierre, jardinier, route d'Auxonne, n. 70.
Poisier Jean, propriétaire, rue Magenta, n. 9.
Poisot C.-E., directeur de la Société du cours de musique, r. Buffon, n. 4.
Poisot Denis, charpentier, rue du Mouton, n. 19.
Poisot François-Marie, propriétaire, rue Musette, n. 1.
Poissonnier Jean, berger, rue Berbisey, n. 73.
Poissonnier Jules, coiffeur, rue Guillaume, n. 22.
Poisse V⁰, née Comparot, rentière, rue Notre-Dame, 3.
Poitet Eugénie Mlle, rentière, rue Condé, n. 50.
Poitout Auguste, manouvrier, rue Sainte-Marguerite, 15.
Poitoux Marie Mlle, journalière, r. de la Préfecure, 114.
Poitoux Jean-Baptiste, à l'équipe, route de Plombières.
Polack Charles, marchand de vins en gros, r. Bossuet, 6.
Polack Adolphe, marchand de vins en gros, rue du Chapeau-Rouge, n. 16.
Polack Joseph, marchand de vins en gros, rue du Chapeau-Rouge, n. 16.
Polé Alexandre, agent principal, rue Victor-Dumay, 13.
Pollevet Jules, menuisier, place d'Armes, n. 10.
Polvey Marie Mlle, ouvrière en robes, rue Buffon, n. 36.
Polvey Victor, rue Odebert, n. 8.
Pommey Jules, tanneur, marchand de cuirs, rue Amiral-Roussin, n. 36.
Pommey E., march. de métaux, r. du Chapeau-Rouge, 10.
Pommey Mathieu, corroyeur, rue des Étioux, n. 9.
Pommier Charles, fondeur, route de Mirande.
Pommul Léon, tonnelier, rue du Gaz, n. 26.
Pompet Mme, rentière, rue Verrerie, n. 54.
Pompier Auguste, comptable, rue Saint-Pierre, n. 18.
Pompinot Dominique, peintre-vitrier, rue Montigny, 11.
Ponceblanc V⁰, rue des Nantillières (Californie).
Poncelin Charles, cordonnier, rue du Bourg, n. 38.
Poncet Pierre, scieur de long, rue de l'Arquebuse, n. 3.
Poncet Térence, avocat stagiaire, rue Saint-Pierre, n. 22.
Poncharra Jules-César (comte de), ex-commandant de recrutement, rue du Vieux-Collége, n. 4.
Ponier Lazare, rentier, cours du Parc, n. 5.
Ponnavoix C., march. de tissus, r. Coupée-de-Longvic, 6.

Pons Marie Mlle, ouvrière, rue Chabot-Charny, n. 76.
Pons Adèle Mlle, modiste, rue Condé, n. 56.
Pons veuve, née Sibert, rue de la Préfecture, n. 90.
Pons Denis, ouvrier peintre, rue de la Préfecture, n. 90.
Pons Antoine, plâtrier, rue Richelieu, n. 12.
Ponsard Nicolas, manouvrier, rue Saint-Nicolas, n. 10.
Ponsot Armand, fab. de vinaigre, r. Chabot-Charny, 69.
Popelain Antoine, rentier, rue Guillaume, n. 4 *bis*.
Popelard Etienne, ouv. savonnier, r. Ste-Marguerite, 14.
Porcheret Jean, employé d'assurances, r. des Forges, 56.
Porcherot Ernest, tonnelier, rue Bassano, n. 7.
Porcherot Nicolas, peintre en bâtiment, r. Berbisey, 52.
Porcherot Bénigne, tail. de pierres, cour Bourberain, 6.
Porcherot Bazile, emp. à la Préfecture, r. des Forges, 50.
Porcherot Prudent, tonnelier, rue des Godrans, n. 40.
Porcherot Pierre, garçon meunier, route de Plombières.
Porcherot Jean, matelassier, rue Sambin, n. 15.
Porcheur Jean-Pierre, marchand de grains, rue du Chapeau-Rouge, n. 16.
Poret, grande rue Saint-Lazare, n. 11.
Porseret Louise Mlle, ouvrière, rue Musette, n. 24 *ter*.
Porta Arthur, interne à l'asile des aliénés, route de Plombières.
Portat Louis, maçon, rue de la Préfecture, n. 96.
Porte Paul, carrier, rue de la Cité, n. 3.
Porte Claude-Eugène fils, rue de la Cité, n. 3.
Porte François, march. de fromage, rue des Forges, 62.
Porte François fils, rue des Forges, n. 62.
Porte François, marchand de papier, rue du Lacet, n. 6.
Porterat Ve, née Marquet, ouvrière, rue Verrerie, n. 38.
Porteret Jacques, anc. percepteur, r. Amiral-Roussin, 11.
Porteret Firmin, agent d'assurances, chemin couvert de la Belle-Etoile.
Porteret François, cantonnier, rue Devosge, n. 16.
Porteret Paul, ouvrier cordonnier, rue des Godrans, 98.
Porteret Jules, employé, rue des Godrans, n. 102.
Portron Gabriel, négociant, place Darcy, n. 1.
Poterie (de La) Mme, rentière, rue de la Préfecture, 14.
Potet veuve, née Borne, vigneronne, rue de l'Ile, n. 4.
Potet Joseph, épicier, rue des Tanneries, n. 25.

Potey François, ouvrier cordonnier, avenue du Réservoir (clos Détourbet).
Pothier Jean-Baptiste, jardinier, rue d'Auxonne, n. 59.
Pothier Jacques, scieur de long, rue Berbisey, n. 45.
Pothier Simon, grenetier, rue Chaudronnerie, n. 25.
Pothier Joachim, nettoyeur, cour de la Faïencerie, n. 2.
Pothier François, journalier, Cours-Fleury, n. 8.
Pothier veuve, née Douhin Joséphine, marchande à la place, rue des Godrans, n. 23.
Pothier Vᵉ, née Maire, journalière, rue de Longvic, n. 17.
Pothier Jules, jardinier, rue de Montmuzard, n. 15.
Pothier François, ajusteur, rue des Perrières, n. 28 *bis.*
Pothier Hippolyte, jardinier, Petites-Roches.
Pothier Bernard, rentier, place Darcy, n. 3.
Pothier Joséphine Mlle, blanchisseuse, r. St-Nicolas, 40.
Pothier veuve, rue Saint-Nicolas, n. 40.
Pothier Vᵉ, née Golliard, couturière, r. St-Philibert, 16.
Potier François, plâtrier, rue Saint-Nicolas, n. 58.
Potot Sébastien, plâtrier, rue de Montmuzard, n. 41.
Potot François, tailleur en chambre, rue Musotte, n. 35.
Potot, homme d'équipe, rue de la Prévôté, n. 9.
Potot Vᵉ, née Jacquin, rentière, rue du Tillot, n. 6.
Potot veuve, née Bischerelle, chapelière, rue de la Trémouille, n. 4.
Pott Charles, garçon brasseur, rente Montmuzard.
Potu Pierre, jardinier, aux Argentières.
Potu Colette, femme Siruget, journal., r. d'Auxonne, 12.
Potu Pierre, jardinier, rue de Montmuzard, n. 16.
Pouard Joseph, tailleur, rue de la Maternité.
Pouchetti veuve, née Carmantran, rentière, r. Buffon, 43.
Pouchetti Paul, sculpteur, rue Buffon, n. 43.
Pouchol Antoine, tailleur de pierres, cour de la Faïencerie, n. 10.
Pouffier Jacob, marbrier, rue Audra, n. 19.
Pouffier Catherine Mlle, ouvrière, rue Berbisey, n. 4.
Pouffier Catherine, rue du Bourg, n. 63.
Pouhin Nicolas, manouvrier, rue St-Nicolas, n. 68.
Pouhin Nicolas, menuisier, rue St-Pierre, n. 39.
Pouillot Germain, maçon, rue St-Nicolas, n. 51.
Pouilly Valère, rentier, route d'Auxonne, n. 66.

Pouilly, manouvrier, rue de Gray, n. 12.
Pouilly Jules, homme de peine, rue St-Nicolas, n. 62.
Poujo veuve, cours du Parc, n. 1.
Poulain Remy, peintre, rue Bassano, n. 82.
Poulain veuve, rentière, rue Berbisey, n. 75.
Poulain Jean-Baptiste, commis greffier, rue Cazotte, 21.
Poulain Edme-Jean, commis greffier, rue Chaudron-
nerie, n. 22.
Poulain Jean-Baptiste, vinaigrier, rue de l'Hôpital, n. 19.
Poulain Jean-Baptiste, vigneron, Larrey.
Poulain Antoine, vigneron, Larrey.
Poulain André, confiseur, rue de la Manutention, n. 12.
Poulain Edmond, brigadier forestier, r. des Moulins, 50.
Poulain François, rentier, place St-Jean, n. 1.
Poulain Louis, cordonnier, place Morimont, n. 8.
Poulain Jean-Baptiste, propriétaire, vigneron, rue des
Perrières, n. 24.
Poulain Edouard, ouvr. sabotier, r. de la Préfecture, 10.
Poulain François, peintre, rue St-Philibert, n. 77.
Poulet Louise Mlle, ancienne domestique, place St-
Michel, n. 12.
Poulot Félix, domestique, rue Audra, n. 18.
Poulot, menuisier, chemin couvert de la Belle-Etoile, 11.
Poulot veuve, née Serlin, rue des Perrières, n. 16.
Poultier de Suzenet Gustave, propriétaire, rue de la
Préfecture, n. 38.
Poupard Robert, chapelier, propriétaire, r. Charrue, 6.
Poupard Jeanne Mlle, rentière, rue Charrue, n. 6.
Poupard Emile, mécanicien, rue des Perrières, n. 2.
Poupier Charles, ancien receveur des actes civils, rue du
Vieux-Collége, n. 17.
Poupon Nicolas, manouvrier, rue Petite-des-Poussots
(Californie).
Poupon Pierre, vigneron, rue de la Cité.
Poupon, fabricant de moutarde (magasin), rue du Châ-
teau, n. 7.
Poupon Jacques, relieur, chemin couvert de la Belle-
Etoile.
Poupon Pierre, march. de vins en gros, rue Docteur-
Maret, n. 12.

Poupon Auguste, fabric. de moutarde, r. Guillaume, 32.
Poupon Mathieu, maçon, rue de Gray, n. 8.
Poupon Claudine, lingère, place du Morimont, n. 1.
Poupon Jean, fabr. de paillassons, r. de Montmuzard, 3.
Poupon Nicolas, jardinier, rue des Moulins, n. 9.
Poupon Denis, tailleur de pierres, r. de la Préfecture, 95.
Poupon Jean, vigneron, au bas de la Fontaine Ste-Anne.
Poupon Claude, ouvrier tourneur, rue St-Nicolas, n. 40.
Pourcel Pierre, facteur, rempart du Château, n. 8.
Pourcel Joseph, matelassier, rue Roulotte, n. 3.
Pourcel Louis fils, rue Roulotte, n. 3.
Pourieux Pierre, cordonnier, rue du Bourg, n. 29.
Pourot Auguste, employé de commerce, rue de la Pré-
    vôté, n. 2.
Pourpour veuve, née Pelletret, rentière, rue de la Pré-
    fecture, n. 60.
Pourpy Claude, cabaretier, rue St-Philibert, n. 71.
Poutaux François, vinaigrier, rue Petite-du-Château, 2.
Poutaux Honoré, comptable, rue de la Préfecture, 115.
Poux Louis, homme d'équipe, rue des Perrières, 3 *bis*.
Pozzy Félix, vitrier, peintre, rue Buffon, n. 41.
Pozzy Charles fils, rue Buffon, n. 41.
Pragat Louise Mlle, ouvrière, rue Chabot-Charny, n. 76.
Pralet Jean, conducteur de trains, rue Cazotte, n. 3.
Prâlon Jean-Baptiste, manouvrier, rue Berbisey, n. 66.
Prâlon Hubert, relieur, rue Chaudronnerie, n. 27.
Prâlon Claude, relieur, rue Jeannin, n. 37.
Prâlon Jacques, menuisier, rue Notre-Dame, n. 24.
Prâlon Mme, née Mairet, femme de ménage, rue St-
    Philibert, n. 26.
Prâlon Jean-Baptiste, cultivateur, marchand de bois,
    rente Valmy.
Prato Jean, plâtrier, rue Devosge, n. 27.
Préaux, marchand modiste, rue du Bourg, n. 8.
Préaux Edith, modiste, rue Piron, n. 27.
Préaux veuve, née Antoinette Rose, ouvrière, rue Rou-
    lotte, n. 29.
Préclair André, facteur au chem. de fer, r. du Sachot, 11.
Preffot Cléopine, veuve Ducret, marchande de chiffons,
    rue de Longvic, n. 23.

Préfot veuve, née Charry, ouvrière, r. St-Philibert, 55.
Prélet Claudine Mlle, propriétaire, rue Crébillon, n. 30.
Prélot Eugène, ancien notaire, rue St-Nicolas, n. 94.
Prenelle Dominique, maçon, rue de Venise.
Préquin Nicolas, cordonnier, rue du Château, n. 6.
Presne Frédéric, employé, rue des Godrans, n. 35.
Prétet Jules, voyageur de commerce, rue Condé, n. 46.
Prévost Louis, ferblantier, rue Audra, n. 9.
Prévost veuve, ouvrière, rue d'Auxonne, n. 18.
Prévost Jean-Pierre, émouleur, rue St-Nicolas, n. 52.
Prévost Arsène fils, rue S.-Nicolas, n. 52.
Prévost Hippolyte fils, rue St-Nicolas, n. 52.
Prévot Claude, charpentier, rue de Longvic, n. 6.
Prévot Claude, jardinier, rue Saumaise, n. 55.
Prieur Léon, brigadier forestier, allée des Chartreux, 8.
Prieur Vᵉ, née Chaillet, rentière, allée des Chartreux, 8.
Prieur Etienne, ouvr. bourrelier, allée de la Retraite, 19.
Prieur Gustave, gantier, rue Audra, n. 9.
Prieur Adèle Mlle, ouvrière, petite rue des Poussots
    (Californie).
Prieur Claude, manouvrier, petite rue des Poussots
    (Californie).
Prieur Auguste, rentier, rue Devosge, n. 23.
Prieur Simon, grenetier, rue Jeannin, n. 52.
Prieur Claude, rentier, rue des Roses, n. 2.
Prieur Albert, avocat stagiaire, rue des Roses, n. 2.
Prieur veuve, née Voinchet, ouvrière, rue du Sachot, 12.
Prieur, coupeur, rue St-Nicolas, n. 51.
Prim Chrétien, propriétaire, rue Chabot-Charny, n. 31.
Prin Louis, cordonnier, cour du Quartier, n. 4.
Prin Louis, rentier, rue des Forges, n. 50.
Prinsac (de) Vᵉ, née Verpy, rentière, pl. St-Bernard, 11.
Prinsetet Jean-Baptiste, garde de magasin, r. Brulard, 2.
Prinsetet Antoine, cantonnier, rue Franklin, n. 7.
Prisset Fortuné, rentier, rue du Bourg, n. 69.
Prist, garçon brasseur, rue Ste-Catherine, n. 24.
Procope Jean, rue des Tanneries, n. 23.
Prolrowski François, cordonnier, r. de la Préfecture, 76.
Promaillet Félix, banquier, rue Charrue, n. 9.
Prosper Vᵉ, née Chapuis, femme de ménage, r. de l'Ile, 2.

Prosper veuve, née Chapuis, femme de ménage, pont des Tanneries, n. 6 *bis*.
Prost Claude, journalier, rue du Champ-de-Mars, n. 12.
Prost, brigadier à l'octroi, rue des Godrans, n. 44.
Prost François, manouvrier, rente Montmuzard.
Prost veuve, née Bidet, place St-Michel, n. 4.
Prost Victor, peintre en miniature, place St-Michel, n. 4.
Prost Jean-Claude, ouvrier plâtrier, place St-Michel, 4.
Prost Pierre, manouvrier, port du Canal, n. 22.
Prost Jacques, voyageur de commerce, r. de Pouilly, 7.
Prost Jean-Baptiste, marchand de cristaux, r. Vaillant, 4.
Protat Pierre, plâtrier, impasse Audra, n. 1.
Protat veuve, née Villée, rentière, r. Chaudronnerie, 14.
Protat Jean-Baptiste, propriétaire, r. du Petit-Potet, 25.
Proteau Mme, veuve Blondeau, prop., r. d'Auxonne, 3.
Proteau veuve, née Petitjean, rentière, r. du Chaignot, 14.
Protet François, rentier, pont des Tanneries, n. 3.
Protsmaire Jean, domestique, rue Vannerie, n. 26.
Protte Jean-Baptiste, ajusteur, rue de la Manutention, 5.
Prouët veuve, née François, rentière, rue Vannerie, 27.
Prouhet Vᵉ, née Langray, épicière en gros, r. Charrue, 1.
Prouillet veuve, née Forey, lingère, r. de Clairvaux, 3.
Proust, avocat général, rue Jeannin, n. 36.
Proust Emile, ébéniste, rue Vannerie, n. 69.
Provencel Joseph, manouvrier, Cours-Fleury, n. 10.
Provencel Jean-Baptiste, forgeron, rue St-Philibert, 57.
Provot Auguste, tailleur de pierres, rue Magenta, n. 11.
Prudent Eugénie Mlle, lingère, rue de l'Hôpital, n. 1.
Prudent Claude, marchand de fer, rue Longepierre, n. 1.
Prudent François, journalier, rue Longepierre, n. 14.
Prudent Pierre, menuisier, rue du Petit-Potet, n. 28.
Prudent Claudine Mlle, ouvrière, rue du Petit-Potet, 28.
Prudent Louis, à l'équipe, place du Morimont, n. 1.
Prudhomme Théodore, tonnelier, rue Devosge, n. 20.
Prudhon Pierre, sculpteur, rue d'Auxonne, n. 35.
Prudhon Jeanne, rentière, rue du Champ-de-Mars, n. 14.
Prudhon Etienne, tanneur, rue du Petit-Cîteaux.
Prudhon Jean-Baptiste, taillandier, à St-Antibes.
Prudhon Pierre, épicier, rue Vannerie, n. 1.
Prunaux Jean-Baptiste, tailleur, rue du Bourg, n. 16.

Prunaux Jacques, jardinier, pont des Tanneries, 6 *bis*.
Pujol Paul, rentier, rue de Longvic, n. 44.
Pujos Pierre, employé des postes, rue Vannerie, n. 79.
Putot Claude, cordonnier, rue Coupée-de-Longvic, n. 7.
Puzenat Louis, charpentier, impasse Audra, n. 12.

Q

Quarré Louis, capitaine en retraite, rue Jeannin, n. 55.
Quarré Louis, sous-chef de gare, place Darcy, n. 2.
Quantin Jean, charcutier, rue Bassano, n. 8.
Quantin Isidore, mouleur en fonte, rue Crébillon, n. 22.
Quantin Jeanne Mlle, ouvrière, rue Jeannin, n. 60.
Quantin Antoine, camionneur, rue de Montmuzard, n. 3.
Quantin Joseph, ancien confiseur, rue du Tillot, n. 6.
Quenier Antoine, ancien aubergiste, r. Amiral-Roussin, 3.
Quenier Pierre, manouvrier, rue Brulard, n. 2.
Quenier François, manouvrier, rue Febvret, n. 6.
Quenot Alexandre, cabaretier, rue d'Ahuy, n. 20.
Quenot Claude, teneur de livres, rue Amiral-Roussin, n. 1.
Quenot Auguste, rentier, rue de la Gare, n. 7.
Quercy Pierre, sous-chef de gare, rempart du Tivoli, n. 14.
Quéro Julien, employé des contributions indirectes en retraite, rue Saint-Nicolas, n. 73.
Quesler Jacob, ouvrier imprimeur, rue Musette, n. 55.
Quet J.-B., ajusteur, fruitier, rue Chabot-Charny, n. 5.
Quetigny Joseph, ouvrier relieur, rue d'Auxonne, n. 25.
Queuilhe Camille, emp. au ch. de fer, r. des Godrans, 32.
Quignard Arthur, march. de vin, r. des Bons-Enfants, 9.
Quignard, marchand de vin, place Saint-Michel, n. 4.
Quignolot veuve, née Bailly, fripière, marchande de meubles, rue Verrerie, n. 21.
Quillardet, femme Dumont, ouvrière, rue d'Auxonne, 35.
Quillardet Jacques, rentier, port du Canal, n. 12.
Quiller veuve, née Bolletet, rue Roulotte, n. 16.
Quillot Edme, rentier, rue Devosge, n. 3.
Quillot Louis, conducteur de trains, r. Guillaume-Tell.
Quillot Jacques, emp. à la recette générale, r. Lamonnoye.
Quillot, peintre, rue Vannerie, n. 59.

Quillot Jean, peintre, rue Vannerie, n. 64.
Quinot Jean-Baptiste, cordonnier, rue d'Ahuy, n. 11.
Quinquin Jules, commissaire de surveillance du chemin de fer, rue des Perrières, n. 6 *bis*.
Quirin Eugène, ancien avoué, rue Buffon, n. 6.
Quirot Antoine, scieur de long, rue Bassano, n. 49.
Quirot de Poligny René, rentier, rue Piron, n. 17.
Quirot de Poligny Mlle, rentière, rue Vauban, n. 14.

R

Rabatel Jacq., fileur de laine, r. du Pont-des-Tanneries, 3.
Rabeau veuve, née Laurent, rentière, r. de la Colombière.
Rabier, clos de la Nitrière.
Rabiet Jean-Baptiste, cond. chef, rempart du Château, 2.
Rabiet Anne Mlle, lingère, rue Turgot, n. 2.
Raboisseau Charles, menuisier, rue Montigny, n. 6.
Raboisseau Jacques, ouv. plâtrier, r. de la Préfecture, 87.
Rabut François, professeur au lycée, rue Audra, n. 6.
Rabut Joseph, direct. de l'école chrétienne, r. Berbisey, 83.
Rabut Charles, comptable, rue Saumaise, n. 59.
Rabut Charles, employé, rue Saumaise, n. 61.
Rabüteau Pierre, march. de pipes en gros, r. St-Bénigne, 2.
Rabutot Ve, née Beau, ouvrière, r. du Champ-de-Mars, 5.
Rabutot Jean, imprimeur, rue Piron, n. 1, et place Saint-Jean, n. 3.
Racine Jules, ouvrier horloger, rue Buffon, n. 35.
Racine Alphonse, menuisier, Californie.
Racine Alexis, menuisier, Californie.
Racine Alfred, menuisier, rue Chantal, n. 1.
Racine Alfred, menuisier, rue Crébillon, n. 14.
Racine Louis, menuisier, rue des Godrans, n. 22.
Racine Ernest, chapelier, rue Saint-Nicolas, n. 25.
Racine Louis, rue Saint-Nicolas, n. 91.
Racine Adèle Mlle, modiste, rue Vauban, n. 3.
Racine Charlotte Mlle, ouvrière, rue du Vieux-Collége, 3.
Raclot Joseph, confiseur, rue Musette, n. 8.
Raclot, avocat, rue du Vieux-Collége, n. 8.
Radamel Louis, nettoyeur, rue Saint-Phillibert, n. 67.

Radenne Jean, menuisier, rue Saint-Nicolas, n. 38.
Radenne, menuisier, rue Saint-Nicolas, n. 38.
Radepont J.-B., col. du génie en ret., r. Chabot-Charny, 91.
Radix, loueur en garni, rue Vannerie, n. 61.
Radouan Charles, cloutier, Saint-Antibes.
Raffay Nicolas, manouvrier, route de Longvic.
Raffay Louis, ex-cond. au chemin de fer, rue Magenta, 13.
Raffin Mlle, rentière, rue Vannerie, n. 47.
Raffot Jean, scieur de bois, rue du Bourg, n. 16.
Raffortot Jean-Baptiste, rentier, ruelle d'Ahuy, n. 9.
Ragois veuve, née Fournereau, ouvrière, chemin couvert
    de la Belle-Etoile, n. 34.
Ragois Henri, menuisier, rue des Etioux, n. 12.
Ragoix Jean-Baptiste, maçon, rue de la Préfecture, n. 95.
Ragonneau Louise Mlle, ouvrière, r. Amiral-Roussin, 32.
Ragonneau François, serrurier, rue Bergère, n. 12.
Ragonneau Ve, née Ligeret, propriétaire, r. Bossuet, n. 15.
Ragonneau Jean-Baptiste, manouvrier, cours du Parc, 4.
Ragonneau Claudine Mlle, couturière, r. Docteur-Maret, 10.
Ragonneau Claude, typographe, rue des Godrans, n. 5.
Ragonneau Marie Mlle, rue Febvret, n. 6.
Ragonneau Auguste, cafetier, rue des Godrans, n. 45.
Ragonneau Ve, née Grenette, journalière, r. Jeannin, 71.
Ragonneau Jacques, propriétaire, rue Montigny, n. 5.
Ragonneau, rue de Pouilly, n. 4.
Ragonneau Jean, jardinier, rue Sainte-Catherine, n. 7.
Ragonneau Jean, jardinier, rue Sainte-Marguerite, n. 45.
Ragonneau veuve, née Décailly, rentière, rue du Vieux-
    Collége, n. 3.
Ragonneau Pierre, chauffeur, rue des Tanneries, n. 7.
Ragonot Etienne, chauffeur, Carrières-Blanches.
Ragonot Antoine, chauffeur, Larrey.
Ragot François, journalier, rue Bannelier, n. 5.
Ragot Claude-Blaise, plâtrier, clos Leverne.
Ragot veuve, née Sauvageot, rentière, r. des Forges, n. 24.
Ragot Claude, march. de bois, route de Lyon, n. 2.
Ragot Georges, march. de bois, route de Lyon, n. 3.
Ragot J.-B., vigneron, prop., Ruelle-aux-Prêtres, n. 2.
Ragot Jean-Baptiste, jardinier, Ruelle-aux-Prêtres.
Ragot Jean, manouvrier, Ruelle-aux-Prêtres, n. 2.
Ragot Pierre, plâtrier, rue Proudhon, n. 14.
Ragot Charles, jardinier, rue Sainte-Catherine, n. 20.

Ragot Auguste, jardinier, rue Sainte-Catherine, n. 28.
Ragot Jacques, jardinier, rue Sainte-Catherine, n. 34.
Ragot Ve, née Bollotte, rentière, rue Ste-Marguerite, n. 8.
Ragot François, manouvrier, rue Sainte-Marguerite, n. 8.
Ragot Joseph, rentier, rue du Vieux-Collége, n. 9.
Ragouget Henri, chauffeur, rue d'Auxonne, n. 31.
Raguet veuve, revendeuse, rue de Montmuzard, n. 21.
Raguet Nicolas, serrurier, rue Sainte-Catherine, n. 36.
Raillard Alexandre, cond. de trains, r. de l'Arquebuse, 20.
Raillard Mme, rentière, route d'Auxonne, n. 68.
Raillard veuve, née Margot, petite rue du Château, n. 10.
Raillard Eugénie Mlle, lingère, petite rue du Château, 10.
Raillard P., piqueur au chem. de fer, chemin de Fontaine.
Raillard Michel, garde du Canal, port du Canal.
Raillard François, boulanger, rue Saint-Pierre, n. 37.
Raison Ve, née Douillet, rue St-Philibert, 32.
Ramaget Ve, née Gelin, ouvrière, rue Saint-Nicolas, n. 65.
Rameau Charlotte, rentière, rue Charrue, n. 11.
Rameau Joséphine Mlle, rentière, rue Charrue, n. 11.
Rameau Annette Mlle, ouvrière, rue Saint-Martin, n. 41.
Ramelet Ve, née Barbier, fem. de ménage, r. Bossuet, 29.
Ramelet Nicolas, négociant, rue Devosge, n. 24.
Ramelot, route des Marmuzots, n. 2 (Perrières).
Ramelet Nicolas, fabricant de chaux, rue Saint-Pierre, 28.
Ramonnet Louis, jardinier, rue Bergère, n. 18.
Ramonnet Claude, nettoyeur, rue Saint-Philibert, n. 12.
Ramousset Hippolyte, employé, rue Musette, n. 20.
Ramousset Bernard, rentière, rue Verrerie, n. 31.
Ramousset J.-B., vicaire à Notre-Dame, rue Verrerie, 31.
Ranfer de Bretenière, propriétaire, rue Vannerie, n. 41.
Ranty Ve, née Forissier, rentière, rue du Tillot, n. 17.
Rapon Jacques, garçon de recette, rue Saint-Pierre, 11 *bis*.
Rapp Thomas, ouvrier menuisier, rue Chantal, n. 1.
Raquet Jean-Baptiste, rue Magenta, n. 15.
Rard Claude, manouvrier, r. des Nantillières (Californie).
Rasina Ferdinand, oiselier, rue Piron, n. 38.
Raskin Guillaume, marchand de chapeaux de paille, rue
    Musette, n. 16.
Rasseneux Louis, plâtrier, rue Vannerie, n. 24.
Rateau Antoine, ancien libraire, rue des Godrans, n. 104.
Ratel veuve, rue des Aqueducs (clos Trouillet).
Ratel veuve, rue du Château, n. 2.

Ratel Justin, maître adjoint, rue du Petit-Potet, n. 29.
Ratel Paul, clerc de notaire, rue Proudhon, n. 13.
Rathaux François, ferblantier, rue Chaudronnerie, n. 34.
Ravel Louis, jardinier, rue du Petit-Cîteaux.
Ravenet Denis, propriétaire, rue d'Ahuy, n. 13.
Ravenet Etienne, march. de fromages, rue Bassano, n. 2.
Ravenet François, journalier, rue Bossuet, n. 23.
Ravenet Louis, maçon, rue de Montmuzard, n. 17.
Ravenot Ant., nettoyeur au ch. de fer, r. des Godrans, 48.
Raverat Germ., commis chez M. Thiébaut, r. Cazotte, 13.
Raverat, rue de la Préfecture, n. 112.
Raverat, homme d'équipe, rue de la Préfecture, n. 114.
Ravery Jean-Baptiste, plâtrier, r. Sainte-Marguerite, 15.
Ravet François, cordonnier, rue Amiral-Roussin, n. 43.
Ravet Jules-Joseph, employé, impasse Audra, n. 1.
Ravet Simon, employé, impasse Audra, n. 1.
Ravet veuve, née Fauconnet, femme de ménage, rue Guil-
laume, n. 17.
Ravet Jean, plâtrier, rue Guillaume, n. 61.
Ravet Auguste, propriétaire, rue de Longvic, n. 35.
Ravet Alexis, cordonnier, rue Jeannin, n. 87.
Ravet Bernard, rentier, rue Victor-Dumay, n. 4.
Ravier, marchand de fer, rue Bossuet, n. 15.
Ravier Claude, ajusteur, rue Bossuet, n. 18.
Ravier Jean, ouvrier cordonnier, rue François-Rude, 22.
Ravinet veuve, née Léger, ouvrière, rue des Novices, n. 1.
Raviot Hubert, propriétaire, rue d'Assas, n. 1.
Raviot Félix fils, rue d'Assas, n. 1.
Raviot Jean-Baptiste, maçon, rue d'Auxonne, n. 66.
Raviot Marguerite Mlle, femme de ménage, r. Berbisey, 11.
Raviot Claude, charpentier, rue du Chapeau-Rouge, n. 3.
Raviot Jean-Baptiste, bourrelier, rue de l'Hôpital, n. 9.
Raviot Joseph, employé, rue Muselte, n. 36.
Raviot René, voiturier, rue Sainte-Marguerite, n. 6.
Raviot Jean-Baptiste, maçon, rue Saint-Pierre, n. 27.
Raviot François, manouvrier, rue Verrerie, n. 17.
Ravoillon Joseph, ouvr. boulanger, rue de l'Hôpital, n. 3.
Ravoir Marie Mlle, ouvrière en robes, rue Piron, n. 13.
Ravonneau François, cafetier, rue Piron, n. 32.
Ravot Jean, journalier, rue Cazotte, n. 14.
Ravot Antoine, sous-chef d'équipe, rue des Perrières, 16.
Raymond veuve, née Guillier, rentière, rue Lamonnoye.

Raynaud Micuel, march. de chiffons, allée des Chartreux, 8.
Raynaud Joseph, pharmacien, rue Chaudronnerie, n. 18.
Razzi Jean-François, propriétaire, Californie.
Rebattu veuve, née Parizot, propriétaire, rue Jeannin, 2.
Rebichon veuve, née Lorange, aubergiste, r. Bassano, 36.
Rebillon, employé au télégraphe, rue d'Auxonne, n. 38.
Rebourceau Jean, sous-officier en retraite, r. Berbisey, 88.
Rebourg Auguste, garçon voiturier, rue de l'Hôpital, 29.
Rebourg Chrétien, rentier, rue Sainte-Marguerite, n. 43.
Rebourseau François, tailleur de pierres, petite rue Saint-
    Lazare.
Rebuffard Jean-Baptiste, rentier, rue Proudhon, n. 27.
Recordon François, serrurier, rue Saint-Nicolas, n. 59.
Recouvrot, propriétaire, rue Buffon, n. 7.
Recouvrot Jenny Mlle, propriétaire, rue Buffon, n. 7.
Recouvrot Georgette Mlle, propriétaire, rue Buffon, n. 7.
Redan Gilbert, scieur de long, rue Berbisey, n. 69.
Redon Jean-Baptiste, rentier, chemin du Petit-Bernard.
Redon François, vigneron, rue Sainte-Marguerite, n. 51.
Refroignet veuve, née Truchot, rentière, r. du Bourg, 66.
Refroignet Pierre, jardinier, rue des Moulins, n. 56.
Regat, chef d'escadron, rempart du Château, n. 4.
Regelé Médard, concierge, rue du Palais, n. 10.
Regipier veuve, née Devaux, journal., r. Ste-Catherine, 9.
Regipier Jean, manouvrier, rue Ste-Catherine, n. 9.
Regnaud Lazare, menuisier, rue de la Préfecture, n. 114.
Regnaudot Ve, née Petitot, cabaretière, r. des Forges, 50.
Regnaut Abraham, ancien brasseur, rue des Moulins n. 56.
Regnaut Jean-Bapt., cordonnier, r. de la Préfecture, 114.
Regnaut Edmée veuve, rue Saint-Nicolas, n. 30.
Regnaut Jean-Baptiste, cordonnier, rue Vannerie, n. 4.
Regneau J., cabaretier et loueur en garni, r. de la Gare, 12.
Regneau, ancien brasseur, rue des Moulins, 15 (magasin).
Regneau Philibert, jardinier, route de Plombières.
Regniault Pierre, rentier, rue Saint-Pierre, n. 15.
Regnier, rue d'Assas, n. 1.
Regnier Etienne, serrurier, rue de l'Arquebuse, n. 1.
Regnier Louis, à l'équipe, impasse Audra, n. 11.
Regnier veuve, née Durpoy, rentière, rue Berbisey, n. 14.
Regnier Martin, propriétaire, rue Buffon, n. 56.
Regnier Gaspard, capitaine en retraite, r. du Chaignot, 20.
Regnier Jean-Bapt., domestique, r. du Champ-de-Mars, 4.

Regnier veuve, née Piélin, ancienne jardinière, cour des Frères, n. 10.

Regnier veuve, journalière, rue des Forges, n. 56.

Regnier veuve, née Petitjean, propriétaire, r. du Gaz, 2 *ter*.

Regnier Louis, distillateur, place d'Armes, n. 10.

Regnier Jules, march. de vins en gros, place d'Armes, 16 (magasin rue Chabot-Charny, n. 71).

Regnier veuve, journalière, rue Roulotte, n. 24.

Regnier Victor, propriétaire, route de Saint-Seine, n. 16.

Regnier Théodore, liquoriste, rue Sainte-Catherine, n. 8.

Regnier Charles, charcutier, rue Saint-Nicolas, n. 68.

Régullier Nicolas, marchand de charbon, r. Dauphine, 10.

Reichenecker Albert, brasseur, rue Odebert, n. 14.

Reisseler Louis, jardinier, cour de la Grenouille, n. 1.

Reitz veuve, rentière, rue Saumaise, n. 18.

Réjaumont Marie Mlle, ouvrière, rue Verrerie, n. 5.

Remoissenet François, vigneron, rue de Longvic, n. 8.

Remoissenet veuve, née Chaussenot, journalière, rue du Petit-Potet, n. 2.

Remoissenet Philibert, capitaine en retr., r. Vannerie, 60.

Rémond, jardinier, rue Berbisey, n. 16.

Rémond veuve, née Petitot, manouvrière, r. Berbisey, 37.

Rémond Nicolas, imprimeur, rue Berbisey, n. 72.

Rémond Jean-Baptiste, tailleur, rue Berbisey, n. 92.

Rémond Jean, journalier, rue de la Colombière, n. 8.

Rémond Etienne, bottier, rue Condé, n. 44.

Rémond Louis, marchand fripier, rue Crébillon, n. 29.

Rémond Charles fils, rue Crébillon, n. 29.

Rémond Maurice, charpentier, rue Magenta, n. 5.

Rémond veuve, née Durand, ouvrière, rue Musette, n. 20.

Rémond veuve, née Bonniard, journalière, r. Musette, 20.

Rémond Joseph, march. de chapeaux, place d'Armes, n. 4.

Rémond Bénigne, à l'équipe, place Darcy, n. 5.

Rémond Désiré, couvreur, rue Roulotte, n. 23.

Rémond veuve, née Grey Eléonore, ouvrière, rue Saint-Nicolas, n. 62.

Rémond veuve, née Duval, femme de ménage, rue Saint-Philibert, n. 55.

Rémond Jean, propriétaire, rue du Tribunal, n. 1.

Rémond Pierre, bottier, rue Vauban, n. 13.

Rémond Gustave, libraire, rue Vauban, n. 15.

Remu François, ancien tailleur, rue Piron, n. 28.

Remy Pierre, rentier, rue Berbisey, n. 12.
Remy Jean-Baptiste, propriétaire, r. Chabot-Charny, 72.
Remy Auguste fils, rue Chabot-Charny, n. 72.
Remy, propr., chemin de Fontaine, 7 (pied-à-terre).
Remy Joseph, journalier, rue du Chinois.
Remy Alexandre, propriét., chemin de limite (Perrières).
Remy J.-B.-Jules, banquier, r. de la Préfecture, 26.
Remy Jean-Claude, propriétaire, rue de la Préfecture, 27.
Renard François, à l'équipe, rue de l'Arquebuse, n. 21.
Renard Louis, militaire, rue de l'Arquebuse, n. 21.
Renard veuve, scieur de bois, rue du Bourg, n. 11.
Renard Mme, née Petetin Colette, rue du Bourg, n. 43.
Renard veuve, née Sauvage, marchande de pain d'épices,
    rue Petite-des-Poussots (Californie).
Renard Pierre, propriétaire, rue Chabot-Charny, n. 52.
Renard Ve, née Jacquot, cultivat., rente de la Charmette.
Renard Louis-Léon, cultivateur, rente de la Charmette.
Renard Arthur, cultivateur, rente de la Charmette.
Renard Etienne, ouvrier horloger, chemin couvert de la
    Belle-Etoile, n. 23.
Renard, commis voyageur, cours du Parc, n. 35.
Renard Victor, passementier, rue des Etioux, n. 11.
Renard Jean, conducteur chef, rue de la Gare, n. 10.
Renard Paul, menuisier, rue François-Rude, n. 10.
Renard Louis, vannier, rue des Moulins, n. 1.
Renard Frédéric, journalier, port du Canal, n. 12.
Renard Philippe, chapelier, rue de la Préfecture, n. 114.
Renard Antoine, facteur au télégraphe, rue Odebert, 22.
Renard Jean, concierge, rue du Petit-Potet, n. 29.
Renard veuve, née Petetin, rentière, place d'Armes, n. 10.
Renard Rosalie Mlle, femme de mén., pl. du Morimont, 10.
Renard Gabriel, marchand de grains, rue de Pouilly (hors
    barrière), n. 39.
Renard Charlotte, supérieure des sœurs Sainte-Marthe, rue
    de la Préfecture, n. 56.
Renard, cordonnier, rue Saint-Martin, n. 37.
Renard Didier, march. de grains en gros, r. St-Nicolas, 12.
Renard Pierre, cordonnier, rue Saint-Philibert, n. 6.
Renard Pierre, ouvrier horloger, rue Vannerie, n. 57.
Renardet Etienne, négociant, rue Chabot-Charny, n. 37.
Renardet Joseph, vigneron, cour du Quartier, n. 17.
Renardet veuve, née Lajeanne, rentière, route de Mirande.

Renardet veuve, femme de ménage, rue Franklin, n. 1.
Renardet Etienne, ancien notaire, rue Jeannin, n. 71.
Renardet Etienne, empl. à la poste, r. de la Manutention, 5.
Renardet François, cocher, rue Musette, n. 21.
Renardet, employé au chemin de fer, rue Vannerie, 42 *bis.*
Renaud Louis, forgeron, rue d'Ahuy, n. 8.
Renaud Bazile, rentier, rue d'Auxonne, n. 3.
Renaud Mlle, fileuse de laine, rue Bassano, n. 55.
Renaud veuve, née Destot, fileuse de laine, r. Bassano, 90.
Renaud Jeanne Mlle, rue Berbisey, n. 36.
Renaud Pierre, marchand tailleur, rue du Bourg, n. 7.
Renaud veuve, née Méchet, rue Brulard, n. 7.
Renaud veuve, née Jacotot, ouvrière, rue Buffon, n. 31.
Renaud veuve, rue Buffon, n. 31.
Renaud Claude-Félix, recev. au chem. de fer, r. Buffon, 41.
Renaud Louise Mlle, lingère, rue du Château, n. 2.
Renaud Théodore, garde de nuit, cour de la Faïencerie, 14.
Renaud Bernard, jardinier, Cours-Fleury, n. 3.
Renaud Jean, ancien jardinier, Cours-Fleury, n. 3.
Renaud Bazile, march. de grains, rue de l'Hôpital, n. 33.
Renaud Pierre, menuisier, rue de l'Ile, n. 1.
Renaud veuve, née Jacotot, rentière, rue des Novices, 22.
Renaud, professeur à la Faculté, rue du Petit-Potet, n. 6.
Renaud Léon, commis d'Académie, r. de la Préfecture, 57.
Renaud Jean-Baptiste, à l'équipe, faubourg Rennes, n. 9.
Renaud Anaïs Mlle, modiste, rue Saint-Nicolas, n. 79.
Renaud Jean-Baptiste, charbonnier, rue Saint-Nicolas, 84.
Renaud Anne Mlle, ouvrière, rue du Tillot, n. 13.
Renaud-Belgy Jeanne Mme, rentière, rue du Tivoli, n. 10.
Renaudin Ve, née Bertrand, propriét., r. des Godrans, 63.
Renaudin veuve, propriétaire, rue de Longvic, n. 23.
Renaudot, cordonnier, rue Odebert, n. 22.
Renaudot Jeanne Mlle, rentière, rue du Tillot, n. 10.
Renaut Claude, homme d'équipe, r. Voinchet (Perrières).
Renaut Madeleine Mlle, blanchisseuse, r. de la Préfect., 92.
Rendu Jean, cordonnier, rue Bossuet, n. 29.
Rendu veuve, née Favet, journalière, rue de l'Ile, n. 3.
Rendu, employé au chemin de fer, rue Musette, n. 16.
Rennevey Claude, charbonnier, place du Morimont, n. 15.
Renevier Joseph, mécanicien, rue de l'Arquebuse, n. 12.
Renevier Victor-Joseph, tient pension, r. de la Préfect., 60.
Renier Claude, propriétaire, rue Sambin, n. 2.

Renucci Antoine, manouvrier, rue du Bourg, n. 19.
Rérole Jean-Baptiste, manouvrier, rue de Montmuzard (hors barrière).
Rethaler Hippolyte, veuve, rue Chaudronnerie, 50.
Retrin, serrurier, chemin couvert de la Belle-Etoile, n. 24.
Retrouvé Jean, tréfileur, rue Crébillon, n. 3.
Retter Frédéric, cordonnier, rue Vannerie, n. 75.
Reure François, contrôleur, rue de l'Arquebuse, n. 7.
Réveillon Jules, poseur, rue de la Gare, n. 6.
Revilgabet Maurice, maître ramonneur, rue de la Préfecture, n. 75.
Revirard Edouard, propriétaire, rue Berbisey, n. 25.
Révol Mme, née Fusil, rentière, rue Cazotte, n. 2.
Rey Louis, décrotteur, rue des Forges, n. 25.
Rey Pierre, cafetier, rue Guillaume, n. 47.
Rey François-Joseph, inspect. des forêts, rue Jeannin, 13.
Rey Pierre, manouvrier, rue Odebert, n. 5.
Rey Pierre, tailleur de pierres, rue de Suzon, n. 12.
Rézillot veuve, née Mathey, femme de ménage, rue du Chaignot, n. 28.
Riameaux Nicolas, manouvrier, rue St-Philibert, n. 12.
Riberon Jean-Baptiste, scieur de long, rue du Pont-des-Tanneries, n. 8.
Riboust Vital, coupeur, rue Guillaume, n. 6.
Ricaud veuve, née Thorel, propriétaire, rue Charrue, 2.
Ricaud Ferdinand, marchand d'étoffes, rue Charrue, n. 2.
Ricaud Charles fils, rue Charrue, n. 2.
Ricaud Jean-Baptiste, march. d'étoffes, r. des Forges, 13.
Ricaud Emile fils, rue des Forges, n. 13.
Ricaud Pierre, garçon de magasin, rue des Forges, n. 13.
Ricaud Mutin, march. d'étoffes, rue des Forges, n. 38.
Richard Ve, née Lescomme, rentière, r. de l'Arquebuse, 5.
Richard Jean, vigneron, Carrières-Blanches.
Richard de Vesvrottes Armand, propriétaire, rue Chabot-Charny, n. 20.
Richard de Vesvrottes, propriét., rue Chabot-Charny, 20.
Richard Ernest, représ. de commerce, r. Chabot-Charny, 48.
Richard Paul, ancien coiffeur, rue Chaudronnerie, n. 4.
Richard veuve, née Charlut, rentière, rue du Château, 2.
Richard Etienne, manouvrier, cour de la Grenouille, n. 1.
Richard Louis, correcteur, rue des Forges, n. 17.
Richard Claude, voyageur de commerce, r. des Forges, 33.

Richard Albert, agent principal, rue de la Gare, n. 20.
Richard Jean-Baptiste, manouvrier, rue de Gray, n. 33.
Richard Charles, cabaretier, rue de l'Ile, n. 4.
Richard Henri, ouvrier imprimeur, rue Magenta, n. 15.
Richard Antoinette Mlle, domestique, rue Musette, n. 34.
Richard veuve, née Barnola, propriét., pl. St-Bernard, 7-9.
Richard Jacques, voiturier, rue du Petit-Cîteaux.
Richard François, march. de papiers peints, pl. d'Armes, 2.
Richard Bernard, lithographe, place d'Armes, n. 13.
Richard veuve, née Charlut, propriétaire, place Darcy, 1.
Richard Jean, voiturier, port du Canal, n. 19.
Richard Jacques, march. de tuiles, port du Canal, n. 19.
Richard N., réparat. de fourneaux, r. de la Préfecture, 86.
Richard Louis, journalier, rue de la Préfecture, n. 90.
Richard Nicolas, ouvr. poêlier, rue de la Préfecture, 114.
Richard Charles, tailleur de pierres, rue des Tanneries, 29.
Richard Claude, ouvrier potier, rue de Venise.
Richarme veuve, née Trégogli, march. quincaillier, rue
    Bossuet, n. 26.
Richarme Céline Mlle, rue Bossuet, n. 26.
Richebois Joseph, grenetier et marchand de café, rue
    Proudhon, n. 2.
Richel Antoine, chauffeur, rue Richelieu, n. 13.
Richemont François, perruquier, rue Odebert, n. 26.
Richet Charles, poêlier, rue Bassano, n. 68.
Richet Jean, chauffeur, rempart du Château, n. 8.
Richoux J., contrôl. des contrib. indir., r. St-Martin, 19.
Ricot Pierre, ouvrier distillateur, rue de Gray, n. 31.
Riédot Antoine, gazier, rue Berbisey, n. 52.
Riédot Claude, manouvrier, place Darcy, n. 5.
Riédot veuve, née Delorme, rue du Tillot, n. 11.
Riffaut veuve, née Bregigon, Californie.
Riffe Georges, forgeron, cours du Parc, n. 4.
Rigaud Charles, cabaretier, rue Sainte-Catherine, n. 4.
Rigaud Claude, ouvrier menuisier, rue Saint-Nicolas, 14.
Rigaut Jean, maçon, rue Audra, n. 14.
Rignaut, rentier, rue Verrerie, n. 23.
Rigogne Suzanne Mlle, ouvrière en robes, rue d'Assas, 28.
Rigollot J.-B., vérificat. des poids et mesures, r. Audra, 8.
Rigolier Nicolas, propriétaire, rue des Tanneries, n. 15.
Rigolot Ferdinand, distillateur, rue Brulard, n. 9.
Rigoulet, veuve Vernier, propriétaire, rue d'Auxonne, 1.

Rigot Claude, sous-chef d'équipe, rue du Bourg, n. 4.
Rigueur Ve, née Cazotte, rentière, r. du Chapeau-Rouge, 10.
Riotte Louis, cabaretier, rue Victor-Dumay, n. 16.
Ripard Jeanne Mlle, ouvrière, rue Chabot-Charny, n. 52.
Ripard Louis, maître d'hôtel, rue Chabot-Charny, n. 65.
Ripard J.-B.-Jules, maître d'hôtel, rue Chabot-Charny, 65.
Ripard Anne Mlle, blanchisseuse de dentelles, rue du Petit-
    Potet, n. 26.
Ripart Antoine, tonnelier, rue des Tanneries, n. 11.
Rique Anatole, employé, rue Audra, n. 21.
Risse Claude, employé de commerce, rue Piron, n. 22.
Ritster Madeleine Mlle, ouvrière, rue Saint-Nicolas, n. 22.
Rivat, liquoriste, rue d'Assas, n. 12.
Rivet Nicolas, marchand fripier, rue Berbisey, n. 38.
Rivet Marien, menuisier, rue du Petit-Cîteaux.
Rivet veuve, née Gremeau, faubourg Rennes, n. 21.
Rivet François-Victor, évêque, rue Saint-Bénigne, n. 1.
Rivet Victoire Mlle, sœur, rue Saint-Bénigne, n. 1.
Rivière Maurice, fabric. de moutarde, cours du Parc, 17.
Rivière, avocat, rue des Godrans, n. 72.
Rivière Antoine, chaudronnier-poêlier, rue Jeannin, 62.
Rivière, chapelier, rue de Longvic, n. 6.
Rivière Pierre, chapelier, rue Sainte-Marguerite, n. 19.
Rivot Lubin, à l'équipe, rue des Tanneries, n. 21.
Roalier, peintre, rue Amiral-Roussin, n. 21.
Robardet François, journalier, allée des Chartreux, n. 4.
Robardet Jean-François, liquoriste, rue Saint-Martin, 37.
Robe Charles, à l'équipe, rue de la Manutention, n. 3.
Robelin Louis, fabr. de bleu d'outre-mer, port du Canal, 10.
Robergeot, cafetier, rue Saint-Nicolas, n. 10.
Robert Théodore, nettoyeur, allée des Chartreux, n. 8.
Robert Edouard, mécanicien, rue Audra, n. 21.
Robert Pierre, employé au gaz, rue d'Auxonne, n. 20.
Robert, marchand de vins en gros, rue d'Auxonne, n. 26.
Robert Eugène, gardien à la prison, r. d'Auxonne, n. 71.
Robert Joseph, charpentier, rue Bannelier, n. 7.
Robert Claudine Mlle, domestique, rue Bassano, n. 42.
Robert Louis, sabotier, rue Bassano, n. 65.
Robert Pauline Mlle, ouvrière en robes, rue du Bourg, 41.
Robert veuve, rentière, rue Buffon, n. 8 *bis*.
Robert Mme, née Noël, propriétaire, rue Charrue, n. 30.
Robert Jean-Baptiste, manouvrier, chemin de Talant, 29.

Robert Gabriel, commis voyageur, rue Devosge, n. 33.
Robert Pierre, forgeron, rue Devosge, n. 33.
Robert Charles, garde-magasin, rue de la Gare, n. 20.
Robert Elisabeth Mlle, cuisinière, rue des Godrans, n. 13.
Robert Anne Mlle, chaudronnière, rue des Godrans, n. 72.
Robert Pierre, homme d'équipe, cour de la Grenouille, 3.
Robert Julie Mlle, ouvrière lingère, rue Jeannin, n. 79.
Robert Antoine, march. de vins en gros, r. Longepierre, 3.
Robert Raoul fils, rue Longepierre, n. 3.
Robert veuve, ouvrière, rue Musette, n. 7.
Robert Claude, rentier, rue Musette, n. 13.
Robert Joséphine Mlle, modiste, rue des Novices, n. 14.
Robert Antoine, avocat stagiaire, rue Saint-Bernard.
Robert Jean, teneur de livres, grande rue St-Lazare, n. 18.
Robert Jean-Baptiste, peintre, rue Vannerie, n. 66.
Robert Léon, marchand de sabots, rue Vannerie, n. 80.
Robichon Frédéric, tailleur de pierres, ruelle d'Ahuy.
Robichon Laurent, horloger, rue Condé, n. 25.
Robichon Pierre, manouvrier, rue de Venise.
Robillot Jean-Baptiste, tourneur, cour de la Faïencerie, 2.
Robillot Joseph, tourneur, rue Dauphine, n. 5.
Robillot Jean, ajusteur, rue des Roses, n. 6.
Robin veuve, née Tétot, ruelle d'Ahuy, n. 4.
Robin Jules, savonnier, ruelle d'Ahuy, n. 3.
Robin François, carrier, viaduc de l'Arquebuse.
Robin Etienne, anc. march. de farines, Belle-Ruelle, n. 6.
Robin veuve, née Follot, propriétaire, rue Berbisey, 120.
Robin Charles, cordonnier, rue du Bourg, n. 25.
Robin François, carrier, aux Carrières-Blanches.
Robin Etienne, à l'équipe, rue des Godrans, n. 88.
Robin veuve, journalière, rue de Montmuzard, n. 3.
Robin, journalier, rue des Moulins, n. 4.
Robin Jacques, journalier, rue du Petit-Cîteaux.
Robin Geneviève Mlle, rentière, place d'Armes, n. 10.
Robin veuve, née Regneau, filateur, place St-Jean, n. 21.
Robin Antoine, scieur de long, rue Saint-Nicolas, n. 3.
Robin Jean, manouvrier, ruelle Sambin.
Robin Jacques, manouvrier, rue du Pont-des-Tanneries, 8.
Robineau Jules, mécanicien, rue Bassano, n. 75.
Robineau Cléophore, poélier, rue Sainte-Anne, n. 2.
Robinet Pierre-Eugène, représentant de commerce, petite
    rue de la Monnaie, n. 1.

Robinet André, propriétaire, maçon, chemin d'Ahuy.
Robinet Ve, née Marcellet, journalière, rente Montmuzard.
Robinet Auguste, chiffonnier, aux Petites-Roches.
Robinet veuve, rentière, rue Vaillant, n. 3.
Robinet Louis, surnuméraire des postes, r. Verrerie, n. 7.
Robinot Anne, veuve Denise, rentière, rue de Longvic, 5.
Robinot-Chauvelot Anne Mme, rue du Petit-Cîteaux, n. 9.
Roblin Claude, manouvrier, port du Canal, n. 20.
Roblot veuve, née Fromentin, propriétaire, r. Berbisey, 88.
Roblot François, menuisier, rue Berbisey, n. 88.
Roblot Nicolas, tanneur, rue de l'Ile, n. 4.
Roblot Jean-Baptiste, manouvrier, rue Ste-Marguerite, 55.
Rocas Jean, charbonnier, faubourg Rennes, n. 15.
Rocault Ve, née Sautereau, rentière, pl. St-Bernard, 7-9.
Roccas Bernard, professeur de musique, rue Vauban, n. 9.
Roch Georges, relieur, rue Crébillon, n. 10.
Roch Eugène, maçon, rue Devosge, n. 19 *bis*.
Roch François, maître ramonneur, rue Roulotte, n. 25.
Rochat David, propriétaire, chemin de limite (Perrières).
Rochat Henri, propriétaire, rue Voinchet (Perrières).
Roche veuve, née Buret, ouvrière, rue Vannerie, n. 92.
Rochefort Louis, charron, rue d'Auxonne, n. 49.
Rocher, étameur, rue des Tanneries, n. 15.
Rochet Nicolas, concierge, rue Buffon, n. 27.
Rochet veuve, née Guichot, rentière, rue Devosge, n. 10.
Rochet Frédéric, marchand de planches, rue Devosge, 10.
Rodemet François, employé à l'octroi, place du Morimont.
Rodier Jean, ouvrier ferblantier, rue des Godrans, n. 4.
Rodier Mme, ouvrière, rue des Godrans, n. 5.
Rodier Albert, vérificat. d'enregistrem., r. Notre-Dame, 8.
Rodier Bénigne, gendarme, rempart du Château, n. 4.
Rodier Alexis, propriétaire, route de Lyon, n. 10.
Rodier Célestin, sous-chef de dépôt, route de Lyon, n. 11.
Roger Pierre, homme d'équipe, rue de l'Arquebuse, n. 18.
Roger Claude, maçon, rue d'Auxonne, n. 33.
Roger veuve, née Barbey, grenetière, rue Bassano, n. 31.
Roger Isidore, graisseur, Belle-Ruelle, n. 2.
Roger Jules, avoué, rue Chabot-Charny, n. 64.
Roger Pierre, domestique, rue de Clairvaux, n. 10.
Roger Constant, tailleur de pierres, rue des Godrans, 74.
Roger Antoine, manouvrier, rue de l'Hôpital, n. 1.
Roger Pierre, journalier, rue des Moulins, n. 4.

Roger veuve, née Beaux, propriét., rempart du Tivoli, 8.
Roger Joseph, ancien artiste, rue Turgot, n. 2.
Rogey Jean-Baptiste, rentier, rue du Morimont, n. 2.
Roguier, Ambroise, mécanicien, rue de l'Arquebuse, n. 22.
Roignot Jean-Baptiste, avocat, rue Lamonnoye, n. 1.
Roignot Pierre-Lucien, avocat, rue Lamonnoye, n. 1.
Roland Alexis, fabricant de pain d'épices, r. Charrue, 26.
Roland Philibert, jardinier, rue de Longvic, n. 31.
Rolland Alexandre, chauffeur, rue d'Ahuy, n. 12.
Rolland veuve, née Vagneron, rue Charrue, n. 26.
Rolland Alfred, fabr. de pain d'épices, rue Charrue, n. 26.
Rolland, fabricant de pain d'épices, rue Guillaume, n. 32.
Rolland, pharmacien, rue Piron, n. 34.
Rollé Auguste, ouvrier cordonnier, place St-Michel, n. 10.
Rollet Jean-Baptiste, propriétaire, r. Amiral-Roussin, 19.
Rollet F., menuisier au ch. de fer, r. de l'Arquebuse, 20.
Rollet Eugène, lampiste, rue Condé, n. 29.
Rollet veuve, née Pelletret, rentière, pl. du Morimont, 1.
Rollin Pierre, cabaretier, rue Bassano, n. 26.
Rollin veuve, né Bailly, propriétaire, rue du Bourg, 62.
Rollin Bénigne, tailleur de pierres, r. de Montmuzard, 17.
Rollin Jean-Baptiste, vigneron, hameau de Pouilly.
Rollin Etienne, tonnelier, rue de la Préfecture, n. 66.
Rollin Pierre, capitaine de gendarm., remp. du Château, 4.
Rollot Auguste, manouvrier, avenue du Réservoir.
Rollot François, teneur de livres, rue Chaudronnerie, 18.
Rollot Jean-Baptiste, journalier, port du Canal, n. 13.
Rollot Ve, née Thunot, femme de mén., port du Canal, 14.
Rollot Dominique, chargeur, port du Canal, n. 19.
Romain Arille, vivandier, Californie.
Romand Auguste, compositeur, rempart du Château, n. 8.
Romand N., taill. de pierres, r. du Pont-des-Tanneries, 5.
Romand Paul, tanneur, rue du Pont-des-Tanneries, n. 5.
Romand François, tailleur de pierres, rue de Venise.
Romand, pharmacien, rue Saint-Nicolas, n. 63.
Romanet Louis, march. de vins en gros r. Devosge, n. 8.
Romanet L., empl. à la Préfect., r. Ste-Marguerite, 30 *bis*.
Romé Jean-Baptiste, carrier, en Bruant.
Romé Jean-Baptiste, peintre, rue Franklin, n. 9.
Romet Jean, gardien à la prison, route d'Auxonne, n. 74.
Romey Laurent, nettoyeur, rue du Bourg, n. 20.
Romey Jean-Baptiste, grenetier, rue Buffon, n. 23.

Romey Jean-Baptiste, manouvrier, rue St-Philibert, 55.
Romey veuve, née Costet, boulangère, rue Vannerie, 53.
Rommeveaux J., empl. à la préfect., r. Chabot-Charny, 63.
Roncenet Charles, cultivateur, rue des Moulins, n. 43.
Rondinet Louis, empl. au ch. de fer, r. Guillaume-Tell, 4.
Rondinet Jacques, chef de manœuvr., r. Guillaume-Tell, 4.
Rondot Christine Mlle, rentière, rue de l'Arquebuse, n. 2.
Rondot Joseph, plâtrier, rue Devosge, n. 2.
Rondot Joseph, manouvrier, route de Longvic.
Rondot veuve, journalière, rue de la Préfecture, n. 89.
Rondot Alexis, propriétaire, rue Saumaise, n. 65.
Rondot Victoire Mlle, blanchisseuse, rue Vannerie, n. 54.
Rongier Joseph, ouvrier potier, rue de l'Ile, n. 1.
Ronot Théophile, comptable, allée des Chartreux, n. 7.
Ronot, dentiste, rue Longepierre, n. 10.
Ronot veuve, née Méant, journalière, r. Ste-Catherine, 3.
Ronsin François, comptable, rue de l'Arquebuse, n. 20.
Ronsin René, commis voyageur, rue de l'Arquebuse, n. 20.
Ropiteau François, libraire, rue Guillaume, n. 24.
Roque Henri, poêlier, petite rue Saint-Lazare.
Roques Jean, tailleur, rue Saint-Martin, n. 37.
Roret Edme, tourneur, rue Berbisey, n. 61.
Roret Nicolas, ouvrier cordonnier, rue Vannerie, n. 52.
Rosat Louis, fondeur, rue Amiral-Roussin, n. 34.
Rose Jean-Baptiste, prêtre, rue d'Assas, n. 30.
Rose veuve, tripière, rue du Bourg, n. 39.
Rose Louis, marchand quincaillier, rne Condé, n. 26.
Rose Jean, instituteur, rue Crébillon, n. 15.
Rose Auguste, marchand de charbon, rue Magenta.
Rose Antoine, menuisier, rue de la Préfecture, n. 48.
Rose Faustine Mlle, marchande à la toilette, r. Quantin, 6.
Rose Mlle, journalière, rue Roulotte, n. 25.
Rosey veuve, née Forey, propriétaire, rue de Gray, n. 25.
Rosey Pierre, propriétaire, rue de Gray, n. 25.
Rosey Henri fils, clerc de notaire, rue de Gray, n. 25.
Rossec veuve, née Ribans, ouvrière, rue Roulotte, n. 29.
Rossech Thomas, relieur, rue Chabot-Charny, n. 50.
Rosseck veuve, née Besain, rue Berbisey, n. 102.
Rosselin Nicolas, ouvrier chapelier, rue Cazotte, n. 11.
Rosselin Etienne, concierge, rue du Gaz, n. 20.
Rosselot Adolphe, concierge, rue Charrue, n. 15.
Rossi Joseph, ingénieur en retraite, rue Guillaume, 6 *ter*.

Rossignol Claude, jardinier, rue de l'Hôpital, n. 5.
Rossignol Armand, cordonnier, rue du Petit-Potet, n. 28.
Rossignol veuve, née Fontaine, rue Notre-Dame, n. 20.
Rossin Joseph, manouvrier, rue Chancelier-l'Hôpital, 12.
Rossin Jean-Bapt., garde de nuit, r. de la Manutention, 9.
Rostaing Victor, propriétaire, rue Condé, n. 5.
Rothalier (de) Henri, propriétaire, rue Jeannin, n. 34.
Rothé Maurice, menuisier, rue Berbisey, n. 36.
Rothé Henri-Edouard, facteur de pianos, rue de l'Ecole-
   de-Droit, n. 6.
Roly Mme, née Audiffred Louise, rue de l'Arquebuse, n. 4.
Rouard Pierre, épinglier, rue Bassano, n. 92.
Rouard Alexis, confiseur, rue Piron, n. 22.
Rouard, boulanger, rue Saint-Nicolas, n. 28.
Rouard Pierre, épinglier, rue Saint-Nicolas, n. 34.
Roubot veuve, née Lhuillier, blanchisseuse, r. Bannelier, 3.
Roubot Auguste, vinaigrier, port du Canal, n. 14.
Roudet Emile, cordonnier, allées de la Retraite, n. 10.
Roudot Pierre, manouvrier, rue du Bourg, n. 50.
Rouelle veuve, rue du Bourg, n. 17.
Rouette Pierre, terrassier, rue Magenta.
Rouffe Vᵉ, née Brisebarre, couturière, r. St-Philibert, 21.
Rouge Claude, journalier, rue Bassano, n. 50.
Rouge Jeanne Mlle, rentière, rue Saumaise, n. 59.
Rougelin Simon, manouvrier, rue de Gray, n. 20.
Rougeot Jean-Baptiste, professeur, rue Berbisey, n. 90.
Rougeot Alexandre, professeur, rue de Longvic, n. 32.
Rougeot François, perruquier, rue Musette, n. 24 *bis*.
Rougeot fils, fabricant de biscuits, rue Musette, n. 24 *bis*.
Rougeot veuve, née Maloir, concierge, pl. St-Michel, 13.
Rougeot Benoît, liquoriste, rue de Pouilly, n. 13.
Rougeot Marie Mlle, rentière, rue Proudhon, n. 25.
Rougeot Pierre, manouvrier, rue Vannerie, n. 29.
Rougeot Hubert, cafetier, rue Verrerie, n. 56.
Rougeron veuve, née Quillardet Catherine, rentière, rue
   Buffon, n. 37.
Rouget veuve, née Noirot, femme de mén., r. Berbisey, 69.
Rouget Louis-Ernest, notaire, rue Chabot-Charny, n. 26.
Rouget Jacques, empl. au chemin de fer, r. des Forges, 15.
Rouget Jules, dessinateur, rue de l'Hôpital, n. 5.
Rouget Jean, jardinier, rue de Longvic, n. 44.
Rouget Louis, ouvrier charpentier, rue Magenta.

Rouget Pierre-Henri, avoué, rue Notre-Dame, n. 18 *bis*.
Rouget André-Jules, propriétaire, r. Notre-Dame, n. 18 *bis*.
Rouget Albin, journalier, rue des Perrières, n. 28.
Rouget Paul, avoué, place Saint-Michel, n. 29.
Rouget Ve, née Pérille, rentière, r. de la Manutention, 28.
Rouget Jean-Baptiste-Paul, avoué, r. de la Préfecture, 28.
Rouget Pierre-Augustin, commis greffier, rue de la Préfeture, n. 28.
Rouget Pierre-Hippolyte, propr., r. de la Manutention, 37.
Rouget Jean-Baptiste, propriétaire, rue Verrerie, n. 40.
Rougetet Louis, horloger, rue des Forges, n. 16.
Rougetet Honoré, tonnelier, rue de la Préfecture, n. 1.
Rougetet Jean-Baptiste, menuisier, rue des Perrières, 14.
Rougetet Jean-Baptiste, manouvrier, rue Sainte-Anne, 16.
Rougetet veuve, née Poirier, rentière, rue Vannerie, 96.
Rougier veuve, née Belgy, rentière, rempart du Tivoli, 10.
Rouhard Joseph, fabric. de bâches, r. de l'Arquebuse, n. 3.
Rouhier J.-B., marchand de toiles, pl. du Morimont, n. 5.
Roulard Nicolas, chapelier, rue de la Préfecture, n. 60.
Roulaud veuve, née Devillebichot, rue des Forges, n. 25.
Roumaingosse Rémond, nettoyeur, rue Berbisey, n. 45.
Roure Adolphe, comptable, rue des Moulins, n. 14.
Rousseau François, propriétaire, mécanicien, allée des Chartreux, n. 2.
Rousseau, manouvrier, rue de l'Arquebuse, n. 3.
Rousseau Pierre, ferblantier, rue d'Auxonne, n. 71.
Rousseau Auguste, représentant de commerce, r. Condé, 9.
Rousseau Charles, serrurier entrepr., rue de l'Hôpital, 1.
Rousseau Claude, relieur, rue Guillaume, n. 45.
Rousseau Pierre, maçon, rue Magenta, n. 5.
Rousseau Pierre fils, rue Magenta, n. 5.
Rousseau Mme, née Girardin, lingère, rue de la Manutention, n. 9.
Rousseau Jacques, employé à la mairie, rue de la Manutention, n. 14.
Rousseau, négociant, rue des Novices, n. 9.
Rousseau Jacques, vigneron, rue Neuve-Saint-Bénigne.
Rousseau Jean, marchand mercier, place Saint-Jean, 10.
Rousseau veuve, née Barbette, propr., r. Victor-Dumay, 4.
Roussel Jules, serrurier, rue de Gray, n. 21.
Roussel Théodore, ancien doreur, rue de l'Hôpital, n. 5.
Roussel Georges, charpentier, rue de Montmuzard, n. 24.

Roussel Christophe, propriétaire, r. de Montmuzard, n. 43.
Roussel François, rentier, rue Saint-Nicolas, n. 117.
Roussel Alexandre, cabaretier, rue Saint-Philibert, n. 31.
Rousselet Jean, cafetier, rue Bassano, n. 44.
Rousselet, musicien, rue Bouhier, n. 4.
Rousselet Emile, comptable, rue Docteur-Maret, n. 2.
Rousselet François, cultivateur, rue du Gaz, n. 15.
Rousselet J.-B., jardinier, propriétaire, r. de Longvic, 23.
Rousselet J.-B., vigneron, chemin de limite (Perrières.)
Rousselet Joseph, nettoyeur, rue Richelieu, n. 6.
Rousselet Félix, manouvrier, r. Derrière-les-Tanneries, 1.
Rousselet Christen, cordonnier, rue Vaillant, n. 17.
Rousselle veuve, née Grandcompin, garde-malades, rue de
     Gray, n. 21.
Rousselle Pierre, menuisier, rue Roulotte, n. 18.
Rousselot veuve, née Noirot, femme de ménage, allée des
     Chartreux, n. 8.
Rousselot Philibert, ébéniste, rue Chabot-Charny, n. 67.
Rousselot Paul, épicier, rue des Forges, n. 58.
Rousselot René, ouvrier chapelier, rue des Novices, n. 5.
Rousselot Paul, professeur au lycée, place St-Michel, n. 21.
Rousselot Xavier, prof. en retraite, place Saint-Michel, 21.
Rousselot Pierre, ébéniste, rue Richelieu, n. 13.
Roussenet Antoine, propriétaire, Petites-Roches.
Rousset Léon, menuisier, rue Bossuet, n. 15.
Rousselet Denis, ébéniste, rue Brulard, n. 3.
Rousset Just, compositeur d'imprim., r. des Perrières, 4.
Rousset veuve, née Rémond, rentière, rue Vauban, n. 15.
Roussey François, cordonnier, rue d'Auxonne, n. 48.
Rousset Eugénie Mlle, blanchisseuse, rue Vannerie, n. 26.
Roussiaux Claude, facteur de première classe, rue de
     l'Arquebuse, n. 4.
Roussin Jacques, rentier, à Saint-Antibes.
Roussin Jacques, avocat, rue du Chapeau-Rouge, n. 4.
Roussin Jean, homme de peine, rue Odebert, n. 4.
Roussin Pierre, rentier, rue Verrerie, n. 51.
Roussotte Jacques, empl. au ch. de fer, r. de Clairvaux, 5.
Roussotte Claude, prote d'imprimerie, r. des Etioux, 26 *bis*.
Roussotte veuve, née Gremeau, femme de mén., r. Dubois, 5.

Roussotte François, restaurateur, place d'Armes, n. 6.
Roussotte Claude, rentier, rue Saumaise, n. 55.
Rouvière Frédéric, négociant en vin, distillateur, rue de Gray, n. 37.
Roux Sébastien, rentier, rue d'Assas, n. 13.
Roux Claude, épicier et marchand de bois, rue Bassano, n. 16.
Roux Claude, boulanger, rue Berbisey, n. 56.
Roux Pierre, cultivateur, à la Boudronnée.
Roux d'Arbaumont veuve, propriétaire, r. Buffon, 8 *bis*.
Roux, étudiant, rue Buffon, n. 26.
Roux Balthazar, cu'tivateur, rue de la Colombière.
Roux veuve, née Masson, cabaretière, rue Guillaume, 21.
Roux Thibaut, ouvrier cordonnier, rente Montmuzard.
Roux François, vigneron, rue de Pouilly, n. 21.
Roux Jean, vigneron, rue de la Préfecture, n. 90.
Roux Alexandre, notaire, rue Proudhon, n. 22.
Roux Denis, jardinier, rue Sainte-Catherine, n. 13.
Roux Jean-Baptiste, cultivateur, rue Ste-Marguerite, 13.
Roux Antoine, jardinier, rue Sainte-Marguerite, n. 24.
Roux veuve, née Goustard, marchande de mottes, rue du Pont-des-Tanneries, n. 14.
Roux Jean-Baptiste-Armand, propriétaire, r. Vaillant, 5.
Roux Jules fils, rue Vaillant, n. 5.
Roux Paul fils, rue Vaillant, n. 5.
Roy Charles, rue d'Auxonne, n. 10.
Roy Léon, ouvrier cordonnier, rue Bannelier, n. 3.
Roy Anne Mlle, femme de ménage, rue Berbisey, n. 61.
Roy François, tailleur de pierres, rue Berbisey, 69.
Roy Bertrand, ouvrier tailleur, rue du Bourg, n. 2.
Roy François, marchand de tissus, rue du Bourg, n. 4.
Roy Simon-Eugène, notaire, rue Chabot-Charny, n. 24.
Roy Joseph, rentier, rue du Chaignot, n. 1.
Roy Jean, propriétaire maçon, chem. couvert de la Belle-Etoile.
Roy Jean-Baptiste, vigneron, chemin de Fontaine.
Roy Jean-Baptiste, vigneron, chemin de Fontaine, n. 5.
Roy Thomas, anc. restaurateur, rue de la Colombière, 16.
Roy Joseph, tourneur, cour des Poisses, n. 6.
Roy, tailleur, rue des Forges, n. 24.
Roy veuve, née Jovignot, femme de mén., r. Franklin, 6.
Roy Etienne, marcha 1 de vin, grande rue Galoche, n. 3.
Roy Mme, ouvrière, rue Magenta.
Roy Mme, née Roy, rentière, place de la Banque, n. 4.
Roy Florent, élève pharmacien, place Saint-Jean, n. 5.

Roy Louis, vigneron, route de Lyon.
Roy Pierre, employé au greffe, rue Saint-Nicolas, n. 95.
Roy Pierre, compositeur d'imprimerie, rue Vaillant, n. 21.
Roy, propriétaire, rue Verrerie, n. 41 (pied-à-terre).
Roydet Henri, avocat, rue Chabot-Charny, n. 24.
Roydet, propriétaire, château de Pouilly (pied-à-terre,)
Royer Narcisse, professeur, rue d'Ahuy, n. 15.
Royer Jean-Baptiste, fabricant de pompes, r. Bergère, 12.
Royer Auguste, à l'équipe, rue du Bourg, n. 54.
Royer Félix, confiseur, rue Chabot-Charny, n. 51.
Royer Mlle, ouvrière en robes, rue Chabot-Charny, n. 52.
Royer Victor, ouvrier peintre, rue du Chaignot, n. 40.
Royer veuve, née Pauly, rue Devosge, n. 23.
Royer Etienne, vigneron, Fort Yon.
Royer Marguerite Mlle, ouvrière, rue des Godrans, n. 5.
Royer veuve, née Lambert, rentière, rue Jeannin, n. 59.
Royer François, tonnelier, rue Jeannin, n. 60.
Royer Jean-Baptiste, manouvrier, r. de la Préfecture, 114.
Royer Pierre, manouvrier, rue de la Préfecture, n. 117.
Royer Jean-Baptiste-Charles fils, rue de la Préfecture, 117.
Royer Hippolyte, fabricant de bougies, route de Lyon, n. 5.
Royer Jean-Baptiste, fabric. de bougies, route de Lyon, 5.
Royer François, fermier, rue Saint-Philibert, n. 59.
Royer Louise Mlle, rentière, rue du Tillot, n. 9.
Royer Virginie Mlle, march. de mercerie, r. Vannerie, 83.
Royer Claude, comptable, rue Victor-Dumay.
Royer Elie, facteur, rue de la Gare, n. 9.
Rozand Louis, doreur, rue Jeannin, n. 25.
Rozat Pierre, fondeur, rue Dauphine, n. 9.
Roze Auguste, sous-chef aux ateliers, chemin de Talant, 27.
Rozet François, bonnetier, rue Roulotte, n. 25.
Rozier veuve, née Couturier, rue du Chaignot, n. 24.
Rozière Henri, galochier, rue de Gray, n. 33.
Ruchot Claude, huissier, rue Chabot-Charny, n. 78.
Rudde Daniel, journalier, rue de la Manutention, n. 1.
Rudelle Mme, née Rouhier, épicière, rue Verrerie, n. 9.
Ruegg Fritz, commis de la maison Ulher, rue des Aque-
    ducs (clos Trouillet).
Ruelle (de), propriétaire, rue Piron, n. 1.
Ruet Mme, née Godillot, place Saint-Jean, n. 1.
Ruffel veuve, rue Sainte-Marguerite, n. 21.
Ruffel André, ouvrier cordonnier, r. Ste-Marguerite, n. 21.

Ruffet Léger, manouvrier, rue Sainte-Marguerite, n. 2.
Ruffez Louis, cafetier, rue d'Auxonne, n. 2.
Ruffez Louis, aubergiste, rue de Longvic, n. 1.
Ruffez Ve, née Vernier, cabaretière, r. des Moulins, 19 *bis*.
Ruinard Irénée, rentier, rue d'Ahuy, n. 16.
Ruinet François, journalier, rue d'Auxonne, n. 33.
Ruinet Charles, cours du Parc, n. 35.
Rullemonde Emile, cordonnier, rue Saint-Pierre, n. 18.
Russet Joseph, professeur, rue Berbisey, n. 20.
Russet veuve, née Leniept, rentière, cour des Frères, n. 2.
Ruty Urbain, empl. au chemin de fer, r. des Perrières, 18.
Ryat Prosper, grenetier, rue Berbisey, n. 75.

S

Sabatier Ve, née Massart, ouvr. en robes, r. Buffon, 12.
Sabatier Marguerite Mlle, ouvr., r. du Champ-de-Mars, 16.
Sachon Elisabeth Mlle, lingère, rue du Chaignot, n. 5.
Sachot Augustin, vigneron, rue d'Ahuy, n. 4.
Sachot Vincent, tailleur de pierres, rue Piron, n. 14.
Saconnay Jean-Baptiste, facteur rural, r. d'Auxonne, 33.
Saconnier Claude, vigneron, cour de la Grenouille, n. 3.
Saconnier Jean, employé au chem. de fer, r du Tillot, 3.
Sacquin Ve, née Félicaire, rentière, r. Chabot-Charny, 33.
Sadon Joseph, chapelier, rue de Montmuzard, n. 7.
Sage Jacques, ancien épicier, rue Bassano, n. 118.
Sage Pierre, rentier, rue St-Philibert, n. 24.
Saget Clémentine Mlle, giletière, cour des Frères, n. 1.
Saget Marie Mlle, lingère, cour des Frères, n. 1.
Saglier veuve, née Hutinel, marchande de comestibles,
    rue Quantin, n. 10.
Sagot Alphonse, ingénieur civil, rue Bassano, n. 110.
Sagot veuve, née Brunet, rentière, rue Piron, n. 38.
Sainglis (de) veuve, née Méant, rentière, rue de la Co-
    lombière, n. 5.
Saintdenis Pierre, fileur de laine, rue de l'Ile, n. 1.
Saintebarbe Pierre, chef d'atelier, port du Canal, n. 8.

Saint-Germain (de) Auguste, inspecteur des contributions indirectes, rue Vannerie, n. 39.

Saint-Léger (de) Charles, employé des contributions indirectes, rue d'Assas, n. 12.

Saint-Mauris (vicomte de), propriétaire, rue Guyton-Morveau, n. 5.

Sainton V⁰, née Leclerc, tanneur, cour du Quartier, 4 *bis.*

Saintpère V⁰, née de Chevigny, rentière, r. des Godrans, 34.

Saizerey (de), expéditionnaire, rue Guillaume, n. 45.

Sala Rémond, employé, rue d'Auxonne, n. 30.

Salbreux veuve, née Tissot, rentière, rue Berbisey, 98.

Salbreux Antoine, rentier, rue Berbisey, n. 98.

Salbreux François, serrurier, rue Devosge, n. 17.

Salbreux François, employé, rue Devosge, n. 17.

Salbreux Henri, relieur, rue des Moulins, n. 45.

Salbreux Charles, ajusteur, place Darcy, n. 3.

Salbreux Reine Mlle, blanchisseuse, rue Sambin, n. 15.

Salbreux veuve, née Raille, tanneur, r. des Tanneries, 21.

Salbreux Auguste, relieur, rue Vannerie, n. 78.

Salins Jean, rentier, rue Vannerie, n. 37.

Salle Claude, grenetier, rue St-Philibert, n. 55.

Salles (vicomte de) France, conseiller de préfecture, rue Notre-Dame, n. 3.

Salomon Jean-Baptiste, rentier, rue Bassano, n. 9.

Salomon, facteur à la poste, rue Berbisey, n. 19.

Salomon Langs, revendeur, rue du Chaignot, n. 34.

Salomon François, propriétaire, rue Jeannin, n. 73.

Salomon Malix, rentier, rue Notre-Dame, n. 30.

Salomon veuve, née Angoulvant, cabaretière, rue Saint-Philibert, n. 14.

Salomon Louis, dit Marx, rentier, rue Turgot, n. 8.

Salzard Isidore, menuisier, rue Musette, n. 17.

Samborski Martin, cordonnier, rue des Perrières, n. 14.

Samuel, marchand de grains, rue Menevalle, n. 2.

Samuel Jules, négociant en grains, rue St-Bénigne, n. 8.

Samuel veuve, née Maire, rentière, rue du Tillot, n. 4.

Sancenot Honoré, boulanger, rue François-Rude, n. 32.

Sancenot Antoine, voiturier, rue Magenta, n. 5.

Sanchez-Blatz, ouv. peintre, cour de la Faïencerie, n. 13.

Sandier Pierre, rentier, rue Chabot-Charny, n. 5.

Sandoz Jean-Baptiste, propriétaire, rue de Suzon, n. 8.
Sandronnet, rentier, rue St-Pierre, n. 38.
Sangnier Louis, chef d'ateliers du chemin de fer, rue de la Gare, n. 20.
Sanitas Jean-Baptiste, sous-chef de gare, rue Audra, 13.
Sanson Pierre, charpentier, rue Bassano, n. 85.
Santinard Nicolas, fondeur, rue de la Gare, n. 9.
Sarcus (de) père, propriétaire, rue Buffon, n. 29.
Sarcus (de) Félix fils, propriétaire, rue Buffon, n. 29.
Sardy Henri, propriétaire, rue de la Cité.
Sarget, contrôleur des contributions dir., r. Jeannin, 36.
Sarrail Edouard, inspecteur des contributions directes, petite rue du Château, n. 9.
Sarrazin Jean-Baptiste, correcteur d'imprimerie, rue d'Assas, n. 10.
Sarrazin Jean-Baptiste, à l'équipe, rue Berbisey, n. 126.
Sarrazin Jean-Bap., homme d'équipe, r. du Mouton, 13.
Sarrazin André, scieur de bois, rue St-Nicolas, n. 1.
Sarrazin, commis voyageur, rue St-Nicolas, n. 113.
Sarrazin Flavie Mlle, ouvrière, rue Saumaise, n. 55.
Sarrey Louis, garde-champêtre, rue des Nantillières (Californie).
Sarrey Jean, rentier, rue Vannerie, n. 90.
Sarron Constant, forgeron, rue Chabot-Charny, n. 83.
Sarryani Nicolas, rentier, rue Guillaume, n. 5.
Sasky Dominique, employé, r. St-Philibert, 41.
Sasse Ve, née Morisset, femme de ménage, r. Bassano, 74.
Sassey Ve, née Aunard, concierge, r. Guyton-Morveau, 5.
Saugeot Louis, tonnelier, rue Franklin, n. 7.
Sauger Charles, architecte, rue Menevalle, n. 27.
Sauger veuve, née Lorain, couturière, rue Ste-Anne, 4.
Saulgeot, employé, place St-Jean, n. 21.
Saulgeot François, forgeron, rue du Sachot, n. 2.
Saulnier François, scieur de long, route de Lyon, n. 3.
Saulny François, rentier, rue Victor-Dumay, n. 2.
Saunier Jean-Baptiste, fabricant d'allumettes, rue des Nantillières (Californie).
Saunier Mme, née Micolet, fleuriste, rue Guillaume, 37.
Saunier Claude, manouvrier, rue Ste-Catherine, n. 24.
Saunier Gabriel, propriétaire, rue Vauban, n. 12.

Saunier Alexine Mlle, rentière, rue Vauban, n. 12.
Saunois Pierre, charpentier, rue Berbisey, n. 52.
Saunois Félix, ouvrier peintre, rue Longepierre, n. 8.
Saunois Pierre, vicaire, grande rue St-Lazare, n. 7.
Saunois Joseph, forgeron, rue du Mouton, n. 9.
Saussay Edouard, rentier, rue Berbisey, n. 10.
Saussay veuve, née Gresse, rentière, r. du Chaignot, 29.
Sausserotte Ve, née de Zenardy, rentière, rue Devant-les-Halles, n. 4.
Saussier veuve, née Drouelle, rue de l'Arquebuse, 22.
Saussier Ve, née Marchand, fem. de mén., r. Berbisey, 46.
Saussier Anne, blanchisseuse, rue Berbisey, n. 60.
Saussier Pierre, rentier, rue Crébillon, n. 30.
Saussier Jean-Baptiste, cafetier, rue Crébillon, n. 30.
Saussier Eug., march. de grains, rue Docteur-Maret, 4 *bis*.
Saussier, marchand de grains, chemin de Fontaine, n. 1 (pied-à-terre).
Saussier, cafetier, rue de la Manutention, n. 5.
Saussier Claude-Augustin, propriétaire, rue du Rabot, 1.
Saussier Ve, née Jacotot, cultiv., r. Sainte-Marguerite, 49.
Saussotte Franç., prop., menuisier, route de Longvic.
Saussure (de) Ve, née Diertis, rentière, r. Berbisey, n. 33.
Saussy (de), rue du Petit-Potet, n. 25.
Sauvage veuve, née Coiret, rue d'Ahuy, n. 15.
Sauvage François, emp. au chemin de fer, r. d'Ahuy, 15.
Sauvage Pierre, directeur des messageries Kellermann et Compagnie, rue des Forges, n. 64.
Sauvageot, garde du Parc, cours du Parc, n. 39.
Sauvageot Claude-Pierre, rentier, rue des Forges, n. 20.
Sauvageot Félix, homme d'équipe, rue Guillaume-Tell.
Sauvageot J.-B., 1er clerc de notaire, r. des Moulins, 4.
Sauvageot Jean-Baptiste, relieur, rue du Mouton, 3 *bis*.
Sauvageot, tailleur, place Notre-Dame, n. 2.
Sauvageot Alfred, march. tailleur, place Notre-Dame, 1.
Sauvageot Ferd., garçon voiturier, route de Plombières.
Sauvageot Léonard, journalier, rue Ste-Marguerite, 17.
Sauvageot Jean-Baptiste fils, rue Sainte-Marguerite, 17.
Sauvageot Ve, née Tunot, prop., r. Sainte-Marguerite, 47.
Sauvageot Claude, fripier, rue Saint-Martin, n. 2.
Sauvageot Joseph, ancien jardinier, rue Sambin, n. 23

Sauvageot Charles, propriétaire, rue Saumaise, n. 41.
Sauvain Jean, rentier, rue Piron, n. 17.
Sauvestre Auguste, cordonnier, rue de la Préfecture, 85.
Sauvestre Jean-Baptiste, cabaretier, route de Langres.
Sauvin Nicolas, propriétaire, rue Dauphine, n. 7.
Sauvin Jean-Baptiste, chapelier, rue Guillaume, n. 6.
Sauvin, rentier, rue du Tillot, n. 8.
Sauvin Jean-Baptiste, propriétaire, rue Verrerie, n. 57.
Savary Ve, née Garet, matelassière, r. Saint-Nicolas, 65.
Savary Albert, rue Saint-Nicolas, n. 63.
Savary Alfred, rue Saint-Nicolas, n. 63.
Savedra Joseph, perruquier, rue Berbisey, n. 71.
Savel Mme, née Letonné, lingère, rue Odebert, n. 22.
Savelle Mme, née Letonné, ouvrière, rue de la Manuten-
    tion, n. 9.
Saveron veuve, née Drillot, rue de la Gare, n. 2.
Saverot Gustave, marbrier, ruelle d'Ahuy, n. 1.
Saverot Louis, conseiller à la cour, rue Bassano, n. 1.
Saverot Ve, née Petitjean, rentière, rue Jeannin, n. 25.
Saverot Françoise Mlle, ouvrière, pl. Saint-Michel, 13.
Saverot Françoise Mlle, ouvrière, place St-Michel, n. 55.
Saverot Claudine Mlle, propriétaire, rue du Tillot, n. 13.
Saverot Ve, née Jolibois, blanchisseuse, r. du Tillot, 13.
Saverot Pierre, manouvrier, rue Vannerie, n. 50.
Savet Henri, charbonnier, propriétaire, cours de Suzon.
Savetier Pierre, employé au chem. de fer, rue de Pouilly
    (hors barrière).
Savigny Pierre, journalier, port du Canal, n. 12.
Savolle Jean-Bapt., propriétaire, cour des Poisses, 16.
Savolle Mme, née Follot, march. de vin, rue Franklin, 3.
Savolle Claudine Mlle, rue Piron, n. 3.
Savolle Antoinette Mlle, revendeuse, r. St-Nicolas, 72.
Savourey Anne Mlle, rentière, rue Vannerie, n. 92.
Savoye François, cordonnier, rue Berbisey, n. 45.
Savry Félix, chantre et sabottier, rue Bassano, n. 46.
Schall Marie Mlle, couturière, rue la Gare, n. 1.
Schanoski Jules, sculpteur, rue Docteur-Maret, n. 8.
Schaub veuve, rentière, rue du Bourg, n. 22.
Schaub André, cordonnier, rue du Bourg, n. 28.
Schaub Frédéric, cordonnier, rue Saint-Nicolas, n. 17.

Schaub Philippe, propriétaire, rue Vannerie, n. 2.
Schavann Joseph, nettoyeur, rue de la Gare, n. 6.
Scheffer Edouard, piqueur au chemin de fer, rue des Roses, n. 6.
Schilling Joseph, ouv. cordonnier, rue des Godrans, 32.
Schindeler V^e, née Joly, rentière, rue Sambin, n. 1.
Schittenger, serrurier, faubourg Rennes, n. 15.
Schmit Frédéric, tailleur, rue du Bourg, n. 38.
Schmit Eugène, mécanicien, rue Saint-Philibert, n. 61.
Schmitt André, relieur, grande rue Saint-Lazare, n. 14.
Schmitt Joseph, coutelier, rue des Perrières, n. 4.
Schneider Joseph, ouvrier tailleur, rue d'Assas, n. 30.
Schneider veuve, née Theurot, loueuse de pianos, place d'Armes, n. 9.
Schneider François, ouv. cordonnier, r. St-Pierre, n. 41.
Schoberg, propriétaire, rue François-Rude, n. 23.
Schoberg André, épinglier, rue François-Rude, n. 22.
Schœndorf Valentin, cordonnier, rue Brulard, n. 2.
Schœny Fridolin, brasseur, rue d'Auxonne, n. 67.
Schopp Théophile, relieur, rue Saint-Nicolas, n. 22.
Schreiber Sophie Mlle, domestique, avenue du Réservoir.
Schup François, forgeron, rue de l'Hôpital, u. 9.
Schupp Jean, mécanicien, rue de l'Ile, n. 3.
Schut Jean, rentier, ancien receveur d'octroi, chemin couvert de la Belle-Etoile, n. 13.
Schwach Jean, abbé, dir. de la maîtrise, r. St-Philibert, 7.
Schwach Joséphine Mlle, rue Saint-Philibert, n. 7.
Schwartz Valentin, fabr. de crépins, cours du Parc, n. 4.
Schwindenger Jean, badigeonneur, rue des Novices, 12.
Sciau Jean-Georges, journalier, rue Roulotte, n. 24.
Sciaux, rue des Godrans, n. 40.
Scordia Corantin, cordonnier, rue Turgot, n. 24.
Scribot Louis, ouvrier cordonnier, rue de Longvic, 49.
Seachon, jardinier, rue Chaude, n. 1.
Sebaut Auguste, manouvrier, rue de Clairvaux, n. 6.
Sebaut Jean, journalier, rue de l'Hôpital, u. 1.
Sébille J.-B., march. de vins en gros, rue Devosge, n. 3.
Sébille François, rentier, rue Devosge, n. 3.
Sébille Etienne, cabaretier, rue de l'Hôpital, 13.
Sebillotte Emile, domestique, rue de l'Hôpital, n. 25.

Sebillotte Marie Mlle, ouvrière, rue des Novices, n. 1.
Sebillotte Jeanne, femme de ménage, rue du Tillot, 11.
Sedillot Alexandre, docteur-médecin, rue Berbisey, 6.
Sedillot Camille, garde général, rue Berbisey, n. 6.
Segler Jean, regrattier, rue Cazotte, n 10.
Segot François, manouvrier, faubourg Rennes, n. 17.
Seguin Hyacinthe, boulanger, rue Bassano, n. 19.
Seguin Pierre, rentier, rue Devosge, n. 20.
Seguin François, boulanger, rue Guillaume, n. 14.
Seguin Toussaint, ancien chapelier, rue de la Manu-
tention, n. 5.
Seguin Alfred, mécanicien, rue Montigny, n. 18.
Seguin Franç., tailleur de pierres, r. de Montmuzard, 11.
Seguin Jean, journalier, rue des Moulins, n. 1.
Seguin Elisabeth Mlle, ouvrière, rue des Novices, n. 1.
Seguin Jean, domestique, place Darcy, n. 3.
Seguin Pierre, aiguilleur, place du Morimont, n. 14.
Seguin de Broin, propriétaire, place St-Jean, n. 29.
Seguin de Broin Amédée, rentier, place St-Jean, n. 29.
Seguin veuve, manouvrière, rue Ste-Catherine, n. 24.
Seguin Pierre, bouquiniste, rue Verrerie, n. 24.
Seidel Alexandre, ouvrier tailleur, rue Vannerie, n. 88.
Seignol Florentin, ouvrier peintre, rue d'Ahuy, n. 6.
Seignot Nicolas, relieur, cour de la Grenouille, n. 4.
Seignot Jean, ouvr. tailleur de pierres, r. des Godrans, 10.
Seignot Martin, cafetier, rue Guillaume, n. 5.
Seignot Ve, née Garrodot, vigneronne, r. des Moulins, 9.
Seignot Nicolas, jardinier, rue des Moulins, n. 21.
Seignot Simon, jardinier, rue Sambin, n. 13.
Séjournant Victor, homme d'équipe, rue de la Gare, 13.
Sellier Pierre, employé des contributions indirectes,
rue du Chaignot, n. 38.
Sementré Auguste, maçon, rue de Gray, n. 43.
Semet Etienne, brasseur, rue des Moulins, n. 56.
Senard Jules, prof. de musique, r. Docteur-Maret, n. 12.
Sencier Alfred, général de brigade retraité, cours du
Parc, n. 15.
Séné Edmond, chanoine, rue St-Philibert, n. 21.
Sennequier Jules, matelassier, rue du Bourg, n. 58.
Sennequier Ve, née Merle, matelassière, r. Dauphine, 5.

Sennequier Claude, cordonnier, rue Devant-les-Halles.
Sennequier Prosper, propriétaire, rue de la Gare, n. 12.
Sennequier Claude, chaudronnier au chemin de fer, rue des Godrans, n. 33.
Senig, chef de bataillon en retraite, rue Jeannin, n. 40.
Seray Auguste, employé des contributions indirectes, rue Berbisey, n. 28.
Serbourse Jean-Baptiste, menuisier, r. de Clairvaux, 1.
Serbourse Prudent dit Barette, menuisier entrepreneur, rue Saumaise, n. 35.
Serbourse dit Barette fils, rue Saumaise, n. 35.
Serbourse Jacques, fabric. de chaises, rue Verrerie, 41.
Serciron Gilbert, étudiant en droit, rue St-Nicolas, 103.
Sérézin Pauline Mlle, ouvrière, rue Chaudronnerie, 38.
Serié Elisabeth, sœur supérieure de Saint-Vincent-de-Paul, rue de la Préfecture, n. 18.
Seriot Charles, journalier, cour du Quartier, n. 4 *bis.*
Seroin Hector, garçon meunier, r. Voinchet (Perrières).
Serot Denis, serrurier, rue des Etioux, n. 30.
Serouin Pierre, vigneron, rue Berbisey, n. 63.
Serouin Jean-Baptiste, employé, route de Plombières.
Serre Antoine, vigneron, rue Berbisey, n. 61.
Serre Jean-Baptiste, manouvrier, rue des Tanneries, 15.
Serré Auguste, bottier, rue Condé, n. 32.
Serré Joseph, menuisier, chemin de l'Hôpital, n. 10.
Serré Denis, fabricant d'allumettes, rue Chantal, n. 1.
Serrezin (de) veuve, née de Montgazon de Koly, propriétaire, place St-Michel, n. 13.
Serrezin (de) Théodore, propr., place St-Michel, n. 13.
Serrezin (de) Elisée fils, place St-Michel, n. 13.
Serrey Louis, cordonnier, rue Chantal, n. 1.
Serrey Charles, cabaretier, rue de Clairvaux, n. 10.
Serrier Léon, vigneron, allée des Chartreux, n. 4.
Serrier François, chargeur, rue de Longvic, n. 23.
Serrigny Denis, avocat, rue Buffon, n. 20.
Serrigny Vᵉ, née Fournier, propriétaire, r. Vaillant, 21.
Serrigny Rosalie Mlle, marchande de broderies, rue Vaillant, 21.
Serrigny Louise, march. de broderies, r. Vaillant, 21.
Serrochèque Nicolas, ouvrier charpentier, rue Magenta.

Serrurier Jean, journalier, rue du Mouton, n. 19.
Sertory veuve, née Lanterne, journalière, r. d'Assas, 24.
Servé Paul, restaurateur, rue St-Philibert, n. 17.
Serville Auguste, manouvrier, rue St-Nicolas, n. 38.
Servy Alexis, loueur en garni, rue Berbisey, n. 28.
Servy Félix, scieur de long, grande rue St-Lazare, n. 19.
Seuret Alexandre, empl. au chemin de fer, r. Odebert, 22.
Seurot Jean, vigneron, aux Blanchisseries, n. 2.
Seurot Jean, garde moulin, rue des Moulins, n. 21.
Seurre Jean-Baptiste, maçon, rue Berbisey, n. 116.
Seurre Vivant, ferblantier, rue Bossuet, n. 6.
Seurre Armand, ouvrier ferblantier, rue Mably, n. 7.
Seurre, ferblantier, rue Piron, n. 2.
Seybel Guillaume, capitaine en retraite, rue Ste-Mar-
  guerite, n. 59.
Seyé Charles, manouvrier, rue de Montmuzard, n. 35.
Sibilé Jean, forgeron, rue Bassano, n. 49.
Sicard Gaston, employé conducteur chef, rempart du
  Château, n. 12.
Sicardot Etienne, jardinier, grande rue Galoche, n. 4 *bis*.
Sicardot Jean-Bapt., charpentier, r. de la Grenouille, 1.
Sicre Victor, propriétaire, rue Saumaise, n. 18.
Sidoli François, charpentier, rue de la Maternité.
Sidoni veuve, née Patron, ouvrière, rue Quantin, n. 14.
Siégler Antoine, regrattier, rue Berbisey, n. 87.
Sigoillot veuve, née Blot, journalière, rue Berbisey, 73.
Sigoillot Jean, peintre, rue Charrue, n. 28.
Sigoillot veuve, née Marmoa, journalière, r. des Mou-
  lins, n. 3.
Sigoillot Marie-Louise Mlle, modiste, rue St-Martin, 29.
Silvestre Reine Mlle, ouvrière en gilets, r. Vannerie, 98.
Simard Pierre, journalier, rue Berbisey, n. 66.
Simard Jules, marchand bimbelotier, rue Guillaume, 2.
Siméon Claude, cafetier, rue de la Préfecture, n. 69.
Siméon veuve, née Jeannet, rue de la Préfecture, n. 73.
Siméon, ruelle Sambin.
Siméon Claude, employé, rue de Suzon, n. 1.
Siméon Louis fils, rue de Suzon, n. 1.
Siméon Louis, mégissier, rue des Tanneries, n. 3.
Siméon Henri, propriétaire, rue Verrerie, n. 7.

Siméon Henri, avocat, rue Verrerie, n. 7 (pied-à-terre).
Simerey veuve, née Moreau, rentière, rue Jeannin, 19.
Simmler, relieur, route d'Auxonne, n. 70.
Simon Ch., employé, au chemin de fer, rue d'Ahuy, 6.
Simon Jean-Baptiste, lessiveur, allée des Chartreux, 2.
Simon François, ouvrier liquoriste, rue d'Assas, n. 12.
Simon Jean, domestique, rue du Chaignot, n. 14.
Simon Victor, cafetier, place des Cordeliers, n. 21.
Simon Nicolas, propriétaire, cour de la Faïencerie, n. 5.
Simon Catherine Mlle, marchande de fromages, cour du
    Quartier, n. 5.
Simon Jean, cordonnier, rue Dubois, n. 5.
Simon François, mécanicien, rue du Mouton, n. 3 *bis*.
Simon Jean, march. de terrerie, rue Notre-Dame, n. 20.
Simon Nicolas fils, rue Notre-Dame, n. 20.
Simon Joseph fils, rue Notre-Dame, n. 20.
Simon, propriétaire, rue Simon (Perrières).
Simon Antoine, jardinier, rue du Petit-Cîteaux, n. 9.
Simon Pierre, employé au chem. de fer, pl. St-Michel, 10.
Simon Pierre, nettoyeur, route de Saint-Seine, n. 8.
Simon Nicolas, retraité, Fontaine Sainte-Anne.
Simon Catherine Mlle, marchande de fromages, rue
    Saint-Philibert, n. 36.
Simon Vincent, tonnelier, rue des Tanneries, n. 25.
Simonet Mélanie Mlle, couturière, rue des Etioux, n. 17.
Simonnin Gabriel, chapelier, rue d'Ahuy, n. 13.
Simonnin Lucien, rentier, rue Devosge, n. 41.
Simonnin Jeanne Mlle, rue Turgot, n. 16.
Simonnet Jules, conseiller à la cour impériale, rue Ber-
    bisey, n. 3.
Simonnet Gabriel, nettoyeur, rue Charrue, n. 18.
Simonnet J., chef de bur. à la Préfecture, r. Devosge, n. 23.
Simonnet Louis, tonnelier, rue des Godrans, n. 47.
Simonnet Louis, homme d'équipe, r. des Perrières, n. 4.
Simonnet Claude, tonnelier, rue Sainte-Catherine, 38.
Simonnet Jean, cabaretier, rue Saint-Nicolas, n. 50.
Simonnet Mme, née Chapuis, manouvrière, r. de Suzon, 12.
Simonnet P., conseiller à la Cour, r. Amiral-Roussin, 29.
Simonnet veuve, ouvrière, rue d'Assas, n. 13.
Simonnot Jean-Baptiste, cordonnier, rue Bassano, n. 59.

Simonnot Elisabeth Mlle, femme de ménage, rue Chaudronnerie, n. 4.

Simonnot Claude, conducteur et loueur en garni, petite rue du Château, n. 4 *bis*.

Simonnot Vᵉ, née Duvaux, rentière, rue Saumaise, n. 30.

Simonnot Honoré, prop., tanneur, rue des Forges, n. 13.

Simprez Jean-Louis, peintre et vitrier, rue Musette, n. 6.

Sinault Ursain, couvreur, rue d'Assas, n. 7.

Sinault Henri, couvreur, prop., rue de la Préfecture, 59.

Singer Catherine Mlle, couturière, rue Bassano, n. 33.

Singer Léopold, facteur de pianos, rue François-Rude, 9.

Singère Clément, tanneur, rue du Pont-des-Tanneries, 8.

Siquelet Vᵉ, née Clémencet, rentière, rue Vauban, n. 13.

Siquet Jean-Baptiste, cond. de trains, rue Berbisey, n. 54.

Sirandré Jean-Baptiste, menuisier, rue de Gray, n. 47.

Sirandré Nicolas, ouvrier serrurier, rue Jeannin, n. 47.

Sirandré Jeanne Mlle, ouvrière, rue de Longvic, n. 6.

Sirandré Nicolas, fabricant de chandelles et de savon, rue Sainte-Marguerite, n. 4.

Sirandré Laurent, fabricant de chandelles et de savon, rue Sainte-Marguerite, n. 4.

Siraudin, propriétaire, rue du Petit-Potet, n. 20.

Siredey Catherine, Vᵉ Nèle, rentière, rue d'Auxonne, 20.

Siredey François, manouvrier, rue du Bourg, n. 43.

Siredey Anne Mlle, rentière, rue Chancelier-l'Hôpital, 9.

Siredey Nicolas, cafetier, rue Condé, n. 1.

Siredey Paul, propriétaire, rue Devosge, n. 24.

Siredey, manouvrier, rue de Gray, n. 14.

Siredey Louis, débitant de vin, rue des Godrans, n. 40.

Siredey veuve, journalière, rue Proudhon, n. 4.

Siredey Mme, loueuse en garni, rue Proudhon, n. 6.

Siredey Jean, employé à la mairie et marchand linger, rue Saint-Nicolas, n. 46.

Siredey Etiennette Mlle, rentière, rue St-Philibert, n. 27.

Siredey Etienne, menuisier, rue Saumaise, n. 5.

Siredey Anne Mlle, ouvrière, rue du Vieux-Collége, n. 9.

Sireguey Paul, professeur, rue Berbisey, n. 12.

Sirejean Cyprien, cocher, rue Jeannin, n. 68.

Sirey Joseph, garçon de magasin, rue de l'Ile, x 4.

Sirodot veuve, née Poinssot, rentière, r. des Godrans, 92.

Sirodot Jean, garde champêtre, rue de Gray, n. 22.
Sirodot Alfred, ingénieur civil, rue du Petit-Potet, n. 20.
Sirodot Paul, employé d'octroi, r. de la Préfecture, 113.
Sirodot Paul, tonnelier, grenetier, rue Saint-Nicolas, 67.
Sirodot veuve, rentière, rue Saint-Nicolas, n. 95.
Sirodot Jules, architecte, rue Vannerie, n. 40.
Sirodot Céline Mme, rentière, rue Vannerie, n. 40.
Sironi Louis, propriétaire, rue Condé, n. 20.
Sirop Jean, marchand de liqueurs, rue Jeannin, n. 46.
Sirot Jean-Bapt., pharmacien, place des Cordeliers, 19.
Sirot Claude, maçon, rue Dauphine, n. 5.
Sirot V^e, née Philippon, rentière, rue Jeannin, n. 51.
Sirot Jean, ancien négociant, port du Canal, n. 12.
Sirot Jean, marchand de vin, rue Vannerie, n. 86.
Sirugue V^e, débitante de tabac, rue des Forges, n. 24.
Sirugues Jeanne Mlle, rue du Bourg, n. 50.
Sirugues Jean-Baptiste, camionneur, r. des Moulins, 30.
Siruguet V^e, née Berbey, rentière, rue Bassano, n. 14.
Siruguet Anne Mlle, couturière, rue du Sachot, n. 3.
Sivert V^e, née Rouvellier, manouvr., r. de Clairvaux, 6.
Sivry Denis, conducteur, rue Jeannin, n. 42.
Skibiski Louis, manouvrier, rue du Petit-Cîteaux, n. 11.
Sky Mme, née Lerat, femme de ménage, r. Bannelier, 3.
Smouth Jules, journalier, rue du Mouton, n. 7.
Soccard François-Jules, concierge, rue du Palais, n. 8.
Société l'Epargne, épicerie, rue des Godrans, n. 53.
Société Bourguignne., boucherie, rue Musette, n. 30.
Société Bourguignonne, épicerie, rue Musette, n. 30.
Société de St-François-Régis, rue Berbisey, n. 6.
Socley Chrétien, débit. de tabac, r. Chabot-Charny, 61.
Socley Aubin, propriétaire, rue Jeannin, n. 79.
Soichot François, rentier, rue Berbisey, n. 36.
Soichot François, tapissier, rue Berbisey, n. 36.
Soichot Etienne, serrurier, rue Berbisey, n. 46.
Soichot veuve, née Pâris, journalière, Larrey.
Soichot Joseph, à l'équipe, Larrey.
Soichot Antoine, ouvr. serrurier, r. Ste-Marguerite, 47.
Soissons François, ajusteur, rue Devosge, n. 16.
Solignac Jean, capitaine retraité, rue St-Nicolas, n. 88.
Sommier veuve, née Mocard, rue d'Ahuy, n. 21.

Son Charles, journalier, allée des Chartreux, n. 4.
Son Simon, cocher, rue Jeannin, n. 68.
Son veuve, née Mathey, journalière, clos Montmuzard.
Sonnois Jean, tanneur, rue du Bourg, n. 29.
Sonnois Gervais, ouvrier couvreur, rue Roulotte, n. 17.
Sonnois Claude, manouvrier, rue Roulotte, n. 27.
Sonnois Ve, née Truchot, propriétaire, r. St-Nicolas, 67.
Sonnois Ve, née Coquau, propriétaire, rue Verrerie, 45.
Sonnois Jean-Baptiste, propriétaire, rue Verrerie, n. 45.
Sorbet, charpentier, rue Verrerie, n. 33.
Sordet Jean, manouvrier, cour Bourberain, n. 6.
Sordoillet André, économe de l'Hôpital, rue de l'Hôpital, n. 2.
Sordoillet Etienne, mécanicien, rue Guillaume, n. 25.
Sordoillet François, conducteur, rue des Godrans, 15.
Soriel Ve, née Boussey, propriétaire, r. Musette, 24 *bis*.
Sorlin Jules, couvreur, cour de la Faïencerie, n. 2.
Sorlin Simon, entrepreneur, rue Devosge, n. 17.
Sorlin Alexandre fils, rue Devosge, n. 17.
Sorlin Armand, brigadier poseur, rempart du Tivoli, 14.
Sormany Ve, femme de ménage, r. Neuve-Dauphine, n. 4.
Soubayrolles Paul, charpentier, rue Berbisey, n. 126.
Souël Jean, émouleur, rue des Etioux, n. 14.
Souël Pierre, émouleur, rue François-Rude, n. 5.
Sougris Barthélemy, employé des postes, rue Buffon, 12.
Souillard Aug., vérificat. en retraite, r. d'Auxonne, 41.
Souillard veuve, née Beaufort, Californie.
Soulier veuve, née Gindrez, rentière, rue d'Auxonne, 71.
Soulier Jean, maçon, rue de Longvic, n. 56.
Soumis Jean-Marie, charpentier, rue Chantal, n. 2.
Soumis Paul, charpentier, rue des Godrans, n. 46.
Soupet Henri, employé à la mairie, rue Buffon, n. 31.
Soupet Franç., vicaire de Notre-Dame, r. des Forges, 42.
Sourel Jean-Baptiste, nettoyeur, impasse Audra, n. 4.
Sourdon (de) Jules, officier supérieur en retraite, rue Charrue, n. 19.
Sourdon (de) Georges fils, rue Charrue, n. 19.
Souweine Hermann, voyag. de commerce, r. Bassano, 49.
Soyer Gabriel, jardinier, rue de Montmuzard, n. 25.
Spanier Jean-Laurent, capit. retraité, place St-Bernard.

Speckel Edouard, marchand teinturier, rue de la Manú-
tention, n. 3.
Speich Eugène, homme d'équipe, rue Guillaume, n. 21.
Spiroux Claude, manouvrier, rue Petite-des-Poussots
(Californie).
Spiroux Louis, ouvrier menuisier, r. Chaudronnerie, 28.
Spiroux Didier fils, rue Chaudronnerie, n. 28.
Spiroux Louis, ouvrier ferblantier, rue Dauphine, n. 7.
Spiroux Jacques, garçon de magasin, rue Piron, n. 32.
Spore Joseph, ajusteur et cabaretier, chemin de Talant, 3.
Spuller Joseph, boucher, rue des Godrans, n. 63.
Spuller veuve, née Clerc, bouchère, rue St-Nicolas, 100.
Spuller Jean fils, rue St-Nicolas, 100.
Spuller Alexandre fils, rue St-Nicolas, n. 100.
Spuller Nicolas fils, rue St-Nicolas, n. 100.
Steblen Jean, tourneur, chemin du Petit-Bernard.
Steckler Pierre, cloutier, rue Cazotte, n. 5.
Stefgen Charles, charpentier, rue Bossuet, n. 15.
Stefgen veuve, née Lévèque, cabaretière, route de Plom-
bières.
Steinbach Charles, relieur, place St-Michel, n. 4.
Stekel veuve, née Bizouard, armurier. r. des Forges, 15.
Stekel Claude Hippolyte fils, rue des Forges, n. 15.
Stekel Charles, cafetier, rue des Forges, n. 30.
Stekel Claude, propriétaire, rue Vannerie, n. 16.
Sténosse veuve, née François, propriétaire, chemin cou-
vert de la Belle-Etoile.
Stern Charles, charron, rue Audra, n. 6.
Stivalet Philippe, ouvrier tonnelier, rue Petite-du-
Château, n. 3.
Stivalet Edmond, commis officier de l'asile des aliénés,
route de Plombières.
Stivalet Pierre, concierge de l'asile des aliénés, route de
Plombières.
Stivalet J.-B., garçon charcutier, route de Plombières.
Stivalet Etienne, tonnelier, rue Vannerie, n. 27.
Stoker Jean, casseur de pierres, Californie.
Stoupence Louis-Jean-Baptiste, ouvrier fabricant de
biscuits, rue de Gray, n. 27.
Stoupentz veuve, née Mathey, journalière, r. de Gray, 27.

Staulus Auguste, ajusteur, rue de la Grenouille, n. 3.
Strauss Abraham, courtier de bestiaux, r. Guillaume, 17.
Stroheker Louis, boucher, rue d'Auxonne, n. 10.
Suchet Claude, rentier, rue du Petit-Potet, n. 29.
Suchet Martin, scieur de bois, rue Piron, n. 30.
Suchet Joseph, scieur de bois, rue Piron, n. 30.
Suchetet Marie Mlle, rentière, rue Guyton-Morveau.
Suchetet, domestique, rue Jeannin, n. 55.
Suchetet Jean-Baptiste, propriétaire, place St-Michel, 2.
Sudre Eugène, marbrier, rue Chaudronnerie, n. 15.
Sudre Eugène, marbrier, rue St-Martin, n. 4.
Suguenot Etienne, pâtissier, place d'Armes, n. 6.
Suisse Jean-Philippe, architecte, rue Devosge, n. 11.
Suisse Charles fils, rue Devosge, n. 11.
Sullerot Jean-Baptiste, commissionnaire, rue du Champ-
  de-Mars, n. 12.
Sullerot veuve, rue de la Préfecture, n. 40.
Sullerot François, propriétaire, rue St-Nicolas, n. 45.
Sulot Jean, professeur de musique, rue Guillaume, 45.
Suquet Emile, ingénieur, rue des Godrans, n. 34.
Surette Louis, comptable, rue Berbisey, n. 82.
Surget Alfred, propriétaire, rue Berbisey, n. 10.
Suterne Jacques, serrurier, rue Odebert, n. 18.
Sylvestre veuve, née Pacotte, rentière, allée des Char-
  treux, n. 1.
Sylvestre Vorles, abbé, secrétaire de Monseigneur, place
  Saint-Bénigne, n. 1.

T

Tabarant Jean, menuisier, rue Ste-Marguerite, n. 15.
Tabary Henri, cordonnier, rue Audra, n. 22.
Tabary, musicien, rue Jeannin, n. 67.
Tabourant Pierre, commis, rue d'Ahuy, n. 16.
Tabourot Anne Mlle, revendeuse, rue Berbisey, n. 44.
Tachot Eugène, comptable au chemin de fer, rue de
  l'Arquebuse, n. 6.

Tachot Laurent, rentier, Californie.
Tachot Jean, aubergiste, rue Guillaume, n. 3.
Tachot Edme, empl. au télégraphe, r. Ste-Catherine, 36.
Tagini Frédéric, march. d'antiquités, rue Condé, n. 55
Tagini Edmond et Jean-Baptiste frères, r. Condé, n. 55.
Tagini Frédéric, rue de la Colombière, 2 (pied-à-terre).
Taillard Jean, maçon, rue des Perrières, n. 26 *bis*.
Taillat de Lamaisonneuve, propriétaire, rue Vauban, 12.
Taillefert veuve, née Diolot, rue Roulotte, n. 4.
Tainturier Anne Mlle, rentière, rue Bassano, n. 7.
Tainturier Symphorien, march. de tissus, r. Bassano, 106.
Tainturier veuve, propriétaire, rue Berbisey, n. 98.
Tainturier Simon, boulanger, rue Chabot-Charny, n. 52.
Tainturier Bernard, cordonnier, cour Bourberain, n. 3.
Tainturier Bernard, rentier, rue Ste-Marguerite, 30 *bis*.
Tainturier Henri, docteur-méd., r. du Vieux-Collège, 7.
Taitot Marie Mlle, fileuse de laine, r. Chapeau-Rouge, 21.
Talfumier Auguste, pharmacien, rue des Forges, n. 42.
Talfumière Ve, née Pothenet, rent., r. des Godrans, 76.
Talfumière Joseph, teneur de livres, rue Jeannin, n. 36.
Talfumière, manouvrier, rue Ste-Catherine, n. 8.
Talfumière Jean, domestique, rue St-Nicolas, n. 56.
Talfumière, rentier, rue de la Trémouille.
Tallandier veuve, née Guedenet, rue Berbisey, n. 32.
Talmot Pierre, tailleur, rue Longepierre, n. 14.
Talmot Pierre, rentier, rue St-Nicolas, n. 10.
Talmot Michel, peintre, rue Saumaise, n. 55.
Talmot, journalier, rue Saumaise, n. 61.
Talot Jules, receveur des domaines, rue d'Assas, n. 6.
Tamiset, marchand de grains, rue de l'Arquebuse, 21.
Tamisey Remy, marchand de tissus, rue du Bourg, 76.
Tamisey Jean, prêtre aumônier, rue Saumaise, n. 26.
Tamisey Ludovicque Mlle, sœur, rue Saumaise, n. 26.
Tamisier Casimir, cordonnier, rue d'Auxonne, n. 33.
Tamisier Jean, garde-moulin, aux Blanchisseries, n. 4.
Tamisier, garde-moulin, rue de Longvic, n. 6.
Tamisier Claude, géomètre, place Darcy, n. 1.
Tamisier Ve, née Beaurepère, rentière, rue Verrerie, 45.
Tanier veuve, née Pétrot Marie, rentière, r. Jeannin, 31.
Tanier Edouard, empl. à la Préfecture, r. du Bourg, 21.

Tanière Claude, manouvrier, rente Montmuzard.
Tanière Etienne, rentier, ruelle St-Lazare.
Tanret Alexandre, teneur de livres, rue des Godrans, 74.
Tapin Jean, chaudronnier au chemin de fer, faubourg Rennes, n. 13.
Taprin Adrien, rentier, rue de la Préfecture, n. 89.
Tarby Bernard, voiturier, rue Sambin, n. 15.
Tardits Guillaume, charpentier, rue de la Trémouille.
Tardivot Claude, concierge, rue Chabot-Charny, n. 43.
Tardy Mme, née Molbon, rentière, rue Berbisey, n. 10.
Tardy Albert, docteur-médecin, r. Chancelier-l'Hôpital, 5.
Tardy veuve, née Gille, propr., r. Chancelier-l'Hôpital, 5.
Tardy Victor, propriétaire, rue Chancelier-l'Hôpital, 5.
Tardy Jean-Baptiste, capitaine en retraite, rue Docteur-Maret, n. 6.
Tarnier Henri, propriétaire, rue Chabot-Charny. n. 50.
Tarnier Emile, docteur-médecin, rue Vannerie, n. 63.
Tarnier Jean, rentier, rue Vauban, n. 21.
Tartelin veuve. née Marchand, rue Verrerie, n. 30.
Tartevelle, allée de la Retraite, n. 12.
Tassé Désiré, peintre, rue Berbisey, n. 106.
Tassin Alexis, tonnelier, rue François-Rude, n. 28.
Tatoux veuve, née Front, scieuse de bois, r. du Bourg, 48.
Tatoux-Front Jeanne Mlle, scieuse de bois, rue du Bourg, n 54.
Taulin Charles, à l'équipe, allée des Chartreux, n. 8.
Taulorain, journalier, rue Roulotte, n. 24.
Taverne Auguste, cordonnier, rue St-Martin, n. 13.
Tavernier Jean, domestique, rue Magenta.
Tavernier François, cafetier, rue Vannerie, n. 70.
Teinturier François, journalier, rue du Bourg, n. 20.
Teinturier Jean-Baptiste, marchand de grains, rue Guillaume, n. 16.
Teinturier Louis, aumônier du Bon-Pasteur, rue Saumaise, n. 55.
Teinturier Jules, aubergiste, rue Vannerie, n. 13.
Telcey Louis, homme d'équipe, rue de l'Ile, n. 4.
Telle veuve, née Beaudot, logeuse en garni, rue Chabot-Charny, n. 40.
Télégraphe (bureaux du), rue Rameau, n. 1.

Témérat veuve, née Forey, propr., route de Mirande.
Témérat Charles, plâtrier, rue Saumaise, n. 18.
Tenadet Auguste, perruquier, rue d'Auxonne, n. 11.
Tenadet, marchand d'huile, clos Morin, rue de Mont-muzard.
Tenadet Claude, marchand d'huile, rue de Pouilly, n. 4.
Terme Etienne, manouvrier, place d'Armes, n. 10.
Terrabert Anaïs Mlle, lingère, rue Brulard, n. 5.
Terreaux Alexis, garçon boulanger, rue du Sachot, 12.
Terrillon veuve, née Lebon, propriétaire, rue Amiral-Roussin, n. 13.
Tesio Jean-Baptiste, tailleur, rue Franklin, n. 9.
Tessier François, tailleur, place St-Jean, n. 8.
Tessier veuve, rue Vauban, n. 4.
Tétard Etienne, artiste vétérinaire, rue Buffon, n. 10.
Tétard veuve, née Maréchal, rentière, rue de l'Ile, n. 8.
Tétard, rue Mouha (Perrières).
Tetard François, commissionnaire, rue Roulotte, n. 17.
Tête Philibert, ouvrier peintre, rue Bossuet, n. 18.
Tétot Vᵉ, née Martin, loueuse en garni, rue Berbisey, 74.
Tétot Jean, journalier, cour du Quartier, n. 9.
Tétot veuve, née Trutat Joséphine, propriétaire, rue Jeannin, n. 13.
Thal Anatole, propriétaire cabaretier, route de Saint-Seine, n. 10.
Thaller Jules, chauffeur, rue de la Gare, n. 2.
Tharry Claude, nettoyeur, rue Cazotte, n. 4.
Thenadet Pierre, ancien notaire, rue du Chaignot, 18.
Thervil Louis, serrurier, rue Saumaise, n. 31.
Theurel Anastase, marchand fripier, rue Notre-Dame, 11.
Theurel Anastase fils, rue Notre-Dame, n. 11.
Theuret veuve, née Brossard, rentière, rue de Gray, 15.
Theuret Pierre, charron, grenetier, rue de Gray, n. 15.
Theuret Prothais, charpentier, r. St-Esprit, 7 (Perrières).
Theuret Jeanne, ouvrière, place du Morimont, n. 1.
Theuret Vivant, ouvrier marbrier, place St-Michel, n. 4.
Theuret, rue de Pouilly, n. 11.
Theuret Françoise Mlle, ouvrière, rue Vannerie, n. 54.
Theuriet Frédéric, tonnelier, rue Berbisey, n. 42.
Theuriet Bénigne, manouvrier, rue Neuve-Dauphine, 2.

Theuriet Nicolas, cafetier propr., rue François-Rude, 25.
Theuriet Jean-Baptiste, cabaretier, rue de la Gare, n. 10.
Theuriet veuve, née Saverot Marie, journalière, rue Jeannin, n. 60.
Theuriet veuve, vigneronne, faubourg Rennes, n. 27.
Theurot Bernard, march. de vins, r. Amiral-Roussin, 15.
Theurot Albert fils, rue Amiral-Roussin, n. 15.
Theurot Pierre, marchand de tissus, rue du Bourg, n. 58.
Theurot, marchand de bois, rue du Gaz, n. 19.
Theurot Jean-Baptiste, march. de bois, rue Vauban, 13.
Theurot François, marchand de bois, rue Vauban, n. 17.
Theuvenot Pierre, homme d'équipe, rue Dubois, n. 4.
Thévenard Marie Mlle, libraire, place d'Armes, n. 5.
Thévenard veuve, née Girardot, propriétaire, rue Vannerie, n. 59.
Thévenot Eugène, horloger, rue Amiral-Roussin, n. 44.
Thevenin veuve, née Montjarder, rentière, r. d'Assas, 24.
Thevenin François, nettoyeur, rue Audra, n. 16.
Thevenin Casimir, grenetier, rue d'Auxonne, n. 15.
Thevenin veuve, grande rue Galoche, n. 3.
Thevenin Jean, architecte, rue Guillaume, n. 4.
Thevenin Pierre, cabaretier, port du Canal, n. 19.
Thevenin Jacques, gendarme, rempart du Château, 4.
Thevenin, ancien gendarme, route de St-Seine.
Thevenin, vidangeur, à la Maladière.
Thevenin Casimir, propriétaire, grande rue St-Lazare, 2.
Thevenin Arsène, ancien cafetier, rue Sambin, n. 6.
Thevenin veuve, née Dupuis, rentière, rue Saumaise, 28.
Thevenin veuve, rentière, rue Vannerie, n. 42 bis.
Thevenot Pierre, employé, allée de la Retraite, n. 16.
Thevenot Joseph, comptable, rue Amiral-Roussin, n. 40.
Thevenot Charles, ancien pharmacien, rue du Chapeau-Rouge, n. 16.
Thevenot Ve, née Jourdheuil, rentière, r. du Gaz, 2 bis.
Thevenot Lazare, coiffeur, rue Guillaume, n. 38.
Thevenot Claude, voiturier, rue Ste-Marguerite, n. 2.
Thevenot Jean, marchand mercier, rue St-Nicolas, 11.
They Honoré Mme, rentière, rue Condé, n. 43.
Thiaffait Claude, propriétaire, rue Bassano, n. 14.
Thiaffait François-Xavier, propr., rue Guillaume-Tell

Thiaffait, filateur, rue de l'Ile.
Thiaffait, filateur, rue du Petit-Cîteaux, n. 11.
Thiaffait Félix, négociant, rue St-Philibert, n. 20.
Thiard Eugène, menuisier, grande rue Galoché, n. 2.
Thiard, manouvrier, rente Montmuzard.
Thibaudot Gérard, concierge, rue Buffon, n. 29.
Thibault veuve, née Vitu, chapelière, rue St-Nicolas, 27.
Thibaut Simon, journalier, rue d'Assas, n. 15.
Thibault Antoine, chaudronnier, rue Bassano, n. 7.
Thibaut François, manouvrier, rue Berbisey, n. 36.
Thibaut François, vigneron, rue Berbisey, n. 49.
Thibaut André, vigneron, rue Berbisey, n. 71.
Thibaut, propriétaire, entrepreneur, chemin couvert de
    la Belle-Etoile, n. 22.
Thibaut Henri, employé au télégraphe, r. Condé, n. 55.
Thibaut Eugène, rue Condé, n. 55.
Thibaut Philibert, au chemin de fer, rue Devosge, n. 16.
Thibaut François, marchand mercier, rue de la Gare, 9.
Thibaut Claude, grenetier, rue des Godrans, n. 45.
Thibaut Mme, rue Jeannin, n. 63.
Thibaut Paul, cabaretier, rue Jeannin, n. 81.
Thibaut Mme, née Ducret, ouvrière, rue Magenta, n. 5.
Thibaut Germain, rentier, rue des Novices, n. 14.
Thibaut Philippe, au télégraphe, rue des Perrières, n. 3.
Thibaut Claude, employé au chemin de fer, rue des Per-
    rières, n. 30.
Thibaut Louis, au télégraphe, rue des Perrières, n. 30.
Thibaut Vᵉ, née Baillet, matelassière, r. St-Nicolas, 119.
Thibaut Vᵉ, aubergiste, rue de la Trémouille, n. 1.
Thibelot Jean, grenetier, r. St-Pierre, n. 6.
Thibert Pierre, regrattier, rue Vannerie, n. 59.
Thiberville, marchand de bois, route de Lyon, n. 8.
Thiébaut Théodore, rentier, rue Cazotte, n. 2.
Thiébaut François, coutelier, place St-Jean, n. 10.
Thiébaut Charles, marchand de tissus en gros, place
    St-Jean, n. 23.
Thiébaut Antoine, marchand de tissus en gros, place
    St-Jean, n. 23.
Thiébaut Alexis, propriétaire, place St-Jean, n. 23.
Thiébaut Camille Mlle, rentière, place St-Jean, n. 23.

Thiébaut Etienne, manouvrier, rue Ste-Catherine, n. 17.
Thiébaut Vᵉ, née Grand, rentière, r. du Vieux-Collége, 13.
Thielland Joseph, concierge de l'Abattoir, rue du Petit-Cîteaux.
Thiercelin François, regrattier, rue Guillaume, n. 33.
Thierry Nicolas, nettoyeur au chemin de fer, r. Chabot-Charny, n. 72.
Thiéry François, perruquier, rue des Godrans, n. 51.
Thiéry Eugène, perruquier, rue des Godrans, n. 51.
Thiéry Nicolas, typographe, propriétaire, rue Chaudronnerie, n. 42.
Thiéry Clarisse, rue Chaudronnerie, n. 42.
Thiéry Reine, rue Chaudronnerie, n. 42.
Thierry Mme, née Duhot, ouvrière, rue des Godrans, 24.
Thierry Pierre, aiguilleur, rue de l'Ile, n. 3.
Thierry François, cordonnier, rue Magenta.
Thierry Pierre, perruquier, rue Musette, n. 36.
Thierry Nicolas, restaurateur, rue Piron, n. 4.
Thierry Jacques, bourrelier, faubourg Rennes, n. 9.
Thierry Jean-Baptiste, bourrelier, faubourg Rennes, 9.
Thierry Auguste, caissier, rue Richelieu, n. 2.
Thiloy veuve, née Joannis, rentière, rue Devosge, n. 45.
Thinet Auguste, charpentier, cour de la Faïencerie, 10.
Thinlot René, propriétaire, rue des Moulins, n. 48.
Thiout Ernest, teinturier, rue du Chaignot, n. 18.
Thirion Pierre, journalier, rue de la Préfecture, n. 76.
Thirion Désiré, menuisier, rue de la Préfecture, n. 84.
Thirion François, manœuvre, rue de la Préfecture, 90.
Thirion Pierre, jardinier, route de Longvic.
Thirion Jean, rentier, rue Sainte-Catherine, n. 5 bis.
Thirion veuve, rentière, rue Sambin, n. 8.
Thivet Claude, grenetier, rue de l'Arquebuse, n. 2.
Thoisy (de), rentier, rue Charrue, n. 20.
Thomain Marie Mlle, femme de ménage, r. du Bourg, 43.
Thomard Bernard, menuisier, rue de l'Arquebuse, n. 3.
Thomas Simon, jardinier, allée de la Retraite, n. 8.
Thomas Charles, comptable, rue Amiral-Roussin, n. 17.
Thomas Louis, gardien, rue Amiral-Roussin, n. 21.
Thomas Joseph, comptable, rue Audra, n. 8.
Thomas P., menuisier, rue des Nantillières (Californie).

Thomas V°, née Tortochon, rentière, rue Berbisey, n. 21.
Thomas François, journalier, rue Bergère, n. 18.
Thomas Joséphine Mlle, blanchisseuse, r. Bossuet, n. 8.
Thomas, rue Chaudronnerie, n. 50.
Thomas Pierre, employé, petite rue du Château, 12.
Thomas Louis, manœuvrier, rue du Chinois.
Thomas Barthélemy, horloger, rue Condé, n. 48.
Thomas Alexandre, lampiste, cour de la Faïencerie, 2.
Thomas Jean, manœuvrier, cour de la Faïencerie, n. 2.
Thomas Marie Mlle, blanchis., cour de la Faïencerie, 2.
Thomas Louis, jardinier, cours du Parc, n. 13.
Thomas Joseph, ouvrier tailleur, rue Dauphine, n. 13.
Thomas veuve, née Costet, rentière, rue Franklin, n. 3.
Thomas Julie Mlle, institutrice, rue Franklin, n. 3.
Thomas Félix, épicier, rue François-Rude, n. 15.
Thomas Joseph, comptable, rue des Godrans, n. 39.
Thomas veuve, née Minot, sans profession, rue des Go-
  drans, n. 39.
Thomas Hippolyte, plâtrier, rue des Godrans, n. 45.
Thomas V°, née Bailly, blanchisseuse, r. des Godrans, 98.
Thomas Ferdinand, commis voyageur, r. Guillaume, 9.
Thomas Etienne, à l'équipe, rue Guillaume-Tell.
Thomas J., ancien contrôleur principal, rue Guyton-
  Morveau, n. 3.
Thomas, sous-inspecteur des forêts, rue Jeannin, n. 29.
Thomas, employé, rue Jeannin, n. 69.
Thomas François, menuisier, rue de Longvic, n. 45.
Thomas Jacques, terrassier, rue de la Manutention, n. 7.
Thomas Mme, née Leclerc, couturière, rue de la Manu-
  tention, n. 16.
Thomas Jean, forgeron, rue des Perrières, n. 7.
Thomas Auguste, cordonnier, place de la Banque, n. 8.
Thomas Jean-Baptiste, parfumeur, place St-Jean, n. 3.
Thomas Hippolyte, employé des ponts et chaussées,
  port du Canal.
Thomas Henri, journalier, rue des Moulins, n. 20.
Thomas Julie Mlle, rentière, rue de la Préfecture, n. 19.
Thomas Pierre, journalier, rue Saint-Nicolas, n. 4.
Thomas Alfred, emp. au chem. de fer, r. St-Nicolas, n. 37.
Thomas Stanislas, marchand boucher, r. St-Nicolas, 89.

Thomas P., gendarme en retraite, rue St-Philibert, n. 2.
Thomas Mme, née Bourriane, femme de ménage, rue Saint-Philibert, n. 6.
Thomas Louis, journalier, rue Vannerie, n. 20.
Thomas Louis, journalier, rue Vannerie, n. 32.
Thomassin Nicolas, ancien poêlier, Fort-Yon.
Thomassin François, domestique, place Darcy, n. 3.
Thomassin A., emp. aux hypothèques, r. de Pouilly, 37.
Thonac veuve, née Burer, rentière, rue du Tillot, n. 10.
Thora Joseph, manœuvrier, rue des Tanneries, n. 15.
Thorey Jacques, propriétaire, ruelle d'Ahuy, n. 3.
Thorey Claude, anc. cultivateur, allée des Chartreux, 14.
Thorey Ph., cabaretier, rue Derrière-les-Tanneries, n. 5.
Thoridenet François, à l'équipe, rue Bassano, n. 110.
Thoridenet Mme, née Javot, rentière, r. du Chaignot, 14.
Thouillot veuve, scieuse de bois, place Saint-Michel, 4.
Thouin Alphonse, porteur de journaux, rue Ste-Anne, 2.
Thoureau Léon, rentier, rue Piron, n. 29.
Thouvenot Joseph, charbonnier, rue Magenta.
Thoux François, vigneron, rue de Montmuzard, n. 28.
Thubet Germain, marchand tailleur, rue du Bourg, 2.
Thubet Louis, journalier, rue de Gray, n. 12.
Thuilier Alphonse, charpentier, allée des Chartreux, 1.
Thuilier, propriétaire, rue du Petit-Potet, n. 23.
Thunot Pierre, propriétaire, rente Montmuzard.
Thunot Louis, marchand de comestibles, r. Odebert, 20.
Thunot Jean, jardinier, rue Sainte-Catherine, n. 20.
Thunot Michel, jardinier, rue Sainte-Catherine, n. 26.
Thurot Ve, née Bouvret, fem. de ménage, r. du Mouton, 13.
Thury Michel, chef d'institution, r. Amiral-Roussin, 41.
Thury Ve, née Paris, rentière, rue Saint-Philibert, n. 15.
Ticier Joseph, employé, rue de Clairvaux, n. 1.
Tillé Joséphine Mlle, ouvrière, rue du Petit-Potet, n. 32.
Tillet Louis, relieur, rue de Gray, n. 19.
Tilley Claude, manœuvrier, rue de la Préfecture, n. 95.
Tirquit Louis, receveur d'octroi, rue de l'Hôpital, n. 6.
Tisserand Franç., manouvrier, allée des Chartreux, 16.
Tisserand veuve, rue Saint-Nicolas, n. 50.
Tisserandet V., chemin couvert de la Belle-Etoile.
Tisserandot Ve, née Quirot, ouvrière, rue Dubois, n. 6.

Tissier François, homme d'équipe, rue Sainte-Marguerite, n. 30 *bis.*

Tissier Anne Mlle, rue du Tillot, n. 10.

Tissot Pierre, cafetier, rue Bassano, n. 34.

Tissot Antoine, boulanger, rue Bassano, n. 57.

Tissot Pierre, plâtrier, rue Buffon, n. 31.

Tissot Etienne, propriétaire, rente Chatenay.

Tissot Jacques, boulanger, rue des Godrans, n. 6.

Tissot Henri, coiffeur, rue Jeannin, n. 22.

Tissot Anne Mlle, couturière, place St-Jean, n. 6.

Tissot Claude, professeur, place St-Pierre, n. 2.

Tissot Louis, boulanger, rue St-Nicolas, n. 47.

Titard François, tonnelier, rue Devosge, n. 32.

Titerot Louis, tourneur, rue d'Ahuy, n. 14.

Titerot Jeanne Mlle, rentière, rue St-Nicolas, n. 1.

Tixier Valentin, tonnelier, rue Devosge, n. 9.

Tixier Guillaume, propriétaire, rue des Perrières, n. 30.

Tixier Eugène, avocat, place d'Armes, n. 4.

Tixier Jean, conducteur de trains, faubourg Rennes, 5.

Tixier veuve, née Laurent, institutrice, rue Saint-Bénigne, n. 6 *bis.*

Tixier Jean, grenetier, rue St-Pierre, n. 38.

Toinet Jean, chaudronnier, rue d'Ahuy, n. 20.

Toitot Marie Mlle, rue Piron, n. 5.

Toitot, pâtissier, rue Vannerie, n. 84.

Tollois Alexis, sous-chef à l'équipe, impasse Audra, n. 3.

Tonichon Jean-Baptiste, rentier, rue d'Auxonne, n. 14.

Toppets Richard, marchand de chapeaux de paille, rue Musette, n. 23.

Torel Constance Mlle, propriétaire, r. Victor-Dumay, 2.

Torcy (de) Alexandre, rentier, rue Guillaume-Tell.

Torcheux Eugène, manouvrier, rue Audra, n. 16.

Tortochaux, rentier, route d'Auxonne, n. 66.

Tortochaux Jean, ancien instituteur, rue Bassano, n. 126.

Tortochaux veuve, née Couquaux Anne, rue Buffon, 39.

Tortochaux Louis, piqueur au chemin de fer, rue Guillaume-Tell.

Tortochaux, Nicolas, forgeron, r. de la Manutention, 5.

Tortochaux Pierre, aubergiste, rue de Pouilly, n. 16.

Tortochaux François, homme d'équipe, r. Proudhon, 5.

Tortochaux Jean-Baptiste, chef de bureau à la mairie, rue St-Philibert, n. 65.

Tortochot François, manouvrier, rue de Longvic, 38.

Toubin Joseph, horloger, rue Condé, n. 23.

Tougras fils, rue Cordier.

Tougras Pierre-Louis, fabr. de manéges, r. Magenta, 17.

Touichon Jean-Baptiste, rentier, rue d'Auxonne, n. 41.

Toulouse François, cafetier, rue Bassano, n. 77.

Tourdias Michel, dessinateur, rue de Gray, n. 43.

Tournade veuve, née Oriole, propriétaire, r. Ste-Anne, 7.

Tournelle Jean, ferblantier, rue d'Ahuy, n. 20.

Tournier Hippolyte Mme, fabric. de corsets, rue Amiral-Roussin, n. 37.

Tournier Louise Mlle, ouvrière, rue Bouhier, n. 8.

Tournier Pierre, grenetier, rue Piron, n. 12.

Tournier Henri, linger et employé des contributions indirectes, place des Ducs, n. 4.

Tournier, abbé, rue St-Philibert, n. 42.

Tournois Denis, cafetier, rue des Godrans, n. 80.

Tournois Hélène Mlle, ouvrière, rue des Godrans, n. 80.

Tournois Denis, propriétaire, rue de Gray, n. 12.

Tournois Paul fils, rue de Gray, n. 12.

Tournois Marie Mlle, journalière, rue Vannerie, n. 20.

Tournois Nicolas, moutardier, rue Vannerie, n. 65.

Tournois Jean-Baptiste, abbé, r. du Vieux-Collége, 2.

Toussaint Mme, née Guillier, couturière, allée des Chartreux, n. 16.

Toussaint Evariste, ex-ingénieur en chef, r. Bassano, 10.

Toussaint veuve, blanchisseuse, rue des Godrans, n. 33.

Toussaint, ex-employé à la régie, rue de l'Hôpital, n. 27.

Toussaint Bernard, restaurateur, rue Odebert, n. 10.

Toussaint Gaspard, propriétaire, rue des Novices, 18.

Toutois Pierre, facteur au chem. de fer, r. Guillaume, 16.

Touvenot Jeanne, femme de ménage, rue des Novices, 1.

Touze veuve, née Ferrand, rue des Tanneries, n. 23.

Trapet Denise Mlle, ancienne domestique, rue Berbisey, n. 61.

Trapet Pierre, cordonnier, rue St-Nicolas, n. 100.

Trapet François, comptable, rue des Tanneries, n. 3.

Trapin Jean-Baptiste, à l'équipe, rue Berbisey, n. 74.

Trapon Antoine, plâtrier, rue St-Nicolas, n. 100.
Trapon Laurent, tailleur de pierres, rue St-Nicolas, 100.
Trappier Henri, gendarme, rempart du Château, n. 4.
Trautmann Emile, ingénieur en chef des mines, chemin
   couvert de la Belle-Etoile, n. 22.
Trécourt Catherine Mlle, ouvrière, r. des Bons-Enfants, 9.
Trécourt Pierre, scieur de long, cour de la Grenouille, 4.
Trécourt Louise Mlle, marchande lingère, r. Musette, 14.
Trécourt veuve, rue Vannerie, n. 28.
Tréfort, maçon, rue de Gray, n. 12.
Trélanne veuve, née Bouhain, rue Docteur-Maret, n. 2.
Trembloy Adolphine Mlle, marchande lingère, rue Saint-
   Nicolas, n. 70.
Treuil Prosper, tailleur, rue du Bourg, n. 46.
Trezenème Charles, voyageur de commerce, rue Sainte-
   Marguerite, n. 3.
Tribolet Nicolas, cantonnier, route de St-Seine, n. 10.
Tribolet Nicolas, cantonnier, route de St-Seine, n. 2.
Tribolet François, tourneur, rue Ste-Anne, n. 5.
Tribolet Alexis, chauffeur au chemin de fer, rue de la
   Trémouille, maison Chamard.
Tridon Antoine, relieur, rue Bouhier, n. 8.
Tridon Lucien, marchand tailleur, rue Condé, n. 3.
Trimaillé, employé des contributions indirectes, rue
   d'Auxonne, n. 35.
Trimaillé Nestor, propriétaire, rue Saumaise, n. 59.
Tripier Jean, manouvrier, Californie.
Trissler René, ouvrier tailleur, r. du Champ-de-Mars, 14.
Tristant François, rentier, rue Piron, n. 17.
Tristant veuve, née Roussel, rue Roulotte, n. 10.
Trivier père, rue d'Assas, n. 22.
Trivier Emile, brasseur, rue d'Assas, n. 22 bis.
Trivier Emile, conducteur de trains, rue Bassano, n. 55.
Trivier Jacques, cordonnier, rue des Godrans, n. 08.
Trivier Jean-Baptiste, cultivateur, hameau de Mirande.
Trouillard Jean, chiffonnier, grande rue Galoche, 4 bis.
Trouillard Ve, née Dérivet, rentière, r. Longepierre, 14.
Trouillard Pierre-Hippolyte, relieur, r. Longepierre, 14.
Trouillet Ferdinand, épicier, rue Guillaume, n. 11.
Trouillet Joseph, propriétaire, rue des Perrières, n. 7.

Trouillet Louis fils, rue des Perrières, n. 7.

Troisgros Pierre, voyageur de commerce, rue des Godrans, n. 1.

Troisgros Joseph, cafetier, rue de l'Hôpital, n. 37.

Troisgros Nicolas, rentier, rue St-Philibert, n. 32.

Troly veuve, ouvrière, rue Bassano, n. 54.

Troly Alexandre, négociant, rue Musette, n. 24 *bis*.

Troly Emiland, mercier, rue Musette, 24 *bis*.

Troly Louis, manouvrier, route de Lyon, n. 10.

Trompette Antoine, rabatteur, rue du Tillot, n. 11.

Troy Charles, professeur d'escrime, rue Cazotte, n. 11.

Truchetet Pierre, charpentier, rue Bassano, n. 13.

Truchetet charpentier, r. des Marmuzots, 7 (Perrières).

Truchetet Auguste, charpentier, port du Canal, n. 4.

Truchetet Pierre, employé à la boulangerie sociétaire, rue St-Philibert, n. 55.

Truchot Michel, propriétaire, forgeron au chemin de fer, rue Petite-du-Château, n. 12.

Truchot Jean-Baptiste, chemisier, rue Condé, n. 28.

Truchot Théodore, négoc. chocolatier, cours du Parc.

Truchot François, huissier, rue du Palais, n. 15.

Truchot, charron, rue Saumaise, n. 63.

Truffin Prudent, manouvrier, rue Bassano, n. 90.

Truffin Benoît, tonnelier, cour Bourberdin, n. 3.

Truffin Bernard, journalier, rue de l'Ile, n. 3.

Truillot Benoît, receveur d'octroi, chemin de Talant, 1.

Truillot Alexis, employé, port du Canal, n. 12.

Trulard Eugène, plâtrier, rue Bassano, n. 13.

Trulard veuve, née Rousselin, clos Montmuzard.

Trulard Bernard, avocat, rue de Suzon, n. 5.

Trullard Jacques, profess. de mathématiques, r. Piron, 24.

Trutat Louis, rentier, rue Saumaise, n. 30.

Tugniot Irma, rentière, rue Vauban, n. 14.

Tulipe Alexandre, ébéniste, rue Notre-Dame, n. 24.

Tuniot André, à l'équipe, place Darcy, n. 5.

Tupin Eugène, facteur rural, rue du Bourg, n. 62.

Tupin Alexandrine Mlle, rentière, rue Cazotte, n. 15.

Tupin veuve, née Porcherot, journalière, rue Febvret, 1.

Tupin veuve, née Porcherot, rentière, r. des Godrans, 74.

Tupin Denise Mlle, journalière, rue Saumaise, n. 20.

Tupinier Auguste, scieur de long, port du Canal, n. 21.
Turlin de la Mangeotte, ancien banquier, rue Buffon, 36.
Tuzet Jean-Louis, menuisier, rue du Bourg, n. 62.

U

Ulher Jean, rentier, rue Devosge, n. 3.
Ulher Léon, mécanicien, rue Devosge, n. 3.
Ulric Michel, manouvrier, rue Vannerie, n. 20.
Urbach Jacob, ouvrier cordonnier, rue des Godrans, n. 16.
Ursot Jean, aubergiste, rue de l'Hôpital, n. 3.

V

Vacher veuve, née Fandric Emma, rentière, place Darcy, 3.
Vacherie Julien, conseiller à la Cour, rue Saumaise, n. 42.
Vacheron Marie Mlle, journalière, rue Jeannin, n. 42.
Vacheron Jules, receveur général, rue Jeannin, n. 70.
Vacherot Françoise Mlle, blanchisseuse, rue Jeannin, 63.
Vacherot Léon, ferreur, rue de la Préfecture, n. 10.
Vacherot Ve, née Limossier, regrattière, r. St-Philibert, 19.
Vacheux Constant, mécanicien chaudron., r. Montigny, 5.
Vachey Pierre, manouvrier, avenue du Réservoir.
Vachez Jean, maçon, rue Bassano, n. 58.
Vachez Jean-Baptiste, paveur, rue Berbisey, n. 49.
Vachez Louis, charpentier, rue Bergère, n. 12.
Vachez Jacques, marchand mercier, rue Charrue, n. 42.
Vachez Joseph, ouvrier menuisier, r. de la Préfecture, 84.
Vachez Auguste fils, rue de la Préfecture, n. 84.
Vachon, ancien tailleur, rue Chaudronnerie, n. 28.
Vachon Jean-Baptiste, cloutier, rue Saint-Nicolas, n. 79.
Vadol Mme, née Feuillebois, femme de mén., r. du Bourg, 32.
Vadot Antoine, manouvrier, rue du Bourg, n. 46.
Vadot Antoine, manouvrier, rue du Mouton, n. 7.
Vadrier Claude, cordonnier, rue d'Ahuy, n. 4.

Vadriez veuve, née Cire, rue des Godrans, n. 18.
Vagnac Edmond, marchand quincaillier, r. des Forges, 33.
Vagneron, veuve, née Colbus, rue Charrue, n. 26.
Vaillant Léon, teinturier, rue Condé, n. 31.
Vaillé Simon, concierge, route de Lyon, n. 7.
Vaissier Edmond, rentier, rue Amiral-Roussin, n. 29.
Vaissier, rue Legouz-Gerland, n. 7.
Vaissier veuve, propriét., r. des Marmuzots, 11 (Perrières).
Valanchin veuve, rue de Longvic, n. 3.
Valby Pierre, propriétaire, cours du Parc, n. 7.
Valby, casseur de pierres, rue des Godrans, n. 20.
Valby veuve, née Taruis, rentière, rue du Tillot, n. 12.
Valdre François, conduct. de trains, remp. du Château, 12.
Valentin Charles, fabr. d'alcool, r. du Champ-de-Mars, 7.
Valentin Adrien, commissionnaire, r. du Petit-Citeaux, 4.
Valet Pérard, propriétaire, rue de Suzon, n. 10.
Valette Gaspard, chef de trains, rue des Forges, n. 24.
Valette Gabriel, carrier, place Darcy, n. 3.
Valette Jean, propriétaire, rue Sainte-Anne, n. 3.
Valeur Louis, peintre, rue Piron, n. 13.
Valeur veuve, née Gaudelet, ouvrière, rue Verrerie, n. 48.
Valeur Nicolas, manouvrier, rue Verrerie, n. 43.
Vallée Pierre, rentier, rue de l'Arquebuse, n. 12.
Vallée Victor, cabaretier, rue Bannelier, n. 7.
Vallée Marie Mlle, ouvr. en dentelles, r. Chabot-Charny, 76.
Vallée veuve, rue Chabot-Charny, n. 76.
Vallée veuve, née Beuchet, rentière, rue Condé, n. 55.
Vallée François, manouvrier, rue Odebert, n. 5.
Vallée Bernard-Félix, boucher, rue Odebert, n. 13.
Vallée Pierre, directeur de l'abattoir, rue du Petit-Citeaux.
Vallée Fanny Mlle, lingère, place Saint-Michel, n. 3.
Vallée Jean, mécanicien, port du Canal, n. 12.
Vallée Louis, rentier, rue Proudhon, n. 3.
Vallée Ph., employé à la bibliothèque, r. St-Nicolas, n. 60.
Vallée Jean, boucher, rue Saint-Pierre, n. 8.
Vallée Marguerite Mlle, ouvrière, rue Saumaise, n. 10.
Vallerot Pierre, menuisier, rue de la Manutention, n. 3.
Vallet Ve, née Dubard, rentière, r. de l'Ecole-de-Droit, 7.
Vallet Ve, née Blondeau, propriét., r. Ste-Marguerite, 30.
Vallet Théodore, voiturier, rue Sainte-Marguerite, n. 30.
Vallet Henri, rue Sainte-Marguerite, n. 30.
Vallet Jacques, rue Sainte-Marguerite, n. 30.

Vallet Eugène, garçon brasseur, rue Saint-Nicolas, n. 6.
Vallette Paul-Louis, rue Verrerie, n. 52.
Vallot Françoise Mlle, ouvrière, rue d'Assas, n. 24.
Vallot Reine Mlle, ouvrière, rue d'Auxonne, n. 11.
Vallot Charles, homme d'équipe, rue Bassano, n. 86.
Vallot Claude, fileur de laine, rue Berbisey, n. 61.
Vallot Jean-Baptiste, chapelier, rue du Bourg, n. 12.
Vallot Désirée Mlle, rentière, rue Buffon, n. 20.
Vallot Marguerite Mlle, rue Buffon, n. 20.
Vallot Auguste, cafétier, rue Chabot-Charny, n. 1.
Vallot Claude, employé d'octroi, petite rue du Château, 12.
Vallot Claude, jardinier, chemin de Fontaine.
Vallot Xavier, rentier, chemin de Talant, n. 1.
Vallot Denis, tapissier, rue Cordier.
Vallot Jacques, propriétaire, cours du Parc, n. 1.
Vallot Jules, restaurateur, cours du Parc, n. 37.
Vallot Louis, jardinier, grande rue Galoche, n. 5.
Vallot Isidore, colonel en retraite, rue Jeannin, n. 1.
Vallot Laure Mlle, rentière, rue Jeannin, n. 23.
Vallot Charles, jardinier, rue de Montmuzard, n. 10.
Vallot veuve, née Jachlet, propriétaire, r. des Moulins, 35.
Vallot veuve, née Poulain, jardinière, rue des Orméaux, 1.
Vallot Pierre, homme d'équipe, rue des Perrières, n. 34.
Vallot François, à l'équipe, place du Morimont, n. 15.
Vallot Pierre, mouleur en fonte, port du Canal, n. 12.
Vallot Octavie Mlle, peintre, rue de la Préfecture, n. 2.
Vallot Étienne, rue de la Préfecture, n. 7.
Vallot, journalier, rue Roulotte, n. 26.
Vallot Jacques, horticulteur, propriét., route de Mirande.
Vallot Charles, journalier, rue Sainte-Catherine, n. 6.
Vallot Jean-Baptiste, maréchal, rue Saint-Nicolas, n. 7.
Vallot Louis, plâtrier, rue Saint-Philibert, n. 1-3.
Vallot François, plâtrier, rue Saint-Philibert, n. 36.
Vallot, ouvrier relieur, rue Saumaise, n. 01.
Valluet Paul, conduct. des ponts et chaussées, r. d'Ahuy, 9.
Valluot L., ouvr. taill. de pierres, r. de la Préfecture, 100.
Valluot Henri, rue de la Préfecture, n. 109.
Valluot Nicolas-Eugène, rue de la Préfecture, n. 109.
Valluy Simon, route de Plombières.
Valnot Eugène, épicier-droguiste, rue Bossuet, n. 5.
Valotte Marguerite Mlle, rentière, rue des Moulins, n. 24.
Valuet Marien, maçon, faubourg Rennes, n. 9.

Vannerot Jules, charpentier, rue du Petit-Cîteaux, n. 9.
Vandervliet Pierre, tailleur, rue de Clairvaux, n. 5.
Vangeeberghen Joseph, cabaretier, rue de Montmuzard (hors barrière).
Vanlarhoven Charles, cordonnier, place Saint-Jean, 21.
Vannier Jules, cordonnier, rue Saumaise, n. 63.
Vantard Claude, jardinier, rue du Bourg, n. 44.
Vaque Théodore, tailleur, rue Bannelier, n. 2.
Varcasson Mme, née Renard, lingère, rue Piron, n. 20.
Varennes François, chauffeur, rue des Godrans, n. 25.
Varichon Auguste, journalier, rue de l'Ile, n. 4.
Variot Pierre, fripier, rue Notre-Dame, n. 10.
Vaspard Eugène, polisseur, allée des Chartreux, n. 10.
Vaspard Jean, chemin couvert de la Belle-Etoile.
Vaspard F., anc. greffier, chem. de Fontaine (pied-à-terre).
Vaspard François, propriétaire, rue Guillaume, n. 57.
Vaspard Hugues, manouvrier, rue Menevalle.
Vaspard Grégoire, jardinier, propr., r. Ste-Marguerite, 22.
Vaspard Jean-Baptiste, tonnelier, rue St-Philibert, n. 56.
Vassal Thérèse Mlle, ouvrière, rue de Lamonnoye.
Vatard veuve, née Décailly, rent., r. du Vieux-Collège, 3.
Vauchey Jean, empl. de commerce, place Saint-Jean, n. 2.
Vauchey Claude, journalier, rue des Tanneries, n. 2.
Vaudant Grégoire, chapelier, ruelle d'Ahuy, n. 2.
Vaudrey Marie, ouvr. en dentelles, rue Guyton-Morveau.
Vauloup François, menuisier, place de la Banque, n. 8.
Vaulot Claude, marbrier, r. Pet.-des-Poussots (Californie.)
Vaunier Jules, cordonnier, rue Dauphine, n. 4.
Vaussot Auguste, couvreur, rue Roulotte, n. 17.
Vauthelin Simon, cordonnier, rue Chaudronnerie, n. 20.
Vauthelin veuve, journalière, rue Jeannin, n. 73.
Vautherin Mme, née Joliot Caroline, rent., rue Condé, 5.
Vauthey Louis, garçon boucher, rue Audra, n. 16.
Vauthier Mme, née Chrétien, rentière, rue Musette, n. 10.
Vautrot Jean-Baptiste, fabricant d'allumettes, rue des Nau-
    tillières (Californie.)
Vautrot Claude, cafetier, rue de la Gare, n. 15.
Vautrot Jacques, propriétaire, hameau de Mirande.
Vauvilliers Adolphe, avoué, rue du Palais, n. 12.
Vavant Joseph, employé de bureau au chemin de fer, rue
    de l'Arquebuse, n. 3.
Vayand Nicolas, mouleur en fonte, r. de l'Arquebuse, 3.

Védu Antoine, vitrier, rue Saint-Nicolas, n. 59.
Védu Gaspard, rue Saint-Nicolas, n. 59.
Veillet Claude, employé d'octroi, rue Berbisey, n. 98.
Veillet Joseph, maçon, rue de Longvic, n. 38.
Veillon Louis, ouvrier bijoutier, rue Dubois, n. 11.
Veillon, cabaretier, rue Menevalle.
Velard veuve, née Canthe, ouvrière, rue Vannerie, n. 6.
Velardot François, charcutier, faubourg Rennes, n. 11.
Velnot Anne Mlle, ouvrière, rue Roulotte, n. 25.
Veludot veuve, née Guilleminot, ouvreuse au théâtre, rue Saurnaise, n. 61.
Vencleur Gabriel, propr., serrurier, impasse Audra, n. 9.
Venot François-Bernard, marchand de vins en gros, rue Jearmin, n. 29.
Venot François, maçon, à Larrey.
Venot Emile, docteur-médecin, rue Mably, n. 2.
Venot veuve, née Jondriez, propr., r. de Montmuzard, 3.
Venot Pierre, propriét.-cultivateur, clos de Montmuzard.
Venot veuve, née Duchesne, propr., r. de Montmuzard, 47.
Venot Jean-Baptiste, rentier, rue de Montmuzard, n. 47.
Venot François, maître maçon, rue du Mouton, n. 13.
Venot Mme, née Fremiot, march. de tissus, r. Verrerie, 5.
Verain Jacques, restaurateur, rue Berbisey, n. 93.
Verain Frédéric, conducteur de trains, faubourg Rennes.
Verain Colombe, faubourg Rennes.
Verchère Napoléon, commissionnaire, place Darcy, n. 3.
Verchère Michel, forgeron, rue d'Auxonne, n. 49.
Verchère veuve, née Grenette, cuisinière, r. Bassano, 58.
Verchère Michel, facteur, rue Bassano, n. 58.
Verchère Pierre, manouvrier, rue Bassano, n. 90.
Verchère Nicolas, journalier, rue Bergère, n. 12.
Verchère Michel, empl. au chemin de fer, r. du Bourg, 16.
Verchère Michel, commissionnaire, rue Magenta.
Verchère Charles, journalier, rue du Petit-Cîteaux, n. 9.
Verchère Grégoire, tailleur, rue Dauphine, n. 19.
Verchère Pierre, receveur d'octroi, route de Plombières.
Verchère d'Arcelot, propriétaire, rue Saint-Pierre, n. 28 (pied-à-terre).
Verdelet, fileur de laine, rue de l'Ile, n. 2.
Verdin Didier, ouvrier cordonnier, rue Jeannin, n. 57.
Verdin veuve, rue Jeannin, n. 49.
Verdin Auguste, forgeron, rue Saint-Philibert, n. 67.

Verdot Isidore, cond. des ponts et ch., r. Victor-Dumay, 24.
Verdunoy Mme, ouvrière, rue Saint-Nicolas, n. 61.
Vergalant, journalier, rue du Mouton, n. 19.
Vergallant Pierre, empl. au gaz, rue de la Préfecture, n. 7.
Vergallant Pierre, manouvrier, rue Quantin, n. 6.
Verguain dé Mornay veuve, propriétaire, pl. St-Jean, n. 6.
Verlot Jean, rue Guillaume-Tell.
Vermeillet Louis, cordonnier, rue Jeannin, n. 37.
Vermeillet Jacques, ouvrier cordonnier, rue Jeannin, 37.
Vermeillet Antoine, cordonnier, rue Saumaise, n. 40.
Verneau Lazare, pharmacien, rue Vaillant, n. 7.
Vernet Vivant, gendarme en retr., r. de Montmuzard, 11.
Vernet Etienne, gendarme, rempart du Château, n. 4.
Vernet Marie Mlle, rentière, rue Saint-Nicolas, n. 25.
Vernet Claude, commissionnaire, rue Saint-Nicolas, n. 51.
Vernet veuve, née Husson, rue Saint-Nicolas, n. 51.
Verneuil Nicole Mlle, rentière, rue Turgot, n. 6.
Verney Louis, fileur de laine, rue de l'Ile, n. 3.
Verney Adolphe, relieur, rue du Mouton, n. 3.
Vernier Hortense veuve, rue d'Auxonne, n. 1.
Vernier Louis, cabaretier, rue d'Auxonne, n. 45.
Vernier Catherine Mlle, lingère, rue du Château, n. 2.
Vernier Mme, née Chaudron, marchande libraire, rue des
    Forges, n. 32.
Vernier, menuisier, rue de Gray, n. 12.
Vernier Ferdinand, domestique, rue de Longvic, n. 1.
Vernier François, vigneron, rue de Longvic, n. 23.
Vernier François, plâtrier, rue Menevalle, n. 7.
Vernier Mme, rue Quantin, n. 14.
Vernier Mme, revendeuse, rue Quantin, n. 16.
Vernier, menuisier, rue St-Nicolas, n. 89.
Vernillet Jean-Baptiste, cordonnier, rue d'Ahuy, n. 6.
Vernillet Mathieu, perruquier, rue d'Ahuy, n. 11.
Vernillet Balthazar, chapelier, rue d'Ahuy, n. 11.
Vernillet Justin, chapelier, rue d'Ahuy, n. 20.
Vernis Blaise, ingénieur, rue Vauban, n. 12.
Vernot veuve, née Brullé Gabrielle, rentière, r. Buffon, 37.
Vernot Jean, cordonnier, rue Devosge, n. 16.
Vernot Joseph, journalier, rue des Godrans, n. 94.
Veron veuve, née Finot, rentière, rue Amiral-Roussin, 17.
Verpaux, entrepreneur couvreur, r. de la Préfecture, 102.
Verpeau veuve, née Muguier, rue des Moulins, n. 41.

Verpeau Jacques, domestique, port du Canal, n. 2.
Verpeau, écouyeur, rue de la Trémouille.
Verpeaux veuve, née Artaux, laveuse, chemin couvert de
  la Belle-Etoile.
Verpeaux, rue Notre-Dame, n. 16.
Verpeaux, Denis, march. de chaussures, rue Odebert, 28.
Verpeaux Adolphe, manouvrier, rue Piron, n. 14.
Verpillat Théodule, doreur, place St-Michel, n. 7.
Verpy Henri, homme d'équipe, rue Crébillon, n. 21.
Verraux Alexis, boulanger, rue Bassano, n. 55.
Verreaux François, ferblantier, rue Amiral-Roussin, 37.
Verreaux, ferblantier, route de St-Seine, n. 14.
Verreaux François, ancien ferblantier, rue Saumaise, 65.
Verreaux Simon, marchand tailleur, rue Verrerie, n. 7.
Verreaux Paul, ferblantier, rue Vannerie, n. 67.
Verrey Jean-Bap., sous-chef de bureau, r. Vannerie, 92
  (pied-à-terre).
Verrine Justin, ingénieur, rue Chabot-Charny, n. 91.
Verrier Adolphe, sous-chef de gare, rue de la Gare, 20.
Verrière Louis, tapissier, rue d'Assas, n. 17.
Verrière Jean-Baptiste, jardinier, rue d'Assas, n. 17.
Verrière Mme, née Chaudron, ouvrière, rue d'Assas, n. 17.
Verrière Jean-Baptiste, tailleur, rue du Bourg, n. 8.
Verrière François, cordonnier, rue du Bourg, n. 44.
Verrière veuve, née Rousselet, fruitière, rue Crébillon, 51.
Verrière Pierre, cabaretier, rue de Gray, n. 19.
Verrière Nicolas, brasseur, rue de Longvic, n. 2.
Verrière Joseph, propriétaire, rue Ste-Catherine, n. 24.
Verrollot Eugène, ancien notaire, rue Chabot-Charny, 43
  (pied-à-terre).
Verrot, tonnelier, rue de Gray, n. 4.
Verrot Prudent, géomètre, rue Notre-Dame, n. 5.
Versey Pierre, voiturier, rue Magenta.
Versey Nicolas fils, rue Magenta.
Versey Jean-Baptiste, manœuvre, rue Vannerie, n. 51.
Vertet Jacques, concierge, rue de la Préfecture, n. 40.
Vervandier Vincent, vigneron, route d'Auxonne, n. 70.
Vervandier veuve, jardinière, rue de Longvic, n. 27.
Vervandier Antoine, vigneron, rue de Venise.
Vessal Marguerite Mlle, lingère, rue Vannerie, n. 70.
Vestré Charles, marchand tailleur, rue Chabot-Charny, 1.
Vêtu veuve, rentière, rue Amiral-Roussin, n. 38.

Vétu Pierre, docteur-médecin, rue Berbisey, n. 23.
Vétu Jean-Baptiste, journalier, rue de la Colombière, 16.
Vétu veuve, née Petitot, femme de ménage, cour de la Faïencerie, n. 11.
Vétu Jean-Baptiste, journalier, cour de la Faïencerie, 11.
Vétu Jacques, pâtissier, place St-Jean, n. 3.
Vétu Etienne, entrepreneur, rue Proudhon, n. 13.
Vétu Jean fils, rue Proudhon, n. 13.
Vetzel François, foudrier, Fontaine-Ste-Anne.
Veuillet Jean, tonnelier, rue St-Nicolas, n. 30.
Veuillot Simon, rentier, rue Guillaume-Tell.
Veuillot Mathieu, matelassier, rue Dauphine, n. 11.
Veurin veuve, née Masson, concierge, r. Chabot-Charny, 71.
Vialard Jean, ouvrier chaudronnier, rue Berbisey, n. 126.
Viallanes veuve, née Roussin, propr., rue St-Bernard, n. 1.
Vialle Jean, ouvrier cordonnier, rue St-Nicolas, n. 33.
Viallet veuve, née Maillard, rentière, rue d'Assas, n. 2.
Viallet Amédée fils, rue d'Assas, n. 2.
Vianet Claudine Mlle, femme de mén., cour Bourberain, 3.
Viard Jean-Baptiste, propriétaire, rue d'Auxonne, n. 38.
Viard veuve, femme de ménage, rue Bassano, n. 16.
Viard Pierre, maçon, rue Berbisey, n. 19.
Viard veuve, née Vincent, cordonnière, rue Berbisey, 69.
Viard Antoine, journalier, rue Berbisey, n. 96.
Viard Nicolas, march. de meubles, rue Chabot-Charny, 6.
Viard Jean, propriétaire, à la Corvée.
Viard, conducteur de trains, rue Docteur-Maret, n. 6.
Viard Justine Mlle, rentière, rue François-Rude, n. 25.
Viard Mathieu, ouvrier charpentier, rue Mulot (Perrières).
Viard Nicolas, tonnelier, faubourg Rennes, n. 19.
Viard Pierre, jardinier, rue Ste-Marguerite, n. 57.
Viard Louis fils, rue Ste-Marguerite, n. 57.
Viard Pierre, cafetier, rue St-Nicolas, n. 23.
Viard Antoine, employé d'octroi, rue St-Nicolas, n. 43.
Viard Vincent, manouvrier, rue des Tanneries, n. 8.
Viard Pierre, nettoyeur, rue du Tillot, n. 11.
Viardot Pierre, employé, rue Bassano, 13.
Viardot Marie Mlle, femme de ménage, rue Cazotte, n. 7.
Viardot Jules, avoué, rue Jeannin, n. 19.
Viardot Ve, née Tarnier, prop., rue Ste-Marguerite, n. 13.
Viardot Pierre, chanoine, rue du Tillot, n. 8.
Vicaire Anne Mlle, ouvrière, rue de la Préfecture, n. 94.

Victal Pierre, carrier, aux Echaillons.
Vieillard, employé des ponts et chaussées, chemin couvert de la Belle-Etoile.
Vielle Emile, chef de bureau, rue Montigny, n. 18.
Vienne Simon, boulanger, rue Bassano, n. 85.
Vienne Pierre, comptable, rue de l'Hôpital, n. 3 *bis*.
Vienne Jean-Baptiste, brigadier de gendarmerie, rempart du Château, n. 4.
Viennot F., cabaretier et bourrelier, allée des Chartreux, 2.
Viennot Charles, propriétaire, rue Buffon, n. 17.
Viennot Prosper, sous-inspecteur des forêts en retraite, rue Buffon, n. 19.
Viennot Denis, pépiniériste, rue du Gaz, n. 14.
Viennot Catherine Mlle, fem. de ménage, r. des Godrans, 18.
Viennot Charles, camionneur, rue des Godrans, n. 48.
Viennot, commissionnaire, rue Saint-Nicolas, n. 51.
Viénot Caroline Mlle, lingère, rue Condé, n. 42.
Viénot François, peintre, cour des Poisses, n. 12.
Vignal Etienne, conducteur chef, rue de la Manutention, 5.
Vigneresse J.-B., ouv. maçon, rue Chabot-Charny, n. 11.
Vigneresse, propriétaire, rue Mouha (Perrières).
Vignetet Pierre, ouvr. cordonnier, place de la Banque, 8.
Vigniet Antoine, rentier, rue Saint-Pierre, n. 28.
Vigny, typographe, rue Vaillant, n. 5.
Vigoureux Ve, née Feulbon, rue des Moulins, n. 60.
Vigouroux Michel, employé des contributions indirectes en retraite, rue des Novices, n. 22.
Villadiez Antoine, maçon, rue de la Préfecture, n. 77.
Villam Prudent, facteur, rue des Perrières, n. 4.
Villard Louis, propriétaire, rue Chancelier-l'Hôpital, n. 5.
Villard Joseph, ancien notaire, rue du Tillot, n. 19.
Vuillaume Marie Mlle, journalière, rue Saint-Nicolas, n. 8.
Villedieu de Torcy Ernest, prop., rue Chabot-Charny, n. 7.
Villedieu de Torcy Mlle, rentière, grande r. St-Lazare, 9.
Villedieu de Torcy, avocat stagiaire, rue Saint-Pierre, 22.
Villemain Antoine, tourneur, rue du Champ-de-Mars, 12.
Villemain Claude, sabotier, rue Charrue, n. 9.
Villemain Jean, plâtrier, rue Proudhon, n. 21.
Villemain Antoine, sabotier, rue Sainte-Anne, n. 16.
Villemaire Désiré, mécanicien, rue de l'Arquebuse, n. 22.
Villemann Madeleine Mlle, ouvrière, rue des Forges, n. 50.
Villequez Ferdin., professeur de droit, place St-Pierre, 4.

Villeret Claude, tailleur de pierres, rue Guillaume-Tell.
Villeret Etienne, entrepreneur, rue Guillaume-Tell.
Villerot Françoise, rentière, rue de Pouilly, n. 20.
Villet, marchand de grains, port du Canal, n. 10.
Villet J., march. de grains et farines, place St-Pierre, n. 2.
Villet Edouard, ingénieur des mines, place Saint-Pierre, 2.
Villette J.-B., cond. des ponts et chaus., r. du Chaignot, 5.
Villien Martin, journalier, rue Saumaise, n. 27.
Villiot Joseph, marchand, rue Bassano, n. 57.
Villotet Marie Mlle, rentière, rue Saumaise, n. 57.
Vincendon veuve, journalière, rue Jeannin, n. 81.
Vincendon François, facteur des postes, rue Vannerie, 33.
Vincenot François, ferblantier, rue Berbisey, n. 96.
Vincenot, homme d'équipe, rue Sainte-Catherine, n. 3.
Vincenot Philibert, rue Saint-Nicolas, n. 73.
Vincenot Jacques, forgeron, rue Verrerie, n. 34.
Vincent André, agent de police, rue d'Assas, n. 26.
Vincent Jean-Baptiste-Isidore, grenetier, rue Berbisey, 28.
Vincent Paul, employé de commerce, r. Bossuet, n. 25.
Vincent Simon, marbrier, rue du Bourg, n. 11.
Vincent Jean-Baptiste, rentier, rue Charrue, n. 17.
Vincent Joseph, rentier, rue des Godrans, n. 3.
Vincent Joseph, tailleur, rue Guillaume, n. 50.
Vincent Pierre, ferreur, rue Guillaume, n. 73.
Vincent Yves, journalier, rue de Longvic, n. 35.
Vincent Hippolyte, carrier, rue de Longvic, n. 35.
Vincent Joseph, contre-maître, r. du Petit-Citeaux, 11 *bis*.
Vincent Jean, manouvrier, rue Piron, n. 44.
Vincent Bernard, garçon d'écurie, place du Morimont, 11.
Vincent Ve, née Rameau, laveuse, rue de la Préfecture, 76.
Vinderling Mme, née Bloc, revendeuse, rue Brulard, n. 2.
Viney Henri, conservateur des forêts, rue Berbisey, n. 25.
Vinot Nicolas, maçon, rue Berbisey, n. 128.
Vinot Jacques, menuisier, rue du Petit-Citeaux, n. 1.
Viochot François, manouvrier, rue des Forges, n. 52.
Violat André, voyageur de commerce, rue Crébillon, 29.
Violette Ve, née Marie Benal, manouvrière, r. Roulotte, 19.
Violle Louis, avoué, rue du Petit-Potet, n. 26.
Violle veuve, née Lamblin, directrice d'un pensionnat, rue
    du Vieux-Collége, n. 19.
Violot Ant., chef de bureau au ch. de fer, rue Devosge, 3.
Violotte Denis, visiteur de trains, cour du Quartier, n. 6.

Vion Louise Mlle, ouvrière, rue Verrerie, n. 34.
Vioux Louis, journalier, rue des Tanneries, n. 17.
Virely Pierre, notaire, rue de la Préfecture, n. 45.
Viretely Victor, plâtrier, rue de Longvic, n. 23.
Virey Jules, ajusteur, rue des Perrières, n. 3 *bis*.
Virginat Jean-Baptiste, propriétaire, rue de Longvic, n. 3.
Virlin Joseph, ajusteur, rue Bassano, n. 65.
Visca Louis, rentier, rue du Gaz, n. 2 *ter*.
Visier Jean, lessiveur, allée des Chartreux, n. 1.
Vitant Pierre, tonnelier, rue de Montmuzard, n. 43.
Vitu veuve, née Orange, blanchisseuse, rue Bossuet, n. 15.
Vitu Pierrette Mlle, rue Condé, n. 10.
Vitu veuve, née Lignier, rentière, Cours-Fleury, n. 8.
Vitu Blaise, applicateur d'asphalte, rue du Petit-Potet, 10.
Vitu Pierre, concierge, rue de la Préfecture, n. 55.
Vittenet Jean, sous-aumônier de l'Hôpital, r. de l'Hôpital, 2.
Vittenet Etienne, empl. au télégraphe, rue Vannerie, 60.
Vivarat Antoine, serrurier, rue Saint-Nicolas, n. 46.
Vockerod Charles, employé d'assurances, chemin couvert
  de la Belle-Etoile, n. 30.
Vodoiset Marie Mlle, ouvrière, rue Chabot-Charny, n. 3.
Vogué (de), propriétaire, rue Notre-Dame, n. 8 (pied-à-
  terre).
Volmier Reine Mlle, rentière, rue Saint-Philibert, n. 13.
Voilet veuve, née Goudeau, rentière, r. Chaudronnerie, 4.
Voilet Anne Mlle, ouvr. en robes, rue Chaudronnerie, n. 4.
Voillard veuve, née Jouy, propriétaire, r. Guillaume, n. 49.
Voillard Eugène, dentiste, rue de la Préfecture, n. 33.
Voillequé Pierre, abbé, rue de la Préfecture, n. 114.
Voillequin Nicolas, baigneur, rue Chabot-Charny, n. 89.
Voillequin Félix, cafetier, rue des Godrans, n. 90.
Voillot François, boulanger, rue du Champ-de-Mars, n. 4.
Vojmant Claude, grenetier, rue Chabot-Charny, n. 81.
Voinchet Jules, comptable, rue Berbisey, n. 40.
Voinchet Pierre, propriétaire, rue des Forges, n. 27.
Voinchet Ernest, boulanger, rue des Forges, n. 27.
Voinchet Jean-Baptiste, manouvrier, r. de Montmuzard, 23.
Voinchet, boulanger, rue Voinchet (Perrières), (pied-à-
  terre).
Voinchet Jean-Baptiste, menuisier, rue Saumaise, n. 61.
Voinet Claude, courrier des postes, rue des Godrans, n. 5.
Voiret Eugène, marchand mercier, rue Guillaume, n. 73.

Voirct Claude, serrurier, rue Victor-Dumay, n. 11.
Voirin, receveur municipal, rue Chabot-Charny, n. 53.
Voirin Justine Mlle, lingère, rue Condé, n. 54.
Voirin Séraphine Mlle, rue de la Préfecture, n. 4.
Voirtel Sophie Mlle, ouvrière, rue Roulotte, n. 19.
Voisin Claude, ancien boulanger, rue Berbisey, n. 85.
Voisin Louis, tailleur de pierres, rue du Chaignot, n. 14.
Voisin veuve, née Joly, rue du Champ-de-Mars, n. 14 *bis*.
Voisin François, menuisier, Combe-Serpent.
Voisin Louis, confiseur, rue des Godrans, n. 62.
Voisin Anne, rentière, rue Coupée-de-Longvic, n. 6.
Voisin Antoine, rentier, route de Longvic, maison Brey.
Voisin François, cafetier, rue Sainte-Marguerite, p. 9.
Voisin Pierre, marchand de meubles, rue Verrerie, n. 8.
Voisot Justine Mlle, ouvrière, rue du Champ-de-Mars, 4.
Voitrin Henri, mécanicien, rue des Perrières, n. 32.
Voituret veuve, née Frochot, rentière, rue Bannelier, n. 2.
Voituret Catherine Mlle, rentière, rue Bannelier, n. 2.
Voituret Louis, marbrier, rue Berbisey, n. 98.
Voiturier Simon, relieur, rue Magenta.
Volant Alexandre, corroyeur, rue du Bourg, n. 26.
Voljung Jean-Baptiste, ferblantier, pl. Notre-Dame, n. 5.
Volland Emile, pâtissier, rue Bassano, n. 78.
Vollant Etienne, corroyeur, rue de l'Ile, n. x4.
Vorles veuve, née Collot, rentière, rue de la Préfecture, 68.
Vormèse Jacob, artiste peintre, petite rue du Château, 4.
Vormèse Jacob, peintre, march. de lingerie, r. Odebert, 17-19.
Voulot Joseph, ancien instituteur, rue Berbisey, n. 12.
Vouillon Marguerite Mlle, couturière, remp. du Château, 8.
Voye Etienne, menuisier, rue Vannerie, n. 59.
Voyez Louis, conducteur chef, rue Guillaume, n. 54.
Vrmy veuve, née Maniella, rent., r. de la Colombière, 22.
Vuidepot Louis, chauffeur, route de Saint-Seine, n. 10.
Vuilcard Françoise Mlle, ouvrière en robes, r. Jeannin, 50.
Vuillamy François, marchand de machines à coudre, rue
    Verrerie, n. 20.
Vuillaumé Pierre, carrier, allée des Chartreux, n. 8.
Vuillaume veuve, née Mille, rent., r. Chabot-Charny, 74.
Vuillemard Jean-Baptiste, mécanicien, ruelle d'Ahuy.
Vuillermet, rue Buffon, n. 13.
Vuillet Jean, conducteur chef, rue Cazotte, n. 4.
Vulliérod Antoine, président de chambre, r. Cazotte, 19.

Y

Yncesse Pierre, boucher, rue du Bourg, n. 13.
Yncesse Pauline Mlle, march. de mercerie, r. du Bourg, 36.
Yvert Louis, peintre, route de Longvic.
Yvonet veuve, journalière, rue Chabot-Charny, n. 21.

Z

Zaboretzki Charles, propriétaire, rue des Perrières, n. 10.
Zaëgel Aloyse, garçon brasseur, rue Ste-Marguerite, 15.
Zawouski François, maçon, rue du Bourg, n. 48.
Zimmermann Charles, aubergiste, rue Quantin, n. 15.
Zlotorinski Hertz, march. ambulant, rue des Godrans, 22.
Zongolowick Jérôme, chef de section, rue Jeannin, n. 1.
Zwli Judith Mlle, rentière, rue Jeannin, n. 58.

W

Waïhner Daniel, tourneur, place Darcy, n. 5.
Walch Isaac, marchand de bétail, rue des Tanneries, 19.
Walères Salomon, repr. de commerce, r. du Petit-Potet, 6.
Weber Jean-Bapt., homme d'équipe, r. de l'Arquebuse, 19.
Weber Jean-Baptiste, cordonnier, rue Charrue, n. 40.
Weber veuve, née Cornu, rentière, rue des Godrans, 31.
Weber Florent, boulanger, rue des Godrans, n. 31.
Weber J.-B., jardinier chef du Jardin botanique.
Weber Pierre, cordonnier, rue du Tribunal, n. 3.
Weber Ferdinand, cordonnier, rue de Venise.
Weil Jacques, rentier, rue de l'Arquebuse, n. 3.

Weil Lemann, colporteur, rue Saint-Philibert, n. 6.
Weill Aaron, fabricant de sacs, rue Berbisey, n. 104.
Weill Jules, march. d'étoffes, rue du Chapeau-Rouge, 16.
Weill Jacques, marchand d'étoffes, rue Piron, n. 15.
Weill Jules, marchand d'étoffes, place Saint-Jean, n. 2.
Weill Jacques, march. ambulant, rue St-Philibert, n. 5.
Weill Michel, marchand colporteur, rue Turgot, n. 2.
Weiss Jules, menuisier, rue Dubois, n. 14.
Weist Christian, rentier, rue Turgot, n. 4.
Welter Henri, rentier, rue Saint-Pierre, n. 29.
Wendeling Pauline Mme, modiste, rue Vannerie, n. 72.
Werter Abraham, marchand, rue de la Préfecture, n. 65.
Wilhelme veuve, place du Morimont, n. 5.
Willam Jacques, employé, port du Canal, n. 19.
William Madeleine Mlle, ouvrière, rue de Suzon, n. 11.
Winder Auguste, chauffeur, rue de Pouilly, n. 35.
Winder François, chapelier, rue de Pouilly.
Winder Jean, cordonnier, rue de Pouilly.
Windisch Charles, chauffeur, place Darcy, n. 5.
Wintz François, facteur de pianos, rue Vaillant, n. 5.
Wion Etienne, pépiniériste, rue de Pouilly, n. 1.
Wirth Caroline Mlle, cordonnière, rue Piron, n. 14.
Wohlgemuh Frédéric, tailleur, rue de Montmuzard, 17.
Wolff Jean, propriétaire, rue Proudhon, n. 23.
Wolff Moïse, propriétaire, rue Proudhon, n. 23.
Woljung Jean, ancien serrurier, rue Devosge, n. 21.
Woljung François, mécanicien, rue de la Manutention, 3.
Wolpert Frédéric, ouvrier brasseur, rue du Gaz, n. 2.
Woncelle Clotilde Mlle, ouvrière, rue Proudhon, n. 4.
Woog Caroline Mlle, modiste, rue Musette, n. 24.
Woog Mme, née Kaïn, lingère, rue Piron, n. 26.

TROISIÈME PARTIE

INDUSTRIE ET COMMERCE

PAR NATURE

AGENTS D'AFFAIRES.

Chemery Félix, rue Lamonnoye, n. 1.
Clément Antoine, rue Bossuet, n. 29.
Gindriez Auguste, rue Bouhier, n. 2.
Jacquemet Bertrand, place Saint-Jean, n. 9.
Meyer Joseph, rue Proudhon, n. 23.
Oulmann Mayer, rue Sainte-Anne, n. 7.
Remy Jean-Baptiste-Jules, rue de la Préfecture, n. 26.
Rollot François, rue Chaudronnerie, n. 18.
Thenadey Pierre, rue du Chaignot, n. 18.
Wolff Jean-Charles, rue Proudhon, n. 23.
Wolff Moïse, rue Proudhon, n. 23.

AGRÉÉS PRÈS LE TRIBUNAL DE COMMERCE.

Huguenin Anatole, rue Saint-Nicolas, n. 88.
Lacoste Jean-Baptiste, rue des Bons-Enfants, n. 3.
Menassier Claude-Clément, rue Jeannin, n. 4.
Perrot Louis, rue Saint-Pierre, n. 3 *bis*.

ALAMBICS (Fabricants d').

Clerget Eugène, rue Saint-Philibert, n. 65 *bis*.
Dupérat Louis, rue Saint-Philibert, n. 65 *bis*.
Faucillon-Lavergne Victor, rue du Gaz.
Faucillon-Lavergne Victor, rue de la Manutention, n. 5.

ALLUMETTES CHIMIQUES (Fabricants d').

Gauthier Anne Mme, née Mairot, rue de Longvic, n. 43.
Gavigné Jean, chemin des Petites-Roches.
Ladrey Léon, rue de Longvic, n. 53.

ANTIQUAIRES.

Caquelin Joseph-Gédéon, rue Buffon, n. 14.
Caquelin Joseph-Gédéon, rue du Vieux-Collége, n. 14.
Cazet François, rue Chabot-Charny, n. 40.
Nief Balthazar, place du Théâtre.
Tagini Frédéric, antiquités en tout genre (vastes maga
    sins), rue Condé, n. 53.

ARBITRES DE COMMERCE.

Badet Jules, rue Condé, n. 22.
Chemery Félix, rue Lamonnoye, n. 1.
Gindriez Auguste, rue Bouhier, n. 2.
Jacquemet Bertrand, place Saint-Jean, n. 9.

ARCHITECTES.

Belin Louis, rue du Chapeau-Rouge, n. 12.
Caillot Auguste, rue Cazotte, n. 12.

Chevrot Claude, cours du Parc, n. 15 *bis*.
Degré Henri, rue de la Préfecture, n. 26.
Galmard, ingénieur, rue des Godrans, n. 3.
Gouet Fortuné, architecte de la ville, rue d'Ahuy, n. 10.
Leprince, ingénieur, cours du Parc (maison Chevrot.
Lhermier fils, ingénieur, rue Franklin.
Lhommelin Eugène, rue Piron, n. 18.
Mairet, rue Jeannin, n. 65.
Sauger Charles, rue Menevalle.
Sirodot Philippe-Alfred, ingénieur, r. du Petit-Potet, 20.
Sirodot Jules, rue Vannerie, n. 40.
Suisse Jean-Baptiste, rue Devosge, n. 9.
Thevenin Jean, rue Guillaume, n. 4.

ARMURIERS.

Bornier Louis, rue Guillaume, n. 71.
Courte, rue Chabot-Charny, n. 9.
Goutelle Jean, rue Bossuet, n. 23.
Stékel Guillaume veuve, rue des Forges, n. 17.

ARPENTEURS.

Voir Géomètres.

ARTIFICIER.

Besancenot, rue Charrue, n. 3.

ASPHALTE (Applicateurs d').

Gauthier, rue Courtépée, n. 8.
Vitu Blaise, rue du Petit-Potet, n. 8.

ASSURANCES.

Bonnouvrier, représentant de la compagnie *l'Urbaine*, place Saint-Jean, n. 9.

M. Bornier, représentant la Compagnie *la Caisse géné-rale*, rue Bassano, n. 52.

Chairgrasse, représentant des compagnies *le Soleil*, *la Sécurité*, *la Toulousaine*, rue de l'Arquebuse, n. 1.

Coquet Jules-Isidore, représentant de la compagnie *l'U-nion*, rue du Champ-de-Mars, n. 1.

Fouleux, représentant de la compagnie *Assurances Gé-nérales*, rue du Palais, n. 9.

Girard, représentant de la compagnie *la Providence*, rue Saumaise, n. 42.

Granger, représentant de la compagnie *la Centrale*, rue Bossuet, n. 10.

Grapin, repr. de la compagnie *l'Urbaine*, r. d'Assas, 28.

Guillaume, repr. de la comp. *le Monde*, rue du Tillot, 19.

Guillier Joseph, représentant de la compagnie *le Nord*, rue Lamonnoye, n. 3.

Guillier, représentant de la compagnie *la Paternelle*, rue du Tribunal, n. 2.

Jossot, représentant de la compagnie *le Phénix*, rue Chabot-Charny, n. 55.

Lorrain, représentant de la compagnie la *Caisse dépar-tementale*, place Saint-Bénigne, n. 2.

Lorrain, représentant de la compagnie *la Nationale*, rue Saint-Philibert, n. 2.

Meunier, représentant de la compagnie *la France*, rue Longepierre, n. 20.

Metzger, représentant de la compagnie *la Confiance*, rue Verrerie, n. 40.

Monnot Alexis, représentant de la compagnie *l'Abeille*, boulevard de Brosses.

Patriarche Jean-Baptiste, représentant de la compagnie *l'Urbaine*, place Saint-Jean, n. 9.

Pierrot Constant, représentant de la compagnie *le Gres-ham*, rue Saint-Philibert, n. 29.

AUBERGISTES.

Auger Casimir, rue Bassano, n. 5.
Benoit Pierre, place Darcy.
Bernot Auguste, rue Devosge, n. 7.
Berthet Jean-Claude, rue d'Assas, n. 20.
Capard Jean-Baptiste, rue St-Nicolas, n. 107.
Castelle Thomas, rue de Pouilly, n. 2.
Chapuzot, rue Devosge, n. 55.
Colombet François, rue d'Auxonne, n. 12.
Courroux-Pingeon, place Darcy, n. 4.
Dard, place Darcy, n. 2.
Derepas François, rue St-Nicolas, n. 49.
Douard-Delmasse Jean-Baptiste, route de Lyon, n. 2.
Gauchez Firmin, rue du Château, n. 5.
Gevrey Emile, rue de Longvic, n. 4.
Guillot François, rue Bassano, n. 64.
Joanniez Jean, rue des Godrans, n. 82.
Kumer André veuve, rue de la Trémouille.
Latreille Pierre, rue de l'Hôpital, n. 25.
Lavier Nicolas, rue Guillaume, n. 18.
Lebault Hippolyte, rue Ste-Marguerite, n. 57.
Lhéritier Louis, rue d'Auxonne, n. 5.
Machard Pierre, dit Paul, rue St-Pierre, n. 35.
Martin Xavier, rue de la Gare, n. 8.
Mavoir Jean-Baptiste, rue de la Gare, n. 6.
Messigny Louis, rue de Gray, n. 6.
Messigny Pierre, petite rue de Pouilly, n. 2.
Monnot Pierre, place Darcy, n. 5.
Morot Jean-François, rue de la Gare, n. 13.
Nadalon, rue Bassano, n. 51.
Nuguet Pierre, rue Jeannin, n. 67.
Pagot Eugène, rue St-Nicolas. n. 22.
Parfait Pierre, rue Quantin, n. 20.
Perreault Louis, rue Guillaume, n. 65.
Rebichon Françoise veuve, rue Bassano, n. 36.
Ruffey Louis, rue de Longvic, n. 1.

Tachot Jean, rue Guillaume, n. 3.
Tachot Jean, place Darcy, n. 1.
Teinturier Simon-Julien, rue Vannerie, n. 15.
Tortochaux Pierre, rue de Pouilly, n. 16.
Ursot Jean, rue de l'Hôpital, n. 3.
Zimmermann Charles, rue Quantin, n. 15.

AVOCATS.

Ally Nicolas-François, rue Dubois, n. 12.
Azincourt (d') Louis-François, rue de la Préfecture, 105.
Belime André-Florentin-Henri, rue Jeannin, n. 28.
Belland Joseph, rue Guillaume, n. 26.
Blondeau Alexis-Ernest, r. d'Auxonne, n. 3.
Bobet Jean-Pierre-Armand, rue Buffon, n. 8.
Bourgogne Jean-Baptiste, rue St-Nicolas, n. 102.
Bresson Aimé-Joseph, rue Turgot, n. 5.
Caire Antoine, rue Cazotte, n. 12.
Capmas Charles, place St-Bernard, n. 2.
Carnot Claude-Joseph, rue Chancelier-l'Hôpital, n. 2.
Collas Paul-Emile, rue du Tillot.
Cornibert Eugène, rue Chancelier-l'Hôpital, n. 1.
Cothenet Thibaud, rue Sambin, n. 9.
Darbois Jean-Baptiste-Firmin, place St-Jean, n. 8.
Dumont Louis-Charles-Pierre, rue des Bons-Enfants, 1.
Enfert François-Lucien, rue Chabot-Charny, n. 30.
François Auguste, rue Amiral-Roussin, n. 7.
Fremiet Joseph-Auguste, rue Jeannin, n. 75.
Gaudemet Paul-Edouard, rue Chabot-Charny, n. 26.
Gauthey Paul-Gustave-Antoine, rue Chaudronnerie, 50.
Gouget Auguste, rue Chabot-Charny, n. 66.
Guenée Jacques, place St-Bernard, n. 2.
Jobard Pierre-Louis-Joseph, rue Jeannin, n. 67.
Jolibois Jean-Baptiste, rue Amiral-Roussin, n. 40.
Jouffroy Max-Charles-Léon, rue Vannerie, n. 28.
Koch Paul-Henri-François, rue Amiral-Roussin, n. 13.
Koch Henri-Lucien, rue Chabot-Charny, n. 34.
Lacomme Claude, rue Buffon, n. 8 *bis*.

Laplace Charles-Alexandre, rue St-Pierre, n. 14.
Legouz de St-Seine Germain-Maurice, rue Jeannin, 45.
Lévêque Henri-Frédéric, rue de la Préfecture, n. 1.
Lombard Jean-Baptiste-Gabriel, rue Amiral-Roussin, 27.
Lorenchet de Montjamont Joseph-Emilien, r. Buffon, 18.
Malteste Louis-Victor, rue des Bons-Enfants, n. 7.
Mathieu Ernest, rue de la Préfecture, n. 20.
Matry Henri-Nicolas, rue Legoux-Gerland, n. 5.
Metman Jules-Etienne, rue Buffon, n. 4.
Millon Henri-Ernest, r. Chabot-Charny, n. 37.
Mongin Remi-Armand, rue Vaillant, n. 15.
Morerette Edmond, rue Bossuet, n. 18.
Masson Antoine-Eugène, rue Proudhon, n. 17.
Perdrix Louis, rue Vaillant, n. 15.
Pommier Jacques-Désiré, dit Edouard, rue Chaudron-
 nerie, n. 50.
Quillot Joseph-Antoine, rue Condé, n. 52.
Raclot Claude-Pierre, rue Condé, n. 28.
Renardet Jean-Baptiste-Ernest, rue de la Préfecture, 64.
Roignot Jean-Baptiste, rue Lamonnoye, n. 2.
Roignot Pierre-Louis, rue Lamonnoye, n. 2.
Roussin Jacques-Ant.-Albert, r. du Chapeau-Rouge, n. 6.
Serrigny Denis, rue Buffon, n. 20.
Tixier Eugène-Jean-Baptiste, place d'Armes, n. 4.
Vétu Paul-Ernest, rue Berbisey, n. 25.
Vialay Laurent-Amédée, rue d'Assas, n. 2.

AVOUÉS.

Bichot Albéric, rue du Palais, n. 9.
Carlin Ludovic, rue Proudhon, n. 17.
Ceyssel Emile, rue Chabot-Charny, n. 43.
Charvot Jacques-Léon, rue de la Préfecture, n. 14.
Damet Charles, rue Chaudronnerie, n. 3.
Enfert Nicolas, rue Chabot-Charny, n. 30.
Gallois Hippolyte, rue des Forges, n. 36.
Gleize Léon, rue Vannerie, n. 43.
Jeanniot Nicolas-Auguste, rue St-Nicolas, n. 121.
Lefebvre-Forestier Louis-Célestin, rue Longepierre, 14.

Lory Ernest-Léon, rue Buffon, n. 1.
Misset Louis, rue St-Pierre, n. 24.
Montmey Nicolas-Cassien-Ant., r. de la Préfecture, 32.
Moreau Jean-Baptiste, rue Amiral-Roussin, n. 9.
Olinet Jean-Emilien, rue Chabot-Charny, n. 30.
Roger Jean-Jules, rue Chabot-Charny, n. 64.
Rouget Pierre-Henri, rue Notre-Dame, n. 18.
Rouget Jean-Baptiste-Joseph-Paul, place St-Michel, 29.
Vauvillers Adolphe, rue du Palais, n. 12.
Viardot Jules, rue Jeannin, n. 19.
Violle Louis, rue du Petit-Potet, n. 26.

BADIGEONNEURS.

Berthotte Gadin, rue Crébillon, n. 21.
Dungler François, rue de la Manutention, n. 1.
Lemerle Charles, rue du Morimont, n. 5.
Schwendinger Jean, rue des Novices, n. 12.

BAIGNEURS.

Aubertin, rue Quantin, n. 16.
Chantriaux Louis, rue de la Préfecture, n. 12.
Colot Louis, rue du Faubourg-Rennes, n. 15.
Guichard Claude, rue St-Martin, n. 12.
Laurent Augustin (bains de rivière), allée des Chartreux.
Pitolet Jean-Baptiste, rue du Palais, n. 21.
Voilquin Nicolas, rue Chabot-Charny, n. 89.

BALANCIERS (Marchauds).

Derayaut Jean, rue des Godrans, n. 49.
Mantoux Auguste, rue Docteur-Maret, n. 4 *bis.*
Léchenet Mme, place des Ducs.
Mennetrier, rue Condé, n 51.
Peutet, rue Bassano, n 46.
Prudent, rue Longepierre, n. 1.

BANQUIERS.

Chanut Jules-Armand, rue Bassano, n. 17.
Banque de France. M. Cordier, directeur, place de la Banque, n. 2.
Comptoir des Actionnaires. Degrenand, place de la Banque, n. 12.
Echalié Paul, rue de la Préfecture, n. 1.
Gaulin-Dunoyer Antoine-Ernest, rue St-Pierre, n. 11.
Guiot Claude, rue Bassano, n. 17.
Guiot Pierre-François, rue Bassano, n. 17.
Laguesse, rue Chaudronnerie, n. 40.
Mairet Anatole-François, rue St-Pierre, n. 34.
Promayet François-Félix, rue St-Pierre, n. 11.
Remy, rue de la Préfecture, n. 26.

BATEAUX (Constructeurs de).

Descombe Claude, port du Canal, n. 7 *bis.*
Manière Ferdinand, port du Canal, n. 7 *bis.*

BATEAUX A LAVER (Exploitants de).

Simon Jean-Baptiste, allée des Chartreux.
Veillon Claude, rue Menevalle.
Visier Jean, allée des Chartreux.

BATEAUX (Maître de).

Bouchard Jean, route de Lyon, n. 3.

BATTOIRS (Exploitant de).

Richard Charles, rue Menevalle.

BESTIAUX (Marchands de).

Dalem Joseph, rue des Tanneries, n. 2.
Gormotte Pierre, rue du Petit-Cîteaux.
Marguery Jean-Baptiste, rue Jeannin, n. 42.
Nicolas Jean, rue des Tanneries, n. 1.
Verpeaux, aux Blanchisseries.
Walch Isaac, rue des Tanneries, n. 19

BIJOUTIERS.

Billard, rue Rameau, n. 16.
Cretin-Cholet, rue Condé, n. 40.
Faure-Jayet, rue des Godrans.
Girodet, rue Condé, n. 47.
Guilleminot, rue Charrue, n. 7.
Guillier Charles, rue Condé, n. 17.
Jouffroy Louis, rue Amiral-Roussin, n. 44.
Mathieu, rue Condé, n. 43.
Pfister Louis-Léopold, rue Condé, n. 37.

BILLARDS (Fabricants et marchands de).

Chataignier Jules, rue St-Bénigne, n. 11.
Gaulard Prudent, rue Amiral-Roussin, n. 15.
Montchanin, rue Vannerie, n. 86.
Niquevert dit Lucenay, rue de la Gare, n. 1.

BIMBELOTIERS.

Baldomme Pierre, rue Piron, n. 18; — place Darcy ; — rue de la Maternité — (*grand Bazar Dijonnais*).
Front Gaspard, place St-Jean, n. 35.
Héringuez Auguste, rue Piron, n. 11.
Mornay Etienne Mme, rue du Tribunal, n. 1.
Simard Jules, place Darcy.

BISCUITS (Fabricants de).

Grapin Pierre, place St-Jean, n. 6.
Masson, rue de Gray, n. 16.
Rougeot, rue Musette, n. 24 *bis*.

BLANCHISSEURS.

Dessieux Constant, rue de Montigny, n. 2.
Grange Calixte, chemin couvert (lavoir de la porte St-Pierre).
Lévêque Auguste, rue de la Préfecture, n. 6.
Maucherat de Longpré Jean-Baptiste, allée des Chartreux.
Pernet, bastion de la Porte-Neuve.
Robin Jean, ruelle Sambin.
Simon de Longpré, allée des Chartreux.

BOIS EN GROS (Marchands de).

Beuchot Philippe, port du Canal, n. 11.
Boudin Jean-Baptiste, rue de la Manutention, n. 13.
Breuil Claude, rue de l'Arquebuse, n. 4, et allée des Chartreux.

Dupin Jean, rue des Roses.
Garnier Joseph, rue Saumaise, n. 30.
Grey Benoît-Jean-Baptiste, à Urcy, route de Lyon, n. 2.
Paillet-Ronot Pierre, à Lamargelle, représenté par M. Clerc, port du Canal, n. 13.
Pélissonnier Hippolyte, à Pont-de-Pany, port du Canal (chantier), représenté par M. Martin.
Pélissonnier Hippolyte, r. Neuve-St-Bénigne (chantier).
Porteret Auguste, à Moloy, représenté par M. Clerc François, port du Canal, n. 13.
Rochet Frédéric, rue Devosge, n. 12, et boulevard de Brosse.
Theurot François, rue Vauban, n. 17, chantier, rue du Gaz.
Thiberville, représentant de M. Collet, route de Lyon, et Leconte, à Paris, au Creuzot.

BOIS DE CONSTRUCTION (Marchands de).

Badet et Monin, port du Canal, n. 2.
Beuchot Philippe, port du Canal, n. 11.
Cellard Aimé-François, rue du Petit-Potet, n. 20.
Charles François, port du Canal, n. 25.
Corot Auguste, port du Canal, n. 26.
Magnin Joseph, rue des Bons-Enfants, n. 4.
Ragot Claude, route de Lyon, n. 3.
Ragot Georges, route de Lyon, n. 3.
Thibaut Pierre, rue du Petit-Potet, n. 20.

BOIS DE SCIAGE (Marchands de).

Roux Claude-Ant., route de Lyon, n. 2, et r. Bassano, 16.

BONNETIERS (Marchands).

Babin André, rue Bassano, n. 54.
Bellme-Bernard, rue Condé, n. 52.

Blanc Ernest veuve, rue Bassano, n. 84.
Caillot-Dechaux veuve, rue Condé, n. 18.
Cour Léon (en gros), place d'Armes, n. 10.
Dupré Constant (en gros), place d'Armes, n. 10.
Duval-Belime Emile, rue Condé, n. 6.
Galand Jules (en gros), rue des Forges, n. 40.
Geoffroy Mathieu, rue des Godrans, n. 47.
Jacquot Xavier (en gros), place Saint-Jean, n. 8.
Legrand Auguste, rue du Bourg, n. 33.
Legrand François, rue du Bourg, n. 72.
Petit-Pétrot Oscar-Eugène, rue François-Rude, n. 36.
Rousseau Jean (en gros), place Saint-Jean, n. 10.
Tamisey Remi, rue du Bourg, n. 76.
Tournier-Contour Henri Mme, place des Ducs de Bour-
gogne, n. 2.
Vormèse Jacob, rue Odebert, n. 15, et petite rue du Châ-
teau, n. 4.

BOUCHERS (Marchands).

Bonzon Jean-Bapt., r. du Bourg, 25, et chem. couvert, 14.
Boussard Louis, rue du Morimont, n. 7.
Briotet Jean-Baptiste, rue du Lacet, n. 5.
Brugnot Jean-Baptiste, rue Quantin, n. 6.
La Bourguignonne, boucherie, représentée par M. Collot
Louis, rue Musette, n. 32.
Cousin Stéphann, rue Berbisey, n. 76.
Deport Joseph, rue des Moulins, n. 9.
Deroye Henri, rue Vannerie, n. 78.
Détang Joachim, rue Saint-Nicolas, n. 66.
Duplessis Ernest, rue Jeannin, n. 44.
Gaitet Henri, rue Neuve-Saint-Bénigne.
Guyon François, rue des Perrières, n. 1.
Jehl Gaspard, rue du Chapeau-Rouge, n. 9.
Kochrer Xavier, rue Bassano, n. 67.
Kochrer Joseph, rue Vaillant, n. 18.
Laureau Jacques, rue Saint-Philibert, n. 26.
Laureau Claude, rue des Tanneries, n. 4.

Lehnard-Faidey Jean, rue du Bourg, n. 45.
Lévy Raphaël, rue des Forges, n. 28.
Lordon François, rue Bassano, n. 112.
Lordon Louis, dit Charles, rue du Bourg, n. 65
Lordon Ernest, rue Chaudronnerie, n. 15.
Manière Jean-Baptiste, rue des Tanneries, n. 23 *bis*.
Moine Jean-Baptiste, rue du Bourg, n. 39.
Moniot Yves, dit Charles, rue Odebert, n. 28.
Paitel François, rue d'Auxonne, n. 38.
Perreau François, rue du Bourg, n. 53.
Perrier Jean-Baptiste veuve, rue Berbisey, n. 102.
Polvet Jacques-Victor, rue Odebert, n. 8.
Spuller Joseph, rue des Godrans, n. 63.
Spuller Joseph veuve, rue Saint-Nicolas, n. 100.
Stroheker Louis, rue d'Auxonne, n. 10.
Vallée Félix-Bernard, rue Odebert, n. 13.
Vallée Jean, rue Saint-Pierre, n. 6.
Yencesse Ovide, rue du Bourg, n. 13.

BOUCHONS (Fabricants de).

Gajan Raymond, rue Lamonnoye.
Henry Eugène, rue des Forges, n. 35.

BOUES (Entrepreneur de l'enlèvement des).

Venot-Mercier Pierre, à Montmuzard.

BOUGIES (Fabricants de).

Marcaire Félix, rue des Godrans, n. 84.
Royer Bienaimé, route de Lyon, n. 5.
Sirandré frères, rue Sainte-Catherine, n. 1.

BOUILLEUR.

Glocknet Adam, rue Sainte-Marguerite, n. 6.

BOULANGERS.

Boulangerie sociétaire, rue Saint-Philibert, n. 55.
Belfy Claude, rue du faubourg Rennes, n. 7.
Belnet, rue St-Nicolas, n. 105.
Belorgey Denis, rue St-Pierre, n. 31.
Bochot François, rue St-Nicolas, n. 15.
Bret Auguste, rue St-Philibert, n. 42.
Brivot Jean-Baptiste, rue St-Nicolas, n. 104.
Cauvard Joseph-Paul, rue Notre-Dame, n. 28.
Chapusot Nicolas, rue Devosge, n. 35.
Clémencet Joseph, rue Guillaume, n. 23.
Clerget Hippolyte, rue Charrue, n. 10.
Clerget Jean, rue St-Pierre, n. 10.
Converset Adolphe, rue Piron, n. 8.
Colas Jean-Baptiste-Auguste, rue Vannerie, n. 57.
Covillet Frédéric, rue des Godrans, n. 86.
David Flavien, rue Chabot-Charny, n. 35.
Delaborde Etienne, rue Bossuet, n. 17.
Drouelle, rue d'Auxonne, n. 17.
Favret Jean, rue des Godrans, n. 9.
Fichot Alexandre, rue Menevalle.
Gaulot Louis-Hippolyte, rue St-Nicolas, n. 44.
Gerber Corinthe, rue d'Assas, n. 19.
Gerber François, rue de la Gare, n. 2.
Gougeul Henri, rue de la Préfecture, n. 4.
Gouget Germain, rue Jeannin, n. 77.
Guyot Jean, rue Jeannin, n. 53.
Hudry Joseph, rue Berbisey, n. 35.
Jacob Jean-Baptiste, rue des Moulins, n. 30.
Jandot Claude, rue Vannerie, n. 79.

Javilier Pierre, rue St-Philibert, n. 33.
Labbé Eugène, rue d'Auxonne, n. 17.
Lafontaine Hippolyte, rue St-Philibert, n. 28.
Lanier Pierre, rue Ste-Marguerite, n. 3.
Lemulier Pierre veuve, rue de l'Hôpital, n. 17.
Lorimey Jean-Baptiste, rue Crébillon, n. 22.
Marcillet Jean-Baptiste, rue Buffon, n. 16.
Marinot Jean-Baptiste, rue Verrerie, n. 6.
Martin Vital, rue Guillaume, n. 59.
Mouard Pierre, rue Bossuet, n. 3.
Mouillon Pierre-Auguste, rue du Bourg, n. 66.
Mutel Jean-Baptiste, rue des Bons-Enfants, n. 5.
Mutin Jean-Baptiste, rue du Bourg, n. 11.
Ocquidant Philibert, rue d'Auxonne, n. 9.
Orième Jean-Alfred, rue de l'Hôpital, n. 11.
Patriarche Claude, rue St-Nicolas, n. 79.
Pepin Jean-Baptiste, rue Chancelier-l'Hôpital, n. 7.
Perrault Jacques, rue Saint-Martin, n. 14.
Philibeaux Jean-Baptiste, rue Magenta, n. 2.
Philibeaux Antoine, rue Vauban, n. 5.
Raillard François, rue St-Pierre, n. 37.
Romey Jean-Antoine veuve, rue Vannerie, n. 53.
Roux Claude-Victor, rue Berbisey, n. 56.
Sancenot Honoré, rue François-Rude, n. 30.
Seguin Hyacinthe, rue Bassano, n. 21.
Seguin François, rue Guillaume, n. 14.
Tainturier Simon, rue Chabot-Charny, n. 52.
Tissot Antoine, rue Bassano, n. 57.
Tissot Jacques, rue des Godrans, n. 6.
Tissot Louis, rue St-Nicolas, n. 47.
Verrot Félix, rue Bassano, n. 35.
Vienne Simon, rue Bassano, n. 83.
Voillot François, rue du Champ-de-Mars, n. 4 bis.
Voinchet Ernest, rue des Forges, n. 27.
Voinchet Ernest, rue de Montigny, n. 6.
Weber Florent, rue des Godrans, n. 29.

BOUQUINISTES.

Cazet François, rue Chabot-Charny, n. 40.

Grigne Henri, rue Verrerie, n. 24.
Hartmann Bernard veuve, place St-Jean, n. 33.
Meurisse Jean-Jacques, rue Musette, n. 35.
Pitolet François, rue des Etioux, n. 16.

BOURRELIERS.

Badier François, rue d'Auxonne, n. 10.
Carnet Antoine, rue d'Auxonne, n. 4.
Choillot Félix, rue de l'Hôpital, n. 15.
Commard Pierre, rue Mably, n. 9.
Forneron Pierre, rue St-Nicolas, n. 52.
Guyotte Jean, rue St-Nicolas, n. 18.
Jossot Etienne, rue Jeannin, n. 50.
Michéa Pierre, rue St-Nicolas, n. 28.
Raviot Jean-Baptiste, rue de l'Hôpital, n. 9.
Thierry Jacques, faubourg Rennes, n. 9.
Thierry Jean-Baptiste, faubourg Rennes, n. 9.

BRASSEURS.

Diébold Michel, rue d'Auxonne, n. 67.
Eberlin Ernest, rue du Chaignot, n. 22.
Garnier Louis, rue Ste-Marguerite, n. 14.
Gerber François, rue de la Gare, n. 2.
Guilleminot, rue St-Nicolas, n. 26.
Guyot Louis-Dominique, rue de Longvic, n. 2.
Messner Antoine, rue Ste-Marguerite, n. 10.
Meurgey Alfred, rue des Moulins, n. 56.
Mutz Joseph dit Georges veuve, rue Ste-Marguerite, 14.
Perreau Louis, rue Ste-Marguerite, n. 31.
Schoeny Fudolin, rue d'Auxonne, n. 67.
Semet Etienne, rue des Moulins, n. 56.
Trivier-Carré Emile, rue d'Assas, n. 22.

BRIDES (Fabricants de).

Billoux-Gaudard Alfred, rue du Gaz, n. 10.

BRODERIES (Marchands de).

Bellenet Charles, rue Bossuet, n. 31.
Carré Hortense Mlle, place d'Armes, n. 4.
Commeaux Mlles, rue Condé, n. 35.
David Eugénie Mlle, rue des Godrans, n.100.
Delmont Xavier, place d'Armes, n. 12.
Loye Mlles, place du Théâtre.
Mérilly Charles, rue Bossuet, n. 24.
Serrigny Mlles, rue Vaillant, n. 21.

BROSSES (Fabricants de).

David Antoine, rue Chabot-Charny, n. 34.
Marmorat Edouard, rue Condé, n. 20.
Marmorat Léon, rue Condé, n. 20.

CABINETS DE LECTURE.

Duthu Hippolyte, rue Lamonnoye.
Poidevin Pierre-Alexandre, rue Jeannin, n. 22.
Pousset-Rémond Mme, rue Vauban, n. 15.
Thevenard Mlles, place d'Armes, n. 5.

CABARETIERS.

Adenot Louis veuve, Carrières-Blanches.
Amary Pierre, route d'Auxonne, n. 66.
Amiot Bernard, rue du Gaz, n. 21.
Ancel Jean-Baptiste, rue Berbisey, n. 81.
Aubertin Pierre, rue Quantin, n. 16
Augé Casimir, rue Bassano, n. 5.

Austerlitz Pierre, rue Coupée-de-Longvic, n. 8.
Bailly-Thibaut, rue Dauphine, n. 15.
Bailly Louis, rue Guillaume, n. 9.
Bailly Joséphine, rue des Tanneries, n. 2.
Barrié Jean-Antoine, rue Vaillant, n. 4.
Baudrillard, rue Victor-Dumay, n. 15.
Bazerolle Claude, rue du Bourg, n. 46.
Beaujard Louis, rue Berbisey, n. 114.
Beaulieu Adolphe, rue Berbisey, n. 122.
Beck Louis-Victor, rue Bassano, n. 120.
Béguin Edme, rue Franklin, n. 7.
Belin Jean-Baptiste, rue St-Pierre, n. 25.
Benoît, rue Vauban, n. 10.
Berger François, maison Jarran, route de Plombières.
Bernard Henri, à Mirande.
Bernard Toussaint, rue Odebert, n. 10.
Besancenot Louis, avenue de Cromois.
Beugnot Louis, allée des Chartreux.
Blanche Pierre-Charles, rue Audra, n. 13.
Bodoignet François, rue St-Nicolas, n. 1.
Bornier Charles, rue Chabot-Charny, n. 68.
Bornier Etienne, rue des Godrans, n. 4.
Bourru Martin-Joseph, rue du Bourg, n. 45.
Boyer Jean-Baptiste, rue Vannerie, n. 88.
Bresson Pierre-Victor, rue d'Ahuy, n. 6.
Breuil Jacques, rue Jeannin, n. 81.
Brille Pierre, rue Bassano, n. 79.
Brullebaut Germain, rue du faubourg Rennes, n. 13.
Camus Eugène, maison Trouillet, rue de la Gare.
Camus Philibert, rue Saumaise, n. 24.
Capard, rue St-Nicolas, n. 107.
Catala Jean, rue St-Philibert, n. 34.
Cazet-Truc Jean-Baptiste, port du Canal, n. 15.
Chambrette Etienne, rue Vannerie, n. 16.
Chanlon Claude, rue du Tribunal, n. 7.
Chapusot Nicolas, rue Devosge, n. 35.
Charcouchet François, rue de l'Arquebuse, n. 8.
Charles Jean, rue Odebert, n. 14.
Chastin Edmond-François, port du Canal, n. 7.
Chauvelot Théodore, rue Devosge, n. 10.

Chazelle François, rue du Pont-des-Tanneries, n. 8.
Chêne Philippe, près la Fontaine-Ste-Anne.
Chevillot Jean veuve, rue Magenta.
Chevrey Jean-Baptiste, rue Odebert, n. 24.
Coillot Pierre, rue Bassano, n. 62.
Colin Jean, rue St-Pierre, n. 10.
Collot Jacques, rue Roulotte, n. 25.
Coquillet Bernard, route d'Auxonne, n. 80.
Cornice Nicolas, rue de l'Arquebuse, n. 3.
Cornuot Auguste, place Morimont, n. 20.
Correy Claude, rue de l'Hôpital, n. 15.
Costet Jean, rue Devosge, n. 4.
Crasot Thomas, rue des Godrans, n. 27.
Curot Claude, port du Canal, n. 3.
Dautrey Nicolas, rue d'Auxonne, n. 31.
Davanture Jean-Baptiste, rue Menevalle.
David Jean, rue Chabot-Charny, n. 60.
Débonnaire Jacques veuve, née Corbot Apolline, chemin
    couvert, n. 34.
Debruères Etienne, rue des Moulins, n. 16.
Décologne Joseph, rue de la Gare, n. 1.
Décuret Louis, rue Saumaise, n. 8.
Degoud Joseph, route d'Auxonne.
Delettre Isidore, rue St-Pierre, n. 41.
Dellemailly Joseph, rue des Godrans, n. 12.
Dellery Jean-Baptiste, rue Audra, n. 16.
Demaret Maxime, rue des Perrières, n. 4.
Dépaule Nicolas, rue de Pouilly, n. 20.
Derepas Jean, rue du Bourg, n. 19.
Derepas Jean, rue Guillaume, n. 4 *bis*.
Deschamps Jean-Baptiste, rue Amiral-Roussin, n. 38.
Deschamps Nicolas, chemin couvert, n. 30.
Desgrange Adalbert, place St-Michel, n. 39.
Didier François, Carrières-Blanches.
Douard, route de Lyon.
Doussot Claude-François, rue des Tanneries, n. 3.
Ducroux Philibert, rue Devosge, n. 24.
Duthu Edouard, rue de la Préfecture, n. 80.
Esmonin Pierre, près la Fontaine-Ste-Anne.
Fagot Mme, née Chazelle, rue du Petit-Cîteaux.

Fagot Prudent, route de Lyon, n. 3.
Faivre Jean-Baptiste, rue de la Préfecture, n. 44.
Flaive Ferdinand, rue des Godrans, n. 52.
Flaive Pierre, rue St-Philibert, n. 10.
Flocard Mamès, rue des Forges, n. 66.
Forey François, rue du Chaignot, n. 6.
Fournier Claude, rue de l'Hôpital, n. 27.
Fremont Claude, rue des Novices, n. 22.
Fremont Claude, rue du Tillot, n. 1 *bis*.
Fribourg Pierre-Gustave, rue d'Ahuy, n. 21.
Gabillot-Petit Christophe, route d'Auxonne.
Gallois Claude-Denis, chemin de Corcelles.
Garaudet Jean-Baptiste, port du Canal, n. 13.
Garreau Lazare, rue François-Rude, n. 7.
Garrot Joseph, rue des Etioux, n. 22.
Gaudillère Alexis, rue Bassano, n. 49.
Gauthier Pierre, rue de la Gare, n. 16.
Gauthier François, rue Saumaise, n. 20.
Gathelier François, rue des Godrans, n. 24.
Gelot Paul, rue St-Nicolas, n. 8.
Georger Jacques-Victor, rue de l'Arquebuse, n. 10.
Gérinthe Claude, rue Crébillon, n. 18.
Gille Félix, rue des Godrans, n. 53.
Gormotte Pierre, rue du Petit-Cîteaux.
Graff Jacob, rue Bassano, n. 55.
Hautemanière Jules, rue Menevalle.
Henry François, rue Berbisey, n. 41.
Hoffmann Jacques, place du Morimont, n. 17.
Humblot Jean-Baptiste, rue Roulotte, n. 29.
Jannin Léon, place du Morimont, n. 11.
Jeanniard Pierre, à Larrey.
Jeannin Jean-Baptiste, rue Vannerie, n. 71.
Kaltschmidt Adolphe, rue Vannerie, n. 28.
Krammér Claude-Frédéric, à Larrey.
Labarbe François, près de l'écluse de Larrey.
Labbé Martin, rue de Longvic, n. 9.
Laborde Jean-Baptiste, place du Morimont, n. 14.
Ladrey, route d'Auxonne.
Lamblot Claude, rue Berbisey, n. 132.
Lhuilier Jean-Baptiste Mme, née Jarrand Jeanne, route de Plombières.

Lhuillier Pierre, place St-Michel, n. 7.
Lejour Pierre, rue des Godrans, n. 53.
Lérondel Benjamin, rue des Tanneries, n. 29.
Lorentz Sébastien, route d'Auxonne.
Lucotte Pierre, rue Berbisey, n. 124.
Machuraux Jean, rue Notre-Dame, n. 12.
Magnien Charles-Edouard, rue Vaillant, n. 8.
Mairet Antoine, rue Berbisey, n. 15 *bis*.
Mairet Bénigne, rue de la Gare, n. 11.
Mairet Claude, rue St-Philibert, n. 5.
Maitrey Frédéric, rue de Pouilly, n. 31.
Mallard Nicolas, rue Chaudronnerie, n. 17.
Manine François, rue Saumaise, n. 44.
Martenot Jean-Baptiste, rue de la Préfecture, n. 111.
Martin Xavier, rue de la Gare, n. 8.
Mavoir Emile, rue de la Gare, n. 6.
Menelet Georges, rue Vannerie, n. 72.
Moine Nicolas, rue du Bourg, n. 47.
Moingeon François, rue Chaudronnerie, n. 30.
Molé Edme, rue de la Prévôté, n. 11.
Monnet Laurent, rue de la Préfecture, n. 44.
Môre Jean-Baptiste, à Bellevue, au-dessus de la Gare.
Morot Jean-François, rue de la Gare, n. 13.
Mouillon Félix, rue Guillaume, n. 31.
Mourot Joseph, allée des Chartreux.
Nadalon Pierre, rue Bassano, n. 51.
Naigeon Claude-Philibert, rue de Montmuzard, n. 45.
Niquet-Vincent, allée de la Retraite.
Norture Claude, aux Champs-Elysées (cours du Parc).
Paulus Joseph, rue Berbisey, n. 77.
Péchinot Jean, rue de la Manutention, n. 7.
Perreaux Pierre, port du Canal, n. 25.
Perret Etienne, rue Magenta, n. 1.
Perrier, rue St-Nicolas, n. 73.
Perrier Pierre, rue de l'Hôpital, n. 1.
Perrot Philippe, rue Roulotte, n. 17.
Petitjean Germain, rue St-Philibert, n. 25.
Pitié Simon, rue Richelieu, n. 3.
Poirotte veuve, née Devanne, rue Guillaume, n. 2.
Pourpy Claude, rue St-Philibert, n. 71.

Prieur Pierre, rue de l'Hôpital, n. 27.
Prieur Simon, rue Jeannin, n. 52.
Quenot Alexandre, rue d'Ahuy, n. 18.
Quignard Arthur, rue des Bons-Enfants, n. 9.
Regnaudot François veuve, rue des Forges, n. 50.
Regnault Jean, rue de la Gare, n. 12.
Richard Charles, rue de l'Ile, n. 4.
Rigaud Jacques, rue Ste-Catherine, n. 4.
Riotte Laurent, rue Victor-Dumay, n. 16.
Rollin Pierre, rue Bassano, n. 26.
Rousselle Alexandre, rue St-Philibert, n. 31.
Roux François veuve, rue Guillaume, n. 21.
Roy Thomas, aux Blanchisseries, rue de la Colombière.
Ruffey Pierre veuve, rue des Moulins, n. 19.
Salomon Antoine veuve, rue St-Philibert, n. 14.
Sauvestre Jean-Baptiste, route de Langres.
Sebille Etienne, rue de l'Hôpital, n. 13.
Serré Charles, rue de Clairvaux, n. 10.
Siméon Claude-Adolphe, rue de la Préfecture, n. 71.
Simonet Louis Mme, née Finot Catherine, r. Berbisey, 89.
Simonnet Jean, rue St-Nicolas, n. 50.
Sirdey Louis, rue des Godrans, n. 40.
Sivert Nicolas veuve, rue de Clairvaux, n. 6.
Spor Joseph, chemin de Talant, près l'octroi.
Stefgen Mme, route de Plombières.
Talle Jacques-Louis, route de Troyes.
Theuriet Nicolas, rue François-Rude, n. 25.
Theuriet Jean-Baptiste, rue de la Gare, n. 10.
Thevenin Pierre, port du Canal, n. 14.
Thibault Jules-Auguste, rue Jeannin, n. 85.
Thierry Jacques, rue du faubourg Rennes, n. 9.
Trufin Claude, rue de l'Ile, n. 3.
Vallée Victor-Jean-Baptiste, rue Baunelier, n. 7.
Vallot Charles, route de Montmuzard, n. 10.
Vallot Jules, près l'entrée du Parc.
Vanguberghen Egide-Joseph, route de Gray.
Vermer Louis, rue d'Auxonne, n. 45.
Verrière Pierre, rue de Gray, n. 19.
Vincent Simon, rue de la Manutention, n. 16.
Voisin François, rue Ste-Marguerite, n. 9.

CAFÉTIERS.

Antoine Jean, rue Chabot-Charny, n. 3.
Bailly Nicolas, rue Guillaume, n. 19.
Bandinelli Fortuné, rue Condé, n. 58.
Barrié, rue Vaillant, n. 8.
Bauzon Louis, rue Neuve-Saint-Bénigne.
Benoît François-Régis, rue Vauban, n. 8.
Bernard Félix, rue Saint-Pierre, n. 40.
Billot Claude-Joseph veuve, rue Bassano, n. 50.
Bizot Denis, rue Condé, n. 46.
Bochot François, rue Guillaume, n. 8.
Bodier Léon, rue de la Trémouille, n. 5.
Bolotte Jean-Baptiste, rue du Bourg, n. 21.
Bordet François, rue de la Prévôté, n. 9.
Boyer, rue Vannerie, n. 88.
Bresson Claude, rue Bassano, n. 73.
Briotet Nicolas, rue d'Auxonne, n. 20.
Buron Pierre, route de Plombières.
Carrière Denis veuve, rue Bossuet, n. 2.
Chauvelot Théodore, rue Devosge, n. 12.
Chevalier Jean-Bapt., place des Ducs de Bourgogne, 8.
Chevalier Louis, rue Saint-Nicolas, n. 22.
Dard Antoine, place Darcy, n. 2.
David Jules, rue Saint-Pierre, n. 42.
Desvignes Philippe veuve, née Laurot Pierrette, rue Lamonnoye.
Détourbet Auguste, rue de la Gare, n. 1.
Dorey Bénigne, rue Charrue, n. 56.
Dumergue, rue Vauban, n. 14.
Eberlin Pierre, rue Chabot-Charny, n. 8.
Focillon Edouard, rue Chabot-Charny, n. 48.
Frèrejacques Joseph, rue Saint-Nicolas, n. 98.
Gagnepain Claude, place d'Armes, n. 3.
Gassendy Charles, viaduc de l'Arquebuse.
Gelot, rue Saint-Nicolas, n. 8.
Georges Victor, rue de l'Arquebuse, n. 10.

Gerber François, rue de la Gare, n. 2.
Gevrey Pierre, rue Jeannin, n. 60.
Gidel Claude Mme, née Roy, rue Neuve-Saint-Bénigne.
Gillet Claude, rue Guillaume, n. 61.
Grey Louis Mme, née Nicolas Claudine, r. St-Nicolas, 64.
Guelaud Jean-Baptiste, rue Chabot-Charny.
Guillemin Hippolyte, place d'Armes, n. 15.
Guinot Eugène, rue Devosge, n. 39.
Guyot Etienne, rue Saint-Bénigne, n. 11.
Hugot Auguste, rue Bassano, n. 110.
Javillier Jean, rue Saint-Nicolas, n. 72.
Jeannet Henri, rue d'Auxonne, n. 7.
Jehl Jacques, rue Guillaume, n. 53.
Lévêque François, rue Saint-Pierre, n. 36.
Mainaz Théodore veuve, place Darcy, n. 1.
Mallard Nicolas dit Félix, rue Jeannin, n. 71.
Mareschal Paul, rue Neuve-Saint-Bénigne.
Marguery Claude, rue d'Auxonne, n. 19.
Mazier Mlle, rue Lamonnoye, n. 1.
Migne François, rue Saint-Nicolas, n. 43.
Missler, rue Saint-Martin, n. 11.
Modot Pierre, rue Chabot-Charny, n. 7.
Moingeon François, rue Chaudronnerie, n. 11.
Monin Félix, rue Guillaume, n. 41.
Nicolle Pierre-Auguste, place d'Armes, n. 8.
Nuguet Joseph, rue Jeannin, n. 65.
Perrier Jean-Baptiste, rue Bassano, n. 75.
Petit Jean-Baptiste, rue Verrerie, n. 44.
Ragonneau Auguste, rue des Godrans, n. 45.
Raillard Alexandre, rue des Godrans, n. 15.
Ravonneau François, rue Piron, n. 32.
Reicheneiker Albert, rue Odebert, n. 14.
Rey Pierre, rue Guillaume, n. 47.
Robergeqt Jean, place Saint-Nicolas, n. 10.
Rougeot Hubert, rue Verrerie, n. 56.
Rousselet Jean-Jules, rue Bassano, n. 44.
Ruffey Louis, rue de Longvic, n. 1.
Saussié Jean-Baptiste, rue Berbisey, n. 86.
Seignot Martin, rue Guillaume, n. 5.
Serré Charles, rue de Clairvaux, n. 10.

Simon Victor, place des Cordeliers. n. 2.
Siredey Nicolas, rue Condé, n. 1.
S'eckel Charles, rue des Forges, n. 30.
Tavernier François, rue Vannerie, n. 70.
Theuriet Nicolas, rue François-Rude, n. 25.
Tissot Pierre-Camille, rue Bassano, n. 34.
Toulouse François, rue Bassano, n. 77.
Tournois Félix, rue des Godrans, n. 80.
Troisgros Joseph, rue de l'Hôpital, n. 37.
Vallot Auguste, rue Chabot-Charny, n. 1.
Vautrot Charles, rue Audra, n. 21.
Vautrot Charles, rue de la Gare, n. 15.
Viard Pierre, rue Saint-Nicolas, n. 23.
Voillequin Félix, rue des Godrans, n. 90.

CAGES (Fabricant et marchand de).

Rasina Ferdinand, rue Piron, n. 38.

CAMIONNEURS.

Lambert, place d'Armes, n. 14.
Mougin Ferdinand, rue des Godrans, n. 96.
Nicolin Auguste, rue de la Gare, 6, et rue des Perrières.
Sauvage Pierre, rue des Forges, n. 64.

CARRIERS (Maîtres).

Bacquin Antoine, rue Berbisey, n. 45.
Benoît Pierre, au-dessus des Carrières-Blanches.
Dupin Jean, aux Echaillons.
Guillier Charles, clos Morin, rue de Montmuzard.
Leroux Claude, rue du Tribunal, n. 3.
Mavoir Emile, rue de la Gare, n. 10.

Michel Pierre-Paul, rue Guillaume-Tell.
Pâris Benoît, aux Mares-d'Or.
Pitié Jean, à la Combe-Persil.

CARROSSIERS.

Barbet Claude, rue Buffon, n. 38.
Barry Louis-Alexandre, rue de Clairvaux, n. 6.
Barry Jean, rue de Clairvaux, n. 6.
Borde Auguste, rue des Moulins, n. 42.
Bourgeois, rue Berbisey, n. 106.
Focillon Etienne, rue Saumaise, n. 55.
Lavier, rue Saint-Bénigne, n. 4.
Maugey Pierre, rue des Godrans, n. 65.
Mathey, place du Morimont, n. 7.
Raviot Jean-Baptiste, rue de l'Hôpital, n. 9.

CARTONNIERS.

Farcy Jules, rue Bassano, n. 37.
Jouffroy Eugène, rue Amiral-Roussin, n. 11.
Jouffroy Auguste, rue Guillaume, n. 63.
Maupin François, rue Bassano, n. 9.
Mathieu Victor, place du Morimont, n. 1.

CASERNE DE PASSAGES MILITAIRES (Logeurs).

Bordet Auguste, rue de la Prévôté, n. 11.
Bordet François, rue de la Prévôté, n. 11.

CASQUETTES (Fabricants de).

Audemart Brutus, rue Piron, n. 15.
Bizot Frédéric, rue Saint-Bénigne, n. 2.
Duplus Jean-Baptiste, rue du Bourg, n. 64.

Laurent Louis aîné, rue Devosge, n. 43.
Laurent Ernest, rue Montigny, n. 1.
Miniac, rue du Sachot, n. 8.
Vallot Jean-Baptiste, rue du Bourg, n. 12.

CENDRES (Marchands de).

Voir Charrée (marchands de).

CHAISES (Fabricants et marchands de).

Durosoy Joseph, rue Amiral-Roussin, n. 29.
Faivre Jean-Baptiste, rue Jeannin, n. 7.
Lenoir Maurice, rue Jeannin, n. 63.

CHAMOISEURS.

Bélorgey Jacques, rue Derrière-les-Tanneries, n. 3.
Siméon Louis, rue des Tanneries, n. 3, et à la Corvée.
Voir Tanneurs.

CHAPEAUX (Fabricants de).

Laurent Louis-Vivant, rue Devosge, n. 43.
Laurent Louis-Ernest, rue de Montigny, n. 1.
Miniac Charles-Louis, rue du Sachot, n. 8.

CHAPEAUX DE PAILLE (Marchands de).

Bénier Napoléon, rue Musette, n. 2.
Guiot Louis, rue Bouhier, n. 4, et rue des Etioux, n. 11.

Marty Gabriel, rue Musette, n. 11.
Philibert Alfred, rue des Etioux, n. 11.
Raskin Guillaume, rue Musette, n. 16.
Reymond Joseph, place d'Armes, n. 4.

CHAPELIERS.

Audemart Brutus, rue Charrue, n. 6.
Deremble Claude, rue Charrue, n. 18.
Devaux Jules, rue Condé, n. 42.
Duchêne Charles, rue St-Martin, n. 43.
Duplus Jean-Baptiste, rue du Bourg, n. 64.
Fagotey François, rue Condé, n. 41.
Gagniard Amédée, rue Bassano, n. 98.
Gallois Claude-Denis, rue Bossuet, n. 1.
Jobin Emile, rue Musette, n. 13 et 29.
Lévy Gustave, rue du Bourg, n. 35, et rue Musette, n. 21.
Magnien Jean-Baptiste, rue Condé, n. 49.
Picard Charles, rue Chabot-Charny, n. 58.
Potot Charles veuve, rue de la Trémouille, n. 4.
Racine Ernest, rue St-Nicolas, n. 25.
Vallot Jean-Baptiste, rue du Bourg, n. 12.

CHARBON (Marchands de).

Amiot Jean-Philibert, rue de la Gare, n. 1.
Badet et Cie, port du Canal.
Beroux Eugène, rue de Montmuzard, n. 2, et rue de
  Montigny, n. 14.
Beuchot Philippe, au Petit-Chantilly.
Camus Philibert, rue Saumaise, n. 26.
Chapuis Pierre, port du Canal, n. 8.
Fourcault Antoine, rue Buffon, n. 41, et impasse St-Jean.
Galétte Jules, rue des Moulins, n. 2.
Joannet François, rue Odebert, n. 16.
Jouannet Pierre, rue Ste-Anne, n. 6.

Lion-Joly, entrepositaire des mines de Blanzy, port du Canal (clos de l'Hôpital).
Marcillet François, place du Morimont, n. 20.
Meunier Etienne, rue de Clairvaux, n. 4.
Meunier François, rue Odebert, n. 1.
Monin Philibert, port du Canal, n. 2.
Mouillon Claude, rue Audra, n. 7.
Mugnier, rue de Clairvaux, n. 3.
Pélissonnier Hippolyte, rue Brulard, n. 7.
Peutet Jean-Baptiste, rue St-Philibert, n. 40.
Rouhier Jean, rue des Moulins, n. 2.

CHARCUTIERS (Marchands).

Aubelle Jean-Antoine, rue du Bourg, n. 18.
Aubelle aîné Jean-Abel, rue Condé, n. 16.
Barbet Claude, rue Vannerie, n. 22.
Beurnot Jean-Baptiste, rue St-Martin, n. 35.
Boiteux Joseph, rue Guillaume, n. 6.
Bonnard Pierre, rue Vannerie, n. 90.
Briotet Philippe, rue du Pont-des-Tanneries, n. 2.
Burger Joseph, rue St-Nicolas, n. 5.
Chameroy François, rue Bassano, n. 69.
Chauvin Jean-Baptiste, rue des Godrans, n. 56.
Chevillard Jean-Baptiste, rue Bassano, n. 15.
Dorey Antoine, rue du Bourg, n. 62.
Gremeaux Pierre, rue Guillaume, n. 45.
Kleb Jean, rue St-Pierre, n. 27.
Levoyet Pierre, rue d'Auxonne, n. 39.
Meux Bernard, rue Chabot-Charny, n. 99, et chemin couvert, n. 9.
Morel Joseph, rue Jeannin, n. 48.
Munier Jean-Baptiste, rue des Forges, n. 31.
Naigeon Sophie, rue Bannelier, n. 3.
Plissier Benoît veuve, rue Berbisey, n. 114.
Quantin Jean, rue Bassano, n. 8.
Regnier Charles, rue St-Nicolas, n. 68.

CHARPENTIERS.

Bidault Louis, rue d'Ahuy, n. 16.
Billiette Pierre-Auguste, rue Neuve-Saint-Bénigne.
Berrues Louis, rue Devosge, n. 27.
Chamard Jean-Baptiste, rue de l'Arquebuse, n. 2.
Charry Blaise, port du Canal, n. 8, et r. des Tanneries, 4.
Charry Charles, cour des Frères, n. 3, et boulevard de Brosses.
Décombe Claude, port du Canal, n. 7 *bis*.
Dufouer François, chemin couvert, n. 36.
Guyot Jacques, dit Philippe, rue de l'Arquebuse, n. 18.
Jolivet François, rue de Montmuzard, n. 35 *bis*.
Landroz François, chemin couvert, n. 25.
Landroz fils, allées de la Retraite, n. 5.
Litaudon François, r. Berbisey, 75, et r. du Petit-Citeaux.
Mouillon Philibert, rue Sambin, n. 3.
Niquet Jean-Baptiste, allée de la Retraite.
Parize François, rue Berbisey, n. 45.
Parize Louis, rue Berbisey, n. 45.
Petitot Pierre, rue Magenta, n. 1.
Picard Antoine, chemin couvert, n. 23.
Rémond Maurice, rue Magenta, n. 5.
Sanson Pierre, rue Bassano, n. 85.
Soumis Jean-Marie, boulevard de Brosse.
Soumis Pierre-Paul, rue de Clairvaux, n. 2.
Tardits Guillaume, rue St-Nicolas, n. 4, et rue de la Trémouille, n. 1.
Truchetet Auguste, port du Canal, n. 5.

CHARRÉE (Marchands de).

Bardoux François, rue Magenta, n. 3.
Clerget François, port du Canal, n. 15.
Lacaza Jean-Auguste, port du Canal, n. 14.
Peyrard Jean-Baptiste, près la rue Menevalle.

CHARRONS.

Barry Louis, rue de Clairvaux, n. 6.
Borde Gustave, rue des Moulins, n. 42.
Dautrey Nicolas, rue d'Auxonne, n. 31.
Davadant Jacques, rue Coupée-de-Longvic, n. 3.
Deptasse Nicolas, rue de l'Hôpital, n. 29.
.Focillon, rue Saumaise, n. 55.
Hembert Jean-Baptiste, rue de Pouilly, n. 13.
Lance Joseph veuve, rue de l'Arquebuse, n. 6, et rue de
    la Grenouille.
Laroche Philibert, rue St-Philibert, n. 65 *bis*.
Mathey Denis, place du Morimont, n. 4.
Mercier François, rue Chabot-Charny, n. 21.
Naudin Denis, rue Guillaume, n. 61.
Pagot Jean, place du Morimont, n. 10.
Theuret Arnaut Pierre, rue de Gray, n. 15.
Vacherot Léon, rue de la Préfecture, n. 10.

CHASSE (Ustensiles de).

Bornier Louis, rue Guillaume, n. 71.
Brocard Antoine, rue Bossuet, n. 24.
Courte Frédéric, rue Chabot-Charny, n. 9.
Courtioux René, rue des Forges, n. 21.
Goutelle Jean, rue Bossuet, n. 23.
Stekel-Bizouard, rue des Forges, n. 15.

CHASUBLIER.

Fleurot Claude, rue des Forges, n. 54.

CHAUDIÈRES A VAPEUR (Fabricants de).

Chaffotte, rue Legouz-Gerland, n. 2.
Focillon et Lavergne, rue du Petit-Cîteaux, n. 1.
Seguin, Mattenet et Gagey, rue de Montigny, n. 10.

CHAUDRONNIERS.

Aubert Nicolas, rue Berbisey, n. 58.
Belin Jean, rue Berbisey, n. 20, et rue Ste-Anne, n. 2.
Bouilly Auguste, rue des Etloux, n. 19.
Chapuis Gabriel, rue Bassano, n. 76.
Clairet Félix, rue Berbisey, n. 54.
Clerget, rue St-Philibert, n. 65.
Duthu, rue Verrerie, n. 47.
Focillon, r. du Petit-Citeaux, 1 (grosse chaudronnerie).
Gagey, Seguin et Mattenet, r. de Montigny, n. 10 (grosse
    chaudronnerie).
Gallois François, rue du Petit-Potet, n. 15.
Gautherot Pierre, rue François-Rude, n. 9.
Lavergne, rue du Petit-Citeaux, n. 1 (grosse chaudron-
    nerie).
Thibault Antoine, rue Bassano, n. 7.

CHAUFFAGE ET ÉCLAIRAGE (Fournisseur des troupes de la 7e division militaire).

Béroux Eugène, port du Canal, n. 12.

CHAUSSURES (Marchands de)

Ancey Pierre, rue Vaillant, n. 10.
Authiève Jean-Baptiste, rue Amiral-Roussin, n. 48.
Badet Mme, rue Condé, n. 22.
Bataillon François-Jean, rue du Bourg, n. 52.
Bélicard Joseph, rue du Bourg, n. 68.
Bélorgey Jacques, place Darcy (fabricant).
Bertrand Simon, rue des Forges, n. 17.
Bloc Isaac, rue Musette, n. 27.
Bolot Etienne-Claude, rue du Bourg, n. 56.

Bornier François, rue Guillaume, n. 11.
Calamy François-Antoine, rue Berbisey, n. 95.
Changarnier Henri, rue Berbisey, n. 24.
Courte Jacques-Louis, rue Bossuet, n. 19.
Dambrun Nicolas, rue du Bourg, n. 48.
Deschamps, rue Vaillant, n. 2.
Ehinger Jean-Baptiste veuve, rue du Bourg, n. 26.
Escaille Pierre, rue Musette, n. 22, et rue Piron, n. 15.
Feuillebois Nicolas, rue du Bourg, n. 32.
Fourchotte Pierre, rue Neuve-Dauphine, n. 1.
Fournier, rue Verrerie, n. 50.
Frilley Joseph, rue Charrue, n. 32.
Gadot Philippe, rue Chabot-Charny, n. 77.
Gauthier, rue Chabot-Charny, n. 3.
Gianella François, rue Musette, n. 31.
Gonin Louis, cour des Poisses, n. 4.
Hugue Félix Mme, rue du Bourg, n 67.
Igel Louis, rue Dauphine, n. 14.
Jobard François, rue Saumaise, n. 1 (fabricant).
Lanet François, rue du Bourg, n. 51.
Legrand Louis, rue du Bourg, n. 33.
Mailley, rue Sainte-Marguerite, n. 6.
Massenot Antoine veuve, rue du Bourg, n. 43.
Maurice Publius, rue Bassano, n. 114.
Menetrier Antoine, rue Saint-Martin, n. 17.
Moron Léon, rue des Forges, n. 18.
Mouillon Pierre, rue Condé, n. 5.
Narterre Pierre, rue Vannerie, n. 94.
Paradis Eugène, rue du Bourg, n. 14.
Patriarche Edme-Denis, rue Piron, n. 40.
Pourrieux Pierre, rue du Bourg, n. 29.
Ravet François, rue Amiral-Roussin, n. 45.
Rémond Etienne, rue Condé, n. 44.
Rémond-Theurot Pierre, rue Vauban, n. 13.
Robert Louis, rue Bassano, n. 65.
Serré Auguste, rue Condé, n. 28.
Taverne Auguste-Sulpice, rue Saint-Martin, n. 13.
Vanlarhoven Charles, place Saint-Jean, n. 21.
Verpeaux Denis, rue Odebert, n. 30.
Vitu Blaise, dit Paul, rue du Petit-Potet, n. 10.

Weber Jean, rue Charruè, n. 40.
Weber Pierre, rue du Tribunal, n. 5.

CHAUX (Fabricants de).

Corot Auguste, port du Canal, n. 26.
Gollotte, route d'Auxonne.
Lambert Jean, port du Canal, n. 24.
Ramelet, rue Montigny.
Sorlin père et fils, rue Devosge.

CHEMISIERS.

Gouzenne, rue du Bourg, n. 40.
Héluin-Jannin, rue Rameau, n. 12-14.
Humblot, rue Charrue, n. 14.
Machard Jules, rue Vaillant, n. 3.
Mouginot veuve, rue Bossuet, n. 12.
Truchot-Delval, rue Condé, n. 30.

CHEVAUX (Marchands de).

Lévy Jules, rue d'Auxonne, n. 5.
Lévy Simon-Bernard, rue d'Auxonne, 17, et rue Sainte-
  Marguerite, n. 21.
Lévy Salomon, place Darcy, n. 1.
Lévy Jacob, rue du faubourg Rennes, n. 6.

CHEVAUX ET VOITURES (Loueurs de).

Beucher, voitures de place, place d'Armes, pavillon de
  la cour de l'Hôtel-de-Ville.
Castel Thomas, place Saint-Nicolas, n. 2.
Derepas, rue Vannerie, n. 13, et rue Saint-Nicolas, n. 49.

Gachot frères, rue Jeannin, n. 68.
Ganée veuve, place du Morimont, n. 3.
Goisset Edmond, hôtel de la Cloche, rue Guillaume, 15.
Mathey, place du Morimont, n. 7.
Millot Claude, rue Musette, n. 30.
Nicolin, rue de la Gare, n. 6.
Perrot Louis, rue Guillaume, n. 63.
Ripart frères et sœur, rue Chabot-Charny, n. 65.
Tainturier, rue Vannerie, n. 13.

CHIFFONS EN GROS (Marchands de).

Aubertin Jean-Marie, rue Bannelier, n. 13, et boulevard
  de Brosses.
Barraux François-Firmin, rue Bassano, n. 39.
Clousier Denis, rue Crébillon, n. 11.
Girault Bernard-Hyacinthe, rue Audra, n. 11, et rue des
  Godrans, n. 40.
Oudot Jean-Claude veuve, place Saint-Michel, n. 1.
Portron-Bassot Léon, place Darcy, n. 1.
Raynaud Michel, rue du faubourg Rennes, n. 8.
Sister, boulevart de Brosses.

CHIRURGIENS.

Voir Dentistes et Médecins.

CHOCOLATS (Fabricants de).

Bornier-Céry Denis, rue Guillaume, n. 67.
Duthu-Tixerant Joseph, rue Bossuet, n. 28.
Truchot Théodore, près le moulin Bernard, rue de la Co-
  lombière, et cours du Parc.

CIRAGE (Fabricants de).

Delamarche Pierre, allée des Chartreux.
Perreau Edouard, allée des Chartreux.
Perreau-Sirugue François, allée des Chartreux.

CLOUTIERS.

Chays Claude-Charles, rue Vannerie, n. 67.
Pernet Joseph, rue de l'Hôpital, n. 3.
Schobert Jean-André, rue François-Rude, n. 20.

COFFRETIER.

Variot Jean-Baptiste, rue Notre-Dame, n. 10.

COIFFEURS, PARFUMEURS ET PERRUQUIERS.

Bailly Jean-Baptiste-Victor, rue St-Nicolas, n. 69.
Barré Etienne, rue Charrue, n. 24.
Baudoin Pierre, rue Jeannin, n. 59.
Beffin Jean-Baptiste, rue Bassano, n. 80.
Bertrand Pierre, rue de la Préfecture, n. 60.
Bizouard, place d'Armes, n. 17.
Boudier Aubin, rue Berbisey, n. 51.
Boullée Didier, rue Bassano, n. 25.
Bouvret Etienne, rue St-Nicolas, n. 5.
Boyer Joseph, rue Guillaume, n. 2.
Burle Louis veuve, née Auric Marceline, rue Condé, n. 4.
Catinot Philippe, rue Coupée-de-Longvic, n. 9.
Chargrasse Charles, place St-Jean, n. 11.
Chauve Claude, dit Jules, rue Vaillant, n. 19.
Coldre Joseph, rue Bassano, n. 108.
Coldre Joseph, rue Guillaume, n. 56.
Cornillon Léon, rue de la Gare, n. 10.
Corrot, rue Jeannin, n. 87.
Dalloz Gédéon, rue Neuve-Dauphine, n. 4.
Dalloz Gédéon, maison Trouillet, rue de la Gare.
Degrond Hippolyte, rue Chabot-Charny, n. 18.
Demongeot, rue St-Philibert, n. 29.
Desboist Clément, rue Guillaume, n. 16.

Fourrier Vincent, rue de l'Hôpital, n. 3 *bis*.
Frélezeaux Alexandre, rue Condé, n. 38.
Gaudot Paul, rue Bassano, n. 87.
Gerin Charles, rue Chabot-Charny, n. 85.
Guilleminot François, rue de la Préfecture, n. 46.
Lacour Philippe, rue Guillaume, n. 52.
Majot Albert, rue St-Philibert, n. 29.
Martenot Blaise, rue Bassano, n. 118.
Matrat Jean-Antoine, rue Amiral-Roussin, n. 42.
Mercier Jean-Baptiste-Charles, rue Rameau, n. 20.
Miroy Auguste, rue St-Nicolas, n. 117.
Missier Madeleine, rue Musette, n. 23.
Morizot, rue St-Nicolas, n. 48.
Naudot Emile, rue St-Nicolas, n. 16.
Pavaillon Claude, rue Chabot-Charny, n. 76.
Payen François-Achille, rue Chabot-Charny, n. 74.
Pétot Claude, rue des Godrans, n. 74.
Phelut Marien, rue Berbisey, n. 79.
Poissonnier Jules-Pierre, rue Guillaume, n. 22.
Richard, rue des Forges, n. 68.
Rougeot François, rue Musette, n. 24.
Salin, rue Vannerie, n. 37.
Tenadet Auguste, rue d'Auxonne, n. 11.
Thevenot Lazare, rue Guillaume, n. 38.
Thierry François, rue des Godrans, n. 51.
Thomas Jean-Baptiste, place St-Jean, n. 5.
Tissot Henri, rue Jeannin, n. 22.
Tournier Armand, rue Berbisey, n. 22.

COLLE FORTE (Fabricants de).

Bargy Julien, port du Canal (au Chinois).
Chapuis Hugues, port du Canal (au Chinois).
Legros Jules, au Foulon.
Weishart Conrad, rue de l'Ile.

COMESTIBLES (Marchands de).

Aubelle Jean-Abel, rue Condé, n. 16, et rue Audra, n. 21.
Chassagne Charles, rue Odebert, n. 12.

Chemet Charles, rue Buffon, n. 36.
Dediot Julie, femme Bullet, rue Odebert, n. 12.
Defaux Pierre, rue Odebert, n. 7.
Laudin Marc, rue François-Rude, n. 55.
Saglier veuve, née Hutinel, rue Quantin, n. 10.
Thunot Louis, rue Odebert, n. 22.

COMMISSAIRES-PRISEURS.

Clémendot Jules, rue d'Ahuy, n. 9.
Contet Simon-Philippe, rue de la Préfecture, n. 35.
Guiot Auguste, rue Vauban, n. 2.

COMMISSIONNAIRE ENTREPOSITAIRE.

Lépinasse frères, port du Canal, n. 10.

COMMISSIONNAIRE EN MARCHANDISES.

Grosperrin Auguste, rue Devosge, n. 9, et rue Neuve-
St-Bénigne.

COMMISSIONNAIRES DE TRANSPORTS PAR TERRE.

Perrot François, rue des Godrans, n. 76, et rempart du
Château, n. 14.
Samuel Jean-Julien, rue Menevalle, et rue St-Bénigne, 8.
Lambert Alexis, place d'Armes, n. 14, et rue de l'Arque-
buse, n. 5.
Kellermann et Cie, représentés par M. Sauvage Pierre-
Marie, rue des Forges, n. 64.

COMMISSIONNAIRES-PORTEFAIX (Bureau des).

Grillard, directeur, rue des Godrans, n. 63. (Envoi de valeurs, déménagements en ville, toutes commissions et tous travaux dans l'intérieur des ménages).

CONFECTIONS POUR DAMES.

Voir Couturières en robes.

CONCESSIONNAIRE DE CHEMIN DE FER.

La Compagnie du chemin de fer de Paris à Lyon, à la Gare.

CONFISEURS.

Artaud Louis, rue Chabot-Charny, n. 4.
Brocard Charles, rue Condé, n. 52.
Caillet veuve, née Michel, rue des Novices, n. 14.
Guillemot Achille, rue des Forges, n. 52.
Meunier Claude, rue Chaudronnerie, n. 16.
Monot Louis, rue Bossuet, n. 21.
Pétrot-Malardot, rue des Godrans, n. 59.
Rouard Alexis, rue Piron, n. 22.
Seguenot Etienne, place d'Armes, n. 6.

COQUETIERS.

Forrassipi Jean-Baptiste, rue Menevalle.
Ladroite Hubert, route d'Auxonne.
Manière-Lorin Jean-Baptiste, route d'Auxonne.

CORDIERS.

Barbier François, rue St-Pierre, n. 43.
Bertin Louis, rue Bassano, n. 88.
Bidet Claude veuve, place Darcy, n. 33.
Courboulin Honoré, rue Coupée-de-Longvic, n. 1.
Enard Jean-Baptiste, rue St-Nicolas, n. 32.
Guillier Joseph, rue St-Nicolas, n. 18.

CORROYEURS.

Billoux-Gaudard, rue du Gaz, n. 10.
Boisserand Jules, rue de l'Ile.
Chauvot Sylvestre, rue François-Rude, n. 23.
Deresse Pierre, rue de l'Ile.
Douge-Léchenet Claude, rue de l'Ile, n. 2.
Douge-Léchenet, rue des Tanneries, n. 9.
Germain Jean-Baptiste, rue du Bourg, n. 25.
Lanier, rue St-Nicolas, n. 17.
Matrat, quai des Tanneries.
Poirson Jean-Baptiste, pont des Tanneries, n. 6 *bis*.
Pommey, rue Amiral-Roussin, n. 56.
Salbreux, rue des Tanneries, n. 21.

CORSETS (Fabricants et marchands de).

Loisier Désiré Mme, rue Vaillant, n. 16.
Mallard Maria Mlle, rue du Bourg, n. 54.
Maréchal Antoine, dit Eugène Mme, r. François-Rude, 28.
Migonnet Jean-Baptiste Mme, rue Condé, n. 23.
Tournier Hippolyte Mme, rue Amiral-Roussin, n. 39.

COSTUMIER.

Baud Louis, place St-Michel, n. 8.

COULEURS ET VERNIS (Marchands de).

Bailly Désiré, rue des Forges, n. 3.
Deglane Henri, rue du Bourg, n. 57.
Messager Xavier, rue des Godrans, n. 88.
Péquignot Jean-Claude, rue Chaudronnerie, n. 24.
Prouet veuve, née Langray, rue Charrue, n. 1.
Richard et Décombard, rue des Forges, n. 32-34.
Valnot Eugène, rue Bossuet, n. 5.

COURTIERS DE BESTIAUX.

Bordeux Claude, pont des Tanneries, n. 8.
Strauss Abraham, rue Guillaume, n. 19.

COUTELIERS (Marchands).

Ameline-Guerre Victor, rue Bossuet, n. 25.
Brunache François, r. des Aqueducs, et r. Guillaume, 40.
Courte Frédéric, rue Chabot-Charny, n. 9.
Picard Jean-Baptiste, place des Ducs-de-Bourgogne, 14.
Souël Pierre, rue François-Rude, n. 5.
Thiébaut François, place St-Jean, n. 10.

COUTURIÈRES EN ROBES.

Allouis Jean Mme, place St-Michel, n. 35.
Barrot Louis Mme, née Bajol, place St-Michel, n. 14.
Bégin Anne, rue des Forges, n. 22 *bis*.
Bouhey Louis Mme, rue du Vieux-Collége, n. 3.
Chatouillot (confections), rue Bossuet, n. 10.
Clayesen Sophie Mlle, rue Chaudronnerie, n. 26.
Comparot Félicie, rue Chabot-Charny, n. 11.
Degoulange Pierre Mme, rue des Godrans, n. 47.
Desbordes Jenny, rue des Forges, n. 56.
Galiano Pierre Mme, née Grusser, rue d'Assas, n. 11.
Humbert Auguste Mme, née Comparot, rue Chabot-
    Charny, n. 11.
Laborde Claude veuve, rue du Tribunal, n. 2.
Latour Charles Mme, née Labouriau Auguste, rue Cha-
    bot-Charny, n. 9.
Lesterlin Julie Mlle, rue Berbisey, n. 14.
Quillot Jacques Victor Mme, rue Lamonnoye.
Rendu Jean Mme, née Buet Annette, rue Bossuet, n. 29.
Sabatier veuve, rue Buffon, n. 12.
Vincenot Reine, rue Verrerie, n. 34.

Voituret Louis Mme, rue Berbisey, n. 98.
Voyez Louis Mme, née Robardet, rue Guillaume, n. 54.

COUVREURS (Maîtres).

Andréïs Pierre, rue de l'Arquebuse, n. 3.
Charlot Pierre, cour des Frères.
Dessoye François, rue d'Assas, n. 4.
Ferrandon Louis, cour des Poisses, n. 10.
Fromentin François, cour de la Faïencerie, n. 7.
Gerbaulet Joseph, rue Chabot-Charny, n. 72.
Guillier François, rue Verrerie, n. 42.
Lalouette Adolphe, rue Buffon, n. 32.
Levey André, rue Crébillon, n. 13.
Parenteau Thomas, avenue de Montmuzard, clos Dé-
tourbet.
Petitot Edme, rue St-Nicolas, n. 38.
Sinault Henri, rue de la Préfecture, n. 59.
Verpeaux Gabriel, rue de la Préfecture, n. 102, et rue de
la Trémouille, n. 2.

CRÉPINS (Marchands de).

Grandidier François, rue Berbisey, n. 12.
Lelly Mathieu Mme, née Petter Hélène, rue Dauphine, 4.
Rockel Allouis, chemin couvert de la Belle-Etoile.
Schwartz Valentin, cours du Parc.

CRISTAUX (Marchands de).

Voir Faïences (marchands de).

CUIRS EN DÉTAIL (Marchands de)

Germain Jean-Baptiste, rue du Bourg, n. 27.
Laguesse Pierre-Joseph, rue Berbisey, n. 52.
Lanier Joseph veuve, rue de Montmuzard, 6, et rue St-
Nicolas, n. 17.

Pommey Jules, rue Amiral-Roussin, n. 36.
Pommey Mathieu, rue dés Etioux, n. 11.

DÉMÉNAGEMENTS (Entrepreneurs de).

Duthu Adolphe, rue Bassano, n. 4 (pour l'extérieur).
Duthu Jules, rue Bassano, n. 4 (pour l'extérieur).
Duthu Louis-Aug., r. Bassano, n. 4 (pour l'extérieur).
Girardot Jean-Baptiste, rue Chaudronnerie, n. 34 (pour la ville).
Marchand Mme, née Manière, rue de Longvic, n. 46 (pour l'extérieur).
Les Portefaix-Commissionnaires, rue des Godrans, 63 (pour la ville).

DENTISTES.

Chauvenet Claude, place d'Armes, n. 10.
Darcier Théodore, rue Jeannin, n. 1.
Jardel François, rue Bossuet, n. 18.
Ronot Gabriel-Aubin, rue Longepierre, n. 10.
Voillard Eugène, rue de la Préfecture, n. 33.

DILIGENCES (Entrepreneurs de).

Ferley Auguste, place du Morimont, n. 3.
Ganée Jean veuve, place du Morimont, n. 3.
Jouignot Jean, place du Morimont, n. 3.
Mathey Denis, cour Madeleine, place du Morimont.
Voir Voitures pour voyageurs.

DRAGUEURS (Entrepreneurs).

Humbert Antoine, rue Sambin, n. 6.
Lion-Joly Jean-Baptiste, port du Canal, n. 1.
Mathelin Pierre, rue Sambin, n. 6.

DROGUISTES EN GROS (Marchands).

Couturier à Lyon, représenté par M. Chervier Pierre,
rue Neuve-Dauphine, n. 1.

DISTILLATEURS.

Voir Liquoristes.

DOREURS.

Voir Miroitiers.

DRAPS (Marchands de).

Voir Etoffes (marchands d') et Tailleurs (marchands).

EAUX MINÉRALES.

Berthier Jean-Claude, pharmacien, rue des Forges, 42.
Bornier Charles, rue Chabot-Charny, n. 68.
Chauvirey Félix, rue de Gray, n. 17.
Gautheret-Morelle, rue Bannelier, n. 2.
Hébert Philippe, pharmacien, rue Condé, n. 2.
Latreille Gaspard, rue Chabot-Charny, n. 44.
Maître Louis, rue Sainte-Marguerite, n. 28.
Voimant Claude, rue Chabot-Charny, 81, et place Saint-
Pierre, impasse Suzon, n. 9.

EAUX-DE-VIE (Marchands en gros d').

Bresson Abel, rue Audra, n. 23.
Chalet Antoine, rue Sainte-Catherine, n. 17.
Guilleminot Ursin, rue Saint-Nicolas, n. 26.
Valentin Charles, à Couternon, et route de Lyon.

ÉBÉNISTES.

Cottereau Jules, cour Bourberain.
Cutteler Thomas, rue Saint-Nicolas, n. 119.
Daussy Joseph, rue Devosge, n. 28.
Daussy Léon, rue Saumaise, n. 61.
Henri Félix, dit Perriquet, rue Notre-Dame, n. 18.
Proust Emile, rue Vannerie, n. 69.
Serrebourse Jacques, rue Verrerie, n. 41.
Vinot Nicolas, rue Berbisey, n. 128.

ENTREPRENEURS DE BATIMENTS.

Voir Travaux publics (entrepreneurs de).

ÉPICIERS EN DÉTAIL ET GRENETIERS.

Alhéritière Antoine, rue Bassano, n. 90.
Amasse Joseph, rue du Bourg, n. 74.
Aubin Ferdinand veuve, chemin couvert, n. 19.
Auer Joseph, rue Berbisey, n. 96.
Avecque Joseph, rue Quantin, n. 14.
Bailly Désiré, rue des Forges, n. 3.
Bardoz Joseph, rue Verrerie, n. 27.
Baumgartner Joseph, rue de la Gare, n. 9.
Beaupère Michel veuve, rue St-Nicolas, n. 25.
Belin Jules, rue Musette, n. 19.
Belorgey Michel, rue Piron, n. 44.
Benoît Charles, rue du Bourg, n. 46.
Benoît Georges, rue Jeannin, n. 20.
Berger veuve, née Nief, rue Bassano, n. 47.
Berthaux Philibert, rue Bassano, n. 124.
Berthier Paul veuve, rue Bassano, n. 116.
Billot Adolphe, rue d'Auxonne, n. 15.
Billot Auguste, rue Bassano, n. 71.
Billot François-Hippolyte, rue Ste-Marguerite, n. 1.

Blagny Auguste, rue Bassano, n. 70.
Bonnard Pierre, rue d'Assas, n. 10.
Bonnard François veuve, rue Ste-Catherine, n. 38.
Borel Joseph, rue du Lacet, n. 3.
Bornot Henri, rue d'Auxonne, n. 18.
Bosc Louis, rue des Godrans, n. 53, et rue de l'Hôpital, 1.
Bougault François veuve, port du Canal, n. 16.
Bouillot Pierre, rue Notre-Dame, n. 26.
Bouteille Joseph, rue Devosge, n. 34.
Bresson Etienne, rue des Forges, n. 44.
Busguet Basile, rue Berbisey, n. 67.
Cabaroux Jean Mme, rue Chancelier-l'Hôpital, n. 15.
Caillet veuve, rue des Novices, n. 14.
Chapuis Félix, rue Chabot-Charny, n. 57.
Charrois Pierre, rue du Bourg, n. 2.
Chartenet Jean, rue des Moulins, n. 31.
Chaussier Jean-François, rue St-Nicolas, n. 30.
Chateau Jean, rue du Petit-Potet, n. 23.
Chemet Henri, rue Bassano, n. 102.
Chenet Charles, rue Buffon, n. 36.
Chenut Philibert, rue de la Préfecture, n. 52.
Chevalier Mélanie Mlle, rue d'Ahuy, n. 8.
Chevalot Jean-Baptiste, rue d'Ahuy, n. 12.
Chevalot Claude, rue Devosge, n. 18.
Claveric Jean-Marie, rue Berbisey, n. 59.
Clémencet Jean, rue St-Philibert, n. 44.
Coiret Pierre-Antoine, rue St-Martin, n. 31.
Collion André, rue du Bourg, n. 86.
Confuron Jean-Baptiste veuve, place St-Jean, n. 15.
Contant Antoine, rue des Godrans, n. 48.
Contet Bernard, rue Chabot-Charny, n. 97.
Contet Bernard, impasse Suzon, place St-Pierre.
Cornice François, rue Guillaume, n. 19.
Couturier, rue Jeannin, n. 79.
Couturier Pierre, rue St-Martin, n. 37.
Crévat Claude, place St-Michel, n. 16.
Dard Nicolas, rue St-Nicolas, n. 54.
Dégrange Clément, rue Bassano, n. 79.
Dellery Blaise-Paul, rue de la Préfecture, n. 82.
Demassy veuve, rue Vannerie, n. 68.

Demongeot Claude, rue Quantin, n. 8.
Deptasse Louis, rue St-Piérre, n. 29.
Deslosdat Claude, rue St-Pierre, n. 17.
Désogère François, rue Jeannin, n. 42.
Desroche Benoît, rue d'Auxonne, n. 37.
Devaux Charles, rue St-Philibert, n. 34.
Douard Jules, rue des Godrans, n. 5.
Drouelle Martin, rue de Longvic, n. 6.
Durens Joseph, rue Berbisey, n. 16.
Duroch Eugène-Nicolas, rue Verrerie, n. 18.
Epicerie coopérative, rue Musette, n. 30.
Ertel Henri, rue Menevalle.
Faivre Caroline Mlle, rue Odebert, n. 11.
Faivre Jeanne Mlle, rue Odebert, n. 11.
Faivre François, rue Vannerie, n. 73.
Falconnet Jean-Baptiste, rue St-Martin, n. 39-41.
Flamand Pierre, rue Guillaume, n. 2 *ter.*
Flocard Mamès, rue François-Rude, n. 10.
Florentin Pierre, rue François-Rude, n. 11.
Fichot Claude veuve, rue St-Philibert, n. 12.
Forey Paul, rue d'Auxonne, n. 28.
Fosset Annette Mlle, rue Vannerie, n. 54.
Fremiot Antoine, rue Amiral-Roussin, n. 15.
Fumé Joseph, route de Mirande.
Gagral Mathieu, rue des Novices, n. 2.
Garconot Jean, rue St-Martin, n. 9.
Garnier Jacques, rue de Gray, n. 13.
Garnier François veuve, rue Saumaise, n. 69.
Gascard Victor veuve, rue Berbisey, n. 60.
Gauchat Claude, rue d'Auxonne, n. 56.
Gauthier François, cour de la Faïencerie, n. 2.
Georcy Jean-Baptiste, rue Musette, n. 38.
Gevrey Claude, rue Musette, n. 38.
Gillot Adrien, rue François-Rude, n. 16.
Girardot Jean-Baptiste Mme, née Aimé, rue Bassano, 22.
Girardot Auguste, port du Canal, n. 7.
Girault Jacques, rue Saumaise, n. 22.
Golotte Jean, chemin de Talant, près de l'octroi.
Gros James, rue Guillaume, n. 54.
Guelin Alexandre, rue Chaudronnerie, n. 52.

Gunther Joséphine, rue de Montmuzard, n. 4.
Guyot Jean-Baptiste, rue Chaudronnerie, n. 19.
Harry veuve, rue Berbisey, n. 90.
Hérardot Jean, rue Bassano, n. 58.
Houpert Jacques, rue Chaudronnerie, n. 4.
Hutter Xavier, rue St-Nicolas, n. 2.
Isorey Antoine, rue de l'Arquebuse, n. 3.
Jacotot François, rue Berbisey, n. 116.
Jalliet Jean-Augustin, rue du Pont-des-Tanneries, n. 10.
Jarrot Pierre, rue St-Philibert, n. 40.
Jodon Louis, rue de la Prévôté, n. 9.
Jovin Jean, rue Piron, n. 38.
Lacaille Auguste, rue St-Philibert, n. 63.
Lamarche Jean, rue du Bourg, n. 50.
Larmonier Charles, rue de Suzon, n. 3.
Ledeuil Jean, rue Turgot, n. 26.
Leflot Etienne, rue des Moulins, n. 21.
Legrand Léonard veuve, rue des Etioux, n. 6.
Lenoble Philippe, rue Charrue, n. 34.
Lenoble Nicolas Edme, rue St-Nicolas, n. 96.
Lenoir Pierre, rue de Longvic, n. 11.
Lieutet Prudent, rue d'Auxonne, n. 29.
Ligey Joseph, rue Guillaume, n. 20.
Loison Hyacinthe, rue d'Auxonne, n. 45.
Loison François veuve, rue Jeannin, n. 61.
Magnien Pierre, rue de Longvic, n. 35.
Magnien Claude veuve, rue de la Manutention, n. 7.
Maillot Nicolas veuve, rue Guillaume, n. 6.
Maire Alexis, rue Bassano, n. 23.
Maître Jeanne Mlle, rue Saumaise, n. 29.
Manière-Sachot Philibert, rue du Champ-de-Mars, n. 6.
Marchand Michel, rue Chabot-Charny, n. 46.
Marilier Frédéric, rue du Gaz, n. 4.
Martenot Ulrich, rue Magenta, n. 15.
Masson Jean-Baptiste, rue St-Nicolas, n. 29.
Mathelie François, rue Vannerie, n. 77.
Mathey Antoine, rue Ste-Marguerite, n. 6.
Mercier Jacques, rue du Chapeau-Rouge, n. 5.
Mercier Arsène, rue de l'Hôpital, n. 23.
Meunier Claude, rue Chaudronnerie, n. 16.

Michaud Louis-François, rue Vannerie, n. 76.
Millanvoy Antoine, rue Magenta, n. 19.
Moissenet François, rue Chabot-Charny, n. 14.
Montot Jean, rue Crébillon, n. 35.
Moreau Alexis, rue Bassano, n. 65.
Morizot Pierre, rue Berbisey, n. 50.
Mortier Auguste, rue Cazotte, n. 6.
Mouillon Antoine, rue Audra, n. 20.
Narterre veuve, rue du Bourg, n. 22.
Noirot Etienne, rue Berbisey, n. 95.
Olivier Jean-François, rue Guillaume, n. 51.
Paair Marie, rue du Chapeau-Rouge, n. 19.
Paillard Joseph, rue Mably, n. 2.
Pain Elisabeth Mlle, rue de la Manutention, n. 6.
Pancrasse François, rue St-Philibert, n. 8.
Paradis Joseph, rue Berbisey, n. 53.
Pâris veuve, née Poncelin, place St-Nicolas, n. 4.
Parisot Claude, rue Bouhier, n. 4.
Pernot Auguste, rue Guillaume, n. 28.
Perrot François veuve, rue des Godrans, n. 24.
Peutet Claude, rue Magenta, n. 4.
Petitfrères Auguste, place du Morimont, n. 5.
Petitjean Paul, rue Berbisey, n. 53.
Phal Jean-Baptiste, rue Audra, n. 16.
Piquet Jean-Baptiste, rue Chabot-Charny, n. 5.
Poinsot Pierre, rue Buffon, n. 2.
Potet Joseph, rue des Tanneries, n. 25.
Pothier Simon, rue Chaudronnerie, n. 25.
Poulain Joseph-Edouard, rue de la Préfecture, n. 107.
Prudhon Pierre, rue Vannerie, n. 1.
Raclot Joseph, impasse de la rue Quantin.
Richard François-Joseph veuve, route de Longvic, 66.
Richebois Joseph, rue Proudhon, n. 2.
Rigault Claude, rue St-Nicolas, n. 14.
Roger Frédéric veuve, rue Bassano, n. 31.
Roger Frédéric veuve, rue du Tillot, n. 11.
Romey Jean-Baptiste, rue Buffon, n. 28.
Rose Jean-Auguste, rue Magenta, n. 4.
Rougeot Benoît, rue de Pouilly, n. 13.
Roux Claude, rue Bassano, n. 16.

Rudelli Jean-Marie Mme, née Rouhier Jeanne, rue Ver-
rerie, n. 9.
Saglier Pierre veuve, rue Quantin, n. 10.
Salle Claude, rue St-Philibert, n. 55.
Sarret Isidore, ruelle des Poussots.
Segler Jean, rue Cazotte, n. 8.
Sirodot Auguste, rue St-Nicolas, n. 67.
Thévenot Jean, rue St-Nicolas, n. 11.
Thibault Claude, rue des Godrans, n. 45.
Thibelot Jean, rue St-Pierre, n. 8.
Thibert Pierre, rue Vannerie, n. 59.
Thivet Claude, rue de l'Arquebuse, n. 2.
Thomas Félix, rue François-Rude, n. 15.
Trouillet Ferdinand, rue Guillaume, n. 11.
Vacherot Louis veuve, rue St-Philibert, n. 19.
Valnot Eugène, rue Bossuet, n. 5.
Verrière Jean-Baptiste, rue d'Assas, n. 17.
Vincent Jean-Baptiste, rue Berbisey, n. 28.
Voisin Louis, rue des Godrans, n. 62.
Zaboretzki Charles-Léon, rue des Perrières, n. 10.

ÉPICIERS EN GROS.

Décombard Claude, rue des Forges, n. 34.
Jacquier Romain, rue des Forges, n. 58.
Olivier Auguste, rue Condé, n. 10.
Pétrot Charles, rue des Godrans, n. 57.
Prouet Jean-Pierre veuve, rue Charrue, n. 3.
Richard Etienne-Philibert veuve, rue des Forges, n. 34.
Rousselot Paul, rue des Forges, n. 58.

ÉPINGLIERS.

Boiteux Jacques, rue des Novices, n. 16.
Borne, rue Verrerie, n. 1.
Rouard Pierre, rue Bassano, n. 92.
Rouard Pierre, rue St-Nicolas, n. 34.
Schobert André, rue François-Rude, n. 20.

ESCOMPTEURS.

Grataloup Pierre, place St-Jean, n. 19, et rue des Novices, n. 11.
Laguesse Louis-Napoléon, rue Chaudronnerie, n. 40.
Rousseau Auguste, rue Condé, n. 11.

ÉTOFFES EN GROS (Marchands d').

Billié Antoine, place d'Armes, n. 10.
Brocard Claude, rue Berbisey, n. 14.
Cordier-Prudhomme, rue Musette, n. 1 *bis*.
Cordier Charles, rue Musette, n. 1 *bis*.
Gauthier Abel, rue Piron, n. 1.
Girard Philibert, place St-Jean, n. 23.
Jacques Henri, rue Berbisey, n. 27.
Lévy Charles, place St-Jean, n. 4.
Liez Pierre, rue Vauban, n. 49.
Thiébault Charles, place St-Jean, n. 23.

ÉTOFFES (Marchands d').

Accard François, rue Bossuet, n. 13.
Badoz Anicet, rue des Godrans, n. 92.
Basilaire Jean-Baptiste, rue Bassano, n. 74.
Bathier Hortense Mlle, rue Piron, n. 31.
Berget, rue Bassano, n. 106.
Blanc Claudine Mlle, rue Musette, n. 24.
Blanc Philibert, rue Musette, n. 24.
Block Samuel, rue du Bourg, n. 41.
Billié Charles, rue Condé, n. 20.
Bomann Adolphe, rue Condé, n. 20.
Boucaut Anne, rue du Bourg, n. 30.
Caen Joseph, rue Berbisey, n. 32.
Cailloux François, rue Guillaume, n. 11.
Carrion Eugène, rue Guillaume, n. 75.

Cézile Alexandrine Mlle, rue St-Nicolas, n. 86.
Chatouillot Julien, rue Bossuet, n. 10.
Clair-Aubry Joseph, rue du Bourg, n. 82.
Collet Jean-Baptiste, rue du Chapeau-Rouge, n 15.
Cornemillot Jean, rue St-Pierre, n. 1.
Debas Louis, rue du Bourg, n. 36.
Debocq Louis, rue Musette, n. 20.
Destot Henri, rue Guillaume, n. 36.
Drioton Pierre-Auguste, rue St-Philibert, n. 23.
Ehinger Armand, rue St-Nicolas, n. 41.
Estieu Maurice, rue Verrerie, n. 25.
Floersheim Raphaël, rue Piron, n. 15.
Gabet Henri-Joseph, rue Chabot-Charny, n. 37.
Gouzenne Dominique, rue du Bourg, n. 40.
Graissot Jean-Baptiste, rue Bassano, n. 48.
Grapin Edme-Paul, rue Bossuet, n. 4.
Guy Victor, rue du Bourg, n. 6.
Héron Léon, rue Verrerie, n. 17.
Hubert Germain, rue des Forges, n. 15.
Humblot Nicolas, rue Charrue, n. 14.
Johannard Pierre, rue Musette, n. 24.
Jorrot François, rue des Forges, n. 13.
Lacoste Antoine veuve, rue Odebert, n. 17-19.
Lambert Adrien, rue Condé, n. 25.
Lamblet Jean-Baptiste, rue de l'Hôpital, n. 5.
Lepage-Paule Louis-Prosper, rue Charrue, n. 15.
Lepage Auguste, rue Piron, n. 1.
Lévy Simon, rue Musette, n. 10.
Loiselet Victor, rue du Bourg, n. 16.
Mathieu Madeleine, rue de l'Hôpital, n. 1.
May Samuel, rue des Godrans, n. 66.
Messigny Jacques, rue Lamonnoye, n. 4.
Montfilliard François, rue Musette, n. 10.
Pagnier Aimé, place Notre-Dame, n. 11.
Pécot Charles, rue des Forges, n. 22.
Perrot-Poulain Jean, rue du Bourg, n. 20.
Ricaud Ferdinand, rue Charrue, n. 2.
Ricaud Emile, rue des Forges, n. 13 et 38.
Ricaud Jean-Baptiste, rue des Forges, n. 13 et 38.
Rose Faustine, rue Quantin, n. 6.

Roy François-Denis, rue du Bourg, n. 4,
Ryat Prosper, rue Berbisey, n. 75.
Theurot Pierre-Georges, rue du Bourg, n. 60.
Thevenot Jean, rue de l'Hôpital, n. 3 *bis*.
Thubet Germain, rue du Bourg, n. 2.
Venot François Mme, rue Verrerie, n. 5.
Weill Jacques, rue Piron, n. 15.
Weill Jules, place St-Jean, n. 2.

EXPERTS.

Badet Jules, rue Condé, n. 20.
Delnet Charles, rue des Moulins, n. 26.
Fleury François-Jean Baptiste, à la Corvée.
Galmard, ingénieur civil, rue des Godrans, n. 3.
Gindriez Auguste, rue Bouhier, n. 12.
Jacquemet, place Saint-Jean.
Poiselet, ingénieur civil, rue Guillaume, n. 15.

FAIENCES (Marchands de).

Barbier Edme, rue Charrue, n. 30.
Berthoza Alexis veuve, rue Bassano, n. 12.
Charchillet Pierre, rue de Montmuzard, n. 22.
Chaussenot-Legros, rue Bannelier, n. 11.
Chaussenot Paul, rue des Forges, n. 5.
Delechamp Mme, née Lavocat, rue Musette, n. 33.
Grapin Félix, rue St-Bénigne, n. 4.
Lauchard Hippolyte, rue du Bourg, n. 17.
Meunier Jean, rue Piron, n. 34.
Prost Jean-Baptiste, rue Vaillant, n. 4.
Rémond-Carrelet Charles, rue Guillaume, n. 4.
Simon Jean, rue Notre-Dame, n. 20-18 *bis*.

FARINES (Marchands de).

Besson Urbain, rue Chabot-Charny, n. 87.
Bonnotte Claude, rue Audra, n. 6.

Chapard Léon, rue François-Rude, n. 13.
Chapard Victor, rue François-Rude, n. 13.
Chapard Victor, au Moulin-Neuf.
Clerget François, rue Musette, n. 34.
Dubard Ernest, rue des Godrans, n. 61.
Dubard Ernest, rue de Montigny, n. 6.
Dubard Paul, rue des Godrans, n. 61.
Dutrey Jean, rue du Faubourg-Rennes, n. 3.
Fagot Auguste, route de Lyon, n. 3 *bis*.
Forges Etienne, rue Bassano, n. 104.
Grenier Emile, rempart du Château, n. 7.
Grenier Jules, rempart du Château, n. 7.
Grenier Pierre-Eugène, rempart du Château, n. 7.
Jarlot Jacques, rue d'Auxonne, n. 6.
Jeannel Jean-Louis, rue St-Nicolas, n. 53.
Lepetit Etienne Mme, née Degrave Amélie, rue du Fau-
bourg Rennes, n. 1.
Mortier Eugène, route de Lyon, n. 1.
Piot Eugène, rue Audra, n. 21.
Piot Louis, rue Audra, n. 21.
Porcheur Jean-Pierre, à Vesson.
Villet Joseph, place St-Pierre, n. 6.

FER (Marchands de).

Aubert Nicolas, rue Berbisey, n. 58.
Chapuis Pierre, rue Bossuet, 15, et rue St-Bénigne, 13
Galette Jules, rue Chaudronnerie, n. 2, et rue des Halles.
Léchenet François Ve, pl. des Ducs-de-Bourgogne, 12.
Peutet Jean-Baptiste, rue Bassano, n. 66.
Pommey Edouard, rue du Chapeau-Rouge, n. 10.
Prudent Claude-Charles, rue Longepierre, n. 1.
Quignolot Jean-Claude veuve, rue Verrerie, n. 21.
Ravier Hippolyte, rue Bossuet, n. 15.
Rouhier Jean-Jacques, rue Chaudronnerie, n. 2.

FERBLANTIERS.

Bresset Etienne, place d'Armes, n. 11 (lampiste).
Buret Adrien, rue Dauphine, n. 3, et rue du Lacet, n. 4-6.

Charbonneau Auguste, rue François-Rude, n. 32.
Dumont Jules, rue des Godrans, n. 74.
Garnier Félix-Claude, rue du Bourg, n. 15.
Gerbaulet Jean-Marie, rue Brulard, n. 3.
Gormotte Bernard, rue Charrue, n. 12.
Labarbe Bénigne, rue d'Auxonne, n. 33.
Lanoix Jacques, rue Vannerie, n. 92.
Larmonnier Charles, rue des Forges, n. 19 (lampiste).
Mille-Bélorgey Joseph, rue Condé, n. 12 (lampiste).
Minot Jacques, rue St-Martin, n. 21.
Minot Pierre-Emile, rue St-Martin, n. 15.
Miotte-Bailly, rue des Forges, n. 18 (lampiste).
Pélissard Etienne, rue Piron, n. 4.
Pidancet Jean, rue de l'Hôpital, n. 1.
Rathaux François, rue Chaudronnerie, n. 34.
Rollet Eugène, rue Condé, n. 29 (lampiste).
Tournelle Jean, rue d'Ahuy, n. 20.
Verreaux Paul, rue Vannerie, n. 67.
Woljung Jules, place Notre-Dame, n. 3.

FERRAILLEURS.

Guérard Auguste, rue Crébillon, n. 19.
Lefebvre François, rue des Etioux, n. 4.

FILATEURS.

Chapuis Félix-Auguste, rue Bassano, n. 20.
Dechaux Joseph, rue du Chapeau-Rouge, n. 12 *bis*, et
rue de l'Ile.
Faraguet-Buirette Jean-Pierre-Marie, rue Berbisey, n. 6,
et rue de l'Ile.
Moyne Pierre, rue St-Bénigne, n. 7.
Robin Armand veuve, place St-Jean, n. 21.
Thiaffait Marie-Félix, rue St-Philibert, 20, et rue de l'Ile.

FLEURS ARTIFICIELLES (Fabricants de).

Bouvier Zéphirin, place St-Jean, n. 8.

Braillard Louis, rue Condé, 19, et rue François-Rude, 3.
David Eugénie Mlle, rue des Godrans, n. 100.
Dutartre Fany Mlle, place du Théâtre.
Laurent Mlle, rue de la Préfecture, n. 36.
Lévêque Mme, née Krantz, r. du Chapeau-Rouge, 12 *bis*.
Saunier Mme, née Micolet Marie, rue Guillaume, n. 35.

FONDERIES.

Bosshardt-Uhler Henri, rue de la Gare, n. 15.
Cavin Jacques, chemin couvert de la Belle-Etoile, n. 11.
Cavin Emile, port du Canal, n. 23.
Gagey, Seguin et Mattenet, rue de Montigny, n. 10.
Laurent Simon, port du Canal, n. 12.
Menetrier Jean-Baptiste, rue Guillaume-Tell.
Mutin Germain, avenue du réservoir de la Porte-Neuve.

FORAINS (Marchands).

Bellon Jean-Baptiste, rue Bannelier, n. 3.
Courtois Jean, rue Galoche, n. 3.
Couturier Emile, rue Amiral-Roussin, n. 21.
Genestier Joseph, rue de l'Arquebuse, n. 24.
Genty Jean, rue d'Auxonne, n. 5.
Giclon Jean-Baptiste, rue Saint-Nicolas, n. 35.
Guilleminot Jean-Baptiste, place Saint-Michel, n. 4.
Mathonnet Augustin-Louis-Fortuné, place d'Armes, 20.
Mulot Louis, place Saint-Jean, n. 13.
Naudin Claude, rue du Chaignot, n. 7.
Weil Jacques, rue Saint-Philibert, n. 5.
Weil-Limann, rue Saint-Philibert, n. 6.
Zloterinsky Hertz, rue des Godrans, n. 22.

FORGERONS.

Angonin François, place Darcy, n. 1.
Lacroix Jean-Baptiste, rue Berbisey, n. 87.
Vacherot Léon, rue de la Préfecture, n. 10.

FRIPIERS (Marchands).

Blum Moïse, rue Berbisey, n. 52.
Bonvalet, rue Verrerie, n. 12.
Burgiard Eugène, rue Verrerie, n. 14.
Chaudouet Bernard-Firmin, rue Chaudronnerie, n. 11.
Coffre Angéline Mlle, rue Verrerie, n. 22.
Collion Aubin, rue Berbisey, n. 17.
Deher Vivant, rue Bassano, n. 3.
Feuillard Edme, rue Jeannin, n. 5.
Gaudot Catherine Mlle, rue Crébillon, n. 15.
Gaudot Jean-Baptiste, rue Crébillon, n. 5.
Georgy Pierre Mme, rue Berbisey, n. 70.
Girardot Jean-Baptiste, rue Chaudronnerie, n. 34.
Gobert André, rue Saint-Martin, n. 23.
Lallemand, rue Verrerie, n. 11.
Lambert Jean-Baptiste, rue Notre-Dame, n. 3.
Lièvre Mme, née Bernheim, rue Crébillon, n. 28-33.
Masson Eugène, rue François-Rude, n. 17.
Morelle Pierre, rue Chaudronnerie, n. 8.
Niquevert Joseph, rue Bassano, n. 53.
Noël Jacques, rue d'Auxonne, n. 53.
Rémond Louis, rue Crébillon, n. 29.
Rivel Nicolas, rue Berbisey, n. 38.
Sauvageot Charles, rue Saint-Martin, n. 2.
Schaub Frédéric, rue Saint-Nicolas, n. 19.
Verdun Pierre, rue Vannerie, n. 10.
Voisin, rue Verrerie, n. 10.

FROMAGES (Marchands de).

Benoît-Basile, rue d'Auxonne, n. 23.
Martelet Régis, rue des Perrières, n. 2.
Nicolardot Jean-Baptiste, rue d'Auxonne, n. 13.
Paillard Joseph, rue Mably, n. 2.
Porte François, rue des Forges, n. 62.

Ravenet Etienne, rue Bassano, n. 2.
Renaud Basile, rue d'Auxonne, n. 3.
Sirdey François, rue Odebert, n. 36.
Vernier Hortense veuve, rue d'Auxonne, n. 1.
Wirlin Joseph, rue Bassano, n. 65.

FRUITIERS (Marchands).

Collot Victor, rue Bassano, n. 86.
Coulon Pierre, rue Chabot-Charny, n. 27.
Grard Pierre-Joseph, rue Chabot-Charny, n. 55.
Leblanc Pierre, rue des Etioux, n. 5.
Maret Pierre, rue Odebert, n. 2.
Montot Gilbert veuve, rue Chabot-Charny, n. 72.
Nivelon Jean-Baptiste, rue Amiral-Roussin, n. 49.
Piot Joseph, impasse Suzon, place Saint-Pierre.

FUMISTES.

Voir Poêliers.

GANTS (Fabricants de).

Durupt Henri, rue Guillaume, n. 2 *ter.*
Girardin Marie Mlle, place Saint-Jean, n. 21.

GARGOTIERS.

Benoît Jean-Baptiste, rue de l'Arquebuse, n. 9.
Bernard Toussaint, rue Odebert, n. 10.
La Bourguignonne, representée par M. Collot Louis, rue
    du Château, n. 11.
Boyer Nicolas, rue Quantin, n. 12.
Breton Denis, rue Odebert, n. 18.
Chaussenot Alexis Mme, rue du Sachot, n. 16.
Gaudillers Alexis, rue Bassano, n. 49.

Gauvenel Marie, femme Breckenheimer, r. Dauphine, 17.
Renevier Victor-Joseph, rue de la Préfecture, n. 60.
Vernier Louis-Julien, rue d'Auxonne, n. 45.

GAZ POUR L'ÉCLAIRAGE.

La Compagnie du gaz, représentée par M. Duris, rue
Chabot-Charny, n. 21, et rue du Gaz, n. 20.

GÉOMÈTRES.

Bachet Jean-Baptiste père, rue de Pouilly, n. 19.
Bachet Gabriel, rue de Pouilly, n. 19.
Bachet Gabriel-Auguste, rue de Pouilly, n. 19.
Beaujard Emile, rue Franklin, n. 7.
Bordet Jean, rue de la Banque, n. 1.
Clerget Charles, rue du Palais, n. 17.
Clerget, rue Charrue, n. 36.
Grapin Jacques, rue d'Assas, n. 28.
Jétot Pierre, rue Mably, n. 7.
Magnien Etienne, rue Vannerie, n. 42.
Morisot, rue Berbisey, n. 50.
Renardet Jean-Baptiste, rue de la Préfecture, n. 64.
Tamisier-Duguet, place Darcy, n. 1.
Verrot Prudent, rue Notre-Dame, n. 5.

GRAINS (Marchands de).

Barrot Casimir, rue d'Auxonne, n. 2-24.
Bassot Alf., r. du Chapeau-Rouge, 12 *bis*, et r. Devosge, 1.
Bassot Nestor, r. de la Prévôté, n. 13, et r. du Tillot, 11.
Benoît-Aucoux Félix, rue d'Auxonne, n. 7-16.
Benoît-Viviens Bazile, rue d'Auxonne, n. 21 *bis*.
Berget François, rue Devosge, n. 34 *bis* et 37.
Bezard Noël, rue des Godrans, n. 29.

Bizot Antoine-Auguste, rue Devosge, n. 8.
Boisseau Félix, r. de la Gare, 7, et r. Chabot-Charny, 68.
Bonnotte Claude, rue Audra, n. 6.
Breuil Philippe, rue du Chapeau-Rouge, n. 18.
Chapard Léon, rue François-Rude, n. 13.
Chapard Victor, rue Audra, 21, rue François-Rude, 13, et
    au Moulin-Neuf, route de Plombières.
Cunier François, rue d'Auxonne, n. 12-21.
Emery Jean, rue Saint-Nicolas, n. 60.
Gallimardet Jean-Baptiste, rue Saint-Nicolas, n. 90 *bis*.
Gautheret-Morel Louis, rue Bannelier, n. 4.
Gardey Pierre, rue Jeannin, n. 49.
Goichot Joseph, Avenue du Cimetière, n. 1.
Gremeaux Charles, rue de Pouilly, n. 14.
Guibaudet Pierre, au Petit-Bernard, rue de l'Ile, et rue
    Saint-Lazare, n. 7.
Guigner Etienne, rue d'Auxonne, n. 1.
Jeannin L., rue Guillaume, 19, et rempart du Château, 14.
Lavoignat Louis, rue de Pouilly, n. 16.
Lejour Nicolas-Jean-Baptiste, dit Jules, place Darcy, 5,
    et rempart du Château, n. 15.
Mallard Denis, rue Bassano, n. 60.
Marandet Emile-Augustin, rue Neuve-Saint-Bénigne.
Marandet Félix, rue Neuve-Saint-Bénigne.
Marandet Jean-Marie, rue Neuve-Saint-Bénigne.
Martin Alphonse, rue de la Prévôté, n. 2-15.
Mortier François-Philippe, rue Devosge, n. 5-7-13.
Myette Claude, rue de Pouilly, n. 11.
Nicolas Jean, rue de Fontaine.
Peltret Alexis, rue de Pouilly, n. 7.
Piot Eugène, rue Audra, n. 21.
Piot Louis, rue Audra, n. 21.
Porcheur J.-P., rue du Chapeau-Rouge, n. 18, moulin
    Vesson.
Portron-Bassot Gabriel, place Darcy, n. 1.
Renard Gabriel, rue de Pouilly, n. 39.
Renard Didier, rue Saint-Nicolas, n. 12.
Renaut-Raviot Nicolas, rue de l'Hôpital, n. 33, et port du
    Canal, n. 10.
Samuel Jules, rue Saint-Bénigne, n. 8.

Saussié François-Eugène, rue Docteur-Maret, n. 4 *bis*.
Tainturier Jean-Baptiste, rue Guillaume, n. 16.
Thevenin Jean-Baptiste, rue d'Auxonne, n. 17.
Tixier Jean, rue Saint-Pierre, n. 38.
Virginal Jean-Baptiste, rue de Longvic, n. 3.

GRAINES DE SEMENCES (Marchands de).

Bailly Désiré, rue des Forges, n. 3.
Chaussier Jean-François, rue St-Nicolas, n. 30.
Clerget François, rue Musette, n. 34.
Olivier Auguste, rue Condé, n. 10.
Olivier Jean, rue Guillaume, n. 51.
Potet, rue des Tanneries, n. 25.
Prouet veuve, née Langray, rue Charrue, n. 1.
Tissier, rue St-Pierre, n. 36.

GRAVEURS SUR MÉTAUX.

Bizouard Emile, rue Verrerie, n. 4.
Courtioux fils, rue des Forges, n. 21.

GREFFIERS.

Arbinet Simon, greffier du juge de paix du canton Nord,
   rue Proudhon, n. 16.
Boituzet Lucien, greffier du juge de paix du canton
   Ouest, rue St-Pierre, n. 17.
Bresset Jean-Joseph, greffier en chef du Tribunal civil,
   rue Bossuet, n. 12.
Estivalet Jean-Emile-Théodore, greffier du juge de paix
   du canton Est, rue Guillaume, n. 4 *bis*.
Gallois Auguste, greffier de police à la Justice de paix,
   rue St-Pierre, n. 10.
Gerbore Victor-Emmanuel, greffier du Tribunal de com-
   merce, place d'Armes, n. 16.

Marion Nicolas, greffier en chef à la Cour, place Saint-Pierre, n. 8.

HERBORISTE.

Luchard Alexandre, rue Berbisey, n. 4.

HORLOGERS.

Bailly Antoine, rue du Chapeau-Rouge, n. 11.
Besse Augustin, rue Guillaume, n. 4 *bis*.
Bonnard Frédéric, rue Condé, n. 34.
Bossu Albert, rue Rameau, n. 4.
Faure Jean, rue des Godrans, n. 70.
Magnien Joseph, rue Condé, n. 21.
Maitrot Claude, rue Bassano, n. 100.
Moniot Pierre, rue St-Nicolas, n. 45.
Noël Célestin, rue Bossuet, n. 6.
Petite Auguste-Isidore veuve, rue Condé, n. 31.
Petite Edouard, rue Condé, n. 31.
Peyron Victor, rue Condé, n. 15.
Robichon Laurent, rue Condé, n. 23.
Rougetet Louis, rue des Forges, n. 16.
Thevénet Eugène, rue Amiral-Roussin, n. 46.
Thomas Barthélemy, rue Condé, n. 48.

HÔTELS (Maîtres d').

Benoît Pierre (hôtel de Bourgogne), place Darcy.
Chaignet Eugène, (hôtel du Chapeau-Rouge), rue du Chapeau-Rouge, n. 18.
David Michel (hôtel du Jura), rue de la Gare, n. 14-10 *bis*.
Goisset François veuve (hôtel de la Cloche), rue Guillaume, n. 15.
Guillemot Paul (hôtel du Buffet), à la Gare.
Jachiet François (hôtel de Genève), rue Bossuet, n. 9.

Lagoutte Pierre (ancien maître de l'hôtel du Chapeau-Rouge), rue St-Bénigne, n. 5.
Perrault Louis (hôtel de la Galère), rue Guillaume, 63.
Picot Jean-Baptiste-Bonaventure (hôtel-de-France), rue du Chapeau-Rouge, n. 16.
Plâtre François (hôtel du Nord), place Darcy.
Ripard frères (hôtel du Parc), rue Chabot-Charny, n. 65.

HUILIERS (Marchands).

Berget Jean, rue des Godrans, n. 2.
Gerbet François, rue de la Manutention, n. 25.
Guyot Jacques, rue Ste-Catherine, n. 5-7.
Lepetit-Degrave Mme, au moulin d'Ouche.
Patouillet Félix, rue Coupée-de-Longvic, n. 2.
Petitjean Nicolas, rue d'Auxonne, n. 34.
Virginat Jean-Baptiste, rue de Longvic, n. 3.

HUISSIERS.

Blanc Gabriel, rue du Tribunal, n. 2.
Bornier Jean-Baptiste-Jules, rue Vannerie, n. 55.
Braillard Elie, rue Proudhon, n. 25.
Coëffard Remi, rue du Palais, n. 23.
Darantière Ludovic, rue du Bourg, n. 9.
Dubois Joseph-Hippolyte, rue Jeannin, n. 1.
Dupin Nicolas, place d'Armes, n. 6.
Fichot Jean, rue du Bourg, n. 4.
Gros Séraphin, rue Condé, n. 50.
Heurté Claude-Pierre, rue Bassano, n. 40.
Hugault Pierre, rue Proudhon, n. 14.
Jaëger Georges, rue des Forges, n. 20.
Mallard Jacques, rue des Etioux, n. 7.
Nicolardot Charles, place du Morimont, n. 5.
Ruchot Jean-Charles, rue Chabot-Charny, n. 80.
Truchot François, rue du Palais, n. 15.

IMAGES (Marchands d').

Belin Nicolas, rue Bossuet, n. 20.
Bonvalot Auguste, place St-Jean, n. 1.
Dreyfus Narcisse, rue Piron, n. 27.
Dutartre Mlle, place du Théâtre.
Marielle Nicolas, rue Piron, n. 1.
Moutel-Tagini, rue des Forges, n. 7.
Paupion-Gaulard, rue Vaillant, n. 5.
Perchet Jean-Baptiste, rue Jeannin, n. 5.
Renardet Etienne, rue Chabot-Charny, n. 37.
Richard François, place d'Armes, n. 2.

IMPRIMEURS LITHOGRAPHES.

Carré Hippolyte, rue Amiral-Roussin, n. 40.
Fayolle Joseph, rue Condé, n. 31.
Gerin Alfred, rue Condé, n. 20.
Jobard Eugène, rue Docteur-Maret, n. 4.
Lambert Jean-Baptiste, rue Notre-Dame, n. 3.
Latour Charles, rue Guillaume, n. 57.
Richard Bernard, place d'Armes, n. 15.

IMPRIMEURS TYPOGRAPHES.

Carré Hippolyte, rue Amiral-Roussin, n. 40.
Demeurat Gilbert, rue Bossuet, n. 15.
Jobard Eugène, rue Docteur-Maret, n. 4, et rue Guil-
  laume, n. 2 *ter*.
Marchand Joseph, rue Bassano, n. 12.
Rabutôt Jean-Eugène, place St-Jean, n. 1, et rue Piron, 1.

INGÉNIEURS CIVILS.

Galmard, rue des Godrans, n. 3.
Lhermier fils, rue Franklin.

Poiselet Nicolas, rue Guillaume, n. 19.
Sirodot Alfred, rue du Petit-Potet, n. 20.
Leprince, cours du Parc (maison Chevrot).

INSTITUTEURS.

Bailly, direct. de l'Ecole normale, rue du Petit-Potet.
Bernard-Charlut, chef d'institution, rue St-Philibert, 51.
Brenot, pensionnat, rue Devosge, n. 29.
Charlut Hippolyte, chef d'institution, r. St-Philibert, 51.
Les Frères de la Doctrine chrétienne, rue Berbisey, place
    St-Nicolas et hors la Porte-Neuve.
Gourju, pensionnat, rue St-Philibert, n. 40.
Jésuites, pensionnat congréganiste, n. 42 *bis*.
Rollot, professeur de français, mathématiques, etc, rue
    Chaudronnerie, n. 18.
Rougeot, prépare les jeunes gens aux différents examens,
    rue de Longvic, n. 32.
Schwach Jean-Baptiste, externat, rue St-Philibert, n. 7.
Thury Michel, chef d'institution, r. Amiral-Roussin, 41.

INSTITUTRICES.

Ecoles communales laïques de jeunes filles, rue Turgot et
    rempart du Château.
Ecoles congréganistes, par les Sœurs de St-Vincent-de-
    Paul, rue des Novices, n. 20, rue de la Préfecture, n. 18,
    rue Saumaise, n. 13, et rue d'Auxonne, n. 8.
Chaperon, Victorine-Marguerite, pensionnat, rue des
    Novices, n. 10.
Cellérier Marguerite-Louise, en religion, sœur Marie-
    Aimée de Jésus, de l'Institut de Marie-Thérèse, rue de
    Gray, n. 2.
Douard Christine-Madeleine-Julie Mlle, pensionnat, rue
    Vannerie, n. 39.
Dupont Pauline, supérieure de la Visitation, rue Cré-
    billon, n. 8.
Gagé Anna-Joséphine Mlle, pensionnat, rue Verrerie, 32.

Godinot Mme, née Oizelle Louise-Hortense-Eugénie, externat, rue Turgot, n. 16.

Huet Olive-Léonie Mlle, pensionnat, rue de la Préfecture, n. 19.

Jarrot Jeanne-Félicité, prof. de français, r. Buffon, 36.

Lemaire François-Marie-Éloïse Mlle, pensionnat, rue Piron, n. 23.

Martin Jeanne-Adélaïde Mlle, externat, rue Bassano, 9.

Millot Émilie et Eugénie Mlles, pensionnat, rue Chaudronnerie, n. 48.

Pelletier Henriette Mlle, externat, rue Piron, n. 28.

Poinsot Mme, née Ménétrier Jeanne-Catherine, externat, rue Saumaise, n. 28.

Prost Anna Mlle, prof. de français et de mathématiques, donne des leçons à domicile, rue des Godrans, n. 44.

Renaud Mme, née Reine Marie, r. de la Préfecture, 57.

Requichot Anne Mlle, externat, rue Franklin, n. 3.

Solignac Mme, fait un cours d'instruction et donne des leçons à domicile, rue St-Nicolas, n. 88.

Tixier Mme, née Laurent Marie, externat, rue Saint-Bénigne, n. 6 *bis*.

Violle Mme, née Marion, pensionnat mi-congréganiste, rue du Vieux-Collége, n. 19.

INSTRUMENTS ARATOIRES.

Dufour François, rue du Gaz, n. 1.

Lhuillier Jacques, port du Canal, n. 5.

Meugniot François, rue Devosge, n. 33.

JARDINIERS-FLEURISTES.

Gauvenet grande rue Galoche, n. 3.

Jacotot Henri-Edme, cours du Parc, n. 5.

Leconte Jean-Louis, route d'Auxonne.

Licutet-Jacotot, cours du Parc, n. 14.

Nolotte Jean-Baptiste, rue de Pouilly, n. 1.

Pingeon Hubert, rue de Gray, n. 1.
Vallot-Simonnot Jacques, chemin de Mirande.
Viennot Denis, rue du Gaz, n. 14.
Wion Etienne, rue de Pouilly, n. 1.

LAINES (Filatures de).

Voir Filateurs.

LAMPISTES.

Bresset Etienne, place d'Armes, n. 11.
Buret Adrien, rue du Lacet, n. 4-6.
Larmonier Charles, rue des Forges, n. 19.
Mille Joseph, rue Condé, n. 12.
Miotte Jean-Baptiste, rue des Forges, n. 18.
Naigeon Louis, rue Saint-Nicolas, n. 119.
Rollet Eugène, rue Condé, n. 29.
Verreaux Frédéric, rue Amiral-Roussin, n. 37.
Verreaux Paul, rue Vannerie, n. 67.

LIBRAIRES-ÉDITEURS.

Maître Antoine, chemin de Mirande.
Pellion Emilie Mlle, rempart Richelieu.

LIBRAIRES.

Baur François, place d'Armes, n. 9.
Benoît Charles, rue Charrue, n. 20.
Bertrand Bernard, rue Charrue, n. 5.
Dupont Claude-Auguste veuve, place du Théâtre.
Duthu Hippolyte, rue Lamonnoye.
Freund Urbain, rue des Godrans, n. 3.
Gagey François, place Saint-Jean, n. 12.
Lamarche Antoine, rue Chabot-Charny, n. 10.

Manière François, place d'Armes, n. 22.
Nef Balthazar-Gustave, place du Théâtre.
Poidevin Pierre-Alexandre, rue Jeannin, n. 22.
Pousset Marie-Pierre veuve, rue Vauban, n. 13.
Ropiteau François, rue Guillaume, n. 24.
Thevenard Marie, place d'Armes, n. 7.
Vernier Aimé Mme, rue des Forges, n. 32.

LIMONADE (Fabricants de).

Chauvirey Félix, rue de Gray, n. 17.
Jovin, rue Piron, n. 3.

LINGERIE (Marchands de).

Aimé Louis, rue Odebert, n. 18.
Basset Annette, rue Saint-Pierre, n. 17.
Belin Mme, née Lambert, rue Charrue, n. 16.
Benoît Emilie Mlle, rue du Bourg, n. 46.
Berry Mmes, place des Ducs-de-Bourgogne, n. 10.
Berthet Mmes, place d'Armes, n. 2.
Bœuf Francine Mlle, rue Saint-Pierre, n. 30.
Bonnardot Philippe Mme, rue du Bourg, n. 34.
Brenet Anaïs Mlle, rue des Forges, n. 22 *bis*.
Brenet Elisa Mlle, rue des Forges, n. 22 *bis*.
Breux Louis Mme, rue Saint-Nicolas, n. 63.
Buchillot René Mme, rue Rameau, n. 3.
Bulté Victorine Mlle, rue Lamonnoye.
Bur-Galiano Emile Mme, rue Legoux-Gerland, n. 2.
Cantrelle Victoire Mlle, rue des Forges, n. 5.
Clairottet Jacques Mme, rue Chabot-Charny, n. 83.
Clausse Anatole, rue Saint-Nicolas, n. 21.
Claverie Jacques Mme, rue Bassano, n. 19.
Clazer Marie Mlle, rue Chaudronnerie, n. 9.
Clémencet Charles Mme, née Berthet, place d'Armes, 2.
David Eugénie Mlle, rue des Godrans, n. 100.
Delarbre Jean-Pierre Mme, rue Musette, n. 25.
Faucillon Henri veuve, rue des Forges, n. 6.

Feuillard Caroline Mlle, rue Chabot-Charny, n. 15.
Feuillard Marie Mlle, rue Chabot-Charny, n. 15.
Focillon Victor Mme, rue Berbisey, n. 37.
Galmard veuve, rue François-Rude, n. 8.
Garreau Antoine Mme, rue Chabot-Charny, n. 78.
Gatefossey Jacques Mme, née Berry, place des Ducs-de-
    Bourgogne, n. 10.
Gay Edme Mme, place Saint-Jean, n. 9.
Gomer Claudine Mlle, place Notre-Dame, n. 2.
Gourroux Pierre veuve, rue Musette, n. 15.
Guenin Louis veuve, rue Saint-Nicolas, n. 110.
Guy Edme Mme, place Saint-Jean, n. 9.
Jankel Sara, dite David, rue des Godrans, n. 96.
Jeannel Adrien Mme, rue Bassano, n. 45.
Lamant veuve, rue François-Rude, n. 20.
Leniept veuve, née Démoulin, rue Condé, n. 11.
Lepage-Domergue Auguste Mme, rue des Forges, n. 56.
Lesterlin Julie Mlle, rue Berbisey, n. 14.
Longepierre Jeanne Mlle, rue du Bourg, n. 47.
Louet Hippolyte Mme, rue du Bourg, n. 70.
Méline Marie Mlle, place d'Armes, 12.
Monin Augustine Mlle, place des Ducs-de-Bourgogne, 2.
Naudet Jacques veuve, rue Vannerie, 57.
Nicolas Reine Mlle, rue Musette, n. 1.
Nicolle Mme, rue Vauban, n. 4.
Orième Anna Mlle, place Notre-Dame, n. 2.
Pernin Gabrielle Mlle, rue Amiral-Roussin, n. 48.
Perreaut veuve, rue François-Rude, n. 29.
Perrot Marie Mlle, rue Condé, n. 36.
Préaux Edith Mlle, rue du Bourg, n. 8.
Serrigny Louise Mlles, rue Vaillant, n. 21.
Sirdey Jean Mme, rue Saint-Nicolas, n. 46.
Thévenot Jean, rue Saint-Nicolas, n. 11.
Tournier Henri, place des Ducs, n. 4.
Trécourt Louise-Elisabeth Mlle, rue Musette, n. 14.
Trembloy Adolphine Mlle, rue St-Nicolas, n. 70.
Troly Alexis-Prosper-César Mme, rue Musette, n. 24.
Troly Emiland Mme, rue Musette, n. 24.
Truchot Jean-Baptiste Mme, rue Condé, n. 28.

LINGERIE (Grande fabrique de).

Luce-Villiard Jean-François, Plaine-aux-Roses.

LIQUEURS (Fabricants de).

Aguerre Ignace, rue Devosge, n. 34.
Aimé Louis, rue Piron, n. 40.
Bernoux Claudius, rue Chancelier-l'Hôpital, 12, et rue de la Manutention, n. 1.
Blavier Eugène, rue de la Manutention, n. 12.
Bonnot Jules, rue de l'Arquebuse, n. 3.
Bordet François, rue de la Gare, n. 7.
Bordet Jules, rue de la Gare, n. 7.
Bourgeon Pierre, allées de la Retraite, n. 1-3.
Bressac Laurent Mme, née Perbost, rue des Godrans, 7.
Dambrun Claude, rue des Godrans, n. 46.
Deschamps Pierre-Victor, rue Devosge, n. 34.
Donier Joseph Mme, née Bécoulet Victoire, rue de Suzon, n. 12.
Gille Félix, rue des Godrans, n. 53.
Goudeau Prosper, rue de l'Arquebuse, n. 3.
Joly Henri, rue de la Manutention, n. 1.
Lagoutte veuve, et Lejay, rue Saint-Nicolas, n. 102.
Lagoutte Gustave, rue Devosge, n. 1.
Lejay Henri et Lagoutte veuve, rue Saint-Nicolas, n. 102.
Lerat-Grégiot Jean-Baptiste, allées de la Retraite, n. 1-3.
Lejour Pierre, rue des Godrans, n. 53.
Marchand Philibert, rue du Vieux-Collége, n. 13.
Mugnier Frédéric, rue Guillaume, n. 45.
Nicolas Claude, rue Piron, n. 14-16-18, place Saint-Jean, n. 1, et bastion Sauvageot.
Pascal Joseph, rue Vannerie, n. 29-30.
Poulain Louis-André, rue de la Manutention, n. 12.
Potier-Regnier Jacques, rue de Suzon, n. 12.
Regnier Louis, place d'Armes, n. 10.

Regnier Théodore, rue Ste-Catherine, n. 14, et rue Saint-Nicolas, n. 33.
Rouvière Frédéric, rue de Gray, n. 37.
Tavernier François, rue Vannerie, n. 74.

LITERIE (Marchands d'objets de).

Chamagne Joseph, rue Musette, n. 2.
Héluin-Jeannin, rue Rameau, n. 6-8-10.
Lallemant, rue Verrerie, n. 27.

LOGEURS.

Ancel Jean-Baptiste, rue Berbisey, n. 60.
Boisseau veuve, rue de Montmuzard, n. 3.
Daubigny Louis, rue du Mouton, n. 7.
Febvre Jean-Philibert, rue des Godrans, n. 58.
Forey François, rue du Chaignot, n. 6.
Goudeau Claude veuve, rue Saint-Nicolas, n. 50.
Huret Auguste veuve, impasse Suzon, 9, place St-Pierre.
Lacasa Raphaël, pont des Tanneries, n. 4.
Moreau-Léveillé veuve, cour de la Faïencerie, n. 8.
Thorey Philibert, rue Derrière-les-Tanneries, n. 5.

LOUEURS EN GARNI.

Arnaud Pierre, rue Berbisey, n. 51.
Barthet Julien, rue Amiral-Roussin, n. 47.
Belloy Joseph, rue de Pouilly, n. 9.
Bernard François, Belle-Ruelle, n. 6.
Berthet Jean-Baptiste, rue des Godrans, n. 90.
Bloc Isaac, rue Berbisey, n. 48.
Boittier Auguste, place Saint-Jean, n. 13.
Boullot François, rue Bouhier, n. 10.
Bourée Gabriel, rue Chabot-Charny, n. 62.

Boyon Ferdinand, rue Buffon, n. 26.
Breuil Remi, rue du Petit-Potet, n. 16.
Breux Pierre, rue de la Gare, n. 1.
Broin François, rue Mably, n. 9.
Brun François, rue Buffon, n. 30.
Burnelle Clara, rempart de Tivoli, n. 6.
Chamard Claude, rue d'Ahuy, n. 4.
Chapuis Pierre, rue Saumaise, n. 57.
Canthe Philibert, rue Vannerie, n. 6, et rue Saint-Nicolas, n. 21.
Chatain Hippolyte, rue du Bourg, n. 17.
Cosnard Michel, rue Chancelier-l'Hôpital, n. 1.
Costet Joseph veuve, rue Vannerie, n. 18.
Danjon Solange Mlle, rue Roulotte, n. 23.
Darantière veuve, rue Docteur-Maret, 4 *bis*.
Denisot Prudent, rue Saumaise, n. 67.
Desfossey Henri, rue Chancelier-l'Hôpital, n. 15.
Diringer Henri, rue Vannerie, n. 50.
Drouhin Jean-François, veuve, rue Roulotte, n. 37.
Dugat Alexandre, rue Berbisey, n. 94.
Dutartre Jean, rue Bassano, n. 122.
Farcy Germain, rue Saint-Martin, n. 23.
Ferrez Zéphirin, rue Bassano, n. 110.
Ferrin Jean-Baptiste Mme, née Sirdet, rue Proudhon, 6.
Feuchot Claude veuve, rue du Vieux-Collége, n. 8.
Fleurvac Jean-Baptiste, petite rue du Château, 3.
Frelet Claudine, rue Crébillon, n. 30.
Frère Pierre, rue Vannerie, n. 14.
Frèrejean Mathieu, rue Saint-Nicolas, n. 103.
Galiana Mme, née Gros, rue Roulotte, n. 31.
Gauthiot Nicolas veuve, rue Crébillon, n. 29.
Gauthiot François, place d'Armes, n. 15.
Gazillot François, rue Roulotte, n. 35.
Genin Claude, chemin de Talant, n. 6.
Girard Louis, rue Roulotte, n. 27.
Granjean Bernard veuve, rue Vannerie, n. 75.
Grey Jean-Baptiste, rue Vannerie, n. 26.
Hébrard Samuel-Henri, rue Saint-Nicolas, n. 64.
Heinrich Louis, place Saint-Michel, n. 14.
Hemmerdinger Gertrude, rue Roulotte, n. 29.

Huot Jacques, rue de la Gare, n. 2.
Huret veuve, rue de la Préfecture, n. 105.
Joly Louis, rue Saint-Nicolas, n. 111.
Kieffer Auguste, rue Vannerie, n. 5-7.
Laurent veuve, née Gomiot, rue d'Assas, n. 15.
Laurent-Adélaïde Mlle, rue Saumaise, n. 29.
Leclercq François, rue Richelieu, n. 6.
Lenoir-Carion, rue Bassano, n. 76.
Lhermann Bernard, rue Roulotte, n. 21.
Lhomme Jean-Pierre, rue Jeannin, n. 27.
Lhuilier Marie Mlle, rue du Morimont, n. 5.
Mahut Hippolyte, rue Vannerie, n. 9.
Magnien Adrien-Nicolas, rue Guillaume, n. 8.
Malgat Jean veuve, rue Crébillon, n. 19.
Malnoury-Perrin Jean-Baptiste, rue François-Rude, 12.
Malnoury Jean veuve, rue Saint-Pierre, n. 40.
Marnotte Mme, née Mallard Jeanne, maison Corrot, che-
    min couvert de la Belle-Étoile.
Martin Jean, rempart du Château, n. 8.
Masson Antoine-Benoît, rue Madeleine, n. 1.
Masson Antoine, rue Saint-Philibert, n. 75.
Mercier François, rue du Vieux-Collège, n. 12.
Michaut Jean, rue Roulotte, n. 19.
Moniot Nicolas veuve, rue d'Assas, n. 14 bis.
Mouillon Chrétien, rue Musette, n. 7.
Noblot Charles-Victor, place de la Banque, n. 6.
Osser Séraphin veuve, rue Saumaise, n. 12.
Oulmann veuve, rue Madeleine, n. 13.
Passerolle François, rue Vannerie, n. 11.
Pélissonnier Colombe, rue du Chapeau-Rouge, n. 12.
Perruchot Louet Auguste veuve, rue Saint-Pierre, n. 22.
Pilleron Claude, rue Saint-Nicolas, n. 85.
Porteret Jacques, rue Amiral-Roussin, n. 11.
Radix Joseph-Antoine, rue Vannerie, n. 61.
Rostaing Victor, rue Condé, n. 7.
Roussotte Jacques, rue de Clairvaux, n. 3 bis.
Schaff Elisabeth, rue Roulotte, n. 33.
Simonnet Claude, rempart du Château, n. 6.
Sonnois Mme, née Truchot, rue Saint-Nicolas, n. 67.
Telle veuve, née Baudot, rue Chabot-Charny, n. 40.

Tétot Pierre veuve, rue Berbisey, n. 74.
Trivier Jacques, rue des Godrans, n. 96.
Vauthier Mme, rue Crébillon, n. 15.
Vauthier Mme, rue Musette, n. 10.
Voisot Justine, rue du Champ-de-Mars, n. 4.

LUTHIERS.

Chanat-Marielle, rue Piron, n. 1.
Danrey Florine Mlle, rue Condé, n. 15.
Henry Joseph, rue des Etioux, n. 8.
Marielle Nicolas, rue Piron, n. 1.

MACHINES A COUDRE (Marchands de).

Lemoult Jules, rue Condé, n. 14.
Thevenot Jean, rue St-Nicolas, n. 11.
Vuillamy, rue Verrerie, n. 20.

MACHINES A VAPEUR (Fabricants de).

Bosshart-Uhler, rue de la Gare, n. 17.
Laurent, port du Canal.
Mutin Germain, avenue de Montmuzard.

MAÇONS (Entrepreneurs).

Bitouzet François, rue Coupée-de-Longvic, n. 5.
Gauthier Pierre, rempart du Tivoli, n. 7.
Giraud Louis, rue Berbisey, n. 73.
Guyard Jacques, rue Devosge, n. 16.
Guyard Jacques, rue St-Nicolas, n. 4.
Lanneau Bernard, rue de l'Arquebuse, n. 18.
Laumay Charles, rue d'Ahuy, n. 14.
Lavergne Jean, rempart du Tivoli, n. 16.
Ligeot Jean-Baptiste, rue du Petit-Cîteaux, n. 1.

Martenot Jean-Baptiste, boulevard de Brosses, et rue St-Philibert, n. 28.
Masson Louis, rue du Gaz, n. 25.
Peutet Claude, rue Magenta, n. 2 *bis*.
Porta Louis, rue de la Préfecture, n. 96.
Róy Jean dit Lafleur, chemin couvert de la Belle-Etoile.

MAGASINIER.

Bernard Pierre-François, port du Canal, n. 22.

MANÉGES DE CHEVAUX DE BOIS (Maîtres de).

Dutheil, rue des Novices, n. 14.
Tougras Pierre-Louis, rue Magenta, n. 17.

MANÉGE D'ÉQUITATION (Maître de).

Lechêne Pierre veuve, rue Legoux-Gerland, n. 4.

MONUMENTS FUNÈBRES (Entrepreneurs de).

Bourgeois Etienne, rue Neuve-Saint-Bénigne.
Chamson Eugène, rue du Gaz, n. 2.
Clavel Jean-Baptiste, rue Berbisey, n. 19.
Corrot Dominique, chemin couvert de la Belle-Etoile, 1.
Fournier Jean-Baptiste, avenue du cimetière, n. 2.
Gille Florimond, rue du Gaz, n. 10.
Guigre Antoine, rue Turgot, n. 16.
Michet Jean-Baptiste, rue Audra, n. 26.
Pauffard Jules, rue Neuve-St-Bénigne.
Pouffler Joseph, rue Audra, n. 17.
Sudre Eugène, rue St-Martin, n. 4 *bis*.

MARÉCHAUX-FERRANTS.

Abadie François, rue Devosge, n. 6.
Albert François, rue de Gray, n. 9.

Faucillon Pierre, rue Coupée-de-Longvic, n. 7.
Guillemard Jean-Baptiste, place du Morimont, n. 24.
Mercier Jean-Baptiste, rue Ste-Marguerite, n. 17.
Modot François, rue d'Auxonne, n. 25.
Mongeot Antoine, rue de l'Hôpital, n. 29.
Orliac Jean-Baptiste, rue Devosge, n. 14.
Vallot Jean-Baptiste, rue St-Nicolas, n. 7.

MAROQUINIER.

Matrat Charles, quai des Tanneries.

MARTEAUX (Fabricants de).

Angonin, place Darcy, n. 1.
Bonnardot, rue Dauphine, n. 18.
Dorlin, rue Berbisey, n. 47.
Lacroix Jean-Baptiste, rue Berbisey, n. 87.
Lance, rue de l'Arquebuse, n. 5.
Roquel, bastion de la Recette générale.

MATELASSIERS.

Baudier, rue du Bourg, n. 2.
Hartmann, rue Notre-Dame, n. 14.
Penotet, rue St-Philibert, n. 36.
Pourcelle, clos de Montmuzard.
Thibaut veuve, rue St-Nicolas, n. 115.
Sennequier, rue Dauphine, n. 19.

MÉCANICIENS.

Boshardt-Uhler, rue de la Gare, n. 17.
Dufour François, rue du Gaz, n. 1.
Gagey, Seguin et Mattenet, rue de Montigny, n. 10.
Lavie Barthélemy, rue Audra, n. 21.

Roy et Laurent, au Petit-Chantilly.
Vuillamy François, rue Verrerie, n. 20.

MÉDECINS.

Bazard Gaston, rue Verrerie, n. 27.
Blanc Joseph, rue Madeleine, n. 4.
Blondeau Alexis-Joseph, rue Buffon, n. 21.
Bolu Jean-Baptiste-François, rue Verrerie, n. 41.
Bouché Urbain-René-Jules, rue Bassano, n. 1.
Brulet Victor-André, rue St-Pierre, n. 14.
Buzenet Jean-Jules, rue Chabot-Charny, n. 41.
Canquoin Alexandre, rue Buffon, n. 27.
Chanut Philippe-Eugène, place St-Jean, n. 17.
Clertan Claude-Antoine, place St-Pierre, n. 6.
Coquelu Prudent, place St-Michel, n. 31.
Costerousse Jules, rue Guillaume, n. 23.
Crouïgneau Jean, rue Jeannin, n. 40.
Dard Paul, rue Bouhier, n. 2.
Dugast Henri, rue Charrue, n. 9.
Fleurot Firmin, rue St-Nicolas, n. 121.
Fortoul Hyacinthe, rue Amiral-Roussin, n. 23.
Fourrat Benoît, rue de la Préfecture, n. 29.
Gautrelet Paul-Henri-Jules, rue des Godrans, n. 76.
Laguesse Jean-Baptiste-Alphonse, rue Berbisey, n. 57.
Lavalle Jean, rue Longepierre, n. 5.
Lépine Frédéric, rue du palais, n. 3.
Lépine Charles-Louis, rue du Vieux-Collége, n. 5.
Maillard Auguste-Claude, rue du Petit-Potet, n. 34.
Maire Xavier, rue Berbisey, n. 29.
Marchant, rue Berbisey, n. 31.
Morlot Jean-Baptiste, rue St-Philibert, n. 24.
Moyne François-Numa, rue du Palais, n. 9.
Noirot Charles-Louis, rue Proudhon, n. 9.
Pélissard Louis, rue Piron, n. 4.
Petit Antoine, rue du Chaignot, n. 2.
Sédillot Alexandre, rue Berbisey, n. 6.
Tardy Albert, rue Chancelier-l'Hôpital, n. 5.
Tarnier Emile, rue Vannerie, n. 63.

Venot Emile, rue Mably, n. 2.
Vétu Pierre, rue Berbisey, n. 23.

MÉGISSIERS.

Boisserand Jules, rue de l'Ile, n. 7.
Matrat, rue de l'Hôpital, n. 3.
Siméon, rue des Tanneries.

MENUISIERS (Maîtres).

Billiette Jean-Guillaume, rue Montigny, n. 16.
Boituzet Louis, rue d'Auxonne, n. 14.
Bolletet Antoine, rue Vannerie, n. 42 *bis*.
Bornier Jean-Baptiste, rue du Tillot, n. 1 *bis*.
Branche François, rue de Montmuzard, n. 11.
Brocard Antoine, rue Bossuet, n. 24.
Calmelet, rue Jeannin, n. 4.
César Louis, rue Longepierre, n. 4-6.
Chazelle François veuve, rue Odebert, n. 18.
Coquet Jacques, rue St-Philibert, n. 26.
Cormillot frères, rue St-Martin, n. 7.
Corniche Joseph, rue de la Prévôté, n. 11.
Cotélidot Jean-Baptiste-Charles, rue Vannerie, n. 47.
Cotrot Jules, cour Bourberain, n. 2.
Daussy Jean, rue Devosge, n. 28.
Derepas Joseph, rue Vannerie, n. 24.
Deschamps, rue de l'Hôpital, n. 31.
Dugat Alexandre, rue Berbisey, n. 94.
Dumontier Adolphe, rue Verrerie, n. 50.
Fontaine Jacques, rue du Bourg, n. 9.
Gelliot Jean-Baptiste, rue de l'Arquebuse, n. 27.
Georges Victor, rue de l'Arquebuse, n. 10.
Gérard Auguste, rue Amiral-Roussin, n. 30.
Godeau Jules, rue du Petit-Potet, n. 28.
Gouverne Victor, rue Chabot-Charny, n. 15.
Gouverne Pierre, rue du Petit-Potet, n. 16.
Jobin Armand, place Darcy, 1, et route de Plombières.

Joliet Louis, rué Berbisey, n. 42.
Joliet François-Hippolyte, rue de Montmuzard, n. 11.
Lamy Pierre, rue Buffon, n. 39.
Maire Alfred-Antoine, rue Berbisey, n. 78.
Mairet Mathurin, rue des Etioux, n. 8.
Mairet Nicolas, rue des Etioux, n. 13.
Mandle Joseph, rue Crébillon, n. 23.
Milteau Jules, rue de l'Hôpital, n. 31.
Montfiliard François, rue du faubourg Rennes, n. 13.
Passey François, rue Berbisey, n. 87.
Picamelot Jean-Baptiste, rue Amiral-Roussin, n. 33.
Quirin Pierre dit Bellay, rue Vannerie, n. 51.
Raboisseau Claude-Ferdinand, rue Montigny, n. 6.
Ragois Henri, rue des Etioux, n. 12.
Rivet Marien, rue du Petit-Cîteaux.
Serrebourse Jean-Baptiste, rue de Clairvaux, n. 2.
Serrebourse Prudent dit Barette, rue Saumaise, n. 35.
Vauloup Charles, rue Bannelier, n. 10.
Vinot Nicolas, rue Berbisey, n. 128, et rue du Petit-
  Cîteaux, n. 3.
Weis Luc, rue Dubois, n. 14.

MERCERIE (Marchands de).

Adler-Lévy Isidore, rue Saint-Nicolas, n. 92.
Baldomme Pierre, rue Neuve St-Bénigne *(grand bazar)*.
Baudrillard Jean-Baptiste, rue Saint-Anne, n. 2.
Belnet Charles, rue Bossuet, n. 31.
Benoît Lucien veuve, rue Saint-Nicolas, n. 20.
Berthaut Eugène, rue Saint-Nicolas, n. 83.
Bloc Isaac veuve, rue Musette, n. 27-29.
Bornier Nicolas-Eugène, rue Bassano, n. 38.
Boucher Jean-Baptiste, rue Berbisey, n. 21.
Bourgogne Charles, rue des Perrières, n. 16.
Bouvier Pierre-Auguste, rue Bossuet, n. 8.
Carpentier Joseph, rue de l'Arquebuse, n. 4.
Charles Joséphine Mlle, rue Chancelier-l'Hôpital, n. 3.
Chenut Philibert, rue de la Préfecture, n. 52.
Clave Nicolas veuve, rue Berbisey, n. 9.

Dautin Léon, rue du Bourg, n. 84.
Delmont Xavier, place d'Armes, n. 10.
Deville Céline, rue Charrue, n. 26.
Fanet Etienne, rue Guillaume, n. 39.
Fanet Etienne, rue Jeannin, n. 51.
Fraudin Hippolyte, rue de la Gare, n. 1.
Frelezeau veuve, rue Jeannin, n. 73.
Galland Jules, rue des Forges, n. 50.
Gaudy Céline Mlle, rue Musette, n. 28.
Gerbenne Jules-Pierre, rue Vannerie, n. 96.
Gros Jean, rue Vauban, n. 7.
Guelin Alexandre, rue Chaudronnerie, n. 32.
Guguenheim Jacob Mme, rue Charrue, n. 1.
Himbert Hippolyte, rue Piron, n. 30.
Hugues-Lepetit, rue du Bourg, n. 67.
Jacquemont Antoine, rue Guillaume, n. 39.
Jacquot Xavier, place Saint-Jean, n. 8.
Javelle Augustine Mlle, rue Berbisey, n. 82.
Jorrot Alexis, rue Bossuet, n. 31.
Joyot Auguste, rue des Godrans, n. 8.
Legrand Louis, rue du Bourg, n. 33.
Lemoult-Pétrot Jules, rue Condé, n. 14.
Lenoir-Bénigne, rue de la Préfecture, n. 8.
Loiseau-Bailly, chemin de Mirande.
Loye Mlles, place du Théâtre.
Mairet Lucien, rue Saint-Nicolas, n. 31.
Masson, rue des Forges, n. 22 *bis*.
Mérilly Charles, rue Bossuet, n. 22.
Miard Charles-Victor Mme, à la Gare.
Michelot Alphonse, rue Saint-Pierre, n. 45.
Monnier veuve, née Boutonney, rue des Forges, n. 70.
Morot François, rue Berbisey, n. 74.
Mugnier Collette Mlle, rue du Lacet, n. 1.
Mugnier Hippolyte, rue du Lacet, n. 1.
Musson Jules, rue du Bourg, n. 3.
Mussot Annette Mlle, rue Saint-Philibert, n. 30.
Narterre Mathieu veuve, rue du Bourg, n. 22.
Neuhror Antoine veuve, rue Chabot-Charny, n. 54.
Ninot Ferdinand Mme, née Bouley Maria, rue Chabot-
    Charny, n. 53.

Olivier Jean-Baptiste veuve, rue des Perrières, n. 4.
Payen Marie Mlle, rue Chabot-Charny, n. 74.
Petitfrère Auguste, rue du Morimont, n. 5.
Pignot Dominique, rue Chabot-Charny, n. 5.
Pons Marie Mlle, rue Chabot-Charny, n. 74.
Richarme François-Jules veuve, rue Bossuet, n. 26.
Roy Pierre, rue Saint-Nicolas, n. 75.
Royer Virginie Mlle, rue Vannerie, n. 83.
Ruchot Jean-Charles, rue Chabot-Charny, n. 80.
Salle Claude, rue Saint-Philibert, n. 55.
Sigoillot Marie-Louise Mlle, rue Saint-Martin, n. 29.
Tamisey Remi, rue du Bourg, n. 76.
Thevenot Jean, rue Saint-Nicolas, n. 11.
Thibaut François, rue de la Gare, n. 9.
Tiercelin François, rue Guillaume, n. 35.
Trézenem-Lebaut Charles, rue du Bourg, n. 9.
Trouillet Mme, née Mulleret, rue Guillaume, n. 11.
Vachey Jacques, rue Charrue, n. 42.
Vagnac Mme, née Buyatier, rue des Forges, n. 33.
Voiret Eugène, rue Guillaume, n. 73.
Yncesse Pauline Mlle, rue du Bourg, n. 38.

MESURAGE (Fermier des droits de).

Blavot veuve, rue Chabot-Charny, n. 1.

MÉTAUX (Marchands de).

Voir Fer (marchands de).

MEUBLES (Marchands de).

Blot Gustave Mme, rue Chaudronnerie, n. 9.
Bonvalet Joseph-Désiré, rue Verrerie, n. 13.
Cazet François, rue Chabot-Charny, n. 40.
Dehers Vivant, rue Bassano, n. 3.
Fleurot Etienne, rue des Forges, n. 54.

Fournereau Denis, rue Verrerie, n. 15.
Girardot Jean-Baptiste, rue Chaudronnerie, n. 34.
Grenier Constant, rue Notre-Dame, n. 12.
Guillemain Jacques, rue Chaudronnerie, n. 5.
Guillemain-Laligant Jacques, rue Verrerie, n. 24.
Hartemann veuve, née Cantagrelle, place St-Jean, n. 21.
Héluin Etienne, rue Rameau, n. 5-7-9-11.
Javelle Henri, rue Crébillon, n. 25.
Ladrey Marie Mlle, rue Notre-Dame, n. 26.
Lallemant François, rue Verrerie, n 11.
Lambert Jean-Baptiste, place des Ducs-de-Bourgogne, 4.
Lobrot Claude, rue Notre-Dame, 2, ou place des Ducs, 2.
Oudin Joseph, rue Chaudronnerie, n. 14.
Rousselot Philibert, rue Chabot-Charny, n. 67.
Tagini Frédéric, rue Condé, n. 53.
Teurel Gabriel, rue Notre-Dame, n. 11.
Viard Nicolas, rue Chabot-Charny, n. 6.
Voisin Pierre, rue Verrerie, n. 8-10.

MEULES (Marchands de).

Graillet Charles, rue de l'Arquebuse, n. 1.
Lepetit Ferdinand, r. du Bourg, 24, et r. des Perrières, 4.
Pinet Jean-François, r. du Bourg, 28, et r. Dauphine, 5.

MEUNIERS.

Chapard frères, route de Plombières, au Moulin-Neuf.
Décailly Claude, au moulin de Chèvre-Morte.
Grenier frères, à Plombières.
Jeannel Jean-Louis, au moulin Bernard, rue de la Co-
lombière.
Jeannel Jules-Michel, au moulin Bernard, rue de la Co-
lombière.
Lepetit-Degrave Etienne Mme, moulin de l'Ouche, fau-
bourg Rennes, n. 1.
Porcheur et Breuil, moulin Vesson, route de Plombières.
Villet Joseph, au moulin Saint-Etienne, rue des Moulins.

MIROITIERS.

Chapuis Prosper, rue Saint-Martin, n. 27.
Dworjack Léon, rue Amiral-Roussin, n. 31.
Gauthier Laurent, rue des Bons-Enfants, n 8.
Moutel Antoine, rue des Forges, n. 7.
Petitot-Joly Emile, place d'Armes, n. 5.

MODES.

Voir Lingerie.

MOUTARDE (Fabricants de).

Achery veuve, née Mongenot, rue Saint-Nicolas, n. 9.
Aguerre Emile, rue Devosge, n. 34.
Barbeau Jean-Baptiste, rue Crébillon, n. 22.
Benoît Jean-Baptiste, rue Berbisey, n. 2.
Bornier Denis, rue Guillaume, n. 67.
Dagousset, rue d'Auxonne, n. 17.
Dornier Edouard, cour du Parc, n. 17.
Genevoix Jean, rue Richelieu, n. 7.
Gilbert Joseph, rue Audra, n. 28, et rue Musette, n. 24.
Jolibois veuve, née Poulain, rue Bassano, n. 63.
Miquey Pierre veuve, avenue du Cimetière.
Parent Claude, rue Guillaume, n. 50.
Pierrot Jean-Baptiste, rue Bassano, 30, cour Madeleine,
    et place du Morimont.
Poulain Jean-Baptiste, rue de l'Hôpital, n. 19.
Poupon Auguste. rue Guillaume, n. 32.
Rivière Maurice-Laurent, cours du Parc, n. 17.

MUSIQUE (Marchands de).

Chanat-Marielle, rue Piron, n. 1.
Danrey Florine dite Marie Mlle, rue Condé, n. 15.

David Mlle, rue Condé, n. 15.
Geley Jérôme, rue Vauban, n. 9.
Henry Joseph, rue des Etioux, n. 8.
Moreau Hippolyte, rue Condé, n. 5.

NOIR ANIMAL (Fabricants de).

Bargy Julien, au Chinois (faubourg d'Ouche).
Legros Jules, au Foulon (route de Plombières).

NOUVEAUTÉS.

Voir Etoffes (marchands d').

NOTAIRES.

Blondel Nicolas-Henri, rue Chabot-Charny, n. 32.
Chaffotte Henri, rue St-Pierre, n. 16.
La Chambre des notaires, représentée par MM. Rougeot,
    Virely et autres, rue Verrerie, n. 47.
Darantiere Pierre-Etienne-Arthur, place St-Jean, n. 17.
Durandeau Denis-Félix, rue Charrue, n. 9.
Gallois Claude-Auguste rue Notre-Dame, n. 4.
Fauléau Jean-Baptiste, rue Jeannin, n. 16.
Fleurot François-Hippolyte, rue Jeannin, n. 11.
Jacotot Pierre-Victor, rue Victor-Dumay, n. 1.
Madon Paul-Joseph, rue de la Préfecture, n. 24.
Rouget Ernest, rue Chabot-Charny, n. 26.
Roux Alexandre, rue Proudhon, n. 22.
Roy Simon-Eugène, rue Chabot-Charny, n. 24.
Virely Pierre-François, rue de la Préfecture, n. 45.

OPTICIENS.

Bonvalot Auguste, place St-Jean, n. 1.
Franck Charles, rue Condé, n. 24.

Mathonnet-Duvaldestein Auguste, place d'Armes, n. 20,
Thury Michel, rue Amiral-Roussin, n. 41.

ORFÉVRES.

Voir Bijoutiers.

ORTHOPÉDISTE.

Clerc Claude-Antoine, Ruelle-aux-Prêtres.

PAINS-D'ÉPICES (Fabricants de).

Auger Charles, rue des Forges, n. 46.
Bourgeois François, rue Piron, n. 34.
Céry Jean-François, rue Guillaume, n. 30.
Couturier, rue Amiral-Roussin, n. 21.
Giclon Jean-Baptiste, rue St-Nicolas, n. 35.
Mulot Louis, place St-Jean, n. 13.
Roland Alexis, rue Guillaume, n. 32, et rue Charrue, 26.

PAIN AUX TROUPES DE LA GARNISON
(Fournisseurs du)

Bourrelier Charles, rue Bannelier, n. 2.
Guerriéri Sylvestre, officier d'administration, rue de la
Manutention, n. 21.

PAPETIERS (Marchands).

Belin Nicolas, rue Bossuet, n. 20.
Benoit Charles, rue Charrue, n. 20.
Chanat-Marielle Edmond, rue Piron, n. 1.
Couty Victor, rue Guillaume, n. 46.
Dreyfus Narcisse, rue Piron, n. 27.
Marielle Alphée, rue Piron, n. 1.

Oudot veuve, née Caillot, place St-Michel, n. 9.
Paupion frères, rue Vaillant, n. 15.
Pillié François, rue St-Nicolas, n. 108.
Pilleron Auguste, rue St-Nicolas, n. 87.
Renardet Étienne, rue Chabot-Charny, n. 37.
Richard-Besson François, place d'Armes, n. 2.
Ropiteau François, rue Guillaume, n. 24.

PAPIERS PEINTS (Fabricant de).

Léon Adolphe, rue Amiral-Roussin, n. 28.

PARAPLUIES (Fabricants et Marchands de).

Bizot-Prieur Jacques, rue des Godrans, n. 102.
Boutet Charles Mme, née Henault, rue des Forges, n. 25.
Breuil Antoine, rue de la Manutention, n. 7.
Breuil Joseph, rue St-Bénigne, n. 9.
Charbonnel Jean-Marie, rue Bassano, n. 24.
Chassagne François, rue Charrue, n. 20.
Chassagne-Dussance Martial, rue Guillaume, n. 48.
Chassagne Jean, rue St-Nicolas, n. 92.
Frélezeaux Alexandre, rue Condé, n. 40.
Jacquin Sophie, rue Condé, n. 42.
Jaillet Claude, rue Rameau, n. 18.
Laurot Charles-François, rue Condé, n. 56.
Léopold Laurent, rue Berbisey, n. 44.
Mézergue Jean-Baptiste, rue Musette, n. 56, et rue Saint-
    Martin, n. 2.

PARFUMEURS.

Voir Coiffeurs.

PASSEMENTIERS.

Faivre Marie Mlle, rue Vaillant, n. 17.
Masson Jules, rue du Bourg, n. 1.

Renard Victor, rue des Etioux, n. 11.
Voir Merciers.

PATISSIERS.

Barbier Jacques, rue du Bourg, n. 10.
Brenot Pierre, rue Guillaume, n. 42.
Bugault Adrien, rue Guillaume, n. 6.
Dard Claude-Ernest, rue Bassano, n. 46.
Dard Joseph, rue Chabot-Charny, n. 56.
Dupraz Alfred, rue Berbisey, n. 19.
Gaillardet Jean-Baptiste-François, r. Chabot-Charny, 3.
Ginions Auguste, rue Piron, n. 26.
Grapin Pierre, place St-Jean, n. 6.
Guelin Claude, rue François-Rude, n. 24.
Magnien Louis, rue Musette, n. 7.
Michel Paul, rue des Godrans, n. 50.
Perrier Jean-Baptiste, rue St-Nicolas, n. 77.
Pétrot Jean-Baptiste-Adolphe, rue Jeannin, n. 38.
Royer Félix, rue Chabot-Charny, n 51.
Suguenot-Mermillod Etienne, place d'Armes, n. 6.
Toitot Pierre, rue Vannerie, n. 84.
Vétu Jacques, place St-Jean, n. 3.
Volland Emile, rue Bassano, n. 78.

PAVEURS.

Nicolle François, rue d'Assas, n. 25.
Nicolle Joseph, rue des Etioux, n. 8.

PÉDICURE.

Arnaut Edme, rue Verrerie, n. 43.

PEINTRES EN DÉCORS.

Delavalle Charles, rue Verrerie, n. 25.
Frilley Alfred, place St-Michel, n. 7.

Laborde Auguste, rue du Tribunal, n. 2.
Lanier Eugène, rue Chaudronnerie, n. 26.
Leniept Léon, rue Vauban, n. 14.

PEINTRES EN BATIMENTS.

Bigarnet Emile, rue St-Pierre, n. 12.
Binet Armand, rue Berbisey, n. 114.
Charvin Gabriel, rue Longepierre, n. 6.
Delavalle Charles, rue Verrerie, n. 23.
Frilley Alfred, place St-Michel, n. 5.
Gobbi Philippe, rue Saumaise, n. 10.
Jolibois Etienne, rue St-Nicolas, n. 79.
Laborde Auguste, rue du Tribunal, n. 2.
Lambert Claude-Charles, rue Rameau, n. 16.
Leniept Léon, rue Vauban, n. 16.
Lanier Eugène, rue Chaudronnerie, n. 26.
Méant Antoine, rue du Chaignot, n. 30
Mourot Philippe, rue St-Bénigne, n. 10.
Moyaux Jean, rue Vannerie, n. 59.
Poulain Remi, rue Bassano, n. 82.
Pozzi Félix, rue Buffon, n. 41.
Prato Jean, rue Devosge, n. 27.
Robert Jean-Baptiste-Marie, rue Vannerie, n. 66.
Rome Jean-Baptiste, rue Franklin, n. 9.
Sigoillot Jean, rue Charrue, n. 28.
Tassé Désiré, rue Berbisey, n. 106.
Yvert Auguste, route de Longvic.

PEINTRES VERNISSEURS EN VOITURES.

Barret Jean-Baptiste, rue du Chaignot, n. 34.
Borde Auguste, rue des Moulins, n. 42.
Derepas Jean-Baptiste, cour de la Faïencerie, n. 12.
Méant René, chemin couvert de la Belle-Etoile, n. 11.

PELLETERIE ET FOURRURES (Marchands de).

Baesecké, Charles, rue Condé, n. 9.
Bomann Philippe, rue Bossuet, n. 29.
Fagotey François, rue Condé, n. 41

PENSIONS BOURGEOISES (Maîtres de).

Bernard Toussaint, rue Odebert, n. 10.
Grenot veuve, rue Verrerie, n. 52.
Verain Jacques, rue Berbisey, n. 93.

PESAGE (Fermier du droit de).

Braux Antoine fils, rue Musette, n. 1 *bis*.

PETITES VOITURES (Entreprise des).

Beucher Julien, rue Docteur-Maret, n. 4 *bis*, rue Guillaume, 2 *ter*, et place d'Armes (pavillon de la cour de l'Hôtel de ville

PHARMACIENS.

Berthier Jean-Claude, rue des Forges, n. 42.
Brun Jules, rue Condé, n. 50.
Chevassus Victor, rue Berbisey, n. 6.
Delarue Antoine, rue Charrue, n. 38.
Frebaut Aristide, rue Chabot-Charny, n. 97.
Giraud André, place St-Jean, n. 5.
Hébert Philippe, rue Condé, n. 2.
Latreille Gaspard, rue Chabot-Charny, n. 46.
Mousseron Jean-Baptiste, rue Bassano, n. 28.
Raynaud Joseph-Auguste, rue Chaudronnerie, n. 18.

Romand Désiré, rue St-Nicolas, n. 65.
Sirot Jean-Baptiste, rue Charruc, n. 19.
Verneau Lazare, rue Vaillant, n. 17.

PHOTOGRAPHES.

Buguet Edouard, cours du Parc, n. 2.
Chardin Alphonse, cours du Parc, n. 6.
Emery-Dufour Joseph, place St-Michel, n. 6.
Gay Edme, place St-Jean, n. 9.
Sterlin Alfred, rue Condé, n. 20.
Guipet Antoine, rue Vaillant, n.15.
Jaquet Gustave, place Darcy, n. 1.
Lavallé Eugène, cours du Parc, n. 2 *bis*.
Pilleron Pierre-Auguste, rue St-Nicolas, n. 85.
Vormèse Jacob, rue Petite-du-Château, n. 4.

PIANOS (Accordeurs de).

Chanat Camille, rue Bossuet, n. 18.
Hustache Claude-François, rue Chabot-Charny, n. 51.
Monnier-Fusck, rue Vaillant. n. 15.
Moreau Hippolyte, rue Condé, n. 7.
Pâris Jacques René, cour de l'Ancien-Evêché, rue Cha-
   bot-Charny, n. 11.
Rothé Edouard, rue de l'Ecole-de-Droit, n. 4.

PIANOS (Marchands de).

Chanat Camille, rue Bossuet, n. 18.
Danrey Florine Mlle, rue Condé, n. 15.
Hustache Claude-François, rue Chabot-Charny, n.51.
Moreau Hippolyte, rue Condé, n 5.
Pâris Jacques-René, rue Chabot-Charny, (cour de l'An-
   cien-Evêché).
Schneider Guillaume veuve, place d'Armes, n. 11.

PIERRES DE TAILLE (Marchands de).

Ally Pierre, rue d'Ahuy, n. 8.
Combette Vivant, rue d'Auxonne, n. 69.
Cuveiller François-Hubert, route d'Auxonne, n. 74.
Demongeot Louis, boulevard de Brosses, et rue St-Philibert, n. 29.
Egueter Jean-Pierre, rue de la Cité.
Mennegoz, rue Menevalle.

PIPES EN GROS (Marchands de).

Rabutot Pierre, rue St-Bénigne, n. 2.

PLACES, HALLES ET MARCHÉS (Fermier des droits de).

Braux Antoine, rue Verrerie, n. 17.

PLANCHES (Marchands de).

Authième Jean-Baptiste, rue Amiral-Roussin, n. 46, et rue de la Cité.
Bailly Théophile, rue de Pouilly, n. 7.
Chauchot Paul, rue du Gaz, n. 7.
Chonion Jean, rue de Gray, n. 31.
Cordier Alphonse, rue d'Auxonne, n. 20-58.
Coupas Antoine, à Francheville, route de Lyon, n. 2.
Poyet Jean-Baptiste, rue Audra, n. 10.
Ragot Claude, route de Lyon, n. 2.
Rochet Frédéric, rue Devosge, n. 10.
Rollet Guillaume, à L'Etang-Vergy, route de Lyon, n. 2.
Tupinier Augustin, port du Canal, n. 20.

PLATRE (Fabricants de).

Badet et Monin, port du Canal.
Chauchot Paul, rue du Gaz, n. 7.
Corot Auguste, port du Canal, n. 26.
Galliac Antoine, rue de Gray, n. 14.
Gollotte Jean-Baptiste, route d'Auxonne.
Guala Pierre, ruelle Sambin, n. 23.
Monin et Badet, port du Canal.

PLATRIERS.

Antonietti Joseph, rue du Palais, n. 17.
Aubert, rue de Pouilly, n. 23.
Baboz Antoine, rue Chabot-Charny, n. 21.
Barain, rue St-Philibert, n. 42.
Boyer Claude-Félix, chemin de Mirande, n. 9.
Brulard Denis, rue du Mouton, n. 21.
Brullard Guillaume, rue Berbisey, n. 126.
Cornu Eugène, rue du Gaz, n. 2.
Daudon François, rue Chantal, n. 3, et rue d'Ahuy, 10.
Daudon Joseph, rue Sambin, n. 6.
Daudon Pierre-Joseph, rue Saint-Martin, n. 31.
Desvignes Auguste, rue de l'Arquebuse, n. 13.
Fournereaux Léon, chemin de Mirande, n. 1.
Grivaut François, rue de la Manutention, n. 7.
Grosdemange Alexandre, rue Guyton-Morveau, n. 5.
Grozelier Blaise, chemin couvert de la Belle-Etoile.
Guillemin Simon, rue de la Trémouille, n. 2.
Laloge Angélique-Jacques, rue Saint-Nicolas, n. 61.
Lambert Bénigne-Félix, rue Saint-Nicolas, n. 42.
Lanchy-Clerc, rue Vannerie, n. 32.
Mallard Jacques, rue Longepierre, n. 12.
Mérilly-Christophe, rue Cazotte, n. 10.
Migne François, rue Saint-Nicolas, n. 4.
Monnet Philippe, rue du Gaz, n. 22.

Plaisant Jean-Baptiste, rue Sainte-Anne, n. 5.
Prato dit Dupré, rue Devosge, n. 27.
Ravet Jean, rue Guillaume, n. 61.
Villemain Antoine, rue Proudhon, n. 21.

PLOMBIERS.

Décologne Auguste, rue Bassano, n. 76 *bis*.
Miotte, rue des Forges, n. 20.
Naigeon, rue Saint-Nicolas, n. 100.

POÊLIERS-FUMISTES.

Barloggio Ferdinand, rue Amiral-Roussin, n. 41.
Barthélemy Jean, rue Jeannin, n. 62.
Basset Pierre, rue Musette, n. 24.
Belin-Clairet Alfred, rue Berbisey, n. 20.
Bourgogne Charles, rue Jeannin, n. 58.
Chaffotte André, rue Chabot-Charny, n. 39.
Chapuis Gabriel, rue Bassano, n. 76.
Clerget Nicolas, rue Bossuet, n. 9.
Curdy Jean-Baptiste, rue de la Trémouille, n. 3.
Deschamps Nicolas-Hippolyte, rue Chaudronnerie, 28.
Duthu François, rue Saint-Martin, 33, et r. Verrerie, 48.
Gallois Vincent, rue du Petit-Potet, n. 15.
Jacquin François, rue Cazotte, n. 4.
Lieutet Pierre, rue Chancelier-l'Hôpital, n. 7.
Lombard Isidore, rue Buffon, n. 39.
Malgat Pierre, rue Jeannin, n. 62.
Malgat Jules, rue Saint-Nicolas, n. 56.
Merle Antoine, rue Chabot-Charny, n. 53.
Pihouet Victor, rue Amiral-Roussin, n. 25.
Richet Charles, rue Bassano, n. 68.
Rivière Antoine, rue Jeannin, n. 62.

POISSONS (Marchands de).

Dorléans Jean, rue Musette, n. 23.
Fontaine Bernard, rue Sambin, n. 5.

Pauper Jean-François, rue Bannelier, n. 1.
Perraut François, rue du faubourg Rennes, n. 25.

POLISSEURS.

Berille Charles, rue de la Gare, n. 18.
Léminet-Bérille Emile, rue de la Gare, n. 18.

POMPES (Fabricant de).

Rosat Louis, rue Amiral-Roussin, n. 34.

POTERIE (Fabricant de).

Ponceblanc Claude, ruelle des Poussots.

POTERIE (Marchands de).

Bolletet Etienne, rue Roulotte, n. 8
Cizelle Isidore, rue Saint-Nicolas, n. 39.
Simon Jean, rue Notre-Dame, n. 18 *bis*.

POTIERS D'ÉTAIN.

Bianchi Jean et Cie, rue François-Rude, n. 26.
Passelli Michel, rue des Forges, n. 60.

PRESSOIRS (Exploitants de).

Garrot Jean Mme, née Jolibois Jeanne-Françoise, rue du
  Sachot, n. 2.
Ienisch Louis, rue de Clairvaux, n. 3.

PRISONS (Fournisseur général des).

Bruillard Louis, rue du Gaz, n. 3.

PRODUITS CHIMIQUES (Fabricants de).

Bargy, au Chinois.
Legros Jules, au Foulon, route de Plombières.
Perret et Cie, à Lyon, représenté par M. Ragonneau, rue Montigny, n. 3.
Robelin L., port du Canal, 10, et route de Plombières.
Weishart, clos Meillonnas.

QUINCAILLIERS.

Borne Jean-Baptiste, rue Verrerie, n. 1.
Charbonnel Jean, rue Bassano, n. 22.
Costet Antoine, rue Guillaume, n. 69.
Dard-Vallot Claude, rue Bossuet, n. 8, et rue Menevalle.
Edon Pierre, rue Chabot-Charny, n. 57.
Gasté Eugène, rue Condé, n. 7.
Jacquot Xavier, place Saint-Jean, n. 8.
Marly Gabriel, rue Musette, n. 9-11.
Menetrier Henri, rue Condé, n. 51, et rue Vauban, n. 11.
Michelot Alphonse, rue Saint-Pierre, n. 45.
Richarme veuve, née Trégogli, rue Bossuet, n. 26.
Rousseau Jean-Marie, place Saint-Jean, n. 8.
Roze Louis, rue Condé, n. 26.

RELIEURS.

Boulmier Pierre, rue des Godrans, n. 88.
Buliard Jules, rue Piron, n. 13.
Durand Léon, rue Condé, n. 7.
Farcy Jules, rue Bassano, n. 37.
Jacquin Nicolas, rue Amiral-Roussin, n. 8.
Jouffroy Auguste, rue Guillaume, n. 61.
Pralon Hubert, rue Chaudronnerie, n. 27.
Rosseck Thomas, rue Chabot-Charny, n. 50.
Tessier Jean-Edouard veuve, rue Vauban, n. 4.

Tridon Antoine, rue Bouhier, n. 8.
Trouillard, rue Longepierre, n. 14.

RELIURES (Fabriques de).

Maître Antoine, chemin de Mirande.
Pellion Emilie Mlle, rempart Richelieu.

ÉMOULEURS.

Voir Couteliers.

REMPLACEMENTS MILITAIRES (Agents de).

Chairgrasse Jean-Baptiste, rue de l'Arquebuse, n. 1.
David Max-Mayer, rue des Godrans, n. 92.
Odin-Mayer, rue des Godrans, n. 92.
Oulmann-Mayer, rue Madeleine, n. 13.

REPRÉSENTANTS DE COMMERCE.

Berthet Jean-Baptiste, rue de la Préfecture, n. 112.
Charreault Gabriel, rue Bannelier, n. 5.
Dumarché Charles, rue des Tanneries, n. 6.
Ferrand Fréderic, place d'Armes, n 1.
Garnier Paul-Jean, rue de Suzon, n. 14.
Gaudard Charles-Emile, rue des Tanneries, n. 27.
Gautheret Louis-Jean-Baptiste, rue Bannelier, n. 4.
Guillaume François, rue du Tillot, n. 19.
Lhugnot Joseph, rue du Tribunal, n. 2.
Massu François, rue des Forges, n. 20.
Merlin Claude, rue de l'Hôpital, n. 35.
Panet Jules, rue du Bourg, n. 21.
Perry Emile, rue Guillaume, n. 44.
Lion-Joly Jean-Baptiste, port du Canal, n. 1.
Ramelet Nicolas, rue Devosge, n. 24 *bis*, et boulevard de
Brosses.

Richard Ernest, rue Chabot-Charny, n. 48.
Rousseau Auguste, rue Condé, n. 9.
Soupet Henri, rue Buffon, n. 31.
Theurot Bernard, rue Amiral-Roussin, n. 15.

RESTAURATEURS.

Arbey Claude-Alexis, rue Guillaume, n. 43.
Bandinelli Fortuné, rue Condé, n. 58.
Descoup, restaurateur, rue Saint-Pierre, n. 35.
Fraudin Louis, rue de la Gare, n. 3.
Gassendi Charles, viaduc de l'Arquebuse.
Grenot, rue Verrerie, n. 52.
Michaud Pierre, rue Vauban, n. 3.
Moine Simon, rue Chabot-Charny, n. 12.
Monnot Pierre, place Darcy, n. 5.
Montoy Louis, rue Musette, n. 29.
Riotte, rue Victor-Dumay, n. 19.
Roussel'e Alexandre, rue Saint-Philibert, n. 31.
Roussotte Jules, place d'Armes, n. 8.
Thierry Jacques, rue Piron, n. 4.
Vallot Jules, cours du Parc, n. 37.
Voir Hôtels (maîtres d') et Pensions bourgeoises.

ROULAGE.

*Voir Camionneurs et Commissionnaires de transports pàr
terre.*

RUBANS (Marchands de).

Constantin Gustave, place d'Armes, n. 9.
Descharmes Alfred, rue Chabot-Charny, n. 10.
Giraud Jean-Baptiste-Prosper, rue Chabot-Charny, n. 10,
et rue Lamonnoye.
Lepage et Gauthier, rue Piron, n 1.
Messigny Jacques, rue Lamonnoye.
Pillion Denis-Victor, rue du Bourg, n. 10.

SABLE (Marchands de).

Seguin Jean-Baptiste, route de Lyon.
Thevenot Claude, rue Sainte-Marguerite, n. 2.

SABOTS (Marchands de).

Authière Jean-Baptiste, rue Amiral-Roussin, n. 46.
Boileau Jacques, rue Saint-Philibert, n. 36.
Combemorel Mathieu, rue Charrue, n. 8.
Cotillot Michel, rue du Bourg, n. 63.
Gadot Philippe, rue Chabot-Charny, n. 77, et rue Magenta.
Mairet Lucien, rue Saint-Nicolas, n. 42.
Michel Claude, rue Febvret, n. 4.
Naigeon Etienne, rue Saint-Nicolas, n. 3.
Robert Louis, rue Bassano, n. 65.
Robert Léon, rue Vannerie, n. 80.

SACS DE TOILE (Marchands de).

Le Bœuffle veuve, à Amiens, magasin tenu par M. Beuchon, rue Guillaume, n. 25.
Briaux David, rue du Chapeau-Rouge, n. 4.
Duffay Paul, rue Guillaume, n. 42.
Jacquot Joseph, place Darcy, n. 3.
Seltz Gustave, place Darcy, n. 3.

SAGES-FEMMES.

Beaulieu Mme, née Tournier, rue Berbisey, n. 114.
Bertillon Mme, née Martin Joséphine, r. du Chaignot, 40.
Bonnemain Mme, née Defaut Jeanne, r. Notre-Dame, 24.
Bordas Mme, née Guerbigny Agathe, place du Morimont, n. 12.

Cavard Mme, née Robert Marie, rue Crébillon, n. 40.
Coupé Mme, née Gerbenne Honorin , au château des Gendarmes.
Dumont Mme, née Maillard Claudine, rue de la Gare, 4.
Elsaser Mme, née Seurot Anne, rue du Bourg, n. 64.
Fournaux Mme, née Gachot, rue Dauphine, n. 5.
Foussot Mme, rue des Bons-Enfants, n. 9.
Gerbenne Mme, née Rouot Honorine, maîtresse sage-femme à la Maternité, rue de la Maternité.
Guillemain Mme, née Malloir Marie, rue St-Nicolas, 37.
Janon Mme, née Cordier Rosalie, rue Mably, n. 31.
Kung veuve, née Porcherot Marie, rue du Mouton.
Lemoine Mme, veuve Poifol, rempart du Tivoli, 5.
Lenoir Mme, née Chary Marguerite, rempart du Château, n. 1.
Martin Mme, née François Anne, rue St-Pierre, n. 42, et rempart du Tivoli.
Perle Mme, née Estivalet Catherine, chemin couvert de la Belle-Etoile, maison Corot.
Rousselot Mme, née Aly Julienne, rue Richelieu, n. 13.
Schupp Mme, née Mouchet Thérèse, rue des Tanneries.

SAVONS (Fabricants de).

Aubert François, route de Lyon, près la petite Gare.
Hubert Martin, rue d'Ahuy.
Ienisch Gottlob, rue d'Ahuy.
Sirandré Laurent, rue Sainte-Marguerite, n. 15-4.

SCIERIE A LA MÉCANIQUE (Exploitants de).

Lebigot Jean, chemin de la Colombière.
Mennegoz Julien, avenue des Chartreux.
Tupinier Augustin, route de Lyon, n. 2.

SCIEURS DE LONG.

Bourrelier François, route de Mirande.

Leroy Félix, rue Saint-Lazare, n. 19.
Voir marchands de bois de construction et charpentiers.

SCULPTEURS.

Creuzot Frédéric, rue de Longvic, n. 50.
Delaporte Auguste, rue Neuve-Saint-Bénigne.
Muyard Elisée, rue Mably, n. 5.
Pouchetti Paul, rue Buffon, n. 43.
Sckanoski Jules, rue Docteur-Maret, n. 8.

SELLIERS-CARROSSIERS.

Voir Carrossiers.

SERRURIERS.

Baudot Philibert, rue Bouhier, n. 6.
Bouley Charles, rue des Perrières, n. 6.
Boutet Bernard, rue Dauphine, n. 12.
Chaffotte Bernard, rue Amiral-Roussin, n. 17.
Champy, rue Verrerie, n. 34.
Cholet Pierre, rue Jeannin, n. 47.
Coquillon Antoine, rue Guillaume, n. 16.
Edon Martin-René, rue Saint-Pierre, n. 18.
Fiet Auguste, rue du Petit-Potet, n. 30.
Fournier Claude-Antoine, rue Saint-Nicolas, n. 106.
Gaudot Pierre, rue Neuve-Saint-Bénigne.
Grapin-Jacotot Jean-Baptiste, rue Bassano, n. 27.
Guy Jean-Séraphin, rue Chabot-Charny, n. 23.
Hory Claude, rue Piron, n. 21.
Joanne Maurice, rue de la Préfecture, n. 11.
Jude Léon, rue Saint-Philibert, n 71.
Lapine Etienne, rue des Godrans, n. 53.
Lavie Barthélemy, rue Audra, n. 21.
Lemaître Paul, rue d'Assas, n. 8.
Lévêque Auguste, rue de la Préfecture, n. 6.

Marguery Pierre, rue Bassano, n. 6.
Marnolle Claude, rue Saint-Nicolas, n. 36.
Masson François-Pierre, rue Buffon, n. 32.
Mercier François, rue Chabot-Charny, n. 21.
Naudin Edme-Denis, rue Guillaume, n. 61.
Pagot Jean, place du Morimont, n. 10.
Pidancet Antoine, rue des Tanneries, n. 32.
Recordon François, rue Saint-Nicolas, n. 61.
Regnier Etienne, rue de l'Arquebuse, n. 3.
Serot Denis, rue des Etioux, n. 30.
Soichot Etienne, rue Berbisey, n. 46.
Therville Louis, rue Saumaise, n. 31.
Verchère Michel, rue d'Auxonne, n. 49.
Voiret Claude, rue Victor-Dumay, n. 11.

SERRURIERS-MÉCANICIENS.

Baudin Eugène, rue Sambin, n. 9.
Gibourg Louis-Victor, rue Guillaume-Tell.
Lavie Barthélemy, rue Audra, n. 21.
Rousseau Pierre-Charles, rue de l'Hôpital, n. 1.

SON ET RECOUPES (Marchands de).

Voir Epiciers (marchands).

SPECTACLE (Directeur du).

Markley, au théâtre (direction); rue de la Trémouille, 5 (domicile).

SPHÈRES (Fabricant de).

Thury Michel, rue Amiral-Roussin, n. 43, et rue de Longvic, n. 30.

SUCRE (Fabricant de).

Manuel Charles, rue de l'Ecole-de-Droit, n. 5.

TABLEAUX (Marchands de).

Chapuis Prosper, rue Saint-Martin, n. 27.
Dworjack Léon, rue Amiral-Roussin, n 31.
Gauthier Laurent, rue des Bons-Enfants, n. 8.
Moutel-Tagini, rue des Forges, n. 7.
Pouchetti Paul, rue Buffon, n. 43.
Renardet, rue Chabot-Charny, n. 57.

TABLETIERS.

Bénier Napoléon, rue Musette, n. 2.
Brocard Antoine, rue Bossuet, n. 24.

TAILLANDIERS.

Brunache François, rue Guillaume, n. 40.
Courte Frédéric, rue Chabot-Charny, n. 9.
Dorlin Claude, rue Berbisey, n. 47.
Grapin-Jacotot. porte d'Ouche, n. 23.
Guinchard Etienne, rue Berbisey, n. 72.
Poignant François, petite rue de Pouilly, n. 2.
Verchère Michel, rue d'Auxonne, n. 47.

TAILLEURS (Marchands).

Accard François, rue Bossuet, n. 13.
Baumann Isaac, rue Guillaume, n. 58.
Berthier Jules, rue Chaudronnerie, n. 10.

Bruker Joseph, rue du Bourg, n. 5.
Brunat Antoine-Ernest, rue Guillaume, n. 31.
Caïn Sylvain, rue Bossuet, n. 6, et rue Condé, n. 30.
Chevalier Jean veuve, rue Musette, n. 37.
Claire Joseph, rue du Bourg, n. 82.
Combet Louis, rue Bossuet, n. 27.
Desporte Barthélemy, rue Chaudronnerie, n. 13.
Duthu Anna-Marie Mlle, rue Amiral-Roussin, n. 40.
Elie Laurent, rue du Bourg, n. 69.
Gouzenne Dominique, rue du Bourg, n. 42.
Gremeaux Emmanuel, rue Bassano, n. 59.
Guilleminot Pierre-Eugène, rue du Bourg, n. 45.
Handel Henri, rue Vauban, n. 13.
Guy Victor, rue du Bourg, n. 6.
Heller Clément, rue Verrerie, n. 12.
Hervic Louis, Hôtel de ville.
Ibos Jean-Baptiste, rue Saint-Philibert, n. 13.
Jaillet Claude, rue Rameau, n. 22.
Kohôte Jean-Baptiste, rue des Bons-Enfants, n. 11.
Langts Charles, rue Condé, n. 26.
Lemaître Jean-Louis, rue Saint-Martin, n. 25.
Lhôte-Barbier Louis, rue Bossuet, n. 14.
Loiselet Victor, rue du Bourg, n. 16.
Mannoy Michel, rue Chabot-Charny, n. 31.
Marnas Isidore, rue Saint-Pierre, n. 2.
Marquet Hubert, rue Guillaume, n. 55.
Méline Auguste, rue Amiral-Roussin, n. 48.
Montag Georges, rue Verrerie, n. 2 *bis.*
Nagely Henri, rue Verrerie, n. 2 *bis.*
Nagely Jean, rue Verrerie, n. 2 *bis.*
Perrot Jules, rue du Bourg, n. 20.
Perrot Jean-Claude, place des Ducs-de-Bourgogne, n. 6.
Renaud Pierre-Hippolyte, rue du Bourg, n. 7.
Sauvageot Alfred, place Notre Dame, n. 1.
Schmit Frédéric, rue du Bourg, n. 40.
Tridon Lucien, rue Condé, n. 3.
Verreaux Simon, rue Verrerie, n. 7.
Vestri Charles, rue Chabot-Charny, n. 1.
Vincent Joseph, rue Guillaume, n. 50.
Vinderling Maurice, rue Verrerie, n. 3.

TAPISSERIES (Marchands de).

Commeaux Catherine Mlles, rue Condé, n. 35.
Delmont Xavier, place d'Armes, n. 10.
Loye Mlles, rue Rameau, place du Théâtre.

TAPISSIERS (Marchands).

Calmelet Bernard, rue Jeannin, n. 4.
Dubois Philibert, rue Condé, n. 32.
Héluin Etienne, rue Rameau, n. 5-7.
Jacquier Edouard, rue Chaudronnerie, n. 20.
Lambert, place des Ducs, n. 4, et rue Notre-Dame, n. 3.
Mantelet Jules-Auguste, rue des Forges, n. 26.
Masson-Ladey Nicolas, rue Chaudronnerie, n. 22.
Masson Jean-Baptiste, rue des Forges, n. 56.
Moisson Jean-Baptiste, rue Chaudronnerie, n. 29.
Oudin Joseph, rue Chaudronnerie, n. 14.
Viard Nicolas-Charles, rue Chabot-Charny, n. 6.

TANNEURS.

Boisserand Jules, rue de l'Ile, n. 7.
Degrave François, rue Derrière-les-Tanneries, n. 2.
Deresse Pierre, rue de l'Ile, n. 8.
Douge Henri veuve, rue des Tanneries, n. 17.
Douge fils, rue des Tanneries, n. 17.
Germain Jean-Baptiste, rue des Tanneries, n. 11.
Matrat, rue des Tanneries.
Ogereau frères, à Paris, représentés par M. Boursot Louis,
   rue Derrière-les-Tanneries.
Pommey Mathieu, rue des Etioux, n. 9.
Salbreux Jules, rue des Tanneries, n. 21.

Siméon Louis, rue des Tanneries, n. 3.
Voir Hongroyeur et Mégissiers.

TEINTURIERS-DÉGRAISSEURS.

Champy Jean, rue Derrière-les-Tanneries, 3, et place
    Darcy, n. 1.
Gilbert Adolphe, rue Berbisey, n. 34.
Gilbert Nicolas-Henri, rue Musette, n. 24.
Mazetier Etienne, place d'Armes, n. 18, et rue d'Auxonne,
    n. 17.
Moncorget Louis, rue des Forges, n. 68, rue du faubourg
    Rennes, 23 (pour un magasin).
Parisot Louis, rue Saint-Nicolas, n. 109.
Vaillant Léon, rue Condé, n. 31, et rue des Godrans, 28.

TISSUS (Marchands de).

Voir Etoffes (marchands d').
Accard François, rue Bossuet, n. 13.
Badoz Anicet, rue des Godrans, n. 92.
Basilaire Jean-Baptiste, rue Bassano, n. 74.
Bathier Hortense Mlle, rue Piron, n. 31.
Berget François, rue Bassano, n. 106.
Beuchon François, rue du Chapeau-Rouge, n. 7.
Beuchon François, rue Guillaume, n. 25.
Billié Charles, rue Condé, n. 20.
Billié Antoine, place d'Armes, n. 10.
Blanc Claudine Mlle, rue Musette, n. 24.
Blanc Philibert, rue Musette, n. 24.
Bloc Samuel, rue du Bourg, n. 41.
Bomann Adolphe, rue Condé, n. 20.
Boucaut Anne, rue du Bourg, n. 30.
Brocard-Truchot Claude, rue Berbisey, n. 14.
Caen Joseph, rue Berbisey, n. 32.
Cailloux François, rue Guillaume, n. 11.

Cézile Alexandrine Mlle, rue St-Nicolas, n. 86.
Chaussier-Bernard, rue de la Gare, n. 16.
Chatouillot Julien, rue Bossuet, n. 10.
Clair-Aubry Joseph, rue du Bourg, n. 82.
Collet Jean-Baptiste, rue du Chapeau-Rouge, n. 15.
Cordier Charles, rue Musette, n. 1 *bis*.
Cordier-Prudhomme Laurent, rue Musette, n. 1 *bis*.
Cornemillot Jean, rue St-Pierre, n. 1.
Couthier Jules, rue d'Auxonne, n. 26.
Debas Louis-François, rue du Bourg, n. 36.
Debocq Louis, rue Musette, n. 20.
Destot Henri, rue Guillaume, n. 36.
Drioton Pierre-Auguste, rue Saint-Philibert, n. 23.
Ehinger Armand. rue Saint-Nicolas, n. 41.
Estieu Maurice, rue Verrerie, n. 25.
Floersheim Raphaël, rue Piron, n. 15.
Gabet Henri-Joseph, rue Chabot-Charny, n. 37.
Gauthier-Abel, rue Piron, n. 1.
Girard Philibert, place St-Jean, n. 23.
Golmard Claude-Emile, rue St-Nicolas, n. 37.
Graissot Jean-Baptiste, rue Bassano, n. 48.
Grapin Edme-Paul, rue Bossuet, n. 4.
Guy Victor, rue du Bourg, n. 6.
Héluin-Jeannin, rue Rameau, n. 14.
Héron Léon, rue Verrerie, n. 17.
Humblot Nicolas, rue Charrue, n. 14.
Jacob Jacques, rue Verrerie, n. 4.
Jacques Henri, rue Berbisey, n. 27.
Jankel dite David Clarisse Mlle, rue François-Rude, n. 14.
Johannard Pierre, rue Musette, n. 24.
Jorrot François, rue des Forges, n. 38.
Lacoste Antoine veuve, rue Odebert, n. 17-19.
Lamblet Jean-Baptiste, rue de l'Hôpital, n. 5.
Lepage Auguste, rue Piron, n. 1.
Lévy Simon, rue Musette, n. 10.
Lévy Charles, place St-Jean, n. 4.
Liez Pierre, rue Vauban, n. 19.
Loiseau Théodule, route de Mirande, n. 5.
Loiselet Victor, rue du Bourg, n. 16.
Machard Jules, rue Vaillant, n. 3.

Martin Mélanie, rue François-Rude, n. 18.
Mathieu Madeleine, rue de l'Hôpital, n. 1.
May Samuel, rue des Godrans, n. 66.
Messigny Jacques, rue Lamonnoye, n. 4.
Montfilliard François, rue Musette, n. 10.
Mouginot Louis-Alexis veuve, rue Bossuet, n. 12.
Mouginot Louis, rue Bossuet, n. 25.
Pagnier Aimé, place Notre-Dame, n. 11.
Perrot-Poulain Jean-Jules, rue du Bourg, n. 20.
Ponavoix Claude, rue Coupée-de-Longvic, n. 6.
Ricaud Emile, rue des Forges, n. 13 et 38.
Ricaud Jean-Baptiste, rue des Forges, n. 13 et 38.
Rose Faustine Mlle, rue Quantin, n. 6.
Roy François-Denis, rue du Bourg, n. 4.
Ryat Prosper, rue Berbisey, n. 75.
Theurot René-Georges, rue du Bourg, n. 60.
Thevenot Jean, rue de l'Hôpital, n. 3 *bis*.
Thiébault Charles, place St-Jean, n. 23.
Thubet Germain, rue des Forges, n. 15.
Venot François Mme, rue Verrerie, n. 5.
Weill Jacques, rue Piron, n. 15.
Weill Jules, place Saint-Jean, n. 2.

TOILES (Marchands de).

Beuchon, rue Guillaume, n. 25 (pour sacs).
Collet, rue du Chapeau-Rouge, n. 37.
Dutrey, faubourg Rennes, n. 3.
Gabet, rue Chabot-Charny, n. 37 *bis*.
Grapin, rue Buffon, n. 4.
Héluin, rue Rameau, n. 6-8-10-12.
Humblot frères, rue Charrue, n. 14.
Jacob Jacques, rue Verrerie, n. 4.
Machard, rue Vaillant, n. 3.
Mouginot veuve, rue Bossuet, n. 14.
Theurot Pierre, rue du Bourg, n. 58.

TONNELIERS.

Accard Bénigne, rue Musette, n. 3.
Boissière Paul, rue Docteur-Maret, n. 6.
Charretier Jean, place du Morimont, n. 15.
Cholet Claude, rue Audra, n. 4.
Christen Philémon, rue d'Auxonne, n. 59.
Demaizière Pierre, rue Buffon, n. 41.
Drouelle Charles, rue du Petit-Potet, n. 18.
Estivalet Antoine, rue Vannerie, n. 27.
Garnier Jacques, rue de Gray, n. 13.
Jacquemot Alexandre, Belle-Ruelle, n. 2.
Ienisch-Gottlob Louis, rue St-Nicolas, n. 61 *bis.*
Laboureau Louis, à Bercy, représenté par M. Merlin,
    port du Canal, n. 14.
Ledeuil Hippolyte, petite rue du Château, n. 8.
Nautre Alexandre, rue Berbisey, n. 36.
Parize Antoine, cour des Poisses, n. 8.
Perriot Pierre, rue Berbisey, n. 45.
Remy Jean-Baptiste, rue Chabot-Charny, n. 72.
Rouchetet Honoré, rue de la Manutention, n. 1.
Verrot, rue de Gray, n. 4.
Weber Joseph, rue de l'Arquebuse, n. 19.

TOURNEURS SUR FER.

Bérille Charles, rue de la Gare, n. 18.
Cholet Simon, rue Amiral-Roussin, n. 33.
Fremont Claude, rue Cazotte, n. 15.
Leminet-Bérille Emile, rue de la Gare, n. 18.
Villemin Antoine, rue du Champ-de-Mars, n. 12, et rue
    St-Nicolas, n. 4.

TRAVAUX PUBLICS DE TOUTES NATURES
(Entrepreneurs de).

Faucher Pierre, chemin couvert de la Belle-Etoile, n 15.
Gogot Edme, chemin de Mirande, n. 1.
Garnier Nicolas, rue Audra, n. 6.
Sorlin Simon, rue Devosge, n. 17.
Vétu Etienne, et Villeret, rue de Fontaine, n. 1.

TRIPIERS.

Bailly Pierre, rue du Bourg, n. 57.
Chambrette Germain, rue du Bourg, n. 31.
Feurtet Pierre, rue du Bourg, n. 45.
Laureau Jacques, rue du Bourg, n. 53.
Médard Louis, rue du Bourg, n. 49.
Moine, rue du Bourg, n. 37.
Rose veuve, rue du Bourg, n. 39.

TUILES (Marchands de).

Badet et Monin, port du Canal, n. 2.
Chauchot Paul, rue du Gaz, n. 7.
Corot Auguste, port du Canal, n. 26.
Lafond Charles veuve, rue du Gaz, n. 7, et à Larrey.
Galliac Antoine, rue de Gray, n. 14.
Golotte Jean-Baptiste, route d'Auxonne.
Monin Louis, rue de Gray, n. 20.
Ramelet Nicolas-Joseph, rue Devosge, n. 24.
Richard Jacques fils, port du Canal, n. 19.

VANNIERS (Marchands).

Bellier Lucien, rue du Bourg, n. 61.
Bellier-Maire Jean-Antoine, rue du Bourg, n. 59.
Borde Auguste, rue des Moulins, n. 42.

Hugues Lepetit Mme, rue du Bourg, n. 67.
Lepetit Ferdinand, rue du Bourg, n. 24.
Pinet Jean, rue du Bourg, n. 28.

VÉTÉRINAIRES.

Blagny Alexis, rue Bannelier, n. 9.
Mercy Urbain, rue des Godrans, n. 5.
Moutton Xavier, rue Franklin, n. 1.
Tétard Etienne, rue Buffon, n. 10 (du département).

VIDANGES (Entrepreneurs de).

Bellay Joseph, rue de Clairvaux, n. 5.
Bertrand Jean, rue de Pouilly.
Gauvain, rue de Pouilly.
Jomard, rue de Pouilly.
Maitret Louis, Cours-Fleury, n. 5.
Mathey Antoine, rue de Pouilly, n. 3.
Thevenin Jean-Baptiste, chemin de Ruffey.

VINAIGRES (Fabricants de).

Artaux Pierre-Antoine, rue St-Nicolas, n. 30.
Bernard Charles, rue Mably, n. 1.
Berthaux Pierre-Joseph, rue Guillaume, n. 49.
Bissey, rue Saumaise, n. 18 *bis*.
Cabet Etienne-Bernard, rue Jeannin, n. 54.
Calais François, rue Jeannin, n. 3.
Chantelot Pierre, rue Jeannin, n. 55.
Denise Louis, rue d'Auxonne, n. 43, et rue de Longvic, 3.
Desvigne Prosper, rue Chabot-Charny, n. 79.
Dorey Félix, rue Guillaume, n. 25.
Fontagny Joseph, rue de Clairvaux, n. 1.
Gallois Claude, rue des Godrans, n. 29.

Huan Jacques, rue de Clairvaux, n. 1.
Jolibois veuve, née Poulain, rue Bassano, n. 63.
Jolibois Jean-Baptiste, rue du Petit-Potet, n. 17.
Jouan fils Louis, rue Guillaume, n. 47.
Laplanche Pierre-Arthur, rue de l'Arquebuse.
Paillet Pierre, chemin couvert, en face les marronniers
 de la porte Saint-Pierre, n. 5.
Perraudin Pierre, rue de Gray, n. 8 *bis*.
Philibeaux Antoine, rue Chabot-Charny, n. 77.
Ponsot Armand, rue Chabot-Charny, n. 67.
Poulain Jean-Baptiste, rue de l'Hôpital, n. 19.
Pouteaux François, rue Petite-du-Château, n. 2.
Ramousset Hippolyte, rue Chabot-Charny, n. 79, et rue
 Musette, n. 29.
Roubot Jean-Auguste, port du Canal, n. 14.

VINS EN GROS (Marchands de).

Aguerre Ignace, rue Devosge, n. 34.
Araon, représenté par M. Barbut Joseph, rue de la Pré-
 fecture, n. 63.
Artaux Pierre-Antoine, rue de Montigny, n. 6, et rue
 St-Nicolas, n. 30-60.
Audiffret Hubert, rue du Petit-Potet, 27, et r. Turgot, 5.
Badet-Maignot Jean, port du Canal, n. 2.
Bailly-Thibault, rue Berbisey, n. 108, et rue de la Manu-
 tention, n. 7.
Benoît Jean-Baptiste, rue Berbisey, n. 2.
Bernard Charles, rue Mably, n. 1.
Berthaux Pierre-Joseph, rue Guillaume, n. 49.
Bissey Jean-Baptiste, rue Saumaise, n. 11.
Blum, Moïse, rue de l'Ecole-de-Droit, n. 2.
Bonnet Firmin, rue Saumaise, n. 65.
Bourgeon Pierre, allées de la Retraite, n. 1-3.
Brenot Edme, rue Devosge, n. 29.
Brigodiot Jean, rue St-Philibert, n. 35.
Cabet Etienne-Bernard, rue Jeannin, n. 54.
Calais François, rue Jeannin, n. 3.

Chantelot Pierre, rue Jeannin, n. 55.
Clément Pierre fils, rue Menevalle.
Compagnie l'*Union des propriétaires de vignes*, représentée par M. Brosselin Edouard, rue Cazotte, n. 7, et rue de Fontaine.
Coquelu Pierre-Victor, avenue du Cimetière.
Corduan Auguste, rue St-Nicolas, n. 56, et rue de la Trémouille, maison Chamard.
Courroux-Pingeon, rue Guillaume-Tell, et place Darcy, n. 4.
Dambrun Claude-Isidore, rue des Godrans, n. 46.
Dauzac, rue de la Préfecture, n. 63.
Denise Louis, rue d'Auxonne, n. 43, et rue de Longvic, 3.
Deschamps Pierre-Victor, rue Devosge, n. 34.
Desvignes Prosper, rue Chabot-Charny, n. 79.
Dorey Félix, rue Guillaume, n. 25.
Faivre Claude, rue St-Pierre, n. 15.
Favier Philippe, rue Devosge, n. 3.
Fontagny Joseph, rue de Clairvaux, n. 1.
Gallois Claude, rue des Godrans, n. 29.
Garrot Jean Mme, née Jolibois Jeanne-Françoise, rue Bassano, n. 63.
Gaussot Auguste, rue de l'Arquebuse, n. 2.
Gille Félix, boulevard de Brosses.
Gobert Victor-Nicolas, rue de l'Arquebuse, n. 17.
Guillemot Paul, rue Audra, n. 18, et rue Devosge, |n. 9, et à la Gare.
Huan Jacques, rue Guillaume, 7, et rue de Clairvaux, 1.
Huan et Fontagny, rue Chantal, et rue de la Préfecture, n. 51.
Jolibois Jean-Baptiste, rue du Petit-Potet, n. 17.
Jouan Louis fils, rue du Château, n. 4, rue Guillaume, n. 47, rue de l'Arquebuse (maison Andriot), et rue de l'Ecole-de-Droit, n. 3.
Lafitte Raymond, rue St-Nicolas, n. 4, et rue de la Trémouille (maison Tardy).
Laplanche Pierre-Arthur, rue de l'Arquebuse.
Lejour Pierre, boulevard de Brosses.
Lesprit Jean-Baptiste, rue Audra, n. 2.
Lerat-Grégiot Jean-Baptiste, allées de la Retraite, n. 1-3.

Lhéritier Louis, rue d'Auxonne, n. 5.
Loppin Auguste, rue de Montmusard, n. 13.
Meyer-Meyer, rue du faubourg Rennes, n. 2.
Missler Jean, rue St-Martin, n. 11, et rue de Montmusard (clos Morin).
Monin Philibert, port du Canal, n. 2.
Pacquetet Henri, rue d'Auxonne, n. 22.
Paillard Joseph, rue Mably, n. 2, rue Devosge, 8 et 37 (pour un magasin).
Paillet Pierre, chemin couvert, n. 5.
Perraudin Pierre, rue de Gray, n. 8 *bis*.
Petitjean Germain, rue St-Philibert, n. 25.
Philibeaux Antoine, rue Chabot-Charny, n. 77.
Plâtre François, rue Guillaume, n. 2 *bis*.
Polack Adolphe, rue du Chapeau-Rouge, n. 18.
Polack Joseph, rue du Chapeau-Rouge, n. 18.
Poulain André, rue de la Manutention, n. 12.
Poupon Pierre, rue Docteur-Maret, n. 10.
Rabiet Jean-Baptiste, rempart du Château, n. 2, et rue du Chaignot, n. 4.
Racine Jean-Baptiste, rue Vannerie, n. 17.
Ramousset Hippolyte, rue Musette, n. 29, et rue Chabot-Charny, n. 79.
Regnier Jules, rue Chabot-Charny, n. 71.
Regnier Louis, place d'Armes, n. 10.
Regnier Théodore, rue Ste-Catherine, n. 8.
Regnier Nicolas-Jules, place d'Armes, n. 16.
Robergeot Jean, rue St-Nicolas, n. 10.
Robert Antoine-Nicolas, rue Longepierre, n. 1.
Robert Antoine-François-Jean, rue d'Auxonne, n. 24.
Romanet-Caillot, rue Devosge, n. 8.
Rouvière Frédéric, rue de Gray, n. 37.
Roy Etienne, rue Galoche, n. 6.
Savolle Joseph veuve, rue Franklin, n. 3.
Sébille Jean-Baptiste, rue Devosge, n. 3, et rue de la Prévôté, n. 13.
Sirot Jean, rue Jeannin, n. 46.
Venot François-Bernard, rue Jeannin, n. 29-37.
Viennot François, rue de l'Arquebuse, n. 1 et 20.

VITRIERS.

Faivre, rue Verrerie, n. 23.
Gobby Philippe, rue Saumaise, n. 10.
Lambert Charles, rue Rameau, n. 18.
Mourot Philippe, rue St-Bénigne, n. 10.
Poulain Remi, rue Bassano, n. 82.
Pozzi Isidore, rue Buffon, n. 41.
Prato Jean, rue Devosge, n. 27.
Semprez Jean-Louis, rue Musette, n. 6.
Védu Antoine, rue St-Nicolas, n. 57.

VOITURES PUBLIQUES POUR VOYAGEURS.

Gemeaux. — Sordoillet, demeurant à Gemeaux (Côte-d'Or), loge à Dijon chez M. Pagot, hôtel de l'Ecrevisse, rue St-Nicolas, n. 22, ne fait le service que deux fois par semaine, *mardi* et *samedi*. — Départ de Gemeaux, à six heures du matin, arrivée à Dijon, à neuf heures. — Départ de Dijon, à quatre heures du soir, arrivée à Gemeaux, à sept heures un quart.

Selongey. — Clerc Nicolas, demeurant à Selongey (Côte-d'Or), loge à Dijon chez M. Berthet, rue d'Assas, fait le service trois fois par semaine, *mardi, jeudi* et *samedi*. — Départ de Selongey, à quatre heures du matin, arrivée à Dijon, à huit heures un quart. — Départ de Dijon, à quatre heures du soir, arrivée à Selongey, à neuf heures.

Mirebeau. — Service Teinturier, rue Vannerie, n. 13, de Dijon à Mirebeau. — Départ de Mirebeau, à six heures du matin. — Arrivée à Dijon, à neuf heures du matin. — Départ de Dijon, à quatre heures du soir. — Arrivée à Mirebeau, à 7 heures du soir.

Services des Dépêches. — Départ de Dijon, à trois heures du matin. — Arrivée à Mirebeau, à six heures du matin. — Départ de Mirebeau, le même jour, à huit heures du soir. — Arrivée à Dijon, à onze heures du soir.

Mirebeau. — Service Derepas, rue Saint-Nicolas, n. 49, deux départs par jour, de Dijon à Mirebeau. — Départ de Mirebeau, à six heures du matin. — Arrivée à Dijon, à neuf heures du matin. — Départ de Dijon, à quatre heures du soir. — Arrivée à Mirebeau, à sept heures du soir.

Deuxième service. — Départ de Dijon, à sept heures du matin. — Arrivée à Mirebeau, à dix heures du matin. — Départ de Mirebeau, le même jour, à deux heures et demie du soir. — Arrivée à Dijon, à cinq heures et demie du soir.

Pont-d'Ouche. — Nanon et Pélissonnier, rue du Château, n. 7. — Départ tous les jours du Pont-d'Ouche pour Dijon, à quatre heures et demie du matin. — Arrivée à Dijon, à neuf heures. — Départ de Dijon, à quatre heures et demie du soir. — Arrivée à Pont-d'Ouche, à neuf heures.

Ancey. — Bertillon, rue du Château, n. 7. — Départ d'Ancey, les *lundis, mercredis* et *samedis,* à six heures du matin. — Arrivée à Dijon, à neuf heures du matin. — Départ de Dijon, les mêmes jours, à quatre heures du soir. — Arrivée à Ancey, à sept heures.

Is-sur-Tille. — Daudret, rue Guillaume, n. 5, chez M. Tachot, aubergiste. — Départ de Dijon, tous les jours, à quatre heures et demie du soir. — Arrivée à Is-sur-Tille, à huit heures du soir. — Départ d'Is-sur-Tille, à six heures du matin. — Arrivée à Dijon, à neuf heures.

Recey-sur-Ource. — Daudret, rue Guillaume, n. 5, chez M. Tachot, aubergiste. — Départ de Dijon, tous les jours, à neuf heures du matin. — Arrivée à Is-sur-Tille, à midi; à Grancey, à trois heures du soir; à Recey-sur-Ource, à cinq heures et demie, et à Châtillon, à huit heures du soir. — Départ de Recey pour Dijon, tous les jours, à neuf heures du matin; arrivée à Grancey, à midi; passage à Is-sur-Tille, à trois heures du soir; arrivée à Dijon, à cinq heures et demie.

Langres. — Daudret *(dépêches),* rue Guillaume, n. 5. — Départ de Dijon, tous les jours, à trois heures du matin. — Arrivée à Is-sur-Tille, à cinq heures et demie; à Selongey, à sept heures; et à Langres, à dix heures du matin. — Départ de Langres pour Dijon, tous les jours, à deux heures et demie du soir. — Arrivée à Selongey, à six heures et demie; à Is-sur-Tille, à huit heures; et à Dijon, à onze heures du soir.

Saint-Broing-les-Mines. — Maire, place Darcy, n. 5. — Départ de Dijon, à midi, les *lundis, mercredis* et *vendredis.* — Arrivée à Saint-Broing, à dix heures du soir. —Départ de Saint-Broing pour Dijon, les *mardis, jeudis* et *samedis,* à cinq heures du matin. — Arrivée à Dijon, à une après midi.

Saint-Seine-l'Abbaye. — Bonny, rue des Godrans, 82. — Départ de Saint-Seine, tous les jours, à cinq heures et demie du matin. — Arrivée à Dijon, à neuf heures. —Départ de Dijon, à quatre heures du soir.—Arrivée à Saint-Seine, à huit heures.

Aignay-le-Duc. — Lefèvre, rue Guillaume, n. 18, chez M. Lavier. — Départ de Dijon, tous les *mardis, jeudis* et *samedis,* à midi. — Arrivée à Aignay, à neuf heures du soir.—Départ d'Aignay, tous les *lundis, mercredis* et *vendredis,* à cinq heures du matin. — Arrivée à Dijon, à dix heures du matin.

Sombernon. — Létang Bernard, rue Guillaume, 18, à la Croix d'Or. — Départ de Sombernon, à cinq heures du matin. — Arrivée à Dijon, à neuf heures et demie du matin. — Départ de Dijon, à quatre heures du soir. — Arrivée à Sombernon, à neuf heures du soir. (Point de départ le vendredi et le dimanche).

Gevrey. — Mathey, place du Morimont, n. 7 et 9. — Départ de Dijon, à sept heures du matin. — Arrivée à Gevrey, à neuf heures du matin. — Départ de Gevrey, à neuf heures du matin. — Arrivée à Dijon, à dix heures et demie du matin. — Départ de Dijon, à quatre heures du soir. — Arrivée à Gevrey, à six heures du soir. —Départ de Gevrey, à sept heures du soir. — Arrivée à Dijon, à huit heures et demie du soir.

Gevrey. — Bourgeot, place du Morimont, n. 3. — Départ de Dijon, à sept heures du matin.—Arrivée à Gevrey, à neuf heures du matin.—Départ de Gevrey, à neuf heures du matin. — Arrivée à Dijon, à dix heures et demie du matin. — Départ de Dijon, à quatre heures du soir.— Arrivée à Gevrey, à six heures du soir. — Départ de Gevrey, à sept heures du soir. — Arrivée à Dijon, à huit heures et demie du soir.

Nuits. — Charton, place du Morimont, n. 3. — Départ de Dijon, à quatre heures du soir.—Arrivée à Nuits, à six heures et demie du soir.—Départ de Nuits, à six heures et demie du matin. — Arrivée à Dijon, à huit heures et demie du matin.

Saint-Jean-de-Losne. — Himbert, place Saint-Jean, 17. — Départ de Dijon, à cinq heures du soir. — Arrivée à Saint-Jean-de-Losne, à huit heures du soir. — Départ de Saint-Jean-de-Losne, à cinq heures du matin. — Arrivée à Dijon, à huit heures du matin.

Saint-Jean-de-Losne. — Ganée et Cie, place du Morimont. — Départ de Dijon, à six heures du matin. — Arrivée à Saint-Jean-de-Losne, à neuf heures du matin.— Départ de Saint-Jean-de-Losne, à cinq heures du matin. — Arrivée à Dijon, à huit heures du matin. — Départ de Dijon, à cinq heures du soir. — Arrivée à Saint-Jean-de-Losne, à huit heures du soir. — Départ de Saint-Jean-de-Losne, à quatre heures du soir. — Arrivée à Dijon, à sept heures du soir.

Seurre. — Bridard-Fertey, rue Chabot-Charny, n. 65, chez MM. Rippard frères et sœur. — Départ de Dijon, à quatre heures du soir.—Arrivée à Seurre, à huit heures et demie du soir. — Départ de Seurre, à cinq heures du matin. —Arrivée à Dijon, à neuf heures et demie du matin.

Bèze.—Brocheret, rue Jeannin, n. 67, chez M. Nuguet.—Départ de Dijon, à trois heures du soir.—Arrivée à Bèze, à six heures du soir. — Départ de Bèze, à six heures du matin. — Arrivée à Dijon, à neuf heures du matin. — Départ de Dijon, à sept heures du matin. — Arrivée à Bèze, à dix heures du matin. — Départ de Bèze, à deux heures du soir. — Arrivée à Dijon, à six heures du soir.

Etevaux.—Vignotte, rue Jeannin, n. 67, chez M. Nuguet. — Départ de Dijon, à quatre heures du soir. — Arrivée à Etevaux à six heures du soir. — Départ d'Etevaux, à six heures du matin. — Arrivée à Dijon, à huit heures et demie du matin.

VOITURIERS.

Bonnet Joseph, port du Canal, n. 3.
Bourdot Jean, rue des Ormeaux, n 7.
Desvignes Jean-Baptiste, rue de l'Arquebuse, n. 11.
Fournier Pierre, cour de la Faïencerie, n. 5.
Fremont Claude, rue des Novices, n. 22, et rue du Tillot,
    n. 1 *bis.*
Guilleminot Claude, dit James, maison Gros, rue de
    l'Arquebuse, au Viaduc de l'Arquebuse, et rue des
    Perrières.
Lecœur Jean, port du Canal, n. 13.
Leneveu Pierre-Louis, rue du Faubourg-Rennes, n. 17.
Moreau Claude, route d'Auxonne.
Mougin Ferdinand, rue des Godrans, n. 94.
Robert Pierre, rue Courtépée.

VOLAILLES (Marchands de).

Belland Philippe, rue Quantin, n. 18.
Beurnot Bernard Mme, rue des Godrans, n. 13.
Dechaux François, rue des Roses.
Defaut Pierre, rue Odebert, n. 5.
Graillot Jean-Baptiste veuve, rue Bannelier, n. 11.
Laudin Louis, rue François-Rude, n. 27.
Liberette Jean-Baptiste, rue Quantin, n. 4.
Marcon François, rue de Montmusard, n. 24.
Michet Auguste Mme, rue Bannelier, n. 2.
Montcharmont Henri, rue des Godrans, n. 10.
Thunot Louis, rue Odebert, n. 20.

LISTE

POUR

LES ÉLECTIONS DES JUGES AU TRIBUNAL DE COMMERCE

pour l'année 1869.

————◦◦◦————

Abrand Nicolas-Jules, filateur de coton, à Courtivron.

Accard François, marchand de tissus, rue Bossuet, 15.

Ameline-Guerre Jean-Victor, coutelier, rue Bossuet, 25.

Artaud Louis, confiseur, rue Chabot-Charny, n. 4.

Artaud Pierre-Antoine, marchand de vins, rue Saint-Nicolas, n. 30.

Aubelle Jean-Baptiste, charcutier et marchand de comestibles, rue Condé, n. 16.

Audiffred Hubert-Claude, marchand de vins en gros, rue Turgot, n. 5.

Auger Simon - Charles, fabricant de pain d'épices, rue des Forges, n. 46.

Badet-Maigniot Jean, marchand de bois et de charbou en gros, port du Canal.

Bailly Désiré, épicier en demi-gros, rue des Forges, 3.

Bargy Julien-Mathieu-Barthélemy, fabricant de colle forte, au Chinois.

Bassot Alfred fils, marchand de grains en gros, rue du Chapeau-Rouge, n. 12.

Bassot Nestor-Aubin, négociant en grains, rue de la Prévôté, n. 11.

Baudin Auguste, marchand de mercerie en gros, place d'Armes, n. 10.

Baudin Eugène, entrepreneur, rue Sambin, n. 9.

Belime Pierre-Ferdinand, marchand de bonneterie, rue Condé, n. 52.

Belin Nicolas-Philibert fils, marchand de papier en détail, rue Bossuet, n. 20.

Bélorgey Jacques, fabricant de chaussures, place Darcy.

Benoît Jean-Baptiste, marchand de vins en gros, rue Berbisey, n. 2.

Benoît Louis, marchand de grains, rue d'Auxonne, n. 16.

Bernard Charles, marchand de vinaigre, rue Mably, n. 1.

Béroux Eugène-Jean-Baptiste, marchand de charbon, port du Canal, n. 2.

Berthaut Pierre, marchand de vins en gros, rue Guillaume, n. 49.

Berthier Jean-Claude, pharmacien, rue des Forges, n. 42.

Beuchon François, marchand de toile, r. Guillaume, 25.

Billió Antoine, marchand de tissus en gros, place d'Armes, n. 10.

Bizot Frédéric-François, fabricant de casquettes, rue St-Bénigne, n. 2.

Blum Moïse, marchand de vins en gros, rue de l'Ecole-de-Droit, n. 2.

Bonnard Frédéric, horloger, rue Condé, n. 34.

Boisserand Jules, chamoiseur, rue de l'Ile, n. 7.

Bonnotte Claude, marchand de farine, rue Audra, n. 6.

Bordet François, distillateur, rue de la Gare, n. 7.

Borne Jean-Baptiste, quincaillier, rue Verrerie, n. 1.

Bornier Denis, fabricant de chocolat, rue Guillaume, 67.

Bouvier-Goin Pierre, marchand mercier en gros, rue Bossuet, n. 8.

Bresson Etienne-Firmin, épicier en demi-gros, rue des Forges, n. 44.

Brocard-Truchot, marchand de tissus en gros, rue Berbisey, n. 14.

Buguet Joseph, négociant en grains et meunier à Thil-Châtel.

Cabet Etienne-Bernard, marchand de vins, r. Jeannin, 54.

Calais François, marchand de vins, rue Jeannin, n. 3.

Calmelet Bernard, tapissier, rue Jeannin, n. 4.

Carion Eugène, marchand de tissus, rue Guillaume, 75.

Carville Henri, négociant en vins, à Morey.

Cellard-Barbier Aimé-François, maître de forges, rue du Petit-Potet, n. 20.

Céry Jean-Baptiste, marchand et fabricant de pain d'épices, rue Bossuet, n. 11.

Chaffotte André, poêlier, rue Chabot-Charny, n. 39.

Chamagne Antoine-Joseph, marchand de literie, rue Musette, n. 2.

Chapard Jean-Baptiste-Marie, meunier et marchand de farines, au Moulin-Neuf.

Chapuis Pierre, marchand de fer en barres en détail, et de charbon en demi-gros, rue St-Bénigne, n. 15.

Chapuis Bertrand, fabricant de colle forte, au Chinois

Charles François, marchand de bois de construction, port du Canal, n. 26.

Chatouillot Julien, marchand de nouveautés, rue Bossuet, n. 8.

Chaussenot Jean-François, marchand de cristaux, rue des Forges, n. 5.

Clément Denis-Pierre, marchand de vins en gros, Clos-des-Chartreux.

Coquelu Pierre-Victor, marchand de vins en gros, route de Paris.

Collet-Lamy Jean-Baptiste, marchand de toiles, rue du Chapeau-Rouge, n. 13.

Constantin Alexandre-Jules-Gustave, marchand de rubans, place d'Armes, n. 10.

Cordier-Prudhomme Laurent, marchand de nouveautés, rue Musette, n. 1 *bis*.

Corrot Auguste, marchand de bois de construction, port du Canal.

Costet Antoine, quincaillier, rue Guillaume, n. 65.

Cretin René, orfévre, rue Condé, n. 40.

Dard Nicolas, marchand épicier, rue St-Nicolas, n. 56.

Dard-Vallot, marchand quincaillier en demi-gros, rue Bossuet, n. 8.

Décailly Claude, meunier, route de Plombières.

Dechaux Joseph, marchand de laines, rue du Chapeau-Rouge, n. 12.

Décombard Claude, épicier en demi-gros, rue des Forges, n. 32.

Denise Louis, vinaigrier, rue de Longvic, n. 5.

Deschamps Hippolyte, poêlier, rue Chaudronnerie, n. 28.

Destot Henri-Gilbert, marchand de nouveautés, rue Guillaume, n. 36.

Dorey Félix, marchand de vins en gros, r. Guillaume, 25.

Dubard Paul-Jean, meunier et marchand de farines en gros, rue des Godrans, n. 61.

Duthu-Tixerand Joseph, fabricant de chocolat, rue Bossuet, n. 2.

Duval Emile, marchand bonnetier, rue Condé, n. 6.

Echalié Paul, banquier, rue de la Préfecture, n. 5.

Estieu Pierre-Maurice, marchand de nouveautés, rue Verrerie, n. 17.

Faraguet Jean-Pierre-Marie-Jocet, filateur de laines, rue Berbisey, n. 6.

Gabet Henri-Joseph, marchand de tissus en détail, rue Chabot-Charny, n. 37.

Gagey François, libraire, place St-Jean.

Galland Jules-Xavier, marchand mercier, rue des Forges, n. 48.

Gallette Jean-Marie-Jules, marchand de fer, rue Chaudrônnerie, n. 2.

Gallois Claude, fabricant de vinaigre, r. des Godrans, 29.

Gasté-Roux Eugène, quincaillier, rue Condé, n. 5.

Gaulin Antoine-Ernest, banquier, place St-Pierre, n. 41.

Gautheret-Morelle Louis-Jean-Marie, représentant de commerce, rue Bannelier, n. 2.

Genevois Jean, marchand de moutarde en gros, rue Richelieu, n. 6.

Giraud Jean-Baptiste-Prosper, marchand de rubans en demi-gros, rue Chabot-Charny, n. 10.

Gobert Victor-Nicolas, marchand de vins en gros, rue de l'Arquebuse, n. 21.

Goichot Joseph, négociant en farines, avenue du Cimetière.

Grapin Edme-Paul, marchand de tissus, rue Bossuet, 6.

Grenier Eugène, meunier et marchand de grains, rempart du Château, n. 7.

Grosperrin Jacques-Léonard, commissionnaire en marchandises, rue Devosge, n. 9.

Guibaudet Pierre-Eugène, marchand de grains, rue St-Lazare, n. 7.

Guillemot Paul-Alphonse, marchand de vins en gros, et restaurateur à la Gare.

Guiot Claude, banquier associé, rue Bassano, n. 17.

Hébert Philippe-Gustave, pharmacien, rue Condé, n. 2.

Héluin Etienne, marchand d'ameublements, rue Rameau, n. 8.

Hénimann Jacques, brasseur, à Lux.

Huan Jacques, marchand de vins en gros, rue Guillaume, n. 7.

Humblot Nicolas-Aimé, marchand de toile en demi-gros, rue Charrue, n. 14.

Jacques Joseph-Henri, marchand de tissus en gros, rue Berbisey, n. 27.

Jacquier Romain, marchand épicier en demi-gros, rue des Forges, n. 58.

Jacquot Xavier, quincaillier en gros, place St-Jean, n. 8.

Jeannel Jean-Louis, meunier et marchand de grains et farines, au moulin Bernard.

Jeannin Louis, marchand de grains en gros, rue Guillaume, n. 1.

Jobard Charles-Eugène, imprimeur typographe, employant des presses mécaniques, r. Docteur-Maret, 4.

Jobard Jean-François, fabricant de chaussures, rue Saumaise, n. 1.

Johannard Pierre, marchand de tissus, rue Musette, 24.

Jolibois Jean-Baptiste, vinaigrier, rue du Petit-Potet, 29.

Jouan François-Louis, marchand de vins, rue Guillaume, n. 47.

Laguesse Louis-Napoléon-Pierre-Joseph, escompteur, rue Chaudronnerie, n. 42.

Lamarche Antoine, libraire, rue Chabot-Charny, n. 10.

Lambert Melchior-Adrien, marchand de nouveautés, rue Condé, n. 27.

Laurent-Peltret Louis-Ernest, marchand de chapeaux pour commerce, rue de Montigny, n. 1.

Laurent Louis-Vivant aîné, marchand de chapeaux pour commerce, rue Devosge, n. 43.

Laurent Simon aîné, entrepreneur de fonderie en fer, port du Canal, n. 12.

Legros Jules, fabr. de noir animal, route de Plombières.

Lejay Louis-Henri-Julien, distillateur, rue St-Martin, 8.

Lemoult-Pétrot Jules-Romain, marchand de mercerie en demi-gros, rue Condé, n. 14.

Lhuillier Jacques, fabricant de trieurs, port du Canal, 5.

Licz Pierre, marchand de tissus en gros, rue Vauban, 19.

Lion-Joly Jean-Baptiste, marchand de tuyaux de drainage, rue Berbisey, n. 33.

Luce-Villiard Jean-François, marchand de tricots, avec métier, Plaine-aux-Roses.

Machard Claude-Léon-Jules, marchand de toiles, rue Vaillant, n. 3.

Magnin Joseph, maître de forges, r. des Bons-Enfants, 4.

Mairet François-Anatole, banquier, rue St-Pierre, n. 36.

Maître Antoine, libraire-éditeur, chemin de Mirande.

Malbranche Michel, marchand de nouveautés, rue Charrue, n. 13.

Manière-Loquin, libraire, place d'Armes, n. 22.

Manuel Charles, fabricant de sucre de betteraves, rue de l'Ecole-de-Droit, n. 7.

Marandet Augustin-Emile fils, marchand de grains et farines, rue Neuve-St-Bénigne.

Marchand François-Philibert, liquoriste, rue du Vieux-Collége, n. 19.

Marielle Alphée-Nicolas-Philibert, marchand papetier, rue Piron, n. 1.

Marceaux Mathieu, huilier, à Is-sur-Tille.

Martin Alphonse, marchand de grains, rue de la Prévôté, n. 6.

Masson Hippolyte, fabricant de biscuits, r. de Gray, 16.

Massu François, représentant de commerce, rue des Forges, n. 20.

Maugey Pierre, sellier-carossier, rue des Godrans, n. 65.

Menetrier Henri, quincaillier, rue Condé, n. 51.

Messager Xavier-Maurice-Gédéon, marchand de couleurs, rue des Godrans, n. 88.

Messigny Jacques-Eugène, marchand de soieries, rue Lamonnoye, n. 2.

Meugniot François, fabricant d'instruments aratoires, rue Devosge, n. 55.

Miotte Jean-Baptiste, lampiste, rue des Forges, n. 18.

Moisson Jean-Baptiste, marchand tapissier, rue Chaudronnerie, n. 39.

Mugnier Hippolyte, marchand mercier, rue du Lacet, 1.

Mugnier Frédéric, marchand de liqueurs, rue Guillaume, n. 45.

Mulot Louis, fabric. de pain d'épices, place St-Jean, 13.

Nicolardot Jean-Baptiste, marchand de fromages en gros, rue d'Auxonne, n. 13.

Nicolas Jean, marchand de grains en gros, rue de Fontaine.

Noël Lazare, négociant en vins, à Gevrey.

Olivier Auguste, épicier en gros, rue Condé, n. 10.

Pacquelet Henri, négociant en vins, rue d'Auxonne, 22.

Paillard Jean-Joseph, négociant, rue Mably, n. 2.

Paillet Pierre, marchand de vins en gros, chemin couvert, n. 5.

Parent Claude, fabricant de moutarde, r. Guillaume 50.

Pascal Joseph, marchand de liqueurs en gros, rue Vannerie, n. 29.

Pauffard Jules, entrepreneur de monuments funèbres, rue Neuve-St-Bénigne.

Paupion Jérôme, marchand papetier, rue Vaillant, n. 5.

Pécot Jean-Baptiste-Charles, marchand de tissus, rue des Forges, n. 20.

Petithuguenin Alexandre, négociant en grains, et meunier, à Clénay.

Pelissonnier Jean-Baptiste-Hippolyte, marchand de bois en gros, rue St-Philibert, n. 69.

Perreau Louis, brasseur, rue Ste-Marguerite, n. 29.

Pétrot François, fournisseur de denrées et marchandises, rue des Godrans, n. 76.

Pétrot-Malardot Charles, marchand d'épicerie en demi-gros, rue des Godrans, n. 59.

Peutet Jean-Baptiste, marchand de fer en barres, rue Bassano, n. 66.

Peyron Victor, horloger, rue Condé, n. 13.

Pierrot-Lacroix Pierre, fabricant de chapeaux de paille, rue des Etioux, n. 9.

Pommey Mathieu, marchand de cuirs, rue des Etioux, n. 9.

Pommey Édouard, marchand de métaux, rue du Chapeau-Rouge, n. 10.

Porcheur Pierre, meunier et marchand de farines, rue du Chapeau-Rouge, n. 18.

Poulain Louis-André, marchand de liqueurs en gros, rue de la Manutention, n. 12.

Poupon Pierre, négociant, rue Docteur-Maret, n. 14.

Poupon Auguste, fabricant de moutarde, r. Guillaume, 30.

Prudent Charles, marchand de fer en barres, rue Longepierre, n. 1.

Rabutôt Jean-Eugène, imprimeur, rue Piron, n. 1.

Racine Jean-Baptiste, marchand de vins en gros, rue Vannerie, n. 17.

Ragot Georges, marchand de bois en gros, route de Lyon.

Rasse Charles, marchand de vins en gros, à Chambolle.

Regnier Nicolas-Jules, marchand de vins en gros, place d'Armes, n. 14.

Regnier Théodore, marchand de liqueurs en gros, rue Ste-Catherine, n. 10.

Renaud Eugène, marchand de fromages en gros, rue d'Auxonne, n. 3.

Renaud-Raviot Bazile-Emile-Nicolas, marchand de grains, rue de l'Hôpital, n. 33.

Ricaud-Mutin Jean-Baptiste, marchand de tissus en demi-gros, rue des Forges, n. 13.

Riembaux Ernest, négociant en vins, à Morey.

Robelin Louis, fabricant de produits chimiques, port du Canal, n. 10.

Robert Joseph, négociant en grains, à Is-sur-Tille.

Robert-Perreau Antoine-Nicolas, marchand de vins en gros, rue Longepierre, n. 3.

Robert Antoine-François-Jean-Nicolas, marchand de vins en gros, rue d'Auxonne, n. 24.

Robin Charles, négociant en tissus et vins, à Gevrey.

Roger Paul, tanneur, à Moloy.

Roland Alexis, fabricant de pain d'épices, rue Charrue, n. 26.

Romanet Louis-Joseph, marchand de vins, rue Devosge, n. 8.

Ropiteau François, libraire, rue Guillaume, n. 24.

Rouhier-Chaussenot Jean-Baptiste, marchand de laines, à Messigny.

Rousseau Auguste, représentant de commerce, rue Condé, n. 17.

Rouvière Frédéric, liquoriste, rue de Gray, n. 29.

Roy-Arnaut Pierre, marchand mercier, rue Saint-Nicolas, n. 75.

Royer Jean-Baptiste fils, fabricant de bougies, route de Lyon.

Roze-Lombard Louis-Victor, quincaillier, rue Condé, 26.

Samuel Jean-Julien, commissionnaire en marchandises, rue St-Bénigne, n. 8.

Saussier François-Eugène, marchand de grains en gros, rue Docteur-Maret, n. 4.

Sebille Jean-Baptiste, marchand de vins en gros, rue Devosge, n. 3.

Seguin Alfred, constructeur mécanicien, rue de Montigny, n. 18.

Seguin Joseph, négociant en vins, à Gevrey.

Sirandré Laurent, fabricant de savons, rue Sainte-Marguerite, n. 4.

Sorlin Simon, entrepreneur, rue Devosge, n. 17.

Thiaffait François-Marie-Félix, filateur, rue de l'Ile.

Thiébaut Charles-Hippolyte-Emmanuel, marchand de tissus en gros, place St-Jean, n. 23.

Theurot François, marchand de bois, rue Vauban, n. 13.

Thomas Auguste, marchand de vins en gros, à Gevrey.

Thomas Félix, marchand épicier, rue François-Rude, 15.

Tridon Lucien, marchand tailleur, rue Condé, n. 3.

Trivier Jean-Baptiste-Emile, brasseur, rue d'Assas, 22.

Truchetet Jean-Baptiste, marchand de bois en gros, à Gevrey.

Truchot Théodore, chocolatier, rue Lamonnoye, n. 2.

Venot François-Bernard, marchand de vins en gros, rue Jeannin, n. 27.

Verneau Lazare, pharmacien, rue Vaillant, n. 7.

Vétu Etienne, entrepreneur, rue Proudhon, n. 13.

Villet Pierre-Joseph-François, marchand de farines en gros, et meunier, place St-Pierre, n. 6.

Weill Henri, marchand de tissus, place St-Jean, n. 2.

OFFICIERS

SOUS-OFFICIERS, CAPORAUX ET SOLDATS

DÉCORÉS DE LA LÉGION D'HONNEUR

OU DE LA

Médaille militaire, en retraite à Dijon.

Abit François, capitaine d'infanterie, rue de Fontaine, 2.

Amanton Jean, sergent médaillé, rue Guillaume, n. 21.

Ardent Jean-Baptiste, capitaine d'infanterie, rue Docteur-Maret, n. 36.

Ardiet Amable-Joseph, chef de bataillon d'infanterie, rue de la Préfecture, n. 28.

Aubert de La Mogère, officier d'administration, rue du faubourg Rennes, n. 13.

Aubert Jean-Louis-Camille, chirurgien-major d'infanterie, rue Notre-Dame, n. 3.

Aubry Nicolas, chef de bataillon d'infanterie, place Saint-Bernard, n. 1.

Barazer, lieutenant de cavalerie, rue du Tillot, n. 19.

Bardel Jean, gendarme retraité, chevalier de la Légion d'honneur, rue Saint-Nicolas, n. 49.

Begin Charles, chef de bataillon, place Saint-Nicolas (maison Venot).

Benoît, capitaine d'infanterie, rue des Forges, n. 58.

Berry, sergent-major, chevalier de la Légion d'honneur, à la recette générale.

Beuvrand (de) P.-J., général, à Savigny-sous-Beaune.

Bizouard Léon-Pierre, sergent, chevalier de la Légion d'honneur.

Blic Emmanuel (de), lieutenant, rue Vannerie, n. 39.

Blocaille Jean-Baptiste-Jacques-Erasme, chef d'escadron de gendarmerie, rue du Gaz, n. 5.

Borderel Jean-Baptiste, capitaine, rue de Longvic, n. 54.

Bouche Jean-Baptiste, capitaine d'infanterie, chevalier de la Légion d'honneur, rue Berbisey, n. 29.

Bourguignon Nicolas, sergent médaillé, r. St-Nicolas, 74.

Bourlier Jean-Jacques-Joseph, sergent médaillé, rue de Longvic, n. 29.

Boussenard Aug., chef d'escadron, impasse St-Michel.

Bouvot Denis, soldat médaillé, rue Cazotte, n. 3.

Brachet François, chef de bataillon d'infanterie, rue des Moulins, n. 6.

Brette Mathurin-Gabriel capitaine, rue Proudhon, n. 3.

Brocard Jean-J., artilleur légionnaire, r. Bossuet, n. 18.

Broin (comte de), capitaine, place Saint-Jean, n. 39.

Bruchon Jean-Claude, soldat médaillé, rue du Bourg, 9.

Brun, capitaine d'infanterie, rue Courtépée.

Brun François, soldat médaillé, rue Chaudronnerie, n. 4.

Buraud Guillaume-Auguste, colonel, commandeur de la Légion d'honneur, rue de la Trémouille.

Cagnard Antoine-Joseph-François, maréchal de logis, médaillé, rue Crébillon, n. 22.

Campenon, capitaine, rue du Gaz, n. 16.

Cappin Jean-Baptiste, sergent médaillé, r. Devosge, 12.

Carteron Etienne, capitaine, chevalier de la Légion d'honneur, rue Belle-Ruelle, n. 4.

Chalvet, capitaine, rue Sainte-Anne, n. 12 *bis.*

Chapit Joseph, soldat médaillé, rue Berbisey, n. 46.

Chaumonot Pierre-Célestin, capitaine de gendarmerie, chevalier de la Légion d'honneur, petite r. St-Bernard.

Cheyallier Denis-Victor, chef d'escadron de cavalerie, officier de la Légion d'honneur, rempart du Château ,3.

Combis, capitaine, chevalier de la Légion d'honneur, rue Sainte-Catherine (maison Désarbre).

Cornuel Nicolas, capitaine d'infanterie, chevalier de la Légion d'honneur, rue Saint-Nicolas, n. 111.

Cosnard Michel-François, caporal médaillé, rue Chancelier-l'Hôpital, n. 1.

Couland François, capitaine d'infanterie, chevalier de la Légion d'honneur, rue Chabot-Charny, n. 81.

Courtivron (de) Lecompasseur Jules-Antoine-Marie, lieutenant-colonel, officier de la Légion d'honneur, rue Guillaume, n. 6.

Coynart (de) Charles-Raymond, lieutenant-colonel d'état-major, officier de la Légion d'honneur, commandeur de l'ordre de Philippe le Magnanime, chevalier des Ordres de Dannebrog (décorations du Danemarck et des Saints-Maurice et Lazare), r. Vannerie, 39.

Crosse Nicolas-Auguste, capitaine d'artillerie, rue du Palais, n. 6.

Crouigneau Jean, médecin aide-major, rue Jeannin, 40.

Delmont Xavier, capitaine d'infanterie, chevalier de la Légion d'honneur, place d'Armes, n. 10.

Devaux Constant, brigadier de gendarmerie, chevalier de la Légion d'honneur, à Velars.

Deville Edme, soldat médaillé, rue de Longvic, n. 11.

Drillien, capitaine d'infanterie, rue de Longvic, n. 10.

Drouhin Charles-François-Bonaventure, sergent-major, chevalier de la Légion d'honneur, rue d'Ahuy, n. 5.

Dubied Jean-Baptiste-Charles, sous-officier médaillé, rue Saint-Philibert, n. 59.

Dubost, sergent médaillé, place d'Armes, n. 10.

Ducheylard Jean-Baptiste, capitaine de cavalerie, chevalier de la Légion d'honneur, place d'Armes, n. 18.

Dumont Pierre-Bernard, maréchal de logis de gendarmerie médaillé, jardin de l'Arquebuse.

Dupont Pierre, soldat médaillé, rue du Morimont, n. 5.

Dureuil Jean, capitaine d'infanterie, chevalier de la Légion d'honneur, à Fontaine.

Esquilat Auguste, capitaine, rue Devosge, n. 3.

Fardy Jean-Baptiste, capitaine d'infanterie, chevalier de la Légion d'honneur, rue Docteur-Maret, n. 4.

Ferme Etien.-Marcelin, sous-officier médaillé, r. Vauban.

Fournès Etienne, sergent-major, chevalier de la Légion d'honneur, avenue de Montmusard.

Fournier Pierre, brigadier médaillé, rue d'Auxonne, 36.

Fournier Ch., sergent médaillé, rue de la Préfecture, 7.

François Louis, capitaine d'infanterie, chevalier de la Légion d'honneur, rempart Tivoli, au-dessus de la rue Turgot.

Fréjafon Pierre, capitaine des douanes, r. Proudhon, 14.
Fremiot Et., capitaine d'artillerie, r. Chaudronnerie, 10.
Gauthier Marcel, soldat médaillé, rue Ste-Catherine, 18.
Gebharde Georges, capitaine d'infanterie, r. Berbisey, 5.
Gerbenne Jacques, gendarme médaillé, à la Maternité.
Gernez, capitaine d'infanterie, rue de Suzon, n. 8.
Gey Bénigne, soldat médaillé, rue Berbisey, n. 65.
Girardin Jean-Baptiste-Joseph, chef de bataillon d'infanterie, chevalier de la Légion d'honneur, r. Piron, 24.
Gormotte Bernard-Louis, sergent médaillé, r. d'Ahuy, 5.
Gros Denis, maréchal des logis, chevalier de la Légion d'honneur, rue Berbisey, n. 108.
Gruardet Antoine, capitaine d'infanterie, chevalier de la Légion d'honneur, rue du Chapeau-Rouge, n. 11.
Gueneau d'Aumont Philibert, sous-intendant en retraite, rue Devosge, n. 43.
Guenot, officier d'infanterie, rue Berbisey, n. 15.
Guigon François-Aimé, capitaine d'infanterie, chevalier de la Légion d'honneur, rue Vannerie, n. 90.
Guillin Claude, garde principal d'artillerie, chevalier de la Légion d'honneur, rue Chaudronnerie, n. 14.
Guinchard Nicolas, capitaine, rue Jeannin, n. 1.
Guy Julien, musicien d'infanterie médaillé, concierge de l'Ecole des Beaux-Arts.
Hamme Jean-Pierre-Louis, capitaine de cavalerie, rue du Chaignot, n. 40.
Hardy Marie-Christe, capitaine d'état-major, chevalier de la Légion d'honneur, rue Ste-Anne (m^{on} Gauthier).
Henri Jean-Baptiste-Desiré, capitaine d'artillerie, route de Troyes.
Hitier Bernard, ancien gendarme, chevalier de la Légion d'honneur, rue d'Auxonne, n. 71.
Huard Gabriel-Pierre-Auguste, chef de bataillon d'infanterie, officier de la Légion d'honneur, rue Chabot-Charny, n. 76.
Hugon Hippolyte, maréchal des logis, chevalier de la Légion d'honneur, caserne des Carmélites.
Hugonnaux Jean-Denis, maréchal de logis, chevalier de la Légion d'honneur, route de Langres.
Jacquemet Victor, chef de bataillon, chevalier de la Légion d'honneur, rue de Fontaine, n. 4.

Jorand E.-J., capitaine d'infanterie, à Plombières.

Jouan Louis, capitaine, rue Guillaume, n. 47.

Jully Jean-Baptiste, brigadier de gendarmerie, chevalier de la Légion d'honneur, à la prison départementale.

Lambert François, capitaine d'infanterie, chevalier de la Légion d'honneur, rue du Refuge, n. 9.

Landais Joseph, caporal d'infanterie, chevalier de la Légion d'honneur, rue Saumaise, n. 56.

Landois Gustave-Théodore, capitaine d'infanterie, chevalier de la Légion d'honneur, rue Saumaise, n. 26.

Laurent Claude, capitaine d'infanterie, chevalier de la Légion d'honneur, rue de la Colombière.

Ledeuil Claude-Antoine, officier d'administration comptable, chevalier de la Légion d'honneur, r. Ste-Anne, 8.

Legrand-Dussaule, capitaine d'infant., r. des Godrans, 1.

Lefort Jean-Baptiste, maréchal de logis de gendarmerie, rue de Longvic, n. 15.

Magner Charlemagne-Norbert, capitaine d'infanterie, chevalier de la Légion d'honneur, rue de la Préfecture, n. 61.

Mahon J., sergent d'infant. médaillé, route de Beaune.

Maire Simon, capitaine, rue Berbisey, n. 29.

Mallard Augustin-Jean-Baptiste, capitaine, chevalier de la Légion d'honneur, rue Richelieu, n. 2.

Marche Joseph, capitaine d'artillerie, rue Vannerie, 40.

Marin Alexandre-François, maréchal de logis médaillé, aux Archives départementales.

Martenot François-Vincent, lieutenant d'infanterie, chevalier de la Légion d'honneur, rue du Bourg, n. 71.

Marthout Nicolas, médaillé, à Plombières.

Masson Jean-Baptiste, capitaine d'infanterie, officier de la Légion d'honneur, route de Talant.

Mathieu Napoléon-Prosper-Nicolas, colonel d'infanterie, commandeur de la Lég. d'honn., r. Victor-Dumay, n. 5.

Maurice Pierre, capitaine d'artillerie, rue St-Pierre.

Menne Pierre-Maurice, général de brigade, commandeur de la Légion d'honneur, place Saint-Bernard, n. 1.

Menneret Hubert, maréchal de logis de gendarmerie, chevalier de la Légion d'honneur, rue Bassano, n. 47.

Merson Esprit-Victor, lieutenant-colonel de cavalerie,

chevalier de la Légion d'honneur, rue Chancelier-l'Hôpital, n. 1.

Messey Etienne, sergent médaillé, rue Bergère.

Meyrand Jean-François, capitaine d'infanterie, rue de Suzon, n. 2.

Michel François-Alexis, garde d'artillerie, place Saint-Nicolas (maion Venot).

Millerand, caporal médaillé, rue Berbisey, n. 69.

Moreau Claude, gendarme médaillé, rue Audra, n. 16.

Moutton Xavier-Martin, vétérinaire, chevalier de la Légion d'honneur, rue Franklin, n. 1.

Papy Pierre-Victor, caporal d'infanterie, médaillé, rue Vauban, n. 12.

Paul, officier de marine, rue Saint-Nicolas, n. 102.

Paulin Charles-Antoine, colonel du génie, commandeur de la Légion d'honneur, rue Victor-Dumay, n. 17.

Peinteville (de) baron de Cernon, colonel de gendarmerie, officier de la Lég. d'honn., rue St-Lazare, n. 9.

Pelletier J.-B., capitaine d'infanterie rue Chantal, n. 7.

Perceval, capitaine d'infanterie, rue Proudhon, n. 16.

Pérès Manuel-Antoine, ancien gendarme, chevalier de la Légion d'honneur, rue de la Colombière, n. 26.

Perrin Daniel, capitaine d'infanterie, chevalier de la Légion d'honneur, rue Saint-Philibert, n. 15.

Picard Thomas, capitaine d'infanterie, chevalier de la Légion d'honneur, rue du Vieux-Collége, n. 1.

Pierre François, garde d'artillerie, chevalier de la Légion d'honneur, rue Guillaume, n. 8.

Piot Pierre, capitaine de gendarmerie, chevalier de la Légion d'honneur, rue Richelieu, n. 10.

Poirson Charles-Alexandre, capitaine d'infanterie, rue Chantal, n. 7.

Poli Alexandre-Marie, adjudant sous-officier médaillé, rempart du Tivoli.

Porcheret Jean, caporal d'infanterie, chevalier de la Légion d'honneur, rue des Godrans, n. 68.

Du Port de Poncharra (le comte), chef d'escadron, rue du Vieux-Collége, n. 4.

Prisset, lieutenant de cavalerie, rue du Bourg, n. 69.

Quarré Louis, capitaine d'infanterie, rue Jeannin, n. 55.

Quinquin Jules, sergent médaillé, chevalier de la Légion d'honneur, à la Gare.

Radepont Jean-Baptiste-Louis, colonel du génie, commandeur de la Légion d'honneur, rue Chabot-Charny, n. 91.

Rafortho Jean, chevalier de la Légion d'honneur, rue Courtépée.

Rappon Jacques, sergent d'infanterie, rue Saint-Pierre n. 11 *bis*.

Raymond André, caporal d'infanterie, chevalier de la Légion d'honneur, au Chinois.

Rebourseaux Jean, sergent médaillé, route de Talant.

Regelet Médard, gendarme médaillé, au Tribunal civil.

Reignier Gaspard-François, capitaine d'infanterie, chevalier de la Légion d'honneur, rue du Chaignot, n. 20.

Remoissenet Philibert, capitaine d'infanterie, chevalier de la Légion d'honneur, rue Vannerie, n. 60.

Reynod de Serrezin Pierre-Aimé, capitaine d'infanterie, place Saint-Michel, n. 31.

Reynold de Serrezin Louis-Fr., capitaine d'infanterie, place St-Michel, n. 33.

Rimbaut, capitaine d'infant., petite place St-Bernard.

Saint-Seine (le comte de), lieutenant de cavalerie, rue Verrerie, n. 29.

Sarcus (comte de), officier supérieur, rue Buffon, n. 29.

Sarrau Pierre-Félix, capitaine d'infanterie, chevalier de la Légion d'honneur, rue de Longvic, n. 12, ou avenue du Parc, n. 3.

Sencier, général de brigade, cours du Parc.

Senig Charles-Michel, chef de bataillon d'infanterie, officier de la Légion d'honneur, rue Jeannin, n. 40.

Seybel Guillaume, capitaine d'infanterie, chevalier de la Légion d'honneur, rue Saint-Martin, n. 27.

Sicardet Germain, sergent-major, médaillé, à Fontaine.

Solignac Jean, capitaine d'infanterie, chevalier de la Légion d'honneur, rue Saint-Nicolas, n. 88.

Sourdan (Huet de) Jules-Ernest-Alexandre, chef de bataillon d'infanterie, place des Cordeliers, n. 19.

Spagnier Jean-Laurent, capitaine de cavalerie, place Saint-Bernard, boulevard de Brosses.

Vallot Isidore-Grégoire, colonel de cavalerie, commandeur de la Légion d'honneur, rue Jeannin, n. 1.
Veret Jacques, soldat médaillé, rue Cazotte, n. 4.
Vernet Vivant, gendarme méd., rue de Montmusard, 11.
Vesvrotte (le comte de), lieutenant de cavalerie, rue Chabot-Charny, n. 20.
Vienne Jean-Bapt., brigadier de gendarmerie, chevalier de la Légion d'honneur, rue d'Auxonne, n. 66.
Villette (de la), rue Vannerie, n. 41.
Voilet Vincent, sergent médaillé, rue du Mouton, n. 3.

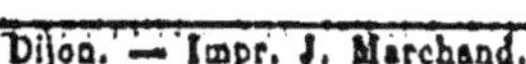

Dijon. — Impr. J. Marchand.